債權法各論

張在賢 著

경북대학교출판부

머리말

1999년 여름 현암사에서 채권법각론을 출판한 후, 민사소송법에서 민사집행법이 분리되었고, 이자제한법이 폐지되었으며, 대부업의등록및금융이용자보호에관한법률과 상가건물임대차보호법이 제정되는 등 많은 변화가 있었다. 이러한 관련법의 제·개정과 시대변화를 반영한 새로운 판결 등으로 인해 필자는 기존의 책을 새로 정비할 필요성을 느끼게 되었다. 그간 간간이 현암사 측과 책의 수정 및 보완에 관한 이야기를 나누었으나, 나 자신의 게으름과 현암사 측의 사정 등으로 작업은 계속 미루어지게 되었다. 그러나 하루빨리 책을 수정·보완하여야 한다는 마음의 짐을 늘 지고 있을 수밖에 없었다.

수정·보완을 결심하고, 막상 작업에 착수하여 자료를 수집하다 보니 기존의 저서가 마음에 차지 아니한 부분이 많아 땜질식의 보완이 썩 내키지 않았다. 결국 손을 댈 바에야 아예 기존의 저서에서 벗어나 체제도 바꾸고, 내용도 대폭 손질하여 새롭게 저술하기로 마음을 정하였다. 이러한 마음의 결정을 한 후 가벼운 자세로 지난봄부터 작업에 들어갔으며, 그 사이에 내가 재직하고 있는 경북대학교의 출판부와 협의하여 2006년 신학기에 맞추어 책을 출간하기로 하였다.

이번 채권법각론은 그 내용에서는 - 민법이 그대로 있는 상태에서 그 내용이 획기적으로 달라질 수 없는 관계로 - 기존의 현암사에서 출간한 것과 많은 점에서 같으나, 사정변경의 원칙부분, 계약의 제한부분, 계약체결상의 과실부분 등은 대폭 손질하여 새롭게 정리하였다. 또한 그동안 개정된 관련법규와 새로운 주요 판례들을 일일이 확인하여 본문 관련부분에 삽입하였다.

이번 책 역시 법학을 공부하는 학생들의 부담을 덜어 주기 위해 분량을 가능한 한 최소화하려 하였으나, 그동안 개정된 법령과 판례 등을 모두 고려하다 보니 당초 예상한 분량을 많이 초과하게 되었다. 그만큼 내용이 정리되고 풍부해졌으므로 공부하고 이해하는 데 보탬이 되리라 생각한다. 또한 복잡한 내용들을 가능한 한 쉽게 설명하려고 노력하였으므로 이런 면에서도 종래의 저서보다는 많이 개선되었다고 생각한다. 학생들에게 많은 도움이 되기를 바란다.

마지막으로 이 책의 출간을 맡아 애쓴 경북대학교출판부에 감사의 말을 전하고 싶다. 적지 않은 분량으로 인해 출간일자를 맞추기 쉽지 않음에도 불구하고 예정대로 출간되게 해 준 경북대학교출판부 관계자들에게 진심으로 고맙게 생각하고, 이에 심심한 사의를 표한다.

2006년 벽두

경북대학교 법과대학 연구실에서

장재현

차 례

第2章 契約各論

第1章

契約總論

第1節　契約法 基礎

I. 契約의 意義와 機能

1. 契約의 概念

계약은 법률행위의 가장 대표적인 모습이지만 계약이라고 할 때는 법률행위로서의 의미뿐만 아니라 법률관계로서의 의미로도 이해된다.

법률행위로 이해하였을 때의 계약이란 일치된 표시 의사에 따라 법률효과를 발생시키는 일치된 의사표시의 교환(합의)을 의미한다. 일치하는 의사표시의 교환, 즉 합의가 있으면 당사자간에는 그 합의에 따른 법률관계가 형성된다. 즉, 일치된 의사표시에 따라 계약의 형성形成의 효效로써 채권이 발생·소멸하고, 소유권이 이전하고, 채권관계가 생성·해제되고, 채권자·채무자가 변경된다.

한편, 법률관계로 이해할 때의 <계약>은 <계약관계>와 같은 의미를 가진다. 예컨대 임대차계약이라고 할 때 임대차계약은 임대차계약관계로서의 임대인과 임차인간의 임대차에 관련한 합의 및 법률에 따른 구체적인 모든 권리와 의무를 말한다. 이러한 법률관계는 계약체결의 법률효과로서 나타나게 된다. 이러한 법률관계로서의 계약관계에 관하여는 민법 및 특별법(예 : 주택임대차보호법)에 규정되어 있다.

계약은 법률행위와 법률관계로서의 의미 외에 일상적인 거래에서는 자주 <계약증서>를 의미하기도 한다. 매매계약증서 또는 임대차계약증서 등으로, 그 증서에는 당사자의 일치된 의사표시가 문서상으로 수록되어 있다.

2. 現代契約法의 課題

당사자간의 합의라는 점에서의 계약은 일찍이 선사시대에도 있었겠으나, 계약이 중요한 법률제도의 하나로서 사회에 기능한 것은 로마법에서부터이다. 계약은 사법상의 법률효과를 발생시키는 당사자간의 합의를 최소한의 기본 개념으로 하지만, 계약법 내지 계약이론에서의 원칙과 특질은 사회·경제적 배경의 변화에 따라 끊임없이 발전·변모하여 왔다. 따라서 오늘날의 계약을 이해하기 위해서는 선사시대의 계약부터 보아야 하겠으나, 법률제도로서의 계약은 로마법 이후의 것으로 법제사적으로 의의 있는 구분은 로마법상의 계약·중세의 계약·근대의 계약·현대의 계약이라 할 수 있다.

현대의 계약법 내지 계약이론은 로마법의 계약을 기원으로 하여 근대법상의 계약에 그 기초를 두고 있다. 즉, 현대의 계약이 당사자간의 합의로써 법률적 효과를 발생한다는 점에서는 로마법상의 계약에 그 뿌리를 두고 있으나, 이념적으로는 근대 시민법상의 계약을 그 출발점으로 하고 있다. 현대를 포함한 근대 이후의 계약이 그 이전의 계약과 본질적인 측면에서 다른 것은, 이념적으로 생산과 유통 및 노동력의 상품화로 대표되는 근대 이후의 사회는 사회의 모든 구조가 시민법적 계약관계에 의하여 매개된다는 점이다. 이는 근대를 하나의 획으로 하여 사회를 구성하는 본질 내지 기초의 변화가 있었기 때문이다.

즉, 중세사회는 토지와 신분이 그 사회의 기초를 이루어 계약의 사회적 기능은 보잘것없었으나, 근대 이후의 사회는 분업협동의 산업구조 아래 노동력이 상품화된 사회로서 협동을 가능하게 하고 노동의 상품화를 가능하게 하는 유일한 법적 수단이 곧 계약으로, 이러한 계약관계를 기초로 형성된 사회가 현대사회이다. 이러한 사회기초의 본질적 변화를 Henry Maine은 저 유명한「신분으로부터 계약으로(from status to contract)」라는 말로 표현한 것이다. 이와 같이 계약의 배경이 되는 사회의 기본구조는 시민혁명으로 형성된 근대를 하나의 시대적 획으로 하여 본질적인 차이를 나타내지만, 계약에서의 특질은 또 다른 변화를 보이고 있다. 로마법상의 계약은 무엇보다 계약 당사자의 인격적 요소를 중시함으로써 계약을 당사자간의 법쇄法鎖로 이해하여 채권의 이전 등은 생각하기 어려웠으며 계약의 이행에 대한 철저한 사고(Pacta sunt servanda)가 계약법의 특징을 이루었다. 이러한 법쇄적 관념과 계약 내용의 불변에 대한 사고는 중세법에서는 교회법상의 사정불변경론(Clausula rebus sic stantibus)의 영향을 받아 계약의 구속력이 완화되었으며, 효력적 측면에서는 당사자의 변경을 인정하는 등 계약적 요소마저 배제될 수 있다고 보았다.

근대 이후에 와서도 근대법은 계약의 <자유>를 중심과제로 하였던 반면에, 오늘날에는 주된 과제가 자유가 아니라 합리적 <제한>이며 또한 계약의 효력적 면에서도 증권적 채권에서는 의사적 요소마저 제거되고 있다.

* Henry Sumner Maine(1812-1888): 영국 옥스퍼드, 케임브리지 대학의 민법, 비교법, 법제사 교수로서, 1861년 유명한 <고대법>을 저술하였으며, 그 외 <기초법률 및 관습법>, <국제법> 등의 저서가 있음.

상술한 바와 같이 신분을 기초로 한 근대 이전의 사회구조와는 달리 근대 이후의 사회는 계약에 의한 사회로서 모든 사적 구조가 계약을 기초로 하고 있다. 이와 같이 모든 구조가 계약관계에 의하여 매개되는 사회가 된 것은 이념적으로는 신분이 타파되고 모든 인간이 자유롭고 평등하다는 것이 전제가 되었기 때문이다. 이러한 인간의 자유와 평등은 봉건 체제를 붕괴시킨 근대 시민혁명의 결과로서, 이는 사소유제도私所有制度와 계약제도를 원동력으로 하는 자본주의 경제체제의 이념적 배경이다. 즉, 신분에 의한 보호막이 철폐되었을 때 이를 대신할 수 있는 것은 개인의 재산과 능력으로, 개인이 재산을 보유할 수 있게 함과 동시에 이를 이용할 가능성을 부여한 것은 당연하였으며, 가능성을 부여함에 의하여 개인의 창의성이 발휘될 수 있는 것이다. 여기서, 보유한 재산을 이용할 창의성을 발휘할 수 있는 제도가 계약이다. 따라서 계약에서는 결국 개인이 자기의 재산을 이용할 창의성을 극대화시키는 것이 지상 목표가 되는데, 이는 곧 계약의 체결·내용·당사자 선택 등을 개인의 완전한 자유에 맡기는 것으로 계약의 절대적인 자유의 보장으로 귀결된다.

이와 같이 근대 시민법상의 계약은 개인의 자유와 평등을 이념적 배경으로 하여 사회의 모든 구조가 시민법적 계약관계에 의하여 이루어지는 사회를 그 배경으로 한다. 이는 모든 인간의 절대적 자유와 평등이 보장된 사회로서, 이러한 사회에서는 사적 법률관계에서 국가의 간섭은 최소한에 그치고 개인의 자치가 절대적으로 보장되는 것이 최선의 사회로서 관념됨에 따라 개인간의 자유로운 합의가 법률을 대체할 수 있을 뿐만 아니라 최고의 가치를 가지는 것으로 이해되었다. 따라서 계약은 절대적인 자유이어야 하며, 이는 곧 당사자간의 자유로운 의사의 합치를 의미한다. 계약의 자유를 근간으로 하는 근대시민법상의 계약은 사회적 측면에서는 중세의 신분적·권력적 지배로부터의 개인의 해방을 의미하며, 경제적 측면에서는 경제활동의 자유를 의미한다. 따라서 근대 시민법적 계약의 특질은 계약의 자유, 곧 자유로운 합의라고 할 수 있다. 이러한 근대 시민법상의 계약의 특질인 계약의 자유가 역시 현대 계약의 기초를 이루고 있는 것은 물론이다. 즉, 계약은 자유로운 합의를 그 기초로 하고 있다.

이와 같이 계약이란 당사자간의 자유로운 의사의 합치를 그 본질로 하는데, 이러한 계약이 효력을 발생하면 당사자간의 사적인 법률관계에 중대한 변동이 오게 된다. 예컨대, 매매계약이 체결되어 효력을 발생하면 매도인은 목적물의 재산권을 이전하여야 할 의무를 지며, 매수인은 대금을 지불하여야 할 의무를 부담하게 되고, 이러한 의무를 이행함으로써 목적물의 재산권이 이전되는 중대한 변화가 일어난다. 계약에 이러한 효과를 부여한 것은 근대 사법의 근간인 사적 자치의 원칙을 취하고 있기 때문이다. 따라서 사법제도로서의 계약제도는 사적 자치를 이루기 위한 하나의 실천수단이라 할 수 있다. 사적 자치의 방법 내지 수단이 계약이므로, 계약은 당사자간에 자유롭게 맡기는 것이 원칙이다. 그러나 비록 당사자간일지라도 사적인 법률관계에 중대한 변화를 가져오는 법적인 원인이 계약이므로, 계약에도 일정한 한계가 있어야 할 것은 당연하다.

그러나 근대 시민법상의 계약에서는 자유에 치중되어 그 한계는 형식적인 것에 그쳤다. 즉, 외형적으로 적법한 한도 내에서 타인으로부터 구속 내지 간섭받음 없이 합의가 이루어졌다면 그 계약은 유효한 것이 되었다. 따라서 그 계약이 비록 사회·경제적 힘을 바탕으로 불공정하게 이루어졌더라도 위와 같은 형식적 자유가 갖추어졌다면 문제가 될 것이 없는 것으로 여겨졌다. 그러나 자본주의의 발달에 따라 유·무산자가 생겨나고, 이들 간의 계약에 관하여도 「계약의 절대적·형식적 자유」에 대한 맹신은 결과적으로 사회·경제적 강자에 대한 무기로 전환되어 빈부격차의 심화를 불러오는 직접적 원인이 되었다. 바꾸어 말하면 계약이 가진 자로 하여금 갖지 못한 자의 수탈을 위한 합법적 수단으로 이용된 것이다. 이는 곧 ＜계약의 자유＞에 대하여 형식적 자유에만 치중함으로써 실질적으로는 힘의 불균형 상태에서 이루어진 불공정한 계약이란 점을 간과한 데서 비롯된 것이다. 이러한 현상은 자본주의 경제체제에 대한 포괄적 폐해로 지적되지만, 계약제도의 근본원리로서의 사적 자치의 이론적 측면에서는 의사결정력의 흠결欠缺이란 면에서 문제가 된다. 진정한 의사결정의 자유는 당사자간의 사회·경제적 힘의 균형을 바탕으로 할 때 비로소 이루어질 수 있기 때문이다. 이러한 의미에서 오늘날 계약법 내지 계약이론에서는 ＜계약의 자유＞가 문제가 아니라 계약의 자유에 대한 제한을 통한 ＜계약의 정의 내지 공정성＞의 확보가 중심과제이다. 이것이야말로 진정하고 실질적인 사적 자치를 이루는 것이며, 계약을 통한 자본주의의 폐해를 시정하여 사회정의를 실현한다는 의미가 있다.

* **時代別 契約法(論)의 特質**

① 로마법상의 계약 : 계약의 인격적 요소를 중시 – 계약을 법쇄로 인식. 계약은 지켜져야 한다(Pacta sunt servanda).

② 중세 Canon법상의 계약 : 계약에서 인격적 요소를 제거, 채권·채무이전 가능성 부여. 사정변경의 원칙(rebus sic stantibus).

③ 근대 시민법상의 계약 : 계약의 절대적 자유, 계약적 요소의 제거(증권·채권).

④ 현대법상의 계약 : 계약의 정의 내지 공정성 확보.

3. 契約制度의 原理

(1) 基本原理

근대 사법에서 계약에 대해, 하나의 법률제도로 당사자간에 법률적 효과를 부여한 것은 근대 사법의 3원칙 중의 하나인 사적 자치의 원칙에서 그 기본 원리를 찾을 수 있다. 다시 말하면 계약제도는 근대 사법의 3원칙 중의 하나인 사적 자치에 그 기본 원리를 두는 사적 자치의 실천수단이라고 할 수 있다.

사적 자치의 원칙은 권리주체인 인간을 인식력 · 변별력 · 예기력을 갖추고 자주성을 가진 추상적 인간(Person)으로 상정한 데서 출발한다. 이와 같이 권리주체로서의 인간을 모든 사회·경제 활동을 독립해서 자주적으로 행할 수 있는 독립개체로 인정함에 따라 사적인 법률관계의 형성에 관해서는 이러한 자주성을 갖춘 개인에게 자유롭게 맡기는 것이 최상으로 이해된 것은 당연하다. 따라서 사적 자치를 근대 사법이 그 기본 원칙의 하나로 채택한 것이다.

한편 재산의 사적 소유가 인정됨에 따라 사적 재산의 활용을 위해서는 개인의 창의성을 최대한 발휘할 수 있는 제도를 요구하게 되고, 이러한 요구에 부응하게 된 것이 계약의 절대적 자유이다. 이러한 사소유제도와 계약제도는 곧 경제체제로서의 자본주의 체제를 지탱하는 두 개의 법적 지주가 되었다.

이와 같이 근대 사법상의 계약제도는 그 기본원리가 사적 자치의 원칙에 있기 때문에 당해 계약이 유효하기 위해서는 본질적인 면에서는 사적 자치의 내용에 적합하여야 함은 당연하다. 이러한 점에서 오늘날 당사자간에 사회 · 경제적 힘의 격심한 차이를 간과하고 체결된 계약의 경우에 사적 자치의 전제인 자기결정력(Selbstbestimmung)의 흠결이 계약의 유효성으로서 문제가 되고 있다. 다시 말하면 자기결정력이 전제된 사적 자치를 그 기본원리로 하여 계약이 그 존재의 정당성을 가지는데, 자기결정력이 흠결된 당사자와의 합의에 법률적 효과를 부여할 수는 없기 때문이다. 물론 이를 위한 최소한의 제도로서 의사능력제도와 행위능력제도, 착오 및 사기 · 강박에 의한 의사표시의 취소 등의 세도를 두고 있으나, 이에 의하여 규율될 수 없는 많은 부분이 있기 때문이다.

의사능력 제도는 대상에 대한 판단능력의 전면적 결여 여부가 문제되며 대상의 성질에 따른 상대적 평가가 되지 못하며, 행위능력제도도 객관적 기준에 따른 판단으로써 실질적인 판단능력을 문제로 하지 않기 때문이다. 예컨대, 최신의 기능을 갖춘 기계의 매매에 있어서 문외한이 당사자가 되는 경우 또는 거대한 회사 또는 국가를 상대방으로 하는 경험이 부족한 미성년자와의 계약 등에서 문제가 될 것이다. 이러한 경우에는 위에서 말한 제도적 장치만으로는 충분하지 못하다. 그 경우에 과연 사적 자치의 원론적 측면에서 자기의 의사결정력을 갖춘 상태에서 자유로운 의사의 합치가 이루어졌다고 볼 수 있는가 라는 문제로써 다루어져야 할 것이다. 이에 사적 자치의 원론적인 측면에서 자기결정력이 무엇이며 또한 자기결정의 한계는 어디까지인가 라는 것을 중심으로 사적 자치의 구체적 내용을 명확히 할 필요가 있다. 이하 사적 자치에 대하여 검토한다.

(2) 私的 自治

(가) 意義 및 內容

근대의 사법제도는 인간의 자유·평등을 주축으로 한 자유주의와 개인주의 사상을 배경으로 하여 개인의 독립된 인격으로서의 주체를 그 전제로 하고 있다. 따라서 개인은 기본적으로는 그의 자유로운 의사에 의하지 아니하고는 타인으로부터 구속을 받지 않는데, 이는 또한 경제체제로서의 자본주의와 결합하여 자유로운 의사에 의한 개인의 이익추구를 위한 자유경쟁체제를 형성하고 있다. 자유경쟁체제는 모든 개인이 스스로 인격체적 존재로서의 자주성(Selbstherrlichkeit)을 가지고, 자기가 결정(Selbstbestimmung)하여 행동하고, 자기가 책임(Selbstverantwortung)져야 한다는 기본원칙이 배경이 되어 있다. 이를 위해 민법은 여러 가지 제도와 더불어 의사표시제도, 즉 법률행위제도를 두고 있다. 여기의 법률행위제도는 곧 자유로운 의사에 의하여서만 자기의 권리 또는 법률관계를 발생·변경·소멸시킨다는 것을 내용으로 하는 사적 자치(Privatautonomie)원칙의 산물이다.

Privatautonomie에서의 Autonomie는 귀족이나 동업자단체에서의 내부규율을 위한 법규 범위 내에서의 자치적 입법권을 의미하는 독일규율에서 사용되던 표현인데, 이것이 사법에 전용되어 사법이론으로 발전하게 된 것에는 19세기 전반 Savigny가 쓴 현대 로마법 체계(System des heutigen römischen Rechts)에서 정립한 사적자치의 개념이 기초가 되었다. 그러나 19세기 중반까지는 사인의 Autonomie란 오히려 자유로운 개인(가장)의 윤리적 자율을 의미하는 것으로 사용되었다. 그 후 영업의 자유와 결합하여 경제적 활동의 원리로서 기능하였다. Privatautonomie가 독일민법학에서 처음 쓰인 것은 19세기 후반 이후인 것으로 알려져 있다. 한편 프랑스 민법학에서는 이것에 대응한 <개인적 의사의 자치(l'atonomie des volontés individuellés)>의 원칙이 있으며 여기서의 의사는 도덕성의 최고원리이며 의사의 자치는 단순히 순수한 윤리적·도덕적 자율을 의미하는 것이 아니라 법적인 의미를 가지는 것으로 이해되고 있다. 이 두 개념은 그 기원이 다르고 따라서 그 내용도 세부적인 면에서는 다름에도 불구하고 우리나라나 일본에서는 거의 같은 의미로 쓰여지고 있다.

* Friedrich Karl von Savigny (1779-1861): 독일 개념법학의 태두로서 1840년부터 1849년에 걸쳐 총 9권으로 된 <현대로마법체계>를 저술함.

사적자치의 원칙이란 <개인이 자기의 의사에 의해 권리를 취득하고 상실하는 원칙>(김증), <개인이 자기의 의사에 의해 법률관계를 창조적으로 형성한다는 원칙>(곽), 또는 넓게 <의사표시에 의한 법률효과의 발생 또는 저지의 가능성에 대한 법적 승인>(Bydlinski) 등으로 정의되고 있다. 사적자치의 구체적 내용은 다음과 같다.

① 사적 자치는 <인간의 자기결정의 일반원칙의 일부(ein Teil des allegemeinen Prinzip der Selbstbestimmung des Menschen)>(Flume), <행위자유의 일부(ein Teil der Handlungsfreiheit)>(Medicus)이다. 이는 자유와 평등을 그 이념으로 하는 인간의 인격체적 존재로서의 당연한 자기결정 또는 행위자유의 실천원리이다. 또한 자기결정은 자유경제체제에서 노동과 자본을 가장 유용케 하는 경제적 과정에서의 조정을 위한 가장 실효성 있는 수단이 된다.

② 사적 자치는 법질서(Rechtsordnung)내의 영역에 한하며 그 유효성이 법질서에 의해 승인된다. 즉, 법질서 안에서의 사적자치이며 금지법규 위반과 양속 위반을 내용으로 하는 사적 자치의 행위는 당연히 허용되지 않는다.

③ 사적 자치의 수단은 법률행위며, 법률행위의 수단은 의사표시다. 따라서 사적 자치는 법률행위의 자유를 의미하며 또한 의사의 자유를 의미한다.

④ 법률관계의 사적 자치적 형성은 법질서에 의해 법률행위적 형성으로서의 승인된 <행위>이며, 결코 <법의 정립(Rechtsetzung)>은 아니다. 즉, 사적 자치적 형성이 곧 법원法源이 되는 것은 아니다. Flume는 이에 대해 '사적 자치의 문제성은 사적 자치적 행위에는 실질적인 법원(die materiale Qualifikation des Rechts)이 흠결 되었음에도 이에 의한 형성이 합법적이 된다. 이러한 문제의 처리를 위해 사적 자치적 행위에 대한 법질서에서의 다양한 내용적 규제 및 한계가 있으며, 그리고 그 효과는 단지 법질서 안에서의 확고한 조직 내에서만 발생할 수 있다' 고 한다.

(나) 限界 및 制限

사적 자치의 한계 및 제한은 우선 사적 자치의 본질적인 측면과 또한 초기 자본주의 사회에서 오늘날과 같이 발달한 산업자본주의 아래의 극도의 이익추구 사회로 상황이 바뀌었다는 양 측면에서 검토되어야 한다.

본질적인 측면에서는 첫째, 사적 자치는 법질서의 승인된 범위 내에서 적용됨으로써 당연히 강행법규 위반, 사회질서 및 양속 위반의 영역에서는 그 적용이 없다. 둘째, 사적 자치의 내용 중 자기결정과 관련하여 한편으로는 스스로 결정할 수 있는 실질적인 힘(능력)의 존재와 또 한편으로는 쌍방간의 힘의 균형이라는 점에서 그 한계가 있다. 힘의 존재라는 점에 관해서는 의사능력제도와 행위능력제도에 의하여 의사무능력자와 행위무능력자의 사적 자치는 제한을 받음으로써 해결되고 있다. 그러나 힘의 균형이라는 점에서는 어려운 문제가 있다. 자유로운 의사결정에 의한 행위에서의 일방의 자유는 타인의 부자유를 의미하며, 자연상태에서 힘에 의해 좌우되는 것이 자연의 이치이기 때문이다. 따라서 이는 소유권의 자유와 결합하여 매매의 경우에 '터무니없이 높은 가격'의 형성으로 나타나며, 이는 급부와 반대급부의 균형 또는 형평의 이념에 어긋나서 사회적 정당성에 의문이 있다. 또한 사적 자치에서의 자유란 개인간의 신체적, 정신적, 재산적 능력의 차이를 간과한 단순히 형식적인 동등한 자유를 전제함으로써 오히려 법적으로 보장된 제도에 의해 개인적인 실제 격차를 영구화시킨다. 오늘날 사적 자치는 특히 이러한 측면에서 그 한계 및 제한이 검토되어야 하며 입법적으로 많은 부분에서 제한되기도 한다. 이에 관해 Flume는 '사적 자치는 자기결정의 가치 승인이라는 점에 그 법적 정당성이 존재하기 때문에, 사적 자치가 법원리로서 실현되기 위해서는 실제로도 자기결정력이 있는 경우에 한한다. 그러나 사적 자치에 있어서 항상 동등한 힘의 분배에 의문이 있는데, 이 점이 사적 자치의 영원한 딜레마' 라고 하였으며, Medicis는 '법적인 형평(der rechte Ausgleich)의 추구가 바로 법학의 과제' 라는 등으로 문제의 심각성을 지적한다. 결국 힘의 균형 문제에 따른 사적 자치의 한계는 궁극적으로는 입법적인 해결에 의해야 되겠으며, 해석론으로는 그 제한 및 한계를 획일적으로 할 수는 없되, 구체적인 법률행위의 해석에서 이 점이 충분히 고려되어야 한다.

다음, 후자의 측면, 즉 상황변화에 따른 제한 및 한계가 있다. 사적 자치가 당초에 그 가치성을 인정받아 승인된 근대 시민사회와 오늘날의 사회가 사회·경제적 제반 여건에 큰 차이가 있으나, 그럼에도 불구하고 여전히 오늘날에도 법질서 내의 본질적인 구성요소라는 기본 원칙적 측면에는 변함이 없다. 다만, 20세기에 들어와서는 자기 결정력의 균형이란 측면에서 볼 때 그 이전보다 더 심한 사회·경제적 힘의 일방적인 편중현상이 나타나게 되었다. 이러한 사회적인 힘의 편중은 사인간의 법률관계를 형성함에 있어서는 개인간의 결정력으로 나타나는데, 당사자간의 이러한 결정력의 현저한 차이에도 불구하고 사적 자치만을 고집할 때 결과적으로 나타나는 것은 사적 자치의 미명 아래 스스로 형성된 불공정하며 정의롭지 못한 법률관계일 뿐이다. 이는 오로지 사적 자치의 원칙을 고수하기 위하여 사법의 근본이념인 정의와 형평을 저버리는 우를 범하는 것에 지나지 않는다. 이에 오늘날에는 비록 당사자간에 형성되는 법률관계이지만 계약에서도 사법의 근본이념인 정의 내지 형평을 구현하기 위한 측면에서 사적 자치에 대한 제한이 행하여지는 것이다. 따라서 사적 자치에 대한 제한은 당사자간에 형성되는 법률관계에 형평을 기하는 데 그 근본 목적이 있다. 이러한 사적 자치에 대한 제한은 다른 한편으로는 복지국가를 구현하기 위한 사회적 시장경제체제의 토대가 되는 개인 재산권의 사회적 구속성이란 이념에서 정당시된다.

오늘날 사적 자치에 대한 제한은 다방면에 걸쳐 여러 가지 방법으로 나타나고 있다. 그중에서 가장 직접적이고도 구체적인 것은 입법에 의한 사적 자치의 적용영역의 축소이다. 종래에는 순수한 사법분야로만 관념되었던 분야에 공법적 요소의 대량 유입(각종의 부동산관계법－부동산거래에의 각종의 규제), 새로운 법 분야로서의 공사혼합법의 출현(노동법, 경제법), 사법 특히 채권법 분야에서의 새로운 강행법규의 출현(주택임대차보호법, 약관의규제에관한법률), 각종의 사회보장 및 소비자보호 관련법의 제정 등으로 사적 자치의 범위가 제한되고 있다. 이로써 사회·경제적 힘을 바탕으로 하는 개인의 의사결정력이 작용하는 범위를 원천적으로 제한함으로써 종래에 사적 자치가 허용되던 분야에 많은 변화가 생기게 되었다. 즉, 사회·경제적 여건의 변화에 따라 많은 분야에서 강행법규가 출현함에 따라 사적 자치가 허용되는 영역이 원천적으로 축소되고 있다. 또한 기존 법규의 새로운 해석 내지 법이론의 등장인 계약체결 강제론, 사실적 계약관계론, 사정변경의 원칙 등에 의하여 종래의 사적 자치의 내용은 많은 제한을 받고 있다.

이러한 점에서 혹자는 오늘날 사적 자치는 위기에 처해 있다고도 말한다. 그러나 Flume가 적절히 지적한 바와 같이, 사적 자치의 위기론은 '19세기 사법학에서 사석 자치의 기초를 사회적 정당성의 원칙에 대한 제한이 필요 없는 개인의 지배' 라는 잘못된 토대에서 나온 결론의 연장선에 지나지 않는다고 보아 위기라고까지 할 것은 없다고 생각한다. 다만, 언급한 바와 같이 구체적인 사안에 있어서 법률행위 해석시에 이러한 점들이 충분히 고려되어, 개인간의 결정력의 불균형에 의한 법률효과의 사회적 정당성에 대한 문제점이 해소될 수 있도록 신중하여야 할 것이다. 이는 오늘날 지향하는 ＜계약자유에서 계약의 정의＞로 가는 길이 되기 때문이다. ＜계약의 정의＞라는 측면에서 사적 자치의 한계는, 결국 내적으로는 자기결정력의 존재 및 균형의 문제가 되며, 외적으로는 그 결과라 할 수 있는 급부의 불균형 내지 불공정성이 문제된다.

(다) 個別行爲와 私的 自治

자유로운 경제활동과 상호간의 경쟁을 본질로 하는 자본주의 경제체제는 개인의 창조력을 바탕으로 하는 상호간의 자유로운 법률관계의 형성이 당연히 요구된다. 근대 사법의 배경을 이루는 근대 자본주의는 이득의 추구만을 그 내용으로 하는 모험가적 자본주의(adventurers' capitalism)와는 달리, Max Weber가 파악한 바와 같이 도덕에 기초한 이득의 추구와 의무로서의 일에 대한 엄격한 책임에 기초를 둔 합리주의의 산물이다. 이러한 경제체제를 유지시키기 위한 기본구도로서는 사적 법률관계의 형성을 주체인 인격체의 자유에 맡긴다는 것이고, 이에 대한 사법적 장치가 곧 사적 자치이다. 이는 근대 이전 사회에서 가장 문제가 된 것이 개인의 자율적인 활동에 대한 제도적 보장이 없었다는 것이며, 자율적인 개인 활동의 절대적인 보장만이 새로운 사회를 이끌 수 있는 유일하고도 핵심적인 장치라고 생각한데서 기인한다. 또한 이는 행위주체인 인격체(Person)에게 개인재산의 보장이란 원칙을 접목시킨 당연한 결과라고도 할 수 있다.

자본주의라는 틀에서 인격체 상호간의 개별적 경제행위에 대한 사법적 기본원칙은 사적 자치의 절대적 보장이 합리적이며 당연한 결과이다. 당사자 상호간에 국한된 개별적 경제행위에 관해서 사적 자치가 절대적인 가치로 존중되는 이유가 여기에 있다. 사적 자치는 자본주의 사회의 건전한 발전의 기초가 되는 단위 경제행위에서 자기완성의 욕구에 대한 사법적 대응이다. 이에 따라 당사자간의 거래행위는 개인의사의 절대적 존중에 의한 자율적 조정이란 원칙을 채용하고 있다. 이는 당사자간의 법률관계의 형성을 개인의 자율적인 의사의 결정에 맡기는 자기결정원리를 의미하는데, 자유로운 자기결정이 아닌 경우는 그 법률효과를 무효 또는 취소할 수 있도록 하고 있다. 물론 법률행위가 무효 또는 취소되더라도 일방의 고의 또는 과실에 의해 상대방에게 손해가 발생한 경우에는 배상책임을 지게 되지만, 이는 다른 문제에 속한다.

(라) 私的 自治와 去來安全의 調和

자본주의 경제사회는 개별 행위에 대한 사적 자치의 원칙에 의한 자유로운 의사활동의 보장과 연속된 개별행위의 총체적인 측면에서의 거래의 신속, 안전성 보장에 의해 발전 확립되고 있다. 그러나 이 양자를 개별적으로 검토할 때 상호 모순되는 작용을 하고 있음을 알 수 있다. 즉, 사적 자치란 개인 의사의 절대성을 전제로 한 자유로운 의사결정으로 <권리의 안전>을 목표로 하며, <거래의 안전>은 개인 의사의 절대성을 포기한 타율에 의한 권리관계의 설정이라는 결과를 낳는다. 요컨대, <권리의 안전>은 법률관계의 자율결정의 원리이며 <거래의 안전>은 타율결정의 결과이다. 이와 같은 <권리의 안전>과 <거래의 안전>이란 두 이념은 어느 하나도 일방적으로 포기될 수 없는 것이다.

거래의 안전을 중시하는 기초이론으로는, 법률관계의 형성에 대한 외형에 따른 법률효과의 발생을 주장하는 법외관론法外觀論 내지 권리외관론(Rechtsscheinstheorie), 점유 및 등기를 포함한 모든 정형화된 권리표현형식은 권리추정의 기초가 되며, 무권리자로부터 권리가 취득되는 것은 권리자가 법외관의 대항을 받는 원인을 제공하였거나 또는 적어도 원인의 제거를 간과한 경우라고 하는 원인제공의 원칙(Veranlassungsprinzip) 등이 주장되고 있다.

권리의 안전 또는 거래의 안전을 중시하는 종래의 기초이론은 모두 어느 일방의 우월성을 전제로 한 이론으로, 그 이론의 설득력에 대한 강한 의문이 제기되어 근래는 보다 설득력 있는 이론이 모색되고 있다. 이는 결국 「권리의 안전」과 「거래의 안전」의 합리적인 조절이란 측면에서 논의되어, 근래에는 이익형량을 통한 쌍방의 귀책성의 비교에 의한 책임법적 측면에서 해결하려고 시도하고 있다. 즉, 「사회의 이익」을 기준으로 유형화시켜 조절하려는 이익형량론적 유형화책임론, 책임론에 관한 보통법상의 원인제공론을 주된 내용으로 하는 권리외관론에 기초하여 책임법적 측면에서 구체적인 경우를 유형화시키는 이론 등이 주장되고 있다.

요컨대, 「권리의 안전」과 「거래의 안전」 두 가지 이익 중 어느 하나에 대해 획일적으로 다른 이익에 대한 우월성을 인정할 수는 없다. 그러나 현대 사회의 경제활동의 복잡화, 다양화와 신속성의 요구를 직시할 때, 다소간 동적 안전, 즉 거래안전에 상대적인 우위를 두지 않을 수 없으며, 그러한 경우에도 당사자의 귀책성을 상호 비교하여 구체적 형평을 기함으로써 그 조화점을 찾을 수밖에 없다고 할 것이다.

우리 민법은 부동산에 관해 공신의 원칙을 인정하지 않고 동산에 관하여서만 이를 인정하기 때문에 신뢰보호 내지 거래의 보호보다 진정한 권리의 보호에 치중하고 있는 것으로 보이는데, 이는 우리 민법 전체의 체계를 세우는 데 중요한 점이 된다는 견해가 있다(이영). 그러나 부동산의 공신력에 대한 미비는 의사표시의 무효·취소의 효과를 제3자에 대하여 대항할 수 없다는 규정으로 보완되고 있다. 그렇지 않더라도 현대 사회의 거래의 주를 이루며 중요한 가치를 가지는 것은, 부동산이라기보다는 오히려 동산이라 할 수 있고, 오늘날 우리 경제체제가 극도로 발전되어 복잡화·다양화되었을 뿐만 아니라 신속성을 요하여 이에 따른 유통의 안전이 절대적으로 요청되고 있다는 점에서 거래의 안전에 상대적인 우월성을 두지 않을 수 없다고 생각한다. 여기서 거래의 안전, 이른바 동적 안전에 상대적인 우월성을 둔다는 것은 구체적인 경우에 정적 안전과 동적 안전의 보호를 비교하되, 정적 안전의 기초를 허물어뜨리지 않는 상태에서의 일정한 요건 아래 동적 안전의 보호를 비교우위에 둔다는 소극적인 의미이다.

4. 契約의 社會的 機能

신분을 기초로 한 봉건체제가 시민혁명에 의하여 붕괴된 근대 이후의 사회는 개인의 자유와 평등을 기본이념으로 사유재산제와 노동력의 상품화를 기반으로 모든 사적 구조가 계약관계를 기초로 하고 있다. 생산의 기초가 되는 토지·건물 기타 생산수단의 이용 및 거래, 생산물의 교환, 노동력의 이용 등 오늘날 우리가 생활하는 데 필요한 부분에서 계약관계를 기초로 하지 않는 분야가 없어 그야말로 우리는 계약관계로부터 어느 하나 자유로운 분야가 없다고 하여도 과언이 아니다. 이는 근대 이후의 사회가 신분에 의해 영위되는 사회로부터, 분업협동과 노동력의 상품화로 특징되는 사회로 이전됨에 따른 필연적인 현상이다. 오늘날의 사회는 계약에 토대를 둔 사회로서 그 사회적 기능은 지대하다 할 수 있다. 구체적으로 계약 중에서 오늘날 가장 중요한 사회적 기능을 하는 계약은 매매, 소비대차, 임대차이다. 매매는 상품교환을 가능하게 하는 가장 중요한 수단으로 상품교환이 주가 되는 근대 이후의 사회에서 가장 광범위한 사회적 기능을 하며, 소비대차는 특히 자본주의가 고도로 발달한 오늘날의 금융자본주의 아래에서 타인의 화폐에 대한 이용의 수단으로서 기능을 하며, 임대차는 생활의 공간 또는 생산을 위하여 타인의 토지·건물 기타 설비의 이용을 가능케 하는 수단으로서 중요한 기능을 한다.

한편 자유경쟁을 그 본질로 하는 자본주의 경제체제 아래에서 자유경쟁관계의 활성화를 위해서는 개인의 창의성을 최대한 발휘할 수 있도록 보장하는 것이며, 이는 곧 사적 법률관계의 형성의 수단인 계약을 당사자의 완전한 자유에 맡기는 것이다. 이는 법률적인 측면에서는 권리주체로서의 개인을 변별력과 예기력을 갖춘 자주적 인간으로 상정함에 따라 그러한 개인이 당사자가 되어 형성하는 사적 법률관계에 관하여는 그들의 자유로운 의사에 맡긴다는 것은 당연하고도 최상의 것으로 관념되었다. 따라서 근대법에서는 계약의 절대적인 자유를 그 내용으로 하는 계약지상주의 원칙이 지배하였다. 이러한 절대적 자유를 그 내용으로 하는 계약은 오늘날 우리 사회에서와 같이 자본주의 발전을 고도화시킨 하나의 원동력으로서 사회에 긍정적 기능으로 작용하였다.

그러나 다른 한편으로 사회의 기초 형성을 위한 유일한 매개수단인 계약에 대한 절대적 자유는 사유재산 절대주의와 결합함으로써, 가진 자와 갖지 못한 자라는 새로운 계층을 낳게 하였을 뿐만 아니라 이들 계층간의 갈등을 심화시키는 요인이 되는 등의 부정적 기능을 하기도 하였다. 이는 노동력의 상품화의 측면에서는 노동력의 이용을 위한 고용계약에 의하여 개인을 자본가 계급과 노동자 계급으로 2분화시키고 그들 간의 갈등을 심화시켜 오늘날 가장 심각한 사회문제로 만들었으며, 또한 자본가 사이에서는 그들 간의 자본의 집중을 통한 독점에 의하여 자본주의 경제체제의 본질인 자유경쟁을 배제시키고, 이로써 소비자가 가진 계약의 자유를 형식적·명목적인 것으로 전락시킴으로써 실질적인 계약제도 자체의 존립에 회의를 제기하게 하는 사태까지 초래하고 있다.

이와 같이 계약은 근대 이후의 우리 사회에서 긍정적인 면과 부정적인 면의 양면에서 작용하고, 부정적인 면에서의 문제를 해결하기 위하여 오늘날 계약은 여러 방면에서 제한을 받고 있다. 그러나 계약제도가 초래한 오늘날의 사회·경제적 문제와 이를 위한 여러 가지 제한에도 불구하고, 자유자본주의 경제체제를 유지하는 한 계약은 역시 개인의 창의성을 최대한 발휘할 수 있는 수단이며 또한 오늘날 우리가 생활하는 사적 구조의 기초를 형성하는 데 가장 중요한 작용을 하는 것임에는 변함이 없다.

5. 契約法의 法源

계약관계를 규정한 법규 중에서 가장 중요한 것은 민법 제2장 계약편과 계약과 관련되는 총칙편의 법률행위 및 채권총칙편의 규정이다.

그밖에 계약의 사회적 기능에 따라 많은 개별 특별법이 있다. 그중에서 주요한 특별법을 개괄하면 아래와 같다.

사회적 기능도가 가장 큰 매매와 관련해서는 부동산실권리자명의등기에관한법률(1995년 법률 제4944호), 약관규제에관한법률(1986년 법률 제3922호), 할부거래에관한법률(1991년 법률 제4480호), 소비자보호법(1986년 법률 제3921호), 독점규제및공정거래에관한법률(1990년 법률 제4198호) 등의 많은 특별법이 있다. 임대차와 관련해서는 주택임대차보호법(1981년 법률 제3379호), 상가건물임대차보호법(2001년 법률 제65425호), 농지법(1994년 법률 제4817호) 등이 있다. 소비대차와 관련해서는 대부업의 등록및금융이용자보호에관한법률(2002년 법률 제6706호), 가등기담보등에관한법률(1983년 법률 제3681호), 고용계약과 관련해서는 근로기준법(1997년 법률 제5309호)과 신원보증법(2002년 법률 제6592호) 등의 특별법이 있다.

Ⅱ. 契約의 拘束力과 有效性

1. 契約의 拘束力

(1) 拘束力의 意義와 內容

계약이 유효하게 성립하면 이에 따라 일정한 법률효과가 발생하고 당사자는 이에 구속된다. 이것을 계약의 구속력이라 한다. 즉, 당사자는 단독으로 그 계약을 자유롭게 철회할 수 없고, 새로운 계약인 합의에 의해서만 변경 또는 철회할 수 있다. 그리고 당사자 간에 합의한 내용을 이행할 의무를 부담하며, 이를 이행하지 않을 때는 법원에 의해 이행을 강제당하는 제재를 받게 된다.

계약에 구속력이 있음은 일찍부터 로마법에서 「계약은 지켜져야 한다(Pacta sunt servanda)」라는 법언으로 인정되었고, 근대법에서도 직접 또는 간접적으로 이를 선언하고 있다. 예컨대, 독일 민법 제305조는 <법률행위에 의하여 채무관계를 설정하거나 또는 채무관계의 내용을 변경하기 위해서는 법률상 다른 규정이 없는 한, 당사자간에 계약을 필요로 한다>, 또 스위스 채무법 제2조는 <당사자가 모든 중요한 점에 관하여 합의하였다면 부수 사항에 관하여 유보가 있었다고 하더라도 계약의 구속력을 방해하지 않는다>, 프랑스 민법 제1134조는 <적법하게 성립한 계약은 이를 체결한 당사자간에서는 법률의 구실을 한다>는 명시明示된 규정으로써 계약에는 구속력이 있음을 선언하고 있다. 우리 민법도 제105조에서 <법률행위의 당사자가 법령 중의 선량한 풍속 기타 사회질서에 관계없는 규정과 다른 의사를 표시한 때에는 그 의사에 의한다>고 하여 계약의 구속력을 간접적으로 선언하고 있다.

계약의 구속력이 미치는 범위는 당사자간에 명시적으로 합의한 내용에만 한정되는 것이 아니고, 법률의 규정이나 거래관행 및 계약의 해석을 통하여 당사자간에 명시하여 합의된 내용에 부수된 모든 사항에 관하여도 미친다. 즉, 계약의 구속력은 당사자간에 명시된 주된 의무(Hauptpflicht) 외에 명시하지 않은 주된 의무에 부수된 의무(Nebenpflicht)에 관하여도 미친다. 이는 인간의 생활관계란 복잡다기하여 당사자가 이들 모두를 예측하여 합의의 내용으로 할 수는 없기 때문이다. 그런데 이러한 계약의 구속력이 미치는 부수적 사항인지 여부는 당사자간의 구체적인 계약의 해석과 법률의 규정 및 거래관행 등에 의하여 정하여진다. 따라서 계약의 구속력이 미치는 구체적인 범위는 당해 계약(의사표시)의 해석과 법률의 규정 및 거래관행 등에 의하여 정하여진다.

이와 같이 계약이 유효하게 성립되면 원칙적으로 모든 계약에는 구속력이 있게 되며, 그 구속력은 계약이 서면에 의한 것이든 구두에 의한 것이든 차이가 없다. 그러나 민법은 예외적으로 구두에 의한 증여의 경우에 그 구속력을 약하게 하고 있다(제555조).

그런데 계약으로 유효하게 성립된 경우에도 법적 제재로서의 구속력이 없는 계약이 있다. 즉, 자연채무를 발생시키는 계약은 당사자가 합의한 내용을 이행하지 않아도 법원에 의하여 그 이행을 강제당하지 않는다. 그러나 자연채무의 경우에도 채무자의 임의의 지급은 비채변제가 아니기 때문에 채권자로서는 부당이득이 되지 않아 반환당하지 않는 법적 보호를 받는다. 따라서 자연채무를 발생시키는 계약에도 당사자간에는 법적 보호로서의 최소한의 구속력은 있다.

그러므로 어떠한 법적 보호도 받지 않는 합의 내지 약속은 계약이 아니다. 예컨대, 친구간의 의례적인 인사치레로서의 약속(나중에 부조를 한다는 등) 등은 계약이 아니다.

(2) 拘束力의 根據

계약에는 전술한 바와 같이 구속력이 있게 되는 근거는 무엇인가? 바꾸어 말하면 당사자의 일정한 합의를 법질서 내의 하나로 편입하여 실정법규범으로 당사자의 합의에 따른 권리와 의무를 부과하고 이를 이행하지 않을 경우에는 법적 강제로서의 국가의 공권력을 행사하는 근본적인 원리는 어디에 있는가?

이에 대하여 중세까지는 계약의 구속력, 즉 합의한 약속을 지켜야 한다는 것은 그 약속에 수반한 일정한 종교적 선서 내지 의식 또는 인간의 양심 내지는 기독교적 도덕률 등으로 소박하게 이해되었다.

근대법에 들어와서 비로소 합리주의적 자연법론자들이 인간 이성에 따른 자연법의 존재를 주창하며, 개인의 권리의 제한 내지 의무의 부담은 오로지 이성에 바탕을 둔 개개인의 자율적 의사라고 주장함에 따라 계약의 구속력은 결국 개인의 자유로운 의사 그 자체로부터 나오는 것으로 이해되었다. 즉, 인간의 자유와 평등을 사회적 이념으로 인격체인 권리주체의 자기결정에 따른 자기책임 원칙으로서의 사적 자치 내지 의사 자치에 계약의 구속력의 근거를 둔 것이다.

이는 결국 인간이성을 바탕으로 한 인간의 의사 그 자체를 계약의 구속력의 근거로 이해한 것이다. 이러한 시각은 영미법에서도 동일하게 법률관계의 형성에 대한 의사절대적인 사고에서 계약에 관하여도 이른바 약속원리(Promise Principle)로서의 개인 의사 그 자체에 구속력의 근거를 두었다. 이와 같이 종래에는 권리주체로서의 인간의 의사 그 자체에 합의의 정당성과 이에 따른 구속성을 인정함으로써 의사적 측면만이 강조되었다.

그런데 20세기 들어와서 영미를 중심으로 인간 행태에 대한 공리주의 이념 아래 계약의 구속력에 관하여도 신뢰(reliance-based)와 이해관계(interest-based)를 그 기초 내지 근거로 이해하려는 주장이 제기되고 있다(P. S. Atiyah). 이는 계약이란 당사자간의 이해관계가 충분히 조절된 합의로써 이를 지키는 것이 상호 신뢰되고 있기 때문에 그러한 이해관계와 신뢰가 바탕이 되어 계약의 구속성이 도출된다는 것이다.

* P,S.Atiya: 영국의 현대 사법학자 1986년에 <Essays on Contract>를 저술함.

상술한 바와 같이, 근대 이후에 들어와서 계약의 구속력의 근거를 단편적으로 인간 이성에 바탕을 둔 의사적 측면 또는 공리주의적 사고에 의한 이해관계에서 그 근거를 찾고 있으나, 계약이란 사회적 제도와 계약의 원리 등 복합적인 면에서 그 근거를 찾는 것이 옳을 것이다. 근대 이후의 자본주의 경제체제는 사유재산의 활용을 기본으로 하고, 이의 활용에는 개인의 창의성이 절대적으로 요구되는 바, 계약이란 바로 이러한 개인의 창의성을 발휘할 수 있는 가장 유용한 수단이며 또한 사법의 교환적 정의에 이바지 할 수 있는 제도이기 때문이다. 한편 계약은 사적 자치의 실천 수단으로써 인간 이성에 바탕을 둔 자유로운 자기결정에 의하여 당사자간의 이해가 조절된 결과의 구체적 표현이다.

이와 같이 계약은 지킬 것이라는 상호 신뢰의 기초 위에 형성된 것으로써 이러한 신뢰보호는 거래 자체 내지 거래안전과 더 나아가서 사회존립의 전제가 되고 있다. 따라서 이러한 복합적인 점에 의하여 실정법규범이 계약에 구속력을 준 것으로 이해할 수 있다.

2. 契約의 有效性

계약이 유효하기 위하여는 주관적(의사적) 측면과 객관적 측면에서 유효요건을 구비하여야 한다. 주관적 요건이란 계약이 당사자간의 자유로운 의사의 합치라는 점에서 의사적인 측면에서의 유효요건을 의미하며, 객관적 요건이란 계약이 당사자간에 국한된 법률관계의 형성이지만 그 개인도 공동체 구성원의 일원이기 때문에 공동체의 평화와 질서유지를 위하여 요구되는 최소한의 요건을 말한다.

(1) 主觀的(意思的) 要件

(가) 合意의 存在

당사자간에 의사의 합치가 있어야 한다. 어느 일방만의 의사만 있거나, 양방의 의사가 있더라도 그것이 일치되지 않으면 합의는 존재하지 않는다(계약의 성립편에서 상술).

(나) 意思의 不完全

일방이 의사무능력 또는 행위무능력 상태였거나, 의사가 착오·사기·강박 등에 의한 경우에는 계약이 완전하게 효과를 발생시키지 못한다.

(2) 客觀的 要件

계약이 유효하기 위한 객관적 요건으로는 계약의 내용이 비록 당사자간에 국한된 법률관계의 형성에 관한 것이지만 공동체의 평화와 근본적인 질서 파괴를 방지하기 위한 최소한의 규제가 필요하고, 그러한 의미에서 계약의 내용이 선량한 풍속 기타 사회질서에 위반하지 않아야 하며(제103조) 또한 당사자간에 불공정하지 않아야 한다(제104조).

(가) 善良한 風俗·社會秩序 違反(제103조)

계약이 선량한 풍속 또는 사회의 기본질서에 위반하는 경우에 당해 계약은 무효이다. 판례·학설은 일반적으로 아래의 경우를 제103조 위반에 의한 무효로 본다.

① 계약의 목적이 양속에 위반

② 계약이 법률적으로 강제됨으로써 양속에 반하는 경우

③ 계약이 이익과 관련되어 양속에 반하는 경우

④ 계약의 내용이 양속에 반하는 경우

⑤ (표시된)불법의 동기가 계약의 내용이 된 경우

* 의사형성과정의 불법에 지나지 아니한 경우는 의사표시의 하자로 규율

(나) 不公正한 契約(제104조)

계약이 당사자의 궁박, 경솔, 무경험에 편승하여 불공정하게 체결된 경우에는 무효이다. 판례는 채권액의 3 내지 4배의 대물로 한 대물변제계약, 시가의 1/2 이하의 가격으로 체결된 매매계약, 손해의 1/8밖에 되지 않은 금액으로 합의한 손해배상의 합의 등을 제104조 위반에 의한 무효로 인정하고 있다.

그런데 판례와 통설은 본조는 급부와 반대급부 사이의 불균형을 규제하는 데 그 목적이 있기 때문에 유상·쌍무계약에만 그 적용이 있고 반대급부가 없는 무상·편무계약에는 그 적용이 없다고 한다. 그러나 판례·통설의 이와 같은 견해는 그 논거를 어디에서도 찾을 수 없는 잘못된 것이다.

우선 본조의 어디에도 반대급부의 존재를 전제로 한다고 해석되지 않으며, 비록 반대급부의 존재를 전제로 한다고 하더라도 무상·편무계약의 대표적인 계약인 증여는 반대급부가 존재하지 않는 것이 아니라 영零으로 존재한다고 보면 될 것이다. 나

아가 판례·통설과 같이 반대급부의 존재여부로 본조의 적용여부가 결정된다면 반대급부가 영인 증여는 적용이 없고 반대급부가 아주 경미하더라도 있기만 하면 적용된다는 것이 되어 불합리하다.

반대급부가 있는 경우에만 본조가 적용된다는 오늘날의 우리나라의 판례·통설은 1930년대에 <타인의 궁박, 경솔, 무경험을 이용하여 현저하게 과다한 이익을 획득할 목적인 법률행위는 선량한 풍속에 반하는 것으로 무효이다>라는 일본 법원의 판례와 <이러한 법률행위인 폭리행위는 양속 위반의 하나의 유형이며, 그 내용은 독일 민법 제138조 제2항이다>이라는 보완을 거쳐 확립된 이른바 폭리행위론에 기인하는 것으로 보인다. 이는 우리나라의 법원과 학자들이 제104조를 법전상에는 <불공정한 법률행위>라고 명기함에도 불구하고 서슴없이 <폭리행위>라고 부르는 것으로도 알 수 있다(제104조를 폭리행위라는 용어를 사용하는 것 자체부터 잘못되었다).

그러나 이러한 일본의 해석론(폭리행위론)은 일본 민법에는 양속위반의 규정(일본 민법 제90조로 우리 민법 제103조에 해당)만이 있어 급부와 반대급부의 현저한 불균형을 이루는 폭리행위를 규제하기 위한 방편으로 나온 해석으로 우리와는 그 사정이 전혀 다르다. 우리 민법은 제104조가 별도로 규정되어 있고, 이는 법률행위의 불공정성의 일부인 급부와 반대급부만을 문제로 하는 것이 아니라, 이를 포함한 광범위한 법률행위의 불공정성 여부를 규제하기 위한 것에 그 목적이 있는 것이다. 다시 말하면 제104조는 반대급부가 있느냐의 여부, 즉 급부간의 불균형이 핵심과제가 아니라 법률행위 자체의 공정성이 핵심과제로서, 급부간의 불균형이란 당사자간의 법률행위의 불공정성에서 나오는 결과일 뿐이다. 급부간의 불균형이 있게 되면 법률행위의 불공정성은 쉽게 추단될 뿐으로 불균형한 법률행위(폭리행위)는 불공정한 법률행위의 하나의 유형일 뿐이다. 따라서, 반대급부가 영이라고 하여 불공정성 여부를 검토할 필요도 없다는 판례·통설은 전말이 전도된 것이다. 오히려 다른 측면에서 본다면 증여와 같이 반대급부가 영인 경우가 그 법률행위의 공정성이 더욱 문제가 될 수 있다. 이러한 점에서 본조는 유상·쌍무계약은 물론이고 증여와 같은 무상·편무계약에도 그 적용이 있다고 본다. → 자세한 이론적 근거에 관하여는 다음을 참조.

<片務·無償契約의 제104조 適用>

I. 序 說

민법 제104조는 <당사자의 궁박, 경솔 또는 무경험으로 인하여 현저하게 공정을 잃은 법률행위>를 불공정한 법률행위라 하고, 이러한 법률행위는 무효로 하고 있다. 민법 제104조의 불공정한 법률행위를 해석함에 있어 판례·통설은 표현에 있어서 다소의 차이는 있으나, <불공정한 법률행위>란 「상대방의 궁박·경솔·무경험, 즉 비정상적인 상태에 편승하여 자기의 급부에 비하여 현저하게 균형을 잃은 반대급부를 하게 하여 부당한 재산적 이익을 얻은 행위」로서의 <폭리행위>로 정의하고 있다. 이러한 해석론에 기초하여 「증여계약과 같이 아무런 대가관계 없이 당사자 일방이 상대방에게 일방적인 급부를 하는 법률행위는 그 공정성(제104조 적용) 여부를 논의할 수 있는 성질의 법률행위가 아니다」라고 하고 있다.

제104조의 불공정한 법률행위에 대한 상기와 같은 판례, 통설의 해석론은 동조가 BGB 제138조 2항(ZOR 제21조)을 계수(모방)한 것이며, 또한 일본 민법 제90조의 「공서양속 위반의 법률행위」를 해석함에 있어서 하나의 유형으로 인정되는 폭리행위 그 자체를 우리 민법에서는 별도로 제104조를 두어 규정하였다고 이해하는 시각에서 출발하고 있다. 그렇기 때문에 학자들이나 법원에서는 오히려 불공정한 법률행위라는 용어보다는 제104조의 행위를 「폭리행위」란 용어로 더 많이 지칭하고 있다.

필자는 민법 제104조에 대한 판례·통설이 상기와 같이 <불공정한 법률행위>를(이는 곧 동조의 적용범위가 된다) <폭리행위>로 이해하여 「유상·쌍무계약의 법률행위만에 문제가 된다」고 하고, 따라서 「대가관계가 없는 편무·무상계약은 반대급부가 없기 때문에 불공정한 법률행위 해당 여부 자체가 문제 될 수 없다」는 견해에 의문을 가지고 있다. 그 의문은 판례·통설이 불공정한 법률행위를 유상·쌍무계약에 한정하고 있는 논거를 어디에서도 찾을 수 없으며(동지 : 이영준), 또한 동조가 제103조의 예시규정이라는 견해에 대한 통설에 대하여 의문을 가진다.

본 논제에 대한 구체적인 검토에 들어가기 전에 우선 하나의 예를 들어 동조의 해석에 관한 판례, 통설에 문제점이 있다는 것을 보도록 한다. 오늘날 많은 문제가 되고 있는 특정 종교(대부분의 경우는 사이비 종교)에 일시적으로 심취하여 거액의 재산을 기부한 자가 그러한 미망에서 깨어나서 이를 회복하려는 경우를 가정해 본다. 물론 이러한 경우에 의사표시에 관한 문제로서 착오·사기 또는 강박에 해당되는 경우에는 문제가 없으나, 오히려 그러한 경우는 대부분이 민법의 의사표시에 관한 착오, 사기 또는 강박에 해당되지 않는 사회적인 무경험, 선천적인 경솔 등으로 일시적으로 판단능력이 미흡한 것에 연유하였을 것이다. 그렇다면 제104조를 유상·쌍무계약에 한정하게 되면 이와 같은 경우에는 편무·무상계약으로서 동조의 적용여부를 논할 여지도 없게 되며(대판 1993. 10. 26, 93다6409에서 밝힌 바와 같이), 그렇다고 다르게 해결할 수 있는 여지도 없다. 이는 결국 제104조에 대한 해석론상의 문제에 기인한 것이라고 생각된다.

이러한 점은 결국 제104조의 규정자체의 문제라기보다는 그 규정에 대한 본질 내지 객관적 요건에 관한 이해의 차이에서 비롯된다. 따라서 본고에서는 민법 제104조에서 「불공정한 법률행위」를 규정하여 규제하는 근본적인 이론적 배경의 규명을 통하여 동조의 불공정한 법률행위의 개념, 성격(특히 제103조와의 관계) 및 적용범위 등에 대한 종합적인 사견을 밝히고자 한다.

Ⅱ. 立法例

독일을 비롯한 대륙법계 국가는 이른바 「수탈적 법률행위」를 명문으로 별도로 규정하거나 또는 독립한 규정을 두지 않은 국가에서는 해석을 통하여 양속 및 사회질서 위반의 법률행위 중의 하나의 유형으로 규제하여 왔다. 한편 영미법은 영미법의 기본 이념인 equity에 기반을 두어 사회적으로 용납되지 않는(부당한 ; unfair) 법률행위를 개별화하여 독립적으로 규제하는 개별법리가 발전하여 왔다.

1. 各國의 立法 및 運營

(1) 유럽국가

대륙법계의 폭리행위에 대한 뿌리는 동일하게 로마법의 laesio enormis 법리로서, 규정의 내용은 거의 동일하나 예컨대 북구 3국, 1976년의 독일 민법 개정 등에서 보는 바와 같이 최신 입법일수록 의사적 요소를 중시하고 있다.

한편 운용과정에 있어서는 나라마다 조금씩 차이가 있다. 스위스 민법에서는 본조의 적용을 유상·쌍무계약에 한정하여 그 외의 급부계약을 배제하는 폐쇄적 적용을 하지 아니하고, 상대방의 의사형성의 미흡 등을 이용하여 경제적 이득을 취한 모든 법률행위에 적용한다. 또한 프랑스 민법도 폭리행위 규제로서 특정한 계약 또는 특정인에 관하여서만 합의를 무효로 하는 lesion을 해석을 통하여 그 적용범위를 확대하며, 양속위반 행위와의 관계에 있어서도 lesion은 본질적으로 개인간의 경제적 불균형에 대한 문제이지 양속위반행위와 같은 공공질서의 침해가 아니기 때문에 이와는 구별되어야 한다고 이해한다.

(2) 日本民法

일본의 현행민법은 제정시에 <계약의 자유>와 <계약의 정의>의 이념에 따른 논란을 거듭한 끝에 결국 폭리행위(불공정한 법률행위)를 민법에는 규정하지 않았다. 그러다가 1920년 처음으로 독일 민법 제138조 제2항을 참조하여 이것과 같은 내용을 일본 민법 제90조(양속위반의 규정)에 도입시켜 양속위반의 하나의 유형으로 해석하여 규제하여야 한다는 견해가 나와 많은 지지를 받았고, 1934년 처음으로 대심원이 <타인의 궁박·경솔 또는 무경험을 이용하여 현저하게 과다한 이익을 획득할 목적인 법률행위는 선량한 풍속에 반하는 것으로 무효이다>라는 판결을 하였다. 이 판결이 오늘날까지 폭리행위론의 핵심으로 이어오는 일본에서의 <폭리행위는 양속위반의 하나의 유형이며, 그 내용은 독일 민법 제138조 제2항이다>라는 해석 및 판례의 시초이며 모델이다.

판례·학설에 의하여 확립, 발전되어 온 일본의 오늘날의 견해는, 우선 폭리행위론은 전형적인 공서양속 위반의 이미지에서 또는 독일 민법 제138조 제2항의 이미지에서 해방되어 인식론적으로 단절되었다고 주장한다.

폭리행위론의 이러한 인식 및 확장은, 착오, 사기, 강박 또는 의사능력의 법리가 당사자의 의사를 문제시함으로써 상당히 경직적이고 한정적일 수밖에 없는데 대하여 보다 광범위하게 적용할 수 있는 법리의 필요성이 대두되었기 때문이다. 단지 폭리행위를 양속위반행위의 하나의 유형으로 보는 것은 실정법의 미비에 따른 법 기술상의 해결방법이며 또한 반사회성을 중시하는 양속위반에 가탁하면 그 요건과 효과면에서 상당히 완화될 수 있기 때문인 것으로 평가된다.

(3) 英美法

영미법에는 급부의 불균형 자체를 원인으로 하여 법률행위를 무효 또는 취소하는 제도는 없으며, 이러한 경우에 강박, 부당위압不當威壓, 비양심적 거래 또는 비양심성(미국) 등의 제법리가 적용되어 해결된다. 그중 undue influence(부당위압)는 강박이 생명, 신체에 대한 물리적 압박을 요하는 등으로 그 요건이 한정적인 점에서 강박에 이르지 않은 신체적 압박 및 정신적 압박 등을 폭넓게 포용하는 법리로 발전하였다.

undue influence에 의한 무효의 대표적인 사례로서, Allcard v. Skinner (1887) 사건은 21세의 처녀 A는 청빈, 자애, 순종을 교리로 하는 신교계의 The Sister of Poor에 입회하면서 그 수녀회의 엄격한 청빈의 서약에 의하여 입회비 이외에 자기의 전 재산을 동 수녀회에 증여하였다. 그 후 A는 8년간 동 수녀회에서 생활하다가 탈퇴한 지 6년 후에 수녀회에 가입 당시의 증여행위를 undue influence에 의한 행위로서, 무효를 주장하면서 증여재산 중 잔여 부분에 대한 반환을 청구하였다. 이에 법원은 신체적 위협은 없었을지라도 자기의 청빈을 서약하고 이에 따랐으나 스스로는 항거할 수 없는 강제가 있었고, 그것도 제3자의 독립한 충고를 받을 기회가 없는 상태에서의 증여이므로 이는 undue influence 하의 증여로서 무효라고 판결하였다.

이상의 사례 외에 부모와 자식 관계, 후견인과 피후견인 관계, 의사와 환자 관계, 변호인과 의뢰인 관계, 수탁자와 위탁자 관계, 대리인과 본인 관계 등에서와 같이 특별한 개인적 관계(special personal relation)가 있는 경우에는 undue influence를 추정하고 있다.

2. 比較法的 推移

(1) 양속위반행위와의 단절 : 불공정한 법률행위가 양속위반행위의 하나의 유형으로 인식되어 입법된 것은 오직 독일 민법이며, 프랑스 민법은 물론이고 독일 민법을 계수한 스위스, 오스트리아 등에서도 외형상으로 양속위반의 법률행위와 별개로 규정하고 있으며, 해석론으로도 그 독자성을 인정하고 있다.

(2) 주관적 요건의 다양화(의사적 결함) : 영미법계는 당초부터 의사적 요소의 결함을 그 주된 요건으로 하였으며, 개정 독일 민법, 오스트리아 민법, 북구제국 민법에 와서는 <판단력의 결여, 의사의 허약, 이해력의 부족, 혼란>에 당사자간의 관계로서의 경제적, 심리적, 지적 힘의 불균형, 종속적 지위까지를 주관적 요소로 하여 다양화하고 있다. 그 뿐 아니라 그러한 명문의 규정이 없는 프랑스, 일본 등에서도 판례, 학설이 해석에 의하여 주관적 요소를 확대하고 있다.

(3) 무상·편무계약도 포함하는 모든 법률행위 : 영미법계는 오히려 무상·편무계약을 중심으로 불공정한 법률행위가 발전하여 왔다. 대륙법계는 조문상으로는 유상·쌍무계약에 한정한다고도 볼 수 있으나 판례·학설이 그렇게 단정하지는 않으며 일반적으로 모든 법률행위에 그 적용이 있다고만 설명하고 있다. 그러나 스위스 민법학계는 무상·편무계약을 포함한 모든 법률행위에 그 적용이 있다는 견해에 이설이 없다.

3. 民法 제104조의 比較法的 評價

종합적으로 볼 때, 우리 민법 제104조는 불공정한 법률행위에 대한 비교법적 평가에 있어서는 주관적 요소로서의 <당사자의 관계>를 명문으로 규정하지 않은 것을 제외하고는 어느 나라의 규정보다도 선진화되어 있다고 평가된다.

Ⅲ. 第104條의 解釋 試論

1. 제104조는 제103조와는 別個·獨立된 規定

(가) 조문의 배치형식적인 점에서 제104조를 제103조의 예시규정으로 볼 특별한 논거를 찾을 수 없다.
(나) 종속적인 규정으로 해석하는 데 가장 많은 영향을 끼친 일본에 있어서도 종래 직접적인 규정의 미비로 부득이 양속위반행위의 하나의 유형으로 보았으나, 지금은 독립된 제도로서 보는 견해가 지배적이다.
(다) 본질적인 측면에서 개인간의 경제적 불균형 야기행위를 공공의 질서위반의 유형으로 보는 것은 무리이다.

2. 제104조는 意思決定력이 未備한 者를 經濟的으로 保護하기 爲함이 目的

사적자치에는 내적 한계와 외적 한계가 있으며, 내적 한계란 사적자치의 전제가 되는 자유로운 의사결정력의 존재를 의미하며, 외적 한계란 적법성 및 사회질서에의 부합을 의미한다. 의사결정력이란 자기의 행위로서 나타날 결과에 대한 자유경쟁 사회에서의 자기의 사회적·경제적 이·불리를 충분히 고려하여 의사를 결정할 수 있는 능력을 말한다. 그런데 제104조가 규제하기 위한 것은 의사결정력이 전혀 없는 자가 아니라 <의사결정력이 미비(결여)한 자>를 보호하기 위한 것이다. 즉, 궁박·경솔·무경험·당사자의 관계(예 : 상사와 부하, 변호사와 의뢰인, 특정집단의 구성원) 등에 의하여 충분하고도 완전한 판단력을 갖추지 못한 자를 보호하기 위하는 데 그 규정의 목적이 있다. 이는 독일 민법이 1976년 해당조문을 <강제상태, 판단능력의 결여나 현저한 의사의 허약>으로 개정한 점에서도 나타나고 있다.

3. 實質的인 私的 自治의 原則을 實現하기 위한 基本規定

의사무능력제도만으로는 미흡한 의사결정력이 미비한 자의 법률행위를 무효화함으로써 실질적인 사적자치를 실현하기 위한 규정이며 실정법적인 측면에서 보면 사회, 경제적 약자의 보호를 위한 이념을 표현한 기본규정이다. 제104조의 기본규정 외에 민법상의 유질계약금지(제339조), 대물반환예약에 관한 규정(제607조, 제608조)이 있으며, 특별법으로는 가등기담보등에관한법률, 약관규제에관한법률, 각종의 소비자 보호를 위한 법률이 있다.

4. 無償·片務契約을 포함한 모든 法律行爲에 適用

유상·쌍무계약에서는 외형적으로는 급부의 불균형으로 나타나 의사의 미비 여부가 용이하게 밝혀지나 무상·편무계약의 경우는 반대급부가 없어 외형상 비교할 대상의 부존재로 의사의 미비여부가 쉽게 판별되지 않는 것일 뿐이지 무상·편무계약의 경우에는 의사의 미비가 있을 수 없다는 것은 논리적으로도 옳지 않다. 따라서 제104조는 유상·쌍무계약은 물론이고 무상·편무계약(예 : 증여 이른바 기부행위 등) 또는 난독행위(재산권의 포기 등)

에도 그 적용이 있다고 보아야 한다. 상술한 여러 점을 종합하면 아래와 같이 정리할 수 있다.

제104조의 불공정한 법률행위는 로마법의 laesio enormis를 계수한 독일 민법과 일본의 초기 판례와 학설에서 그 기원을 찾을 수 있으나, 선진화된 세계적 입법 및 이론적 추세에 따를 때 불공정한 법률행위는 양속위반의 행위와는 별개·독립된 규정으로서, 그 본질 및 기능은 의사결정력이 미비한 자에 대한 경제적 수탈행위를 방지하고 이러한 자를 보호하기 위한 일반규정이며 그 적용의 범위는 유·무상계약과 단독행위 등 모든 법률행위에 미친다. <불공정한 법률행위에 대한 재고, 비교사법, 제4권 1호 1997>

Ⅲ. 契約法에 관한 諸原則

1. 契約自由의 原則

(1) 意 義

계약자유의 원칙이란 계약에 의한 사적 법률관계의 형성은 법의 제한이 없는 한 완전히 각자의 자유에 맡기고, 법이 그러한 자유의 결과인 합의(계약)를 법적 구속력 있는 것으로 승인하는 원칙을 말한다. 즉, ① 법은 사적 법률관계에 관한 내용 중 일정한 범위에 관하여는 개인의 자유에 맡기고(제105조), ② 이 범위 내에서의 법률관계에 관하여는 당사자의 합의에 법적 구속력을 주어 그 합의를 법질서의 하나로 인정하고 있다.

계약의 구속력이라는 측면에서 보면 계약이란 개인이 구속의사를 전제로 법적으로 집행 가능한 약정을 한 자기결정의 결과이며, 이 결과를 법질서가 승인한 것이다. 계약자유의 원칙은 이러한 자기결정의 과정에서 적용되는 원칙이다.

계약의 자유는 근대시민사회의 개인주의적·자유주의적인 시대사조를 배경으로 개인을 봉건적·신분적인 여러 구속으로부터 해방시키고, 그에게 자유활동의 기회를 주고자 하는 데서 성립되고 인정된 것이다. 이러한 계약자유의 원칙은 소유권절대의 원칙 및 과실책임의 원칙과 함께 근대 사법의 3원칙 중의 하나이다. 소유권절대의 원칙은 개인이 소유물을 사용·수익·처분하는 데 있어서 타인으로부터 구속이나 간섭을 받지 않는다는 것을 의미하며, 계약자유의 원칙은 그 소유물을 수익·처분하는 수단인 계약을 자유롭게 한다는 의미이며, 과실책임의 원칙은 소유자가 그러한 활동을 함에 있어서 발생하는 타인에 대한 손해에 관하여 본인이 과실 있는 경우에만 손해배상책임을 진다는 것이다. 이러한 3대 원칙은 상호 유기적 관련을 가지고 자본주의 경제사회에서 개인의 경제활동의 자유를 보장함으로써 자유자본주의 경제체제의 법적 지주가 되고 있다. 그중에서 계약자유의 원칙은 개인의 경제활동의 자유를 보장하는 역할을 하고 있다.

계약자유의 원칙의 실정법적 근거에 관하여 스위스 채무법(OR)은 제19조에서 <계약의 내용은 법률의 범위 내에서 자유로 정할 수 있다>고 직접적으로 규정하나, 우리 민법에는 이를 직접적으로 규정하는 조문은 없고 임의규정에 대한 제105조의 해석상 계약자유의 원칙을 전제하고 있다고 이해된다. 즉 우리 민법은 계약자유의 원칙에 관하여 직접적으로 규정하지는 않고 제105조에서 간접적으로 규정하고 있다.

(2) 內 容

계약의 자유라고 하지만 이 자유는 무제한적인 자유를 의미하는 것이 아님은 당연하다. 예컨대, 계약의 내용이 강행법규에 위반되어서는 아니 되고(제105조), 반사회적 반양속적이어서는 아니 되며(제103조), 또한 계약이 불공정하지 않아야 함(제104조)은 당연하다. 계약의 자유에는 체결의 자유, 내용결정의 자유, 방식의 자유의 세 가지가 있다.

(가) 契約締結의 自由

당사자는 계약을 체결할 것인가 또는 체결하지 않을 것인가를 자유롭게 결정할 수 있다. 물론 이는 상대방을 누구로 하여 체결할 것인가도 자유롭게 선택할 수 있는 것을 의미한다. 이는 계약의 체결을 강제당하지 않고 자기의 판단에 따라 유리한 측을 선택하여 경제활동을 할 수 있다는 것을 의미하는 것으로 자본주의 경제활동의 출발점이 된다.

(나) 契約內容 決定의 自由

당사자는 계약의 내용을 자유롭게 합의하여 결정할 수 있다. 따라서 당사자는 자기의 소유물을 자유롭게 수익 및 처분할 수 있게 되는데, 이로써 개인의 창의성을 극대화시킬 수 있는 가능성이 부여되었다.

(다) 契約方式의 自由

계약의 체결에 특별한 방식을 요구하지 않는다. 예컨대, 문서 또는 구두 어느 쪽으로나 가능하며, 문서로 하는 경우에도 특별한 형식을 요하지 않는다. 이는 계약의 체결을 쉽게 함으로써 경제활동의 자유를 보장하고 원활하게 한다는 의미가 있다.

(3) 契約自由의 原則의 制限

(가) 制限의 意義

계약자유의 원칙은 사유재산 절대의 원칙 및 과실책임의 원칙과 더불어 자본주의 경제체제의 법적 지주로서 개인의 경제활동의 자유와 창의성을 보장하는 출발점이자 합리적 원칙으로서 필요할 뿐만 아니라 타당하다. 그러나 자본주의가 발전함에 따라 개인 활동의 제한 없는 자유는 사소유의 절대와 결합하여 정의롭고 합리적인 경제사회를 형성하기보다는 오히려 경제·사회적 강자에 의한 약자의 규제 없는 지배라는 불합리한 사회를 형성하게 되었다. 계약의 자유는 가진 자의 갖지 못한 자에 대한 지배를 위한 법적 수단으로 전락하였고, 이로 인한 빈부격차의 심화와 부를 기준으로 한 계층간의 갈등이라는 사회적 병폐를 노정露呈시키고 있었다. 이는 근대 시민법이 절대적인 개인주의 사고를 바탕으로 계약의 자유를 형식적·절대적 자유로 관념한 데서 기인한다. 이는 법리적 측면에서 본다면 권리주체, 즉 계약의 당사자가 구체적으로는 지적·경제적으로 대등할 수 없음에도 대등한 것으로 예정한 데서 연유한다고 할 수 있다.

인간의 자유와 평등은 이념적인 것에 존재하는 형식적인 것이어서는 아니 되며 인간의 구체적인 생활 속에서 실현되어야 하는 것으로 사회·경제적 강자와 약자간의 실질적 불평등은 사회적 정의에 반한다. 오늘날 개인간의 실질적 불평등은 다양하게 존재하며 그 권원權原도 다양하나 계약제도의 측면에서 보면 근대 시민법상의 계약에 대한 형식적 자유에 기초한 계약자유의 절대적 관념이 주된 요인이다. 이러한 점에서 개인간의 실질적 평등을 실현하여 정의로운 공동체를 유지하기 위하여는 계약의 자유의 관념에 대한 근본적인 사고의 전환을 통한 계약자유의 적극적 제한을 필요로 한다.

그러나 앞서 본 바와 같이 계약의 자유는 자본주의 경제체제 내에서의 개인의 창의성을 발휘케 하며 경제적 활동의 자유를 보장하는 출발점이며 기초로서 경제발전을 가능하게 하는 것이라는 점을 간과하여서는 아니 된다. 이는 경제활동의 자유가 허용되지 않았던 공산수의 사회가 오늘날 정치적으로 뿐만 아니라 경제적으로 붕괴되고 있는 사실 자체가 잘 설명해 주고 있다. 여기서 계약에 대한 자유와 제한의 조절이 중요한 과제가 된다. 일반적으로는 자유에 대한 제한은 자유의 본질을 훼손하지 않는 한도 내에서 사회정의, 즉 모든 공동체 구성원의 인간다운 삶의 보장을 목표로 합리적으로 제한되어야 한다고 설명한다. 이는 구체적 생활에서 사회적 정의의 실천을 목표로 개별 계약에서는 공정성이 확보되어야 한다는 것으로 이해될 수 있다. 이러한 계약이 정의로운 계약으로 오늘날 그 정당성이 인정된다. 이러한 계약에 대한 관념의 변천을 학자들은 계약의 <자유에서 정의로>라고 표현한다. 결국 계약의 자유에 대한 제한은 <정의로운 계약>이 그 목표와 한계이다.

(나) 制限의 內容

계약자유에 대한 제한의 구체적인 방법은 제정법규의 신설을 통한 규범의 확장 또는 엄격한 해석을 통한 규범의 엄격화 등으로 나타나고, 이로써 국가가 계약당사자의 법률관계에 개입하게 된다. 이때 당사자의 자율성과 긴장관계를 형성하는 것은 당연하다. 따라서 구체적으로 제한을 할 때 이러한 긴장관계를 최소화시키는 것이 주된 과제이다. 이는 결국 제한의 목표는 공동체 구성원간의 구체적 평등의 실현에 의한 정의로운 사회유지에 두되 경제활동의 자유와 창의성이 박탈되어서는 아니 될 것이다.

이하 계약자유의 내용을 기준으로 그 제한을 보도록 한다.

① 締結의 自由에 대한 制限

계약의 체결이 직·간접적으로 강제됨으로써 체결의 자유에 대한 제한이 이루어진다. 즉 체결에 대한 제한은 체약締約의 강제强制로 나타난다. 이러한 체약의 강제는 자본주의 발달에 따른 독과점기업의 출현에 따른 독과점기업의 횡포를 방지하여 수급의 균형을 기하기 위한 목적으로 행하여지며, 또한 국민생활 및 국가 경제에 중대한 영향이 있는 물자 및 공익적 노무의 제공을 목적으로 하는 등의 특정 내용의 계약에서 청약 또는 승낙을 강제하는 공·사법상의 의무를 부과함으로써 이루어진다.

㉮ 生存配慮的 締約强制

우리의 일상생활에 필수 불가결한 물자 또는 노무를 제공하는 독과점기업에 생존배려적 차원에서 수요자의 청약에 대하여 공법상 승낙의무를 부과하고 있다. 전기·수도·가스·우편·전화·철도·운송 등을 제공하는 독과점기업에 물자 또는 노무의 청약에 대하여 승낙의무를 부과함으로써 체결의 자유가 제한된다. 이러한 물자 또는 노무는 우리의 일상생활에 필수 불가결하거나 대단히 중요한 것으로 제공자의 제공(승낙)의 자유를 허용하여 선별하여 제공되게 할 수는 없다. 전기사업법 제16조·수도법 제24조·도시가스사업법 제19조 등은 각 사업체에 사업이 운영하는 재화의 공급의무를 부과하며, 우편법 제50조·전기통신사업법 제3조·철도법 제10조 및 제20조·여객자동차운수사업법 제28조 등은 정당한 이유 없이 당해 노무의 제공을 거절하지 못하도록 규정한다. 만일 위 법률에서 정한 승낙의무를 이행하지 않는 경우에는 관계법령이 정하는 공법적 제재를 받게 됨은 물론 사법상으로는 불법행위에 의한 손해배상책임을 지게 된다.

㉯ 公共·公益的 勞務의 締約强制

노무의 내용이 공공적 또는 공익적인 경우에 당해 노무의 제공은 강제된다. 공공적 직무를 담당하는 공증인(공증인법 제4조)·집행관(집행관법 제14조)·법무사(법무사법 제20조), 공익적 노무를 제공하는 의사·치과의사·한의사·조산원 등의 의료인(의료법 제16조)·약사(약사법 제22조) 등은 정당한 이유 없이 노무의 제공을 거절할 수 없어 체결(승낙)의 자유가 제한된다. 그리고 당해 노무의 제공을 거절하는 경우에 관하여는 위 ①의 그것과 같다.

㈐ 國民經濟와 締約强制

양곡·비료 기타 국민생활과 관련성이 높은 물자 및 국민경제에 중요한 물자 등에 관하여는 청약 또는 승낙의 자유를 제한하여 체약을 강제하고 있다. 특히 양곡은 우리의 생활에 가장 기본이 되는 물자로서 이의 수급 불균형은 국민경제에 지대한 영향을 주므로 우리의 경제질서의 기반이 되는 물자이다. 기타 우리 경제에 중대한 영향을 주는 물자에 관하여는 체약의 자유가 제한된다. 양곡관리법 제4조·제16조·제17조·제20조, 비료관리법 제5조·제6조· 제9조, 물가안정에관한법률 제6조 등이 그 예이다.

* 命令된 契約(diktierter Vertrag) : 당사자간에 계약이 없는 경우에 법률 또는 법원의 명령에 의하여 당사자간에 계약이 체결된 것과 동일한 법률관계가 발생하는 경우를 말한다. 이러한 경우에는 법규에 의한 행정명령 또는 법원의 처분이 당사자간의 합의에 갈음되어 당사자간에 계약관계가 성립된다. 명령된 계약은 주로 전시 또는 이와 유사한 국가비상사태시에 국가의 기본 물자의 수급균형에 의한 국민생활의 보호를 목적으로 한다. 세계대전 중에 독일과 일본 등에서 전시통제경제법에 의하여 중요 물자에 관하여 행하여졌다. 양곡관리법 제17조는 <농림부장관은 양곡수급의 차질 또는 급격한 곡가의 변동으로 식량사정의 악화 기타 경제적 혼란의 우려가 있을 때에는 매도당사자·매도량·매도방법·매도가격을 정하여 보유하는 양곡의 매도를 명할 수 있다>고 규정하는데, 이 경우에 명령된 계약이 성립할 여지가 있다.

㈑ 私法上의 締約强制

민법은 일정한 경우에 청약자의 청약에 대하여 거절할 수 없도록 하여 승낙의 자유를 제한하는 경우가 있다. 지상권설정자의 지상물매수청구(제285조), 전세권자의 부속물매수청구(제316조), 임차인과 전차인의 부속물매수청구(제646조, 제647조)에 대하여 상대방으로 하여금 거절하지 못하게 하여 승낙의 자유를 제한하고 있다.

② 内容決定의 自由에 대한 制限

계약의 내용은 당사자간에 자유롭게 결정할 수 있다는 것이 내용결정의 자유이나, 이 자유가 절대적일 수는 없다. 그러한 의미에서 계약의 내용은 우선 강행법규(제105조)·사회질서 및 양속(제103조)에 위반되지 않아야 하며 또한 불공정하지 않아야 한다(제104조). 이로써 내용결정의 자유는 제약을 받는다. 그러나 이는 계약의 내재적 한계로서 본질적인 것이며, 오늘날 내용결정의 자유에서 문제되는 것은 자본주의의 발전에 따른 사회·경제적 약자를 보호하기 위한 목적의 제한과 대량거래에서의 거래의 신속 및 간편함과 계약의 보편화를 위한 보통거래약관에 의한 제한이다. 전자의 경우는 주택임대차보호법·가등기담보등에관한법률 등 각종 소비자보호에 관련한 법에 의한 제한이 그것이며, 후자는 예대금계약·보험계약·운송계약 등에서 일방적으로 사전에 작성한 보통거래약관에 의한 계약이 행하여짐으로써 상대방이 받는 내용규제이다(보통거래약관에 의한 계약에 관하여는 항을 바꾸어 별도로 본다).

한편 국민 경제에 중대한 영향을 미치는 물자의 경우에는 국가가 공정가격 또는 행정지도가격을 정하도록 한다. 예컨대, 쌀값·택시 및 버스요금·쇠고기 가격·목욕요금 등이 이에 속한다. 이러한 경우도 계약 내용결정의 자유에 대한 중대한 제약이 되는데, 이는 이들이 국민생활의 기본이 되는 것으로 국민경제에 중대한 영향을 주기 때문이다.

* 規制된 契約(normierter Vertrag) : 계약의 내용이 법률 또는 행정명령에 의하여 정하여진 계약을 말한다. 예컨대, 공정가격을 정하여 그 가격에 의하여 물건을 매매하도록 하는 등이다. 전시 또는 경제적 위기 시에 규제된 계약이 행하여지나, 평시에도 국민생활에 중요한 물자 및 국민경제에 중대한 영향을 미치는 물자에 대하여 행하여진다.

③ 契約方式의 自由에 대한 制限

소권법訴權法주의를 채택한 로마법은 형식을 중요시하여 계약에 관하여도 일정한 방식을 필요로 하였으며, 게르만법에서도 역시 방식계약이 행하여졌다. 방식의 자유는 자연법론에 의하여 발달하여 근대 시민법에 와서 계약에 관하여는 특별한 방식을 요하지 않고 당사자의 합의만으로 효력을 발생하는 것으로 하였다.

근대 시민법의 계약에 관한 방식의 자유는 오늘날에도 크게 제약을 받고 있지는 않다. 계약의 방식이 특별히 자본주의 발전에 따른 폐해를 야기 시키지는 않기 때문이다. 다만 자본주의 발전에 따른 대량거래에 있어서 거래의 신속·명확화를 위하여 일정한 방식을 요하거나 또는 법률관계를 분명하게 하기 위하여 일정한 방식을 요하는 경우가 있다.

민법은 증여에서 구두증여와 서면증여의 효력에 차이를 두며(제555조), 유언은 일정한 방식에 의한 서면으로 하도록 한다(제1065조). 그 밖에 건설산업기본법 제22조는 계약의 합리성을 위하여 건설공사도급계약을 서면에 의하도록 하고 있으며, 부동산등기특별조치법 제3조는 부동산의 소유권이전에 관한 등기의 신청에는 이른바 관인계약서에 의할 것을 규정하여 부동산의 매매계약은 서면에 의하도록 간접적으로 제한하고 있다. 이들은 모두 법률관계를 분명히 하여 사후의 분쟁을 최소화하기 위한 것이다.

그밖에 거래관계의 신속 또는 명확화를 위하여 어음·수표·주권 등의 각종 증권에 관하여 일정한 방식을 엄격하게 요구한다.

④ 申告·許可·證明을 要하는 契約

당사자의 계약의 자유는 포괄적으로 인정하지만 경제적 또는 정책적으로 특정한 목적을 위하여 국가가 당사자의 계약을 허가·신고 또는 일정한 증명을 요하게 하는 경우가 있다. 이러한 계약의 경우에는 당사자는 허가 등을 받아야 당해 계약의 효력이 발생한다.

㉮ 申告 또는 許可를 要하는 契約

국토이용관리법 제3장의 2는 토지거래의 규제에 관하여 일정지역을 토지거래허가지역 또는 토지거래신고지역으로 고시하고, 당해 지역의 토지거래에 관하여는 계약체결 전에 신고 또는 허가를 하도록 하며, 허가를 받지 않고 체결한 계약은 무효이며 (제21조의3의 7항), 신고한 계약의 내용이 적절하지 않은 경우, 거래계약의 체결중지나 권고를 할 수 있도록 하고 있다(제21조의 8).

그 밖에 외국인의 토지매매, 재단법인의 기본재산의 처분·학교법인의 기본재산의 처분·사찰재산의 처분·향교재산의 처분 등과 같은 경우에는 주무장관의 허가를 받도록 되어 있다(외국인토지법 제6조, 사립학교법 제28조 등).

신고를 요하는 계약은 계약체결 전에 신고를 하지 않았더라도 사후에 계약의 주요내용을 신고하면 아무런 문제가 없으나, 허가를 요하는 계약은 체결 전에 허가를 받아야 한다. 우리 대법원은 허가를 요하는 특별법이 무엇이냐에 따라서 그 법률관계를 다소 차이가 나게 이해하나, 반드시 사전 허가를 요하는 것은 아니고 사후허가를 받으면 유효하게 되는 것으로 보나, 처음부터 허가를 받을 의사가 없는 경우에는 그 이후의 허가 여부와는 관계없이 확정적으로 무효로 보고 있다. 국토이용관리법상의 허가지역 내의 토지를 매매함에 있어, 허가를 받지 아니하고 체결한 계약의 유,무효 및 그에 따른 법률효과를 중심으로 보고, 그 외 법인재산의 처분, 사찰재산의 처분 등에 관하여 아래서 판례를 중심으로 본다.

<國土利用管理法上의 要許可契約을 許可받지 아니하고 締結한 契約>

가. 契約의 效力

학설은 계약의 당사자간에서만 계약의 효력이 있다는 채권적 효력설(곽), 허가를 하나의 법률요건으로 보아 허가받지 않은 계약은 미완성의 법률행위라는 견해(이영)가 있으며, 판례는 당해 계약을 두 가지로 구분하여 하나는 허가를 받기로 하고 우선 당사자간에 먼저 체결한 계약(허가를 받을 것을 전제로 한 계약)과 처음부터 허가를 배제하거나 잠탈하는 내용의 계약(허가를 배제한 계약)으로 구분하여 전자는 유동적 무효이나, 후자는 확정적 무효라고 하였다. 확정적 무효인 계약은 유효로 될 여지가 없이 무효가 확정되어 여하한 효력이 발생하지 않고, 유동적 무효인 계약은 그 자체로는 당사자간에 계약의 채권적 효력도 없으나 일단 허가를 받으면 그 거래계약은 소급해서 유효로 되고 불허가가 된 때에는 무효로 확정된다고 하였다(대판1999.6.19. 98다40459).

나. 事後에 許可地域에서 除外된 경우

계약체결시에는 허가를 받아야 하는 지역이었으나 그 이후에 허가지역에서 제외된 경우에 당해 계약의 효력이 문제된다. 이는 허가지역에서 제외되었을 지라도 여전히 허가를 받아야 되는지 아니면 더 이상 허가를 받을 필요가 없이 확정적으로 유효한 계약이 되는지의 문제이다.

확정적 무효인 계약을 제외한 유동적 무효인 계약의 경우에, 국토이용관리법의 토지거래 투기의 방지와 토지이용질서의 확립이라는 취지에 부합되게 허가지역에서 제외되었더라도 당초와 같이 여전히 허가를 받아야 유효하다는 견해가 있으나, 판례는 허가 지역에서 제외 또는 해제되는 경우에는 그 와 동시에 유동적 무효인 계약은 더 이상 허가를 받을 필요가 없이 확정적으로 유효하게 된다고 하였다(위 인용 판결).

다. 流動的 無效인 契約에서 許可協力義務

유동적 무효상태의 계약에서 당사자는 허가를 받아 완성된 법률행위가 되도록 하여야 할 의무가 있다. 그런데 일방이 이를 이행하지 아니하는 경우에(주로 매도인의 허가신청을 하지 아니하는 경우가 됨) 상대방은 이에 대하여 어떠한 법적 조치를 할 수 있는지가 문제이다.

(가) 許可申請節次協力義務不履行을 理由로 하는 損害賠償請求의 可否

판례는 유동적 무효상태에서는 매매계약의 채권적 효력도 발생하지 않기 때문에 권리의 이전 또는 설정에 관한 어떠한 내용의 청구도 할 수 없고, 따라서 채무불이행으로 인한 손해배상청구도 할 수 없다고 한다(대판 1994.1.11. 93다22043).

(나) 許可申請節次協力義務의 存否

허가신청절차협력의무를 소로서 구할 이익이 있으며, 따라서 이를 소로 제기할 수 있는지가 문제된다. 허가 후 다시 토지 등의 매매계약을 체결하여야 하는 바 그 때 다시 일방이 매매계약의 체결을 불응하면 그 계약은 성립할 여지가 없기 때문에 일방이 허가신청에 협력하지 아니하는 경우에 이를 소로서 청구하는 것은 아무런 이익이 없다는 반다견해가 있으나, 판례는 계약을 체결한 당사자 사이에는 그 계약이 효력있는 것으로 완성될 수 있도록 상호 협력할 의무가 있는 것이 당연하기 때문에 쌍방당사자는 공동으로 허가를 신청할 의무가 있어 이를 위배한 때에는 상대방은 협력의무를 소로서 구할 이익이 있다고 하였다.(대판 1991.12.24, 90다12243) 이에 허가신청절차이행 청구의 소가 가능하다.

(다) 許可條件附所有權移轉登記請求의 可否

유동적 무효상태인 허가받기 전까지의 계약은 권리의 이전, 설정 등 여하한 권리도 없기 때문에 이를 조건으로 하는 등기의 이전은 할 수 없다는 것이 판례이다.(대판 991.12.24. 90다12243)

(라) 許可申請節次不履行을 理由로 하는 契約의 解除與否

판례는 유동적 무효상태에서는 허가신청절차에 협력하지 아니한다는 것을 이유로 일방적으로 계약을 해제할 수 없다는 것이다.(대판 1999.6.19. 98다40459)

라. 流動的 無效狀態의 契約에서 意思表示의 法理 適用 與否

유동적 무효상태의 계약에서 의사표시의 불일치에 관한 규정(제107조 이하)이 적용되는가? 즉, 일방은 착오 또는 사기 등에 의한 의사표시로 의사표시를 취소하여 계약을 확정적으로 무효로 할 수 있는지가 문제된다. 이를 부정할 이유가 없다. 판례도 의사표시를 취소하는 등으로 하여 계약을 확정적으로 무효로 할 수 있다고 한다.(대판 1997.11.14. 97다36118)

마. 契約金에 의한 契約의 解除(제565조 적용) 與否

유동적 무효상태에서 상호간은 최소한 허가신청절차협력의무는 있고, 이를 이행하지 아니하기 위하여 당해 계약금을 포기하거나 배를 반환하고 계약을 해제할 수 있느냐가 문제된다. 이를 부정할 이유는 없다. 유동적 무효상태의 계약도 계약금에 관한 제565조는 그 적용이 있다고 보아야 한다.

바. 契約金의 不當利得 該當 與否

유동적 무효상태에서는 임의로 지급한 계약금은 부당이득으로 볼 수는 없다. 따라서 유동적 무효상태에서 확정적으로 무효가 된 때에 부당이득이 된다. (대판

1997.11.11. 97다36965)

사. 流動的 無效인 契約에서 地上建物만의 移轉請求 可否

토지거래허가잔역내의 토지와 그 지상건물을 허가받지 않고 체결한 계약이 유동적 무효인 경우에, 그 지상건물만의 이전청구는 거래의 관행과 당사자의 의사 및 경제적 관념에도 적합하지 않아 허용될 수 없다.(대판 1994.1.11. 93다22043)

판례 許可받지 아니한 契約의 效力 : 국토이용관리법상 토지의 거래계약허가구역으로 지정된 구역안의 토지에 관하여 관할 행정청의 허가를 받지 아니하고 체결한 토지거래계약은 처음부터 그 허가를 배제하거나 잠탈하는 내용의 계약일 경우에는 확정적 무효로서 유효화 될 여지가 없으나, 이와 달리 허가받을 것을 전제로 한 거래계약일 경우에는 일단 허가를 받을 때까지는 법률상 미완성의 법률행위로서 거래계약의 채권적 효력도 전혀 발생하지 아니하지만, 일단 허가를 받으면 그 거래계약은 소급해서 유효로 되고 이와 달리 불허가가 된 때에는 무효로 확정되는 이른바 유동적 무효의 상태에 있다고 보아야 한다(대판 1999.6.19. 98다40459).

<許可받지 않고 締結한 法人財産의 處分行爲>

판례는 법인의 기본재산 처분행위에도 주무관청의 허가를 받아야 되나, 매매계약 성립 전에 반드시 허가를 받아야 되는 것은 아니고, 허가 받기 전까지는 매매계약의 효력은 없으나 사후이라도 허가를 받으면 유효하다고 한다. 또한 허가전이라도 매매계약에 기한 소유권이전등기절차이행청구권의 기초가 되는 법률관계는 이미 존재하므로 주무관청의 허가를 조건으로 그 부동산에 대한 소유권이전등기절차의 이행을 청구할 수 있다고 하였다.(대판 1998.7.24. 96다27988)

<許可받지 않고 締結한 寺刹財産의 賣買契約>

판례는 사찰소유의 재산은 특별법에 의하여 그, 처분에는 허가를 받아야 하는 것이고, 그 규정은 강행규정으로서 이에 위반한 처분계약은 무효이나, 허가는 반드시 사전에 받아야 하는 것은 아니며, 사후에라도 허가를 받으면 그 처분계약은 소급하여 유효하다고 하며, 다만 처음부터 허가를 배제, 잠탈하거나 허가를 받지 않기로 하는 의사표시를 한 경우에는 확정적으로 무효로 되어 더 이상 허가를 받아도 유효로 될 여지가 없다고 하였다.(대판 2001.2.9. 99다26979)

㈏ 證明을 要하는 契約

농지법 제8조는 일정 농지 이상을 소유하고자 하는 자는 농지취득자격증명을 요하도록 하며, 동 증명서를 등기신청 시에 첨부하여 일정한 자에 한정하여 농지를 취득하도록 함으로써 계약체결의 상대방에 대한 제한을 하고 있다. 이는 경작이 가능한 자만이 농지를 소유하게 하여 농지의 효율성을 증대하기 위한 목적이다. 농지취득자격은 농지매매의 당사자에 관한 요건이기 때문에 이 증명을 얻지 못한 자가 한 농지매매계약은 무효로 보아야 한다.

(4) 約款에 의한 制限 - 契約에서의 約款

(가) 約款에 의한 契約

약관이란 대량·정형화된 거래에서 거래의 신속 및 편의를 위하여 구체적인 계약을 체결할 때 그 계약의 내용으로 하기 위하여 계약의 일방당사자가 미리 마련한 계약의 내용이 되는 것을 말한다. 이러한 약관에 의한 계약은 고객과 은행의 업무에 관한 계약(예금계약·대출계약), 보험계약, 운송계약, 우편·전신·전화 등의 이용에 관한 계약 및 자동차·TV 등과 같은 정격화 된 상품의 매매계약 등에서 행하여진다. 오늘날 독과점기업의 대량생산에 의한 대량판매의 증가에 따라 약관에 의한 계약은 점차 증가추세에 있다. 약관에 의한 계약은 계약의 한쪽 당사자인 사업자측으로는 거래를 신속하게 하고 간편하게 하며 위험을 사전에 예상하여 분산하게 하는 등으로 유리하나, 계약의 다른 당사자인 소비자측에는 계약의 내용이 미리 정하여져 있어 계약내용 결정의 자유는 박탈된 채 계약을 체결할 것인가의 자유만이 있게 되어 계약자유의 원칙을 근본적으로 위협하고 있다. 이는 규제 없는 자유는 사회·경제적 지위의 강약에 따라 약자에게는 자유가 아니라 구속으로 작용되는 당연한 귀결이라 할 수 있다. 즉 이러한 약관에 의한 계약은 사회·경제적 강자에게는 자유가 보장된 계약이지만 약자에게는 오히려 자유가 박탈된 단순한 부종계약附從契約일 뿐이다. 특히 약관에 의한 계약이 행하여지는 대상이 전기·가스·수도·기차·버스·택시와 같은 우리가 살아가는 데 필수적인 급부 이용, 자동차·가전제품 등의 독과점기업이 생산한 생활용품의 구매 및 은행·보험업무 등과 같은 것으로 오늘날 우리의 일상생활에서 어느 하나 관계를 맺지 않을 수 없는 것들이란 점에서 그 심각성이 있다.

원래 인간의 자유와 평등은 그 이념만으로 만족되는 것이 아니라 구체적인 생활 속에서 실현되어야 할 것이므로, 계약자유의 원칙의 이러한 역기능에 대응하여 법은 계약정의에 입각한 규제방안을 다각적으로 모색하게 되었다. 초기에는 사법적 규제와 행정적 규제의 간접적인 방법을 활용하였으나, 오늘날에는 우리나라를 비롯한 각국이 약관을 규제하는 특별법을 제정하거나 기본법을 보충하는 등으로 직접적으로 규제하고 있다. 독일은 1976년에 약관을 포괄적으로 규제하는 법률로 「보통거래약관의규율에관한법률 AGB-Gesetz」(1977년 발효)을 제정하였고, 영국은 약관에 의한 면책조항(Exemption Clause) 및 책임제한조항을 규제하기 위하여 1977년에 「불공정계약법(Unfair Contract Terms Act, 1977)」을 제정하였으며, 프랑스도 1978년 약관에 의한 소비자 측의 부당 및 불리한 조항을 규제하는 법률을 제정하여 시행하고 있다. 이에 우리나라도 1986년 약관을 포괄적으로 규제하는 「약관의규제에관한법률」(이하 약관법)을 제정하여 시행하고 있다. 이하 약관에 의한 계약을 약관법을 중심으로 검토한다.

(나) 約款의 拘束性

① 拘束性의 本質

약관에 의한 계약에서 약관이 당해 계약의 내용으로서의 효력, 즉 구속성을 가지는 근거는 무엇인가?

약관법 제3조 제1항은 사업자는 약관을 계약의 종류에 따라 일반적으로 예상되는 방법으로 명시하고 고객이 요구할 때는 당해 약관의 사본을 고객에게 교부하도록 하며, 동조 제2항은 사업자는 계약의 중요한 사항에 관하여는 고객에게 그 약관의 내용을 성실하게 설명하도록 규정하고 있다. 이와 같은 약관법의 규정은 약관의 구속성의 본질에 관하여 사적 자치의 원론에 의한 의사에 그 구속성을 두고, 일방당사자에 의하여 제안된 약관이 효력을 갖기 위하여는 상대방의 동의를 요한다는 이른바 계약설契約說을 채택한 것으로 이해하는 데 일치한다. 이는 약관이 계약의 내용으로 효력을 가지는 것은 일방이 제안한 것을 상대방이 동의하여 계약의 내용으로 하였기 때문이라는 것이다. 바꾸어 말하면 약관을 양 당사자가 계약의 내용으로 하자는 데 합의하였기 때문이다. <u>따라서 약관이 계약의 내용으로 되느냐 여부는 당해 계약의 내용으로 약관을 편입시켰느냐에 의하여 결정될 것이다.</u> 이에 약관법 제3조 제3항은 약관을 명시 및 설명하지 않은 경우에는 당해 약관을 계약의 내용으로 주장할 수 없다고 규정하고 있다.

* 약관의 구속성에 관하여 종래 계약설외에 자치법설과 상관습설이 주장되었다. 그 내용은 다음과 같다.

① 自治法說 : 거래가 행하여지는 영역은 일종의 사회단체이다. 단체는 자체의 규율을 위하여 법규를 제정할 수 있는 바, 약관은 바로 그 거래단체에 있어서 사업자나 제3자에게 위임하였거나 또는 사업자측과 거래상대방측간에 협의하여 미리 자치적으로 정한 내부규율을 위한 법규이다. 따라서 이러한 자치법규는 거래단체에 가입(계약체결)하면 당연히 그 효력을 가진다. 이 경우에 상대방이 그 자치법규를 몰랐다 하더라도 효력을 가진다.

② 商慣習說 : 약관에 의한 계약이 행하여지는 거래영역에서는 약관에 의한다>는 것이 당해 거래에서의 관습이다. 따라서 이러한 상관습에 의하여 약관은 당연히 당해 계약에서 효력을 가진다.

② 拘束性의 要件 – 明示 및 說明義務

대량정형화 된 거래에서 거래의 신속 및 법률관계의 명확화를 위하여 <약관에 의한 계약>의 불가피성을 인정하더라도 계약의 원론적인 측면에서 약관의 구속성을 찾아야 한다면(계약설) 여기에서는 당사자간에 <최소한의 합의>가 필요하다. 이에 약관법은 최소한의 합의로 약관의 작성자인 사업자에게 약관을 명시할 것(제3조 1항)과, 중요한 내용에 관하여는 설명하여야 할 것(제3조 2항)을 규정한다. 만약 약관이 명시되지 않았거나 또는 중요내용에 관하여 설명하지 않은 경우에는 당해 약관은 계약의 내용으로 사업자가 주장할 수 없다(제3조 3항). 명시 또는 설명되지 않은 것은 고객이 그 내용을 알지 못하였고 따라서 계약의 내용으로 당사자가 합의한 것으로 볼 수 없기 때문에 효력을 갖지 않는 것은 당연하다. 그러나, 당해 계약에 적용되는 법령에 규정되어 있는 사항은 중요한 사항이라도 반드시 명시·설명할 의무는 없다.

판례 법령에 규정된 내용의 설명의무 유무 : 명시·설명의무가 인정되는 것은 어디까지나 보험계약자가 알지 못하는 가운데 약관의 중요한 사항이 계약내용으로 되어 보험계약자가 예측하지 못한 불이익을 받게 되는 것을 피하고자 하는데 그 근거가 있으므로, 약관에 정하여진 사항이라고 하더라도 거래상 일반적이고 공통된 것이어서 보험계약자가 별도의 설명 없이도 충분히 예상할 수 있었던 사항이거나 이미 법령에 의하여 정하여진 것을 되풀이하거나 부연하는 정도에 불과한 사항이라면, 그러한 사항에 대하여 까지 보험자에게 명시·설명의무가 있다고는 할 수 없다(대판 2004.4.27. 2003다7302).

③ 個別約定의 優先

약관에서 정하고 있는 사항에 관하여 사업자와 고객이 약관의 내용과 다르게 합의한 때에는 당해 합의가 약관에 우선한다(제4조). 예컨대, 저축보험계약을 체결하며 계약기간의 1/2 이상이 지나 해제하여야 원금이 보장된다는 약관과는 달리 1회분의 납입으로 원금과 최소한의 이자가 보장된다는 합의를 하였다면 그 합의가 약관에 우선한다.

그런데, 유형화된 계약인 각종 보험계약, 자동차 구입계약 등은 일반적으로 영업사원과 계약을 하는데, 이때 약관과 다른 내용이 들어 있을 때 과연 그 다른 내용이 개별약정으로 성립된 것인 지가 문제된다. 이때, 당해 영업사원의 대리권이 문제되어 민법 제126조의 문제가 된다. 개별약정의 성립이 부정되는 경우에는 고객은 영업사원을 상대로 민법 제130조의 무권대리에 다른 책임 또는 불법행위책임을 추궁할 수 있을 것이며, 불법행위책임을 추궁하는 경우에는 회사에 대하여도 사용자책임을 추궁할 수 있을 것이다.

판례 無效인 約款은 個別約定으로도 無效 : 무효인 약관조항에 의거하여 계약이 체결되었다면 그 후 상대방이 계약의 이행을 지체하는 과정에서 약관작성자로부터 채무의 이행을 독촉받고 종전 약관에 따른 계약내용의 이행 및 약정내용을 재차 확인하는 취지의 각서를 작성하여 교부하였다 하여 무효인 약관의 조항이 유효한 것으로 된다거나, 위 각서의 내용을 새로운 개별약정으로 보아 약관의 유·무효와는 상관없이 위 각서에 따라 채무의 이행 및 원상회복의 범위 등이 정하여진다고 할 수 없다(대판 2000.1.18. 98다18506).

(다) 約款의 解釋

① 通常人을 基準

약관은 신의성실의 원칙에 따라 공정하게 통상인을 기준으로 객관적으로 해석되어야 하며, 또한 약관은 다수의 고객에 관련된 것으로 고객에 따라 다르게 해석되어서는 아니 된다(제5조 1항).

② 作成者 危險負擔

약관의 내용이 명백하지 아니한 때에는 작성자인 사업자에게 불리하게 해석하여야 한다(제5조 2항).

③ 縮小解釋

고객에게 불리한 조항은 축소해석하여야 한다. 약관이 명시되고 설명되어 비록 계약의 부분을 형성한다 할지라도 약관은 사업자가 일방적으로 작성한 것이기 때문에 고객에게 불리한 조항은 엄격하게 축소해석되어야 한다.

(라) 約款의 無效事由

당해 계약에서 약관이 비록 제3조 제1항과 제2항에 의하여 명시되고 설명되었다 하더라도 아래의 사유에 해당하는 경우에는 당해 약관은 무효이다.

① 不公正條項의 無效

㉮ 信義則 違反(제6조 1항) : 신의성실의 원칙에 반하여 공정을 잃은 약관조항은 무효이다. 민법 제2조의 신의성실의 원칙은 사법의 대원칙으로서 약관에 의한 계약에도 적용됨은 당연하며, 불공정 법률행위의 무효 조항인 민법 제104조도 약관에 의한 계약에 당연히 적용된다. 따라서 약관에 의한 계약에서 약관의 일부 조항이 신의성실의 원칙에 위반되거나 불공정한 경우에는 개별약관 또는 계약의 전부가 무효가 됨은 당연하다. 약관법은 이러한 원리를 제6조 제1항에 명시적으로 규정하여 개별약관이 신의성실의 원칙에 의하여 공정하지 않은 경우에는 무효로 선언하고 있다. 그런데 이 약관법 제6조는 단순히 민법상의 원칙을 재천명한 것이 아니라 불공정계약의 무효를 규정한 민법 제104조와는 달리 상대방의 궁박·경솔·무경험 등을 그 요건으로 하고 있지 않은 점에서 그 의의가 있다. 이는 특히 약관에 의한 계약은 경제력과 거래능력

에서 현격한 차이가 나는 사업자와 고객간의 계약이고 또한 약관은 사업자가 일방적으로 작성한 것으로 약관의 내용이 불공정할 가능성은 충분히 예상되기 때문에 그러한 주관적 요건을 배제하여 소비자를 보호하기 위한 것이다.

이어 제6조 제2항에서는 고객에게 부당하게 불리한 조항·돌연조항 突然條項·계약의 본질적 권리를 제한하는 조항을 불공정한 조항으로 추정한다고 규정하고 있다. 제6조 제2항에서 규정한 불공정으로 추정되는 조항은 예시에 지나지 않고, 그밖에 구체적 계약에서 불공정한 조항이 있는 경우에는 제6조 제1항에 의하여 무효임은 물론이다. 신의성실에 따른 불공정 여부는 추상적 기준으로 획일적 기준을 제시하기는 어렵고 구체적 계약에서 형평과 계약정의의 이념에 따라 개별적으로 판단하여야 할 것이다.

㈏ **不公正條項의 推定**(동조 2항)

㉠ 顧客에게 不當하게 不利한 條項(1호) : 사업자와 소비자간에는 거래능력·경제력 등에 커다란 차이가 날 뿐만 아니라 약관이 사업자에 의하여 일방적으로 작성되므로 그 내용이 사업자에게 일방적으로 유리하게 될 가능성이 크다. 이에, 이러한 능력 및 일방적 작성에 따른 불공평을 해소하기 위해 고객에게 부당하게 불리한 조항은 불공정한 것으로 추정하여 무효로 한다.

㉡ 突然條項(2호) : 당사자에게 일반적으로 예상되지 않는 의외의 돌연조항은 불공정한 것으로 추정되어 무효이다. 보통의 경우 고객은 사업자의 기업으로의 윤리성을 신뢰한다든지 또는 약관 내용의 복잡성과 난이성 때문에 약관의 내용을 깊이 검토 또는 이해하지 못한 상태에서 계약을 체결한다. 이와 같은 경우에 명시되고 설명된 것만으로 당해 약관이 효력을 가진다는 것은 합리적이지 못하다. 따라서 약관 중에서 일반적으로 예상되지 않는 내용의 조항을 무효로 하는 것은 타당하다. 일반적인 예상가능성을 판단함에 있어서는 통상인을 기준으로 계약의 거래형태 등의 제반사정을 검토하여 판단하여야 한다.

㉢ 本質的 權利를 制限하는 條項(3호) : 계약의 목적을 달성할 수 없을 정도로 계약에 따르는 본질적 권리를 제한하는 조항은 불공정조항으로 추정되어, 무효이다. 본질적 권리냐 여부는 당해 계약의 유형을 검토하여야 할 것이다. 예컨대 매매계약에서 담보책임청구권을 완전히 배제한다든지 공사도급계약에서 공사중의 도면변경을 전혀 인정하지 않는다든지 하는 조항은 본질적 권리를 제한하는 것이 될 것이다.

② **具體的 無效事由**(제7조~제14조)

㉮ **免責條項의 禁止**(제7조)

면책조항이란, 사업자의 약관에 의한 횡포가 가장 두드러진 조항으로 사업자를 각종의 책임으로 면책하는 조항이다. 이러한 면책조항은 대표적인 불공정조항으로 무효이다.

㉠ 責任排除條項(1호) : 사업자, 이행보조자 또는 피용자의 고의 또는 중대한 과실로 발생한 책임을 배제하는 조항은 무효이다. 경과실에 의한 책임의 배제는 유효하다.

㉡ 賠償範圍의 制限 및 危險負擔의 轉嫁(2호) : 상당한 이유 없이 사업자의 손해배상의 범위를 제한하거나 사업자가 부담하여야 할 위험을 고객에게 이전시키는 조항은 무효이다. 상당한 이유 없이 손해배상의 최고범위를 정한 조항 등은 무효이다.

㉢ 擔保責任의 排除 및 制限(3호) : 상당한 이유 없이 사업자의 담보책임을 배제 또는 제한하거나 그 담보책임청구권 행사의 요건을 가중하는 조항은 무효이다(전단). 예컨대, 민법상 담보책임청구권으로서의 계약해제권 또는 손해배상청구권을 배제하고 보수청구권만을 인정한다든지 하는 경우이다.

또한 계약 목적물에 관하여 견본이 제시되거나 품질·성능 등에 관한 표시가 있는 경우 그 보장된 내용에 대한 책임을 상당한 이유 없이 배제 또는 제한하는 조항도 무효이다(후단).

㈏ **不當過重의 損害賠償額의 豫定**(제8조) : 고객에게 부당하게 과중한 지연손해금 등의 손해배상의무를 부담시키는 조항은 무효이다. 고율의 연체이자나 부당하게 고액의 손해배상 예정금을 내용으로 하는 조항은 무효이다. 당해 약관 자체가 무효가 되므로 손해배상 등에 관하여는 약관이 없는 것이 되어 손해배상 또는 연체이자 등에 관하여는 일반원칙에 따라 결정된다.

㈐ **契約의 解除·解止**(제9조) : 계약의 해제나 해지에 관하여 다음과 같은 내용으로 된 조항은 무효이다.

㉠ 顧客의 解除·解止權의 制限(1호) : 법률의 규정에 의한 고객의 해제권 또는 해지권을 배제하거나 그 행사를 제한하는 조항은 무효이다. 민법상 사업자의 채무불이행이나 목적물에 하자가 있는 경우에는 계약을 해제할 수 있다. 많은 경우에 해제권을 박탈하거나 해제의 요건을 강화하여 사실상 해제를 할 수 없게 하여 계약을 강제로 유지시키려고 하는데, 이러한 조항이 여기에 해당한다.

㉡ 事業者의 解除·解止權의 擴張(2호) : 사업자에게 법률에서 규정하고 있지 아니한 해제권·해지권을 부여하거나 법률에서 규정한 해제권·해지권의 행사요건을 완화해 고객에게 불이익을 줄 우려가 있는 조항은 무효이다.

㉢ 顧客의 原狀回復義務의 過重(3호) : 계약의 해제·해지로 인한 고객의 원상회복

의무를 상당한 이유 없이 과중하게 부담시키거나 원상회복청구권을 부당하게 포기하도록 하는 조항은 무효이다.

㉣ 事業者의 原狀回復義務의 輕減(4호) : 계약의 해제나 해지로 인한 사업자의 원상회복의무나 손해배상의무를 부당하게 경감하는 조항은 무효이다.

㉤ 繼續的 契約에서 顧客에게 不當하게 不利益을 주는 存續期間 등(5호) : 계속적 계약에서 그 존속기간을 부당하게 단기 또는 장기로 하거나 묵시의 기간연장 또는 갱신이 가능하도록 하여 고객에게 부당하게 불이익을 줄 우려가 있는 조항은 무효이다.

㉣ 債務의 履行(제10조)

㉠ 給付의 決定·變更權(1호) : 상당한 이유 없이 급부의 내용을 사업자가 일방적으로 결정하거나 변경할 수 있도록 권한을 부여하는 조항은 무효이다. 급부의 결정권한을 사업자가 일방적으로 가지려는 것은 사업자가 이행한 급부가 당초 약속한 급부와 적합한지 여부를 사업자가 일방적으로 결정하여 약정된 내용과 다른 급부를 이행하거나 하자 있는 이행을 하고서도 고객으로부터 채무불이행 또는 하자담보책임을 지지 않으려는 데 있다. 만약 결정권한을 사업자가 일방적으로 가지게 되면 어떠한 급부든지 사업자가 이행한 것이 곧 채무의 내용이 되어 사업자는 아무런 책임을 지지 않는 결과가 된다.

㉡ 履行의 中止·代行(2호) : 상당한 이유 없이 사업자가 이행하여야 할 급부를 일방적으로 중지할 수 있게 하거나 제3자로 하여금 대행할 수 있게 하는 조항은 무효이다. 급부의 일방적 중지는 고객에게 불이익을 초래하며, 제3자에의 대행은 이행자의 변경으로 급부에 차이가 발생할 우려가 있다.

㉤ 顧客의 權益保護(제11조)

㉠ 顧客의 抗辯權 등의 制限(1호) : 법률의 규정에 의한 고객의 항변권·상계권 등의 권리를 상당한 이유 없이 배제 또는 제한하는 조항은 무효이다. 고객의 법률상 권리가 부당하게 박탈당하는 것을 방지하기 위하여 무효로 하고 있다.

㉡ 期限의 利益의 剝奪(2호) : 고객에게 부여된 기한의 이익을 상당한 이유 없이 박탈하는 조항은 무효이다. 할부매매 등에서 수차의 연체와 최고를 거치지 않고 단 1회의 연체만으로 나머지 할부금에 대한 기한의 이익을 상실하게 하는 조항 등이 이에 해당되며 무효이다.

㉢ 締約自由의 制限(3호) : 고객이 제3자와 계약을 체결하는 것을 부당하게 제한하는 조항은 무효이다. 동일 업종에 관하여 고객을 독점하기 위하여 장래에 본사업자 외의 타사업자와는 계약을 체결하지 못하게 하는 것이 이에 해당한다.

㉣ 秘密의 漏泄(4호) : 사업자가 업무상 알게 된 고객의 비밀을 정당한 이유 없이 누설하는 것을 허용하는 조항은 무효이다. 은행거래와 신용카드 개설과 관련된 계약의 약관에 이러한 내용이 있는 경우가 있는데 이는 무효이다.

㈓ 顧客의 意思表示의 擬制(제12조)

㉠ 意思表示의 擬制(1호) : 일정한 작위 또는 부작위가 있을 때 고객의 의사표시가 표명되거나 표명되지 아니한 것으로 보는 조항은 무효이다. 다만, 고객에게 상당한 기한 내에 의사표시를 하지 아니하면 의사표시가 표명되거나 표명되지 아니한 것으로 본다는 뜻을 명확하게 따로 고지하거나 부득이한 사유로 그러한 고지를 할 수 없는 경우에는 그러하지 아니하다. 계약의 내용의 변경 또는 계약기간의 갱신 등에 관하여 동의 또는 부동의의 의사표시로 의제하는 것 등이 이에 속한다.

㉡ 意思表示의 形式 制限(2호) : 고객의 의사표시의 형식이나 요건에 부당하게 엄격한 제한을 두는 조항은 무효이다. 고객이 해제의 의사표시 등을 하기 어렵게 의사표시의 요건과 형식을 엄격히 제한하는 것이 이에 해당된다.

㉢ 意思表示의 到達(3호) : 고객에게 중대한 영향을 미치는 사업자의 의사표시가 상당한 이유 없이 고객에게 도달된 것으로 보는 조항은 무효이다.

㉣ 意思表示의 期間(4호) : 고객의 이익에 중대한 영향을 미치는 사업자의 의사표시에 부당하게 장기의 기한 또는 불확정 기한을 정하는 조항은 무효이다. 법률관계의 장기간의 불확정한 상태는 고객에게 불리하기 때문이다.

㈔ 代理人의 責任加重(13조) : 고객의 대리인에 의하여 계약이 체결된 경우 고객이 그 의무를 이행하지 아니한 때에는 대리인에게 그 의무의 전부 또는 일부를 이행할 책임을 지우는 조항은 무효이다. 대리인은 원칙적으로 대리행위의 법률효과나 책임을 지지 않는다. 그럼에도 약관에 본인의 채무불이행 또는 계약이 무효나 취소된 경우 등에 대리인에게 채무의 이행 또는 그에 따른 책임을 지게 하는 때에는 무효이다.

㈕ 訴提起의 禁止 등(제14조)

㉠ 不提訴 合意 : 당사자간의 특약에 의한 개별적인 부제소 합의는 그것이 불공정 행위 또는 반사회질서 행위에 해당하지 않는 한 유효하다. 그러나 약관에 의하여 일반적으로 고객에게 소제기를 금지하는 부제소 약관조항은 무효이다.

㉡ 管轄의 合意 : 관할에 관하여 당사자가 합의를 할 수 있으며, 민사소송법은 피고의 주소지 관할을 원칙으로 하고 있다(제1조의 2). 그런데 약관에 의하여 상당한 이유도 없이 일반적으로 사업자에게 유리하게 사업자 주소지 관할로 합의하는 조항이 있는데, 이러한 조항은 고객에게 일방적으로 불리하여 무효이다.

㉢ 立證責任의 轉嫁 : 입증책임은 법률의 규정 및 판례·학설에 의하여 공정하게 분배되어야 한다. 그런데 사업자의 입증책임을 사업자에게 유리하게 고객에게 전가시키는 약관조항이 있는데, 이러한 약관은 무효이다.

(마) 無效約款의 效果

① 適用의 制限

개별약관이 비록 제7조에서 제14조에 해당되더라도 국제적으로 통용된다든지 또는 특별한 사정이 있는 약관으로서 대통령령이 정하는 경우에는 위 규정들의 적용을 조항별·업종별로 제한할 수 있다(제15조).

② 一部無效의 原則

개별약관이 위에서 설명한 약관법 제7조에서 제14조에 해당하는 경우에는 당해 약관은 무효이며, 이에 해당하지 않더라도 제6조의 무효의 일반원칙에 해당하는 때에도 무효임은 물론이다. 이러한 무효는 약관심사위원회의 심사 또는 소송절차 등의 특별한 절차 없이 무효가 된다.

그런데 무효약관이 포함된 당해 계약은 어떻게 되는가가 문제이다. 약관법 제16조는 무효인 부분을 제외한 나머지 부분으로 계약은 유효하게 존속하며, 다만 유효한 부분만으로 계약의 목적달성이 불가능하거나 일방당사자에게 부당하게 불리한 때에는 당해 계약은 무효로 한다고 규정하여 일부무효의 법리를 따르고 있다.

③ 無效인 約款에 대한 履行의 再合意

무효인 약관이 포함된 계약을 체결한 후에, 다시 개별 무효인 약관의 내용을 상대방에게 이행할 것임을 재차 다짐하는 등으로 이른바 이행각서를 제출한 경우에 그 재합의를 개별약정으로 볼 수 있거나 또는 무효인 것이 유효로 되는지 여부가 문제된다. 무효인 약관은 강행법규에 의하여 무효로 된 것으로 이를 다시 이행한다는 합의를 하였다하여 유효로 되거나, 그 재합의를 새로운 개별약정이 되는 것은 아니라고 보아야 한다. 판례도 같은 취지이다.

판례 無效인 約款條項의 履行覺書의 效力: 무효인 약관조항에 의거하여 계약이 체결된 후 상대방이 약관작성자에게 종전 약관에 따른 계약내용의 이행 및 약정내용을 재차 확인하는 취지의 각서를 작성 교부한 경우, 무효인 약관조항이 유효하게 되거나 위 각서의 내용을 새로운 개별약정으로 볼 수 없다(대판 2000.1.18. 98다18508).

(바) 約款의 審査

약관법은 구체적인 계약에서의 약관에 의한 피해구제와는 관계없이 약관 자체의 유·무효만을 심사하는 제도를 두고 있다. 이는 무효약관에 의한 피해를 사전에 방지할 목적에 의한 것이다.

공정거래위원회는 약관조항과 관련하여 법률상의 이익이 있는 자, 소비자보호법에 의하여 등록된 소비자단체, 한국소비자보호원 및 사업자단체의 심사청구(제19조)를 받아 약관법에 의하여 부당·무효인 약관에 관하여는 당해 사업자에게 약관조항을 삭제·수정 등 시정에 필요한 조치를 명하거나 또는 시정권고를 할 수 있다(제17조의2).

공정거래위원회가 약관법에 위반된다고 심의·의결한 약관조항은 목록을 작성비치하고 필요할 때에는 일반인에게 공람하게 할 수 있다(제23조).

2. 信義誠實의 原則

(1) 意 義

우리 민법 제2조의 신의성실의 원칙은 민법 전반에 적용되는 대원칙이지만, 계약법 분야에서 그 실질적인 작용을 한다. 신의성실의 원칙을 명문으로 규정하는지 여부나 우리 민법이나 스위스 민법(제2조)과 같이 민법의 모두冒頭에서 규정하는지 독일민법(제157조)이나 프랑스 민법(제1134조)과 같이 계약법 편에서 규정하는지는 상관이 없다. 우리 민법이 신의성실의 원칙을 총칙의 모두에 규정하여 민법 전반에 적용되는 기본원칙으로 한 것은 스위스 민법을 본받은 것이다. 스위스 민법은 법이란 민중 또는 민족의 사상과 감정의 생성물이라는 민중적 법률관에 입각하여 제정법보다 법조법에 우선을 두는 자유법론자인 스위스의 Eugen Huber가 초안하여 1907년에 제정되었다. 스위스 민법 제2조의 신의성실의 원칙의 규정은 제1조의 법원法源에 관한 규정과 함께 자유법주의의 사고가 가장 많이 반영된 조문으로 평가된다.

신의성실이란 <신의롭고 성실하게 행동한다>라는 것으로 인간 행동의 윤리적인 면을 의미하나, 이러한 윤리적인 행동양식이 단체생활의 행동규범으로 법제화된 것이다. 로마법에서는 bona fides, 게르만법에서는 Treu 법리가 그 전신이다. 이러한 신의성실의 원칙은 당초에는 채무자측에만 요구되는 행동원리였으나 오늘날에는 각국이 채권자와 채무자 양측 모두에게 요구하는 사법의 일반원리로 채택하고 있다.

그런데 신의성실의 원칙의 규범적 기능에 대하여는 행위규범적 기능·재판규범적 기능과 더불어 종래에는 입법자적 기능(법창조적 기능)까지도 용인되었다. 한때 독일의 Nazis사법학에서는 신의성실의 원칙을 제왕조항(Königes Klauseln)이라 하여 신의성실의 원칙에서 법관은 재량에 의하여 실정법의 결함을 보충하거나 수정할 수 있는 것으로까지도 허용되었다. 그러나 오늘날은 누구도 그러한 순수한 입법자적 기능까지를 신의성실의 원칙의 하나의 기능으로 인정하고 있지 않다. 오늘날에 있어서는 비록 그 조항을 일반조항 또는 제왕조항이라고 할지라도 당사자의 법률관계를 구체화시키는 소극적인 의미에서의 입법자적 기능을 의미할 뿐이다.

규범은 성질상 당해 규범 자체에서 법을 형성할 수 있는 규범과 개별 사항에 관하여 당사자의 관계를 구체화시킬 수만 있는 규범으로 구분되는데, 신의성실의 원칙은 후자인 구체화규범에 해당된다. 즉 신의성실의 원칙에서 직접적으로 추상적인 규범을 도출시킬 수 있는 그러한 것은 아니다. 그러한 의미에서 신의성실의 원칙은 당사자의 법적 관계를 <구체화시키는 명제>(Larenz ; Fikentscher) 또는 <고려의 명제(Gebot der Rücksichtnahme)>로서 법률관계에 참여한 모든 관련자가 권리를 행사하고 의무를 이행함에 상대방의 이익을 고려할 의무를 의미한다. 이는 또한 우리의 언어 또는 문자 표현의 근본적인 한계성에서 나오는 의사표현의 불완전성을 해결하는 보충방법이기도 하다. 이러한 점에서 신의성실의 원칙이 기능하는 주된 분야는 당사자간에 특별거래 내지 특별구속관계가 있는 영역이 된다.

* 스위스민법 제1조 ① 이 법은 문자 상 또는 해석상 이 법이 규정하고 있는 모든 법률문제에 대하여 적용된다. ② 이 법에 규정이 없는 경우에는 법관은 관습법에 따르며, 관습법이 없는 경우에는 그가 입법자라면 제정하였을 법칙에 의하여 재판하여야 한다. ③ 전항의 경우에 법관은 확정된 학설과 선례에 따른다. 제2조 ① 권리의 행사와 의무의 이행은 신의와 성실에 따라서 하여야 한다. ② 명백한 권리의 남용은 법적 보호를 받지 못한다.

* Eugen Huber : 스위스 법률가협회로부터 칸톤 전체의 민사법의 포괄적, 비교법적 연구를 위임받아 1886년에서 1893년에 걸쳐 모두 4권으로 된 System und Geschichte des schweizerischen Privatrecht를 저술하였다. 이것이 계기가 되어 연방정부로부터 1892년 스위스 민법전의 편찬을 위촉받아 1893년부터 1899년까지 스위스민법전을 기초하였다. 이를 토대로 스위스 민법은 연방사법부가 중심이 되어 수년간에 걸친 연구와 검토 후 성안된 민법이 1908년의 국민투표를 거쳐 1912년1월부터 시행되었다. 스위스 민법을 기초한 Huber는 법이란 민중 또는 민족의 사상과 감정의 생성물로서 법관은 민중이나 민족의 생활이나 법감정을 떠나서 단순한 법전의 기술적 조작을 하여서는 아니 되고, 기본원칙 아래에서 법을 발견하여야 한다는 지론을 가지고 있었다. 따라서 그는 제정법의 완전성을 부정하고 제정법의 생래적 흠결성에 따른 법관의 법의 발견을 주장하였으며, 이러한 바탕아래서 스위스 민법 제1조와 제2조가 나왔다.

(2) 契約에서의 信義誠實의 原則의 機能

신의성실의 원칙이 당사자간에 거래관계가 있는 특별구속관계에서 그 주된 기능을 하지만 그것이 구체적으로 어떻게 기능하느냐에 관하여는 신의성실의 원칙을 어디에 역점을 두어 이해하는가에 따라서 다르다. 신의성실의 원칙을 계약관계를 형성하는 당사자의 주관적인 법적 의사에 역점을 두어 이해할 때와 계약관계에 의해 실현된 법적 효과라는 측면의 사회적 평가에 역점을 두어 이해할 때는 다르다. 전자의 입장에서는, 신의성실의 원칙은 계약관계에서 발생하는 당사자의 권리와 의무관계를 규제하는 것으로 계약관계에 있는 당사자간의 주관적 이익을 조정하는 기능을 한다고 이해한다. 후자의 입장인 신의성실의 원칙을 당사자간의 주관적 관계가 아니라 자본주의적 상품의 교환관계에서 작용하는 사회적 역할에 중점을 두는 견해에 의하면, 신의성실의 원칙은 계약관계에서 발생하는 효과를 사회적 이익을 기준으로 조정하는 기능을 하는 것으로 이해한다. 그런데 신의성실의 원칙이 어느 하나에 기능한다고 단정할 수는 없고 당사자의 주관적 이익과 사회적 이익 모두를 조정한다고 할 것이다. 다만 이는 당사자의 주관적 이익과 사회적 이익 중에서 어디에 우선을 두느냐의 차이인데, 종래에는 사회적 이익을 우선하여 법률관계일반에 관한 해석·적용의 원칙으로 이해하였으나, 오늘날에는 계약의 당사자간의 주관적·개인적 이익의 형평 확보에 주된 기능을 하는 것으로 이해한다.

이에 K. Larenz는 신의성실의 원칙은 계약관계인 특별구속관계에 있어서, ⓐ 채무자는 계약의 문언만이 아니라 당해계약의 의미·기본적 관념·성실을 생각하는 자로서 거래의 일반명령에 적합하게 의무를 이행하여야 하며, ⓑ 채권자는 타방당사자의 신뢰·인적 요소의 확보를 위한 측면에서 그의 권리를 행사하여야 하며, ⓒ 관여자도 계약의 의미와 목적에 적합하게 행동하여야 할 의무가 발생한다고 설명한다.

그런데 계약관계는 계약의 생성, 발전, 소멸의 전체 단계가 상호 연계되어 작용한다. 따라서 신의성실의 원칙이 계약관계의 발전과정을 기초로 각 단계별로 어떻게 기능하는가를 이하에서 보기로 한다.

(가) 契約의 締結과 信義誠實의 原則

당사자간의 계약관계는 계약의 체결로 이루어진다. 계약을 체결하기 위하여는 준비가 필요하고, 각 당사자가 준비를 완전하게 한 후에 체결에 임하였을 때 비로소 완전한 계약의 체결로 당사자간에 계약관계가 형성된다. 예컨대, 목적물이 계약체결 전에 이미 이행불능이 되었거나 또는 의사의 형성과정에서 잘못이 있는 경우에는 비록 계약이 체결되었을지라도 계약은 무효 또는 취소되어 계약관계가 생성되지 못한다. 이와 같이 계약의 관계의 생성, 즉 체결은 체결전의 준비단계와 밀접한 관련성을 가진다.

계약의 준비단계에서의 일방의 과실로 계약자체가 무효 또는 취소되면 상대방은 예측하지 못한 손해를 입게 된다. 이 경우에 책임의 소재 및 그 책임의 법적 구성을 어떻게 할 것인가가 문제된다. 이 문제를 해결하는데 신의성실의 원칙이 기능한다. 계약체결 전의 준비단계는 계약관계와 유사한 관계로서 당사자간에는 계약관계에서와 동일하게 신의성실의 원칙이 기능하여 계약의 원만한 체결을 위하여 상호 협력·

주의·보호 등의 부수의무가 발생하게 된다. 따라서 준비단계에서의 과실은 바로 이러한 부수의무를 과실로 불이행한 것이 된다. 이것이 계약체결상의 과실로서, 우리 민법은 제535조에서 원시적 불능의 경우에 신뢰이익의 배상을 규정하고 있으나 그 밖에도 계약체결에 관한 책임문제에 관하여 신의성실의 원칙이 해결의 기준이 된다.

(나) 契約의 存續과 信義誠實의 原則

계약이 존속하는 동안 당사자는 계약의 내용인 독립된 채권·채무를 가지며, 당사자는 이 채권·채무를 행사하고 이행함으로써 상호 계약의 목적을 달성한다. 계약의 당초의 목적이 달성되려면 각 당사자는 자기의 채무를 충실히 이행하고, 상대방은 이를 위하여 최대한 협조하여야 할 것이다. 이렇게 될 때 비로소 당사자가 의도한 계약의 목적이 달성될 수 있다. 그런데 자본주의 사회에서의 계약의 목적은 곧 각자의 경제적 이익을 의미한다. 즉, 계약의 목적 달성이란 경제적 이익의 달성인데, 상호 만족할 경제적 이익이 달성되려면 각자는 이를 위하여 상호 협력하여야 할 것이다. 상호 협력관계는 구체적인 권리의 행사와 의무의 이행과정에서 요구될 뿐만 아니라 협력관계가 유지되기 위하여는 계약관계의 유지과정에서 당사자에게 일정한 협조의무가 요구된다. 전자는 발생한 권리와 의무의 행사 및 이행과정에서의 문제이며, 후자는 계약관계의 발전과정에 따른 당사자의 법적 지위의 문제이다.

권리의 행사와 의무의 이행과정에서는 계약의 목적 달성을 위한 협력체관계에서 신의와 성실이 요구된다. 이에 민법도 제2조에서 권리의 행사와 의무의 이행에 신의성실을 요구하며, 나아가서 권리의 남용을 금지하고 있다.

한편 당사자는 계약의 발전과정에 따라 무수한 여러 가지 상황에 놓이게 되는데, 이를 예상하고 미리 모든 합의를 한다는 것은 불가능하다. 이때 당사자의 법적 지위의 균형을 위하여 각자에게 일정한 권리·의무가 발생하는데, 이러한 권리·의무의 발생을 기초지우는 것이 신의성실의 원칙이다. 이에 의하여 계약의 전개과정에 따라 적합한 주의·배려·보호·협조의무 등의 부수의무가 발생한다(채권자의 수령의무를 인정하는 견해는 계약관계의 발전과정에서 신의성실의 원칙에 따른 법적 지위의 형평성 요구에서 수령의무가 발생한다고 이해한다).

(다) 契約의 消滅과 信義誠實의 原則

계약관계는 당사자가 계약의 내용에 따라 이행을 함으로써 소멸한다. 그런데 오랜 기간 동안 상호 계약의 내용을 이행하여야 하는 계속적 계약에서 어느 일방이 계약관계를 성실하게 이행하지 않는 경우에 계약을 그대로 존속시켜야 하는가가 문제된다. 임대차계약, 근로계약, 도급계약, 위임계약, 특히 계속적 공급계약에서 그러한 문제가 있게 된다.

계약관계는 기본적으로 신뢰관계이며 또한 계약의 목적 달성을 위하여 상호 협조하고 협력하여야 하는 협동체관계이다. 이러한 관계는 계약관계가 지속되는 동안 유지되어야 한다. 따라서 어느 일방의 불신행위가 현저하여 더 이상 계약관계를 유지한다면 상대방에게 너무 가혹하고 불리하여 형평을 상실할 우려가 있는 경우에는 신의성실의 원칙에 의하여 계약을 해소할 수 있다고 보아야 한다. 한편 이러한 경우와는 반대로, 계속적 계약관계에서 채무의 단 한번의 불이행 또는 일시적 부적합한 이행 등을 이유로 계약을 해소할 수는 없다고 보아야 한다. 즉, 계속적 계약관계에서는 계약의 특성상 당사자간에 신의성실의 원칙이 특별히 더욱 요구되나 이러한 신의성실의 원칙에 의하여 구체적인 계약을 소멸시킬 수 있느냐의 여부는 일방의 불신행위로 당해 계약관계로서의 신뢰·협동체관계가 현저히 훼손되었고, 이럼에도 불구하고 계약을 지속케 한다면 상대방에게 지극히 가혹하여 불리한 것이 아닌가가 기준이 될 것이다.

3. 契約에서 事情變更의 原則

(1) 意 義

사정변경의 원칙이란, 일반적으로 계약성립 후 그 기초가 된 상황이 현저하게 변경되었거나 소멸하여 당초의 계약의 내용을 그대로 유지하여 강제하는 것이 계약 일방에게 지극히 부당하거나 불리하여 신의와 형평의 이념에 반하는 경우에는 당사자가 신의와 형평에 맞게 계약의 내용을 정정하거나 폐기(해제)할 수 있다는 원칙을 말한다. 법률행위 특히 계약의 경우에 계약체결 때의 상황이 계약의 이행시에 당사자가 예상하지 못한 현저한 변화가 있는 경우에 당해 계약에 어떠한 법적 효과를 부여할 것인가는 계약법에서 중요한 논의과제 중의 하나이다. 이 문제는 독일에서는 행위기초론(die Lehre von der Geschäftsgrundlage), 프랑스법에서는 불예견론(la théorie de l'imprévision), 영미법에서는 계약목적 부도달의 원칙(the doctrine of frustration of contract), 우리나라와 일본에서는 사정변경의 원칙으로 논의되고 있다.

사정의 변화가 계약의 효력에 원칙적으로 영향을 줄 것인가 여부에 대한 판단에 관하여는 시대에 따라 변화를 거듭하였다. 로마법에서는 <계약은 지켜져야 한다(pacta sunt servanda)>는 원칙에 의하여 부정되었으나, 중세 까논법(ius canonici : 교회법)에서는 Clausula rebus sic stantibus('만일에 사물이 그대로 있었더라면'이라는 조항)의 법리인 사정불변경론事情不變更論(Clausula론)에 의하여 긍정되었다.

까논법상의 Clausula론은, 모든 계약에는 계약을 체결할 때의 사정이 그대로 유지되어야 당해 계약이 효력을 유지한다는 조항이 있는 것으로 해석되며, 따라서 계약을 체결할 때의 사정이 그 이후 현저하게 변화가 있게 되면 당해 계약은 구속력을 상실한다는 법리이다. 이러한 Clausula법리는 독일 보통법시대를 거쳐 18세기 프로이센일반란트법(ALR)에서는 법리의 일부가 수용되어 명문으로 규정되었다(제377조 내지 제385조). 그러나 19세기에 들어와서는 계약에서의 중심과제가 계약의 확실성과 법률관계의 안정성이 됨에 따라 Clausula법리에 내재된 이들에 대한 위험성 때문에 Clausula법리는 기피되다가 마침내는 망각되었다. 그러한 상태에서 또 다시 이 문제의 논의가 재현된 것은 독일 민법을 제정함에 따라서이다. 이때 많은 논의를 거쳐 Clausula법리를 민법의 일반규정으로는 채택하지 않되, 일반적으로 적용될 수 없는 몇 개의 최소한의 개별적인 경우에 이 법리를 규정하는 것으로(제321조, 제528조, 제530조, 제610조 등) 결론이 났다.

이에 우리 민법 제정시에도 Clausula법리를 일반원칙으로는 규정하지 않고 제286조, 제599조, 제627조 등에서 개별적으로만 인정하였다. 그런데 우리 민법보다 먼저 제2차 세계대전 중에 제정된 이탈리아 민법(1942년)에서는 Clausula법리를 일반원칙으로 채택하여(제1467조와 제1468조) <예견하지 못한 특별한 사건>으로 당사자 일방에게 계약내용 그대로의 이행이 과중한 경우에는 계약을 해제(쌍무계약 제1467조)하거나, 이행의 감액 또는 이행방법의 변경(편무계약 제1468조)의 청구를 할 수 있음을 명문으로 규정하였다.

한편, 독일은 최근에 민법을 개정(2002.1.1 발효) 하면서 제313조에 후술하는 행위기초론에 기초한 사정변경의 원칙을 명문으로 규정하여 사정변경의 원칙을 인정하는 것으로 선회하였다.

(2) 各國의 基礎理論

(가) 獨逸의 行爲基礎論

① 行爲基礎論의 展開

사정의 변화에 따른 계약의 구속력에 관한 논의가 다시금 제기된 것은 누구도 예상하지 못한 제1차 세계대전을 겪으면서였다. 1918년 당시 독일의 제국법원은 패전 후의 금가치 폭등과 극심한 인플레이션으로 세계대전 발발 전에 체결된 계약 내용 그대로 이행할 때에는 채권자에게 지극히 불리한 사안에서 Clausula론을 인식하여 경제적 불능론에 의해 증액판결을 하였다. 이 판결을 계기로 하여 <사정의 변화에 따른 계약의 법적 구속력>에 관하여 학자들 간에 활발하게 논의되었다.

* 1923년 11.20 1 DM금화=1조 DM 지폐, US dollar 1=4조2000억 DM 지폐, 바나나 1=10억에서 나중에는 1조 DM지폐였음.

독일에서는 위와 같은 판결 이후에 학자로서는 처음으로 이를 지지하며 Windscheid가 계약의 당사자가 계약을 체결한다는 것은 그 전제로 본질적 상황에는 변화가 없다는 묵시적 합의를 한 것이라고 하며, 따라서 본질적 상황에 변화가 있게 되면 당해 계약은 당연히 영향을 받는다는 이른바 전제론前提論(die Lehre von der Voraussetzung)을 주장하였다. Windscheid의 이 전제론은 학자들로부터 크게 호응을 받지는 못하였으나 1921년 Oertmann에 의하여 수정보완되어 「행위기초상실론(die Lehre vom Wegfall der Geschäftsgrundlage)」으로 발전하였다. Oertmann은 「행위기초란 행위종결시 당면하고 기초한 것으로 명백하게 인식되었고, 이에 대해 당사자 쌍방에게 이의가 없는 표상이 되었거나 또는 그 때의 다수인의 일반적인 표상이 되어 계약체결시에 확실한 여건으로서 이에 의하여 행위의사가 형성된 것」이라고 정의하고, 이러한 행위기초가 상실된 때에는 계약은 구속력을 상실한다고 하였다. Oertmann의 이러한 행위기초론이 주창되고 학자들로부터 호응을 받자, 법원은 종래의 Clausula론과 경제적 불능론을 후퇴시키고 행위기초론을 채택하여 판결하였다. 그런데 Oertmann은 행위기초를 계약에서 의사형성의 기초문제로 파악함으로써 사정의 변화가 결국에는 하자 있는 의사표시의 문제로 가게 하였다. 따라서, 그는 주관적 행위기초와 객관적 행위기초를 구별하지 않게 되어 상대방이 모르는 일방만의 주관적 행위기초도 행위기초에 포함하게 되어 계약의 안정성을 해치는 결과를 초래하였다. 이는 또한 그 판단의 중심을 계약당사자의 관계의 사후변경에 따른 계약의 이행에 대한 기대가능성 여부의 판단에 집중시켜 순수한 공정판결에 대한 위험을 제기하였다. 이에 행위기초에 객관적인 구성요건의 제시가 필요하게 되었고, Kruekmann, Locher, Lehman을 거쳐 Larenz에 의하여 행위기초를 주관적 행위기초와 객관적 행위기초로 구별하여 구성요건을 정리하였다.

Larenz가 구별한 행위기초 중 주관적 행위기초는 계약 쌍방에게 공통된 표상으로 계약체결시에 기초한 것으로, 지나간 일 또는 장래에 기대되는 상황이 이에 속하는데, 이 표상이나 기대가 잘못 되었으면 쌍방이 계약을 체결하지 않았을 그러한 것으로 그 개념을 정립하였다. 한편 객관적 행위기초는 주어진 것이거나 계속되어진 것으로 그것에 의하여 계약이 합리적으로 규율되는데, 그것이 없으면 계약의 의미·목적·대상이 없어지는 것이라고 정의하였다. 그러나 Larenz는 이와 같이 행위기초를 구성요건상 주관적 행위기초와 객관적 행위기초로 구별하였으나 법률효과에서는 이를 구별하지 않았으며 또한 이들의 구별은 실질적이기는 하나 그 구별이 매우 어려운 점을 스스로 인정하였다. 이에 Larenz는 행위기초의 통합적인 규율을 포기하고 그 대신 아래와 같이 개별적인 특성에 따라 유형화하였다.

② **個別 類型**

㉮ **過度한 給付障碍**

독일 민법은 제275조 제1항에 의하여 당사자는 급부의 객관적 불능의 경우에만 면책된다. 따라서 채무자는 그 외의 모든 급부장애를 극복하고 이행하여야 한다. 그렇지 않으면 채무불이행책임을 지게 된다. 그러나 제275조(책임 없는 급부불능) 및 제280조(책임 있는 급부불능)가 무조건 이러한 결론으로 강제되는 것은 아니다. 이 조항은 법률의 기본입장이지만 급부의 이행을 더 이상 기대할 수 없는 그 이상의 일정한 경우, 즉 순수한 급부장애의 경우에는 채무자를 채무이행의 강제로부터 면하게 하여야 한다. 이는 제국법원이 인플레이션에 의한 급부의 경제적 불능을 객관적 불능으로 본 경우인데, 이들을 사실적인 또는 실질적인 객관적 불능과 명확하게 구별하기는 어렵다. 즉, 행위기초의 변화로 과도한 급부장애가 발생하고, 이로 인하여 이행을 강제한다면 일방에게 생존 자체를 위협할 위험이 있는 경우에는 당해 계약의 구속력은 상실된다. 그런데 여기서 주의할 것은 계약 자체의 의의 및 목적에 의하여 일방이 위험을 인수하는 이른바 감행된 계약에서는 당사자들이 그와 같은 과도한 급부장애의 발생가능성에 대한 위험을 스스로 인수하고 계약을 체결한 것이라고 보아야 한다.

㉯ **等價破壞**

여기서 문제가 되는 등가파괴란 사정의 변화로 쌍무계약에서 발생한 급부와 반대급부간에 등가관계가 근본적으로 파괴되어 도대체 반대급부를 운위云謂할 여지가 없게 되는 경우를 말한다. 예컨대, 매매계약에서 매수인이 대금을 지급함에 있어서 그 동안의 인플레이션으로 계약상의 금액 그대로는 목적물의 가치에 상응한 가치가 거의 없음에도 계약상의 금액을 그대로 지급하여 그의 채무를 이행하려는 경우에 그것이 여전히 매매계약으로 타당한가가 문제된다.

인플레이션으로 주는 채무자(매도인)에게 과다한 급부장애가 생긴 경우에도 역시 같다. 예컨대, 대금지급이 선이행된 후에 급격하게 물가가 앙등하였음에도 종전의 계약 그대로 당해 물건을 이행하여야 하는 경우이다. 이러한 경우는 일반적으로 등가파괴보다는 과다한 급부장애로 취급되어야 한다. 이는 등가파괴로 특정지어지는 것의 법본질적인 문제는 일반적이지 않고 특수한 것이기 때문이다.

등가파괴의 경우에, 주는 채무자에게는 급부의 이행 자체가 아직도 가능하나 그에 대한 금전채무자의 완전히 무가치한 반대급부의 이행에 대해 받는 채무자를 방치할 수 없어 금전채무자는 채무를 증액할 의무를 지게 된다고 본다. 이는 사법의 정의인 형평이념에 따른 요구이다. 그런데 행위기초상실로 인한 형평요구의 승인에는 추가적인 중대한 문제가 있다. 즉 우리들의 금전명목주의적 기본구조체계에 의하면 금전채권에서의 채권자는 공연하며 끊임없는 현실적인 화폐가치 등락의 위험을 부담하는 것이 원칙이라는 문제이다. 따라서 채권자는 화폐가치 하락에 대한 명백한 가치확정조항을 가지는 특약을 하지 않는 한, 증액을 요구할 수는 없다고 보아야 한다.

㈐ 目的挫折

목적좌절에는 급부대체 상실의 경우부터 주는 채무의 채권자의 단순하며 순수한 이용목적 불도달의 경우까지 매우 다양한 것을 포함한다. 이러한 다양한 모든 경우를 통일하여 획일적으로 취급할 수는 없다. 목적불도달이나 목적좌절의 대부분의 경우는 우선 급부불능의 문제에서 검토되어져야 한다. 이는 급부를 대체할 수 있느냐 여부를 판단하기 위해서 특히 필요하다. 이것은 다른 한편으로 급부의 객관적 불능으로 취급될 것이냐 여부의 결정문제와 일치하는데, 이에 대한 판단은 원래의 채무의 급부효과의 정확한 한계에서 구분될 수 있다. 예컨대, 수리하려는 건물이 불타 없어지면 수리업자의 급부는 객관적 불능으로 되고, 대관식 행렬을 보기 위하여 행렬이 지나가는 길옆의 건물의 방을 임차한 경우에 대관식 자체가 취소되었다면 목적좌절이 된다. 이와 같이 원래의 채무의 급부효과에 의한 채권자의 이용목적이 계약의 내용인 경우에는 이용목적의 좌절이 행위기초의 상실로 된다.

그런데 주는 채무에 있어서는 원칙적으로 채권자가 급부이용의 위험을 부담하게 된다. 따라서 채무자는 그의 급부로서 채권자가 도달하려는 것이 가능성이 없다든지 또는 채권자가 계획한 그대로 그의 급부를 이용할 수 있는지 여부 등에 관해서는 고려할 필요가 없다. 또한 채무자가 채권자의 이용목적을 우연히 알았는지 여부도 중요하지 않다. 주는 채무의 채권자는 그 후의 사정의 변경으로 목적이 소멸되어 당해 목적물이 그 자신에게 가치가 없어질지라도 자기의 급부는 이행하여야 한다. 예컨대, 약혼예물로 반지를 계약한 매수인은 약혼이 취소되어 반지가 더 이상 필요 없을 지라도 반지 값은 지불하여야 한다. 그러나 특별한 여건에서는 신의칙에 기해 채권자의 이용위험이 채무자에게도 있게 된다. 따라서, 법원은 목조가옥의 매수인이 쌍방이 기대한 대로 가옥 증축에 필요한 허가를 받지 못한 경우에는 신의칙에 의하여 이를 고려하여야 한다고 하였다. 요컨대, 급부의 이용목적의 위험은 채권자에게 있으나, 채무자도 이를 알고 있었고 채권자의 이용목적이 더 이상 달성될 수 없음에도 채권자를 계약에 구속되도록 하는 것이 기대될 수 없는 경우에는 채무자의 행위에 의한 판단으로 신뢰위반 여부가 판단되어져야 할 것이다.

㈑ 社會實體의 變化

사회현상의 기본구조의 변화는 당사자가 원칙적으로 예상할 수 없고, 뿐만 아니라 결과의 양상 및 범위에 관한 불인식으로 그에 상응하여 사전에 계획되어질 수도 없다. 따라서, 이는 대부분 계약 또는 법률에 의한 위험분산과 연결되어 있다. 이로써, 전쟁·화폐개혁 또는 경제구조의 급격한 변혁 등과 같은 사회실체의 변화 또는 법률개정, 전체 국법질서의 근본적인 변화에 따른 문제 등은 오직 입법적인 과제가 될 뿐이다. 그런데 이러한 경우 입법으로 해결되지 않는 경우에 어떻게 할 것인가라는 실제적인 문제가 있다.

여기서 취급되어지는 모든 현상은 그 자체가 원칙적으로 양 당사자에게 동일하게 일어날 수 있다는 특성을 가지고 있다. 따라서 각 당사자는 그러한 위험을 각기 자기의 영역에서 부담하여야 하는 것이 원칙이다. 그러나 계약 그대로의 이행이 이해관계인을 파산시킴으로써 그 이행이 기대할 수 없는 경우에는 이러한 사회실체의 변화는 계약의 효력에서 고려되어야 한다. 이때는 형평판결이 요구된다.

③ 實定法上의 規定-行爲基礎의 障碍에 따른 契約變更請求權

개정(2002년)된 독일 민법 제313조는 <행위기초의 장애>라 하여, 제1항에서 ① 계약의 기초되는 사정이 계약체결 후 급격하게 변화되고, ② 당사자가 그러한 변화를 예견하였다면 계약을 체결하지 않았거나 다른 내용으로 체결하였을 경우에, ③ 본래의 계약 내용 그 대로의 이행을 기대할 수 없는 경우의 요건으로 계약의 변경을 청구할 수 있도록 하였다. 또한 제2항에서는 계약의 기초가 된 근본적인 관념이 잘못된 것으로 판명된 경우에도 사정의 변경과 동일하게 계약의 변경청구권을 부여한다. 이와 같이 현저한 사정의 변화 또는 근본적인 관념의 오류 시에 원칙적으로 변경청구권을 인정하되, 계약의 조정이 가능하지 않거나, 일방에게 이를 기대할 수 없는 경우에는 계약의 해제권을 부여한다(제3항).

(나) 英美法上의 Frustration 法理

영국의 Common Law에서는 계약상의 채무자가 명시적인 면책특약이 없는 한 어떠한 경우에도 손해배상을 면할 수 없었다. 비록 채무자의 책임 없는 사유에 의한 이행불능이 되더라도 예외가 인정되지 않았다. 그러나 Frustration의 기원이 된 1863년의 Taylor v. Caldwell 사건에서 이러한 Common Law상의 엄격법주의가 이른바 묵시적 조건(Implied terms)론에 의해 완화되어, 채무자의 책임 없는 사유에 의하여 계약목적물이 소실된 경우에는 계약의 소멸, 즉 채무자의 면책을 인정하였다. 묵시적 조건론은 계약이행시에 일정한 목적물의 존재가 계약의 당연한 전제가 되는 경우에, 계약자의 과실에 의하지 않는 목적물의 멸실로 이행불능된 때에는 면책된다는 묵시적 조건이 계약에 존재한다고 해석된다는 것이다. 이 묵시적 조건론은 그 후 사정변경의 원칙으로서도 기능할 수 있는 가능성을 부여하였는데, 예컨대 1902년의 '대관식사건'에서 보는 바와 같이 계약성립시에 당사자에 의하여 기대되었던 일정한 사태의 불발생에도 묵시적 조건론이 적용되었다. 그 후 제1차 세계대전의 영향에 의한 수많은 계약의 이행불능 또는 이행곤란으로 인한 법률문제에 관하여 법원은 위 묵시적 조건을 대폭 확장하여 적용하는 과정에서 이행불능 및 목적달성불능에 의한 일반적인 계약해소의 이론으로 Frustration이라는 통일적 법리를 형성하였다. 그리하여 Frustration법리는 단순한 목적물의 멸실로 인한 이행불능의 범위를 벗어나서 사정변경을 이유로 하는 계약의 소멸까지 포함하는 것으로 인정되었다. 그러나 이 법리는 법원에 의하여 판례로서 형성·발전되어 왔기에 아직도 불명확한 점이 많다.

지금까지 형성된 Frustration법리의 요건과 효과를 보면 다음과 같다. 요건으로는, ⓐ 계약성립 후 당사자가 예기치 못한 상황의 변경이 발생하였으며, ⓑ 그러한 상황의 변경으로 그 이행이 불가능하거나 당초의 계약과는 전연 다른 이행이 되어 당초 계약의 목적이 좌절되고, ⓒ 그러한 상황의 발생이 당사자로부터 기인되지 않았을 것 등이다. 이러한 요건을 충족하면 계약은 장래에 대하여만 소멸하여 당사자의 장래의 의무만을 면제하였다. 이와 같이 계약을 장래에 대하여만 그것도 의무의 면제에만 인정하여, 선이행의무자의 의무는 소멸하지 않고 또한 이미 이행한 경우에는 그 반환을 청구할 수 없어 채무의 이행시기가 언제이냐에 따라서 당사자간의 이해가 서로 달라 불공평하였다. 효과상의 이러한 불합리는 그 후 1942년의 Fibrosa사건에서 이행한 부분의 부당이득반환을 인정하며, 특히 「Law Reform (Frustrated Contracts) Act, 1943」에 의하여 계약의 장래에 대한 소멸과 선이행한 부분에 대한 부당이득법리에 의한 반환의무를 인정함으로써 보완되었다. 그러나 동법은 당사자의 특약이 있는 경우, 보험계약, 물품매매법(Sale of Goods Act, 1893) 제7조(매수인에게 위험이 이전되기 이전에 목적물이 멸실한 특정물계약은 무효)가 적용되는 계약 또는 그 외 물품이 멸실하였다는 이유로 계약이 좌절되는 경우의 특정물매매 및 배달매매계약에는 그 적용을 제외함으로써 그 적용범위가 아주 협소하다. 그럼에도 불구하고 Frustration법리는 계약당사자간의 위험의 공평분배라는 이념에서, 사정의 변화에 대한 계약의 구속력을 소멸시킨다는 점에서 영미계약법에서는 주요한 의미를 가진다.

* **戴冠式事件**(coronation case) : 1903년에 유사사건이 많았는데, 그중 하나는 Krell v. Henry(1903)로서, 국왕의 왕위즉위 축하행렬을 구경할 목적(그 목적이 계약서에 명기)으로 행렬예정일에 행렬이 지나가는 연도변의 건물에 전망 좋은 방 하나를 임차하기로 예약하였으나, 국왕의 갑작스런 발병으로 축하행렬이 연기되었고, 임차인이 당해 방을 임차할 필요가 없어 계약을 해제하였다. 이에 임대인이 임대차계약에 의한 임료지급을 청구한 것에 대하여 법원이 Frustration 법리를 들어 임차인의 임료지급의무가 없음을 판결하였다.

(다) 프랑스의 不豫見論

프랑스민법은 제1148조에서 계약당사자가 계약상의 의무를 면하는 경우는, 불이행이 채무자에게 귀책될 수 없는 불가항력 또는 우연한 사고에 의한 경우로 한정하였다. 이 규정에 관하여 종래의 판례·학설은 엄격히 해석하였으나, 제1차 세계대전 후 Clausula론을 부활하여 특히 계속적 계약관계에서 불가항력 또는 우연한 사고와는 달리 당사자가 예견하지 못한 사정의 변경으로 계약의 이행이 계약성립 당시에 채무자가 예상한 것보다 큰 부담이 되는 경우에는 채무자는 그 계약을 해제 또는 정정할 수 있는 권리가 발생한다는 주장이 나왔는데, 이 이론이 불예견론이다. 이 불예견론에 관하여 제1, 2차 세계대전을 겪으면서 긍·부정론이 활발하였다.

긍정론자는, 계약은 성실하게 이행되어야 하나 사정변경의 주장을 인정하는 것은 형평과 정의에 합치하는 것이라고 한다. 이에 대하여 부정론자는, 발생된 사건이 계약의 변경을 허용하는 불가항력을 구성하지 않는 한 채무자의 부담이 과다하더라도 이행하지 않으면 아니 되는 것이 계약의 본질이며, 형평과 정의의 일반개념으로 계약의 구속력에 대하여 예외를 인정하는 것은 거래의 안전을 해친다고 한다. 그런데 법원은 지금까지 행정계약에 관하여는 불예견론을 적용하였으나, 민사계약에 관하여는 민법 제1134조의 계약의 강제력의 원리를 엄격히 유지하여 원칙적으로 불예견론의 적용을 허용하지 않고 있다. 오늘날 학설도 대체적으로 이러한 법원의 자세를 지지하며, 예견할 수 없는 사회·경제적 상황의 급격한 변화가 사회일반의 이익에 관련되는 경우에 계약관계의 구조적 변경을 가하는 것은 법원이 할 역할이 아니라 입법자가 할 역할이라는데 일치하고 있다. 요컨대, 오늘날 프랑스에서의 개인간의 계약관계에 사정변경에 관한 불예견론의 적용에 관하여는 부정적인 것이 판례·학설의 입장이다.

* 이탈리아 민법 제1467조(쌍무계약): ① 계속적 또는 정기적 이행이나 연기된 이행에 관한 계약에 있어서 예견하지 못한 특별한 사건으로 당사자 일방이 과중하게 된 경우에는 이러한 이행을 부담하게 된 당사자는 제1458조의 규정에 다라 계약을 해제를 청구할 수 있다.
② 후발적 과중부담이 계약의 통상적 위험의 일부인 경우에는 계약의 해제를 청구하지 못한다.
제1468조(편무계약): 제1467조에 규정된 경우에 당사자 일방만이 채무를 부담하는 것인 때에는 채무자는 공평한 이행이 될 수 있도록 그 이행의 감액 또는 이행방법의 변경을 청구할 수 있다.

(라) 日本의 事情變更의 原則

일본에서 <사정변경의 원칙론>은, 1926년 藤本正晃이 발표한 「민법에 있어서 사정변경의 원칙」이란 논문에서 법이론적·법제사적·비교법적 연구와 제1차 세계대전 후의 독일의 이와 관련한 학설·판례의 분석을 통하여 「사정변경의 원칙이란 주로 채권관계를 발생시키는 법률행위에 있어서 기본행위의 환경이 되는 사정이 법률행위 후 그 효과 완료 전에 당사자에게 귀책시킬 수 없는 사유로써 예견할 수 없는 정도로 변경되어, 그 결과 당초의 의의있는 법률효과를 발생시키거나 또는 그 계약을 존속시키는 것이 신의형평의 원칙상 부당하다고 인정되는 경우에, 그 법률효과를 신의형평에 기하여 변경시킬 수 있는 것이다」라고 하였다. 그 법률효과에 관하여는 구체적인 1차적 효과로서 급부내용의 변경으로 가능한 한 채권관계를 존속시켜 당초의 당사자의 목적을 달성케 하며, 2차적으로는 계약의 해제권, 의사표시의 철회권을 인정하였다. 이러한 藤本의 주장은 그 후 학설·판례의 압도적 지지를 받았으며, 현재에도 학설에 의하여 그 기본적인 내용이 승인될 뿐만 아니라 약간의 입법상의 규정(借地法, 借家法, 農地法)에 의하여도 승인되고 있다.

오늘날 일반적으로 승인되는 사정변경의 원칙의 구체적 요건을 보면, 첫째 당사자가 계약체결시에 전제된 사정이 당사자의 예견을 초월하여 변경되었을 것, 둘째 사정변경의 원칙을 주장하는 당사자에게 사정변경의 귀책사유가 없을 것, 셋째 계약을 그대로 이행하는 경우에는 예상하지 않았던 예측할 수 없는 손해가 발생할 것 등이다. 이러한 요건은 사실심 변론종결 시까지 발생한 것으로 판단한다. 따라서 사정변경의 요건이 존재하다가 사실심 변론종결 시에 소멸한 경우에는 당사자는 사정변경의 원칙을 주장하지 못한다. 사정변경의 제1의 효과는 계약의 해제이며, 제2의 효과는 계약내용의 변경으로 보는 것이 다수설이다.

(3) 우리 民法上의 事情變更의 原則

우리 민법상 사정의 변화에 따른 계약의 구속력 문제에 관하여, 학설은 대체로 <사정변경의 원칙>이란 이름으로 승인을 하는 경향이며, 판례는 부정적이다.

긍정론자들은 그 기초이론으로 독일의 행위기초론을 들며, 그 내용으로는 일본의 <사정변경의 원칙>과 다르지 않다. 따라서 그 요건으로는 위 일본의 사정변경의 원칙의 구성요건을 요한다고 보며, 그 효과에 있어서는 긍정론자들에 따라서 원칙적으로 계약해제권이 발생한다는 견해(다수)와 계약내용의 변경을 통한 계약의 유지를 주장하는 견해가 있다.

판례는 우리 민법의 일반원칙으로는 사정변경의 원칙은 승인되지 않는다고 하며, 인플레이션과 사정변경에 관하여도 매매계약에서 화폐가치가 하락한 것만으로는 매매계약의 해제가 허용되지 않는다고 하여 사정변경의 원칙의 적용을 부정한다.

판례 事情變更의 原則에 대한 判例

① 民法의 一般原則 : 채권을 발생시키는 법률행위 성립 후 당시 변경이 된 사정에 당사자 쌍방이 예견 못하고 또 예견할 수 없었던 변경이 발생한 결과 본래의 급부가 신의형평의 원칙상 당사자에게 현저히 부당하게 된 경우에 있어서 당사자가 신의형평이 요구하는 바에 따라 그 급부의 내용을 적당히 변경할 것을 상대방에게 제의할 수 있고 상대방이 이를 거절하는 때에는 계약을 해제할 수 있다는 소위 사정변경의 원칙은 민법의 해석상 용납되지 않는다(대판 1955.4.14. 4286민상231).
② 貨幣價値의 下落과 事情變更의 原則 : 매매계약을 맺은 때와 그 잔대금을 지급할 때와의 사이에 장구한 시일이 지나서 그 동안 화폐가치의 변동이 극심하였던 탓으로 매수인이 애초에 계약할 당시의 금액표시대로 잔대금을 제공한다면 그 동안에 앙등한 매매목적물의 가격에 비하여 그것이 현저하게 균형을 잃은 이행이 되는 경우라 할지라도 민법상 대리인으로 하여금 사정변경의 원리를 내세워 그 매매계약을 해제할 수 있는 권리가 생기지 않는다(대판 1963.9.12. 63다452).

우리나라에서 사정의 변화에 의한 계약의 구속력이 문제 될 수 있는 여건은 8·15 해방, 6·25 전쟁과 그 이후 몇 차례의 급격한 정치·사회적 변혁기와 최근의 IMF 체제하의 사회 등을 들 수 있다. 그러나 그러한 변혁이 독일을 비롯한 유럽 제국에서와 같이 계약의 구속력이 논의될 만큼 급격한 변화이냐는 의문이다. 그러나 그러한 것과는 관계없이 우리 민법에서 일반원칙으로 이른바 <사정변경의 원칙>을 승인할 것인가가 문제된다. 이 문제를 검토함에 있어서 우선 몇 가지 고려하여 할 사항이 있다. 첫째, 우리 민법은 <이행불능>에 의한 면책을 귀책사유에 의하지 않는 객관적 불능에 한정하는 독일 민법 등과는 달리, 객관적 불능을 포함하여 사회통념상 그 이행이 불가능하다면 불능이라는 이른바 <사회적 불능>개념을 취하여 채무자가 면책되는 <이행불능>의 범위가 광범위할 뿐 아니라 매우 신축적이다. 둘째, 위에서 본 바와 같이 오늘날 각국에서도 일반론으로서의 사정변경론은 제한·축소시키는 경향에 있다. 셋째, 실제로 가장 문제가 될 수 있는 것이 매매계약 등에서 화폐가치의 하락, 즉 인플레이션에 따른 문제인데, 사정변경론을 승인하는 경우에도 각국이 오늘날은 매매계약에서 그 적용을 배제하고 있다. 요컨대, 오늘날 사정변경론은 각국에서도 이론에 의하여 형식적으로만 건재할 뿐 실효성은 없다고 할 수 있다.

이러한 점을 염두에 두고 오늘날 우리의 현실에서 사정의 변화와 관련하여 문제 될 수 있는 구체적인 경우로는 아래의 것을 들 수 있다. ⓐ 전쟁 및 천재지변에 의한 급격한 사정의 변화, ⓑ 매매계약 등 금전채무를 수반하는 계약에서 인플레이션에 의한 영향, ⓒ 영국의 대관식사건에서와 같은 계약목적의 소멸, ⓓ 사정의 변화에 따른 이행의 과중, 특히 문제가 될 수 있는 것이 각종 노동단체의 파업에 따른 경우로서, 예컨대 매도인이 운송의무를 지는 경우에 운송관련기관의 파업으로 통상적이며 관례적인 방법에 의한 운송이 불가능함으로써 그 이행에 과중한 부담이 되는 경우이다.

위의 개별 경우에 사정변경론이 필요한 것인가에 관하여 개별적으로 검토하면 아래와 같이 정리할 수 있다.

ⓐ의 전쟁 또는 천재지변의 경우에는 사회통념상 이행이 가능하지 않은 것으로 충분히 볼 수 있어 우리 민법상 이행불능에 해당하여 특별히 사정변경론을 적용할 필요는 없을 것이다.

ⓑ의 경우는 각국에서 보는 바와 같이 필요하다면 입법에 의하여 해결할 문제로서 법관이 개입할 것이 아니라는 것이 지배적으로 사정변경론을 적용할 필요는 없다.

ⓒ의 경우는 계약의 당사자에게 공통적으로 인식되었으며, 그것이 계약의 목적 또는 기초를 형성하는 것으로서 누구에게나 인식될 수 있는 것이 사정의 변경으로 소멸한 경우이다. 이도 우리 민법상 이행불능의 문제로서 포섭될 수 있을 것이나, 사정변경론이 필요하다면 이 경우이다.

ⓓ의 경우는 사정의 변경이 채무자의 이행에 예기치 않은 과중한 부담이 되고, 채무자에게 그러한 부담은 지극히 가혹한 경우로서, 예컨대 매도인이 통상적인 방법인 기차에 의한 운송을 염두에 두고 가격과 인도시기를 합의하였는데 기관사들의 파업으로 기차에 의한 운송이 불가능하며, 다른 운송수단(트럭)은 가능하나 막대한 추가비용을 요하는 경우이다. 이는 이탈리아 민법에서 명문으로 <이행에 따른 과중한 부담>이란 것으로 사정변경의 원칙의 적용을 승인하는 것이나, 미국의 판례가 인정하는 이행곤란론(The principle of impracticability of contract)에 해당하는 것이다. 그런데 이는 우리 사회에서도 앞으로 문제가 될 가능성이 매우 높다. 따라서 우리 민법상 ⓒ의 경우와 같이 사정변경론이 필요하다면 이 경우이다.

결국 우리 민법에서도 제한된 경우에 사정변경의 원칙의 도입이 필요한 것으로 보이는데, 이를 승인하는 경우에는 위 ⓒ와 ⓓ의 경우로 한정하고 그 요건도 엄격히 하여야 할 것이다.

Ⅳ. 契約의 種類

1. 典型契約·非典型契約

전형계약이란 민법 또는 상법 등의 법률에 규정되어진 계약을 말한다. 민법상의 전형계약으로는 민법 제3편 제2장에 규정되어진 증여를 비롯한 14종(현상광고에 관하여는 계약인가에 관하여 논란이 있음)의 계약이 있으며, 상법의 전형계약으로는 상호계산·익명조합·운송·임치 등의 계약이 있다. 이러한 계약은 그 계약의 이름이 있기 때문에 유명계약有名契約이라고도 한다. 당사자가 체결한 어떤 계약이 전형계약인가 여부의 판단은 당해 계약이 민·상법의 각종 계약의 의의 규정에 해당하는가 여부에 의하여 결정된다. 예컨대, 매매는 민법 제563조(매매의 의의)에서 <당사자 일방이 재산권을 상대방에게 이전할 것을 약정하고 상대방이 그 대금을 지급할 것을 약정> 하는 계약이라고 정의되어 있다. 따라서 어떤 계약이 이에 해당한다면 그 계약은 전형계약인 것이다.

전형계약이 성립된 경우 당사자간의 법률관계는 당사자간의 계약의 내용과 법률에 의하여 성립된다. 법률의 규정은 원칙적으로 임의규정이다. 따라서 당사자의 합의와 법률의 규정이 충돌할 때는 당사자의 의사표시가 우선한다.

이에 대하여 민법 또는 상법 등의 법률에 규정되어 있지 않은 계약, 즉 전형계약이 아닌 계약을 비전형계약 또는 무명無名계약이라고 한다. 예컨대, 숙박계약·의료계약·여행계약·출판계약·방송출연계약 등이 이에 속한다. 비전형계약 중에는, 어떤 전형계약의 구성요소와 다른 전형계약의 구성요소가 혼합되어 성립된 계약과 어떤 전형계약의 구성요소와 비전형계약의 구성요소가 혼합되어 성립된 계약이 있다. 이러한 비전형계약을 특별히 혼합계약混合契約이라고도 한다. 민법은 매매 등 14종의 계약을 전형계약으로서 그 법률관계를 규정하고 있는데, 이는 이들 14종의 계약이 우리 사회에서 주요한 계약으로 개인 간에 많이 이루어진다는 것을 의미한다. 그런데 오늘날 교환·종신정기금 등은 거의 이루어지지 않아 그 중요성을 상실하고 있으며 오히려 의료계약·여행계약 등이 중요한 계약이 되고 있다. 이와 같이 계약도 사회의 변천에 따라 그 중요성과 활용성이 바뀌게 된다. 이에 독일 민법은 여행계약, 스위스 채무법은 출판계약을 전형계약으로 추가하고 있다. 전형계약으로 법률에 규정하게 되면 당사자간의 법률관계를 확정하기가 쉬울 뿐만 아니라 법률관계의 분쟁의 여지도 줄일 수 있는 것은 당연하다. 이러한 점에서 오늘날 우리 사회에서도 그 활용성이 높고, 그로 인하여 당사자간에 분쟁이 많은 의료계약·여행계약·출판계약 등에 관하여는 전형계약으로 법률에 규정하는 것이 좋을 것이다.

반면에, 비전형계약은 법률관계를 규정하는 법규가 없기 때문에 당사자간의 법률관계를 어떻게 규율할 것인지가 문제이다. 비전형계약 가운데 특히 혼합계약 예컨대 기획여행계약, 시설대여계약(리스계약)과 같이 여러 요소가 혼합된 계약에 관하여는, ⓐ 당해 계약의 구성요소 가운데 가장 주요한 구성요소가 속한 전형계약에 관한 규정을 적용하는 방법(흡수주의), ⓑ구성요소별로 구성요소가 속한 전형계약에 관한 규정을 개별로 적용하는 방법(결합주의), ⓒ 당해 계약에 가장 가까운 전형계약에 관한 규정을 통일적으로 유추적용하는 방법(유추적용주의)이 있는데, 당사자간에는 당해 계약에 의하여 통일적이며 단일한 법률효과를 발생하게 하는 것이 목적이므로 유추적용의 방법이 가장 타당하다고 볼 수 있다.

혼합계약에 관하여는 이와 같이 유추적용된다고 하더라도 어디까지 유추적용되는지도 문제이다. 유사한 규정이 있다고 하여 기계적으로 적용할 것이 아니라 당해 계약의 전체적인 취지에 의하여 당해 규정을 유추적용할 것인가 여부가 결정되어야 할 것이다.

한편, 순수한 비전형계약의 법률관계에는 민법전 계약의 총칙 편에 관한 규정은 그 성질에 반하지 않는 한 적용될 것이며, 그 이외에 관하여는 당해계약의 일반 조리에 따라 계약의 전체적인 취지·당사자의 전체적인 의사·사회적인 승인 등에 부합되게 해석하여 결정되어야 할 것이다.

판례 리스계약의 法的 性格 및 民法의 賃貸借規定의 直接適用 與否 : 시설대여(리스)계약은 형식에서는 임대차계약과 유사하나 그 실질은 대여시설을 취득하는데 소요되는 자금에 관한 금융의 편의를 제공하는 것을 본질적인 내용으로 하는 물적 금융이고 임대차계약과는 여러 가지 다른 특질이 있기 때문에 이에 대하여는 민법의 임대차에 관한 규정이 바로 적용되지 아니한다(대판 1997.10.24. 97다27107).

2. 諾成契約·要物契約

낙성계약이란 당사자의 의사의 합치(합의)만으로 계약이 성립하는 것을 말하며, 당사자의 합의 이외에 특별한 법률사실이 있어야만 성립하는 계약을 요물계약이라 한다. 예컨대, 소비대차계약이 낙성계약이라면 100만원을 특정일부터 1년간 월 1.5%의 이율로 대차한다는 합의만으로 계약이 성립하나, 요물계약이라면 그 합의와 별도로 당해 100만원이 차주에게 지급되어야 비로소 소비대차계약이 성립한다.

로마법에서는 소비대차·사용대차·임치를 요물계약으로 하였으며, 로마법의 영향으로 일본 민법·독일 민법·프랑스 민법 등도 이들 계약을 요물계약으로 하고 있다. 그러나 우리 민법은 스위스 채무법을 본받아 민법상의 전형계약 모두(현상광고는 제외)를 낙성계약으로 하고 있다(비전형계약 중에는 예컨대 대물변제계약과 같은 것은 요물계약도 물론 있다). 위 소비대차 등을 요물계약으로 하고 있는 나라에서도 오늘날은 요물계약으로 할 합리적 의의가 없는 것으로 판단하여 그 요물성을 완화하고자 노력하고 있다.

3. 有償契約·無償契約

계약은 계약의 당사자간에 상호 대가적 의미를 가지는 경제적 출연이 있느냐 여부에 의하여 유·무상계약으로 구별한다. 유상계약은 계약의 당사자간에 상호 대가적 의미를 가지는 경제적 출연이 있는 계약을 말하며, 일방만이 경제적 출연을 하고 상대방은 이에 대하여 아무런 경제적 대가를 행하지 않는 계약을 무상계약이라 한다.

이러한 경제적 출연이 있느냐 여부는 계약의 효과로서 행하여졌느냐 만을 기준으로 하는 것이 아니라, 계약의 성립시에서부터 소멸 때까지 계약과 관련된 전 과정을 통하여 일방이 경제적 출연을 하였고 이에 대하여 상대방이 대가적 의미를 가지는 경제적 출연이 있었느냐에 달려 있으며, 있다면 이는 유상계약이다. 즉, 계약과 관련되어 상호간에 재산의 이동이 있느냐 그 자체로 유·무상을 구별한다. 경제적 출연은 계약의 성립시에 있었고, 상대방의 대가적 출연은 계약의 효과로서 있는 경우에도 유상계약이다. 경제적 출연이 이루어진 시기는 문제되지 않는다. 일방의 출연에 의한 경제적 손실이 상대방에 의하여 보상되면 유상계약이다.

전형계약 중에서 매매·교환·임대차·도급·화해 등은 유상계약이고, 증여·사용대차 등은 무상계약이다. 소비대차·위임·임치 등은 당사자의 약정에 의하여 유상 또는 무상으로 할 수 있다.

쌍무계약은 상호 대가적 의미의 채무를 부담하는 계약이므로, 그러한 채무를 이행함으로써 경제적 출연이 있게 된다. 따라서 쌍무계약이면 유상계약이나, 역으로 유상계약이라고 해서 곧 쌍무계약인 것은 아니다. 이것은 당해 계약이 낙성계약이냐 요물계약이냐에 따라서 다른데, 낙성계약인 경우에는 쌍무계약이면 유상계약이고 유상계약이면 쌍무계약이나, 계약의 성립시에 경제적 출연이 있어야 하는 요물계약은 계약의 효과로서 유상으로 할 수도 있고 무상으로 할 수도 있기 때문에 요물계약의 경우에는 유상계약이면서 편무계약이 있다. 즉, 낙성계약의 경우는 쌍무계약이 곧 유상계약이고 유상계약이면 쌍무계약이나, 요물계약의 경우에는 그렇지만은 않다. 현상광고를 계약으로 보면 그 좋은 예가 된다. 현상광고는 요물계약으로 응모한 자의 경제적 출연(응모)은 채무가 아니고 광고한 자만이 현상광고의 현상금지급채무만 지기 때문에 편무계약이지만 상호간에는 각자의 경제적 출연이 있기 때문에 유상계약이다.

일방이 경제적 출연을 하고 상대방도 경제적 출연이 있을지라도 그것이 대가적 의미가 없는 경우에는 유상계약이 아니다. 예컨대, 부담부증여의 경우에는 수증자가 일정한 부담을 지지만 증여자의 재산권이전에 따른 경제적 출연과 수증자의 부담 이행에 따른 경제적 출연은 대가적 의미가 없기 때문에 무상계약이다.

무상계약은, 법적 구속력의 측면에서는 계약이 서면이냐 구두냐(증여) 또는 이행여부에 따라서(소비대차) 달리 취급하여 유상계약보다는 상대적으로 약하며, 주의의무에서도 구체적 경과실을 요하며(무상임치), 담보책임은 원칙적으로 부담하지 않는 등 유상계약과는 많은 차이가 있다.

유·무상계약의 구별실익은 구체적인 당해 계약의 법률관계에 관하여 당사자의 의사표시 또는 그에 관한 직접적인 규정이 없는 경우에 그 적용법조를 정하는 데 있다. 유상계약의 대표적인 것이 매매이며, 무상계약의 대표적인 것이 증여이다. 따라서 당해 계약이 유상계약이라면 매매에 관한 규정이 준용되며, 무상계약이라면 증여에 관한 규정이 준용된다. 특히 중요한 것이 담보책임에 관한 조항(제559조와 제580조)이다. 예컨대, 임대차계약은 유상계약이기 때문에 임대인의 담보책임에 관하여는 별도의 규정이 없을지라도 유상계약의 전형인 매매에서의 매도인의 담보책임이 준용되는 것으로 해석되나(제580조), 사용대차는 무상으로 증여자의 담보책임이 준용된다(제612조, 제559조).

4. 雙務契約·片務契約

(1) 意 義

계약에 의하여 당사자가 상호 대가적 의미를 가지는 채무를 부담하는 것을 쌍무계약이라 하며, 일방만이 채무를 부담하는 계약을 편무계약이라 한다. 상호간에 채무를 부담할지라도 그 채무가 대가적 의미가 없으면 쌍무계약이 아니다. 예컨대, 사용대차나 무이자소비대차의 경우에 대주貸主는 목적물인도의무 또는 소유권이전의무를 지며, 차주借主는 계약종료 후 목적물반환의무 또는 동종同種·동질同質·동량同量의 물건으로 반환할 의무를 지나, 양 채무는 대가적 의미가 없기 때문에 편무계약이다. 전형계약 중에서 매매·임대차·도급 등이 쌍무계약이며, 증여·사용대차 등은 편무계약이고, 소비대차·위임·임치 등은 유상이면 쌍무계약이나 무상이면 편무계약이다.

이러한 쌍무계약과 편무계약을 구별하는 이유는 어떤 계약이냐에 따라서 그 법률효과에서 본질적인 차이가 나기 때문이다. 즉, 쌍무계약은 양 당사자의 채무가 상호 의존적이기 때문에 그 법률효과로서 동시이행의 항변권同時履行의 抗辯權과 위험부담危險負擔의 문제가 생기며, 파산법에도 쌍무계약에 관하여는 특별규정(동법 제50조)이 있다.

이와 같이 계약을 쌍무·편무계약으로 구별하는 실익은 그 계약의 법률효과에서 차이가 나기 때문으로, 이는 유·무상계약으로 구별하는 것이 당해 계약에 관한 적용법조를 유상계약의 전형인 매매에 관한 규정을 준용하느냐 무상계약의 전형인 증여에 관한 규정을 준용하느냐와 같은 적용법조를 정하는 데 그 구별의 실익이 있는 것과는 다르다.

(2) 雙務契約

(가) 特質

쌍무계약의 당사자가 부담하는 채무는 상호 대가적이며 의존적인 관계에 있다. 이러한 양 채무간의 관계의 성질을 <교환적 원인관계>, <주어지기 위하여 주는 관계>, <상환성>, <쌍무성> 또는 <견련성牽連性 Abhängigkeit>등으로 표현한다. 이러한 용어들은 모두 쌍무계약에서의 양 채무 간에 서로 대가적이며 원인적인 관계가 있는 것을 조금 더 잘 표현하려는 노력에 지나지 않으며 용어에 따른 내용에 차이가 있지는 않다. 이 책에서는 견련성이란 용어를 사용하기로 한다.

쌍무계약에는 이와 같이 양 채무 간에 견련성이란 특질이 있고, 이러한 특질에 의하여 계약의 발전단계, 즉 성립과정, 이행과정, 존속과정에 따라서 각기 독특한 법률관계가 형성된다. 이하 계약의 과정별로 쌍무계약의 특질인 견련성에 따른 법률관계에 관해 살펴본다.

(나) 成立上의 牽連關係

채무가 성립되었느냐에 관하여는 쌍무계약의 견련성에 의하여 결정된다. 따라서 일방의 채무가 불능·불법 등의 이유로 성립하지 아니할 때에는 그 채무와 대가적 관계에 있는 상대방의 채무도 성립하지 아니한다. 예컨대, 매매에서 목적물이 존재하지 아니하여 불능(원시적 불능)인 경우 또는 비융통물로서 거래가 불법이라 이행할 수 없는 경우에는 상대방의 채무인 대금채무도 성립하지 아니한다. 일방이 무능력, 착오, 사기, 강박 등으로 의사표시를 취소하여 채무가 성립하지 아니한 때에도 같다.

이와 같이 하나의 채무가 성립하지 아니하면 쌍무계약의 견련성에 의하여 상대방의 채무도 성립하지 아니하여 계약은 무효가 된다.

(다) 履行上의 牽連關係

쌍무계약은 견련성에 의하여 각 채무는 하나의 채무가 이행되기 전까지는 다른 채무도 이행되지 아니하여도 좋다는 관계가 있다. 이를 이행상의 견련관계라고 하는데, 당사자간의 구체적인 법률관계는 이행 상에서 그 견련성을 어느 정도로 인정할 것인가에 따라서 다르다. 강한 견련관계를 인정할 것인가, 약한 견련관계를 인정할 것인가는 입법정책상의 문제이다.

① **强한 牽連關係** : 스위스 채무법은 쌍무계약에서 강한 견련관계를 요구하여 상대방에 대하여 이행을 청구하려면 먼저 자기의 채무를 이행하든가, 아니면 적어도 자기

의 채무에 대하여 이행의 제공을 하여야 한다(제82조). 이러한 강한 견련관계가 인정되면, 상대방으로부터 이행의 청구를 받는다는 것은 곧 자기의 채권이 이행되었거나 또는 확실하게 이행된다는 것을 의미하여 상호간에 이행이 상당한 정도로 보장된다.

* 스위스채무법 제82조: 쌍무계약에서 상대방에게 이행을 청구하려면 자기의 채무를 이미 이행하였거나 이행의 제공을 하여야 한다. 다만, 계약의 내용 또는 성질에 의하여 후에 이행하여야 할 경우에는 그러하지 아니하다.

② **弱한 牽連關係** : 독일, 일본, 우리나라 등의 대부분의 국가에서 취하는 것으로, 상대방에 대하여 이행의 청구는 자유롭게 하지만 이행의 청구를 받아도 반대급부를 받기 전까지는 자기의 급부의 이행을 거절할 수 있는 항변권을 부여한다. 즉, 상대방이 행사한 이행청구권에 대하여 항변권을 행사하여 청구권의 진행을 차단함으로써 청구권행사에 따른 법률효과의 발생을 저지할 수 있다. 청구권의 행사는 상대방을 이행지체에 빠뜨리는 법률효과를 발생하는데, 청구권의 행사에 대하여 이행거절의 항변권을 행사하면 청구권의 효력이 더 이상 진행되지 않아 이행지체가 되지 않는다. 우리 민법은 약한 견련관계를 인정하여 동시이행의 항변권을 부여한다(제536조) (동시이행의 항변권에 관한 자세한 내용은 제1장 제3절 Ⅱ. 쌍무계약의 효력 편 참조).

(라) 存續上의 牽連關係

채권의 목적이 되는 급부가 채무자에게 책임 없는 사유로 이행불능이 되어 소멸하는 경우에 다른 채무는 어떻게 되는가라는 문제가 생긴다. 즉, 쌍무계약의 견련성이란 특질에서 소멸되는 급부의 반대급부의 운명은 어떻게 되느냐의 관계이다. 이는 급부의 소멸로 입게 되는 경제적 손실의 위험을 누가 부담하는가라는 것이기 때문에 이를 쌍무계약에서의 위험부담이라고 한다.

위험부담에서의 불능은 후발적 불능이며, 원시적 불능은 성립상의 견련관계이다.

이러한 불능은 채무자에게 책임 없는 사유에 의한 불능으로 생긴 것이어야 한다. 채무자의 귀책사유에 의한 불능은 채무불이행에 의한 손해배상채무가 되어 그대로 존속하므로 위험부담의 문제는 아니다. 또, 채권자에게 책임 있는 사유에 의한 경우 채무는 소멸하는데, 이 경우에는 채권자가 당연히 위험을 부담하여야 할 것이다. 즉, 채권자가 부담하는 채무는 소멸하지 않는다.

그러나 당사자 쌍방에게 책임 없는 사유에 의하여 이행이 불능하게 된 때에는 그 위험을 누가 부담할 것인가는 매우 어려운 문제이다. 특히 그중에서도 불가항력적인 사유에 의한 이행불능의 경우가 그러하다. 이에 관하여는 세 가지 입법주의가 있다.

① **債務者危險負擔主義** : 소멸의 위험은 소멸되는 급부의 채무자에게 위험이 있다는 주의이다. 채무자위험부담주의 아래서는 반대급부는 이행할 필요 없이 따라서 소멸하게 된다. 예컨대, 건물을 1억원에 매도하기로 계약을 체결하였으나, 이행 전에 제3자의 방화로 건물이 소실된 때이다. 이 경우에 위험은 채무자에게 있어, 매수인의 대금채무는 소멸하고 매도인은 자기의 책임아래에서 방화한 제3자에게 불법행위에 의한 손해배상청구권을 행사할 수 있으며, 그러한 소실이 천재지변과 같은 불가항력에 의한 때에는 그러한 경제적 손실은 채무자(매도인) 본인이 부담하게 된다. 채무자위험주의는 쌍방간의 이익의 형평과 쌍무계약에 있어서의 양 채무의 견련성에 그 기초를 두고 있다.

게르만 고유법, 독일 민법(제323조 1항), 스위스 채무법(제119조 2항), 일본 민법(제536조)이 일반원칙으로 취하고 있고, 우리 민법(제537조)이 이에 따르고 있다. 그런데 우리 민법을 제외한 위 채무자위험주의를 취하고 있는 나라에서는 로마법의 영향을 받아 광범위한 예외를 인정하고 있다. 스위스 채무법은 매매와 교환에 관하여는 계약의 체결과 동시에 위험이 채권자에게 이전한다고 하여 채권자위험부담을 규정하며(제185조), 독일 민법도 매매와 교환에 관하여는 목적물의 인도로, 그 목적물이 토지일 경우에는 인도 전에 등기된 때에는 등기가 있은 때로부터 위험이 매수인에게 이전한다고 규정하며(제446조), 일본 민법은 특정물에 관하여 물권의 설정·이전에 관한 계약에 관하여는 채권자위험주의를 취하고 있다(제534조). 한편, 프랑스 민법은 원칙적으로 채무자위험주의를 취하나, 인도하지 않은 경우에도 인도를 하여야 할 때로부터는 채권자에게 위험이 이전하며, 채무자에 의한 인도지체의 경우에는 여전히 채무자에게 위험이 속한다고 규정한다(제1138조).

민법은 채무자위험주의를 취하며(제537조), 예외를 인정하지 않는다. 공평의 이념상 타당한 입법으로 평가된다. 그런데 소유권이전등기를 하였으나 아직 인도를 하지 않은 부동산에 관하여는 별도의 규정이 없어서 문제가 된다. 독일 민법과 같이 입법으로 해결하였으면 좋았을 것이다. 현행의 규정에는 이에 관하여 별도의 규정이 없기 때문에 결국 매도인(채무자)에게 소유권이전의무 외에 부동산의 경우 목적물인도의무가 있느냐에 의하여 판단할 수밖에 없다. 채무자위험주의 아래에서 목적물인도의무가 있다면 손실은 채무자인 매도인에게 속할 것이고, 목적물인도의무가 없다면 손실은 매수인에게 귀속된다. 매도인에게 목적물인도의무가 있다는 것이 통설이다. 따라서 등기 후 인도 전의 위험은 매도인에게 속한다.

② **債權者危險負擔主義** : 채권자가 위험을 부담하는 주의이다. 전례에서 매도인인 채무자는 채무를 면하고, 매수인인 채권자는 대금을 지급하여야 한다. 다만 매수인은

매도인의 손해배상청구권을 승계하여 방화한 제3자로부터 이행한 손해를 전보받을 수는 있으나, 불가항력에 의한 경우에는 본인의 손실로 남게 된다. 이 채권자위험주의는 계약의 효력발생 후에 생긴 이득(물가앙등에 의한 이득 등)은 채권자가 취득하므로 그 손실도 채권자가 부담하여야 한다는 이익설, 특정물매매에서 계약으로 소유권이 이전되어 물건에 대한 지배권을 가지므로 손실에 대한 위험도 부담하여야 한다는 이전설 등을 그 이론적 기초로 한다.

로마법에서는 매매에 관하여는 계약의 체결로 위험이 채권자에게 이전하여 채권자위험주의를 취하였으나, 임대차에 관하여는 위험이 대주에게 속하여 채무자위험주의를 취하였다.

③ **所有者危險負擔主義** : 손실의 위험은 손실 발생 당시의 소유자에게 속한다는 주의이다. 영국의 동산매매법(Sale of Goods Act)은 매매계약의 체결로 소유권은 매수인에게 이전하고, 위험도 소유자에게 속한다고 하여 소유자위험주의를 취한다.

(마) 債務不履行上의 牽連關係

민법은 채무불이행에 대한 상대방의 구제를 위하여 계약의 해제를 인정하는데 계약의 해제로 인해 일방당사자는 자기의 채무도 면하게 된다. 이는 양 채무가 견련관계에 있기 때문이다. 즉, 채무불이행상의 견련관계에서 채무불이행의 경우 계약의 해제권이 발생한다.

이는 조합계약이 쌍무계약인가라는 것과도 관련되는데, 조합계약을 쌍무계약이라고 보든 특수계약이라고 보든 표현은 다르데 결과는 같은 것으로 이해한다. 예컨대, 조합원이 3명 이하의 경우와 같이 소수인 경우에 위 쌍무계약의 법리인 동시이행의 항변권과 채무자위험부담의 적용을 긍정한다든지 또는 역으로 조합계약의 당사자인 조합원이 다수인 경우에 이를 부정하는 것은 합리적이지 못하다. 따라서 조합계약에 쌍무계약법리의 적용여부는 구체적인 조합계약에 따라서 구별하는 것이 타당하다. 즉, 조합계약은 쌍무·유상계약이지만 그 특수성으로 인해 동시이행의 항변권과 채무자위험부담주의는 제한적으로만 적용된다고 본다.

5. 一時的 契約·繼續的 契約

급부의 실현이 시간적 계속성을 가지는 계약이냐 여부에 따라서 일시적 계약과 계속적 계약으로 구별한다. 매매나 교환 등과 같이 한번의 급부의 이행으로 계약관계가 종료하는 것이 일시적 계약이며, 임대차나 고용 등과 같이 급부의 이행이 장기간 계속되어 요구되는 계약이 계속적 계약이다. 양자의 차이는 일시적 계약은 계약의 해제가 본래의 계약관계를 전부 해소시키나(제548조), 계속적 계약에서는 해지권이 발생하고 해지는 계약관계를 장래에 대하여만 소멸시킨다는 점이다(제550조). 또, 계속적 계약은 사정의 변경이 계약관계에 영향을 미치기 쉽다는 점이다(제627조, 제628조, 주택임대차보호법 제7조).

전기·가스·수도·신문구독 등과 같이 일정한 기간동안 일정한 종류물을 계속적으로 공급하는 계약을 계속적 공급계약이라고 하는데, 이러한 계속적 공급계약은 그 본질이 일시적 계약인 매매이지만 급부가 계속적이고 회귀적으로 이행되어야 한다는 점에서 계속적 계약으로 취급된다.

6. 債權契約·物權契約

채권계약이란 채권의 발생·변경·소멸을 목적으로 하는 계약이며, 물권계약은 물권의 발생·변경·소멸을 목적으로 하는 계약이다. 민법 제3편 제2장의 증여·매매를 비롯한 전형계약은 전부 채권계약이며, 소유권이전의 합의·저당권설정의 합의 등은 물권계약이며, 채권양도·임차권의 양도 등은 준물권계약이다. 채권계약에는 채무, 즉 급부의 이행이란 문제가 남겨져 있으나, 물권계약은 소유권의 이전·저당권의 설정 등 그 자체가 이루어져 더 이상의 행위가 남지 않는다.

7. 豫約·本契約

예약이란 장래 일정한 계약(본계약)을 체결할 것을 약정하는 당사자간의 합의를 말하며, 예약에 의하여 장래 체결되는 계약을 본계약이라 한다. 예약은 장래에 본계약을 체결할 것이 불투명한 경우에 미리 당사자를 계약체결할 것으로 구속해 둘 필요성이 있는 경우에 행하여진다.

예약은 당사자간에 본계약을 체결할 채무를 발생시키는데, 이러한 본계약을 체결할 채무(본계약의 승낙의무)가 당사자 쌍방 모두에 있느냐 아니면 일방에게만 있느냐에 따라서 쌍무예약·편무예약으로 구별할 수 있다. 한편 예약을 함에 상대방의 승낙을 기다리지 않고 본계약을 체결하려는 일방의 의사표시만으로 본계약이 체결되는 것으로 당사자가 합의를 할 수 있는데, 그러한 경우에 의사표시를 할 수 있는 권한이 당사자 쌍방에게 있는 예약을 쌍방예약, 일방에게만 있는 예약을 일방예약이라 한다.

예약은 이와 같이 본계약을 체결할 채무를 그 내용으로 하는 것으로, 상대방이 본계약을 체결할 채무를 이행하지 아니하는 경우에는, 제389조 제2항에 의하여 채무자의 승낙에 갈음하는 판결을 구하여 본계약을 체결할 수도 있고, 예약상의 채무불이행을 이유로 손해배상을 청구하거나 예약을 해제할 수도 있다. 그런데 매매예약과 같은 경우에도 위 예약의 법리를 그대로 따른다면, 승낙의 의사표시를 하지 않는 상대방에 대하여 승낙의 의사표시에 갈음하는 판결을 구하여 본계약을 체결하게 하고, 본계약을 체결하지 않으려는 자가 본계약을 이행하지는 않을 것이므로, 그때 가서 다시 본계약의 이행을 하지 않는 것을 이유로 손해배상을 청구하거나 강제이행 또는 계약을 해제하여야 한다. 이는 소송경제상으로나 일반거래상으로 합리적이지 못하고 번거로움만 따를 뿐이다. 이에 민법은 매매예약의 경우에는 일방의 본계약 체결의 의사표시에 의하여 본계약이 직접 성립하는 일방예약으로 추정하고 있다(제564조).

8. 事實的 契約關係

계약관계는 예컨대 매매계약, 임대차계약 등과 같이 당사자간에 유효하게 성립된 계약에 기초하고 있다. 그러나 당사자간의 유효한 계약에 기초하지는 아니하지만, 일정한 경우에는 정당하게 성립된 계약에 기초한 계약관계와 동일하게 취급됨으로써 정당화되는 것이 그 본질인 법률관계가 존재한다. 그러한 법률관계를 <사실적 계약관계>라고 한다. 사실적 계약관계를 인정할 것인가에 관하여는 학자에 따라 논란이 있다(자세한 것은 계약의 성립편에서 후술).

第2節 契約의 成立

I. 序 說

1. 契約締結 一般

계약은 체결로 성립하여 효력을 발생한다. 계약의 체결이란 당사자간에 구체적인 계약의 내용으로 합치된 의사를 교환하는 행위를 말한다. 한편 계약이란 서로 반대방향의 의사표시의 합치, 즉 합의로써 법률행위의 일종이다. 따라서 체결된 계약이 성립하여 효력을 발생하기 위하여는 법률행위로서의 일반적인 성립·유효요건과, 계약에 특유한 요건인 당사자간의 의사표시의 합치가 있어야 한다. 그 밖에 계약에 따라서는 제3자의 동의, 관계기관의 승인 또는 허가를 요하기도 한다. 법률행위로서의 계약의 일반적인 성립·유효요건을 우선 개괄하면 아래와 같다.

계약에는 필수적으로 당사자가 참가하여야 한다. 계약의 당사자는 당해 계약의 효과로서 발생하는 권리와 의무의 주체이어야 한다. 자연인은 원칙적으로 모든 권리·의무의 주체가 될 수 있으나, 법인은 정관에서 정한 목적의 범위 내로 제한된다. 당사자는 의사능력자이어야 하며, 또한 원칙적으로 행위능력자이어야 한다.

계약의 목적 내지 내용이란, 곧 계약에서 발생하는 채권의 목적 내지 내용인데, 계약의 목적은 확정할 수 있고, 이행가능하고, 적법하며, 사회적 타당성이 있어야 한다. 계약내용의 이행가능성, 적법성, 사회적 타당성은 계약성립시를 기준으로 하며, 확정성은 성립시에는 확정이 되지 않더라도 이행시에 확정할 수 있으면 충분하다. 계약의 내용이 약관으로 되어 있는 경우에는 약관의 조항이 설명·명시되어야 한다(자세한 것은 약관에 의한 계약 참조).

의사표시는 원칙적으로 의사와 표시가 일치하여야 하며, 당사자가 스스로 하여야 함은 물론이다. 의사표시는 본인 외에 대리인이 할 수도 있으나, 이때에는 원칙적으로 대리인의 의사표시는 본인을 위한 것임이 표시되어야 한다. 이러한 의사를 표시하는 방법에 관하여는 별다른 제한이 없다. 보통의 경우는 서로 대면하여 하겠으나, 오늘날에는 통신기술의 발달로 전화, 텔렉스, 팩시밀리 외에도 컴퓨터를 통한 전자電子에 의한 의사표시도 행하여진다. 전자에 의한 의사표시는 전연 새로운 방식의 의사표시로서 기존의 의사표시에 관한 법리로 이에 어떻게 대처할 것인가는 많은 문제가 있다.

이와 같이 계약은 두 개의 반대방향의 의사표시의 합치인 합의로 계약이 성립하는 것이 원칙이나, 민법은 그러한 계약의 성립 모습 외에 교차청약에 의한 계약과 의사실현에 의한 계약의 성립을 별도로 인정하며, 또한 사실행위가 있는 경우에 당사자간에 계약이 체결된 것과 같은 법률관계(사실적 계약관계)를 인정하는 견해도 있다.

2. 合致된 意思表示

(1) 意思의 合致

계약이 성립되기 위하여는 당사자는 특정된 내용으로 계약의 체결을 원하는 최종적 행위의사를 표시하고, 표시된 복수의 의사는 합치(합의)되어야 한다. 합의는 상대방이 누구냐(또는 체결의사)에 대한 합치(주관적 합치)와 내용에 대한 합치(객관적 합치)를 다 포함하는데, 합의가 존재하느냐 여부에 관하여는 원칙적으로 당사자의 표시의 객관적 의미를 기준으로 평가하여야 한다. 그러나 당사자간에 표시된 객관적 의미와는 달라 합치가 되지 않을지라도 실제의 의사(진의)가 공통적으로 인식되어졌다면, 그 의미가 통상의 의미와 일치하지 않거나 잘못 표시되었을지라도 계약은 당사자의 실제의 의사를 기준으로 성립한다. 이는 <오표시무해의 원칙誤表示無害의 原則 (falsa demonstratio non nocet)>에 의하여 잘못된 표시는 의사표시에 영향을 주지 않기 때문으로 잘못된 표시일지라도 당사자가 서로 같은 내용으로 이해하였다면 실제의 의사에는 합치가 있기 때문이다.

요컨대, 의사의 합치 여부는 표시가 가지는 객관적 의미를 기준으로 평가하여야 한다. 그러나 쌍방 또는 일방이 표시가 가지는 객관적 의미와는 다른 실제의 내심적 의사를 가졌다면 표시의 착오에 해당하겠으나, 당사자 쌍방이 공통하여 표시의 객관적 의미와는 달리 실제의 내심적 의사로 인식한 때에는 실제의 내심적 의사를 기준으로 합치 여부를 판단하여야 한다.

스위스 채무법 제18조는 방식 및 내용에 따라 계약을 판단함에 있어서는 합치된 실제의 의사를 기준으로 하여야 한다고 규정한다. 우리의 대법원도 부동산 매매계약에서 상호간의 착오로 번지를 달리 기재한 경우에 합치된 실제의 의사를 기준으로 계약의 성립을 인정하고 있다.

판례 誤表示無害의 原則의 適用 : 부동산의 매매계약에서 쌍방 당사자가 모두 특정한 甲 토지를 목적물로 삼았으나, 그 목적물의 지번 등에 관하여 착오를 일으켜 계약을 체결함에 있어서는 계약서상 그 목적물을 甲 토지와는 별개인 乙 토지로 표시하였다 하여도 甲 토지에 관하여 쌍방 당사자의 의사의 합치가 있는 이상 매매계약은 甲 토지에 관하여 성립한 것이다(대판 1993.10.26. 93다2629).

(2) 內容의 本質에 대한 合致

계약의 성립요건으로서의 합의는 계약내용 전체가 합치하여 확정되어야 하는 것은 아니다. 그러나 계약의 내용이 당사자 자신에 의하여 최소한의 규율을 받을 때 계약은 성립한다. 최소한의 규율을 받는다는 것은 당해 계약에서 가장 핵심되는 내용은 당사자간에 정하여져야 한다는 것을 말한다. 예컨대, 매매계약에서 가장 핵심되는 내용은 무엇이 목적물인가와 그 대금일 것이므로, 최소한 목적물과 대금에 관하여는 당사자가 확정하여야만 매매계약이 성립한다.

계약에서의 합의는 계약을 성립시킬 수 있는 필수적 요건으로서 계약 내용의 본질적인 부분에 대한 합의를 의미한다. 이러한 본질적인 부분에 대하여 당사자간에 실제의 의사의 합치가 있어야 한다. 합의가 있어야 할 본질적인 부분은 객관적 본질적 부분과 주관적 본질적 부분으로 구분할 수 있다.

(가) 客觀的 本質的 部分

객관적 본질적 부분이란 계약의 당사자가 의욕하는 계약을 통하여 달성하려는 근본목적이며, 계약의 내용으로 필수불가결한 것으로 당사자가 계약행위를 하는 행위핵심(Geschäftskern)을 말한다. 이러한 행위핵심은 오로지 당사자간의 합의를 통하여서만 규율될 수 있다. 이에 반하여 비핵심적인 부분, 즉 객관적 비본질적인 것은 계약의 당사자간에 별도의 합의가 없더라도 계약의 내용으로 효력을 가지는 것으로, 예컨대 강행법규의 내용에 속하는 것은 당사자간의 합의에 우선하기 때문에 합의 자체가 필요 없으며, 그 외에 계약에서의 통상적인 내용에 관하여는 합의가 없더라도 관습·거래관행·법의 해석 등으로 보충될 수 있다. 여기에서 계약의 보충성의 한계가 문제되는데, 당사자의 주된 채무의 내용(매매에서의 목적물과 대금, 위임에서의 위임사무의 내용과 보수, 도급에서의 일의 내용과 보수, 조합에서의 조합의 목적과 출자액)은 어떠한 경우에도 보충될 수 없다. 이러한 점에서 객관적 본질적인 부분이란 당사자간에 합의가 없으면 규율될 수 없는 계약에서 가장 중요한 것을 의미하며, 이것에 대하여 합의가 없으면 계약은 성립하지 못한다.

(나) 主觀的 本質的 部分

위에서 본 바와 같이 객관적 본질적 부분이 계약의 내용에 대한 부분이라면 당사자의 계약체결의사에 관한 부분은 주관적 본질적 부분이라고 한다. 계약의 체결의사는 구체적으로 계약 자체를 체결하려는 의사와 상대방에 대한 의사가 있다. 즉, 상대방이 누구이든 계약 자체를 체결할 의사가 없는 경우와 상대방이 누구이냐에 따라서 다른 경우가 있다. 이는 어느 것이나 계약의 내용과는 다르다.

객관적 본질적 부분에 대한 합의가 있더라도 계약 자체를 전연 체결할 의사가 없다든지 또는 상대방을 다른 사람으로 잘못 인식한 때에는 주관적 본질적 부분에 대한 합의가 없어 계약은 성립하지 않는다. 주관적 본질적 부분에 대한 불일치가 문제되는 통상의 경우는 고용, 임대차, 사용대차 등의 경우이다. 예컨대, 고용계약에서 상대방이 甲이라고 인식하였는데 乙인 경우는 주관적 본질적 부분에 대한 불일치로서 계약은 성립하지 않는다.

(3) 不合意

당사자의 의사가 합치되지 않은 것을 불합의(Dissens)라 한다. 합의가 이루어지지 아니하면 계약은 성립되지 못한다. 당사자의 의사가 객관적 의미에서 불일치한 때에는 당연히 불합의가 된다. 그러나 객관적 의미로는 일치하지 않더라도 실제상의 의사(진의)가 합치한 때에는 합의로서 계약이 성립한다.

여기서 불합의는 본질적 부분에 대한 불합의를 의미한다. 이는 계약의 성립에는 지장이 없는 비본질적 불합의와는 구별하여야 한다. 그런데 계약 성립의 전형적인 모습인 청약과 승낙에 의한 계약에서는 청약에 의하여 표시된 사항에 관하여 비록 그것이 사소한 것일지라도 승낙으로 모두 합치되어야 계약이 성립한다.

불합의에는 당사자의 의사가 불일치함을 의식한 경우와 의식하지 못한 경우가 있다. 의식하지 못한 불합의를 숨은 불합의(der versteckte Willensdissens) 또는 비의식적 불합의非意識的 不合意라고 한다. 불합의는 당사자가 의식하였든 의식하지 못하였든 계약은 성립하지 않는다.

(가) 숨은 不合意

숨은 불합의란 당사자의 의사가 합치하지 않았음에도, 그 불합치를 알지 못하고 합치한 것으로 잘못 인식한 경우이다. 예컨대, 청약자가 상대방이 침묵한 것을 승낙한 것으로 잘못 인식한 경우, 승낙자가 청약자의 의사를 잘못 이해하고 승낙함으로써 외형상으로는 의사가 일치하였으나 실제의 의사는 불일치한 경우, 계약의 내용으로 제시할 것을 실수로 거론하지 못하여 외형적으로는 합치하였으나 실제의 의사는 불일치한 경우, 승낙자가 청약에 별도의 조건이나 내용을 변경하여 의사표시(이는 새로운 청약)를 하였는데 자기의 청약을 변경 없이 그대로 승낙한 것으로 잘못 이해한 경우 등이다. 이러한 숨은 불합의는 불합의를 비록 의식하지 못하였다 할지라도 불합의를 의식한 것과 동일하게 원칙적으로 계약은 성립하지 않는다. 즉 불합의는 당사자가 의식하였느냐 여부와는 관계없이 계약을 성립시키지 않는다.

그러나 숨은 불합의 중에서도 외형적으로는 의사의 합치가 있으나 실제의 의사에 불일치한 경우와 청약에 대하여 상대방이 별도의 조건 등을 붙여 제시한 경우 등에서는 그러한 불일치하는 부분이 사소한 것이고, 그 부분이 없더라도 당사자가 계약을 체결할 것이라고 인정될 때에는 나머지만으로도 계약은 성립한다고 보아야 한다. 물론 여기서 불일치하는 부분은 계약의 내용을 구성하지 못한다.

(나) 錯誤에 의한 意思表示

청약자가 착오에 의한 의사표시를 하고 표시된 의사에 대하여 상대방이 그대로 승낙을 한 경우, 승낙자가 청약의 내용을 잘못 이해하여 승낙한 경우, 거절의 의사표시를 하여야 할 것을 착오로 승낙의 의사표시를 한 경우, 표시기관이 잘못 전달한 경우 등은 청약과 승낙이 객관적 의미에서는 일치하나 청약자 또는 승낙자 일방이 의사표시를 하는 과정에서 착오가 생겨 착오에 의한 청약 또는 착오에 의한 승낙의 의사표시를 한 것이다.

이는 청약 또는 승낙의 개별적 단위의사표시에 착오가 있는 것으로, 착오에 의한 의사표시는 취소할 수 있을 뿐이다. 따라서 이러한 착오에 의한 청약 또는 착오에 의한 승낙의 의사표시가 있는 경우 표시된 의사가 일치할 때에는 계약은 성립한다. 다만 착오에 의한 표의자가 그 의사표시를 취소의 요건에 해당하여(제109조) 취소할 때에는 계약은 소급하여 무효가 된다(제141조).

이와 같이 계약에서 의사표시에 착오가 있는 경우는 의사표시의 객관적 의미(표시된 것 자체)에서 양 당사자의 의사표시가 일치하나 실제의 의사 내지 진의眞意간에는 서로 불일치한다는 점에서 위 숨은 불합의와 같다. 그러나 의사표시에 착오가 있는 경우는 당사자의 효과의사와 표시내용이 일치하지 않은 것으로 의사표시의 효과문제이며, 숨은 불합의는 양 당사자의 의사표시가 서로 일치하지 않은 것으로 두개의 의사표시간의 문제이다. 따라서 그 효과에 있어서는 표시에 착오가 있는 때에는 계약은 원칙적으로 유효하나, 숨은 불합의는 계약이 성립하지 않는다.

그런데 청약의 내용을 잘못 이해하여 승낙의 의사표시를 한 경우는 숨은 불합의로 볼 것인지 착오에 의한 표시로 볼 것인지가 불분명하다. 이를 착오로 본다면 동기의 착오에 해당되는데, 실제의 의사가 일치하지 않은 것으로도 볼 수 있어 숨은 불합의로도 볼 수 있다. 동기의 착오는 동기가 표시된 경우에만 내용의 착오로 본다는 것이 판례·통설로서, 위 경우를 동기의 착오로 이해하면 승낙자가 아주 불리하다. 특히 잘못 이해한 부분이 계약내용의 중요한 부분일 때에는 더욱 그러하다. 이 경우는 단순히 동기의 착오로 볼 것이 아니라 잘못 이해한 부분이 중요한 부분인 때에는 계약의 본질적 부분에 대한 불합치로서 계약은 성립하지 않는다고 보아야 한다.

Ⅱ. 請約과 承諾에 의한 契約의 成立

1. 請 約

(1) 意義 및 要件

계약이 성립하기 위하여는 계약의 당사자간에 합치된 의사표시의 교환이 있어야 하며, 그 의사표시는 상호 대립적인 것으로 반대방향의 것이어야 한다. 이러한 합의를 이루는 반대방향의 당사자의 의사표시 중 시간적으로 먼저 이루어진 것을 청약, 후에 이루어진 것을 승낙이라 한다.

청약은 확정적인 내용으로 계약을 체결하려는 일방적이며 최종적인 의사표시이다. 따라서 청약에 해당되기 위하여는 내용이 확정적이며 명확하여야 하며 계약을 체결하려는 의사, 즉 체약의사가 확정적·최종적으로 표시된 것이어야 한다. 이러한 의미에서 청약에 해당되기 위하여는 내용의 확정성과 체약의사가 최종적이어야 한다.

첫째, 청약은 그것이 단순한 동의만으로 수용될 수 있는 것이어야 하므로 그 내용은 확정적이고 명확하여야 한다. 이러한 확정성과 명확성은 모든 부분에 요하는 것이 아니라 거래관습이나 의사표시의 해석 등에 의하여 확정될 수 있는 것이면 족하다. 또한 그러한 확정성과 명확성은 계약의 객관적이고 본질적인 부분에 있으면 원칙적으로 족하다. 특별한 경우에는 상대방에게 일정한 선택권이 주어진 경우에도 청약이 될 때가 있다. 예컨대, 볼펜 한 자루에 1000원씩 10개까지 상대방에게 선택하도록 하는 경우와 같이 물량, 재료 또는 색깔 등에 관하여 상대방에게 선택의 가능성을 주는 경우이다. 이러한 경우에 상대방이 선택하여 의사표시를 한 것을 새로운 청약으로 볼 필요는 없을 것이다. 그러나 그 선택의 범위가 너무 광범위하여서는 아니 되며, 청약자가 거래관습 내지 거래양속에 따라 상대방의 의사를 따를 수 있는 것이어야 한다.

둘째, 확정적·최종적인 의사이어야 한다. 청약에 해당되기 위하여는 승낙의 의사만 있으면 계약이 성립하는 확정적이며 최종적인 의사표시이어야 한다. 따라서 계약체결의 준비에 대한 표시나 광고 등과 같이 상대방으로 하여금 청약을 해 오도록 꾀어 오는 행위는 청약이 아니라 청약請約의 유인誘引 (invitatio ad offerendum)이다. 청약과 청약의 유인은 그 효력면에서 차이가 있는데, 청약에는 승낙적격과 구속력이 있으나 청약의 유인에는 그러한 효력이 없다는 데 큰 차이가 있다. 청약은 상대방이 승낙하면 청약한 내용 그대로 바로 계약이 성립하나, 청약의 유인인 경우에는 상대방이 그러한 유인행위에 기초하여 청약을 해오면 승낙함으로써 비로소 계약이 성립한다.

개별적인 경우에 계약체결을 위한 단순한 기초적 준비 또는 권유에 지나지 않느냐 또는 구속력이 있는 청약에 해당되느냐가 문제될 때에는 의사표시의 해석에 의하여 결정될 것이다. 표의자와 수령자가 다같이 어느 한쪽으로 이해하였다면 상호 일치하여 이해한 바에 따라 효력을 가진다. 청약이냐 청약의 유인이냐가 문제되는 경우는 다음과 같다.

① 各種 廣告

각종 광고·선전은 일반적으로 청약의 유인이다. 광고 중에서 구체적 조건·가격 등이 명시된 경우에 청약이냐 청약의 유인이냐가 문제되는데, 수령자가 당시의 주위사정에 의하여 볼 때 당해 광고에 대하여 상응한 즉시의 의사표시의 어떤 결과를 수용할 수 있으며 또한 수용하여야 되는 광고자의 최종적인 표시라면 청약이라고 볼 수 있다. 그러나 광고에 제시된 물건이 일찍 매진되거나 과대광고되는 경우가 많은 것을 생각할 때 구속력이 있는 청약으로 보기보다는 당해 광고에 표시된 조건 등으로 일정한 기간 내에 계약을 체결 또는 물건을 공급할 수 있다는 준비의 표현으로 보는 것이 합리적이다.

② 自動販賣機의 設置

상품이 있고 기계가 작동하는 동안은 청약이 된다.

③ 價格票가 提示된 商品의 陳列

진열된 상품 자체가 판매품인 경우, 예컨대 슈퍼마켓에서의 상품의 진열·셀프서비스점에서의 상품의 진열 등은 청약이나, 진열된 상품이 경품인 경우에는 청약의 유인이다.

④ 本人署名 前의 契約書 送付

상호 서명하기 위하여 자기가 서명하지 않고 먼저 계약서를 상대방에게 송부한 경우는 청약의 유인이 된다. 상대방이 서명하여 보내게 되면 그 행위는 청약이 된다.

⑤ 電子契約

인터넷을 이용한 계약에서 각종 물건, 소프트웨어 또는 각종 유료 디지털 내용물(사진, 그림 등)의 판매를 위한 개설행위가 청약이냐 청약의 유인이냐가 문제된다. 이 경우에도 원칙적으로 개설행위 자체는 청약의 유인으로 구입자가 구입의 구체적 표시를 할 때 청약이 된다. 그러나 소프트웨어, 사진·그림·정보 등의 각종 유료 디지털 내용물, 유료 박물관 또는 미술관의 화면상 관람 등에 있어서는 구입 또는 관람란에 표시를 하면 즉시 본인의 컴퓨터에 전송되거나 화면에 나타나서 사용 및 관람할 수 있는 경우에는 개설행위 자체가 청약이고 이용자의 표시는 승낙으로 보아야 한다.

⑥ 入札賣買

입찰은 입찰공고를 하고 다수로부터 계약조건(가격과 지불조건 등)을 서면으로 제시받아, 개찰을 하여 가장 유리한 조건의 제시자를 낙찰지로 결정하여 계약을 체결하는 일련의 과정을 거친다. 여기서 입찰공고를 청약의 유인으로 보느냐 청약으로 보느냐가 문제이다. 양자의 차이점은 응찰자 중에서 제일 유리한 조건을 제시한 자와 반드시 계약을 체결하여야 하느냐는 점이다. 입찰공고를 청약으로 보면 제일 유리한 조건의 제시가 곧 승낙으로 응찰에 의하여 계약은 성립한다. 입찰공고가 청약의 유인이면 응찰이 청약으로 공고자는 승낙의 자유가 있게 된다. 즉, 제일 유리한 조건을 제시한 자를 배제시키고 승낙을 아니 할 수도 있다.

입찰공고가 청약이냐 청약의 유인이냐는 구체적인 청약공고에 따라 달라 응찰자 중에서 제일 유리한 자와 무조건 계약을 체결한다는 내용이면 청약이 되겠으나, 그렇게 볼 수 있는 특별한 경우가 아니라면 원칙적으로 입찰공고는 청약의 유인으로 보아야 한다(통설·판례). 국가가 시행하는 입찰은 국가를당사로하는계약에관한법률의 적용을 받는데, 동법에 의하면 가장 유리한 조건의 입찰자를 낙찰자로 한다(제10조)고 규정하여 낙찰자의 결정에 대한 재량을 배제하고 있어 입찰공고가 청약이 된다. 그러나 물품·용역계약은 입찰자 다수와의 협상에 의한 계약체결도 가능하도록 하고 있어(동법시행령 제43조), 이때에는 청약의 유인이 된다. 일반적인 경우에는 가장 유리한 조건을 제시한 자일지라도 자력·신용·기술력 등을 고려하여 공고자에게 낙찰여부를 결정할 자유가 있다고 하는 것이 합리적이다. 판례도 입찰공고를 청약의 유인으로 본다.

판례 入札公告는 請約의 誘引 : 원고에게 낙찰된 이 사건 탄회처리공사에 있어서 피고의 입찰공고는 청약의 유인이며 원고의 입찰은 청약이고, 피고의 낙찰선고는 계약의 승낙에 해당하므로 원·피고 사이의 이 사건 탄회처리단가계약은 낙찰선고로 인하여 적법하게 성립된다(대판 1980.4.11. 78다317).

판례 入札公告의 性格(입찰과 낙찰행위가 있은 후에 본계약을 따로이 한 경우 면세특권이 있다는 공매안내가 계약의 내용을 이루는지 여부) : 입찰공고 안내에 "낙찰로부터 30일 이내에 계약을 체결한다"는 기재에 따라 낙찰 후에 계약을 체결한 것이라면 입찰계약은 입찰매매에 있어서의 일반의 경우처럼 입찰과 낙찰로서 계약이 성립되는 것이 아니고 입찰과 낙찰행위가 있은 후에 더 나아가서 따로이 본계약을 체결한다는 취지로 인정될 수 있어 이 경우의 입찰과 낙찰은 계약의 예약이라고 아니 볼 수 없어서 공고안내는 청약이 아니라 청약의 유인에 지나지 않는다고 할 것이니 공고안내에 이 건 관광호텔을 취득함에는 등록세의 면세특권이 있다는 안내가 있더라도 본계약에서 문제가 되고 있지 않다면 그 사실이 계약의 내용을 이룬다고 할 수 없다(대판 1977.2.22. 74다402).

⑦ 競 賣

경매는 구체적으로 경매하는 방법에 따라 최저가격·최고가격을 미리 제시하고 경매에 붙이는 자가 구두로 값을 올려가거나 내려가는 경매와, 경매에 참가하는 자들이 스스로 값을 호청呼請하는 경매가 있다. 전자, 즉 값을 올려가든 내려가든 매도인(경매사)이 먼저 가격을 정하여 제시하는 경우에는 경매에 붙이는 자의 호청행위가 청약이고 이에 응한 자의 응낙이 승낙이 된다. 후자인 값을 올려가는 경매에서 경매에 응한 자로부터 값을 제시받는 경우에는 경매에 붙이는 행위는 청약의 유인이고 경매에 응한 자의 최고가격의 제시가 청약이 된다.

(2) 請約의 效力

청약은 상대방의 승낙에 의하여 계약을 성립시키는 효력(실질적 효력)을 가지는데, 상대방에게 부여하는 이러한 청약의 효력을 청약의 승낙적격承諾適格이라고 한다. 한편 청약이 효력을 발생한 때에는 상대방의 보호를 위하여 이를 자유롭게 철회할 수 없게 하는데, 이를 청약의 구속력拘束力이라 한다. 청약에 관한 이러한 효력의 발생시기와 그 구체적인 내용에 대해 아래에서 본다.

(가) 效力發生時期

청약의 효력발생시기에 관하여는 민법에 별도로 규정하고 있지 아니하다. 따라서 의사표시의 효력발생시기에 관한 민법의 원칙인 도달에 의하여 효력을 발생한다(제111조 1항). 다만 불특정인에 대한 청약은 불특정인이 요지了知할 수 있는 상태에 도달한 때에 효력이 발생한다고 보아야 한다.

① 到達主義

청약은 도달에 의하여 효력을 발생하므로 발송하였으나 도달 전에는 효력이 발생하지 아니하기 때문에 철회할 수 있다. 청약철회의 표시가 청약의 표시보다 먼저 도달한 때에는 청약의 효력이 발생하기 전이므로 청약은 효력이 생기지 아니한다. 청약과 청약철회의 표시가 동시에 도달한 때에도 청약은 효력이 생기지 아니하는 것으로 보아야 한다. 청약에 따른 준비를 하지 아니한 상태로써 청약이 효력이 없더라도 상대방을 해할 가능성이 없기 때문이다.

도달이란 요지할 수 있는 객관적 상태를 말하는데, 이와 관련하여 팩스에 의한 의사표시는 상대방의 팩스기계에 수신된 것만으로는 도달이라 할 수 없고 수령인의 근무시간이 되어야 도달이라고 보아야 하며, 전자적電子的 의사표시는 보통의 경우 프로그램에 의하여 자동적으로 처리되도록 하고 있어 발신과 동시에 도달이 된다.

② 請約 通知 發送 後 死亡·行爲能力喪失

원칙적으로 의사표시는 표의자가 통지를 발한 후에 사망하거나 행위능력을 상실하여도 의사표시의 효력에 영향이 없다(제111조 2항). 청약의 경우에도 청약의 통지 발송 후에 그것이 상대방에게 도달하기 전에 청약자가 사망하거나 행위능력을 상실하여도 청약의 효력에는 영향이 없는가? 별도의 규정이 없기 때문에 원칙적으로 청약의 효력에는 영향이 없다고 보아야 한다. 따라서 청약자가 사망한 경우에는 청약자의 상속인이 청약자의 지위를 승계하는데, 계약의 성질상 당사자의 개성이 중시되는 계약의 청약인 경우에는 지위를 승계할 수 없어 청약은 청약자의 사망으로 효력을 잃는다고 새겨야 한다.

청약의 통지 발송 후 상대방 도달 전에 행위능력을 상실한 경우에는, 청약의 효력에는 영향이 없지만 상대방이 승낙을 하면 청약자가 수령하여야 하므로 의사표시의 수령능력(제112조)의 문제로 해결하여야 한다.

한편, 청약 시에 제111조의 적용에 관하여 반대의 표시를 한 경우에도 문제가 된다. 일본 민법(따라서 우리 구민법) 제525조는 이에 관하여 청약자가 반대의 의사를 표시하고 상대방이 청약자의 사망이나 행위능력 상실을 안 때에는 청약에 영향을 미친다는 특칙이 있다. 민법에는 이러한 규정이 없고, 이를 없앤 것은 거래의 안전을 위하여 타당하다는 견해가 있다(곽). 이에 관련하여 문제가 되는 것은 민법상 일본 민법에서 규정한 것과 같은 청약자가 제111조의 적용이 없다는 반대의 의사표시는 가능한가가 문제된다. 독일 민법은 청약이 청약자의 사망이나 행위능력상실로 영향을 받지 아니하나 청약자의 별단의 의사가 인정되어야 하는 때에는 예외로 한다고 규정하고(제153조), 또한 우리 민법에서 철회의 가능성을 유보한 청약도 가능한 것으로 해석되어, 청약시에 본인의 사망 또는 행위능력을 상실한 경우에 관하여 별도의 의사를 표시한 때에는 제111조의 적용은 없다고 새기는 것이 타당하다.

(나) 承諾適格

청약은 승낙에 의하여 계약을 성립시킬 수 있는 실질적 효력이 있는데, 이는 결과적으로 상대방에 대하여 상당한 기간 동안에 승낙을 할 수 있는 자격을 부여하는 것과 같아 승낙적격이라고 한다. 곧 승낙적격은 상대방에게 부여하는 청약의 효력이라 할 수 있다. 그런데 승낙은 청약의 승낙적격이 있는 동안에 행하여지지 아니하면 계약은 성립하지 아니한다. 따라서 승낙적격은 청약의 효력존속기간이며 곧 승낙기간이 된다. 승낙적격의 존속기간은 청약의 구속력의 존속기간과 일치한다. 그러나 승낙기간이 정해진 경우에도 거절의 의사가 있은 때에는 당해 청약은 잔여 승낙기간이 있을지라도 승낙적격을 상실한다.

판례 承諾擬制 表示의 效力 : 청약의 상대방에게 청약을 받아들일 것인지 여부에 관하여 회답할 의무가 있는 것은 아니므로, 청약자가 미리 정한 기간 내에 이의를 하지 아니하면 승낙한 것으로 간주한다는 뜻을 청약시 표시하였다고 하더라도 이는 상대방을 구속하지 아니하고 그 기간은 경우에 따라 단지 승낙기간을 정하는 의미를 가질 수 있을 뿐이다(대판 1999.1.29.98다48903).

(다) 拘束力(非撤回性)

청약에 대하여 승낙만 있으면 계약은 성립한다. 따라서 청약을 믿고 승낙의 준비를 행하는 자 등의 상대방 보호를 위하여 청약의 의사표시를 임의로 철회할 수 없도록 하고 있다(제527조). 이와 같이 청약에는 비철회성非撤回性이 있는데, 이를 청약의 구속력이라고 한다. 청약의 구속력을 규정한 제527조는 강행규정인가 임의규정인가? 이는 구체적으로는 청약을 할 때 철회의 가능성을 유보할 수 있는가라는 문제가 된다. 민법은 이에 대하여 별도의 규정이 없다. 독일 민법(제145조)과 스위스 채무법(제7조)은 청약 시에 구속력의 배제 또는 철회의 유보를 할 수 있게 하며, 영국법에서도 청약의 구속력을 배제하고 있는 것을 볼 때 우리 민법에서도 철회의 유보는 유효한 것으로 새기는 것이 타당하다(통설).

청약의 구속력의 존속기간은 승낙기간을 정한 경우와 그렇지 않은 경우에 다음과 같이 다르다.

① **承諾期間을 定한 契約의 請約**

승낙의 기간을 정한 계약의 청약은 청약자가 그 기간 내에 승낙의 통지를 받지 못한 때에는 청약은 효력을 잃는다(제528조 1항). 기간이 경과하면 자동으로 효력을 잃으므로 철회할 필요는 없다.

② **承諾期間을 定하지 아니한 契約의 請約**

청약자가 상당한 기간 내에 승낙의 통지를 받지 못한 때에는 청약은 효력을 잃는다. 여기서 상당한 기간이란 청약과 승낙의 발신 및 도달기간·상대방이 계약체결여부를 결정할 수 있는 여유시간 등을 고려한 기간으로 구체적인 상황에 따라 다르다. 계약의 내용·상대방과의 관계·거래관행 등을 종합적으로 고려해서 상당한 기간을 결정하여야 한다. 상당기간 경과 후에는 물론 철회할 수도 있으며, 철회하지 않더라도 청약은 효력을 잃는다. 대화자간에서는 원칙적으로 대화를 하는 동안에만 승낙적격이 있어, 대화를 하는 일련의 행위가 끝날 때까지 승낙이 없을 때에는 청약은 효력을 상실한다.

(라) 請約의 撤回(辭職書의 撤回)

청약은 상술한 바와 같이 거래의 안전을 위하여 민법 제527조에서 철회를 할 수 없도록 하고 있으나, 대법원은 근로계약의 해지에 관하여는 청약의 철회를 허용하더라도 사용자 측에 예상할 수 없는 손해가 발생하지 아니한다는 점을 들어 철회를 인정하고 있다. 일반적인 거래계약과는 달리, 근로계약의 해지를 위한 사직의 의사의 철회를 허용하더라도 거래의 안전에 영향이 없으며, 철회로 상대방에게 예상하지 못한 손해를 주는 경우를 제외하고는 허용되어도 무방할 것이다.

판례 請約의 撤回

① 辭職書의 撤回 : 근로자가 사직원의 제출방법에 의하여 근로계약관계의 합의 해지를 청약하고 사용자가 승낙함으로써 당해 근로관계가 해지되는 경우에 있어서는, 근로자는 사직원의 제출에 따른 사용자의 승낙의 의사가 형성되어 확정적으로 근로계약 종료의 효과가 발생하기 전에는 그 사직의 의사표시를 자유로 철회할 수 있다고 보아야 하며, 다만 사직의 의사를 철회하는 것이 사

용자에게 불측의 손해를 주는 등 신의칙에 반한다고 인정되는 특별한 사정이 있는 경우에는 허용되지 않는다(대판 1992.4.10. 91다43138).
② 名譽退職申請書의 任意 撤回 : 위 판례와 동일한 취지로 청약의 철회 허용함(대판 2003.4.25. 2002다11458).

* 스위스 채무법 第7조 제1항은 청약에 구속력을 부여하면서도 <....청약의 성질상 유보가 인정되는 경우에는 청약자는 청약에 구속되지 아니한다>고 규정한다.

(3) 請約受領者의 地位

청약의 수령자는 특정인에 대한 청약은 그 특정인이 수령자이며, 불특정인에 대한 청약은 불특정인이 수령자이다. 계약은 청약과 청약에 대한 승낙으로 성립하므로, 청약의 수령자는 승낙자가 될 수 있다. 따라서 청약의 수령자가 승낙하느냐 여부에 따라 계약의 성립여부가 결정된다.

청약의 수령자는 이와 같이 승낙을 하여 계약을 성립시킬 수도 있고, 거절을 할 수도 있다. 여기서 청약의 수령자는 승낙의 여부를 청약자에게 통지하여야 할 의무가 있느냐가 문제된다. 계약자유의 원칙상 청약의 수령자는 승낙여부에 대한 통지의무 등의 여하한 의무를 지지 않는다. 역시 청약을 하면서 아무런 통지가 없는 때에는 승낙한 것으로 간주한다는 등의 경우에도 그러한 내용은 청약의 수령인에게는 구속력이 생기지 않음은 물론이며, 청약과 동시에 송부된 물건에 대하여도 수령 또는 보관 등의 여하한 의무도 지지 않음은 물론이다(상거래에 관하여는 상법 제53조와 제60조에 특칙이 있음).

다만, 공공적 노무(의사, 약사)의 제공, 공익적 독과점사업(전기, 수도, 각종 교통기관), 전세권·지상권 소멸 후의 지상물매수청구 등에 대하여는 일정한 자에게 체약의무가 부과되어 청약의 수령자는 원칙적으로 승낙하여야 한다.

한편, 청약의 수령자의 지위는 양도성 및 상속성이 있는가가 문제된다. 체결하려는 계약의 성질, 청약의 내용 등을 종합적으로 고려하여 계약의 당사자가 누구이냐가 중요하지 않은 경우에는 양도 또는 상속이 가능한 것으로 보아도 무방하나, 그렇지 아니하는 경우에는 양도성과 상속성은 없다고 보아야 할 것이다.

2. 承 諾

(1) 意義 및 要件

승낙은 청약에 대하여 청약과 일치하는 계약의 체결을 원하는 승낙자의 최종적인 의사의 표시이다. 이와 같이 승낙은 계약을 성립시키는 계약의 구성부분인데, 청약의 수령자가 승낙을 할 것인가는 계약자유의 원칙상 당연히 자유이며, 또한 계약의 체결을 원하지 않더라도 거절의 통지를 할 의무를 지지 않음은 물론이다. 계약을 성립시키는 구성부분으로서의 승낙은 아래와 같은 구체적인 요건을 충족하여야 한다.

(가) 承諾者는 請約의 受領人

승낙을 할 수 있는 자는 청약의 상대방인 청약의 수령인이다. 청약이 불특정인에 대하여 이루어진 경우에는 청약을 안 자가 청약의 수령인이 된다. 청약의 수령은 대리가 가능하나, 청약의 수령인은 자기에게 행하여진 청약을 원칙적으로 제3자에게 양도하지 못한다. 따라서 타인에게 행하여진 청약에 대하여 계약체결의 의사를 표시하였더라도 승낙이 되지 못한다.

(나) 相對方은 請約者

승낙은 청약자와 계약의 체결을 원하는 의사의 표시이다. 따라서 승낙의 상대방은 청약자라야 한다. 청약자 아닌 자에 대한 계약체결의 의사의 표시는 승낙이 아니라 경우에 따라 청약이 될 뿐이다.

(다) 請約의 內容과 一致

계약은 청약과 승낙이 합치하여야 성립한다. 따라서 계약이 성립하기 위한 두 번째의 의사표시인 승낙은 청약과 일치하여야 하기 때문에 결과적으로 승낙은 청약에 대한 무조건적인 동의의 표시이어야 한다.

다만, 청약에 조건을 붙이거나 내용을 보충, 삭제, 변경하여 행한 의사표시는 승낙이 아니라 청약의 거절이며 새로운 청약으로 본다(제534조). 상품의 가격, 품질, 수량, 대금지급시기, 물건 인도시기 및 장소에 대한 변경 등은 청약의 조건을 사실상 변경한 것이 되어 승낙이 되지 못한다. 그러나 청약의 내용을 실질적으로 변경하지 않는 것으로 객관적·주관적으로 중요하지 않은 사소한 보충 또는 상이가 있는 때에는, 그러한 상이점이 당사자의 계약체결의사를 방해하지 않을 것으로 객관적으로 판단되며, 또한 청약자가 즉시 이의를 제기하지 않는 한 승낙이 되어 계약의 내용을 이룬다고 보아야 한다. 요컨대 무조건적인 동의가 아닐 때 승낙이냐 여부에 대한 판단은 당사자 쌍방이 동일하게 어느 한쪽으로 판단한 때에는 그대로의 것으로 볼 것이며, 당사자의 판단이 다를 때에는 청약에 대한 거절로서 새로운 청약이라고 보아야 한다.

(라) 承諾期間 內 到達

승낙은 승낙기간 내에 청약자에게 도달하여야 한다. 승낙기간을 정한 청약에 대하여는 그 기간 내에 청약자에게 도달하여야 하며(제528조 1항), 승낙기간을 정하지 않은 청약에 대하여는 상당한 기간 내에 청약자에게 도달하여야 한다(제529조 1항).

(마) 延着된 承諾

승낙기간을 정한 청약에 대한 승낙이 승낙기간 후에 도달되었을지라도 보통의 경우에는 승낙기간 내에 도달될 수 있는 발송인 때에는 청약자는 지체 없이 상대방에게 그 연착의 통지를 하여야 하며(제528조 2항), 연착의 통지를 아니한 때에는 승낙기간 내에 도달한 것으로 본다(제528조 3항). 이는 통신수단의 잘못에 의한 승낙자의 불의의 손해를 방지하며, 거래의 원활화를 기하기 위한 것이다.

(2) 形 式

(가) 明示的·默示的 承諾

승낙의 표시에는 일정한 형식을 요하지 않는다. 구두, 서면, 전자적 의사표시 어느 것이나 관계없다. 그러나 청약에 승낙의 방식에 대하여 일정한 형식을 요구한 때에는 그에 의하여야 한다.

승낙은 명시적 표시이든 묵시적 표시이든 그 효력에는 차이가 없다. 묵시적 승낙은 추단된 행위에 의한 승낙의 의사표시로서, 제시된 청약에 상응한 현실적 행위에 의하여 이루어진다. 예컨대, 정차한 노선버스에의 승차행위, 가격이 제시된 물품의 가격의 지불, 제시된 물품의 현실적 공급, 슈퍼마켓에서의 선택된 물품을 계산대에 올려놓는 행위 등이 묵시적 승낙에 속한다(묵시적 승낙에 의한 계약성립과 민법 제532조의 의사실현에 의한 계약성립과의 관계에 대하여는 의사실현에 의한 계약에서 본다.).

(나) 單純한 沈默

청약에 대한 단순한 침묵이 승낙으로 될 수 있는지 문제되고, 이는 우선 침묵이 의사표시로서의 법률효과가 생기는지도 문제된다. 침묵이 의사표시로 되기 위해서는 거래관행상 일정한 의사의 표현으로, 즉 의사표시의 구성요건으로 평가될 수 있는 경우에만 인정된다. 예컨대, 청약의 유인(광고)이 계약의 주요 내용을 전부 포함하고 있어 청약자의 청약만으로 별도의 협상이 필요 없는 것으로, 청약자는 수령인의 침묵으로부터 승낙의사를 추론할 수 있는 경우에는 침묵이 승낙의사로 될 수 있다. 간단한 물품의 매매를 위한 통신판매, 텔레쇼핑에서는 소비자의 주문(청약)에 의하여 별도의 승낙의사를 할 필요 없이 물품의 송부가 이루어지는데, 이 경우에는 청약의 의사표시의 도달에 의하여 수령인의 침묵으로 즉시 계약이 성립한다.

위에서 예시한 특별한 경우 외에는 청약에 대한 침묵을 승낙으로 인정할 수는 없을 것이다. 이는 침묵의 의사표시의 효과의 문제와는 별개로도 청약의 수령인에게는 승낙여부 및 거절의 통지 등 여하한 의무도 없기 때문에 침묵이 승낙으로 될 수는 없다. 만약 기간을 정하여 그 기간 내에 거절을 하지 않으면 승낙한 것으로 간주한다고 청약자가 일방적으로 의사표시를 한 경우에 침묵한 경우에는 어떻게 되는가? 청약자의 그러한 의사표시는 청약의 수령인에게는 여하한 구속력도 생기지 않는 것은 물론이다. 따라서 그러한 경우에 침묵하였더라도 침묵이 승낙으로 되지는 않는다. 그런데 이 경우에 침묵한 청약의 수령인이 후에 침묵으로 승낙을 한 것이라고 주장할 수 있는가의 문제가 있다. 이때에는 그러한 의사표시를 한 청약자는 계약의 불성립을 주장할 수 없다고 새겨야 한다.

다만, 상법 제53조는 상인이 상시 거래관계에 있는 자로부터 그 영업부류에 속한 청약을 받은 때에는 지체 없이 낙부의 통지를 발송하여야 하며, 이를 하지 아니한 때에는 승낙으로 본다고 규정하여 단순한 침묵을 승낙의 의사표시로 본다.

(3) 承諾의 效力發生時期

계약은 청약에 따른 승낙에 의하여 성립한다. 따라서 승낙의 효력의 발생시기가 곧 계약의 성립시기가 된다.

승낙의 효력발생시기는 대화자간에 있어서는 발신과 동시에 도달되기 때문에 문제될 것이 없고, 발신과 도달에 시간적 간격이 있는 격지자간에 있어서만 문제가 된다. 여기서 격지자란 단순한 지역적인 의미가 아니라 의사표시의 발신과 도달에 시간적인 간격이 있음을 의미이다.

민법은 승낙의 효력발생시기에 관하여는 별도의 규정을 두지 않고, 격지자간의 계약의 성립시기에 관하여만 제531조에서 승낙의 통지를 발송한 때에 계약이 성립한다고 규정하고 있다. 따라서 제531조의 규정은 계약의 성립시기에 관한 규정이지만 승낙의 효력발생시기에 관한 것으로, 이에 의하면 승낙에 관하여는 의사표시의 효력발생시기에 관한 일반적인 도달주의 원칙(제111조)의 예외로서 발신주의를 규정하고 있다. 즉, 승낙의 효력발생시기에 관하여는 민법은 발신주의를 취하고 있는 것이다.

그런데 제528조 제1항과 제529조에서는 소정의 기간 내에 승낙의 통지를 받지 못한 때에는 청약은 효력을 잃는다고 규정하고 있다. 청약이 효력을 잃으면 승낙이 있더라도 계약이 성립하지 못함은 물론이다. 그러면 제531조는 결과적으로 승낙의 효력발생시기에 관하여 발신주의를 취하며, 제528조 제1항과 제529조는 결과적으로 승낙을 도달에 의하여 효력을 발생하는 것으로 규정하여 서로 상충되는데, 이를 어떻게 조화롭게 해석할 것인가가 문제된다. 예컨대, 승낙이 승낙기간 내에 발신되었으나, 청약자에게는 승낙기간 후에 도달한 경우에 문제가 된다. 이 경우에 제531조를 적용하면 계약은 유효하게 성립한 것이 되나, 제528조 제1항과 제529조를 적용하면 청약이 효력을 상실하여 결국 계약은 성립하지 않게 된다.

이에 관하여는 학설이 대립한다. 첫째, 승낙은 도달에 의하여 효력을 발생하나 청약은 승낙이 기간 내에 부도달되어 소급적으로 효력을 상실하여 계약의 성립요소를 결하여(청약의 부존재) 계약은 불성립한다는 견해, 둘째, 계약은 승낙의 기간 내의 도달이 정지조건으로 그 기간 내에 도달되면 발신 시에 소급하여 효력을 발생한다는 견해(도달주의를 중시), 셋째, 계약은 승낙기간 내의 부도달을 해제조건으로 발신에 의해 효력이 생긴다는 견해(발신주의를 중시하는 견해)가 있다.

민법이 통상과는 달리 연착된 승낙의 경우에 제528조 제2항과 제3항에서 청약자의 연착의 통지의무를 부여하고 있는 것과 오늘날 거래의 신속이 요구되는 점을 볼 때 마지막 견해가 타당하다. 즉, 계약은 승낙의 발신에 의하여 성립하고, 만약 승낙이 승낙기간 내에 도달되지 못하면 소급하여 계약이 불성립한다고 보아야 한다(통설).

계약의 성립에 관한 이러한 학설은 승낙부도달의 위험을 어느 견해를 취하나 승낙자가 부담한다는 점에서는 동일하나, 다만 입증책임에서 차이가 난다. 통설과 같이 부도달을 해제조건으로 발신에 의하여 계약이 성립한다고 하면, 승낙자는 발신의 사실을 입증하면 되고, 상대방인 청약자가 계약의 불성립을 주장하려면 승낙기간 내에 승낙의 통지를 받지 못하였다는 것을 입증하여야 한다. 한편, 발신에 의하여 계약이 성립하기 때문에 승낙자는 발신 후에는 도달 전이라도 승낙의 통지를 철회할 수 없음은 물론이다.

3. 契約의 競爭締結

입찰이나 경매와 같이 당사자의 일방이 복수의 상대방에게 경쟁을 시켜 가장 유리한 조건을 제시하는 자와 계약을 체결하는 것을 계약의 경쟁체결이라 한다. 이러한 경쟁체결에서는 입찰 또는 경매공고와 입찰 및 경매 실시, 낙찰과 계약서의 작성의 일련의 과정으로 이루어진다. 입찰은 경쟁에 응하는 자(응찰자)가 제시한 조건을 서로 알지 못하게 하는 경쟁방식이며, 경매는 제시된 조건의 내용을 서로 알게 하는 경쟁방식이다.

(1) 競 賣

경매에는 경매에 붙이는 자가 먼저 조건을 제시하고(최고가격 또는 최저가격의 제시) 이에 응할 자를 구하는 경우와, 경매에 붙이는 자는 조건을 제시하지 않은 채 복수의 상대방이 조건을 제시하도록 기다리는 경우가 있다. 전자는 경매에 붙이는 자의 조건의 제시가 청약이고 상대방의 응낙이 승낙이 된다. 후자는 상대방에 의한 조건의 제시가 청약이며 더 이상의 유리한 조건의 제시가 없을 때 경매에 붙인 자의 승낙인 경락이 있게 된다.

(2) 入 札

입찰은 먼저 입찰을 한다는 공고가 있고, 그 다음 비공개로 각자가 조건을 제시하고, 이어서 개찰을 하여 입찰자 중에서 가장 유리한 조건을 제시한 자를 낙찰자로 결정하는 일련의 과정을 거친다. 여기에서 입찰의 공고는 법률적 성질이 청약의 유인이냐 청약이냐가 문제된다.

입찰공고가 청약이라면 가장 유리한 조건의 제시가 승낙이 되어 그 자와 바로 계약이 성립된다. 한편 입찰공고를 청약의 유인으로 이해하면 가장 유리한 조건으로 입찰하더라도 그것은 청약에 지나지 않아 그 다음 입찰에 붙인 자의 승낙여부가 계약의 성립여부가 된다. 즉, 입찰에 붙인 자는 가장 유리한 조건을 제시한 자와 반드시 계약을 체결할 필요는 없게 된다.

<u>입찰공고는 원칙적으로 청약의 유인이고 가장 유리한 조건의 제시인 입찰이 청약이 된다</u>(통설·판례). 그런데 최저가격·최고가격과 기타의 조건을 구체적으로 제시한 입찰의 공고도 청약의 유인인가 아니면 그러한 경우에는 입찰공고가 청약인가가 문제된다. 입찰공고를 청약의 유인으로 보는 근본적인 이유는 가장 유리한 조건을 제시한 자일지라도 자본력, 기술력 등의 계약이행능력 등을 입찰에 붙인 자가 검토하여 승낙여부를 결정하여 불의의 피해를 방지하는데 있기 때문에, 예컨대 입찰참가 자격을 "국내 도급순위 20위 이내 또는 자본금 얼마 이상의 기업체" 등으로 구체적 조건이 제시된 경우에는 입찰공고 자체를 청약으로 보아야 한다. 특히 국가가 당사자가 되는 입찰의 경우에는 <국가를당사자로하는계약에관한법률>에서 원칙적으로 가장 유리한 자로 낙찰자를 결정하도록 하고 있어(제10조), 국가가 시행한 입찰공고는 청약이 된다.

한편 낙찰과 동시에 대금과 물품의 인도를 하는 경우도 있지만 많은 경우 에 낙찰자로 결정한 다음 당사자간에 구체적으로 계약서를 작성하게 된다. 전자의 경우는 낙찰이 승낙이 되어 낙찰로 계약이 성립하겠으나, 후자와 같이 계약서를 작성하는 경우에 낙찰의 결정과 계약서의 작성을 무엇으로 이해할 것인가가 문제된다. 이 경우에도 낙찰자의 결정이 승낙이고 계약서의 작성은 계약성립의 증거로 보아야 할 것이다(통설). 그런데 국가를당사자로하는계약에관한법률에는 원칙적으로 가장 유리한 자를 낙찰자로 하고 낙찰자와 계약서를 작성하게 한다. 이 경우에는 입찰과 낙찰은 예약단계이고, 계약서의 작성에 의하여 본계약이 성립하는 것으로 이해하는 견해도 있으나(곽), 이때에도 입찰보증금을 해제유보금, 즉 통상적인 계약에서의 계약금의 성질로 보면, 계약

은 입찰과 낙찰로 성립하고 입찰보증금을 포기하고 계약서를 작성하지 않음으로 계약을 해제하는 것으로 보는 것이 입찰에 관한 법률적 논리에 일관성이 있다.

4. 電子契約

오늘날 컴퓨터와 통신기술의 발달에 따른 컴퓨터 네트워크를 통한 계약이 활발해지고 있다. 특히 인터넷(internet)을 통하여 국제간의 계약도 쉽게 이루어지고 있다. 이러한 인터넷에 의한 계약을 전자계약이라 할 때, 이러한 전자계약은 종래의 전통적인 구두 또는 서면 계약과는 말할 필요도 없고 전화, 팩시밀리나 단순한 컴퓨터 통신에 의한 계약과도 다른 형태로 이루어진다.

전자거래는 인터넷에 거래를 원하는 자가 거래의 대상물과 거래방법을 표시하는 개설행위를 하고, 이에 응하는 자가 지정한 방법에 따라 표시를 하면 거래가 성립되어 대상물을 인도하는 일련의 과정으로 이루어진다. 그런데 이러한 전자거래는 대상물이 무엇이냐에 따라 거래가 이루어진 후 유형물을 송부하기도 하지만 그림·사진·간단한 정보·화랑·박물관 관람과 같은 경우는 직접 원하는 자의 컴퓨터에 띄우기도 한다. 따라서 전자거래를 거래의 대상물을 기준으로 분류하면, 하나는 대상물이 통상적인 물건인 경우와 또 하나는 프로그램 등의 소프트웨어, 사진, 그림, 일정한 정보 등과 같이 원하는 자가 직접 자기의 컴퓨터의 화면에 띄울 수 있는 무형물의 경우로 구분할 수 있다. 이러한 경우에 전자의 경우는 종래의 통신방법과 본질적으로 다른 것이 없어 인터넷에 개설하는 행위는 청약의 유인이고 원하는 자가 행하는 지정된 표시행위가 청약이 되나, 후자의 경우는 문제이다. 예컨대, 그림·사진·정보의 수신과 화랑 및 박물관의 관람은 원하는 자가 지정된 표시만 하면 즉시 자기의 컴퓨터에 제공되기 때문이다. 이러한 경우는 인터넷에의 개설행위가 청약이며 원하는 자의 표시행위 자체가 승낙으로 원하는 자의 클릭(표시)으로 계약은 성립한다고 보아야 한다.

전자계약에서 계약의 성립시기도 일반적인 청약과 승낙에 의한 계약에서와 동일하게 제531조와 제528조 및 제529조와의 해석상 부도달을 해제조건으로 발신에 의하여 계약이 성립한다고 새길 것인가? 전자적 의사표시는 발신과 동시에 도달하며, 도달여부는 여타의 경우와는 달리 오히려 발신자만이 알 수 있다. 즉, 지정된 표시를 하면 발신자의 컴퓨터상에 도달여부가 표시되며, 도달된 때에 한하여 상대방이 도달만을 알 수 있다. 또한 통신수단 또는 네트워크의 장애에 의한 부도달의 경우가 있고, 이때에도 발신자만이 장애(부도달)를 알 수 있다. 전자적 의사표시의 이러한 특수성을 고려할 때 부도달의 위험은 발신자가 부담하는 것이 합리적이다. 따라서 전자계약은 승낙의 의사표시의 도달에 의하여 성립한다고 해석하는 것이 타당하다.

전자거래를 규율하기 위하여 전자거래기본법(2002년 법률 제6614호), 전자상거래등에서의소비자보호에관한법률(2002년 법률 제6687호), 전자서명법(1999년 법률 제5792호) 등의 특별법이 있다.

Ⅲ. 特殊한 契約의 成立

1. 意思實現에 의한 契約成立

(1) 意 義

민법 제532조는 청약자의 의사표시나 관습에 의하여 승낙의 통지가 필요하지 아니한 경우에, 승낙의 의사표시로 인정되는 사실이 있는 때에 계약은 성립한다고 하며, 이를 의사실현에 의한 계약성립이라고 규정하고 있다. 이러한 의사실현에 의한 계약의 성립을 인정하는 근본적인 목적은 거래의 신속 및 편의를 위한다는 점과 승낙의 통지를 하지 않는 유형의 거래에서 계약의 성립에 관한 당사자간의 다툼을 방지한다는 데 있다.

(2) 成立要件

(가) 請約者의 意思表示 또는 去來慣習

의사실현에 의하여 계약이 성립하기 위하여는, ㉮ 청약자가 승낙의 통지를 할 필요가 없다고 미리 표시한 청약의 경우 또는 ㉯ 당해 거래에서는 승낙의 통지를 하지 아니하는 것이 거래의 관습인 경우이다.

㉮의 경우는 승낙을 할 때에는 별도의 승낙의 통지를 하지 않아도 좋다는 의미로서, 이는 아무런 통지가 없으면(거절의 통지가 없으면) 승낙으로 본다는 표시와는 다르다. 후자의 경우는 전술한 바와 같이 그러한 표시는 상대방에게 어떠한 구속력도 주지 못하고, 경우에 따라서 청약자에만 일정한 구속력이 생길 수 있다. ㉯의 경우는 상인간에 있어서, 특히 지속적인 거래관계를 하는 도매상과 소매상간에 있어서 상품의 주문 및 공급에서 그러한 거래관행을 볼 수 있다.

(나) 意思實現

의사실현이란 <의사표시로 인정되는 사실>의 존재를 말한다. 이는 행위(사실) 그 자체가 승낙의 효과의사를 표시하는 행위는 아니나, 그 행위를 통하여 승낙의 효과의사를 추단할 수 있는 객관적 사실을 말한다(통설).

계약이 정형적으로 이루어질 때에는 성립단계와 이행단계로 구분된다. 성립단계에서는 청약과 승낙의 명시적인 표시가 있게 되어 그로써 계약은 성립하며, 성립하면 비로소 그 다음의 단계인 이행단계로서 이행 및 급부의 이용이 있게 된다. 그런데 경우에 따라서는 성립단계에서 청약의 수령자가 승낙의 표시를 별도로 하지 아니하고 바로 이행단계인 계약의 이행준비·이행·급부의 직접적 이용 등만 가시적으로 하는 경우가 있다. 이러한 경우는 청약의 수령자가 승낙의 표시를 흠결한 것이 아니라 가시적으로 할 필요가 없어 별도로 하지 아니하고, 그 다음의 이행의 단계에 속한 행위를 직접 한 것이다. 이러한 경우에 승낙의 표시가 가시적으로 이루어지지 아니하였다고 하여 계약의 성립을 부정할 필요는 없을 것이며, 계약의 성립을 전제로 하는 그 다음의 행위(의사실현)가 있는 때에 계약이 성립한 것으로 하더라도 아무런 문제가 없을 것이다. 왜냐하면 이행단계에 속한 일련의 행위는 계약의 성립을 전제로 하는 승낙의 표시의 존재가 추단되기 때문이다. 이에 민법은 청약자의 의사표시나 관습 등의 제한된 경우에 승낙의 표시의 존재가 추단되는 행위인 의사실현이 있을 때에는 계약이 성립함을 인정한 것이다. 계약이 성립하는 의사실현의 구체적인 경우는, 광고를 보고 주문한 물품을 바로 발송하는 행위, 청약과 동시에 송부한 물건을 사용·소비하는 행위, 유료주차구역에 주차시키는 행위, 행선지가 정해진 버스에 승차하는 행위 등이다. 이들의 행위는 계약의 성립을 전제로 행하여지기 때문에, 이들 행위는 승낙의 효과의사를 추단하는 행위, 즉 승낙의 의사표시로 인정되는 사실이 된다.

그런데 의사실현에 의한 계약의 과정에서 보았듯이 승낙의 의사표시는 구체적·명시적으로 행하여지지 아니한다. 여기서 의사실현과 승낙의 의사표시가 묵시적으로 행하여진 것과의 구별이 문제된다. 묵시적 의사표시는 의사표시로서의 구성요건을 구비하고 효과의사를 표시하나 그 표시방법에 있어서 직접적이며 명시적이지 아니한 간접적 방법일 뿐이나, 주문에 따른 발송·송부된 물건의 소비 등의 의사실현 그 자체는 승낙의 효과의사의 표시도 아니고 또한 상대방이 이를 요지할 필요도 없다. 이와 같이 의사실현과 묵시적 의사표시는 이론상 구별된다. 이러한 점에서 의사실현은 그 본질이 묵시적 의사표시라고는 볼 수 없고, 묵시적 의사표시와는 그 성질이 다른 객관적 사실에 지나지 않는다고 할 수 있다(이태).

이와 같이 의사실현은 묵시적 의사표시와는 이론상 구별되는데, 그러면 이를 법률상 어떻게 다룰 것인가가 문제된다. 이 문제는 의사실현이 이론상은 묵시적 의사표시와는 구별되지만 실제상은 구별하기가 매우 곤란하기 때문에 더욱 문제된다. 실제상의 문제는 의사표시에 관한 착오의 규정을 의사실현에 의한 계약의 성립에 적용할 것인가이다. 예컨대, 청약과 동시에 송부된 물건을 착오로 자기의 물건인 것으로 잘못 알고 소비하거나, 성능이 자기의 용도에 맞다고 오신하고 사용한 경우에 착오를 이유로 취소할 수 있는가이다. 의사실현에 의한 계약의 성립도 효과의사의 존재를 전제로 하므로 의사표시에 관한 규정의 적용이 있다고 보아야 한다(곽, 이은).

(3) 契約의 成立時期

의사실현에 의한 계약의 성립시기는 승낙의 의사표시로 인정되는 사실이 발생한 때이다. 그러한 사실을 청약자가 요지할 필요는 없고, 그 사실이 있는 때에 계약은 성립한다. 승낙기간이 있는 청약인 경우는 그 기간 내에 의사실현이 있어야 하고, 승낙기간이 없는 청약은 승낙에 필요한 상당기간 내에 의사실현이 있으면 계약은 성립한다.

* 묵시적 의사표시에 의한 계약, 의사실현에 의한 계약, 사실적 행위에 의한 계약(사실적 계약관계) 의 세 가지는 상호 교착되는 점이 있어 이론상으로는 구별되나 실제의 거래관계가 과연 어디에 해당되는지가 애매하다. 그러함에도 무엇으로 보느냐에 따라 행위능력과 의사표시에 관한 법리의 적용여부가 달라지는 중요한 점에서 차이가 난다. 전 2자에는 행위능력과 의사표시에 관한 법리가 적용되나, 사실행위에 의하 계약의 성립으로 보면 후술하는 바와 같이 의사표시에 관한 법리는 물론이고, 행위능력에 관한 규정도 적용 되지 아니한다. 예컨대, 일방적으로 투입된 신문의 열람(a), 흥미를 표시하자 송부하여 이를 사용 소비한 경우(b), 슈퍼마켓에서 물건을 계산대에 올려놓는 행위(c), 주차선이 그어진 곳에의 주차행위(d) 등이 어디에 해당하는지가 불분명하다. 위 사안에서 (a), (b)는 묵시적 의사표시에 의한 계약, (c)는 의사실현에 의한 계약, (d)는 사실적 계약의 성립으로 보는 것이 온당할 것이다.

2. 交叉請約에 의한 契約

교차청약이란, 쌍방이 우연하게 같은 내용의 청약을 상대방에게 한 것을 말한다. 예컨대, 갑이 을에게 자기의 특정물건을 10만원에 팔겠다는 청약을 하였는데, 그것이 을에게 도착하기 전에 을이 갑에게 동일한 물건을 10만원에 사겠다는 청약을 한 때, 갑과 을의 청약을 교차청약이라 한다. 이러한 교차청약은 청약만이 있고 승낙이 없는 것이나, 양자의 효과의사가 합치하며 또한 거래의 신속성을 기한다는 점에서 계약의 성립을 부정할 논리적 또는 실제적 이유가 없다.

다만 계약의 성립시기를 어떻게 볼 것인가의 문제가 있다. 이에 관하여는 제533조에서 양 청약이 상대방에게 도달한 때에 계약이 성립한다고 규정하고 있다. 그러므로 두개의 청약 중에서 후의 청약이 효력을 발생(도달)한 때에 계약은 성립한다.

3. 事實的 契約關係

(1) 意 義

사실적 계약관계(faktische Vertragsverhältnisse)란 개념은 1941년 독일의 Günther Haupt가 처음 제기한 것으로, 이는 계약의 성립요건인 당사자의 합의는 존재하지 않으나, 일정한 사실관계가 있는 때에는 계약이 유효하게 성립하는 것과 동일한 법률관계가 발생하는 것으로 취급되는 것을 말한다.

이는 사회가 발달함에 따라 일상생활에서 필수적이며 정형적인 급부의 이용관계는 단지 급부의 제공과 수령 내지 이용이라는 사실행위만으로 이루어지는데, 이들 이용관계의 기초인 계약은 전통적 계약이론에 의한 청약과 승낙이라는 의사표시의 합치가 아니라 급부의 제공과 이용이라는 사실행위에 의하여 체결된다는 것이다. 생활에 필수적인 전기·수도·가스 등의 이용관계, 각종 통신·교통기관의 이용관계, 유료 주차장의 이용관계 등이 전형적인 예이다.

위에서 예를 든 이용관계에 관하여 묵시적 의사표시나 의사실현에 의한 계약의 성립으로 법률구성을 할 수도 있으나, 이들의 관계는 우리 사회에서 일상적으로 이루어지는 정형화된 급부의 이용관계로서 사실상의 제공과 사실상의 이용이라는 사실행위에 의하여 이루어진다는데 특성이 있다. 따라서 전통적인 계약법리가 그대로 적용되기가 곤란한 점이 있다.

G. Haupt가 사실적 계약관계론을 처음 주창한 이래 Simitis, Siebert 등으로부터 적극적 지지를 받았으며, K. Larenz는 동이론에 기초하여 ＜사회정형적 행위社會定型的 行爲(sozialtypisches Verhalten)＞에 의한 채권채무관계의 발생을 인정하는 반면, Heinrich Lehmann, Nipperdey, Flume 등은 사실적 계약관계란 결국 묵시적 의사표시에 의한 계약으로 볼 수 있기 때문에 동 이론에서와 같이 의사 없는 사실행위에 의한 계약의 성립을 인정하는 것은 전통적 법률행위론이나 계약의 원칙을 근본적으로 파괴하는 것 등의 이유를 들어 이를 부정 또는 불필요하다고 보았다.

(2) 事實的 契約關係論

Haupt는 당사자간에 합의가 존재하지 않아도 사실행위에 의하여 계약이 체결된 것과 같은 법률관계가 발생하는 것으로 아래의 세 가지 유형을 들었다.

(가) 社會的 接觸에 의한 事實的 契約關係

계약체결상의 과실에 기한 책임, 호의동승자에 대한 운전자의 책임.

(나) 共同體關係에의 事實上의 加入에 의한 事實的 契約關係

조합계약이 무효·취소된 경우의 기왕의 조합원들 사이의 법률관계(사실상의 조합), 고용계약이 무효·취소된 경우의 기왕의 제공된 노무공급관계(사실상의 고용관계), 임대차계약이 무효·취소된 경우의 기왕의 목적물사용관계(사실상의 임대차관계).

(다) 社會的 給付義務에 의한 事實的 契約關係

일상생활에 필수불가결한 급부의 이용관계로서 버스·전차 등의 승차이용관계, 전기·가스·수도의 급부 이용관계.

위 유형에서 성립하는 사실적 계약관계는 전통적인 계약법리와는 달리 당사자의 의사에 의하여 계약이 성립하는 것이 아니라 사실행위에 의하여 계약관계가 성립하는 것과 같은 법률효과를 부여하는 것이므로, 계약법리는 전면적으로 부정된다. 구체적으로 행위능력제도와 의사표시에 관한 법리가 적용되지 아니한다. 따라서 행위무능력에 의한 취소나 착오에 의한 취소가 가능하지 아니하며, 명시적인 반대의 표시가 있더라도 그러한 의사는 법률효과의 발생에는 영향을 주지 않는다.

위와 같은 Haupt의 주장은 사실적 계약관계론의 찬성론자들 사이에서도 주로 사실적 계약관계의 인정의 범위를 중심으로 많은 논란을 거쳤다. 그중에서도 Larenz는 위의 제3유형에 해당하는 것은 특히 현대 생활에서 필수불가결한 사실상의 이용행위로서 사회정형적 행위(sozialtypisches Verhalten)에 해당하여 당사자의 구체적인 의사와는 관계없이 계약이 성립하는 것과 같은 법률효과가 발생하는데, 행위능력은 계약관계에 영향을 미치나 의사표시에 관한 법리는 그 적용이 없다고 한다(이를 특별히 사회정형적 행위론이라고도 한다). 오늘날 사실적 계약관계론을 지지하는 자들도 일반적으로는 이 제3유형에 한정하며, 의사표시에 관한 법리는 그 적용을 배제하나 행위능력에 관하여는 영향을 미친다고 보는 견해와 그렇지 않다는 견해로 갈라진다.

(3) Larenz의 社會定型的 行爲에 의한 債權關係

Haupt가 든 사실적 계약관계 유형중 제3유형에 해당하는 일상생활에서 필수적인 전기·수도·가스·교통기관의 급부의 제공과 그 이용은 누구에게나 알려진 사회정형적 행위이다. 따라서 그러한 사회정형적 행위에서는 이용자의 이용행위 그 자체가 승낙으로 평가되어 그 행위시에 채권채무관계가 성립한다. 이 관계에 기하여 급부의 제공자와 이용자는 쌍방이 계약상의 급부의무를 지게 된다.

그런데 그러한 사회정형적 행위에는 그 행위 자체가 이용자 개인의 자유로운 의사가 개입될 여지가 없는 객관적인 것이며 계약을 체결한다는 의사표시 또는 내용에 대한 표시도 없어 착오에 의한 취소는 가능하지 아니하다.

(4) 우리 民法에의 認定 與否

사실적 계약관계의 성립, 묵시적 의사표시에 의한 계약성립, 의사실현에 의한 계약의 성립은 그 상호간에 있어서 이론상으로 구별하기가 쉽지 않을 뿐 아니라 실제에서는 그 구별이 불가능하기까지 하다. 예컨대, Larenz의 사회정형적 행위론에 해당되는 전기·가스·교통수단의 이용관계는 급부이용자의 묵시적 승낙으로도 볼 수 있으며, 관습에 의한 별도의 승낙의 의사표시를 요하지 않는 의사실현에 의한 계약의 성립으로도 볼 수 있다. 따라서 이들의 정상적인 이용관계에 관한 법리를 위하여는 구태여 전통적인 계약법리와는 다른 사실적 계약관계론을 입론할 필요는 없을 것이다. 그런데 정상적인 경우일지라도 그 본질을 어떻게 이해하느냐는 문제가 남는데, 사실적 계약관계론은 비록 그 경우에 상대방의 효과의사가 있더라도 그러한 효과의사에 의하여 구속력이 생기는 것이 아니라 효과의사의 존부와는 관계없이 사실상의 행위에 의하여 계약이 성립한 것과 같은 특별한 결합관계가 형성된다는 데 그 초점이 있다. 이는 강제력이 있는 보통계약약관에 의하여 계약이 성립하는 경우에는 당사자의 의사와는 관계없이 구속력이 생기는 것과 동일한 관계인데, Haupt는 보통계약약관이 없는 경우에도 동일하게 취급될 수 있는 경우로서 위 세 가지 유형을 들고, 이들을 포섭할 수 있는 포괄적 개념을 사실적 계약관계라 한 것이다. 이러한 점에서 사실적 계약관계론은 결국 보통계약약관의 강제력을 전제한 이론에서 출발한 것이라 할 수 있다. 그러나 독일이든 우리나라든 오늘날 보통계약약관을 강제력을 수반하는 법규로 이해하지는 않기 때문에 약관의 강제력을 전제한 사실적 계약관계론은 더 이상 주장될 수 없다. 다만 순수한 법이론적인 측면에서 그들의 이용관계의 기초에 <의사>의 개입을 인정할 것인가라는 점이 있는데, 이는 보는 시각에 따라 달라 무엇이라 결론을 내리기가 어렵다.

실제로 문제가 되는 것은 행위무능력자의 이용과 이용관계에서 착오와 같은 의사의 하자가 있는 경우이다. 위에서 본 바와 같이 이론상으로는 그 성립의 본질을 어느 쪽으로도 볼 수 있음에도 불구하고, 그 효과에 있어서는 행위능력 및 의사표시에 관한 법리의 적용여부에 차이가 난다. 당해 법률관계를 사실적 계약관계로 이해하면 효과의사의 존부와는 관계없는 것이기 때문에 당연히 행위능력과 의사표시에 관한 법리의 적용은 전면 부정된다. 그러나 묵시적 승낙이나 의사실현으로 이해하면 당연히 전통적인 계약법리가 그대로 적용된다. 따라서 위 유형에서 보는 전기·가스·수도·교통기관의 이용관계에서 통상적인 경우에는 그 성립의 본질을 무엇으로 이해하나 문제가 없으나, 행위무능력자의 이용이나 의사표시의 하자를 주장하거나 더 나아가서 명시적인 반대의 의사표시를 하면서 실제상은 당해 급부를 이용하는 경우에 문제가 된다.

의사표시에 관한 법리의 요체는 자유로운 의사의 형성, 결정과 표시인데, 전기·가스·수도·교통수단의 이용 등의 급부의 이용관계에서는 개인의 자유로운 의사는 사실상 아무런 의미가 없게 되어 있다. 이러함에도 이들을 전통적인 계약법리에 의한다면 결국 의사표시의 추단 내지 묵시적 승낙 또는 의사실현으로 볼 수 있어 정상적인 경우에는 별다른 문제가 없겠으나, 이용자가 착오를 주장한다든지 명시적인 반대의사의 표시가 있는 경우를 어떻게 해결할 것인가의 문제가 남게 된다. 사실적 계약관계론을 부정하면 착오의 경우에는 기왕의 급부이용에 관하여 부당이득법리에 의해 해결할 수밖에 없을 것이며, 반대의 명시적인 표시의 경우에는 그러한 표시는「자기행위 상반성의 원칙」(protestatio facto contraria) 또는 자발적인 이용에는 대가가 따른다는 관습에 반하는 것으로 반대의 표시는 그 자체가 법적 의미를 가지지 아니하는 것으로 해석한다.

생각건대, 사실적 계약관계론은 의사를 토대로 한 전통적인 법률행위론이나 계약법의 기본원칙을 근본적으로 무너뜨리며 또한 보통약관의 강제력을 전제한 것이므로 더 이상 주장될 수 없다는 주장(이은)도 일리가 있다. 그러나 Haupt가 사실적 계약관계가 성립하는 경우로 든 위 세 가지 유형 중 제3유형, 즉 Larenz가 명명한 사회정형적 행위는 우리 생활에서 필수적이며 통상적인 급부이용인 수도·전기·가스 및 교통기관의 이용관계로서 개인의 자유로운 의사가 개입될 여지는 조금도 존재하지 아니한다. 이러함에도 불구하고 의사의 개입을 전제한 전통적인 계약법리를 의제하여 법리를 구성한다는 것은 오히려 부자연스럽다고 생각한다. 이러한 점에서 우리 생활에서 누구나 의심 없이 통상적으로 이루어지는 행위는 그것이 사회정형적 행위라고 하든 아니면 다른 무엇으로 이해하든 그러한 급부의 제공과 이용이라는 사실행위에 의하여 채권관계가 성립된 것과 같은 법률효과가 발생한다고 보는 것이 자연스러운 것이라고 이해하는 것이 온당하다.

* **自己行爲相反性의 原則** : 로마법에서 인정된 법리로서 자기의 행위와는 전연 다른 상반된 의사표시를 하는 경우에는 행위와 상반된 의사표시는 아무런 법적 효과를 발생하지 아니한다는 것으로 신뢰의 원칙의 하나이다.

第3節 契約締結上의 過失에 대한 責任

I. 序 說

계약이 체결되어 유효하게 성립된 후 이행단계에서 정상적으로 이행되지 못한 경우에는, 그 이행되지 못한 원인에 따라서 채무불이행책임, 채무면책 또는 위험부담의 문제가 발생하게 된다. 그런데 이와는 달리 계약의 체결을 위한 준비단계 또는 체결과정에서 일방의 과실로 타방에 손해가 발생한 경우에 그 손해에 대한 책임이 문제된다. 이를 계약체결상의 과실책임이라고 한다. 계약체결상의 과실문제는 계약의 성립단계에서 일방의 과실로 계약이 무효·취소되고, 그로 인하여 상대방에게 손해가 발생한 경우에 과실자에게 책임을 귀속시키기 위한 이론으로 제기되었다.

독일 보통법에서는 계약의 체결과정에서 원시적 불능, 착오 등의 하자로 계약이 불성립·무효·취소되는 경우에는 어느 누구도 책임을 지지 않는 것으로 인식되었다. 즉, 계약이 무효·취소되어 그로 인하여 일방에게 손해가 발생하였을지라도 그 손해는 피해자 본인이 부담하여야 하는 것으로 보았다. 그런데 1861년 R. Jhering은 「계약체결상의 과실책임 또는 무효이거나 완성되지 못한 계약에 있어서의 손해배상」이란 논문에서 무효 또는 착오에 의한 의사표시의 취소로 계약이 무효가 되고, 그로 인하여 손해가 발생한 경우에 과실 없는 자가 그 손해를 부담한다는 것은 부당하다고 하며, 과실 있는 자에게 신뢰이익의 배상책임을 인정하여야 한다고 주장하였다. 이어서 그는 계약이 취소로 무효가 된다는 것은 전면적으로 효력이 없어지는 것이 아니라 실제상의 주된 목적으로 정하여지는 특정한 효력만 없어지므로 계약이 무효가 되어도 일정한 범위 내에는 계약책임이 그대로 지속된다고 하며, 그러한 지속된 계약책임에서 손해배상책임이 나오게 된다고 하였다.

Jhering의 이러한 주장은 독일민법 제정시에 채택되어, 원시적 불능, 금지법규위반으로 계약이 무효가 되고 이로 인하여 상대방에게 손해를 발생시킨 경우에는 그 손해에 대하여 과실 있는 자에게 신뢰이익의 배상책임을 부과하는 명문규정을 두게 되었다(제307조, 제308조). 또한 착오에 의한 의사표시의 취소의 경우에도 착오로 의사표시를 취소하여 계약이 무효 되고, 그로 인하여 손해가 발생한 경우에 그 손해에 대하여는 의사표시를 취소한 자에게 배상책임을 부과하는 규정을 두게 되었다(제122조).

계약의 체결과정에서 발생된 손해에 대하여는 계약의 체결과정에서 과실 있는 자에게 책임을 귀속시켜야 한다는 원칙론에 대하여는 모두가 수긍한다. 그러나 그 책임을 법 이론상 어떻게 구성할 것인가에 관하여는 종래부터 학자들 간에 논란이 있어 왔다. 이 문제를 처음 제기한 Jhering은 위에서 본 바와 같이 계약이 유효하지 않음(불성립 또는 무효)에도 일방에게 계약책임으로서의 주의의무를 직접 인정하고 있다. 그러나 Jhering 이후에는 계약체결상의 과실의 문제는 아직 계약이 체결되기 전단계의 문제로서, 이 단계에서 계약책임을 직접적으로 인정하는 것은 어렵다고 인식되었다. 그런데 전통적인 민사책임 2원론(민사책임에는 계약책임과 불법행위책임만 있다는 이론) 아래서는 계약책임이 아니라면 불법행위책임이 될 수밖에 없는데, 그렇다고 계약체결상의 과실의 문제가 불특정다수인간의 문제인 불법행위책임으로 다루는 것은 더욱 문제가 있는 것으로 인식되었다. 이에 계약체결상의 과실의 문제는 계약책임영역과 불법행위책임영역의 중간영역(학자에 따라서는 이 영역을 회색지대라고도 한다)에 속하는 것으로서의 특수한 성질을 인정하는 바탕 아래서 계약책임에 가깝게 입론하자는 주장이 많이 제기되고 있다. 즉, 계약체결상의 과실의 문제는 그 본질이 계약책임에 속하나 직접적인 계약책임이 아니라 계약책임에 가까운 책임이라는 것이다. 이러한 측면에서 계약체결과정에서의 당사자의 지위에 대하여, H. Stoll은 계약의 준비행위의 시작으로서 당사자는 「유기체로서의 채무관계(Shuldverhältniss als Organismus)」에 있게 된다고 하며, Larenz는 계약체결을 위한 협의행위의 착수나 거래상의 교섭을 하게 되면 당사자간에는 「법적 특별관계」인 기본적 급부의무 없는 법정채무관계인 특수한 관계에 있다고 하고, 그러한 계약 이전의 계약적 채무관계에서 당사자간에는 계약상의 주의의무와 유사한 주의의무가 있고, 이를 위반한 것이 계약체결상의 과실의 문제라는 것이다.

이에 대하여 Palandt, Eichler, Canaris 등은 계약의 체결단계에서는 당사자간에는 계약관계가 형성된 것이 아니라 계약의 체결을 위한 상호 신뢰관계가 형성될 뿐이라고 한다. 이러한 신뢰관계는 계약체결 이후의 계약관계에 결합되어 있는 신뢰관계와 그 내용에 있어서 다르지 않으며, 또한 계약이 무효·취소될지라도 일단 발생된 신뢰관계가 소멸되지는 않는다고 한다. 따라서 계약체결상의 과실에 대한 책임이란 계약의 체결단계에서 생성된 유효한 계약을 체결할 것이라는 신뢰관계를 일방이 과실로 파괴하여 계약이 무효 또는 취소되고, 그로 인하여 손해가 발생한 것이 그 본질이라는 것이다. 요컨대, 계약체결상의 과실책임은 그 본질이 신뢰책임이라는 것이다.

위 계약책임설 또는 신뢰책임설과는 달리, 계약의 체결과정에서는 계약이 성립되지 않았기 때문에 불법행위책임영역일 수밖에 없다는 불법행위책임설도 물론 있다.

한편, 계약체결상의 과실책임에 대한 위 이론의 적용범위에 관하여도 독일의 학설과 판례는 계약의 유·무효와 같은 계약에 직접적으로 관련된 부분에 한정하지 않고,

계약의 당사자와 그 동반자의 신체·재산에 대한 피해에까지도 위 이론이 그대로 적용되는 것으로 하여 그 범위를 확장하기도 한다.

우리 민법은 제535조에서 <계약체결상의 과실>이라 하여 원시적 불능에 관하여 신뢰이익의 배상을 인정하는 명문을 두고 있다. 제535조의 해석에 관하여는, ① 책임의 본질을 어떻게 이해할 것인가, ② 제535조에 원시적 불능만 규정하고 있는데, 원시적 불능에 한정할 것인가 아니면 어디까지를 그 적용범위로 볼 것인가와 당사자의 신체·재산에 대한 피해는 어떻게 할 것인가 등의 문제가 있다.

Ⅱ. 契約締結上의 過失責任의 法的 性質

계약체결상의 과실책임의 법적 성질 및 배상책임의 근거에 관하여는 계약책임으로서 신의칙상의 부수의무 위반이라는 것이 독일과 같이 우리나라에서도 다수설이다. 이에 대해 불법행위책임으로 보는 견해(이태)와 이들 이외의 제3의 책임(신뢰책임)으로 보는 견해(이영, 이은)가 있다.

계약책임이라는 주장은, 오늘날 계약이론에서 계약상의 의무는 주된 급부의무 외에 신의칙상의 여러 의무를 포함하며, 이러한 의무는 계약의 성립과정에서부터 발생하여 지속하는 것으로 계약의 유, 무효와는 직접적인 관계가 없다는 것이다.

계약체결상의 과실에 대한 법적 책임이 무엇인가는 이를 추상적으로 검토하기보다는 이를 규정한 민법 제535조가 작용하는 구체적 역할에서 시작하는 것이 좋을 것이다. 제535조는 위에서 본 Jhering이 제기한 계약체결상의 과실책임론을 입법화한 독일 민법 제307조를 따른 것이다. 그런데 여기서 간과해서는 아니 될 것이 독일 민법은 채무불이행책임과 불법행위책임에 관하여 개별적으로 구체화시켜 규정하고 있으나, 우리 민법은 이들에 관하여 각기 포괄적인 일반조항을 두고 있다는 점이다. 이는 바꾸어 말하면 독일민법상으로는 계약체결상의 과실에 대한 책임을 별도로 규정하지 않는 한 계약체결과정에서 과실이 있는 자에게 일반적인 계약책임이던 불법행위책임이던 여하한 책임을 지우기에 적당하지 않으나, 우리 민법상으로는 독일 민법에서와 달리 별도의 규정이 없더라도 계약의 체결과정상의 과실로 인하여 상대방에게 피해를 준 경우에는 그 유형에 따라서 일반적인 계약책임 또는 불법행위책임을 귀속시키는 데 무리가 없다는 것을 의미한다. 즉, 우리 민법상으로는 유효한 계약의 경우에는 계약책임으로서의 채무불이행책임을 귀속시키고, 그 이외의 경우에는 불법행위책임을 구성하는 데 무리가 없다. 이는 결국 독일 민법에서는 계약의 체결과정에서 과실 있는 자에게 책임을 근거지우기 위하여 이 규정이 필수적이나, 우리 민법상으로는 제535조가 비록 없더라도 배상책임을 귀속시키는 그 자체에는 큰 문제가 없다는 것이다. 따라서, 우리 민법에서는 제535조가 없다면 계약체결상의 과실로 인한 책임에 대하여 유형에 따라서 계약책임 또는 불법행위책임을 귀속시킬 수 있으나, 특별히 제535조를 규정하여 계약체결상의 과실에 관하여 별도로 관리하고 있는 것이라고 할 수 있다. 이는 개별적인 불법행위책임으로 규정한 독일 민법 아래서 계약체결상의 과실에 대한 책임을 부과하기 위하여 불가피하게 책임영역을 확대한 것과는 그 사정이 다르다. 그렇다면 결국 민법 제535조를 특별히 둔 것은 계약체결상의 과실책임이 계약책임 영역과 불법행위책임 영역의 중간영역으로서의 특수성 때문이고, 그렇다면 제535조의 책임은 법률에 규정한 특수한 법정책임으로 이해하여야 할 것이다.

그런데 이 법정책임의 본질은 무엇인지가 문제되는데, 계약체결상의 과실책임은 제535조에서 규정하는 바와 같이 <… 계약을 할 때 … 자는 상대방이 그 계약의 유효를 믿었음으로 인하여 받은 손해를 배상하여야 한다….>고 하여 기왕에 준 신뢰를 배반한 것에 대한 책임임을 분명히 하고 있다. 즉, 계약을 체결하려는 당사자간에는 상대방이 유효하게 계약을 체결하려고 할 것이라는 신뢰가 형성되는 것은 당연하며, 이러한 신뢰가 기초가 되지 않으면 도대체 계약관계의 형성과 계약의 효력이란 것을 운위할 필요도 없다. 이러한 점에서 제535조의 책임의 본질은 계약의 체결에 임하는 당사자간에 당연히 형성되는 계약을 유효하게 체결할 것이라는 신뢰관계의 파괴에 대한 책임이다. 계약은 신뢰관계를 기초로 하므로 신뢰관계를 전제로 하지 않는 계약이란 생각할 수 없으며, 이러한 신뢰관계는 계약의 체결 이후에만 존재하는 것이 아니라 계약의 체결을 위한 단계에서도 당연히 존재하여야 한다. 요컨대, 우리 민법상의 계약체결상의 과실책임(제535조)의 본질은 신뢰관계의 파괴에 대한 법정책임으로서의 신뢰책임이라고 보는 것이 타당하다.

* Rudolp von Jhering(1818-1892) :독일의 법학자로서 베를린대학, 괴팅겐대학에서 강의를 하였으며, <권리를 위한 투쟁,1872년>, <법에 있어서의 목적, 1883년>, <로마법의 정신, 1852년> 등의 저서가 있다.

Ⅲ. 第535條의 適用範圍

계약체결상의 과실로 인한 피해란 구체적으로 어떠한 피해를 말하는가? 이는 곧 제535조가 적용되는 범위를 의미한다고 할 수 있다. 이는 불완전이행책임, 하자담보책임, 계약상의 보호의무·안전배려의무 등의 부수의무위반의 책임과의 구별 및 경합을 명확하게 할 필요가 있다. 그런데 이들과 제535조의 적용범위와의 관계에서는 제535조의 계약체결상의 과실책임의 법적 성질이 법률에서 특별히 규정한 법정책임(신뢰책임)이라는 점에서 일반법리에 의하여 다루어도 충분한 경우를 제외한 분야에 그 적용이 있다고 보아야 할 것이다.

계약의 체결과정에서 일방의 과실에 의하여 상대방에게 발생될 수 있는 통상적인 피해의 유형으로는 ① 계약의 체결과정에서 일방의 과실로 계약이 원만하게 체결되지 못하고 불성립·무효·취소되어 계약의 체결을 위하여 상대방이 그 동안 지출한 각종 비용, 상대방과 계약이 유효하게 체결될 것으로 신뢰하여 그 당시에는 다른 자와의 동일한 계약을 하지 않았고 다시 계약을 하려니까 가격이 앙등한 데에 따른 차액손해, 계약이 유효하게 체결될 것으로 신뢰하여 그에 바탕하여 미리 제3자와 거래(전매계약)를 하여 발생한 손해, ② 계약의 체결과정에서 발생된 신체·재산에 대한 피해(매장의 시설물의 하자 또는 진열된 상품이 무너져 다친 피해), ③ 계약이 유효하게 체결되었으나 체결과정에서 목적물의 사용방법, 하자 등을 고지하여야 하나 과실로 이를 고지하지 못하여 발생된 피해 등을 들 수 있다.

이 중에서 마지막 세 번째의 경우는 기존의 하자담보 또는 불완전 이행으로서의 계약책임과 중첩되어 굳이 계약체결상의 과실책임으로 별도의 법리를 구성할 필요는 없다. 두 번째의 경우는 독일의 판례와 학설이 계약체결상의 과실책임으로 구성하나, 이는 독일 민법이 불법행위책임에 관하여 개별적으로 규정하고 있어 이들의 피해구제를 위하여 불법행위책임으로 귀속시키기에는 적당하지 않기 때문에 나온 부득이한 현상이다.

이러한 독일 민법상의 사정과는 달리 우리 민법은 불법행위에 관하여 포괄적인 규정을 가지고 있어 이들을 불법행위책임으로 포섭하는 데 아무런 어려움이 없다. 따라서 우리 민법에서는 계약체결상의 과실로 인한 신체·재산에 대한 피해를 굳이 불법행위책임에서 분리하여 계약체결상의 과실의 문제로 별도로 논의하는 것은 자연스럽지 못하다. 결국 우리 민법에서는 상기의 세 가지 유형 중 첫 번째 유형만이 계약책임 또는 불법행위책임 어느 것으로 귀속시키기에 적당하지 않는 부분으로 이를 계약체결상의 과실의 문제로 다루는 것이 온당하다고 생각한다(동지 : 이은). 요컨대, <u>제535조는 계약의 체결과정에서 일방의 과실로 계약이 유효하게 성립되지 못함으로써 당해 계약과 직접적으로 관련되어 상대방에게 발생한 손해에 관하여만 그 적용이 있다고 새겨야 한다. 판례는 후술하는 바와 같이 제535조에는 원시적 불능에 의한 경우만이 적용되며, 그 외는 일반 불법행위책임으로 구성한다.</u>

Ⅳ. 契約締結上의 過失責任의 要件

1. 契約의 準備 및 締結行爲

당사자 사이에 유효한 계약을 성립시키기 위한 외형상의 구체적인 행위가 있어야 한다. 준비 및 체결행위는 구체적으로 계약이 체결될 것이라는 신뢰의 바탕 아래 행하여진 가시적인 사전준비(예 : 감정, 측량 등), 또는 청약 및 승낙의 의사표시의 실현에 의한 계약서 작성을 위한 외형상의 구체적이고 가시적인 행위 등이 당사자간에 있어야 한다. 따라서 광고를 보고 흥미가 있어 구체적으로 협상을 하기 위하여 본인 스스로 목적물을 둘러보았다든지, 견적서를 작성하였다든지 하는 것은 협상을 위한 단순 준비에 지나지 아니하여 이에 속하지 아니한다. 이러한 점에서 판례는 계약체결에 대한 확고한 신뢰가 부여되기 이전의 상태에서의 단순한 본인 스스로의 준비행위는 이에 해당하지 아니한다고 보았다.

판례 단순 準備行爲에 支出된 費用은 該當되지 않음 : 아직 계약체결에 대한 확고한 신뢰가 부여되기 이전의 상태에서 계약교섭의 당사자가 계약체결이 좌절되더라도 어쩔 수 없다고 생각하고 지출한 비용, 예컨대 경쟁입찰에 참가하기 위하여 지출한 제안서, 견적서 작성비용 등은 이에 포함되지 아니한다(대판 2003.4.11. 2001다53059).

2. 信賴의 原因提供

유효한 계약의 성립에 대한 정당한 신뢰를 보호하는 것이 계약체결상의 과실책임의 기본이념이다. 따라서 당사자간에 계약이 유효하게 체결될 것이라는 신뢰를 상대방에게 줄 수 있는 원인을 제공하였어야 한다. 그러한 원인의 제공으로는, ① 계약의 목적물, 견품 또는 권리증서(등기필증, 채권증서 등) 등을 상대방에게 직접 제시하는 행위, ② 청약 또는 승낙의 의사표시를 상대방에게 직접 하거나 계약체결을 위한 일련의 행위에 직접 관여하는 행위 등이 이에 속할 것이다.

3. 原始的 不能과 其他 原因

(1) 原始的 不能

계약의 목적이 원시적으로 불능이면 당해 계약은 무효가 된다. 제535조는 원시적 불능의 경우를 규정하고 있다.

판례 林野使用權의 賦與가 原始的 不能인 경우와 契約締結上의 過失 : 공사비의 지급에 갈음한 임야사용권 부여가 원시적으로 이행불능이라면 그 공사계약은 유효하게 성립할 수 없다 할 것이니 계약체결상의 과실을 이유로 하는 신뢰이익을 구할 수 있을지언정 그 계약의 후발적 이행불능을 이유로 이행에 대신하는 전보배상을 구할 수 없다(대판 1975.2.10. 74다584).

(2) 協商의 中途破棄, 錯誤取消 등

제535조는 계약이 원시적 불능으로 무효가 된 경우만을 규정하고 있다. 이에 계약체결상의 과실책임이 원시적 불능의 경우에 한정되느냐 여부가 문제된다. 예컨대, 청약 또는 승낙의 의사표시가 착오로 되어 취소된 경우, 숨은 불합의, 금지법규위반에 의한 무효의 경우 등도 제535조가 적용되는지가 문제된다.

제535조를 원시적 불능의 경우에 한정하여 적용할 것은 아니라고 해석하여야 한다. 왜냐하면 계약체결상의 과실에 대한 책임의 귀속에 관하여 계약이 불성립 또는 무효가 되는 여러 가지 요인 중에서 원시적 불능에 의한 경우만을 다른 요인에 의한 불성립, 무효와 구별되어야 할 어떠한 합리적 근거도 없기 때문이다. 제535조가 원시적 불능을 언급한 것은 제535조가 적용되는 여러 가지 중에서 하나의 예를 적시摘示한 것이라고 새겨야 한다.

따라서 원시적 불능으로 계약이 무효인 경우 외에도 계약체결을 위한 협상과정에서의 협상의 결렬, 의사의 불합치에 의한 계약의 불성립, 숨은 불합의에 의한 계약의 불성립, 청약 또는 승낙의 의사표시의 착오 및 하자에 의한 취소에 의한 계약의 무효, 요식행위 또는 금지법규위반에 의한 계약의 무효 등이 있는 경우에는 본조의 적용이 있다고 보아야 한다.

주로 문제가 되는 경우는 협상과정에서 일방의 의도적인 협상중단과 청약 또는 승낙의 의사표시를 착오에 의한 의사표시로 취소한 경우이다.

(가) 錯誤取消

의사표시의 착오취소에 관하여 우리 민법은 독일 민법(제122조)과는 달리 별도로 배상책임을 규정하고 있지 않아 제535조가 이를 포함하느냐에 관하여 논란이 된다. 이에 관하여 다수설은 착오 취소에 의한 배상책임을 인정하고 계약과 관련이 되는 때에는 그 실정법적 근거로 제535조를 든다. 착오 취소의 배상책임에 관하여 별도의 규정이 없는 우리 민법에서는 계약체결과정에서의 상대방의 신뢰 보호를 그 근본이념으로 하는 제535조를 적용하여 그 신뢰이익의 배상을 인정하여야 할 것이다. 판례는 의사표시의 착오의 경우에 취소가 가능하므로 그에 의하여 취소를 한 것은 위법하지 아니하기 때문에 불법행위를 구성하지 아니하여 손해배상책임을 추궁할 수 없다고 하여 결과적으로 착오배상책임을 인정하지 아니한다.

판례 錯誤取消賠償責任은 否定 : 민법 제109조에 의하여 착오자의 착오를 이유로 한 의사표시의 취소를 허용하고 있는 이상, 착오를 이유로 취소한 것이 위법하다고 할 수 없고, 위법성이 없기 때문에 불법행위가 성립되지 아니한다(대판 1997.8.22. 97다13023).

* 착오에 의한 의사표시의 취소의 배상책임에 관하여는 착오 취소의 요건과 관련하여 각국이 달리 규정하고 있다. 입법정책상으로는 착오 취소의 요건을 엄격하게 하는 경우에는 배상책임을 인정하지 않으며, 착오 취소를 광범위하게 인정하는 경우에는 배상책임을 인정하고 있다. 착오 취소의 요건에서 주로 문제가 되는 것은 상대방이 착오에 의한 의사표시를 한다는 것을 알았거나 또는 알 수 있었느냐의 인식가능성인데, 의사표시의 본질론에 관하여 표시주의에 가장 충실한 오스트리아 민법은 상대방의 인식가능성을 취소의 요건으로 하되 배상책임을 인정하지 않으며(제570조, 제871조 내지 제876조), 독일 민법은 광범위한 착오 취소를 인정하고(제118조) 배상책임(제119조)을 인정하며, 스위스 채무법은 중대한 착오의 경우에만 취소가 가능하고(제23조, 제24조) 과실에 의한 착오 취소로 계약이 실효되고 그로 인하여 상대방에게 손해가 발생하였으며 상대방이 착오의 인식가능성이 없을 때에는 배상책임을 인정한다(제26조). 일본 민법과 우리 민법은 주지하는 바와 같이 경과실로 중요한 부분에 착오가 있는 때 취소가 가능(제109조)하며 배상책임에 관하여는 명문의 규정이 없다. 입법론으로는 스위스 채무법이 적절하다고 생각한다.

(나) 一方的 協商破棄

협상이 진행되는 과정에서 일방이 아무런 합리적 이유 없이 일방적으로 협상을 중단하여 계약이 체결되지 못하고 중간에 협상이 결렬된 경우에도 본조가 적용되어야 한다. 이 경우에 판례는 제535조를 적용 또는 유추적용하지 아니하고 계약자유의 원칙이라는 측면에서 신의칙 위반에 따른 불법행위로 구성하고 있다. 이를 보아서 대법원은 제535조에는 원시적 불능의 경우만이 적용되는 것으로 새기는 것으로 보인다. 이어서 그 배상할 손해는 신뢰이익의 손해라고 하는데, 제535조를 적용하는 것과 같은 결과가 되는데 이 경우에 제535조의 직접적인 적용이 부담이 된다면 유추적용하는 것으로 새기는 것이 더 온당할 것이다.

판례 一方的 協商破棄 : 어느 일방이 계약의 교섭단계에서 계약이 확실하게 체결되리라는 정당한 기대 내지 신뢰를 부여하여 상대방이 그 신뢰에 따라 행동하였음에도 상당한 이유 없이 계약의 체결을 거부하여 손해를 입혔다면 이는 신의성실의 원칙에 비추어 볼 때 계약자유 원칙의 한계를 넘는 위법행위로서 불법행위를 구성한다(대판 2001.6.15. 99다40418).

(다) 法規違反

금지법규위반으로 무효가 된 경우에도 본조의 적용이 있다고 보아야 한다. 판례도 법규위반에 의하여 무효가 된 경우에 신뢰이익의 배상을 인정하고 있다.

판례 禁止法規違反에 따른 無效: 법령상의 요건을 갖추지 않은 지방자치단체와 사인간의 부지 양도계약은 무효이고, 이로 인한 손해배상은 이행이익이 아니라 신뢰이익을 배상하여야 한다(대판 1994.10.7. 93나12091).

(라) 一方的 契約締結 遲延

판례는 일방적으로 계약의 체결을 지연하는 경우에도 계약체결상의 과실책임으로 하는 것이 아니라 불법행위로 구성하면서, 신뢰이익의 배상을 인정한다.

판례 一方的 發令遲延: 직원을 채용하면서 최종합격자 통지를 하고, 임용서류를 제출하게 한 후에 임용불가통지를 하여 근로계약이 체결되지 못한 경우에, 사용자는 불법행위자로서 최종합격자 통지와 계속된 법령을 신뢰하여 직원으로 채용되기를 기대하면서 다른 취직의 기회를 포기함으로써 입은 손해를 배상할 책임이 있다(대판 1993.9.10. 92다42897).

4. 故意 또는 過失

계약의 체결을 위한 협상이 진행 중에 결렬되거나, 계약이 불성립·무효가 되거나 또는 착오에 의한 의사표시로 의사표시가 취소되어 계약이 무효에 이르게 된 데 대하여 일방이 고의 또는 과실이 있어야 한다. 계약이 무효로 되는데 원인을 준 자가 자기에게는 고의 또는 과실이 없음을 입증하여야 한다.

그런데 청약 또는 승낙의 의사표시는 중요한 부분에 착오가 있더라도 착오자에게 중대한 과실이 있는 때에는 취소할 수 없으므로(제109조), 의사표시의 취소의 경우에는 경과실일 때에만 문제가 된다.

5. 損害의 發生

여기의 손해는 계약이 유효하게 성립할 것이라고 신뢰함으로써 발생한 손해이다. 구체적으로는 계약의 준비·협상·체결과정에서 지출된 각종 비용, 상대방과 계약이 체결될 것이라고 신뢰하여 다른 사람과 계약을 체결하지 않음으로써 발생한 손해, 유효한 계약이 성립될 것이라는 전제하에 제3자와의 계약을 체결하였으나 당해 계약이 유효하게 성립되지 못함으로써 제3자와의 계약을 이행할 수 없게 되어 발생한 손해 등이 이에 속한다.

이로 인한 손해는 재산적 손해는 물론이고, 그로 인하여 정신적 피해가 있다면 정신적 피해도 당연히 배상의 대상이 된다.

6. 相對方의 善意·無過失

계약체결상의 과실에 대한 책임은 위에서 본 바와 같이 신뢰보호를 위한 신뢰책임이다. 신뢰책임의 기본이념은 거래의 안전보호를 위한 사회적 필요성에 의한 합목적적 결단이며, 또한 적극적으로 보호되어야 할 진실한 권리자의 희생을 감수하고 상대방인 신뢰인을 보호하는 것이다. 따라서 상대방은 선의이며 무과실이어야 한다. 여기서 선의는 계약이 유효하게 성립한다는 데 대한 기대와 믿음으로서, 이때의 기대의 정도는 희망보다는 강한 의미이나 확신일 필요는 없다.

상대방은 신뢰인으로서 보호받는데 비난의 요소가 있어서는 아니 될 것으로 완전무결하여야 한다. 따라서 선의에 무과실이어야 한다(제535조 2항). 즉, 계약이 불성립·무효·취소되는 데 대하여 알지 못하였거나 알 수 없었어야 한다.

V. 契約締結上의 過失責任의 效果

과실 있는 당사자는 상대방이 그 계약이 유효하게 성립한다는 것을 믿었기 때문에 받은 손해, 즉 신뢰이익을 배상하여야 한다. 그러나 그 배상액은 당해 계약이 유효하여 얻을 수 있는 이익, 즉 이행이익을 넘지 못한다(제535조 1항).

계약의 준비·협상·체결과정에서 지출된 각종 비용(예 : 목적물에 대한 감정·측량비용, 계약서 작성비용, 계약의 준비·협상과정에서 지출된 교통비 등의 부대비용), 당해 계약의 무효로 인하여 다시 다른 사람과 계약을 체결하여야 하기 때문에 추가적으로 지출될 비용(예 : 추가비용 및 그 동안의 가격 앙등 등에 의한 차액손해), 유효한 계약을 전제로 제3자와 계약을 한 경우에 계약을 이행할 수 없기 때문에 발생되는 손해(예 : 전내계약을 하고 이를 이행하지 못하게 됨으로써 발생한 손해, 즉 전매계약의 부대비용 및 전매계약금 포기 등으로 인한 손해) 등이 신뢰이익에 속한다. 판례는 계약이 유효하게 체결된다고 믿었던 것에 의하여 입었던 손해라고 표현한다.

판례 協商의 中途破棄에 따른 損害-信賴損害, 精神的 損害 : ㉠ 계약교섭의 부당한 중도파기가 불법행위를 구성하는 경우 그러한 불법행위로 인한 손해는 일방이 신의에 반하여 상당한 이유 없이 계약교섭을 파기함으로써 계약체결을 신뢰한 상대방이 입게 된 상당인과 관계있는 손해로서 계약이 유효하게 체결된다고 믿었던 것에 의하여 입었던 손해 즉 신뢰손해에 한정된다고 할 것이고, 이러한 신뢰손해란 예건대, 그 계약의 성립을 기대하고 지출한 계약준비비용과 같이 그러한 신뢰가 없었더라면 통상 지출하지 아니하였을 손해라고 할 것이다. ㉡ 계약교섭의 파기가 인격적 법익을 침해함으로써 상대방에게 정신적 고통을 초래하였다고 인정되는 경우라면 그러한 정신적 고통에 대한 손해는 별도로 배상을 청구할 수 있다(대판 2003.4.11. 2001다53059).

第4節 契約의 效力

I. 序 說

1. 契約의 成立·有效要件

계약은 상대방의 채무의 이행으로 생활상의 이익을 얻기 위하여 당사자간에 일정한 채권·채무의 발생을 목적으로 하는 의사의 합치이다. 따라서 계약의 효력이란, 곧 계약 당사자간에 발생하는 구체적인 채권·채무의 내용이 된다.

계약이 효력을 발생하기 위해서는 계약이 유효하게 성립하여야 하는데, 계약의 성립에 관한 요건을 성립요건, 효력 발생을 위한 요건을 유효요건이라 하여, 일반적으로는 계약의 성립요건과 유효요건을 분리한다. 계약의 일반적 성립요건으로는 계약이 법률행위의 일종으로서 법률행위의 일반적 성립요건(당사자, 목적, 의사표시) 외에 당사자간의 의사의 합치, 계약 내용인 목적의 가능성·확정성·적법성·사회적 타당성을 들며, 유효요건으로는 별도로 당사자의 행위능력과 의사와 표시의 일치를 들어 설명하는 것이 보통이다. 그러나 계약이 성립한다는 것은 유효하게 성립한다는 것을 전제로 하여 계약이 효력을 발생하는 것이므로 성립요건과 유효요건을 구별하는 것은 의미가 없다(이태). 성립요건과 유효요건을 구별하지 않으면 양자의 요건을 합쳐 계약의 요건이라 칭하면 된다. 성립요건과 유효요건을 구별하든 또는 구별하지 아니하든 위의 양 요건을 충족하여야 계약은 효력을 발생한다.

2. 새로운 强行法規 違反의 契約의 效力

일단 계약이 체결될 당시의 법률에 의하여 적법하여 유효한 후에 새로운 법이 제정되거나 또는 기존의 법이 개정되어 강행규정에 위반된 경우에 그 계약의 효력은 어떻게 되는지가 문제된다. 행위시법에 의하여 유효하다면 그 이후의 새로운 강행법규에 위반하더라 계약의 효력에는 영향이 없다. 판례도 같은 취지이다.

판례 契約의 效力에 關한 適用法律 : 계약의 효력에 관하여는 그 체결당시의 법률이 적용되어야 하고, 계약이 일단 구속력을 갖게 되면 그 이후 제정 또는 개정된 법률의 규정에 의하여서도 변경될 수 없으며, 예외적으로 입법에 의한 변경을 하거나 계약 체결 후에 제정 또는 개정된 법률에 의하여 계약 내용이 변경되는 것으로 해석한다고 하더라도, 그러한 입법 내지 법률의 해석에는 계약침해금지나 소급입법 금지의 원칙상 일정한 제한을 받는다(대판 2002.11.22. 2001다35785).

3. 債務의 發生

계약이 효력을 발생한다는 것은 당사자간에 급부이행의 당위성을 본질로 하는 채무가 발생한다는 것을 말한다. 계약의 효력으로 당사자간에 발생하는 채무란 채권의 목적인 급부의 이행을 소구遡求당할 수 있는 의무인데, 채무자의 급부의무는 그 이행으로 계약의 주된 목적을 달성하게 하는 주된 급부의무와 부수적 급부의무로 구분된다. 주된 급부의무가 당해 계약을 체결하게 되는 본래의 목적으로, 이를 이행함으로써 상대방은 계약의 목적을 달성하여, 계약 당초에 기대한 생활상의 이익을 얻게 된다(주된 급부의무와 부수적 급부의무에 관하여는 졸저『채권법총론』제4장 제2절 2. 채무불이행에서의 채무의 내용편을 참조).

계약에는 하나의 계약에 의하여 계약 당사자 쌍방에게 각기 채무가 발생하는 계약도 있고(쌍무계약 : 매매, 고용 등), 일방에게만 채무가 발생하는 계약(편무계약 : 증여, 무이자소비대차 등)도 있다.

계약에 의하여 일방 또는 쌍방에게 채권·채무가 발생하는데, 이러한 계약의 효력으로서의 채권·채무는 계약의 당사자간에서만 발생한다. 그런데 예외적으로 당사자간에 계약 당사자 외의 특정인에게 채권을 취득하게 하는 계약을 한 때에는 당해 특정인이 계약상의 채권을 취득하여 급부이익을 얻을 수 있다. 이를 '제3자를 위한 계약'이라고 한다. 한편, 일단 발생한 채권 또는 채무는 채권양도 또는 채무인수를 통하여 본래의 계약 당사자 외의 특정인에게 이전할 수도 있으나, 이는 본래의 계약 효력이 당사자 이외의 자에게 미치는 것이 아니라, 그와는 관계없는 별도 계약인 채권양도계약 또는 채무인수계약의 효력에 의한 것으로써 이는 계약 당사자간에만 효력이 발생한다는 원칙의 예외가 아니다.

4. 債務의 不履行

유효한 계약에 의한 채무는 이행되어야 함이 당연하고, 이행이 되면 계약이 목적을 달성하여 종료한다. 그런데 경우에 따라서는 채무가 이행되지 못하여 계약이 목적을 달성하지 못하는 경우가 있게 된다(급부장애). 채무가 이행되지 못한 경우에 그 요인이 채무자에게 책임 있는 사유에 의한 것이 채무불이행이다. 채무불이행은 불이행의 유형에 따라서 이행지체, 이행불능, 불완전이행으로 구분한다. 이러한 채무불이행이 있게 되면 여러 가지 법률효과가 발생한다. 즉, 채권자는 채무의 강제집행을 청구할 수 있거나(제389조), 손해배상을 청구하거나(제390조) 담보책임을 청구할 수 있으며, 계약을 해제·해지하여 계약을 종료시킬 수 있다(제543조).

5. 契約의 餘後效(Nachwirkung)

(1) 意 義

계약은 그 중심 되는 채무인 주된 급부의무가 적절하게 이행됨으로써 소멸하고, 계약이 소멸한 후에는 당사자간에는 어떠한 법적 의무도 잔존하지 않는 것이 보통이다. 그러나 주된 급부의무가 이행되어 계약관계가 소멸한 후에도 당해 계약이 체결된 기본적인 목적의 원활한 달성을 위하여 법률상 당사자에게 일정한 의무가 부과되는 경우가 있다. 예컨대, 민법 제683조는 위임종료 후에도 수임인에게 전말보고의무를 부과하며, 상법 제41조는 영업양도인에게 영업양도 후에도 경업금지의무를 부과하고 있는 것 등이 그 대표적인 예이다.

이와 같은 경우는 실정법으로 계약종료 후에도 일정한 의무를 부과하고 있으나 명문의 규정이 없더라도 계약에 따라서는 당해 계약의 기본적인 목적에 비추어 계약종료 후에도 당사자에게 일정한 부수의무를 인정할 필요성이 있는 경우가 있다. 이러한 필요성은 주로 적극적인 작위의무보다도 계약을 체결한 기본적이며 전체적인 목적을 훼손시킬 우려가 있는 행위를 하지 않을 부작위의무에 있게 된다. 이와 같이 주된 급부의무의 이행에 의하여 계약이 종료된 후에도 당사자간에 특정한 부수의무가 잔존하는 것을 독일의 판례·학설은 계약의 '여후효(Nachwirkung)' 또는 계약종료 후에도 계속하여 계약이 효력을 지속한다고 하여 계약의 '계속효(Fortwirkung)' 라고 한다(따라서 이를 계약의 효력으로 다루기보다도 계약상의 부수의무의 하나로 다루는 것이 보통이다). 이와 같은 계약의 여후효에 관한 개념은 1930년대에 독일의 판례가 인정한 후에 학설이 이를 지지하고 있으나, 그 성립근거나 요건·효과에 관하여는 그 정의에서부터 명확하지 않다.

이러한 계약의 여후효로 논의되는 것에는 아래의 세 가지 유형이 있다;

ⓐ형 : 특정한 계약유형에 있어서 그 계약의 특성상 계약종료 후에도 일정한 의무를 인정할 필요성이 있는 경우이다.

예컨대, 영업소로서 건물을 임차하여 사용하다가 영업소를 이전한 경우에 종전의 건물에 이전한 새로운 영업소의 위치를 게시하는 것을 종전의 임대인에게 인용할 의무를 인정할 것인가 여부, 고용인이 장기간의 고용관계 후에 퇴직하여 독립한 피용인이 그의 광고에서 먼저 근무하던 직장의 업무·직위 등을 기재하여 광고를 하는 것에 대하여 인용할 의무를 인정할 필요성 여부 등이다. 이들은 임대차·고용 등의 특성상 당해 계약과 결합하여 그러한 의무가 문제가 되며, 독일의 판례는 이를 인정하고 있다.

ⓑ형 : 개개의 계약 유형과는 관계없이 계약의 기본적이며 전체적인 목적을 위태롭게 하거나 좌절시킬 가능성이 있는 경우를 위하여 일정한 의무를 부과하는 경우이다. 독일의 사례에서 나타난 전망이 좋은 것을 전제로 토지를 분할하여 매각한 매도인에게, 뒤에 나머지 토지에 매수인의 전망을 차단하는 건물을 축조하지 못하게 하는 경우이다. 이러한 경우는 영업양도 후의 경업금지의무 등과 그 본질을 같이 하는 것으로 당해 계약체결시에 상정된 사정이 채무자의 사후적 행위에 의하여 변화되어 계약의 전체적인 목적을 위태롭게 하기 때문에 계약종료 후에도 계약의 목적을 위하여 일정한 부작위의무가 부과되는 것이다.

ⓒ형 : 매매계약 이행 후에 매도인에게 매수인이 점포 내에서 신체 및 재산상 위험에 처하지 않도록 할 배려의무를 인정하는 경우와 같은 상대방에 대한 포괄적인 보호·배려의무가 인정되는 경우 등이다.

(2) 契約終了 後의 附隨義務의 本質

계약이 종료한 후에도 위의 사례에서 보는 바와 같이 잔존하는 부수의무의 본질이 무엇인가에 관하여는 논란이 있다. 우선 이러한 부수의무를 분류하면, 당해 부수의무가 특정계약과 결합된 계약상의 부수의무와 당해 계약과는 직접적인 관계가 없는 법정 보호의무로 구분된다.

계약상의 부수의무는 계약종료 후의 의무라고 하지만 다른 한편으로는 계약상의 의무가 아직 이행되지 않고 존속하는 것에 지나지 않는다고도 할 수 있다. 따라서 이러한 경우는 주된 급부의무의 이행에 의한 소멸 후에 효력을 가지는 계약상의 부수의무라고 정의할 수 있다. 위 사례 중 ⓐ, ⓑ형이 이에 속한다. 이는 전통적인 계약론에 의하면, 계약상의 부수의무로서 그 발생근거는 명시 또는 묵시의 합의·보충적 계약해석·임의규정의 유추·신의성실의 원칙으로 설명될 수 있는 분야이다.

한편 계약상의 부수의무와는 달리 당해 계약과는 직접적인 관계가 없는 법정 보호의무, 즉 위 사례의 ⓒ형이 독일의 판례·학설이 계약의 여후효의 이론을 제기하는 분야이다. 이러한 법정 보호의무는 일정한 경우에 계속적인 사회적 접촉을 통한 신뢰를 그 발생 근거로 보았다.

따라서, 한때는 계약의 여후효를 계약체결 전의 계약의 효력인 culpa in contrahendo(계약체결상의 과실)에 대응한 현상으로 culpa post pactum perfectum(계약종료 후의 과실)으로 불리기도 하였다. 그러나 다수의 학자는 계약의 여후효는 위 사례 중 세 번째인 법정의 보호의무만을 의미하는 것이 아니며 또한 주된 급부의무가 이행되었다고 할지라도 계약이 종료하였다고는 할 수 없어 계약체결상의 과실과는 그 본질이 다르다고 한다.

오늘날 독일은 위 사례 모두를 포함하여 계약과는 직접적인 관계가 있느냐 여부와는 관계없이 또한 주된 급부의무의 이행으로 계약이 종료된 것이냐 여부와는 관계없이(계약의 종료시점에 관하여는 견해가 대립함), 계약의 여후효를 계약상의 주된 급부의무의 이행으로 외형상 계약관계가 종료된 것으로 보일지라도 묵시의 합의·보충적 해석·신의성실의 원칙 등을 원용하여 당해 계약에 기초한 포괄적 의무로 인정하고 있다.

(3) 信賴責任으로서의 餘後效

계약의 여후효 또는 계속효에 관한 독일의 이론은 계약체결상의 과실론과 같이 독일 민법상의 불법행위법의 불비 때문에, 원래는 불법행위법의 영역에 속한 것을 통일적 보호관계론에 입각하여 계약책임하에 통일적으로 구성하기 위한 노력이다. 특히 위 ⓒ형에 대하여 책임을 귀속시키기 위함에 그 주된 이유가 있다.

그런데 우리 민법은 주지하는 바와 같이 불법행위에 관하여 포괄적으로 규정하고 있어 위 ⓒ형에 대하여 불법행위책임을 귀속시키는 데 아무런 어려움이 없다. 또한 그렇게 할지라도 특별히 피해자에게 불이익하지도 않을 것이다. 오히려 우리 민법에서는 위 사례 중 ⓐ와 ⓑ형에서의 부수의무를 일반적인 불법행위에서의 보호의무로 보아 책임을 귀속시키기는 것이 적절하지 못할 것이다. 이러한 점에서 우리 민법에서 계약의 여후효가 문제가 되는 그 주된 분야는 위 사례 중 ⓐ와 ⓑ형에서이다.

한편, 종래의 전통적인 계약론에 의하면 주된 급부의무의 이행으로 계약의 본래의 목적은 이행되어 소멸한 것이 된다. 따라서 계약이 종료한 후에도 계약의 효력이 일정한 범위에서 존속한다는 것은 계약이 유효하기 전에도 계약의 효력을 가진다는 계약체결상의 과실책임과 동일하게 무리한 주장이다. 그런데 계약체결상의 과실에 대하여는 민법이 제535조에 명문으로 규정하고 있으나 계약의 여후효에 관하여는 사정이 그러하지 않다. 따라서 계약의 종료 후에도 일정한 범위 내에서 계약의 효력을 인정하는 계약의 여후효를 우리 민법에 그대로 적용하는 것은 적절하지 않다고 본다. 그러나 위 사례 중 ⓐ와 ⓑ형은 우리 민법에서도 분명히 문제가 되며, 이를 불법행위법으로 규율하기에는 매우 적절하지 않다.

생각건대, 독일에서 계약의 여후효론으로 논의되는 것은 그 본질이 당초의 계약관계에 기초한 당사자간의 신뢰관계에서 발생하는 신뢰책임이다. 이러한 점에서 독일의 계약의 여후효는 그 본질이 신뢰책임으로 신의성실의 원칙에서 발생하는 법정책임으로 보는 것이 타당하다. 이렇게 보면, 계약의 이행에 의한 계약의 종료 후 당사자간에는 당해 계약의 기본적이며 전체적인 목적의 달성을 좌절시키거나 훼손시킬 우려가 있는 행위를 하지 않을 의무가 있고, 그러한 의무를 위반하여 상대방에게 손해를 발생시킨 경우에 배상책임이 있게 된다. 그런데 이러한 의무를 광범위하고 막연하게 인정하여서는 아니 되며 구체적인 계약의 내용에 따라서 그 의무의 범위와 내용을 엄격하게 제한하여야 함은 물론이다.

실례로는 수표를 지급제시받아 발행은행으로부터 지불승낙한 후의 지급은행의 계좌봉쇄는 사후계약적 정보제공의무 위반이라는 독일판례가 있으며, 대법원도 유사하게 이를 인정한 것이 있다(대판 1997.10.24. 97다21840).

(4) 賠償責任의 要件

(가) 信賴의 提供

일방은 계약과 관련하여 상대방에게 일정한 신뢰를 제공하였어야 한다. 신뢰의 제공은 당해 계약 자체로부터 파생되는 경우도 있고(고용계약에서 비밀유지의무, 영업양도에서 경업피지의무 등), 계약형성과정에서 계약 기초가 되어 계약의 목적을 침해하지 않을 것이라는 신뢰를 제공한 경우(독일 사례에서 토지매수인의 토지 매수의 목적 등)도 있다. 후자의 경우에는 양 당사자간의 그러한 신뢰의 제공이라는 것이 구체화 되고 명확하여야 한다. 여기서 <제공되는 신뢰>는 단순히 계약의 목적을 침해하지 않을 것이라는 정도만으로는 부족하고, 신뢰의 대상이 당사자가 체결한 계약의 내용 내지 기초사실을 구성하여야 한다. 이는 다른 한편으로 보면 계약의 동기에 해당되는 경우가 되기 때문에 당해 사실은 상호간에 명확하게 인식되어 계약의 기초가 되어야 한다. 예컨대, 독일 사례에서 나타난 바와 같이 토지매수인이 내심으로만 좋은 전망을 토지매수의 목적 내지 동기로 하였고, 이를 별도로 특별히 문제 삼지 아니하여 상대방이 그 사실을 몰랐다면 매도인이 신뢰를 제공한 것이 아니므로 전면에 축조행위를 하지 않을 것이라는 사실은 신뢰의 대상이 될 수 없을 것이다. 즉, 그러한 동기 내지 목적이 표시되어 계약의 중요한 사실이 되어야 한다.

(나) 信賴違反行爲-背信的 行爲

계약을 매개로 하여 형성된 당사자간의 신뢰관계를 파괴하는 배신적 행위 행위가 있어야 한다. 주로 일정한 행위를 하지 않을 것이 기대되는 경우에 이를 위반하는 작위행위가 이에 해당한다. 예컨대, 비밀의 누설, 경쟁영업행행위의 재개, 전망을 해치는 축조행위 등이 있어야 한다.

(5) 責任의 效果

신뢰관계의 파괴로 인하여 현실화된 손해가 있는 경우에는 당연히 그 손해의 배상을 청구할 수 있으나, 주로 문제가 되는 경우는 구체적인 파괴행위의 제거인 위반행위 금지청구이다. 이는 금지의무위반행위인 작위행위로 나타난다. 따라서 현재의 위반상태를 제거하는 것이 관건이다. 이는 당해 위반행위 금지청구의 방법으로 실현된다. 이는 현실화된 금지뿐만 아니라 장래 위반행위를 할 기초자료 또는 사실상태의 폐기를 의미한다. 판례도 기업비밀을 기재한 자료의 폐기를 인정한 예가 있다(대판 1996.12.123. 96다16605).

Ⅱ. 雙務契約의 效力

1. 序 言

쌍무계약은 당사자 쌍방에게 상호 대가적 의미를 가지는 채무를 발생시키는 계약이다. 쌍무계약에서 발생하는 쌍방이 상호 부담하는 채무는 서로 견련성牽連性이 있다. 이러한 견련성으로, ① 계약을 체결할 때에 일방의 채무가 불능·불법 등으로 성립하지 아니하면 상대방의 채무도 성립하지 않는 관계가 형성되며(성립상의 견련관계), ② 각 채무는 하나의 채무가 이행되기 전까지는 다른 채무도 이행되지 아니하여도 좋다는 관계(이행상의 견련관계)가 형성되어, 이에 민법은 '동시이행의 항변권'을 규정하고 있으며, ③ 일방의 채무가 불가항력적인 사유에 의하여 소멸한 경우에 상대방의 채무의 존부의 관계(존속상의 견련관계)가 문제되고, 이에 민법은 채무자위험부담주의를 채택하고 있다(자세한 것은 제1장 IV. 4. 쌍무계약 참조).

따라서 쌍무계약은 그 특질인 견련성에 의하여 법률효과로서 동시이행의 항변권과 위험부담의 문제가 발생한다. 민법도 계약의 효력이라 하여 제536조와 제537조에서 각각 동시이행의 항변권과 위험부담에 관하여 규정하고 있다.

2. 同時履行의 抗辯權

(1) 意 義

동시이행의 항변권은 쌍무계약에서 당사자 일방이 상대방의 채무이행의 제공이 있을 때까지 자기의 채무이행을 거절할 수 있는 항변권이다(제536조 본문). 동시이행의 항변권은 견련성을 특질로 하는 쌍무계약에서 채무의 이행단계의 상환성에 의한 쌍방의 공평을 위하여 인정되는 권리이다. 이와 같이 동시이행의 항변권은 공평의 이념에 기한 권리이기 때문에 쌍방간의 채무가 상환적으로 이행되어야 할 관계에 있을 때 인정된다. 즉, 쌍무계약에서의 채무일지라도 쌍방의 채무가 상환성이 없는 경우인 상대방의 채무가 변제기에 있지 아니하면 동시이행의 항변권은 발생하지 아니한다(제536조 단서). 이와 같이 동시이행의 항변권은 상환성 있는 채무에서 쌍방 채무자에게 공평을 기하기 위하여 인정되는 권리이므로, 채권자나 채무자가 변경되더라도 채무의 상환성을 그대로 유지하는 채권양도·채무인수·상속·전부명령의 경우에 동시이행의 항변권은 유지된다.

한편, 공평의 이념에서 채무의 이행을 거절하는 권능을 인정한다는 점에서 동시이행의 항변권은 유치권과 유사하다. 유치권은 타인의 물건을 점유하는 자가 당해 물건으로부터 발생한 채권을 변제받기 전까지는 그 물건의 반환을 거절할 수 있는 권리이다(제320조 이하). 그러나 동시이행의 항변권은 쌍무계약의 이행상의 견련성에서 나오는 계약의 법률효과로서의 채권적 권능이고, 유치권은 채권담보를 위한 물권이라는 점에서 근본적으로 큰 차이가 있다.

(2) 同時履行의 抗辯權의 要件

동시이행의 항변권이 발생하기 위한 요건으로는 크게 세 가지로서, 첫째 쌍무계약에 의한 쌍방의 채무가 존재하여야 하고, 둘째 상대방의 채무가 변제기에 있어야 하며, 셋째 상대방이 자기의 채무를 이행하지 않거나 이행의 제공도 하지 않아야 한다.

(가) 同一한 雙務契約上의 雙方 債務의 存在

쌍무계약은 당사자간의 채무가 상환적이고 대가적인 견련성을 그 특질로 한다. 동시이행의 항변권은 쌍무계약의 이러한 특질이 이행의 단계에서 나타난 제도이다. 따라서 동시이행의 항변권이 성립하려면 당연히 동일한 쌍무계약에서 발생한 상호 대가적인 양 채무가 존재하여야 하고, 그 채무가 이행에 있어서는 상환적이라야 하는 것을 의미한다.

이와 같이 동시이행의 항변권은 동일한 쌍무계약에서 발생한 양 채무간에만 성립하는 것이 원칙인데, 그 밖에 세부적인 것을 보면 아래와 같다.

① 一方의 債務가 複數인 경우

쌍무계약을 체결하는 경우에 상대방에게 하나의 채무만 발생하는 경우도 있으나 두 개 이상의 복수의 채무가 발생하는 경우도 있다. 예컨대, 부동산의 매매계약에서 매도인에게는 소유권이전의무와 명도의무의 두 개의 채무가 있고 매수인은 대금지급의무인 하나의 채무가 있다. 이 경우에 매수인의 대금지급채무와 동시이행의 관계, 즉 상환성 있는 매도인의 채무는 어느 것인가가 문제된다. 이와 같이 복수의 채무가 있는 때에는 일반적으로 어느 채무가 상대방에게 보다 중요한 의의를 가지는가가 기준이 된다. 따라서 부동산의 매매계약에서는 일반적으로 대금지급채무와 소유권이전채무가 동시이행의 관계에 있다. 그러나 임대차에서는 임차권(말소)등기에 대한 협력의무보다는 임대목적물의 인도가 주된 의무로서 임차보증금과의 동시이행의 관계에 있다고 본다.

판례 代金支給債務와 所有權移轉債務의 同時履行關係 : 부동산의 매매에 있어서 특단의 사정이 없는 한 매수인의 전대금 지급의무와 매도인의 소유권이전등기절차 이행의무는 상호 동시이행관계에 있으나 그 명도의 의무는 특단의 사정이 없는 한 동시이행관계에 있다 할 수 없으므로 매수인의 약속불이행을 이유로 계약을 해제하기 위한 이행최고에 있어서 매도인은 쌍무계약상 동시이행관계에 있는 위 소유권이전등기절차 이행의무를 제공하여야 하나 동시이행관계에 있지 아니한 위 명도이행의무까지 제공할 필요는 없다(대판 1976.4.27. 76다297·298).

② 債務 內容의 變更

쌍무계약에서 발생한 채무이면 그 채무가 동일성을 유지하면서 내용이 변경된 경우에는 변경된 채무와 동시이행의 관계에 있다. 예컨대, 매매계약에서 매도인이 채무불이행에 의한 손해배상책임을 지는 경우에는 매수인은 매도인의 손해배상채무에 대하여 자기의 대금지급채무와의 동시이행의 항변권을 주장할 수 있다. 그 밖에 채무의 내용이 변경되는 원인은 준소비대차 합의를 한 경우와 경개계약을 한 경우인데, 준소비대차의 경우에는 채무의 동일성을 인정되나, 경개의 경우에는 기존채무를 소멸시키고 완전히 새로운 채무를 발생시키는 것이어서 채무의 동일성은 인정되지 않는다.

③ **債權者·債務者의 變更**

상환성이란 양 채무의 관계의 특질을 의미하므로 채무의 동질성에 변함이 없는 한, 채권자나 채무자의 변경은 동시이행의 항변권의 행사에 영향이 없다. 즉, 채권양도·채무인수·상속·전부명령의 경우에도 동시이행의 항변권을 행사할 수 있다.

④ **제536조가 準用되는 債務**

동일한 쌍무계약에서 발생한 채무가 아니라도 쌍방의 채무가 상환적으로 이행되는 것이 그 본질 또는 공평의 이념에 합당한 때에는 동시이행의 항변권에 관한 규정이 준용된다. 계약의 해제시의 원상회복의무(제549조), 부담부증여(제561조), 매도인의 담보책임(제583조) 등은 민법에 준용규정이 있지만, 그 밖에 판례·학설은 계약이 무효·취소된 때의 반환의무, 임대차 종료시의 보증금반환의무와 목적물반환의무, 변제와 영수증의 교부(제474조 참조) 등이 동시이행의 관계에 있음을 인정한다.

판례 雙務契約이 無效로 된 경우, 兩當事者의 取得物 返還義務가 同時履行關係에 있는지 與否(적극) : 쌍무계약이 무효로 되어 각 당사자가 서로 취득한 것을 반환하여야 할 경우, 어느 일방의 당사자에게만 먼저 그 반환의무의 이행이 강제된다면 공평과 신의칙에 위배되는 결과가 되므로 각 당사자의 반환의무는 동시이행의 관계에 있다고 봄이 상당하다(대판 1996.6.14. 95다54693).

판례 賃借人의 目的物 返還義務와 賃貸人의 保證金 返還義務 : 임대차계약의 기간이 만료된 경우에 임차인이 임차목적물을 명도할 의무와 임대인이 보증금중 연체차임 등 당해 임대차에 관하여 명도시까지 생긴 모든 채무를 청산한 나머지를 반환할 의무는 모두 이행기에 도달하고 이들 의무 상호간에는 동시이행의 관계가 있다고 보는 것이 상당하다(대판(전원) 1977.9.28. 77다1241·1242).

⑤ **繼續的 給付의 境遇**

계속적 계약관계에서 일방이 중간에 채무를 이행하지 아니하면 상대방은 그 이후 자기의 채무의 이행에 관하여 동시이행의 항변권을 행사할 수 있다.

(나) 相對方 債務의 辨濟期 到來

동시이행의 항변권은 상대방의 채무가 변제기에 있어야 성립한다. 자기의 채무가 선이행의무로서 아직 상대방의 채무가 변제기에 있지 아니한 때에는 동시이행의 항변권을 행사할 수 없다(제536조 1항 단서). 변제기는 당사자간의 합의 또는 법률의 규정에 의하여 정하여진다.

① **相對方의 辨濟期 前의 財産狀態의 惡化-不安의 抗辯權**

선이행의무자인 경우라도 자기 채무의 이행 후에 상대방으로부터 채무를 이행받지 못할 위험성이 있는 경우에는 동시이행의 항변권을 행사하여 자기 채무의 이행을 거절할 수 있다. 즉, 상대방의 채무가 변제기에 가서는 재산상태의 악화 등으로 그 이행이 곤란할 현저한 사유가 있는 때에는 상대방채무의 변제기 전이라도 선이행의무자는 자기의 채무의 이행청구에 대하여 동시이행의 항변권을 행사하여 그 이행을 거절할 수 있다(제536조 2항). 이는 선이행의무자의 이행 후에 상대방 채무의 이행이 실현되지 않을 위험성이 매우 높은 경우에 공평의 이념에서 인정되는 것으로, 이를 「불안의 항변권」이라고도 한다. 따라서 선이행의무자는 상대방이 변제기에 가서 채무를 이행할 때까지 자기 채무의 이행을 거절할 수 있다.

판례 不安의 抗辯權 : 토지매수인, 시공회사 및 신탁회사 간에 신탁방식에 의한 오피스텔 신축 및 분양사업에 관한 기본약정을 맺은 후 외환위기로 신탁회사가 사업자금 차입 곤란 등으로 공사선급금 등의 지급확보책을 제시하지 못하는 경우, 시공회사가 이를 이유로 선이행의무인 토지대금의 대여 및 지급보증 의무의 이행을 거절할 수 있다(2003.5.16. 2002다2423).

판례 中途金支給前 買受人의 不安의 抗辯權 : 매매계약을 맺은 후에야 등기부상 매매목적물이 매도인의 소유가 아니니 것이 발견되었다면 매수인은 경우에 따라서는 제588조에 의하여 중도금의 지급을 거절할 수 있다(대판 1974.6.11. 73다1632).

② 辨濟期 不明의 경우

당사자의 변제기가 명확하지 않는 경우에 일방이 선이행의무가 있느냐 여부가 문제된다. 임대차(제633조), 고용(제656조) 등은 그 대가의 지급이 후불이나, 그 밖에 선이행의무가 명확하지 않는 경우에는 쌍무계약의 특질상 동시이행의 항변권을 인정하여야 한다.

③ 履行遲滯 中의 相對方 債務의 辨濟期 到來

선이행의무자가 자기의 채무의 이행지체 중에 상대방 채무의 이행기가 도래한 때에, 선이행의무자인 이행지체 중인 자가 동시이행의 항변권을 행사하여 자기의 채무의 이행을 거절할 수 있는가가 문제된다. 판례·통설은 이를 인정한다. 동시이행의 항변권은 이행의 청구가 행하여지는 시기를 표준으로 하는 것이므로 비록 이행기가 다르지라도 항변권을 행사할 때에 상대방의 채무가 이행기에 있으면 관계없다는 것이다. 원칙적으로 이에 동의하나, 이를 획일적으로 해석할 것이 아니라 당사자의 계약에서 일방이 선이행에 의하여 특정한 이익을 얻을 것이 예정된 것과 같은 특별한 사정이 있는 경우에는 선이행의무자는 항변권을 행사할 수 없다고 보는 것이 타당하다. 그러한 특별한 관계가 없는 경우에는 이행지체중인 자도 동시이행의 항변권을 행사할 수 있다.

판례 履行遲滯 중의 抗辯權行使 : 매수인이 선이행의무 있는 중도금 등 매매대금을 이행하지 않았더라도 계약이 해제되지 않은 상태에서 잔대금 지급기일까지 중도금과 잔대금이 지급되지 아니하고, 잔대금과 동시이행관계에 있는 매도인이 소유권이전등기 소요서류가 제공된 바 없이 기일이 도과되었으면 매수인의 중도금 및 잔대금의 지급과 매도인의 소유권이전등기 소요서류의 제공은 동시이행관계에 있다 할 것이고 그때부터는 매수인이 위 중도금을 지급하지 아니한 데 대한 이행지체의 책임을 지지 않는다(대판 1989.10.27. 88다카33442).

판례 우리 判例에서 言及된 不安의 抗辯權 例원고는 민법 제536조 제2항을 들거나 동시이행의 항변권 또는 불안의 항변권을 행사하였다고 명확히 주장하지는 아니 하였지만, 피고가 종전의 임가공비지급을 지체하였기 때문에 가공원단을 납품하지 아니한 것이어서 자기의 납품거부행위가 채무불이행이 되지 아니하기 때문에 손해배상책임이 없다는 취지로 주장하였다면, 원고의 위 주장에는 자신의 납품거부행위가 동시이행의 항변권 또는 불안의 항변권의 행사로서 위법하지 아니하다는 주장을 포함하는 것으로 해석할 수 있다(대판 1995.2.28. 93다53887).

(다) 相對方이 自己의 債務의 履行 또는 履行의 提供을 하지 않고 履行을 請求하였을 것

상대방이 자기의 채무를 이미 이행한 때에는 채무의 대립상태가 소멸하므로 동시이행의 항변권을 행사할 여지가 없다. 또한 이행의 제공을 하고 있는 때에는 수령을 하면 되므로 이때에도 동시이행의 항변권을 행사할 여지가 없다. 이와 관련하여 다음과 같은 해석상의 문제가 있다.

① 一部 履行 또는 不完全履行

상대방이 어느 정도의 이행을 하지 아니한 때에 동시이행의 항변권을 행사할 수 있으며, 또한 상대방이 어느 정도의 이행을 한 때에 자기의 채무는 어느 정도로 이행을 거절할 수 있는가의 문제가 있다. 즉, 일부의 이행 또는 불완전한 이행의 경우가 문제되는데, 이는 구체적인 사안에 따라 동시이행의 항변권 제도의 취지인 공평의 원칙에 따라 해결하여야 할 것이다.

일부의 이행 또는 불완전한 이행은 채무의 내용에 좇은 이행이 되지 못하기 때문에 원칙적으로 채권자는 이를 수령할 필요가 없고, 따라서 자기의 채무의 이행에 대하여 동시이행의 항변권을 행사할 수 있다. 이를 동시이행의 항변권을 행사하는 자의 급부를 중심으로 그 급부의 종류에 따라 세분하면 다음과 같다.

㉮ 同時履行의 抗辯權을 行使하는 者의 債務가 可分인 경우

상대방의 채무가 가분인 경우는 원칙적으로 상대방의 채무불이행의 정도에 상응하는 자기의 채무의 이행을 거절할 수 있다. 예컨대, 매도인이 10개의 물건 중 5개만 인도하였다면 매수인은 대금의 반에 대하여 이행을 거절할 수 있다. 그런데 급부가 가분일지라도 불이행한 부분이 중대한 것이냐 경미한 것이냐에 따라서 달리 보아야 한다. 불이행한 부분이 극히 경미한 경우, 예컨대 매매대금 중 극히 소액을 지급하지 못한 경우에는 매도인은 동시이행의 항변권을 행사할 수 없다고 보아야 한다. 불이행한 부분이 중대하여 이행된 부분만으로는 계약의 목적을 달성할 수 없는 경우에는 일부의 이행이 있을지라도 채무 전부에 대하여 이행을 거절할 수 있다. 불이행한 부분이 동시이행의 항변권을 행사할 수 없을 정도로 경미하냐의 여부는 일반인의 통상적 관념에 따라 판단하여야 할 것이다.

상대방의 채무가 불가분으로서 완전이행이 가능한 때에는 채무 전부에 대하여 동시이행의 항변권을 행사할 수 있다. 그런데 완전이행이 불가능한 경우에 당해 불완전이행으로 계약의 목적을 달성할 수 없을 경우에는 계약의 해제 또는 손해배상의 문제가 되며, 그렇지 않을 때에는 이행이 가능한 부분(불완전한 이행)과 그에 상응하는 자기의 채무(예 : 감액된 대금)가 동시이행의 관계에 있다.

㉯ 同時履行의 抗辯權을 行使하는 者의 債務가 不可分인 경우

이 경우에는 불가분급부로서 상대방의 불이행의 정도에 상응하는 부분으로 분할하여 이행을 거절할 수는 없다. 일반적으로는 상대방의 채무불이행의 정도가 경미하냐, 중대하냐에 따라서 자기의 채무의 전부에 대하여 이행을 거절할 수 있는 여부가 결정된다. 구체적으로 상대방의 채무가 가분으로 전부이행이 가능함에도 일부만 이행한 때에는 불이행한 부분이 경미하여 문제가 될 정도가 아닌 경우를 제외하고는 동시이행의 항변권을 행사할 수 있다.

상대방의 채무도 불가분인 경우는 불완전 이행에 관하여는 수령을 거절하고 동시이행의 항변권을 행사할 수 있다. 그런데 상대방의 채무가 불가분으로서 완전이행이 가능하지 않고 이행한 부분으로는 계약의 목적을 달성할 수 없는 경우에는 동시이행의 항변권이 문제가 되는 것이 아니라 계약의 해제 또는 손해배상의 문제가 된다.

② 受領遲滯 中인 者의 同時履行의 抗辯權

상대방이 이행의 제공을 하였으나 수령하지 않음으로써 수령지체 중인 자는, 그 후 상대방이 다시 이행의 제공을 하지 않고 수령지체 중인 자의 채무에 대하여 이행을 청구한 때에 동시이행의 항변권을 행사할 수 있는가가 문제된다. 동시이행의 항변권을 행사할 수 있다는 것이 판례·통설이다. 수령지체책임이 채권을 상실하는 것이 아니므로 쌍방 채무간에는 여전히 상환성이 유지되고 있고, 수령지체 중인 자에게 동시이행의 항변권을 상실시킨다면 상대방의 채무의 이행에 대한 담보를 잃게 되는 부당한 결과가 되기 때문이라는 것이 긍정론의 논거이다(곽,이태). 긍정론이 타당하다고 본다.

판례 受領遲滯 중인 者의 同時履行抗辯權 : 쌍무계약의 당사자 일방이 먼저 한번 현실의 제공을 하고, 상대방을 수령지체에 빠지게 하였다고 하더라도 그 이행의 제공이 계속되지 않는 경우는 과거에 이행의 제공이 있었다는 사실만으로 상대방이 가지는 동시이행의 항변권이 소멸하는 것은 아니므로, 일시적으로 당사자 일방의 의무의 이행제공이 있었으나 곧 그 이행의 제공이 중지되어 더 이상 그 제공이 계속되지 아니하는 기간 동안에는 상대방의 의무가 이행지체 상태에 빠졌다고 할 수는 없다고 할 것이고, 따라서 그 이행의 제공이 중지된 이후에 상대방의 의무가 이행지체 되었음을 전제로 하는 손해배상청구도 할 수 없는 것이다(대판 1995.3.14. 94다26646).

(3) 同時履行抗辯權의 效果

동시이행항변권의 효과에서 가장 주가 되는 것은 항변권자는 상대방이 채무를 이행하거나 이행의 제공을 할 때까지 자기 채무의 이행을 거절할 수 있다는 것이다. 그 밖에 동시이행의 항변권을 가지는 자는 자기 채무의 이행을 하지 않더라도 이행지체 책임을 지지 않으며 또한 동시이행의 항변권이 있는 채권을 자동채권으로 하여 상계를 할 수 없다. 그런데 이러한 효과가 동시이행의 항변권을 주장(원용)하여야 비로소 발생하느냐 여부를 주된 내용으로 한 법리상의 논란이 있다.

(가) 履行拒絕의 效力

① 主張(援用)과 그 時期

제536조는 <…자기의 채무이행을 거절할 수 있다>고 규정하여 동시이행의 항변권이 이행거절의 권능임을 규정하고 있다. 따라서 이 동시이행의 항변권의 (성립)요건에 해당하면 자기의 채무이행을 거절할 수 있다. 그런데 이 이행거절권능의 효과에 관하여는 상대방의 <이행청구>가 있고, 그에 응하여 동시이행의 항변권을 <원용(행사)>하여야 하느냐(행사효과설), 그렇지 않고 원용할 필요 없이 동시이행의 항변권이 존재한다는 그 자체로 이행거절의 효과가 생기느냐(존재효과설)의 논란이 있다. 이는 지체책임의 저지효沮止效, 상계의 무효와도 관련이 있다.

판례와 다수설은 이행거절의 효과와 지체책임 면책의 효과를 분리하여 이행거절의 효과가 발생하려면 상대방이 이행의 청구를 할 때에 재판상은 물론이고 재판 외에서도 동시이행의 항변권을 행사하여야 하며, 이행지체책임 면책의 효과는 동시이행의 항변권을 구체적으로 행사하지 않더라도 항변권이 존재한다는 것 자체로부터 항변권자는 지체책임을 지지 않는다는 것이다. 한편, 이에 대하여 위 판례와 다수설은 거절권능과 지체책임 저지의 효를 각각 별개의 것으로 파악함으로써 논리적 모순에 빠지는데, 이행거절권능이 본질인 동시이행의 항변권은 이행거절권능이 있기 때문에 이행하지 않더라도 이행지체책임을 지지 않는 것으로 동시이행의 항변권은 위 요건이 충족되면 스스로 발생하고 원용하지 않더라도 효력을 가진다는 반론이 있다(이은).

이 견해는 결국 상대방의 청구가 없더라도 동시이행의 항변권의 성립에 관한 객관적 요건을 갖추면 동시이행의 항변권은 발생하고, 동시이행의 항변권이 발생하면 원용하지 않더라도 스스로 이행거절의 효력이 생기며, 이행거절의 효력에 의하여 이행지체책임은 지지 않는다는 것이다.

생각건대, 자기의 채무의 이행을 거절한다는 것과 지체책임을 지지 않는다는 것은 표리관계에 있는 것으로, 법률상 정당하게 이행을 거절할 수 있기 때문에 이행을 하지 않는 것에 대하여 책임을 지지 않는 것이다. 따라서 이행거절권능은 곧 이행지체책임의 저지의 효가 된다. 따라서 이를 별개로 보아 거절권능의 효과는 항변권을 원용하여야 하고, 지체책임 저지의 효는 항변권의 존재만으로 발생한다는 판례·다수설은 논리적으로 문제가 있다. 그런데 제536조의 <…채무이행을 거절할 수 있다>는 규정을 문리해석하면 동시이행의 항변권을 행사하여 이행을 거절할 수도 있고, 그렇지 않고 이행기에 그 채무를 이행할 수도 있는 것이다. 즉, 동시이행의 항변권을 행사하느냐 여부는 전적으로 항변권자의 자유에 속하는 것이다. 권리를 행사하여 효력을 발생시킬 것인가라는 것은 전적으로 권리자의 자유에 속한다. 특히 항변권은 상대방의 청구권 행사의 효력의 진행을 저지시키는 것을 그 본질로 한다. 그러함에도 동시이행의 항변권이 존재한다는 자체만으로 동시이행의 항변권의 본질인 거절의 권능에 따른 법률효과가 발생한다는 주장은 납득하기 어렵다. 그러한 의미에서 제536조의 <…거절할 수 있다>는 것은 기본적으로 동시이행의 항변권의 성립, 즉 행사에 관한 것으로 볼 수밖에 없다. 즉, 채무이행 거절의 효력은 동시이행의 항변권의 (성립)요건을 충족시켜 동시이행의 항변권을 가지는 자가 이를 행사하여야 비로소 그 법률효과가 발생한다고 보아야 한다(행사효과설). 그렇지 않고 소수설(존재효과설)과 같이 항변권의 성립요건만으로 이행거절의 효력이 스스로 발생한다는 것은 권리는 행사하여야 효력이 생긴다는 일반적인 원칙에도 반한다. 더욱이 일방은 상대방이 동시이행의 항변권을 가진 것인지 또는 항변권을 행사할 것인지 여부가 불명하여 채무이행을 청구하였으나 상대방이 침묵으로 일관하는 경우도 있을 것인데, 침묵하는 경우는 상대방은 영문도 모른 채 반복하여 이행만 청구하는 모양이 되어 이상한 현상이 된다. <u>요컨대, 채무이행거절의 효과는 동시이행의 항변권자가 이를 원용하여야 발생한다고 보아야 한다.</u> 판례·다수설에 동의한다. 동시이행의 항변권의 행사 여부는 당연히 항변권자의 자유이며, 행사시기는 별도의 제한이 없고, 이행기 이후 어느 시점이라도 관계가 없다.

판례 同時履行의 抗辯權의 行使 : 법원은 당사자의 동시이행에 관한 항변이 없는 한, 판결에서 이에 관한 판단을 할 수 없다(대판 1990. 11.27. 90다카25222).

② 裁判上 行使의 效果

한편 동시이행의 항변권을 재판상 행사한 때에 어떤 판결을 내릴 것인지, 또 강제집행을 어떻게 하는 것인지 문제가 된다.

원고가 피고에 대하여 이행청구의 소를 제기하고 피고가 동시이행의 항변권을 행사한 경우에 법원이 어떠한 판결을 할 것인가? 이 경우의 판결은 원고의 청구를 배척하고 패소로 할 것인가 또는 원고에게 상환급부의 일부승소로 하여야 하는가? 상환급부의 일부승소여야 한다는 데 일치한다. 동시이행의 항변권은 상대방의 청구권을 부인하는 것이 아니라, 일정한 조건에까지 연기하는 데 그 목적이 있으므로 상환급부판결에 의하여 그 취지가 충분히 실현되기 때문이다. 상대방이 동시이행의 항변권을 원용하지 않으면 상환급부판결을 할 수 없다. 상대방이 동시이행의 항변권의 효과를 원하지 않는 한 그를 보호할 필요는 없기 때문이다.

다음, 위와 같은 상환급부 판결에 의하여 강제집행을 하는 경우에 원고의 급부(채무이행의 제공)는 집행문 부여의 요건인지, 아니면 집행개시의 요건인지가 문제된다. 전자에 의하면 법원이 원고측의 급부의 이행 내지 이행의 제공을 심사하여 집행문을 부여할 것인가를 결정하여야 하고, 후자에 의하면 집행문을 부여받고 집행시에 집행관이 원고의 이행 내지 이행의 제공을 심사하는 것이 된다. 판례는 집행개시요건설이며, 민사집행법 제41조와 주택임대차보호법 제3조의 2의 제1항도 통상적인 경우에는 반대의무의 이행을 집행개시의 요건으로 규정하고 있다. 집행개시의 요건으로 보아야 한다. 원고의 피고에 대한 급부 내용이 판결주문에 명확하게 되어 있기 때문에 집행관이 쉽게 심사하여 피고를 특히 불이익하게 하지 않기 때문이다.

(나) 履行遲滯責任 免責의 效果

판례는 동시이행의 항변권이 있다는 자체로부터 항변권자는 자기의 채무에 대하여 이행지체책임을 지지 않는다고 하며 통설도 이러한 존재효과설을 따른다(이행거절의 효에 관한 소수설(이은)은 위에서 본 바와 같이 이행지체 저지의 효력에 관하여 존재효과설과의 논리적 일관성을 위하여 이행거절의 효력에 대하여 항변권 존재효과설을 취한 것이다. 따라서 지체책임 면책의 효과에 관하여는 소수설은 다수설과 같다).

그런데 동시이행의 항변권자는 이행지체책임을 면제한다는 규정은 어디에도 없다. 판례·학설은 동시이행의 항변권은 이행거절권능이라는 자기채무의 불이행을 정당화하는 법률상 이유를 갖는 것(이행거절권능으로 불이행에 위법성이 없는 것)이기 때문에 동시이행의 항변권자는 이행지체책임을 지지 않는다는 것이다. 그러나 위에서 보듯이 이행거절의 효력은 항변권을 행사하여야 비로소 발생하는 효과이다. 따라서 이것과 관련하여 채무자는 비록 동시이행의 항변권이 있더라도 항변권을 행사하지 아니하면 거절권능의 효과는 발생하지 아니하고 따라서 지체책임을 진다고 해석하여야 논리가 일관된다. 이행거절의 효과와 이행지체책임 면책의 효과는 표리관계에 있는 것으로 이를 분리한다는 것은 논리적으로 타당하지 못하다. 즉, 이행거절의 효과가 선행될 때 비로소 지체책임 면책의 효과가 발생되는 것이다. 그런데 이행거절의 효력이 동시이행의 항변권자가 항변권을 행사하여야 발생한다면 지체책임 면책의 효과도 항변권을 행사할 때 비로소 문제가 될 것이다. 따라서 양자를 결합해 보면, 동시이행의 항변권자가 그 항변권을 행사하여야 이행거절의 효력이 발생하고, 이행거절의 효과가 발생하면 이행거절의 효과에 의하여 비로소 이행지체책임은 소급하여 면하게 된다고 이해된다. 요컨대, 이행지체책임은 채무자가 동시이행의 항변권을 행사할 때 비로소 소급하여 소멸한다고 새기는 것이 논리적으로 타당하다고 본다.

이렇게 새기면 결과에 있어서는 판례·통설과 같으나 세부적인 점에서 차이가 난다. 판례·통설(존재효과설)에 의하면 동시이행의 항변권이 존재한다는 것만으로 이행지체책임을 지지 않기 때문에 그 존재를 어느 측에서 입증하더라도 관계없으나, 필자와 같이 새기면 동시이행의 항변권자가 이를 행사 및 원용하여야 지체책임을 소급하여 면하게 된다.

판례 遲滯責任免責은 同時履行의 抗辯權 存在 自體의 效果 : 대가적 채무간에 이행거절의 권능을 가지는 경우에는 비록 이행거절의 의사를 구체적으로 밝히지 아니하였다고 할지라도 이행거절권능의 존재 자체로 이행지체책임은 발생하지 않는다(대판 1997. 7.25, 97다5541).

판례 同時履行抗辯權의 遲滯責任 沮止의 效果 : 확정판결이 피고에 대하여 원고로부터 금원을 지급받음과 인환으로 원고에게 본건 계쟁점표를 명도할 것을 명한 이상 양 급부간에는 동시이행의 관계가 있는 것이므로 피고가 원고로부터 위 금원의 지급을 받기 전에 점표를 명도하지 아니한 것은 그 이유야 어떠한 것이었던 간에 이를 이행지체라고 할 수는 없는 것이다(대판 1964.5.26, 63다934).

(다) 自動債權으로 하는 相計의 禁止

판례는 동시이행의 항변권이 붙은 채권을 자동채권으로 하는 상계는 허용되지 않는다고 한다. 학설도 이를 인정하는 데 일치한다. 이를 허용한다면 일방은 상대방의 이행을 담보하는 그의 항변권을 이유 없이 강제로 잃게 되어 부당하기 때문이다. 타당한 결론이다.

그런데 판례·통설은 이에 관하여도 이행지체책임 면책의 효과와 동일하게 동시이행의 항변권의 존재만으로 상계가 허용되지 않는다(무효)고 한다. 그러나 필자로서는 결론은 판례·통설과 같이하나 그 이론 구성은 달리한다. 이 부분에서도 항변권행사설인 필자의 견해는, 항변권이 존재한다는 것만으로 처음부터 상계의 효과가 발생하지 않는 것이 아니라, 상계적상에 있고 상계의 의사표시를 하면 상계의 효과가 발생하나 상대방이 동시이행의 항변권을 행사하면 상계의 효과는 소급하여 무효가 된다고 본다.

판례 금전채권에 대한 압류 및 전부명령이 있는 때에는 압류된 채권은 동일성을 유지한 채로 압류채무자로부터 압류채권자에게 이전되고, 제3채무자는 채권이 압류되기 전에 압류채무자에게 대항할 수 있는 사유로써 압류채권자에게 대항할 수 있는 것이므로 제3채무자의 압류채무자에 대한 자동채권이 수동채권인 피압류채권과 동시이행의 관계에 있는 경우에는, 압류명령이 제3채무자에게 송달되어 압류의 효력이 생긴 후에 자동채권이 발생하였다고 하더라도 제3채무자는 동시이행의 항변권을 주장할 수 있고, 따라서 그 채권에 의한 상계로 압류채권자에게 대항할 수 있는 것으로서, 이 경우에 자동채권이 발생한 기초가 되는 원인은 수동채권이 압류되기 전에 이미 성립하여 존재하고 있었던 것이므로, 그 자동채권은 민법 제498조 소정의 "지급을 금지하는 명령을 받은 제3채무자가 그 후에 취득한 채권"에 해당하지 않는다고 봄이 상당하다(대판 1993.9.28. 92다55794).

* 명문에 의한 동시이행의 항변권 인정 예

전세권소멸과 동시이행(제317조), 계약해제로 인한 원상회복의무(제549조), 매도인의 담보책임(제583조), 도급인의 손해배상청구권과 수급인의 보수청구권(제667조), 종신정기금계약의 해제(제728조) 등.

3. 危險負擔

(1) 意 義

위험부담이란 쌍무계약 체결 후에 일방의 채무가 당사자 쌍방의 책임 없는 사유로 이행불능이 되어 소멸한 경우에 상대방의 채무는 어떻게 되느냐의 문제이다. 즉, 쌍무계약에서 이행불능에 의한 채무소멸의 불이익을 누가 부담하느냐에 관한 채무존속상의 견련관계이다. 쌍무계약은 견련성을 특질로 하므로 채무의 존속상에서 이러한 문제가 발생하게 된다. 예컨대, 특정물건의 매매계약 후에 당해 물건이 불기항력적인 사유로 소실된 경우에 매수인의 대금채무가 문제된다. 매도인은 본인의 책임 없는 사유로 이행불능이 되어 채무를 면하나, 매수인의 대금채무는 존속하느냐 아니면 따라서 소멸하느냐가 문제된다. 이는 바꾸어 말하면 물건의 소실로 인한 재산상 불이익을 누가 부담하느냐에 관한 것이다. 즉, 매수인의 대금채무가 따라서 소멸한다면 물건의 소실로 인한 불이익은 매도인이 부담하는 것이 되고, 반대로 대금채무는 여전히 존속하고 대금을 지급하여야 한다면 매수인으로서는 대금은 지급하고 물건은 인도받지 못하므로 재산상 손실을 지는 것이 된다. 이와 같이 재산상 손실을 누가 부담하느냐의 문제이기 때문에, 이를 「위험부담」이라고 한다. 이와 같은 불이익부담의 위험은 이행불능된 채무의 채무자에게 지울 수도 있으며(채무자 위험부담주의), 상대방인 채권자에게 지울 수도 있으며(채권자 위험부담주의), 이행불능 당시의 소유자에게 지울 수도 있다(소유자 위험부담주의)(자세한 것은 제1절, IV, 4, (2), (라) 존속상의 견련관계를 참조).

(2) 債務者 危險負擔主義

민법은 제537조에서 「쌍무계약에의 당사자 일방의 채무가 당사자 쌍방의 책임 없는 사유로 이행할 수 없게 된 때에는 채무자는 상대방의 이행을 청구하지 못한다」고 하여 채무자 위험부담주의를 취하고 있다. 예컨대, 매매계약에서 매매의 목적물이 불가항력적인 사유로 소멸된 경우에 매도인은 매수인에게 계약상의 대금채무를 청구하지 못한다는 것이다. 결국 채무자 위험부담주의란 일방의 채무가 불가항력적인 사유로 소멸하면 타방의 채무도 소멸한다는 것을 의미한다. 위험부담의 문제는 쌍무계약에서 발생한 쌍방 채무의 존속에 관한 것으로, 무릇 채무소멸의 위험은 채무자가 부담하는 것이 일반원칙이며, 특히 쌍무계약상의 채무는 쌍무계약의 특질인 견련성과 상환성에서 일방의 채무의 소멸로 타방의 채무가 소멸하는 채무자주의가 가장 공평한 제도라고 할 수 있다.

(3) 債務者 危險負擔(제537조)의 內容

(가) 雙務契約上의 債務

채무는 동일한 쌍무계약에서 발생한 채무라야 한다. 쌍무계약에서 발생한 채무이면 족하고, 급부의 내용은 묻지 않는다. 즉, 급부의 내용이 특정물·불특정물, 물권·채권의 설정 또는 이전, 작위·부작위급부 어느 것이냐를 불문하고 당사자 쌍방에게 책임 없는 사유로 그 이행이 불가능하게 되어야 한다.

따라서 채무자는 본인의 책임 없는 사유로 이행이 불능하게 되어 자기의 채무는 소멸하고, 채무자 위험부담주의에 의하여 소멸된 채무의 급부의무자는 상대방에게 이행을 청구하지 못한다.

(나) 相對方이 先履行한 경우

상대방이 선이행을 한 이후에 후이행의무자의 채무가 쌍방에게 책임 없는 사유로 이행이 불능하게 되어 소멸한 경우에는, 이미 이행 받은 부분은 부당이득이 되어 선이행한 자는 부당이득에 의한 반환을 청구할 수 있다(제741조). 또한 이미 이행불능된 후에 이를 알지 못하고 이행한 경우에는 이행한 자에게는 채무 없음을 알지 못한 비채변제非債辨濟가 되어 그 반환을 청구할 수 있다(제742조).

(다) 一部 履行不能

급부의 일부가 이행이 불능된 경우에 관하여는 민법에 별도의 규정이 없으나 불능부분에 상응하는 부분에 관하여 상대방에게 이행의 청구를 할 수 없는 것으로 보아야 한다는 데 일치한다. 다만, 일부의 이행만으로는 계약의 목적을 달성할 수 없는 경우에는 전부가 불능인 경우와 같이 보아야 한다.

또한 일부의 이행이 가능하나 상대방의 급부는 분할할 수 없는 경우에는 어떻게 되는가가 문제이다. 상대방은 전부 이행을 하고 이행불능에 상응한 부분을 환가하여 부당이득으로 그 반환을 청구할 수 있는 것으로 보아야 한다는 데 학설은 일치한다.

(4) 代償請求權

채무자나 채권자 쌍방이 아닌 제3자 또는 불가항력적인 사유에 의하여 목적물이 멸실·훼손되어 채무자가 그 대상이 되는 이익 예컨대, 공용징수에 의한 보상금 또는 보험금 등을 취득하는 경우가 있다. 이러한 경우에 위험부담의 원칙에 의하면 채무자는 채무를 면하나 (대체되어 나타난) 대상에 의한 이익을 취득하고, 상대방도 채무자 위험부담의 원칙에 의하여 채무를 면하게 된다.

그런데 이러한 경우에 채권자가 본래의 채무의 멸실에 대체되어 나타난 대상인 당해 이익에 대한 이전을 청구할 수 있는 권리를 「대상청구권」이라고 한다. 이러한 대상청구권을 인정한다는 것은 채무자에게 대상이익을 이전할 채무를 인정하는 것이므로 채무자의 채무는 소멸한다는 것을 전제로 하는 위험부담의 원칙의 예외가 된다. 따라서 위험부담원칙을 규정하면서 대상청구권을 인정하기 위하여는 명문으로 대상청구권을 인정하여야 할 것이다.

이에, 대상청구권을 인정하는 나라에서는 독일 민법과 같이 위험부담원칙을 규정하서 동시에 그 예외인 대상청구권을 별도로 규징하고 있으나 우리 민법에는 이에 대한 규정이 없다. 여기서 우리 민법상 대상청구권을 과연 인정할 수 있느냐는 것이 문제된다.

명문의 규정은 없으나 대상청구권을 인정하더라도 채권자나 채무자 어느 측에 특히 불리하지 않기 때문에 인정하는 것이 타당하다. 판례·학설은 우리 민법에서도 대상청구권이 인정된다는 데 일치한다. 따라서 채권자는 위험부담의 원칙에 의하여 자기의 채무를 이행하지 않을 수도 있고, 자기의 채무를 이행하고 상대방에 대하여 대상청구권을 행사할 수도 있다. 대상청구권은 불가항력적인 사유로 소멸한 대상이 상대방에게 금전 등으로 구체적으로 생긴 경우에는 그 이익을 청구할 것이며, 청구권으로 나타난 경우에는 그 청구권을 양도받아 행사하게 된다.

이와 같이 대상청구권은 일방의 채무가 불가항력적인 사유에 의하여 소멸한 경우에 인정되는 것이나, 불가항력적인 사유가 아닌 제3자에 의하여 이행불능된 경우나 채무자에 의하여 이행불능된 경우에도 행사가 가능하다고 보아도 무방할 것이다. 채무자에 의하여 이행불능된 경우에는 채권자는 이행불능에 따른 손해배상을 청구하거나 채무자에게 대상이 있으면 그 대상을 청구할 수도 있게 된다.

판례 一方의 反對給付도 不能인 때는 代償請求權行使 不可 : 쌍무계약의 당사자 일방이 상대방의 급부가 이행불능이 된 사정의 결과로 상대방이 취득한 대상에 대하여 급부청구권을 행사할 수 있다고 하더라도, 그 당사자 일방이 대상청구권을 행사하려면 상대방에 대하여 반대급부를 이행할 의무가 있는 바, 이 경우 당사자 일방의 반대급부도 그 전부가 이행불능이 되거나 그 일부가 이행불능이 되고 나머지 잔부의 이행만으로는 상대방의 계약목적을 달성할 수 없는 등 상대방에게 아무런 이익이 되지 않는다고 인정되는 때에는, 상대방이 당사자 일방의 대상청구를 거부하는 것이 신의칙에 반한다고 볼 만한 특별한 사정이 없는 한, 당사자 일방은 상대방에 대하여 대상청구권을 행사할 수 없다(대판 1996.6.25, 95다6601).

(5) 債權者有責事由에 의한 履行不能

(가) 債權者有責事由에 의한 履行不能

채권자에게만 책임 있는 사유에 의하여 채무자의 급부이행이 불능하게 된 때여야 한다(제538조 1항 전단 앞부분). 예컨대, 매매의 목적물을 매수인이 멸실·훼손시킨 경우, 위임사무처리에 관하여 위임인이 개입하여 목적을 달성하지 못한 경우 등이다.

(나) 相對方의 履行을 請求할 수 있다

소멸된 채무의 급부의무자는 자기의 채무를 면하면서도 상대방의 이행을 청구할 수 있다(제538조 1항 전단 뒷부분). 이행불능에 대한 위험을 채무의 소멸에 책임 있는 자에게 부담시키는 것은 당연하다.

(다) 受領遲滯 中의 債權者 危險負擔

채권자의 수령지체 중에 당사자 쌍방에게 책임 없는 사유로 이행이 불능하게 된 때에도 채무자는 상대방의 이행을 청구할 수 있다(제538조 1항 후단). 즉, 채권자지체 중에 불가항력적인 사유에 의하여 이행불능이 된 경우에는 채권자위험부담으로 된다. 이는 채권자의 수령지체가 없었다면 채무자는 이행이 가능하였기 때문에 채무소멸의 위험을 채권자가 부담하는 것은 공평하기 때문이다.

(라) 債務免除로 인한 利益의 償還

채무자는 자기의 채무가 소멸되어 이행을 면함으로써 얻은 이익은 채권자에게 상환하여야 한다(제538조 2항). 지참채무의 경우에 운반비 등과 같은 변제비용 등이 상환되어야 할 이익이다. 그러한 변제비용 등은 채무가 소멸하지 않았으면 채무자가 부담하여야 할 비용이기 때문이다.

Ⅲ. 第3者를 위한 契約

1. 意 義

제3자를 위한 계약이란 계약당사자 중 일방이 계약의 내용인 급부를 계약의 상대방이 아닌 제3자에게 이행할 것을 내용으로 하는 계약에 의하여 제3자가 직접 그 이행을 청구할 수 있는 계약을 말한다(제539조 1항). 제3자를 위한 계약으로 제3자는 단순히 급부의 이행만을 수동적으로 수령하는 것이 아니라 적극적으로 그 이행을 청구할 수 있는 채권을 취득한다. 예컨대, 甲의 자동차를 乙에게 500만원에 매도하는 매매계약에서, 자동차는 매수인 乙에게 인도하되, 대금 500만원은 매수인 乙이 매도인 甲에게 지급하는 것이 아니라 제3자인 丙에게 직접 지급하기로 하는 내용의 계약을 말하고, 이에 의하여 丙은 乙로부터 금전의 지급을 수령할 수 있을 뿐만 아니라 적극적으로 그 지급을 청구할 수 있다. 이때 甲을 요약자要約者, 乙을 낙약자諾約者, 제3자인 丙을 수익자受益者라고 한다. 민법에서는 낙약자를 채무자로, 수익자를 제3자로 표현하고 있다. 여기서 <계약상의 급부를 제3자인 丙에게 이행한다>는 특약을 특히 「제3자 약관」이라 하는데, 결국 제3자를 위한 계약은 이와 같이 제3자 약관이 붙은 계약(제3자 약관부 계약)을 말한다.

이러한 제3자를 위한 계약은 우리 사회에서는 위와 같은 제3자를 수취인으로 하는 매매계약, 제3자를 수취인으로 하는 보험계약, 제3자를 수하인으로 하는 운송계약, 제3자를 수익자로 하는 신탁계약 등으로 이루어지며, 생명보험계약은 계약의 성질상 그 자체가 제3자를 위한 계약이다(우편환 송금, 은행을 통한 온라인 송금 등은 당해 계약의 성질이 제3자를 위한 계약인가 여부에 논란이 있다). 이와 같이 계약상의 급부를 계약의 당사자간에 이행하는 것이 아니라 제3자에게 이행하도록 하는 계약이 행하여지는 것은 주로 결제를 간편하게 하려는 데 있다. 위 예에서 요약자인 甲이 기왕에 수익자인 丙에게 500만원의 금전채무가 있는 경우에, 乙이 직접 丙에게 500만원을 지급함으로써 甲이 乙로부터 금전을 수령하여 다시 丙에게 지급하는 번거로움을 피할 수 있다. 특히, 생명보험계약과 같이 계약당사자 일방(요약자)의 사망 후에 급부의무가 생기는 경우이거나 제3자를 수령인으로 하는 운송계약 등에서는 제3자가 직접 급부의 이행을 청구하여 수령할 수 있게 됨으로써 그 편의성과 효용성이 매우 크다.

위에서 본 바와 같이 제3자를 위한 계약은 계약의 당사자가 아닌 제3자에게 계약상의 일부의 효력을 인정하는 것이다. 이는 <계약의 효력은 계약당사자간에만 미친다>는 로마법의 기본관념(따라서 계약을 법쇄法鎖라고 한 것이다), 영미법상의 <계약의 직접 당사자 원칙(privity of contract)>과는 배치된다. 이러한 측면에서 제3자를 위한 계약은 우선 그러한 계약의 유효성이 문제되며, 또 하나는 제3자의 지위를 어떻게 구성할 것인지가 문제된다.

제3자를 위한 계약의 유효성에 관하여는, 오늘날 사적 자치의 원칙에 의하여 이론적으로 아무런 문제가 될 수 없다는 데 견해가 일치한다. 즉, 계약의 당사자가 특별한 사회적·경제적 목적에 의하여 계약의 효력의 일부를 제3자에게 귀속시키려고 할 때, 그러한 의사표시의 효과를 인정하는 것은 사적 자치의 원칙상 오히려 당연하다는 것이다.

한편, 제3자의 지위의 문제는 제3자를 위한 계약을 체결하는 주된 목적인 제3자가 취득하는 권리의 발생, 곧 제3자의 수익의 의사표시를 어떻게 이해할 것이냐에 관한 것이다. 이에 관하여는 시대와 나라에 따라 각기 다르며, 우리 민법도 이 부분에 관하여 해석상 논란이 있다(이하 제3자를 위한 계약의 본질에서 자세히 보기로 한다).

2. 第3者를 위한 契約의 構造

(1) 原因關係

제3자를 위한 계약의 관련인으로는 계약의 당사자인 요약자와 낙약자, 그리고 수익자인 제3자가 있다. 여기서 낙약자가 수익자에게 급부를 이행(출재出財 또는 출연出捐)하게 되는 원인은 두 가지이다. 하나는 낙약자가 수익자에게 채무를 부담하게 되는 낙약자와 요약자의 사이의 원인관계이며, 또 하나는 요약자가 낙약자로 하여금 수익자에게 채무를 부담하게 하여 수익자가 이익을 취하도록 하는 요약자와 수익자의 원인관계이다. 계약의 당사자인 요약자와 낙약자의 원인관계를 「보상관계」라고 하며, 요약자와 수익자간의 원인관계를 「대가관계」라고 한다.

(가) 補償關係

제3자를 위한 계약의 경우에는 낙약자가 수익자에게 출연을 하는 원인관계로서,

요약자와 낙약자의 계약에 의하여 그들 사이에 채권관계(즉, 계약관계)가 성립하게 되는데 그러한 법률관계를 보통 보상관계라고 한다. 이러한 법률관계를 보상관계라고 부르는 이유는, 낙약자의 수익자에 대한 출연에 대하여 요약자로부터 받는 보상이라는 데 있다. 바꾸어 말하면 낙약자가 수익자에게 이행하는 급부와 그에 대한 반대급부와의 관계이다. 이 보상관계는 유상계약인 경우도 있고 무상계약인 경우도 있다. 보상관계는 낙약자의 채무와 요약자의 채무를 발생시키는 원인관계로서 계약의 기본내용이 된다. 위 사례에서 매매계약 그 자체에 의한 관계를 말한다. 따라서 보상관계를 이루는 계약의 효력은 제3자를 위한 계약에서도 당사자간에 그대로 유지된다. 즉, 보상관계가 쌍무계약에 의한 관계이면 쌍무계약상의 효력인 동시이행의 항변권·위험부담 등의 법률관계는 그대로 적용되며, 보상관계의 흠결, 하자 등도 계약에 직접 영향을 준다. 예컨대, 위 사례에서 매수인의 의사표시가 착오에 의하여 취소되면 매매계약이 무효가 되어 낙약자의 수익자에 대한 채무도 소멸한다.

(나) 對價關係

수익자가 요약자에 의하여 낙약자로부터 출연을 받음에는 요약자와 수익자간에 일정한 법률상 원인관계가 존재함을 전제로 한다. 그것은 기왕의 채권관계에서 발생한 변제일 수도 있고, 무상인 증여일 수도 있다. 이러한 대가관계는 요약자와 수익자인 채권자의 내부관계로서, 제3자를 위한 계약의 내용을 구성하지는 않는다. 따라서 대가관계의 흠결, 하자 등은 제3자를 위한 계약의 성립 및 유·무효에 영향을 주지 않는다. 다만, 대가관계가 법률상 정당한 원인이 없는 경우에는 요약자와 수익자간에 있어서 부당이득의 문제가 남을 뿐이다.

(2) 代理와의 區別

제3자를 위한 계약은 대리와 유사한 면이 있으나, 대리와는 구별되는 제도이다. 양자 모두 법률행위를 하는 자(요약자·대리인)와 법률효과의 귀속자(제3자·본인)가 다르다는 점에서 외형상 유사하나, 아래와 같은 차이가 있다.

① 요약자는 본인으로서 법률행위를 하나, 대리인은 본인을 위하여 법률행위를 한다. ② 요약자는 자기 이름으로 자기의 법률행위를 하나, 대리인은 본인을 위하여 대리인임을 표시하고 법률행위를 하여야 한다. ③ 요약자가 법률행위의 효과를 취득하며 특정 권리만 제3자에게 귀속하나 대리인에게는 법률효과가 귀속되지 않고 본인에게만 법률효과가 귀속한다. ④ 요약자에게는 행위능력에 관한 일반원칙이 적용되나, 대리인은 무능력자라도 관계없다.

이론적으로는 위와 같은 차이에 의하여 구별되나, 구체적인 사안에서는 제3자를 위한 계약인지 대리인에 의한 계약인지가 불분명한 경우가 있다. 예컨대, 부모가 자녀를 위하여 의료계약을 한 경우에는 제3자를 위한 계약으로도 볼 수 있고 대리로도 볼 수 있다. 이 경우에 어느 것으로 보느냐에 따라서 의료비의 청구대상자가 문제되며, 또한 이 경우에 환자가 사망한 때에 부모가 의료계약에 의한 손해배상책임을 청구할 수 있느냐 여부가 문제된다(후자의 경우 제3자를 위한 계약이라고 보면 부모가 의료계약에 기하여 직접 손해배상을 청구할 수 있으나, 부모가 법정대리인 또는 자녀의 동의를 받아 계약을 체결한 것으로 보면 의료계약에 기한 손해배상을 청구할 수 없다). 의료계약은 의료채무의 부담자와 의료비채무를 부담하는 자 간의 계약으로 보아야 하기 때문에 의료비채무를 부담하는 부모가 의료계약의 일방당사자로(즉, 제3자를 위한 계약으로) 보아야 할 것이다.

3. 第3者를 위한 契約의 本質

(1) 本質 問題

제3자를 위한 계약에서 가장 핵심되는 내용은 계약의 당사자가 아닌 제3자가 계약의 효력을 주장한다는 것이다. 즉, 제3자(수익자)가 계약의 당사자(낙약자)에 대하여 계약에서 발생한 권리(채권)를 주장한다는 것이다. 이와 같이 계약의 국외자가 계약의 당사자에게 계약상의 권리를 행사할 수 있게 되는 이론적 근거는 무엇인가? 이는 곧 제3자를 위한 계약에서의 제3자의 지위를 어떻게 이해할 것이냐는 것이며, 구체적으로는 제3자에게 귀속되는 권리에 관하여 제3자가 별도의 행위(예 : 수익의 의사표시)를 하여야 하느냐의 문제가 된다.

「제3자를 위한 계약」을 일반적인 제도로 인정할 것인지 여부와 인정할 경우 그 본질이 무엇인가에 관한 논의는 시대에 따라서 많은 변화를 거쳐 왔다. 특히 그 본질에 관하여는 독일 보통법 이래 학자들간에 많은 논란이 있었으며 각국의 입법례도 차이가 있다.

로마법에서는 당사자가 문답의 형식으로 체결한 계약은 이러한 문답의 말을 시작한 당사자간에서만 채무관계를 발생시키고 문답에 참가하지 않은 제3자가 이것에 의하여 채권을 취득한다는 것은 불가능한 것으로 보았으며, 또한 급부는 당사자 자신에게 이해관계를 가지는 것인데 제3자를 위한 계약은 당사자 자신에게 이익을 주는 것이 아니라는 이유로 무효로 설명되었다. 그러나 후자의 경우에 있어서 당사자에게 이익이 있는 경우에는 「제3자를 위한 계약」일지라도 유효하다는 설명이 되는데, 따라서 후견인이 피후견인을 위한 경우와 수탁사무관리인의 위탁인을 위한 계약의 경우는 유효한 것으로 인정하였다. 이와 같이 후기 로마법에 와서는 개별적, 한정적으로 「제3자를 위한 계약」을 인정하였을 뿐 일반적인 제도로서 인정하지는 않았다. 이것은 계약을 당사자간의 하나의 고리, 즉 법쇄(vinculum iuris)로 파악하여 계약의 당사자가 아닌 제3자가 비록 일정한 방식으로라도 계약에 관계한다는 것을 생각하기가 힘들었기 때문이다. 이러한 사고가 영미법에 들어가서는 privity of contract(계약의 직접당사자관계)론으로 발전하였다.

「계약당사자 아닌 자가 계약에 의하여 발생한 권리·의무의 주체가 될 수 있는가」 라는 물음은 이론과 관행 간에 격렬한 다툼을 낳았다. 이를 긍정적으로 평가하여 「제3자를 위한 계약」이 일반적인 제도로서 인정된 것은 독일 보통법시대 이후에 이르러서이다. 그러나 그 후에도 이의 본질 즉, 계약의 당사자인 요약자와 낙약자의 합의에 의하여 주어지는 제3자의 권리의 발생에 대한 법이론적 근거에 관하여는 많은 논란이 있었다. 이러한 논의의 초점은 「제3자를 위한 계약」의 효력의 중심인 제3자의 낙약자에 대한 「급부청구권」 발생 근거에 관한 것이었다. 이른바 직접취득론(Akkreszentheorie 또는 Anwachsungstheorie), 승인론(Akzeptationstheorie), 제3론이 대립하여 왔다. 직접취득론에 의하면 제3자를 위한 계약은 당사자인 요약자와 낙약자만의 합의로 효력을 발생한다. 즉, 제3자의 청구권 발생에 제3자의 별도의 행위(의사표시)는 필요하지 않다는 것이다.

승인론에 의하면 제3자를 위한 계약에서 제3자에게 동 계약의 효력을 발생시키기 위해서는 즉, 제3자에게 청구권이 발생하기 위해서는 요약자와 낙약자만의 행위로는 부족하고, 이 양자간의 관계에 또 하나의 관련자인 제3자가 들어가야 한다(가입加入 Beitritt)는 기본적인 논리에서 제3자의 승인 내지 동의와 같은 별도의 행위가 있어야 한다는 것이다. 제3론은 계약의 당사자가 아닌 제3자에게는 상기 양론이 보는 바와 같은 권리인 청구권이 있는 것이 아니라 단순한 급부수령의 권한이 부여되는 것에 지나지 않는다는 견해이다.

이러한 본질론에 대한 논의는 계약에 대한 법쇄사고法鎖思考의 완화와 계약의 구속력으로서의 자유로운 의사의 힘을 근거로 하는 사고가 팽창함에 따라, 논리적인 귀결로서, 또는 입법정책상의 문제로서, 더 나아가서는 계약 당사자인 요약자와 낙약자 간의 구체적인 합의의 내용에 달려 있는 것으로 결론이 모아지고 있다.

(2) 本質論

(가) 直接取得論(Akkreszentheorie)

제3자를 위한 계약은 계약당사자의 계약으로 그 효력을 발생한다는 것이다. 즉, 제

3자는 당해 계약에 참가, 동의 내지 수익의 의사표시 등과 같은 별도의 행위를 하지 않고, 당사자의 계약에 의하여 직접 권리를 취득한다는 주장이다. 독일 보통법과 독일 민법(제328조), 스위스 채무법(제112조), 오스트리아 민법(제881조), 이탈리아 민법(제1411조), 프랑스 민법(제1121조) 등의 현대 대부분의 국가에서 기본적으로 직접취득론에 의한 규정을 하고 있다. 이 중에서 이탈리아 민법이 가장 명확하게 규정하고 있다.

(나) 承認論(Akzeptationstheorie)

제3자를 위한 계약에서 제3자의 권리가 발생하기 위해서는, 계약의 국외자인 제3자가 계약의 틀 속에 들어가겠다는 동의 내지 그 효력을 승낙한다는 승인, 권리를 취득하겠다는 수익의 의사표시 등 별도의 일정한 행위가 필요하다는 주장이다. 이 주장은 계약은 오로지 계약의 당사자간에만 효력을 가진다는 기본원칙에서 출발하고 있다.

독일 민법 제정 전의 프로이센 일반란트법(ALR)은 제3자를 위한 계약에 관하여 제3자의 청구권(Klagerecht)을 제3자의 일정한 형식을 갖춘 (명시적) 참가 (가입 또는 동의의 의사표시 Beitrittserklärung)에 좌우하게 하는 기본적인 승인론을 취하였다(동법 제74조 내지 제75조). 또한 제3자의 청구권은 당사자들(적어도 요약자)의 승인(Bewilligung)에 의해 행사할 수 있으며, 이 경우에 계약당사자가 제3자에게 참가를 제안하지 않는 동안은 당사자는 합의로 제3자의 권리를 변경·소멸시킬 수 있었다. 그러나 제3자에의 제안이 행하여진 뒤에는 그들은 제3자의 의사표시를 기다려야 하고, 참가의사표시 후의 제3자의 권리에 대해서는 변경·소멸시킬 수 없으나, 그 권한을 계약의 내용으로 유보한 경우에는 가능한 것으로 해석되었다. 따라서 보통의 제3자를 위한 계약에서는 제3자가 별도의 의사표시를 한 후에만 권리가 발생하고, 그러한 의사표시 이후에는 비록 당사자도 그 권리를 변경·소멸시키기가 어려웠다.

일본 민법(제537조)은 해석상 판례와 다수설이 승인론이며, 프랑스 민법(제1121조)은 모호하게 규정되어 있어 한때 승인론으로 이해되었으나 오늘날의 통설은 직접취득론을 규정한 것으로 해석한다.

(다) 英美法

영국법은 「제3자의 권리취득」의 원칙적인 금지라는 도그마를 오늘날에도 고집하고 있다. 이 도그마는 영국계약법의 토대가 되는 두 원칙인 약인법리約因法理(the principle of consideration)와 직접당사자관계(Privity of Contract)법리를 이론적인 논거로 든다. 「직접당사자관계법리」는 로마법의 계약에 대한 「법쇄法鎖」사고에서 나온 것으로, 계약에 의한 권리 및 의무는 계약의 직접당사자에게만 발생한다는 내용이며, 「약인법리」는 약인을 주었던 자만이 계약의 이행을 주장할 수 있다는 내용이다. 상기의 두 법리를 원용한 「제3자의 권리취득」 금지에 대하여는 간헐적으로 논의가 되어 왔으나, 근래 들어 Beswick v. Beswick 사건에서 상세하게 논의되었다. Beswick v. Beswick에서 계약에 의한 제3자의 고유한 권리에 관하여 1심법원은 제3자의 고유한 권리를 부정하였으나(1963. 3 All E. R. 858), 2심 법원이 이를 인정하였다가(1966. 3. E. R. 1), 최고법원은 다시 이를 부정하였다(1968. A. C. 58).

영국법이 이와 같이 일반적인 제도로서의 「제3자를 위한 계약」을 원칙적으로 부정하는 것은 생명보험계약에 관하여는 1882년의 기혼부인재산법(Married Women's Property Act)이, 교통사고 피해자의 보험금에 대하여는 1972년의 도로교통법(Road Traffic Act)이 이를 승인하였기 때문이며, 그 외에도 제3자를 위한 계약의 기능을 신탁(Trust)제도가 담당하고 있기 때문이다. 영국법은 제3자를 위한 계약의 대용물로서 신탁제도를 광범위하게 인정하여 물건뿐 아니라 청구권까지도 신탁재산이 될 수 있음을 승인함으로써 계약에 의한 「제3자의 권리취득」의 필요성이 심각하지 않다.

한편, 미국에서는 1859년 Lawrence v. Fox, 20 N. Y. 268(1859)에서 「"타인을 위한 약속이 행하여졌다면 수익자는 그 약속이 이행되지 않은 경우에 소를 제기할 수 있다"는 원리가 신탁사건에 적용되어 왔다. 그 이유는 이 원리가 오로지 이러한 사건에 적용될 수 있었기 때문이 아니라, 이것이 법의 원리이고 그 때문에 이러한 사건에 적용될 수 있기 때문이다.」라고 하여 직접당사자관계가 없는 경우(낙약자와 제3자 사이)에도 신탁법의 원리를 원용하여 「제3자의 권리취득」을 인정하였다. 이 판결 이후 거의 모든 주에서 「제3자를 위한 계약」을 승인하고 있으며, 캘리포니아주 민법 제1559조는 「명시적으로 제3자의 이익을 위하여 체결된 계약은 양당사자가 이를 철회하기 전에는 항상 그 제3자에 의하여 실행될 수 있다」라고 명문으로 인정하고 있다. 또한 1932년의 제1차 계약법 리스테이트먼트 제133조와 1935년의 제2차 계약법 리스테이트먼트 제302조에서 각각 이를 승인하고 있다. 한편 제3자의 권리의 발생과 계약당사자의 제3자의 권리에 대한 변경·취소권에 대하여도 제2차 계약법 리스테이트먼트 제311조는 수익자가 계약에 동의 또는 그 계약을 알았을 것 등 어느 것도 요구하지 않으나, 수익자가 이익을 거절할 수 있음을 감안하여 수익자가 그 계약을 신뢰하고 어떤 행위를 하기 전이거나 동의를 표시하기 전에는 수익자의 권리를 변경·소멸시킬 수 있도록 하고 있다.

같은 영미법계이지만 미국에서는 일찍부터 제3자를 위한 계약을 판례가 인정하고 학설이 지지하며 주州에 따라서는 이를 명문으로 인정하고 있으나, 영국과 같이 신탁제도를 자주 사용하고, 특히 당초부터 요약자와 제3자의 관계가 증여인 경우에는 신탁제도를 널리 이용하고 있다. 증여 목적의 생전의 신탁은 유효하며 생시 동안 취소·변경할 수 있는 것으로 보며, 사후신탁死後信託(Totten Trust)의 경우도 유효한 것으로 본다.

(3) 우리 民法 第539條

우리 민법은 제539조에서 제3자를 위한 계약의 본질론에 관하여 상호 모순되는 위 두 개의 이론을 동시에 규정하는 잘못을 하고 있다. 동조 제1항은 낙약자가 제3자에게 이행할 것을 약정한 때에는 제3자는 낙약자에 대하여 직접 채권을 취득한다고 규정하여 직접취득론를 취하고 있으나, 동조 제2항에서는 제3자의 권리는 그 제3자가 채무자에 대하여 계약의 이익을 받을 의사를 표시한 때에 발생한다고 규정하여 승인론에 의하고 있다. 제539조의 이러한 모순된 규정에 대하여, 우리의 판례·통설은 제2항을 중시하여 제3자의 권리의 발생에 관하여 수익의 의사표시를 요한다고 하여 승인론에 의한 해석을 하고 있다. 그러나 필자는 아래의 몇 가지 이유에 의하여 제1항을 중시하여 직접취득론에 의한 해석을 하여야 한다고 생각한다.

첫째, 비교법적으로 보아도 오늘날 일본의 판례·다수설을 제외하고는 거의 모든 나라에서 직접취득론에 의한다.

둘째, 제541조와 관련하여 직접 취득론으로 해석하여야 한다. 제541조는 <제539조의 규정에 의하여 제3자의 권리가 생긴 후에는 당사자는 이를 변경 또는 소멸시키지 못한다>라고 규정한다. 승인론으로 해석하여 제3자가 수익의 의사표시를 하여야 권리가 생긴다고 하면 이 조문은 존재의의가 없게 된다. 왜냐하면 통설에 의하면 수익의 의사표시 전에는 형성권을 가질 뿐이고 당사자는 제541조에 의하여 그 형성권을 변경 또는 소멸시킬 수 있다는 것인데, 그렇다면 이 상태에서는 계약의 당사자간의 문제일 뿐이므로 이를 명문으로 규정할 필요도 없을 것이다. 이 조문이 의의를 가지려면 일정한 기준, 즉 제3자의 수익의 의사표시 전후를 구별하여 규정한 것으로 보아야 한다. 다시 말하면, 수익의 의사표시 전에는 제3자가 권리가 있으나 당사자에 의하여 변경될 수 있고, 수익의 의사표시 후에는 변경시킬 수 없는 것으로 해석할 때 비로소 제541조의 존재 의의가 있게 된다. 이렇게 해석하게 되면 제541조의 <제539조의 규정>은 제539조 제2항을 표시한 것이 된다.

셋째, 제3자를 위한 계약의 전형인 보험계약, 운송계약, 우편송금, 신탁, 공탁 등에서는 제3자가 직접 권리를 취득함을 직접 또는 간접으로 규정하고 있다. 특히, 승인론에 의한 수익의 의사표시를 제3자의 권리발생요건으로 해석하면, 요약자 사망 후에 낙약자가 이행하는 그러한 제3자를 위한 계약은 그 존재 의의를 상실하게 된다. 생명보험계약은 보험계약자 사망 후에 보험회사가 보험금을 요약자가 지정한 제3자(수혜자)에게 지급하는데, 제3자의 수익의 의사표시 전(권리 발생전)에 요약자의 사망과 동시에 상속의 효력이 생겨 제3자에게는 권리가 귀속될 여지가 없다(생명보험계약에 관하여는 수익의 의사표시를 요하지 않는다고 법률에서 규정하나, 생명보험계약과 유사한 계약이 있을 수 있다).

넷째, 판례와 통설도 수익의 의사표시는 제3자의 권리발생에 대한 절대적 요건이 아니며, 묵시에 의하여, 또는 의사표시의 해석에 의하여 직접 권리가 귀속된다고 한다.

* 우리 민법 제539조 제1항과 제2항은 일본 민법 제537조 제1항 및 제2항과 동일하다. 또한 우리 민법 동조의 제안 이유, 심의 경과, 국내입법의견 등에 관하여는 별다른 것이 없고 단지 현행법(즉, 일본 민법)과 같아 별다른 이의 없이 원안에 합의한 것으로 되어 있다. 따라서 우리 민법의 동조에 관한 내용을 알기 위해서는 이에 해당하는 일본 민법 제537조의 입법과정을 살펴보는 것이 좋을 것이다.

일본 민법 제537조에 관하여 기초위원인 富井政章은 다음과 같이 제안이유를 들고 있다. 동조는, 제3자를 위한 계약을 프랑스 민법 제1121조와 같이 일정한 요건하에 제한할 것이냐에 관하여 당시의 제한을 두지 않는 입법동향(BGB EW I, ZOR)에 따른 것이며, 기타 다른 점에 관하여는 기존 법전(구 일본 민법)을 변경시키지 않는다는 기본방침에 의해 기초한 것이다. 따라서 제537조 제1항은 프랑스 민법 제1121조 전단을 계승한 구일본 민법 제323조 제3항을 기본으로 규정하였으나, 제537조 제2항이 프랑스 민법 제1121조 후단을 계승한 구 일본 민법 제325조와는 달리 「제3자의 수익의 의사표시에 의해 제3자의 권리가 발생하게 한 것은, "당사자의 의사로 제3자에게 권리를 취득하게 하는 것은 제3자가 이를 좋아할지 또는 좋아하지 않을지를 알지 못하는 데도 당연히 제3자에게 권리를 발생하게 하는 것이 지나칠 것은 별론으로 하고라도 자기의 권리가 있다는 것을 모르는 제3자에게 자기도 모르는 사이에 권리가 발생한다는 것은 일본인의 감정에 맞지 않는다"」고 하였다.

위 기초위원의 설명과 거의 같지만 일본민법 수정안 이유서에는 다음과 같이 설명되어 있다. 「제3자가 그 계약에 의하여 권리를 취득하느냐에 관하여 학설 및 입법예가 아직 일치하지 않아, 종래 입법예는 제3자가 그 계약에 관여하여 그 이익을 입는 것이며 근래의 독일 민법초안 및 스위스 채무법은 정반대로 제3자가 직접 권리를 취득하며 이를 거절할 때는 그 권리를 잃는다는 것인데, 본안(제2항)은 이들 양 주의를 절충하는 것을 원칙으로 하여 당사자의 의사로 제3자에게 권리를 취득하게 한 것은 어떤 제3자가 스스로 알지 못하는 사이에 권리를 취득하도록 하는 것은 타당하지 않기 때문에 제2항을 둔 것이다.」

4. 第3者를 위한 契約의 要件

(1) 第3者 約款

「제3자에게 직접 채권을 취득시킨다」는 뜻 즉, 제3자 약관이 계약의 내용으로 되어 있어야 한다. 제3자에게 직접 채권을 취득시킨다는 것이 계약의 내용으로 들어 있느냐 여부에 관하여는, 당사자의 의사표시의 해석, 거래의 성질 및 거래관행 등에 의하여 정하여진다. 위에서 예를 든 생명보험계약, 운송계약 등은 일반적으로 제3자를 위한 계약이다. 아래에서 중요한 몇 가지 구체적인 경우들을 들어 제3자를 위한 계약인지에 관하여 보기로 한다.

(가) 債務引受

면책적 채무인수는 동일 채무가 채무자로부터 인수인에게 이전하고 채무자는 채무를 면하는 것으로, 제3자(채권자)에게 별개의 채권을 취득시키는 것이 아니므로 제3자를 위한 계약이 아니다.

그러나 병존적 채무인수는 원채무자와 인수인 사이의 계약에 의하는 경우에는 채권자에게 기존의 채권 외에 새로운 채권을 취득하게 하는 계약이므로 제3자를 위한 계약이라 할 수 있다.

(나) 履行의 引受

이행의 인수는 채무자와 인수인간에 인수인이 채무를 변제하여 채무자의 채무를 면책하겠다는 양자 내부의 관계로서, 인수인은 채무자에게 그러한 부담을 질 뿐 채권자로부터는 직접 채무를 부담하지 않는다. 즉, 이행의 인수는 채권자에게 직접 채권을 취득시키는 것이 아니므로 제3자를 위한 계약이 아니다.

(다) 當座預金契約

은행과 고객간에 은행을 지급인으로 하는 당좌수표발행에 관한 계약은, 수표의 소지인에 대하여 은행이 직접 채무를 부담하는 것이 아니라 예금자의 예치금에서 지급을 대행할 뿐이므로 소지인을 제3자로 하는 제3자를 위한 계약이 아니다(따라서 예금자가 지급정지 또는 잔고가 없어 지급하지 않아도 은행은 책임을 지지 않는다).

(라) 第3者가 하는 醫療契約

제3자가 의료계약을 하는 경우에는 보통 두 가지가 있다. 미성년자를 위하여 부모가 의료계약을 하는 경우가 있고, 또 하나는 의식 불명 등으로 본인이 직접 할 수 없어 경찰관 또는 친지 등이 의료계약을 하는 경우가 있다. 이와 같이 제3자가 한 의료계약이 제3자를 위한 계약인지 아니면 대리인에 의한 의료계약인지가 문제된다.

어느 것으로 보든 의료채권의 귀속자에는 차이가 없는데, 의료채무(의료비)를 누가 부담하느냐에서는 차이가 있다. 제3자를 위한 계약이라고 보면 계약의 당사자가 의료채무를 부담하며, 대리라고 보면 환자에게 의료채무가 귀속된다. 원칙적으로는 환자가 의료채무를 부담하여야 한다고 보아 대리에 의한 의료계약이라고 보아야 하나, 미성년자와 같은 경우에는 제3자인 자녀를 위한 의료계약이라고 보아야 할 것이다(의료계약에 관하여는 제2장 제12절 V. 특수한 위임의 의료계약 참조).

(마) 辨濟 供託

변제를 위한 공탁(제487조)은 절차적인 면에서는 공탁법과 공탁사무처리규칙에 의하여 규정되는 공법관계이나, 그 효과인 사법적인 면에서는 제3자인 채권자에게 직접 권리를 취득시키는 제3자를 위한 임치계약이다(졸저 『채권법총론』 제9장 제4절 공탁편 참조).

(바) 第3者의 債務를 免除하는 合意

계약의 당사자 중 일방(낙약자)이 제3자에게 가지는 채권을 면제하는 계약의 상대방(요약자)과의 합의에 대하여 판례와 학설(곽)은 제3자를 위한 계약에 준하는 것으로 본다.

판례 第3者를 위한 契約의 判別基準 : 제3자를 위한 계약이라 함은 통상의 계약이 그 효력을 당사자 사이에서만 발생시킬 의사로 체결되는 것과는 달리, 계약 당사자가 자기들 명의로 체결한 계약에 의하여 제3자로 하여금 직접 계약당사자의 일방에 대하여 권리를 취득하게 하는 것을 목적으로 하는 계약인 바, 어떤 계약이 제3자를 위한 계약에 해당하는지 여부는 당사자의 의사가 그 계약에 의하여 제3자에게 직접 권리를 취득하게 하려는 것인지에 관한 의사해석의 문제로서 이는 계약 체결의 목적, 계약에 있어서의 당사자의 행위의 성질, 계약으로 인하여 당사자 사이 또는 당사자와 제3자 사이에 생기는 이해득실, 거래관행, 제3자를 위한 계약제도가 갖는 사회적 기능 등 제반사정을 종합하여 계약 당사자의 합리적 의사를 해석함으로써 판별할 수 있다(대판 1997.10.24. 97다28698).

판례 第3者의 債務를 免除하는 合意 : 낙약자가 제3자에 대하여 가지는 채권에 관하여 채무의 면제를 하는 계약도 제3자를 위한 계약에 준하는 것으로서 이에 의하여 채무면제의 효력이 생긴다(대판 1980.9.24. 78다709).

판례 認定된 例구 주택공급에관한규칙(1993.9.1. 건설부령 제537호로 개정되기 전의 것) 제7조 제1항 제1호, 제2호, 제7조 제3항 제2호가 정하는 바에 따라 등록업체들이 아파트의 준공과 그 대지의 저당권 말소를 입주시까지 이행할 것을 연대보증한다는 내용이 기재된 공증서를 소관청에 제출한 경우, 달리 특별한 사정이 없는 한 건설회사와 등록업체들은 장래의 불특정 분양계약상의 입주자를 위하여 건설회사가 그 아파트의 준공과 대지의 저당권 말소를 이행하지 아니하는 경우 등록업체들이 이를 대신 이행하여 건설회사와 사이에 적법하게 분양계약을 체결한 자들에게 분양계약상의 주택공급의무를 이행하기로 하는 제3자를 위한 계약을 체결하였다고 할 것이다(대판 1997.6.27. 96다36647).

판례 銀行支給保證契約의 本質은 第3者를 위한 契約 : 여신거래의 한 형태로서 지급보증이란 은행이 거래처(지급보증신청인)의 위탁에 따라 그 거래처가 제3자에 대하여 부담하는 채무를 보증하여 주는 거래로서, 은행과 거래처 사이에 체결된 보증위탁계약에 터 잡아 은행이 다시 채권자와 사이에 보증계약을 체결함으로써 성립하고, 그로 인하여 지급보증을 한 은행은 거래처가 주채무를 이행하지 못할 경우에 그 보증채무를 이행할 의무를 지게 되는 것이며,.... 이러한 지급보증거래약정은 제3자를 위한 계약이지만 ....(대판 2002.10.11. 2001다62374).

(2) 第3者가 取得하는 權利

제3자가 취득하게 되는 권리는 채권이 원칙이다. 그러나 다수설은 채권에 한정할 필요는 없다고 한다. 다수설에 동의한다. 제3자를 위한 계약은 당사자 일방이 취득하는 권리를 제3자에게 귀속시키는 데 계약의 목적이 있으므로 당사자 일방이 취득할 수 있는 권리면 가능하다. 예컨대, 제3자에게 물건을 인도하게 하는 약정도 가능하다.

(3) 第3者의 義務負擔 合意

제3자에게 의무를 부담시키는 당사자간의 합의가 무효임은 물론이다. 다만 문제가 되는 것은 제3자에게 채권을 취득시키면서 채무부담을 지우는 합의의 경우이다. 판례와 다수설은 쌍무관계에서는 반대급부를 부담하게 하는 합의도 제3자를 위한 계약으로 유효하다고 한다. 생각건대, 제3자가 취득하는 채권에 대가성, 상환성이 없는 부담의 경우에는 가능하다고 할 것이나, 그 외에 채무를 부담시키는 합의는 유효하지 않다고 보아야 할 것이다(동지 : 이은). 자기 의사에 의하지 않은 채무의 부담이란 자기결정의 원칙에 어긋나기 때문이다(따라서 이 경우에는 제3자를 위한 계약으로는 무효이고, 그 다음 대리권의 문제로서 검토되어야 할 것이다).

판례 第3者의 對價支給의 負擔을 隋伴한 權利取得 合意 : 제3자를 위한 계약은 단순히 제3자에게 권리만을 부여하는 것을 필요로 하지 아니하고 제3자에게 일정한 대가의 지급 기타 일정한 부담하에 권리를 부여하는 것도 가능한 법리이다(대판 1965.11.9. 65다1620).

5. 第3者의 地位

제3자는 제3자를 위한 계약에 의하여 직접 권리를 취득하여 낙약자에 대하여 그 이행을 청구할 수 있다. 그리고 채무자가 채무불이행을 하게 되면 채무불이행에 의한 손해배상을 청구할 수 있음은 물론이다. 손해배상청구권은 급부청구권과 동질성이 있기 때문이다.

이와 같이 제3자는 계약상의 급부에 대한 권리를 취득하나, 계약의 당사자는 아니므로 계약의 당사자로서 가지는 권리는 취득하지 않는다. 즉, 제3자는 계약의 해제권·취소권을 취득하지 않으며(채무불이행시에 제3자는 손해배상청구권을 가지나, 계약의 해제권은 취득하지 않는다), 계약의 상대방으로서의 선의·악의·과실 등에 관하여도 그 대상이 되지 않음은 물론이다.

그런데 이 제3자가 취득하는 권리는 어떠한 요건 아래에서 언제 발생하느냐가 문제된다. 이는 위에서 살펴본 제3자를 위한 계약의 본질론을 어떻게 이해하느냐에 따라 그 결론을 달리 한다.

(1) 權利의 發生時期

판례와 통설은 승인론에 입각하여 제3자가 수익의 의사표시를 한 때에 제3자의 권리가 발생하는 것으로 해석한다. 즉, 판례·통설은 제3자의 수익의 의사표시를 제3자의 권리의 발생요건이라고 한다. 그러나 이는 절대적인 요건은 아니라고 본다. 당사자의 계약에서 수익의 의사표시를 요하지 않는다는 합의를 한 경우, 의사표시의 해석이나 당해 계약의 성질에 의하여 수익의 의사표시를 하지 않더라도 제3자의 권리는 발생한다고 본다(판례·통설은 가능한 한 제539조 제2항의 규정의 적용을 제한하려고 한다).

본질론에 관한 직접취득론을 지지하는 필자는 당사자인 요약자와 낙약자의 계약의 효력의 발생으로 제3자는 (별도의 행위가 필요 없이) 직접 권리를 취득한다는 입장이다.

(2) 受益의 意思表示

수익의 의사표시는 채무자 즉, 낙약자에 대하여 한다(제539조 2항). 수익의 의사표시에 관하여는 의사표시의 일반에 관한 규정이 적용되며, 특별한 제한이 없다. 따라서 표시의 방법은 명시적이든 묵시적이든 관계없으며, 상대방에게 도달한 때 그 효력이 생긴다. 수익의 의사표시를 직접 하지 않고 제3자가 바로 급부를 청구하거나 이행의 소를 제기하면 의사표시가 있은 것으로 보아야 한다.

(3) 受益의 意思表示 前의 第3者의 地位

직접취득론에 의한 필자의 견해에 의하면 수익의 의사표시를 하기 전에도 제3자는 권리를 가진다. 따라서 급부의 불이행 또는 불능이 된 경우에는 그에 따라서 채무자 또는 제3자에 대하여 채무불이행에 의한 손해배상책임 또는 제3자에 대한 불법행위책임을 추궁할 수 있다. 다만 제541조와 관련하여, 수익의 의사표시 전에는 당사자가 제3자의 권리를 변경·소멸시킬 수 있다. 수익의 의사표시 전의 제3자는 완전한 권리를 가지나 수익의 의사표시를 한 후의 제3자보다는 그 지위가 약할 뿐이다(스위스 채무법은 이러한 내용으로 규정되어 있다).

판례·통설에 의하면, 수익의 의사표시 전의 제3자는 수익의 의사표시를 하여 권리를 발생시킬 수도 있고 그렇지 않을 수도 있는 지위 즉, 일방적 의사표시에 의하여 권리취득의 효과를 발생시키는 법률상의 지위인 형성권자라고 한다(통설에 의하면 수익의 의사표시 전의 제3자는 급부청구권을 취득하지 않기 때문에 급부가 소멸 등으로 불능이 된 경우에 제3자는 채무자 또는 불법행위자에 대하여 아무런 청구권도 갖지 못하는 부당한 결과가 된다). 제3자의 이러한 형성권은 재산적 색채가 강하므로 상속, 양도, 채권자대위권의 목적이 된다는 것이다. 이 형성권의 행사기간은 계약에서 특별히 정한 바가 없으면 형성권의 일반적인 존속기간인 10년의 제척기간에 걸린다는 것이다. 그러나 채무자가 상당한 기간을 정하여 의사표시 여부를 최고한 때에는, 상당한 기간의 경과로 제3자가 계약의 이익을 받을 것을 거절한 것으로 본다(제540조).

(4) 受益의 意思表示 後의 第3者의 地位

(가) 權利의 確定

제3자가 수익의 의사표시를 한 후에는 당사자는 이를 변경·소멸시키지 못한다(제541조). 즉, 수익의 의사표시 후에는 제3자는 확정된 권리를 가진다. 이는 본질론에 관하여 어떻게 이해하든 동일하다. 당사자의 계약에서 미리 제3자가 수익의 의사표시를 한 후에도 제3자의 권리를 변경·소멸시킬 수 있음을 유보하였거나, 제3자의 동의를 받아서는 수익의 의사표시 후에도 제3자의 권리를 변경·소멸시킬 수 있다고 본다. 판례는 더 나아가서 제3자의 동의를 사후에 의한 묵시적 추인으로도 가능하다고 하였다.

판례 미리 留保 또는 第3者 同意를 받아서 變更 可能 : 3자를 위한 계약에 있어서, 제3자가 제539조 제2항에 따라 수익의 의사표시를 함으로써 제3자에게 권리가 확정적으로 귀속된 경우에는, 요약자와 낙약자의 합의에 의하여 제3자의 권리를 변경, 소멸시킬 수 있음을 미리 유보하였거나, 제3자의 동의가 있는 경우가 아니면 계약의 당사자인 요약자와 낙약자는 제3자의 권리를 변경, 소멸시키지 못하고, 만일 계약의 당사자가 제3자의 권리를 임의로 변경, 소멸시키는 행위를 한 경우 이는 제3자에 대하여 효력이 없다. 제3자가 당사자의 변경, 소멸에 대하여 묵시적 추인을 한 경우에도 제3자의 권리는 변경, 소멸된다(대판 2002.1.25. 2001다30285).

(나) 第3者의 解除權 與否

제3자는 계약의 당사자가 아니기 때문에 해제권이 없으며, 또한 해제에 따른 원상회복청구권도 없다. 판례도 같은 취지이다(대판 1994.8.12. 92다41559).

(다) 解除에 따른 損害賠償請求權

요약자가 계약을 해제한 경우에, 수익자는 낙약자에게 자기가 입은 손해의 배상을 청구할 수 있는가? 본래의 채무의 불이행으로 인한 손해는 배상을 청구할 수 있다.

판례도 제3자를 위한 도급계약에서 완성물의 하자로 인하여 제3자에게 발생한 손해의 배상책임을 인정하고 있다.

판례 제3자의 損害賠償請求權의 存否 : 제3자를 위한 계약에서 수익의 의사표시를 한 수익자는 낙약자에게 직접 그 이행을 청구할 수 있을 뿐만 아니라 요약자가 계약을 해제한 경우에는 낙약자에게 자기가 입은 손해의 청구를 할 수 있는 것이므로, 수익자가 완성된 목적물의 하자로 인한 손해의 배상을 청구할 수 있다(대판 1994.8.12. 92다41559).

(5) 第3者의 受益의 拒絶

제3자가 수익을 거절한 경우에는 어떻게 되는가?

수익의 거절은 판례·통설에 의하면 제3자의 권리가 발생하지 않는 것이며, 직접취득론에 의하면 발생한 권리가 소급하여 소멸하는 것이 된다. 어느 것이 되었든 낙약자인 채무자는 이행을 할 수 없는 상태가 되는데, 이 경우에 당해 계약에 특약이 있는 때에는 별다른 문제가 없다. 그런데 당사자간에 그에 대한 특약이 없는 경우에는 약정된 급부의 이행청구권이 요약자에게 귀속되고, 그 결과 요약자는 다른 제3자를 지정할 수도 있고 또 스스로 급부를 청구할 수 있다고 하여야 한다. 그러나 당해 급부가 요약자에게는 의미가 없어 요약자에게도 이행할 수 없어 결국 이행불능의 상태가 되는 경우에는 낙약자와 요약자 간의 위험부담의 문제로 처리하여야 할 것이다. 그에 비하여 제3자가 권리 자체의 귀속을 포기 내지 거절하는 것이 아니라 단순히 수령을 거절한 때에는 이행불능이 아니라 채권자지체가 될 뿐이다.

6. 要約者의 地位

(1) 諾約者에 대한 第3者에의 給付履行請求權

요약자는 낙약자에 대하여 제3자에게 급부를 이행할 것을 청구할 수 있는 권리를 가진다. 이 권리는 제3자를 위한 계약이 성립한 때로부터 시효가 진행된다.

(2) 諾約者의 債務不履行에 대한 損害賠償請求權

제3자의 권리발생에 수익의 의사표시를 요한다는 견해(통설)에 의하면 제3자의 수익의 의사표시 전에도 요약자의 권리는 존재하기 때문에 낙약자는 이행의 제공을 하여야 요약자에 대하여 지체책임을 지지 않는다고 한다(곽)(이부분도 통설의 승인론이 가지는 논리적 모순이다).

제3자의 권리가 발생하면(통설에 의하면 수익의 의사표시 후이며, 직접 취득론에 의하면 계약의 효력으로서 발생한다), 낙약자가 책임 있는 사유로 제3자에게 급부를 이행하지 않으면 제3자에 대하여 채무불이행에 의한 손해배상책임을 짐은 당연하다. 이 경우에 요약자는 낙약자에게 제3자에 대한 손해배상을 청구할 수 있는데, 요약자 스스로의 손해배상청구권을 가지는가가 문제된다. 통설은 급부불이행 그 자체에 대한 손해를 요약자 본인에게 배상하라는 청구를 할 수 없다고 한다. 그러나 제3자에게 급부를 이행하지 않음으로써 요약자 본인에게 발생한 손해에 대하여는 요약자 본인에게 손해를 배상하도록 청구할 수 있을 것이다.

(3) 契約의 取消·解除權

요약자에게 계약의 취소사유가 있는 때에는 요약자가 계약을 취소할 수 있음은 당연하다. 제3자가 수익의 의사표시를 한 후에도 같다. 취소원인은 요약자에 관하여 판단할 것이지 제3자에 관하여 판단할 것은 아니다.

요약자는 낙약자의 채무불이행이 있는 경우에 해제권을 행사할 수 있는지가 문제된다. 이 경우에 제3자는 계약의 당사자가 아니므로 해제권을 행사할 수 없음은 기술한 바와 같은데, 요약자가 제3자의 동의 없이 단독으로(승인론에 의하면 수익의 의사표시 후에만 문제된다) 해제할 수 있는지가 문제이다. 해제하여 요약자도 자기의 채무를 면할 수 있으므로 단독으로 해제할 수 있다고 보아야 한다(이설 없음).

판례 要約者의 單獨解除權 : 제3자를 위한 유상·쌍무계약의 경우 요약자는 낙약자의 채무불이행을 이유로 제3자의 동의 없이 계약을 해제할 수 있다(대판 1970.2.24. 69다1410, 1411).

7. 諾約者의 地位

(1) 第3者에 대한 給付履行債務

낙약자는 제3자를 위한 계약에 의하여 제3자에게 급부를 이행할 채무를 부담하며, 그 채무를 동시에 요약자에 대하여도 진다.

(2) 催告權

낙약자는 상당한 기간을 정하여 제3자에게 급부이익의 향수 여부의 확답을 최고할 수 있으며, 상당 기간 내에 확답을 받지 못한 때에는 제3자가 그 이익을 받을 것을 거절한 것으로 본다(제540조).

(3) 諾約者의 抗辯權

낙약자는 원인관계인 요약자와의 보상관계에서 나오는 항변으로 제3자에게 대항할 수 있다. 그러나 그러한 항변은 당해 제3자를 위한 계약 자체에서 생기는 항변이라야 한다. 예컨대, 요약자가 반대급부를 이행하지 않을 때에는 제3자의 이행청구에 대하여 동시이행의 항변권을 행사할 수 있다.

한편, 낙약자는 제3자에게 가지는 항변으로 대항할 수 있는가의 문제가 있다. 예컨대, 낙약자가 제3자에 대하여 반대채권을 가지는 경우에 제3자에 대하여 상계를 주장할 수 있는가이다. 긍정하여야 한다.

Ⅳ. 要約者 死後履行을 위한 第3者를 위한 契約

1. 意 義

<요약자 사후이행을 위한 제3자를 위한 계약>이란 요약자 사망 후에 낙약자가 제3자에게 이행할 것을 내용으로 하는 제3자를 위한 계약을 말한다. 기본계약은 <제3자를 위한 계약>이지만, 그 내용 중에서 이행의 시기에 관하여 <요약자 사망 후> 또는 <요약자 사망을 조건>으로 하는 내용이 추가된 계약이다. 이러한 계약으로는 생명보험계약이 그 전형으로 생명보험계약은 계약의 성질상 요약자의 사후이행을 위한 제3자를 위한 계약이다. 그 외의 특수한 경우에 개별적으로 이러한 계약을 체결할 수가 있겠는데, 이러한 계약에서 요약자와 제3자와의 대가관계는 여러 가지가 있을 수 있으나 사인증여死因贈與가 보통이다. 예컨대, 나이 많은 고객이 은행과 예금계좌를 개설하면서 생시에는 보통과 같이 입출을 하되, 본인이 갑자기 죽고 난 뒤 잔고는 본인이 지정하는 특정인(상속권자가 아닌 제3자)에게 인출하게 하는 것을 내용으로 하는 예금계약을 체결하는 것이다. 또한 이러한 내용의 예금계좌 개설계약은 우리나라의 가족관계 및 경제상황과 인구의 노령화 등의 영향을 받아 지금은 물론 앞으로도 그러한 예가 증가될 것으로 짐작된다. 이러한 유형의 계약은 비단 예금계약에서 뿐만 아니라 일반 사인간에서도 있을 수 있다는 것은 충분히 예상된다. 이와 같은 경우에, 특히 요약자 사망 후에 관련당사자인 계약상의 권리를 주장하는 제3자와, 낙약자가 아직 이행하지 않은 재산을 상속재산의 구성부분으로 보아 이에 대해 청구하는 상속인 및 피상속인의 채권자간에 법률상의 경합문제가 생기게 된다. 이러한 경합문제의 해결을 위하여 실제로 독일 보통법 이래 독·불법계뿐만 아니라 영미법계에서도 그

논의가 계속되고 있다. 우리 민법에서도 이러한 경합문제가 생길 뿐만 아니라 우리 민법의 제3자를 위한 계약에 관한 규정의 모호성 때문에 실제로 이러한 문제가 대두된다면 그 해결은 아주 어려운 과제가 될 것이다.

이와 같은 경우에 우선 두 가지 측면에서 문제가 된다. 하나는 제3자가 수익의 의사표시를 하고 있지 않는 동안 (따라서 제541조에 의하여 요약자가 제3자의 권리를 변경 또는 소멸시킬 수 있는 동안) 요약자가 사망한 경우, 요약자의 제3자의 권리에 대한 변경·소멸권을 상속인이 상속하여 이를 행사함으로써 제3자의 권리를 소멸시키고 상속재산으로 복귀시킬 수 있는가(변경·소멸권의 상속성문제)이며, 다른 하나는 우리 민법상(다른 나라에서도 동일하다) 사인증여는 유증의 규정을 준용하도록 되어 있으므로(제562조), 이 경우에도 유증의 규정이 준용되어 동 재산에 피상속인의 채권자의 집행력이 미치며, 유류분산정에 포함되며(제1114조), 유류분권자가 그 반환을 청구할 수 있는가(제1115조) 등(유증의 준용문제)이 문제된다.

이러한 문제가 가장 먼저 대두되어 심각하게 논의되어진 독일 민법의 경우에는 제331조 이하에서 <사후증여를 위한 제3자를 위한 계약>에 관하여 제328조 이하의 제3자를 위한 계약과는 별도의 명문의 규정을 두고 있지만 별도의 규정 그 자체가 이 문제를 해결하는 데 큰 역할을 하고 있지는 않다. 그러나 1942년에 제정된 이탈리아 민법은 이 문제에 대하여 보다 명백한 규정을 두고 있다. 그 밖에 우리나라를 위시한 다른 나라에서는 이 문제를 위한 개별규정을 두지 않고 있다. <요약자 사후이행을 위한 제3자를 위한 계약>은 결국 제3자를 위한 계약의 하나의 유형에 지나지 않기 때문에 당연하다고도 할 수 있으나 그 나름대로의 특수성이 있기 때문에 입법론적으로 별도로 규정하여 명백하게 하는 것이 바람직하다 하겠다. 그러나 별도의 규정을 두고 있는 나라에서도 보여지듯이 기본형인 제3자를 위한 계약의 법리에 크게 벗어날 수는 없을 것이다. 따라서 이의 해결은 결국 제3자를 위한 계약의 본질을 어떻게 보느냐(법리)와 밀접한 관계를 가진다. 이하에서 이 문제를 상술하기로 한다.

2. 外國의 例

(1) 獨逸 普通法

독일 보통법시대에 제3자를 위한 계약의 본질이 문제화된 계기는 요약자 사망 후에 제3자에게 급부할 것을 내용으로 하는 제3자를 위한 계약의 경우에 낙약자에 대한 급부청구권이 제3자와 상속인 사이에 다툼이 생기면서이다. 이때의 본질론에 대한 논쟁은 제3자와 상속인 중에서 제3자를 우위에 두어야 한다는 측면에서 직접취득론(Akkreszentheorie)으로 결말이 났다. 그 논거는 만약 승인론(Akzeptationstheorie)을 따른다면, 제3자의 청구권이 제3자가 수익의 의사표시 또는 동의 등과 같은 별도의 행위를 한 후에만 발생하게 되는데, 동 계약의 존재와 요약자의 사망을 제3자보다 먼저 알게 되는 상속인이 먼저 이의(변경 또는 소멸권의 행사)를 함으로써 거의 모든 경우에 제3자의 청구권은 발생하지 않는 것이 되어 부당하다는 것이다. 이러한 주장에 의해 실무계의 판결에서도 제3자를 상속인보다 우위에 두게 되었다.

한편, 제3자와 상속채권자 간에도 문제가 되었는데, 이 경우에도 상속인과의 문제에서와는 다른 각도에서 제3자를 우위에 두었다. 이때 주로 문제가 된 것은 생명보험계약에서였다. 생명보험계약에서의 보험금은 결코 보험계약자의 재산에 속하지 않으며(따라서 상속채권자의 집행력이 미치지 않음), 동 계약은 제3자를 위한 계약의 전형으로서 보험금은 제3자에게 직접적으로 속한다는 것이다. 실질적으로 생명보험계약은 전형적으로 유족의 생계기능을 하게 되며(보통의 경우 동 계약의 제3자는 유족으로서 제3자를 보호한다는 것은 유족을 보호한다는 것이다), 따라서 상속채권자의 처분권에 속할 수 없다는 논거이다. 이에 비하여 보험금의 제공을 사인증여로 보아 상속재산의 채무초과시에는 보험금에 상속채권자의 집행력이 미친다는 일부의 주장도 있었다.

상기한 바와 같이 어떻든 보통법시대에는 직접취득론이 타당한 것으로 받아 들여졌다.

(2) 프로이센 일반란트법(ALR)

프로이센 일반란트법에서는 제3자를 위한 계약에 관하여 승인론에 의한 명문의 규정을 가지고 있었으나, 사후이행을 위한 제3자를 위한 계약에 관하여는 규정하지 않았다. 그런데 요약자 사망 후의 이행을 위한 제3자를 위한 계약의 경우에 프러시아 최고법원은 기본형인 제3자를 위한 계약에 관한 상기의 법리를 적용하지 않았다. 그 논거는 요약자가 죽기 선에는 보통의 경우 제3자의 침가의사표시기 행헤지기 어려우며, 요약자의 사망 후에는 요약자의 의사에 반하여 참가(동의)가 이루어지는 것이 불가능하다는 것인데, 이는 상속인이 요약자의 사망사실을 먼저 알기 마련이므로 제3자보다 먼저 소멸의 의사표시를 할 것이기 때문이다.

승인론의 논리적 귀결은 요약자 사후이행을 위한 제3자를 위한 계약에서는 결국 제3자의 권리취득 여부를 상속인의 의사에 맡긴다는 것이 되어 부당하다는 것이다. 이러한 논리에서 법원은 제3자의 의사표시는 요약자가 당해 이득을 취소할 수 있는 한도 내에서만 의의를 가지며, 요약자의 사망으로 그 이득은 최종적이며 취소할 수 없게 되는데, 이 취소권은 상속권의 대상이 되지 않는다고 하였다. 상속인과의 관계에서 제3자는 요약자의 사망으로써 사전의 의사표시가 없는 경우에도 낙약자에 대한 확정적인 권리를 가진다고 판결하였다. 그 후 제3자와 상속채권자와의 관계에 관하여도 제국법원은 제3자의 우위를 인정하였다.

(3) 獨逸 民法

독일은 민법 제정시에도 제3자를 위한 계약의 본질론 및 요약자 사후급부의 경우의 제3자와 상속인 및 상속채권자의 관계에 대한 논의가 재현되었으나 쉽게 결말이 나지 않았다. 따라서 제3자를 위한 계약에 관하여는 제328조에서, 요약자 사망 후의 이행을 위한 제3자를 위한 계약에 관하여는 제331조에서 별도로 규정하고 있다.

독일 민법 입법자는 민법 제정시에 요약자 사망 후의 이행을 위한 계약에 있어서 관련된 이해관계자 간의 지위에 관하여 학설과 판례가 심하게 대립한 역사적 사실을 감안하여 원만한 해결을 위해 별도로 위 제331조를 두게 되었다. 이 조문의 내용은 제안이유에서 밝혔듯이 요약자 사후 제3자에의 급부와 제3자의 동의 의사표시를 견련시켜, 제3자가 동의하기 전까지는 상속인이 일방적으로 또는 낙약자와의 합의에 의하여 제3자의 권리를 변경·소멸시킬 수 있게 한다는 것이었다. 그러나 민법이 발효된 직후부터 지금까지 동조에 대한 해석에 관하여 학설·판례가 심하게 대립하며, 현재는 오히려 동조를 <제3자를 위한 계약의 목적에 의해 요약자 사망 후는 제3자의 권리는 취소될 수 없이 확정된다는 효력>의 근거로 보고 있는 것이 다수설이다.

논쟁의 초점은 <요약자의 사망 후에 제3자에게 이행할 것을 내용으로 하는 제3자를 위한 계약>은 제3자를 위한 계약으로서의 계약법리가 적용되는가, 아니면, 사인증여의 한 모습이므로 유증의 규정이 준용(상속법의 적용)되는가이다.

다수설은 계약법리가 적용되어 제3자가 우선한다는 것인데, 다수설의 법리구성은 다음과 같다. 요약자의 사망 전까지 제3자는 불확정기대권(ungesicherte Anwartschaft auf den Erwerb)을 가진다. 제3자가 수익의 의사표시를 하거나, 그렇지 않더라도 요약자가 사망하면 제3자의 권리는 취소될 수 없는 것으로 확정된다. 요약자는 제3자의 권리를 계약의 목적이나 구체적 상황 또는 특약으로 수익의 의사표시 후에도 취소할 수 있는 것으로 할 수는 있다. 이와 같이 취소권이 유보된 계약에서 요약자가 사망한 경우에는 다수설 중에서도 견해가 갈리는데, 이 경우에 상속인은 사후대리권과 같이 사후위임권에 의해 제3자의 권리를 취소할 수 있다는 견해가 유력하다. 제3자가 요약자보다 먼저 사망하면, 동 권리는 제3자의 상속재산을 구성하지 않으며, 요약자가 다른 제3자를 지정하지 않은 상태에서 사망하면 동 권리는 요약자의 상속재산을 구성한다. 이러한 다수설은 다음과 같은 논거를 든다 : ① 제3자는 제3자를 위한 계약에 의하여 급부에 대한 권리를 「직접」취득하는 것이지 상속인의 상속재산에 대하여 권리를 취득하는 것은 아니다(직접취득론의 당연한 논리이다). ② 보통의 사인증여死因贈與는 미이행된 것이지만 이 경우는 요약자의 사망 전에 벌써 그의 손을 떠난 것으로 이미 이행된 것이다(사인증여와는 성질이 다르다). ③ 요약자의 사망으로 요약자가 체결한 계약의 의사표시는 영향을 받지 않고 확정된다(독일 민법 제130조). ④ 성질상 생전증여이다. ⑤ 무방식의 계약이다. ⑥ 방식의 흠결이 이행에 의해 치유된 것이다. ⑦ 생명보험계약과 달리 볼 이유가 없다.

이에 대하여 소수설은 상속법의 전면적인 적용, 즉 상속인을 우위에 두는 법리를 구성한다. 이 주장의 논거는 다음과 같다 : ① 이 경우에 상속법의 적용이 배제되면 상속법의 회피가 용이하다. ② 상속인과 상속채권자를 해치게 된다. ③ 무방식으로 대가관계가 무효임에도 불구하고 다수설은 이를 생전증여, 즉 기旣이행된 것으로 보아 방식의 흠결이 치유되어 유효라고 해석하는데, 이러한 다수설의 무효치유 주장은 아무런 근거가 없다.

법원은 프로이센 일반란트법시대부터 꾸준히 제3자를 우위에 두는 입장인데, 독일 민법에서도 연방법원은 ①제3자에게는 사인증여의 형식적 규정이 고려될 필요가 없고, ②기이행된 것이고, ③본질상 생전증여라는 다수설의 논거들을 들어 제3자 우위의 법리를 구성한다.

그러나 몇 개의 연방법원의 판결에서는 제3자의 지위를 종래보다 약화시키고 있는 것도 있다. 낙약자가 은행인 사건에서 요약자 사망 후에 아직 제3자에게 이행(인출)되지 않은 동안은 상속인은 피상속인의 제3자에 대한 증여와 은행에 대한 위임을 취소할 수 있다고 판결하였다. 따라서 상속인은 그와 같은 취소권을 행사하여 피상속인과 제3자간의 대가관계인 증여의 합의의 성취를 방지하며 이로써 제3자의 청구권은 그 법적 근거를 상실하게 된다는 것이다. 더 나아가서 요약자(피상속인)는 은행과의 특약으로 상속인의 취소권을 배제시킬 수 없다는 것이다. 반면, 은행은 제3자에게 행할 급부를 상속인이 취소하기 전에 이행하였든지 또는 제3자에게 동 계약의 내용을 통지하였다면 제3자의 별도의 의사표시가 없더라도 통지의 수령으로 묵시적인 동의(수익의 의사표시)가 있은 것으로 보아 변경·소멸권의 소멸로 상속인은 배제된다는 것이다.

이러한 일련의 판결을 종합하면 「증여의 목적으로 요약자 사망 후에 이행할 것을 내용으로 하는 제3자를 위한 계약」의 경우의 법률관계는 다음과 같다. 우선 제3자가 요약자 생전에 동의의 의사표시를 하였느냐, 또는 제3자에게 통지가 이루어졌느냐(통지가 있은 후에는 제3자가 동의의 의사표시를 하지 않았더라도 묵시적으로 동의의 의사표시를 한 것으로 봄)에 의하여 그 법률관계는 달라진다. 요약자 생전에 동의(또는 통지)의 의사표시가 된 경우에는 제3자는 확정적으로 권리를 취득하며, 상속인이 취소를 할 수 없을 뿐만 아니라 상속법의 적용도 받지 않는다(사인증여에 해당되지 않는다). 왜냐하면 이 경우는 무방식의 생전증여로서 증여자(요약자)의 사망으로 그 합의가 확정적으로 유효하며, 방식의 흠결은 그의 이행으로 치유된다. 그러나 증여자(요약자)의 사망시까지 동의(또는 통지)의 의사표시가 없었다면 제3자의 권리는 취소될 수 있으며, 상속인이 취소하면 동 급부는 상속재산을 구성하는데, 이때의 취소는 제3자에 대한 증여제공에 대한 의사표시의 취소로 증여(대가관계) 자체가 무효가 되며, 낙약자에 대하여는 위임의 취소가 된다. 따라서 이는 사인증여 자체도 문제가 되지 않는다는 것이다(상속재산을 구성한다). 이러한 판결의 내용은 제3자에 대한 요약자의 행위는 어떠한 경우에도 사인증여가 되지 않는다는 것이다. 이에 대하여 학계에서는 결국은 증여제공에 대한 진행과 이의 진행을 소멸하게 하는 취소의 행사의 양자간의 경주시합이 되어 어느 것이 먼저 행해지는지가 급부의 귀속자를 결정한다는 것에 지나지 않는다는 비판이 많은 반면, 실질적인 효과와 법형평적인 측면에서 긍정적으로 평가하기도 한다.

(4) 스위스 債務法

스위스 채무법은 제3자를 위한 계약의 기본형에 대하여만 직접취득론의 법리에 의하여 규정하나, 요약자 사망 후의 제3자를 위한 계약에 관하여는 별도로 규정하고 있지 않다(조문은 제3자를 위한 계약편에서 소개).

동법상 제3자를 위한 계약의 경우에 제3자가 계약으로부터 바로 권리를 취득하는지 여부는 제1차적으로 계약당사자의 의사에 달려 있다. 즉, 요약자와 낙약자는 요약자만이 제3자에의 급부를 청구할 수 있다고 약정할 수도 있고(제112조 1항), 제3자도 스스로 낙약자에 대하여 급부를 청구할 수 있다고 약정할 수도 있다(제112조 2항). 뒤의 경우에는 제3자가 계약에 관여할 필요 없이 급부청구권을 취득한다. 다만, 제3자의 수익의 의사표시는 제3자의 권리의 발생에는 필요하지 않으며, 제3자가 청구권을 행사하지 않고 있거나 수익의 의사표시를 하지 않는 동안에는 요약자는 제3자의 권리를 취소할 수 있을 뿐이다. 즉, 수익의 의사표시는 제3자의 권리의 발생요건이 아니라, 요약자가 제3자의 권리에 대하여 취소할 수 있는 권리를 제한할 수 있는 기능을 한다. 그리고 판례는 제3자를 위한 계약은 기본적으로는 신탁(credendi causa), 변제(solvendi causa), 증여(donandi causa)의 목적으로 행해지며 그중 증여의 목적으로 행하여지는 경우에는 증여의 요건을 충족하여야 한다는 것이다(BGE 69 Ⅱ 308). 즉, 증여에서의 수증자의 승낙의사의 요건은 제3자를 위한 계약의 경우에도 회피되지 않으며(BGE 67 Ⅱ 94f.), 동 계약이 유효하기 위해서는 대가관계의 당사자인 증여자와 수증자의 의사의 합치가 있어야 하는데, 동 계약이 제3자에게 알려지지 않는 동안은 단순한 증여를 위한 준비에 지나지 않으며 제3자에게 통지가 되거나 동 계약에 의한 수익을 표시하면 비로소 증여가 유효하게 된다는 것이다(BGE 69 309 E). 이와 같이 증여 목적의 경우에 판례는 엄격하게 해석한다.

위와 같은 맥락에서 <증여 목적으로 요약자 사망 후에 제3자에게 이행하는 것을 내용으로 하는 제3자를 위한 계약>의 경우에도 독일과는 달리 판례(BGE 69 Ⅱ 310)와 학설은 사인증여(채무법 제245조)에 해당되는 것으로 보아 상속채권자가 상속재산으로 부족한 경우에는 이에 집행할 수 있으며(강제집행법 제286조 내지 제288조), 유류분계산에서도 이 부분을 포함시켜 이에 감액의 소(민법 제527조)의 권리가 있는 것으로 본다. 한편 스위스 민법은 제467조 이하에서 사인 처분에 관하여 규정하고 있는데, 동법은 상속인은 상속권자의 유류분을 제외한 자기재산에 대하여만 사인처분할 수 있다고 규정한다(채무법 제470조).

그러나 이는 동 계약에서 대가관계인 요약자와 제3자간의 관계가 사인증여의 방식을 갖추어 유효한 경우에 한하며(BGE 69 Ⅱ 310), 이를 갖추지 않은 경우에는 사인증여에도 해당되지 않고 무효라고 한다. 결국 대가관계가 사인증여의 형식을 갖추어 유효한 경우에는 제3자를 위한 계약상의 재산권을 포함시켜 유류분을 계산한 후에 잔여분에 대하여만 제3자에게 권리가 있으며, 사인증여로서의 방식을 갖추지 못하여 무효인 경우에는 전적으로 상속재산을 구성한다는 것이다. 이러한 일련의 내용은 여하한 경우, 즉 제3자를 위한 계약의 방법으로도 증여, 특히 사인증여의 요식성을 회피할 수 없다는 의미이다.

(5) 프랑스 民法

프랑스 민법은 요약자의 제3자에의 출연은 제3자의 수익의 의사표시가 있으면 철회하지 못한다고만 규정한다(제1121조 2문). 그 결과 동법상 제3자가 계약성립시에 계약으로부터 권리를 취득하는지 아니면 수익의 의사표시를 하는 때에 비로소 권리를 취득하는지가 분명하지 않다. 이러한 민법 규정의 모호성에도 불구하고, 오늘날의 판례와 학설은 제3자의 청구권은 당사자의 계약으로부터 직접 취득된다는 것이며(직접취득론), 반대의 의사에 의하여 제3자로부터 권리를 박탈할 수 있느냐 하는 문제에 관하여는 제3자에게 주어진 권리의 「수령」을 표시하였느냐 여부에 맡기는 것으로 그러한 표시를 하였다면 이제는 제3자의 권리는 취소될 수 없는 것으로 해석한다. <요약자 사망 후 이행(사인증여)을 위한 제3자를 위한 계약>에 관하여는 명문의 규정이 없으나, 판례와 학설은 다음과 같다.

우선 프랑스 민법은 제893조에서 생전증여 또는 유언으로 그 재산을 무상으로 처분할 수 있으나 엄격한 방식을 요한다고 규정하여 사인증여를 금지하나, 제3자를 위한 계약을 이용한 사후증여는 가능한 것으로 보고 있다. 그러나 이 경우에도 대체로 상속인 및 상속채권자를 제3자보다 우위에 두고 있으나 다음의 세 가지 경우로 구분하여 살핀다.

첫째는, 예컨대 부동산의 매수인(낙약자)이 매도인(요약자) 사망 후에 반대급부(매매대금)를 제3자에게 이행한다는 합의가 있는 경우에, 제3자의 권리에 대하여 매도인인 요약자는 자유롭게 취소할 수 있으나 요약자의 상속인은 제3자의 수익의 의사표시가 있기 전까지만 취소할 수 있다.

둘째는, 생명보험계약에서는 상속인의 취소권이 제한을 받는다. 보험계약법(1930.7.13) 제64조 제3항에 의하면 상속인은 제3자에게 3월내에 수익여부를 최고할 수 있고, 제3자가 이를 도과하면 제3자의 권리를 취소할 수 있다.

셋째는, 은행계좌 개설자가 자기가 사망한 후에 예금을 제3자에게 지불하도록 하는 사안에서, 하급심법원은 이는 제3자를 위한 계약이 아니라 단순히 무효인 사인증여라고 하였는데, 그 기준은 당해 계약의 경우 제3자의 수익의 표시가 계좌 개설자의 생전에 행하여졌느냐를 기준으로 하였다.

(6) 기타의 例

1942년에 제정된 이탈리아 민법은 제3자를 위한 계약에 관하여 가장 명확하게 규정하고 있을 뿐 아니라 요약자 사망 후 제3자에 대한 이행에 관하여도 이를 명문으로 규정하고 있다.

영미법계인 미국에서는 제3자를 위한 계약도 인정되나, 주로 신탁 제도가 이용되고 있다. 생전신탁뿐만 아니라 사후신탁도 행하여지는데, 사후신탁은 은행계좌를 개설하면서, 생전에는 예입금에 대하여 본인이 인출하나 사망 후에는 제3자에게 인출권을 주는 내용의 약정을 하는 경우가 전형적이다. 이에 대하여 뉴욕주의 법원은 이러한 약정은 유효하며, 제3자는 동 약정에 의하여 계좌 개설자의 사망으로 은행에 대하여 직접 인출권을 가지며, 상속인은 취소권을 행사하여 제3자의 권리를 취소할 수 없다고 판결하였다(취소권의 상속성 부정). 이러한 법리의 구성은 학설에 의하여 지지를 받아 리스테이트먼트(1935)의 신탁 제58조에 규정되고 있다. 그러나 제3자의 지위에는 본질적인 제한이 있는데, 피상속인의 채권자는 채무초과시에는 이 예입금에 집행할 수 있으며, 또한 생존 배우자의 생활을 고려하여 상속인에 대하여서는 유증과 동일하게 취급하여 유류분계산에서는 동 예입금이 포함되는 것으로 보는 데 견해가 일치한다.

3. 우리 民法上의 解釋(私見)

(1) 第3者를 위한 契約에 관한 通說에 의한 推論

요약자 사망 후의 이행을 위한 제3자를 위한 계약에 관하여 논하는 학자가 없어 어떠한 해석을 할 것인지는 알 수 없다. 그러나 기본형인 제3자를 위한 계약에 관하여 판례·통설이 승인론에 의하여 해석하므로, 그러한 승인론에 의하면 다음과 같이 해석될 수 있을 것이다.

계약의 성질상 통상의 경우 요약자 생전에는 제3자가 계약의 내용을 잘 알지 못할 것이며, 따라서 수익의 의사표시는 요약자 사망 후 상당기간 경과후에 행하여질 수 있을 것이다. 요약자의 변경·소멸권은 재산권의 성질을 가지므로 상속의 대상이 되어 상속인이 상속할 것이며, 상속인은 이를 행사할 가능성이 매우 높다. 따라서 제3자의 수익의 의사표시 행사와 상속인의 변경·소멸권의 행사가 어느 것이 먼저 행하여지느냐가 관건이 되는데, 보통의 경우는 상속인이 요약자의 사망을 먼저 알게 되어 상속인이 변경·소멸권을 먼저 행사하게 될 것이므로 제3자가 권리를 취득하는 경우는 거의 없을 것이다. 이렇게 되면 요약자 사망 후의 이행을 위한 계약은 거의 실효성이 없게 되는데, 이는 제3자를 위한 계약의 본질에 관하여 승인론이 가지는 맹점이다. 이러한 문제가 있기 때문에 기술한 바와 같이 제3자를 위한 계약을 여러 나라에서 직접취득론에 의하여 규정하고 있는 것이다.

(2) 私 見

민법 제539조의 제3자를 위한 계약에 관하여 직접취득론으로 이해하는 사견에 의하면 다음과 같이 볼 수 있다.

(가) 要約者 生時에 第3者가 受益의 意思表示를 한 경우

제3자의 권리는 확정적이 되며(제541조), 요약자의 사망으로 제3자는 낙약자에 대해 자기의 권리를 행사할 수 있다.

여기서 문제가 되는 것은 이러한 계약은 요약자와 제3자 간의 대가관계가 사인증여의 외양을 가지고 있어서 이를 사인증여로 보아 제3자의 권리의 객체를 유류분 계산에 포함하며, 부족하면 유류분권자가 집행할 수 있고, 상속채권자도 부족하면 이에 집행할 수 있는 등으로 상속법의 적용이 있느냐는 것이다.

생각건대 요약자의 사망시를 기준으로 볼 때 동 급부는 그 전에 이미 요약자의 수중을 떠나 있고(통상의 사인증여는 증여자 사망시에 재산이 수중에 있다), 낙약자와의 제3자를 위한 계약의 유효시에 생전증여가 된 것으로 보는 것이 합당하므로 이에 상속법의 적용은 없다고 보아야 할 것이다. 이러한 해석은 비교법적인 관점에서도 타당하다고 본다.

(나) 要約者 死亡時까지 受益의 意思表示를 하지 않은 경우

문제는 요약자의 변경·소멸권의 상속성을 인정할 것인가인데, 독일의 일부 판례에서 보듯이 상속성을 인정하여 상속인의 변경·소멸권의 행사와 제3자의 수익의 의사표시의 선후에 의하여 결정된다고 할 수도 있다. 그러나 그렇게 본다면 여러 가지 사정에 의하여 제3자가 권리를 취득하는 경우란 거의 없을 것이며, 그러한 계약의 존재의의도 없다고 할 것이다.

따라서 요약자의 증여의 의사표시는 민법 제111조 제2항에 의하여 요약자의 사망으로 영향을 받지 않고 확정되어 제3자는 확정적인 권리를 취득한다고 보는 독일의 일부 판례와 다수설이 타당하다고 본다. 물론 이 경우도 사인증여는 아니며 따라서 상속법의 적용은 없다.

(다) 第3者에게 通知는 있었으나 明示的인 受益의 意思表示가 없는 경우

독일의 판례와 다수설은 위 통지만 있는 경우에 제3자의 우위로 보는데, 특별히 거부의 의사가 있다고 볼 수 없는 한 권리만을 취득하는 것이므로 긍정하는 데 아무런 무리가 없을 것이다.

이를 종합·정리하면 다음과 같다.

① 어떤 경우에나 사인증여로 볼 것은 아니므로 상속법의 적용은 없다.

② 요약자의 사망으로 어느 경우나 제3자는 확정적인 권리를 취득한다.

③ 변경·소멸권은 상속성이 없다.

④ 제3자의 권리는 당연히 요약자의 사망으로 발생하나, 사망 전까지는 일종의 기대권을 가지며, 수익의 의사표시 전까지는 요약자가 이를 변경·소멸시킬 수 있다.

第5節 契約의 解除·解止

I. 序 說

1. 契約의 解除

(1) 解除의 意義와 機能

계약이 유효하게 체결되면 계약의 당사자는 계약의 목적을 실현시키기 위하여 협력하여야 할 각종의 채무를 진다. 그런데 때로는 채무자가 자기의 채무를 이행할 수 있음에도 이행하지 아니하거나 또는 자기에게 책임 있는 사유에 의하여 이행불능상태가 되는 경우가 있다. 이와 같은 채무불이행의 경우에 채권자는 계약관계를 그대로 유지하면서 강제이행(제389조) 또는 손해배상(제390조)을 청구할 수도 있으며, 아니면 계약관계를 해소하여 계약관계의 구속으로부터 해방될 수도 있다. 후자가 계약의 해제이다. 즉, <u>유효하게 성립하고 있는 계약의 효력을 당사자의 일방적 의사표시에 의하여 계약관계를 해소시키는 것을 계약의 해제라 한다.</u> 그리고 이러한 일방적 의사표시에 의하여 계약관계를 해소시킬 수 있는 권리가 해제권이다.

계약의 해제에는 법정해제, 약정해제, 합의해제(해제계약)의 세 가지가 있다. 법정해제란 법률의 규정에 의하여 해제할 수 있는 경우의 해제로서 일반적으로 이행지체와 이행불능의 경우에 해제할 수 있는 것으로 제544조 이하에서 규정하고 있으며, 개별 계약에 특유한 법정해제에 관하여는 개별 계약편에 별도로 규정하고 있다(예 : 제555조, 제575조 등). 약정해제는 당사자가 개별 계약시에 유보한 해제권을 행사하여 계약을 해제하는 것이다. 약정해제에는 당사자가 계약에서 명확하게 해제권을 유보시킨 경우와 법률의 규정에 의하여 해제권을 유보한 것으로 보는 경우(제565조) 두 가지가 있다. 합의해제란 계약의 당사자가 별도로 합의(계약)를 하여 당해 계약관계를 해소하는 것을 말한다.

이와 같이 해제란 당사자의 계약관계를 해소하는 것이다. 이는 특히 쌍무계약에서 당사자의 일방에게 책임 있는 사유에 의하여 이행지체 또는 이행불능인 경우에 강제이행 또는 손해배상을 청구할 수 있으나, 이러한 강제이행 또는 손해배상의 청구는 계약관계를 그대로 유지한 채 진행되는 것이다. 따라서 자기의 채무도 이행하여야 할 뿐만 아니라 상대방의 채무에 대하여는 현실적 강제이행 또는 손해배상을 청구하는 것이므로 계약의 본래의 목적을 원만하게 달성할 수가 없거나 불이익을 줄 수가 있기 때문에, 상대방으로 하여금 계약을 폐기하여 그 구속으로부터 해방시키며 동시에 채권관계를 계약체결 이전 상태로 복귀시키는 데 주된 의의가 있다. 즉, 계약의 해제는 당사자를 계약관계의 구속으로부터 해방시켜 자유롭게 하며(해방효解放效), 또한 당사자를 계약체결 이전의 상태로 복귀시키는 데(원상회복原狀回復) 주된 의의가 있다. 그 외에 계약을 이행하지 않는 상대에게 징벌적인 제재를 하는 의미도 있다. 제565조의 해약금에 관한 규정은 징벌적인 의미에 해당한다.

(2) 解除權 - 約定解除權과 法定解除權

해제를 할 수 있는 권리가 해제권인데, 해제권에는 약정해제권과 법정해제권이 있다.

약정해제권이란 계약 당사자의 합의에 의하여 발생시키는 해제권으로, 보통은 처음의 계약에서 특약으로 당사자의 일방 또는 쌍방을 위하여 해제권을 유보하나 별도의 계약으로 해제권을 유보할 수 있음은 당연하다. 계약의 당사자는 해제권을 유보하는 특약 또는 별도의 계약에서 해제권의 발생 사유, 해제권의 행사방법, 효과에 관하여 정할 수 있으며, 그러한 경우에는 그 특약에 의하여 법률관계가 형성된다.

법정해제권은 법률의 규정에 의하여 발생하는 해제권을 말한다. 법정해제권에는 모든 채권계약에 공통하여 발생하는 일반적인 법정해제권(제544조 내지 제546조)과 특정 계약에서 특유한 원인에 의하여 발생하는 특수한 법정해제권이 있다. 후자의 경우에는 당해 계약의 특성상 개별적으로 인정되는 법정해제권이기 때문에 그 효과에서 일반적인 법정해제권을 행사할 때와는 다소의 차이를 두고 있다(예 : 제558조)(여기서는 일반적인 법정해제권에 대하여 보고, 특유한 법정해제권에 관하여는 개별계약에서 살펴보기로 한다).

약정해제권과 법정해제권은 해제권의 발생원인에 따른 분류이고, 일단 발생한 해제권은 약정해제권에서 특약이 없는 한 양자는 그 행사방법, 효과에 차이가 없다.

(3) 解除가 認定되는 契約

계약의 해제는 채권계약에서만 인정된다. 물권계약과 준물권계약에서는 채권채무가 발생하지 않으므로 해제라는 것이 생길 여지가 없다.

채권계약이면 쌍무계약이든 편무계약이든 해제는 인정된다. 그러나 법정해제는 쌍무계약상의 견련성에 의한 상호간의 공평을 위한 제도로서 해제권의 발생원인이 채무불이행이기 때문에 실익은 쌍무계약에 있다. 편무계약에서 채무불이행의 경우에는 채무불이행에 의한 손해배상책임을 물을 것이지 계약을 해제할 필요가 없기 때문이다.

2. 解除와 類似한 制度

(1) 合意解除

위에서 본 바와 같이 합의해제란 기존계약의 당사자가 별도로 합의를 하여 당해 계약관계를 폐기하는 것을 말한다. 이는 해제를 하자는 합의, 즉 해제계약이다. 이러한 해제계약이 허용되는 것은 계약자유의 원칙상 당연하다. 해제계약은 계약이므로 민법의 해제에 관한 규정(제543조 내지 제553조)이 적용되지 아니하고 계약에 관한 규정이 일반적으로 적용된다. 따라서 해제계약의 효력은 당사자의 당해 해제계약에서 정하여진다. 합의해제의 효과에 관하여 따로 정하지 아니한 경우에 부당이득에 관한 규정(제741조)을 적용할 것인지 아니면 법정해제에 관한 제548조를 적용할 것인지가 문제된다(Ⅶ. 합의해제에서 후술).

(2) 解除條件 및 失權約款

계약시에 해제조건을 붙인 경우에 해제조건에 의한 해제는 약정해제와 유사하다. 그러나 약정해제는 일정한 경우에 해당하더라도 해제권을 행사하여야 계약이 해제되나, 해제조건부 계약에서는 당사자가 합의한 조건이 성취하면 별도로 해제권을 행사하지 않고 당연히 계약이 해제된다는 점에서 양자는 다르다.

해제조건 중에서 특히 채무자측의 채무불이행을 조건으로 계약의 효력을 잃게 하는 약관을 실권약관이라고 한다. 예컨대, 할부매매에서 매수인이 1회의 대금연체만으로 계약은 효력을 잃는다는 약관을 하는 경우가 있다. 이와 같은 실권약관이 약관의 규제에관한법률에 의하여 무효로 되는 것은 별론으로 하고, 일방 특히 경제적 약자에게 매우 불리하다. 그러므로 실권약관은 조건의 성취에 의하여 당연히 계약이 해제되는 해제조건이 아니라, 해제권을 유보한 특약(해제권유보특약)으로 새겨야 된다는 것이 판례와 학설이다. 즉, 실권약관은 해제권의 발생사유에 의한 해제권을 유보한 특약이며, 따라서 그러한 사유에 해당되어도 그 사유만으로 계약이 해제되는 것이 아니라, 상대방의 최고와 해제권의 행사가 있어야 계약이 해제된다는 것이다. 이에 동의한다.

판례 失權約款의 性質 : 부동산 매매계약에 있어서 매수인이 잔대금지급기일까지 그 대금을 지급하지 못하면 그 계약이 자동적으로 해제된다는 취지의 약정이 있더라도, 특단의 사정이 없는 한, 매수인의 잔대금지급의무와 매도인의 소유권이전등기의무는 동시이행의 관계에 있으므로, 매도인이 잔대금지급기일에 소유권이전등기에 필요한 서류를 준비하여 매수인에게 알리는 등 이행의 제공을 하여 매수인으로 하여금 이행지체에 빠지게 하였을 때에 비로소 자동적으로 매매계약이 해제된다고 보아야 하고, 매수인이 그 약정기한을 도과하였더라도 이행지체에 빠진 것이 아니라면 대금 미지급으로 계약이 자동해제된다고는 볼 수 없다(대판 1989.7.25. 88다카28891).

판례 解除條件인지 解除權留保條項인지 與否 : 매도인이 위약시에는 계약금의 배액을 상환하고 매수인이 위약시에는 지급한 금전을 취득하고 계약은 자동적으로 해제된다는 조항은 위약 당사자가 상대방에 대하여 계약금을 포기하거나 그 배액을 배상하여 계약을 해제할 수 있다는 해제권 유보조하이라 할 것이고 최고나 통징 볏이 해제할 수 있다는 특약이라고 볼 수 없다(대판 1982.4.27. 80다851).

3. 解除制度의 比較法的 檢討

(1) 解除制度의 理論的 基礎

유효하게 성립된 계약이 구속력을 가짐은 로마법 이래의 대원칙인데, 해제는 유효한 계약을 해소하여 계약의 효력을 잃게 하는 것이다. 이와 같은 해제가 근대법에서 일반적인 제도로서 인정되게 된 이론적 근거는 어디에 있는가?

해제제도는 신의와 형평의 이념과 쌍무계약의 특질인 견련성에 그 이론적 기초가 있는 것으로 이해되고 있다. 즉, 상호의존적 견련관계에 있는 채무를 부담하는 쌍무계약관계에서 반대급부의 이행을 받지 못한 당사자를 계약적 구속상태에 계속 둔 채 자기의 채무를 이행하지 않은 당사자로 하여금 쌍무적 관계에서의 이익을 받도록 허용하는 것은 신의와 형평에 반하는 것으로 해제는 이러한 신의와 형평의 이념에서 인정되는 제도라는 것이며, 한편으로 해제는 특히 쌍무계약에서 그 의미가 있어 쌍무계약에서 당사자 쌍방의 채무는 서로 견련성을 가지는 의존적 관계에 있는 것으로 각 당사자는 상대방이 약정한 급부의 이행을 얻기 위하여 자기도 채무를 부담하는 것이므로 일방의 채무의 이행은 타방의 채무부담의 원인이 되어 전자의 불이행은 원인의 결여로 인한 후자의 소멸을 가져오는데 이에 기하여 해제가 인정된다는 것이다.

(2) 立法例

로마법에서는＜계약은 지켜져야 한다(pacta sunt servanda)＞는 원칙에 의하여 일반적인 해제제도를 알지 못하였다. 오늘날의 해제제도는 중세의 까논법에서 기원한다고 이해되고 있다. 약속의 가치와 신의를 중요하게 생각한 까논법 학자들은 상호의존적인 상인성相因性을 그 특질로 하는 쌍무계약에서 상대방으로부터 급부의 이행을 받지 못한 당사자는 자신의 급부를 이행하지 아니할 권리뿐만 아니라, 계약을 해소시킬 수 있는 권리가 있는 것으로 보았던 것이다.

까논법 학자들의 사고는 프랑스 민법학에 계수되어 프랑스 민법 제정시에 해제에 관하여 제1184조에 규정하게 되었다. 동조에 의하면 모든 쌍무계약에서는 일방의 채무불이행은 묵시적 해제조건을 이루는 것으로 본다. 그러나 이 경우에도 당해 계약은 당연히 해제되는 것이 아니라 채권자는 강제이행이나 해제 중의 하나를 선택하도록 하며, 해제는 손해배상과 함께 법원에 청구하여 재판상 행사하여야 한다. 한편, 특별히 인수기간이 정해진 상품 및 동산 매매에 있어서는 인수기한이 경과한 때에는 최고 없이 당연히 해제되도록 하여(동법 제1657조) 거래의 신속을 기하고 있다. 프랑스 민법상 해제는 원칙적으로 재판상 행사하여야 하며 손해배상을 수반할 수 있다는 것이 특징이다. 프랑스 민법에 기반을 두어 제2차대전 중에 제정된 이탈리아 민법은 위 프랑스 민법 제1184조와 동일한 조문(제1453조)을 두고, 이에 추가하여 채무의 이행이 되지 않을 때에는 15일 이상의 상당한 기간을 정한 최고 후 그 기간이 경과한 때에는 계약은 법률상 당연히 해제되도록 하여(제1454조) 거래관계를 신속하게 정리할 수 있게 하고 있다.

독일 민법은 해제의 부분(제346조 내지 제361조)에서는 약정해제에 관하여 규정하고, 채무불이행에 의한 법정해제에 관하여는 쌍무계약의 부분(제325조 및 제326조)에서 규정하고 있다. 따라서 약정해제는 모든 계약에서 가능하지만 법정해제는 쌍무계약에서만 인정된다고 이해된다. 이는 쌍무계약이 상인성을 그 특질로 하는 데서 비롯된 것이다. 독일 민법상의 해제(약정해제나 법정해제 동일)는 형성권으로서 해제권자의 의사표시에 의하여 계약관계가 해소되며, 채무불이행에 의한 법정해제에 있어서는 채권자는 손해배상의 청구와 해제 중에서 어느 하나를 선택하여야 하고 양자를 함께 행사할 수는 없게 한 것에 그 특징이 있었다. 즉, 해제와 손해배상의 청구는 택일적이었다. 이러한 결론은 논리적으로는 매우 타당하다. 그런데, 구체적인 거래관계에서는 해제를 하여 원상회복을 받아도 여전히 일부의 손해가 남아 있는 경우가 있게 된다. 예컨대, 기존의 자와의 계약을 해제하고 동일한 계약을 다시 체결하려고 하니 목적물의 가격이 급등하였다든지 또는 급락한 경우 등이 이에 해당한다. 이 점을 민법 제정시에는 간과하였는데, 2002년에 민법 제325조를 개정하여 이를 해결하여 해제를 하고도 손해가 있는 경우에는 손해배상을 별도로 청구할 수 있도록 하였다. (종래 해제의 효과에 관한 청산관계설은 해제가 손해배상을 배제한다는 규정의 문제점을 해결하기 위하여 해제를 하고도 손해배상을 청구할 수 있는 이론적 기반을 부여하기 위한 이론이다).

스위스 채무법은 쌍무계약에서의 채무불이행시에 손해배상과 해제를 선택할 수 있도록 하나, 법정해제에 관하여는 명문으로 규정(제107조 내지 제109조)하고 약정해제에 관하여는 별도로 규정하고 있지 않다. 해제는 상대방에 대한 의사표시로써 하며,

해제하여 계약이 실효됨으로 인하여 발생한 손해(신뢰이익의 손해)에 대하여는 그 배상을 청구할 수 있도록 하고 있다.

영미법에서는 당사자의 계약에서 특약(약정해제)으로 일정한 경우에 일방이 계약을 파기(cancel)하거나, 일방 당사자의 채무의 이행을 상대방의 채무이행의 선행조건(precedent condition)으로 정하거나, 쌍방의 채무이행을 동시적 조건(concurrent condition)으로 정하거나, 이들의 조건의 불성취를 의미하는 채무불이행에 대하여 상대방은 계약을 해제(rescission, termination of contract)하고 자기의 채무를 소멸시킬 수 있다. 또한 이들 조건은 경우에 따라서는 당사자가 약정하지 않더라도 법률상 추정(constructive condition)되는 것으로 본다. 약정이 되지 않은 법정해제는 중대한 채무의 불이행(serious or substantial failure of performance)이 있는 경우에만 인정된다. 중대한 불이행은 당사자가 본래의 계약으로 얻고자 하는 실질적 이익을 상실하는 경우, 계약의 근본에 관한 불이행, 계약의 본질적인 위반 등을 의미한다. 해제는 상대방에 대한 의사표시로 한다. 해제는 당사자 쌍방에게 계약상의 장래의 이행의무를 소멸시킨다. 이미 이행한 부분에 관하여는 원상회복을 위한 반환청구를 할 수 있으며, 이 반환청구는 일방 당사자에게 법률상 정당한 이유 없이 취득한 것으로 준계약(quasi-contract)에 기한 권리라고 해석된다. 원상회복을 위한 반환청구와 함께 일방은 상대방의 계약위반에 의하여 입은 손해(이행이익의 손해)의 배상을 청구할 수 있다.

<解除에 關한 立法例>

	요 건	행 사	효 과
프랑스 민법	묵시적 조건	재판상 행사	원상회복, 이행이익
이탈리아 민법	묵시적 조건	최고 후 당연해제	원상회복, 이행이익
독일 민법	채무불이행	의사표시	원상회복, 이행이익
스위스 채무법	채무불이행	의사표시	원상회복, 신뢰이익
영미법	채무불이행	의사표시	원상회복, 이행이익

* **독일 민법 제325조(2002년 개정된 조문)** : 쌍무계약에서 손해배상을 청구할 수 있는 권리는 해제에 의하여 배제되지 아니한다.

(3) 우리 民法

우리 민법의 계약의 해제에 관하여는 위에서 본 서구의 입법례를 모델로 하였으나, 어느 하나를 택하지 않고 혼합하여 규정하고 있다. 우리 민법상의 해제에 관하여는 아래의 특징을 들 수 있다.

첫째, 해제와 해지를 구별하여 독립된 관款을 두어 규정하고 있다(제543조 내지 제

553조).

둘째, 해제(약정해제와 법정해제 공통)에 관한 일반규정을 두고 있다.

셋째, 해제의 방법에 관하여는 상대방에 대한 의사표시로 할 수 있도록 하고 있다(제543조).

넷째, 해제와 손해배상청구의 양립을 인정한다(제551조).

4. 解除에 관한 本質論

해제는 계약이 유효하게 성립한 이후에 행하여지는 것이므로 계약에 의하여 이미 이행된 부분도 있고 아직 이행되지 않은 부분도 있게 되며, 또한 계약이 중도에서 폐기됨으로 인하여 일방에게 손해가 발생하게 된다. 따라서 해제의 효과로서 이미 이행된 것은 원상회복을 하여야 하고, 이행되지 않은 것은 이행의무가 소멸하며, 손해가 있으면 배상하여야 한다. 이에 해제의 효과로서 원상회복의무, 이행의무 소멸, 손해배상의 청구 세 가지가 이루어지는데, 이들 세 가지 모두를 이론적으로 모순 없이 체계적으로 설명하여야 한다는 문제가 있다. 이것이 곧 해제의 본질이 무엇인가라는 것이다.

해제의 본질에 관한 논의에 있어서 독일 민법학에서는 당초 원상회복의무가 중심이었다. 이는 독일 민법이 해제와 손해배상청구의 양립을 인정하지 않음으로써 해제하는 경우에는 원상회복과 그에 따른 거래의 안전보호만이 문제되었기 때문이다. 따라서 아래에서 보는 직접효과설이 지배적인 견해였으나, 1950년대 이후에 해제의 효과로서 원상회복과 손해배상의 청구를 병존시키기 위한 체계적 설명을 위한 이론적 모색으로써 청산관계설이 주창되어 오늘날에는 청산관계설이 지배적 견해가 되었으며, 그 이후 전술한 바와 같이 2002년에는 양자의 병립을 인정하는 것으로 해당 조문을 개정하였다. 우리 민법학에서 해제의 효과에 관한 이론도 독일의 이러한 일련의 이론의 영향을 받아 아래와 같은 직접효과설, 간접효과설, 절충설, 청산관계설이 존재한다. 그러나, 간접효과설과 절충설은 학설사적 의미만 있을 뿐으로 현재 이들 학설을 주장하는 견해는 없다.

(1) 直接效果說

해제란 유효한 계약을 폐기시키는 것이므로 계약이 처음부터 존재하지 않았던 것으로 되는 계약의 효력이 소급적으로 소멸하는 효과가 발생한다는 것이다. 이러한 효과로 해제 당시에 아직 이행되지 않은 급부는 당연히 소멸하고, 이미 이행한 급부는 법률상의 원인을 잃게 되는 원인소멸에 의한 부당이득 반환의 문제가 된다. 즉, 해제의 효과로서의 원상회복이란 부당이득의 반환을 의미하는 것이다. 다만 반환의 범위에서는 부당이득이 현존이익의 반환(제748조)에 그치는데, 해제에서는 원상회복에까지 확대될 뿐이다. 현재의 판례와 다수설이 취하고 있는 이론이다.

그런데 물권행위의 유·무인성의 대립으로 계약의 소급적 소멸로 인한 기이행既履行 급부에 의한 물권변동에 미치는 효과에 관하여는 무인론無因論에 기초한 채권적 효과설과 유인론有因論에 기초한 물권적 효과설이 대립하고 있다.

직접효과설은 기이행채무에 대한 원상회복의무의 본질이 부당이득이라고 하면서 반환의 범위를 확대하는데, 확대되는 이론적 근거가 무엇인지를 설명하지 못하며, 계약의 소급적 소멸에 따른 물권의 소급적 복귀와 관련하여 물권행위의 유·무인성에 따른 거래의 안전보호가 문제되며, 또한 계약이 해제로 인하여 소멸하는데도 불구하고 우리 민법에 규정된 손해배상 청구권이 존재하는 이론적 근거를 적절하게 설명할 수 없다는 데 난점이 있다.

(2) 間接效果說

해제란 계약 자체를 소멸시키는 것이 아니라 다만 계약의 작용을 저지할 뿐이라는 것이다. 따라서 해제를 하면 아직 이행되지 않은 급부에 관하여는 이행거절의 항변권이 생기며, 이미 이행을 한 급부에 관하여는 새로운 반환청구권이 발생한다. 해제에 의하여 새롭게 발생하는 이 반환청구권이 원상회복청구권이다. 그러나 이러한 새로운 반환청구권의 발생근거가 무엇인지 설명할 수 없으며, 또한 손해배상 청구권이 존재하는 이론적 근거를 설명하지 못하는 난점이 있다.

(3) 折衷說

직접효과설과 간접효과설을 절충한 것이다. 해제에 의하여 아직 이행되지 않은 급부는 당연히 소멸하며(직접효과설), 이미 이행한 급부에 관하여는 새로운 반환청구권이 발생한다(간접효과설). 따라서 해제의 효과인 원상회복청구권은 해제에 의하여 새롭게 발생하는 반환청구권을 의미한다.

(4) 清算關係說

해제란 계약의 당사자관계를 본래의 계약목적 달성을 위한 관계에서 청산의 목적을 위한 관계로 변형시키는 것이다. 따라서 아직 이행되지 않은 급부는 장래에 대하여 당연히 소멸하고, 이미 이행한 급부에 관하여는 그것을 반환할 의무가 생긴다. 이때의 당사자의 관계는 본래의 채권관계를 기초로 다만 그 내용이 청산을 목적으로 변형될 뿐이다. 따라서 본래의 당사자의 채권관계는 해제 후에도 당사자의 법률관계의 기초가 되나 그 내용이 변형될 뿐으로 해제 전후를 통하여 당사자의 관계는 연속되고 또한 동질성이 있다. 이는 곧 해제를 하더라도 당사자는 여전히 채권관계에 있어 채무가 존재하여 원상회복의무와 손해배상의무는 양립하게 되고, 그 책임의 근거도 채무자의 채무불이행이라는 것이 된다. 오늘날 독일에서 다수설이며, 우리나라에서도 유력하게 주장되는 이론이다.

직접효과설과 청산관계설의 근본적인 차이점은, 직접효과설은 해제로 당사자의 일체의 계약관계를 소급적으로 소멸시킨다는 것이며, 청산관계설은 해제 후에도 계약관계를 유지시킨다는 것이다. 따라서 직접효과설에 의하면 해제 후의 원상회복의무는 법정채무인 부당이득 반환채무가 되나, 청산관계설에 의하면 해제 후의 원상회복의무도 해제 전의 계약관계에서 기초된 것으로 단지 그 내용의 변형일 뿐이며 해제 후의 당사자의 관계는 해제 전의 당사자의 관계와 그 본질에서는 동일성이 있어 원상회복의무에도 계약채무에 부종한 보증·담보의 효력이 미치게 된다.

청산관계설은 종래의 직접효과설 등이 해제에 따른 원상회복의무의 본질 및 원상회복의무와 손해배상청구권의 양립을 이론적으로 설명하는 데 난점이 있는 것을 극복한 점이 주목된다. 그러나 민법이 해제와 해지를 대립시켜 규정하고 있는 점(소급효 유무), 형성권인 해제권의 행사에 의하여 발생하는 법률관계를 청산관계설은 약정채권관계로 이행한다는 점 등에 관하여는 문제가 있다는 지적을 받는다.

해제의 본질론은 결국 해제의 효과에 관한 실정법의 규정을 어떻게 체계적으로 모순 없이 설명할 것인가에 대한 우리의 문제이다. 해제의 효과로서 민법은 원상회복의무(제548조)와 손해배상청구권(제551조)이 발생함을 규정하고 있다. 그런데 위에서 보았듯이 청산관계설만이 민법상의 해제의 효과로 규정된 원상회복의무와 손해배상청구권의 양립을 적절히 설명할 수가 있다. 또한 원상회복의무에서 동시이행의 항변권을 인정하는 제549조를 적절히 설명할 수 있다. 즉, 해제 전의 쌍무계약의 관계가 해제 후에도 그대로 유지되기 때문에 해제 후의 원상회복의무에 제536조가 준용된다. 이러한 점에서 해제의 법률관계에 관하여는 세부적인 내용에 문제가 없는 것은 아니지만, 이론적으로 보다 모순 없이 해제에 관한 법규정을 통일적으로 해석하는 점에서는 직접효과설보다 청산관계설이 더 원만하다고 생각한다. 그러나, 어느 설을 취할지라도 제551조가 손해배상의 청구를 가능하게 함으로써 차이가 없다. 다만, 해제의 효과에 관한 제548조 단서의 제3자 보호에 관한 해석에서 외형적으로 차이가 날 뿐이다.

Ⅱ. 法定解除의 要件

1. 序 言

법정해제는 계약에 공통한 원인에 의하여 발생하는 일반적 법정해제와 특정한 계약에 특유한 원인에 의하여 발생하는 특유한 법정해제가 있다. 특유한 법정해제에 관하여는 개별 계약에서 보기로 하고, 여기서는 일반적 법정해제에 관하여 본다.

일반적 법정해제는 채무불이행을 원인으로 하여 발생한다. 채무불이행의 일반적 모습으로는 통설은 이행지체, 이행불능, 불완전이행을 든다. 민법은 이행지체시의 해제(제544조), 이행지체의 특수형태로서 정기행위의 해제(제545조), 이행불능시의 해제(제546조)에 관하여 그 요건을 규정하고 있다. 불완전이행의 경우는 빠져 있으나, 채무불이행의 하나의 유형으로 인정하면, 불완전이행의 경우의 해제에 관하여도 문제가 된다.

이상의 채무불이행의 경우의 해제 외에도 사정변경에 의한 해제, 부수적 급부의무 및 부작위의무 위반의 경우의 해제, 채권자지체의 경우의 해제도 민법에 명문의 규정은 없으나 문제가 된다. 아래에서 검토해 보기로 한다.

2. 履行遲滯에 의한 解除

민법은 통상적인 채무에서의 이행지체와 정기행위에서의 이행지체를 구별하여 규정하고 있다. 이는 채무자의 급부의 이행이 정기적으로 하여야 할 정기행위가 아닌 통상적인 채무는 채무자가 반드시 이행기에 이행을 하여야만 채권의 목적을 달성할 수 있는 것은 아니기 때문이다. 즉, 통상적인 채무는 며칠 이행이 늦어지더라도 이행이 된다면 채권의 목적을 달성하는 데는 큰 문제가 없는 것이 보통이나, 정기행위의 경우에는 이행기를 지난 이행은 채권자에게 거의 쓸모없는 것이 일반적이기 때문이다. 이에 민법은 이행지체에 의한 해제를 통상적인 채무와 정기행위의 채무를 구별하여, 통상적인 채무의 이행지체에는 상당한 기간을 정한 최고를 해제의 요건으로 추가하고 있다. 즉, 통상적인 채무와 정기행위의 채무의 이행지체에 의한 해제는 해제요건으로 최고를 요하느냐 여부에 차이를 두고 있다.

(1) 通常的인 債務의 履行遲滯

채무자가 이행기에 이행을 하지 않고, 채권자가 상당한 기간을 정하여 최고를 하고, 채무자의 책임 있는 사유로 그 기간 내에 이행을 하지 않을 때에 계약을 해제할 수 있다(제544조).

(가) 履行期에 履行을 하지 않은 事實(履行遲滯)

이행기가 언제이냐가 문제되는데, 이행기와 그에 따른 이행지체에 관하여는 제387조에서 규정하고 있다. 제387조에 의하면 확정기한의 채무는 확정기한이 도래한 때가 이행기이며, 불확정기한의 채무는 채무자가 기한이 도래함을 안 때가 이행기이며, 기한이 없는 채무는 채무자가 이행청구를 받은 때가 이행기이다. 따라서 각각 그 때에 이행을 하지 않은 사실 즉, 이행지체가 있을 것을 요건으로 한다.

그런데 채무자가 이행기에 이행을 하지 않는 때에도 해제권의 발생 여부가 문제되는 세 가지 경우가 있다. 첫째, 채무자의 귀책사유가 없는 경우와 둘째, 쌍무계약상의 동시이행의 항변권을 가지는 경우와 셋째, 일부의 이행지체가 있는 경우이다.

① 債務者의 歸責事由

제544조는 해제의 요건으로 <…그 채무를 이행하지 아니하는 때에는…>라고 규정하여 채무를 이행하지 아니하는 것에 채무자의 책임 있는 사유가 필요한지 여부에 관하여는 명백하지 않다.

종래의 통설은 채무불이행의 일원적 구성 아래, 제390조는 채무불이행의 전반에 걸친 기본이 되는 규정으로서 채무불이행에 채무자의 귀책사유를 요하기 때문에 제544조의 이행지체에도 당연히 채무자의 귀책사유를 요한다는 것이다. 이에 대하여 최근에는, 제390조는 채무불이행의 효과로서 손해배상의무만의 발생요건과 내용을 중심으로 규정한 것이며, 채무불이행의 다른 효과에 관하여는 각기 다른 규정에서 규율하고 있는데, 예컨대 이행강제의 요건은 제389조에서 규율하며 해제의 요건에 관하여는 제544조에서 규율하고 있고, 제544조 어디에도 채무자의 귀책사유를 요한다는 문구가 없어 채무자의 귀책사유는 해제의 요건으로 필요하지 않다는 반론이 있다(제389조의 이행강제의 요건으로는 채무자의 귀책사유를 요하지 않는다는 것이 통설이다).

판례는 채무자의 귀책사유를 요하는가가 정면으로 문제된 것은 없다. 다만 <제3자를 위한 유상·쌍무계약의 경우 특별한 사정이 없는 한 채무자의 귀책사유로 인한 이행불능 또는 이행지체가 있는 때에는 요약자는 제3자의 동의 없이 계약당사자로서 계약을 해제할 수 있다...>는 판결이 있으나(대판 1970.7.24. 69다1410), 동 사안에서는 귀책사유의 존부가 쟁점은 아니었다.

그런데 민법은 계약의 법정해제로서 이행지체와 이행불능을 규정하면서 이행불능으로 인한 해제에 관한 제546조는 채무자의 귀책사유를 명확하게 규정하고 있다. 생각건대, 채무불이행의 일원적 구성이란 점과 특히 제546조와의 균형상 제544조도 해제로서의 책임을 묻기 위하여 채무자의 귀책사유를 요한다고 해석하여야 할 것이다. 즉, 이행지체에 채무자의 책임 있는 사유가 있어야 한다. 귀책사유의 입증책임은 채무자에게 있다.

② 同時履行의 抗辯權이 있는 경우

채무자가 이행하지 않은 것을 정당화할 수 있는 사유가 있는 때에는 해제권은 발생하지 않는다. 쌍무계약상의 동시이행의 항변권을 가지는 경우에는 채권자는 자기 채무의 이행을 제공하여야 상대방을 이행지체에 빠뜨린다. 따라서 이행의 제공으로 상대방을 이행지체의 상태로 하고, 이행지체가 된 후에야 해제를 할 수 있다. 채권자의 이행의 제공으로 상대방은 이행지체에 있기 때문에 해제할 때에 다시 이행의 제공을 할 필요는 없다.

③ 一部의 履行遲滯

가분급부의 경우에는 불이행부분만 계약을 해제할 수 있으나, 이행된 부분만으로 계약의 목적을 달성할 수 없는 경우에는 계약의 전부를 해제할 수 있다. 일부의 이행은 원칙적으로 채무의 내용에 좇은 이행이 되지 못하기 때문에 채권자는 계약의 전부를 해제할 수 있다. 그러나 불이행부분이 경미한 경우에는 신의칙상 계약을 해제할 수 없다. 이 경우에는 채무불이행의 정도와 해제에 의하여 채무자가 상실할 이익을 비교형량하여 합리적으로 결정하여야 할 것이다.

④ 履行遲滯 中인 者의 解除

자기의 채무의 이행지체 중인 자가 상대방의 이행지체를 이유로 계약을 해제할 수 있는지가 문제된다. 예컨대, 매수인이 대금지급에 대한 이행지체 중에 매도인의 소유권이전의무에 대한 불이행을 이유로 계약을 해제할 수 있는가이다. 이 경우에는 자기의 이행지체 상태를 명확하게 해소한 이후가 아니면 계약을 해제할 수 없다고 보아야 한다. 즉, 현실의 제공을 하여 자기의 이행지체를 해소한 후에 비로소 상대방의 불이행을 이유로 계약을 해제할 수 있다.

판례 同時履行의 抗辯權이 붙은 契約의 解除 : 쌍무계약에서 상대방의 채무불이행을 이유로 계약을 해제하려면 먼저 자기의 채무이행을 제공하고 상당한 기간을 정하여 상대방의 채무이행을 최고함으로써 상대방으로 하여금 이행지체에 빠지게 하여야 하는 것인바, 자기의 채무의 이행에 상대방의 행위를 요하는 경우에는 이행의 준비를 완료한 다음 그 사실을 상대방에게 통지하고 수령을 최고하는 구두의 제공을 하면 되는 것이기는 하지만, 이 경우에도 상대방이 협력만 한다면 언제든지 현실로 이행을 할 수 있을 정도로 준비를 완료하고 그 사실을 상대방에게 통지하여 수령 기타 상대방의 협력과 상대방의 채무이행을 최고하여야만 상대방을 이행지체에 빠지게 할 수 있는 것이므로 단순히 자기의 채무를 이행할 준비태세를 갖추고 있는 것만으로는 부족하다(대판 1993.4.13. 92다56438).

판례 輕微한 債務의 不履行의 契約의 解除 : 총매매대금이 2,000만원인 부동산의 매매대금 중 미지급액이 불과 105,000원일 뿐 아니라 그 미지급액에 대하여는 월 5부의 지연이자를 지급하기로 약속한 경우에 위와 같은 미지급액이 있다는 이유만으로 위 매매계약을 해제한다는 것은 신의칙에 위배되는 것이다(대판 1971.3.31. 71다352).

(나) 相當한 期間을 정하여 催告

최고는 이행을 청구하는 단독의 의사표시이다. 계약을 해제하기 위해서는 채무자가 이행지체 상태에 있는 것 외에 원칙적으로 일정한 기간을 정하여 그 기간 내에 이행할 것을 최고하여야 한다. 최고는 채무를 지정하여야 함은 당연하다. 이러한 지정의 정도는 채무자가 대상이 되는 채무가 어느 것인가를 알 수 있으면 충분하다.

최고와 관련하여서는 최고를 요하지 않는 경우, 과대·과소최고와 관련한 채무의 지정정도, 상당기간의 의미 등이 문제된다.

① 催告를 할 것

통상적인 채무에서 확정기한의 채무는 확정기, 불확정기한의 채무는 채무자가 기한이 도래함을 안 때가 이행기로서, 그 때로부터 이행지체가 된다. 이 경우에는 채권자는 최고를 하지 아니하면 해제할 수 없다. 채무자로 하여금 다시 한번의 이행의 기회를 부여하기 위함이다.

그러나 기한이 없는 채무는 이행청구, 즉 최고를 한 때로부터 이행지체 상태가 되는데, 이 경우에도 해제를 하려면 다시 최고를 하여야 하는가가 문제된다. 이미 한 최고가 기간 등에서 적절하여 채무자를 이행지체로 이르게 한 때에는 제544조에 의하여 해제의 전제로서 다시 최고할 필요는 없다. 최고를 하도록 하는 것은 채무자에게도 또 한번의 기회를 부여하자는 것인데, 기한이 없는 채무의 경우에는 연속적으로 거듭하여 최고할 필요는 없을 것이다.

② 債務의 指定

최고에는 채무자가 이행하여야 할 채무가 반드시 정확하게 명시될 필요는 없으나 채무자가 어느 채무인지 인식가능할 정도로 지정되어야 함은 당연하다. 그러나 금전채무의 경우에는 원칙적으로 채무자가 이행하여야 할 정확한 채무액의 이행을 청구하여야 하되, 어떤 채무의 이행을 청구하는지를 채무자가 분별할 수 있다면 반드시 채무액을 정확하게 명시할 필요는 없을 것이다. 채무액을 명시하면서 과대최고 또는 과소최고한 때에는 문제가 된다.

과대(다)최고는 원칙적으로 최고로서의 효력이 없다. 그러나 정도의 차이가 적고, 채무의 동일성이 인정되며 또한 채권자의 진의가 본래의 채무의 이행을 청구한다고 판단되는 경우에는 채무자가 정당하게 이행하여야 할 채무액의 범위에서 최고의 효력이 있다.

과소최고의 경우에는 원칙적으로 지정한 범위 내에서만 최고의 효력이 있다. 그러나 이 경우에도 차이의 정도가 아주 적고, 채무의 동일성이 인정되는 경우, 진실한 채무전액에 관해 최고의 효력을 가진다고 보아야 할 것이다.

판례 過大催告 : 채권자의 이행최고가 본래 이행하여야 할 채무액을 초과하는 경우에도 본래 급부하여야 할 수량과의 차이가 비교적 적거나 채권자가 급부의 수량을 잘못 알고 과다한 최고를 한 것으로서 과다하게 최고한 진의가 본래의 급부를 청구하는 취지라면, 그 최고는 본래 급부하여야 할 수량의 범위 내에서 유효하다고 할 것이나, 과다한 정도가 현저하고 채권자가 청구한 금액을 제공하지 않으면 그것을 수령하지 않을 것이라는 의사가 분명한 경우에는 그 최고는 부적법하고, 이러한 최고에 터잡은 계약해제는 그 효력이 없다(대판 1994.5.10. 93다47615).

③ 催告에 必要한 相當期間

최고는 상당한 기간을 정하여서 하여야 한다. 어느 정도의 기간이 상당한 기간인가? 여기서 상당한 기간이란 채무자가 이행의 준비 및 이행을 위하여 필요한 기간 등이 고려된 기간으로 채무의 성질, 이행방법, 이행지 등에 따라서 그 기간을 결정하여야 한다. 그러나 채무자의 신체의 질병, 가족의 관계, 경제적 사정과 같은 순수한 주관적 사항은 고려할 필요가 없다.

그 기간이 상당하지 않은 단기간이거나 또는 기간을 정하지 않은 경우에는 최고로서의 효력은 가지나 다만 상당기간 경과 후에 해제할 수 있다. 또한 채권자가 특약으로 정한 기간보다 짧은 기간을 정하여 최고한 경우에도 특약의 기간이 상당한 기간이면 특약에서 정한 기간이 경과하여야 해제할 수 있다.

최고기간은 최고가 상대방에게 도달한 때로부터 기산된다. 따라서 특정일을 최고기한으로 정하여 최고한 경우에 최고가 연착된 경우에는, 특정한 기한은 연착된 기간만큼 그 기한이 연장된다고 새겨야 한다.

판례 短期間의 催告의 效力 : 일정한 기간을 정하여 채무이행을 최고함과 동시에 그 기간 내에 이행이 없을 때에는 계약을 해제하겠다는 의사를 표시한 경우에는 그 기간의 경과로 그 계약은 해제된 것으로 보아야 한다(대판 1979.9.25. 79다1135).

판례 期間을 정하지 않은 催告의 效力 : 채무의 이행지체를 이유로 하는 계약해제에 있어서 그 전제요건인 이행 최고는 반드시 미리 일정한 기간을 명시하여 최고하여야 하는 것은 아니고 최고한 때로부터 상당한 기간이 경과하면 해제권이 발생한다고 볼 것이다(대판 1990.3.27. 89다카14110).

④ 解除權者에 의한 催告

최고는 해제권자가 하여야 한다. 해제권자 이외의 제3자가 한 최고는 무효이다. 채무자로서는 채권자 이외의 제3자로부터 최고를 받더라도 이에 응할 필요가 없기 때문이다. 채권자로부터 제3자가 대리권을 받아서 최고한 경우에는 최고의 효력이 있음은 물론이다.

⑤ 催告를 요하지 않는 境遇

모든 경우에 최고를 하여야 하는 것은 아니다. 채무자가 미리 이행하지 아니할 의사를 표시한 경우에는 최고를 할 필요가 없다(제544조 단서). 이러한 의사가 표명된 경우뿐만 아니라 판례는 채무자의 여러 가지 상황으로 보아 최고를 하더라도 채무자가 이행할 의사가 없음이 명백한 경우에는 최고 없이 해제할 수 있다고 한다. 이러한 경우에 최고를 할 필요는 없는데, 해제를 하기 위해서는 상당한 기간이 경과하여야 하는가가 문제된다. 생각건대 상당한 기간을 기다리지 않고 바로 해제할 수 있다고 보아야 할 것이다. 왜냐하면 이러한 경우는 미리 이행하지 아니하겠다는 의사가 있거나 이행할 의사가 없음이 명백하기 때문에 이행기를 지나서 다시 상당한 기간까지 채무자에 의한 채무의 이행을 기대하며 기다린다는 것은 무의미하기 때문이다.

한편, 당사자간에 최고를 하지 않는다는 특약이 있는 경우에 특약의 효력이 문제된다. 그러한 특약은 유효하다고 보아야 한다. 다만 그러한 특약이 있는 경우에도 최고를 할 필요는 없으나 상당한 기간이 경과한 후에 비로소 해제할 수 있다고 새겨야 한다.

판례 履行期 前의 明白한 不履行意思 : ①부동산 매도인이 중도금의 수령을 거절하였을 뿐만 아니라 계약을 이행하지 아니할 의사를 명백히 표시한 경우 매수인은 신의성실의 원칙상 소유권 이전등기의무 이행일 까지 기다릴 필요 없이 이를 이유로 매매계약을 해제할 수 있다(대판 1993.6.25. 93다11821).

② 履行할 意思가 없음이 認定된 例㉮ 상대방의 계약해제권을 회피할 목적으로 자신의 주소를 허위기재하거나 실지 의 주소소를 매도인에게 알리지 아니하고 소재를 밝히지 아니하여 매도인은 과실 없이 매수인의 주소를 알지 못함으로써 자기의 채무의 이행을 제공하여 상대방의 이행을 최고할 수 없게 된 채 이행기가 도과한 경우에는 특별한 사정이 없는 한 매수인에게 있어서는 이행의 의사가 없다고 봄이 상당하다(대판 1990.11.23. 90다카14611).

㉯ 쌍방의 채무가 동시이행관계에 있는 쌍무계약에 있어서 당사자 일방이 아직 자기의 채무를

모두 이행하지 못하였음에도 불구하고 이미 자기의 채무를 모두 이행하였다고 주장하면서 상대방 채무의 이행을 구하는 제소까지 하였다면 그것이 계산상의 착오 때문이라는 등 특별한 사정이 없는 한 미리 자기의 채무를 이행하지 아니할 의사를 표명한 것으로 볼 것이다(대판 1993.12.24. 93다26045).

(다) 催告期間 內의 不履行

최고기간은 이행기를 최고기간 동안 연장한 것과 같다. 따라서 최고기간 동안에는 이행기에서의 당사자의 법률관계가 그대로 유지된다. 예컨대, 쌍무계약상의 동시이행의 항변권이 있는 채무자에게는 최고기간 동안 채권자의 이행의 제공이 계속되어야 한다. 채권자가 상당기간을 정하여 최고하였는데도 채무자에게 책임 있는 사유로 그 기간 내에 이행이나 이행의 제공을 하지 않은 때에는 채권자에게 해제권이 발생한다. 채무자가 최고한 상당기간 내에 이행이나 이행의 제공을 한 때에는 해제권이 발생하지 않음은 물론이다. 또한 상당기간이 지났으나 채권자가 해제권을 행사하기 전에 이행이나 이행의 제공을 한 때에는 해제권은 소멸한다. 따라서 해제의 의사표시가 도달되기 전에 이행 또는 이행의 제공이 있는 때에는 해제의 의사표시는 효력을 발생하지 않는다.

상당기간이 지나기 전에 채무자가 이행하지 않을 의사를 표시한 경우나 또는 채무자의 귀책사유에 의한 이행불능이 된 때에는 즉시 해제권이 발생한다. 이 경우에는 상당기간이 경과할 때까지 채권자를 기다리게 한다는 것은 무의미하기 때문이다.

(라) 解除權의 發生要件을 輕減하는 特約

해제권의 발생요건을 경감하는 특약은 유효한가. 일반적으로는 유효하다. 그러나 이러한 특약은 당사자, 특히 채무자에게 불리하므로 신의성실의 원칙에 따라서 신중하게 해석하여야 한다. 예컨대, 최고하지 않는다는 특약은 유효하다고 할 수 있으나, 이행기의 경과로 즉시 해제권이 발생한다는 특약 등은 통상의 채무에서는 무효로 보아야 한다. 최고를 요하지 않는다는 것은 채무자에게 크게 문제가 되지 않으나, 이행기 경과 후 즉시 해제한다는 것은 채무자에게 지극히 불리하기 때문이다. 전자의 경우에는 최고를 할 필요는 없으나 상당기간은 경과하여야 해제할 수 있으며, 후자의 경우에도 해제권은 상당한 기간이 경과하여야 비로소 발생한다고 보아야 한다.

(2) 定期行爲의 解除

정기행위란 계약의 성질 또는 당사자의 의사표시로 특정한 일시 또는 특정한 기간 내에 이행을 하지 않으면 계약을 체결한 목적을 달성할 수 없는 것을 말한다. 정기행위는 신문의 배달과 같은 계약의 객관적 성질이 정기행위인 절대적 정기행위, 물건을 사면서 여행 떠나기 전날에 가져오기로 하는 등과 같이 당사자의 주관적 동기에 의한 상대적 정기행위로 나뉜다. 그러나 양자는 그 구별이 모호할 뿐만 아니라 구별하더라도 그 효과에 있어서는 동일하며 해제에 관한 제545조에서도 이를 같이 취급하고 있다. 이와 같은 정기행위는 계약의 목적달성 여부가 이행기와 직접적으로 관련된다는 점에서 통상의 채무와는 다르다. 이러한 점에서 해제에 관하여 통상적인 채무의 이행지체와는 달리 정기행위에 관하여는 제545조에 그 요건을 달리 규정하고 있다.

정기행위에서는 이행기가 경과하면 최고할 필요 없이 즉시 해제권이 발생한다(제545조). 정기행위에서 이행기 경과 후의 이행은 채권자에게는 아무런 의미가 없기 때문이다. 그러나 정기행위에서 최고는 필요하지 않으나 채권자가 해제하기 위해서는 해제의 의사표시는 하여야 한다. 이와 같이 정기행위도 해제하려면 별도의 해제의 의사표시를 하도록 한 것은 경우에 따라서는 이행기 후에도 본래의 급부를 그대로 원하는 경우가 있기 때문이다. 다만 상법에서는 상사관계의 특수성을 고려하여 채권자가 이행기 경과 후에 즉시 그 이행을 청구하지 아니하면 해제의 의사표시가 없더라도 계약을 해제한 것으로 본다(제68조). 이와 같은 특약이 당사자간에 있다면 민법상으로도 유효하다고 하여야 한다.

정기행위의 목적물이 가분인 경우에 일부 불이행이 있는 경우에는, 그 불이행한 부분에 해제를 할 수 있다. 정기행위는 최고를 요하지 않는다는 점만 통상적인 채무와 다르고 그 밖에는 모두 같다.

3. 履行不能에 의한 解除

채무자의 이행불능의 경우에는 채권자는 손해배상을 청구할 수 있다. 손해배상을 청구하는 경우에도 쌍무계약상의 채권자는 자기의 채무도 이행하여야 한다. 따라서 자기의 채무를 소멸시키기 위해서는 계약을 해제하여야 한다. 그런데 이행불능은 확정적으로 이행이 가능하지 않기 때문에 더 이상 이행을 기다릴 필요가 없다. 이에 제546조는 이행불능에 의한 해제를 인정하며, 이행지체와는 달리 최고할 필요 없이 계약을 해제할 수 있도록 하고 있다(제546조).

(가) 履行不能의 事實

해제를 하기 위한 요건으로서의 이행불능은 손해배상청구권의 발생요건으로서의 이행불능과 다르지 않다. 따라서 여기서는 간단히 기술한다.

여기서의 불능은 후발적 불능을 의미한다. 원시적 불능인 경우는 계약체결상의 과실의 문제로 처리된다(제535조). 이행불능은 물리적 불능만을 의미하지 않고, 사회통념상의 불능도 포함한다.

채무의 전부가 불능인 경우에는 계약의 전부를 해제할 수 있음은 당연하다. 일부가 불능인 경우에는 이행가능한 부분만으로도 계약의 목적을 달성할 수 있는 경우에는 불능인 부분만 해제할 수 있으며, 이행가능한 부분만으로는 계약의 목적을 달성할 수 없는 경우에는 계약의 전부를 해제할 수 있다.

(나) 債務者의 歸責事由

<u>이행불능이 채무자에게 책임 있는 사유에 의하여 발생하여야 한다.</u> 채무자의 귀책사유는 명문으로 규정하고 있다(제546조). 귀책사유는 채무자에게 입증책임이 있다. 귀책사유 없는 이행불능이 쌍무계약인 경우에는 위험부담의 문제가 된다. 귀책사유에 의하여 이행지체 중에 귀책사유 없이 이행불능이 된 경우에는 귀책사유에 의한 이행불능으로 처리된다.

(다) 催告는 要하지 않음

이행불능은 이행이 확정적으로 가능하지 않은 경우이다. 따라서 다시 이행의 청구를 하는 최고는 필요하지 않다. 또한 이행기 전에 이행불능이 된 경우에도 이행기까지 기다린다는 것은 무의미하다. 따라서 이행기 후에는 물론이고 이행기 전에 불능이 된 때에도 이행불능된 시점에 즉시 해제권이 발생한다.

4. 不完全履行에 의한 解除

불완전이행도 채무불이행의 하나의 유형이므로 민법에 별도의 규정은 없지만 법정해제권이 발생하는 하나의 원인으로 일반적으로 인정한다. 그런데 불완전이행을 채무불이행의 하나의 유형으로 인정하는 실익은 이행이 완전하지 못하여 발생한 확대손해의 처리와 부수적 급부의무의 위반의 해결에 관한 것이다. 이러한 확대손해 또는 부수적 급부의무 위반은 원칙적으로 배상이 문제될 뿐 성질상 계약의 해제는 문제가 되지 않는다.

그러나 불완전이행을 주된 급부의무의 불완전한 이행으로 이해하면 이행이 불완전하기 때문에 이행이 되지 않은 부분이 있고, 이행이 되지 않은 부분에 대한 계약의 해소가 문제된다(이는 일부 이행지체 또는 일부 이행불능에 해당하는데, 이러한 점에서 불완전이행으로 인한 해제권은 인정되지 않는다고도 할 수 있다). 이러한 점에서 보면 불완전이행에서도 계약의 해제가 문제가 되며, 이 경우에는 추완 내지 보완이 가능한 경우와 그렇지 아니하는 경우가 있고, 그에 따라서 법정해제권의 발생요건도 다르다. 즉, 추완이 가능한 경우는 이행지체에 준하여 취급되며, 추완이 불가능한 경우는 이행불능에 준하여 취급된다. 추완이 가능한가 여부는 사회통념에 따라 판단하여야 할 것이며, 추완이 가능하더라도 추완하여 계약의 목적을 달성할 수 없다면 추완이 불능한 것으로 취급하여야 한다. 또한 추완가능 여부와는 관계없이 이행하지 않은 부분이 경미할 때에는 신의칙상 계약의 전부를 해제할 수 없다.

(가) 追完 내지 補完이 가능한 경우

불완전이행의 경우에 이행하지 못한 부분이 추완 내지 보완이 가능하다면 불완전한 부분은 이행지체와 성격이 같다. 따라서 채권자는 상당기간을 정하여 최고하고, 상당기간 내에 추완하지 아니하면 이행하지 않은 부분의 계약을 해제할 수 있다. 이 경우에도 이행한 부분만으로는 계약의 목적을 달성할 수 없는 경우에는 계약의 전체를 해제할 수 있음은 물론이다.

(나) 追完 내지 補完이 不可能한 境遇

일부 이행불능과 동일하게 취급된다. 즉, 최고 없이 즉시 해제할 수 있으나 이행한 부분만으로 계약의 목적을 달성할 수 있느냐 여부에 따라서 계약의 전부 또는 추완불능 부분만 해제할 수 있다.

5. 附隨的 給付義務 不履行에 의한 解除

채무불이행의 경우에 채권자는 계약을 해제할 수 있는데, 채권자가 계약을 해제할 수 있는 채무자의 채무불이행은 구체적으로 무엇을 말하는가가 문제된다. 일반적으로 채무자의 급부의무는 계약을 체결한 근본적인 목적을 달성하는 데 직접적이고도 필수적인 급부의무(주된 급부의무)와 그 밖의 급부의무(부수적 급부의무)로 구분한다. 주된 급부의무와 부수적 급부의무는 상대적 개념으로서, 그 구분이 모호하며 쉽지 않다. 계약의 목적, 당해 행위의 불이행으로 인한 결과 등을 고려하여 판단하여야 한다.

한편, 계약의 해제제도란 상대방이 채무를 불이행하여 계약의 목적을 달성할 수 없는 경우에 계약을 해소하여 채권자를 보호하자는 것이 본래의 취지이다. 따라서 주된 급부의무의 이행으로 계약의 목적은 달성되었고, 부수적 급부의무가 불이행되었어도 계약의 목적 달성에는 영향이 없으므로 부수적 급부의무의 불이행에는 해제할 수 없다는 데 판례·학설은 일치한다.

판례 附隨的 債務의 不履行과 解除 : 여러 필지의 토지를 매매함에 있어 그중 1 필지 상에 있는 분묘 2기의 이장을 담보하기 위하여 매수인이 잔금 중 일부를 따로 보관하였다가 이장을 확인한 후 이를 지급하기로 약정한 경우에는 매도인의 분묘이장의무나 매수인의 위 잔금일부지급의무는 모두 위 매매에 따른 부수적인 사항이라 할 것인 바, 매매당사자 일방은 상대방의 위와 같은 부수적인 사항에 대한 의무위반을 이유로 그 계약 전체를 해제할 수는 없다(대판 1976.4.27. 74다2151) 같은 취지 판례 200111.13. 2001다20394.

6. 不作爲義務 違反에 의한 解除

부작위의무의 경우에는 부작위의무가 부수적 채무의 형태로 있는 경우와 부작위의무 그 자체가 계약의 본래의 내용인 경우가 있다. 전자의 경우는 영업양도계약과 함께 일정지역 내에서는 유사업종에 대한 영업을 하지 않는다든지 또는 토지를 매도하며 동 토지 앞에는 고층 건물을 축조하지 않겠다든지 하는 경우인데, 이 경우에는 부수적 급부의무의 불이행에 의한 해제의 문제가 된다. 후자인 부작위의무 자체를 내용으로 하는 계약의 경우에 이를 위반한 경우가 문제이다. 이론적으로는 사안에 따라서 최고 또는 최고 없이 해제할 수 있겠으나, 부작위의무 위반에 의한 손해가 이미 발생하였거나 현재 발생하고 있기 때문에 실제상으로는 해제에 의하여는 채권자에게 아무런 이익이 없다. 이 경우에는 제389조 제3항과 제4항의 부작위의무 위반의 강제이행에 의하는 것이 보다 적절할 것이다.

7. 事情變更에 의한 解除

계약에 사정변경의 원칙이 적용되는가?

즉, 계약체결시의 사정의 변화를 이유로 계약의 내용을 정정하거나 계약을 해제할 수 있는가? 다수설은 이를 인정하며, 판례와 소수설은 이를 부정한다(사정변경의 원칙에 관하여는 제1장 제1절 Ⅲ-3. 계약에서 사정변경의 원칙 참조).

다수설은 계약에 사정변경의 원칙이 있어 사정변경을 이유로 계약을 해제할 수 있다고 하며, 그 요건으로는 일반적으로 다음을 든다.

① 현저한 사정의 변화, ② 사정의 변화가 해제권자자에게 책임 없는 사유에 의할 것, ③ 계약의 내용대로의 구속력을 인정한다는 것이 신의칙에 반하는 결과가 될 것, ④ 최고는 필요하지 않다. 이러한 요건에 의하여 해제하면 그 효과는 법정해제의 경우와 다르지 않으나, 손해배상의무는 발생하지 않는다는 것이다.

8. 債權者遲滯에 의한 解除

채권자지체에 의한 해제권의 발생 여부에 관하여는 채권자지체책임의 본질에 관하여 어떻게 이해하느냐에 따라서 다르다(채권자지체책임의 본질에 관하여는 『채권법총론』 제4장 제5절 참조).

채권자지체책임에 관하여는 채권자의 수령의무의 존부를 기준으로 학설이 대립한다. 다수설은 채권자지체를 채권관계에서의 채권자의 협력의무인 수령의무에 대한 불이행으로서, 채권자지체책임을 일종의 채무불이행책임으로 파악한다. 이에 대하여 소수설은 우리 민법의 규정상 채권자에게 수령의무를 인정할 수 없고, 따라서 채권자지체책임은 법률의 규정에 의한 법정책임이라는 것이다.

채권자지체책임을 채무불이행책임으로 이해하는 다수설은 채권자지체로 인한 해제권의 발생을 인정한다. 따라서 다수설은 채권자지체(채권자의 귀책사유에 의한 수령거부 또는 수령불능)의 경우에 채무자는 상당기간을 정하여 수령을 최고하고, 그 기간 내에 수령하지 않을 때에는 계약을 해제할 수 있다고 한다. 채권자지체책임을 법정책임으로 이해하는 소수설은 채권자지체에 관하여 민법에 규정되지 않은 해제권을 인정하지 않는다. 판례도 부정한다. 필자는 채권자지체책임을 법정책임으로 이해하여, 민법이 규정하지 않는 해제권은 인정하지 않는 것이 타당하다고 생각한다.

그런데 쌍무계약에 있어서 보통의 경우는 수령지체를 하는 채권자는 자기의 채무도 이행하지 않아 이행지체에 있게 된다. 따라서 채권자지체책임을 법정책임으로 이해하더라도 채무자는 수령지체를 이유로 해제할 필요 없이 상대방 채무의 이행지체를 원인으로 계약을 해제할 수 있으며, 또한 경우에 따라서는 특약이 있거나 관습상 또는 계약의 해석을 통하여 명시 또는 묵시의 수령의무를 인정할 수 있어 학설에 따른 실제상의 차이는 없다고 할 것이다.

<法定解除의 要件 要約>

1. 債務不履行
   가. 履行遲滯(제544조) : 채무자의 책임 있는 사유, 상당기간을 정한 최고.
      (1) 一部 履行遲滯 : 지체한 일부 해제, 또는 목적 달성할 수 없는 경우에 전부 해제.
      (2) 定期行爲(제545조) : 최고 없이 해제.
   나. 履行不能(제546조) : 최고 없이 해제.
   다. 不完全履行 : 추완 가능한 경우 일부 이행지체에 준해서 처리, 추완 불능한 경우 일부 이행불능에 준해서 처리.
2. 附隨的 債務의 不履行 : 해제 불가.

3. 不作爲 義務의 不履行 : 최고 후 해제 가능하나 실익 없음. 강제이행(제389조)의 방법으로 처리 적절.
4. 事情變更 : 사정변경원칙의 긍정설(다수설)에서는 최고 없이 해제할 수 있고 손해배상의무는 발생하지 않음. 그러나 판례·소수설에서는 해제 불가(경우에 따라서 불능으로 처리 가능).
5. 債權者遲滯 : 채권자지체책임의 본질에 관한 채무불이행 책임설(다수설)에서는 최고 후 해제, 법정책임설(소수설)에서는 해제 불가.
6. 個別 契約

가. 贈與 : 망은행위(제556조).
나. 賣買 : 계약금 수수 : 일방 해제(제565조).
다. 無利子 消費貸借 : 목적물 인도 전 해제(제601조).
라. 賃貸借 : 목적물 멸실로 목적 달성 불가(제627조), 임차인 파산(제637조), 차임액 2기 연체(제640조).
마. 雇傭 : 부득이한 사유(제661조).
바. 都給 : 완성물로 목적 달성 불가(제668조).
사. 組合 : 부득이한 사유(제720조).

Ⅲ. 解除權의 行使

1. 解除權者

해제권을 행사할 수 있는 자는 계약의 당사자임은 당연하다.

그런데, 계약상의 채권이 양도된 경우에 해제권자가 누구이냐가 문제된다. 채권의 양수인은 채무의 이행을 구할 수는 있으나 계약을 해제할 수는 없다. 채권의 양수인은 계약상의 지위를 포괄적으로 양수한 것이 아니라 계약상의 객관적인 권리인 채권만 양수한 것이기 때문이다. 그러나 이 경우에도 양수인은 양도인의 동의를 받아서는 할 수 있을 것이다.

한편, <u>양도인은 자기의 채무를 면하기 위하여 채무자의 채무불이행을 이유로 계약을 해제할 수 있다.</u> 즉, 통상의 채권양도의 경우에 양수인은 계약을 해제할 수 없고, 양도인은 계약을 해제할 수 있다. 그런데 <u>채권의 양도인이 해제할 때 양수인의 동의를 받아야 하는지가 문제된다.</u> 이는 양수인의 보호가 논점이 되는데, 양수인의 보호에 중점을 두어 양수인의 동의를 받지 아니하면 해제할 수 없다는 견해(일본 판례와 소수설)와 동의를 받지 않고 계약의 당사자인 양도인이 단독으로 해제가 가능하며 양수인의 보호는 양도인과 양수인 간의 양도계약상의 내부관계로 해결해야 된다는 견해(곽,이태, 일본 다수설)와 양수인은 제548조 단서의 제3자에 해당하는 것으로 보는 견해(일본 소수설)가 있다.

해제는 계약상의 관계에서의 문제이므로 계약의 당사자인 양도인 단독으로 해제를 할 수 있으며, 해제로 인한 양수인의 손해는 양도계약상의 문제로 처리하는 것이 타당할 것으로 생각한다(양도인이 해제하는 경우의 양수인은 제548조 단서의 제3자에 해당하지 않는다는 것이 통설이다. 한편, 양도한 채권의 상대방이 해제하는 경우에 채권의 양수인이 제548조 단서의 제3자에 해당하는가 여부가 문제되는데, 판례와 통설은 해당하지 않는다고 본다 - 제3자 보호에서 후술).

계약인수로 인한 계약의 인수인은 계약상의 지위를 포괄적으로 인수하기 때문에 해제할 수 있음은 물론이다.

2. 解除權 行使

(1) 相對方

해제권을 행사하느냐 여부는 해제권자의 자유이다. 채무불이행의 경우에 채권자는 이행강제, 손해배상청구, 대상청구 또는 계약의 해제 중에서 그 요건을 충족하면 어느 것이나 자기에게 유리한 것을 선택하여 행사할 수 있다.

해제권을 행사함에는 상대방에 대한 의사표시로 하여야 한다(제543조 1항). 이는 약정해제권이나 법정해제권이나 차이가 없다. 여기서 상대방은 계약의 당사자를 의미하며, 상속인 또는 계약의 인수인 등으로 계약당사자의 법률상의 지위를 승계한 자가 상대방이다. 채권이 양도된 경우에는 양도인이 상대방이며, 채무가 인수된 경우에 면책적 채무인수의 경우에는 인수인이 상대방이며, 병존적 채무인수의 경우에는 본래의 채무자와 인수인 모두가 상대방이다.

(2) 意思表示

해제권은 형성권이므로 해제권의 행사라 함은 형성권을 행사하는 것이나. 따라서 해제는 상대방에 대한 의사표시로 하여야 한다. 그러한 의사표시는 서면이나 구두 어느 것으로 하든 관계가 없다. 해제는 의사표시로 하기 때문에 행위능력, 효력 등에 관하여는 의사표시에 관한 일반 법리가 적용된다.

또한 해제권은 형성권이므로 해제의 의사표시에는 조건이나 기한을 붙이지 못하며, 철회하지 못한다(제543조 2항). 여기서 해제의 의사표시를 철회하지 못한다는 것은 유효한 해제의 의사표시를 철회하지 못한다는 것으로, 그 의사표시가 무능력이라거나 착오 등의 경우에는 의사표시에 관한 법리가 적용되어 취소할 수 있음은 물론이다.

(3) 解除權의 不可分性

당사자의 일방 또는 쌍방이 수인數人인 경우에는 계약의 해제는 그 전원으로부터 또는 전원에 대하여 하여야 한다(제547조 1항). 이를 해제권의 불가분성이라고 한다. 예컨대, 공동임차인에 대하여 임대차계약을 해제하기 위해서는 임차인 모두에게 해제의 의사표시를 하여야 하며, 공동매수인이 매매계약을 해제하기 위해서는 매수인이 모두 계약의 해제의 의사표시를 하여야 한다. 이는 계약의 당사자가 복수인 경우에 해제권의 행사 및 존부를 획일적으로 하여 법률관계를 간명하게 하기 위한 것이며, 수인인 당사자 중 일부의 자에게는 계약을 존속시키고 일부의 자에게는 계약을 해소시키는 것은 수인이 공동으로 계약을 체결한 당사자의 일반적인 의사에 반하기 때문이다. 따라서 당사자가 특약에 의하여 이를 배제할 수도 있다.

그런데 수인이 계약의 당사자가 되는 경우에 그 채무는 계약 또는 급부의 성질에 따라서 분할채무, 불가분채무 또는 연대채무가 된다. 이러한 모든 경우에 해제권불가분의 원칙이 적용되느냐의 문제가 있다. 이는 특히 연대채무에서의 이행의 청구의 절대적 효력(제416조)과 관련되어 문제가 된다. 연대채무에서 채권자는 연대채무자 1인에게 이행의 청구를 하면 모든 연대채무자는 이행지체가 되므로 이행지체의 효과로서 생기는 해제권도 1인에게 행사하면 다른 연대채무자에게도 해제의 효과가 생기는 것이라고도 볼 수 있다. 그러나 이것은 이행청구의 효력으로서 생기는 이행지체 책임에 관하여는 제416조가 규정하며, 해제권의 행사에 관하여는 제547조가 규정하여, 이행의 최고와 해제권의 행사에 관하여는 분리하여 규정하는 것으로 이해하여야 할 것이다(이태). 따라서 제547조는 하나의 계약에 관하여 당사자가 수인인 경우에는, 그 채무가 분할채무, 불가분채무 또는 연대채무를 묻지 아니하고 적용된다고 본다(통설). 해제권불가분의 경우에 수인으로부터 또는 수인에 대하여 해제권을 행사하더라도 반드시 공동적으로 동시에 하여야 하는 것은 아니다. 개별적으로 서로 다른 때에 해제의 의사표시를 한 경우에는 최후에 도달한 의사표시에 의하여 해제의 효과가 발생한다.

해제권 소멸에 관하여도 해제권불가분성에 의하여 1인에 관하여 해제권이 소멸하면 나머지 자에 관하여도 해제권이 소멸한다(제547조 2항).

Ⅳ. 解除의 效果

1. 槪 觀

해제의 효과로서 민법은 원상회복의무(제548조)와 손해배상의무(제551조)를 규정한다. 그런데 해제란 당사자의 본래의 계약관계를 해소시키는 것이다. 따라서 해제에 의하여 본래의 계약관계를 해소하기 위한 법률관계가 설정된다.

그 결과 당사자간에는 원상회복의무와 손해배상의무가 발생한다. 그런데 이러한 효과의 구체적인 내용에 관하여는 해제의 본질에 관한 직접효과설, 간접효과설, 절충설, 청산관계설에 따라 각기 달리 설명된다. 여기서는 판례·다수설인 직접효과설과 청산관계설(소수설)을 중심으로 보도록 한다.

2. 解除에 따른 基本的 法律關係

(1) 契約上의 債務

직접효과설에 의하면 해제에 의하여 계약은 처음부터 존재하지 않았던 것으로 다루어진다. 해제는 계약관계를 소급적으로 소멸시키는 것으로 본다. 따라서 아직 이행되지 않은 채무는 당연히 소멸하며, 이미 이행한 채무는 계약관계의 소급적 소멸로 인한 부당이득이 되어 반환청구의 대상이 된다.

청산관계설에 의하면 해제란 계약관계를 해소하여 청산하는 것으로 당사자를 기존의 계약관계에서 청산관계로 변형시킨다. 이로써 해제는 당사자를 계약상의 구속으로부터 해방시키며, 계약상의 채무는 장래에 대해서만 소멸한다. 따라서 아직 이행하지 않은 채무는 장래에 대해서만 소멸하며, 이미 이행한 채무는 기존의 계약관계를 해소하기 위한 청산관계로서의 원상회복의무가 발생한다는 것이다.

(2) 契約上의 債權에 의해 消滅된 債權

해제된 계약상의 채권이 해제의 의사표시 전에 상계 등으로 소멸된 경우에는 해제로 인하여 소멸된 채권이 회복한다(곽). 예컨대, 매매계약상의 매도인의 대금채권이 매수인의 반대채권과 상계로 소멸된 후에 매매계약이 해제된 때에는 상계의 효력은 상실되어 소멸된 반대채권이 다시 살아난다.

(3) 契約의 履行으로써 移轉·設定된 權利(物權)

해제 전에 계약의 이행으로써 이미 이전 또는 설정된 권리는 계약의 해제로 어떻게 되는가? 예컨대, 매매계약에서 매도인이 매매의 목적물인 부동산에 대한 소유권 이전등기를 먼저 해준 후에 매수인의 대금 부지급不支給을 원인으로 매매계약을 해제한 때에 그 부동산의 소유권은 어떻게 되느냐의 문제이다.

이는 해제의 소급효를 인정할 때에만(직접효과설)문제가 된다. 그리고 물권행위의 유·무인성에 따라서 결론이 다르게 된다.

물권행위의 무인성에 기초한 채권적 효과설(다수설)은, 해제는 채권행위에 대한 해소로서 해제에 의하여는 채권행위만 부존재 될 뿐으로 물권행위에는 아무런 영향을 주지 않아 이미 일어난 물권변동의 효과는 그대로 유지되고, 다만 취득된 물권이 원인 없는 이득으로서 부당이득반환의 문제가 된다는 것이다(이 경우의 말소등기의 청구권의 기초는 부당이득).

물권행위의 유인성에 기초한 물권적 효과설(판례, 소수설)은 계약의 이행으로 이미 물권의 변동이 발생하고 있더라도 채권행위인 해제에 의하여 원인행위인 채무행위로서의 소유권이전의무가 소멸하면 일단 이전하였던 권리도 당연히 복귀한다는 것이다(이 경우의 말소등기 청구권의 기초는 소유권).

한편 소급효를 인정하지 아니하는 청산관계설은, 해제는 계약의 해소와 청산을 의미하므로 이미 급부받은 것에 관하여는 청산을 위한 반환의무만이 생길 뿐으로, 당사자가 반환행위를 하기 전까지는 계약의 해제만으로 물권에 아무런 영향이 없다는 것이다.

판례 解除에 의한 物權의 當然 復歸 : 계약이 해제되면 그 계약의 이행으로 변동이 생겼던 물권은 당연히 그 계약이 없었던 원상태로 복귀한다고 봄이 타당하다(대판 1977.5.24. 75다1394).

3. 解除와 第3者

제548조 제1항 단서는 계약의 해제는 제3자의 권리를 해하지 못한다고 규정하고 있다. 계약을 해제하더라도 해제된 계약에 의하여 제3자에게 설정·이전된 권리는 해하지 못한다는 것인데, 이 규정에 관하여는 규정의 성질과 보호되는 제3자의 범위에 관하여 학설이 대립하고 있다.

(1) 但書 條項의 性格

해제와 제3자의 법률관계는 해제가 소급적으로 계약관계를 해소시킨다는 직접적 효과설에서 문제가 되며, 장래에 대해서만 효력을 가진다고 이해하거나 또는 청산관계설과 같이 계약의 기본적 효력에 변함이 없다고 이해하면 문제가 되지 않는다.

직접적 효과설을 취하더라도 물권행위의 무인성에 기초한 채권적 효과설(다수설)에 의하면, 해제는 채권행위에만 영향을 주고 물권행위에는 영향이 없으므로 제3자의 권리를 해치는 경우란 발생하지 않는다. 따라서 채권적 효과설에 의하면 제3자에 관한 단서 조항은 무의미한 주의적 규정에 불과하다.

직접적 효과설과 물권행위의 유인성에 기초한 물권적 효과설(판례와 소수설)에 의하면, 해제되면 물권행위도 소급하여 소멸하므로 해제된 계약의 이행행위로써 제3자에게 발생한 권리와의 관계가 문제된다. 따라서 이 설에 의하면 본 단서 조항은 이러한 경우에 관하여 특별히 거래의 안전을 위하여 제3자의 권리를 해치지 못하는 것을 규정한 것으로, 곧 본 단서 조항은 필요적 규정이 된다.

한편, 청산관계설에 의하면 해제란 기旣이행한 채무에 관하여 청산을 위한 채권채무관계가 설정되는 것에 지나지 않으므로 계약의 해제로써는 해제된 계약에 기한 물권행위에 영향을 미칠 수가 없기 때문에 본 단서 조항은 필요 없는 조항이 된다.

(2) 第3者

해제로 인한 소급효로 인하여 거래의 안전을 위하여 제3자를 보호할 필요성이 있게 되는 물권적 효과설에 의하면, 여기서의 제3자에는 해제된 계약의 목적물 자체의 양수인·저당권자·질권자·압류채권자·대항력 있는 임차인 등이 해당되나, 해제되어 소멸된 채권 자체의 양수인·전부채권자·압류채권자 등은 해당되지 않는다. 예컨대, 매매목적물인 부동산의 양수인이나 압류채권자는 여기의 제3자에 해당되나, 매매계약상의 대금채권의 양수인이나 압류채권자는 여기의 제3자에 해당되지 않는다. 또한 해제된 계약상의 채권이 양도된 후에 양수인은 채권의 양도인 또는 당해 계약의 상대방이 해제하더라도 위 제3자에 해당되지 않는다.

그런데 물권적 효과설에 의하여 보호되어야 할 제3자란, 해제의 의사표시가 있기 전의 이해관계를 맺은 제3자로서 해제의 의사표시가 있은 후에 이해관계를 맺은 제3자는 원칙적으로 보호되지 않으나, 해제란 당사자간의 내부적인 관계이므로 제3자가 알 수 없는 경우가 있기 때문에 거래의 안전보호를 위하여 해제의 의사표시 후의 제3자(예 : 해제의 의사표시 후 그에 따른 말소등기 있기 전의 자)도 선의인 때에는 여기의 제3자에 포함된다고 한다(판례도 동일).

채권적 효과설에 의하면, 계약의 해제는 물권행위에는 영향이 없으므로, 해제의 의사표시가 있은 후에도 그에 따른 후속적인 물권행위(원상회복)가 행하여지지 아니한 때에는 해제의 의사표시만으로는 아무런 영향을 주지 않는다.

청산관계설에 의하면, 해제에 의하여 당사자간에 청산을 목적으로 하는 채권채무관계에 있는 것에 지나지 않아 해제에 의하여 물권에 영향을 주는 일이란 없게 되어 해제시에 제3자를 보호할 경우는 생길 여지가 없게 된다.

* 토지의 매매계약으로 매수인이 먼저 양도받아, 매수인이 매도인이 해제의 의사표시 전에 일부는 A에게 전매하여 소유권을 이전하고, 해제의 의사표시를 하였으나 아직 말소등기 전에 일부는 B에게 전매하여 소유권을 이전한 경우에 각 학설에 따른 법률관계 : ⓐ 물권적 효과설 - A는 해제의 의사표시 전의 제3자로서 당연히 여기의 제3자에 해당하고, B는 원칙적으로 보호될 수 없으나 거래의 안전보호를 위하여 선의, 즉 해제된 것을 모른 경우에만 여기의 제3자에 해당한다. ⓑ 청산관계설 - A는 물론이고, B도 해제의 의사표시의 선악에 불문하고 제3자에 해당하여 보호된다(채권적 효과설도 결론은 같다).

판례 解除의 意思表示 後 抹消登記 前의 第3者 : 계약당사자의 일방이 계약을 해제하였을 때에는 계약은 소멸하여 계약당사자는 각 원상회복의 의무를 지게 되나 이 경우 계약해제로 인한 원상회복등기 등이 이루어지기 이전에 계약의 해제를 주장하는 자와 양립되지 아니하는 법률관계를 가지게 되었고 계약해제 사실을 몰랐던 제3자에 대하여는 계약해제를 주장할 수 없다(대판 1985.4.9. 84다카130).

판례 契約上의 債權의 讓受人은 제3자에 해당 안 됨 : 계약상의 채권을 양수한 자는 제548조 1항 단서의 제3자에 해당하지 아니한다(대판 2003.1.24. 2000다22850).

판례 아파트 分讓申請權의 讓受人은 제3자에 해당 안 됨: 아파트분양신청권이 전전매도된 후 최초의 매매당사사자가 계약을 합의 해제한 경우, 그 분양신청권을 전전매수한 자는 그가 백지매도증서, 위임장 등의 제반 서류를 소지하고 있다 하더라도 완전한 권리를 취득한 것이라 할 수 없어 548조 1항 단서의 제3자에 해당되지 아니한다(대판 1996.4.12. 95다49882).

판례 買受人으로부터 對抗力을 갖춘 賃借人은 제3자에 해당 : 매수인으로부터 대항력을 갖춘 임대차계약상의 임차인은 임대인의 전 소유자와의 매매계약이 해제되더라도 영향을 받지 않는 제3자에 해당된다(대판 1996.8.20. 96다17653).

4. 原狀回復

(1) 原狀回復義務의 本質

직접효과설에 의하면 계약은 해제로 처음부터 존재하지 않았던 것과 같이 보게 되어 채권채무가 처음부터 없었던 것으로 되며, 따라서 계약의 채무에 기하여 한 급부는 법률상 원인 없는 부당이득이 된다. 즉, 해제에 의한 원상회복의무란 그 본질이 부당이득반환의무이며, 다만 해제에 따른 반환의 범위에 관하여는 제748조의 특칙으로 제548조를 규정한 것에 불과하다는 것이다. 판례는 부당이득의 특별규정이라 한다(대판 1998.12.23. 98다43175).

청산관계설은 해제로 이미 이행한 급부에 관하여는 청산을 하여야 하는데, 청산을 하기 위하여 기이행수령자가 반환하여야 할 범위를 규정한 것이 제548조로서, 이는 부당이득 반환과는 그 성질이 다르다는 것이다.

(2) 返還의 範圍

(가) 原物返還(原物이 存在하는 경우)

원물이 있는 때에는 그 원물을 반환하여야 한다. 원물이 특정물인 때에는 그 특정물, 종류물은 받은 그 물건 또는 동종·동질·동량의 물건으로 반환하여야 한다.

(나) 使用利益

받은 원물이 금전인 때에는 받은 날로부터 반환할 때까지 이자를 가산하여 반환하여야 한다(제548조 2항). 원물로부터 받은 이익과 원물을 사용하여 얻은 이익도 제548조 제2항의 취지에 따라 반환하여야 한다.

(다) 果 實

원물로부터 생긴 과실은 반환하여야 한다. 해제는 당사자를 계약체결 이전의 상태로 복귀시키는 것이므로 선의의 점유자의 과실의 수취권에 관한 규정인 제201조는 적용이 없다. 과실이 채무자의 책임 없는 사유에 의하여 멸실·훼손된 경우에 다수설은 원물의 멸실·훼손시와 동일하게 반환의무가 없다고 하나, 귀책사유 유무를 불문하고 반환의무를 인정하여야 할 것이다.

(라) 價額返還(原物이 滅失·毁損된 경우)

원물이 멸실·훼손되어 반환할 수 없거나, 노무를 급부받은 때에는 가액반환하여야 한다. 원물이 훼손되어 일부를 반환할 수 있는 경우에는 훼손된 재로 반환하고 훼손된 부분에 관하여는 가액반환을 하여야 한다. 가액반환에서 산정의 시기는 물건의 경우는 해제시, 노무급부의 경우는 급부당시를 기준으로 한다(다수설).

그런데 멸실·훼손에 관하여 귀책사유가 있는 경우에는 가액반환에 문제가 없으나, 귀책사유가 없는 경우에도 가액반환하여야 하는지가 문제된다. 다수설은 책임 없는 사유에 관하여서까지 책임을 묻는 것은 공평하지 않아 귀책사유 있는 경우에만 가액반환의무가 있다고 한다(곽,김형,이태). 그러나 해제는 당사자를 계약의 체결 이전상태로 복귀시키는 것이며, 또한 금전을 급부받은 자와의 형평을 위해서는 귀책사유에 관계없이 가액반환의무를 인정하는 것이 타당하다.

한편, 청산관계설에 의하면 불가항력으로 원물이 멸실·훼손된 경우에 멸실·훼손된 당시에는 물건의 수령인이 소유자이므로 소유자가 위험을 부담하는 것이 타당하므로 수령인의 귀책사유 없는 때에도 가액반환의무는 있다고 한다(이은)(다수설에 의할지라도 이행지체에 의한 법정해제의 경우에는 제392조가 적용되어 이행지체 중의 과실 없는 멸실·훼손에 관하여는 가액반환의무가 있다. 한편, 상호간에 대금의 일부를 수령하고 물건을 수령한 후에 해제된 경우에, 물건의 수령자의 귀책사유 없이 멸실·훼손된 때에 다수설과 같이 물건의 수령자가 가액반환의무가 없다고 해석하면, 상대방은 제537조의 채무자위험부담주의를 유추하여 멸실·훼손에 상당하는 금전의 반환의무도 소멸한다고 해석할 수 있다).

판례 받은 利益의 全部를 返還 : 계약해제의 효과로서 원상회복의무를 규정한 민법 제548조 제1항 본문은 부당이득에 관한 특별규정의 성격을 가진 것이라 할 것이어서, 그 이익 반환의 범위는 이익의 현존 여부, 선의 또는 악의에 불문하고 특단의 사유가 없는 한 받은 이익의 전부이다(대판 1998.12.23. 98다43175).

(마) 必要費와 有益費

당사자가 수령한 물건에 필요비나 유익비를 지출한 경우에 필요비는 전액, 유익비는 물건의 가액이 증가하여 현존한 때에 한하여 지출된 비용 또는 증가액의 상환을 청구할 수 있다(제203조 참조).

(3) 原狀回復義務와 同時履行의 抗辯權

쌍무계약의 해제로 쌍방이 모두 원상회복의무가 있는 경우에는 쌍무계약상의 채무에 관한 동시이행의 항변권에 관한 제536조의 규정이 준용된다(제549조). 당사자 상호간의 공평을 위한 것이나, 청산관계설에 의하면 해제된 계약이 쌍무계약이면 해제 후에도 그 성질이 그대로 유지되므로 원상회복의무에도 동시이행의 항변권이 있는 것이 당연하다.

(4) 原狀回復義務와 保證의 效力

해제된 계약에 붙어 있던 보증·담보의 효력은 해제에 의한 원상회복의무에도 미치는가? 소수설은 보증채무는 그 성질상 주채무의 보충적 이행을 담보하는 것이므로 해제에 의한 원상회복의무에는 미치지 않는다고 한다(이태). 판례와 다수설은 보증의 효력이 미친다고 하는데, 청산관계설에 의하면 해제된 계약상의 성질은 해제 후의 청산관계에서도 변함이 없으므로 당연히 보증·담보의 효력이 미친다. 보증·담보의 효력은 원상회복의무에도 미친다고 보는 것이 타당하다.

판례 原狀回復과 保證의 效力 : 타인과의 계약에 있어서 그 계약을 보증한 보증인을 상대방에 대하여 특단의 사정이 없는 한 피보증인의 채무불이행으로 인하여 그 계약이 해제되었음으로 인한 피보증인의 원상회복 의무에 대하여도 책임을 진다(대판 1972.5.9. 71다1474).

(5) 金錢의 返還에는 利子를 加算

계약의 이행으로 금전을 받은 후 동 계약이 해제되어 금전을 반환하는 경우에는 그 받은 날로부터 이자를 가산하여야 한다(548조 2항). 이 경우에 이자를 가산한 금전의 반환은 부당이득반환으로서의 금전의 반환이므로 법정이율에 의한다(대판 2000.6.9. 2000다9123).

* 매매계약에 의하여 수령한 대금을 반환하는 경우에, 계약이 해제된 경우에는 제548조가 적용되어 이자가 가산되나, 매매계약이 무효인 경우에는 제748조가 적용되어 선의인 경우에 현존이익의 반환이면 된다. 참고 판례 대판 1997.9.26.96다54997.

5. 損害賠償請求

(1) 損害賠償의 根據

제551조는 계약의 해제는 손해배상의 청구에 영향을 미치지 않는다고 하여 해제와 손해배상청구의 양립을 인정하고 있어 해제의 본질을 어떻게 이해하든 손해배상의 청구에는 관계가 없다. 비교법적으로도 독일 민법(325조), 프랑스 민법(제1184조), 스위스 채무법(제109조) 및 영미법에서도 계약의 해제와 손해배상청구의 양립을 인정하고 있다.

그런데 손해배상의무의 성질에 관하여 스위스 채무법은 신뢰이익의 배상으로 규정하나, 프랑스 민법·영미법·일본 민법에서는 채무불이행으로 인한 손해배상으로 해석하고 있다. 해제의 본질에 관한 우리의 판례·다수설인 직접효과설에서도 손해배상의무를 채무불이행을 이유로 한 것이라고 해석한다.

청산관계설에 의하면 해제는 계약관계를 소멸시키는 것이 아니므로 채무불이행으로 인한 손해는 기이행채무가 원상회복된다고 하더라도 여전히 남게 된다는 결론이 된다. 결국 손해배상의 성질은 해제의 본질에 관한 어느 학설을 취하든지 채무불이행에 의한 손해라는 데 일치한다. 해제시의 손해배상에 관하여는 채무불이행에 의한 손해배상의 일반법리가 그대로 적용된다.

(2) 損害賠償의 範圍

(가) 第393條의 適用

해제시의 손해배상은 채무불이행을 이유로 하는 것이므로, 채무불이행에 의한 손해배상의 일반원칙이 그대로 적용된다. 따라서 이행이익의 배상이다.

그런데 원상회복과 함께 손해배상이 이루어지므로 배상의 범위는 원상회복된 부분이 공제된 나머지가 배상되어야 함은 당연하다.

(나) 損害賠償의 豫定

해제된 계약에 관하여 손해배상의 예정의 특약이 있는 경우에는 계약이 해제되더라도 그대로 유효하다. 즉, 해제로 인한 손해배상에 관하여도 특약된 손해배상의 예정이 그 기준이 된다.

(다) 損害賠償額의 算定基準

해제시를 산정의 기준으로 한다는 데 일치한다.

V. 解除權의 消滅

1. 一般的 消滅原因

(1) 解除權의 抛棄

해제권은 포기할 수 있고, 포기하면 소멸함은 물론이다. 포기는 상대방에 대한 의사표시로 한다.

(2) 債權의 消滅時效에 의한 消滅

해제권은 형성권으로서 10년의 제척기간에 걸린다. 그러나 법정해제권이든 약정해제권이든 채무의 존재를 전제로 하며, 해제에 의한 원상회복의무도 본래의 채무가 시효로 소멸하면 함께 소멸한다. 그러므로 본래의 채무의 소멸시효와는 별개로 해제권 자체의 소멸은 문제가 되지 않는다. 요컨대, 본래의 채무의 소멸로 해제권도 소멸한다.

2. 特殊한 消滅原因

(1) 期間을 定한 催告의 經過

해제권의 행사기간이 있는 경우에는 그 행사기간이 경과하면 해제권이 소멸하는 것은 물론이다. 해제권의 행사기간을 정하는 경우는 일반적으로 약정해제에서이다. 약정해제나 법정해제에서 해제권의 행사기간을 별도로 정하지 아니한 경우 상대방은 상당한 기간을 정하여 해제권을 행사할 것인가를 해제권자에게 최고할 수 있는데, 그 기간 내에 해제의 통지를 받지 못한 때에는 해제권은 소멸한다(제552조). 따라서 상대방은 이행지체 후 상당기간을 정한 최고(이행청구) 경과 후 또는 이행불능이 생긴 뒤에, 해제를 할 것인가의 최고를 하고 그 기간 내에 확답을 받지 못한 때에는 해제권이 소멸한다. 이와 같이 최고를 하고 최고기간이 경과하면 해제권을 소멸시키는 것은, 상대방을 장기간 동안 불안정한 법률관계에 방치하는 것이 적절하지 못하며, 거래의 안정을 해칠 수 있기 때문이다. 채권자는 해제권이 소멸하면 채무의 이행이나 손해배상을 청구할 수 있을 뿐이다.

(2) 解除權者의 目的物 毁損

해제권자가 고의나 과실로 계약의 목적물을 현저히 훼손하거나 반환할 수 없게 된 때에는 해제권은 소멸한다(제553조). 해제권자의 고의나 과실에 의한 경우이며, 제3자나 불가항력에 의한 경우에는 해제권이 소멸하지 않는다.

현저한 훼손이란 상대방이 반환받더라도 상대방에게 의미가 없는 것을 말한다. 목적물이 대체물인 경우에 당해 물건 자체가 훼손되거나 반환할 수 없더라도 동종·동질·동량으로 반환할 수 있으면 해제권은 소멸하지 않는다.

(3) 目的物의 加工·改造

목적물이 해제권자에 의하여 가공 또는 개조로 인하여 다른 종류의 물건으로 변경된 때에도 해제권은 소멸한다(제553조).

(4) 一人의 解除權의 消滅

수인인 낭사사의 경우에 그중 1인의 해제권이 소멸하면 다른 해제권자의 해제권도 소멸한다(제547조 2항). 해제권불가분성에 의하여 법률관계를 간편하게 하기 위한 것이므로 당사자가 이와 다른 특약을 할 수는 있다.

Ⅵ. 約定解除

1. 意 義

당사자는 당해 계약의 특약으로 해제권을 발생시킬 수 있다(제543조 1항). 또한 약관으로 해제권을 발생시킬 수도 있는데, 그러한 약관조항을 해제권유보조항이라고 한다. 이와 같이 해제권의 발생에 관한 특약과 약관이 유효함은 물론이다. 그러한 경우에 당해 해제권의 발생사유를 충족하면 해제할 수 있으며, 이를 약정해제라 한다.

해제에 관하여 특약과 약관이 있는 경우에도 반대의 특약이 없는 한 법정해제가 가능하다. 따라서 이 경우에는 법정해제 사유에 해당하면 법정해제, 약정해제 사유가 발생하면 약정해제를 할 수 있다. 해제에 관하여 약정을 하면서, 특히 약관으로 법정해제 사유인 채무불이행에 관하여 일방적으로 유리 또는 불리하게 하는 경우가 있는데, 그러한 약관조항은 약관규제에관한법률에 의하여 무효이다(제9조).

2. 行使 및 效果

약정해제의 경우에 해제권의 발생사유뿐만 아니라 행사방법이나 효과에 관하여 정할 수도 있으며, 그러한 경우에는 약정에 따라야 함은 물론이다. 일반적으로는 약정해제의 경우에 해제권의 발생사유만 약정하고 해제권의 행사방법 및 효과에 관하여는 별도로 정하지 아니하는데, 그러한 경우에는 해제권의 행사방법과 효과는 법정해제에서와 같다. 민법도 해제권의 발생사유에 관하여만 법정해제에 관하여 별도로 규정(제544조 내지 제546조)하고 있어, 그 밖의 규정은 양자에 동일하게 적용된다. 따라서 약정해제권의 행사는 상대방에 대한 의사표시로 하며, 그 의사표시는 철회할 수 없고(제543조), 조건이나 기한을 붙일 수 없다.

또한 당사자가 수인인 경우에 분리하여 해제할 수 없다(제547조). 해제의 효과로 원상회복의무가 발생함도 동일하다(제548조). 그런데 약정해제는 채무불이행에 의한 해제가 아니므로 채무불이행을 전제로 하는 손해배상에 관한 규정인 제551조는 그 적용이 없다. 한편, 해제권은 형성권이므로 10년 동안 행사하지 않으면 소멸한다.

Ⅶ. 合意解除

합의해제는 당사자의 합의로 계약관계를 해소시키는 것으로 해제계약이라고도 한다. 이러한 해제계약도 사적 자치의 원칙에 의하여 유효함은 물론이다. 합의해제는 해제계약이므로 계약에 관한 일반 법리와 의사표시에 관한 법리가 적용됨은 물론이다.

합의해제의 효과는 계약의 내용과 의사표시의 해석에 의하여 발생하겠으나, 당사자의 의사가 분명하지 않은 경우에 문제가 된다. 합의해제의 효과로 법정해제의 효과에 관한 규정이 적용되어 원상회복의무(제548조)가 발생하는지, 아니면 부당이득에 관한 일반규정(제741조)이 적용되는지가 문제된다.

합의해제는 해제를 하자는 계약이므로 해제에 관한 규정(548조)은 적용이 없고 계약에 관한 일반법리가 적용되며, 그 효과에서도 일반법리인 부당이득에 관한 규정(748조)이 적용된다고 보아야 한다. 따라서 합의해제의 경우에 지급받은 금전은 받은 날로부터 반환할 때까지의 이자를 가산한다는 제548조 제2항의 적용은 없다. 판례도 같다.

판례 合意解除에는 제748조가 適用 : 합의해제에 관하여는 제548조 재2항의 규정은 적용되지 아니하므로 반환할 금전은 그 받은 날로부터 이자를 가하여야 할 의무가 없다(대판 19957.7.30. 95다16011).

판례 合意解除는 제3자의 權利에 영향이 없다 : 계약의 합의해제는 계약에 의하여 발생한 권리관계의 변동을 원상으로 회복시키기로 하는 새로운 계약에 불과하고 계약의 효력은 원칙적으로 당사자 사이에서만 발생할 뿐 다른 사람의 권리관계에 영향을 미칠 수 없는 법리로서 증여계약의 이행에 의한 재산취득으로 증여세가 부과된 후에 증여계약을 합의해제하더라도 이미 발생한 국가의 조세채권에는 영향을 줄 수 없다(1987.11.10. 87누607).

Ⅷ. 契約의 解止

1. 解止의 意義

해지는 유효하게 성립하여 효력을 발생하고 있는 계속적 계약의 효력을 장래에 관하여 소멸시키는 것을 말한다. 예컨대, 소비대차·사용대차·임대차·고용·위임·임치 등에서 계약의 효력을 장래에 향하여 소멸시키는 것을 말한다. 이와 같이 해지는 계약에서 장래의 효력을 소멸시키는 것으로 이미 이행한 부분에 관하여는 영향을 미치지 않는다는 점에서 해제와 다르다.

2. 解止權의 發生

해지를 할 수 있는 권리를 해지권이라 하며, 해지권자의 일방적 의사표시에 의하여 법률관계가 종료되는 것으로 일종의 형성권이다. 해지권은 당사자의 특약에 의하여 발생하는 약정해지권과 법률의 규정에 의하여 발생하는 법정해지권이 있다.

(1) 約定解止權

계속적 계약관계를 체결함에 있어서 당사자 일방 또는 쌍방이 해지권을 유보할 수 있다. 민법은 특별히 제636조에서 임대차에서의 해지권의 유보에 대하여 명문으로 규정하고 있으나, 다른 계속적 계약에서도 특약으로 해지권을 유보할 수 있음은 물론이다. 약정해지권의 행사 및 효과는 후술하는 법정해지권에서와 동일하다.

(2) 法定解止權

민법은 법정해지권의 발생사유에 관하여는 법정해제권과는 달리 개별계약에서만 별도로 규정하고 있을 뿐 모든 계약에서 공통된 원인을 규정하고 있지 아니하다. 여기서 법정해제권의 공통적인 발생사유를 규정한 제544조 내지 제546조의 채무불이행에 의한 발생사유를 법정해지권에도 적용할 것인가라는 문제가 생긴다. 적용이 있다는 견해가 있으나(곽), 개별 계약에서 법정해지권의 발생에 관하여 별도로 규정하고 있으므로 법정해제권에 관한 규정을 유추적용하는 것은 타당하지 않다고 생각한다(다수설).

계속적 계약관계에서는 일회적 계약관계에서보다 특별히 당사자간의 인적 신뢰가 계약의 토대를 이루며 또한 계약체결시의 사정이 계약의 내용에 중요한 영향을 미친다. 이에 민법도 신뢰의 파괴 또는 사정의 변경에 의한 법정해지권의 발생을 별도로 규정하고 있다(제614조, 제637조 등). 이외에 계속적 계약관계의 특성으로 민법의 규정이 없을지라도 중대한 신뢰파괴 또는 현저한 사정의 변경이 있는 경우에 법정해지권이 발생함을 판례와 학설이 인정하고 있다.

판례 事情變更에 의한 解止 : 회사의 이사라는 지위에서 부득이 회사와 은행 등과 사이에 계속적 거래로 인한 회사의 채무에 대하여 보증인이 된 자가 그 후 퇴사하여 이사의 지위를 떠난 때에는 보증계약설립 당시의 사정에 현저한 변경이 생긴 경우에 해당하므로 이를 이유로 보증계약을 해지할 수 있고, 보증계약상 보증한도액과 보증기간이 제한되어 있다 하더라도 그러한 제한만으로는 사정변경이 있는 경우의 보증인의 보호를 위하여 불충분하고, 보증기간의 제한이 특히 퇴사 후에도 보증채무를 부담한 것이라고 특약한 취지로 인정되지 않는 한 위와 같은 해지권의 발생에 영향이 없다(대판 1992.11.24. 92다10890).

3. 解止權의 行使

해지권은 형성권으로서 상대방에 대한 의사표시로써 하며(제543조 1항), 그 의사표시는 철회하지 못한다(제543조 2항). 또한 해지권도 해제권과 동일하게 불가분성이 있어 수인이 당사자인 경우에는 전원으로부터 또는 전원에 대하여 행사하여야 하고(제547조 1항), 또 수인의 해지권자 중 1인에 대하여 해지권이 소멸한 때에는 다른 해지권자의 해지권도 소멸한다(제547조 2항).

4. 解止의 效果

(1) 契約의 效力을 將來에 대하여 消滅

해지는 계약관계를 장래에 대하여서만 소멸시키며, 해지 전의 계약관계에는 영향을 미치지 않는다. 따라서 해지 전에 이미 발생한 채무가 이행되지 않은 경우에는 해지로 기본적 계약관계가 소멸될지라도 해지 후에도 그대로 존속하여 이행의무와 지체책임이 발생한다. 예컨대, 임대차에서 해지 전의 차임, 소비대차에서의 해지 전의 이자 등이 여기에 해당한다.

(2) 解止期間

해지의 효과발생은 해제와는 달리 해지권 행사 즉시 발생하지 않고 일정한 기간 경과 후에 발생하는 경우가 많다(제603조, 제635조 1항 등). 이를 해지기간이라 하는데, 이것은 장기간의 계약관계를 해소하는데 따른 상대방의 이익과 사회정책적인 측면을 고려한 배려이다.

(3) 損害賠償

해지로 손해가 회복되는 것은 아니므로 손해가 있는 경우에는 손해배상을 청구할 수 있다(제551조). 여기의 손해배상은 채무불이행에 의한 손해배상이므로 손해배상의 일반법리가 적용된다.

第2章

契約各論

第1節 總 說

第2節 贈 與

第3節 賣 買

第4節 還買와 再賣買 豫約

第5節 交 換

第6節 消費貸借

第7節 使用貸借

第8節 賃貸借

第9節 雇 傭

第10節 都 給

第11節 懸賞廣告

第12節 委 任

第13節 任 置

第14節 組 合

第15節 終身定期金

第16節 和 解

第1節 總 說

I. 契約各論

계약은 채권이 발생하는 가장 주요한 원인이며, 자본주의 시장경제체제를 가능하게 하는 거래의 수단이다. 이러한 계약은 사법의 이념적인 측면에서는 사적 자치를 달성하는 수단으로 계약자유의 원칙 아래 다양하게 발전하여 왔다. 오늘날 우리 사회는 근대사법의 사적 자치의 원칙 아래, 그 수단인 계약에 개인의 창의성을 극대화시킬 수 있게 계약의 자유를 보장함으로써 괄목할 만한 발전을 하여 왔다. 그러나 계약의 자유는 자본주의를 발전시키는 주요한 제도적 장치이나 다른 한편으로 그에 따른 역작용도 적지 않아 오늘날 우리 사회가 안고 있는 가장 큰 딜레마인 빈부격차 심화의 하나의 요인이 된 것도 부정할 수 없다.

이러한 계약법에서 오늘날의 과제는 계약 자유의 보장과 확충이 아니라, 자유에 대한 합리적 제한을 통한 계약의 정의가 되고 있다. 이를 학자들은 '계약의 <자유>에서 <정의>로' 라고 표현하고 있다. 그러나 역시 오늘날도 계약에서의 <자유>는 포기할 수 없는 근본으로, 본질적인 자유를 침해하지 않는 한도 내에서 정의가 세워져야 할 것이나 종래의 계약자유의 절대적 우위의 사고는 폐기되어야 할 것이다. 이러한 측면에서 민법의 계약각칙 규정에 대한 종래의 일괄적인 임의법규적 해석은 재고되어야 한다.

민법전은 채권편 제2장 계약의 제2절에서 제15절까지 절별로 증여·매매·교환·소비대차·사용대차·임대차·고용·도급·현상광고·위임·임치·조합·종신정기금·화해의 14종의 전형계약에 관하여 자세하게 규정하고 있다. 이러한 전형계약의 유형은 로마법에 기원을 두어 오늘날 거의 대부분의 국가들이 그대로 이를 계승하고 있다. 그런데 기본법인 민법에 전형적인 유형의 계약의 구성과 그 효력에 관하여 규정을 두는 것은 우리의 구체적인 실제 생활에서 이루어지는 계약을 해석하는 기준으로 하자는 데 큰 의의가 있다. 따라서 당연히 우리의 실제 생활관계에서 가장 빈번하게 이루어지는 유형의 계약이 그 대상이 되어야 함에도 우리의 민법전의 전형계약은 그렇지 못하다. 이는 민법전 제정시의 우리의 생활이 오늘날에는 많은 변화가 있는 것에서도 연유하겠으나 민법전 제정시에 이에 대한 충분한 검토 없이 기존의 외국법을 그대로 모방한 점도 부인할 수 없다. 예컨대, 교환·사용대차·종신정기금 등은 오늘날 우리의 실제 생활관계에서 거의 사라졌으며, 그 대신 의료계약·여행계약 등이 우리의 생활에서 빠질 수 없는 계약으로 그 중요성이 커졌다.

계약 각론은 개별 계약에 관한 이론을 말하는데, 당사자간의 자유로운 합의인 계약의 형태는 무수하게 많을 것으로 그러한 모든 것을 여기서 논한다는 것은 불가능할 뿐만 아니라 불필요하고, 강학상의 방법으로는 역시 민법전의 전형계약을 중심으로 할 수밖에 없다. 따라서 여기서는 민법전에 규정된 전형계약을 민법전의 순서에 따라 논술하되, 오늘날 우리 사회에서 널리 행하여지는 시설대여계약·의료계약·여행계약 등은 관련되는 전형계약과 함께 보도록 한다.

Ⅱ. 典型契約의 類型

1. 民法典에서의 分類

민법전은 그 배열 순서로 보건대 계약의 목적을 기준으로 아래와 같이 분류하여 배열하고 있다.

① 재산권의 이전 : 증여, 매매, 교환 ② 재화의 대차 이용 : 소비대차, 사용대차, 임대차 ③ 노무의 제공 : 고용, 도급, 현상광고, 위임 ④ 재화의 보관 : 임치 ⑤ 공동사업 : 조합 ⑥ 재산권의 정기적 이전 : 종신정기금 ⑦ 법률관계의 확정 : 화해

2. 講學上 分類

그 밖에 강학상으로는 아래와 같이 분류할 수 있다.

① 諾成契約과 要物契約

민법전의 전형계약은 현상광고를 제외하고는 전부 낙성계약으로 하였다. 이는 스위스 채무법을 계수한 것으로, 타당한 입법으로 평가받고 있다.

② 有償契約과 無償契約

유상계약은 매매·교환·임대차·도급·화해 등이며, 매매가 유상계약의 대표로서 유상계약에 관하여는 매매에 관한 규정이 준용된다. 무상계약에는 증여·사용대차와 소비대차·위임·임치를 원칙적으로 무상으로 하고 있다. 무상계약의 대표는 증여로

서, 무상계약에 관하여는 증여에 관한 규정이 준용된다. 유·무상계약의 가장 큰 차이점은 담보책임의 유무에 있다.

③ **雙務契約과 片務契約**

쌍무계약은 매매·교환·임대차·도급 등이며, 편무계약은 증여·사용대차 등인데, 소비대차·위임·임치 등에서 유상이면 쌍무계약이나 무상이면 편무계약이다. 쌍무계약과 편무계약의 차이는 쌍무계약에서는 법률효과로서 동시이행의 항변권과 위험부담의 문제가 생기나 편무계약은 그렇지 않다는 점이다(계약의 종류에 대한 자세한 내용에 관하여는 제1장 제1절 Ⅳ. 계약의 종류 참조).

Ⅲ. 無償契約의 特質

1. 有·無償契約의 區別

(1) 區別 基準

유·무상계약은 상호 대가적인 의미가 있는 출연出捐이 있느냐 여부에 의하여 구별된다. 어느 일방만이 계약상의 출연을 부담하는 계약이 무상계약이다. 그런데 이러한 출연의 존부 여부는 어느 일정 시점만을 기준으로 하는 것이 아니라 계약의 성립에서 소멸시까지의 전 과정을 통하여 일방의 출연에 의한 손실이 타방에 의하여 보상되느냐에 의하여 판단된다. 통상적인 경우는 계약의 효력으로서 상호간에 출연이 이루어지겠으나(매매계약), 일방의 출연으로 계약이 성립되고 상대방의 대가적 출연은 계약의 효력으로 이루어지는 경우도 있다. 후자는 요물계약에서 나타나는데, 현상광고를 계약으로 보면 바로 후자에 해당하는 유상계약이다. 따라서 쌍무계약이면 유상계약이나, 요물계약인 경우에는 편무계약도 유상계약이 된다.

상호간에 부담하는 출연이 대가 내지 반대급부의 성질을 갖느냐 여부를 결정하는 표준은 무엇인가에 관하여는 학설이 대립한다. 다수설은 당해 계약에 관하여 당사자의 주관적 표준 즉, 당사자의 의사에 의하여 결정하여야 한다는 것이다. 이에 대하여 주관적·객관적 두 표준에 의하여 판정하여야 한다는 견해가 있다. 객관적 표준에 의한다고 하지만 이는 불분명하고, 사적 자치의 원칙에 의하여 당사자의 주관적 의사를 표준으로 하여야 할 것이다. 다수설에 동의한다.

(2) 無償契約의 意義

전형계약 중 무상계약으로는 증여·사용대차가 있으며, 소비대차·위임·임치 등은 무상이 원칙이다. 계약을 유·무상계약으로 구별하는 실익은 무상계약의 대표가 증여로서, 당해 계약이 무상계약인 경우에는 증여의 규정이 준용되기 때문이다.

이와 같이 무상계약이란 상대방으로부터의 아무런 대가 없이 일방만이 재산의 이전 또는 노무의 제공을 부담하는 계약이다. 이러한 무상계약은 오늘날 합리성과 타산성이 강한 상거래 관계에서는 존재하지 않으며, 사인간의 계약에서도 무상계약은 특수한 경우가 아닌 한 거의 존재하지 않는다.

무상계약의 대표인 증여는 감정적·애정적·도의적인 동기에서 이루어지는데, 이러한 측면에서 무상계약을 체결함에는 유상계약에서와는 달리 법적 규약이라는 의식이 약하다고 할 수 있다. 이러한 점에서 무상계약에 법적 효력을 부여하더라도, 그 효력에서는 유상계약과는 차이를 두고 있다. 즉, 무상계약이 이루어지는 원인적인 측면을 고려하여 무상계약에 관하여는 그 법적 구속력을 유상계약에 비해 완화시키고 있다.

2. 特 質

무상계약이 감정적·애정적 동기에서 일방만이 출연의 의무를 부담한다는 측면에서 아래 법률관계(주로 법률효과)에서 유상계약과는 다른 특질이 있다.

(1) 法的 拘束力

(가) 發生

계약을 체결함에 그 방식을 구두(서면에 의하지 않는)에 의하든 서면에 의하든 계약의 효과에는 원칙적으로 차이를 두지 않는다. 그러나 무상계약인 증여에서는 서면에 의한 경우와 구두에 의한 경우의 효력에 강약의 차이를 두어 서면으로 하도록 유도하고 있다. 이는 일방의 대가 없는 일방적인 재산의 수여라는 점에서 증여자가 증여의 의사표시를 할 때 신중을 기하도록 하여, 계약의 불확실성을 제거하기 위한 것이다.

(나) 消滅

서면에 의한 계약과 구두에 의한 계약을 구별하며, 또한 특유한 해제사유를 두어 유상계약과 상대적으로 계약의 구속력을 약화시키고 있다.

(2) 注意義務

과실에서 구체적 경과실을 요하는 등(무상임치)으로 유상계약에서보다는 주의의무를 경감하고 있다.

(3) 擔保責任

원칙적으로 담보책임은 지지 않는다.

第2節 贈 與

I. 意義와 性質

1. 意義와 機能

증여라 함은 당사자의 일방이 대가 없이, 즉 무상으로 재산을 상대방에게 준다는 의사를 표시하고, 상대방이 이를 승낙함으로써 성립하는 계약이다(제554조). 오늘날의 자본주의 경제사회에서는 유상계약이 일반적인 것으로 무상계약인 증여는 예외적인 것이라 할 수 있다. 그러나 친족에의 재산 수여, 또는 자선, 종교, 교육 또는 학술 등의 특수한 목적을 위하여 증여(기부)가 행하여지며, 그러한 경우에 증여는 오늘날에도 사회적으로 큰 작용을 하고 있다.

한편, 가두모금 등과 같은 각종 모금에의 금전의 지급, 타인에 대한 선물, 각종 부조금의 지급 등의 무상행위가 일상생활에서 행하여지는데, 이러한 행위도 광의에서의 증여(현실증여)에 해당하겠으나 계약으로서의 법률적 성질이 명확하지는 않다. 이하에서 증여의 법률적 성질을 세분하여 본다.

2. 法律的 性質

(1) 債權契約

증여는 증여자와 수증자의 의사의 합치로 성립하는 계약이다. 즉, 일방이 일정한 재산을 무상으로 수여하겠다는 청약을 하고, 상대방이 그 재산을 받겠다는 승낙을 함으로써 성립한다. 증여는 이와 같이 당사자간의 합의인 계약이란 점에서 상대방에 대하여 일방적으로 재산적 이득을 주는 단독행위인 유증이나 채무면제와는 다르다. 채무의 면제를 증여계약의 내용으로 하는 경우는 단독행위가 아니라 물론 증여계약이다.

(2) 諾成契約

증여는 당사자의 의사표시의 합치로써 성립하는 낙성계약이다. 따라서 증여에 따른 재산권의 이전 등의 기타의 출연행위는 증여계약의 효력에 따른 이행행위로서 증여계약의 성립과는 관계가 없다. 모금함에의 금전 투입과 같은 현실증여의 경우에도 증여계약과 동시에 그 이행행위인 물권행위가 이루어지는 것에 지나지 않는다.

현실증여가 채권계약인지 또는 물권계약인지 이론상 논란이 있으며, 이러한 현실증여에 관하여 증여에 관한 규정이 적용되느냐 여부가 문제된다. 물권행위의 독자성을 부인하면 현실증여는 물권계약인 동시에 채권계약으로 현실증여에 증여에 관한 규정은 당연히 적용되나, 물권행위의 독자성을 인정하면 현실증여는 물권계약으로 이론상은 현실증여에 증여에 관한 규정의 적용이 없다. 그러나 현실증여를 물권계약이라고 보는 학자들도 물권행위와 채권행위가 하나로 합체되어 있다고 보아 현실증여에 증여에 관한 규정의 적용이 있다고 본다. 결국 현실증여에 관하여는 증여에 관한 규정의 적용이 있다는 점에 일치한다.

(3) 無償契約

증여는 무상으로 일방적으로 재산을 주는 전형적인 무상계약이다. 무상이라 함은 일방의 재산적 출연이 타방에 의하여 보전되지 않는 것, 즉 수증자로부터 대가적인 재산적 이익을 받음이 없이 증여자만이 재산적 이익을 주는 것이다. 따라서, 수증자가 어떤 부담 내지 의무를 지는 경우이더라도, 그것이 대가성을 가지지 않을 경우에는 역시 무상의 증여가 된다(부담부 증여).

무상이냐 아니냐를 어떤 기준에 의하여 판단할 것인지가 문제된다. 다수설은 그 판정을 당해 계약에 대해서만 고찰하고 또한 당사자의 주관적 의사에 의해서만 결정하여야 한다는 것이다. 이에 대하여 주관적인 기준 이외에 객관적인 기준까지 고려하여야 한다는 견해가 있다. 주관적 의사가 수증자가 부담을 지는 경우는 물론이고, 반대급부를 지급할 때에도 객관적 표준이 불분명할 뿐만 아니라 당사자가 대가적 의의가 없다고 생각할 때에는 사적 자치의 원칙에 따라 증여라고 보는 것이 타당하므로 다수설에 동의한다.

재산을 준다는 것은 증여자의 재산을 감소시키고, 수증자의 재산을 증가시키는 행위(출연행위)를 말하며, 여기서의 감소·증가는 당연히 증가할 것이 증가하지 않은 경우와 당연히 감소할 것이 감소하지 않은 경우도 포함함은 물론이다. 따라서 기존의 권리의 양도는 물론이고, 용익물권의 설정, 노무의 제공, 무인의 채무부담, 기존의 채무의 면제도 출연행위가 된다. 또한 재산은 자기의 재산뿐만 아니라 타인의 재산도 증여의 목적이 되며, 타인의 재산인 경우에는 이행기까지 그 재산을 취득하여 이전하여야 할 의무를 진다.

한편, 출연행위는 일반적으로는 증여자가 직접 하겠으나, 이에 한정하지 않고 제3자를 통하여 하더라도 관계없다. 예컨대, 제3자를 위한 계약에서 대가관계를 증여로 써 할 수 있다. 무상계약은 대가적 의의를 가지는 상대방의 출연행위가 없이 일방만이 출연행위의 채무를 진다는 점에서 채무자의 주의의무 및 담보책임이 경감된다(제559조).

(4) 片務契約

무상의 낙성계약이면 편무계약이므로, 증여는 낙성·무상계약으로 편무계약이다. 즉, 증여는 증여자만이 채무를 부담하는 편무계약이다. 부담부증여에 있어서는 수증자도 일정한 채무를 부담하나, 이는 대가적 의의가 있는 것이 아니므로 역시 편무계약이다.

(5) 不要式契約

민법은 무상계약과 유상계약을 구별하지 않고 모든 전형계약을 불요식계약으로 하고 있다. 또한, 구두 또는 서면 어느 것이나 다 계약의 성립에는 차이를 두지 않고 있다. 다만 무상으로 일방만이 채무를 진다는 점에서 의사의 확실성을 기하기 위하여 법적 구속력의 측면에서 구두와 서면에 다소의 차이를 두어, 구두에 의한 증여에 구속력을 약하게 하고 있을 뿐이다(제555조).

비교법적으로 볼 때 각국은 증여에 엄격한 요건을 요하고 있다. 예컨대, 프랑스 민법(제931조)·독일민법(제518조)·스위스채무법(제243조)·이탈리아민법(제782조) 등은 증여를 서면으로 한정하거나 더 나아가서 공증을 요하는 등 계약의 성립을 엄격하게 하고 있다.

* 스위스 채무법 제243조

① 증여계약은 서면으로 하여야 한다. ② 토지 또는 토지에 대한 권리가 증여의 목적물일 때에는 공증을 하여야 한다.

이탈리아 민법은 증여를 채권편이 아닌 상속편에 규정하며, 증여는 공증증서에 의할 때 유효하고, 목적물이 동산인 때에는 증서에 그 가액이 명기되어야 한다고 규정하고 있다.

판례 約婚禮物은 婚姻의 不成立을 解除條件으로 하는 贈與 : 약혼예물의 수수는 약혼의 성립을 증명하고 혼인이 성립한 경우 당사자 내지 양가의 정리情理를 두텁게 할 목적으로 수수되는 것으로 혼인의 불성립을 해제조건으로 하는 증여와 유사한 성질을 가지므로, 예물의 수령자측이 혼인 당초부터 성실히 혼인을 계속할 의사가 없고 그로 인하여 혼인의 파국을 초래하였다고 인정되는 등 특별한 사정이 있는 경우에는 신의칙 내지 형평의 원칙에 비추어 혼인 불성립의 경우에 준하여 예물반환의무를 인정함이 상당하나, 그러한 특별한 사정이 없는 한 일단 부부관계가 성립하고 그 혼인이 상당 기간 지속된 이상 후일 혼인이 해소되어도 그 반환을 구할 수는 없으므로, 비록 혼인 파탄의 원인이 며느리에게 있더라도 혼인이 상당 기간 계속된 이상 약혼예물의 소유권은 며느리에게 있다(대판 1996.5.14. 96다5506).

Ⅱ. 贈與의 成立

1. 贈與의 意思와 受贈의 意思의 合致

(1) 請約의 意思表示와 承諾의 意思表示의 合致

증여는 낙성·불요식의 계약이므로 청약인 증여자의 무상으로 재산을 준다는 증여의 의사와 이에 대한 승낙인 수증자의 수증의 의사의 합치로써 성립한다. 구두에 의하든 서면에 의하든 증여계약의 성립에는 차이가 없다. 그러나 그 효력의 측면에서는 차이를 두어 서면으로 하도록 유인한다고 볼 수 있다. 이와 같이 서면으로 하도록 유인하는 것은 증여자가 경솔하게 계약을 체결하는 것을 방지하고, 증여자의 의사의 명확을 기하여 사후의 법률분쟁을 회피하자는 데 있다.

서면에 의한 증여에서 서면의 작성은 증여계약의 성립과 동시에 할 필요는 없고 후에 서면이 작성되더라도 관계없다. 또한 서면에 의한 증여는 증여자의 의사의 명확성을 기하자는 데 있으므로, 증여자의 증여의 의사를 인식할 수만 있으면 족하고, 수증자의 승낙의 의사 또는 수증자가 누구인지는 반드시 서면이 아니더라도 다른 증거에 의하여 판단할 수 있으면 서면에 의한 증여에 해당한다.

이미 사망한 자에 대한 증여의 의사표시(청약)의 효력은 어떠한가. 상속인에 대한 청약으로 볼 수도 있으나, 증여는 개인적 사정이 중요한 원인이며 내용이므로 무효로 보는 것이 타당할 것이다.

그런데 증여는 무상으로서, 일방적인 재산상의 불이익이 따르며 또한 증여자에게 계약으로서의 일정한 구속력이 있으므로 그 성립여부의 판단은 신중히 하여야 한다. 특히 증여계약이 아니라 자연채무가 성립한 것이 아닌가를 검토하여야 한다. 예컨대, 술집종업원에게 큰 금액의 지급의 약속은 증여계약이 아니라 자연채무가 성립한 것으로 본다(졸저 『채권법총론』 자연채무편 참조).

(2) 贈與의 成立過程에 不法이 介入된 경우

증여자가 증여의 청약의 의사표시를 하도록 수증자 또는 제3자가 불법적인 행위를 한 경우에 증여계약이 제103조 위반으로 무효가 되는지, 아니면 의사표시의 하자에 관한 문제인지가 논란이 된다.

증여행위 자체가 불법이라고는 할 수 없을 것이고, 그와 같은 불법행위가 증여자의 청약의 의사표시의 형성과정에 작용한 것(동기의 불법)으로 의사표시의 하자의 문제로 보아야 한다. 판례도 같은 취지이다.

판례 强壓에 의하여 贈與하게 한 경우 : (정보기관의 강압적이 행위에 의하여 주식을 국가에 기부한 행위에 대하여) 증여의 성립과정에 불법이 개재된 경우 의사의 흠결 내지 하자 있는 의사표시의 문제로서 효력이 있는지 여부를 논의하는 것은 별론으로 하고, 그 법률행위가 반사회질서의 행위에는 해당되지 아니한다(대판 1993.3.23. 92다52238).

(3) 불공정행위(제104조)에 해당 여부

증여가 제104조의 불공정행위에 해당되는지 여부가 문제가 된다. 판례와 다수설은 제104조는 반대급부가 있는 것을 전제로 급부의 불균형을 문제로 하는 것이라고 하여 일방의 급부만이 있는 증여는 제104조의 적용 여지가 없다고 한다. 그러나, 증여가 비교할 대상인 반대급부가 없다는 것만을 보아 제104조는 적용이 없다는 것은 잘못된 판단이다. 제104조의 불공정행위는 기본적으로 의사의 자유로운 결정에 관한 것으로 상대방(수증자)과의 관계에서 자유로운 의사결정력이 문제가 되는 경우에는 반대급부가 없더라도 제104조가 적용되어 무효로 보아야 할 것이다.

판례 贈與에 제104조 適用 與否 :민법 제104조가 규정하는 현저히 공정을 잃은 법률행위라 함은 자기의 급부에 비하여 현저하게 균형을 잃은 반대급부를 하게 하여 부당한 재산적 이익을 얻는 행위를 의미하는 것이므로 기부행위와 같이 아무런 대가 없이 당사자 일방이 상대방에게 일방적인 급부를 하는 법률행위는 그 공정성 여부를 운위할 수 있는 성질이 법률행위가 아니다(대판 1993.3.23. 92다52238).

2. 贈與의 目的物

증여의 내용은 권리의 양도·용익물권의 설정·노무의 제공·기존 채무의 면제 등이 될 수 있음은 전술한 바와 같다. 또한 타인의 재산도 증여의 목적이 될 수 있음도 전술하였다. 다만 타인의 재산을 취득하여 수여한다는 것은 특별한 경우라 할 것이므로 착오의 문제가 발생할 수 있다. 또한 계약의 목적이 대가 없이 물건을 사용한다든지 또는 대가 없이 노무를 제공하되 물건의 보관이 그 노무의 내용인 경우에는 증여가 아니다. 전자는 사용대차이고, 후자는 (무상)임치이다. 한편, 재산권의 이전·설정의 허가·인가 등을 요하는 경우에 허가·인가 등을 받지 못한 경우에 증여계약은 성립하지 않는가? 허가·인가 등은 계약의 효력의 문제이고, 증여계약은 당사자간의 의사표시의 합치로 성립하므로 허가·인가를 받지 못하더라도 증여계약은 성립한다.

Ⅲ. 贈與의 效力

1. 一般的 效力

증여계약에 의하여 증여자는 약속한 재산을 수증자에게 주어야 할 채무를 부담하고, 수증자는 이에 대응하는 채권을 취득한다. 이를 증여의 일반적 효력이라 말한다. 증여자는 증여계약으로 부담한 재산적 출연을 완료할 채무를 부담한다. 재산권의 이전이 증여계약의 목적인 경우에는 종국적으로 그 재산권을 이전해 주어야 한다. 즉, 동산인 경우에는 인도(현실의 인도, 간이인도, 점유개정, 반환청구권의 양도)를, 부동산인 경우에는 등기와 인도를 하여야 한다. 목적물이 타인에게 속한 경우에는 착오로 되지 않는 한, 이를 취득하여 이전해 줄 의무를 부담한다.

증여자의 이러한 의무는 통상적인 채무자와 동일한 책임으로서 선량한 관리자의 주의의무를 게을리 하여 채무를 이행하지 아니한 때에는 채무불이행책임을 진다. 증여자의 채무불이행이 있는 때에는 수증자는 채권자로서 채무불이행에 관한 일반적 효력으로서 강제이행 또는 손해배상을 청구할 수 있음은 물론이다. 또한 필요에 따라서는 계약을 해제할 수도 있다(예 : 부담부증여의 경우).

그런데 불완전이행의 경우에 수증자의 계약의 해제권과 완전물청구권 또는 추완청구권이 문제된다. 불완전이행의 경우에 수증자가 해제할 수 있느냐에 관하여는, 불완전이행으로 계약의 목적이 달성되지 못하는 경우, 즉 그러한 불완전한 물건이 수증자에게는 아무런 이익도 되지 않을 뿐만 아니라 보관하여야 하는 부담만 생긴다면 계약을 해제할 필요가 있고 해제할 수 있다고 보아야 한다. 그런데 불완전이행에 대하여 완전물청구권이나 추완청구권이 있느냐에 관하여는, 증여자가 담보책임을 지는 경우(제559조)를 제외하고는 일반적으로는 인정될 수 없다고 보아야 할 것이다. 왜냐하면 수증자는 무상으로 이익을 취하며, 증여자의 의사는 당해 목적물의 현상 그대로를 준다는 것으로 보아야 하기 때문이다. 그러나 제3자에 의하여 물건을 제공하기로 하는 증여의 경우에는 통상적으로는 증여자의 의사는 불특정물이든 특정물이든 완전한 물건을 제공하는 것이므로 제3자에게 완전물 또는 추완을 청구할 수 있다.

2. 擔保責任

(1) 原 則

증여자는 증여의 목적인 물건 또는 권리의 하자나 흠결에 대하여 책임을 지지 않는다(제559조 1항). 이는 증여는 수증자만이 이익을 얻고, 증여자는 아무런 대가 없이 재산을 출연하는 것이므로, 매매와 같은 유상계약에 있어서와 같은 담보책임을 부담시키는 것은 적당하지 않고, 또한 일반적으로 증여자는 증여의 객체인 재산을 현상 그대로 준다는 의사를 가진다고 보아야 하기 때문이다. 불특정물 또는 일정금액이 증여의 목적인 때에는 특별한 의사표시가 없는 한 흠이 없는 완전한 물건을 급부하여야 한다는 견해가 있으나(곽,김증,이태), 이 경우에도 불특정물 그 자체의 현 상태로 이전한다는 것이 증여자의 의사로서, 악의가 없는 한 책임을 지지 않는다고 보아야 할 것이다.

(2) 例 外

다음의 경우에는 예외적으로 증여자가 담보책임을 진다.

(가) 特約이 있는 경우

증여자의 담보책임에 관한 제559조는 강행규정이 아니기 때문에 특약이 있으면 그에 따른다.

(나) 惡意이며 不告知한 때

증여자가 그 하자나 흠결을 알고 수증자에게 고지하지 아니한 때에는 담보책임을 진다(제559조 1항 단서). 불고지에 고의나 과실을 요하는가가 문제인데, 고의나 과실을 요하지 않는다고 본다.

그리고 수증자가 그러한 하자나 흠결을 알고 있었던 때에는 책임을 지지 아니한다.

이러한 담보책임은 목적물에 하자나 흠결이 없다고 신뢰하는 수증자를 보호하기 위한 것이기 때문에 그러한 신뢰의 침해에 대한 손해배상은 신뢰이익에 한정되어야 한다(통설). 그리고 이 책임의 존속기간에 관하여는 학자들은 매매의 규정(제574조)

이 유추적용되어 1년의 제척기간에 걸린다고 본다(곽,김증,이태).

(다) 負擔附贈與

증여가 부담부인 때, 즉 수증자도 일정한 급부를 할 채무를 부담하는 경우에는 증여자는 그 부담의 한도에서 매도인과 같은 담보책임을 진다(제559조 2항). 이 경우에는 매매 기타의 유상계약과 비슷한 관계가 인정되기 때문이다(자세한 것은 후술하는 부담부증여 참조).

3. 贈與에 特有한 解除

(1) 書面에 의하지 않은 贈與에서의 解除

증여의 의사가 서면으로 표시되지 아니한 경우에는 각 당사자는 이를 해제할 수 있다(제555조). 즉, 구두에 의한 증여계약은 당사자가 임의로 해제할 수 있다. 이와 같이 구두에 의한 증여의 구속력을 약화시켜 서면에 의한 증여로 유도하는 것은 증여자만이 급부의무를 부담하므로, 증여자에게 증여의사의 결정에 신중을 기하도록 하며 또한 후일의 분쟁을 피하기 위하여 증여자의 의사를 명확하게 하기 위함이다.

서면의 작성은 증여계약과 동시에 할 필요는 없으며, 또한 서면에는 증여자의 증여의 의사가 있으면 족하고 증여의 목적물이 무엇인지 및 수증자가 누구인지는 당해 서면에 의하지 아니할지라도 다른 것에 의하여 확인할 수 있으면 충분하다는 것은 전술하였다.

판례 書面의 作成時期 : 본조 소정의 증여의 의사가 표시된 서면의 작성시기에 대하여는 법률상 아무런 제한이 없으므로 증여계약이 성립한 당시에는 서면이 작성되지 않았더라도 그 후 계약이 존속하는 동안 서면을 작성한 때에는 그때부터는 서면에 의한 증여로서 당사자가 임의로 이를 해제할 수 없게 된다(대판 1989.5.9. 88다카2271).

판례 書面에 포함될 內容 : 민법 제555조가 “증여의 의사가 서면으로 표시되지 아니한 경우에는 각 당사자는 이를 해제할 수 있다”고 규정한 취지는, 증여자가 경솔하게 무상으로 재산을 처분하는 것을 예방함과 아울러 당사자의 의사를 명확하게 하여 분쟁이 생기는 것을 피하려는 데에 있는 것이므로, “증여의 의사가 서면으로 표시” 되었다고 하려면 당사자간에 있어서 증여자가 자기의 재산을 상대방에게 무상으로 주는 증여의 의사가 서면을 통하여 확실하게 알 수 있을 정도로 표시되어 있으면 충분하다(대판 1993.3.9. 92다18481).

(가) 解除權

각 당사자, 즉 증여자뿐만 아니라 수증자도 해제할 수 있다(제555조). 서면에 의하지 아니한 증여는 별도의 해제사유를 요하지 않고 증여자 또는 수증자가 임의로 해제할 수 있으며, 해제하려는 자는 상대방에 대한 의사표시로 하여야 한다.

(나) 未履行에 대하여 債務消滅

여기에서의 해제는 이미 이행한 부분에 대하여는 영향을 미치지 않는다(제558조). 영향을 미치지 아니한다는 것은 기이행부분에 대하여는 해제의 효력이 없어 원상회복의무가 생기지 아니하고, 미이행인 경우에는 증여계약이 장래에 대하여 소멸한다는 의미이다. 기이행부분에 대해서 해제의 효력이 없으므로 제3취득자에게도 해제할 수 없으며, 해제의 효력이 없음은 물론이다.

여기서 이행이라 함은 증여자가 증여계약에서 정해진 재산을 수증자에게 수여하는 것을 뜻한다. 동산의 경우에는 인도(현실의 인도, 간이인도, 점유개정, 반환청구권의 양도), 부동산인 경우에는 등기를 하여야 하며, 현실증여에 있어서는 언제나 이행이 끝난 것으로 본다.

이행이 양적으로 일부 끝난 경우에는, 이행된 부분은 해제로 영향이 없고 나머지 이행되지 아니한 부분만 채무가 소멸한다. 질적으로 일부 끝난 경우에는 그 부분의 중요성에 의하여 결정되어져야 한다(해제의 효과는 후술하는 망은忘恩행위에 의한 해제와 재산상태의 악화에 의한 해제에도 동일하다).

판례 不動産의 履行 : ① 원칙－부동산증여에 있어서 이행이 되었다고 함은 그 부동산의 인도만으로서는 부족하고 이에 대한 소유권이전등기절차까지 마친 것을 의미한다(대판 1977.12.27. 77다834). ② 해당 예－망인이 생전에 부동산을 증여하고 그의 뜻에 따라 그 소유권이전등기에 필요한 서류가 제공되었다면 위 망인이 사망한 후에 그 등기가 경료되었다고 하더라도 위 망인의 의사에 따른 증여의 이행으로서의 소유권이전등기가 경료된 후에는 망인의 상속인에 의한, 서면에 의하지 아니한 증여라는 이유의 해제는 이에 아무런 영향이 없다(대판 1981.7.28. 80다2338).

(2) 忘恩行爲에 의한 解除

(가) 解除權 및 解除事由

민법은 독일 민법(제530조) 등을 본받아서, 수증자가 증여자에 대하여 아래와 같은 일정한 망은행위가 있는 때에는 증여자는 증여계약을 해제할 수 있게 하고 있다(제556조 1항). 아래의 사유에 의한 해제는 수증자가 증여계약이 존재한다는 것을 알고 난 후에 행한 경우에 한한다. 바꾸어 말하면 증여계약 전에 발생한 아래의 사유로는 증여계약을 해제할 수 없다.

아래의 사유가 있을 때에는 서면에 의한 증여이든 구두에 의한 증여이든 증여자에게 해제권이 발생한다. 서면에 의하지 않은 증여의 경우에 아래의 사유가 있을 때에는 제555조의 구두증여시의 임의해제에 의하여 해제하든 제556조의 망은행위에 의하여 해제하든 어느 것이나 관계없으며, 그 효과도 이미 이행한 부분에 대하여는 영향을 미치지 않고 장래에 대하여서만 증여가 효력을 소멸하는 것으로 동일하다(제558조).

① 증여자 또는 그 배우자나 직계혈족에 대한 범죄행위가 있는 때

② 증여자에 대하여 부양의무가 있는 경우에, 이를 이행하지 아니한 때

위 제556조 제1항 제2호의 부양의무는 민법 친족편 제974조에 규정되어 있는 직계혈족 및 배우자 또는 생계를 같이 하는 친족간의 부양의무를 말한다. 따라서 부담부증여에서 친족간이 아닌 당사자 사이의 약정에 의하여 부양의무부담으로 증여를 한 경우에 부양을 하지 않은 때의 해제에 관하여는 제556조 제2항에 해당되지 않는다. 이 경우는 쌍무계약에 관한 법리가 적용된다(제561조). 따라서 예컨대, 동거하는 조카로부터 부양의무를 약속받고 일부를 이행하고 나머지를 이행하지 않은 상태에서 부양을 하지 않아 증여를 해제하는 경우는 본조에 해당되어 이미 이행한 부분에 관하여는 해제의 효과가 없으나, 옆집에 사는 조카와 동일한 내용으로 증여가 된 경우는 일반적인 부양의무를 부담으로 하는 부담부증여로서 이의 해제는 쌍무계약에 관한 법리가 적용되어 민법 제548조에 의하여 해제의 소급효가 있게 되어 이미 이행한 부분에 관하여도 해제의 효과가 있게 된다.

본조에 의한 해제권은 망은행위를 안 날로부터 6월을 경과하거나 또는 증여자가 수증자에 대하여 용서의 의사를 표시한 때에는 소멸한다(제556조 2항).

판례 第556條 第1項의 扶養義務의 意味 : 여기서의 부양의무라 함은 민법 제974조에 규정되어 있는 직계혈족 및 그 배우자 또는 생계를 같이 하는 친족간의 부양의무를 가리키는 것으로서, 친족간이 아닌 당사자 사이의 약정에 의한 부양의무는 이에 해당하지 아니하여 민법 제556조 제2항이나 민법 제558조가 적용되지 않는다(대판 1996.1.26. 95다43358).

(나) 解除의 效果

서면에 의하지 않는 증여의 해제에서와 동일하다. 망은행위로 해제를 하더라도, 증여자가 이미 이행한 부분에는 영향을 미치지 아니한다(제558조). 즉, 이행하지 않은 부분에 대하여만 채무가 소멸한다. 망은행위에 대한 증여의 해제에 대하여도 소급효를 인정하지 않고 장래에 대하여만 효력을 생기게 한 것은 <망은행위의 해제>제도의 근본 취지를 상실하고 있는 것이 아닌가라는 생각이 든다. 망은행위는 많은 경우에 증여에 따른 이행행위가 실현된 이후에 행하여지는 것이 보통이기 때문이다.

(3) 財産狀態 惡化로 인한 解除

증여계약 후에 증여자의 재산상태가 현저하게 변경되고 그 이행으로 인하여 생계에 중대한 영향을 미칠 경우에는 증여자는 증여를 해제할 수 있다(제557조). 무상계약인 증여에 있어서 증여자의 재산상태가 악화되어 생계에 위협을 받는 데에도 불구하고 증여의 이행을 강요하는 것은 적절하지 못하기 때문에 해제를 인정한 것이다. 이 경우에도 구두에 의한 증여는 제555조에 의하여 해제할 수 있기 때문에 서면에 의한 증여의 경우에 필요한 조항이다.

재산상태가 현저하게 변경되어 증여계약을 그대로 이행한다면 그로 인하여 생계에 중대한 영향을 미치는 경우에 대한 판단은, 증여자가 속하는 사회·경제적 지위 등이 종합적으로 고려되어 객관적으로 결정되어야 한다. 그러므로 증여자의 생존상의 필수의 것을 구득求得할 수 없게 될 경우만을 의미하는 것이 아니라, 그 지위나 계층에 상응한 생활을 할 수 없게 될 정도로 악화될 수 있다고 판단되면 해제할 수 있다.

재산상태의 악화로 인한 증여의 해제에 있어서도 이미 이행한 부분에 대해서는 영향을 미치지 아니한다(제558조).

판례 該當 例중여계약 후에 증여자가 반신불수가 되어 그의 전 재산을 치료비 등으로 소비함으로써 수증자에게 약속한 부동산을 양도하면 생계에 중요한 영향을 미치게 되어 해제권이 인정된다(대판 1976.10.12. 76다1833).

Ⅳ. 特殊한 贈與

1. 負擔附贈與

(1) 意 義

수증자에게 일정한 부담(의무)을 수반하는 증여가 부담부증여이다. 증여를 받는 동시에 일정한 부담을 지는 증여를 말한다. 부담부증여도 증여로서 무상·편무계약이므로 그 부담이 증여자의 채무와 대가적 관계가 있어서는 아니 된다. 상호간의 채무(의무)가 대가적 관계이냐 여부에 대한 판단은 어려우나, 전술한 바와 같이 당사자의 주관적 의사를 표준으로 결정하여야 할 것이다.

부담부증여에서 증여의 불능·무효는 부담도 무효로 됨은 당연한데, 부담이 불능·무효일 때 증여계약은 어떻게 되는지가 문제된다. 원칙적으로는 당사자의 의사표시의 해석에 따라서 부담이 없으면 증여의 의사가 없다고 인정되면 증여계약도 무효가 된다고 보아야 할 것이다. 그러나 당사자의 의사가 분명하지 아니할 때에는 증여자의 채무와 수증자의 부담은 대가관계가 아니므로 부담이 불능·무효인 때에는 부담 없는 증여로 된다고 보아야 할 것이다(이 점에 관하여는 제561조에 의하여 쌍무계약에 관한 규정이 준용되어, 이를 그대로 해석하면 부담이 원시적 불능이나 무효이면 증여도 무효가 된다고 해석할 수 있다). 부담의 이익을 받는 자는 증여자 자신이든, 특정의 제3자이든, 불특정다수인이든 무방하다.

판례 負擔의 內容 : 부담부증여란 일정한 급부를 할 채무를 부담시키는 것을 말하고 단순히 증여의 목적물의 사용목적을 지정하는 것은 이에 해당하지 않는다(대판 1972.7.25. 72다909).

판례 負擔을 이루는 給付의 成否 : 부담부증여(상대부담 있는 증여)에 있어서 부담의 내용을 이루는 급부는 급부로서의 일반요건, 즉 적법성, 가능성, 확정성의 내용을 구비하면 되는 것이므로 하천 점용 및 공작물 설치허가에 의하여 원고가 비용을 들여 준공한 공작물의 기부채납약정(원고의 증여)에 하천점용료가 위 공작물 정산 설계액에 달할 때까지 토사 채취허가를 그 점용료 면제하에 하여 주기로 하는 부담을 붙인 것은 유효하다(대판 1979.11.13. 79다1433).

(2) 負擔附贈與의 特則

(가) 負擔의 限度 內에서 賣渡人의 擔保責任

부담부증여에 대하여는 증여자는 그 부담의 한도에서 매도인과 같은 담보의 책임이 있다(제559조 2항). 증여와 부담이 사실상으로는 일종의 대가관계에 있다는 것을 고려한 것으로서, 증여목적물의 하자·흠결로 수증자가 손해를 입은 때에는 수증자의 부담의 한도 내에서 매도인의 담보책임을 청구할 수 있다는 의미이다. 매도인의 담보책임으로서는 매수인은 대금감액청구권, 계약해제권, 손해배상청구권이 있다. 따라서 수증자는 부담에 대하여 감액청구권, 계약해제권, 손해배상청구권 등의 권리를 가진다.

(나) 雙務契約에 관한 規定의 準用

부담부증여에 대하여는 증여의 규정이 적용되는 이외에 쌍무계약에 관한 규정이 적용된다(제561조). 주로 문제가 되는 것은 동시이행의 항변권과 위험부담이며, 또한 부담의 불이행에 의한 해제에서의 법률관계도 문제가 된다.

부담부증여의 경우에 증여를 먼저하고 부담을 시킨다든지 또는 부담을 선이행의무로 하는 것으로 당사자간에 합의를 하는 것이 보통이므로 그 경우에는 문제가 없으나 당사자의 의사가 분명하지 아니한 경우에는 동시이행의 항변권이 있다.

위험부담은 채무자위험부담의 원칙(제537조)에 의하여, 증여의 목적물이 쌍방의 책임 없는 사유로 이행불능인 때에는 수증자의 부담도 소멸하며, 수증자의 목적물이 쌍방의 책임 없는 사유로 이행불능인 때에 증여자의 채무도 소멸한다는 결과가 된다. 전자의 경우는 타당한데, 후자의 경우는 부담이 종從된 것으로 증여자의 채무도 획일적으로 소멸한다는 것은 적절하지 못하다고 할 수 있다. 증여자의 의사가 부담을 조건으로 증여를 하는 것이라면 증여자의 채무도 소멸하나, 그렇지 아니한 때에는 증여자의 채무는 소멸하지 아니한다고 새기는 것이 타당하다.

부담부증여에서 수증자가 부담을 이행하지 아니할 때 증여계약을 계약의 일반적인 해제사유(채무불이행)에 해당하는 것으로 보아 해제할 수 있는지가 문제된다. 부담부증여는 쌍무계약에 관한 규정이 준용되므로 당연히 해제할 수 있다고 할 수 있다. 그러나 이 경우도 획일적으로 보는 것은 적절하지 못하다. 당사자의 의사가 부담이 조건이거나 또는 부담이 증여자에게 중요한 의미가 있는 것이면 해제에 관하여도 쌍무계약에 관한 법리가 적용되는 것으로 보아야 할 것이다. 즉, 한정적으로 부담불이행에 의한 해제를 인정하여야 할 것이다.

부담부증여에서 상대방의 부담의 불이행에 따른 해제는 증여에 특유한 해제가 아니고, 계약 일반에 공통한 법정해제로서 계약해제에 관한 일반법리가 적용된다. 따라서 이미 이행한 부분에 관하여 원상회복의무가 생긴다(제548조).

> **판례** 負擔附贈與에서 負擔義務 不履行에 따른 解除要件 : 상대부담 있는 증여에 대하여는 민법 제561조에 의하여 쌍무계약에 관한 규정이 준용되어 부담의무 있는 상대방이 자신의 의무를 이행하지 아니할 때에는 비록 증여계약이 이미 이행되어 있다 하더라도 증여자는 계약을 해제할 수 있고, 그 경우 민법 제555조와 제558조는 적용되지 아니한다(대판 1997.7.8. 97다2177).

2. 定期贈與

일정한 시기마다 무상으로 재산을 수여하는 증여를 정기증여라 하고, 이는 계속적 채권관계의 성질을 갖는다. 정기증여에 관하여는 효력의 상실에 관하여 통상의 채무와 달리 규율하고 있다.

정기증여는 증여자 또는 수증자의 사망으로 인하여 그 효력을 잃는다(제560조). 통상의 채무는 상속하여 상속인이 채권자·채무자가 되나, 증여의 경우에는 당사자의 개인적 감정 등의 개인적 사정이 중요한 요인이 되기 때문에 당사자의 사망으로 계약의 효력을 소멸시키는 것으로 당사자의 보통의 의사를 추측한 규정이다. 따라서 당사자간에 다른 특약을 한 때에는 그에 따른다.

정기로 급부하여야 할 기간의 유무는 불문한다. 당사자가 기간을 정하지 않은 경우에는 물론이고, 기간을 정한 경우라도 당사자의 개성에 중점을 둔 경우에는 증여의 성질상 당사자의 일방의 사망으로 그 효력을 잃는다고 할 것이다. 정기급부의 채무가 수증자의 사망으로 소멸하는 경우에는 종신정기금채무가 된다.

3. 死因贈與

증여자의 사망으로 효력을 발생하는 증여가 사인증여이다. 즉, 증여자의 생전에 계약을 맺었으나, 그 효력 발생은 증여자의 사망을 정지조건으로 하는 계약이다. 증여자의 사망에 의하여 효력을 발생하며, 실제로 재산을 감소당하는 자는 증여자 자신이 아니라 상속인이라는 점에서, 기능상으로는 유증과 비슷하다. 그런데 사인증여는 증여로서 계약이나 유증은 단독행위라는 점에서 양자는 차이가 있다.

위와 같이 사인증여는 유증과는 법률행위의 성질은 다르나 실제상의 효과에서는 같기 때문에 사인증여에는 유증의 규정을 준용한다(제562조). 따라서 사인증여의 효력은 유증의 효력에 관한 규정(제1073조 이하, 그러나 제1074조 내지 제1077조는 제외)이 준용되나, 유증이 단독행위임을 전제로 하는 규정, 즉 능력(제1061조 내지 제1063조), 방식(제1065조 이하), 승인과 포기(제1074조 내지 제1077조) 등에 관한 규정은 준용되지 않는다. 그리고, 유증의 철회에 관한 규정(제1108조 이하)도 사인증여가 계약이므로 준용되지 않는다.

4. 混合贈與

혼합증여라 함은 당사자가 유상계약을 체결함과 동시에 그 객관적인 대가관계를 불균형하게 함으로써 일방이 상대방에게 보다 많은 이득을 취득하게 하려는 계약이며, 증여의 특수형태의 하나이다.

혼합증여의 법률적 성질에 관하여는 그 내용을 증여와 유상계약이라는 두개의 별종의 계약으로 분리하여 파악하는 분리설, 특수한 통일성을 가지는 일종의 혼합계약으로 보는 단일설이 있다. 특수한 계약이라고 보는 것이 타당한데, 당사자의 의사가 증여에 있다면 부담부증여라고 보아야 할 것이다.

민법은 혼합증여에 관하여 규정하고 있지 않다. 그러나 단일성설의 입장에 선다면, 하나의 계약에 통상의 유상계약과 증여의 성질을 아울러 가지고 있는 것이 된다. 그러므로 개개의 구체적인 경우에 관하여 고찰하여 그 적용규정을 결정하여야 할 것이다. 유상계약이 되든 부담부증여가 되든 담보책임과 쌍무계약에 관한 규정이 준용된다는 점은 동일하므로 어느 것으로 보든 문제가 되지는 않는다. 그런데 (부담부)증여라고 보면 서면에 의하지 않은 경우에는 임의로 해제할 수 있다는 것이 되므로(제555조), 이 점에서 차이가 난다.

서면에 의하지 아니한 증여의 임의해제를 규정한 제555조는 전형적인 무상계약에 관하여 당사자의 의사를 보다 분명하게 한다는 데 그 의의가 있는 것인데, 혼합증여의 경우에는 상대방으로부터 상당한 정도의 반대급부가 있어 순수한 증여(무상)의 의사로 하였다고 볼 필요는 없다고 보여 혼합증여의 경우에는 제555조의 적용은 없다고 새기는 것이 타당할 것이다(이태).

第3節 賣 買

Ⅰ. 序 說

1. 賣買의 意義

매매는 당사자 일방(매도인)이 재산권을 상대방(매수인)에게 이전할 것을 약정하고 상대방이 그 대금을 지급할 것을 약정함으로써 성립하는 계약이다(제563조). 즉, 물건과 금전을 교환하는 계약이다. 거래의 초보적 단계인 교환은 물건과 물건의 단순한 현물교환이었으나, 거래의 필요성이 제고되고 가치의 척도로서 화폐가 등장함으로써 이를 매개수단으로 하는 거래인 매매가 되었다. 오늘날 현물교환도 없지는 않지만 아주 예외적인 경우에 이루어져 사실상 그 존재 의의가 상실되었다.

근대 이후의 사회는 분업·협동과 노동력의 상품화를 그 기초로 하고 있다. 이러한 사회에서 분업·협동을 가능하게 하며, 개인의 노동력을 상품화시킬 수 있는 법적 수단이 계약으로서, 계약은 가히 근대 이후의 사회를 유지시키는 법적 지주라 할 수 있다. 그러한 계약 중에서 가치의 척도로서 교환의 수단인 화폐는 인간 생활에 필요한 각종 물품의 교환을 원활하게 하며, 자본주의 경제체제를 가능하게 하는 매개수단이다. 이러한 화폐를 이용한 물품의 거래가 매매이다. 매매는 자본주의 경제사회에서 가장 주요한 제도이며, 또한 우리의 실생활에서 한시라도 떼어낼 수 없는 거래제도이다. 화폐를 매개수단으로 하는 이러한 매매계약은 법률적으로도 채권계약의 가장 대표적인 것으로서 오늘날 거래법의 중심을 이루고 있다.

2. 賣買의 法律的 性質

매매에서 재산권을 이전하기로 하는 자를 매도인이라 하고, 금전을 지급하기로 하는 자를 매수인이라 한다. 매매란 매도인과 매수인 사이의 의사의 합치로써 이루어지는 낙성·쌍무·불요식의 전형적인 유상계약이다. 따라서 매매에 관한 규정은 그 계약의 성질이 허용하는 한 매매 이외의 유상계약에도 준용된다.

(1) 諾成契約·不要式契約

매매는 매도인의 재산권 이전의 의사표시와 매수인의 대금 지급의 의사표시의 합치로써 성립하는 낙성계약이다. 약정한 재산권의 이전과 대금의 지급은 매매계약의 이행으로 계약의 성립요건은 아니다. 현금의 지급과 물건의 인도로 이루어지는 현실매매도, 매매계약의 성립과 동시에 그 이행이 있는 것에 지나지 않는 것으로 낙성계약의 성질을 벗어나는 것은 아니다.

또 의사표시의 합치만 있으면 성립하고, 구두에 의하든 서면에 의하든 계약의 성립과 효력에는 차이가 없다. 즉, 매매계약은 불요식계약이다. 다만, 부동산의 소유권 이전에는 관인매매계약서(요식)의 첨부를 요하는 등으로 일정한 서식을 요하나(부동산등기특별조치법 제3조 1항), 그 경우에도 당사자간의 매매계약 자체는 불요식으로 매매계약의 성립 및 효력에 아무런 지장이 없다.

(2) 有償·雙務契約

매매에 있어서 매도인이 부담하는 재산권 이전채무와 매수인이 부담하는 대금 지급채무는 서로 대가적 의의를 가지는 채무이다. 따라서 매매는 쌍무계약이다. 또한 그러한 채무의 이행에 의한 일방적 재산적 손실(출연)은 상대방의 채무의 이행에 의하여 보전되는 유상계약이다. 즉, 매매는 유상·쌍무계약이며, 유상·쌍무계약의 가장 대표적인 계약이다. 이러한 점에서 매매에 관한 규정은 계약의 성질이 허용하는 한 다른 유상계약에도 준용된다(제567조). 유상계약이 무상계약과 다른 가장 큰 차이는 담보책임이 있는 것이며, 쌍무계약의 편무계약에 대한 차이는 법률효과에서 쌍무계약에는 동시이행의 항변권과 위험부담의 문제가 있다는 점이다.

(3) 財産權의 移轉을 目的

매매의 목적은 재산권의 이전에 있다. 따라서 성질상 또는 법률상 처분이 허용되지 않는 것은 매매의 목적이 되지 못한다. 즉, 불융통물不融通物은 재산권이라도 매매의 목적이 되지 못하여 불융통물을 목적물로 하는 매매계약은 무효이다.

매매의 목적인 재산권은 현존하여야 할 필요는 없다. 따라서 장래에 취득할 수 있는 것도 그 대상이 된다. 나아가 타인의 물건 또는 권리도 매매의 목적이 될 수 있다(제569조). 매매의 목적이 타인의 물건 또는 권리인 경우에는 매도인이 이행기까지 목적에 대한 권리를 취득하여 매수인에게 이전할 수가 있기 때문에 무효로 할 이유가 없으며, 그러한 경우에 매도인은 이행기까지 당해 물건 또는 권리를 취득하여 이전하여야 할 채무를 진다.

(4) 代金의 支給을 目的

매매는 매도인의 재산권 이전에 대한 반대급부로서 매수인이 대금을 지급할 것을 목적으로 한다. 재산권의 이전에 대하여 상대방이 금전이 아닌 물건이나 권리의 이전 채무를 지는 경우에는 매매가 아니라 교환이다(제596조).

(5) 特殊한 賣買

메수인의 편의를 위하여 대금의 지불을 일정한 기간 동안 분할하여 지급하는 할부매매, 판매 촉진방법으로서의 방문 또는 통신에 의한 매매, 전기·가스·수도·신문·우유 등의 정기적 계속공급계약 등은 계약의 체결방법 또는 대금의 지급방법 및 공급 대상물의 성질에 따른 계약의 성립 및 효력에 다소간의 특징이 있으나, 그러한 계약도 매매계약이 그 본질임에는 변함이 없다.

Ⅱ. 賣買의 成立

앞에서 설명한 바와 같이, 매매는 매도인의 재산권 이전에 대하여 매수인이 일정액의 대금을 지급하는 것을 목적으로 하는 낙성·불요식계약이다. 따라서 재산권의 이전과 대금의 지급에 관한 당사자의 의사표시의 합치가 있으면 매매는 유효하게 성립한다. 그러므로 그 밖의 계약의 비용·채무의 이행시기·이행장소·담보책임 등에 관하여는 반드시 합의 있음을 필요로 하지 않으며, 일단 계약이 성립하면 이들에 관하여는 당사자의 의사표시·거래 관행·법률의 규정 등에 의하여 법률관계가 설정된다. 이에 민법은 계약의 성립과 관련하여 예상될 수 있는 매매의 예약·계약금·계약의 비용에 관하여 특별히 규정을 두고 있다. 이들에 관하여는 당사자간에 별도의 합의 또는 관습이 있는 경우에는 그에 따르며, 그렇지 아니한 경우에는 민법의 해당되는 규정이 적용된다. 이하 세분하여 본다.

1. 賣買의 豫約

(1) 豫約의 意義

예약이란 본계약에 대응하는 개념으로서, 본계약을 체결할 것을 약속한 당사자의 합의이다. 본계약을 직접 체결하지 않고 먼저 예약을 체결하는 이유는 당사자가 지금은 본계약을 체결하기 곤란하고, 장차 본계약을 체결하려고 할 때에 상대방에게 거절당할 염려가 없도록 해 두려는 데 있다. 즉, 장차 본계약을 체결하도록 당사자를 구속하는 데 예약의 본래의 목적이 있다. 그러나 근래에 와서 매매의 예약은 주로 채권담보를 위한 담보수단으로서 이용될 뿐이며, 본래의 목적인 사전에 매매목적물의 확보 또는 매도의 확보 등을 위하여 매매예약이 이루어지는 경우는 특수한 경우를 제외하고는 거의 이용되지 않고 있다.

채권담보의 목적으로 매매예약을 한 때에는 주로 부동산을 매매예약의 목적물로 하며, 소비대차상의 원금과 이자 및 비용의 합산액에 해당하는 금액을 매매대금으로 한다. 그런데 이와 같이 채권담보를 목적으로 매매예약을 하고 이를 원인으로 하는 가등기가 되어 있는 경우에는 민법상의 매매예약에 관한 법리가 적용되지 않고 가등기담보등에관한법률의 적용을 받는다(제2조). 즉, 아래에서 설명하는 민법상의 매매예약의 법리는 매매예약의 본래의 목적을 위하여 행하여진 매매예약에만 적용된다.

(2) 賣買의 一方豫約(第564條)

예약은 전술한 바와 같이 본계약을 체결한다는 당사자간의 의사표시의 합치이다. 따라서 매매의 예약은 그 예약상의 권리자가 매매의 본계약을 위하여 청약을 하면 상대방은 그에 대해 승낙을 하여야 할 채무를 부담하는 계약이다. 그런데 예약도 그 자체가 하나의 계약이므로 계약이 쌍무계약·편무계약으로 구분할 수 있는 것과 같이 예약도 쌍방간에 대가적인 의의를 가지는 채무를 부담하느냐 여부에 따라 쌍무예약과 편무예약으로 구분할 수 있다. 따라서 예약의 당사자 쌍방에게 본계약의 체결을 청약할 권리와 승낙의 의무가 있으면 쌍무예약이고, 일방만이 청약의 권리가 있고 상대방은 승낙의무만을 부담하면 편무예약이다.

그런데 쌍무예약이든 편무예약이든 승낙의무자가 승낙의 의무를 이행하지 아니하면 본계약은 체결되지 못하며, 본계약을 체결하려는 자는 승낙을 구하는 소를 제기하여 그 재판을 얻으면(제389조 2항) 본계약이 체결되고, 본계약이 체결되면 비로소 다시 본계약상의 채무의 이행을 위하여 승낙에 갈음하는 소(손해배상)를 제기하여야 된다. 여기에서 본계약의 체결을 구하는 소는 사실상 무의미하며, 소송경제상으로도 비효율적이다. 왜냐하면 본계약을 체결하지 않으려는 자가 본계약의 이행을 하지 않을 것이라는 것은 쉽게 예상되는 것이기 때문이다. 이는 예약이 채무를 발생시키는 계약이기 때문이다. 이것은 예약이 쌍무예약이든 편무예약이든 모두 같으며, 특히 예약에 의한 본계약이 낙성계약인 때에는 더욱 그러하다.

여기서 민법은 매매예약에서 본계약을 체결하려는 자가 상대방에 대하여 본계약을 성립시킨다는 의사표시(완결의 의사표시)를 하면, 상대방의 승낙을 기다리지 않고 본계약인 매매는 자동적으로 성립하는 것으로 정하였다(제564조 1항). 이렇게 되면, 예약에 의한 본계약을 체결하지 않으려는 자의 상대방은 본계약의 체결을 위하여 위(쌍무·편무예약)와 같이 소를 제기할 필요 없이 의사표시만으로 계약을 성립시키고, 그 다음 직접 본계약의 채무의 이행 또는 불이행에 대하여 소로써 대응하면 된다. 즉, 한 번의 소로써 문제를 해결할 수 있게 되어 예약의 목적을 신속하게 달성할 수 있다. 여기서 본계약을 성립시킨다는 의사표시를 예약의 완결의 의사표시라고 하며, 상대방에 대하여 완결의 의사표시를 할 수 있는 권리를 예약완결권이라 한다.

예약완결권이 일방에게만 있는 예약을 일방예약이라 하며, 쌍방 모두에게 있는 예약을 쌍방예약이라 한다. 민법이 매매예약에 관하여 예약완결권의 행사로 본계약이 체결되게 한 것은 적절하며, 또한 모든 전형계약을 낙성계약으로 하고 있는 우리 민법체계에서 이 규정이 모든 유상계약에 준용된다는 점에서 더욱 그러하다고 평가된다.

민법은 제564조에서 매매의 일방예약에 관하여서만 규정하고 있는데, 이는 매매예약은 당사자의 특별한 의사표시가 없으면 원칙적으로 일방예약이라는 것이다. 따라서 당사자가 합의로 쌍방에 예약완결권이 있다고 약정할 수 있는 것은 물론이고, 더 나아가서 편무·쌍무예약을 약정할 수도 있으며 약정이 있으면 그에 따른다. 한편, 매매예약을 일방예약으로 한 것은 위에서 설명한 것과 같이 낙성계약에서의 중복된 소의 제기로 인한 소송경제적인 측면과 신속한 법률관계를 위한 것이기 때문에, 본계약이 요물계약이나 요식계약인 때에는 편무예약 또는 쌍무예약으로 보아야 한다.

그런데 <예약완결의 의사표시에 의하여 성립하는 약정>의 법률적 성질이 무엇인가에 대하여는 학설의 대립이 있다. 다수설은 민법 제564조가 예약완결의 의사표시에 의하여 계약이 성립하도록 한 것을 일방 <예약>이라고 표시하였는데, <예약완결의 의사표시에 의하여 본계약이 성립하는 것>은 <예약>이라 할 수 없고, 이는 매매예약완결의 의사표시를 정지조건으로 하는 정지조건부본계약에 해당한다는 것이다. 이에 대하여 위와 같은 약정은 그 자체가 하나의 계약인 예약으로, 예약은 계약은 성립하였으나 효력의 발생이 조건의 성취에 의하여 좌우되는 <정지조건부>계약과는 그 성질이 다르다는 소수설(곽)이 있다. 제564조의 법률적 성질을 예약으로 보든, 정지조건부계약으로 보든 그 성립과 법률효과에서는 큰 차이가 없다.

(3) 賣買豫約의 成立

예약도 채권계약이므로 계약에 관한 일반원칙에 따르게 된다. 특히 제564조는 당사자 일방의 매매를 완결할 의사표시에 의하여 매매의 효력이 생긴다고 하고 있어, 매매의 일방예약이 성립하려면 그 예약에 기하여 체결될 본계약의 요소가 되는 내용은 확정되어 있거나 또는 확정할 수 있는 것이어야만 한다.

따라서 본계약의 요소가 되는 매매목적물·매매가액·물건의 이전방법·대금의 지급방법이 확정되어 있거나 확정할 수 있어야 한다. 특히 매매의 목적물과 매매대금은 필수적이며, 소유권의 이전방법이나 대금의 지급방법 등은 거래관행 등에 의하여 추정될 수 있다. 또한 본계약인 매매의 성립이 가능한 경우에는 그 일방예약도 언제나 성립할 수 있다. 따라서 타인의 물건에 관한 매매의 성립이 인정되므로(제569조), 그 일방예약도 얼마든지 유효하게 성립할 수 있다. 한편, 예약의 당사자와 본계약의 당사자가 동일인이어야 한다.

판례 賣買豫約의 成立要件 : 매매의 예약은 당사자의 일방이 매매를 완결할 의사를 표시한 때에 매매의 효력이 생기는 것이므로 적어도 일방예약이 성립하려면 그 예약에 터잡아 맺어질 본계약의 요소가 되는 매매목적물, 이전방법, 매매가액 및 지급방법 등의 내용이 확정되어 있거나 확정할 수 있어야 한다(대판 1993.5.27. 93다4908, 4915).

(4) 豫約完結權

(가) 意義 및 性質

매매의 일방예약 또는 쌍방예약에 의하여 일방 또는 쌍방 당사자(즉, 예약권리자)는 상대방에 대하여 매매완결의 의사표시를 할 수 있는 권리를 갖게 된다. 이를 예약완결권이라고 한다. 예약완결권의 행사에 의하여 상대방의 의사와는 관계없이 본계약이 체결된다. 이것은 예약완결권자의 일방적 의사표시에 의하여 법률관계의 변동이 생기는 것이므로 형성권의 일종이다.

(나) 公示方法

예약완결권 자체의 공시방법은 없다. 그런데, 부동산물권의 설정·이전·소멸하는 것을 목적으로 하는 경우에는 부동산등기법 제3조에 의하여 소유권이전청구권 등의 보전을 위하여 가등기를 할 수 있고, 이를 한 때에는 제3자에 대하여 대항할 수 있다. 한편, 매매예약의 경우에는 본계약의 성립으로 매수인이 매도인에 대하여 소유권이전등기청구권을 가지는데, 매매예약의 최종목표는 소유권이전등기청구권이고, 예약 당시에는 이를 사전에 확보만 하면 족하다. 따라서 이를 위하여 예약완결권은 목적 부동산에 예약완결권자를 가등기권자로 하는 소유권이전청구권 보전의 가등기를 하게 된다.

(다) 豫約完結權의 讓渡

예약완결권은 재산적 성질을 가지는 형성권으로서 당연히 양도성이 있다. 예약완결권의 양도에는 예약의무자의 승낙은 필요 없으나, 채권양도에 준하여 채무자의 승낙 또는 채무자에 대한 통지가 있어야만 대항할 수 있다고 보아야 한다(제450조 참조).

예약완결권이 소유권이전등기청구권 보전을 위한 가등기로 공시되어 있는 때에는, 예약완결권의 양도인과 양수인의 공동신청으로 가등기에 대한 부기附記등기의 형식으로 가등기상의 권리를 이전등기하여 공시할 수 있다.

판례 假登記上 權利의 移轉登記節次 : 가등기에 의하여 순위가 보전된 소유권이전청구권을 제3자에게 이전하는 경우에는 양도인과 양수인의 공동신청으로 그 가등기상의 권리의 이전등기를 위 가등기에 대한 부기등기의 형식으로 할 수 있으며, 그 부기등기에 의하여 가등기상의 권리를 취득한 제3자가 가등기에 기한 본등기를 실행하는 절차 및 그 첨부서류는 일반의 소유권이전등기의 경우와 다르지 않다(대법원 1988.12.19. 등기 제709호 질의 회답).

(라) 豫約完結權의 行使

① 原 則

예약완결권은 예약완결권자가 예약의무자에 대하여 의사표시로 행사하여야 한다(제564조 1항). 예약완결권의 행사는 예약의무자에 대하여 예약을 완결한다(본계약을 체결한다)는 의사표시를 하는 것이며, 예약완결권이 양도된 때에는 양수인이 예약의무자에게 행사하여야 함은 물론이다. 수인이 공동으로 매수하는 경우에는 예약완결권의 준공유가 있게 되어 예약완결권을 공동으로 행사하여야 한다.

② 目的物의 第3取得者가 있는 경우

예약의무자는 보통은 예약을 한 상대방이지만, 완결권이 가등기에 의하여 제3자에의 대항력을 갖춘 후에 제3자가 목적부동산을 취득한 때에는 가등기에 의한 예약완결권자는 누구에게 예약완결권을 행사하여야 하는가의 문제가 있다. 목적물의 제3취득자는 예약의무자의 지위를 승계한다고 할 것이므로 예약완결권의 행사는 그 제3자에 대하여 하여야 한다는 견해가 있다(곽). 그러나 대법원은 가등기의무자, 즉 매매예약의무자를 상대로 본등기청구권을 행사하여 본등기를 하고, 가등기 이후의 제3자의 소유권이전등기는 부동산등기법 제175조 제1항, 제55조 제2호에 의하여 직권말소된다고 한다(대결 1962.12.24. 61민재항675, 1965.4.28. 65마219). 가등기의 순위보전적 효력과 가등기의 등기부상 형식을 볼 때 매매예약 의무자(본래의 예약 당사자)에게 행사하여야 한다. 또한 그렇게 되어야 가등기 이후 본등기에 대한 제한물권이 설정된 경우에 가등기권자가 보호된다.

(마) 行使의 效果

완결의 의사표시를 하면, 그때에 본계약인 매매는 성립한다. 예약완결권이 소유권이전청구권 보전을 위한 가등기가 된 때에도 먼저 예약완결권을 행사한 후에 가등기에 기한 본등기를 청구하여야 한다.

완결의 의사표시에 의하여 본계약인 매매계약이 성립하므로 매매계약의 성립에 따른 효과도 그 이후에 발생한다. 따라서 재산권의 이전 및 대금의 지급 등은 매매계약의 효력에 의한 이행의 문제로서, 완결권을 행사할 때에 대금을 제공할 필요는 없다. 그러나 특약으로 완결의 의사표시를 하려면 대금을 제공하여야 하는 것으로 정하는 것은 상관이 없다.

(바) 豫約完結權의 存續期間

예약완결권은 형성권으로서 원칙적으로 10년의 제척기간에 걸린다. 그러나 당사자가 계약에서 정한 때에는 그에 따른다. 그 기간에는 제한이 없다. 그러나 당사자가 기간을 정하지 아니한 때에는 예약의무자는 상당한 기간을 정하여 매매완결 여부의 확답을 상대방(예약완결권자)에게 최고할 수 있고(제564조 2항), 예약의무자가 그 기간 내에 확답을 받지 못한 때에는 예약은 그 효력을 잃는다(제564조 3항).

판례 10年의 除斥期間 : 민법 제564조가 정하고 있는 매매의 일방예약에서 예약자의 상대방이 매매완결의 의사를 표시하여 매매의 효력을 생기게 하는 권리(이른바 예약완결권)는 일종의 형성권으로서 당사자 사이에 그 행사기간을 약정한 때에는 그 기간 내에, 그러한 약정이 없는 때에는 예약이 성립한 때부터 10년 내에 이를 행사하여야 하고, 위 기간을 도과한 때에는 상대방이 예약목적물인 부동산을 인도받은 경우라도 예약완결권은 제척기간의 경과로 인하여 소멸된다(대판 1992.7.28. 91다44766).

2. 契約金

(1) 契約金의 意義

계약을 체결할 때에 당사자의 일방이 상대방에게 교부하는 금전 기타의 유가물을 계약금이라 한다. 실거래계에서는 계약금, 선금, 착수금, 보증금, 해약금, 체약금 등의 용어가 쓰여 지고 있다. 이들은 구체적인 법률효과에서는 다르나(계약금 종류에서 후술), 여기서는 이들을 총칭하여 계약금이라 한다.

계약금은 매매의 경우에 매수인으로부터 매도인에게 교부되는 것이 보통이며, 또한 오늘날은 계약금의 교부는 매매에 한하지 않고 임대차·도급을 비롯한 유상계약에서 많이 이루어지고 있다. 그러나 가장 빈번한 것은 매매의 경우로서, 민법은 매매에 관하여 이를 규정하고, 다른 유상계약에 준용하고 있다(제567조).

계약금이 교부되는 법률상의 기초로는 두 가지의 경우가 있다. 하나는 주된 계약에 부수하여 종된 독립한 계약인 계약금계약에 의하여 계약금이 교부되는 경우이며, 다른 하나는 본계약상의 내용으로 대금의 분할방법의 일환으로서 일부의 금액이 계약금으로 교부되는 경우이다. 전자인 계약금계약은 금전 기타의 유가물의 교부를 요건으로 하므로, 이른바 요물계약이다. 이와 같이 종된 계약으로의 계약금계약은 주된 계약 이외의 사유로 해제된 때에 당연히 그 효력을 잃게 되고, 계약금의 교부자는 수령자에게 그 반환을 요구하게 된다. 계약금계약은 종된 계약으로 일반적으로는 주된 계약과 동시에 체결하나, 주된 계약이 성립한 후에 수수된 계약금도 역시 계약금으로서의 효력을 갖는다.

별도의 계약금계약을 하지 않는 후자의 경우에 있어서 계약금이라고 명시하는 경우에 당해 약정한 금액이 계약금이나, 그렇지 아니한 경우에 어디까지가 계약금인지는 당사자의 의사표시의 해석에 의하되 분명하지 아니한 때에는 계약 체결과 동시에 처음에 지급하는 금액이 계약금이다.

계약금이 전자와 같이 독립된 계약금계약으로 교부되든 후자와 같이 본 매매계약상의 계약의 일부의 이행으로 교부되든, 민법은 특약이 없는 한 해약금으로 추정하므로(제565조) 그 법률효과에서는 차이가 없다.

(2) 契約金의 種類

계약금에는 여러 명칭을 사용하여 그 종류가 여러 가지이나, 명칭 여하에 불구하고 그 작용에 따라 아래의 세 가지로 분류할 수 있다.

① 證約金 또는 締約金

계약체결의 증거로서의 의미를 갖는 계약금이다. 즉, 당사자간에 어떠한 계약의 존부에 대한 다툼이 있을 때 계약이 존재함을 입증하는 의미를 가진다. 이는 바꾸어 말하면 계약이 존재하지 않는다면 그러한 금전의 교부는 무엇 때문에 있었겠느냐는 것이다. 당사자 사이에 어떠한 내용의 약정이 있었는지가 불명한 경우에도 계약금이 교부되어 있으면, 그것은 적어도 내용은 불명이지만 약정이 있었다는 증거는 되므로, 계약금은 언제나 증약금으로서의 작용을 한다고 말할 수 있다. 이는 계약금이 구체적으로 어떠한 작용을 할지라도 계약금이 가지는 최소한도의 성질이라 할 수 있다. 독일민법(제336조), 스위스 채무법(제158조)은 계약금을 원칙적으로 증약금으로 추정한다.

* 스위스채무법 제158조

① 계약체결시에 교부된 예약금(Ander Draufgeld)은 증약금(Haftgeld)으로 보며, 해약금(Reugeld)으로 보지 않는다(독일민법 제336조가 같은 취지).

② 違約金

이에 속하는 계약금에는 위약에 대한 제재적 의미의 계약금과 손해배상액의 예정의 의미를 가지는 것의 두 가지가 있다.

전자는 계약금을 교부한 자가 계약상의 채무를 이행하지 않는 때에, 그것을 수령한 자가 (계약을 위반한 벌)위약벌로서 몰수하는 계약금이다. 이는 채무불이행에 의한 손해배상의 의미가 아니라 채무불이행 그 자체에 대한 제재적(징벌적) 의미이다. 이러한 의미로서 교부된 금전은 채권자에게 귀속한다. 따라서 채무불이행에 의한 손해는 위약금과는 관계없이 별도로 청구할 수 있다.

후자는 손해배상액의 예정으로서의 성질을 갖는 위약금이다. 즉, 채무불이행이 있으면 손해의 발생 및 손해액에 대한 입증 없이 약정금액이 채권자에게 귀속되거나 채권자가 이를 청구할 수 있다(손해배상액의 예정에 관하여는 졸저 『채권법총론』 제4장 제4절 V-1 손해배상액의 예정 참조).

그런데 계약금이 위약금으로서의 제재적 의미를 가지는 경우나 손해배상액의 예정의 의미를 가지는 것은 특별한 경우이므로 그러한 효력을 발생시키려면 당사자 사이에 그러한 특약이 있어야 한다.

판례 違約金으로서의 要件 : 매매계약에 있어서의 계약금은 민법 제565조 제1항에 의하여 해약금의 성질을 가지고, 다만 당사자의 일방이 위약할 경우 그 계약금을 위약금으로 하기로 하는 특약이 있는 경우에 한하여 민법 제398조 제4항에 의하여 손해배상액의 예정으로서의 성질을 가지므로 그와 같은 특약이 없음에도 동 계약금이 손해배상액의 예정임을 전제로 하는 감액청구는 이유가 없다(대금을 약정기일에 납부하지 아니한 부동산 매수인인 원고가 계약금의 반환을 구하면서 전액을 돌려받을 수는 없다고 할지라도 그 전부의 포기 약정은 부당하니 감액되어야 한다고 주장한 데 대하여, 계약금 포기 약정은 위약벌 또는 제재금으로 해석되고, 손해배상액의 예정이 아니라는 이유로 청구 기각한 원심판결을 유지)(대판 1981.7.28. 80다2499).

③ 解約金

<u>계약의 해제권을 유보하는 작용을 갖는 계약금을 말한다.</u> 계약금이 해약금의 성질을 갖는 경우에는 당사자의 일방이 계약의 이행에 착수할 때까지 계약금을 교부한 자는 그것을 포기함으로써, 그리고 이 계약금을 받은 자는 그 배액을 상환함으로써 계약을 해제할 수 있다. 즉, 이때의 계약금은 해제권유보금액인 것이다. 프랑스 민법(제1590조)과 우리 민법(제565조)에서 계약금은 원칙적으로 이러한 해약금의 성질을 가지는 것으로 정하고 있다.

(3) 契約金의 解約金으로의 推定(제565조)

계약체결시에 당사자간에 교부된 금전 또는 유가물(계약금)이 구체적으로 위 어느 것에 해당하는가는 당사자의 의사표시의 해석을 통하여 정하여진다. 그런데 실제거래에 있어서는 당사자의 의사가 분명하지 않은 경우가 보통이다. 이를 위하여 각국은 계약금에 관하여 위에서 본 어느 하나의 성질을 가지는 것으로 법률상 추정한다. 일반적으로는 증약금과 해약금 중 어느 하나로 추정한다.

증약금은 계약금으로서 최소한의 효력이며, 해약금은 계약금으로서의 강한 효력을 부여하는 것이라고 볼 수 있는데, 민법은 해약금으로 추정한다(제565조). 따라서 당사자의 의사가 분명하지 아니하고 또한 해제권을 유보하는 것이 아니라는 분명한 의사가 없는 한, 계약금은 해약금으로 추정된다. 즉, 계약금의 교부는 해약금으로서의 해제권의 유보로 추정되며, 교부자는 이를 포기하고 수령자는 배액을 상환하여 계약을 해제할 수 있다.

(4) 解約金에 의한 解除의 要件

제565조는 당사자의 일방이 이행에 착수할 때까지, 교부자는 이를 포기하고, 수령자는 그 배액을 상환하여 매매계약을 해제할 수 있다고 규정한다.

(가) 履行에 着手할 때까지

해제할 수 있는 기간은 당사자의 일방이 이행에 착수할 때까지이다. 즉, 이행의 착수로 계약금에 의하여 유보된 해제권은 소멸한다. 여기서 이행의 착수 여부를 판단하는 기준이 문제된다.

판례는 이행에 착수한다는 것은 「객관적으로 외부에서 인식할 수 있는 정도로 채무의 이행행위의 일부를 하거나 또는 이행을 하기 위하여 필요한 전제행위를 하는 경우를 말하는 것으로서, 단순히 이행의 준비를 하는 것만으로는 부족하나 반드시 계약내용에 들어맞는 이행의 제공의 정도에까지 이르러야 하는 것은 아니다」(대판 1993.5.25. 93다1114)라고 한다. 즉, 이행의 착수의 판단기준으로서, ① 객관적 외부적 인식가능성, ② 이행행위의 일부의 이행 또는 이행에 필요한 전제행위를 들고 있다. 여기서 일부의 이행행위가 있느냐 여부는 쉽게 구별될 수 있고 구체적으로는 중도금의 제공 또는 물건의 일부의 이행 등이 해당되나, 이행에 필요한 전제행위 여부를 판단하기란 쉽지 않다. 구체적으로는 잔대금을 준비하고 이전등기절차를 밟기 위하여 등기소에 동행할 것을 촉구하거나 또는 잔대금을 지급할 준비를 하고서 목적물의 인도를 요구하는 것 등이 판례에서 이행의 착수로 인정된 예이며, 타인의 물건의 매매의 경우에 타인으로부터 당해 물건의 소유권을 이전받은 것도 이행의 착수에 해당된다고 할 것이다.

상대방이 이행의 착수를 한 때에만 해제권이 소멸하고, 상대방은 아직 이행의 착수를 하지 않고 있는 때에 이행의 착수를 한 본인은 해제할 수 있는가? 이행의 착수를 받은 상대방으로서는 계약이 내용대로 이행될 것이라고 신뢰하게 되므로, 이행의 착수를 한 본인은 이러한 신뢰를 배반하여 계약을 해제할 수 없다고 보는 것이 타당하다. 즉, 이행의 착수가 어느 일방에 있으면 쌍방 모두 계약을 해제할 수 없다고 보아야 한다. 판례도 같은 취지이다.

해제권 소멸사유로의 이행의 착수는 이행기 전에 한 이행의 착수라도 관계가 없다. 이행의 착수로써 해제권을 소멸시키는 것은 이행에 대한 신뢰와 예기치 않은 비용 등의 지출로 인한 손해의 방지에 있기 때문이다.

판례 履行에 着手한 者의 解除可能 與否 : 본조 제1항에서 말하는 당사자의 일방이라는 것은 매매쌍방 중 어느 일방을 지칭하는 것이고 상대방이라고 국한하는 것이 아니므로 매매계약의 일부 이행에 착수한 당사자는 비록 상대방이 이행에 착수하지 않았다 하더라도 해제권을 행사할 수 없다(대판 1970.4.28. 70다105).

판례 履行期 前의 履行의 着手 : ① 민법 제565조가 해제권 행사의 시기를 당사자의 일방이 이행에 착수할 때까지로 제한한 것은 당사자의 일방이 이미 이행에 착수한 때에는 그 당사자는 그에 필요한 비용을 지출하였을 것이고, 또 그 당사자는 계약이 이행될 것으로 기대하고 있는데 만일 이러한 단계에서 상대방으로부터 계약이 해제된다면 예측하지 못한 손해를 입게 될 우려가 있으므로 이를 방지하고자 함에 있고, 이행기의 약정이 있는 경우라 하더라도 당사자가 채무의 이행기 전에는 착수하지 아니하기로 하는 특약을 하는 등 특별한 사정이 없는 한 이행기 전에 이행에 착수할 수 있다.

② 매도인이 민법 제565조에 의하여 계약을 해제한다는 의사표시를 하고 일정한 기한까지 해약금의 수령을 최고하며 기한을 넘기면 공탁하겠다고 통지를 한 이상 중도금 지급기일은 매도인을 위하여서도 기한의 이익이 있다고 보는 것이 옳고, 따라서 이 경우에는 매수인이 이행기 전에 이

행에 착수할 수 없는 특별한 사정이 있는 경우에 해당하여 매수인은 매도인의 의사에 반하여 이행할 수 없다고 보는 것이 옳으며, 매수인이 이행기 전에, 더욱이 매도인이 정한 해약금 수령기한 이전에 일방적으로 이행에 착수하였다고 하여도 매도인의 계약해제권 행사에 영향을 미칠 수 없다(대판 1993.1.19. 92다31323).

(나) 交付者는 契約金을 抛棄, 受領者는 倍額을 償還하고 解除

계약금의 교부자는 계약금을 포기하고 해제할 수 있다. 교부자는 해제를 하려면 계약금 포기의 의사표시 또는 해제의 의사표시를 하여야 한다. 계약금을 포기한다는 의사표시를 하면 반드시 해제의 의사표시가 없더라도 계약의 해제의 효과는 발생한다. 또한 해제의 의사표시를 하면 계약은 해제되며, 계약금은 반환을 청구할 수 없다.

계약금의 수령자는 배액을 반환하고 해제할 수 있다. 계약금의 수령자는 단순히 해제의 의사표시만으로는 해제하지 못하고 반드시 배액을 제공하여야 하며, 또한 일부만의 상환으로는 해제하지 못한다.

판례 受領者의 一部의 償還 : 계약금을 받은 사람이 그 배액을 상환하고 하는 계약해제의 의사표시는 그 의사표시만으로는 부족하고, 그 배액의 제공이 있어야 계약해제의 효과가 생기는 것이요, 그 상대편의 자의에 의하여 배액제공이 없더라도 일부만으로 우선 계약해제의 효과를 발생시킬 수는 없다 할 것이다(대판 1973.1.30. 72다2243)

(다) 流動的 無效의 契約에서의 契約金에 의한 解除

국토이용관리법상의 허가를 요하는 토지에 대하여 허가를 전제하여 허가를 받지 않고 먼저 개인 간에 거래계약을 체결한 계약에 대하여 판례는 유동적 무효라고 한다. 이러한 유동적 무효인 계약에서 계약금에 관한 민법 제565조의 적용이 있을 것인가? 확정적 무효인 상태에서는 수수된 계약금은 부당이득이 되나, 유동적 무효상태에서의 계약금은 제565조의 적용이 있다고 보아야 한다. 따라서 매도인은 계약금의 배를 상환하고, 매수인은 계약금을 포기하고 당해 계약을 해제할 수 있다.

(5) 解約金에 의한 解除의 效果

해약금에 의한 해제는 유보된 해제권을 이행의 착수 전에 행사하는 것이므로 보통의 해제에 있어서와 다음과 같은 점에서 차이가 있다. ① 제548조 제1항의 원상회복의무가 발생하지 않는다. 채권관계를 해소하고 소멸시킨다는 점에서는 일반적인 해제와 같으나, 이행의 착수 전에 해제하므로 원상회복의무가 생길 여지가 없다. ② 손해배상청구권은 발생하지 않는다. 해약금에 의한 해제는 유보된 해제권의 행사에 의한 해제로서 채무불이행에 기한 해제가 아니기 때문에 손해배상청구권은 발생하지 아니한다. 민법은 특히 이를 규정하고 있으나(제565조 2항), 당연한 규정이다.

한편, 계약금이 교부되어 있더라도, 상대방이 계약을 이행하지 않는 경우에 채무불이행을 이유로 계약을 해제할 수 있음은 물론이다. 이때에는 채무불이행에 의한 해제로 손해배상청구권이 발생하나, 계약금이 해제권자에게 귀속하지는 않는다. 즉, 이때에는 채무불이행에 기한 법정해제로 해제의 일반적 효과로서 원상회복의무(계약금 반환의무)와 손해배상청구권이 발생한다.

판례 契約金이 있는 경우의 債務不履行에 의한 解除 : 유상계약을 체결함에 있어서 계약금이 수수된 경우 계약금은 해약금의 성질을 가지고 있어서, 계약이 당사자 일방의 귀책사유로 해제된 때에 상대방은 계약불이행으로 인한 손해만을 배상받을 수 있을 뿐 계약금이 상대방에게 당연히 귀속되는 것은 아니다(대판 1992.11.27. 92다23209).

(6) 契約의 履行과 契約金

계약금은 해약금의 성질을 가지므로, 계약이 해제됨이 없이 이행되거나 또는 계약이 해제되더라도 해약금에 의한 해제가 아닌 경우에는 수령자는 계약금을 반환하여야 한다(부당이득반환 또는 계약금계약상의 권리). 또한 본계약이 무효·취소된 경우에도 수령자는 계약금을 반환하여야 한다(부당이득반환). 그런데 계약이 그대로 이행되는 경우에는 계약금이 계약대금의 일부로서 교부된 경우에는 대금으로 이행한 것이 되고, 계약금이 독립한 계약금계약으로 교부된 때에도 일반적으로는 대금의 일부로 충당되는 것으로 한다.

3. 賣買契約의 費用

매매계약에 관한 비용은 원칙적으로 당사자 쌍방이 균분하여 부담한다(제566조). 제566조는 임의규정으로, 계약비용의 부담에 관하여 당사자 사이에 특약이 있으면 그에 따른다. 제566조에서 계약의 비용을 쌍방이 균분하도록 한 것은 계약의 성립은 쌍방을 위한 것으로, 그 비용을 당사자가 균분하여 부담하는 것이 공평하기 때문이다.

매매계약에 관한 비용이라 함은 계약을 체결함에 있어서 일반적으로 필요로 하는 비용을 가리킨다. 예컨대, 목적물의 측량 및 평가비용, 계약서작성비용 등이 이에 속한다.

Ⅲ. 賣買의 效力

매매의 효력은 매도인의 의무와 매수인의 의무로 크게 나눌 수 있으며, 매도인은 매매의 목적인 재산권을 매수인에게 이전할 의무와 담보책임을 부담하고, 매수인은 매매대금을 매도인에게 지급할 의무를 부담한다. 매도인의 재산권이전의무와 관련하여 목적물이 동산인 경우는 동산의 점유이전이 곧 당해 동산의 소유권(재산권)이전이 되나, 부동산인 경우에는 재산권(소유권)이전은 등기명의이전을 의미하므로 이와 별도로 매도인에게 당해 부동산의 점유이전(명도)의무가 있는지 여부가 문제되며, 경우에 따라 과실이 있는 경우에 이행기 이후의 과실의 귀속이 문제된다. 이들에 관하여 다음에서 각각 설명하기로 한다.

1. 賣渡人의 財産權 移轉義務

(1) 所有權 移轉義務

第568조 제1항은 매매의 효력으로서 매도인은 매수인에게 매매의 목적이 된 권리를 이전하여야 한다고 규정하고 있다. 매매에서 재산권이라는 것은 소유권을 의미한다. 따라서 매매의 효력으로서 매도인은 매수인에게 물건에 대한 소유권을 이전하여야 할 의무를 부담한다. 여기서 소유권은 특약이 없는 한, 제한이 없는 완전한 소유권이어야 함은 물론이다.

소유권의 이전이기 때문에 동산인 경우는 인도, 부동산인 경우에는 등기의 이전을 의미한다. 당해 목적물과 소유권은 완전한 것이 원칙이므로, 물건 또는 소유권에 흠이 있는 경우에는 후술하는 담보책임을 진다.

판례 假處分違反의 處分登記 있는 不動産의 賣渡人의 義務 : 부동산처분금지가처분등기가 유효하게 기입된 이후에도 가처분채권자의 지위만으로는 가처분 이후에 경료된 처분등기의 말소청구권은 없으며, 나중에 가처분채권자가 본안 승소판결에 의하 등기의 기재를 청구할 수 있는 것이고, 또 등기공무원도 가처분 이후에 이루어진 가처분 위반의 등기가 소유권이전등기시에 말소되지 아니한 채 남아 있다면 이는 말소하여야 할 등기상의 부담이라고 보아야 할 것이다(대판 1992.2.14. 91다12349).

(2) 不動産의 占有移轉義務(明渡義務)

第563조와 第568조에 의하여, 매도인은 재산권 이전의무를 부담하므로 매매의 목적물이 부동산인 경우에 매도인은 부동산의 소유권이전인 등기명의이전의무만 지느냐 아니면 점유이전(명도)의무도 지느냐의 문제가 있다.

매도인에게 점유이전의무가 있느냐 여부는 위험부담의 문제와 명도비용의 귀속에서 많은 차이가 난다. 예컨대, 부동산에 대하여 등기만 이전한 채 아직 매도인이 점유 중인 경우에(주거용 건물이 매매의 대상인 경우에는 등기부터 먼저 이전시켜 주고, 이사는 그 후에 하는 것이 일반적이다), 당해 부동산이 불가항력에 의하여 멸실된 때에는 제537조의 채무자위험부담주의에 의하여 매수인이 손해를 부담하게 되며, 또한 권원權原 없는 자가 점유하여 명도 요구에 쉽게 응하지 아니하는 경우에 매수인이 여러 가지 번거로운 행위(소유권에 기한 명도청구의 소의 제기와 강제이행 등)를 하여 해결하여야 한다는 실제상의 문제가 있다.

매도인의 점유이전의무에 관하여 독일 민법(제433조)과 스위스 채무법(제184조)은 명문으로 <목적물의 인도와 소유권을 취득하게 할 의무>라 하여 분명하게 규정하나, 우리 민법에는 단순히 <권리를 이전하여야 할 의무>라고만 하고 있다. 매매에서 매수인은 소유권을 이전받아 당해 물건에 대하여 자유로이 사용·수익을 한다는 것이 당사자의 의사이며, 또한 매도인의 의사라고 보아야 할 것이다. 따라서 부동산이 매매의 목적물인 경우에는 매도인에게 등기명의이전의무 외에 별도로 점유이전(명도)의무도 있다고 보는 것이 타당하다. 판례도 매도인에게 점유이전의무가 있다고 한다.

판례 賣渡人의 不動産에 대한 占有移轉義務 : 부동산의 매매계약이 체결된 경우에는 매도인의 소유권이전등기의무, 인도의무와 매수인의 잔대금지급의무는 동시이행의 관계에 있는 것이 원칙이고, 이 경우 매도인은 특별한 사정이 없는 한 제한이나 부담이 없는 소유권이전등기의 의무를 지는 것이므로, 매매목적부동산에 지상권이 설정되어 있고 가압류등기가 되어 있는 경우에는 비록 매매가액에 비하여 소액인 금원의 변제로써 언제든지 말소하여 완전한 소유권이전등기를 해주어야 한다(대판 1991.9.10. 91다6368).

(3) 財産權移轉期限의 推定

재산권이전시기, 즉 동산의 인도시기, 부동산의 등기이전 및 인도시기에 관하여는 당사자가 약정을 하겠으나, 당사자의 약정이 없는 경우에는 대금지급시기와 동일한 것으로 추정한다(제585조). 즉, 재산권이전기한에 관한 약정이 없는 경우에는 대금의 완납기한이 재산권이전기한이 된다.

(4) 目的物 引渡場所

매매계약 목적물의 인도 장소는 목적물의 성질, 당사자의 의사표시 또는 거래관행에 따라 정하여질 것이나, 불명한 경우에는 변제에 관한 일반원칙에 따른다(제467조). 따라서 채권성립 당시에 당해 목적물이 있던 장소가 인도 장소가 된다.

2. 果實의 歸屬

매매계약이 있은 후에도 아직 인도하지 않은 매매의 목적물로부터 생긴 과실은 매도인에게 속한다(제587조 전단). 이는 목적물이 동산이든 부동산이든 이행기 여부와는 관계없이 실제로 이행할 때까지 생긴 과실은 매도인에게 속한다는 것이다.

그런데 과실의 귀속에 관하여는 매매에 관한 제587조 외에도 채권법 총칙편의 제462조(현상인도의 원칙)와 민법 총칙편의 제102조(과실의 수취권)가 있다. 따라서 이들 규정과의 관계가 문제가 된다. 위 제587조의 해석내용을 제462조 및 제102조의 내용과 비교하면 부합하는 경우도 있고 모순되는 결과가 되는 경우도 있기 때문이다. 제587조의 내용은 첫째, 특정물채권은 이행기의 현상대로 이행하여야 한다는 현상인도의 원칙(이행기 이후의 발생한 과실은 매수인에게 속하게 된다)에 의한 결과와는 상충된다. 둘째, 동산은 인도로 소유권이 이전되므로 인도전까지는 여전히 소유권이 매도인에게 있기 때문에 과실이 매도인에게 속하는 것은 제102조와는 부합한다. 셋째, 부동산은 목적물의 인도와는 관계없이 등기에 의하여 소유권이 이전되므로 등기와 인도가 동시에 이루어진 경우는 제102조와 부합하나, 등기만 되어 있고 인도가 되지 않은 경우에는 제102조에 의하여 매수인에게 귀속하는 결과와 상충된다. 이러한 문제에 대하여, 매매에서의 목적물의 과실에 대한 귀속에 관하여는 제587조가 적용된다는 결론에 있어서는 일치하나, 위 세 조문의 관련성에 관하여는 학설이 대립한다.

다수설은 과실은 과실의 수취권에 관한 문제로서, 과실에 관하여는 현상인도의 원칙은 적용이 없고, 제587조의 <인도하지 아니한 과실은 매도인에게 속한다>는 규정은 매매에 관하여는 과실의 귀속에 관한 제102조의 특별규정이라는 것이다. 요컨대, 과실에 관하여는 모든 경우에 제102조가 적용되어 현상인도의 원칙은 적용이 없고, 오로지 매매에 관하여만 제102조가 적용되지 않고 제587조가 적용된다는 것이다. 제587조에서 과실을 매도인에게 속하게 한 것은 인도시까지 매수인이 이자를 지급하지 않는 것과의 형평을 기하기 위하여 제102조에 대한 예외로 규정한 것이라고 이해한다. 이에 대하여 소수설(곽)은 과실에 관하여는 제102조가 적용되며, 제102조와 제587조가 문제가 되는 것은 부동산에서 등기이전 후에 인도하지 않은 경우이고, 그러한 경우는 제587조가 적용되나(결과는 다수설과 같다), 잔금의 완불과 이전등기를 하는 것이 우리의 거래관행으로 제587조가 적용되는 일은 거의 없을 것이라고 하며, 오히려 제587조는 삭제하여 과실의 수취권은 제102조 하나로 하는 것이 충분하다는 것이다.

위의 관련 세 조문 중에서 제102조를 원칙으로 하고 매매에 관하여는 제587조가 특별규정으로 적용된다는 견해에 대하여, 채권편의 규정은 총칙에 대한 개별·특별규정으로서, 제462조 및 제587조는 제102조에 대한 특별규정이므로 제102조는 우선 배제되고 제462조와 제587조의 양 조문에서만 문제가 된다는 견해가 있다(이태). 그런데 매매에서 목적물의 과실에 제462조를 적용하면 매수인은 이행기 이후 아직 지급하지 않은 대금의 이용과 과실의 취득이라는 이중의 이득을 얻는 불공평을 초래하기 때문에 이를 바로잡기 위하여 제462조에 대한 제한규정으로서 제587조를 둔 것이라고 한다.

앞서 말한 바와 같이, 결론은 제587조를 적용한다는 것에 일치한다. 다만 위 세 조문과의 관련성에 대하여 학설이 대립한다.

생각건대, 규정의 성격상 채권편의 규정(제462조와 제587조)이 민법 총칙의 규정(제102조)보다 우선적으로 적용되어야 한다는 것은 법적용에 관한 일반원칙으로서 다른 해석이 있을 수 없다. 또한 개별계약에 관한 규정(제587조)이 채권총칙의 규정(제462조)에 우선 적용되어야 한다는 것도 같은 원리이다. 그러한 측면에서 이해한다면 세 조문 중 제102조가 원칙이고 제587조는 매매에서의 과실에 관한 특별규정이 아니라, 제462조가 원칙적인 규율이나 제587조가 이를 제한하는 규정이라는 소수설이 이론적으로 타당하다고 생각한다. 즉, 매도인의 인도의무는 그것이 원물과 종물은 물론이고 과실도 현상인도의 원칙(제462조)에 의한 인도의무를 부담하나, 매수인의 대금지급과의 균형상 실제로 인도할 때까지 발생한 과실은 매도인에게 귀속하는 것이다. 이렇게 새기면 제587조는 의미 있는 필요한 규정이 된다.

과실에 관련한 세 조문의 관련성에 대하여 어떻게 이해하느냐는 것과는 관계없이 매매에서의 과실에 관하여는 제587조가 적용되고, 이는 매수인의 이자지급과의 균형을 기하자는 데 있다는 점에 관하여는 이론이 없다. 따라서 대금의 완납을 받고도 이행을 지체한 때에는 매도인에게 과실이 귀속되지 아니하나, 대금의 완납을 받지 못하여 매도인이 목적물의 인도를 지체한 경우에는 실제로 인도할 때까지 생긴 과실은 매도인이 취득한다(이설 없음). 판례도 등기는 하였으나 대금을 완납받지 못하여 인도가 지체된 때에도 과실은 매도인에게 귀속한다고 하였다. 한편, 매도인이 대금을 지급받기 전에 목적물을 먼저 인도한 때에는 과실은 당연히 매수인에게 속하고, 그 경우에는 지급하지 아니한 대금의 이자가 문제로 된다(제587조 후단).

판례 ① 登記後 引渡하지 않은 不動産의 果實의 歸屬 : 부동산매매에 있어 목적부동산을 제3자가 점유하고 있어 인도받지 아니한 매수인이 명도소송 제기의 방편으로 미리 소유권이전등기를 경료받았다고 하여도 아직 매매대금을 지급하지 않은 이상 부동산으로부터 발생하는 과실은 매수인이 아니라 매도인에게 귀속되어야 한다(대판 1992.4.28. 91다32527).
② 代金 完納 後 目的物의 引渡 前의 果實의 歸屬 : 매매목적물의 인도전이라도 대금을 완납한 때에는 그 이후의 과실의 수취권은 매수인에게 귀속한다(대판 1993.11.9. 93다28928).

3. 買受人의 義務

(1) 代金 支給義務

매수인은 매도인에게 매매계약상의 대금을 지급할 의무를 진다. 매매대금의 정함이 없는 경우에는 목적물의 소재지의 시가에 의하는 것으로 해석한다. 한편, 대금의 지급시기 및 지급장소 등에 관하여 약정이 없는 경우를 위하여 민법은 아래와 같은 특칙을 두고 있다.

(가) 代金 支給時期

매도인의 채무와 매수인의 채무는 특약이나 관습이 없으면 동시에 이행하여야 하며(제568조 2항), 매도인의 채무이행기한은 매수인의 대금 지급기한으로 추정한다(제585조). 즉 당사자의 약정이 없는 경우에는 대금 지급시기는 매도인의 재산권 이전시기와 동일하다.

(나) 代金 支給場所

당사자의 약정이나 관습이 없고, 목적물의 인도와 동시에 대금을 지급할 경우에는 목적물 인도장소가 곧 대금 지급장소로 된다(제586조). 이는 변제의 장소에 관한 제467조의 특칙으로 목적물의 인도와 동시에 대금을 지급하지 아니하는 경우에는 제467조 제2항에 의하여 지참채무로서 채권자의 현주소지가 대금 지급장소가 된다.

(2) 代金의 利子

대금의 지급시기에 관하여 약정이 있는 경우에는 그에 의한다. 따라서 약정기한을 지체한 때에는 이행지체책임이 있음은 당연하다.

대금의 지급에 관한 약정기한이 없고 목적물을 인도받은 때에는 인도를 받은 날로부터 대금의 이자를 지급하여야 한다(제587조 후단). 이때의 이자는 지연이자로서 이행지체에 의한 손해배상의 성질을 가진다.

목적물 수령 후의 이자의 지급, 바꾸어 말하면 목적물 수령 전까지는 대금의 이자를 지급하지 아니하는 것은 매도인이 목적물 인도전까지는 과실을 수취할 수 있다는 것(제587조 전단)에 대응하는 것이다.

(3) 代金支給拒絶權과 代金供託請求權

대금의 지급시기에 관하여 약정이 없는 경우에는 매수인의 대금 지급의무와 매도인의 목적물 인도의무는 동시이행의 관계에 있으므로(제568조 2항), 매수인은 동시이행의 항변권이 있는 동안 자기의 대금지급을 거절할 수 있다(제536조 참조). 민법은 그 밖에 매수인의 보호를 위하여 매수인이 권리를 잃을 염려가 있는 경우에 매수인에게 대금지급거절권을 인정하고(제588조 본문), 한편으로는 이에 대응하여 매도인에게도 대금공탁청구권을 부여하고 있다(제589조).

매매목적물에 대하여 권리를 주장하는 자가 따로 있는 경우에 매수인이 매수한 권리의 전부나 일부를 잃을 염려가 있는 때에는 매수인은 그 위험의 한도에서 대금의 전부나 일부의 지급을 거절할 수 있다. 그러나 매도인이 상당한 담보를 제공한 때에는 그러하지 아니하다(제588조 단서). 목적물에 대하여 권리를 주장하는 자란 제3자가 소유권을 주장하는 경우뿐만 아니라 제한물권을 주장하는 자도 포함한다. 여기서 지급을 거절할 수 있는 대금의 비율과 상당한 정도의 담보의 제공을 요구하는 것은 권리를 잃는 경우에 대비를 하기 위한 보전책이다. 따라서 지급거절할 수 있는 대금의 <비율>, 상당한 담보에서의 <상당성>등에 관하여는 계약의 목적, 채무의 성질, 제3자가 주장하는 권리의 내용, 거래관행 등을 종합적으로 고려하여 결정하여야 한다. 이와 같이 제3자가 소유권 또는 제한물권을 주장하는 경우에는 매도인에게 별도로 담보책임이 있음은 물론이나, 매도인의 담보책임은 매수인에 대한 사후의 구제이기 때문에 매수인의 본 권리인 대금지급을 거절할 수 있게 하여 매수인의 피해를 사전에 방지하자는 데 그 목적이 있다.

매수인이 위와 같은 대금지급거절권을 행사하는 경우에 매도인은 매수인에 대하여 대금의 전액에 대하여 공탁을 청구할 수 있는데(제589조), 매도인이 공탁을 청구하면 매수인은 공탁하여야 하나 매도인은 매수인의 공탁의 원인이 해소된 후가 아니면 공탁금 인도청구권을 행사하지 못한다.

(4) 目的物 受領義務

매도인이 이행기에 목적물을 제공하는 경우에 매수인이 이를 받을 수 없거나 받지 아니한 때에는 매수인은 채권자지체에 빠진다(제400조). 채권자지체로 매수인은 책임이 가중된다(제401조 내지 제403조).

그런데 채권자지체로 인한 당사자간의 법률관계는 채권자지체책임의 본질을 어떻게 이해하느냐에 따라서 위 제401조 내지 제403조에서 명문으로 규정한 법률관계 이외에 계약의 해제권과 손해배상청구권의 발생에 대한 결과를 달리한다. 채권자지체책임의 본질을 채권자의 수령의무를 인정할 것이냐의 문제로서, 매매의 경우에는 매도인의 목적물 인도에 대하여 매수인이 이를 수령할 계약상의 의무가 있느냐에 관한 것이다. 다수설인 채무불이행설은 매수인의 신의칙상의 수령의무를 인정하여, 매수인의 귀책사유로 수령을 하지 못한 것이 채권자지체이며 그 효과로서 민법 제401조 내지 제403조의 효과 외에 손해배상청구권과 계약해제권이 인정된다는 것이다. 즉, 매수인에게는 수령의무가 있고, 매수인이 귀책사유에 의하여 수령을 하지 않은 때에는 제401조 내지 제403조에서 규정한 법률관계 외에 매도인이 계약을 해제하거나 손해배상을 청구할 수 있게 된다는 것이다. 이에 대하여 매수인에게는 수령의무가 없고, 다만 법률이 채권자의 불수령에 대해 일정한 불이익만을 부담시키고자 하는 것으로 보는 판례와 소수설인 법정책임설이 있다.

필자는 후자인 법정책임설의 입장에서 매수인의 수령의무는 없다고 본다. 따라서 매수인이 매도인의 목적물 인도에 대하여 이를 수령하지 아니한 때에는 제401조 내지 제403조에 의한 불이익을 받을 뿐이며, 매도인은 공탁 또는 자조매각을 할 수 있을 뿐이다(자세한 것은 졸저 『채권법총론』 제4장 제5절 채권자지체편 참조).

4. 賣渡人의 擔保責任

(1) 序 說

(가) 擔保責任의 意義

매매계약에 의하여 매도인은 매수인에게 매매의 목적인 재산권을 이전하여야 할 의무를 지게 된다. 매매에 의하여 이전된 재산권은 특약이 없는 한 완전한 권리 및 완전한 물건이어야 함은 당연하다. 그런데 그 매매의 목적인 <재산권>에 하자가 있어서 이로 인하여 그 재산권의 전부 또는 일부를 이전할 수 없거나 또는 그 <재산권의 객체인 물건>에 하자가 있는 것을 급부한 경우에 민법은 매도인에게 일정한 책임을 인정하여 매수인에게 계약의 해제권·완전물급부청구권·대금감액청구권·손해배상청구권을 인정한다. 매도인이 매수인에 대하여 부담하는 이러한 책임을 매도인의 담보책임이라고 한다. 이에 관하여 민법은 제569조 내지 제584조에서 권리의 하자·물건의 하자로 크게 구분하여 규정하고, 그 밖에 특수한 경우로써 채권의 매도인의 담보책임과 경매에서의 담보책임에 관하여 규정하고 있다.

매도인이 권리에 대한 담보책임을 지는 경우에 매수인의 대금감액은 계약의 일부에 대한 해제의 성격이 있다. 즉, 권리의 하자의 정도가 심해서 매수인이 계약의 목적을 달성할 수 없는 경우에는 계약의 해제를 인정하나 하자의 정도가 그렇게 심하지 않을 때에는 대금감액을 인정하고 있다(제572조, 제574조). 그리고 손해배상은 매매의 목적인 권리나 물건의 하자로 손해가 생길 경우에 대금감액 또는 해제와 아울러 인정하고 있다. 그리고 완전물급부청구권은 불특정물매매(종류매매)의 경우에만 인정되고, 또한 매수인이 선의·무과실인 경우에 계약해제와 손해배상에 갈음하여 행사하는 것이 인정된다.

(나) 擔保責任의 本質

계약의 목적에 대한 하자(불능)에 대하여는 계약성립을 기준으로 원시적 하자와 후발적 하자로 구분된다. 원시적 하자는 계약이 무효로 되며, 후발적 하자는 하자의 발생원인에 따라서 계약의 해제·채무불이행·위험부담 또는 채무자가 면책되는 것이 원칙이다. 그런데 매도인의 담보책임이란 원시적 하자에 관한 것으로서, 위 일반원칙에 의하면 원시적 하자에 대하여는 채무자가 책임을 지지 아니하고, 경우에 따라서는 계약이 무효로 되거나 또는 하자 있는 그 자체가 계약의 목적이 되며, 또는 착오의 문제가 될 뿐이다. 그러나 위 내용과는 달리 매매에서 매도인의 담보책임을 별도로 규정한 것은 어떠한 이론적 근거에 의한 것인가? 즉, 매도인의 담보책임의 이론적 근거는 무엇인가?

① 우리 民法上의 擔保責任의 特性

매매에서 목적물의 하자에 대한 책임에 관하여, 대륙법계와 영미법계는 그 기본입장을 달리 하고 있다. 대륙법계에서는 일반적인 채무불이행책임과는 별도로 담보책임이라는 독립된 제도를 두고 있으나, 영미법에서는 여타의 경우와 동일하게 계약위반인 채무불이행책임(보증위반)으로 하고 있다.

담보책임을 별도로 규정하는 대륙법계에서는 일반적으로 담보책임의 발생요건과 효과에서 채무불이행책임과는 차별을 두고 있다. 즉, 담보책임은 무과실책임으로서 채무불이행책임에서 요구하는 귀책사유를 요구하지 아니하며, 그 효과에서 채무불이행책임은 손해배상과 계약의 해제를 인정하나, 담보책임에서는 대금감액 또는 계약의 해제를 할 수 있도록 한다.

우리 민법은 대륙법계의 다른 나라와 동일하게 무과실책임으로서 담보책임을 별도로 규정하나, 물건의 하자에 대하여는 대금감액을 규정하지 아니하며(일본 민법과 동일), 특정물뿐만 아니라 종류물에 대하여도 담보책임을 인정하는 점(독일 민법과 동일) 등에서는 다른 대륙법계와 차이가 있다. 즉, 우리 민법상의 담보책임의 특징은 물건의 담보책임에 관하여 대금감액을 규정하지 않은 점(일본 민법과 동일)과 종류물에 대하여도 담보책임을 인정한 점(독일 민법과 동일)이다.

② 擔保責任의 本質

담보책임의 본질에 관하여는 법정책임설과 채무불이행책임설이 대립한다. 다수설은 법정책임설로서 하자에 대하여 일정한 책임을 부과하는 것은 매매계약의 유상·등가성에 토대하여 형평을 기하고 거래의 신용을 보호하기 위한 법정책임이라는 것이다. 이러한 법정책임설은 특정물채무자는 특정물 그 자체의 인도로 이행의무를 완전히 이행하여 채무는 소멸하는 것이라는 특정물 도그마 이론, 원시적 일부 하자(불능)는 계약의 무효로서 하자에 대하여는 급부의무가 존재하지 않는다는 원시적 불능 도그마론, 채무불이행책임은 과실책임이나 담보책임은 무과실책임인 결과책임으로서의 부당이득론에 근거한 것(이태)이라는 것 등을 이론적 근거로 들고 있다. 또한 같은 법정책임설이지만, 물건에 대한 하자는 본질적으로 불완전이행에 대한 책임으로서의 채무불이행책임이나 연혁적 이유로 법정책임이라는 견해도 있다(곽).

반면에 우리 민법이 종류물에 대하여도 담보책임을 인정하는 점에서 특정물과 종류물의 담보책임을 통일적으로 설명할 수 있는 이론으로 전개하여야 한다는 전제 아래서, 매도인은 완전물 급부의무가 있어 하자 있는 물건을 급부한 것은 채무불이행(불완전이행)에 해당한다는 견해가 있다. 따라서 담보책임은 그 본질이 채무불이행책임이나, 매매법의 특수성으로 채무불이행책임의 특별책임으로 구성되어 요건과 효과를 달리한다고 설명한다(김형,이은,황).

생각건대, 채무불이행책임은 유상계약이나 무상계약의 어느 경우에나 채무자의 급부의무 불이행에 대한 책임이다. 그런데 매도인의 담보책임은 유상계약의 대표인 매매에서 규정하고, 이를 유상계약에만 준용하고 있다. 특히 유·무상계약을 구별하는 실익은 유상계약에는 매매에 관한 규정을 준용하는 것이며, 매매에 관한 규정 중에서 담보책임에 관한 규정이다. 이러한 점에서 매도인의 담보책임을 유상계약의 유상성·등가성에 기한 특별책임인 법정책임으로 이해하는 다수설에 찬동한다.

그런데 법정책임설이나 채무불이행책임설 어느 것도 우리 민법상의 담보책임에 관한 규정을 만족하게 설명할 수 없으며, 채무불이행책임설도 결국은 특별책임이라고 한다. 한편, 담보책임의 본질을 무엇으로 이해하느냐에 따라 손해배상에 관하여 이행이익의 배상이냐, 신뢰이익의 배상이냐는 점에서 견해를 달리할 뿐 그 외의 점에서는 뚜렷하게 다른 점이 없다.

(다) 擔保責任과 다른 制度와의 關係

① 擔保責任과 債務不履行責任

계약체결 후에 생긴 권리의 하자나 물건의 하자에 대하여 채무자의 귀책사유가 있는 경우에는 채무불이행책임이 성립한다. 원시적 하자의 경우에만 담보책임이 성립한다. 그런데 특정물의 경우에는 원시적 하자이냐 후발적 하자이냐의 구별이 용이하나, 종류물의 경우에는 문제가 된다. 하자 있는 종류물의 이행은 특정에 의하여 이행되고 특정 이후는 특정물로 되기 때문에 하자 있는 물건이라도 이행이 완료되었다고 볼 수 있는 반면, 하자 있는 종류물의 이행은 불완전이행(채무불이행)이라고도 볼 수 있다. 즉, 하자 있는 종류물의 이행은 이행완료와 불완전이행의 양 측면을 다같이 가지고 있다. 이러한 측면에서 민법은 제581조에서 특정된 이후의 하자의 경우에는 특정물에 관한 담보책임을 준용하나(제581조 1항), 채무불이행에 근거한 완전물급부청구권도 선택하여 행사할 수 있는 것으로 하고 있다(제581조 2항). 그런데 후자인 완전물급부청구권을 행사할 때에 채무불이행의 요건도 충족시킨 경우에, 채무불이행에 대한 일반적인 효과가 적용되어 손해가 있으면 별도로 손해배상을 청구할 수 있을 뿐만 아니라 완전물급부청구권과 손해배상청구권의 행사에 관하여 제582조(단기 제척기간)와는 관계없이 채무의 일반적인 소멸시효의 법리가 적용되느냐 여부가 문제된다. 긍정하는 견해도 있으나(이은,이태) 거래의 신속성을 위하여 부정하는 것이 타당하다(곽).

② 契約締結上의 過失責任(제535조)과의 關係

담보책임은 원시적 불능의 문제이다. 따라서 담보책임이 적용되는 경우는 매매의 목적이 원시적 불능인 경우에 해당하여 제535조의 계약체결상의 과실책임의 요건을 충족하는 경우가 생긴다. 그러나 담보책임이 적용되는 경우 즉, 계약이 유효한 경우는 제535조가 적용될 여지가 없다. 문제는 원시적 일부 불능의 경우가 되는데, 이 경우에도 담보책임의 적용이 있고(제574조) 제535조는 그 적용이 없다고 보아야 한다.

③ 擔保責任과 錯誤·詐欺·强迫과의 關係

담보책임의 요건과 착오에 의한 의사표시로서의 취소의 요건(제109조)을 동시에 충족시킨 경우에 양자의 효과가 병존하느냐 아니면 담보책임만 지느냐가 문제된다.

본인의 선택에 따라서 어느 것이나 유리한 것을 주장할 수 있다고도 볼 수 있다. 그러나 담보책임이 원시적 일부 하자에도 불구하고 계약의 전부를 성립시켜 그 유형에 따라서 대금감액·손해배상·계약해제를 할 수 있게 세분하며, 또한 단기의 제척기간을 두어 매매거래에 신속성을 기한 점을 보아 <u>착오취소와 담보책임청구권이 경합하는 경우에는 일반규정인 착오취소에 관한 규정은 적용이 없고 담보책임에 관한 규</u>

정만이 적용된다고 보아야 할 것이다(통설).

그런데 착오에 의한 의사표시의 취소의 요건에 해당하는 경우는 경과실로 매매의 목적에 원시적 일부 하자(그 부분이 중요한 부분에 해당)가 있는 것을 모르고 체결한 경우인데, 이러한 경우는 담보책임으로서의 계약을 해제할 수도 있게 된다. 그런데, 착오 취소를 하면 취소한 자가 배상책임을 부담하나(착오취소배상책임의 존부에 관하여는 학설의 대립이 있으며, 판례는 부정하는 취지임), 담보책임으로서 계약을 해제하면 상대방에게 손해배상을 청구할 수 있어서 결과적으로는 담보책임을 청구하는 것이 더 유리하다. 다만 담보책임의 청구권이 6월의 단기 제척기간에 걸리는데 반하여, 착오의 취소권은 추인할 수 있는 날로부터 3년 또는 법률행위 있은 날로부터 10년이라는 장기간의 여유가 있다는 점에서 유리할 뿐이다.

한편, 착오에 의한 의사표시와는 달리 사기·강박에 의한 의사표시의 취소의 요건(제110조)은 담보책임의 요건과는 다르므로 양자를 선택하여 행사할 수 있다고 보아야 한다. 즉, 원시적 하자 있는 목적물에 대하여 상대방의 기망 또는 강박에 의하여 계약을 체결한 때에는 담보책임을 청구하지 않고, 상대방의 기망 또는 강박에 의한 의사표시로 인해 당해 계약을 취소할 수 있다. 판례도 타인의 물건의 매매에 관하여 제110조의 요건을 충족하면 취소할 수 있다고 한다.

판례 詐欺·强迫에 의한 取消와 擔保責任請求權의 選擇 : 민법 제569조가 타인의 권리의 매매를 유효로 규정한 것은 선의의 매수인의 신뢰이익을 보호하기 위한 것이므로, 매수인이 매도인의 기만에 의하여 타인의 물건을 매도인의 것으로 잘못 알고 매수한다는 의사표시를 한 것이고 만일 타인의 물건인줄 알았더라면 매수하지 아니하였을 사정이 있는 경우에는 매수인은 민법 제110조에 의하여 매수의 의사표시를 취소할 수 있다고 해석하여야 할 것이다(대판 1973.10.23. 73다268).

(라) 擔保責任의 效果

담보책임의 발생요건과 그 효과에 관하여는 제569조 이하에서 세분하여 규정하고 있는데, 경우에 따라서 매수인에게 대금감액청구권·계약해제권·완전물급부청구권·손해배상청구권이 생긴다.

이러한 권리의 구체적 내용 중에서 해제권을 행사한 경우의 효과와 손해배상청구권을 행사한 경우의 배상의 범위가 문제된다.

해제권의 행사의 효과에 관하여는 담보책임편에 별도로 규정하고 있지 아니하다. 따라서 일반적인 계약의 해제에서의 효과와 동일하게 보아야 한다. 즉, 담보책임청구권으로서 계약을 해제한 경우에 그 효과는 제548조의 적용이 있다고 해석하여야 한다. 판례도 동일하게 새긴다.

판례 他人의 權利 賣買의 解除效果 : 타인의 권리를 매매한 경우에 매수인이 행사하는 매매계약의 해제권은 일종의 법정해제권이라 할 것이며 그 행사의 효과로서 발생하는 원상회복의무의 범위에 관하여는 달리 특별한 규정이 없으니 민법 제548조 제2항의 규정에 의함이 상당하다 할 것이다(대판 1974.3.26. 73다1442).

손해배상의 범위에 관하여는, 이행이익설과 신뢰이익설 및 이행이익과 신뢰이익병존설이 있다. 담보책임의 본질을 어떻게 이해하느냐에 따라서 기본적으로 이행이익설과 신뢰이익설로 구분된다.

담보책임의 본질을 채무불이행책임설로 이해하는 소수설은 담보책임으로서의 손해배상은 채무불이행에 의한 손해배상에 관한 제393조의 적용이 있다는 것이다(이은,황). 즉, 이행이익이 배상되어야 한다는 것이다. 한편, 담보책임의 본질을 법정책임설로 이해하는 다수설은 담보책임은 채무불이행책임과는 달리 무과실책임이므로 신뢰이익의 배상이어야 한다는 것이다. 또한 같은 법정책임설이지만 매도인의 과실 유무를 구분하여 과실 있는 매도인은 이행이익의 배상의무가 있다는 견해도 있다. 그러나 이행이익이 배상되어야 한다는 것으로 하면 원시적 불능으로 계약이 무효인 경우에는 신뢰이익을 배상하나(제535조), 동일한 원시적 불능임에도 계약이 유효한 경우에는 책임이 더 무거워진다는 균형상의 문제가 있다. 따라서 신뢰이익의 배상을 인정하는 것이 타당하다(타인의 권리의 매매는 계약을 유효로 하여 매도인이 권리를 이전시키지 못하였을 때에 지는 책임이므로 여타의 담보책임과는 달리 이행이익으로 보아야 할 것이다).

<擔保責任의 內容 要約>

A. 權利의 瑕疵
- ① 他人의 權利의 賣買
  - ㉮ 전부가 타인의 권리의 매매(제569조 내지 제571조)
  - ㉯ 일부가 타인에게 속한 경우(제572조 내지 제574조)
- ② 所有權이 制限된 경우(제575조)
- ③ 所有權 取得 不可 또는 喪失의 경우(제576조)

B. 物件의 瑕疵
- ① 特定物 賣買(제580조)
- ② 種類物 賣買(제581조)

C. 競賣의 경우(제578조)

D. 債權의 賣渡人의 擔保責任(제579조)

A-① 타인의 권리매매—매수인의 권리 (제570조)

매도인	매수인	해제권	손해배상(매수인의 청구권)	대금 감액
악의	선의	있음	있음	해당 없음
악의	악의	있음	없음	해당 없음

A-① 타인의 권리매매—매도인의 권리 (제571조)

매도인	매수인	해제권	손해배상(매도인이 배상)	대금 감액
선의	선의	있음	있음	해당 없음
선의	악의	있음		해당 없음

A-①-나 권리의 일부가 타인에게 속한 경우 (제572조)
(수량부족, 일부멸실시 선의의 매수인 준용(제574조)

매도인	매수인	해제권	손해배상	대금 감액
	선의 : 잔존부분만으로 계약불체결 경우	있음	있음	해당 없음
	선의 악의		있음 없음	비율에 따른 감액(선악 불문)

A-② 소유권제한(제한 물권)의 경우(제575조)

매도인	매수인	해제권	손해배상	대금 감액
	선의:목저 불달성	있음	없음	
	선의:목적달성 가능	없음	있음	

A-③ 소유권취득 불가 또는 상실의 경우(제576조)

매도인	매수인	해제권	손해배상	대금 감액
	선악 불문	있음	있음	
	매수인 출재로 소유권 보존		비용상환과 손해배상	

B-① 특정물 매매(제580조)-선의·무과실의 매수인에 한함

매도인	매수인	해제권	손해배상	대금 감액
	목적달성 가능	없음	있음	
	목적달성 불능	있음	있음	

B-② 종류물 매매(제581조)-선의·무과실의 매수인에 한함

매도인	매수인	해제권	손해배상	대금 감액
	목적달성 가능	없음	손해배상 또는 완전물 청구	
	목적달성 불능	있음	있음	*완전물청구도 가능

(2) 權利의 瑕疵에 대한 擔保責任

(가) 權利의 全部가 他人에게 속하는 경우(제569조)

① 擔保責任의 發生要件

권리의 전부가 타인에게 속한 경우 즉, 타인의 물건을 매매의 목적으로 한 경우에 현실매매가 아닌 한 이를 무효로 할 필요는 없을 것이다. 매도인이 계약에서 약정한 재산권 이전 기한까지 그 권리를 타인으로부터 취득해서 매수인에게 이전할 수 있기 때문이다. 이에 민법도 타인의 물건의 매매를 유효한 것으로 하여, 매도인은 그 권리를 취득해서 매수인에게 이전하여야 한다고 규정한다(제569조). 그러나 그 권리를 이전할 수 없는 경우에 매도인에게 담보책임이 생기게 된다(제570조, 제571조).

그런데 담보책임이 발생하기 위한 타인의 물건에 대한 매매는 타인에게 속한 권리를 매수인에게 이전할 수 없기 때문에 매도인이 담보책임을 지게 되는 것으로써 매매의 목적물은 현존하는 경우이다. 즉, 원시적 주관적 불능에 해당하는 것으로, 목적물 자체가 전혀 존재하지 않는 원시적 객관적 불능 또는 매도인이 소유하고 있었으나 매수인에게 이전하기 전에 소멸한 후발적 객관적 불능과는 다르다. 원시적 객관적 불능으로 매수인에게 권리를 이전할 수 없는 경우에는 담보책임은 적용될 여지가 없고, 계약은 당연히 무효가 되고, 따라서 계약체결상의 과실책임(제535조)의 문제가 된다. 또한 후발적 객관적 불능의 경우에도 담보책임은 적용이 없고, 채무불이행 또는 위험부담의 문제가 될 뿐이다. 후술하는 권리의 일부가 타인에게 속하는 때의 담보책임에 있어서도 같다.

한편, 구체적인 경우에 타인의 권리의 매매로서 제570조와 제571조가 적용되는지 여부가 문제되는 경우가 있다.

㉮ 甲이 乙의 不動産을 買受 後 所有權移轉登記申請 前에 丙과의 賣買契約을 체결한 경우

부동산등기특별조치법 제2조 제2항에는 부동산의 경우에는 이른바 중간생략등기에 의한 부동산 투기를 방지하기 위하여 매도인(甲)이 전자(乙)와의 계약에 의한 소유권취득 후(소유권이전등기신청 후)에 후자(丙)와의 계약을 체결하도록 규정하고 있다. 또한 동법 제8조에 이를 위반하는 경우(등기신청 전)에 벌칙을 두고 있다. 그렇다면 이 규정에 의하면 타인의 부동산에 대하여는 매매계약을 체결하지 못한다는 의미인데, 민법 제569조와의 관계가 문제된다.

생각건대, 위 부동산등기특별조치법의 금지는 투기를 방지하기 위한 특별한 목적에 의한 규정으로서 이를 위반 한 계약의 사법상의 효력까지 무효로 하는 효력규정

으로 이해할 것은 아니라고 본다. 판례도 같다.

그런데, 동 계약이 민법 제569조의 타인의 권리의 매매에 해당되는지 여부가 문제된다. 이를 타인의 권리의 매매(제569조 해당)로 보면, 이는 최초매도인으로부터 최종매수인에게 전매자가 소유권을 이전시키지 못하면, 매수인은 제570조에 의하여 계약을 해제할 수 있으나 통상적인 경우에는 전매자가 등기명의자(소유권자)가 중간자가 아니라는 것을 알고 계약을 체결한 것이기 때문에 제570조 단서의 악의자에 해당되어 손해배상을 청구할 수 없게 된다, 한편, 이를 타인의 권리의 매매로 보지 아니하면 등기이전의무 불이행으로 일반적인 채무불이행에 해당하여 전매수자는 전매도인에 대하여 소유권이전등기의무 불이행에 따른 손해배상을 청구할 수 있게 된다. 결국 타인의 권리의 매매로 보느냐 여부는 매수인의 손해배상청구권과 관련이 있게 된다.

판례는 이 경우에 소유권등기 유무로 판단하지 아니하고 실질적인 처분권이 있느냐 여부로 판단하여 중간자가 최초매도인에게 대금을 전부 지급하여 실질적인 소유권이 있는 경우에는 타인의 권리의 매매로 보지 아니하고(대판 1996.4.12. 95다55245), 아직 잔금이 남아 있는 상태의 경우에는 타인의 권리의 매매로 보았다(대판 1982.1.26. 81다528).

성립요건주의를 취하는 우리민법에서 재산권의 귀속을 실질적인 처분권 유무로 판단하는 것은 다소 무리한 점이 있으나, 최종 매수인(전매수인)의 손해배상청구권의 존부를 판단하는 기준으로서 타인의 권리이냐 여부를 판단한다는 점에서는 판례는 수긍이 간다.

판례 不動産 買受人이 所有權移轉登記 없이 轉賣한 경우 : 부동산 매수인이 본인 앞으로 소유권이전등기 없이 전매한 경우에 민법 제568조의 타인의 권리의 매매에 해당되지 아니한다(대판 1996.4.12. 95다55245).

㉯ 名義信託者의 信託財産의 處分

명의신탁한 부동산을 명의신탁한 자가 매도하는 경우에 타인의 권리의 매매인지 여부가 문제된다. 판례는 명의신탁자는 그 부동산(종중재산으로 명의신탁된 경우)을 사실상 처분할 수 있을 뿐만 아니라 법률상으로도 처분할 수 있는 권원에 의하여 매도한 것이므로 이를 민법 제569조의 타인의 권리의 매매라 할 수 없다고 한다(대판 1996.8.20. 96다18656). 이는 부동산실권리자명의등기에관한법률과 관련을 생각할 수 있는데, 동법은 매수인으로의 등기를 강제한 것이므로 타인의 권리의 매매와는 관련시킬 필요는 없다고 생각된다.

㉰ **契約締結 後에 他人의 權利가 된 경우**

본조는 목적물이 계약 당시에 타인에게 속한 경우이다. 따라서 계약체결 후에 타인의 물건으로 된 경우는 이에 해당하지 않는다. 예컨대, 甲이 자기의 물건을 乙과 매매계약 후에 다시 丙에게 매도 후, 丙에게 소유권이전등기를 완료한 경우와 같은 2중매매는 제569조의 타인의 권리의 매매가 아니라 통상적인 매매계약으로서, 경우에 따라 채무불이행 또는 제2매매행위가 무효가 되고 담보책임은 문제가 되지 않는다.

② **擔保責任의 內容**

㉮ **買受人의 契約解除權(제570조)**

매도인이 이행기까지 권리의 전부를 이전할 수 없는 때에는 매수인은 계약을 해제할 수 있다(제570조 본문). 이때 매수인의 선의·악의는 묻지 않는다. 또한 매도인의 귀책사유의 유무도 묻지 않는다. 매수인은 최고를 할 필요 없이 계약을 해제할 수 있다. 이전할 수 없다는 의미는 이행불능과 같은 의미로 물리적 불능은 물론이고 사회통념상 이전할 수 없는 경우도 포함한다. 계약의 해제의 효과에 관하여는 기술한 바와 같이 제548조가 적용된다.

그런데, 선의의 매수인은 계약을 해제하지 아니하고, 매도인에게 속한 권리인줄 잘못 알고 의사표시를 한 것이라는 착오에 의한 의사표시를 주장하여 당해 계약을 취소할 수 있는가의 문제가 있다.

통상적인 경우에 매매에서는 목적물의 가치 또는 성질 등이 중요한 의미를 가지는 것이고 그 권리가 누구에게 속하는 것이냐는 중요하지 않다. 따라서 만일 타인의 물건인줄 알았더라면 매수하지 않았을 특별한 사정이 있는 경우에는 제110조에 의하여 취소할 수 있다는 것이 판례이고, 학설도 이를 지지한다(판례는 앞에서 소개).

㉯ **善意의 買受人의 損害賠償請求權(제570조 본문)**

선의의 매수인은 계약을 해제하고 손해배상도 청구할 수 있다.

선의의 매수인이 계약을 해제하고 손해배상을 청구하는 경우에 손해배상의 범위가 문제된다. 타인의 권리의 매매의 경우에 매도인이 담보책임을 지는 경우는 원시적 주관적 불능으로서 계약은 유효(원시적 객관적 전부불능 계약은 당연 무효)하고(제569조는 계약을 유효로 전제하여 매도인에게 권리를 취득하여 이전시켜야 할 의무를 부과하고 있다), 권리를 이전시키지 못하기 때문에 부담하는 책임으로서 채무불이행에 해당한다고 할 수 있기 때문에 이행이익의 배상이라고 하는 것이 타당하다. 판례도 이행이익의 배상이라고 본다.

이때의 배상액의 산정은 목적물을 취득해서 이전하는 것이 불능으로 된 때(이행불능시)의 목적물의 가격을 표준으로 하여야 한다. 판례도 같은 입장이다.

그런데, 선의의 매수인은 계약을 해제하지 아니하고 통상의 채무에서의 이행불능과 동일하게 이행에 갈음하는 손해배상을 청구할 수 있는지가 문제된다. 구법시대의 판례는 이를 인정한다(조선고등 1924.9.30 판례총람 531면). 계약을 해제하고 이행이익의 배상을 받으나(해제에 의하여 매수인이 지급한 대금은 원상회복으로 반환받으므로), 해제하지 않고 이행에 갈음한 손해배상을 받으나 결과적으로는 동일하다.

판례 他人의 權利의 賣買에서 賣渡人의 損害賠償範圍 - 履行利益 : 매매의 목적이 된 권리가 타인에게 속한 경우에 매도인이 그 권리를 취득하여 매수인에게 이전할 수 없을 때에는 매매의 목적이 된 권리가 매도인에게 속하지 아니함을 알지 못한 매수인이 매도인에게 대하여 손해배상을 청구함에는 매도인은 계약이 완전히 이행된 것과 동일한 경제적 이익을 배상하여야 하므로 그 손해는 매수인이 입은 손해뿐만 아니라 얻을 수 있었던 이익의 상실도 포함된다(대판 1967.5.18. 66다2618).

판례 目的物의 算定時期 : 타인의 권리에 매매에 있어 매도인의 타인을 상대로 한 매매목적물에 대한 소유권보존등기 또는 소유권이전등기의 각 말소등기절차 이행청구소송이 패소확정되었다면 매도인의 목적부동산에 대한 소유권이전등기의 이행은 불능상태에 이른 것이고 이 경우에 매도인의 손해배상의 산정은 원칙적으로 매매목적물을 취득하여 이전함이 불능하게 된 때의 시가를 표준으로 하여 결정할 일이다(대판 1973.3.13. 72다2207).

㈐ 惡意의 買受人의 損害賠償請求權(제570조 단서)

제570조 단서는 악의의 매수인은 계약을 해제할 수 있으나 손해배상은 청구할 수 없다고 규정한다. 악의의 매수인은 매도인이 권리를 취득하지 못하고, 따라서 자기에게 권리를 이전하지 못할 수도 있음을 계약체결시에 이미 알고 있던 자이다. 따라서 악의의 매수인은 계약을 해제는 할 수 있으나, 손해배상은 청구할 수 없다는 것이다. 타당한 규정이다.

그런데, 악의의 매수인은 제570조 단서에 의하여 손해배상을 청구할 수 없는데, 이때 매도인이 지는 담보책임은 무과실책임이다. 따라서 매도인의 귀책사유 없는 경우에는 본 단서가 적용될 것이나, 매도인의 고의 또는 과실로 이행불능이 된 경우에는 매수인은 제570조에 의한 손해배상을 청구하는 것이 아니라 채무불이행의 일반규정(민법 제546조,390조)에 기한 계약을 해제하고 손해배상을 청구할 수 있는 것이 아닌가라는 문제가 있다.

판례는 그러한 경우에는 매수인이 매도인의 귀책사유를 입증하여 채무불이행에 의한 계약의 해제(546조)와 손해배상을 청구(551조)할 수 있다고 한다. 판례의 견해에 동의한다.

판례 惡意의 買受人의 損害賠償請求權 : 매매계약 당시 그 토지의 소유권이 매도인에게 속하지 아니함을 알고 있던 매수인은 매도인에 대하여 그 이행불능을 원인으로 손해배상을 청구할 수 없고, 다만 그 이행불능이 매도인의 귀책사유로 인하여 이루어 진 것인 때에 한하여 그 손해배상을 청구할 수 있는 것이므로, 그 이행불능이 매도인의 귀책사유로 인한 것인가는 매수인이 입증하여야 한다(대판 2002.12.26. 2002다9523).

㉣ 善意의 賣渡人의 解除權과 損害賠償義務(제571조)

㉠ 解除權 : 매도인이 계약 당시에 매매의 목적이 된 권리가 자기에게 속하지 아니함을 알지 못한 경우에 그 권리를 취득하여 매수인에게 이전할 수 없는 때에는 매도인은 계약을 해제할 수 있다(제571조 1항과 2항). 선의의 매도인은 매수인의 선·악의를 묻지 않고 계약을 해제할 수 있다. 제571조의 내용은 본래의 매도인의 담보책임이 아니라, 다만 선의의 매도인이 스스로 문제를 해결하도록 그에게 특별히 해제권을 부여하고자 편의상 여기에 규정한 것이다.

㉡ 損害賠償義務 : 선의의 매도인은 매수인이 선의냐 악의냐에 관계없이 계약을 해제할 수 있으나, 선의의 매수인을 보호하기 위하여 계약의 해제와 함께 손해배상의무를 부담한다(제571조 1항). 그러나 매수인이 악의인 경우에는 매도인은 권리를 이전할 수 없음을 통지하고 계약을 해제할 수 있으며(제571조 2항), 이때에는 손해배상의무는 지지 않는다. 해제될 수도 있다는 것을 예상한 매수인을 보호할 필요가 없기 때문이다. 그러나, 매도인의 귀책사유로 이행불능 된 경우에는 매수인은 매도인의 귀책사유를 입증하여 일반적인 채무불이행에 기한 손해배상청구권을 행사할 수 있다는 것인 판례이다(2002.12.26. 2002다9523). 판례에 동의한다.

㉢ 錯誤와의 關係 : 제571조는 매도인이 계약의 목적인 권리가 자기에게 속하지 않는다는 것을 알지 못한 경우 즉, 착오로 자기에게 속하는 권리로 잘못 안 경우이다. 따라서 제571조가 적용되는 경우는 매도인의 착오에 의한 의사표시와 경합된다. 선의의 매도인의 이전의무(계약의 유효)를 전제로 손해배상을 하고 계약을 해제하는 것으로 보아 착오로 인한 취소권을 배제한다고 보아야 할 것이다(이태). 또한 해제권의 행사기간의 제한이 없고, 착오에 의한 취소를 하더라도 매도인은 취소에 의한 배상책임을 지기 때문에 착오에 의한 취소를 인정할 실익도 없다.

㉤ 解除權과 損害賠償請求權의 行使期間

권리의 전부가 타인에게 속한 경우의 매수인의 계약해제권과 손해배상청구권의 행사기간에 관하여는, 후술하는 권리의 일부가 타인에게 속한 경우(제573조)와는 달리 특별한 제한이 있다. 따라서 통상적인 계약에서의 해제권과 손해배상청구권의 행사기간(10년)이 적용된다.

㉥ 擔保責任과 不法行爲責任의 競合

소속공무원의 과실이 관여되어 허위로 마쳐진 소유권이전등기를 믿고 부동산을 취득함으로써 손해를 입었다면 국가도 피해자에 대하여 불법행위에 기한 손해배상책임을 부담한다고 할 것이고, 피해자가 반드시 그 부동산의 양도인을 상대로 매도인의 담보책임에 기한 손해배상청구를 먼저 혹은 동시에 하여야 하는 것은 아니다(대판 2000.9.5. 99다40302).

(나) 權利의 一部가 他人에게 속한 경우(제572조, 제573조)

매매의 목적인 권리의 일부가 타인에게 속하기 때문에 매도인이 그 부분의 권리를 매수인에게 이전할 수 없는 경우이다. 계약체결 당시에 권리의 일부는 타인에게 속하고 나머지는 매도인에게 속하기 때문에, 사회통념상 이전이 불가능한 경우의 담보책임으로서, 전술한 권리의 전부가 타인에게 속한 경우와 같다. 또한 매도인의 귀책사유도 이를 묻지 않는 점도 같다.

① 代金減額請求權

매수인은 타인에게 속하여 매도인이 이전할 수 없는 부분의 비율로 대금의 감액을 청구할 수 있다(제572조 1항). 예컨대, 10개의 물건을 10만원에 매매계약을 체결하였는데 그중 2개가 타인의 물건이어서 이전할 수 없는 경우, 또는 100평의 토지를 1000만원에 매매계약을 체결하였는데 20평이 타인에게 속한 경우이다. 이 경우에는 이전하지 못한 부분의 비율인 20%에 대하여 대금의 감액을 청구할 수 있다.

그런데 위 예에서와 같이 계수상 분명하게 나타나는 경우는 그 감액비율이 용이하겠으나 그렇지 아니하는 경우에는 계약의 목적·이전할 수 없는 부분의 성질·당사자의 의사표시 등을 종합적으로 고려하여 결정하여야 할 것이다. 매수인의 선의·악의는 묻지 않는다. 매수인의 대금감액청구권은 당사자의 형평을 기하려는 것인데, 그 법적성질은 계약의 목적물에 대한 일부해제로 보는 것이 통설이다. 따라서 계약의 해제에 관한 일반원칙이 적용되어서 대금감액은 일방적 의사표시로 행사할 수 있다.

② 善意의 買受人의 解除權

선의의 매수인에 한해 잔존한 부분만이라면 이를 매수하지 않았을 때에는 계약의 전부를 해제할 수 있다(제572조 2항). 악의의 매수인은 잔존부분만이 계약으로 이행될 수도 있다는 것을 예상한 자이므로 계약의 전부에 대한 해제권은 없고, 대금감액만 청구할 수 있다. 잔존부분만이라면 매수하지 않았으리라는 사정은 계약의 성질·목적 등에 비추어 객관적으로 판단될 것이나, 이에 한정하지 않고 주관적 사정일지라도 계약체결시에 그러한 뜻을 표시한 경우 또한 그러한 주관적 사정일지라도 객관적으로도 인정될 만한 경우이면 이에 해당한다고 보아야 한다.

③ **善意의 買受人의 損害賠償請求權**

선의의 매수인은 대금감액 또는 계약해제 외에 손해배상을 청구할 수 있다(제572조 3항). 악의의 매수인은 타인에게 속한 부분이 이행되지 않을 수도 있고, 그로 인하여 발생할 손해를 예상한 자이므로 손해배상을 인정하지 않는다.

④ **權利 行使期間**

대금감액 등 제572조가 규정하는 위 3종의 권리는 매수인이 선의이면 사실을 안 날로부터 악의이면 계약한 날로부터 1년 내에 행사하여야 한다(제573조). 이 기간은 시효기간이 아니라 제척기간이라는 것이 판례와 통설이다. 따라서 시효에 관한 규정(제168조 이하)은 적용이 없다. 또한 권리의 행사는 재판상 행사하여야 한다는 견해가 있으나(곽), 판례와 통설은 재판상 또는 재판 외에서 행사할 수 있다는 것이다.

해제권과 대금감액청구권이 1년의 제척기간에 걸리므로 그 효과로서 발생한 원상회복청구권과 손해배상청구권 및 감액대금의 반환청구권 등도 함께 동일한 1년 내에 행사하여야 한다는 것은 합리적이지 못하다. 따라서 해제권 또는 대금감액청구권의 효과로서 발생하는 원상회복청구권 등은 일반적인 소멸시효에 걸린다고 보아야 한다(이태).

⑤ **錯誤와의 關係**

선의의 매수인은 착오취소의 요건에 해당하면 취소를 주장할 수 있는가? 매매에서는 목적물 자체가 중요한 것이고 그의 전부 또는 일부가 누구에 속한 것이냐는 중요하지 않으므로 원칙적으로는 착오취소를 주장할 수 없다고 보아야 한다. 그러나 권리의 일부가 타인에게 속한 것인 줄 알았으면 매매계약을 체결하지 않았을 것이라는 특단의 사정이 있는 경우에는 제110조에 의하여 취소할 수 있다고 보아야 한다(이때는 권리의 전부가 타인에게 속한 경우와 동일한 법리로 보아야 할 것이다). 판례도 같은 취지이다(대판 1973.10.23. 73다268).

(다) 數量不足, 一部滅失의 경우(제574조) - 善意의 買受人에 한정

수량을 지정한 매매의 목적물이 수량이 부족한 경우와 매매의 목적물의 일부가 계약 당시에 이미 멸실된 경우에는 전술한 제572조의 권리의 일부가 타인에게 속한 경우와 같은 결과가 된다. 즉, 제572조는 원시적 주관적 불능이고 제574조는 원시적 객관적 불능이나, 제572조에서 타인에게 속한 일부의 권리를 이전할 수 없는 때에는 제574조와 동일한 결과가 된다. 이에 민법은 수량부족 또는 일부멸실의 경우 제572조를 준용하도록 하고 있다. 따라서 수량을 지정한 매매의 목적물이 부족되는 경우와 매매목적물의 일부가 계약당시에 이미 멸실된 경우에 선의의 매수인은 그 부분의 비율에 따라 대금의 감액을 청구하고 손해배상을 청구할 수 있다. 또한, 잔존한 부분만이면 매수인이 이를 매수하지 아니하였을 때에는 계약의 전부를 해제하고, 손해배상을 청구할 수 있다.

여기서 <수량으로 지정한 매매>란 매매의 목적인 물건이 일정한 수량으로 되어 있고 그 대금이 수량을 기초로 하여 정하여진 것을 의미한다. 예컨대, 토지의 평수에 따라 대금을 정한 경우가 여기에 해당한다. 따라서 수량으로 표시되어 있더라도 실제로 대금이 수량을 기초로 하여 정하여진 것이 아닌 매매는 본조의 적용을 받지 아니한다. 판례도 종래 부동산 등기부의 평수가 실제와 정확하게 일치하지 않는다는 사실이 통념화되어 있는 실정에 비추어 토지의 평수를 표시하였어도 대금이 평당비율로 정한 것이 아니면 본조의 적용이 없다고 하였다.

본조는 특정물의 매매에 관하여서만 적용이 있다. 종류매매에 있어서는 물건이 부족하더라도 그것은 단순한 채무불이행의 문제에 지나지 않고 본조의 문제는 생기지 않는다.

판례 **坪數가 表示된 土地의 賣買** : 민법 제574조에서 규정하는 "수량을 지정한 매매"라 함은 당사자가 매매의 목적인 특정물이 일정한 수량을 가지고 있다는 데 주안을 두고 대금도 그 수량을 기준으로 하여 정한 경우를 말하는 것이므로, 토지의 매매에 있어 목적물을 등기부상의 평수에 따라 특정한 경우라도 당사자가 그 지정된 구획을 전체로서 평가하였고 평수에 의한 계산이 하나의 표준에 지나지 아니하여 그것이 당사자들 사이에 대상토지를 특정하고 대금을 결정하기 위한 방편이었다고 보일 때에는 이를 가리켜 수량을 지정한 매매라 할 수 없다(대판 1993.6.25. 92다56674).

① 代金減額請求權(제572조 1항)

부족한 수량 또는 멸실된 부분의 비율에 따라 대금의 감액을 청구할 수 있다.

② 契約解除權(제572조 2항)

애초에 잔존한 부분만 이있다면 이를 매수하지 아니하였을 때에는 계약의 전부를 해제할 수 있다.

③ 損害賠償請求權(제572조 3항)

대금감액청구 또는 계약의 해제와 함께 손해배상을 청구할 수 있다.

④ 1年의 除斥期間(제573조)

이들 권리는 수량부족 또는 일부 멸실의 사실을 안 때로부터 1년의 제척기간에 걸린다.

⑤ **代金增額請求權 與否**

지정된 수량보다 실제의 목적물이 초과하는 경우에 대금증액청구권이 있느냐 여부가 문제된다. 대금증액청구권 자체는 원칙적으로 부정되어야 한다. 이를 인정한다면 매도인에 의한 일종의 강매가 가능하기 때문이다. 그러나 초과부분의 반환 여부는 당사자의 의사의 해석·거래관습 등을 종합적으로 고려하여 판단하여야 할 것이나 부당이득으로 반환되는 것이 타당하다.

(라) 用益的 權利에 의하여 制限되어 있는 경우(제575조)－善意의 買受人에 한정

매매의 목적물이 지상권·지역권·전세권·질권·유치권의 목적이 된 경우(제575조 1항) 또는 목적부동산을 위하여 있어야 할 지역권이 존재하지 않거나 매매의 목적인 부동산에 등기된 임차권(주택임대차보호법의 적용을 받는 임차권과 건물의 소유를 목적으로 하는 임대차에서 소유건물에 대한 소유권등기가 있는 경우 포함)이 있는 경우(제575조 2항) 등에서는 매수인이 목적물을 충분하고 원활하게 사용·수익할 수 없게 되어 담보책임을 인정한다.

제575조 제2항에서 등기된 임대차계약이라고 규정하지만 이는 제3자에게 대항할 수 있는 임차권의 의미이다. 따라서 주택임대차보호법에 의하여 대항력 있는 임차권과 건물의 소유를 목적으로 한 토지임대차는 토지에 대한 임차권을 등기하지 않고 임차인이 그 지상건물을 소유권보존등기를 하면 역시 제3자에게 대항할 수 있으므로(제622조 참조), 이 경우에도 등기된 임대차가 있는 경우와 마찬가지로 해석된다.

① **善意의 買受人의 契約解除權**

용익적 권리에 의하여 매수인이 매매계약을 한 목적을 달성할 수 없는 경우에 한하여 계약을 해제할 수 있다(제575조 1항 전단). 매수인이 선의인 경우만 해제할 수 있고, 악의인 경우에는 해제할 수 없다.

② **善意의 買受人의 損害賠償請求權**

매수인이 선의인 경우에 한하여 인정된다. 손해배상청구권은 매수인이 계약의 해제권과 함께 할 수도 있고, 해제는 하지 않고 손해배상만을 청구할 수도 있다(제575조 1항 후단). 악의의 매수인은 위와 같은 제한이 있음을 알면서 매수한 것이고, 또한 그러한 사정을 고려하여 대금액을 정하게 될 것이므로, 악의의 매수인은 이를 보호할 필요가 없어 해제 및 손해배상을 인정하지 않는다. 위와 같이 선의의 매수인에 대하여 해제권과 손해배상청구권만이 인정되고 대금감액청구권을 인정하지 않는 것은 그러한 용익권이 있다고 해서 매매계약의 목적인 소유권이전이 불가능하지 않고, 또한 감액의 산정이 곤란하기 때문이다. 그러므로 이 경우의 손해배상은 용익을 제한당한다는 것을 알았으면 감소되었을 대금액과 기타의 손해를 포함하는 것이라고 해석하는 것이 타당하다.

③ **1年의 除斥期間**

매수인의 해제권과 손해배상청구권은 용익권이 존재한다는 사실 및 지역권이 존재하지 않는다는 사실을 안 날로부터 1년 내에 행사하여야 한다(제575조 3항).

(마) 擔保權 行使로 所有權取得이 不能·喪失된 경우 – 買受人의 善·惡意 不問

매매의 목적인 부동산 위에 설정된 저당권이나 전세권의 행사로 매수인이 소유권을 취득할 수 없거나 또는 취득한 소유권을 잃은 때에 매도인은 일정한 담보책임을 진다(제576조).

저당권은 담보물권으로서 담보물권이 설정되어 있다는 것만으로는 매수인의 당해 물건에 대한 소유권의 취득 또는 용익에 아무런 제한이 없다. 또한 매수한 후에도 피담보채권이 변제되면, 매수인이 취득한 소유권은 아무런 불이익이 발생하지 않으므로 저당권이 설정되어 있다는 사실만으로 담보책임을 발생하게 할 필요는 없다. 그러나 저당권이 실행되어 매수인이 소유권을 취득할 수 없거나 취득한 소유권을 잃은 때 또는 스스로 출재하여 소유권을 보존한 때에는 매수인 보호를 위하여 민법은 담보책임을 인정하였다.

한편, 전세권은 원래 용익물권으로서 그것이 존재하는 것만으로도 매수인의 용익을 해하게 되므로 제575조에서 담보책임을 인정하고 있으나, 전세권은 담보물권적 효력으로서 우선변제를 받을 권리와 경매청구권이 있고(제303조 1항, 제318조), 전세권자가 경매청구권을 행사하면 취득한 권리를 상실하므로 본조에 저당권과 같이 규정한 것이다.

본조에 의한 담보책임이 발생하는 경우는 다음의 세 가지 경우이다.

ⓐ 저당권 또는 전세권의 행사로 매수인이 목적부동산의 소유권을 취득할 수 없을 때(제576조 1항) : 여기서 소유권을 취득할 수 없을 때라 함은, 목적부동산에 관하여 매매계약만 있고 아직 그 이행으로서의 물권행위와 등기가 행하여지지 않고 있는 동안, 즉 아직 소유권을 취득하지 못한 동안에, 저당권자 또는 전세권자의 경매청구권의 행사로 제3자에게 경락된 경우이나.

ⓑ 저당권 또는 전세권의 행사 또는 가등기에 의한 본등기가 됨으로써 매수인이 목적부동산의 소유권을 잃은 때(제576조 1항) : 소유권을 잃은 때라 함은, 저당권 또는 전세권이 설정되어 있는 채로 소유권을 취득하였으나 그 후 저당권 또는 전세권의 실행으로 제3자에게 소유권이 취득되어 매수인이 그 소유권을 잃은 경우이다. 또한 가등기의 목적이 된 부동산을 매수한 자가 그 뒤 가등기에 의한 본등기가 됨으로써 그 부동산의 소유권을 상실하는 경우도 본조에 해당한다.

ⓒ 매수인이 그의 출재로 소유권을 보존한 때(제576조 2항) : 출재로 소유권을 보존한 때라 함은 매수인이 이해관계 있는 제3자로서 피담보채권 또는 전세금반환채권을 변제하여 저당권 또는 전세권을 소멸한 경우를 말한다(제469조).

제576조는 저당권과 전세권에 대해서만 규정되어 있는데, 그 밖의 담보권으로서 가등기(가등기담보권)가 되어 가등기에 의하여 본등기를 함으로써 소유권을 상실하는 경우, 매매예약 또는 환매권이 설정되어 있는 경우, 가처분되어 매수인이 가처분 권리자에 대항할 수 없는 결과 소유권을 상실하는 경우, 압류 또는 가압류되어 매수인이 강제집행을 당해 소유권을 상실하는 경우에도 제576조가 준용된다.

① 解除權과 損害賠償請求權－買受人의 善·惡 不問

매수인은 저당권 또는 전세권의 존재에 관하여 선의냐 악의냐를 묻지 않고 그 소유권을 취득할 수 없거나 또는 취득한 소유권을 잃은 때에는 언제나 계약을 해제할 수 있다(제576조 1항). 그리고 아울러 손해배상을 청구할 수 있다(제576조 3항).

매수인의 선의·악의를 묻지 않는 것은 저당권 등의 담보권이 설정되어 있다고 해서 반드시 실행되는 것이 아니고, 매도인이 변제 기타의 방법으로 담보권을 소멸시킬 수도 있으므로 매수인이 이들 권리의 존재를 알고 있었다고 해서 그 보호에 차별을 둘 것은 아니기 때문이다.

그러나 매수인이 그러한 담보권 등에 의하여 제한당하는 것을 알고 매수인의 출재로 소유권을 보존할 특약이 있는 때에는 본조의 적용이 없다. 예컨대, 저당권, 전세권 또는 기타 담보권이 설정되어 있는 부동산의 매매에 있어서 피담보채권 등을 고려하여 대금을 정한 때에는 매수인이 채무를 인수하거나 적어도 이행을 인수하는 특약이 있다고 보아야 할 것이다. 이때에는 매수인이 그의 출재로 소유권을 보존한다는 특약이 포함되어 있다고 할 수 있기 때문이다.

② 償還請求權과 손해배상청구권

매수인이 자기의 출재로 그 소유권을 보존한 때에는 그 상환을 청구할 수 있다(제576조 2항). 아울러 손해배상도 청구할 수 있다(제576조 3항). 그리고 상환청구권과 손해배상청구권도 매수인이 선의냐 악의냐를 묻지 않는다(매수인은 본조의 규정에 의하지 않더라도 자기의 출재에 대하여 변제자 대위에 의하여 상환을 받을 수 있다(제480조, 제481조). 그러나 본조를 적용하게 되면, 출재를 상환받을 수 있을 뿐만 아니라 아울러 손해배상도 청구할 수 있다).

③ 權利의 行使期間

본조의 해제권, 손해배상청구권 및 상환청구권의 행사기간에 관하여는 별도로 규정하지 않고 있다. 따라서 그러한 사실을 기산점으로 하여 일반적인 채권의 소멸시효가 적용된다고 보아야 한다.

(바) 抵當權의 목적인 地上權·傳貰權의 賣買의 경우

저당권의 목적이 되는 것은 부동산에 한하지 않으며, 부동산 위에 설정된 지상권·전세권도 저당권의 목적이 된다(제371조). 한편, 지상권이나 전세권 자체도 매매의 목적이 될 수 있다. 그리하여 저당권이 설정된 지상권·전세권이 매매의 목적인 경우에, 설정된 저당권이 실행되면 그 저당권·전세권의 매수인은 이들 권리를 취득할 수 없거나 또는 취득한 권리를 잃게 되며, 또한 매수인이 그의 출재로 이들 권리를 보존하는 경우도 있게 된다. 이러한 경우에도 지상권 또는 전세권의 매수인을 보호할 필요성은 제576조의 저당권 또는 전세권이 설정되어 있는 부동산의 매매에서와 같다. 이에 제577조는 저당권이 설정된 지상권이나 전세권이 매매의 목적인 때에도 제576조를 준용하여 매도인의 담보책임을 인정한다. 제577조는 지상권이나 전세권에 관하여 규정하였으나 그 밖에 저당권이 설정된 임차권에도 본조가 준용된다고 보아야 한다.

(3) 物件의 瑕疵에 대한 擔保責任(瑕疵擔保責任)

매매의 목적물에 하자가 있는 때에 제575조 제1항이 준용된다(제580조). 이를 매도인의 하자담보책임이라 하며, 실제에 있어서 매도인의 여러 담보책임 가운데에서 가장 중요한 제도이다. 그런데 종류물의 경우에는 이행된 물건에 하자가 있더라도 다른 완전한 물건으로 대체할 수 있기 때문에 별도의 담보책임을 인정할 특별한 필요성은 없으나, 민법은 독일 민법(제480조)을 본받아 제581조에서 종류물의 매매에 관하여도 담보책임을 규정하고 특정물에 관한 규정을 준용하도록 하고 있다(제581조 1항). 다만 종류물의 경우에는 특정물의 담보책임과 동일한 해제권 및 손해배상청구권을 행사하지 아니하고 종류물의 특성에 따라 완전물을 청구할 수 있도록 하고 있다(제581조 2항).

(가) 瑕疵擔保責任의 發生要件

① 目的物의 瑕疵

매매의 목적물에 하자가 있어야 한다. 하자란 일반적으로 당해 물질이 가지는 일반적 형상 및 성능에 대한 결함을 말한다. 그러나 단순한 물질적 하자에 한정하지 않고, 당해 목적물의 사용가치 또는 교환가치를 감소시키는 사회통념 및 거래관념상 갖추어야 할 적합한 품질·성능의 결함을 포함한다. 견품이나 일정한 사양에 의하여 그 품질 및 성능이 표시된 경우에는 그 표시된 것이 기준이 됨은 물론이다.

<法律的 經濟的 障碍> 경제적 및 법률적 장애는 물건의 하자인지 권리의 하자인

지가 문제된다. 예컨대, 고층 건물을 신축하려고 토지를 매수하였으나 고도제한구역으로 저층의 건물만 세울 수 있어 토지의 경제적 효능이 떨어지는 경우 공장부지로서 매수한 토지가 공장을 세울 수 없는 경우 등은 여기서의 물질적 결함 즉, 물건의 하자인가 아니면 제575조의 제한물권 있는 경우에 해당하는지가 문제된다. 즉, 법률적 하자의 경우에 제575조를 적용할 것인가 제580조를 적용할 것인지가 문제된다.

담보책임의 내용에 관하여는 제580조가 제575조를 준용하므로 차이가 없다. 다만 양자는 경매에서 차이가 난다. 법률적, 경제적 장애를 권리의 하자로 보아 제575조를 적용하면 경매의 경우에도 제575조는 적용되나(제578조 1항), 물건의 하자로 보아 제580조를 적용하면 경매의 경우에는 제580조는 그 적용이 없게 된다(제580조 2항). 제575조가 제한물권의 종류를 열거하고 있으며, 경매시의 담보책임을 권리의 하자로 제한하여 경매절차의 안정성을 기하려는 입법취지 등을 고려하여 법률적 하자 및 경제적 하자는 물건의 하자로 보아 경매에는 그 적용이 없는 제580조를 적용하는 것이 타당하다. 판례도 같다(대판 2000.1.18. 98다18506).

② 瑕疵의 存在時期

하자는 어느 시점에 존재할 때 담보책임이 발생하는가? 담보책임의 본질에 관한 법정책임설에 의하면 하자는 계약체결 당시에 존재하여야 한다. 즉, 원시적 하자는 담보책임의 문제가 되고, 후발적 하자는 채무불이행의 문제가 된다는 것이다. 담보책임의 본질을 채무불이행이라고 이해하는 학자는 목적물의 위험의 이전시기, 즉 소유권이전시까지 하자가 있으면 본조가 적용된다고 한다(이은).

법정책임설의 입장에서 계약체결 당시의 하자에 한하여 담보책임이 발생하고, 후발적 하자는 담보책임이 아니라 채무불이행의 문제로 해결하는 것이 타당하다.

③ 賣渡人의 故意·過失은 不要

하자에 대한 매도인의 선의·악의 및 고의·과실은 묻지 아니한다.

④ 買受人의 善意와 無過失

매수인은 계약체결 당시에 하자가 있다는 것을 알지 못한 선의여야 하고, 또한 알지 못한 데 과실이 없어야 한다(제580조 1항 단서). 입증책임은 매도인에게 있다. 즉, 매도인이 담보책임을 지지 않으려면 매수인의 악의를 입증하여야 한다(이설 없음).

(나) 擔保責任의 內容

제575조가 준용되므로(제580조), 해제권과 손해배상청구권을 행사할 수 있다. 종류물의 매매에서는 그 밖에 완전물청구권을 행사할 수 있다(제581조 2항).

① 特定物 賣買의 경우

㉮ 解除權과 損害賠償請求權

목적물의 하자로 계약의 목적을 달성할 수 없는 때에는 매수인은 계약을 해제하고, 손해의 배상을 청구할 수 있다(제580조 1항 및 제575조 1항 본문). 여기서 목적물의 하자로 달성할 수 없게 되는 계약의 목적은 반드시 계약의 내용으로 되어 있을 것을 요하지 아니하며, 또한 매도인이 이를 알고 있어야 하는 것도 아니다. 그러나 매수인의 주관적 의도만으로는 충분하지 않고 그 목적물의 사회통념상의 성질 및 형상 기타 계약체결 당시의 사정으로부터 객관적으로 판단할 수 있는 것이면 충분하다.

해제권은 계약의 목적을 달성할 수 없는 경우에 행사할 수 있기 때문에 수선 또는 보수가 가능한 경우에는 해제할 수 없다. 그러나 수선 또는 보수가 가능하더라도 그 부분이 중요한 부분으로 그러한 중요한 부분에 대한 수선 또는 보수를 통한 당해 계약의 유지가 매수인에게 지극히 불리한 경우에는 해제할 수 있다고 보아야 한다. 수선 및 보수가 가능한 경우에 수선 및 보수를 최고하였으나 이를 이행하지 않은 경우에는 계약을 해제할 수 있다고 보아야 한다.

목적물이 가분可分인 경우에는 원칙적으로 하자 있는 부분만 해제할 수 있고, 하자가 없는 부분만으로는 계약의 목적을 달성할 수 없는 경우에 계약의 전부를 해제할 수 있다고 해석하여야 한다.

㉯ 損害賠償請求權

목적물의 하자가 계약의 목적을 달성할 수 없을 정도로 중대한 것이 아닌 때에는, 매수인은 계약은 해제하지 못하고 손해배상만을 청구할 수 있다(제580조 1항 및 제575조 1항 단서).

대금감액청구권을 규정하지 아니한 것은 물건에 대한 하자는 일반적으로 계수로 나타나지 않아, 이를 객관적으로 평가하여 대금의 산정에 반영하기가 쉽지 않기 때문인데, 하자의 비율에 따른 대금의 결정이 가능한 경우에는 감액될 대금을 포함하여 손해배상으로 청구할 수 있을 것이다.

㉰ 6月의 除斥期間

매수인의 계약해제 및 손해배상의 청구는 모두 매수인이 목적물의 하자를 안 날로부터 6월내에 행사하여야 한다(제582조).

㉱ 過失相計의 類推適用 與否

매도인의 담보책임은 무과실책임이므로 이에 제396조의 과실상계 규정이 준용될 수는 없다(대판 1995.6.30. 94다23920).

㉲ 錯誤 또는 契約締結上의 過失責任과의 關係

물건의 하자는 매수인의 착오(제110조) 및 매도인의 계약체결상의 과실책임(제535

조)의 요건을 동시에 충족하는 경우가 있다. 이 경우에 그들과의 관계가 문제된다. 담보책임의 서설에서 기술한 바와 같이 매매계약의 신속성을 위하여 담보책임청구권에 대하여 단기간의 제척기간을 둔 점에 비추어 담보책임에 관한 규정만 적용된다는 것이 통설이다.

㉥ 瑕疵擔保責任과 不完全履行의 競合

매도인의 불완전이행과 담보책임이 경합하는 경우에는 매수인은 매도인의 채무불이행에 기한 손해배상을 청구할 수도 있으며, 본조에 의한 매도인의 담보책임을 청구할 수도 있다. 판례도 같다.

판례 擔保責任과 不完全履行의 競合 : 토지 매도인이 성토작업을 기화로 다량의 폐기물을 은밀히 매립하고 그 위에 토지를 덮은 다음 도시계획사업을 시행하는 공공사업시행자와 사이에 정상적인 토지임을 전제로 협의취득절차를 진행하여 이를 매도함으로써 매수자로 하여금 그 토지의 폐기물처리비용 상당의 손해를 입게 하였다면 매도인은 이른바 불완전이행으로서 채무불이행으로 인한 손해배상책임을 부담하고, 이는 하자있는 토지의 매매로 인한 제580조 소정의 하자담보책임과 경합적으로 인정된다(대판 2004.7.22. 2002다51586).

② 種類 賣買의 경우

종류매매에 있어서 후에 특정된 목적물에 하자가 있는 때에는 제580조가 준용된다(제581조 1항).

㉮ 解除權과 損害賠償請求權

목적물의 하자로 계약의 목적을 달성할 수 없는 때에는 매수인은 계약을 해제하고 아울러 손해의 배상을 청구할 수 있다(제580조 1항 및 제575조 1항 본문). 특정물매매에서와 같다.

㉯ 損害賠償請求權

하자가 계약의 목적을 달성할 수 없을 정도로 중대한 것이 아닌 때에는 손해배상만을 청구할 수 있다(제580조 1항 및 제575조 1항 단서). 특정물매매에서와 같다.

㉰ 完全物 給付請求權

매수인은 계약의 해제 또는 손해배상을 청구하지 않고, 그에 갈음하여 하자 없는 완전물의 급부를 청구할 수도 있다(제581조 2항). 종류물매매의 특성에 따라 특정물매매에서와는 달리 완전물급부청구권도 부여하고 있다.

㉱ 6月의 除斥期間

매수인의 이들 권리는 모두 6월의 제척기간에 걸린다(제582조).

(4) 競賣에 있어서의 擔保責任

(가) 權利의 瑕疵만 擔保責任

담보책임에 관한 제578조의 특칙이 인정되는 경매는 공경매로서(사경매는 포함 안 됨), 국가기관이 민사집행법에 의한 통상의 강제경매(동법 제80조 이하)와 담보권실행에 의한 경매(동법 제264조 이하) 또는 국세징수법에 의한 경매(동법 제67조)에 의하는 강제적인 매도행위를 말한다. 제578조는 경매에서도 제569조 내지 제577조가 적용되는 경우에 경락인의 담보책임청구권을 인정한다. 그런데 제576조와 제577조가 적용되는 저당권과 일정한 전세권은 경매로 소멸하므로(민집법 제91조) 담보책임이 발생할 여지가 없다.

경매에 있어서는 물건의 하자에 대한 담보책임은 원칙적으로 인정되지 않고, 권리의 하자에 대한 담보책임만 인정된다(제580조 2항). 이는 통상적으로 물건의 하자는 중대하지 않고, 또한 경매절차의 안정성을 확보하기 위함이다. 따라서 물건의 하자로 인한 불이익은 경락인 본인이 감수하여야 한다. 단, 수량으로 지정한 경매에서 목적물의 수량부족·일부멸실에 대한 담보책임(제574조)만은 경매에 있어서도 인정된다.

① 競賣節次가 無效된 경우

본조의 담보책임은 경매가 유효하게 된 경우의 책임이므로 경매절차가 무효인 경우에는 채무자나 채권자의 담보책임은 성립될 여지가 없다.

② 法律的 經濟的 瑕疵

경매의 목적물에 법률적 하자 또는 경제적 하자가 있는 경우에는 이들 하자를 권리의 하자로 볼 것인가 물건의 하자로 볼 것인가에 따라서 법률적 하자가 경매에서도 담보책임을 발생하느냐 여부가 결정된다. 기술한 바와 같이 이는 물건의 하자로 보아 경매에서는 담보책임이 발생하지 않는다고 보아야 한다.

(나) 競賣에서의 擔保責任者

매매에서의 담보책임을 지는 자는 매도인으로서, 매도인은 매매계약의 채무자이다. 즉, 담보책임을 지는 자는 당해 물건의 소유권을 이전시켜야 할 지위에 있는 자와 동일인이고, 매수인이 담보책임청구권자이다. 그런데 경매에서는 관련자가 채무자, 물건의 소유자(물상보증인 또는 물건의 제3취득자), 채권자, 경락인, 집행기관 등의 많은 관련자가 있다. 이들 중에서 경락인이 담보책임청구권자가 됨은 물론인데, 담보책임자가 누구냐가 문제된다.

일반적인 경우에는 매도인이 담보책임자이며, 경매에서도 매도인이 담보책임자이겠는데, 제578조는 담보책임자로서 제1차적으로는 <채무자>로 규정하여(제578조 1항), 매도인을 채무자로 보고 있고(경매에서의 매도인에 관하여는 채무자설, 집행기관설, 담보물의 소유자설이 있다), 채무자가 무자력인 때에는 배당받은 <채권자>를 (제2차)담보책임자로 규정하고 있다(제578조 2항). 따라서 제2차 담보책임자가 배당받은 채권자라는 것은 의심의 여지가 없는데, 담보권실행에 의한 경매의 경우에는 채무자 및 물건의 소유자가 다른 경우가 있고, 이러한 경우에 제1차적 담보책임자가 누구냐가 문제된다.

이에 대하여는 제1차적 담보책임자가 채무자인지 물상보증인인지에 대하여는 학설이 대립한다. 다수설은 제578조 제1항이 <채무자>를 제1차적 담보책임자로 한 것은 채무자가 목적된 권리를 이전할 지위가 있기 때문이며, 물상보증인 또는 물건의 제3취득자가 있는 경우에는 물상보증인이나 제3취득자가 권리를 이전할 지위에 있기 때문에 제1차적 담보책임자가 된다고 한다. 이에 대하여 물상보증인과 제3취득자의 담보권자에 대한 책임은 물적 유한책임이므로, 그 유한책임 이상의 가중한 책임을 지우는 것은 가혹할 뿐만 아니라 사법상의 대원칙인 교환적 정의에 어긋나는 것으로서 물상보증인이나 제3취득자가 있는 경우에도 채무자가 제1차적 담보책임자라는 소수설이 있다(이태). 후설에 찬동한다.

한편, 판례는 제578조의 채무자에는 임의경매에 있어서의 물상보증인도 포함되는 것이므로 경락인이 계약을 해제한 경우에는 물상보증인이 경락인에 대하여 원상회복의 의무를 진다고 하였다(대판 1988.4.12. 87다카2641). 계약의 해제로 인한 원상회복의무는 물상보증인이 진다는 것은 타당하다.

이러한 경매에서의 담보책임은 경매가 유효한 경우에만 인정되는 것이므로 경매절차에 의하여 경락인 소유권을 취득하고 배당이 다 끝난 후에 경매절차가 무효로 된 경우에는 본조의 담보책임이 적용되지 아니한다. 이때에는 경락인은 배당받은 채권자에 대하여 부당이득으로 경락대금의 반환을 청구할 수 있을 뿐이다.

판례 競賣節次가 無效된 경우의 本條 適用 與否 : 경락인이 강제경매절차를 통하여 부동산을 경락받아 대금을 완납하고 그 앞으로 소유권이전등기까지 마쳤으나, 그 후 강제경매절차의 기초가 된 채무자자 명의의 소유권이전등기가 원인무효의 등기이어서 경매부동산에 대한 소유권을 취득하지 못하게 된 경우, 이와 같은 강제경매는 무효라고 할 것이므로 경락인은 경매 채권자에게 경매대금 중 그가 배당받은 금액에 대하여 일반 부당이득의 법리에 따라 반환을 청구할 수 있고, 민법 제578조에 따른 채무자나 채권자의 담보책임을 인정할 여지는 없다(대판 2004.6.24. 2003다59259).

(다) 擔保責任의 內容

① 契約解除權 또는 代金減額請求權, 損害賠償請求權

타인의 물건의 경매에서 권리를 이전하지 못한 경우(제570조), 일부가 타인의 물건의 경매에서 그 권리를 이전하지 못한 경우(제572조), 수량을 지정한 물건 또는 일부 멸실된 물건의 경매에서 물건의 부족 또는 멸실을 알지 못한 경우(제574조), 경매에서 대항력 있는 용익권 및 점유를 수반하는 담보물권에 의한 소유권제한과 전세권·가등기담보권의 실행에 의한 소유권제한 및 전세권·가등기담보권의 실행에 의한 소유권을 상실한 경우(제576조)에, 경락인은 채무자에 대하여 계약을 해제하거나 또는 대금의 감액을 청구할 수 있다(제578조 1항)(제578조 1항에서 채무자에게 계약을 해제할 수 있다는 규정으로 보아, 민법은 경매에서의 담보책임에서는 경매를 사법상 매매로 보고, 채무자를 매도인으로 보는 입장을 취하고 있다).

계약의 해제 또는 대금감액 청구와 함께 채무자가 물건 또는 권리의 하자를 알고 고지하지 않은 경우에는 그 밖에 손해배상도 청구할 수 있다(제578조 3항). 물상보증인 또는 물건의 제3취득자가 물건 또는 권리의 하자를 알고도 고지하지 아니한 때에는, 채무자와 함께 물상보증인이나 제3취득자에게도 손해배상을 청구할 수 있다는 견해가 있다(이태).

② 債權者에 대한 配當金의 一部 返還請求權, 損害賠償請求權

계약해제 또는 대금감액청구의 효과로서의 원상회복청구 또는 감액된 대금의 반환청구에 대하여 채무자로부터 만족을 얻지 못한 부분은 채권자에 대하여 그가 배당받은 대금의 범위 내에서 반환을 청구할 수 있다(제578조 2항). 배당받은 채권자의 이러한 반환책임을 경매에서의 제2차적 담보책임이라고 한다.

또한 하자의 존재를 알고 경매를 청구한 채권자에 대해서는 그 밖에 손해배상도 청구할 수 있다(제578조 3항). 하자에 대하여 채무자가 손해배상의무를 지는 경우에는 채무자와 채권자는 손해배상의무에 관해서는 연대하여 책임진다(통설).

③ 權利의 行使期間

위 경락인의 권리의 행사기간은 경우에 따라서 제573조와 제575조가 준용되므로 1년의 제척기간에 걸린다. 그런데 이 기간은 채무자에 대한 권리의 행사기간이므로 채무자에 대하여 1년 내에 권리를 행사한 때에는 그 기간이 지난 때에도 제2차적 담보책임자인 채권자에 대하여는 권리를 행사할 수 있다고 보아야 한다.

(5) 債權의 賣渡人의 擔保責任

채권이 매매의 목적인 경우에는 채권이 하나의 독립된 가치물로서 평가된 가치를 그대로 유지하느냐의 문제(이는 보통의 물건과 같다)가 있고, 그 밖에 채권은 채무자에 의하여 만족을 받는다는 측면에서 채무자의 자력이 충분하냐가 또한 문제가 된다. 이러한 점에서 채권의 매매에서는 이 두 가지 측면에서 담보책임을 인정하고 있다.

전자의 경우는 채권 그 자체가 유체물과 다름이 없다. 따라서 채권 자체에 하자가 있는 때에는, 이를 권리의 하자로 보아 제569조 이하의 규정을 준용한다는 것이 통설이다. 후자의 경우인 채무자가 자력이 없음으로 인하여 채권의 매수인이 만족을 얻지 못하는 경우는 채권의 특수성에 의한 것으로 이에 대하여는 제579조가 특별히 규정하고 있다.

(가) 債權 自體의 瑕疵 － 權利의 瑕疵로 解釋(第569條 以下 準用)

채권의 매매에 있어서 채권 자체에 하자가 있는 때에는 권리의 하자에 해당하고, 제570조 내지 제576조의 규정에 의하여 매도인은 담보책임을 진다. 민법의 당해 규정의 <물건>은 채권의 경우에는 <채권>이 된다.

① 매매의 목적인 채권의 전부 또는 일부가 타인에게 속하는 경우에는 제570조 내지 제573조가 준용된다.

② 채권의 일부가 계약의 무효·채무의 변제 등의 이유로 존재하지 않는 경우에는 제574조와 제575조가 준용된다.

③ 채권이 질권의 목적인 때에는 제576조가 준용된다.

④ 경매의 경우에는 제578조가 준용된다.

⑤ 매매의 목적인 채권에 어떤 담보권이나 보증이 붙어있다고 해서 매매한 경우에, 그 담보권이나 보증이 있지 않은 경우에는 어떻게 되는가?

이는 법률적 장애에 해당되는데, 법률적 장애를 물건의 하자로 보면 제580조가 준용되나, 권리의 하자로 이해하면 제575조가 준용된다. 차이는 경매에서도 담보책임이 있느냐는 것인데, 기술한 바와 같이 권리의 하자로 보아 제575조가 준용되는 것으로 보아야 할 것이다.

(나) 債務者의 資力에 관한 擔保責任

담보책임의 일반원칙에 의하면 채권의 매도인은 채권 자체의 하자에 대하여는 책임이 있지만 당해 채권의 채무자가 채무를 완전히 변제하느냐 여부에 대해서까지 책임을 져야 하는 것은 아니다.

그러나 채권의 매매에 있어서 매도인이 채무자가 충분한 재산을 가지고 있음을 보증해서 채무자의 자력을 담보하는 특약, 즉 채무자의 무자력으로 매수인이 변제를 받지 못하는 경우에는 매도인이 배상한다는 의미의 특약을 하는 수가 있다. 이러한 특약이 유효하여 매도인이 담보책임을 져야 함은 물론이나, 채무자의 자력은 변할 수 있기 때문에 어느 시기를 표준으로 하여 매도인은 채무자의 자력을 담보한 것인지가 문제된다. 당사자의 의사가 보증하는 시기에 관하여 분명하면 그에 따라야 함은 물론이나, 분명하지 아니한 경우에는 민법은 제579조를 두어 그 보증시기를 추정하고 있다.

① 채권의 매도인이 채무자의 자력을 담보하는 특약을 한 경우에는 매매계약 당시의 채무자의 자력을 담보한 것으로 추정한다(제579조 1항). 따라서 계약의 성립 후에 채무자의 자력이 감소하여 매수인이 변제를 받지 못하게 되더라도 매도인은 책임을 지지 않는다. 그런데 동조 제2항에서 변제기 도래전의 채무를 규정한 것으로 보아 제1항의 매매계약 당시의 자력이 담보되는 것은 그 밖의 채무이다. 즉, 이미 변제기가 도래한 채무 또는 기한이 없는 채무이다. 따라서 변제기가 도래한 채무 또는 기한이 없는 채무는 매매계약 당시의 채무자의 자력을 담보한 것으로 추정된다. 매수인은 채권 매수 후 즉시 채무자에게 이행을 청구할 수 있으므로 매수인이 이를 게을리 하여 상당기간 경과 후에 이행을 청구하여 채무자의 자력이 감소한 경우까지 매도인이 책임을 지는 것은 타당하지 못하다.

② 아직 변제기가 도래하지 않은 채권의 매도인이 채무자의 자력을 담보한 때에는 변제기의 채무자의 자력을 담보한 것으로 추정한다(제579조 2항). 채권자(채권의 매수인)는 변제기에 채무자에게 그 이행을 청구할 수 있기 때문에 매도인의 자력 담보는 변제기 이전에는 아무런 의미가 없다.

따라서 변제기 도래 전의 채권의 매매에서는 매도인이 <장래의 채무자의 자력을 담보한다>는 경우는 물론이고, 장래를 명시하지 않고 단순히 담보한다고 하는 경우에도 변제기의 채무자의 자력을 담보하는 것으로 추정하여 해석하여야 한다(일본 민법은 <장래>를 명시하였다. 우리 민법은 장래라는 말을 삭제하였으나 동일하게 해석하여야 한다).

③ 買受人의 損害賠償請求權 : 위 담보책임의 내용은 채무자에게 자력이 없어 매수인이 채권의 만족을 얻지 못하는 데 대한 책임이다. 따라서 매수인은 먼저 채무자에게 청구하고, 자력의 부족으로 변제받지 못한 부분에 대하여 매도인에게 손해배상을 청구할 수 있다.

(6) 擔保責任과 同時履行

쌍무계약상의 동시이행에 관한 제536조는 제572조 내지 제575조 및 제580조, 제581조의 경우에 준용한다(제583조). 즉, 담보책임청구권으로 계약을 해제한 경우에 매도인의 대금반환채무와 매수인의 목적물반환채무는 상호 견련관계에 있으므로 쌍무계약상의 동시이행에 관한 규정인 제536조가 준용된다.

(7) 免責特約의 制限

매도인의 담보책임에 관한 규정은 거래의 상대방 즉, 매수인의 보호를 목적으로 하는 규정으로서 강행규정은 아니다. 따라서 신의칙에 반하지 않은 한도에서 당사자 사이의 특약으로 민법이 규정하는 매도인의 담보책임을 배제하거나, 경감 또는 가중할 수 있다. 그러나 다음과 같은 경우에는 그러한 면책특약이 있더라도 담보책임을 면하지 못한다.

① 담보책임 발생의 요건이 되는 어떤 사실 즉, 권리의 전부 또는 일부가 타인에게 속하고 있는 사실(제569조, 제572조), 수량 부족 또는 일부멸실의 사실(제574조), 다른 권리에 의하여 제한된다는 사실(제575조, 제576조), 물건에 하자가 있다는 사실(제580조, 제581조) 등을 매도인이 알고 있었음에도 불구하고, 이를 매수인에게 고지하지 않은 때에는 면책특약이 있더라도 담보책임을 진다(제584조). 매도인이 하자를 알고 있으면서 고지하지 아니한 것은 기만적인 행위이므로 이러한 기만적인 행위에까지 면책의 효력을 인정할 수는 없을 것이다. 그러나 매수인도 그러한 사실을 알고 있으면서 계약을 한 때에는 하자를 고려하여 대금을 합의한 것으로 볼 수 있기 때문에 매도인은 책임을 면한다고 해석하여야 한다.

② 매도인이 매매목적물의 전부 또는 일부의 권리를 제3자에게 양도하거나 담보책임의 발생요건이 되는 권리인 제한물권을 제3자에게 설정해 준 때에도 면책특약은 무효로서 이때도 담보책임을 진다(제584조).

③ 위 제584조 외에 약관의규제에관한법률 제7조 3호는 약관에 의한 매매계약에서, 상당한 이유 없이 사업자(매도인)의 담보책임을 배제 또는 제한하거나 그 담보책임에 따르는 고객(매수인)의 권리행사의 요건을 가중하는 조항 또는 계약목적물에 관하여 견본이 제시되거나 품질·성능 등에 관한 표시가 있는 경우 그 보장된 내용에 대한 책임을 배제 또는 제한을 내용으로 하는 특약은 무효라고 규정한다.

(8) 製造物責任과 瑕疵擔保責任

제조물책임이란 일반적으로 제조된 물건의 하자로 인하여 타인의 신체·재산에 발생한 손해에 대하여 제조자가 부담하는 책임을 말한다. 제조물책임이 이와 같이 제조된 물건의 하자로 인한 손해에 대한 책임이란 측면에서 하자담보책임과 유사하다. 그러나 일반적으로 제조물책임은 제조자와 피해자간에 계약관계가 직접적으로는 존재하지 않는다는 점에서 하자담보책임과 차이가 있다. 따라서 제조자와 피해자간에 직접적인 계약관계가 없는 한 하자담보책임은 그 적용이 없고, 또한 하자의 종류가 다양하여 획일적인 법률관계로 책임을 인정하기에는 적당하지 않다.

이러한 점에서 제조물의 하자로 인하여 발생한 손해에 대한 제조업자 등의 손해배상책임을 규정함으로써 피해자를 보호하기 위하여 특별법으로 제조물책임법(2000년 법률 제6109호)이 있다. 제조물책임에 관한 자세한 내용은 제5장 제4절 현대적 불법행위에서 후술한다.

Ⅳ. 特殊한 賣買

1. 序 言

매매계약은 일반적으로 목적물을 면전에 두고 매도인과 매수인이 대면하여 협의 후에 합의하는 방식으로 이루어진다. 또한 대금의 지급과 목적물의 인도는 다소간의 시간적 차이는 있지만 일반적으로는 동시에 이루어진다. 그런데 오늘날 거래의 유인, 거래의 신속 등을 위하여 다양한 거래 방식이 많이 등장하여 매매계약의 체결방법이나 목적물의 이행방법 및 대금의 지급방법에서 통상적인 매매와는 다른 특수한 형태의 매매가 실거래계에서 행하여진다. 이들을 총칭하여 특수한 매매라고 일컫고, 견본매매 · 시미試味매매 · 방문판매 · 통신판매 · 다단계판매 · 전자매매 · 할부매매 · 계속적 공급계약 등이 있다.

이들 특수매매는 민법상의 매매에 관한 규정이 그대로 적용되는 경우도 있을 것이나, 당해 매매계약의 체결방법이나 급부의 이행방법의 특수성에 따라 당사자를 특별히 보호할 필요성이 있고, 이를 위하여 매매에 관한 민법전의 일부규정을 적용할 수 없는 경우도 있다. 따라서, 이하에서는 특수한 매매의 유형에 따라 매매에 관한 민법전의 일부의 규정이 제한되는 경우에 관하여 살펴보도록 한다. 특수한 매매에 관한 중요 특별법으로는 <방문판매등에관한법률(2002년 법률 제6688호)>에서 방문판매 · 전화권유판매 · 다단계판매에 관하여 규정하며, 할부거래에 관하여는 <할부거래에관한법률(1991년 법률 제4480)>이 있으며, 전자거래 및 통신판매에 관하여는 <전자거래기본법(2002년 법률 제6614호)> 등이 있다.

2. 見本賣買

견본매매란 목적물에 대한 견본(동종의 물건 또는 당해 물건의 형상 및 품질 등이 표시된 사양)을 제시하여 하는 매매를 말한다. 견본매매는 통상적인 매매와 담보책임의 발생요건에서만 다소의 차이가 있다. 즉, 견본매매에서는 하자가 쉽게 인정되는데, 인도된 목적물이 품질·성능·형상 등에서 견본과 다른 때에는 바로 물건의 하자로서 담보책임을 발생시킨다.

3. 試味賣買

시미매매 또는 시험매매란 매수인이 당해 목적물을 시험 또는 점검한 후에 마음에 들면 매수하기로 한다는 매매이다. 이는 매수인의 임의의 승낙에 의하여 계약이 성립하는 매매이다. 따라서 시미매매의 성질을 매수인의 승낙을 조건으로 하는 정지조건부 매매라는 것이 통설이나, 매수인의 승낙의 일방적 의사표시에 의하여 매매의 본계약이 성립하는 매매의 일방예약이라고도 볼 수 있다. 당해 계약이 어느 것에 해당하느냐는 것은 당해 합의의 구체적인 내용이나 당사자의 의사의 해석을 통하여 판단한다. 따라서 단순한 승낙만으로 계약이 효력을 발생하는 경우에는 정지조건부 매매이나, 승낙의 의사표시 외에 계약이 구체적으로 이행되기 위하여는 계약의 일부 내용(대금지급방법, 목적물의 이행방법과 시기 등)이 보충되어야 하는 경우에는 예약에 해당되는 매매의 일방예약이라고 보아야 할 것이다. 그러나 매매예약이라고 보더라도 승낙의 의사표시만 있으면 그 외의 내용은 의사의 해석 또는 거래관습에 따라 확정될 수 있기 때문에 어느 쪽으로 보더라도 실질적으로는 차이가 없다. 다만 이론적으로는 정지조건부 매매인 경우에는 이미 매매계약은 성립하였고 승낙으로 효력이 발생하며, 매매예약인 경우에는 승낙 전에는 매매의 본계약은 성립하지 않았고 승낙으로 비로소 매매의 본계약이 성립한다는 차이가 있을 뿐이다(법률행위의 성립요건과 효력요건은 그 구별의 실익이 없다).

<u>시미매매에서 실제로 문제가 되는 것은 시험 또는 점검을 하는 동안의 목적물의 이용대가의 지급의무 여부와 시험에 필요한 기간과 그에 따른 계약의 체결 여부이다.</u> 시험 후에 마음에 들지 않아 목적물을 반환하는 경우에 그 동안의 목적물에 대한 이용대가는 지불할 의무가 없다는 데 일치한다.

매도인은 매수인이 시험에 필요한 상당기간을 부여하여야 하고, 매수인은 소정의 상당한 기간 내에 확답을 하여야 할 것이다. 확답을 하지 않는 경우에는 민법 제564조 제2항과 제3항을 유추적용하여 매도인은 매수인에게 상당한 기간을 정하여 최고할 수 있고, 상당한 기간 내에 확답이 없는 때에는 계약은 체결되지 않는다는 것이 다수설이다. 그러나 매수인에게 당해 목적물이 인도되어 시험 및 점검을 하는 경우에는 최고에 대한 확답이 없으면 외국의 입법예에 따라 계약이 성립하는 것으로 새기

는 것이 타당하다(곽,이태)(독일 민법 제469조, 스위스 채무법 제225조도 최고에 대한 침묵을 계약의 성립으로 규정함).

시험 및 점검을 위하여 매수인에게 목적물이 인도되었더라도 그 동안은 당해 목적물의 소유권은 여전히 매도인에게 있다.

4. 訪問販賣·電話勸誘販賣·多段階販賣·繼續去來 등

이들의 매매에 관하여는 특별법으로 <방문판매등에관한법률>이 있다.

방문판매란 판매업자가 방문하는 방법으로 그의 영업소 이외의 장소에서 매수인에게 권유하여 계약의 청약을 받거나 계약을 체결하는 매매이다(제2조 1호).

전화권유판매란 전화를 이용하여 소비자에게 권유하여 계약의 청약을 받거나 계약을 체결하는 매매를 말한다(제2조 4호). 위 법은 전화권유판매와 방문판매를 동일하게 규정하는데(방문판매 등으로 표현), 방문판매 등에서 판매자는 계약체결시에 판매업자의 성명·상품의 종류 및 가격·상품의 인도시기 등을 명시한 서면을 제시하여야 한다(제7조). 소비자(매수인)는 물건의 인도 후 14일 내에 또는 물건의 인도가 지체된 경우에는 자유롭게 청약의 의사표시를 서면으로 철회할 수 있으며(철회권 유보제도 cooling off)(제8조), 청약을 철회하면 당해 목적물을 반환하고 판매자는 대금을 반환하여야 하며, 물건의 반환비용은 판매자가 부담한다. 또한 청약의 철회는 매수인의 귀책사유에 의한 해제가 아니므로 청약의 철회에 대하여는 위약금 또는 손해배상을 부담하지 않는다(제9조). 그리고 계약이 해제된 경우에는 일정한 범위 내에서 손해배상청구금액을 제한하고 있다(제10조).

다단계판매란 판매업자가 특정인에게 재화를 소비자에게 판매하는 등의 활동을 하면 일정한 이익을 얻을 수 있다고 권유하여 판매원의 가입이 단계적(사실상 3단계 이상)으로 이루어지는 조직을 통하여 재화 등을 판매하는 방식을 말한다(제2조 5호). 다단계판매의 경우에도 계약체결시 계약의 내용이 명시된 서면의 교부(제16조), 청약의 철회(제17조), 철회의 효과(제18조), 손해배상청구금액의 제한(19조)이 있다(제40조).

계속거래라 함은 대통령령이 정하는 일정한 기간 이상 계속하여 재화 등을 공급하는 계약으로서 중도에 해지할 경우 대금환급의 제한 또는 위약금에 관한 약정이 있는 거래를 말한다(제2조 8호). 계속거래에서도 체결 전의 정보제공의무 및 계약서 교부의무(제28조),계약의 해지에 따른 제한(제29조,30조)을 두어 소비자를 보호하고 있다.

5. 電子去來·通信販賣

전자문서에 의하여 이루어지는 거래(전자거래)와 우편 및 전기통신 등에 의하여 이루어지는 판매(통신판매)에 관하여는 전자거래기본법(2002년 법률 제6614호), 전자서명법(1999년 법률 제5792호), 전자상거래등에서의소비자보호에관한법률(전자상거래법 20002년 법률 제6687호) 등의 특별법이 있다.

전자거래는 종래의 전통적인 매매에서와는 특히 다른 두 가지 특징이 있다. 하나는 계약의 체결과정에서 전자적 의사표시에 의한다는 것과, 또 하나는 매매의 목적물이 종래의 매매의 목적물과 같은 유형물도 있지만 디지털화 된 무형물도 된다는 점이다. 디지털화 된 내용물은 계약체결과 동시에 매수인의 컴퓨터에 직접 수신된다는 특징이 있다. 전자매매의 목적물이 유형물인 경우에는 계약성립과 이행에 있어서 종래의 우편을 통한 통신매매와 크게 다르지 아니하나, 목적물이 소프트웨어 즉, 일정한 정보·그림·사진 등의 무형물인 경우에는 특히 그 계약의 성립과 이행(하자문제)에 있어서 법률적인 특수성이 있다.

즉, 목적물이 유체동산인 경우에는 계약의 성립 상 전자매매는 의사표시를 통신네트워크를 이용한 전자적 의사표시에 의한다는 것일 뿐, 전화나 우편에 의한 통상의 통신으로 의사표시를 하는 통신매매와 원칙적으로 다른 것이 없다. 급부의 이행과정에서도 목적물의 인도는 우편이나 택배 등(송부)으로 이루어지고 대금의 지급은 신용카드 또는 우편환 등을 이용하는 등 차이가 없다. 그러나 매매의 목적물이 디지털화된 내용물로 된 무형물인 경우에는 매도인이 요구하는 일정한 행위 즉, 컴퓨터상의 일정한 난(<예(yes)>라고 표시된 난)에 클릭만 하면 즉시 목적물이 매수인의 컴퓨터에 수신(download)된다는 점에서 매수인의 의사표시를 청약으로 볼 것인가, 아니면 승낙으로 볼 것인가의 문제가 있다. 이 경우에는 매도인의 표시를 청약으로, 매수인의 의사표시는 승낙이라고 보아야 할 것이다(제1장 제2절 Ⅱ-4 전자계약편 참조).

전자거래나 통신판매의 경우에는 다른 계약과는 달리 소비자의 의사표시의 불확실성을 해소하기 위하여 청약의 확인(전자상거래법 제14조)을 하도록 하는 점이 여타의 특수한 매매에서와 차이점이 있다. 그 밖에 계약서의 교부(16조), 청약의 철회(제17조), 철회의 효과(18조), 손해배상청구금액의 제한(19조) 등은 여타의 특수한 매매에서의 특별법과 거의 같다.

그런데, 공급된 재화의 하자에 관하여는 목적물이 유체물인 경우에는 여타의 매매와 다르지 않겠으나, 매수자의 컴퓨터에 직접 수신된 디지털화 된 매매목적물의 하자는 통상의 매매에서와 동일하게 담보책임을 부담한다 하더라도 하자의 원인이 내용물 자체에서 발생한 것인지, 수신기 또는 송신기관의 잘못으로 인한 것인지 등을 구분하기가 어려운 점이 있다. 그 원인이 무엇이냐에 따라 책임소재가 달라진다. 내용물 자체에 하자가 있는 경우에는 통상적인 매매에서와 동일하게 완전물급부청구권, 계약해제권 및 손해배상청구권을 행사할 수 있을 것이다.

6. 割賦賣買

(1) 割賦賣買의 意義

매수인이 대금을 수회에 걸쳐 분할하여 지불하는 매매를 할부매매라 한다. 보통의 경우는 대금을 월단위로 분할지급하지만(월부매매), 이에 한정하지 않는다.

이러한 할부매매는 보통의 경우 첫 회분의 대금을 지불하고 목적물을 인도받아 사용할 수 있으므로 매수인에게 매우 편리하며, 반면에 대금이 고가인 경우에 판매자측으로서도 판매량을 확대할 수 있다는 장점을 가진다. 할부매매의 가장 큰 특징은 매수인이 대금을 한 차례도 지급하지 않고 목적물을 선인도 받은 후에 대금을 분할지급하든 일회나 수회 지급 후에 목적물을 인도받든 어느 경우에나 대금의 완납 전에 목적물이 매수인에게 인도되어 이용케 된다는 점에 있다(고객이 대금을 신용카드로 결제하면서 카드대금을 분할하는 경우가 있는데, 이는 신용카드 이용자가 카드업자에게 매매대금에 해당하는 금액에 대하여 대차를 하고, 카드업자가 매도인에게 대금을 대위변제하며, 매수인은 카드업자의 구상채무의 변제를 수회에 걸쳐 분할하여 변제하는 것이다. 따라서 이는 매수인과 매도인간에 있어서는 대금의 전액 일시지불로서 원칙적으로는 분할매매에 해당하지 않는다. 그러나 이것도 매수인측에서는 대금의 분할지급과 같은 효과와 외형을 갖추기 때문에 매수인의 보호를 위하여 할부거래법에서는 이를 할부거래에 포함하고 있다(제2조 1항 2호)).

할부매매의 목적물은 동산뿐만 아니라 부동산이나 자동차·선박과 같은 소유권이전에 등기·등록을 요하는 것도 될 수 있음은 물론이다. 등기·등록을 요하는 경우에는 먼저 매수인 명의로 등기·등록을 이전시키고 동시에 저당권 능을 설정하여 대금채권을 확보할 수 있다. 실거래에서는 부동산의 할부매매는 거의 없으나 자동차 등의 경우는 그 예가 많다. 이러한 경우는 저당권이 설정된 물건으로 저당권의 법리가 그대로 적용된다.

그런데 할부매매에서는 대금의 완납 전에 목적물이 매수인에게 인도되어 목적물이 사용·수익되므로 대금채권을 확보하기 위하여 매도인에게 일방적으로 유리한 내용으로 계약을 체결하는 경우가 많다. 이에 당사자들간의 이해관계를 조절하고, 특히 경제적 약자인 매수인을 보호할 필요성이 크다. 따라서 여러 외국에서는 할부거래에 관하여 특별법을 제정하여 규율하고 있고, 우리나라도 1991년에 <할부거래에관한법률>을 제정하여 매수인을 보호하고 있다. 아래에서는 동법을 중심으로 할부매매에 대한 주요한 법률관계를 살펴보기로 한다.

(2) 割賦賣買의 成立

할부거래에관한법률(할부거래법)은 할부매매는 동산이나 용역을 계약의 목적물로 한정하고, 대금의 완납 전에 목적 동산을 인도받거나 또는 용역을 제공받기로 하되 대금을 2개월 이상에 걸쳐 3회 이상 매도인에게 분할하여 지급하거나 또는 신용제공자(신용카드 결제 시에 신용카드업자)에게 지급하기로 하는 계약을 할부계약이라 하고, 이러한 할부계약에 동법이 적용된다고 규정한다(제2조). 이러한 할부계약은 매도인이 계약내용 중의 중요사항을 기재한 서면으로 매수인에게 고지하고(제3조), 그러한 서면에 의하여 계약을 체결하여야 한다(제4조).

(3) 買受人의 撤回權

매수인은 계약성립 후 계약서를 교부받은 날 또는 계약서를 교부받지 아니한 경우에는 목적물의 인도를 받은 날로부터 7일 이내에 청약을 철회할 수 있고(제5조 1항), 청약의 철회는 서면으로 하도록 규정하고 있다(제5조 2항). 이를 할부매매의 철회권 유보제도(cooling off)라 한다. 할부매매는 이와 같이 철회권이 유보되므로, 계약체결 후 매수인은 이 철회권을 자유롭게 행사하여 목적물이 마음에 들지 않는다든지 또는 자기의 경제능력을 벗어나 경솔하게 체결한 계약을 일방적으로 해소할 수 있다.

이러한 철회권 유보제도는 판매자의 과장된 선전·광고 및 적극적인 권유 등으로부터 매수인을 특별히 보호하기 위한 제도로서, 철회권 행사에 의한 계약의 해제시에는 통상적인 해제와는 달리 매수인은 여하한 손해도 부담하지 않도록 하고 있다. 할부거래법도 청약의 철회로 인한 목적물의 반환에 필요한 비용은 매도인이 부담하며, 매도인은 매수인에게 위약금 또는 손해배상을 청구할 수 없다고 규정하고 있다(제6조 3항)(청약의 철회권에 관하여는 할부거래 외에도 방문판매·통신판매·다단계판매에서도 인정된다).

(4) 契約의 解除와 損害賠償

매도인은 매수인이 할부금 지급을 지체하고 있는 때에는, 14일 이상의 기간을 정하여 서면으로 최고하고, 그 기간 내에 이행하지 아니한 때에는 계약을 해제할 수 있다(제8조). 계약이 해제된 때에 각 당사자는 원상회복의무가 있고, 매도인의 손해배상금의 청구에 관하여는 일정한 제한을 두어 규제하고 있다(제9조).

(5) 賣渡人의 殘代金 確保

(가) 殘代金 確保手段

할부매매는 위에서 본 바와 같이 대금의 완납 전에 물건을 인도하여 매수인이 사용·수익하게 된다. 이에 매도인은 매수인이 지불하지 아니한 잔대금채권을 확보할 법적 수단의 확보가 필요하다. 그 수단으로는 보증인을 세우는 방법, 부동산의 경우에는 저당권·근저당권을 설정하는 방법, 매수인이 대금을 완납할 때까지 소유권을 매도인에게 유보하는 방법 등이 있을 수 있다. 보증인을 세우는 방법은 인적 담보로서 보증인의 자격이 엄격하고 절차의 번거로움 등으로 많이 이용되지 않고, 실거래계에서는 자동차나 선박과 같이 소유권의 이전에 등록을 요하는 경우에는 저당권·근저당권을 설정하며, 동산의 경우에는 당사자간에 소유권 유보특약을 하는 것이 일반적이다(부동산도 저당권을 설정하는 방법 등으로 잔대금확보를 하는 할부매매도 가능하겠으나 실거래계에서는 부동산의 할부매매는 거의 없는 실정이다).

동산과 용역의 할부매매에 그 적용이 있는 할부거래법도 소유권유보의 특약을 서면으로 하는 것으로 규정하고 있다(제4조 1항 7호). 즉, 판매자는 잔대금채권을 확보하기 위하여 목적물이 동산일지라도 인도에 의하여 소유권이 이전되는 것이 아니라, 목적물이 매수인에게 인도되더라도 대금이 완납될 때까지는 소유권은 여전히 판매자에게 유보된다는 특약을 할 수 있다. 그리고 실거래에 있어서도 거의 예외 없이 그러한 특약을 한다. 또한 소유권유보의 명시적인 특약이 없더라도 그러한 특약이 있는 것으로 추정된다는 것이 통설이다. 그런데 이러한 소유권유보의 본질, 즉 당사자간에는 구체적으로 어떠한 법률관계가 형성되는가에 대하여는 매수인의 물권적 기대권론으로 설명하는 다수설(곽,김증,이태)과 매도담보의 법률관계로 설명하는 소수설이 있나(김기,이은).

(나) 所有權留保의 法律構成

다수설(곽,김증,이태)은 소유권유보는 대금의 완납을 정지조건으로 하는 소유권의 양도로서, 조건의 성취인 대금이 완납되면 자동적으로 소유권은 매수인에게 귀속된다는 것이다. 여기서 매수인은 조건이 성취되기 전까지는 조건의 성취로 소유권을 취득한다는 물권적 기대권자라는 것이다.

할부매수인의 이러한 물권적 기대권은 우리 민법에서 물권적 기대권 자체가 하나의 물권으로서 인정될 수 있느냐 와는 별론으로, 민법 제148조와 제149조에서 조건부 권리의 보호(제148조) 및 처분(제149조)을 규정하고 있어 매수인의 법적 지위가 설명된다는 것이다. 즉, 제148조에 의하여 할부매수인의 조건부권리(소유권유보된 권리)는 침해되지 아니하며, 제149조에 의하여 조건부권리는 처분·상속·보존·담보로 할 수 있다고 한다. 처분의 경우에 양도인은 매도인의 동의 없이 양도할 수 있으며, 양도 불가의 특약은 양도인과 매도인간에서만 효력이 있는 채권적 효력이 있을 뿐이라는 것이다(곽).

상기와 같은 법률구성에 관하여, 동산의 소유권유보의 특약이란 실질에 있어서는 판매자의 대금채권을 확보하기 위한 채권담보로서의 매도담보라는 견해가 있다. 즉, 할부매매의 양당사자가 매매계약상의 잔대금채권을 소비대차의 목적물(대금과 이자의 합계)로 채권의 발생원인을 변경하는 준소비대차로 하고, 그 대차금을 담보하기 위한 매도담보로서, 매도인이 양도담보권자라는 것이다. 요컨대, 물건의 인도 후에는 매매계약상의 채권·채무는 이행이 완료되어 매수인은 더 이상 매매계약상의 매수인이 아니라 소비대차계약에 의한 차주이고, 매도인은 대주로서의 양도담보권자라는 것이다(양보담보권적 구성에 관하여도 세부적으로는 견해를 달리한다. 이를테면, 소유권유보의 특약을 매매계약에 의하여 일단 매수인에게 소유권이 완전히 이전된 후에 대금채권을 위하여 매수인이 매도인에게 양도담보권을 새로이 설정한 관계로 이해하는 견해(김기수)와 대금완납 전까지는 매도인이 소유권을 갖는다는 약정은 무효이고 그러한 약정은 다만 잔대금채권을 피담보채권으로 하는 양도담보권을 갖는 것이라는 견해(이은)가 있다.) 즉, 매수인은 완전한 소유권자로서 목적물을 처분할 수 있고, 매도인이나 매도인의 채권자는 매수인의 대차금(잔대금채권)에 대한 양도담보권자가 된다. 따라서 매수인의 대금채무불이행의 경우에 매도인은 양도담보권을 실행하여 우선변제를 받을 권리가 있고, 청산과 동시이행으로 목적물의 소유권을 이전해 줄 것을 요구할 권리가 있다는 것이다.

할부매매에서 양당사자의 법적 지위의 핵심적인 내용은 매수인은 물건을 자유롭게 사용·처분할 수 있어야 하며, 매도인은 매수인이 잔대금을 지급하지 아니할 경우에 당해 목적물로부터 우선변제를 받을 수 있어야 한다는 것이다. 이러한 당사자의 지위에 대한 합의가 <소유권유보>로서, 이러한 당사자의 의사를 기존의 법리로써 어떻게 합리적으로 설명하느냐는 것이 소유권유보의 법률구성이다. 매도담보적 이론구성은 매도인의 채권담보에 중점이 주어진 매우 기교적인 이론으로, 매도인의 담보권적 지위에 대하여는 적절히 설명되고 있다. 그러나 이 이론은 미지불매매대금을 당사자간에 소비대차로 전환한다는 준소비대차의 합의로 추정 내지 의제한다는 것인데, 이를 추정 내지 의제할 수 있느냐는 반론이 제기될 수 있으며, 매수인은 잔대금을 완제하기 전에는 종국적인 지배권을 취득하지 못하며 또한 <소유권은 여전히 매도인에게 있다>는 당사자의 의사가 명백함에도 이를 무시하고 인도로 물건의 소유권은 매수인에게 완전히 이전된다는 것은 무리라는 비판을 받을 수 있다. 한편, 물권적 기대권론적 구성은 매수인측에 중점을 둔 것으로 독일의 물권적 기대권론 자체를 인정하느냐가 문제가 될 수도 있으나, 그것을 떠나서도 민법 제148조와 제149조에 의하여 매수인의 지위는 적절하게 설명된다. 그러나 매도인의 지위가 소유권자임에도 실질적으로는 담보권자에 불과하다는 점을 명확하게 설명하기 곤란한 점이 있다.

생각건대, 할부매매에서 소유권유보의 법률구성은 <소유권을 유보한다>는 당사자의 합의 그 자체와 그러한 합의를 하게 되는 실질적인 측면을 고려하여 그 내용을 파악하는 것이 좋을 것이다. 이에 매수인은 대금의 완납이라는 조건의 성취에 의한 소유권을 취득하며 그 동안은 조건부 소유권자(물권적 기대권자)이고, 매도인은 형식적으로는 소유권자이나 당사자의 의사에 의하여 그 소유권의 내용과 효력은 담보목적에 제한된 것이라고 봄이 적절할 것이다. 또한 위험부담은 매수인에게 있어, 불가항력적인 사유에 의한 멸실로 인한 손해는 매수인이 진다고 보아야 한다.

한편, 대외적인 관계에서 매도인에게 소유권이 매도인에게 있으므로 매수인의 채권자는 목적물을 압류하지 못하며, 매수인이 목적물을 처분한 때에는 제3자는 선의취득이 가능하다고 보아야 한다.

7. 繼續的 供給契約

(1) 意義와 特徵

계속적 공급계약이란 우리가 일상생활에서 필요한 전기·가스·수도 등의 계속적 공급, 우유·신문 등의 정기적 배달 또는 도매상과 소매상간에 일정한 물건을 계속적으로 공급하고 그 대금을 지급하기로 하는 계약과 같이, 종류로써 지정된 물건을 계속적으로 공급하고 그 대금을 지급하기로 하는 계약을 말한다. 이러한 계속적 공급계약은 본질이 매매이나, 통상의 매매와는 달리 하나의 매매계약이면서 목적물과 대금이 분할하여 이행되어 개별 급부에 대한 개별적인 채권·채무가 존재한다는 특수성이 있다. 계속적 공급계약의 이러한 특성으로 인하여 동시이행의 항변권과 계약의 해제(지)에서 통상의 매매와 다른 점이 있다.

(2) 同時履行의 抗辯權과 解除

계속적 공급계약에서는 매기每期의 급부에 대하여 개별적인 채권·채무가 존재하므로, 동시이행의 항변권은 원칙적으로 당해 급부에 대하여서만 상호 행사할 수 있다. 그러나 계속적 공급계약이 하나의 계약으로 성립되어 있다는 점에서 전회의 채무불이행과 상대방의 그 다음의 급부도 동시이행의 항변권을 가지는 것이 된다. 따라서 공급자가 전회에 물건을 공급하지 않은 것을 이유로 매수인은 그 다음 기期의 대금지급을 거절할 수 있다.

또한 전회의 채무불이행을 이유로 계약을 해소할 수 있는데, 그 해소는 원칙적으로 장래의 채무에 대하여만 소멸한다. 예컨대, 며칠간 우유를 정시에 배달하다가 그 이후 몇 번 배달이 되지 않은 경우에는 장래에 대하여만 계약을 해지할 수 있다. 이 경우에는 이행된 부분에 관하여는 계약이 유효하다. 그러나 중간에 이행하지 않으므로 계약의 본래의 목적을 달성하지 못하는 경우에는 계약 전체를 해소(해제)할 수 있다.

第4節 還買와 再賣買 豫約

I. 還 買

1. 還買의 意義

환매란 매매계약과 동시에 매도인에게 매매의 목적물을 환매할 권리를 보류하고, 그 환매권을 행사하여 목적물을 다시 매수하는 것을 말한다(제590조 1항). 예컨대, 甲이 소유 물건(동산 또는 부동산)을 乙에게 매도하면서, 동 매매계약과 동시에 사후에 당해 물건을 다시 살 수 있는 권리를 유보하는 특약을 하고, 그 특약에 의하여 유보된 권리를 행사하여 甲이 목적물을 다시 취득하는 것을 말한다. 이와 같이 일단 매도한 목적물의 소유권을 취득하는 경위가 환매로서, 이는 유보된 환매권의 행사의 결과이다. 그런데 이는 원매매의 측면에서 보면 환매유보부 매매가 된다. 결국, 환매란 환매유보부 매매 후에 유보된 환매권을 행사하여 목적물의 소유권을 다시 취득하는 것이다.

이러한 환매유보부 매매가 계약자유의 원칙상 유효함은 물론인데, 민법 제590조 이하의 환매에 관한 규정은 당사자의 특약에 의하여 유보된 환매권을 일정한 권리로 인정하고, 이를 등기하면 제3자에 대한 대항력을 부여하고, 또한 환매권의 행사기간을 제한하여 규제하고 있다는 데 그 의의가 있다.

환매특약을 하는 목적에는 두 가지가 있다. 하나는 목적물이 통상적인 목적으로 매도된 후에 매수인이 당해 목적물을 다시 매각하려고 하는 경우에는 매도인 본인에게 다시 매도하게 하기 위하여 법률적으로 상대방을 구속시키려는 데 있고, 또 하나는 금융담보의 목적에 있다. 전자는 특정 골동품 또는 그림을 매도하면서 <파는 경우에는 반드시 나에게만 파시오>라고 하면서 다시 매수할 경우가 되는데, 통상적으로는 그러한 필요성이 거의 없고 또한 실제적으로도 환매가 그러한 목적으로 행하여지는 것은 거의 없는 편이다. 환매는 주로 후자의 목적인 금융담보의 목적으로 행하여진다. 예컨대, 필요한 금전을 일정기간 이용하기 위하여 해당금액을 매매대금으로 하여 자기의 물건을 금융제공자에게 매매계약에 의하여 매도하되, 일정기간 안에 해당금액과 이자 상당액을 합한 금액(환매대금)으로 반환하고 목적물의 소유권을 취득(환매)할 수 있다는 특약을 하는 경우가 이에 해당한다(매각한 물건을 다시 매수하기 위한 법적 확보수단은 여기의 환매 외에 재매매예약이 있으며, 재매매예약은 환매와 거의 동일한 효과와 결과를 낳을 수 있다).

그런데 환매는 동산과 부동산이 모두 목적물이 될 수 있고, 금융담보의 목적으로는 부동산이 주로 행하여질 가능성이 높은데, 실제로는 금융담보의 목적으로 부동산이든 동산이든 환매가 이용되는 일은 거의 없다. 환매는 우선 채권자에게 소유권의 이전이 있어야 하고, 환매 후에 다시 소유권을 이전시켜야 되는 등으로 번거로울 뿐만 아니라 등기 이전에 따른 각종 비용과 세금의 부담이 있기 때문이다(이러한 목적을 위해서는 일반적으로 대물변제예약 또는 매도담보 또는 가등기가 행하여진다).

2. 還買에 대한 規律

환매의 법률관계는 환매특약이 행하여진 목적에 따라 규율되는 법원法源이 다르다. 가등기담보에 관한 법률은 소비대차에서 발생한 채권을 담보하기 위하여 대물반환예약, 환매, 양도담보 등을 한 경우에 적용(동법 제2조)되는 특별법이다(피담보채권이 소비대차에서 발생한 것에 한정된다는 것이 판례와 통설이다). 따라서 환매유보부 매매가 (준)소비대차에서 발생한 채권을 담보할 목적으로 행하여진 경우에는 가등기담보에 관한 법률이 적용된다. 따라서 피담보채권의 발생원인이 소비대차 이외의 경우(매매대금 채권, 불법행위에 의한 손해배상채권 등)에 이를 담보하기 위한 경우이거나 또는 환매 본래의 목적을 위하여 행하여진 경우에만 민법 제590조 이하의 적용이 있다. 이와 같이 민법의 환매에 관한 규정의 적용영역은 제한적일 뿐만 아니라, 적용영역 안에 들지라도 환매에 따른 비용부담과 절차 등의 번거로움으로 실제로는 거의 이용되지 않는 실정이다.

판례 徵發財産整理에관한特別措置法 第20條가 말하는 '還買'의 法的 性質 : 그 법문의 표현이 비록 환매라고 되어 있어도 매도인이 매매계약과 동시에 환매할 권리를 보류할 것을 요건으로 하는 민법상의 환매와 같게 볼 수 없는 바로서, 같은 조 제1항에 적힌 환매권자와 국가와의 사법상의 매매라 할 것이다(대판 1989.12.12. 89다카15000).

3. 還買의 成立要件

(1) 目的物

환매의 목적물에는 제한이 없다. 매매의 목적물은 모두 환매의 목적물이 될 수 있다. 동산과 부동산은 물론이고 채권 또는 무체재산권도 환매의 목적물이 된다.

(2) 還買特約

(가) 元賣買와 同時

환매의 특약은 원매매계약과 동시에 하여야 한다(제590조 1항). 따라서 원매매계약 후에 한 환매의 합의는 환매로서 효력이 없다. 예컨대, 원매매계약 이후에 당사자간에 일정한 기간 내에는 매도인이 당해 목적물을 다시 매수한다는 합의가 있다면 그러한 합의는 환매로서의 효력은 인정할 수 없으나 다시 사는 매매, 즉 재매매예약으로서는 효력이 있다고 보아야 한다. 그러나 그러한 계약에 의하여 원매매에 의한 매수인으로의 소유권이전등기 후에 환매권이 등기되었다 하더라도, 이는 환매권이 등기된 것이지 재매매예약의 예약완결권이 등기(가등기)된 것이 아니기 때문에 환매권의 등기는 무효인 등기로서, 등기 없는 재매매예약의 효력만 있다고 본다(곽).

(나) 從된 契約

환매의 합의는 원매매계약에 종된 계약이다. 따라서 원매매계약이 무효·취소되면 환매의 특약도 무효·취소된다. 그러나 환매특약의 하자는 원매매계약에 영향이 없다.

(3) 還買權의 登記

환매의 목적물이 부동산인 경우에는 매매등기와 동시에 환매권을 등기할 수 있고, 등기된 환매권은 제3자에 대하여 그 효력이 있다(제592조). 환매권의 등기는 부동산

등기법 제64조의 2에서 매수인의 이전등기에 부기등기로 한다고 규정한다.

(4) 還買代金

환매대금은 당사자가 약정할 수 있고(제590조 2항), 약정이 없으면 원매매대금과 매수인이 부담한 비용의 합계액이 환매대금이 된다(제590조 1항). 그리고 목적물의 과실과 대금의 이자는 특별한 약정이 없으면 상계한 것으로 본다(제590조 3항).

(5) 還買期間

환매기간은 부동산은 5년, 동산은 3년을 넘지 못한다(제591조 1항 전단). 만일 당사자간에 이보다 장기로 약정한 경우에는 위 기간으로 단축된다(제591조 1항 후단). 일단 환매기간을 정한 때에는 후에 이를 다시 연장하지 못하며(제591조 2항), 기간에 관하여 약정이 없는 경우에는 위 기간으로 한다(제591조 3항).

4. 還買權

(1) 還買權의 性質

기술한 바와 같이 환매는 환매유보부 매매계약의 이행 후에 유보된 환매권을 행사하여 목적물의 소유권을 다시 취득하는 것이다. 여기서 이러한 환매는 구체적으로 어떠한 법률구성으로 이루어지는가가 문제이다. 이 문제는 바꾸어 말하면 환매로 물건을 다시 취득할 수 있는 권리인 환매권은 그 법적 성질이 무엇인가라는 것이다.

환매권의 성질에 관하여는 일종의 해제권으로 보는 설(김증,이태), 일종의 예약완결권으로 보는 설(곽,이은), 제187조에 의한 물권변동이 일어나는 물권적 취득권으로 보는 설(김기선) 등이 있다.

일종의 해제권이라는 설은 환매란 원매매를 해소하여 원래의 상태로 복귀시키는 것으로 환매유보부 매매란 곧 해제권유보부 매매로 환매권이란 원매매의 해제권을 의미한다는 것이다. 일종의 예약완결권으로 보는 설은 환매는 그 목적 및 결과나 법률관계가 재매매예약과 유사한 일종의 재매매의 예약이고, 따라서 환매권은 일종의 예약완결권이라는 것이다.

물권적 취득권이라는 설은, 환매란 목적물을 다시 회수하는 것이고, 따라서 환매권이란 목적물을 회수할 수 있는 권리, 즉 물권적 취득권으로서 이를 행사하면 원매매계약은 해소되고 소유권이 매도인에게 복귀하는 제187조에 의한 물권변동이 생긴다는 것이다.

생각건대, 물권적 취득권설은 환매권의 행사가 의사표시에 의한 법률행위임에도 그 법률효과가 법률의 규정에 의한 물권변동이 생긴다는 것은 합당하지 않다. 해제권설과 예약완결권설은 목적물의 소유권을 다시 취득하는 법률과정에서 차이가 난다. 해제권설에 의하면 원매매 자체를 부정하는 해소의 과정을 거쳐 목적물을 회수하는 것으로 부동산의 경우는 절차상 말소등기를 하여야 한다.

예약완결권설에 의하면 원매매는 확정적인 것으로 유지하고, 따라서 별도의 매매계약을 통하여 목적물을 회수하는 과정을 거치는 것으로 부동산의 경우는 절차상 소유권이전등기를 하여야 한다.

결국 양설의 차이는 관념적으로 원매매를 부정하여 목적을 달성하느냐 아니면 긍정하고 목적을 달성하느냐의 차이이고, 이에 따른 법률관계의 설명이다.

우선, 양자가 다 가능하다면 원매매 자체를 부정(해소)하면서까지 목적물을 회수한다는 이론구성을 할 필요는 없다고 보인다.

또한 해제권설을 취하게 되면 후술하는 바와 같이 물건의 제3취득자의 경우에 해제의 일반적인 법리가 적용된다고 하면서 제548조 1항 단서의 적용을 배제시킨다든지 하는 문제가 있다(해제권설을 취하는 일부의 견해는 제3취득자에게 환매권을 행사할 수도 있다는 견해가 있는데, 이는 논리적으로 문제가 있다).

그래서 예약완결권설에 찬동한다. 이하 예약완결권설에 의하여 설명하되, 해제권설과 차이가 나는 부분에 관하여는 이를 언급하도록 한다.

(2) 還買權의 讓渡

(가) 讓渡性

환매권은 재산적 권리를 가지는 것으로 자유롭게 양도할 수 있음은 물론이다. 해제권설에서는 매도인의 지위와 함께 양도하지 않는 한 환매권만을 양도할 수는 없다고 한다. 판례는 공공용지의취득및손실보상에관한특례법상의 입법취지에 비추어 동법상의 환매권은 제3자에게 양도할 수 없다고 하였다(대판 2001.5.29. 2001다11567).

(나) 讓渡의 要件

환매권의 양도에는 채권양도에 준하여 환매의무자에게 통지나 승낙을 요한다고 보아야 한다. 등기된 환매권은 이전의 부기등기를 하여야 양도로서 제3자에 대항할 수 있다.

(다) 讓渡의 效果

환매권의 양도로 양수인은 새로운 환매권자로서 양도인의 지위를 승계하여 환매권을 행사할 수 있다.

5. 還買權의 行使

(1) 意思表示로 行使

환매권은 환매권자 및 그 승계인이 환매의무자에 대한 의사표시로 행한다. 환매권을 행사하기 위하여는 환매대금을 환매의무자에게 제공하여야 한다(제590조). 환매권자는 원매매의 매도인, 환매권을 포괄승계한 자(상속인), 환매권의 양수인이다.

(2) 目的物이 第3者에게 取得된 경우

목적물이 제3자에게 취득된 경우에 등기된 환매권은 대항력을 가지므로(제592조), 등기된 환매권자는 그 제3자에게 환매권을 행사하여야 한다. 해제권설에서는 원매매의 해제라고 보기 때문에 원매수인에게 환매권을 행사하여야 하고, 그 효과는 제3취득자에게도 미친다는 법률구성을 한다(제592조에 의하여 제548조 1항 단서의 효력이 제한된다고 본다).

6. 還買權行使의 效果

환매권은 일종의 예약완결권이므로 환매권의 행사로 새로운 매매(재매매)계약이 성립한다. 따라서 당사자간에는 그 매매계약에 의한 이행의무가 발생하여 환매권행사자는 환매대금을 지급하고 환매의무자는 물건의 인도, (이전)등기를 하여야 한다. 이때 등기된 환매권은 말소등기를 하여야 함은 물론이다.

한편 해제권설에 의하면, 환매권을 행사하면 원매매계약의 해제에 해당되는데, 계약의 해제에 관한 물권적 효과설에서는 환매권의 행사로 물권이 자동 복귀되나, 채권적 효과설에서는 환매권을 행사하고 물권의 복귀를 위한 부당이득반환청구권을 행사하여야 한다. 이로 인해 동산은 인도, 부동산은 말소등기를 하는 것으로 새긴다. 이때 물건의 제3취득자가 있는 때에도, 등기된 환매권의 경우에는 제3자에게 대항할 수 있어(제592조), 해제의 일반적인 효과인 제548조 제1항 단서의 제3자의 권리를 해하지 못한다는 규정은 그 적용이 없다는 것이다.

환매권의 행사에 의하여 목적물이 원매도인에게 복귀되는 때에 매수인 또는 전득자가 목적물에 대하여 비용을 지출한 때에는 제203조(점유자의 상환청구권)의 규정에 의하여 이를 상환하여야 한다(제594조 2항 본문). 따라서 유익비는 물론이고, 필요비도 상환하여야 한다. 그러나 매수인이 과실을 취득한 때에는 통상의 필요비는 상환할 필요가 없다(제203조 1항). 그런데 환매에서 목적물의 과실과 대금의 이자는 특별한 약정이 없으면 상계한 것으로 간주되기 때문에(제590조 3항), 여기서의 과실은 필요비와 이자의 합산액과 상계되는 것으로 간주되는 결과가 된다.

7. 還買權의 代位行使

환매권이 재산적 성질을 가지는 권리이므로 환매권자(원매매의 매도인)의 채권자가 채권자대위권을 행사할 수 있음은 당연하다. 그런데 환매권자의 채권자는 환매권을 대위행사하여 목적물을 환매권자에게 귀속시킨 후에 환가하여 그로부터 자기의 채권을 만족하려는 의도이다.

이에 민법은 환매권자의 채권자의 그러한 의도에 따른 이익을 해하지 아니하는 한도 내에서 환매의무자를 보호하기 위하여 제593조의 특칙을 두고 있는 것이다. 즉, 환매의무자(매수인)는 목적물에 대한 법원의 감정금액에서 환매권자가 반환할 금액을 공제한 잔액으로 매도인의 채무를 변제하고 잉여액이 있으면 이를 환매권자에게 지급하여 환매권을 소멸시킬 수 있다.

8. 共有持分의 還買

공유자의 공유물에 대한 지분은 자유로이 처분할 수 있다. 따라서 공유지분을 매도하면서 환매특약을 하였고, 환매권 행사 전에 공유물이 분할되는 수가 있다. 이러한 경우를 위하여 제595조의 특칙을 두고 있다.

목적물인 공유물이 분할된 때에는 매수인이 받은 또는 받을 부분에 대하여 환매권을 행사할 수 있고, 경매된 때에는 매수인이 받은 또는 받을 대금(경락대금)에 대하여 환매권을 행사할 수 있다.

그러나 공유물의 분할이나 경매는 매도인(환매권자)에게 미치는 영향이 크므로 매도인에게 분할 또는 경매에 참가할 기회를 주기 위하여, 매수인에게 환매권자(매도인)에 대한 통지의무를 부여하고, 이를 게을리 한 때에는 분할이나 경매로 매수인은 매도인에게 대항할 수 없도록 하고 있는 것이다(제595조).

Ⅱ. 再賣買豫約

목적물의 소유권자가 목적물을 일단 매각하였다가 매수할 필요성이 있는 경우에 매수할 수 있는 권리를 확보하는 법적 방법으로는 전술한 환매특약부 매매와 재매매예약이 있다. 그런데 환매는 기술한 바와 같이 그 요건과 효과에 제한이 있다. 따라서 그러한 제한을 받지 아니하려든지 또는 환매특약을 하였으나 원매매계약과 동시에 하지 아니하여 환매로서의 효력이 생기지 아니하는 경우에는 재매매의 예약으로 해석한다.

재매매예약에 관하여는 별도의 규정이 없다. 그런데 재매매예약은 원매매의 당사자간에 지위를 바꾸어 다시 매매예약을 한다는 점만 다를 뿐 매매예약과 법률관계에서 아무런 다른 점이 없다.

따라서 매매예약에 관한 법리가 그대로 적용된다. 주요한 내용을 간추려 보면 아래와 같다.

① 목적물에 제한이 없다. ② 목적물이 부동산인 경우에는 예약완결권은 소유권이전청구권의 보전을 위한 가등기의 형식으로 공시할 수 있다. ③ 예약완결권은 양도가 가능하며, 가등기된 완결권은 가등기 이전의 부기등기의 형식으로 공시할 수 있다. ④ 예약완결권은 일종의 형성권으로서 예약의무자에게 의사표시로써 행사한다. ⑤ 완결권이 가등기된 후 목적부동산이 제3자에게 양도된 경우에 완결권자는 원칙적으로 원래의 예약의무자에게 완결의 의사표시를 하여야 한다. ⑥ 예약완결권의 존속기간에 별도의 약정이 없는 경우에는, 형성권으로 10년의 제척기간에 걸린다.

<各種 擔保 設定의 경우의 法源에 대한 要約>

1. 債權擔保의 구실을 하는 制度
   - ① 人的 擔保 : 보증채무, 연대채무, 불가분채무
   - ② 物的 擔保
     - ⓐ 典型擔保 : (유치권), 질권, 저당권
     - ⓑ 非典型擔保 : 대물변제 예약, 환매, 재매매예약, 매매예약, 양도담보, 매도담보
2. 非典型擔保의 類型
   - ① 權利의 移轉形態에 따른 分類
     - ⓐ 權利를 먼저 移轉하는 型
       - ㉮ 매매의 형식 : 환매, 재매매예약
       - ㉯ 소비대차의 형식 : 양도담보

ⓑ 권리를 후에 이전하는 型

㉮ 매매의 형식 : 매매예약과 가등기

㉯ 소비대차의 형식 : 대물변제예약과 가등기

② 資金의 利用關係에 따른 分類

ⓐ 매매의 형식 : 매도담보, 환매, 매매예약, 재매매예약

ⓑ 소비대차의 형식 : 대물변제예약, 양도담보

③ 擔保的 效力의 確保方法에 따른 分類

ⓐ (소유권이전의) 본등기형 : 재매매, 환매, 매도담보, 양도담보

ⓑ 가등기형 : 대물변제예약, 매매예약

3. 非典型擔保의 法源

① 假登記擔保등에관한法律 : 피담보채권이 (준)소비대차에서 발생한 채권, 가액이 원리금을 초과하는 경우

② 民法 第607條, 第608條 : 피담보채권이 (준)소비대차에서 발생한 채권, 원리금이 가액에 미달하는 경우

③ 民法의 還買規定, (재)賣買豫約의 法理 : 피담보채권이 소비대차 이외에서 발생한 채권 또는 소비대차상의 채권 중 원리금이 가액에 미달되는 경우

④ 規定의 欠缺 : 피담보채권이 소비대차 이외에서 발생한 채권으로, 대물변제예약 또는 매매예약과 가등기한 경우, 그러한 채권담보를 위한 양도담보, 매도담보 : 이들에 대하여는 가등기의 법리에 의할 수밖에 없고(결국 가등기에 의하여 본등기가 제한 없이 이루어질 수 있다), 매도담보와 양도담보의 경우에는 판례는 원칙적으로 정산절차를 거치는 약한 의미의 양도담보로 본다.

第5節 交 換

1. 交換의 意義

교환은 당사자 쌍방이 금전 이외의 재산권을 서로 이전할 것을 약정하는 계약으로, 낙성·쌍무·유상·불요식계약이다(제596조). 이는 쌍방이 대가적인 의미를 가지는 재산권을 이전하는 약정으로서, 물건과 물건 또는 물건과 일정한 재산적 권리 어느 것이나 관계가 없다. 교환은 거래의 초기단계로서 오늘날의 화폐경제사회에서는 거의 이용되지 않고 있어 그 존재 의의가 사실상 없다고도 볼 수 있다. 민법도 단 두 개의 조문을 두고 있을 뿐이다.

판례 交換契約의 成立要件 : 교환계약은 당사자간에 청약의 의사표시와 그에 대한 승낙의 의사표시의 합치로 성립하는, 이른바 낙성계약으로서 서면의 작성을 필요로 하지 아니하고, 그 청약의 의사표시는 그 내용이 이에 대한 승낙만 있으면 곧 계약이 성립될 수 있을 정도로 구체적이어야 하고, 승낙은 이와 같은 구체적인 청약에 대한 것이어야 할 것이며, 이 경우에 그 승낙의 의사표시는 특별한 사정이 없는 한 그 방법에 아무런 제한이 없고 반드시 명시적임을 요하는 것도 아니다(대판 1992.10.13. 92다2696).

2. 賣買에 관한 規定 準用

교환은 쌍무·유상계약으로 매매에 관한 규정이 준용된다(제567조).

3. 金錢의 補充支給

상호 이전되는 재산권이 당사자의 평가에서 차이가 나는 경우에, 금전으로 보충지급을 약정한 때에 그 금전에 대하여는 매매대금에 관한 규정이 준용된다(제597조).

판례 債務引受를 金錢의 補充支給에 갈음한 交換契約의 效力 : ① 교환계약에서 당사자의 일방이 교환 목적물인 각 재산권의 차액에 해당하는 금원인 보충금의 지급에 갈음하여 상대방으로부터 이전받을 목적물에 관한 근저당권의 피담보채무를 인수하기로 약정한 경우, 특별한 사정이 없는 한 채무를 인수한 일방은 위 보충금을 제외한 나머지 재산권을 상대방에게 이전해 줌으로써 교환계약상의 의무를 다한 것이 된다.
② 위의 ①항의 피담보채무를 인수한 교환계약의 당사자 일방이 인수채무인 근저당권의 피담보채무의 변제를 게을리함으로써 교환 목적물에 관하여 설정된 근저당권의 실행으로 임의경매절차가 개시되었거나 개시될 염려가 있어 상대방이 이를 막기 위하여 부득이 피담보채무를 변제한 경우 등 채무를 인수한 일방이 보충금을 지급하지 아니한 것으로 평가할 수 있는 특별한 사정이 있는 경우에는, 상대방은 채무인수인에 대하여 동액 상당의 손해배상채권 또는 구상채권을 갖게 되는 것이며, 한편 이와 같은 특별한 사정이 있다는 사유를 들어 교환계약을 해제할 수도 있다.
③ 교환계약의 당사자 일방이 교환 목적물의 차액의 지급에 갈음하여 상대방으로부터 인수한 대출원리금 지급의무와 상대방의 소유권이전 등기의무가 모두 각각의 이행기에 이행되지 않은 채 계약이 해제되지 않은 상태에서 이행기가 도과하였다면 쌍무계약인 교환계약에 기한 위 대출원리금 지급의무와 소유권이전 등기의무는 동시이행의 관계에 있다고 할 것이고, 따라서 상대방이 해제권 유보약정에 따라 해제통고를 함에 있어서는 그 최고기간까지 자기의 반대채무인 소유권이전 등기의무의 이행 또는 그 이행의 제공을 하여야 약정해제권을 적법하게 취득하고 최고기간의 만료로 해제의 효력이 발생한다(대판 1998.7.24. 98다13877).

第6節 消費貸借

I. 序 說

1. 消費貸借의 意義와 社會的 機能

민법은 물건의 이용을 목적으로 하는 전형계약으로서 소비대차·사용대차·임대차의 세 가지를 규정하는데, 이들을 총칭하여 대차형 계약이라고 한다. 그중에서 소비대차는 당사자의 일방(대주)이 금전 그 밖의 대체물의 소유권을 상대방에게 이전하여 자유롭게 처분할 수 있도록 할 것을 약정하고, 상대방(차주)은 일정한 기간 경과 후에 동종·동질·동량의 물건으로 반환할 것을 약정함으로써 성립하는 계약을 말한다(제598조). 소비대차는 그 목적물이 소비물이므로 차주는 차용한 물건을 사용 소비하고, 이것과 같은 종류, 품질, 수량 등의 물건으로 반환할 관계에 선다는 점에서 차용물 그 자체의 반환을 전제로 하는 사용대차 및 임대차와 근본적인 차이가 있다.

이러한 소비대차는 원래는 생활공동체 내에서 생활에 여유 있는 자와 궁핍한 자간에 상호부조적 차원에서 생활필수품을 일시적으로 유용하는 제도로서 행하여졌다. 즉, 생활에 궁핍한 자가 일시적으로 궁핍을 면하기 위하여 쌀·보리 등의 일상의 생활필수품을 빌어서 소비하고, 후일에 동종·동질·동량으로 반환하는 것으로 행하여졌던 것이다. 소비대차의 이와 같은 공동구성원간의 상호부조적 기능 내지 의미는 오늘날에도 민법이 여전히 소비대차를 원칙적으로 무상으로 하고 있다는 점에서 잘 나타나고 있다.

소비대차의 이와 같은 상호부조적 기능으로 소비대차의 목적물은 원래는 생활필수품으로서의 현물이었으나 화폐의 발달로 점차 현물의 대차는 줄어들고 목적물이 주로 금전으로 이행되었다. 또한 자본주의의 발달과 더불어 그 기능적인 면에서도 소비대차는 단순한 소비신용에서 생산신용으로 변모하게 되었다. 오늘날에도 여전히 소비대차는 개인의 생활부조적인 기능을 하고는 있지만, 그러한 기능은 상당히 퇴색되어지고 기업을 소유·운영하는 자에게는 자본을 확보하고, 자본가에게는 기업에 투자를 할 수 있는 법적 매개로서의 생산신용의 수단으로 그 기능의 중요성이 이동되었다.

요컨대, 오늘날 소비대차는 한편에서는 원래의 소비대차의 기능을 그대로 유지하며 소시민에게는 소비신용의 수단으로 이용되고, 다른 한편에서는 자본획득을 위한 수단, 즉 생산신용의 수단으로 기능하고 있다.

<貸借型 契約>

소비대차	사용대차	임대차
무상이 원칙(유상 가)	언제나 무상	유상
처분권(소유권) 취득	사용권	사용권

2. 法律的 性質

(1) 諾成契約

소비대차는 당사자의 의사의 합치만으로 성립하는 낙성계약이다. 소비대차를 로마법의 연혁에 따라서 요물계약으로 하는 입법예도 많으나(독일, 프랑스 및 일본 민법), 우리 민법은 스위스 채무법을 본받아 전형계약에 관하여는 전부 낙성계약으로 하면서 소비대차도 낙성계약으로 하였다. 그러나 당사자의 특약으로 물건을 인도함으로써 비로소 효력이 생기도록 하는 요물계약으로 약정할 수 있음은 계약자유의 원칙상 당연하다.

(2) 無償이 原則

소비대차는 무상이 원칙이나 유상으로도 할 수 있다. 유상인 소비대차를 이자부 소비대차라 한다. 소비대차의 차주는 대주로부터 받은 금전 그 밖의 대체물을 이용함으로써 재산상의 이득을 얻게 되나 차용한 물건과 동종·동질·동량으로 반환할 채무를 질 뿐 그 대가를 반드시 지급하여야 하는 것은 아니므로 무상임을 원칙으로 한다(제598조). 이와 같이 소비대차를 원칙적으로 무상으로 한 것은 그 기원이 생활부조적인 소비신용에서 출발하였기 때문이다. 그러나 당사자 사이의 특약으로 그 대가를 지급하는 것으로 할 수 있는데 이 경우에는 유상계약이 된다. 오늘날 자본주의 사회구조 아래서 소비대차는 그 기능이 변모되었을 뿐만 아니라 소비신용의 기능을 하더라도 실거래에서는 무상인 경우보다 오히려 유상의 경우가 일반적이다. 이러한 점에서 상법상의 소비대차는 유상을 원칙으로 하고 있다(55조).

무상인 무이자 소비대차인 때에는 증여의 규정이 준용되며, 유상인 이자부 소비대차인 때에는 매매에 관한 규정이 준용된다.

(3) 片務契約이 原則

소비대차는 무상이 원칙으로 무상인 소비대차는 편무계약이다. 즉, 소비대차는 금전 그 밖의 물건의 사용대가를 지급하지 않음이 원칙이므로 편무계약이다. 그러나 당사자의 특약으로 유상으로, 즉 대가를 지급할 수 있다.

그런데 유상인 소비대차 즉, 이자부 소비대차는 대주는 목적물의 인도채무를 지고, 상대방인 차주는 그러한 사용에 대한 대가인 이자를 지급할 채무를 진다. 여기서 대주의 목적물의 인도채무는 선이행의무이고 차주의 이자지급채무는 상환적이 아니라는 의미에서 쌍무계약인지 여부에 다소의 문제가 있으나, 양 채무는 서로 대가적 의미를 가지며 상호의존적 견련성이 있으므로 쌍무계약이라고 보아야 할 것이다(상환적이 아닌 경우는 이자부 소비대차뿐만 아니라 고용, 임대차 등에서도 같은데, 이들이 쌍무계약이라는 데 대해서는 아무도 이의가 없다).

(4) 不要式契約

구두·서면 또는 특별한 방식을 필요로 하지 않는 불요식계약이다.

Ⅱ. 消費貸借의 成立과 失效

1. 消費貸借의 成立

소비대차는 일방이 상대방으로 하여금 금전 기타 대체물을 사용·수익하게 하기 위하여 소유권을 이전할 의사와 상대방의 그러한 물건으로 반환할 의사의 합치로 성립한다.

소비대차의 성립에는 계약의 일반적인 성립요건을 충족하여야 함은 물론이고, 그 밖에 소비대차에서 특별히 다른 점은 금전 기타의 대체물만이 목적물이 될 수 있는 등 목적물에서 특수성이 있다. 이하 목적물에 관하여 본다.

(1) 金錢 기타 代替物

종래에는 식량으로서의 곡물이 주로 목적물이 되었으나, 오늘날에는 곡물의 대차는 거의 사라지고 소비대차라고 하면 금전이 곧 대상인 것으로 인식될 정도로 금전이 압도적으로 많다. 어떻든 소비대차의 목적물은 곡물이든 금전이든 대체물에 한하므로 비대체물에 관하여는 소비대차가 성립하지 않는다. 목적물이 비대체물인 경우에는 유상이면 임대차, 무상이면 사용대차가 된다.

(2) 어음·公債 기타 有價證券

어음, 공채 기타 유가증권도 일종의 대체물이므로 그 자체가 소비대차의 목적물이 될 수도 있다. 유가증권은 유가증권 그 자체가 가치가 있는 것이 아니라, 그 유가증권이 표시되는 또는 평가되는 경제적 가치가 그 대상이 된다. 따라서 유가증권을 소비대차로 한 경우에는, 그 유가증권을 가치화시켜 유용하고 동종의 유가증권으로 반환하여야 한다. 예컨대, 액면 10만원 2005년 12월 31일 만기의 지하철공채 100장을 소비대차로 하였다면, 차주는 이를 매도하든지 또는 담보로 제공하여 사용하고, 동일한 만기의 지하철공채 100장을 반환하여야 한다. 그런데 유가증권은 경제적 여건의 변화에 따라 그 평가액이 변동되어 대차원금을 확정할 수 없기 때문에 유가증권 자체를 목적물로 하는 소비대차는 거의 이용되지 아니하고, 유가증권이 소비대차에서 수수되는 경우는 후술하는 금전대차의 경우에 금전에 갈음하여 유가증권을 수수하는 경우가 된다.

(3) 代物貸借

금전대차 즉 금전을 소비대차의 목적물로 하는 경우에 대주가 금전을 수수하지 아니하고 금전에 갈음하여 공채 등의 유가증권 그 밖의 물건을 수수할 수도 있다. 이를 대물대차라고 하는데, 이러한 경우에는 대차원금을 어떻게 확정할 것인가의 문제가 남는다. 공채, 주권 등의 유가증권은 시세가 변동되기 때문이다. 이에 제606조는 인도시의 가액으로써 차용액으로 한다고 규정한다. 이 규정은 강행규정으로 차주에게 불리한 약정은 효력이 없다(제608조). 이는 대물대차에 있어서 금전에 갈음하는 유가증권 그 밖의 물건의 가액의 변동에 따른 당사자의 다툼을 미리 방지하고, 대주가 차주의 약한 지위를 이용하여 폭리를 취하는 것을 막기 위한 취지이다. 또한 차주는 유가증권을 인도받은 후에 증권시장 등에서 즉시 금전으로 환가할 수 있기 때문이다.

(4) 準消費貸借

일방이 기존에 소비대차가 원인이 되지 아니한 원인으로 금전 기타의 대체물을 지급할 의무가 있는 경우에, 그 의무의 발생원인을 소비대차로 변경할 것을 약정하면 그 때부터는 당사자간에는 소비대차상의 효력이 생긴다. 예컨대, 기존에 매매계약상의 미지불대금채무가 있는 경우에 당해 미지불대금을 대차금으로 하는 소비대차로 하기로 당사자가 약정하는 경우이다(준소비대차에 관하여는 자세하게 후술한다).

(5) 利子附 消費貸借에서 利率의 規律

소비대차는 민법에서 무상을 원칙으로 하고 있지만, 실제에서는 오히려 유상인 이자부 소비대차가 통상적이다. 이자부 소비대차가 되기 위하여는 소비대차가 유상이라는 특약이 있어야 한다.

이자부 소비대차의 경우에 이자의 산정의 기준이 되는 이율은 당사자간에 약정을 하는 것이 통상적인데, 당사자가 약정한 이율이 이자부 소비대차의 효력 여부에서 문제가 된다. 차주는 보통의 경우 사회·경제적 약자로서 대주의 요구에 의하여 부득이하게 고율의 소비대차계약을 체결하는 경우가 많고, 이는 사회적으로 많은 문제를 야기 시키게 된다. 이에 각국은 소비대차에서의 이율에 관하여 특별법으로 규제하고 있고, 우리나라도 종래 특별법으로 <이자제한법>을 제정하여 규제하였으나 동법률이 1998년 1월에 폐지되었다. 그 이후 폐지된 이자제한법과 동일하게 모든 이자부 소비대차에 일반적으로 적용되는 특별법의 제정 여부에 관하여 찬반 논란이 있었으나, 아주 제한된 분야의 소비대차에 한정하여 적용되는 특별법이 제정되어 시행되고 있다(대부업의등록및금융소비자보호에관한법률 2002년). 따라서 동 특별법의 적용이 없는 소비대차에 있어서는, 당해 소비대차계약이 민법 제104조의 불공정한 법률행위에 해당하여 무효가 되느냐 여부만이 문제가 될 뿐이다.

(6) 擔保提供의 特約

소비대차계약을 체결함에 있어 차주의 차용물 및 이자의 반환의무를 담보하기 위하여 차주가 물적 담보 또는 인적 담보를 제공할 것으로 특약을 하는 경우가 많다. 그러한 특약은 원칙적으로 유효하다. 그러나 특약에 의하여 경료된 물적 담보권이 이른바 변칙담보인 때에는 그 변칙담보의 효력에 관하여는 규제된다(효력에 관하여는 대물반환의 예약에서 후술).

2. 消費貸借에 特有한 失效 및 解除事由

(1) 目的物 引渡 前의 破産

소비대차는 낙성계약이므로 당사자 사이에 합의만 있으면 유효하게 성립한다. 그런데 만일 대주가 파산선고를 받은 경우에도 소비대차계약을 그대로 유지한다면 차주는 목적물 인도청구권을 파산재단에 대하여 행사하여야 하며, 한편 차주가 파산선고를 받은 때에는 소비대차의 기초인 신용관계가 무너지며 또한 대주는 계약 종료 후의 반환청구권에 대하여 만족을 얻을 수가 없게 된다. 이와 같이 목적물 인도전에 일방 어느 쪽이나 파산선고를 받은 때에는 소비대차의 효력을 그대로 유지하는 것은 합리적이지 못하다. 이에 민법은 대주가 목적물을 차주에게 인도하기 전에 당사자 일방이 파산선고를 받은 때에는 소비대차는 그 효력을 잃는 것으로 특별히 규정하였다(제599조).

또한 차주가 파산선고를 받지는 아니하였으나 재산상태가 아주 악화된 경우에는 독일 민법(제610조) 등의 외국 입법예에서와 같이 청약 또는 승낙의 철회권이나 이행의 거절권을 인정하는 것이 신의칙에 부합한다는 견해가 있다(곽,이은). 무이자 소비대차의 경우에는 후술하는 바와 같이 목적물 인도전에는 언제나 해제할 수 있으므로 문제가 되지 않고, 이것이 문제되는 것은 이자부 소비대차의 경우인데, 소비대차는 당사자의 신용을 기초로 하는 계약으로 담보가 제공되지 않고 신용이 극도로 위태롭게 되어 대주의 반환청구권이 충족되지 못할 위험이 있는 때에는 소비대차계약을 실효시키는 것이 타당할 것이다.

<財產 惡化에 따른 契約의 撤回 또는 履行拒絶의 立法例>

① 독일 민법 제610조 : 소비대차로 인한 목적물의 인도의무를 지는 자는 상대방의 재산상태가 반환청구권을 위태롭게 할 본질적인 악화가 발생한 때에는 그의 의무의 약속을 철회할 수 있다.

② 이탈리아 민법 제1822조 : 소비대차를 체결하기로 약속한 자는 상대방의 재산상태가 반환을 현저히 곤란하게 할 정도로 악화되거나, 적당한 담보가 제공되지 아니한 때에는 그 의무의 이행을 거절할 수 있다.

(2) 無利子 消費貸借에서의 目的物 引渡 前의 解除

이자 없는 소비대차는 편무·무상계약으로 대주만이 경제적 손실을 입게 된다. 이러한 당사자 사이의 불공평을 완화하기 위하여 민법은 당사자는 목적물을 인도하기 전에는 언제든지 계약을 해제할 수 있도록 하였다(제601조 본문). 보통의 경우는 대주가 해제하겠으나, 차주도 해제할 수 있음은 물론이다. 차주는 목적물을 수령한 후에도 반환시기의 약정이 없는 경우에 제603조 제2항 단서에 의하여 언제든지 반환할 수 있고, 약정이 있는 경우에도 기한의 이익을 포기하여 언제든지 반환할 수 있으나, 목적물을 수령하기 전이라도 일단 계약을 체결하였다고 하여 원하지 않는 목적물의 대차에 구속시키는 것은 공평에 맞지 않기 때문이다. 위의 해제로 인하여 상대방에게 손해가 발생한 때에는 이를 배상하여야 한다(제601조 단서).

Ⅲ. 消費貸借의 效力

1. 貸主의 義務

(1) 目的物의 所有權 移轉義務

대주는 차주로 하여금 목적물을 이용할 수 있도록 하기 위하여 목적물의 소유권을 이전하여야 한다. 이 목적물 이전의무의 이행방법·장소 등은 당사자가 이를 결정하게 될 것이나, 그에 관하여 당사자간에 정함이 없으면 채무이행의 일반원칙에 따른다. 이자부 금전 소비대차에서 선이자 공제 후 지급하는 경우에 대차원금이 얼마인지에 대하여는 학설이 대립한다. 대차원금을 실제 수령액으로 보는 견해가 있으나(이은), 선이자공제계약도 유효하므로 공제 전의 약정액을 대차원금으로 보는 것이 타당하다(곽,김형).

(2) 擔保責任

대주가 교부한 목적물에 하자가 있는 경우에는 대주는 일정한 담보책임을 지는데, 그 책임의 정도는 이자부 소비대차와 무이자 소비대차에 따라 다르다.

(가) 利子附 消費貸借

이자부 소비대차는 유상계약으로 대주의 담보책임은 매매에서의 담보책임의 규정이 준용된다. 즉, 제580조 내지 제582조의 규정을 준용한다(제602조 1항). 따라서 차주는 선의·무과실인 경우에 계약해제권, 손해배상청구권 또는 완전물 급부청구권을 행사할 수 있다(제580조 1항, 제581조 2항). 다만, 대주는 금전에 갈음하여 유가증권 기타의 물건을 교부할 수도 있는데, 이러한 대물대차의 경우에 대주가 교부한 것으로 차주가 금전적 이익을 얻지 못한 때에도 대주는 담보책임을 진다.

이러한 담보책임은 하자 있음을 안 날로부터 6월의 제척기간에 걸린다(제582조). 그 밖에 손해배상의 범위는 매도인의 하자담보책임에 있어서와 같으며, 위 제602조는 강행규정은 아니므로 당사자 사이에 다른 특약이 있으면 그에 따른다.

(나) 無利子 消費貸借

무이자 소비대차에서는 대주가 교부한 목적물에 하자가 있음을 알면서 이를 차주에게 고지하지 않은 경우에만 이자부 소비대차와 같은 담보책임을 지며, 그 밖의 경우에는 대주는 별도로 담보책임을 지지 아니하고 차주는 반환할 때에 하자 있는 물건의 가액으로 반환하면 된다(제602조 2항).

2. 借主의 義務

차주는 그가 차용한 금전 기타의 대체물과 동종·동질·동량의 물건으로 반환하여야 한다. 여기서 별도의 약정이 없는 경우에 반환시기, 반환불능의 경우, 대물반환의 예약을 한 경우의 구체적인 법률관계가 문제된다.

(1) 目的物返還義務

(가) 返還時期

① 約定이 있는 경우

반환시기에 관하여 확정기이든 불확정기이든 약정이 있는 경우에는 그에 따른다. 확정기인 때에는 시기 도래로부터 지체책임이 있고, 불확정기인 때에는 그 도래를 안 때로부터 지체의 책임이 있다(제387조). 약정기가 있더라도 기한의 이익을 상실할 때에는 대주는 반환청구를 할 수 있음은 물론이다(제388조 참조).

한편, 기한의 이익은 포기할 수 있기 때문에 무이자 소비대차에서 차주는 기한 전에 언제나 반환할 수 있고, 이자부 소비대차에서는 기한이 차주만의 이익을 위한 것이면 변제시까지의 이자를 붙여서 반환하면 되나, 기한이 대주의 이익을 위하여서도 존재하는 것이면 기한, 즉 이행기까지의 이자를 붙여서 기한 전에 반환할 수 있다. 기한의 이익은 원칙적으로 차주에게 있다(제153조).

② 約定이 없는 경우

대주는 상당한 기간을 정하여 반환을 최고하여야 한다(제603조 2항 본문). 따라서 상당한 기간이 지난 후에 차주는 시체에 빠지세 된다. 차주는 인제든지 반환할 수 있다(제603조 2항). 이자부 소비대차에 있어서도 반환할 때까지의 이자를 붙여서 반환하면 된다.

(나) 返還 目的物

① 無利子 消費貸借의 目的物 瑕疵의 경우에 價額返還

소비대차는 대체물이 목적물이므로 동종·동질·동량의 물건으로 반환하여야 한다. 공채·어음·주권 기타 유가증권 그 자체가 목적물인 경우에도 같은 것으로 반환하여야 한다.

그런데 목적물에 하자가 있는 경우에 이자부 소비대차에서는 하자에 대하여는 차주가 담보책임을 청구할 수 있게 하고(제602조 1항), 반면에 반환할 때에는 완전한 물건으로 반환하여야 한다. 그런데 무이자 소비대차에서 대주가 담보책임이 없는 경우에 차주가 완전한 물건으로 반환하는 것은 형평에 어긋나며, 그렇다고 동일한 하자 있는 물건으로 반환하는 것은 실제로 불가능하다. 이에 무이자 소비대차에서 대주가 담보책임을 지지 아니하는 경우에는 차주는 하자 있는 물건의 가액으로 반환할 수 있다(제602조 2항).

② 返還不能의 경우

차주가 대주로부터 받은 차용물과 동종·동질·동량의 물건으로 반환할 수 없게 된 경우에는 차주는 그 불능으로 된 때에 있어서의 차용물의 시가를 반환하여야 한다(제604조 본문). 그러나 특종의 통화를 목적으로 한 때에는 비록 그것이 변제기에 강제통용력을 잃은 경우라도 그 특정통화의 현재의 시가(구 통화를 매도한 가액)로 반환할 것이 아니라, 통용력 있는 다른 종류의 통화로 반환하여야 한다(제604조 단서).

③ 代物貸借의 경우

소비대차의 목적물을 금전으로 약정하였으나, 대주가 금전을 제공하지 아니하고 금전에 갈음하여 유가증권 기타 물건을 제공한 때에는 제공시(인도시)의 가액이 차용액이다(제606조). 따라서 이 경우에는 당해 가액을 반환하여야 한다.

④ 代物返還의 豫約을 한 경우

대물반환의 예약을 한 경우에 대물의 예약 당시의 가액이 차용액과 이자의 합산액을 넘지 아니하는 경우에는 예약은 유효하여, 예약완결의 의사표시로 대물반환의 본계약이 성립하고, 그에 의하여 차주는 대물을 반환하여야 한다. 그러나 대물의 예약 당시의 가액이 차용액과 이자의 합산액을 초과하는 경우에는 초과한 부분은 무효이다(제608조)(이에 대하여는 대물반환의 예약으로 별도로 후술한다).

(2) 利子 支給義務

(가) 民法의 規定

이자의 약정이 있으면 약정 이율에 따른 이자를 지급하여야 한다. 이자에 관하여 당사자의 의사가 분명하지 아니한 경우에는 민법상 소비대차는 무상이 원칙이므로 무이자소비대차로 보아야 한다.

소비대차계약시에 유상으로 한다는 것만 약정을 하고, 이율에 관하여는 별도의 약정이 없는 경우에는 법정이율(제379조의 연 5%)에 의한 이자를 지급하여야 한다. 그리고, 이자는 목적물에 대한 이용대가이므로 실제로 목적물을 인도받은 때로부터 반환할 때까지 기간에 대해서만 지급한다.

(나) 特別法에 의한 利子의 制限

약정이율의 제한에 관하여는 모든 소비대차를 그 적용대상으로 하는 실정법은 없고, 대주의 자격과 일정한 금액을 한도로 제한적으로만 적용대상으로 하는 대부업의등록및금융이용자보호에관한법률(대부업법 2002년 법률 제6706호)인 특별법에서 최고이율을 제한하고 있다. 위 특별법의 적용이 없는 이자부 소비대차에서의 약정이율에 관하여는 민법 제104조의 불공정법률행위에 해당하는지 여부만 문제가 된다.

① 適用範圍

대부업을 등록한 자(동법 제3조) 및 대부업의 등록을 하지 아니하고 사실상 대부업을 영위하는 자와 3000만원 이하(동법 제8조)의 대부계약을 체결한 경우에 그 적용이 있다.

② 制限利律

(a) 최고이율 : 연 70%의 범위 내에서 대통령령으로 최고이율을 정하도록 하며(동법 제8조), 현재는 연 66%이다.

(b) 간주이자 : 이자율을 산정함에는 사례금, 할인금, 수수료, 공제금, 연체이자, 선이자 등 그 명칭여하를 불문하고 대부업자가 대부와 관련하여 받는 것을 이자로 본다(동법 제8조 제2항).

③ 制限違反의 效果

(a) 초과부분 계약의 무효 : 제한이율을 초과한 당사자간의 계약은 초과한 부분은 무효이다(동법 제8조 제3항). 즉, 약정한 이율이 월 10%(연 120%)인 경우에는 초과한 54%의 이율은 무효이고, 연 66%의 이율로 된다.

(b) 임의 지급한 초과이자 : 동법 제8조 제3항 후단은 지급한 제한이율 초과이자는 반환을 청구할 수 있다고 규정한다. 즉, 초과부분의 무효로서 임의지급한 초과이자는 비채변제로서 부당이득반환의 대상이 된다. 동법은 초과지급한 부분은 개별적으로 반환청구가 가능하다고 하였으므로 개별적으로 반환청구를 하지 아니하고, 원금변제시에 해당 금액을 상계하는 것도 가능하다고 할 것이다.

④ 先利子控除契約

(a) 契約의 有·無效 : 선이자공제계약은 무효라고 볼 이유는 없다. 유효로 보아야

하며, 동법 제6조 제항에서 선이자도 이자로 보고 있다.

(b) 制限利律 超過利子 控除의 경우 : 선이자공제계약도 본법의 최고이율의 적용이 있음은 물론이다. 따라서 제한이율을 초과한 이자의 부분은 무효인데, 선이자공제는 대주가 먼저 이자를 공제하고 차주가 기간 만료 후에 원금을 변제하는 것이므로 제한이율을 초과하여 공제한 나머지 금액을 수령한 차주가 원금 변제시에 얼마를 변제하여야 채무가 변제되느냐라는 문제가 생긴다. 예컨대, 1000만원을 대차하면서 선이자공제계약으로 월 10%로 3개월 기간으로 하여 700만원을 수령한 경우에 원금 변제시에 얼마를 변제하여야 할 것인지가 문제된다.

당사자의 약정에 의한 원금에 의한 법정 최고이율에 의한 이자를 초과한 공제금액 즉, 공제전액에서 적법한 이율에 의한 이자를 공제한 금액은 원금에 충당된 것(차주가 수령시에 초과금액을 변제)으로 보아야 할 것이다. 즉, 위의 예에서는 적법한 최고이자는 (1000만원) × (66%) × (3/12) = 165만원이다. 따라서 공제된 300만원 중 적법한 최고이자 165만원을 제외한 135만원은 원금에 충당된 것으로 보아야 하며, 변제하여야 할 금액은 1000만원 - 135만원 = 865만원이다.

(3) 擔保提供義務

담보제공의 특약을 한 경우에 차주는 담보를 제공하여야 한다. 물적 담보인 때에는 담보설정계약과 담보물의 제공이 있어야 하며, 인적 담보인 때에는 보증인을 세워 보증계약을 체결하게 하여야 한다.

Ⅳ. 準消費貸借

1. 準消費貸借의 意義와 機能

당사자간에 기존에 소비대차에 의하지 아니하고 금전 기타의 대체물을 지급할 의무가 있는 경우에 그 목적물을 소비대차의 목적으로 할 것으로 한 약정을 준소비대차라 한다(제605조). 예컨대, 당사자간에 매매계약으로 매도인이 목적물을 선이행하고 매수인이 대금 일부에 대한 미지급채무가 있는 경우에 그 대금채무를 소비대차의 채무로 전환시키기로 합의한 경우가 이에 해당한다.

준소비대차는 채무의 목적물은 그대로 유지한 채 그 채무의 발생원인을 변경하는 것이다. 위의 예는 금전지급채무의 발생원인을 기존의 매매에서 소비대차로 변경한 것이나, 이에 한정되지 아니하고 기존의 불법행위에 의한 손해배상채무 또는 부당이득반환채무를 소비대차로 변경하는 것도 준소비대차이다.

이러한 준소비대차는 현재 금전 기타 대체물의 급부의무자에게 지급을 유예시켜 계속 이용하도록 하는 결과가 되나, 단순한 채무 이행기한의 연장이 아니라 채무자에게는 목적물을 계속 이용하고 또한 그 이행을 위한 준비기간을 주는 것이고, 채권자에게는 소비대차로 함으로써 그 기간 동안 이자를 받을 수 있는 등으로 쌍방에게 유리한 점이 있다. 또한 법률관계에서는 일방이 장래 소비대차상의 차주가 되려면 기존의 채무를 일단 이행하였다가 상대방으로부터 다시 목적물을 인도받아야 하므로 그 절차가 번잡·불편하고 무의미할 뿐만 아니라 거래의 신속성을 해치게 된다. 이에 당사자의 의사표시만으로 소비대차가 성립하는 것으로 하여 절차를 간편하게 하면서 당사자의 본래의 목적을 달성하게 한 것이다.

판례 이른바 代煥은 準消費貸借 : 현실적인 자금의 수수 없이 형식적으로만 신규대출을 하여 기존채무를 변제하는, 이른바 대환은 특별한 사정이 없는 한 형식적으로는 별도의 대출에 해당하나 실질적으로는 기존채무의 변제기의 연장에 불과하므로 그 법률적 성질은 기존채무가 여전히 동일성을 유지한 채 존속하는 준소비대차로 보아야 한다(대판 1994.6.10. 94다3445).

2. 法律的 性質

(1) 債務原因 變更契約

준소비대차의 법률적 성질은 채무원인을 변경하는 일종의 변경계약이라는 데 일치한다. 따라서 기존채무를 소멸시키지 아니하고 그 동일성을 유지하면서도 그 채무원인을 소비대차로 변경할 수 있다. 제605조는 구채무의 목적물을 그대로 소비대차의 목적물로 약정하는 것을 준소비대차라 하여, 목적물의 동일성을 유지한 채 채무원인을 소비대차로 변경하는 것을 준소비대차라 하고 있다.

(2) 更改와의 차이

경개(민법 제500조 이하)란 기존채무의 요소인 채권자·채무자·목적을 변경하여 새로운 채무를 발생시키고 기존채무를 소멸시키는 당사자간의 합의를 말한다. 준소비대차도 기존채무를 소멸하고 새로운 채무인 소비대차상의 채무를 발생시키는 합의인 점에서 동일 당사자간에 이루어진 채무목적의 변경을 위한 경개와 유사하다.

그러나 경개는 기존채무의 요소를 단순히 변경하는 것이 아니라 기존채무 자체를 소멸시키고 변경된 요소를 가지는 새로운 채무를 발생시킨다는 점에서 기존의 채무와 새로운 채무는 동일성을 상실한다고 해석한다. 즉, 경개에서는 채무의 동일성을 상실하고, 준소비대차에서는 동일성을 가진다는 점에서 차이가 난다. 채무가 변경된 때에 변경 전의 채무와 변경 후의 채무가 동일성을 가지느냐 여부는 변경 후의 채무의 법률효과에서 중대한 차이가 난다.

기존 채권, 채무의 당사자가 그 목적물을 소비대차의 목적물로 할 것을 약정한 경우에 그 약정을 경개로 볼 것이지 아니면 준소비대차로 볼 것인지는 일차적으로 당사자의 의사표시에 의하여 판단하고, 당사자의 의사가 명백하지 아니한 때에는 채권자는 담보권을 상실하고 채무자는 항변권을 잃는 등으로 스스로 불이익을 초래한 것이라고 보기 어려우므로 일반적으로 준소비대차로 보아야 한다(대판 1989.6.27. 89다카2957 참조).

(3) 債務의 同一性

준소비대차에서는 기존채무와 새로운 채무인 소비대차상의 채무가 동일성을 가진다. 이와 같이 채무가 동일성이 있기 때문에 기존의 채무에 붙어 있던 담보권 및 보증도 그대로 새로운 채무에 승계되어 효력이 있다. 따라서 소비대차상의 채무를 이행하지 아니하는 때에는 기존의 채무에 붙은 담보권과 보증채권을 행사할 수 있다. 또한 기존채무가 무효·취소·해제로 소멸하면 새로 발생된 소비대차상의 채무도 소멸한다. 그러나 시효는 새로운 채무를 기준으로 한다.

판례 準消費貸借에서 擔保權의 存續 : 준소비대차가 이루어진 경우 구채무가 당연히 소멸한다고 볼 수는 없고, 그 소멸 여부는 당사자의 의사에 따를 것이지만, 원칙적으로 구채무는 동일성을 유지하면서 소비대차의 형태로 존속하고, 그 담보도 그대로 존속한다(대판 1994.5.13. 94다8440).

3. 準消費貸借의 成立

(1) 旣存 債務의 當事者間의 合意

준소비대차의 당사자는 기초가 되는 기존 채무의 당사자라야 한다(대판 2002.12.6. 2001다2846). 따라서 당사자의 변경이 있으면 준소비대차가 되지 아니한다.

(2) 消費貸借로 하자는 合意 - 債務原因 變更의 合意

준소비대차는 기존의 금전 기타의 대체물의 급부의무를 지는 채무자와 채권자가 그 목적물을 소비대차의 목적물로 하자는 쌍방의 합의로 성립한다. 즉, 채무의 발생 원인을 기존의 여타의 원인에서 소비대차를 원인으로 하는 것으로 변경하자는 합의에 의하여 성립한다.

따라서 준소비대차가 성립하려면, 기존의 채무를 전제로 그에 대한 채무원인 변경의 합의가 있어야 한다. 합의는 다른 계약에서와 다르지 않다. 다른 계약에서와 특이한 것은 준소비대차에서는 당사자 사이에 금전 기타의 대체물의 급부를 목적으로 하는 기존의 채무가 존재하여야 한다. 따라서 기존의 채무가 존재하지 않거나 무효 또는 사후에 취소 또는 해제되어 소멸한 때에는 준소비대차도 성립하지 아니한다. 기존의 채무에 대하여는 특별한 제한이 없다. 즉, 매매·도급·고용 그 밖의 여타의 계약에 기한 채무이든, 부당이득·불법행위로 인하여 발생한 법정채무든 장래의 채무이든 상관이 없다.

판례 消滅된 債務 또는 無效인 債務에 대한 準消費貸借 : 이미 소멸된 채무를 목적으로 한 준소비대차계약은 법률상 그 효력을 발생치 않는 것이다(대판 1955.3.31. 4288民上30). 준소비대차계약에 있어서 그 기존채무가 무효이면 새로운 채무도 성립되지 않는다고 볼 것이다(대판 1962.1.18. 4294民上493).

(3) 債務의 同一性 維持

준소비대차는 채무원인만 변경하는 것으로 기존의 채무를 소멸시키는 것이 아니다. 따라서 채무의 동일성이 유지되는데, 새로운 채무를 발생시키는 당사자의 합의가 기존채무를 소멸시키는 것인지(경개) 또는 기존채무를 그대로 존속시키는 것인지 분명하지 아니한 때에는 어떻게 이해할 것인가가 문제된다. 이는 당사자의 의사의 해석상의 문제가 되는데, 원칙적으로 기존채무를 소멸시키지 아니하는 것, 즉 새로운 채무는 기존의 채무와 동일성을 가지는 것으로 해석하여야 한다는 것이 판례와 통설이다. 당사자가 기존채무를 완전히 소멸시키고 새로운 소비대차계약을 발생시키는 합의(경개)를 할 수도 있으며, 그러한 의사가 명확한 경우는 준소비대차가 아니라 경개로서 채무의 동일성은 없게 된다.

판례 意思가 不分明한 때에는 準消費貸借로 : 경개나 준소비대차는 모두 기존채무를 소멸케 하고 신채무를 성립시키는 계약인 점에 있어서는 동일하지만 경개에 있어서는 기존채무와 신채무와의 사이에 동일성이 없는 반면, 준소비대차에 있어서는 원칙적으로 동일성이 인정된다는 점에 차이가 있는 바, 기존채권·채무의 당사자가 그 목적물을 소비대차의 목적으로 할 것을 약정한 경우 그 약정을 경개로 볼 것인가 또는 준소비대차로 볼 것인가는 일차적으로 당사자의 의사에 의하여 결정되고 만약 당사자의 의사가 명백하지 않을 때에는 의사해석의 문제이나, 특별한 사정이 없는 한 동일성을 상실함으로써 채권자가 담보를 잃고 채무자가 항변권을 잃게 되는 것으로 스스로 불이익을 초래하는 의사를 표시하였다고는 볼 수 없으므로 일반적으로 준소비대차로 보아야 한다(대판 1989.6.27. 89다카2957).

(4) 借用金에 대한 利子의 特約

준소비대차를 하면서 차용금에 관하여 유상으로 하는 특약을 하여도 준소비대차의 성립에 방해가 되지 아니한다. 기초채무에는 변경이 없기 때문이다.

(5) 代物返還의 豫約도 有效

준소비대차의 합의에 대물반환예약의 특약을 할 수도 있다.

4. 準消費貸借의 效力

(1) 消費貸借의 效力

준소비대차는 소비대차의 효력이 생긴다(제605조). 그런데 기존의 급부의무를 원인만 변경하는 것이므로 대주의 이행의무는 이미 이행한 것으로 단지 차주만의 의무가 있게 된다. 소비대차의 일반적 효력 이외에 준소비대차에서 특별히 문제가 되는 몇 가지 구체적인 법률관계를 아래에서 보기로 한다.

(2) 債務의 同一性 維持

준소비대차는 채무원인만 변경하고 채무는 동일성을 유지하므로, 그에 따른 법률관계가 생긴다. 그러나 기존채무가 소비대차상의 채무의 성질과 서로 용납되지 않는 사항에 관하여는 동일성이 제한되지 않을 수 없다.

① 擔保權 및 保證의 承繼

기존채무에 붙은 담보권·보증은 그대로 승계되어 효력이 유지된다. 담보권이나 보증의 승계 여부는 채무 자체의 성질에 의하여 결정되는 사항이 아니라 당사자의 의사로 좌우되는 것이기 때문이다. 다만, 신채무의 내용이 보증의 내용을 초과할 때에는 보증인의 책임이 가중되므로 별도로 승낙을 받아야 한다. 또, 연대채무자의 1인과 하는 준소비대차는 다른 연대채무자를 면책시키지 아니한다.

② 債權者取消權에서는 舊債權의 成立時期를 基準

채권자취소권을 행사하려는 자의 채권은 취소하려는 사해행위가 이루어지기 이전에 성립한 채권이어야 한다. 그런데 구채권성립 후 준소비대차 전에 이루어진 사해행위에 대하여, 준소비대차상의 채권자(대주)가 채권자취소권을 행사할 수 있느냐가 문제된다. 즉, 준소비대차상의 대주는 사해행위이후의 채권자로서 채권자취소권을 행사할 수 없지 않느냐라는 문제가 생긴다.

사해행위취소권은 채무자의 일반재산을 보전하기 위한 것이며 구채무와 신채무는 동일성이 있으므로 채권자취소권에서는 구채권을 기준으로 하여야 한다. 따라서 당해 행위가 구채권 성립 후에 행하여진 행위이면 준소비대차 성립 전일지라도 대주(채권자)는 채권자취소권을 행사할 수 있다.

③ 時效는 新債務를 基準

시효는 채무 자체의 성질에 의하여 결정되고, 당사자의 의사로 좌우할 수 있는 것이 아니므로 언제나 신채무를 표준으로 하여야 한다.

판례 準消費貸借에서의 時效 : 회사에 대한 노임채권에 관하여 준소비대차계약이 체결된 경우, 그 노임채권이 민법 제164조 제3호 소정의 단기소멸시효의 적용을 받는 것이더라도, 그 준소비대차계약은 상인인 회사가 영업을 위하여 한 상행위라고 추정하는 것이 상당하고, 따라서 그로부터 새로이 발생한 채권은 상사채권으로서 5년의 상사시효의 적용을 받게 된다(대판 1981.12.22. 80다1363).

④ 抗辯權의 存續

당사자의 변경이 없으므로 항변권은 존속한다. 그러나 동시이행의 항변권은 소비대차의 성격상 수반할 수 없으므로 소멸한다고 보아야 한다.

(3) 기타

(a) 이자의 약정이 있는 경우에는 이자를 지급하여야 한다.

(b) 준소비대차에 의한 차용금에 대하여 대물반환의 예약이 있는 경우에는 제607조와 제608조 및 가등기담보 등에 관한 법률의 적용이 있다.

(c) 기존채무가 무효이면 새로운 채무도 무효이다. 준소비대차는 기존채무를 기초로 하므로, 기초되는 기존채무가 무효, 불성립이면 새로운 채무도 생기지 아니하는 것은 당연하다.

V. 代物返還 豫約

1. 代物返還 豫約의 意義 및 規制

소비대차에서 차주는 차용 목적물과 동종·동질·동량의 물건으로 반환하여야 한다. 그런데 당사자간에 반환하는 물건으로 그 차용물에 갈음하여 다른 재산권으로 반환할 것을 예약하는 경우가 있다(제607조). 이러한 필요성은 현실적으로 존재할 수 있고, 이러한 약정을 할 수 있음은 사적 자치의 원칙에 어긋나지 아니하다. 그러한 경우에는 당해 예약이 유효하고, 예약은 일방예약으로 추정되므로(제564조), 예약완결권의 행사에 의하여 대물반환의 본계약이 성립하고, 그에 따라 약정한 다른 물건으로 반환하여야 할 채무가 발생한다.

그런데 대물반환의 예약을 하는 경우에는 차주의 약한 경제적 지위를 이용하여 대주가 차용물보다 가치가 매우 높은 물건으로 반환할 것을 약정하는 경우가 많다. 이러한 경우에 차주를 보호하기 위하여 민법은 그러한 예약의 효력에 관하여 제607조와 제608조에서 제한을 두고 있다. 그런데 제607조와 제608조의 규정이 충분하지 않아 당사자의 법률관계가 불분명하고, 또한 대물반환의 예약은 환매 등과 동일하게 본래의 의미보다는 채권담보를 위한 것으로 변칙적으로 이용되므로 대물반환의 예약을 포함하여 이들을 포괄적으로 규제하기 위하여 특별법으로 <가등기담보등에관한법률>을 제정하여 차주를 보호하고 있다.

2. 代物返還 豫約의 成立

(1) 代物로 返還한다는 請約과 承諾의 意思의 合致

소비대차 또는 준소비대차에서 발생한 차주가 반환하여야 할 차용물에 갈음하여 다른 재산권을 이전할 것으로 하는 합의에 의하여 성립한다. 이는 대물반환의 본계약이 아니라 대물반환의 예약이다. 이러한 대물반환의 예약은 일종의 대물변제 예약으로서, 주로 금전의 소비대차에서 차주의 채무불이행에 대한 담보적 기능을 한다.

대물반환의 합의가 있는 경우에 이것이 기존의 급부의무는 소멸되고 대물에 대한 반환채무만 발생하는 대물반환의 본계약(경개)인지 또는 단순한 대물반환의 본계약 성립 전의 예약인지가 불분명한 경우가 있다. 예컨대, 1,000만원을 1년간 소비대차로 차용하면서 1년 후에 차주 소유의 서화로 변제한다는 약정을 하는 경우이다. 이 경우에 본래의 물건의 반환의무는 소멸하고 채무자는 대물만을 반환할 의무가 있는지, 아니면 채무자는 본래의 물건으로 반환할 수 있는지가 문제된다.

이에 대하여는 그러한 합의가 누구의 이익을 위한 것인지를 구별하여, 채무자의 이익을 위한 것인 때에는 채무자는 선택하여 이행할 수 있으나 채권자는 대물만을 청구할 수 있고, 채권자의 이익을 위한 것인 때에는 역으로 되며, 당사자 쌍방의 이익을 위한 것인 때에는 본래의 채무는 소멸하고 대물에 대한 채권·채무만 존재한다는 견해가 있다(이태). 그러나 대물변제를 요물계약으로 이해하기 때문에(판례·다수설)(졸저 『채권법총론』 대물변제 편 참조), 대물에 대한 사전합의는 언제나 예약으로서 본래의 물건을 반환함으로써 예약은 효력을 상실한다고 본다. 예약완결권의 행사로 본계약이 성립하더라도 채무자는 본래의 물건과 대물을 선택하여 이행할 수 있다.

한편, 채무의 이행을 담보하기 위한 것이 아니라 채무의 이행에 갈음하여 상대방에게 완전히 그 권리를 이전하는 경우에는 대물변제가 되고, 따라서 민법 제607조, 608조가 적용되지 아니한다(대판 1992.2.28. 91다25574 참조). 그러나, 채무를 변제하는 방법으로 다른 재산권을 이전하기로 하면서, 일정한 기간 내에 원리금을 변제하는 때에는 그 재산을 반환하기로 하는 약정이 있는 경우에는 담보를 목적으로 하는 대물반환예약으로 보아 본법의 적용이 있게 된다(대판 1998.4.10. 97다4005).

(2) 目的物의 特定

대상이 되는 목적물의 특정, 그 이전방법 및 이전시기 등과 같은 대물반환의 본계약의 성립요건을 확정하거나 확정할 수 있어야 한다.

3. 代物返還 豫約의 效力

대물반환 예약은 <예약>으로서 기본적으로 예약에 관한 법리가 그대로 적용된다. 즉, 일방예약으로서 예약완결의 의사표시로 본계약인 대물반환계약이 성립하며, 예약완결권은 부동산의 경우에는 가등기의 방식으로 공시할 수 있으며 또한 재산권으로서 예약완결권은 양도가 가능하다(이 책 매매예약에 관한 편 참조).

그런데 대물반환의 예약을 하는 차주는 사회적·경제적 약자로서 그 예약의 내용이 차주에게 불리하게 합의되는 예가 많다. 이에 민법은 제607조, 제608조에서 그 유효성에 대하여 특별히 규정한다. 또한 등기·등록으로 공시되는 부동산 기타의 권리에 관하여 위 제607조와 제608조에 의하여 무효되는 경우의 구체적인 법률관계에 관하여는 특별법인 <가등기담보등에관한법률>로 규제하고 있다.

(1) 消費貸借 또는 準消費貸借 上의 債務

민법 제607조, 608조가 적용되는 경우는 채무의 발생원인이 소비대차 또는 준소비대차에 한정된다. 따라서 예컨대, 매매계약상의 대금채무나 불법행위에 의한 손해배상금을 담보하기 위한 대물반환예약의 경우에는 적용이 없다. 판례도 동일하다.

판례 민법 제607조,608조의 규정은 채무의 발생원인이 소비대차 또는 준소비대차로 인하여 발생한 경우에, 이를 담보하기 위한 것에 한정된다(대판 1992.10.9. 92다13790).

(2) 代物의 豫約當時의 價額이 借用額 및 利子의 合算額을 넘지 아니하는 경우

제607조와 제608조에 의하여 대물의 예약 당시의 가액이 차용액 및 그 이자의 합산액을 넘지 아니하는 경우에는 대물반환의 예약은 유효하다. 따라서 위에서 언급한 예약의 법리가 그대로 적용된다. 따라서 예약완결권자(통상은 대주)의 일방적인 완결의 의사표시에 의하여 대물반환의 본계약이 성립하고, 대주는 대물에 대한 반환청구권을 행사할 수 있다. 대물이 부동산인 경우에는 소유권이전청구권 보전을 위한 가등기를 하는 것이 보통인데 완결의 의사표시 후 가등기에 기한 본등기를 청구할 수 있다.

(3) 代物의 豫約當時의 價額이 借用額 및 利子의 合算額을 넘는 경우

(가) 動 產

제607조는 <재산권의 예약당시의 가액이 합산액을 넘지 못한다>고 하고, 제608조는 제607조를 위반한 것은 <효력이 없다>고 규정한다. 이러한 제607조와 제608조의 규정은 대물반환 예약 전체가 무효라는 의미인지 또는 예약의 내용 중에서 초과되는 내용만 무효이고 예약 자체는 유효한지에 대하여 문제가 된다. 이에 대하여는 초과되는 부분만 무효라는 데 일치한다. 그렇다면 구체적인 법률관계는 어떻게 되는가?

예컨대, 금전의 소비대차에서 원금과 이자의 합산액이 1,500만원인데, 예약 당시의 시가가 2,000만원의 서화를 대물로 소유권을 이전하기로 예약한 경우이다. 서화는 불가분으로 서화의 소유권이전의 합의는 1,500만원의 범위 내에서만 유효하다는 것이 된다. 이는 곧 당해 서화에 대하여 1,500만원의 담보권을 가지는 것으로 밖에 해석할 수 없다는 데 일치한다. 즉, 변칙담보물권인 양도담보권이 설정된 것으로 해석된다. 이때의 양도담보권의 내용은 이른바 정산을 요하는 약한 의미의 양도담보이다.

(나) 假登記 經了된 不動產

대물반환의 예약에서 대물이 부동산으로 예약 당시의 가액이 차용액 및 이자의 합산액을 넘고 예약완결권이 가등기의 형식으로 된 경우에는, 그 대물반환의 예약의 법률관계는 가등기담보등에관한법률의 적용을 받는다. 따라서 동법에 따른 효력이 발생한다.

(다) 假登記 경료되지 않은 不動産

그런데 가등기담보등에관한법률은 대물반환의 예약과 가등기가 경료된 경우에 적용되므로(제1조), 대물반환의 예약만 하고 이에 따른 가등기가 되지 아니한 경우에는 동법의 적용이 없게 된다. 따라서 이 경우에는 민법 제607조 및 제608조의 적용만이 있고, 위 동산에서와 동일하게 해석할 수밖에 없다. 즉, 약한 의미의 양도담보로서 정산하여야 한다.

판례 代物返還豫約이 無效인 경우에 讓渡擔保의 效力 : 대물반환의 예약을 하고 그 목적물인 부동산에 대한 소유권이전등기에 필요한 일체의 서류를 채권자에 교부한 경우에 대물반환예약의 효력은 인정될 수 없다 하여도 양도담보의 효력은 인정되어야 할 것이며 그 채무담보를 위하여 근저당권 설정등기가 되어 있다 하여도 아무런 영향을 줄 바 못 된다(대판 1968.6.2.8. 68다762).

第7節 使用貸借

I. 序 說

1. 使用貸借의 意義

사용대차란 당사자의 일방이 무상으로 사용·수익하게 하기 위하여 목적물을 상대방에게 인도할 것을 약정하고 상대방은 사용·수익한 후에 그 물건을 반환할 것을 약정하는 합의로써 성립하는 계약이다(제609조). 사용대차는 대차형 계약의 하나로서, 목적물의 사용권만을 이전시킨다는 점에서 소비대차와는 다르고, 무상이란 점에서 임대차와는 다르다.

사용대차도 그 기원은 소비대차와 함께 생활공동체 내에서 구성원간의 상호부조적 의미에서 일상생활에 필요한 물건인 생활기구, 농기구의 일시적인 사용허가로서 나타난 제도이다. 예컨대, 주거공간, 토지의 일시적인 사용허가 또는 생활에 필요한 생활기구 등의 일시적 대여 등의 경우였다. 따라서 사용대차는 무상으로 이루어졌는데, 이것이 그대로 각국의 민법에 계승되어 오늘날에도 여전히 무상으로 되어 있다. 이와 같이 사용대차가 무상으로 된 점에서, 오늘날 사용대차는 당사자간에 특수한 인간관계가 있는, 예컨대 친족, 가까운 이웃 사이에서 한정적으로만 이용되고 있어 그 사회적 의의는 거의 상실되었다고 할 수 있다.

2. 法律的 性質

낙성·무상·편무·불요식 계약이다. 비교법적으로는 로마법을 계승하여 요물계약으로 하는 나라가 많으나, 우리 민법은 이것도 소비대차와 함께 스위스 채무법을 본받아 낙성계약으로 하였다.

그리고 무상이다. 유상이면 사용대차가 아니라 임대차가 되나, 사용의 대가적 의미가 없는 일정한 부담을 지우는 것은 가능하다.

판례 有償이면 使用貸借라는 名稱 不問하고 賃貸借 : 갑과 을 사이에 을이 갑 소유의 토지에 공원을 조성하여 그때부터 일정기간 동안 그 토지를 사용·수익하되 기간이 종료한 때에는 을이 건립한 공원 시설물 및 공원 운영에 필요한 일체의 권리를 갑에게 무상 양도하기로 약정되어 있고, 부대계약서에 을이 설치할 시설물의 단가 및 총액이 명시되어 있다면, 을의 그와 같은 의무는 토지의 사용과 대가관계에 있다고 할 것이므로 갑과 을 사이에 체결된 대차계약은 그 계약서상의 명칭이 사용대차계약으로 되어 있다 하더라도 임대차계약에 해당하는 것으로 봄이 상당하다(대판 1994.12.2. 93다31672).

Ⅱ. 使用貸借의 效力

1. 貸主의 義務

(1) 使用·收益하게 할 義務

대주는 차주가 목적물을 사용·수익할 수 있게 할 의무가 있다. 차주가 사용·수익하기 위하여는 목적물을 지배하여야 하고, 이를 위하여는 대주가 목적물을 인도하여야 한다. 그러나 이러한 인도는 소유권의 이전이 아니라 차주가 목적물을 사용할 수 있는 상태로 두는 것을 말한다.

바꾸어 말하면 대주가 차주가 사용을 할 수 있도록 허용하고 이를 방해하지 아니할 의무로서의 소극적인 의미이다. 따라서 이를 학자에 따라서는 용익허용의무(곽)라고도 한다. 대주는 소극적 의미이지만 차주의 사용·수익을 인용할 계약상의 의무가 있기 때문에 대주가 차주의 사용을 방해하면 채무불이행의 책임을 구성한다.

사용대차의 대주의 이러한 소극적 의무에서, 사용의 필요에 따른 목적물의 유지·수선의무는 차주에게 있다.

<使用을 위한 基礎的 法律關係에 따른 所有者의 義務>

법적 관계	소유권자의 의무
사용대차의 대주	소극적 의무
임대차의 대주	적극적 의무
지상권 설정자	소극적 의무
지역권 설정자	적극적 의무

(2) 貸主의 擔保責任

무상인 점에서 증여에 관한 규정이 준용된다(제612조). 즉, 목적물에 대한 하자에 대하여는 책임을 지지 아니하나, 하자를 알고 차주에게 고지하지 아니한 경우에는 책임을 진다(제559조 1항).

그러나 부담부 사용대차의 경우에는 부담의 한도 내에서 매도인의 담보책임을 진다(제559조 2항).

2. 借主의 權利·義務

(1) 使用·收益權

차주는 당사자간의 약정 또는 목적물의 성질에 따른 용법으로 사용·수익할 수 있다(제610조 1항). 이러한 사용·수익권은 사용대차에 의한 계약상의 권리이므로 대주가 이를 방해하는 등으로 침해한 때에는 채무불이행에 의한 손해배상을 청구할 수 있다.

차주의 목적물에 대한 사용·수익권은 계약 또는 물건의 성질이 허용하는 한도 내에서 인정된다. 또한 차주는 대주의 승낙 없이는 제3자에게 차용물을 사용·수익하게 하지 못한다(제610조 2항). 차주가 사용·수익의 범위를 벗어나서 사용한 때는 대주는 최고 없이 계약을 해지할 수 있고(제610조 3항), 그로 인하여 손해가 발생한 때에는 손해배상을 청구할 수 있으며, 손해배상청구권은 6월의 제척기간에 걸린디(제617조). 또한 대주의 승낙 없는 제3자에게의 사용·수익의 경우에도 대주는 계약을 해지할 수 있다(제610조 3항).

(2) 目的物 保管義務

사용대차의 목적물은 특정물로서 계약 종료 후에는 대주에게 반환하여야 한다. 따라서 차주는 반환하기 전까지는 특정물 인도채무자로서의 목적물에 대한 선량한 관리자의 주의의무가 있다(제374조). 이를 위반하여 목적물이 훼손된 때에는 채무불이행에 의한 손해배상책임이 있고, 대주의 이에 대한 청구권도 6월의 제척기간에 걸린다(제617조).

(3) 通常의 必要費 負擔

차주는 목적물을 사용·수익함에 있어 발생하는 통상의 필요비를 부담하여야 한다(제611조). 통상의 필요비는 사용과정에서 일상적으로 요하는 보존비용을 말한다. 사용대차는 무상이기 때문에 통상의 필요비를 차주가 부담한다.

이에 반해 유상인 임대차에서는 필요비를 대주가 부담한다(제626조). 통상의 필요비가 아닌 기타의 비용에 대하여는 제594조 제2항이 준용되어 대주에게 그 상환을 청구할 수 있다(제611조 2항).

기타의 비용이란 특별한 필요비와 유익비를 말하며, 이에 대하여는 대주에게 상환을 청구할 수 있다. 특별한 필요비는, 예컨대 태풍에 의하여 건물이 훼손된 경우의 복구비 등을 말한다. 차주가 대주의 의사에 반하여 유익비 등을 지출한 경우에도 상환을 청구할 수 있는지가 문제된다.

제594조 제2항이 제203조를 준용하는데, 제203조의 점유자의 비용상환청구권은 회복자의 의사를 요건으로 하지 않기 때문에 대주의 의사에 반한 경우에도 유익비 등에 관하여는 그 상환을 청구할 수 있다고 보아야 할 것이다.

(4) 借用物 返還義務

차주는 사용대차가 종료한 때에는 차용물을 반환하여야 한다.

(가) 返還時期

당사자간에 약정한 반환시기가 있는 때에는 그에 의하며, 시기의 약정이 없는 경우에는 계약 또는 목적물의 성질에 의한 사용·수익이 종료한 때에 반환하여야 한다(제613조).

(나) 借用物의 原狀回復義務와 撤去權

차주가 차용물을 반환하는 때에는 원상으로 회복하여 반환하여야 한다(제615조 전단). 훼손된 경우에 원상회복시켜 반환해야 하는데, 정당한 사용으로 인한 훼손은 이에 포함되지 않는다.

차용물에 부속시킨 물건은 철거할 수 있다(제615조 후단). 부속물을 철거하지 아니하고 그 지출된 비용을 유익비로 상환 청구할 수 있다. 철거권과 비용상환청구권은 원칙적으로 선택할 수 있다. 그러나 차용물을 훼손하지 아니하고는 철거할 수 없는 경우에는 유익비의 상환만 청구할 수 있다.

(5) 共同借主의 連帶義務

수인이 공동하여 물건을 차용한 때에는 연대하여 의무를 부담한다(제616조). 따라서 공동차주의 의무에 관해서는 연대채무에 관한 규정이 준용된다(제413조 이하).

(6) 借主의 第3者에 대한 地位

사용대차에는 대항력이 없다. 따라서 대주가 차용물을 제3자에게 양도한 때에는 제3자에 대하여 차주로서의 지위를 주장할 수 없다. 이 경우에 대주에 대하여서 채무불이행에 의한 책임은 추궁할 수 있다.

권원 없는 제3자가 목적물의 사용·수익을 방해하는 경우에는 점유권 또는 채권자대위권의 행사로 방해배제를 청구할 수 있다.

Ⅲ. 使用貸借의 終了

사용대차는 약정기간의 만료로써 계약관계가 종료되며, 일방의 채무불이행의 경우에도 이에 기하여 계약을 해지할 수 있다. 그 밖에 사용대차에 특유한 종료 사유는 다음과 같다.

1. 貸主의 解止

(1) 借主의 死亡 또는 破産宣告

차주가 사망하거나 파산선고를 받은 때에는 계약을 해지할 수 있다(제614조 1항). 인적 신뢰를 기초로 하는 사용대차에서 그 기초가 소멸하였기 때문에 해지할 수 있는 것으로 하였다.

그러나, 건물의 소유를 목적으로 하는 기간약정 없는 토지의 사용대차에서 차주 본인이 사망하더라도 지상건물의 사용수익의 필요성이 있는 경우에는 당해 토지의 사용의 필요성이 그대로 존속하는 것이므로 대주는 차주의 사망을 원인으로 하는 본조에 의하여 계약을 해지할 수는 없다(대판 1993.11.26. 93다36806 참조).

(2) 目的物 引渡 前의 任意解止

목적물 인도 전에는 언제든지 계약을 해지할 수 있으나, 그로 인한 손해는 배상하여야 한다(제612조 · 제601조).

(3) 約定 없는 경우에 使用에 足한 期間 經過

사용대차의 존속기간에 별도의 약정이 없는 경우에 사용·수익에 족한 기간 경과 후에는 언제든지 해지할 수 있다(제613조 2항 후단).

(4) 使用·收益의 範圍 逸脫

당사자의 약정 또는 차용물의 성질에 따른 사용을 하지 아니하는 경우에는 해지할 수 있다(제610조 3항).

(5) 제3자에게 無斷使用시킴

대주의 승낙 없이 제3자에게 사용·수익하게 한 경우에는 해지할 수 있다(제610조 3항).

2. 借主의 解止

차주는 목적물 인도 전에는 언제든지 해지할 수 있으며(제612조 · 제601조), 목적물 인도 후에도 다른 특약이 없는 한 기한의 이익을 포기하여 언제든지 해지할 수 있다.

第8節 賃貸借

I. 序 說

1. 賃貸借의 意義와 社會的 機能

임대차는 당사자 일방(임대인)이 상대방에게 목적물을 사용·수익하게 할 것을 약정하고, 상대방(임차인)이 이에 대하여 차임을 지급할 것을 약정함으로써 성립하는 계약이다(제618조). 임대차는 대차형 계약의 하나로서 차용물을 사용·수익하고 차용물자체를 반환한다는 의미에서 사용대차와 같으나 유상이란 점에서 다르며, 차용물 자체를 반환하여야 한다는 점에서 소비대차와 다르다.

임대차는 일찍이 로마법 시대부터 있었으나 특히 오늘날은 매매, 고용과 더불어 개인의 경제활동의 기회와 영역을 확대하는 수단으로서 매우 중요한 기능을 한다. 이러한 점에서 임대차는 매매, 고용과 더불어 현대 3대 계약이라고 한다.

임대차는 토지·건물·농지 등의 부동산과 동산 등의 사회경제생활에 중요한 요소가 되는 부분에 널리 이용되며, 사회가 진전됨에 따라 그 대상이 기계, 기업, 시설물 또는 영업권 등의 각종의 권리로 확대되는 등 그 활용이 증대되고 있다. 이와 같이 타인의 물건을 대차하여 이용하는 임대차는 임대인으로서는 유휴遊休목적물을 활용하여 경제적 이익을 획득할 수 있는 기회와 수단을 가진다는 의미가 있고, 임차인으로서는 작은 대가로 타인의 물건 및 권리를 이용하여 큰 가치를 창출할 수 있는 기회를 가진다는 의미가 있다. 즉, 임대차는 자본과 개인의 창의성을 바탕으로 하는 자본주의 경제구조에서 각자가 보유한 자본 또는 창의성을 극대화시켜 경제적 가치를 획득할 수 있는 기회를 부여하는 법적 수단이 된다. 임대차의 목적물이 되는 것은 주로 부동산이며, 그중에서도 주거용 건물(주택)과 상업용 건물 및 농지가 널리 임대차로 이용된다. 이들에 대한 임대차에서 당해 목적물은 임차인에게 일상생활의 터전이 되고, 경제활동의 본거지가 된다. 따라서 임차인의 안정적인 생활 및 경제활동을 위하여 이들을 보호하여야 할 필요성이 있는데, 이는 단지 경제적 약자인 개인으로서의 임차인을 보호한다는 의미뿐만 아니라 사회 전체의 안정적인 기반의 조성과 경제활동의 보호라는 점에서도 매우 중요하다. 이에 민법은 부동산 임차권에 관하여 단순한 채권 이상의 권리를 부여하며, 주택에 관하여는 주택임대차보호법(1981년 법률 제3379호), 상가건물에 대하여는 상가건물임대차보호법(2001년 법률 제6542호), 농지에 관하여는 농지법(1994년 법률 제4917호)을 특별법으로 제정하여 각각의 임차인을 보호하고 있다.

2. 賃貸借의 法律的 性質

임대차는 낙성·유상·쌍무·불요식계약이다(농지법 제23조에서 농지임대차는 서면을 원칙으로 하고 있다).

임대차는 특정한 비소비물의 사용·수익을 목적으로 한다는 점에서 사용대차와 같으나, 유상인 점에서 사용대차와 다르다. 임대차는 임차인의 목적물에 대한 일정한 기간의 계속적 이용과 그에 대한 대가인 차임이 회귀적 급부의무의 요소가 되는 일종의 계속적 계약이다.

3. 賃借權의 性質

(1) 不動産 賃借權의 强化—物權化 傾向

토지나 건물 등의 부동산뿐만 아니라 동산이 임대차의 목적물이 된다. 그러나 로마법시대나 오늘날에서나 여전히 부동산이 목적물의 주를 이루고 또한 부동산의 임대차가 가장 중요한 사회적 의의를 가진다. 부동산의 이용관계는 채권관계로서의 임대차만 있는 것이 아니고, 어느 나라나 물권으로서의 용익물권의 제도를 두고 있다. 우리나라도 역시 토지에 대한 지상권, 토지 및 건물에 대한 전세권인 용익물권제도를 두고 있으나, 이용자의 지위가 상대적으로 약한 채권관계에 의한 임대차가 압도적으로 많이 이용되고 있다.

이와 같이 그 이용도가 높고, 따라서 사회적으로 중대한 의의를 가지는 부동산 임대차에서 임차인의 지위를 어떻게 설정할 것인지가 문제된다. 임차인의 지위는 곧 임차권에 어떠한 효력을 부여할 것인가로서 입법정책상의 문제가 된다. 임차권에 대한 입법정책은 시대와 나라에 따라서 다른데, 로마법에서는 순수한 채권으로 구성하여 <매매는 임대차를 깨뜨린다>는 원칙을 취하였으나, 게르만법에서는 임차권의 우위를 인정하는 <매매는 임대차를 깨뜨리지 못한다>는 원칙을 취하였다. 그 후 게르만법에서는 로마법의 계수로 채권적인 권리로 되었는데, 근대 이후의 각국에서는 어느 나라든 임차권을 순수한 채권으로 관념하지는 아니하고 일정한 효력을 부여하여 임차권을 강화하고 있다.

우리 민법도 외국의 입법례에 따라 임차권을 기본적으로 채권으로 구성하면서, 부동산 임차권에 관하여는 등기를 함으로써 제3자에 대한 대항력을 가지게 하여 채권으로서의 약화된 권리를 부분적으로 강화하고 있다. 이와 같이 임차권은 오늘날 임대차의 사회적 중요성에 따른 사회적 요구에 따라 그 권리가 강화되는 경향에 있다. 이러한 강화되는 임차권의 성질을 학자들은 <임차권의 물권화>라고 한다. 요컨대, 임차권은 채권으로서 물권화 과정에 있는 권리라는 것이다. 이러한 물권화 과정에 있는 권리란 임차권이 대항력을 가짐으로써 제3자에 대하여 임차인이 보호되어 채권자에 지나지 않는 임차인의 지위가 상대적으로 강화되고 있다는 내용을 표현한 것에 지나지 않으며, 채권인 임차권이 물권으로 변한다는 것을 의미하는 것은 아니다.

이와 같이 우리 민법도 부동산 임대차에 관하여는 대항력을 취득할 수 있는 길을 마련하여 임차인의 지위를 상대적으로나마 보완시키고 있다. 그러나 우리나라의 임대차에서는 다른 나라의 임대차에서 볼 수 없는 차주와 대주 간에 거액의 보증금이 수수된다. 이러한 보증금에 관한 법률관계는 임차권의 본래의 내용인 목적물에 대한 사용·수익권보다 임차인에게 실질적으로 더욱 중대한 문제가 된다. 그러함에도 우리 민법은 보증금에 대한 규정이 전무한데, 이는 우리의 실정이 전혀 반영되지 않은 것으로 비난을 면할 수 없다고 하겠다. 이러한 점에서, 특별법은 보증금에 대한 차주의 권한을 강화하는 측면에 주안점을 두고 있다.

<不動産의 利用關係>

	지상권(전세권)	임대차-임차권
본 질	물 권	채 권
대항력	있음	없으나, 등기하면 있음
양도성	자유롭게 임대 가능	임대인의 동의 요함
기 간	최단기제한(5,15,30년)	최장기제한(20년)
대가(이용료)	요건 아님	요건
이용료의 해지사유	2년 이상 연체	2기 연체
의 무	설정자의 소극적 의무	임대인의 적극적 의무

(2) 住宅賃借權의 强化

주택의 임대차는 토지나 일반 건물의 임대차와 몇 가지 점에서 특이성이 있다. 주택은 인간에게 필수적인 주거공간이라는 의미에서 주택임차인에게 목적물의 안정적인 사용이 보장되어야 하는 것이며, 근본적으로 주택난이 해소되지 않은 상태에서 임차인의 사회적·경제적으로 약한 지위에 따른 임대인의 횡포로 부당한 계약관계가 설정될 가능성이 매우 높다. 이러한 점에서 각국은 주택임대차에 관하여는 통상적인 임대차와 구별하여 별도의 특별법을 세정하여 임차인을 특별히 보호하고 있다(독일과 프랑스 등에서는 제1차 대전 후, 일본도 1921년에 특별법을 제정하였다).

주택임대차에 관한 각국의 특별법은 임차인의 지위를 보다 강화시키는 내용으로 되어 있는데, 주된 내용은 계약기간 및 차임의 통제와 임차권에 대항력을 부여하는 것 등이다. 또한 주택의 임대차에서 임차인이 단독으로 당해 주택에 거주하는 경우보다 임차인을 가장으로 하는 가족의 일원이 거주하는 것이 보통이다. 그러한 경우에 임차인이 사망한 경우의 법률관계가 문제된다. 이는 임차권을 일반적인 재산권으로 상속의 법리를 적용하면, 비상속인과 공동생활을 한 경우에 잔존 가족은 그 생활의 터전을 상실한다는 결과가 된다. 여기서, 각국은 주택임차권에 상속 법리를 적용하지 않고 별도의 승계제도를 인정하고 있다.

우리나라도 주택임대차의 위와 같은 특수성에 맞추어 외국의 입법례에 따라 특별법으로 주택임대차보호법(1981년)을 제정하여 임차인을 보호하고 있다. 동법에 의하여 주택임차권은 계약기간이 보장되고, 대항력과 우선변제력이 부여됨으로써 보다 강화된 권리를 가지게 되었다.

(3) 商街建物의 賃貸借

주택 외의 상업용 건물의 임대차에서 외국과는 달리 우리나라는 주택의 임대차와 유사하게 임차인을 특별히 보호하는 특별법을 가지고 있다. 이는 우리 사회에서 소규모 자본으로 영업용 건물을 임차하여 자영업을 하는 경우가 많으며, 그들의 경우에 전 재산이며, 생활의 기반인 영업장의 사용권을 순수한 채권으로 규율함으로써 많은 피해가 속출하고 있었다. 이러한 점을 시정하고, 경제적 약한 지위에 있는 자영업자들을 보호할 목적으로 상가건물의 임대차에 대하여도 특별법이 제정되었다.

(4) 農地의 賃借權

종래 농지의 소유에 대하여는 농지에 대한 투기 및 농민들로부터의 농지의 이탈을 방지하기 위하여 <경자유전耕者有田의 원칙原則> 아래 농지의 소유를 제한하였고, 따라서 농지에 대한 임대차는 원칙적으로 금지되었다. 그러한 농지에 대한 임차의 금지에도 불구하고, 재래의 소작이란 형태로 음성적으로 일종의 임차가 행하여지고 있으며, 소작에서 소작인(임차인)은 법의 보호를 받지 못하여 매우 열악한 지위에 있다.

이에 탈법을 통한 농지소유 및 농민의 소작농으로서의 전락에 대한 문제가 사회적으로 심각하게 대두되면서, 농지에 관한 종합적이고 체계적인 입법이 요구되었다. 이러한 요구에 부응하여 농지법이 1994년에 제정되어 1996년 1월 1일부터 시행되고 있다. 그러나 농지의 임대차에 관하여는 제22조부터 제29조에서 규정하고 있으나, 그 내용이 임대차가 가능한 농지(제22조), 서면에 의한 계약(제23조), 묵시의 갱신(26조), 임대농지 양수인의 임대인지위의 승계(제28조) 등으로 농지임차인의 실질적인 권리의 보호가 매우 미약하다. 결국 농지임대차에 관한 농지법은 아직은 농지임차권을 강화한 의미보다는 음성적인 농지임대차를 양성화시켰다는 데 의의가 있다고 할 수 있다.

Ⅱ. 賃貸借의 成立

1. 目的物

(1) 動産과 不動産

임대차의 목적물은 동산 또는 부동산과 같은 물건이다. 이러한 물건은 비소비물이어야 하고, 소비물인 경우에는 소비대차가 된다.

토지나 건물과 같은 부동산이 임대차의 주된 대상이 되나, 자동차·항공기·선박·의료기구·농기구·사무기구 등의 동산도 임대차로 이용되고 있다. 농지는 기술한 바와 같이 농지법에서 임대차가 가능한 농지를 열거하여 제한하고 있다(제22조).

기업이나 시설물 또는 특허권과 같은 권리나 영업허가 등도 대여 받아 사용·수익하기로 하고 그 대가를 지급하는 약정을 할 수 있다. 이러한 약정도 민법상의 임대차인지가 문제된다. 통설은 민법상의 임대차를 물건에 한정하는 것으로 해석한다. 따라서 권리 등에 대한 대여의 약정은 임대차에 비슷한 일종의 무명계약이 된다. 판례도 시설의 대여계약(이른바 리스계약)을 비전형계약이라 하여, 민법의 임대차에 관한 규정이 바로 적용되지는 아니하는 것이라 한다(시설의 대여에 관하여는 여신전문금융업법 제28조 내지 제37조에서 규정하고 있으나, 주된 내용이 시설대여업자의 행정적인 내용에 관한 것이다. 시설대여계약에 관하여는 별도로 후술).

판례 施設貸與契約의 性質 : 일반적으로 리스(시설대여)계약은 리스(시설대여)회사가 리스이용자가 선정한 특정물건을 새로이 취득하여 그 물건에 대한 직접적인 유지관리책임을 지지 아니하면서 리스이용자에게 일정기간 사용케 하고 그 기간에 걸쳐 일정대가를 정기적으로 분할지급받음으로써 그 투자금을 회수하는 것을 내용으로 하는 것으로서 형식에 있어서는 임대차계약과 유사하나 그 실질은 물적 금융이고 임대차계약과는 여러 가지 다른 특질이 있기 때문에 리스(시설대여)계약은 민법의 임대차에 관한 규정이 바로 적용되지 아니하는 것이라 함은 소론과 같다(대판 1987.11.24. 86다카2799).

(2) 他人의 物件도 可能

임대차는 소비대차와 달리 목적물의 소유권을 상대방에게 이전하는 것이 아니므로, 임대인이 임대물에 대한 소유권이나 또는 그것을 처분할 권한을 가지고 있어야 할 필요는 없다. 따라서 임차인도 일정한 경우 다시 임대할 수 있고, 재산관리인 등과 같이 처분권한이 없는 자도 임대할 수 있다.

2. 賃貸借의 存續期間

(1) 契約으로 期間을 정한 경우

임차인은 임차목적물에 주거하거나 또는 임차목적물이 영업의 본거지가 되거나 또는 그 목적물로부터 직접적으로 경제적 이익을 창출한다. 따라서 임차인은 주거의 안정 또는 지속적인 영업의 운영을 위하여 상당기간 임대차의 존속을 보장받기를 원한다. 그러나 임대인은 일반적으로 그 기간을 단기로 하여 임차물에 대한 처분가능성을 확보하며, 또한 계약 갱신을 통하여 사용대가를 올릴 수 있는 길을 열어 두려고 한다. 이와 같이 임대인과 임차인의 이익은 상반되는데, 이에 적당한 기간 동안 임차인이 임차물을 안심하고 사용할 수 있도록 임대차의 존속기간을 법률로써 규제할 필요성이 있다. 그런데 민법은 임대차에 대하여 최장기에 대한 제한만 함으로써 임차인의 보호에는 아무런 도움이 되지 않는다.

(가) 原則的으로 最長期 20년 : 임대차의 존속기간은 원칙적으로 20년을 넘지 못한다. 당사자의 약정기간이 20년을 넘는 때에는 20년으로 단축된다(제651조 1항). 이는 목적물과 이용의 내용이 유사한 전세권에서 최장기간을 제한한 것(제312조)과 유사하며, 토지의 용익물권인 지상권이 최단기간의 제한을 한 것(제280조)과는 대조적이다. 이러한 최단기간의 제한에 관한 규정은 강행규정이다.

(나) 更新時는 10年 以内 : 계약에 의한 약정기간은 이를 갱신할 수 있으나, 그 기간은 갱신한 날로부터 10년을 넘지 못한다(제651조 2항). 갱신의 횟수에는 제한이 없어 갱신을 하여 계속 연장할 수 있다. 여기서의 갱신은 기간을 정하여 명시적으로 다시 하는 갱신을 말하며, 묵시의 갱신인 경우는 기간의 약정이 없는 임대차가 되어(제639조), 후술하는 제635조가 적용된다.

(다) 特殊目的의 土地賃貸借 : 석조·석회조·연와조 또는 이와 비슷한 견고한 건물 기타 공작물의 소유를 목적으로 하는 토지임대차나 식목·채염을 목적으로 하는 토지임대차에 있어서는 위 20년의 최장기의 제한을 받지 않는다(제651조 1항). 따라서 당사자는 20년을 넘는 기간을 약정할 수 있다.

(라) 解止保留에 따른 解止 : 당사자간에 임대차의 기간을 약정하면서 그 기간 내에 해지할 권리를 보류할 수 있다. 해지가 없는 경우에는 약정한 기간 동안 임대차가

존속하나, 잔여기간이 있더라도 유보된 해지권을 행사할 수 있는 것은 당연하다. 그런데 해지의 효력이 언제 생기느냐는 문제가 있다. 약정이 있는 임대차에서 유보된 해지권을 행사하는 경우는 기간의 약정이 없는 임대차와 실질적으로 같다. 따라서 이러한 경우는 기간의 약정이 없는 임대차의 해지에 관한 규정을 준용한다(제636조). 즉, 해지통고를 받은 날로부터 임대인의 해지는 6월, 임차인의 해지는 1월, 동산은 5일이 경과하면 해지의 효력이 생긴다.

(2) 期間을 정하지 않은 경우

당사자간에 임대차의 기간을 정하지 아니한 경우에는 당사자는 언제든지 계약해지의 통고를 할 수 있다(제635조 1항). 해지통고에 의한 계약의 해지는 상대방이 통고를 받은 날로부터 일정한 기간이 경과한 후에 해지의 효력이 생긴다(제635조 2항). 즉, ① 토지·건물 기타 공작물에 대하여는 임대인이 해지를 통고한 경우에는 6월, 임차인이 해지통고를 한 경우에는 1월, ② 동산은 당사자 가운데 누가 해지통고를 하든 해지통고를 상대방이 받은 날로부터 5일이 경과하면 해지의 효력이 생긴다.

(3) 處分權限 없는 자에 의한 賃貸借期間

(가) 短期賃貸借

임대차는 물건에 대한 처분이 아니라 관리행위이다. 따라서 처분의 권한 은 없으나 관리권한이 있는 자는 물건을 임대할 수 있다. 부재자재산관리인(제25조), 권한을 정하지 아니한 대리인(제118조), 후견인(제946조), 상속재산관리인(제1023조) 등이 이에 해당한다. 이러한 처분권한이 없는 자가 임대를 할 때에는 처분권이 없기 때문에 장기간의 임대는 바람직하지 아니하다. 이에, 민법은 처분권한 없는 자의 임대차에 대하여는 통상적인 임대차보다 그 기간을 단축하여 제한을 한다. 즉, ① 식목·채염 또는 석조·석회소·연와소 및 이와 유사한 건축을 목적으로 하는 토지의 임대차는 10년, ② 기타 토지의 임대차는 5년, ③ 건물 기타 공작물의 임대차는 3년, ④ 동산의 임대차는 6월을 넘지 못한다(제619조).

(나) 更 新

위의 처분권한 없는 자의 임대차에 대하여도 갱신을 통하여 그 기간을 연장할 수 있다. 갱신은 기간 만료 전 토지에 대하여는 1년, 건물 기타 공작물에 대하여는 3월, 동산에 대하여는 1월내에 하여야 한다(제620조). 처분권한 없는 자와의 임대차에서의 갱신에는 전술한 약정기간이 있는 임대차에서의 묵시에 의한 갱신은 인정되지 아니하고 명시적인 갱신만이 인정된다. 갱신에 의한 임대기간은 역시 제619조의 기간에 관한 제한규정이 적용된다.

(4) 住宅,商街建物 및 農地의 最短期間 保障

(가) 住宅賃貸借保護法,商街建物賃貸借保護法 上의 最短期間

주택임대차보호법은 기간을 정하지 않거나 기간을 2년 미만으로 정한 임대차는 그 기간을 2년으로 본다고 규정하고 있다(제4조 1항). 상거건물의 경우에는 영업장이라는 특수성을 감안하여 상가건물임대차보호법에서 최단기간을 1년으로 하고 있다(제9). 같은 이용관계인 건물의 전세권에 대해서는 최단기간을 1년으로 하고 있다(민법 제312조 2항).

(나) 農地法上의 最短期間

농지임대차의 기간은 1년 이상으로 하여야 하지만, 다년생식물을 재배하는 경우나 농업용시설을 설치하여 농작물을 경작하는 경우에는 3년 이상으로 하여야 한다(제24조 1항). 농지임대차의 기간이 1년 혹은 3년보다 짧거나 이를 정하지 않은 경우에는 1년 혹은 3년의 단기간으로 약정된 것으로 본다(제24조 3항).

3. 賃貸借의 更新

민법은 임대차계약의 갱신에 계약에 의한 갱신과 묵시에 의한 갱신의 두 가지를 두고 있다. 계약에 의하여 임대차를 갱신할 수 있음은 당연하다. 그런데도 불구하고 묵시에 의한 갱신 외에 별도로 계약에 의한 갱신을 두는 것은 일정한 요건 하에 임차인을 보호하기 위하여 간접적으로 갱신을 강제한다는 데 그 의의가 있다.

(1) 契約에 의한 更新

건물 기타 공작물의 소유 또는 식목·채염·목축을 목적으로 한 토지임대차에서 지상시설이 현존한 때에는 임대차기간이 만료한 때에 계약의 갱신을 청구할 수 있으며, 임대인이 갱신을 원하지 아니하는 때에는 지상시설에 대하여 상당한 가액으로 매수를 청구할 수 있다(제643조, 제283조). 즉, 임차인은 임대인이 계약을 갱신하든지 아니면 지상시설을 매수하든지 선택을 강요할 수 있는 것이다. 이는 지상시설을 위하여 투하한 임차인을 보호하기 위한 규정이다. 여기서 임대인은 계약의 갱신에 응하지 않을 수 있고, 갱신을 하지 아니하는 경우에는 매수청구권에 대하여는 이를 거절하지 못한다.

임차인의 지상시설매수청구권은 일종의 형성권이다. 따라서 임차인의 지상시설 매수청구의 일방적 의사표시에 의하여 효력이 생긴다. 시설의 대가에 관하여는 상당한 가액인데, 시가가 그 기준이 된다. 한편, 본조의 규정은 강행규정으로(제652조), 이에 위반하는 약정으로서 임차인에게 불리한 것은 그 효력이 없다.

이와 같이 계약의 갱신은 간접적으로 강제되며, 매수청구권을 형성권으로 한 것은 임차인을 보호하기 위한 것이다. 따라서 임차인의 채무불이행에 의한 계약의 해지로 인한 경우에도 이러한 청구권을 인정하는 것은 매도인에게 가혹하다. 제643조의 규정은 임차인의 채무불이행에 의한 해지의 경우에는 적용이 없다고 보아야 한다. 판례도 같다.

판례 債務不履行에 의한 解止 경우의 更新請求權 : 임대차에 있어서 임차인의 채무불이행 등의 사유로 인하여 임대차계약이 해지되었을 때에는 임차인에게 계약갱신권이나 매수청구권이 발생할 수 없다(대판 1972.12.26. 72다2013).

판례 買受請求權을 排除하는 當事者 特約의 效力 : 토지임대인과 토지임차인 사이에 임대차기간 만료 시에 임차인이 지상건물을 양도하거나 이를 철거하기로 하는 약정은 특별한 사정이 없는 한 민법 제643조 소정의 임차인의 지상물매수청구권을 배제하기로 하는 약정으로서 임차인에게 불리한 것이므로 민법 제652조의 규정에 의하여 무효라고 보아야 한다(대판 1993.7.27. 93다6386)

(2) 默示의 更新

임대차기간이 만료한 후에도 임차인이 임차물의 사용·수익을 계속하는 경우에 임대인이 상당한 기간 내에 이의를 하지 아니한 때에는 전 임대차와 동일한 조건으로 다시 임대차한 것으로 본다(제639조 1항 본문). 이 규정은 기간 만료 후에도 상호간에 별도의 의사가 없는 것은 그대로의 법률관계를 지속하는 것이라는 쌍방의 상대방에 대한 신뢰를 보호하기 위한 것이다.

여기서 전임대차와 <동일한 조건>으로 본다는 것은, 동조 동항 단서에서 당사자는 제635조의 기간의 약정 없는 임대차의 해지에 관한 규정에 의하여 해지를 할 수 있다고 하여 임대차기간에 관하여는 <약정이 없는 임대차>로 보는 것을 의미하고, 그 외의 조건인 임료, 임차권의 내용 등은 전임대차와 같다.

한편 묵시의 갱신이 있는 때에는 전 임대차에 대하여 제3자가 제공한 담보, 예컨대 저당권이나 인적 보증 등은 전임대차기간의 만료로 소멸한다(제639조 2항). 제3자는 담보제공시의 임대차 기간만 고려하여 담보를 제공할 것이기 때문이다. 그러나 임차인이 제공한 담보는 그대로 유지된다.

제3자가 제공한 담보의 소멸은 묵시의 갱신의 경우에 한정되며, 합의에 의한 갱신의 경우에는 당연히 소멸하는 것은 아니다. 즉, 제639조 제2항은 합의에 의한 갱신에는 그 적용이 없다. 판례도 같다(대판 2005.4.14. 2004다63293)

주택과 상거건물의 경우에도 해당 특별법에서 묵시의 갱신을 인정하며, 묵시의 갱신의 경에는 민법의 규정과 같게 <동일한 조건으로>갱신 된 것으로 본다고 규정한다(주택법 제6조, 상가법 제10조). 농지임대차에서는 경작의 준비 등의 특수성으로 임대인이 임대차기간 만료 3월 전까지 갱신의 거절 또는 임대차조건의 변경의 뜻을 통지하지 아니한 때에는 전 임대차와 동일한 조건으로 다시 임대차한 것으로 본다(농지법 제26조).

Ⅲ. 賃貸借의 效力

1. 賃貸人의 權利와 義務

(1) 賃貸人의 權利

임대인의 권리는 대체로 임차인의 의무가 된다. 그러므로 임대인의 권리가 곧 임차인의 의무가 되는 것은 임차인의 의무에서 설명하기로 하고, 여기서는 임대인의 권리에 한정되는 것만을 보도록 한다.

(가) 借賃請求權

임대인은 차임청구권이 있다. <u>차임연체액이 2기에 달한 때에는 임대차계약을 해지</u>할 수 있다(제640조, 제641조)(자세한 것은 임차인의 차임지급의무 참조).

(나) 賃貸物返還請求權

임대차종류 후 임대인에게 임대물반환청구권이 생긴다. 임대인의 임대물반환청구권은 임차인의 보증금반환청구권과 동시이행의 관계에 있다(자세한 것은 임차인의 임차물반환의무 참조).

(다) 借賃增額請求權

임대인은 임대물에 대한 공과부담의 증대 기타 경제사정의 변화로 약정한 차임이 상당하지 아니하게 된 때에는 장래에 대한 차임의 증액을 청구할 수 있다(제628조 일부). 차임증액청구권은 당사자간에 반대의 약정, 즉 임대기간 중에 차임을 증액시키지 않겠다는 특약이 없어야 한다. 제652조는 제628조(증액과 감액 함께 규정)를 강행규정으로 하고 있으나, 증액하지 않겠다는 특약은 임차인에게 유리한 것이기 때문에 유효하다.

증액청구에 대한 기간 및 구체적인 액수에 대하여 민법에는 제한이 없으나, 주택임대차보호법시행령 제2조는 임대차계약 후 또는 약정한 차임의 증액이 있은 후 1년 내에는 증액할 수 없도록 규정하며, 또한 증액하는 경우에 약정차임의 20분의 1의 금액을 초과하지 못하도록 제한하고 있다.

차임증액청구권은 일종의 형성권으로 임대인의 일방적인 의사표시로 한다(자세한 것은 임차인의 차임지급의무 참조). 그러나, 임차인은 이에 대하여 이의를 제기할 수 있으며, 제628조에 해당하는 경우에 임대인의 일방적 증액에 대하여 임차인은 이의를 제기할 수 없다는 특약은 임차인에게 불리한 것이기 때문에 무효(652조)로 보아야 한다.

(라) 法定擔保物權

임대인에게는 차임이 매우 중요하다. 따라서 임대인의 차임채권을 확보하기 위하여 민법은 임대인에게 다음과 같은 법정담보물권을 인정한다.

① 土地賃貸人의 法定質權

토지임대인이 임대차에 관한 채권에 의하여 임차지에 부속 또는 그 사용의 편익에 공용한 임차인의 소유 동산 및 그 토지의 과실을 압류한 때에는 질권과 동일한 효력이 있다(제648조). 법정질권이 성립되는 피담보채권은 차임에 한정되지 않고 임차물의 훼손에 따른 손해배상채권 등 임대인이 임대차에 기하여 가지는 모든 채권이 된다. 일시 사용을 위한 임대차에서는 법정질권이 인정되지 않는다(제653조).

② 土地賃貸人의 法定抵當權

토지임대인이 변제기를 경과한 최후 2년의 차임채권에 의하여 그 지상에 있는 임차인 소유의 건물을 압류한 때에는 저당권과 동일한 효력이 있다(제649조). 건물에 대한 기타의 담보권자와의 관계를 고려하여 피담보채권을 변제기 경과한 최후 2년의 차임채권으로 한정하였다. 법정저당권은 압류한 때에 성립하며, 다른 담보권과의 순위는 물권의 효력의 일반원칙에 따라 성립시를 기준으로 한다.

③ 建物賃貸人의 法定質權

건물 기타 공작물의 임대인이 임대차에 관한 채권에 의하여 그 건물 기타 공작물에 부속한 임차인 소유의 동산을 압류한 때에는 질권과 동일한 효력이 있다(제650조). 피담보채권은 임대인의 차임채권을 포함한 임대차에 기한 모든 채권이며, 동산을 압류한 때에 질권이 성립한다. 일시 사용을 위한 임대차에서는 법정질권이 성립하지 않는다(제653조).

(마) 保存에 必要한 行爲를 할 權利

임대인은 임대차기간 중에도 임대물의 보존에 필요한 행위를 할 수 있고, 이에 대하여 임차인은 거절하지 못한다(제624조). 그러나 임차인의 의사에 반하여 보존행위를 하는 경우에 임차인이 보존행위로 인하여 임차의 목적을 달성할 수 없는 때에는 계약을 해지할 수 있다(제625조).

(2) 賃貸人의 義務

임대인은 임차인에게 목적물을 사용·수익하게 할 적극적 의무, 비용상환의무, 담보책임, 부동산임대차에서 등기협력의무, 지상시설 및 부속물매수의무, 보증금반환의무가 있다.

(가) 目的物을 使用·收益하게 할 義務

임대인은 목적물을 임차인에게 인도하고 계약이 존속하는 동안 임차인이 목적물을 사용·수익할 수 있는 상태가 유지되도록 할 의무가 있다(제623조). 이와 같이 대주는 차주의 사용·수익에 대한 적극적 의무를 지는데, 이는 임대차가 유상이기 때문으로 무상인 사용대차에서의 대주가 소극적 의무를 지는 것과는 대조적이다.

대주의 이와 같은 사용·수익에 대한 적극적 의무를 구체화하면 임대물을 인도하여야 할 의무, 임대물에 대한 사용의 방해사유가 발생한 때에 이를 제거하여야 할 의무, 고장 또는 파손 등으로 사용을 할 수 없는 경우에 수선하여야 할 의무 등이 된다. 따라서 임대물이 임차인이 사용·수익할 수 없는 상태가 된 때에도 이를 그대로 방치하면 임대인의 채무불이행이 된다.

① 目的物引渡義務

임차인이 목적물을 사용·수익할 수 있기 위하여는 목적물이 임차인에게 인도되어야 하는 것은 당연하다. 즉, 임대인은 임차인이 사용·수익할 수 있도록 목적물을 인도하여야 한다. 따라서 목적물이 제3자에게 양도되고 임차인이 양수인에 대한 대항력이 없어 사용·수익을 하지 못하는 경우, 목적물이 2중으로 임대되고 임차인이 다른 임차인에게 대항할 수 없어 사용·수익을 하지 못한 경우 등은 임대인의 목적물인도의무 불이행에 의한 채무불이행책임을 진다.

타인의 물건에 대한 임대차로서 소유자로부터 동의를 받지 못하여 임차인이 사용·수익할 수 없게 된 경우는 권리의 하자에 관한 것으로 담보책임이 문제된다.

② 妨害除去義務

임대인은 임차인이 사용·수익할 수 있게 목적물에 대한 방해를 제거하여야 한다. 자연력에 의한 방해의 경우는 물론이고, 제3자로부터 불법한 방해의 경우에도 임차인이 점유보호청구권을 가진다는 이유로 이 의무를 면하지 못한다.

③ 修繕義務

목적물을 사용·수익하게 할 상태를 유지할 의무에서 수선의무가 나온다. 수선이란 목적물의 용법에 따른 사용·수익을 할 수 없는 고장 또는 파손이 생겼을 때, 이를 복구하여 사용·수익할 수 있게 하는 것을 말한다. 이러한 수선의무는 수선의 필요성이 있고, 수선이 가능한 경우에 있게 된다(전세권에 있어서는 전세권자가 수선의무를 진다(제309조)).

이러한 수선의무를 면제하거나, 임차인의 부담으로 하는 특약은 유효한가? 이러한 특약은 임차인의 통상적인 사용에 따른 파손 등의 경우에 한 하며, 큰 파손이나 임차인의 사용을 기본적으로 저해할 수 있는 기본적인 부분인 경우에 그 특약은 효력이 없다고 하겠다(대판 1994.12.9.94다34692).

ⓐ 고장이나 파손이 있을지라도 그것이 임차인의 사용·수익에 지장을 줄 정도의 것이 아닌 경우에는 임대인의 수선의무는 없다. 또한 수선할 수 있는 경우에만 수선의무가 있고, 수선이 불가능한 경우는 수선의무는 문제가 되지 않는다. 수선이 불가능한 경우에 잔존부분으로 임차목적을 달성할 수 있는 경우는 차임감액의 문제가 되고(제627조), 잔존부분으로 임차목적을 달성할 수 없는 경우에는 임대차계약은 소멸하고 채무불이행에 의한 책임의 문제가 남는다.

사용·수익에 지장이 있느냐 여부 및 수선이 가능한가 여부는 목적물의 종류와 계약의 잔여기간 등의 구체적인 내용을 종합적으로 고려하여 사회통념에 따라 결정하여야 한다. 예컨대, 목적물인 건물이 반 이상 파손되어 수선을 하는 비용이 신축하는 비용에 버금가는 경우 등은 수선이 불가능한 것으로 보아야 한다.

판례 賃貸人의 修繕義務가 없는 사소한 破損의 例임차목적불인 방에 약간의 실금형태로 균열이 있고 외벽에 금이 가 있을 정도라면 그 방을 사용할 수 없을 정도의 파손상태라고 할 수 없고, 반드시 임대인에게 수선의무가 있는 대규모의 것이라고도 할 수 없어 임차인의 통상의 수선 및 관리의무에 속하므로, 위 균열로 스며든 연탄가스에 피해자가 중독되어 사망한 사고는 임대인의 과실로 인한 것이라고 볼 수 없다(대판 1989. 9.26. 89도703).

ⓑ 고장 및 파손의 원인은 묻지 아니한다. 그 원인이 천재지변과 같은 불가항력적인 사유의 경우에도 임대인의 수선의무는 있다. 임차인의 귀책사유에 의한 경우에는

어떻게 되는가? 이 경우에도 임대인에게 수선의무가 있고, 임차인은 보관의무위반 또는 불법행위에 의한 배상의무를 부담한다는 것이 다수설이다.

그러나 임차인의 귀책사유에 의한 경우까지 임대인의 수선의무를 부과하는 것은 신의칙상 타당하지 않다고 생각한다(동지 : 이태). 이 경우 임차인이 스스로 수선한다든지 또는 임대인이 수선한다면 그 비용을 임차인에게 상환청구할 수 있다.

ⓒ 수선의무 불이행 : 임대인이 수선의무를 이행하지 아니하는 경우에 임차인은 채무불이행의 일반적 효과로서 손해배상청구권(제390조)과 계약해지권(제544조)을 행사할 수 있다. 또한 차기의 차임에 대하여 일부 또는 전부에 대하여 지급을 거절하거나 차임의 감액을 청구할 수 있는 것으로 해석한다.

임대차는 계속적 계약관계로서 임대인의 사용·수익하게 할 의무와 임차인의 차임지급의무는 견련성이 있어 동시이행의 관계가 성립한다. 따라서 수선하지 아니함으로써 사용하지 못한 비율에 따라 차기의 일부나 전부의 차임에 대한 동시이행의 항변권을 행사할 수 있다. 또한 수선되지 않음으로써 사용하지 못한 부분이 계속되는 경우에는 제627조의 취지에 따라 그에 상응하는 차임의 감액을 청구할 수 있다고 해석하여야 한다. 독일 민법(제537조)과 스위스 채무법(제255조)에는 임대인의 수선의무 불이행에 대한 임차인의 차임지급의무의 당연 소멸 또는 차임감액청구권을 명문으로 인정하는 규정이 있다. 한편, 임차인이 스스로 수선하고 임대인에게 그 비용의 상환을 청구할 수 있음은 물론이다.

(나) 費用償還義務

① 必要費 및 有益費償還義務

임대목적물에 대하여 임차인이 필요비 또는 유익비를 지출한 때에는 그 비용을 상환하여야 한다.

㉮ **必要費** : 임차인이 목적물의 보존을 위하여 필요비를 지출한 때에는, 임차인은 그 상환을 청구할 수 있다(제626조 1항). 임대인에게는 임대물을 임차인이 사용·수익할 수 있게 할 상태를 유지시킬 적극적 의무가 있으므로 보존에 필요한 비용은 임대인이 부담하게 된다. 그러한 의미에서 필요비상환의무는 임대차기간과는 관계없이 임대차기간 중에 임차인이 상환을 청구하면 상환하여야 한다. 여기서의 필요비란 임대물이 통상의 용법에 따른 사용에 적합한 상태를 유지하는 데 필요한 비용을 말한다. 필요비의 부담에 대하여는 특약을 할 수 있다. 예컨대, 차임을 적게 하면서 필요비를 임차인이 부담하는 합의를 할 수도 있을 것이다.

㉯ **有益費** : 임차인이 유익비를 지출한 경우에는 임대인은 임대차종료시에 그 가액의 증가가 현존한 때에 한하여 임차인이 지출한 금액이나 그 증가액을 상환하여야

한다(제626조 2항 전문). 이 경우에 법원은 임대인의 청구에 의하여 상당한 상환기간을 허여할 수 있다(제626조 2항 후문).

이것은 유익비가 임대인에게 부당이득이 되기 때문에 현존이익의 상환을 원칙으로 한 것이다. 따라서, 유익비는 임대인에게 부당이득이 되기 때문에 제626조에서 그 상환의무를 인정한 것이므로, 지출할 당시 계약관계 등이 있는 경우에 해당되어, 임차인이 계약관계 등의 상대방이 아닌 점유회복 당시의 소유자에 대하여 별도로 제203조 제2항에 따른 지출비용의 상환을 청구할 수는 없다(대판 2003.7.25. 2001다64752).

② 費用償還請求權에 대한 留置權

필요비와 유익비는 임차인이 임대물에 관하여 생긴 비용으로 이에 대한 상환채권에 관하여 임차인은 임대물에 대하여 유치권을 가진다(제320조 참조).

③ 費用償還請求權의 行使期間

필요비와 유익비의 상환청구권은 임대인이 목적물을 반환받은 날로부터 6월내에 행사하여야 한다(제654조, 제617조). 즉 필요비는 임차인이 지출하면 즉시 상환을 청구할 수 있으나, 유익비는 임차인이 목적물을 반환받은 날로부터 상환을 청구할 수 있고, 양자 모두 반환받은 날로부터 6월의 제척기간에 걸린다. 그러나 유익비에 관하여 유예기간을 허여받은 경우에는 유예기간이 만료된 때부터 6월의 제척기간에 걸린다.

(다) 擔保責任

임대차는 유상계약이므로 매매에 관한 규정이 준용된다(제567조). 그런데 임대인의 담보책임은 임대물의 원시적 하자 즉, 임대물이 임대차 계약시에 고장이나 성능의 저하 또는 일부가 임차인이 사용할 수 없는 경우에 한정되고, 임대기간 중의 그러한 사유는 수선의무만 있는지가 문제된다. 학설은 임대기간 중이냐 여부를 불문하고 하자담보책임과 수선의무에 의한 불이행책임은 별개로 임차인은 양자를 선택할 수 있는 것으로 해석한다(곽,이태). 생각건대, 담보책임은 기본적으로 원시적 하자에 대한 책임이므로 원시적인 물적 하자나 권리의 하자에 관하여는 담보책임이 있고, 임대기간 중의 하자에 대하여는 수선의무만 있다고 새기는 것이 타당하다고 본다.

(라) 不動産賃貸借에서 登記協力義務

부동산임대차에서 임대인은 등기하지 아니하기로 하는 특약이 없는 한 임차인의 임차권 등기신청에 협력하여야 한다(제621조 1항).

(마) 附屬物 및 地上施設 買受義務

임대차가 종료한 때에 임차인이 부속시킨 독립적인 부가물 또는 지상시설에 대하여 임차인이 매수청구를 하는 때에는 이를 매수하여야 한다(제643조, 제646조) (자세한 것은 임차인의 부속물 및 지상시설 매수청구권 참조).

2. 賃借人의 權利와 義務

(1) 賃借人의 權利

임차인의 권리에는 임대물을 사용·수익할 수 있는 권리인 임차권, 차임감액청구권, 계약갱신청구권, 비용상환청구권, 지상시설매수청구권, 부속물 매수청구권, 보증금반환청구권 등이 있다.

(가) 賃借權

① 意義와 法的 性質

임차인이 목적물을 사용·수익할 수 있는 권리가 임차권이다. 임차권의 법적 성질에 관하여는 물권화 과정에 있는 권리라고 기술하였다.

② 賃借權의 內容

임차권은 구체적으로 임대물을 사용할 수 있는 권능인 사용권과 수익할 수 있는 권능인 수익권을 그 내용으로 한다. 이러한 사용과 수익의 권능은 계약의 내용 또는 임대물의 성질에 따른 사용과 수익이어야 한다(제654조, 제610조). 따라서 주거의 목적으로 건물을 임차하여 영업용으로 사용하는 것은 임차권의 범위를 일탈한 것이 된다.

임차권의 범위를 일탈하여 사용·수익한 때에는 임차인의 채무불이행으로, 임대인은 임차인의 일탈한 사용·수익의 정지를 청구하고 손해배상을 청구할 수 있으며 계약을 해지할 수 있다. 손해배상의 청구는 임대물을 반환받은 날로부터 6월 내에 행사하여야 한다(제65조, 제617조).

③ 賃借權의 對抗力

임차권은 채권으로 원칙적으로 채무자에 대한 권리일 뿐 제3자에 대한 대항력은 없다. 그러나 임차권의 특성에 의해 등기 등의 일정한 요건을 갖춘 임차권에는 대항력을 부여하고 있다.

㉮ **對抗力의 要件** : 부동산임대차에서 당사자간에 등기하지 않기로 하는 특약이 없는 한 임차인은 임차권에 대한 등기청구권이 있다(제621조 1항). 따라서 임차인은 등기청구권을 행사하여 임대인의 협력을 얻어 임차권을 등기할 수 있다. 그런데 주택과 상가건물의 경우에는 해당되는 특별법에서 사회적·경제적 약자인 주택임차인과 상가건물임차인의 보호를 위하여 단독으로 대항력을 취득할 수 있는 길을 마련하고 있다. 대항력이 생기는 요건은 임대목적물의 종류에 따라 다르다.

㉠ 建物과 土地 : 건물이나 토지는 임차권을 등기함으로써 대항력이 생긴다(제621조 2항, 부동산등기법 제2조 및 제156조).

㉡ 建物의 所有를 目的으로 하는 土地 : 건물의 소유를 목적으로 하는 토지는 제621조에 의하여 토지에 대하여 임차권을 등기할 수 있고, 토지에 대한 임차권을 등기하지 아니하고 건물을 축조하여 그 지상건물에 대하여 보존등기를 하면 토지에 대하여 임차권의 대항력이 생긴다(제622조 1항). 후자의 경우에 건물이 멸실되거나 후폐한 때에는 토지임차권의 대항력을 상실한다(제622조 2항).

㉢ 住宅주 택임대차는 부동산등기법 제156조에 의한 임차권의 등기 또는 주택임대차보호법 제3조 제1항에 의한 주택의 인도와 주민등록의 전입신고를 한 때에 대항력이 생기고, 주택임대차보호법 제3조의 3의 임차권등기명령집행에 의한 등기의 경우에는 이미 취득한 대항력이 유지된다.(후술하는 주택임대차에서 자세하게 기술).

㉣ 商街建物 : 상가건물의 경우에도 부동산등기법에 의한 임차권 자체를 등기하여 대항력을 갖출 수도 있으며, 상가건물임대차보호법 제3조에 의한 건물의 인도와 사업자등록신청에 의하여 대항력이 생기고, 제6조에 별도로 임차권등기명령에 의한 등기로 대항력을 취득한다.(자세한 것은 후술하는 상가건물임대차를 참조).

㉤ 船舶 : 선박임대차는 선박등기법 제3조 및 제5조에 의하여 등기하면 대항력이 있다(상법 제765조).

㉯ **對抗力의 內容** : 임차권은 채권으로 채무자에게만 그 권리를 행사할 수 있다. 그런데 임차권은 일정한 요건을 갖춘 경우에는 <제3자에게 대하여 효력이 있다>(제621조 2항, 주택임대차보호법 제3조 1항, 상가건물임대차보호법 제3조, 상법 제765조). 이와 같이 임차권이 제3자에 대하여 효력이 있는 것을 대항력이라고 하는데, 이는 임대물에 관하여 임차인의 임차권과 양립할 수 없는 권리를 주장하는 자에게 임차권의 내용을 주장하여 그 권리를 침해받지 아니한다는 것을 의미한다.

이는 구체적으로 임대물이 양도된 경우에 양수인(새로운 소유권자)은 임대인의 지위를 승계하는 것을 말하며, 주택임대차보호법과 상가건물임대차보호법에서 이를 명시하고 있다. 따라서 종래의 임내차는 새로운 소유권자와 임차인 사이에 그대로 존속하는 것이 된다.

한편 <제3자에게 효력이 있는 것>, 바꾸어 말하면 새로운 소유권자에게 승계되는 권리와 의무는 구체적으로 무엇인지가 문제된다. 부동산등기법 제156조는 임차권의 설정등기에는 차임을 기재하여야 하고, 존속기간과 임차보증금 등도 기재할 수 있도록 하였다. 따라서 대항력이 있는 내용은 임대물에 대한 사용·수익권과 차임뿐만 아니라 임차보증금에 관한 법률관계도 포함한다. 이러한 관계는 저당권자, 용익물권자 및 압류자와의 관계에서도 인정된다. 그러나 임차권의 대항력의 취득시기에 따라, 제3자가 누구냐에 따라 구체적인 법률관계는 다르다(일정한 요건을 갖춘 경우에 대항력만 있고, 경매신청권이 없으며, 또한 주택임차권 등에서와 같은 우선변제력도 없다).

㉠ 賃借物의 讓受權者(새로운 所有權者)와의 關係

양수인은 임대인의 지위를 승계한다. 따라서 기존의 임대차계약에 따른 권리와 의무를 그대로 유지한다.

양수인은 목적물의 매수인, 상속인을 말한다.

판례 임차인이 부동산에 대한 임대차계약을 체결하고 임차권을 피보전권리로 한 처분금지가처분등기를 기입한 후에 강제경매신청에 의한 제3자가 경락받은 경우에 임차인이 임차권등기를 하지 않았다 하더라도 선행된 가처분등기와 본안승소의 확정판결에 기하여 경락인은 가처분권리자의 권리본전과 사용도지 아니하는 범위 내에서 그 권리를 취득하는 것으로 확정된다 할 것이고, 따라서 임차인은 임대인의 지위를 포괄승계한 경락인에 대하여 임차보증금의 반환을 청구할 수 있다(대판 1988.4.25.87다카458)

㉡ 抵當權者와의 關係

ⓐ 賃借權이 先順位인 境遇 : 임차권이 선순위인 경우에 저당권자가 경매신청을 하여 경락된 경우이다. 경락인은 새로운 소유권자로서 임대인의 지위를 승계한다. 임차인과 경락인은 기존의 임대차계약에 따른 법률관계를 그대로 유지한다.

ⓑ 賃借權이 後順位인 境遇 : 선순위저당권자의 경매신청에 의해 경락된 경우이다. 임차인은 대항력이 없어 경락으로 임차권은 소멸한다. 임차인은 보증금에 대하여는 임대인에 대하여 일반채권자로서 반환을 청구할 수 있다.

ⓒ 賃借權이 抵當權사이에 있는 境遇 : 선순위저당권자가 경매신청하든 후순위저당권자가 경매신청하든 임차권은 소멸하고(민사집행법소송법 제91조의 저당권의 소제주의에 의하여 후순위저당권자의 경매에 의하여도 임차권자보다 선순위인 저당권이 소멸하므로 임차권도 소멸한다), 우선변제력이 없기 때문에 경락대금에서 배당도 받지 못한다.

㉢ 假登記擔保權者와의 關係 : 임차권이 선순위인 경우에 귀속정산으로 가등기담보권자가 가등기에 의한 본등기를 한 때에는 임차권은 대항력이 있어 기존의 임대차관계가 그대로 유지된다. 그러나 임차권이 후순위인 경우에는 임차권은 소멸한다. 그러나 임차권이 후순위인 경우에도 가등기담보등에관한법률 제5조 제5항에 의하여 청산금의 범위 내에서 민법 제536조의 규정이 준용되어, 청산금의 범위 내에서 보증금을 반환받지 못한 경우에는 임차물의 명도를 거절할 수 있다.

가등기담보권자가 경매신청을 하여 경매된 경우에는 이때의 가등기담보권은 저당권과 같아 저당권이 실행된 경우와 동일한 법률관계가 생긴다.

㉣ 押留債權者와의 關係 : 금전채권자에 의한 (가)압류등기 전에 대항력 있는 임차권자는 목적물의 (강제)경매로 경락인에게 대항할 수 있어 경락인과는 임대차관계가 그대로 유지된다. 그러나 압류등기 후의 대항력 있는 임차인은 경매에 의한 경락으로 임차권이 소멸하며, 경락인에 대항할 수 없다 (주택 및 상가건물임대차의 대항력과 우선변제력은 민법상의 임대차의 대항력과 많은 점에서 다르다. 이에 관하여는 별도로 후술).

㉢ **農地賃借權 對抗力** : 농지법 제28조는 임대농지의 양수인은 이 법의 규정에 의한 임대인의 지위를 승계한 것으로 본다고 규정한다. 이는 곧 농지임차권이 대항력이 있다는 내용이다. 그런데 농지법은 농지임차권에 대항력만 부여하고 대항력의 요건에 관하여는 별도로 규정하지 않고 있다. 폐기된 농지임대차관리법에서는 임대차 신고를 하도록 하였으나(제4조), 현행 농지법은 그러한 최소한의 것도 규정하지 않고 있다. 농지는 제한적으로만 임대가 허용되고(농지법 제22조), 임차보증금이 수수되지 않는 등의 현실로 농지임대차는 크게 문제되지 않는다는 시각인 것 같으나, 입법의 미비이다.

㉣ **動産賃借權의 對抗力** : 동산의 임차권도 대항력이 있는지가 논의된다. 동산의 소유권자가 임대 후에 목적물반환청구권을 양도하는 방식에 의하여 소유권을 양도한 경우에 임차인이 물건의 양수인에게 대항할 수 있는가의 문제이다. 이에 대하여 양수인이 취득한 반환청구권은 양도인이 가진 반환청구권과 동일한 것으로 임차권에 의한 제한을 받는 권리이므로 임차인은 양수인에 대하여 임차권을 주장할 수 있다는, 즉 대항력이 있다는 견해가 있다(김증,이태).

임차권은 본질이 채권으로 부동산에서 대항력을 부여하는 경우도 예외적으로 등기를 갖춘 때에 한정된다. 또한 동산에서 점유에 임차권의 대항력을 부여한다면 부동산의 경우에도 등기를 하지 아니하고 점유하는 경우에도 대항력을 부여하여야 하는데, 그렇게 되면 모든 임차권에서 대항력이 인정되어 물권·채권의 기본체계가 무너진다. 동산의 임차권에는 대항력이 없다고 보는 것이 타당하다(동지 : 곽).

(나) **借賃減額請求權**

① **賃借物의 一部 使用 不能의 경우**

임차물의 일부가 임차인의 과실 없이 멸실 기타 사유로 사용·수익할 수 없는 때에는 임차인은 그 부분의 비율에 의한 차임의 감액을 청구할 수 있다(제627조 1항).

이는 임대기간 중의 일부 멸실 기타 사용·수익할 수 없는 경우를 말한다. 일부 멸실 등에 관하여는 임차인의 과실이 없어야 한다. 임차인의 과실만 없으면 임대인의 귀책사유는 물론이고 불가항력적인 사유에 의한 경우에도 감액을 청구할 수 있다(임차인의 귀책사유에 의한 사용불능의 경우에는 수선이 가능하면 임대인의 수선의무에 의한 수선 후에 임차인은 임차물보관의무의 불이행책임이 있다). 이 경우에 임대인의 수선의무가 있고, 수선의무를 이행하지 아니하는 때에 임대인은 채무불이행책임을 지나, 수선할 수 없는 경우에는 사용할 수 없는 기간의 차임에 대하여 감액을 청구할 수 있다. 감액의 비율은 사용·수익할 수 없는 전체에 대한 부분의 물리적 비율이 아니라 사용 및 수익가치의 감소비율을 말한다.

잔존부분만으로 임차의 목적을 달성할 수 없는 때에는 임차인은 계약을 해지할 수 있다(제627조 2항).

② 經濟事情의 變動에 의한 경우

임대물에 대한 공과부담의 감소 기타 경제사정의 변동으로 약정한 차임이 상당하지 아니하게 된 때에는 감액을 청구할 수 있다(제628조).

③ 形成權

차임감액청구권은 일종의 형성권이다. 차임감액청구권에 관한 제627조와 제628조는 강행규정이나(제652조), 일시사용을 위한 임대차에는 그 적용이 없다(제653조).

(다) 契約更新請求權

전술한 임대차의 갱신 참조

(라) 附屬物買受請求權

① 投下資本의 回收

임차인은 임차물의 사용 및 수익가치를 증대하기 위하여 물건을 개량하거나 별도의 시설 또는 독립한 물건을 부속시킴으로써 많은 비용을 지출한다. 이러한 경우에 임차인을 보호하기 위하여 임대차가 종료한 때에 투하된 비용이나 대가를 회수할 수 있는 길을 마련하는 것이 필요하다. 여기서 민법은 비용상환청구권(제626조), 철거권(제654조, 제615조), 지상시설매수청구권(제643조, 제283조), 부속물매수청구권(제646조)을 인정한다. 가령 임차물의 일부를 이루는 부가물에 대하여는 비용상환청구권을 인정하면 되지만, 독립한 부가물 또는 시설의 경우에는 철거를 하여 임차인이 가져갈 수 있으나 이를 철거하게 되면 경제적 가치가 크게 떨어진다든지 또는 그러한 시설 또는 부속물은 임대목적물로부터 분리될 때에는 거의 효용가치가 없게 된다. 따라서 민법은 시설과 부속물에 대하여는 임차인의 보호를 위하여 매수청구권을 인정하여 임대인이 매수하도록 강제하고 있다. 또한 지상시설매수청구권과 부속물매수청구권에 관한 규정은 강행규정으로 되어 있다(제652조).

비용상환청구권은 임대인의 비용상환의무에서, 철거권은 사용대차에서, 지상시설 매수청구권은 지상권에서 각각 설명되었기에 여기서는 부속물매수청구권에 대해서만 보기로 한다.

② 要 件

㉮ 건물 기타 공작물의 임차인만이 부속물매수청구권을 행사할 수 있다(제646조 1항). 토지임차인은 지상시설 매수청구권이 있다(제643조).

㉯ 매수청구권의 목적물은 임대건물 또는 임대공작물의 편익을 위하여 부속시킨 부속물이다. 부속물이란 독립한 존재를 갖는 부가물을 말한다. 따라서 부동산임대차에서 부속물은 건물 자체에 부속된 물건으로 소유의 물건 중 건물의 사용에 객관적 편익을 가져오는 것에 한한다. 따라서 기존건물과 분리되어 독립한 소유권의 객체가 될 수 없는 증·개축부분이나 임대인의 소유에 속하기로 한 부속물은 매수청구의 대상이 될 수 없다. 또한 임차인 자신의 특수한 용도나 사업을 위하여 설치한 물건이나 시설은 이에 해당하지 않는다.

㉰ 부속물은 임대인의 동의를 얻어 임차인이 부속시켰거나(제646조 1항), 임대인으로부터 매수한 부속물이어야 한다(제646조 2항).

㉱ 매수청구권은 임대차계약이 종료한 때에 생긴다. 여기서 임대차의 종료란 약정의 기간이 있는 임대차의 기간만료는 물론이고, 약정이 없는 임대차에서 임대인의 해지에 의한 임대차의 종료도 포함한다. 그러나 임차인의 채무불이행에 의한 계약의 해지의 경우에는 그 적용이 없다고 보아야 한다. 판례도 같다.

판례 期間의 約定 없는 境遇의 賃貸人의 解止時의 買受請求權 : 민법 제643조가 규정하는 토지임차인의 건물매수청구권은 임대차의 기간을 약정하지 않았던 탓으로 임대인에 의한 해지통고에 의하여 그 임차권이 소멸될 경우에도 계약갱신청구의 유무에 불구하고 인정된다고 봄이 상당하다(대판 1977.6.7. 76다2324).

판례 債務不履行에 의한 解止時의 買受請求權 : 임대차에 있어서 임차인의 채무불이행 등 사유로 인하여 임대차계약이 해지되었을 때에는 임차인에게 계약갱신권이나 매수청구권이 발생할 수 없다(대판 1972.12.26. 72다2013).

③ 買受請求權의 法的 性質

매수청구권은 일종의 형성권이다. 따라서 임차인의 일방적 의사표시에 의하여 효력이 생긴다. 대가에 관하여는 정하는 바가 없는데, 매수청구권을 행사할 때의 시가로 보아야 할 것이다.

부속물매수청구권에 관한 규정은 강행규정으로서 당사자의 특약으로 이를 배제할 수 없다(제652조). 그러나 일시사용을 위한 임대차에서는 부속물매수청구권에 관한 제646조의 적용이 없다(제653조).

(마) 保證金返還請求權

임대차 종료 후 임차인이 임대물을 반환한 때에 보증금반환청구권이 발생한다. 보증금반환의무와 임대물반환의무는 임차인의 보호를 위하여 동시이행관계에 있다는 것이 판례의 입장이다. 우리의 임대차에서는 거액의 보증금이 당사자간에 수수되는 점에서 동시이행의 관계에 있다고 보는 것이 타당하다(자세한 것은 후술하는 보증금에 관한 부분 참조).

(2) 賃借人의 義務

임차인은 임차물보관의무, 차임지급의무, 임차물반환의무 등의 주요한 의무를 진다. 이러한 의무는 수인이 공동하여 임차한 때에는 각자가 연대하여 그 의무를 진다(제654조, 제616조).

(가) 賃借物保管義務

임차인은 임대차 종료로 목적물을 반환할 때까지 특정물 인도채무자로서 선량한 관리자의 주의의무로 임차물을 보관할 의무가 있다(제374조). 임차인의 이러한 보관의무에 부수된 의무로서 아래의 통지의무와 인용의무가 있다.

① 通知義務

임차물이 수리를 요하거나 임차물에 대하여 권리를 주장하는 자가 있는 때에는 임차인은 지체 없이 임대인에게 이를 통지하여야 한다. 그러나 임대인이 이미 이를 안 때에는 그러하지 아니하다(제634조).

② 保存行爲에 대한 忍容義務

임대인이 임대물의 보존에 필요한 행위를 하는 때에는 임차인은 이를 거절하지 못한다(제624조). 그러나 임대인의 보존행위로 임차인이 임차의 목적을 달성할 수 없는 때에는 계약을 해지할 수 있다(제625조).

(나) 借賃支給義務

① 借 賃

임차인은 임차물에 대한 사용 및 수익의 대가로서 차임을 지급하여야 한다(제618조). 임대차는 유상·쌍무계약으로 차임은 임대차계약의 요소이다.

임차물이 임차인이 사용·수익할 수 있는 상태에 있으면 차임은 발생하며, 임차인이 실제로 사용·수익하였는지 여부는 문제가 되지 않는다. 차임은 보통 금전이나 반드시 금전에 한하지 아니하고 물건으로 하여도 관계없다.

② **借賃減額請求**

임차인은 임차인의 과실 없이 임차물의 일부가 멸실 기타의 사유로 사용·수익할 수 없는 때에는 사용·수익가치의 감소부분에 비례하여 차임의 감액을 청구할 수 있으며(제627조), 공과부담의 감소 기타 경제사정의 변동으로 약정한 차임이 상당하지 아니하게 된 때에는 차임의 감액을 청구할 수 있다(제628조). 이러한 임차인의 차임감액청구에 관한 규정은 강행규정으로서(제652조), 당사자간에 차임의 감액을 할 수 없다는 특약은 효력이 없다.

한편, 임차인의 차임감액청구권은 일종의 형성권으로서 임차인의 일방적인 의사표시에 의하여 감액된다. 감액되는 액에 관하여는 별도의 규정이 없어 문제인데, 당사자간에 다툼이 있는 때에는 법원이 확정할 수밖에 없을 것이다. 제627조와 제628조는 일시사용을 위한 임대차에는 적용이 없다(제653조).

③ **借賃支給時期**

차임의 지급시기에 관하여 당사자간의 약정이 있으면 그에 따르는 것은 당연하다. 그러나 민법은 당사자간의 약정이 없는 경우를 위하여 제633조에서 보충적으로 지급시기에 관하여 규정하고 있다. 즉, 동산, 건물이나 대지에 대하여는 매월 말에 기타 토지에 대하여는 매년 말에 차임을 지급하여야 한다. 그러나 수확기에 있는 것에 대하여는 그 수확 후 지체 없이 지급하여야 한다.

④ **借賃의 延滯와 解止**

차임을 연체한 때에는 임차인의 채무불이행에 해당되기 때문에 그 회수에 관계없이 원칙적으로는 계약을 해지할 수 있을 것이다. 그런데 민법은 임차인의 보호를 위하여 차임의 연체로 인한 해지에 대하여 연체의 회수를 제한하고 있다. 즉, 건물임대차나 토지임대차에서 차임연체액이 2기의 차임액에 달한 때에 해지할 수 있는 것으로 하였다(제640조, 제641조). 여기의 2기는 연속된 것만을 의미하는 것이 아니라 간헐적으로 연체가 된 경우에도 포함해서 전부가 2기의 차임액에 달한 때를 말한다.

건물 기타 공작물의 소유 또는 식목, 채염, 목축을 목적으로 하는 토지임대차에서 차임연체액이 2기의 차임액에 달하여 해지되더라도, 그 지상시설이 저당권의 목적이 되어 있는 경우에는 그 저당권자에게 해지의 사실을 통지한 후 상당한 기간이 경과되어야 해지의 효력이 생긴다(제642조). 담보권자를 보호하기 위하여 해지의 효력을 연장한 것이다.

제640조와 제641조는 강행규정이나(제652조), 제640조는 일시사용을 위한 임대차에는 그 적용이 없다(제653조).

(다) 賃借物返還義務

임대차가 종료한 때에는 임차인은 임차물을 반환하여야 한다. 임차물을 반환할 때에는 현상인도의 원칙에 의하여 반환기의 현상대로 인도하면 된다(제462조). 훼손이 있는 경우에도 목적물 보관의무에 의한 손해배상책임을 지는 것은 별론으로 하고 훼손된 그대로 반환하면 된다.

임차인이 반환할 물건은 임차한 당해 물건이어야 하므로, 반환할 때에는 이를 원상에 회복하여야 한다(제654조, 제615조 전단). 따라서 목적물의 통상의 사용 및 수익이 방해가 되는 것이 있는 때에는 이를 제거하고, 원상에 회복하여야 한다. 그리고, 부속물이 있는 때에는 이를 그대로 반환할 수도 있고, 이를 철거하여 반환할 수도 있다(제654조, 제615조 후단).

임차인의 임차물반환의무와 임대인의 보증금반환의무는 동시이행의 관계에 있다. 따라서 보증금을 반환받지 못한 경우에는 임차물을 반환하지 아니하더라도 채무불이행이 되지 아니한다. 보증금을 반환받지 못하는 경우에 임차물을 반환하지 않아도 좋으나 이는 단지 반환 자체를 하지 않아도 좋다는 것을 의미하고 목적물을 계속해서 사용할 수 있다는 것은 아니다.

따라서 이 경우에 계속해서 사용하는 때에는 부당이득이 된다. 주택임대차보호법 제4조 제2항과 상가건물임대차보호법 제9조 제2항은 예외를 두어 계약 종료 후에 보증금을 반환받지 못한 경우에는 임대차가 존속하는 것으로 간주한다.

(3) 賃借人의 第3者에 대한 關係

(가) 目的物의 讓受人과의 關係

대항력 있는 임차권자는 목적물의 양수인에 대해 임차권을 주장할 수 있고, 양수인은 임대인의 지위를 승계한다.

임차권이 대항력 없는 경우에는 임차인은 임차권을 양수인에게 주장할 수 없다. 따라서 양수인은 임차인에 대하여 소유권에 기한 목적물의 명도를 청구할 수 있고, 불법점유에 의한 손해배상을 청구할 수 있다. 임차인은 양도인(임대인)에 대하여 임대차계약의 이행불능에 따른 손해배상을 청구할 수 있다.

(나) 民事執行法의 競賣에 의한 競落人과의 關係

대항력 있는 임차권에 관하여는 후술하는 임차권의 대항력과 주택임차권의 대항력에서 보는 것과 같이 대항력의 취득시기에 따라 다르다.

임차권이 대항력이 없는 경우에는 임차권은 경락으로 소멸한다. 따라서 임차인은 임대인에 대하여 임대차계약상의 채무불이행에 의한 손해배상 및 보증금반환청구권을 행사하여야 한다.

(다) 二重賃貸에서의 第2賃借人과의 關係

2중임대가 된 경우에 임차권은 배타성이 없기 때문에 양자의 임차권은 모두 성립한다. 그러나 목적물의 사용·수익에 관하여는 먼저 대항력을 갖춘 임차권자가 우선하여 목적물을 사용·수익할 수 있다. 사용·수익할 수 없는 임차인은 임대인에 대하여 채무불이행에 의한 손해배상을 청구할 수 있다.

(라) 賃借權에 基한 妨害排除請求權

제3자가 임차물의 사용·수익을 방해하는 경우 임차인은 점유권에 기한 방해배제청구권 또는 임대차계약상의 채권자로서 채무자인 임대인의 물권적 방해배제청권을 대위 행사(채권자대위권)하여 방해를 배제할 수 있다. 문제는 임차권 자체에 기한 방해배제청구권이 있느냐이다. 대항력 있는 임차권에는 그 자체에 기한 방해배제청구권이 있다고 보아야 한다. 판례도 대항력 있는 임차권에는 이를 긍정한다.

임차권에 기한 방해배제청구권은 불법점유자 또는 방해자에 대하여는 점유권 또는 채권자대위권으로 충분한데 제3자가 물권이나 임차권 등의 권리를 가지는 경우에 보증금반환의 확보를 위하여 의의가 있다. 즉, 권원을 가진 제3자의 점유 또는 방해의 경우에 대항력 있는 임차권자는 임차권을 주장하여 제3자를 배제할 수 있으며, 또한 목적물의 제3취득자에 대한 보증금반환을 확보할 수 있다.

판례 등기된 임차권에는 용익권적 권능 외에 임차보증금반환채권에 대한 담보권적 권능이 있고, 임대차기간이 종료되면 용익권적 권능은 임차권등기의 말소 없이도 곧바로 소멸하나 담보권적 권능은 곧바로 소멸하지 않는다고 할 것이어서, 임차권자는 임대차기간이 종료한 후에도 보증금을 반환받기 까지는 임대인이나 그 승계인에 대하여 임차권등기의 말소를 거부할 수 있다고 할 것이고, 따라서 임차권등기가 원인 없이 말소된 때에는 그 방해를 배제하기 위한 청구를 할 수 있다(대판 2002.2.26. 99다67079).

3. 賃借權의 讓渡와 轉貸

(1) 賃借權 讓渡의 意義와 法的 性質

임차권의 양도로 임차인은 종래의 임대차관계에서 완전히 탈퇴하고 양수인이 임차인의 지위를 승계하여 종래의 임대차관계에서 새로운 임차인의 지위를 가진다. 따라서 양수인과 임대인은 기존의 임대차계약에 따라 잔존계약기간 동안 기존의 임대차계약에 따른 권리와 의무를 그대로 유지한다.

이러한 임차권양도의 법적 성질에 관하여 다수설은 지명채권(임차권)의 양도인 준물권계약의 성질을 가지는 것으로 본다(곽,이태). 즉, 임차인과 양수인의 양도계약과 임대인의 통지, 임대인인의 승낙으로 양도의 효력이 있다고 본다.

그러나 이는 타당하지 않다. 임차권은 임차물을 사용·수익할 수 있는 권리일 뿐으로, 임차권의 양도를 지명채권의 양도로 보면 그 내용도 양도인의 사용·수익권에 한정되어야 할 것이고, 그 밖의 권리와 의무에 관하여도 개별적으로 양도 또는 인수(채무)가 이루어져야 한다. 임차권은 임대차계약상의 권리로서 또는 임차물보관의무 및 임차물반환의무 등과 상호견련성을 가져 분리하여 양도할 수 없는 것으로 임대차상의 지위는 포괄적으로 이전되어야 한다. 따라서 임차권의 양도는 임대차계약상의 일방의 지위인 임차인의 지위를 포괄적으로 이전하는 계약인수의 성질을 가진다고 보아야 한다. 이와 같이 임차권의 양도는 일종의 계약인수로서 계약인수의 법리에 따라 양도인과 양수인 및 잔류 당사자인 임차인의 합의에 의하거나 또는 양도인과 양수인의 합의와 임대인의 동의로 할 수 있다. 3자의 합의가 없거나 2자의 합의에 대한 잔류당사자의 동의가 없는 경우에는 임차권양도의 효력은 생기지 아니한다(계약인수에 관하여는 졸저 채권법총론 제8장 제4절 계약인수 참조). 그러한 의미에서 제629조도 임대인의 동의 없이 임차권을 양도하지 못한다고 하였다.

임대인과 임차인이 동의 없이 임차권을 양도할 수 있다는 특약을 한 경우에 그 특약은 유효하다. 또한 동의는 양도인과 양수인의 합의와 동시에 있음을 요하지 아니하며, 사전 또는 사후동의도 가능하고, 또한 명시적일 필요도 없다. 임대인이 목적물에 대한 사용·수익자가 바뀐 사실을 알고도 별도로 이의를 하지 아니한다든지 또는 새로운 점유자에게 차임을 요구하면 동의는 그러한 사실로부터 추단된다(묵시적 동의).

동의의 의사표시는 철회하지 못한다. 철회를 인정하면 양수인의 지위를 지극히 불안하게 하기 때문이다.

(2) 同意 있는 賃借權讓渡의 效力

임차권이 양도되면 종래의 임차인은 임대차관계에서 탈퇴하고, 임차인의 종래의 지위가 동일성을 유지하면서 양수인에게 이전된다. 따라서 양수인과 임대인은 기존의 임대차계약에 따른 잔여기간 동안 권리와 의무를 그대로 취득하고 유지한다. 예컨대, 차임도 기존의 차임과 동일하며, 보증금계약도 그대로 유지된다. 그러나 양수인은 임차권 양도 이전에 변제기가 도래한 채무(연체차임)나 양도인이 이행하지 아니한 채무(임차인의 손해배상채무)에 관하여는 책임을 부담하지 않는다.

또한 기존의 임차인에 부착된 제3자가 제공한 담보 기타 보증의 효력은 소멸한다.

(3) 同意 없는 賃借權讓渡의 效力

임차권의 양도를 일종의 계약인수라고 보면 동의는 채권양도의 성립 내지 효력요건이다. 따라서 동의 없는 당사자간의 임차권양도에 대한 합의는 임차권양도가 불성립하여 효력을 발생하지 아니한다. 따라서 양수인은 임대인에게 임차인의 지위를 주장할 수 없다.

다수설은 동의는 임차권의 승계적 이전을 가능하게 하는 권능을 임차인에게 주는 의사표시라고 보면서, 동의 없는 임차권의 양도는 양도인과 양수인 사이에는 효력이 있으나 임대인과 제3자에게는 임차권의 양도를 주장할 수 없고, 따라서 양수인의 점유는 불법점유로서 임대인에 대하여 방해제거의무를 진다고 한다. 임차권의 양도를 계약인수라고 보아도 양도가 무효로서, 양수인은 불법점유자가 된다.

동의를 받지 아니하고 임차권을 양도한 때에는 임대인은 계약을 해지할 수 있다(제629조 2항). 무단양도의 해지에 관하여 판례는 임대인의 해지권은 임차권자와의 인적 신뢰관계를 무너뜨리는 배신적 행위를 방지하기 위한 것임으로 비록 임차권이 동의 없이 이루어진 경우에도 배신적 행위라고 볼 수 없는 경우(예컨대, 부부간의 양도)에는 계약을 해지할 수 없다고 한다. 타당한 해석이다.

임대인이 해지권을 행사하지 않는 한 임차인은 여전히 임대차계약의 당사자의 지위에 있으므로 임대인의 차임청구에 대하여 책임을 지며, 기타 임대차계약상의 모든 의무를 여전히 부담한다. 동의 받지 못한 양수인은 임차인의 일종의 이행보조자의 법적지위에 있는 것이 된다. 따라서 양수인의 행위로 임대물에 손해가 발생하면 임대인은 임차인에 대하여 손해배상을 청구할 수 있다(제391조).

판례 解止權이 行使될 수 없는 例임차인이 임대인으로부터 별도의 승낙을 얻은 바 없이 제3자에게 임차물을 사용·수익하도록 한 경우에 있어서도 임차인의 당해 행위가 임대인에 대한 배신적 행위라고 인정할 수 없는 특별한 사정이 있는 경우에는 위 법조항에 의한 해지권은 발생하지 않는다(대판 1993.4.27. 92다45308).

(4) 賃借物의 轉貸

(가) 轉貸의 意義

전대란 임차인이 임차물을 다시 제3자에게 사용·수익하게 하는 계약이다. 즉, 임차인(전대인)과 전차인 사이의 임차물에 대한 대차계약이다.

전대와 임차권의 양도가 다른 점은 임차권의 양도는 임차인이 임대차계약에서 완전히 탈퇴하고 양수인이 임차인의 지위를 승계하여 종래의 임대차계약상의 임차인의 지위를 유지하지만, 전대에서는 임차인이 임대차관계를 지속시키면서 전차인과의 사이에 또 다른 하나의 임대차관계를 성립시킨다는 것이다. 임차물의 일부분에 대해서도 전대를 할 수 있다(제632조). 전대는 일반적으로 임차인이 목적물의 전부를 대차하여 자기가 필요한 부분만 사용하고 나머지를 제3자에게 사용하게 하는 것으로 행하여진다.

(나) 轉貸의 要件-賃貸人의 同意

전대차계약은 임차인(전대인)과 전차인간의 계약이다. 유상이면 임대차이고, 무상이면 사용대차가 된다. 그런데 임대차는 물건에 대한 사용·수익을 목적으로 하는 계약으로서 누가 사용·수익하느냐는 것은 임대인으로서는 매우 중요하다. 이에 민법은 임대인의 동의 없이 임차물을 전대하지 못하도록 하고 있다(제629조 1항). 임차인이 임대인의 동의 없이 전대한 때에는 임대인은 임대차계약을 해지할 수 있다(제629조 2항). 다만 소부분에 대하여는 동의 없이 전대할 수 있다(제632조). 무단전대의 임대인의 해지도 임차권의 양도와 동일하게 보아 무단전대가 임대인에 대한 배신적 행위라고 볼 수 없는 경우에는 해지할 수 없다고 보아야 한다.

동의는 사전·사후, 개별적·포괄적, 명시적·묵시적으로 할 수 있으며, 임대인이 전차인에 대하여 차임을 청구를 하는 등의 행위로도 동의가 사후 추단될 수 있다.

(다) 同意 있는 轉貸의 法律關係

① 轉貸人(賃借人)과 轉借人과의 關係

양자의 관계는 전대차계약의 내용에 따라 정해진다. 그러므로 전대인은 전차인에 대하여 임대인으로서의 권리·의무를 가진다. 다만 임대차에서 가장 중요한 사용자의 채무인 차임지급채무와 목적물반환채무에 대하여는 예외를 두어 전차인이 임대인에게 직접 그 채무를 이행한 때에는 그 한도 내에서 전대인에 대하여 채무를 면한다(제630조).

② 賃貸人과 賃借人(轉貸人)과의 關係

양자의 관계는 전대차로 아무런 영향을 받지 않는다. 다만 임대인은 전차인에 대하여 직접 권리를 행사할 수 있으나 이 때문에 임대인이 임차인에 대한 그의 임대차계약상의 권리를 행사할 수 없게 되는 것은 아니다(제630조 2항).

따라서, 임대인은 차임청구나 계약의 해지도 임대차계약의 상대방인 임차인에게 하여야 한다. 해지를 한 경우에는 해지한 사유를 전차인에게 통지하여야 해지로써 전차인에게 대항할 수 있다(제638조 1항).

또한 임차인은 전대와는 관계없이 임대차계약상의 채무가 있으므로 전차인의 과실로 목적물이 손상된 경우에도 책임을 면할 수 없다. 전차인의 과실에 의하여 목적물이 손상된 경우에 전차인의 선임·감독에 과실이 없으면 임차인은 책임을 지지 않는 것으로 해석하는 견해도 있으나(곽, 김증), 책임을 제한하는 규정이 없기 때문에 그렇게 해석하는 것은 무리이다.

③ **賃貸人과 轉借人과의 關係**

임대인과 전차인 사이에는 직접적인 임대차관계가 성립하지 않는다. 따라서 양자간에는 직접적인 법률관계가 있지 아니하다. 그러나 민법은 임대인과 전차인의 보호를 위하여 특별히 예외적인 몇 가지의 직접적인 법률관계를 인정한다.

㉮ **賃貸人의 保護-轉借人의 賃貸人에 대한 義務 直接 負擔**

전차인은 임대인에게 직접 의무를 부담한다(제630조 1항 전단). 전차인이 임대인에게 직접 부담하는 의무는 차임지급의무, 목적물보관의무, 목적물반환의무 등의 목적물의 대차에 따른 일반적인 의무 모두이다.

전차인의 의무는 전대차계약에서 정하여지나, 전차인이 임대인에게 지는 의무는 임대차계약상의 의무의 한도 내에서 전대차계약상의 의무이다. 임대인은 임대차계약상의 권리 이상을 행사할 수 없을 것이고, 전차인은 자기의 계약상의 의무이상을 질 이유가 없기 때문이다. 이러한 전차인의 의무 중에서 임대인과의 관계에서 실제로 문제가 되는 것은 차임의 지급이다.

전차인은 차임에 대하여 제630조 제1항에 의하여 임대인에게 직접 의무를 지며, 한편으로는 전대차계약상 전대인에 대하여도 차임지급채무가 있다. 따라서 전차인은 임대인에게 차임을 지급함으로써 그 한도 내에서는 전차인에게 대하여는 채무를 면한다. 이때 임대인에 대한 차임은 임대차계약상의 차임의 한도 내에서의 전대차계약상 차임임은 물론이다.그런데 전차인이 차임을 임대인에게 지급하지 아니하고 전대인에게 지급한 경우에는 어떻게 되는가?

제630조 제1항 후단은 전차인의 전대인에 대한 차임의 지급으로 임대인에게 대항할 수 없다고 규정한다. 따라서 전차인이 전대인에게 차임을 지급하였더라도 임대인의 청구가 있으면 다시 지급하여야 한다. 이는 전차인에게 너무 가혹하다. 이에 학설은 전차인의 보호를 위하여 전차인이 전대인에게 지급한 차임으로 대항할 수 없는 경우를 전대차계약상의 차임지급시기 이전에 미리 지급한 것에 한정하는 것으로 해석하는 견해가 있다(곽). 임대인은 전대에 동의를 하였기 때문에 전차인의 차임지급시기를 알고 있고, 또한 전차인으로부터 차임을 받지 못하더라도 임차인에게 차임을 청구할 수 있기 때문에 한정하여 해석하는 것이 합리적이다.

㉯ **轉借人의 保護**

㉠ 賃借權의 合意 解止의 效力 制限 : 전차권은 임차권을 기초로 성립한 것이므로 임대차가 기간만료나 채무불이행으로 인한 해지 등으로 소멸하면 전차권도 소멸하는 것이 원칙이다. 그러나 민법은 전차인의 보호를 위하여 예외적으로 임대인의 동의를 얻어 전대한 경우 임대인과 임차인의 합의로 계약을 종료시킨 때에는 전차인의 권리는 소멸하지 않는 것으로 하고 있다(제631조). 이는 임차인이 일방적으로 임차권을 포기한 경우에도 동일한 경우가 되므로 전차인의 권리는 소멸하지 않는 것으로 해석된다.

㉡ 賃貸人의 解止通告義務 : 임대차계약이 해지의 통고로 종료된 경우에 임대인의 동의를 얻어 적법하게 전대되었을 때에는 임대인은 전차인에 대하여 그 사유를 통지하지 아니하면 해지로써 전차인에게 대항하지 못한다(제638조 1항). 전차인이 해지의 통고를 받은 때에는 그 해지의 효력은 전차인에 대해서는 일정한 기간(부동산임대차는 6월, 동산임대차는 5일)이 경과하여야 해지의 효력이 생긴다(제638조 2항).

이는 강행규정이나(제652조), 일시사용을 위한 전대차에는 적용되지 않는다(제653조).

㉢ 契約更新請求權, 地上施設買受請求權 : 건물 기타 공작물의 소유 또는 식목·채염·목축을 목적으로 한 토지임차인이 적법하게 그 토지를 전대한 경우에 임대차 및 전대차의 기간이 동시에 만료되고 또 건물·수목 기타의 지상시설이 현존한 때에는, 전차인은 임대인에 대하여 전대차와 동일한 조건으로 임대할 것을 청구할 수 있으며(제644조 1항), 임대인이 임대할 것을 원하지 않을 때에는 전차인은 지상시설을 매수할 것을 청구할 수 있다(제644조 2항, 제283조). 이러한 전차인의 임대청구권과 지상시설매수청구권은 지상권자가 그 토지를 임대한 경우에도 준용된다(제645조). 이 규정은 강행규정이다(제652조).

㉣ 附屬物買受請求權 : 건물 기타 공작물의 전차인이 적법하게 전대한 경우에 전차인이 그 사용의 편익을 위하여 임대인의 동의를 얻어 이에 부속시킨 물건이 있는 때에는, 전대차의 종료시에 임대인에 대하여 그 부속물의 매수를 청구할 수 있다(제647조 1항). 이러한 전차인의 매수청구권은 부속한 물건을 임대인으로부터 매수하였거나 그 동의를 얻어 임차인으로부터 매수한 경우에도 행사할 수 있다(제647조 2항). 이는 강행규정이다(제652조). 그러나 일시사용을 위한 전대차에는 적용되지 않는다(제653조).

④ 第3者에 대한 轉借人의 地位

전차인은 임차목적물의 양수인, 저당권자, 경락인 등 제3자에 대하여는 임차인이 대항력을 갖춘 경우에 임차인의 대항력을 원용할 수 있으며, 전차인 스스로 대항력을 갖춘 경우에는 스스로의 대항력에 의하여 제3자에게 대항할 수 있다.

(라) 賃貸人의 同意 없는 轉貸

① 賃貸人과 賃借人과의 關係

임대인은 임대차계약상의 권리를 그대로 유지하는 것은 물론이고, 동의 없는 전대를 한 임차인에 대하여 임대차계약을 해지할 수 있다(제629조 2항). 그러나 건물의 임차인이 그 건물의 소부분을 타인에게 사용하게 하는 경우에는 이를 이유로 임대차계약을 해지하지 못한다(제632조). 이 경우, 무단전대가 임대인에 대한 배신적 행위에 해당하는 경우에만 해지할 수 있다고 보아야 한다.

② 賃貸人과 轉借人과의 關係

전차인은 불법점유자가 된다. 따라서 임대인은 전차인에 대하여 방해제거청구를 할 수 있으며, 전차인은 그가 전대인으로부터 취득한 임차권을 가지고 임대인에게 대항하지 못한다. 그 결과 전차인은 임차지 위에 부속시킨 물건의 소유권을 보유할 수도 없다(제256조 단서의 적용이 없다).

임대인이 목적물의 반환청구를 하는 경우에 임대인이 임차인과의 임대차계약을 해지하지 않는 한, 임대인은 자기에게 목적물의 반환을 청구할 수는 없고 임차인에게 반환을 청구할 수 있다.

③ 轉貸人과 轉借人과의 關係

전대차계약은 전대인과 전차인 사이에는 유효하게 성립하여, 전대인은 전차인에 대하여 차임청구권을 가지며, 전대인은 전차인에게 임대인의 동의를 얻어 임차목적물을 적법하게 사용·수익할 수 있도록 해 줄 의무를 부담한다.

④ 轉借人의 第3者에 대한 地位

전차인은 임대인에 대하여 대항력을 갖지 못하므로 임차목적물의 양수인 등의 제3자에 대해서도 전차권을 주장할 수 없다. 그러나 전대인(임차인)에 대해서는 채권자의 지위에 있으므로 임차인의 제3자에 대한 대항력을 대위행사(제404조)할 수 있을 것이다. 다만 임대인이 제629조 제2항의 규정에 의하여 임대차관계를 해지하면 전차인의 대위권행사는 불가능하게 된다.

4. 保證金과 權利金

(1) 保證金

(가) 意義와 法的 性質

보증금이란 부동산임대차, 특히 건물임대차에 있어서 임차인의 차임과 임대기간 중의 임차인에 의한 목적물 훼손에 의한 손해배상채무 등의 임대차계약상의 임차인의 일체의 채무를 담보하기 위하여 임차인 또는 제3자가 임대인에게 지급하는 금전 기타의 유가물을 말한다. 우리나라 임대차의 실거래에서는 보증금이 거의 필수적으로 수수되며, 액수 또한 거액으로 아주 중요하다. 그러나 민법에는 이에 대한 아무런 규정이 없고, 주택임대차보호법에만 몇 개의 규정을 두고 있을 뿐이어서, 그 규율은 관습이나 판례에 의해 해결하는 수밖에 없다.

보증금은 임차인의 차임과 손해배상채무 등에 대한 담보적 기능을 한다. 따라서 임대인은 임대차가 종료한 때에 보증금에서 연체된 차임과 임대차기간 중에 임대물에 대한 파손 등에 대한 손해액을 제하고 임차인에게 반환한다. 이러한 보증금의 법적 성질에 관하여 다수설은 임대차가 종료한 때 또는 임대차가 종료하여 임차인이 목적물을 실제로 반환하는 때에 임차인의 채무불이행에 의한 손해액의 변제에 충당되는 것으로 하고 잔액을 반환한다는 것을 정지조건으로 하는 금전 등의 소유권의 이전으로 이해한다. 이에 대하여 보증금이 거액인 점에서 임대차종료시에 일단 임차인의 보증금반환청구권을 인정하기 위하여, 보증금은 임대차종료시 임대인의 반대채권이 존재하는 것을 해제조건으로 하는 금전소유권의 이전이라고 보는 견해도 있다(이은). 양자의 차이는, 정지조건설에 의하면 임차인이 손해배상책임이 없다는 것을 주장·입증하여야 하나, 해제조건설에 의하면 임대인이 임차인의 손해에 대한 배상청구권이 있음을 주장·입증하여야 한다. 생각건대, 임차인은 임대차계약상의 의무로서 차임지급채무, 목적물보관의무, 원상회복의무를 지므로 임대차종료시 또는 임차인이 목적물을 인도하는 때에 자기에게 손해배상책임이 없다는 것(채무이행의 완료)을 주장·입증하여야 한다. 따라서 정지조건설이 타당하다. 그런데 정지조건의 판단시기를 임대차종료시로 하면 임대차종료 후 목적물의 인도 사이에 발생한 손해에 대한 임대인의 담보가 없어지는 결과가 되어 임대인이 불리하게 된다. 따라서 임대물을 실제로 인도할 때까지의 손해배상채무까지 포함하는 것으로 보는 것이 타당하다(동지 : 곽, 김증).

(나) 保證金契約

임대차의 당사자는 일반적으로 임대차계약시에 임대물, 임대기간, 차임, 보증금 등에 관하여 합의한다. 특히 주택의 경우는 차임을 별도로 지급하지 아니하고 보증금만을 수수하는 것으로 합의한다. 즉, 보증금에 관하여는 임대차계약의 일부로서 행하여지는 것이 보통이다. 그러나 보증금지급채무는 임대차계약에서 당연히 생기는 채무가 아니므로 현실적으로는 합체되어 행하여지더라도 이론적으로는 분리하여 파악하는 것이 타당하다고 본다. 학설도 보증금계약을 임대차계약과는 별도의 계약으로 보는 데 일치한다.

① 要物契約이 原則

보증금계약은 금전 내지 유가물을 교부함으로써 효력이 생기므로 요물계약이 보통이나 낙성계약으로도 할 수 있다.

② 賃貸借契約에 附隨된 契約

보증금계약은 임대차계약과는 별개의 계약이지만 임대차에 부수된 계약이므로 임대차가 유효하게 성립하여야 보증금계약이 유효하다. 따라서 보증금은 임대차와 분리하여 양도될 수 없다. 그러나 임대차계약과 반드시 동시에 성립할 필요는 없다.

③ 契約當事者

당사자는 임대인과 임차인인 것이 보통이지만 임차인에 갈음하여 제3자가 계약당사자가 될 수도 있다. 제3자가 보증금계약을 체결한 때에는 임차보증이 된다.

④ 保證金額

보증금액에 대하여는 어디에도 별도로 제한하고 있지 않다.

(다) 保證金의 效力

보증금은 임차인의 차임과 임차인의 임차물보관의무 및 반환시의 원상회복의무 등에 의한 손해배상채무를 담보하기 위한 기능을 한다. 임대인은 임차인의 채무가 있는 때에는 보증금에서 이를 공제하고 반환한다. 따라서 보증금에 대하여 임대인은 그러한 채무에 관하여는 우선변제력이 있는 것이 된다. 임차인의 일반채권자가 보증금에 대하여 압류한 때에도 보증금전액이 아니라 임차인의 반환청구권이 생기는 때의 채권금액 즉 보증금에서 연체차임 등이 공제된 후의 잔여금액에 대하여 효력이 있다.

그 밖에 아래의 사항이 문제된다.

① 賃貸借關係 存續 中 保證金으로 충당 與否

통상적으로 임대인은 임대차가 종료한 후에 비로소 보증금으로 임차인의 채무변제에 충당할 수 있다. 다만 연체된 차임은 변제기가 지난 것이므로 임대차종료 전에 보증금으로 변제충당할 수 있다. 충당하느냐 여부는 임대인의 자유로 임대인은 충당하지 아니하고 연체된 차임을 청구할 수 있으나, 임차인은 보증금이 있다는 것을 이유로 차임의 지급을 거절할 수 없다.

② 默示의 更新과 保證金

묵시의 갱신이 있는 경우 임차인이 제공한 보증금은 그대로 남게 되나 제3자가 제공한 보증금은 소멸한다(제639조 2항 참조)

③ 住宅.商街賃貸借에서의 保證金

주택과 상가건물의 임대차에서의 보증금의 효력에 관하여는 임차인의 보호를 위하여 각기 해당 특별법에서 특별히 규정한다. 이에 관하여는 각 특별한 임대차에서 대항력부분에서 함께 본다.

(라) 保證金의 增減額

보증금의 증액 또는 감액에 관하여는 민법에는 규정이 없고, 주택과 상가임대차보호에 관한 특별법에서 특별히 제한을 두고 있다. 주택과 상각건물 이외의 임대차도 통상적으로 보증금이 수수되지만 별도로 차임도 지급되기 때문에 차임증감액청구권이 있어 문제가 되지 않는데, 주택의 임대차에서는 보증금만 수수되는 것이 일반적이기 때문이다.

주택과 상가임대차에서 약정한 보증금이 임차주택에 관한 조세·공과금 기타 부담의 증감이나 경제사정의 변동으로 인하여 상당하지 아니하게 된 때에는 당사자는 장래에 대하여 그 증감을 청구할 수 있다(주택보호법 제7조, 상가보호법 제11조). 그러나 증액의 경우 대통령령이 정하는 한도액을 넘지 못한다. 또한 증액의 청구는 임대차계약 또는 보증금의 증액이 있은 후 일정한 기간제한을 두고 있다.

(마) 保證金返還請求權

① 返還請求權의 發生時期

보증금의 법적 성질을 임대물을 반환하는 때에 손해배상채무가 없을 것을 정지조건으로 하는 것으로 이해하기 때문에, 임대차계약의 종료 후 임차물을 실제로 반환하는 때에 임차인의 채무가 존재하지 않는다는 것을 임차인이 주장·입증하면 정지조건의 성취로 비로소 반환청구권이 발생한다. 연체차임과 임차물의 파손 등에 따른 손해배상채무가 있는 때에는 그 손해액을 공제한 잔액에 대하여 반환청구권이 생긴다.

판례 保證金返還債務의 履行期 : 부동산임대차에 있어서 임차인이 임대인에게 지급하는 보증금은 임대차관계가 종료되어 목적물을 반환하는 때까지 그 임대차관계에서 발생하는 임차인의 모든 채무를 담보하는 것으로서, 임차인의 채무불이행이 없으면 그 전액을 반환하고, 만약 임차인이 차임을 지급하지 아니하거나 목적물을 멸실·훼손하여 부담하는 손해배상채무, 또는 임대차종료 후 목적물반환시까지 목적물사용으로 인한 손해배상 내지 부당이득 반환채무 등을 부담하고 있다면 임대인은 그 보증금 중에서 이를 공제하고 나머지 금액만을 반환하면 되는 것이므로, 임대인의 보증금 반환의무는 임대차관계가 종료되는 경우에 그 보증금 중에서 목적물을 반환받을 때까지 생긴 지체차임 등 임차인의 모든 채무를 공제한 나머지 금액에 관하여서만 비로소 이행기에 도달하여 임차인의 목적물반환의무와 서로 동시이행의 관계에 있다(대판 1987.6.23. 87다카98).

② 保證金返還과 賃借物返還의 同時履行

보증금을 임차인이 임차물을 반환할 때에 채무불이행이 없을 것을 정지조건으로 반환청구권이 생긴다고 보기 때문에 이론적으로는 임차인의 목적물반환의무는 언제나 선이행의무이므로 양자의 동시이행관계는 논리적으로는 인정되지 않는다. 그러나 임차인의 연체차임 또는 손해배상채무의 존재 등에 관하여는 쉽게 판단되므로 동시이행관계를 인정하더라도 실제로는 문제가 되지 않는다. 논리적으로만 보아 임차인이 목적물을 먼저 인도하여야 한다면 거액의 보증금을 받지 못하는 경우가 있게 되어 임차인을 해치게 된다. 보증금이 거액인 점에서 임차인의 보호를 위하여 동시이행의 관계를 인정하는 것이 타당하다. 판례도 동시이행의 관계를 인정한다. 특히 주택과 상가임대차에서는 보증금이 거액이고 또한 사회·경제적 약자인 임차인을 보호하기 위하여 해당 특별법으로 임대차종료 후 보증금을 반환받지 못한 임차인의 임차권등기명령신청제도를 두고 있다. 따라서 주택과 상가건물의 임차인은 종래의 임차 목적물에서 다른 곳으로 이전을 하더라도 임차권등기명령집행에 의한 등기에 의하여 대항력을 계속 가져 보증금의 반환을 확보할 수 있다.

보증금반환의무와 임차물반환의무가 동시이행의 관계가 있어 보증금을 반환받지 못하면 임차인은 임차물을 반환하지 않아도 좋으나 임차물을 계속하여 사용·수익할 수 있다는 것을 의미하는 것은 아니다. 계속 사용·수익한 부분은 부당이득으로서 반환청구의 대상이 된다(주택보호법과 상가보호법은 이러한 경우를 위하여 임대차를 존속하는 것으로 간주하는 규정을 두고 있다).

판례 保證金返還義務와 賃借物返還義務의 同時履行關係 : 임대차계약의 기간이 만료된 경우에 임차인이 임차목적물을 명도할 의무와 임대인이 보증금중 연체차임 등 당해 임대차에 관하여 명도 시까지 생긴 모든 채무를 청산한 나머지를 반환할 의무는 모두 이행기에 도달하고 이들 의무 상호간에는 동시이행의 관계가 있다고 보는 것이 상당하다(대판 1977.9.28. 77다1241).

판례 賃貸借契約終了後의 繼續된 使用 : 법률상 원인 없이 이득하였음을 이유로 하는 부당이득반환에 있어서 이득이라 함은 실질적인 이익을 가리키는 것이므로 법률상 원인 없이 건물을 점유하고 있더라도 이를 사용·수익하지 못하였다면 실질적인 이익을 얻었다고 볼 수 없다(대판 1984.5.15. 84다카108).

(바) 不動産所有權의 移轉과 保證金의 承繼

① 對抗力 있는 賃借權

임차부동산의 소유권이 이전될 때 임차권이 대항력을 갖고 있으면 임차인과 임차부동산의 양수인 사이에는 종전의 임대차관계가 승계된다. 따라서 임대차관계가 존속하는 한 보증금관계는 임대차에 수반하여 일체를 이루는 것이므로 보증금에 관한 권리·의무도 당연히 양수인에게 이전한다. 주택과 상가임대차보호법의 적용을 받는 주택과 상가임대차의 경우에도 같다.

② 對抗力 없는 賃借權

임차권이 대항력을 갖지 않은 경우에는 임차인은 목적물의 양수인에 대해 임차권을 주장할 수 없고, 따라서 보증금의 반환도 청구할 수 없다. 임대차보증금은 임차물에 관하여 생긴 채권이 아니므로, 즉, 임차물의 점유와 보증금반환청구권 사이에 견련관계가 존재하지 않아 유치권도 성립하지 않는다.

판례 保證金返還請求權은 賃借物에 대한 留置權 不成立 : 건물의 임대차에 있어서 임차인의 임대인에게 지급한 임차보증금 반환청구권이나 임대인이 건물에 대한 시설을 하지 아니 하였기 때문에 건물을 임차 목적대로 사용치 못함으로써 임차인에게 발생한 손해배상청구권은 모두 그 건물에 관하여 생긴 채권이 아니므로 그 채권을 가지고 건물에 대한 유치권을 행사할 수 없다(대판 1976.5.11. 75다1305).

(2) 權利金

(가) 意 義

권리금이란 주로 도시에서의 토지 또는 건물(주로 점포)의 임대차에 부수해서 그 부동산이 갖는 장소 및 종전의 영업으로 인한 무형적 영업상의 이익 및 전임차인이 시설한 시설의 이전에 따른 대가로서 수수되는 금전이다. 그런데 권리금은 임대인과 임차인 사이에서 수수되는 것이 아니라(만약 임대인과 수수되더라도 보증금에 포함되고, 이 경우에는 보증금으로 된다), 임차인과 전임차인과의 사이에서 개별적으로 수수된다. 따라서 권리금은 임대차계약과는 별도의 독립된 계약에 의하여 지급된다. 그러나 권리금은 임차물의 사용에 따른 부가적인 특수한 이익에 대한 대가이므로 목적물의 임차를 전제로 한다. 그러한 의미에서 권리금계약은 임대차계약에 부종성이 있다.

영업용건물에 대한 임대차는 실거래에서는 전임차인과 새로운 임차인 사이에서 권리금이 수수되는 것이 보통이며, 그 권리금의 액수도 적지 않아 그로 인한 사회적 문제가 빈번하게 발생함에도 이 역시 법률적 규정은 어디에도 없어 전적으로 관행에 의해 규율되고 있다.

(나) 當事者의 法律關係

① 權利金을 支給한 賃借人과 賃貸人의 關係

전임차인에게 지급된 권리금에 대하여는 임대인은 어떠한 의무도 없고, 임차인도

권리가 없다. 다만, 실질적으로 권리금의 반대급부로 인수한 부속물에 대해서 임대차 종료시 매수청구할 수 있고(제646조), 임차물에 대한 필요비와 유익비에 대해서 그 상환을 청구할 수 있음(제626조)은 물론이나, 이는 임대차계약상의 권리일 뿐, 권리금과는 관계가 없다.

특히 문제되는 것은 영업실적이 좋은 상가의 점포를 임대차하면서 권리금을 수수한 경우로서 기존의 임차인이 누렸던 다수의 고객 및 영업상의 신용 등 무형적 이익에 해당하는 것들에 대해서도 부속물매수청구권의 목적이 되는가인데, 이러한 이익은 산정하기가 매우 힘들며 또한 그 이익이 최종적으로 임대인에게 반드시 귀속되는 것은 아니므로 부정하여야 한다.

② 前賃借人과 賃借人의 關係

권리금은 임차권의 양수인이 양도목적이 된 임차권자로서의 지위에 대한 포괄적인 대가를 양도인에게 지급하는 것이다. 따라서 전임차인은 임차인에게 임차인에 대하여 약정한 내용대로 임차권자의 지위를 승계받을 수 있게 할 채무가 있다. 이러한 채무는 임대인에 대한 임차인의 지위뿐만 아니라 기타 당해 영업상의 이익을 받을 수 있도록 할 의무를 포함한다. 후자의 의무에 부수되어 경업을 하지 않을 의무가 있다.

5. 賃借權의 相續

임차권은 물건을 사용·수익할 수 있는 권능으로 재산적 성질을 가지는 권리이다. 특히 건물의 임대차에서는 보증금계약이 거의 일반화되어 있어 임대차 종료 후에는 큰 금액의 보증금을 반환 받을 수 있다. 따라서 임차권자의 사망 후에 임차권의 상속성이 문제되며, 임차권의 상속성을 특별히 법률로써 제한하지 않는 한 임차권의 성질상 상속성이 제한당하는 권리라고 보기는 어렵다(사용대차에 관하여는 제614조에서 차주가 사망한 경우에 대주가 계약을 해지할 수 있다고 규정한다).

따라서 임차권은 상속성이 있다고 보아야 한다. 따라서 임차인이 사망한 때에는 임차권은 상속인에게 그대로 포괄적으로 이전되어 상속인과 임대인 사이에 기존의 임대차관계가 그대로 유지된다.

그러나 임차권에 대한 이러한 상속성을 그대로 주택임차권에 인정한다는 것은 여러 가지의 문제가 발생한다. 이에 나라에 따라서 주택임차권에 관해서는 법률 또는 학설과 판례에 의하여 상속성을 부정하고 특별히 승계제도를 인정하기도 한다(주택임차권의 승계에 관하여는 주택임대차에서 후술).

Ⅳ. 賃貸借의 終了

임대차가 종료하면 임차인은 지상시설 및 부속물매수청구권, 보증금반환청구권, 임차물반환의무, 임차물원상회복의무 등이 있고, 임대인으로서는 비용상환의무, 손해배상청구권 등이 있다. 그러한 내용에 관해서는 관련부분에서 이미 설명되었으므로 여기서는 임대차 종료원인에 대해서만 보기로 한다.

1. 賃貸借期間의 滿了

약정된 임대차기간의 만료로써 임대차는 종료한다. 임대차만료가 되었으나 묵시의 갱신이 되는 경우가 있고(제639조), 주택과 상가건물임대차는 보증금을 반환 받지 못한 경우에는 기간이 만료되어도 임대차가 존속되는 것으로 본다.

2. 解止의 通告

당사자는 임대차계약상의 채무를 이행하지 않은 때에는 채무불이행의 일반원칙에 따라 계약을 해지할 수 있음은 당연하다. 그 밖에 임대차에 특유한 해지사유는 다음과 같다.

① **期間의 約定이 없는 境遇**: 임대차의 존속기간을 약정하지 아니한 때에는 당사자는 언제든지 해지를 통고할 수 있다(제635조 1항).

해지의 효력은 통고가 있는 날로부터 일정한 기간이 경과하여야 효력이 발생한다. 즉, 토지, 건물 기타 공작물(제635조 2항 1호)에 대해서 임대인이 해지를 통고한 경우에는 6월, 임차인이 해지를 통고한 경우에는 1월이 경과하여야 한다. 그러나 동산에 대해서는 누가 통고하든 통고 후 5일이 경과하면 해지의 효력이 생긴다(제635조 2항 2호). 이 규정은 강행규정으로 이에 위반하는 약정으로서 임차인에게 불리한 것은 효력이 없다(제652조).

② **同意 있는 轉貸의 境遇**: 임대차계약이 해지의 통고로 인하여 종료된 경우에도 그 목적물이 적법하게 전대되었을 때에는 임대인은 전차인에 대하여 그 사유를 통지하지 않으면 해지로써 전차인에게 대항하지 못한다(제638조 1항). 전차인을 보호하기 위한 규정이다.

③ **賃借人의 破産宣告**: 임차인이 파산선고를 받은 경우에는 임대차기간의 약정이 있는 때에도 임대인 또는 파산관재인은 제635조에 의하여 계약해지의 통고를 할 수

있으며(제637조 1항), 일정한 기간의 경과로써 해지의 효력이 생긴다(제635조 2항). 이 경우에 각 당사자는 상대방에 대하여 계약해지로 인하여 발생한 손해의 배상을 청구하지 못한다(제637조 2항).

④ **賃借人의 意思에 反한 保存行爲 :** 임대인이 임차인의 의사에 반하여 보존행위를 하는 때에는 임차인이 해지할 수 있다(제625조).

⑤ **目的 達成 不能 :** 임차물의 일부가 임차인의 과실에 의하지 않고서 멸실한 경우에 그 잔존부분만으로는 임차의 목적을 달성할 수 없을 때 임차인은 해지할 수 있다(제627조 2항).

⑥ **無斷讓渡 및 無斷轉貸 :** 임차인이 임대인의 동의 없이 제3자에게 임차권을 양도하거나 또는 임차물을 전대한 때에 임대인은 해지할 수 있다(제629조 2항). 그러나, 단순히 무단양도된 것만으로 해지할 수 없으며, 그러한 무단 양도가 임차인의 배신적 행위에 해당되어야 해지할 수 있다고 해석된다.

⑦ **2期의 借賃延滯 :** 연체차임이 합하여 2기의 차임에 해당될 때 임대인은 해지할 수 있다(제640조, 제641조).

V. 住宅賃貸借

임대차의 일반적인 내용에 대하여는 전술하였고, 여기서는 주택임대차보호법을 중심으로 주택임대차 특유의 내용에 대하여만 보도록 한다.

주택의 임대차는 그 목적물이 인간이 생활하는 데 없어서는 아니 될 거주공간이란 특수성에서 외국의 모든 나라에서도 별로 특별법을 두어 규율하고 있다. 우리나라에서도 역시 임차인의 안정적인 거주공간 확보와 특히 우리 사회에서 주거난이 심각하며, 또한 주택임차인이 사회적·경제적으로 약자인 점에서 주로 임차인을 보호하는 내용으로 특별법을 제정하였다. 동법은 특히 우리의 실정이 주택의 임차에서 임차인이 전 재산이라고 할 수 있는 큰 액수의 금전을 임대인에게 보증금으로 지급한다는 점에서, 규정의 대부분을 임차인 보호를 위한 임대차보증금반환에 할애를 하며, 그 밖에는 외국의 예와 같이 주택의 임차권에 대하여 승계제도를 두고 있다. 이러한 주택임대차보호법은 모두가 강행규정으로서, 이에 위반하거나 임차인에게 불리한 약정은 효력이 없다(제10조).

1. 適用範圍

주택임대차보호법은 주거용건물의 임대차에 관한 특례로서(제1조), 주거용건물의 전부 또는 일부의 임대차에 적용되고(제2조 전단), 임차주택의 일부가 주거 외의 목적으로 사용되는 경우에도 적용된다(제2조 후단). 또한 전세권등기를 하지 아니한 전세계약에도 본법은 준용되며, 이 경우 전세금은 임대차의 보증금으로 본다(제12조). 그러나 일시사용을 위한 임대차에는 그 적용이 없다(제11조). 그리고 본법이 적용되려면 임대차계약시를 기준으로 건물의 구조 등으로 판단하여야 하여, 계약체결 당시에 건물의 구조상 주거용으로서의 형태가 갖추어져야 한다.

판례 本法 適用의 判斷時期 : 위 법이 적용되려면 임대차계약체결 당시 건물의 구조상 주거용으로서의 형태가 실질적으로 갖추어져 있어야 한다(대판 1986.1.21. 85다카1367).

(1) 賃借人은 自然人

임대인이 자연인이 아닌 법인인 경우에도 본법이 적용되는 것은 의문의 여지가 없다.

임차인이 자연인이 아닌 법인인 경우에는 본법이 적용되는가? 대법원은 본법이 서민의 주거생활의 안정을 보호하려는 취지인 점과 법인은 주민등록을 갖출 수 없는 점을 들어 대법원은 그 적용이 없다고 하였다. 또한 같은 법리에서, 법인이 주택임차인인 경우에 주택의 양수인이 본법에 의하여 임대인의 지위를 당연히 승계하는 것은 아니고, 임대인(양도인)의 법인에 대한 보증금반환채무는 소멸하지 아니한다고 하였다. 즉, 대법원은 임차인이 법인인 경우에는 임대차에 관한 특별법인 본법은 적용되지 아니하고, 민법의 일반적인 임대차에 의하여 규율된다는 것이다. 타당한 결론이다.

판례 賃借人이 法人인 경우: 위 법이 자연인인 서민들의 주거생활의 안정을 보호하려는 취지에서 제정된 것이지 법인을 그 보호대상으로 삼고 있다고는 할 수 없는 점, 법인은 애당초 같은 법 제3조 제1항소정의 대항요건의 하나인 주민등록을 구비할 수 없는 점 등에 비추어 보면, 법인의 직원이 주민등록을 마쳤다 하여 이를 법인의 주민등록으로 볼 수 없는 등으로 임차인이 법인인 경우는 본법은 그 적용이 없다(대판 1997.7.11. 96다7236).

판례 賃借人이 法人인 住宅의 讓受人의 地位 : 본법에 의하여 임차인이 대항요건을 갖춘 후에 임차건물이 양도된 경우에 양수인은 임대인의 지위를 승계하여 임차보증금채무는 양수인에게 이전되고 양도 인의 채무는 소멸하는 것이다. 임차인이 법인인 경우에는 본법의 대항요건을 갖출 수 없어 임대인이 임대주택을 양수하더라도 그 양수인은 본법에 의하여 임대인의 지위를 당연히 승계하는 것이 아니고, 따라서 양도인과 양수인 간의 특약이 없는 한 임대인(양도인)의 법인에 대한 보증금반환채무는 소멸하지 아니한다(대판 2003.7.23. 2003다2918).

(2) 住居用 建物의 判斷基準

주거용 건물인지 여부의 판단기준은 공부상의 표시로만 판단할 것이 아니라 그 실제 용도에 따라 판단하여야 하며, 구체적인 경우에 따라 임대차의 목적, 전체 건물의 구조와 임대차 목적물의 구조와 형태, 임차인의 목적물의 이용관계, 임차인이 그곳에서 일상생활을 영위하는지 여부 등을 종합적으로 판단하여야 한다(대판 1995.3.10. 94다5522 판결 참조).

(3) 一部가 非住居用인 경우

제2조 후단은 임차주택의 일부가 비주거용인 경우에도 본법이 적용된다고 규정한다. 이는 주거용이 주를 이루는 경우를 의미한다. 따라서 주된 내용이 비주거용으로서 그 일부가 주거용인 경우에는 본법이 적용되지 아니한다. 이러한 주거, 비주거는 단순히 사용되는 너비로 판단할 것이 아니라 비주거용이 더 넓다고 하더라도 그곳에서 일상생활을 영위하고, 임차인의 유일한 주거지인 경우에는 본법이 적용된다.

판례 여인숙 목적의 건물의 임대차(방 10개)로 방 하나를 내실로 사용하는 경우(대판 1987.4.28. 86 다카2407), 방 2개와 주방이 딸린 다방의 임대차로 방에 주거하는 경우(대판 1996.3.12. 95다51953)는 본법이 적용되지 않으며, 주거 및 인쇄소 목적, 주거 및 슈퍼마켓 경영목적으로 임차하여 진 가족이 유일한 주거용으로 사용한 경우는 본법이 적용된다고 하였다(대판 1995.3.10. 94다52522).

2. 存續期間

(1) 2年의 最短期間

임대차의 존속기간의 정함이 없거나 또는 약정한 기간을 2년 미만으로 정한 때에는 그 기간을 2년으로 본다(제4조 1항). 2년 미만으로 약정한 경우에 임대인은 그 약정의 효력을 주장할 수 없으나, 임차인은 약정된 2년 미만의 기간의 효력을 주장할 수 있다.

(2) 期間存續의 看做

임대차종료 후에도 임차인이 임대인으로부터 보증금을 반환 받을 때까지는 임대차관계는 존속하는 것으로 본다(제4조 2항). 보증금반환의무와 임차물반환의무는 동시이행의 관계가 있다. 그러나 이 동시이행의 관계는 보증금을 반환 받지 못한 경우에 임차물을 반환하지 않아도 좋다는 것을 의미하는 것으로, 그것이 보증금을 반환할 때까지 임차물을 사용하여도 좋다는 것을 의미하지는 않는다. 따라서 보증금을 반환 받지 못하여 부득이 임차물을 사용할 수밖에 없는 경우에도 임대차 종료 후의 계속된 사용은 부당이득이 된다. 따라서 임차인이 부당이득반환의무를 지지 아니하기 위하여는 주거를 옮겨야 되는데, 주거를 옮기면 후술하는 대항력을 상실하게 된다. 이러한 불합리한 점을 해소하기 위하여 간주규정을 두었다(주거를 옮기면서 계속해서 대항력을 가지기 위하여는 후술하는 제3조의 3에 의한 임차권등기명령 신청을 통한 등기가 있어야 한다).

3. 法律關係

주택임대차도 건물의 임대차의 특수한 내용이다. 따라서 주택임대차의 법률관계는 건물의 임대차에 관한 일반적인 효력이 그대로 적용된다. 여기서는 주택임대차에 특유한 법률관계에 대해서만 보도록 한다. 주로 보증금반환에 대해서만 특별한 법률관계가 인정된다.

(1) 借賃 및 保證金增減請求權

약정한 차임 및 보증금이 임차주택에 관한 조세·공과금 기타 부담의 증감이나 경제사정의 변동으로 인하여 상당하지 아니하게 된 때에는 당사자는 장래에 대하여 그 증감을 청구할 수 있다(제7조). 그러나 증액의 경우 대통령령이 정하는 한도액, 즉 약정한 보증금의 20분의 1을 넘지 못한다(동법시행령 제2조 1항). 또한 증액의 청구는 임대차계약 또는 보증금의 증액이 있은 후 1년이 지나야 할 수 있다(동시행령 제2조 2항).

당사자간에 증감을 하지 않는다는 특약은 증액청구를 하지 않는다는 특약은 유효하나, 감액청구를 하지 않는다는 특약은 임차인에게 불리한 특약으로 효력이 없다(10조).

이러한 증감청구에 관한 제7조는 임대차계약기간 존속 중에 한하여 적용이 있으며, 기간 중에 당사자가 보증금에 다시 합의한 경우나, 기간만료로 인한 재계약의 경우에는 그 적용이 없다.

판례 再契約에서의 第7條 適用 與否 : 주택임대차보호법 제7조의 규정은 임대차계약의 존속 중 당사자 일방이 약정한 차임 등의 증감을 청구한 때에 한하여 적용되고, 임대차계약이 종료된 후 재계약을 하거나 또는 임대차계약 종료 전이라도 당사자의 합의로 차임 등이 증액된 경우에는 적용되지 않는다(대판 1993.12.7. 93다30532).

(2) 少額保證金의 最優先辨濟力

임차권이 대항력을 가지는 경우는 보증금에 대해서도 대항력이 있기 때문에 대항력에서 살펴보도록 하고, 우선변제력을 가지는 경우에 관하여도 대항력에서 함께 보도록 한다. 여기서는 소액보증금에 대한 최우선변제력에 관하여서만 본다.

(가) 對抗力을 갖춘 賃借人

임차인은 제3조 제1항의 대항력을 갖추어야 하며, 대항력의 취득시기는 묻지 아니하나 임차물에 대한 다른 채권자의 경매신청등기 전에 취득하여야 한다(제8조 1항). 따라서 임차물에 대한 경매신청등기 이후에 대항력을 갖춘 소액보증금임차권자는 최우선변제력이 없다.

(나) 前賃借人이 賃借權登記命令을 받아 登記한 경우, 그 이후의 賃借權者는 排除

임차권등기명령의 집행에 의하여 경료된 해당부분 주택을 그 이후에 임차한 임차인은 소액보증금 최우선특권이 없다(제3조의 3의 6항). 임차권등기명령에 의해 경료된 임차권자는 비록 현재 거주는 하지 않으나 보증금에 대한 대항력을 취득하기 위하여 거주하는 것으로 간주되는 자로서 동일한 주거공간에 2중으로 주거를 할 수는 없기 때문에 그 이후의 임차권자는 최우선변제력이 없다.

(다) 最優先辨濟力 있는 少額保證金의 限度

다른 담보물권자보다 최우선적으로 변제를 받을 수 있는 소액보증금의 범위와 한도는 주택가액의 2분의 1의 범위 내에서 대통령령으로 정한다(제8조 3항).

* 주택임대보호법시행령 제3조(2002.6.19 개정)에 의한 임차인이 우선변제를 받을 수 있는 소액보증금의 범위는, 수도권정비계획법에 의한 수도권 중 과밀억제지권역에서는 보증금이 4천만원 이하일 때에 1천600만원까지, 광역시에서는 3천500만원 이하일 때 1천400만원까지, 그 밖의 지역은 3천만원 이하일 때 1천200만원까지 최우선변제를 받을 수 있다(동 시행령 제4조, 제3조 1항). 한편 만일에 위와 같은 소액보증금이 주택가액의 2분의 1을 초과하는 경우에는, 주택가액의 2분의 1의 한도에서 우선변제를 받을 수 있다(동 시행령 제3조 2항). 하나의 주택에 임차인이 2인 이상이고 각자의 소액보증금의 합산액이 주택가액의 2분의 1을 초과하는 경우에는 그 소액보증금의 합산액에 대한 각 임차인의 소액보증금의 비율로 그 주택 가액의 2분의 1에 해당하는 금액을 분할한 금액을 각 임차인의 소액보증금으로 본다(동 시행령 제3조 3항). 하나의 주택에 임차인이 2인 이상 있다 하더라도 이들이 그 주택에서 가정공동생활을 하는 경우에는 이들을 1인의 임차인으로 보아 이들의 각 보증금을 합산한다(동 시행령 제3조 4항).

(라) 最優先辨濟의 內容

위 한도 내의 소액보증금에 관하여 임대인으로부터 반환받지 못한 경우에 다른 담보물권자보다 우선하여 임차물로부터 변제받을 수 있다(제8조 1항). 즉, 임차물이 경매된 때에 경락대금으로 다른 담보물권자보다 우선하여 변제받을 수 있다. 이러한 우선변제는 대항력의 취득시기와는 관계없다. 따라서 먼저 성립한 담보권자의 담보권 행사에 의한 경매 또는 일반채권자의 채무명의 등에 의한 경매의 경우에도 경락대금으로부터 직접 우선하여 변제받을 수 있다. 그러나 경매신청등기 전에 대항력을 취득하고 있어야 한다.

(마) 競落으로 賃借權 消滅

임차권은 경매에서 경락으로 소멸한다(제3조의 5).

(3) 對抗力과 優先辨濟力

부동산임차권은 일정한 요건을 갖추면 대항력을 가진다. 주택의 임대차에서도 동일한 것은 물론이다. 그런데 주택임대차보호법은 대항력의 요건을 완화하였다.

한편, 우리의 실정이 주택의 임대차에서 보증금은 임차인의 전 재산에 해당될 정도의 거액이다. 주택임차권은 일종의 용익물권적 성격이 강하다. 따라서 일정한 요건을 갖추는 것을 요건으로 하여 이에 우선변제력을 부여하고 있다. 주택임차권도 그 본질이 채권으로 물권이 아니기 때문에 경매청구권은 인정되지 않는다. 한편, 임대차는 임차인으로 하여금 목적물을 사용, 수익하게 하는 데 그 목적이 있으므로 임대차계약과 외관상 그 대항요건을 갖추었다고 하더라도 주거할 목적이 아니라 대항력 또는 우선변제력을 가질 목적으로 한 경우는 통정허위표시에 해당되어 무효로서 본법은 적용(대항력 등)되지 아니한다.

판례 實際 居住하지 않은 경우 : 기존채권을 우선변제받을 목적으로 기존채권을 보증금으로 하여 주택임대차계약을 하고 대항력과 확정일자를 받았으나, 실제로 주거할 목적이 아닌 경우는 통정허위표시에 해당되어 무효라고 할 것이므로 이에 주택임대차보호법이 정하고 있는 대항력을 부여할 수는 없다(대판 2002.3.12. 2000다24184).

(가) 對抗力의 要件

주택임대차에서도 민법 제621조와 부동산등기법 제156조에 의하여 임차권을 등기하여 대항력을 가질 수 있음은 물론이다. 그 밖에 주택의 경우는 우리의 실정에 맞추어 주택임대차보호법에서 아래와 같이 대항력의 구비요건을 완화하여 임차인을 보호하고 있다.

① 住宅의 引渡와 住民登錄 轉入申告

임대인이 임차권의 등기를 회피하는 것이 일반적이므로, 주택의 임차권의 등기 여부를 당사자간에 맡긴다는 것은 결과적으로 주택임차권의 대항력을 현실성이 없게 하는 것이 된다. 이에 사회적·경제적 약자인 주택임차인을 보호하기 위하여 임차인만으로 대항력의 요건을 갖출 수 있는 방법을 규정하였다. 즉, 임차인은 주택을 인수받고 주민등록 전입신고를 한 때에는 (임대차등기 없이도) 그 다음날부터 대항력이 생긴다고 규정한다(제3조 1항). 이 경우에 주택의 인수와 전입신고의 두 요건을 모두 갖추어야 대항력이 있으므로, 마지막으로 요건을 갖춘 다음날부터 대항력이 생긴다.

여기서, 주민등록은 거래의 안전을 위하여 임차권의 존재를 제3자가 명백히 인식할 수 있게 하는 공시방법으로 마련된 것으로 대항요건으로의 주민등록은 주민등록에 의하여 제3자가 임차권의존재를 인식할 수 있는 것이어야 한다. 따라서 다세대 다가구 주택에서 등기부상 호수 또는 동수와 주민등록표상의 그것이 다르다면 대항요건으로서의 효력은 생기지 아니한다(판례는 다세대에서 동·호수를 달리 기재한 경우, 지번을 달리한 경우에 효력을 인정하지 않음). 그리고, 주택의 인도란 임차인이 직접점유를 취득하여 실제로 거주하는 것을 의미한다.

대항력이 지속되기 위하여는 두 요건이 계속적으로 구비되어야 하므로, 비록 일시적인 퇴거일지라도 퇴거 후 다시 전입신고한 때에는 다시 전입신고를 한 때가 기준이 된다.

㉮ 對抗力取得 與否가 문제되는 경우

㉠ 家族은 그대로 둔 채 家長(賃借權者)만 一時退去 : 임차인이 그 가족과 함께 그 주택에 대한 점유를 계속하고 있으면서, 가족은 주민등록을 그대로 둔 채 가장인 임차권자만 주민등록을 일시 다른 곳으로 옮긴 경우에는 대항력을 지속한다(대판 1996.1.26. 95다30338). 가족단체설이나 점유보조자설에 의하여 타당하다(후술하는 임차권의 승계 참조).

㉡ 賃借人이 轉貸한 경우-轉借人의 住民登錄 : 임차인이 전대하여 전차인이 주거하는 경우에, 임차인(전대인)의 주민등록은 주민등록법상의 적법한 주민등록이 아니라 무효이고, 전차인이 주민등록을 마친 경우에 간접점유자로서 임차인은 제3자에 대하여 적법하게 대항력을 취득한다(대판 2001.1.19. 2000다55645).

㉢ 公務員의 錯誤로 住民登錄票上의 地番이 誤記된 경우 : 담당공무원의 착오로 주민등록상의 임차건물의 지번이 잘못 표기된 경우에는 대항력을 가진다(대판 1991.8.13. 91다18118).

㉣ 住民登錄 抹消 後 回復,再登錄된 경우 : 임차인의 주민등록이 직권말소 된 후에 주민등록법상의 이의 절차로 회복되거나, 동법시행령에 의하여 재등록된 경우에는 소급하여 대항력이 유지된다(대판 2002.10.11. 2002다20957).

㉤ 保證金 全額을 支拂하여야 하는지 與否 : 임차인의 대항력 취득은 새로운 이해관계인이 생기기전까지 보증금을 전액 지불하여야 하는 것은 아니다(2001.1.19. 2000다81855).

㉥ 賣買契約 解除前에 對抗力을 갖춘 賃借人 : 매수인과 임대차계약 후 임차인이 대항력을 갖춘 이후에 임대인의 동 주택의 매매계약이 해제된 경우에는 임차인은 민법 제548조 1항 단서의 제3자에 해당하여 동 주택의 전소유자(해제된 매매계약의 매도인)에게 대항력 있는 임차권을 가진다(대판 1996.8.20. 96다17653).

㉯ 對抗力取得 始期가 문제되는 경우 : 대항력은 인도와 주민등록전입신고의 두 요건이 갖추어진 그 다음날 0시부터 가진다.

㉠ 賃借權의 讓受人과 轉借人 : 임대인의 동의를 받아 대항력을 갖춘 임차인으로부터 임차권을 양수한 자나 전차인은, 임차인의 주민등록퇴거일로부터 주민등록법상의 전입신고기간 내에 전입신고를 마치고 주택을 인도받아 점유를 계속하면 원래의 임차인의 대항력은 동일성을 유지한 채 그대로 존속한다(대판 1988.4.25. 87다카2509).

㉡ 賣渡人이 賃借人이 된 경우 : 주택이 매매되어 주민등록이 매매부동산에 되어있는 매도인이 임차인이 된 경우에는 매수인이 소유구권이전등기를 한 날 다음날부터 임차인으로서의 대항력을 가진다(대판 2000.211. 99다59306).

㉢ 從前 賃借人이 落札人과 새롭게 賃貸借契約을 締結한 경우 :낙찰인이 낙찰대금을 납부하여 소유권을 취득하는 즉시 대항력을 취득한다(대판 2002.11.8. 2002다38361).

② 引渡 등에 의한 對抗力 取得 後 賃借權登記

주택의 인도와 주민등록 전입신고에 의한 대항력을 갖춘 이후에 임대인의 협력을 얻어 임대차등기를 하는 경우에는 부동산등기법 제156조의 규정에 기재된 사항 외에 주민등록을 마친 날, 임차주택을 점유한 날, 임대차계약서상의 확정일자를 받은 날을 기재하여야 하고(제3조의 4), 이러한 경우에 임차권의 대항력은 주택의 인도와 주민등록을 마친 날의 다음날부터 생긴다.

③ 賃借權登記命令의 執行에 의해 經了된 賃借權登記

제3조 제1항에 의한 대항력이 지속되기 위하여는 대항력의 취득요건이 지속되어야 한다. 그런데 임대차기간 종료 후에 보증금을 반환받지 못한 경우에도 계속하여 대항력을 가지려면 종래의 임차주택을 계속 점유하여야 하므로 다른 곳으로 이사를 가지 못하는 결과가 된다. 이러한 불합리한 점을 해소하기 위하여, 임대차가 종료된 후 보

증금을 반환받지 못한 임차인은 임차주택의 소재지를 관할하는 법원에 임차권등기명령을 신청하여, 법원에 의한 임차권의 촉탁등기를 할 수 있도록 하였다(제3조의 3). 이 경우에 임대차계약체결일, 임차보증금액, 임차주택을 점유하기 시작한 날, 주민등록을 마친 날, 임대차계약서상의 확정일자를 받은 날을 등기부에 기재하도록 하였다(임차권등기명령절차에관한규칙 제6조).

이러한 임차권등기명령의 집행에 의하여 경료된 임차권등기에 의한 대항력은 등기전에 주택의 인도와 주민등록 전입신고로써 취득한 대항력을 그대로 지속하는 것으로, 대항력의 취득시기도 등기시가 아니라 등기 전 처음 대항력을 취득한 시기가 그 기준이 된다.

(나) 優先辨濟力의 要件

보증금에 대한 우선변제력은 주택임대차보호법의 적용을 받는 주택임대차에서, 위 대항력의 요건을 갖추고 임대차계약서에 확정일자를 받으면 확정일자로부터 우선변제력이 생긴다(제3조의 2의 2항). 우선변제력은 대항력과 확정일자의 요건을 모두 갖추어야 하고, 확정일자를 받았으나 대항력이 없으면 우선변제력은 생기지 않는다.

(다) 優先辨濟請求權의 行使

우선변제력 있는 임차권자는 그것이 최우선소액보증금이든 확정일자에 의한 우선변제력 있는 보증금이든 담당 법원에 배당요구를 하여야 한다(대판 1998.10.13. 98다12379). 즉, 우선변제력 있는 보증금반환채권은 배당요구채권에 해당한다.

배당요구를 하지 아니하여 배당에서 제외된 임차권자는 그로 인하여 배당받은 후순위담보권자에게 배당받지 못한 상당 금원을 부당이득으로 반환을 청구할 수 있는지가 문제된다. 임차권자의 적법한 배당요구로 배당받지 못하였을 금원을 배당요구하지 아니함으로 후순위담보권자가 배당받았다고 하여도, 우선변제력 있는 보증금반환채권은 배당요구채권으로 후순위담보권자는 법원에 의하여 배당을 받았을 뿐으로 후순위담보권자가 배당받은 것을 법률상 원인 없는 이득이라 볼 수는 없다. 판례도 부당이득의 성립을 부정한다(대판 2002.1.22. 2001다70702).

(라) 對抗力과 優先辨濟力의 內容

대항력은 임차주택의 양수인 및 민사집행법에 의한 경매에 의한 경락인에 대하여 임차권의 내용을 침해받지 아니하는 것을 의미하며, 우선변제력은 임차물의 경매에 의한 경락대금에 대한 우선변제력을 의미한다. 그러나 그 구체적인 법률관계는 제3자가 누구인지와, 대항력과 우선변제력 취득시기의 전후에 따라 달라진다.

① 賃借住宅의 讓受人과의 關係(讓受人의 賃貸借 當然承繼)

임차주택의 양수인은 임대인의 지위를 승계한다(제3조 2항). 기존의 소유권자는 임대차관계에서 탈퇴하고, 양수인인 신소유권자가 기존의 임대차관계에서의 당사자가 된다. 따라서 임차인과 신소유권자는 기존의 임대차관계에 의한 권리와 의무를 그대로 유지한다. 여기서의 양수인은 임차주택의 양수인으로 대지의 양수인은 임대인의 지위를 승계하지 아니한다.

임차인이 법인인 경우에는 본법의 적용대상이 아니기 때문에, 법인이 임차한 주택의 양수인은 본법에 의한 임대인의 지위를 당연승계하지는 않는다(대판 2003.7.25. 2003다2918).

② 抵當權의 實行에 의한 競落人과의 關係

저당권의 실행에 의하여 원칙적으로 임차권은 소멸한다. 그러나 보증금이 전액 변제되지 아니한 대항력 있는 임차권은 소멸하지 아니한다(제3조의 5).

㉮ 賃借權이 先順位인 경우 : 임차권자가 대항력을 갖춘 이후에 설정된 저당권자가 경매를 신청하여 경락된 경우이다.

경매로 임차권은 원칙적으로 소멸한다(제3조의 5). 그러나 경락인에게는 대항할 수 있어 보증금의 전액을 배당받지 못한 임차권자는 임차주택의 명도를 거절할 수 있다. 따라서 경락인은 보증금을 전액변제하고 임차권을 소멸시킬 수도 있고, 보증금을 변제하지 않은 채 자기와 기존의 임대차관계에서 임차권자로서 유지시킬 수 있다.

임차권자가 우선변제력를 갖춘 경우에는 배당청구를 할 수 있고, 배당요구되면 경락대금으로부터 담보권자보다 우선하여 배당받고 임차권은 소멸한다.

그런데, 저당권자가 대지와 건물을 경매신청한 후에 건물에 대한 경매신청을 취하하여 대지만 경락된 경우에는 대지에 대한 낙찰대금에서 우선하여 변제받을 수는 있으나(대판 1996.6.14. 96다7595), 대지의 낙찰인이 제3조 제2항의 임차주택의 양수인에는 해당하지 아니한다(대판 1998.4.10. 98다3276)고 대법원은 판결하였다. 이로써 대지만 경매된 경우에 임차인은 파행적인 지위를 갖게 되는 경우가 있어, 동 판결 후 (2002년 1월) 주택임대차보호법 제3조의 2 제2항을 개정하여 대지의 경락대금으로부터도 보증금전액에 대하여 우선변제력을 갖는 것으로 개정하였다.

㉯ 賃借權이 後順位인 경우 : 임차권자가 대항력과 우선변제력을 갖추기 전에 이미 저당권이 설정되어 있었고, 그 저당권자가 경매신청을 하여 경락된 경우이다. 임차권은 경락으로 무조건 소멸한다. 임차인은 경락인에게 임차권을 주장할 수 없다. 따라서 경락인에게 주택을 인도하여야 한다. 그런데, 저당권이 소멸하면 후순위임차권이 대항력을 상실하는데, 저당권이 소멸하는 것은 경락으로 낙찰인이 소유권을 취득하는 시점인 낙찰대금을 완납하는 시점이므로 낙찰대급지급기일전에 선순위저당권이 다른 사유로 소멸한 경우에는 임차권은 소멸하지 아니하고 대항력을 가진다.

우선변제력을 갖춘 임차권자는 경락대금에서 선순위 저당권자가 배당받은 뒤 잔액의 한도 내에서 보증금에 대한 배당을 받을 수 있다(이 경우 임차권자는 나머지 보증금에 대하여 임대인에 대한 일반채권자가 된다).

판례 부동산의 경매절차에서 있어서 주택임대차보호법 제3조에 정한 대항요건을 갖춘 임차권보다 선순위의 근저당권이 있는 경우에는, 낙찰로 인하여 선순위근저당권이 소멸하면 그보다 후순위의 임차권도 선순위근저당권이 확보한 담보가치의 보장을 위하여 그 대항력을 상실하는 것이지만, 낙찰로 인하여 근저당권이 소멸하고 낙찰인이 소유권을 취득하게 되는 시점인 낙찰대금지급기일전에 선순위근저당권이 다른 사유로 소멸한 경우에는, 대항력 있는 임차권의 존재로 인하여 담보가치의 손상을 받을 선순위근저당권이 없게 되므로 임차권의 대항력은 소멸하지 아니한다(대판 2003.4.25. 2002다70075).

㉰ **賃借權이 抵當權사이에 있는 경우** : 저당권이 설정된 주택에 대항력을 갖춘 임차권을 취득한 이후에 다른 저당권이 다시 설정된 경우이다. 저당권은 경매에 의하여 신청한 저당권이 선순위, 후순위 불문하고 당해 부동산에 부착된 모든 저당권이 소멸한다(민사집행법 제91조의 소제주의). 따라서 후순위저당권자가 경매신청을 하더라도 임차권보다 선순위인 저당권이 소멸하여, 결과적으로 임차권보다 선순위저당권자가 경매신청한 것과 동일한 법률관계가 되어서, 본법 제3조의 5에 의하여 임차권은 소멸한다.

요컨대, 저당권에 의한 경매가 신청된 경우에는, 경매신청자가 임차권자보다 선순위저당권자이든 후순위저당권자이든 임차권은 무조건 소멸한다(제3조의 5). 즉, 대항력은 없으며, 따라서 경락인에게 임차주택을 인도하여야 한다.

다만, 우선변제력이 있는 경우에는 경락대금에서 후순위 저당권자보다는 보증금에 대하여 우선변제를 받을 수는 있다.

③ **假登記擔保權者와의 關係**

㉮ **賃借權者가 先順位인 경우** : 임차권자가 대항력을 갖춘 상태에서 후순위로 설정된 가등기권자에 의하여 귀속정산으로 가등기에 의하여 본등기가 경료된 경우이다. 새로운 소유권자는 임대인의 지위를 승계한다(제3조 2항). 따라서 임차인과 새로운 소유권자는 기존의 임대차계약에 의한 권리와 의무를 그대로 유지한다. 한편, 가등기담보권자가 경매신청을 하여 경매된 경우에는 가등기담보권은 저당권으로 봄으로, 경매에 따른 경락인에 대하여는 대항력을 가진다. 경락인이 보증금을 반환한 때에는 대항력을 상실한다.

㉯ **賃借權者가 後順位인 경우** : 임차권자가 후순위로서 선순위가등기권자가 가등기에 의하여 본등기를 한 경우이다. 임차권자는 대항력을 가지지 않기 때문에 원칙적으

로 본등기한 자에게 대항할 수 없다. 따라서 임차권은 소멸되어 임차주택을 인도하여야 한다(우선변제력은 행사대상이 없다). 그러나 가등기담보등에관한법률 제5조 제5항은 임차권자를 임대인의 일반채권자보다 우선하여 보호하기 위하여 채무자(소유권자)에게 반환할 청산금의 범위 안에서 보증금을 반환받을 때까지 임차주택의 인도를 거절할 수 있도록 하였다(청산금에 대하여 일종의 우선변제력을 인정한 결과가 된다).

㉰ **假登記擔保權者의 競賣申請의 경우** : 이때는 가등기담보권을 저당권으로 보게 되므로 임차권과 가등기담보권의 순위에 따라 다르며, 그 법률관계는 저당권의 실행에 의한 경매와 같게 된다.

④ **押留債權者와의 關係**

일반채권자에 의해 (가)압류등기가 된 후에 그에 의하여 경매가 된 경우이다. 보통의 경우는 가압류 후, 본압류하고 경매가 되는 경우이기 때문에 주로 가압류등기와 임차권의 대항력과 우선변제력의 개시시점이 관계된다.

경매에 의하여 임차권은 원칙적으로 소멸한다. 그런데 임차권의 대항력이 (가)압류등기보다 먼저 취득된 경우에는 경락인에게 대항력을 가져 보증금이 전액 변제되기 전까지는 임차주택을 인도하지 않아도 좋으며, 우선변제력이 있는 경우에는 경락대금에서 우선하여 배당받을 수 있고, 배당받으면 임차권은 소멸한다.

임차권이 후순위인 경우는 임차권의 대항력은 상실하여 임차권자는 경락인에 대하여 임대차의 효력을 주장할 수 없다(대판 1983.4.26. 83다카116). 그 대항력을 가진 임차권이 확정일자를 받아 우선변제력이 있는 경우에는 임차인의 보증금반환채권은 가압류채권자의 채권액과 각 채권액에 비례하여 평등하게 배당된다.

(4) 賃貸借期間

최단기간이 2년이며, 기간에 관하여 당사자간에 약정이 없거나 2년 이하일 경우에는 2년이다(제4조 1항). 기간이 만료되었으나 보증금을 반환받지 못하여 계속 사용하는 경우에는 임대차관계는 존속하는 것으로 간주된다(제4조 2항).

당사자간에 2년 미만으로 약정한 경우에는 임대인은 이를 주장할 수 없으나, 임차인은 2년 이하의 기간을 주장할 수 있다(제4조 1항 단서).

(5) 契約의 更新-默示의 更新

(가) 默示의 更新의 要件

임대인이 기간만료 전 6월부터 1월까지에 갱신거절의 통지 또는 조건변경을 통한 갱신계약의 통지가 없는 경우에는 전임대차와 동일한 조건으로 다시 임대차(묵시의 갱신)한 것으로 본다. 또한 임차인이 기간만료 1월전까지 별도의 통지를 하지 않은 경우에도 다시 임대차한 것으로 본다(제6조 1항).

(나) 契約의 內容

임대차기간을 제외한 나머지 임료 등은 전 임대차와 동일한 것으로 간주한다(제6조 1항,2항). 임대차기간은 약정이 없는 것으로 간주된다(제6조 2항). 즉, 묵시의 갱신의 경우에는 기간의 약정이 없는 임대차가 된다.

(다) 賃借人의 任意 解止

묵시의 갱신의 경우에 임차인은 언제든지 임대차계약의 해지를 할 수 있으며, 임차인의 해지의 의사표시는 임대인이 이를 받은 날로부터 3월이 경과하면 효력이 생긴다(제6조의 2의 1,2항).

그런데, 임대인의 해지에 대하여는 규정하지 아니하고 있다. 묵시의 갱신은 기간약정 없는 임대차이므로(제6조 2항), 이는 제4조 1항에 의하여 임대인에게는 최단 2년의 임대차가 되어, 임대인의 임의해지는 가능하지 아니하다고 보아야 한다.

(5) 借賃

(가) 借賃增減請求權

차임의 증감청구권에 관하여는 민법의 임대차와 다르지 않아, 조세·공과금 등의 경제사정의 변동으로 상당하지 않은 때에는 그 증감을 청구할 수 있으나, 증액의 경우에는 대통령령에 일정한 제한을 두고 있다(7조).

당사자간에 증감청구권을 배제하는 특약이 있는 경우에, 증액불가특약은 유효하나 감액불가특약은 임차인에게 불리하므로 효력이 없다.

(나) 借賃延滯에 따른 解止

차임연체의 해지에 관하여는 주택임대차보호법에 별도로 규정하고 있지 아니하다. 따라서 민법의 차임연체에 관한 규정이 적용되어, 연체액이 합하여 2기에 달한 때에는 임대인은 계약을 해지할 수 있다(민법 제640조).

(6) 賃借人의 競賣請求

임차권은 담보물권이 아니라 본질이 용익채권이기 때문에 경매청구권은 없다. 그리하여 주택임대차보호법은 임차인은 임차보증금반환청구소송의 확정판결 또는 이에 준하는 집행권원에 의하여 경매를 청구할 수 있다고 규정하였다(제3조의 2). 즉,

임차권 자체에 기하여 경매청구권이 있는 것이 아니라 일반채권자와 동일하게 집행권원이 있어야 경매청구를 할 수 있을 뿐이다.

(7) 賃借權의 承繼

(가) 住宅賃借權 承繼制度의 意義

주택임차권을 통상적인 임차권과 동일하게 상속을 인정하는 경우에는 상속인이 임차권자와 동거하고 있는 경우에는 문제가 될 것이 없으나, 임차권자와 피상속인이 동거하고 있었다든지 또는 여러 명의 상속인 중에서 특정상속인과 동거하고 있는 경우에는 임차권자의 사망으로 거주의 법적 근거를 잃게 되는 문제가 생긴다. 이에 나라에 따라서는 주택임대차에 관하여 상속성을 부정하고 별도의 승계제도를 두거나(독일 민법 제569조, 제569조의 a, 제569조의 b, 영국) 또는 상속인이 계약을 해지할 수 있게 하는(스위스 채무법 제270조, 이탈리아 민법 제1614조) 등으로 특별히 규정하기도 한다.

승계란 임차권자가 사망하더라도 임차권은 종래의 임차권자와 가정공동생활을 하던 잔존가족이 임차권을 승계한다는 것이다. 따라서 잔존가족이 임대인과의 사이에서 기존의 임대차계약에 따른 권리와 의무를 그대로 유지하게 된다.

<住宅賃借權承繼의 理論的 根據>

주택임차권의 상속성에 관하여는 일본에서는 아래의 학설이 주장되며, 이 중에서 아래의 가단설이 유력하게 주장된다. 일본의 차가법(우리의 주택임대차보호법에 해당)은 임차인이 상속권자 없이 사망한 경우에만 동거가족(사실혼의 배우자와 사실상의 양자)의 임차권 승계를 인정한다(제7조의 2의 1항).

① 家族團體說(家團說) : 주택의 임대차계약은 임대인과 임차인간의 개인적 계약관계라는 외관을 가지고 있으나, 그 실상은 임대인과 임차인이 속하는 가족단체간에 성립하는 계약이다. 따라서 가단의 대표자가 사망하더라도 그 임대차계약은 어떠한 영향도 받지 아니하고 잔존가족과 임대인 사이에서 그대로 계속된다는 것이다.

② 援用說 내지 占有補助者說 : 이는 주택의 임차권도 상속의 대상이 된다는 기본원칙 아래 동거가족이 계속 거주할 수 있는 상태의 유지에 초점을 맞추고 있다. 원용설은 임차권은 재산권으로서 상속인이 상속하고 상속권을 가지지 못한 동거자는 상속인이 취득한 임차권을 원용할 수 있다는 것이다. 점유보조자설은 상속인의 점유보조자로서 거주를 계속할 수 있다는 것이다.

③ 居住權說 : 주택임차권은 생존권·사회권적 권리로서 거주는 보호되어야 한다는 입장에서 출발한다. 거주권은 임차권자에게 만 있는 것이 아니고 동거한 가족에게 고유의 권리

로서 존재하는 것이라고 본다. 따라서 임차권자의 사망으로 잔존 동거가족의 거주권은 아무런 영향을 받지 아니한다는 것이다.

④ 折衷說 : 상속인이 있는 경우에는 상속성을 인정하고, 상속인이 없는 경우에는 상속을 부정하여 가단설에 의한 승계가 이루어져야 한다는 것이다.

* **독일민법 제569조의 a 〈가족구성원의 임대차〉** ① 임차인이 배우자와 함께 세대를 이루고 있는 주거공간의 임대차에서는 임차인의 사망으로 배우자가 임대차를 승계한다.(이하 생략) ②주거공간에서 1인 또는 수인의 다른 가족구성원과 함께 세대를 이루고 있는 때에는 임차인의 사망으로 가족구성원이 이를 승계한다(이하 생략).

(나) 住宅賃貸借保護法의 承繼制度

주택임대차보호법 제9조는 주택임차권의 상속성에 관하여 전면적으로 긍정 또는 부정하지 아니하고 중간적인 형태를 취하고 있다.

① 承繼의 對象－保證金返還請求權의 包含與否

주택임대차보호법은 주택임차권에 관하여 승계제도를 일부 인정하는데, 여기서 승계되는 임차권에 주택을 사용할 수 있는 권능만을 의미하는지, 아니면 일체의 임차인의 지위를 의미하는지가 문제된다. 가장 문제되는 것은 보증금반환청구권이 포함되는지 여부이다. 이는 우리 사회와 같이 주택임대차에서 보증금이 매우 거액인 경우 더욱 문제가 된다. 임차권의 승계는 재산권의 승계를 내용으로 하는 것이 아니라 거주권의 승계이고, 보증금반환청구권은 재산상의 권리로서 승계의 대상이 되지 않는다는 부정설(고상용)과, 이를 포함한다는 긍정설(황)이 있다.

우리의 주택임대차의 실정은 외국의 임대차와는 그 실상이 여러 가지 점에서 다르다. 첫째, 거액의 보증금이 수수된다. 둘째, 한 주택에 장기간 거주하는 것이 아니라 이동이 매우 빈번하며, 평생 동안 주거한다는 관념보다는 일시적으로 거주한다는 관념이 강하다. 셋째, 임대차계약을 체결하는 당사자의 주된 관심은 임차물에 대한 사용·수익보다는 보증금이 얼마인가에 집중되어 있다. 따라서 우리의 주택임대차에서는 목적물에 대한 사용·수익보다는 보증금이 더욱 중요한 의미를 가진다. 다른 한편, 보증금은 거액으로서 재산적 가치도 매우 높다. 즉, 보증금은 임차권에서는 가장 중요한 내용일 뿐만 아니라 높은 재산적 가치를 가져 상속성을 완전히 배제하기도 어렵다.

이러한 점에서 주택임대차보호법은 상속권자가 동거를 하였느냐 여부에 따라 다르게 규정하며, 상속인이 있는 경우에도 최근친이 동거하는 경우에는 공동승계하는 것으로 하여 절충하고 있다. 생각건대, 우리의 주택임대차의 실상과 주택임대차보호법의 절충적인 규정으로 볼 때, 주택임대차에서 승계되는 임차권은 임차물에 대한 사용·수익만을 의미하는 것이 아니라 보증금반환청구권을 포함한 일체의 임차인의 지위라고 보는 것이 타당하다. 또한 주택임대차보호법도 임대차관계에서 생긴 채권과 채무가 승계된다고 규정하여(제9조 4항) 보증금을 별도로 제외하고 있지 아니하다. 제3자가 제공한 보증금이 소멸하는 것은 물론이다.

② **承繼의 內容**

㉮ **賃借人이 相續權者 없이 死亡한 경우** : 임차인이 상속권자 없이 사망한 경우에 그 주택에서 가정공동생활을 하던 사실상의 혼인관계에 있는 자(사실혼의 배우자)가 있으면 그 자가 사망한 임차인의 권리·의무를 승계한다(제9조 1항). 따라서 사실상의 혼인관계에 있는 자가 임대인과의 관계에서 종전의 임대차계약상의 권리와 의무를 그대로 유지한다. 여기서 사실상의 혼인관계에 있는 자란 혼인신고가 되지 않았을 뿐 그 외의 부분에서는 법률상의 혼인관계와 동일한 사실상의 상태를 유지하는 자를 말한다. 따라서 법률상의 배우자는 별도로 있으면서 동거하는 관계에 있는 자, 이른바 첩 관계에 있는 자는 포함하지 않는다.

㉯ **賃借人의 相續權者가 있는 경우**

㉠ 相續權者가 同居하지 않은 경우 : 임차인이 사망한 경우에 사망 당시 상속권자가 그 주택에서 가정공동생활을 하고 있지 않은 때에는 그 주택에서 가정공동생활을 하던 사실혼관계에 있는 자와 가정공동생활을 하던 2촌 이내의 친족은 사망한 임차인의 권리·의무를 공동으로 승계한다(제9조 2항).

㉡ 相續權者가 同居하고 있은 경우 : 상속권자가 임차인 및 사실혼관계에 있는 자와 가정공동생활을 한 경우에 관하여는 별도의 규정이 없다. 따라서 이 경우에는 민법의 상속편의 규정에 따라 상속권자가 상속을 하게 된다.

㉢ 同居하는 相續人과 同居하지 않는 相續人이 있는 경우 : 이 경우에도 특별히 규정하고 있지 아니하다. 따라서 민법의 상속의 원칙에 의해 해결된다(제1012조 이하). 즉, 이때에는 공동상속인 사이의 재산분할의 문제로 해결된다. 그런데 이때 동거하지 않았던 상속인이 당해 주택에 거주할 수 있느냐가 문제된다. 주택을 누가 사용하느냐는 것은 임대인에게는 매우 중요한 사항이다. 따라서 사용자가 변경되는 경우에는 임대인은 계약을 해지할 수 있다고 보아야 할 것이다.

㉰ **賃借權의 承繼拋棄** : 승계하는 자는 이익만 있는 것이 아니라 경우에 따라서는 승계로 불리할 수도 있다. 예컨대, 보증금도 거의 없으며, 기존의 임대차상의 채무불이행에 의한 채무가 있는 경우 등이다. 이러한 경우에는 임차인이 사망한 후 1월내에 임차인의 권리와 의무를 승계하지 않겠다는 의사를 표시하면 승계의 효과는 생기지 아니한다(제9조 3항).

Ⅵ. 商街建物賃貸借

우리 사회에서는 상가건물을 임차하여 자영업을 하고 있는 소시민이 매우 많고, 그러한 경우에 영업장의 사용방법은 전세권을 설정하거나 임대차계약을 체결하여 사용하는 경우가 되는데, 상대적으로 경제적 약자인 자영업자가 건물의 소유자로부터 전세권을 설정받아 사용하기란 현실적으로 어렵다. 그리하여 대부분이 상가건물의 소유자와 사용인간에는 임대차관계를 설정하는데, 임대차에 따른 임차인의 약한 지위로 인하여 당해 건물이 경매된다든지 하는 경우에는 본인의 전 재산인 거액의 보증금을 상실하고, 영업의 터전을 잃게 됨으로써 큰 사회적 문제가 야기되기도 하였다. 이에 상가건물임차인을 보호할 목적으로 특별법으로 상가건물임대차보호법을 2001년 12월에 제정공포하여 2002년 7월1일부터 시행하고 있다. 동법은 그 내용의 대부분이 주택임대차보호법과 같으며, 주된 관심은 보증금의 보호이다. 이하에서는 민법상의 일반적인 임대차에 관한 내용을 제외한 동법상의 주요한 내용만을 보도록 하며, 그 내용이 주택임대차보호법과 같은 경우에는 간단히 언급만 한다(주보법과 동일로 표시).

1. 適用範圍

본법은 상가건물의 임대차와 주된 부분을 영업용을 하는 건물의 임대차에서 시행령에서 정한 일정 보증금액을 초과하지 아니하는 경우에 적용된다(제2조). 그리고, 전세권등기 없는 전세계약에도 본법이 적용된다(17조). 그러나 일시사용을 위한 임대차에는 그 적용이 없다(16조).

본법의 규정은 강행규정이며, 본법에 위반한 것으로 임차인에게 불리한 내용은 효력이 없다(제15조).

2. 賃貸借期間

최단기간은 1년으로, 약정한 기간이 없거나 1년 미만으로 약정된 경우에는 그 기간이 1년이다(제9조 1항).

기간에 관하여 1년 이하의 약정의 경우에는 임대인은 이를 주장할 수 없으나 임차인은 이를 주장할 수 있다(제9조 2항).

임대차가 종료한 경우에도 보증금을 반환받을 때까지는 계약이 존속하는 것으로 간주된다(제9조 2항).

3. 默示的 契約의 更新

일정한 경우에 묵시적 갱신으로 간주되며(제10조 1항), 묵시적 갱신의 경우에는 기간을 제외한 여타의 내용은 전 임대차와 동일한 것으로 간주된다(제10조 2항). 묵시적 갱신의 경우에는 기간약정이 없는 임대차가 되어(제10조 4항), 임차인은 임의해지가 가능하며 해지통고의 효력은 통고를 수령한 날로부터 3월이 경과하면 생긴다(제10조 5항).

4. 對抗力과 優先辨濟力

(1) 對抗力의 要件

상가건물의 인도와 사업자등록신청의 두 요건을 충족한 다음날부터 대항력이 있으며(제3조 1항), 임차권등기명령에 의하여 경료된 등기가 있는 경우에는 대항력이 유지된다(제6조 주보법과 동일).

(2) 優先辨濟力의 要件

대항력을 갖추고 관할세무서장으로부터 임대차계약서상에 확정일자를 받아야 한다(제5조 2항).

(3) 對抗力의 內容

주택임대차보호법상의 대항력과 동일한 법률관계가 생긴다.

(4) 優先辨濟力의 內容

주택임대차보호법과 동일하게 일정한 소액보증금은 최우선변제력이 있으며(제14조), 그 외에는 일반적인 우선변제력이 있다(제제5조 2항). 제5조와 제14조의 적용을 받는 보증금의 한도에 관하여는 시행령에 규정한다. 우선변제력의 구체적인 내용은 주택임대차보호법상의 임차권과 동일하다.

Ⅶ. 리스(施設貸與)契約

1. 리스契約의 意義

리스(lease)의 사전辭典적 의미는 타인의 토지, 건물, 동산 등을 일정한 기간 동안 차임을 지급하고 사용·수익한 후에 반환하는 것으로, 우리의 임대차에 해당한다. 그러나 실제로는 미국에서 발달하여 우리나라에 도입된 리스계약은 산업용기계, 사무기기, 의료기기, 항공기, 선박 등으로 특정한 기능을 가진 물건을 전문적으로 필요로 하는 자에게 장기간 대여하는 계약을 말한다. 리스계약의 대상이 되는 물건은 누구나 사용할 수 있는 그러한 통상적인 물건이 아니라 특정한 전문직의 일을 하는 자에게만 필요로 하는 특수한 물건이라는 점에서 통상적인 임대와 다르다. 또한 미국의 lease는 계약의 내용에 따라 financial leasing, operating leasing, maintenance leasing 등이 있다. 우리나라에서 리스라면 보통 financial leasing(금융리스)을 의미하고, 이는 시설대여계약으로 불리고 있다(financial leasing은 특정 전문기계를 대상으로 그 물건의 내수기간 동안 장기간 특정인이 사용하는 경우에 행하여지며, operating leasing은 컴퓨터, 복사기 등과 같이 전문성이 다소 떨어지는 물건이 그 대상이며 또한 필요로 하는 기간이 비교적 단기간인 경우에 행하여진다. operating leasing은 우리의 동산임대차와 크게 다르지 않다. maintenance leasing은 물건의 대여와 물건에 대한 수리, 보관, 관리 등의 각종의 서비스를 같이 제공하는 형태이다).

여신전문금융업법 제2조 10호는 <시설대여란 시설, 설비, 기계, 기구, 건설기계, 차량, 선박, 항공기를 새로이 취득하거나 대여받아 거래상대방에게 내용연수의 반에 해당하는 기간(동법 시행령 제2조 4항) 이상의 기간으로 사용하게 하고, 그 기간에 걸쳐 일정대가를 정기적으로 분할하여 지급받으며, 그 기간 종료 후의 물건의 처분에 대하여는 당사자간의 약정으로 정하는 방식의 금융을 말한다>고 규정한다. 즉, 시설대여란 곧 금융리스를 말한다.

전문직의 일을 하는 자(기업)가 기계 및 설비 등이 필요할 때 자기의 자금으로 이들을 갖추는 외의 방법으로는 타인으로부터 자금을 빌려 현금으로 구입하는 방법, 판매업자로부터 할부로 구입하는 방법, 리스계약을 이용하는 방법 등이 있다. 그런데 만일 리스계약을 이용하지 않으면, 당해 시설이 필요한 자는 그 시설 구입에 필요한 자금을 별도로 조달하기 위하여 다른 시설물이나 재산권을 담보로 제공하게 되어, 그러한 재산을 다른 용도에는 이용하지 못하는데, 리스계약을 이용하면 당해 시설에 의하여 모든 것이 해결되고, 그 시설의 구입에 필요한 자금이나 담보 등은 다른 곳에 이용할 수 있다는 장점이 있다. 이는 곧, 적은 자본으로 전문직의 일을 하거나 기업을 운용할 수 있어 사회 전체의 경제발전에도 기여한다고 할 수 있다. 그런데 리스계약은 계약당사자인 시설대여자와 대여시설이용자 간에 시설을 대여하고 그에 따른 대가(차임)를 지급받으나, 한편으로는 당해 시설에 대한 가액 전액을 시설소유자에게 먼저 지급하는 것이기 때문에 실질적으로는 시설대여자는 대여시설이용자에게 금융을 제공하는 것이다. 이러한 점에서 리스계약은 실질적으로는 시설대여자와 대여시설이용자 사이에 임대차가 아니라 금전의 소비대차이며, 시설대여자는 금융업을 영위하는 자에 해당한다. 리스계약에 관하여는 여신전문금융업법에서 규정하며, 시설대여자에 관하여는 일정한 요건을 갖춘 자로서 주무당국에 등록하도록 하고 있다(제3조 2항).

2. 리스去來의 構造

리스계약의 당사자는 시설대여자와 대여시설이용자이지만, 리스의 대상인 시설의 소유자가 그 배후에 있어 실질적 관련자로는 이들 3자가 된다.

리스계약을 체결하기 위하여는 우선 대여시설이용자가 대여시설소유자와 당해 시설물에 대한 매매에 따른 가격, 인도시기 등을 정한다. 그 다음, 대여시설이용자가 시설대여자와 리스계약을 체결한 후에 시설대여자가 대여시설 소유자와 매매계약을 체결하는 방식이 된다. 당해 매매계약에 따라 시설물이 이용자에게 인도되면 시설대여자는 대금을 지불하고, 이용자는 리스계약에 따라 정기적으로 그 시설을 이용한 대가를 지불하게 된다. 이러한 구조에서 시설대여자와 시설이용자 간의 시설의 리스는 임대차계약관계이며, 시설대여자와 시설소유자 간의 시설의 구입은 매매계약관계가 성립되나, 시설이용자와 시설소유자 간에는 어떠한 법률관계도 존재하지 않는다.

3. 리스契約의 本質

리스계약에 관하여는 여신전문금융업법에 시설대여의 정의(제2조 10호)를 규정하고, 당사자의 관계에 관하여는 대여시설에 대하여 다른 법령에서 소유자에 부과되는 검사 등 그 물건의 유지·관리에 관한 각종의무는 대여시설이용자가 당사자가 되어 이행하여야 하며(제34조 1항), 시설물이 대여된 것임을 표시하는 표지부착의무(제36조)를 규정할 뿐이다. 따라서 그 외의 사항은 약관에 의할 수밖에 없다.

이러한 리스계약의 특징을 보면, ㉮ 리스료의 산정은 물건의 가액, 이자, 보험료, 이익 등을 합한 전액을 기준으로 하여 시설대여자가 리스기간 중에 리스료로 전부 회수할 수 있는 금액으로 산정된다. ㉯ 시설물의 소유권은 시설대여자가 가진다. ㉰ 물건의 하자, 멸실 등의 물건에 관하여 발생한 사유는 여하한 책임도 시설대여자는 지지 아니한다. ㉱ 기간 중에 이용자는 해지할 수 없다 ㉲ 유지관리, 수선, 검사 등의 물건의 이용에 필요한 모든 의무는 이용자에게 있다. ㉳ 리스기간은 당해 물건의 내용연수의 반 이상의 기간(동법 시행령 제2조 4항)에 해당된다.

이러한 리스계약의 법적 성질에 관하여는 특수임대차설, 특수소비대차설이 있으며, 판례는 비전형계약으로서 그 실질은 물적 금융이라고 한다. 생각건대, 위 리스계약의 특징을 볼 때 비전형계약임에는 틀림이 없으나, 임대차계약에 유사하다고 하기보다는 소비대차에 의한 매도담보 내지 양도담보에 더 근접한다고 할 수 있다. 따라서 리스계약에 관하여는 당사자의 계약 내용에 의해서 법률관계가 형성되나, 의사의 해석이나 거래의 관행이 없는 경우에는 소비대차에 관한 규정을 유추적용하여야 할 것이다.

판례 리스契約의 本質 : 리스(시설대여)계약 중 이른바 금융리스(finance lease)는, 리스이용자가 선정한 특정물건 또는 시설을 그가 원하는 조건으로 리스회사가 새로이 취득하거나 대여받아 그 물건에 대한 직접적인 유지·관리책임을 지지 아니하면서 리스이용자에게 일정기간 이상 사용하게 하고, 그 기간에 걸쳐 일정대가(리스료)를 정기적으로 분할하여 지급받음으로써 리스 물건의 취득원가·이자·비용·위험부담에 따르는 보상 및 이윤 등을 회수하는 것을 내용으로 하는 물적 금융을 말하는 것으로서, 리스회사가 리스이용자에게 물건이나 시설을 임대하는 형식의 계약이 체결되었다고 하더라도 실질적으로는 단순히 물건이나 시설을 대여하는 것이 아니라 리스물건을 취득하는 데 소요되는 자금에 관한 금융의 편의를 제공하는 것을 본질적인 내용으로 하는 바, 리스계약의 내용은 당사자 사이의 약정(보통의 경우 리스약관)에 의하여 정하여지는 것이다(대판 1990.5.11. 89다카17065).

4. 리스契約의 法律關係

리스계약에 의하여 시설이용자와 시설대여자 간에는 대여시설에 대한 사용·수익권과 리스료지급청구권을 가지는 등의 주요한 법률관계가 있다. 그 밖에 아래와 같은 법률관계가 있다(리스계약에 관한 전형적인 약관을 중심으로 본다).

(1) 施設物의 所有權

시설물은 시설대여자에게 속한다. 따라서 이용자는 당해 시설물을 제3자로 하여금 사용·수익하게 할 수 없고, 제3자로부터의 강제집행 등과 같은 소유권을 침해하는 일체의 상태가 발생한 때에는 이를 지체 없이 해소하여야 한다.

대여자는 이용자의 사용·수익권을 침해하지 않는 한도 내에서 시설물을 담보로 제공할 수 있다.

(2) 리스期間

리스기간은 목적물의 내용연수의 1/2 이상의 기간으로(여신전문금융업법 시행령 제

2조 4항), 이용자의 물건수령증서 발급일부터 기산한다.

(3) 貸與表示 標識附着義務

당해 시설물에 소유권자가 대여자임을 부착하여야 한다(동법 제36조).

(4) 施設物의 引渡遲延 및 瑕疵

시설물의 인도지연 및 하자에 대해서는 이용자는 대여자에게 책임을 추궁할 수 없고, 대여자의 손해배상청구권 등을 양도 받아 시설물매도인과 해결한다.

(5) 施設物의 保管, 修繕義務

이용자는 선량한 관리자의 주의의무로 보관하여야 하며, 유지 및 수선의무도 이용자에게 있다. 또한 시설물에 의한 제3자의 손해에 대하여도 이용자가 손해배상책임을 진다.

(6) 滅失, 毁損

시설물의 멸실, 훼손에 대한 모든 책임은 이용자에게 있다. 멸실, 훼손에 따른 손해는 대여자에게 배상하여야 한다. 천재지변에 의한 멸실에 따른 위험부담도 이용자가 진다.

(7) 契約更新請求權, 施設物買受請求權

이용자는 계약갱신(재리스)청구권과 기간만료 후에 시설물매수청구권이 있다.

(8) 契約의 解止

이용자는 계약기간만료 전에는 계약을 해지할 수 없다. 시설물의 멸실, 훼손으로 수선이 불가능하고 계약의 목적을 달성할 수 없는 때에는 대여자에게 손해를 배상하고 계약을 해지할 수 있다.

(9) 施設物의 返還

계약이 종료된 때에는 이용자는 자기의 비용으로 시설물을 대여자에게 반환하여야 한다.

第9節 雇 傭

I. 序 說

1. 雇傭의 意義와 社會的 機能

고용은 당사자 일방(노무자)이 상대방(사용자)에 대하여 노무를 제공할 것을 약정하고 상대방이 이에 대하여 보수를 지급할 것을 약정함으로써 성립하는 계약이다(제655조). 즉, 노동력의 제공과 그에 대한 대가적 의미가 있는 보수를 지급할 것을 상호간에 약정하는 낙성·유상·쌍무·불요식계약이다.

고용은 도급 및 위임과 함께 사람의 노동력의 공급 내지 이용을 목적으로 하는 노무제공계약 중에서 가장 전형적인 형태로서, 개인의 노동력을 상품화하여 거래의 객체로 할 수 있는 법적 수단이다. 이러한 노동력을 제공하는 법적 제도는 로마법에서도 있었으나, 노동력이 상품화되어 거래의 객체가 된다는 관념은 근대 이후의 자본주의경제체제에 들어와서 비로소 생성되었다. 오늘날 우리 사회는 자본과 노동력의 결합으로 움직이고 있다. 여하한 생산물도 인간의 노동력을 필요로 하지 않는 것이 없다. 자본가는 자본으로 타인의 노동력을 이용하여 상품을 생산하고, 노동자는 자기의 노무를 제공하여 획득한 임금을 가지고 자기와 가족의 생계를 유지한다. 그런데 이러한 자본과 노동력을 결합시키는 법적 기초인 고용은 특히 노동자와 그 가족의 기본적인 생활에 직접적인 영향을 주는 것으로 매우 중요하다. 따라서 고용관계의 적절한 규제는 노동자의 생활 기초를 보호하며, 우리 사회의 전반적인 안정을 도모하는 토대가 된다. 이러한 점에서 각국은 고용관계에 관하여는 단순히 개인간의 문제로 일임하지 않고 국가가 적극적으로 개입하여 적절한 처리를 하려고 노력한다. 이러한 노력은 국가의 역할이 증대되면서, 이제는 사회구성원 전체의 복지증진을 목표로 하고 있다. 그런데 대부분의 복지국가에서는 사회·경제적 약자인 노동자의 지위를 법률적으로 보호하는 것에서부터 출발하고 있다. 이러한 노동자의 보호를 위하여 입법된 노동법은 이제 독립된 하나의 법 영역을 이룬다. 노동법은 근대 사법의 개인의 자유와 평등에 기초한 계약자유의 절대적 자유를 배제하고, 노동자의 사회·경제적 열위의 지위를 전제로 한 바탕 위에서 법률에 의하여 열위적인 노동자의 지위를 보완하거나, 개개의 계약의 조항을 직접적으로 규제하는 방법을 취한다. 따라서 노동법에는 사법적인 측면과 공법적인 측면이 혼재하고 있다.

이로써, 노동법은 자본주의의 발달로 새롭게 형성된 노동자의 사회·경제적으로 약한 지위를 제도적으로 보완하여 노동자와 사용자 간에 형성될 법률관계가 실질적 균형을 이루게 하는 데 그 주된 목적을 둔다. 민법은 개인의 자유와 평등을 이념으로 하는 추상적 인간을 법률관계의 주체로 하여 의사절대주의에 의한 사적 자치의 원칙에 따른 계약자유의 원칙을 지도이념으로 하나, 노동법은 노동자의 사회·경제적 부자유와 불평등을 직시하여 구체적 개인을 법률관계의 주체로 하여 사회여건과 노동환경에 맞추어 법률관계의 실질적 형평을 기함으로써 노동자의 인간다운 삶을 보장하려는 데 그 지도이념을 두고 있다.

노동법의 대상이 되는 노무의 제공과 그에 따른 법률관계는 기본적으로는 노무의 제공으로써, 고용계약이나 노동법의 원리에 의하여 규율되는 노무계약을 특히 근로계약이라고 한다.

판례 私立大學 敎授任用은 雇傭契約 : ① 사립학교 교원의 임용을 위한 계약의 법적 성질은 사법상의 고용계약에 다름 아닌 것이고, 조교수로 임용한 자를 동일한 대학에서 부교수로 임용하는 행위는 조교수 임용행위에 기한 단순한 승진임용 발령행위가 아니라, 직명이 부교수라는 교원에 임용하는 새로운 신분관계의 설정행위이다.
② 사립학교법 제53조의2 제3항에 따라 기간을 정하여 임용된 사립대학의 교원은 학교법인의 정관이나 인사규정에 재임용의무를 부여하는 근거규정이 없다면, 임용기간의 만료로 그의 대학교원으로서의 신분관계는 당연히 종료되고, 교육법상 대학교수 등에게는 고도의 전문적인 학식과 교수능력 및 인격 등을 갖출 것을 요구하고 있어서 임용기간이 만료되면 임용권자는 이와 같은 여러 가지 사정을 참작하여 재임용 여부를 결정할 수 있어야 할 필요성이 있으므로, 임용기간이 만료된 자를 다시 임용할 것인지 여부는 결국 임용권자의 판단에 따른 재량행위에 속한다(대판 1997.12.23. 97다25477).

<노무제공계약의 유형별 특징>

고용	도급	현상광고	위임	임치
노무자의 자주성 상실	재량으로 일을 완 성	지정행위의 완 료	재량에 따른 일의 처리	보관이라는 특정한 노무
노무의 제공만으로 보수발생	일의 완성으로 보수발생	요물계약 (단독행위)	무상이 원칙	위임규정 준용
근로계약과의 관계 정립	공사도급계약, 출판계약		의료계약·변론계약	소비임치·예금계약

2. 雇傭契約과 勤勞契約

민법 제655조 이하의 고용규정의 적용을 받는 노무제공계약을 고용계약이라고 한다. 한편, 노동법에 의한 노무제공계약을 근로계약이라고 하며, 근로기준법 제17조는 근로계약이란 근로자가 사용자에게 근로를 제공하고 사용자는 이에 대해 임금을 지급함을 목적으로 체결된 계약이라고 정의한다.

민법상의 고용계약은 여타의 민법상의 계약과 동일하게 추상적 개인을 권리의 주체로 하는 의사절대주의 아래의 계약자유의 원칙과 과실책임의 원칙이 적용되는 계약분야이다. 노동법은 언급한 바와 같이 사회법의 하나로서 자본주의경제의 발전에 따른 사회·경제적 약자로서 새롭게 등장한 종속적 지위를 가진 노동자의 생존권 보호를 그 기본 목적으로 하여 생성된 독립한 법 영역이며, 이러한 노동법이 적용되는 노무제공계약이 근로계약이다.

이와 같이 동일한 인간의 노동력을 제공하고 그에 대한 대가를 받는 노무제공계약이지만 고용계약과 근로계약은 그 기본이념과 목적을 달리하는 법 영역에서 각기 규율되기 때문에 그 본질이 다르다. 따라서 노동법이 흠결된 경우에, 민법의 고용계약에 관한 규정으로 보완할 수 있는지의 여부에 대하여 논의가 있다.

오늘날 노동력을 제공하는 자는 모두 사회·경제적 약자란 측면에서 민법상의 고용은 의미가 없어지고 노동법상의 노무제공계약이라 하여야 할 것이다. 그러나 노동법상의 근로계약은 민법의 이념과 그 기초를 달리하는 사회법에서 생성된 독자적인 개념이며(김치선), 지배·종속의 노동관계로 근로기준법의 적용을 받는 근로자(근로기준법 제14조)가 제공하는 노무로서(임종률), 노무제공의 주체에 차이가 있다 하여 민법상의 고용계약과는 그 본질이 다르다는 견해에 의하면 양자는 독자적인 별개의 계약이다. 독일에서는 노동법상의 근로계약은 노동자의 종속성을 특질로 하며, 민법상의 고용계약이 자주성을 본질로 하는 것과는 구별된다고 보아, 양자를 엄격히 구별한다.

민법과 노동법이 규율하는 노무제공계약은 비록 당해 법의 기본이념과 생성원리가 다르다고 하지만 노무를 제공하고 보수를 지급받는 당사자간의 약정으로, 제공자는 노무의 제공에 관해서는 자주성을 잃고 상대방으로부터 지휘, 감독을 받는다는 가장 기본적인 점에서는 동일하다. 이러한 점에서 민법상의 고용계약과 노동법상의 근로계약은 그 본질을 달리한다고 보기는 어렵다. 또한 근로기준법은 제10조에서 적용범위를 상시 5인 이상의 근로자를 사용하는 사업장으로 제한한다. 그렇다면 4인 이하의 근로자의 사업장에서는 근로기준법의 적용이 없고, 민법만이 적용될 수 있을 뿐이다. 이는 곧 고용계약과 근로계약이 본질에서는 다르지 않다는 것을 근로기준법이 전제로 한다고 볼 수 있고, 다만 그 적용법에서만 차이가 있다고 이해된다. 요컨대, 민법의 고용계약과 노동법의 근로계약은 그 본질이 같고, 노무제공계약에 관한 일반규정은 민법의 고용편이며, 노동법은 그 특별규정으로 이해하여야 할 것이다. 따라서 근로계약에 관하여 노동법의 흠결이 있으면 민법의 고용에 관한 규정이 적용된다.

그러나 민법은 고용에 관하여 가장 기본적인 내용만을 규정하고 있어 실제로 근로계약에 적용될 만한 내용이 없고, 다만 근로계약의 성립 및 효력 등에 관하여 민법상 계약법의 일반법리가 적용될 여지는 있다.

한편, 역으로 민법상의 고용계약에 노동법의 규정으로 보완할 수 있는지가 문제된다. 근로기준법에서 그 적용범위를 제한하고 있어 원칙적으로 부정하여야 할 것이다. 고용계약에 관하여는 당사자의 의사표시 또는 관습에 의하여 해석하되, 개별계약의 해석에 있어서 민법 제103조 및 제104조의 법정신에 따라 노동법 중의 사법적 효과에 관한 규정이 하나의 해석기준이 될 수는 있을 것이다.

민법의 고용에 관한 규정은 근로기준법(제10조)의 적용이 없는 4인 이하의 근로자를 사용하는 사업 및 사업장과, 동거의 친족만을 사용하는 사업 및 사업장과, 가사사용인과의 노무제공계약에 적용된다.

판례 勤勞契約의 當事者는 支配·從屬關係를 本質 : 도급계약의 형식을 빌렸다 하더라도 그 계약 내용이 사용자와의 사이에 사용·종속관계를 유지하면서 도급인의 사업 또는 사업장에 특정한 노무 제공만을 그 목적으로 하고 있고, 그 노무제공에 대하여 능률급 내지 성과급을 지급받기로 하는 것이라면 이에 따라 노무를 제공한 자는 근로기준법 제14조 소정의 '근로자'에 해당한다(대판 1987.5.26. 87도604).

3. 雇傭契約의 法律的 性質

고용계약은 일방이 상대방에게 자기의 노무 자체를 제공할 것과 상대방이 대가적 의의가 있는 보수를 지급할 것을 약정하는 합의로써 성립하는 낙성, 유상,, 쌍무, 불요식계약이다.

(1) 提供될 勞動力의 內容

고용은 도급, 위임, 임치 등과 동일하게 노무제공계약의 하나이다. 그러나 고용은 노동력 자체의 제공을 목적으로 한다는 점에서 노동력의 제공에 따른 일의 완성이 목적인 도급과 다르며, 노동력 중에서 보관이라는 특정한 노동력을 목적으로 하는 임치와 다르다. 고용에서 노무자는 자주성을 잃고 사용자와 지휘·복종관계가 성립된다는 점에서 재량성을 가지고 노동력을 제공하는 도급 및 위임과 다르다.

(2) 有償契約

고용계약은 낙성계약이란 점에서 다른 노무제공계약과 동일하나, 유상이란 점에서 무상이 원칙인 위임과 다르다. 위임이 유상이면 고용과 모든 점에서 유사하나, 단지 노무 제공의 내용에서 차이가 있다. 즉, 노무의 제공자가 재량을 가지고 노무를 제공하면 위임이 된다. 따라서 의료계약에서 의사는 재량을 가지고 진료 및 치료를 하기 때문에 고용이 아니라 위임이 된다.

* 게르만법은 노무제공계약에 별다른 제한을 하지 않았으나, 로마법은 노무를 저급노무와 고급노무로 구분하여 저급노무(노예)는 유상으로 하여 임대차로 규율하였으며, 고급노무(교수, 변호사, 의사)는 무상으로 하여 위임으로 규율하였다. 이러한 로마법의 영향을 받아 독일 민법은 위임을 무상으로만 하고 있다.

Ⅱ. 雇傭契約의 效力

1. 勞務者의 義務

(1) 勞務提供義務

(가) 勞務의 内容

노무자는 사용자에 대하여 자기의 노무를 제공하여야 한다. 노무는 육체적 노무이든 정신적 노무이든 묻지 않고, 일체의 인적 활동을 의미한다. 노무의 구체적 내용은 계약과 거래관행으로 정하여지나, 사용자가 약정하지 않은 노무의 제공을 요구할 때는 계약을 해지할 수 있다(제658조 1항). 약정한 노무가 특수한 기능을 요하는 경우에 노무자가 그 기능이 없는 때에는 사용자는 계약을 해지할 수 있다(제658조 2항).

(나) 勞務에 대한 當事者의 一身專屬性

노무의 제공에 대한 사용자의 권리와 노무자의 의무는 일신전속성을 가진다. 제공될 노무는 계약당사자의 노무이다. 따라서 노무자는 사용자의 동의 없이 제3자로 하여금 자기에 갈음하여 노무를 제공하게 할 수 없으며(제657조 2항), 이에 위반한 때에는 사용자는 계약을 해지할 수 있다(제657조 3항). 노무는 제공자가 누구냐에 따라 그 내용이 달라져 노무자가 누구인지가 사용자에게 매우 중요하기 때문이다.

그러나 노무자의 변경이 있어도 노무의 내용이 변경되지 않는 특별한 경우에는 제3자에 의한 노무의 제공으로 계약을 해지하는 것은 신의칙에 위반되는 권리의 남용이 된다.

사용자의 노무자에 대한 노무제공청구권도 일신전속성이 있어, 노무자의 동의 없이 제3자에게 양도할 수 없고(제657조 1항), 이를 위반한 때에는 노무자는 계약을 해지할 수 있다(제657조 3항).

(다) 使用者의 指揮·命令에 服從할 義務

노무의 제공에 관하여 노무자는 사용자에 종속된다. 따라서 노무자는 노무를 제공함에 있어 사용자의 지휘·명령에 복종하여야 한다. 지휘·명령에 따르지 아니할 때에는 채무불이행이 된다.

(라) 善管注意義務

노무자는 노무를 제공함에 있어 선량한 관리자의 주의의무로 노무를 제공하여야 한다. 예컨대, 노무자가 사용자의 기계 및 사업장을 사용하여 노무를 제공하는 경우에 선량한 관리자의 주의의무로 사용하여야 한다. 노무자가 이를 위반하여 훼손한 때에는 채무불이행에 의한 책임을 진다.

(마) 勞務의 結果物과 職務發明의 歸屬

노무자의 노동력의 제공에 의하여 완성된 제작물의 소유관계는 가공의 법리(제259조)가 적용되지 않으므로, 사용자에게 귀속한다. 그런데 직무와 관련하여 받게 된 특허 및 발명, 이른바 직무발명은 어떻게 되는가?

사용자의 시설 등을 이용하여 얻은 권리이기 때문에 노무자 또는 사용자 어느 일방에게 독점적으로 귀속한다고 볼 수는 없다. 이에 특허법은 양 당사자의 이익균형을 위하여 특허권은 노무자에게 귀속하되 사용자에게 통상실시권을 취득시키며, 또한 전용실시권을 설정할 수 있도록 하고 있다. 즉, 특허법 제39조 제1항은 사용자는 노무자의 직무발명에 대하여 통상실시권을 취득한다고 규정하며, 제40조는 사용자가 전용실시권을 설정한 경우에는 노무자에게 보상하도록 하고 있다.

(2) 信義則上의 附隨義務-誠實·秘密維持義務

고용관계는 인적 신뢰가 기초로 되어 있는 관계이다. 따라서 고용관계가 지속되는 중에는 물론이고, 고용관계 종료 후에도 특별히 인적 신뢰에 따른 신의칙상의 일정한 부수의무가 있다. 예컨대, 사용자의 신용을 해치지 않고 성실하게 고용관계에 따른 의무를 이행하여야 할 의무(성실의무), 고용관계에서 취득한 비밀을 유지하여야 할 의무(비밀유지의무), 사용자와 경업을 하지 않을 의무 등을 진다.

2. 使用者의 義務

(1) 報酬支給義務

(가) 報酬支給時期

민법은 보수에 관하여 보수의 종류, 보수의 액, 보수의 지급방법 등에 관하여는 당사자의 약정과 관습에 의하도록 하고 있다(제656조 1항).

보수의 지급시기에 관하여 약정이 없고, 관습도 없는 경우에는 약정한 노무를 완료한 후에 지체 없이 지급하여야 한다고 규정한다(제656조 2항). 즉, 후급을 원칙으로 하고 있다.

(나) 報酬의 保護

보수는 노무자의 생활을 유지하는 기본적인 수단으로 매우 중요하다. 그러함에도 민법은 노무자의 보수에 관하여 특별히 보호하는 규정을 두지 않고 있다. 다만 민사집행법 제246조에서 일정한 범위를 넘어서 압류할 수 없도록 하며, 그 범위 내에서는 상계가 금지된다(제497조). 한편, 근로기준법에는 근로자의 임금보호를 위한 직접적인 규정, 즉 임금직불의 원칙(제42조), 임금채권우선변제의 효력(제37조), 전차금상쇄의 금지(제28조), 강제저금의 금지(제29조) 등의 규정이 있다. 이러한 규정을 민법의 고용계약에 직접적으로 적용하는 것은 무리가 있으나, 임금직불 및 전차금상쇄의 금지 등에 관한 내용은 제103조 및 제104조의 내용으로 이에 위반한 계약을 무효로 해석할 수 있다.

(다) 報酬請求權의 存續 與否 - 受領不能과 履行不能

① 歸責事由에 따른 區別 原則

노무자의 노무의 제공과 사용자의 보수의 지급은 대가적 관계에 있어 쌍무계약의 일반원칙에 의하면 노무자가 귀책사유에 의하여 노무를 제공하지 못한 경우에는 이행불능으로 보수청구권이 발생하지 아니하고, 사용자의 귀책사유로 사용자가 노무를 수령하지 못한 경우에는 제538조의 문제로 보아 보수청구권은 인정된다(통설). 그런데 이행불능과 수령불능은 구별하기가 용이하지 아니한데, 이는 노무의 급부장애가 누구의 영향범위 내지 영역범위 안에서 원인 및 결과가 발생하였느냐에 따라 구별하여야 할 것이다(영역설).

② 勞務者의 一身事由에 의한 不履行

쌍방에 귀책사유가 없는 것 중에서 노무자 자신에게는 귀책사유가 없으나 일신에 관한 사유로 노무를 불이행한 경우, 예컨대 공적 의무의 이행, 가족의 사망, 본인의 질병 등으로 노무를 이행하지 못한 경우이다. 이에 대하여 독일 민법(제616조, 제617

조)과 스위스 채무법(제324조의 a)은 일정한 제한을 두어 보수청구권을 인정한다. 구체적인 고용계약에서 고용계약의 기간과 노무를 제공하지 않은 사유 및 기간 등을 종합적으로 고려하여 판단하여야 할 것이다. 예컨대, 스위스 채무법의 규정과 같이 비교적 장기간의 계약이고 불이행기간이 3, 4일에 지나지 않는 경우에는 보수청구권을 인정하여야 할 것이다.

③ **雙方에 歸責事由가 없는 경우**

쌍방에 귀책사유가 없는 노무의 불이행의 경우에는 제537조에 의한 위험부담의 원칙에 따라 보수청구권은 발생하지 않는다고 볼 수밖에 없다.

(라) 契約의 無效·取消와 報酬請求權

노무가 제공된 이후에 고용계약이 무효 또는 취소가 된 경우에 이미 제공된 노무에 대한 보수청구권은 어떻게 되는가? 전통적인 계약이론에 의하면 계약이 소급적으로 소멸되므로 고용계약에 기초한 보수청구권은 행사할 수 없고 부당이득에 의한 반환청구권을 행사할 수 있을 뿐이다. 그러나 이러한 해결은 바람직하지 않다. 이 경우에는 노무의 사실상의 제공에 의하여 당사자간에는 계약에 유사한 채권채무관계가 성립하였다고 보아야 할 것이다(제1장 제2절 Ⅲ-3. 사실적 계약관계 참조). 따라서 이미 제공된 노무에 대하여는 계약이 소급적으로 소멸하더라도 사실적 계약관계론에 의하여 보수는 청구할 수 있다고 보아야 한다.

(마) 報酬請求權의 1年의 短期消滅時效

노무자는 다른 약정이 없는 한, 약정한 노무를 종료한 때로부터 1년간 보수청구권을 행사하지 아니하면 시효로 소멸한다(제164조). 참고로 근로기준법상의 근로자의 임금채권은 3년의 소멸시효에 걸린다(제48조).

(2) 信義則上의 附隨義務-保護義務

사용자는 노무자의 노무를 제공함에 있어서 노무자의 생명·신체·재산을 보호하여야 할 신의칙상의 부수의무로서 안전배려의무 내지 보호의무를 진다. 이러한 의무는 사용자의 고의·과실에 의한 채무불이행상의 책임의 기초가 된다(사례 대판 2000.5.16. 99다47129).

3. 契約期間

(1) 最長 3年

고용계약기간에 관하여는 당사자의 합의에 따른다. 그런데 장기간의 고용에 의한 노무자의 부당한 구속에 따른 피해를 방지하기 위하여 약정기간이 3년을 넘거나 당사자의 일방 또는 제3자의 종신까지로 된 때에는 각 당사자는 3년을 경과한 후 언제든지 계약해지의 통고를 할 수 있다(제659조 1항).

(2) 默示의 更新

계약을 갱신할 수 있음은 물론이다. 고용기간이 만료한 후 노무자가 계속하여 그 노무를 제공하는 경우에 상당한 기간 내에 이의를 하지 아니한 때에는 전 고용과 동일한 조건으로 다시 고용한 것으로 본다(제662조 1항 본문). 동일한 조건이란 노무의 내용, 보수, 고용기간 등을 말한다. 다만, 해지에 관하여는 고용기간의 약정은 없는 것으로 간주되고 따라서 당사자는 언제든지 계약해지의 통고를 할 수 있다(제662조 1항 단서).

묵시의 갱신의 경우에는 제3자가 제공한 담보는 소멸한다(제662조 2항).

Ⅲ. 雇傭의 終了

고용은 노무이행의 완료, 기간의 만료, 당사자의 합의 및 계약 소멸의 일반적 원인에 의하여 종료하며, 그 밖에 아래와 같은 고용에 특유한 사유에 의하여 종료한다.

1. 一身專屬性에 의한 終了

(1) 權利·義務의 無斷讓渡時의 解止

고용은 인적 신뢰를 기초로 하는 계속적 계약이다. 노무자는 노무의 제공에 있어 사용자의 지휘·명령을 받으므로 사용자가 누구냐는 매우 중요한 의미가 있으며, 또한 노무의 내용은 노무자가 누구냐에 따라서 변경될 수 있다. 이와 같이 고용상의 핵심적인 권리·의무는 일신전속적 성격이 강하여 동의 없이 권리·의무를 양도하는 때에는 상대방은 고용을 해지할 수 있게 하고 있다(제657조). 그러나 노무의 성질상 사용자 또는 노무자가 변경되더라도 노무의 성질 및 내용에 변경이 없는 경우에 해지하는 것은 권리남용으로 해지의 효력이 생기지 않는다고 새겨야 한다.

(2) 當事者의 死亡

노무자의 사망은 노무급부의무의 일신전속적 성격으로 고용을 종료시킨다. 그러나 사용자의 사망은 원칙적으로 고용을 종료시키지 않는다. 다만, 사용자의 변경으로 노무의 성질이나 내용이 변경된 때에는(예 : 특정인의 교수, 초상화 제작) 고용은 종료한다.

2. 勞務의 內容과 解止

사용자가 당사자간에 약정하지 아니한 노무의 제공을 요구하는 때에 노무자는 고용계약을 해지할 수 있다(제658조 1항). 약정한 노무가 특수한 기능을 요하며, 노무자가 그 기능이 없을 때에는 사용자는 해지할 수 있다(제658조 2항).

3. 解止通告에 의한 解止

고용기간에 관하여 별도의 약정이 없거나 또는 너무 장기의 경우에는 쌍방이 해지할 수 있다. 이러한 경우에는 해지로 즉시 효력이 생기는 것이 아니라 노무자의 생활안정을 위하여 해지의 효력발생에 일정한 유예기간을 두고 있다. 이를 해지통고라고 하며, 노동법에서는 해고예고라고 한다.

(1) 3年 以上의 長期間의 約定

(가) 3年 經過 後의 解止通告

고용의 약정기간이 3년을 넘거나 당사자의 일방 또는 제3자의 종신까지로 된 때에는 당사자는 3년을 경과한 후 언제든지 해지의 통고를 할 수 있다(제659조 1항). 이 경우의 해지의 효력은 해지통고가 상대방에 도달된 때로부터 3월이 경과하면 해지의 효력이 생긴다(제659조 2항).

(나) 不得已한 事由에 의한 解止

약정한 기간이 있는 경우에도 부득이한 사유가 있는 때에는 해지할 수 있다(제661조 본문). 그러나 그 사유가 일방의 과실로 발생한 사유인 때에는 상대방에 대하여 손해를 배상하여야 한다(제661조 단서). 이때의 해지는 그 효력이 즉시 생긴다. 부득이한 사유란, 그러한 사유에도 불구하고 고용관계를 계속하여 유지하는 것이 부당한 경우를 말한다. 예컨대, 노무자의 질병, 불성실, 무능, 사업장의 파괴, 재료의 부족 등을 말한다.

부득이한 사유의 발생에 당사자의 유책사유가 있느냐 여부는 묻지 아니한다. 따라서 사용자의 유책사유로 사업장이 파괴·소실된 경우에도 해지할 수 있으며, 제3자인 운송단체의 파업에 의하여 노무의 대상이 되는 재료가 공급되지 아니하거나 원료가 고갈되어 노무를 더 이상 필요로 하지 아니하는 경우에도 해지할 수 있다. 노무자의 부득이한 사유의 경우에도 사용자가 고용관계를 해지할 수 있음은 물론이며, 이 경우에도 노무자의 유책사유 여부는 묻지 아니한다. 부득이한 사유의 발생에 일방의 유책사유가 있는 때에는 고용관계의 해지로 인한 상대방의 손해를 배상하여야 한다.

(다) 使用者의 破産과 解止

고용기간의 약정여부를 묻지 않고 사용자가 파산선고를 받은 때에는 노무자 또는 파산관재인은 계약을 해지할 수 있으며(제663조 1항), 이 경우에는 당사자는 계약의 해지로 인한 손해배상을 청구하지 못한다(제663조 2항).

(2) 期間의 約定이 없는 境遇의 解止通告

기간의 약정이 없는 경우에는 각 당사자는 언제든지 계약을 해지할 수 있다(제660조 1항). 이 경우의 해지의 효력은 해지통고가 상대방에게 도달한 때로부터 1월의 경과로 생기나(제660조 2항), 기간으로 보수를 정한 때에는, 해지통고를 받은 그 기간 후의 1기를 경과함으로써 해지의 효력이 생긴다(제660조 3항).

第10節 都 給

I. 序 說

1. 都給의 意義

도급은 당사자 일방(수급인)이 어떤 일을 완성할 것을 약성하고, 상대방(도급인)이 그 일의 완성에 대하여 보수를 지급할 것을 약정함으로써 성립하는 계약이다(제664조). 고용·위임 등과 함께 노무제공계약의 하나이나, 특히 일의 완성을 목적으로 하는 점에 그 특색이 있다.

도로·다리·철도 등의 건설이나 건물의 축조를 목적으로 하는 공사도급이 도급계약의 대표적인 것이지만, 선박건조·물품의 제조가공 및 수리·인쇄 출판·의복의 주문·시계나 가구의 수선 등에 대한 당사자의 합의도 도급으로 그 내용은 다양하다.

도급은 고용 및 위임과 마찬가지로 노동력의 제공을 목적으로 하는 계약이므로, 이들과의 구별이 문제된다.

고용은 노무자의 노동력 자체의 제공이 계약의 목적이지만(제655조), 도급은 노동력의 제공에 의한 일의 완성이 목적으로 수급인의 노무는 일을 완성하기 위한 수단에 지나지 않는다. 따라서 도급에서는 수급인이 노무를 제공하더라도 일을 완성하지 않으면 보수를 받을 수 없다.

위임은 일정한 사무의 처리를 목적으로 하나(제680조), 도급은 일정한 일의 완성을 목적으로 하는 점에서 양자는 우선 구별된다. 그러나 당사자간에 실제로 체결된 계약은 다양하여 그러한 것들의 중간적인 것들도 있어 그 구별이 쉽지 않다.

2. 法律的 性質

도급은 수급인이 노무를 제공하여 특정한 일을 완성하고 도급인이 그에 대한 대가인 보수를 지급한다는 약정으로 성립하는 낙성·유상·쌍무·불요식계약이다.

(1) 일의 完成과 報酬의 牽連性

일의 완성이란 노무에 의하여 일을 완성시키는 것으로 건물의 완성·의복의 완성 및 병의 완치·소송에서의 승소 등으로 인적 활동에 의하여 유형·무형의 결과의 완성을 도출하는 것을 말한다. 도급은 이러한 일의 완성과 보수가 견련성을 가지는 대가적 관계인 쌍무계약이다. 따라서 일이 완성되지 않고 중도에서 끝나 버리면 원칙적으로 보수청구권은 발생하지 아니한다. 이 점에서 여타의 노무제공계약, 특히 고용이나 위임과 구별된다(통상적인 의료계약과 통상적인 변론계약은 본질이 위임이나, 완치 및 승소를 특약한 경우에는 도급이 된다).

(2) 包括的 指示 아래의 裁量에 따른 勞務提供

노무의 제공이란 측면에서 당사자간에서는 기본적으로 인적 신뢰관계가 기초가 된다. 그러나 이러한 인적 신뢰관계는 도급에서 노무의 제공은 일의 완성에 대한 수단에 지나지 않아서 고용이나 위임에서와는 크게 문제되지 않는다.

도급이 노무의 제공을 내용으로 하나 계약의 주된 목적은 일의 완성에 있어 개별적인 노무의 제공에는 수급인이 재량을 가지고 노무를 제공한다. 그러나 수급인의 재량성은 도급의 취지에 따른 도급인의 포괄적인 지시 아래에서의 재량이다. 도급에서의 지시성은 고용에서의 지휘·명령과 같은 개별적이고 구체적인 것이 아니라 포괄적인 것이다. 따라서 수급인은 도급인의 개별노무에 대한 지시에 대하여는 거부할 수 있으나, 포괄적인 지시에는 따라야 한다. 그러한 점에서 제669조는 수급인이 도급인의 지시에 따라 일을 처리함에 있어서 하자가 발생한 경우에는 일정한 경우에 수급인의 책임을 면제하고 있다.

3. 製作物 供給契約

제작물 공급계약은 당사자의 일방이 상대방의 주문에 따라서, 자기 소유의 재료를 전부 또는 주로 제공하여 제작한 물건을 공급하고 이에 대하여 상대방이 보수를 지급할 것을 약정하는 계약을 말한다. 제작물 공급계약의 내용에는 물건의 제작과 물건의 공급이라는 두 가지 요소가 함께 포함되어 있어 매매와의 구별이 문제된다.

매매는 오로지 재산권의 이전을 목적으로 하는 계약인데 반하여, 도급은 일의 완성을 목적으로 하는 계약이며, 도급은 지시성을 가진 계속적 계약으로 당사자간에 일정한 결합관계가 형성되나, 매매는 결합관계가 형성될 여지가 없는 일시적 계약관계란 측면에서 양자는 일차적으로 차이가 있다.

그런데 제작물 공급계약은 도급의 내용과 매매의 내용을 같이 가지고 있다. 이에 당사자간에 합의로 매매 또는 도급 어느 것으로 할 것인지 의사가 명확한 경우에는 약정에 따르면 되겠으나, 통상적으로는 그러한 의사를 분명하게 하지 아니하여 제작물 공급계약의 성질이 무엇인지가 문제된다. 주된 문제는 제작물에 하자가 있는 경우의 담보책임에 관하여 매매에 관한 규정을 적용할 것인가, 도급의 규정을 적용할 것인가이다.

외국의 입법례 중 스위스 채무법은 매도인과 동일한 담보책임을 지우며(제365조 1항), 독일 민법은 매매에 관한 규정을 적용하되, 부대체물인 경우에는 매매에 관한 일부의 규정에 대신하여 도급의 규정을 적용하는 것으로 하여(제651조) 입법에 의해 해결하고 있다. 우리 민법은 입법으로 규정되지 않아 제작물 공급계약의 본질에 대한 학설의 대립이 있다. 이에 대하여는, ① 독일 민법과 같이 대체물이면 매매, 부대체물이면 매매와 도급의 혼합계약이라는 설(황), ② 대체물이면 매매, 부대체물이면 도급의 혼합계약이라는 설(곽,이태), ③ 도급이라는 설(김주), ④ 매매와 도급의 혼합계약으로 소유권이전에 관하여는 매매, 담보책임에 관하여는 도급의 규정을 적용하여야 한다는 설(이은) 등이 있다. 판례는 대체물이면 매매로, 부대체물이면 매매와 도급의 혼합계약으로 본다.

매매는 재산권이전에 관한 계약으로서 재산권의 이전과 재산권의 하자에 대한 규정이 핵심이며, 도급은 일의 완성을 위한 계약으로 일의 완성과 완성된 물건의 하자에 관한 규정이 핵심이다. 제작물 공급계약은 상대방의 지시에 따라 수급인의 재료로 물건을 제작하여 완성된 물건을 상대방에게 이전하는 계약이다. 이러한 제작물 공급계약은 물건의 제작단계까지는 상대방의 지시와 일의 완성(제작)이라는 도급의 내용이며, 완성된 물건을 상대방에게 제공하는 단계는 재산권(제작물)의 이전이라는 매매의 내용으로 전체적으로는 도급과 매매의 요소를 함께 가지고 있다.

그런데 제작물이 대체물이면 지시라는 도급의 핵심적 요소는 퇴색되고 재산권의 이전이라는 매매의 요소가 중심이 된다. 예컨대, 주문을 받았더라도 이미 동일하게 제작된 물건이 있는 경우에는 구태여 다른 재료를 사용하여 제작할 의무가 없고 이미 제작된 물건을 상대방에게 제공하여도 무방하다. 다만, 별도로 제작하는 경우에는 일을 완성하는 과정이 있게 되어 완성 전의 도급인의 해제(제673조)와 도급인의 파산에 따른 해제(제674조)의 규정은 적용이 있다고 보아야 할 것이다. 한편, 부대체물이면 지시성은 매우 중요한 요소로서 도급으로 보아야 하나, 도급은 재산권이전을 그 요소로 하지 않기 때문에 재산권의 이전에 관하여는 매매에 관한 규정의 적용이 있어야 할 것이다.

요컨대, <u>제작물 공급계약은 비전형 혼합계약으로서 대체물이면 원칙적으로 매매에 관한 규정이 적용되나 해제에 관하여는 도급에 관한 제673조와 제674의 적용이 있으며, 부대체물이면 원칙적으로 도급에 관한 모든 규정이 적용되나 제작물의 소유권이전에 관하여는 재산권이전에 관한 매매의 규정이 적용되는 것</u>으로 보는 것이 타당하다.

판례 製作物 供給契約의 本質 : 당사자의 일방이 상대방의 주문에 따라 자기소유의 재료를 사용하여 만든 물건을 공급할 것을 약정하고, 이에 대하여 상대방이 대가를 지급하기로 약정하는 이른바 제작물공급계약은 그 제작의 측면에서는 도급의 성질이 있고 공급의 측면에서는 매매의 성질이 있어 이러한 계약은 대체로 매매와 도급의 성질을 함께 가지고 있는 것으로서 그 적용법률은 계약에 의하여 제작공급하여야 할 물건이 대체물인 경우에는 당해 물건의 공급과 함께 그 제작이 계약의 주목적이 되어 도급의 성질을 강하게 띠고 있다 할 것이므로 이 경우에는 매매에 관한 규정이 당연히 적용된다고 할 수 없다(대판 1987.7.21. 86다카2446).

판례 製作物供給契約의 擔保責任은 都給規定 適用 : 갑이 을의 주문에 따라서 갑 소유의 재료를 사용하여 특수하게 만든 자동차부품을 공급하고 을로부터 이를 수입하여 가는 외국의 병 외에는 이를 타에 매각처분하기가 곤란한 부대체물의 제작공급계약의 경우에는 당해 물건의 공급과 함께 그 제작이 계약의 주목적이 되어 도급의 성질을 띠게 되고 그와 같은 수급인의 하자담보책임은 무과실책임이므로 매매에 관한 민법 제580조 제1항 단서의 조항이 적용될 여지가 없다(1990.3.9. 88다카31866).

4. 旅行契約

여행계약은 일방이 여행에 관한 총괄적 서비스(역무役務)를 제공하기로 하고, 상대방이 이에 대한 대가를 지급하기로 하는 계약이다. 여행계약에서 여행업자는 여행의 출발에서 귀환까지 약정된 여행에 관련한 운송, 여행지, 숙박, 식사 등의 일체의 서비스를 완성하여야 할 의무가 있고, 이에 대하여 여행자는 대가인 여행대금을 지급할 의무가 있다. 이러한 쌍방의 의무는 도급의 본질적인 의무의 내용에 해당한다. 따라서 여행계약은 본질이 도급인 비전형계약이다. 여행계약에 관한 자세한 내용은 특수한 도급의 하나로 후술한다.

5. 出版契約

무형의 일의 도급으로서 대표적인 것 중의 하나가 출판계약이다. 스위스 채무법은 도급의 다음에 독립된 절을 두고 상세한 규정을 두고 있다(제380조 내지 제393조). 독일은 민법에 규정하지 않고 개별법인<출판권에관한법률>에서 규율하고 있다.

출판계약에서는 내용의 인쇄도 중요하지만 제작권이 중요한 요소가 되기 때문에 단순한 도급으로 볼 수 없는 면이 있다. 우리나라에서는 저작권법에 출판권에 관한 규정을 두고 있을 뿐이며(제47조 내지 제58조), 출판계약에 관하여는 규정하지 않고 있다. 출판계약은 각 경우에 있어서의 저자와 출판업자 사이의 약정에 의하나, 출판계약은 본질적으로는 출판이라는 일의 완성을 목적으로 하는 도급계약의 일종이다.

6. 醫療契約·辯論契約

통상적인 의료계약 및 통상적인 변론계약에서 의사와 변호사는 병의 완치 또는 승소를 조건 내지 특약으로 하는 채무를 지는 것이 아니라, 병의 완치와 승소를 위한 최선의 노무를 제공하는 채무를 진다. 따라서 그 본질은 위임이며, 병의 완치 또는 승소를 조건 내지 특약으로 하는 의료계약과 변론계약인 경우에만 도급이 된다.

7. 水道·가스·電力供給契約

수도·가스·전기의 공급계약은 수돗물·가스·전력을 생성하여 공급하는 계약이다.

이것도 일종의 제작물 공급계약이라고 볼 수 있으나 수용자의 지시성은 존재하지 않고 일방적으로 생성된 물건을 공급하는 것에 지나지 않는다. 따라서 이는 매매에 해당한다.

Ⅱ. 都給의 成立

1. 일의 完成과 報酬支給의 合意

도급은 일방이 일을 완성할 것을 약정하고 상대방이 이에 대하여 보수를 지급할 것을 약정함으로써 성립한다.

일이란 노무에 의하여 생긴 결과로서, 그 종류에 대하여는 아무런 제한이 없다. 가옥 기타 건물의 건축, 도로·댐 등의 토목공사와 같은 유형의 것이든 승객의 운송, 강연 등과 같은 무형의 것이든 묻지 아니한다.

도급에는 일의 완성에 대한 대가적 의미를 가지는 보수의 지급이 있어야 하는데, 보수의 지급에 관하여 당사자의 약정이 없는 경우에는 후급이 원칙이다(제665조). 보수는 금전인 경우가 보통이지만, 그 밖의 물건의 사용 내지 처분·노무의 제공 등으로 하더라도 관계없다. 보수를 금전으로 정하는 경우에도 그 방법은 같지 않다. 대체로 정액도급·개산도급·금액을 정하지 않는 도급의 세 가지가 있다.

① 定額都給 : 일의 완성에 필요한 재료·노동력 그 밖의 비용의 예상산출액에 일정의 이윤을 더하여 산출한 확정된 총액을 보수로 하는 경우를 말한다. 정액도급의 경우에도 일의 처리과정에서 추가적인 일과 보수의 증액에 대하여 별도로 합의를 할 수 있음은 물론인데, 일을 완성하는 도중에 사정의 변화나 목적물이 멸실·훼손된 경우, 특히 불가항력적인 사유에 의한 경우에 보수의 증액을 청구할 수 있는지가 문제된다. 정액도급에서는 수급인이 비록 사정의 변화를 잘못 예상한 경우에도 원칙적으로 약정액 이상을 청구할 수 없다.

그러나 도급의 목적에 따라서는 일의 완성까지 상당히 긴 기간을 필요로 하는 경우가 있으며, 그 동안에 전혀 예상하지 못한 사정의 변경이 있는 때에는 당초의 약정액으로서는 일의 완성을 강제하는 것이 대단히 불공평한 경우가 있을 수 있다. 이러한 경우에 사정변경의 원칙을 적용하여 수급인에게 상당한 증액을 청구할 수 있는 권리를 인정하거나 또는 계약의 해제권을 인정할 것이냐의 문제가 있다. 스위스 채무법 제373조는 그러한 경우에 법관이 재량으로 보수액을 증액하거나 또는 계약의 해제를 인정할 수 있으며, 도급인은 실제의 액이 적은 경우에는 감액을 할 수 없다고 규정한다. 한편, 사정변경의 원칙을 적용하여 수급인에게 보수의 상당한 증액청구를 인정하거나 새로운 일을 완성할 의무를 면하게 하여야 한다는 견해가 있다(곽). 사정변경의 원칙이 우리 민법에는 적용이 없다는 사견에 의하면 사정의 변경에 의한 보수의 증액은 원칙적으로 부정된다(제1장 제1절 Ⅲ-3. 사정변경의 원칙 참조).

또한 일의 완성 전에 목적물이 멸실·훼손되어 일을 다시 하는 경우에 보수의 증액 여부가 특히 문제된다. 이에 관하여는 후술하는 목적물의 멸실·훼손에서 자세히 본다.

② 概算都給 : 보수액을 미리 확정하지 않고 개괄적으로 계산된 개산액만을 정하는 경우이다. 이에는 그 개산액이, ⓐ 계약의 취지에 따라서 최고액으로 정하여져 있는 때, ⓑ 최저액으로 정하여져 있는 때, ⓒ 특별한 제한이 없이 단순한 개산액으로 정하여져 있는 때 등이 있다. 개산도급에서는 실제로 지급된 비용이 개산액과 다를 때에는 그에 따라서 약정한 최고액 또는 최저액의 범위 내에서 정산하여 감액·증액을 하게 된다.

③ 金額을 定하지 않은 都給 : 금액을 별도로 정하지 아니한 때에는 거래관행에 따라 실제로 지급된 비용에 일정한 이윤을 더한 액을 보수로 한다. 이때에는 고용 또는 위임과의 한계가 문제되는데, 당사자의 목적이 일의 완성에 있는 때, 즉 일이 완성되지 않는 이상 비용의 상환도 노무의 보수도 청구할 수 없다는 취지인 때에는 도급이라고 하여야 한다.

2. 不要式契約

도급은 불요식계약이다. 그러나 건설산업기본법에서는 건설공사도급계약은 도급금액·공사기간 기타 시행령이 정하는 사항을 명시한 서면에 의한 계약을 하도록 하며(제22조), 건축법은 주무당국이 표준계약서를 작성하여 건축도급계약에서 이를 이용하도록 권장한다(제9조의 2). 이러한 것은 당사자간의 분쟁을 미연에 방지하려는 취지이고, 도급계약을 요식행위로 한 것은 아니다.

3. 當事者間의 特約

도급의 목적에 따라서는 일을 완성하기까지 상당히 장기간을 필요로 하여, 그 동안에 경제사정의 변동이나 자연적·사회적 재해가 생겨서 일의 완성이 순조롭지 않게 되는 경우가 적지 않다. 이에 당사자간에는 분쟁의 발생을 미리 방지하기 위하여 특약을 하는 경우가 많다. 당사자간에 특약을 할 수 있음은 물론이며, 그러한 특약은 제103조 및 제104조에 위반하지 않는 한 효력이 있음은 당연하다.

Ⅲ. 都給의 效力

도급의 효력은 도급인과 수급인의 권리와 의무인데, 일방의 권리는 상대방의 의무가 된다. 따라서 아래에서는 중복을 피하기 위하여 각자의 의무를 중심으로 보도록 한다.

1. 受給人의 義務

(1) 일을 完成할 義務

(가) 일의 着手 遲延

수급인은 적당한 시기에 일을 착수하여 계약에 정해진 내용의 일을 완성할 의무를 진다. 이것은 수급인의 기본적 의무이다. 수급인이 일에 착수해야 할 시기에 관하여 특약이 없는 때에는 도급인이 최고한 때부터 지체에 빠진다(제387조 2항). 따라서 수급인이 착수를 게을리 한 때에는 도급인은 원칙적으로 제544조·제545조에 의하여 계약을 해제할 수 있다. 그러나 원래 도급은 일의 완성을 그 목적으로 하므로 착수가 다소 지연되더라도, 약정기일까지 완성하는 것이 가능한 경우에는 신의칙상 해제권이 발생하지 않는다고 새겨야 한다.

도급대금은 당사자간에 약정이 없는 때에는 후급이지만, 대금의 일부를 도급인이 선급할 특약을 한 때에는 수급인은 그 제공이 있을 때까지는 착수를 거절할 수 있으며(제536조), 그 결과로 완성이 지연되더라도 수급인의 채무불이행책임은 발생하지 않는다.

(나) 都給人의 指示

수급인은 계약의 내용에 따라서 일을 하여야 한다. 그러나 도급인은 재료나 노력에 차이를 생기게 하지 않는 한, 특약이 없더라도 수급인에게 큰 부담을 주지 않는 범위에서 적당한 지시나 감독을 할 수 있다. 그리고 그 지시가 부적당한 것일 때에는 수급인은 부적당함을 도급인에게 고지하여야 하며(제669조), 도급인의 지시가 부적당함을 알고도 이를 고지하지 아니하고 따른 경우에는 그것에 기인한 일의 하자에 관하여는 수급인의 책임 있는 사유로 인한 것으로서 책임을 면하지 못한다.

(다) 勞務의 第3者 提供도 可能

일의 완성에 필요한 노무는 일의 성질이나 당사자 사이의 특약으로 수급인이 스스로 제공하여야 하는 경우가 아니면 제3자를 사용하는 것도 무방하다. 즉, 특단의 사정이 없는 한 수급인이 직접 일을 하여야 하는 것은 아니며, 이행보조자 또는 이행대행자를 사용하더라도 무방하다. 이로서 수급인은 원칙적으로 하도급을 이용할 수 있다. 다만 건설공사의 하도급에 관하여는 건설업법에 특칙이 있다(제22조 이하).

(라) 일의 完成과 目的物의 滅失·毁損 및 事情의 變更

수급인이 완성할 일은 단기간에 끝나는 경우도 있지만 많은 경우에 장기간을 요한다. 도급이 이와 같이 장기간을 요한다는 측면에서 통상의 채무와는 달리 일을 완성할 동안에 여러 가지 원인으로 목적물이 멸실·훼손될 가능성이 매우 높으며, 또한 사회적·경제적인 사정의 변화도 생길 수 있다. 이러한 경우에 도급의 특수성 내지 본질과 관련하여 그 해결이 문제된다. 이에 관하여는 별도로 후술한다.

(2) 目的物의 引渡義務-報酬와 同時履行의 關係

도급의 대상이 유체물인 때에는 일의 완성 후 목적물을 도급인에게 인도하여야 한다. 즉, 수급인은 도급의 종류에 따라서는 완성된 목적물의 인도의무가 있다. 수급인의 목적물 인도의무를 일의 완성의무의 하나로 볼 수도 있으나(곽), 이렇게 보면 수급인은 목적물을 인도하여야 일이 완성되어 목적물의 인도는 수급인의 보수청구권에 대하여 항상 선이행의무가 된다. 민법은 제665조에 목적물의 인도와 보수의 지급이 동시이행관계에 있음을 명기하고 있다. 이는 목적물인도의무가 일의 완성의무와는 별개의 의무임을 전제로 한 것이라 이해할 수 있다.

목적물의 인도는 보수의 지급과 동시에 하면 되므로 각 당사자는 동시이행의 항변권을 가지는데, 목적물이 도급인의 소유에 속하는 경우에는 수급인의 보수청구권은 목적물에 대하여 유치권이 성립한다.

(3) 完成物의 所有權 歸屬

도급계약에 기하여 수급인이 유형물을 완성한 경우에 그 완성물의 소유권은 누구에게 귀속하는가? 이것은 제작물 공급계약에서 문제가 된다.

제작물 공급계약은 일반적으로 수급인이 재료를 전부 또는 주로 제공하여 제작하기 때문에 완성물의 소유권은 원시적으로 수급인에게 속하게 됨은 당연하다. 그런데 완성물이 대체물로서, 도급인이 재료를 제공하여 수급인이 노무를 제공하여 완성한 경우와 부대체물 중에서 부동산인 경우에 수급인이 재료를 제공한 경우에 문제가 된다. 후자인 수급인이 재료를 제공하여 완성한 부동산이 문제가 되는 것은 우리 민법이 부동산에 관한 물권변동에 관하여 등기를 요하는 것과 관련되기 때문이다.

이러한 완성물의 소유권 귀속에 관하여 당사자의 약정이 있는 때에는 그 약정에 의함은 물론이다. 그러한 약정이 없는 경우가 보통이며, 그러한 경우에 소유권의 귀속과 재산권의 이전시기가 문제된다. 이하 누가 재료를 제공하느냐를 기준으로 구별하여 본다.

(가) 都給人이 材料를 提供하는 경우

완성물이 동산이든 부동산이든 재료의 전부를 도급인이 제공한 때에 그 소유권은 도급인에게 귀속하는 것이 원칙이다. 그런데 완성물이 동산인 경우는 다른 한편으로는 도급인의 동산에 도급인이 가공한 경우가 되어 가공에 관한 규정인 제259조와의 관계가 문제된다.

제259조는 타인의 동산에 가공한 때에는 그 물건의 소유권은 원재료의 소유자에게 속하나, 가공 후의 가액이 원재료의 가액보다 현저하게 높은 때에는 가공자의 소유에 속한다고 규정한다. 도급인이 재료를 제공하여 수급인이 완성한 물건의 가액이 원재료의 가액보다 현저하게 높은 경우에 제259조가 적용되어 수급인에게 소유권이 귀속하느냐가 문제된다.

완성된 목적물의 소유권은 그것이 동산이든 부동산이든 특약이 없는 한 당연히 원시적으로 도급인에게 귀속한다는 데 학설과 판례가 일치한다. 왜냐하면 제259조는 법률상 원인 없이 타인의 물건에 가공한 경우에만 적용하는 것이므로(통설), 수급인이 그 계약상의 의무이행으로 도급인을 위하여 가공한 경우에는 가공의 규정은 적용되지 않기 때문이다.

(나) 受給人이 材料를 提供하는 경우

수급인이 전적으로 또는 주로 자기의 재료를 사용하여 만든 물건을 도급인에게 공급하는 계약인 통상적인 제작물 공급계약에 관하여는 전술한 바와 같이 목적물이 대체물인 때에는 주문 제작이라는 형식을 취하더라도 그것은 매매에 지나지 않고, 다만 목적물이 부대체물인 때에는 매매와 도급의 혼합계약으로 소유권이전에 관하여는 매매에 관한 규정이 적용된다고 하였다. 따라서 부대체물인 제작물의 소유권이 누구에게 귀속된다고 보아야 할 것인지가 문제된다.

① 動産인 경우

완성물이 동산인 때에는 수급인이 재료와 노무를 제공한 것이므로 완성물의 소유권은 원시적으로 수급인에게 귀속한다는 것에 이설이 없다.

② 不動産인 경우

다수설과 판례는 부동산의 경우에도 동산과 동일하게 수급인이 재료의 전부 또는 주요부분을 공급하는 경우에는 원칙적으로 완성물(건물)은 완성과 동시에 일단 수급인에게 원시적으로 귀속하고, 도급인에게 부동산을 인도함으로써 비로소 소유권이 도급인에게 이전한다고 본다. 그 근거는 수급인이 자기의 재료와 노무로 완성한 물건의 소유권을 취득하는 것은 부합·가공의 원칙으로 보아 당연하고 또한 도급인이 법률상 당연히 그 소유권을 취득할 이유가 없다는 것이다. 한편, 소수설(곽)은 다수설과 판례가 수급인으로부터 도급인에게 인도에 의하여 완성된 부동산의 소유권이 이전된다고 하는 것은 민법의 부동산 물권변동에 관한 원칙을 무시하는 견해로서, 취할 수 없다고 하며, 당사자의 의사 및 거래의 실정에 의하여 완성한 건물의 소유권은 수급인이 재료를 공급한 경우에도 도급인에게 원시적으로 귀속한다고 해석한다.

생각건대, 우리 민법 아래에서 부동산에 관하여는 단순히 인도로써 소유권이 이전될 수 없음은 당연한 것이며, 또한 건물의 공사도급에서 어떠한 경우이든 거래의 실제에서는 완성된 건물의 보존등기가 바로 도급인 앞으로 행하여짐에도 불구하고(실제로 수급인이 보존등기를 할 수 없다), 다수설과 판례가 수급인에게 소유권이 원시취득되고 인도로써 도급인에게 소유권이 이전된다고 새기는 이유는 수급인의 보수청구권의 확보라는 점을 염두에 둔 법리구성이다. 즉, 수급인에게 완성물의 소유권을 귀속시켜야 수급인이 제공한 재료비 및 보수의 청구를 확실하게 보장할 수 있기 때문이다. 그러나 도급인에게 소유권이 귀속되어 소유권에 기한 완성물의 인도를 청구하더라도 수급인의 보수청구권과 동시이행의 관계에 있고, 또한 당해 부동산에 대하여 유치권이 성립되기 때문에 이로서 수급인은 충분히 보호된다. 그리고 수급인이 재료의 전부를 제공하여 완성하고 완성한 후에 재료비 및 보수의 전액을 지급한다는 그러한 도급은 실제로는 거의 없고, 수급인이 재료를 제공하는 경우에도 일의 완성도에 따라서 완전히 비례하지는 않으나 도급인이 상당한 정도로 재료비와 보수가 지불되기 때문에 완성물은 도급인에게 원시적으로 소유권이 귀속된다고 새기더라도 부당하지는 않게 된다.

판례 ① 材料를 受給人이 提供한 完成된 不動産의 所有權 歸屬 : 일반적으로 자기의 노력과 재료를 들여 건물을 건축한 사람은 그 건물의 소유권을 원시취득하는 것이고, 다만 도급계약에 있어서는 수급인이 자기의 노력과 재료를 들여 건물을 완성하더라도 도급인과 수급인 사이에 도급인 명의로 건축허가를 받아 소유권보존등기를 하기로 하는 등 완성된 건물의 소유권을 도급인에게 귀속시키기로 합의한 것으로 보여질 경우에는 그 건물의 소유권은 도급인에게 원시적으로 귀속된다(대판 1997.5.30. 97다8601).

② 他人 垈地 買受 後 本人 材料로 新築하면서 建築許可名義를 垈地所有者로 하는 경우 : 건축허가서는 허가된 건물에 관한 실체적 권리의 득실변경의 공시방법이 아니며 추정력도 없으므로, 건축허가서에 건축주로 기재된 자가 건물의 소유권을 취득하는 것은 아니므로, 자기 비용과 노력으로 건물을 신축한 자는 건축허가 타인의 명의로 된 여부와는 관계없이 그 소유권을 원시취득한다(대판 20013.123. 2000다48517).

③ 未完成建物을 完成시킨 경우 : 건축공사가 중단된 건물을 인도받아 나머지 공사를 자기의 비용과 재료로 완성시킨 경우에는, 공사가 중단된 시점에서 사회통념상 독립한 건물이라고 볼 수 있는 형태와 구조를 갖추고 있었다면 원래의 건축주가 완성건물의 소유권을 원시취득한다(대판 1998.0.22. 98다26194).

(4) 完成物에 대한 受給人의 留置權

완성물의 소유권이 도급인에게 원시취득되는 경우에 수급인은 자기의 보수지급채권의 담보로 당해 목적물에 대하여 유치권을 행사할 수 있다. 예컨대, 부동산의 수급인은 도급의 완성물이 동산이면 물론이고, 부동산의 경우에 도급인에게 소유권이 원시취득되는 경우에 보수지급채권을 피담보채권으로 하여 당해 동·부동산을 유치할 수 있다.

(5) 目的物의 滅失·毁損 – 危險負擔

도급은 일을 완성하여 완성물을 도급인에게 인도하여야 한다. 따라서 일이 완성되기 전에 목적물이 멸실·훼손되거나 또는 일이 완성되었으나 인도전에 멸실·훼손된 경우에는 채무가 이행되지 않았으므로 수급인은 일이 완성되도록 다시 시작하여야 하고, 완성할 날이 지연된 때에는 지연배상을 하여야 하며, 다시 일을 할 수 없는 경우에는 이행불능에 의해 계약은 해제되고 손해를 배상하여야 할 것이다. 그러나 이러한 일반적 원칙에 의한 해결은 공사도급과 같이 일의 완성에 오랜 기간을 소요하는 그러한 도급에서는 합리적이지 못할 수도 있다. 그런데 이러한 경우에 실제 문제의 핵심은 수급인의 일의 완성의무가 소멸되느냐 여부보다도 추가로 소요될 재료비 및 증액될 보수 등을 누가 부담하느냐이다. 특히 이것이 문제가 되는 경우는 정액도급의 경우인데, 개산도급이나 보수를 정하지 아니한 도급에도 멸실·훼손된 부분에 해당하는 재료 및 보수를 누구의 부담으로 계산할 것이냐 하는 문제는 역시 발생하므로 동일한 결과가 된다. 멸실·훼손으로 다시 일을 하는 것이 불가능한 경우와 가능한 경우로 나누어 검토한다.

(가) 다시 完成하는 것이 不可能한 경우

도급의 대상물 자체가 멸실되어 대상물이 없어진 경우(수리를 맡겨 놓은 자동차가 도난당해 폐기된 경우)는 대상물의 절대적 소멸로 다시 일을 하는 것이 불가능하다. 토목 및 건축공사와 같은 공사도급에서는 수급인의 파산 등과 같은 일신상의 사정 이외에는 일을 다시 시작하는 것이 물리적으로 불가능한 경우란 없다. 그러나 오랜 기간 공사를 하여 건물 또는 교량이 80% 내지 90%로 거의 완성되었으나 멸실된 경우에는 당해 수급인이 다시 처음부터 일을 하는 것은 사회통념상 불가능한 것으로 보아야 할 것이다. 수급인이 다시 일을 하는 것이 가능한가 여부는 목적물의 내용, 일의 완성 정도, 멸실·훼손의 원인 및 정도, 재공사의 예상 소요기간, 수급인의 사정 등을 종합적으로 고려하여 판단되어야 한다.

다시 일을 하는 것이 불가능한 경우에 수급인의 일의 완성의무가 소멸되는 것은 물론인데, 멸실·훼손된 부분에 해당하는 보수를 누가 부담할 것인지가 문제된다. 보수청구권은 멸실·훼손이 누구의 귀책사유에 의한 것이냐에 따라 다르다.

수급인의 귀책사유로 인한 때에는 보수청구권이 소멸함은 물론이다. 도급인이 제공한 재료의 성질 또는 도급인의 지시에 의하여 일을 하였더라도 그로 인한 하자가 원인이 되어 멸실·훼손된 경우에도 부적당한 재료나 지시임을 인지하였으나 도급인의 강요에 의하여 따른 경우 이외에는 전문가로서 수급인의 귀책사유로 보아야 한다(제669조 참조).

도급인의 귀책사유로 멸실·훼손된 때에는 보수청구권은 있으나, 제538조 제2항이 적용되어 소멸된 완성의무에 비례한 부분은 공제되어야 한다.

천재지변과 같은 쌍방의 귀책사유가 없는 사유로 멸실·훼손된 때에는 나머지 일에 대한 의무는 소멸하는데, 이미 수급인이 제공한 재료비 및 보수를 청구할 수 있는지가 문제된다. 도급은 수급인이 일의 완성의무를 지며, 보수는 일의 완성에 대한 대가로서, 완성이 되지 않은 상태는 도급인에게는 아무런 의미가 없기 때문에 보수는 물론이고 재료비도 수급인은 청구할 수 없다.

그런데 불가항력적인 사유에 의한 멸실·훼손된 목적물에 도급인이 이미 지급한 보수는 어떻게 되는지가 문제된다. 재료비와 순수한 보수를 구분하고, 또한 멸실된 목적물의 완성도에 따라 달리 보아야 한다. 멸실된 목적물의 완성도를 초과하여 미리 지급한 재료비와 보수는 수급인의 소멸된 완성의무에 대한 대가이므로 반환을 청구할 수 있음은 당연하다. 멸실된 목적물에 해당하는 재료비는 도급인의 소유에 속한 것으로 소유자위험부담의 원칙에 따라 수급인으로부터 그 반환을 청구할 수 없다고 보아야 하며, 순수한 보수는 일의 완성에 대한 전체적인 보수의 일부로 지급된 것으로 일의 완성이 불능하게 되어 보수청구권이 소멸된 것이기 때문에 그 반환을 청구할 수 있다고 보아야 한다.

(나) 다시 完成하는 것이 可能한 경우

중간에 멸실·훼손되었으나 다시 시작하여 완성하는 것이 가능한 경우, 예컨대 공사도급에서 기초공사를 하다가 무너졌으나 공사를 다시 시작할 수 있는 경우이다. 이 경우에는 수급인의 일의 완성의무는 소멸하지 아니하고 그대로 존속하는데, 그에 따라 추가로 소요되는 재료비 및 보수의 증액을 청구할 수 있느냐가 문제된다. 멸실·훼손에 대한 귀책사유가 누구에게 있느냐에 따라 다르다.

수급인에게 귀책사유가 있는 경우에는 별도로 증액을 청구할 수 없다. 도급인에게 귀책사유가 있는 경우 및 부적당한 지시에 대하여 고지를 하였으나 그러한 지시를 따르도록 하여 목적물이 멸실·훼손된 경우에는 보수의 증액청구권이 있음은 당연한데, 별도로 도급인의 도급계약상의 협력의무 불이행에 의한 손해배상을 청구할 수 있는지가 문제된다. 도급인은 신의칙상의 협력의무가 있기 때문에 수급인은 보수의 증액청구와 협력의무 불이행에 의한 손해배상청구권을 선택적으로 청구할 수 있다고 보아야 한다.

문제는 쌍방에게 귀책사유가 없는 경우이다. 이를 단순히 위험부담의 문제로 보아서 보수의 증액을 청구할 수 없다고 할 것인지가 문제된다. 이에는 두 가지 상반된 견해가 있을 수 있다. 하나는, 도급에서의 수급인은 전문가라는 점에서 공사도급계약과 같이 재축조의 문제가 되는 그러한 경우에 공사기간이 장기간에 걸쳐 있어 천재지변 또는 사정의 급격한 변경과 같은 예측할 수 없는 사정을 본질적으로 내포하고 있고, 보수의 결정에 이미 그러한 것이 고려되어 있기 때문에 위험부담의 일반원칙이 적용되더라도 문제가 없다고 볼 수 있다. 이에 대하여, 위험을 예측하더라도 예측에는 한계가 있기 때문에 위험부담의 일반원칙을 적용하는 것은 너무 가혹하므로 신의칙 또는 사정변경의 원칙을 적용하여 증액을 청구할 수 있어야 한다는 견해가 있다(곽,이태). 민법이 스위스 채무법 제373조 제2항과 같은 별도의 규정을 두지 않고 또한 사정변경의 원칙을 민법의 일반원칙으로 인정하지 않는 필자의 견해에 의하면, 위험부담의 일반원칙이 그대로 적용되고 증액은 청구할 수 없다고 본다(사정변경의 원칙에 관하여는 이 책 제1장 제1절 Ⅲ. 계약법에 관한 제원칙에서 사정변경의 원칙 참조).

(6) 受給人의 擔保責任

수급인은 계약의 내용에 좇아 일을 완성하여야 하며, 그 일의 결과에 하자가 있으면 그에 대한 담보책임을 진다. 하자란 완성물이 통상적으로 가지는 품질·성능, 또는 도급계약에서 특별히 도급인이 요구한 성능·품질에 미치지 못한 것을 말한다. 이러한 하자는 유형의 도급에서 뿐만 아니라 무형의 도급에서도 마찬가지이다.

도급계약은 유상계약이므로 제567조에 의하여 매도인의 담보책임에 관한 규정이 준용되어야 할 것이다. 그런데 도급에서의 수급인의 담보책임에 관하여는 도급의 특수성에 의하여 매도인의 담보책임과는 별도로 제667조 내지 제672조에서 특별히 규정하고 있다. 그 책임은 하자보수, 손해배상, 계약해제의 세 가지이다. 이는 도급에서 수급인의 담보책임에 관하여는 매매의 하자담보책임에 관한 규정은 적용이 없고, 도급에서 규정하는 담보책임만 지게 된다는 것이다.

(가) 受給人의 擔保責任의 性質

언급한 바와 같이 수급인의 담보책임을 별도로 규정한 이유는 어디에 있는가? 수급인의 담보책임은 여타의 유상계약에서의 담보책임과는 두 가지 점에서 특수하다. 하나는, 수급인의 담보책임은 재료의 하자로 발생할 수 있을 뿐만 아니라, 일의 완성과정의 수급인의 과실에 의하여 하자가 생길 수도 있기 때문에 물건의 하자에 대한 책임인 매도인의 담보책임과는 같을 수 없다. 한편, 그 책임의 본질은 수급인이 계약내용에 좇은 급부의무를 다하지 못한 데 대한 책임 즉, 불완전이행책임이지만 여타의 채무에서와 같이 과실이 채무자의 행위인 채무 자체에 연관된 불완전이행과는 달리 과실이 수급인의 행위 자체에 기인한 것도 있으나 재료 자체의 하자에 기인하여 수급인의 작업으로 나타난 것도 있다는 점에서 그 특수성이 있다. 이러한 측면에서 수급인의 담보책임은 같은 유상계약으로서 매도인의 담보책임에 대한 특칙이며, 또한 수급인의 채무자로서의 불완전이행책임을 내용으로 하는 채무불이행책임의 특칙이다.

(나) 責任의 發生要件

① 受給人의 無過失責任

여타의 유상계약의 담보책임과 동일하게 수급인의 하자담보책임도 귀책사유를 요하지 않는 무과실책임이다. 따라서 민법 제 396조의 과실상계 규정이 준용될 수는 없다. 판례는 과실상계는 적용되지 아니하나, 수급인의 담보책임이 민법의 지도이념인 공평의 원칙에 입각한 것인 이상 하사 발생 및 그 확내에 기여한 도급인의 질못을 참작하여 손해배상을 정함이 상당하다고 한다(대판 1999.7.13. 99다12888). 판례에 동의한다.

② 完成物의 瑕疵

완성된 목적물에 하자가 있는 때에 비로소 담보책임을 물을 수 있다. 그러나 목적물이 전부 완성되지 않았더라도 부분적으로 성취된 경우에는 그 부분에 하자가 있는 때에도 책임이 발생한다(제667조 1항). 이때에도 하자 있는 부분만은 작업이 완료된 상태이어야 하며, 아직 작업 중인 부분에 대하여는 작업지시는 할 수 있으나 담보책임을 추궁하지는 못한다. 수급인 스스로 일을 진행하는 과정에서 하자를 보완·치유할 수 있기 때문이다.

하자가 존재하는가 여부의 판단은 목적물이 가지는 통상의 품질·성능, 또는 당해 계약에서 특별히 합의된 목적물의 품질·성능이 그 기준이 된다. 그런데 기술상의 한계에서 나온 결함을 하자로 할 수 있는지가 문제된다. 하자란 현재의 판단능력을 기준으로 하며, 또한 그 원인을 제거하거나 치유할 수 있는 것을 의미하기 때문에 누구도 극복할 수 없는 결함을 여기서의 하자로 다루어 수급인에게 그 책임을 추궁할 수는 없다.

③ 瑕疵가 都給人이 提供한 材料의 性質·都給人의 指示에 기인한 것이 아닐 것

목적물의 하자가 도급인이 제공한 재료의 성질 또는 도급인의 지시에 기인한 때에는 수급인의 담보책임은 발생하지 않는다(제669조 본문). 이때 그 하자가 도급인의 재료나 지시에 기인한 것이라는 입증책임은 수급인에게 있다.

그런데 도급인의 지시에 의하여 하자가 생기는 경우는 다음의 세 가지 유형으로 구분할 수 있다. 즉, ⓐ 재료와 지시가 부적당한지 모르고 그대로 따라 하자가 발생한 경우, ⓑ 지시가 부적당함을 알고도 그대로 따라 하자가 발생한 경우, ⓒ 부적당한 지시에 대하여 부적당하다는 것을 알렸음에도 지시대로 할 것을 강요하여 그에 따라 하자가 발생한 경우 등이다.

이들을 분석하여 볼 때, ⓒ의 경우에는 수급인에게 그 책임을 추궁할 수 없는 것은 당연한데 제669조 단서가 이를 규정하고 있다. ⓑ의 경우는 수급인에게 담보책임이 있으나 수급인이 악의인지 여부가 문제가 될 것이며, ⓐ의 경우는 수급인이 부적당한 재료나 부적당한 지시인지 판단을 하지 않았거나 또는 판단능력이 없는 경우이다. 그런데 수급인은 전문가로서 현재의 유사한 일을 하는 통상적인 수급인의 기능 및 판단력으로 도급인이 제공한 재료나 지시가 부적당한지 여부를 판단할 수 없는 그러한 경우를 제외하고는, 비록 도급인이 제공한 재료 및 지시에 따라 일을 하여 하자가 발생한 경우에도 수급인에게 책임이 있다고 보아야 한다. 따라서 위 ⓐ와 ⓑ의 경우에도 수급인에게 담보책임이 있다. 요컨대, 도급인의 지시에 의한 경우에 그 지시를 거부하였음에도 도급인의 강요에 의하여 따라 함으로써 발생한 하자 이외에는 수급인에게 담보책임이 있다고 새겨야 한다.

④ 免責特約이 없을 것

수급인이 하자담보책임을 지지 않는다는 특약을 한 경우에도 수급인이 알고 있으면서 도급인에게 고지하지 아니한 사실에 대하여는 그 면책특약은 무효이다(제672

조). 그 밖의 면책특약의 효력은 약관규제에관한법률에 위반하지 않는 한 유효하다(면책특약의 자세한 것은 후술).

(다) 責任의 發生時期

수급인의 담보책임은 목적물을 도급인에게 인도하여야 하는 도급의 경우는 그 인도한 때부터 발생하며(제670조 1항), 인도를 필요로 하지 않는 도급의 경우에는 일이 종료한 날이라고 규정한다(제670조 2항). 그런데 여기서 일이 종료한 날이란 수급인이 실제로 일을 종료한 날이 아니라, 수급인이 일을 완성하여 완성 여부의 검사를 요청하여, 도급인이 일이 완성된 것인지 여부를 검사하여 승인하는 때라고 해석하여야 한다. 즉, 담보책임은 목적물을 인도한 때 또는 일의 완성을 승인한 때부터 발생한다. 그리고 수급인이 일의 전부를 완성하기 전이라도 부분적으로 완성된 부분에 하자가 있으면 그에 대한 담보책임을 물을 수 있다(제667조 2항).

(라) 擔保責任의 內容

① 瑕疵補修請求權

완성된 목적물 또는 완성 전의 성취된 부분에 하자가 있는 때에는 도급인은 수급인에게 상당한 기간을 정하여 하자의 보수를 청구할 수 있다(제667조 1항 본문). 그러나 하자가 중요하지 아니한 경우에 그 보수에 과다한 비용을 요할 때에는 하자의 보수를 청구하지 못하고 그에 갈음한 손해배상을 청구할 수 있다(제667조 1항 단서 및 2항).

하자를 보수하여야 할 경우에 하자의 보수를 완료하기 전까지는 수급인에게 보수의 지급을 거절할 수 있다(제667조 3항, 제536조). 동시이행의 항변권에 의하여 지급거절할 수 있는 보수는 원칙적으로 하자 및 손해에 상응하는 금액의 보수에 한정된다. 그러나 중대한 하자로 인하여 보수되지 않는다면 계약목적의 달성까지 위협하게 되는 경우에는 도급인이 계약을 해제할 수도 있으므로(제668조), 그 경우에는 보수의 전액에 대하여 지급을 거절할 수 있다.

도급인이 목적물 인도시 또는 목적물 완성승인시에 하자가 있음을 알고도 유보 없이 인도를 받거나 승인을 한 때에는 도급인을 보호할 필요가 없으므로 하자보수청구권은 생기지 않는다고 해석된다. 인도시 또는 승인시에 하자를 빌견하지 못한 경우에는 그 이후에도 보수청구권이 있음은 물론이다.

판례 重要하지 않은 瑕疵와 補修에 過多費用이 要하는 경우 : 도급계약에 있어서 완성된 목적물에 하자가 있을 경우에 도급인은 수급인에게 그 하자의 보수나 하자의 보수에 갈음한 손해배상을 청구할 수 있으나, 다만 하자가 중요하지 아니하면서 동시에 보수에 과다한 비용을 요할 때에는 하자의 보수나 하자의 보수에 갈음하는 손해배상을 청구할 수는 없고 하자로 인하여 입은 손해의 배상만을 청구할 수 있다고 할 것이고, 이러한 경우 하자로 인하여 입은 통상의 손해는 특별한 사정이 없는 한 도급인이 하자 없이 시공하였을 경우의 목적물의 교환가치와 하자가 있는 현재의 상태대로의 교환가치와의 차액이 된다 할 것이므로, 교환가치의 차액을 산출하기가 현실적으로 불가능한 경우의 통상의 손해는 하자 없이 시공하였을 경우의 시공비용과 하자 있는 상태대로의 시공비용의 차액이라고 봄이 상당하다(대판 1998.3.13. 97다54376).

② 瑕疵補修保證金의 性質

공사도급에 있어서 하자담보책임기간 중 도급인으로부터 하자보수 요구를 받고 이를 이행하지 아니하는 경우에는 그 보증금은 도급인에게 귀속한다는 특약은 어떠한 성질을 가지는가? 이는 일반적으로 민법 제398조의 손해배상액의 예정이라고 보아야 할 것이다. 판례는 이를 원칙적으로 손해배상액의 예정이라고 보면서도, 도급인은 수급인의 하자보수의무 불이행의 경우에 하자보수보증금은 도급인에게 귀속하고, 그 외에 별도로 그 실손해액을 입증하여 수급인으로부터 그 초과액 상당의 손해배상을 받을 수도 있는 특수한 손해배상액의 예정이라고 한다.

판례 瑕疵補修保證金의 性質 : 공사도급계약서 또는 그 계약내용에 편입된 약관에 수급인이 하자담보책임 기간 중 도급인으로부터 하자보수요구를 받고 이에 불응할 경우 하자보수보증금은 도급인에게 귀속한다는 조항이 있을 때 이 하자보수보증금은 특별한 사정이 없는 한 손해배상액의 예정이라고 볼 것이고, 다만 하자보수보증금의 특성상 실손해가 하자보수보증금을 초과하는 경우에는 그 초과액의 손해배상을 구할 수 있다는 명시 규정이 없다고 하더라도 도급인이 수급인의 하자보수의무 불이행을 이유로 하자보수보증금의 몰취 외에 그 실손해액을 입증하여 수급인으로부터 그 초과액 상당의 손해배상을 받을 수도 있는 특수한 손해배상액의 예정으로 봄이 상당하다(대판 2002.7.12. 2000다17810).

③ 損害賠償請求權

도급인은 하자의 보수를 청구하지 않고 그에 갈음하여 손해배상을 청구할 수 있으며, 또한 하자의 보수를 청구하고 보수를 하여도 전보하지 못한 손해가 있으면 손해의 배상을 청구할 수 있다(제667조 2항).

손해배상의 범위에 관하여는 수급인의 담보책임이 무과실책임이란 점에서 원칙적으로 신뢰이익의 배상이나 수급인에게 과실이 있는 때에는 이행이익의 배상이어야 한다는 견해가 있다(곽, 김주). 그러나 도급에서의 수급인의 일의 완성의무는 완전한 일의 완성을 의미하므로 수급인의 귀책사유 존부를 불문하고 이행이익까지 배상되어야 한다(김증, 이태, 황).

배상액의 산정에 있어서 도급인의 과실도 참작되는지가 문제된다. 전술한 것과 같이 판례는 수급인의 담보책임은 무과실책임으로 과실상계의 규정(제396조)이 준용되지는 아니하나, 도급인이 하자발생 또는 확대에 기여한 과실이 있을 때에는 민법의 지도이념인 공평의 원칙에 의하여 이를 참작하여야 한다고 보았다. 구체적 타당성을 기한 것으로 합리적인 결론이다. 판례에 동의한다. 손해액의 산정시기는 보수청구시가 그 기준이 된다.

도급인의 이러한 손해배상청구권은 그에 상응하는 수급인의 보수청구권과 동시이행의 관계에 있다(제667조 2항). 이때 손해배상액이 확정되었으면 도급인은 미지급의 보수와 상계할 수 있음은 물론이다. 즉, 보수에서 손해배상액을 공제하고 잔여액만을 지급할 수 있다.

판례 損害賠償額 算定의 參酌 事項 : 수급인의 하자담보책임에는 과실상계의 규정이 준용될 수 없다고 하더라도 그 담보책임은 공평의 원칙에 입각한 것이므로 원심이 손해액을 산정함에 있어 그 하자의 확대에 기여한 도급인의 잘못을 참작하였음은 정당하다(대판 1980.11.11. 80다923).

④ 解除權

㉮ 建物 其他 土地의 工作物의 都給이 아닌 경우 : 도급인은 완성된 목적물의 하자로 인하여 계약의 목적을 달성할 수 없는 때에는 계약을 해제할 수 있다(제668조). 계약의 목적을 달성할 수 없는 경우란, 하자가 중대하여 보수가 불가능한 경우, 하자보수를 청구하였으나 보수를 하지 않으므로 계약의 목적을 달성할 수 없는 경우, 하자보수가 가능하나 보수를 하는 데 장기간을 요하여 본래의 도급인의 목적을 달성할 수 없는 경우를 말한다. 이러한 경우에 목적물의 용도, 하자의 내용, 하자보수의 내용 및 보수에 소요되는 기간 등을 종합적으로 고려하여 판단하여야 할 것이다.

하자보수가 가능한 경우에는 상당한 기간을 정하여 최고한 후 그 기간 내에 보수를 시작하지 않은 때에 계약을 해제할 수 있으나 그 밖에는 즉시 해제할 수 있다. 그런데, 수급인의 일이 무형의 서비스로서 도급인이 이미 수령한 경우에는 해제는 가능하지 않다고 보아야 한다.

도급인이 계약을 해제한 경우에는 보수지급의무를 면하며, 이미 지불한 보수는 그 반환을 청구할 수 있다. 해제를 하고도 손해가 있으면 제551조에 의하여 손해배상을 청구할 수 있다. 이때의 손해배상청구는 제551조에 의한 해제로 제670조에 의한 1년의 제척기간에 걸리지 아니한다.

해제한 때의 원상회복의무가 문제된다. 도급인이 수급인이 재료를 제공하여 완성한 물건을 수령한 때에는 이를 반환하여야 한다. 그런데, 도급인이 제공한 재료에 수급인이 가공한 경우에는 원상회복이란 수급인이 재료를 원래의 상태대로 복귀시키는 것인데, 복귀는 도급인이 할 수 있는 것이 아니라 수급인이 하여야 하는데, 해제로 수급인은 보수도 받지 못할 뿐만 아니라 이미 행한 일을 다시 원상으로 돌릴 의무까지 있다고 보기는 어렵다.

판례 解除로 因한 原狀回復義務 : 하자로 인하여 계약의 목적을 달성할 수 없어 제작물공급계약이 해제되고 그 결과 원상회복의무가 있다고 인정되는 경우, 그 회복에 목적물의 시가보다 많은 비용이 소요된다고 해서 그 이유만으로 구체적인 원상회복의무가 없다고 할 수도 없고, 또한 채무의 이행으로 물건이 인도된 경우 원상회복의 범위는 그 수령한 원물을 반환하는 것이 원칙이나 수령한 물건이 멸실 등으로 반환할 수 없게 되었을 때에는 예외적으로 그 가격을 반환하여야 한다(대판 1990.3.9. 88다카31866).

㉯ **建物 기타 土地의 工作物 都給의 경우** : 건물 기타 토지의 공작물, 이른바 공사도급계약의 경우에는 공사완료 후에는 계약을 해제할 수 없다(제668조 단서). 공사도급계약에서 일을 완성한 후에 계약을 해제할 수 없게 한 것은, 건물·교량·도로와 같은 토지 공작물의 도급은 그 완성기간이 장기간을 요하고 또한 많은 비용이 소요되어 해제를 인정한다면 수급인에게 너무 가혹하기 때문이다. 따라서 계약을 해제하지는 못하고 하자보수 또는 손해배상을 청구할 수 있을 뿐이다.

그러나 해제하지 못하는 것은 일을 완성한 후이며, 일을 완성하기 전에 수급인의 채무불이행이 있는 경우에는 일반적인 채무불이행에 기하여 계약을 해제할 수 있다. 예컨대, 공사의 지연이 장기간에 걸쳐 기한 내에 공사완료가 불가능하거나, 중간에 부실한 공사가 계속되거나 하는 경우에는 계약을 해제할 수 있다. 계약을 해제한 경우의 보수는 이미 이행이 완료된 부분의 전체 일의 비율에 따라 산정된 금액에 수급인의 채무불이행에 의한 도급인의 손해를 공제하여 결정하여야 한다(완성전의 해제에 관하여는 후술).

판례 工事都給契約의 中途 解止 : 건축공사도급계약에 있어서 공사가 완성되지 못한 상태에서 당사자 중 일방이 상대방의 채무불이행을 이유로 계약을 해제한 경우에 공사가 상당한 정도로 진척되어 그 원상회복이 중대한 사회적, 경제적 손실을 초래하게 되고 완성된 부분이 도급인에게 이익이 되는 때에는 도급계약은 미완성부분에 대해서만 실효되고 수급인은 해제된 상태 그대로 그 건물을 도급인에게 인도하고 도급인은 인도받은 건물에 대한 보수를 지급하여야 할 의무가 있고, 이와 같은 경우 도급인이 지급하여야 할 미완성건물에 대한 보수는 특별한 사정이 없는 한 당사자 사이에 약정한 총공사비를 기준으로 하여 그 금액에서 수급인이 공사를 중단할 당시의 공사 기성고비율에 의한 금액이 된다(대판 1993.11.23. 93다25080).

(마) 擔保責任의 存續期間

① 除斥期間

이상의 담보책임으로서의 도급인의 하자의 보수청구권, 손해배상청구권, 계약해제권은 목적물의 인도 또는 완성의 승인 때부터 1년의 제척기간에 걸린다(제670조 1항). 그러나, 토지·건물 등에 대하여는 특칙이 있다. 즉, 토지·건물 기타 공작물의 수급인의 담보책임은 원칙적으로 5년이나, 공작물의 종류에 따라 석조, 석회조, 연와조, 금속 기타 이와 유사한 재료로 조성된 것인 때에는 10년의 제척기간에 걸린다(제671조).

요컨대, 1년의 제척기간에 걸리는 목적물은 동산의 공작물을 말하며, 부동산에 관련된 공작물은 그 종류에 따라 5년 또는 10년의 제척기간에 걸린다.

그리고, 제670조 및 제671조에 의한 제척기간은 보수에 갈음한 손해배상청구권에 해당되고, 보수를 하고도 남아 있는 손해배상 또는 해제를 하고도 남아 있는 손해배상의 청구는 일반적인 손해배상에 해당하여 제670조, 제671조가 적용되지 아니한다(10년의 제척기간에 걸린다).

② 擔保責任 免責 또는 期間短縮 特約

당사자간의 담보책임 면책의 특약은 유효하나, 수급인이 하자를 알고 도급인에게 고지하지 아니한 사실에 대하여는 특약에도 불구하고 담보책임이 발생한다(제672조). 기간을 단축한 경우에는 어떻게 되는가? 면책특약과 동일하게 보아 기간단축의 특약이 있는 경우에도 수급인이 하자를 알고 고지하지 아니한 사실에 대하여는 기간단축의 특약은 효력이 없고, 법정기간에 따른 책임이 생긴다고 보아야 한다. 판례도 같다(대판 1999.9.21. 98다19032).

2. 都給人의 義務

(1) 報酬支給義務

(가) 目的物 引渡義務와 報酬支給의 同時履行關係

도급인은 수급인에 대하여 보수를 지급할 의무가 있다. 도급인의 보수지급의무는 수급인의 일의 완성의무와 대가적인 관계에 있다.

보수의 액에 관하여는 기술한 바와 같이 정액, 개산 또는 일을 완성한 후에 별도로 정하는 방법이 있다. 보수의 지급시기에 관하여는 당사자간에 약정한 시기에 지급하여야 하며, 그 약정이 없으면 관습에 의하고, 관습이 없으면 목적물의 인도와 동시에 지급하여야 한다(제665조 1항 본문 및 2항). 그러나 목적물의 인도를 필요로 하지 않는 경우에는, 그 일을 완성한 후 지체 없이 지급하여야 한다(제665조 1항 단서).

선급의 특약이 있으면 선급이 있을 때까지 수급인은 일에 착수하는 것을 거절할 수 있고, 분할급의 특약이 있는 때에는 앞부분에 대한 지급이 있을 때에는 뒷부분의 일의 계속을 거절할 수 있다.

(나) 報酬請求權의 移轉性

수급인의 보수청구권은 후급으로 된 경우 및 보수를 정하지 않은 경우에도 계약과 동시에 성립한다. 따라서 수급인의 채권자는 일의 완성 이전에도 수급인의 보수에 대하여 압류할 수 있다. 또한 일이 종료되지 아니하여 보수가 구체적으로 확정되지 않은 경우에도 전부명령轉付命令의 대상이 되나, 보수액이 구체적으로 확정되는 때에 전부의 효력도 확정된다는 것이 판례의 입장이다.

(다) 受給人의 報酬 確保

① 目的物引渡義務와 同時履行의 關係 및 留置權 取得

수급인의 보수청구권은 수급인의 일의 완성의무에 대한 대가적인 의의가 있는 것으로 아주 중요한 의미가 있어, 이를 제도적으로 확보하고 보장하여야 한다. 그러한 의미에서 기술한 바와 같이 수급인의 목적물 인도의무와 도급인의 보수지급의무를 동시이행의 관계에 있게 하여, 수급인은 도급인이 보수를 지급하지 아니하는 경우에는 목적물의 인도를 거절할 수 있게 하고 있다.

또한 목적물의 소유권이 도급인에게 있는 경우에는 보수채권에 대하여 수급인은 목적물에 대한 유치권을 취득한다(제320조).

그러나 이러한 동시이행의 항변권이나 유치권의 성립은 목적물이 부동산인 때에는 그 실효성이 없으며, 또한 보수를 지급하지 않아 수급인이 목적물을 점유함으로써 완성된 목적물을 도급인이 이용할 수 없다는 것은 사회·경제적으로도 손실이 크다. 이러한 점에서 수급인의 보수를 확보하면서 도급인에게는 목적물을 이용하게 하기 위하여 민법은 제666조에서 수급인의 목적물에 대한 저당권설정청구권을 인정하고 있다.

② 不動産工事 受給人의 抵當權設定請求權

부동산공사의 수급인은 자기의 보수청구권을 담보하기 위하여 공사의 목적 부동산 위에 저당권을 설정할 것을 도급인에게 청구할 수 있다(제666조). 제666조에 의하여 수급인은 도급인에게 저당권설정등기청구권, 즉 도급인에게 저당권의 설정등기에 협력할 것을 청구할 수 있고, 도급인의 협력을 얻어 저당권을 설정할 수 있다.

저당권의 설정등기는 도급의 객체가 건물인 경우에는 완성한 건물에, 토지 위의 공작물인 경우에는 토지에 이루어진다. 그런데 건축도급에서 건물에 저당권설정등기를 하기 위하여는 먼저 도급인 앞으로 보존등기가 경료된 후에만 가능하나, 반드시 신축한 건물에만 할 필요는 없고 도급인이 토지의 소유자인 경우에는 토지에 대하여 저당권설정등기를 청구할 수도 있다.

(2) 信義則上의 協力·保護義務

도급인은 도급의 내용에 따라서 수급인에게 재료를 제공한다든지 지시를 한다든지 하는 등으로 수급인이 일을 완성함에 있어서 협력할 의무가 있다. 또한 수급인이 일을 함에 있어서 수급인의 신체·생명·재산에 위험이 생기지 아니하도록 할 신의칙상의 의무가 있다. 그러나 이러한 도급인의 보호의무는 포괄적이고 추상적인 의무로서, 일을 하면서 직접적으로 발생하는 위험은 전문가로서 수급인에게 책임이 있다.

(3) 完成物의 受領義務

도급인에게 완성한 목적물을 수령할 의무가 있느냐가 문제된다. 독일 민법(제640조)과 스위스 채무법(제372조)은 도급인의 수령의무를 별도로 규정하나 우리 민법은 이에 관하여 명시하지 않아 문제가 된다. 도급인에게 수령의무가 있느냐 여부에 따라 수령지체의 경우의 당사자의 법률관계에 차이가 난다. 당사자간에 수령의무에 관하여 약정이 있는 경우에는 그에 따르나, 그러한 약정은 일반적으로는 기대할 수 없다. 그런데 제작물 공급계약의 경우에는 당사자간에 인도날짜 등을 약정하기 때문에 의사표시의 해석으로 도급인의 완성물수령의무를 인정할 수 있다(졸저 『채권법총론』 제4장 제4절 채권자지체 참조).

3. 工事都給에 따른 第3者의 損害

건물, 도로, 교량의 건설과 같은 공사도급에서 공사를 하는 중에 지반의 붕괴·인근건물의 손상·진동·소음 등으로 이웃 건물 및 주민의 재산과 생활에 침해 내지 방해를 하는 경우가 있게 된다. 이러한 각종의 제3자에 대한 손해에 대하여 누가 어떠한 책임을 져야 하는지가 문제된다.

이는 그 손해를 발생시킨 건설공사의 관여자가 도급인·수급인 내지는 수급인의 피용자·설계자 등으로 다수의 자가 관여하기 때문이다. 이와 같은 도급계약의 이행과정에서 제3자에게 발생한 손해에 대한 책임에 관하여는 민법 제757조와 건설산업기본법 제44조에서 규정하고 있다.

(1) 受給人의 損害賠償責任

공사도급에서 제3자에게 발생한 손해에 대하여 수급인은 자신의 귀책사유에 의하여 발생한 손해 및 도급인의 귀책사유에 의한 손해에 대하여 손해배상의무가 있으며, 하수급인의 귀책사유에 의한 손해에 대하여도 연대배상의무가 있다. 이러한 수급인의 제3자에 대한 책임은 본질이 불법행위책임이다. 따라서 아래의 내용 이외의 사항에 관하여는 불법행위에 관한 일반 법리가 적용된다.

(가) 受給人 本人의 過失責任

건설공사란, 토목공사·건축공사·산업설비공사·조경공사 및 환경시설공사 등 시설물을 설치·유지·보수하는 공사를 말한다(건설산업기본법 제2조 4호). 이러한 건설공사도급에서 건설업자가 고의 또는 과실로 건설공사의 시공을 조잡하게 하여 타인에게 손해를 가한 때에는 그 손해를 배상할 책임이 있다(동법 제44조 1항).

(나) 都給人의 過失에 의한 受給人의 損害賠償責任

제3자에 대한 손해가 발주자의 과실에 의한 경우에도 수급인에게 손해배상의무가 있다. 이는 도급에서 도급인은 재료의 제공 또는 지시를 할 수 있으나 도급인은 관여자일 뿐으로, 수급인은 전문가로서 제3자에게 발생한 손해의 원인인 하자를 직접적으로 유발한 자이기 때문에 목적물에 의하여 발생한 손해에 대하여는 수급인이 손해배상의무가 있다. 다만, 제3자에 대한 손해가 도급인의 중대한 과실에 의한 경우에는 건설업자(수급인)는 발주자(도급인)에게 구상권을 행사할 수 있다(동법 제44조 2항).

이러한 건설산업기본법의 취지는 도급인의 귀책사유에 의한 제3자에 대한 손해에 대하여는 제3자는 도급인에게 손해배상을 청구할 수 없다는 것이다. 그런데 민법 제757조는 도급 또는 지시에 관하여 도급인에게 중대한 과실이 있는 때에는 도급인의 손해배상책임을 인정하고 있다. 그러면 제3자는 민법 제757조에 의하여 도급인에게 손해배상을 청구할 수 있는지가 문제된다. 건설공사도급에 관하여는 건설산업기본법이 특별법이다. 따라서 <u>제3자는 손해가 도급인의 도급 및 지시의 중대한 과실로 인한 경우에도 도급인에게 직접 손해의 배상을 청구할 수 없다</u>고 새겨야 한다. 건설산업기본법이 적용되는 도급에서는 민법 제757조의 적용은 배제된다.

(다) 下受給人의 歸責事由에 의한 損害에 대하여는 連帶責任

하도급의 경우에 하수급인의 귀책사유에 의한 손해에 대하여는 하수급인과 원수급인은 연대책임이 있다(동법 제44조 3항). 따라서 제3자는 원수급인 또는 하수급인에게 동시나 순차적으로 손해의 전부 또는 일부에 대하여 배상을 청구할 수 있다. 원수급인이 손해의 배상을 한 때에는 원수급인은 하수급인에 대하여 구상을 할 수 있다(동법 제44조 4항).

(2) 都給人의 損害賠償責任

공사도급에서 수급인의 제3자에 대한 배상책임은 과실책임이다. 그러면 수급인에게 고의 및 과실이 없는 경우, 예컨대 제3자의 피해가 공사의 시공상 불가피한 것인 때에는 어떻게 되는가?

폐수·소음·진동으로 인근 주민의 생활에 대한 침해가 있는 경우가 문제된다.

수급인이 공사과정에서 충분히 방지시설을 하였음에도 불가피하게 발생하는 침해에 대하여는 수급인에게 책임을 지울 수는 없고, 도급인에게 배상책임이 있다. 다만, 그러한 생활침해는 통상인의 인용忍容한도를 넘는 위법한 것일 때에만 불법행위에 기한 손해배상의무나 제217조에 의한 적당한 조처를 할 의무가 생긴다.

(3) 工作物로 因한 責任

건축 중 공작물의 설치의 하자로 인하여 제3자에게 손해가 생긴 때에는 수급인이 책임을 진다(동법 제44조 1항). 그러나 수급인이 손해의 방지에 필요한 주의를 다하였음에도 손해가 생긴 때에는 공작물의 소유자(도급인)가 책임을 진다(제758조).

Ⅳ. 都給의 終了

도급은 제565조에 의한 계약금에 의한 해제, 불가항력에 의한 일의 완성불능, 채무불이행으로 인한 계약의 해제 등 계약 일반의 종료원인에 의하여 종료하는 외에 아래와 같은 도급계약에 특유한 해제에 의하여 종료한다.

1. 完成物의 瑕疵로 인한 契約解除

건물 기타 토지의 공작물 이외의 완성물에 하자가 있고, 그러한 하자로 계약의 목적을 달성할 수 없는 때에는 도급인은 계약을 해제할 수 있다(제668조). 그러나 당해 하자가 도급인이 제공한 재료 또는 도급인의 지시에 기인한 것인 때에는 해제할 수 없다(제669조).

여기서 계약의 목적을 달성할 수 없는 하자란, 하자의 보수가 불가능한 경우와 보수를 하더라도 계약의 목적을 달성할 수 없는 경우를 말한다.

계약을 해제할 수 없는 토지의 정착물이란, 토지에 부착되어 용이하게 이동될 수 없고 이를 원상회복시킨다면 사회·경제적으로 중대한 손실을 가져오는 목적물을 말한다.

판례 解除不可能한 定着物 與否의 判斷 基準 : 제작·설치에 관한 도급계약이 체결된 기계가 공장 내에 설치하는 통상의 기계로서 쉽게 분해하여 재조립할 수 있다면, 토지에 고정적으로 부착하여 용이하게 이동할 수 없는 토지의 정착물이라고 볼 수 없고, 계약해제로 인한 원상회복을 인정한다고 하여 사회·경제적으로 중대한 손실을 초래한다고 볼 수도 없으므로, 그 도급계약에는 민법 제668조 단서가 적용되지 않는다(대판 1994.12.22. 93다60632).

2. 完成 前의 都給人의 解除

(1) 任意解除

수급인이 일을 완성하기 전에는 도급인은 손해를 배상하고 계약을 해제할 수 있다(제673조). 이는 해제의 이유를 묻지 아니하는 도급인에게 일방적으로 해제권을 부여한 것인데, 프랑스 민법(제1794조), 이탈리아 민법(제1671조), 일본 민법(제641조)도 이를 인정하고 있다. 이러한 계약상의 당사자의 일방적 해제는 도급에서만 특유한 것으로 해제사유에 제한이 전혀 없는 불합리한 조문이라는 비판이 있다. 그러나 도급인에게 도급의 목적인 일이 무의미하거나 불필요하게 된 때에도 계약에 구속된다는 것은 타당하지 않고, 수급인은 손해의 배상을 받음으로써 불리하지 않다는 점에서 의의가 있다.

수급인이 일을 완성하기 전에만 해제할 수 있으며, 일을 완성하였으나 아직 인도하지 않고 있는 동안에는 해제할 수 없다고 본다(통설). 또한 건물 기타 토지의 정착물은 완성하기 전이라도 사회통념상 건물 기타 공작물이라고 볼 수 있는 정도로 된 것이면 제668조 단서의 취지에 따라 해제할 수 없다고 보는 것이 타당하다.

도급인이 해제하려면 수급인에게 손해를 배상하여야 한다. 손해배상금의 지급은 선이행의무인가? 손해배상을 제공할 필요는 없다는 견해가 있으나(곽), 제673조의 해제는 도급인의 제한 없는 일방적 해제로서 수급인의 손해배상청구권은 보장되어야 한다. 또한 제673조는 도급인은 <손해를 배상하고 해제할 수 있다>고 하여 문리상으로도 손해를 먼저 배상하는 것으로 되어 있다. 따라서 도급인이 본조에 의하여 해제하기 위하여는 먼저 손해를 배상한 후에만 해제할 수 있다고 보는 것이 타당하다.

도급인이 배상할 손해의 범위는 수급인의 이행이익이다.

판례 相當히 進陟된 後의 解除 : 건축공사도급계약에 있어서는 공사 도중에 계약이 해제되어 미완성 부분이 있는 경우라도 그 공사가 상당한 정도로 진척되어 원상회복이 중대한 사회적·경제적 손실을 초래하게 되고 완성된 부분이 도급인에게 이익이 되는 때에는 도급계약은 미완성 부분에 대해서만 실효되어 수급인은 해제된 상태 그대로 그 건물을 도급인에게 인도하고, 도급인은 그 건물의 기성고 등을 참작하여 인도받은 건물에 대하여 상당한 보수를 지급하여야 할 의무가 있다(대판 1997.2.25. 96다43454).

(2) 原狀回復義務

해제한 때에 수급인은 목적물을 원상에 회복시켜야 하는지가 문제된다. 즉, 일을 착수하기 전의 상태로 회복시켜야 할 의무가 있는지의 문제가 있다. 생각건대, 수급인의 일의 착수로 목적물이 이미 변형되어 원래의 상태로 회복시킨다는 것은 일반적으로 불가능하며, 비록 가능하더라도 원래의 상태로 회복시킨다는 것은 쌍방에게 손실만 더욱 확대시킬 수 있다. 따라서 계약이 해제되더라도 수급인의 목적물에 대한 원상회복의무는 부정하는 것이 타당하다. 도급인은 하자에 의한 손해에 대하여는 제551조에 의한 손해배상만 청구할 수 있다고 보아야 한다.

(3) 報酬支給義務

도급계약의 이행으로 수급인이 일을 진행 중에 완성되기 전에 계약이 해지된 경우에 수급인의 원상회복의무와 보수청구의 존재 여부가 문제된다. 도급의 성질상 도급계약의 해지는 장래에 대하여만 발생하고, 수급인의 원상회복의무는 생기지 않으며, 도급인은 기성고에 따른 보수의 지급의무가 있다고 보아야 한다. 판례도 건축공사 도중의 계약해지에 관하여 건축공사가 상당한 정도로 진척되어 원상회복이 사회적, 경제적 손실을 초래하게 되고 완성된 부분이 도급인에게 이익이 되는 때에는 그 건물은 미완성인 채로 도급인에게 인도되고, 건물의 기성고 등을 참작하여 인도받은 건물에 대하여 상당한 보수를 지급할 의무가 있으며(대판 1993.11.23. 93다25080), 소프트웨어 개발공급의 도급계약에서 이미 공급되어 도급인에게 설치된 소프트웨어 완성도가 87%에 이르고 도급인에게 그것이 이익이 되는 경우에 수급인의 당시까지의 보수를 청구할 수 있다고 하였다(대판 1996.7.30. 95다7932).

3. 都給人의 破産에 의한 解除

도급인이 파산선고를 받은 때에는 수급인 또는 파산관재인은 계약을 해제할 수 있다(제674조 1항 전단). 이 경우 수급인은 일의 완성된 부분에 대한 보수 및 보수에 포함되지 아니한 비용에 관하여 파산재단의 배당에 가입할 수 있다(제674조 1항 후단). 이때 각 당사자는 상대방에 대하여 계약해제로 인한 손해의 배상을 청구하지 못한다(제674조 2항).

해제로 인하여 종료되지 않고 남아 있는 목적물은 파산재단에 귀속된다.

V. 特殊한 都給

1. 下都給

(1) 下都給의 意義

하도급이란, 수급인이 맡은 일의 전부나 일부를 다시 제3자가 하수급인으로서 맡는 것을 말한다. 도급은 특정된 일의 완성을 목적으로 하는 계약으로 도급에 의하여 수급인이 그 일을 단독으로 전부 완성하여야 하는 것은 아니다. 단지 도급계약에 의하여 수급인은 도급인에게 일을 완성할 의무를 질 뿐으로, 일의 완성과정에서 수급인 본인이 하든지 아니면 제3자를 사용하여 하든지 그것은 수급인의 자유이다. 또한, 오늘날 건설공사가 대규모화 되고 전문기능의 설치를 요하는 등으로 복잡·전문화되어 수급인 단독으로 일의 전부를 한다는 것도 용이하지 않은 면도 있어, 수급인 본인의 전문분야가 아닌 부분에 관하여는 제3자에게 그 일을 맡기는 것이 오히려 바람직한 점도 있다. 이러한 이유로 하도급은 건설업자의 대규모 건설공사도급에서 빈번히 이용되며, 그 밖에 제조업·운송업 기타 전문기업에서 많이 행해진다. 그러나 하도급으로 인한 부실공사 또는 하수급인의 경제적으로 약한 지위를 이용한 원수급인의 횡포 등으로 인한 사회적 문제가 야기되기 때문에 건설산업기본법은 하도급에 관하여 일정한 제한을 하고 있다. 반면에 민법에는 하도급을 별도로 규제하지는 않아 하도급은 수급인의 자유라고 볼 수도 있으나, 도급도 인적 신뢰를 기초로 하는 계약으로서 계약의 내용에 따라서는 수급인의 변경 또는 주요한 부분에 대한 제3자로의 재도급이 배신적 행위로 되는 경우에는 하도급은 원도급계약의 해제사유에 해당된다고 보아야 할 것이다.

(2) 建設工事都給契約의 下都給의 法律關係

(가) 原受給人과 下受給人間의 都給契約

① 下都給의 制限

건설공사의 부실화를 방지하고 대규모 건설회사의 독점적인 공사도급계약을 방지하기 위하여 건설산업기본법은 하도급을 일정한 범위에서 제한하고 있다. 즉, 건설공사도급계약의 수급인은 그가 도급받은 건설공사의 전부 또는 시행령이 정하는 주요부분의 대부분은 하도급할 수 없다(동법 제29조 1항). 그러나 하도급이 가능한 경우에도 발주자(도급인)에게 하도급 사실을 통지하여야 한다(동법 동조 2항). 또한 하수급인은 다시 하도급할 수 없다(동법 동조 4항).

② 下都給契約의 公正性 確保

하도급계약은 원수급인과 하수급인과의 도급계약에 의하여 성립한다. 그런데 하수급인은 경제적 약자로서 원수급인과의 하도급계약에서 약자적인 지위로 그 계약은 불공정한 내용으로 체결될 가능성이 매우 높다. 이에 국가는 하도급거래공정화에관한법률을 제정하여 하수급자가 원수급자와 대등한 관계에서 계약을 체결하도록 배려하고 있다. 주요 내용은 다음과 같다.

㉮ 서면에 의한 계약(제3조).

㉯ 부당한 하도급대금의 결정 금지(제4조)

㉰ 물품 등의 구매강제 금지(제5조)

㉱ 부당반품의 금지(제10조)

㉲ 부당감액의 금지(제11조)

㉳ 하도급대금의 60일 이내 지급(제13조)

㉴ 부당한 대물변제의 금지(제17조)

(나) 原受給人과 下受給人間의 關係

원수급인과 하수급인 간에는 당사자간의 도급계약에 따른 권리·의무를 진다. 하도급에서 당사자간에서는 원수급인은 도급인의 지위에 있으며, 하수급인은 수급인의 지위에 있다.

그밖에 특별한 것은 하수급인의 제3자에 대한 손해배상의 경우와 하수급인의 근로자의 임금채권에 대한 연대책임이다. 즉, 하수급인의 제3자에 대한 손해에 대하여는 원수급인이 하수급인과 연대하여 배상하여야 한다(건설산업기본법 제44조 3항). 또한 하수급인이 수급인의 귀책사유로 하수급인의 근로자에게 임금을 지급하지 못한 경우에는 수급인은 하수급인과 연대하여 책임이 있다(근로기준법 제43조 1항).

(다) 都給人과 原受給人間의 關係

하도급은 도급인과 하수급인간의 법률관계에 아무런 영향을 미치지 않는다. 하수급인의 행위는 도급인에게 원수급인의 행위로 된다. 하수급인은 도급인에 대해서는 수급인의 피용자 또는 이행보조자의 지위를 가지는 것이 된다. 그러나 도급인이 하수급인이 시공한 분에 해당하는 하도급대금을 직접 하수급인에게 지급한 때에는 수급인에 대한 대금지급채무는 하수급인에게 지급한 한도 내에서 소멸한다(건설산업기본법 제35조).

(라) 都給人과 下受給人間의 關係

하수급인과 도급인 사이에는 직접 계약관계가 존재하지 않는다. 그러나 건설산업기본법 제32조는 하수급인은 하도급받은 일에 대하여는 도급인에 대하여 수급인과 동일한 의무를 진다고 규정하며(1항), 위 규정은 수급인과 하수급인의 법률관계에 영향을 미치지 않는다고 규정한다(2항). 한편, 도급인은 일정한 경우에 하수급인이 시공한 분에 해당하는 하도급대금을 하수급인에게 직접 지급할 수 있으며, 이 경우 도급인의 수급인에 대한 대금지급채무는 하수급인에게 지급한 한도 내에서 소멸한 것으로 본다고 규정한다(제35조).

즉, 하수급인은 도급인에 대하여 도급계약상의 의무를 직접 부담하나 권리는 가지지 못한다. 하수급인이 도급인에 대하여 지는 의무는 원도급계약상의 원수급인의 의무의 범위 안에서 하도급계약상의 하수급인의 의무이다.

2. 旅行契約

(1) 旅行契約의 意義

독일 민법 제651조의 a는 여행계약을 여행업자가 여행자에게 총괄적 여행급부를 제공할 것을 약정하고, 여행자가 여행대금을 지급할 것을 약정하는 계약이라고 정의하고 있다. 즉, 여행업자가 여행을 총괄적으로 계획하고 조직하여 여행서비스를 제공하고 여행자가 이에 대한 대가인 여행대금을 지급하는 노무제공계약을 여행계약이라고 한다. 그런데 여행에 관한 우리나라의 유일한 법규인 관광진흥법 제2조의2의 2호는 <기획여행>이라는 용어를 사용하여, <기획여행이란 여행업자가 국외여행을 하고자 하는 여행자를 위하여 여행의 목적지·일정·운송 또는 숙박 등의 서비스 내용과 그 요금 등에 관한 사항을 미리 정하고 이에 참가하는 여행자를 모집하여 실시하는 여행을 말한다>고 규정하고 있다. 관광진흥법의 위 규정은 단지 국외여행에 국한하여 여행내용을 미리 일방적으로 정하여 여행자에게 여행서비스를 제공한다는 의미에서 기획여행이라는 용어를 사용하였으나, 이 규정에서 정하는 의미를 추상화하면 위 독일 민법상의 여행계약과 아무런 차이가 없다. 즉, 여행계약이란 일방이 여행에 관련한 총괄적 서비스(역무役務)를 제공하고, 상대방이 이에 대한 대가를 지급하기로 약정함으로써 성립하는 계약이다.

(2) 旅行契約의 法的 性質

(가) 本質은 都給

통상적으로 당사자간에 체결되는 여행계약에는 여행업자의 채무의 내용에 따라 크게 두 가지로 분류할 수 있다. 하나는 여행업자가 여행자를 수행하여 여행에 관한 총괄적인 서비스를 직접 제공하는 것이며, 다른 하나는 여행업자가 교통·숙박·식사 등을 제공해야 할 제3채무자와 여행자 사이의 계약체결을 중개 또는 알선해 주고 여행자가 그에 따라 스스로 여행하는 것이다. 어느 것인가는 당사자의 구체적인 계약의 내용으로 쉽게 구별될 것이다. 여기서 여행계약이라 하여 논의하는 것은 전자를 말하며, 후자는 일종의 중개업으로서 중개에 관한 법규의 적용을 받는다. 전자의 경우에서 여행업자의 채무는 도급계약에서의 수급인의 채무와 동일하다. 즉, 여행계약은 낙성·유상·쌍무·불요식의 계약으로 본질은 도급계약이다.

(나) 諾成契約

여행계약은 여행업자와 여행자 사이의 약정으로 성립하는 낙성계약이다. 그런데 우리의 현실은 약정을 하고도 여행자가 일방적으로 출발일 직전에 취소하는 등으로 여행업자의 피해가 크다. 이러한 이유로 여행업자들은 약관으로 합의(신청)와 일정액의 여행대금(통상 여행대금의 10%)을 납입하여야 계약이 성립하는 것으로 하고 있다. 이러한 경우는 일정액의 여행대금의 납입을 정지조건으로 하는 낙성계약이 된다.

(다) 有償, 雙務, 不要式契約

여행업자의 여행에 관한 총괄적 서비스의 제공과 여행대금의 지급은 견련성을 가지는 쌍무계약이다. 그러나 여행계약의 특수성에 따라 여행대금의 지급은 선이행의무이고, 일반적인 위험부담의 원칙이 그대로 적용되지는 않는다. 그리고 여행계약은 원칙적으로 불요식계약이나, 일반적으로는 여행업자가 일방적으로 작성한 약관부 서면계약을 한다.

(라) 旅行者의 地位保障

여행계약은 그 본질이 도급이지만, 민법의 도급의 규정은 주로 물건의 제작에 초점을 둔 것으로서 여행계약과 같은 총괄적인 역무役務계약을 규율하기에는 미흡하다. 따라서 여행계약의 세부적인 내용은 거의 전부 여행업자가 작성한 약관에 맡겨져 있다. 각국에서는 여행업자간의 공정거래를 확보하기 위해 여행업을 규제하거나 여행업자와 여행자 사이에서 여행자의 지위를 보장하여 이익균형과 분쟁을 해결하기 위해 여행계약에 관한 사법적 규정을 입법하는 추세에 있다. 예컨대, 위에서 언급한 바와 같이 독일 민법은 여행계약을 전형계약의 하나로서 민법전에 규정하고 있다.

여행과 관련하여 우리나라에서는 오로지 관광진흥법에 여행업을 포함한 포괄적인 관광사업을 하기 위한 사업자의 자격제한 및 등록 등에 관한 행정사항을 규정하고 있을 뿐이다. 따라서 구체적인 당사자간의 법률관계에 관하여는 여행계약이 통상적으로 약관에 의하여 이루어지고, 약관의규제에관한법률이 여기에도 적용되나 여행계약의 특수성으로 약관법에 의한 일반적인 규제만으로 충분하지 않음은 말할 필요도 없다. 이로 인해 여행자와 여행업자 사이에 분쟁이 빈번하고, 또한 피해를 본 여행자들도 개인이 단독으로 여행업자와 대항하기는 사실상 어려워 여행자의 피해가 속출하고 있다. 여행계약에 관한 사법적 규율을 위한 입법이 시급히 요망된다.

(3) 旅行契約의 法律關係

(가) 旅行業者의 義務

① 約定한 旅行의 提供

여행업자는 약정한 여행, 즉 여행에 관련된 총괄적 서비스의 제공을 완료하여야 한다. 여행업자의 서비스의 내용은 약정에 따라서 또는 당해 계약이 가지는 가치 또는 통상적이거나 계약상 전제된 이용에의 적합성을 소멸시키거나 감소시키는 결함이 없도록 여행을 제공하여야 한다(독일 민법 제651조의 c의 1항 참조).

② 安全配慮義務 및 危險에 대한 說明義務

여행업자는 여행자를 여행의 출발시에서 귀환시까지 여행자의 생명·신체·재산 등의 보호와 안전을 배려할 신의칙상의 의무가 있다. 이러한 의무의 구체적인 내용으로 여행업자는 미리 여행목적지 등을 조사하여 예상되는 위험에 대한 대비를 하거나 또는 그러한 예상위험에 대하여 여행자에게 설명하여 여행자가 선택할 수 있는 기회를 주어야 한다. 이러한 의무는 여행전반과 여행지에서의 개별시설물의 이용에 관해서도 있다. 판례도 여행자의 안전을 확보하기 위하여 여행목적지·여행일정·여행행정·여행서비스기관의 선택 등에 관하여 미리 충분히 조사·검토하여 예상되는 위험을 제거할 수단을 강구하거나 또는 여행자에게 그 뜻을 고지하여 여행자 스스로 그 위험을 수용할지 여부의 선택을 주어야 할 신의칙상의 주의의무가 있다고 한다.

판례 旅行業者의 安全配慮義務 및 說明義務 : 여행업자는 여행자의 생명·신체·재산 등의 안전을 확보하기 위하여 위험배제를 위하여 필요한 조치를 할 주의의무가 있고, 그 주의의무의 일환으로 여행자에게 그 위험을 고지하여 이용여부를 여행자가 선택할 수 있게 하여야 하며, 이용자에게는 기기조작방법·안전수칙 등을 사전 교육하여 이용상의 잘못을 하지 않게 함은 물론이고 위험이 발생한 경우에 이에 대처할 수 있도록 합리적 조치를 취할 주의의무가 있다(대판 1998.11.24. 98다25061).

③ 瑕疵擔保責任

여행업자는 계약의 내용 또는 당해 여행이 가지는 통상적인 가치 또는 계약상 전제된 이용에의 적합성에 맞는 여행을 제공하여야 하며, 그 여행급부의 내용과 질이 약정된 것보다 낮은 경우에는 담보책임을 진다(제667조 이하 참조).

여행자는 약정된 수준보다 낮은 관광일정·운송등급·숙박시설·음식 등이 제공된 경우에 이의 시정을 여행업자에게 요구할 수 있으며(하자보수청구 : 제667조 1항 참조), 시정의 요구에도 불구하고 상당기간 내에 시정이 이루어지지 않는 경우에는 여행계약을 해지하거나 스스로 다른 숙박시설 등을 이용하고 상응하는 대금상당액을 손해배상으로 청구할 수 있다. 시정되지도 않고 해지할 수도 없어 부득이 그대로 수용한 때에는 여행자는 하자의 존속기간에 대하여 여행대금의 감액을 청구할 수 있다(제667조 2항 참조).

다만, 그러한 하자가 여행목적지의 예상 곤란한 전쟁·폭동·천재지변 등의 경우에는 여행업자의 손해배상책임은 면제되나, 숙박시설·숙식·운송수단 등을 약정한 수준보다 저급으로 이용함으로써 여행업자에게 생긴 차액은 여행자에게 반환되어야 한다. 예컨대, 특급호텔이 없어서 2급 호텔을 이용하거나, 기차에 2등석이 없어 1등석을 이용한 경우에는 그 차액만큼은 반환되어야 한다.

(나) 旅行者의 義務

① 旅行代金支給義務

여행자는 약정한 여행대금을 지급하여야 한다. 일반적으로 여행대금은 정액으로 선이행의무이나, 약정에 의하여 후이행의무로 할 수 있음은 물론이다.

② 信義則上의 協力義務

여행자는 출발 전의 설명회에 참가하여야 하며, 여행을 함에 있어서 여행업자의 지시에 따라 협조하여야 할 의무가 있다.

(다) 契約의 解除·解止

여행계약이 여행지의 천재지변·전쟁 등의 불가항력적인 사유로 출발 전 또는 여행 도중에 해제되는 경우에는 당해 여행계약은 해소된다. 이에 따른 여행대금은 위험부담의 일반원칙에 따라 해결될 것이다. 그런데 국내의 여행계약 약관은 대개의 경우 여행업자의 일방적인 해제와 그에 따른 보상은 미흡하고, 여행자의 귀책사유에 의한 해제의 경우에는 여행자에게 환불될 대금은 부당하게 과소한 것으로 되어 있는 경우가 많다. 이에 관하여는 약관의규제에관한법률에 의하여 그 유·무효가 판단될 것이다. 여기서는 그 밖의 해제와 손해배상 등에 관하여 본다.

① 旅行者의 一方的 解除

여행자는 출발 전 또는 여행 도중에 여행업자의 손해를 배상하고 언제든지 여행계약을 해제할 수 있다고 보아야 한다(제673조 참조). 일반적으로는 지급된 여행대금에서 여행업자가 공제하고 환불하게 된다.

② 瑕疵로 因한 旅行者의 解除

여행업자의 귀책사유에 기인한 하자의 경우에 하자보수가 되지 아니한 때에는 여행자는 계약을 해제할 수 있다고 보아야 한다.

③ 損害賠償

여행업자의 귀책사유에 의하여 계약이 해제된 때에는 대금의 감액과는 별도로 채무불이행에 의한 손해배상을 청구할 수 있다. 이때의 손해배상의 범위에 관하여 독일 민법은 여행이 좌절되거나 현저히 저해된 경우에 여행자는 휴가기간이 무익하게 소모된 것에 대하여도 적절한 금전배상을 청구할 수 있다고 규정한다(제651조의f 2항). 우리 민법상으로도 이의 배상을 청구할 수 있겠으나, 이를 제393조의 특별손해로 볼 것이 아니라 통상손해로 보아야 할 것이다.

④ 歸還費用

여행업자의 귀책사유에 의하여 여행 도중에 여행계약이 해지되고 귀환하는 경우에 귀환하는 비용을 누가 부담할 것인지가 문제된다. 여행업자가 부담하는 것으로 새겨야 할 것이다(독일 민법 제651조 e의 4항 참조).

第11節　懸賞廣告

I. 序 說

1. 懸賞廣告의 意義

현상광고는 광고자가 일정한 행위를 한 자에게 일정한 보수를 지급할 의사를 표시하고, 이에 응한 자가 그 광고에 정한 행위를 완료함으로써 성립하는 계약이다(제675

조). 행방불명된 특정인 또는 특정 물건을 찾는 광고 등이 대표적이다.

현상광고에서 정한 행위를 완료하는 자가 여러 명인 경우에 그 우수한 자에 한하여 보수를 지급하는 현상광고를 우수현상광고라 한다. 우수현상광고는 광고에서 정한 행위가 일정한 품질 등으로 구별될 수 있는 성질의 경우로서, 대표적인 것으로는 특정 소재에 대한 소설·희곡 등에 대한 신문사 또는 방송국의 현상광고가 있으며, 각종의 경연競演광고도 이에 해당한다. 현상광고는 타인의 노무를 이용한다는 점에서 고용·도급 등과 함께 넓은 의미에서의 노무제공계약의 하나이지만, 청약이 불특정다수인에게 광고라는 특수한 방법에 의하여 행해지고, 이에 응한 자가 지정한 행위를 완료하여야 비로소 성립하여 효력이 생긴다는 점에서 여타의 노무제공계약과 차이가 있다.

2. 懸賞廣告의 法律的 性質

(1) 要物契約

현상광고의 법률적 성질에 관하여는, 광고자의 불특정다수인에 대한 광고인 청약의 의사표시와 응모자의 그에 대한 응모 및 지정행위의 완료인 승낙에 의하여 성립하는 계약이라는 견해가 절대다수이다. 이에 대하여 광고자의 지정행위를 완료한 자에게 보수를 지급한다는 불특정다수인에 대한 일방적 의사표시, 즉 지정행위의 완료를 정지조건으로 하는 채무부담의 단독행위라는 견해가 있다(곽). 단독행위설은 광고를 모르고 지정행위를 완료한 자에게 보수청구권을 인정하는 민법 제677조가 규정되어 있는 점과 제679조가 광고의 철회를 인정한 점을 그 논거로 한다. 그러나 제675조 규정의 문언(…일정한 보수를 지급할 의사를 표시하고 이에 응한 자…) 및 현상광고에 관한 규정의 민법상의 위치(전형계약에 관한 일련의 규정 중의 하나) 등을 미루어 계약이라고 보는 것이 타당하다.

현상광고를 계약으로 보면, 단순히 광고에 응한다는 의사표시만으로는 계약이 성립하지 아니하고 완료한 지정행위가 실제로 제공되어야 한다. 여기서의 제공이란 인도를 요하는 경우에는 인도, 인도를 요하지 않는 경우(경연참가)에는 통지를 말한다. 이와 같이 현상광고는 인도 또는 통지를 요하는 요물계약이다. 우리 민법상 전형계약 중에서 유일한 요물계약이다.

(2) 片務·有償契約

계약이 성립하면 계약의 효과는 광고자의 보수지급의무만 있게 된다. 따라서 현상광고는 편무계약이다.

그러나 광고자의 보수지급의무는 응모자의 지정행위에 대한 대가관계로서의 견련성을 가져 그러한 의미에서는 유상계약이다. 반면에 응모자의 지정행위는 계약의 성립요건이고, 계약의 효력으로서의 보수지급의무는 아무런 대가관계에 있지 않는 것으로 무상계약이고, 이러한 의미에서 현상광고는 부담부증여의 실체를 가진다는 견해도 있다(이태).

(3) 不要式契約

현상광고는 특별한 형식을 요하지 않는 불요식계약이다. 이에 대하여 청약은 불특정다수인에 대한 광고라는 방식에 의하는 요식계약이라는 견해도 있다(이태).

Ⅱ. 懸賞廣告의 成立과 效力

현상광고는 광고자가 불특정다수인에 대하여 지정한 행위를 완료한 자에게 보수를 지급하겠다는 의사표시인 광고와 이에 응한 자가 지정행위를 완료하면 성립한다. 즉, 현상광고는 광고와 지정행위의 완료로써 성립한다. 현상광고가 성립하면 지정행위 완료자는 보수청구권을 취득한다.

1. 廣 告

광고는 불특정다수인에 대한 청약의 의사표시이다. 단독행위설에 의하면 광고가 곧 단독행위가 된다.

청약으로서의 광고는 지정행위를 완료하는 자에게 보수를 지급하겠다는 불특정다수인에 대한 의사표시이다. 광고의 방법에는 제한이 없다. 언론기관을 이용하거나, 서면 또는 구두 어느 것이나 관계없다.

① 광고에는 상대방이 하여야 할 일정한 행위가 지정되어야 하는데, 지정된 행위의 종류에 관하여는 제한이 없다. 선량한 풍속 기타 사회질서에 위반한 내용이 아니면 법률행위이든 사실행위이든 관계가 없다. 그러나 응모자가 어떠한 행위를 하여야 하는지 알 수 있게 명확하여야 한다. ② 불특정다수인을 대상으로 하는 것이어야 하나, 지정행위자의 자격을 제한하는 것은 관계없다. ③ 보수를 지급한다는 의사가 표시되어야 한다. 보수의 종류에는 제한이 없고, 확정된 보수액이 표시될 필요는 없으나 최소한 확정할 수 있는 방법은 표시되어야 한다.

2. 指定行爲의 完了

광고에서 지정된 행위를 완료하고, 광고자에게 인도 또는 통지하여야 한다. 지정된 행위가 일의 완성물이면 완성물의 인도, 인도를 요하지 않는 일이면 지정행위 완료의 통지(경연에의 참가통지)로써 계약이 성립한다.

지정행위를 행한 자가 수인인 때에는 우수현상광고가 아닌 한 최초의 지정행위를 완료한 자와 계약이 성립한다.

응모자의 지정행위는 광고에 응하여 한 것임을 원칙으로 한다. 그러나 광고를 모르고 한 경우는 준현상광고가 되며, 현상광고의 규정이 준용된다(제677조). 응모자가 완료한 행위가 지정행위인지 여부는 광고자의 광고의 의사표시의 해석에 의하여 판단되어야 한다.

3. 廣告의 適格期間

광고에서 응모기간을 정한 때에는 그 기간은 승낙의 적격기간에 해당한다. 따라서 그 기간 내에 광고자에게 도달한 때에 승낙으로서의 효력이 있다(제528조). 기간을 정하지 아니한 광고는 광고자가 상당한 기간 내에 지정행위의 완료를 받지 못한 때에 효력을 상실한다(제529조).

4. 廣告의 撤回

광고에 지정행위의 완료기간을 정한 때에는 그 기간 만료 전에는 광고를 철회하지 못한다(제679조 1항).

광고에 지정행위의 완료기간을 정하지 아니한 때에는, 그 행위를 완료한 자가 있기 전에는 그 광고와 동일한 방법으로 광고를 철회할 수 있다(제679조 2항). 다만 전의 광고와 동일한 방법으로 광고를 철회할 수 없는 경우에는 그와 유사한 방법으로 철회할 수 있으나, 철회의 효력은 철회를 안 자에 대하여만 효력이 있다(제679조 3항).

5. 報酬受領權者

현상광고는 요물계약이며, 유상계약이며, 편무계약이다. 즉, 현상광고가 성립하면 광고자의 의무만 발생하며, 응모자의 의무는 이미 이행한 것으로 존재하지 않는다.

현상광고가 성립하면 지정행위 완료자는 보수수령권자로서 광고자에 대하여 보수지급청구권을 취득한다.

수인이 순차로 지정행위를 한 때에는, 우수현상광고가 아닌 한 최초의 지정행위 완료자가 보수청구권을 취득한다(제676조 1항). 수인이 동시에 지정행위를 완료한 경우에는 각각 균등한 비율로 보수를 받게 되나, 보수의 성질상 균분할 수 없거나 광고에 1인만이 보수를 받을 것으로 정한 때에는 추첨에 의하여 결정한다(제676조 2항).

판례 報酬로서의 基本 및 實施設計權 : 건축설계 우수현상광고에서 당선자가 받는 <기본 및 실시설계권>이란 당선자가 광고자에게 우수작으로 판정된 계획설계에 기초하여 기본 및 실시설계계약의 체결을 청구할 수 있는 권리를 말하는 것으로서, 광고자로서는 특별한 사정이 없는 한 이에 응할 의무를 지게 되어 제3자와 설계계약을 체결하여서는 아니 되며, 계약이 체결되지 못하였다면 당선자는 이를 이유로 한 손해배상책임을 물을 수 있다(대판 2002.1.25. 99다63169).

Ⅲ. 優秀懸賞廣告

1. 意 義

우수현상광고는 완료한 지정행위 중에서 우수한 지정행위 완료자에 대하여 보수를 지급하기로 하는 특수한 현상광고이다. 발명품 현상광고, 소설 현상광고, 각종 경연광고 등이 이에 해당한다.

우수현상광고는, 광고에 응모기간이 정해져 있어야 하고, 수인의 응모자 중에서 우수한 자에게만 보수가 지급된다는 점에서 보통의 현상광고와 다르다. 우수현상광고는 일정한 기간 내의 응모자 중에서 우수한 자를 선택하여야 하므로, 응모기간이 정해져 있지 아니한 우수현상광고는 효력이 없다(제678조 1항). 따라서 이 광고는 철회하지 못하는 것이 원칙이다(제679조 1항 참조). 우수현상광고에서 광고는 청약의 유인이며, 응모는 청약에 해당하고 우수한 지정행위로서의 판정이 승낙에 해당한다.

2. 應 募

응모자는 광고에 응하여 완료한 지정행위를 인도하거나 또는 성질상 인도를 요하지 아니하는 경우에는 광고자에게 지정행위를 하였음을 통지하여야 한다. 인도나 통지는 광고자에게 그 기간 내에 도달하여야 한다.

3. 判 定

응모한 지정행위 중 우열을 판단하는 것을 판정이라 하며, 판정자를 광고 중에 정하지 않은 때에는 광고자가 판정자가 된다(제678조 2항). 광고자가 판정자가 된 때에는 광고자가 임의로 선택한 자가 판정자가 될 수 있다.

판정은 원칙적으로 광고에 응한 지정행위 중에서 우열을 판단하는 상대적인 결정이므로 우수한 자가 없다는 판정은 할 수 없다(제678조 3항 본문). 그러나 광고 중에 다른 의사표시가 있거나 지정행위의 성질상 판정의 표준이 정하여져 있는 때에는 우수한 자가 없다는 판정도 가능하다(제678조 3항 단서). 판정은 가치판단에 관한 것으로 이의를 제기할 수 없다(제678조 4항). 그러나 판정에 대한 가치판단의 문제가 아닌 광고에서 정한 자와 다른 자가 판정하였다든지, 응모한 지정행위와 판정에 착오·사기·강박 등이 있는 경우에는 취소를 주장할 수 있다. 수인의 행위가 동등한 것으로 판정된 때에는 보수가 가분이면 균등한 비율로, 불가분이면 추첨에 의하여 각각 보수를 받을 자가 결정된다(제678조 5항).

지정행위의 완료물에 대하여 특약이 없는 한 소유권, 특허권, 저작권 등은 광고자에게 이전되지 않는 것으로 해석된다.

第12節 委 任

I. 序 說

1. 委任의 意義

위임은 당사자 일방(위임인)이 상대방(수임인)에 대하여 사무의 처리를 위탁하고 상대방이 이를 승낙함으로써 성립하는 계약이다(제680조). 이는 고용·도급과 마찬가지로 타인의 노무를 이용하는 노무제공계약이지만, 그 노무의 성질이 타인의 사무처리능력이라는 일반적으로 지적 능력을 요하는 인적 활동을 목적으로 한다는 점에서 그 특징이 있다.

위임은 고용 및 도급과 함께 광의의 노무공급계약이라는 점에서 그들과의 구별이 문제된다. 위임에서 수임인의 노무는 사무(일)의 처리를 위한 수단이라는 점에서 도급과는 같으나 노무자체가 계약의 목적인 고용과는 차이가 있다. 따라서 노무자가 사용자의 지휘·명령을 받는 고용과는 달리, 사무의 처리에 따른 노무의 제공에 수임인이 재량을 가진다. 한편, 도급이 일의 완성에 그 목적이 있으나 위임에서는 타인의 사무를 처리한다는 활동 그 자체가 목적이므로 반드시 일의 처리가 완성되지 않더라도 관계없다. 그러나 위탁된 사무의 성질에 따라서는 일의 처리가 완성되지 아니하면 수임인의 의무가 일부나마 이행되었다고 볼 수 없는 경우도 있다. 예컨대, 어떤 사실관계에 대한 법률관계의 해석을 위탁하였으나 구체적인 해석을 하지 않고 단순히 머릿속에서 생각한 것으로 그친 경우에는, 수임인이 의무를 일부 이행한 것으로 볼 수는 없다.

위임은 특히 오늘날 사회가 복잡해지고 분화되어 사무의 처리에 특수한 능력을 필요로 하는 분야가 점증하고 있어 그 사회적 기능이 증대되고 있다. 위임은 의료계약, 법무사에의 등기위탁, 변호사와의 변호계약, 행정서사에의 행정서류 작성위탁 등이 대표적인 형태이다. 그러나 실제로는 순수한 위임계약만에 의한 사무의 처리는 드물고 다른 법률행위의 수단으로 위임이 이용되는 것이 일반적이다. 후자의 경우는 설계사에게 설계도면의 작성인 도급계약을 체결하면서 행정당국에 대한 건축허가 사무처리의 위탁을 하는 경우, 건설공사수급인에게 인근주민으로부터 건축동의서를 받도록 위탁하는 경우 등이다.

위임의 대상이 되는 사무는 법률행위이든 비법률행위이든 또는 양자의 혼합이든 관계없다. 법률행위의 사무처리는 변호사와의 소송위탁, 비법률행위의 사무처리는 의사와의 병의 치료, 혼합된 사무처리의 위탁은 부동산의 매매위탁 등을 대표적으로 들 수 있다. 그러나 본인 스스로 의사결정을 하여야 하는 행위(즉, 혼인·입양·이혼 등의 가족법상의 법률행위)는 위임의 대상이 되지 않는다.

2. 委任의 法律的 性質과 特質

(1) 委任의 法律的 性質

(가) 諾成·不要式契約

위임은 위임인의 사무처리의 위탁과 수임인의 승낙의 의사표시로 성립하는 낙성계약이며, 특별한 형식을 요하지 아니하는 불요식계약이다.

위임에서 위임장을 작성·교부하기도 하나, 이는 당사자간에 위임계약이 존재한다는 증거 또는 수임된 사무의 처리를 하는 데 있어서 필요한 수임인이라는 증거의 수

단일 뿐이다.

(나) 無償·片務契約이 原則

위임은 단순한 노동력의 제공이 아니라 사무의 처리라는 성질을 가지고 있어 노예제도 아래에서의 로마법에서는 자유인의 노무가 당연히 그 대상이었다. 그러한 점에서 위임은 절대적으로 무상으로 하였다. 이러한 연혁적 이유로 독일 민법은 무상의 위임만 인정하나(제662조), 각국은 무상을 원칙으로 하지만 유상도 가능한 것으로 인정한다. 민법도 무상을 원칙으로 하나 당사자간의 약정에 의하여 유상으로 할 수 있도록 하였다(제686조). 그러나 오늘날 무상위임보다는 유상위임이 일반적이다. 위임이 무상이면 편무계약이나, 유상이면 쌍무계약이다.

그러나 위임은 당사자간에 깊은 인적 신뢰를 기초로 하므로 수임인의 법률상의 책임이 유상이냐 무상이냐에 따른 차이는 두지 않는다. 즉, 유상의 경우에는 책임을 무겁게 하는 것이 일반적이지만(예 : 제559조와 제612조), 위임에서는 유상·무상을 묻지 않고 동일하게 수임인에게 선량한 관리자의 주의의무를 부과하고 있다(제681조).

(2) 委任의 特質

(가) 人的 信賴

위임은 여타의 노무제공계약보다 가장 높은 인적 신뢰를 기초로 한다. 이는 위임이 위임인에 속한 사무의 처리를 그 내용으로 하며, 사무는 이를 처리하는 수임인의 인격·지능·기술 등에 따라 그 결과가 달라질 수 있기 때문이다. 이러한 높은 인적 신뢰를 바탕으로 수임인에게 선관주의의무를 요하며(제681조), 제3자에의 대행금지(제682조), 해지의 자유(제689조 1항) 등을 인정하고 있다.

(나) 代理와의 關係

타인의 사무를 처리한다는 측면에서 위임은 대리와 유사하다. 그러나 대리에서의 사무는 법률행위에 한정되나 위임은 법률행위와 비법률행위 모두가 위임의 대상이 된다는 점에서 우선 구별된다. 그런데 법률행위가 위임된 경우에는 수임인이 위임인의 대리인으로 법률행위를 하고 그 법률효과가 직접 위임인에게 귀속하는 경우가 있다. 예컨대, 특정인에게 부동산의 매도를 위탁하며 대리권을 수여하면, 이때 부동산 매매계약에 따른 법률효과는 그대로 위임인에게 귀속한다. 이와 같은 경우에는 위임과 대리가 결합한다. 그런데 이러한 경우에 위임이 되면 대리권을 수여받은 것이 되느냐가 문제된다.

위임과 대리와의 관계에 관하여는 우리 민법상 구별된다는 것이 판례와 통설이다.

그러나 이는 관념상 구별될 뿐이며, 언제나 항상 구별된다는 것이 아니라 실제상으로는 법률행위의 위임의 경우에는 위임은 당연히 대리권의 수여를 수반한다고 본다. 즉, 법률행위에 대한 위임계약이 성립하면 특약이 없는 한 위임계약의 내용에 당연히 대리권 수여의 표시(수권행위)가 있는 것으로 본다.

3. 委任規定의 通則性

민법 제680조 이하의 위임에 관한 규정은 계약관계에 있는 당사자간의 사무처리의 위탁에 관하여만 적용되는 것이 아니라, 계약관계에 의하지 아니하고 타인의 사무를 처리하는 여타의 관계에도 통칙적·보충적으로 적용된다. 즉, 위임관계가 아닌 다른 계약관계에서 사무의 처리를 하는 경우와 법률의 규정 또는 법원에 의하여 지정되어 타인의 사무를 처리하는 경우에도 위임의 규정이 준용된다. 예컨대, 조합에서의 업무집행조합원(제707조), 친권자(제919조)나 후견인(제956조)이 법률의 규정에 의하여 재산의 관리를 하는 경우, 지정후견인(제959조) 및 지정 또는 선임에 의한 유언집행자(제1103조) 등이 사무의 처리를 하는 경우에 위임관계가 성립하지 않지만 위임에 관한 규정이 준용된다.

Ⅱ. 委任의 成立

위임은 위임인과 수임인이 위임인 또는 제3자의 사무를 처리한다는 양 당사자간의 합의로써 성립한다.

판례 委任契約의 成否

①인정한 예 : 부동산이 등기부상 갑 명의로 되었다 할지라도 갑이 학생의 신분으로 유학을 갔다면 다른 특별한 사정이 없는 한 출국시에 그 부동산의 관리권한을 갑의 아버지 을에게 위임하였다고 추정하여도 무방하다(대판 1970.10.30. 70다1177).

②부정한 예 : 경찰관이 응급의 구호를 요하는 자를 보건의료기관에 긴급구호요청을 한 것을 국가와 의료기관 간에 치료행위를 위탁하고 의료기관이 승낙하는 내용의 치료위임계약이 체결된 것으로 볼 수 없다(대판 1994.2.22. 93다4472).

1. 事 務

처리의 대상이 되는 사무는 법률행위, 비법률행위, 법률행위와 비법률행위의 혼합행위 어느 것이나 모두 대상이 된다. 사무는 위임인의 것, 제3자의 것을 묻지 아니하며, 또한 처리한 사무의 이익이 누구에게 귀속되는냐도 묻지 아니한다. 그 이익이 수임인에게 돌아가는 경우에도 관계없다. 그러나 선량한 풍속 및 사회질서에 위반하는 내용의 사무는 포함되지 않음은 물론이다.

2. 事務의 處理

당해 사무의 통상적인 결과에 이르게 하는 것을 처리라 한다. 사무의 처리는 일반적으로는 당해 사무에 대한 일의 종결을 의미하여 도급에서의 일의 완성과의 구별이 쉽지 않다. 도급에서의 일의 완성이란, 일의 종결과 도급인의 주관적 판단으로서의 만족의 요소가 내포되어 있으나, 위임에서의 처리는 당해 일의 통상적인 결과에 이르기 위한 과정으로 주관적 만족의 요소는 내포되지 않는다. 또한 도급에서는 반드시 일이 종결되어야 하고 따라서 일이 종결되지 아니하면 보수가 발생하지 아니하나, 위임은 유상의 경우에도 일이 종결되지 아니하더라도 보수는 발생한다. 예컨대, 통상적인 의료계약과 변호계약은 위임이나, 완치 또는 승소의 특약이 있는 때에는 도급이 된다.

3. 委託-白紙委任

위탁이란 처리를 수임인에게 맡기는 것이다. 위임인과 수임인 사이의 인적 신뢰에 기초하여 위탁하는 것이므로, 수임인은 사무의 성질과 위임인의 지시의 범위 내에서 자기의 기능과 판단력에 따라 재량을 가지고 일을 처리한다. 그러므로 수임인의 제3자에의 재위임은 제한된다(제682조 1항). 그런데 실거래에서는 이른바 백지위임이 행하여지고 있다.

백지위임에는 위탁하는 사무의 내용 또는 사무에 대한 지시가 전연 되어 있지 않은 백지위임과 수임인이 특정되지 않은 백지위임이 있다.

전자의 경우(위임사항백지)에는 수임인이 처리할 사무의 종류 및 내용과 사무처리의 한계가 문제된다. 신의칙에 따라 사무를 처리하되 중대한 사무 또는 처리의 결과가 위임인에게 중대한 영향을 미치는 경우에는 위임인에게 별도의 지시를 받아야 할 것이다. 이 경우에는 표현대리(126조)의 문제가 생길 수 있다.

후자의 경우(수임인백지)에 위임계약은 위임장의 최후취득자가 자기 성명을 기재함으로써 위임계약이 성립된다는 것이 다수설이다. 그러나 위임계약은 위임인과 최초의 백지위임장 수령자 간에 성립하고, 그 백지위임의 내용에 복임권復任權이 수여된 것으로 보는 것이 타당하다고 생각한다(동지 : 이은). 그 이유는 수임인백지의 경우에 위임계약의 성립시기보다도 백지에 최종적으로 기재되어 수임인으로서 사무를 처리하는 자가 부적당한 자인 경우에 실제로 중요하고, 이 경우에 위임인을 보호할 필요가 있기 때문이다. 다수설에 의할지라도 백지위임장을 수령한 자는 그 다음의 수임인의 선정을 위탁받은 것으로 보아 신의칙에 따라 공평한 선정을 하여야 한다고 새길 수가 있으나(이태), 그러한 근거나 책임의 성질이 분명하지 않다. 따라서 필자와 같이 새기면 백지위임장 수령자에게 제662조 제2항에 의하여 제121조의 규정을 유추적용하여 부적임자의 선임에 관하여 일정한 책임을 추궁할 수 있을 것이다. 백지위임장이 전연 아무런 제한이 없는 위임이 아니라, 위임인과 백지위임장의 수령자간에 수임인의 선정에 관하여는 일정한 책임을 부여한 것이라고 보는 것이 당사자의 의사에도 부합한다.

Ⅲ. 委任의 效力

위임계약으로 수임인은 수임된 사무를 처리할 의무를 주된 의무로 하여 그 밖에 일의 전말에 대한 보고의무, 취득물의 인도의무 등을 지며, 위임인은 사무처리비용의 상환의무, 사무처리과정에 수임인에게 발생한 손해의 배상의무 및 유상특약의 경우의 보수지급의무가 있다.

1. 受任人의 義務

(1) 事務處理에 관한 義務 - 善管注意義務

수임인은 위임의 본지에 따라 선량한 주의로써 위임사무를 처리하여야 한다(제681조). 여기서 본지란 위임인이 위임을 하게 되는 본래의 뜻이란 말이다. 그러므로 사무의 처리는 원칙적으로 자기가 처리하여야 하고 제3자에의 대행은 금지된다.

(가) 有·無償 不問

유상·무상을 묻지 아니하고, 수임인에게 동일한 선관주의의무가 있다.

(나) 委任의 本旨

수임인(본인)에게 사무처리의 위탁을 하는 근본목적, 사무의 내용과 성질에 따라 가장 합리적으로 처리하는 것을 말한다.

판례 委任의 本旨에 좇지 아니한 경우 : 위임계약에 있어서 수임인이 위임의 본지에 좇은 업무처리를 하지 아니한 까닭에 만약 수임인이 위임의 본지에 좇은 업무처리를 하였더라면 지출하지 아니하여도 될 비용을 위임인이 지출한 경우에, 수임인의 채무불이행으로 인하여 위임인이 입게 된 손해액은 그 지출한 비용이다(대판 1996.12.10. 96다36289).

판례 善管義務 : ① 관광회사가 관광단지 조성을 위한 용지의 매수업무를 군에게 위탁하였다면 이와 같은 업무의 위탁은 민법상의 위임계약의 성질을 가진다 할 것이므로 수임받은 군으로서는 그 위임의 본지에 따라 선량한 관리자의 주의로서 그 위임 사무를 처리하여야 할 것이고 만약 위와 같은 주의의무를 다하지 아니한 업무처리를 하여 위탁자에게 손해를 끼쳤다면 수임인으로서는 그 손해를 배상할 책임이 있다(대판 1987. 10.13. 87다카1345).
② 부동산중개업자는 중개대상물건에 설정된 근저당권의 채권최고금액을 조사, 확인하여 의뢰인에게 설명할 의무는 있으나, 피담보채무액까지 조사, 확인하여 설명할 의무는 없다. 실제의 피담보채무액에 대한 그릇된 정보를 진실인 것처럼 의뢰인에게 전달한 것은 선과의무 위반에 해당한다(대판 1999.5.14.98다30667).
③ 소송을 위임받은 변호사는 위임종료단계에서 패소판결이 있었던 경우에는 의뢰인으로부터 상소에 관하여 특별한 수권이 없는 때에도 그 판결을 점검하여 의뢰인에게 불이익한 계산상의 잘못이 있다면 의뢰인에게 그 판결의 내용과 상소하는 경우의 승소가능성에 대하여 구체적으로 설명하고 조언할 의무가 있다(대판 2004.5.14. 2004다7354).
④ 세무사는 위임인인 납세자가 위임사무의 처리에 필요한 자료를 제대로 제출하지 못하는 경우에는 그 경위를 구체적으로 확인한 다음 그 결과에 따라 세무전문가의 입장에서 적절한 설명과 조언을 함으로써 위임인인 납세자가 손해를 입는 일이 없도록 할 주의의무가 있다(대판 2005.1.14. 2003다63968).

(다) 委任人의 指示

위임인의 지시가 있는 때에는 그에 따라야 함은 물론이다. 그런데 위임인의 지시가 부적당한 경우에 문제된다. 이에 관하여 독일 민법(제665조)과 스위스 채무법(제397조)에는 규정을 두고 있다. 규정이 없더라도 동일하게 새기는 것이 통설이다. 즉, 수임인은 당해 사무의 처리에 관하여 위임인보다 기능이나 판단력이 우수하며, 또한 그러한 이유로 위임이 행하여진다. 따라서 위임인의 지시에 따랐다는 것만으로 수임인이 면책되는 것이 아니라, 위임인의 지시의 적당 여부를 판단하여야 하며 부적당한 지시의 경우에는 그 사실을 고지하고 지시의 변경을 요구하여야 한다. 또한 사정이 급박하여 그럴 여유가 없는 때에는 재량으로 필요한 조치를 취할 수 있다고 본다.

* **스위스 채무법 제397조** : ① 위임인이 위임한 사무의 처리에 관하여 지시한 경우에는 수임인은 사정상 승낙을 얻기가 불가능하고 위임인이 사정을 알았더라면 승낙하였으리라고 추정된 때

에 한하여 그 지시에 위반할 수 있다.

(라) 復委任

① 自身服務의 原則

수임인은 위임인의 승낙이 있거나 부득이한 사유가 있는 경우를 제외하고는 자기에 갈음하여 제3자에게 위임사무를 처리하게 하지 못한다(제682조 1항). 위임이 개인적 신뢰를 절대적인 기초로 하는 계약이기 때문에 원칙적으로 제3자에의 사무처리의 대행을 금지시킨 것이다. 그러나 위임인의 승낙을 받아 제3자에게 대행을 시키는 것이 가능함은 물론이다. 또한 부득이한 사유가 있는 때에는 위임인의 승낙 없이 제3자의 대행이 가능하다.

여기서의 부득이한 사유란, 수임인 또는 위임인의 사유로 승낙을 얻을 수 없는 사유라는 의미이다. 예컨대, 수임인이 질병 등으로 직접 일을 처리할 수 없으며 또한 승낙을 받기에는 시간적 여유가 없이 급박한 경우 등을 의미한다.

② 適法한 復委任의 法律關係

㉮ **委任人과 受任人** : 복위임은 위임인과 수임인 간의 위임계약에 영향을 주지 않고 그대로 존속한다. 다만 적법한 복위임이 된 경우에도 수임인은 복수임인의 선임·감독에 관하여 책임을 진다. 즉, 복수임인이 위임인에게 손해를 준 경우에 수임인은 위임인에게 복수임인의 선임·감독에 대한 책임을 진다(제682조 2항, 제121조 1항). 위임인이 직접 복수임인을 지명한 경우 수임인은 복수임인이 부적임 또는 불성실한 것을 알고도 지체 없이 위임인에게 통지하지 아니하거나 또는 그 해임을 태만히 한 때에만 책임이 있다(제682조 2항, 제121조 2항).

㉯ **受任人과 復受任人間의 關係** : 위임계약관계가 성립한다. 그 위임계약관계는 위임인과 수임인간의 계약관계의 범위 내에서 효력이 있다.

㉰ **委任人과 復受任人間의 關係** : 양자 간에는 직접 위임계약관계가 있는 것과 동일한 권리의무관계가 있다(제682조 2항, 제123조 2항). 따라서 위임인은 복수임인에게 직접 사무처리나 그 전말의 보고를 청구할 수 있고, 복수임인은 비용상환 및 보수를 청구할 수 있다. 물론 이 경우에도 위임인과 수임인간의 위임계약의 범위 내에서 권리의무가 있다. 복수임인과의 사이에 권리의무가 이행된 경우에는 그 권리의무의 이행의 범위 내에서 위임인과 수임인간의 권리의무는 소멸한다.

(2) 事務處理에 附隨하는 義務

사무처리를 함에 있어서 그 상황을 보고할 의무가 있으며, 사무처리과정에서 생긴

취득물을 위임인에게 이전할 의무가 있다.

(가) 報告義務

수임인은 위임사무의 처리 후에는 지체 없이 그 전말을 위임인에게 보고할 의무가 있으며, 그 처리과정에서도 위임인의 청구가 있으면 그 상황을 보고하여야 한다(제683조).

(나) 取得物 등의 引渡·移轉義務

수임인은 위임사무처리로 인하여 받은 금전 기타의 물건 및 수취한 과실은 위임인에게 인도하여야 한다(제684조 1항). 또한 수임인이 자기의 명의로 취득한 권리는 위임인에게 이전하여야 한다(제684조 2항). 인도 및 이전의 시기에 관하여 별도의 약정이 없는 때에는 위임이 종료한 때에 하면 된다.

(다) 金錢消費의 責任

수임인이 위임인에게 인도할 금전 또는 위임인의 이익을 위하여 사용할 금전을 자기를 위하여 소비한 때에는 소비한 날 이후의 이자를 지급하여야 하며, 그 외에 손해가 있으면 배상하여야 한다(제685조).

2. 委任人의 義務

위임인은 비용을 선급하여야 하며, 그 밖에 사무처리에 부수하여 수임인에게 발생한 필요비 및 손해를 배상할 의무와 약정이 있는 경우에 보수를 지급할 의무가 있다.

(1) 費用先給義務

수임인이 위임사무의 처리를 함에 있어서 비용을 필요로 하는 경우에는 위임인은 수임인의 청구가 있는 때에 그 비용을 선급하여야 한다(제687조). 수임인의 청구에도 비용을 지급하지 않을 때에는 사무처리의 착수를 하지 않더라도 수임인의 채무불이행이 되지 않는다. 또한 수임인은 선급받은 비용의 잔액이 있는 때에는 즉시 반환하여야 한다.

(2) 必要費償還義務

위임인은 수임인이 위임사무처리에 관하여 지출한 필요비는 이자를 붙여 상환하여야 한다(제688조 1항). 수임인이 지출한 비용이 필요비인지 여부가 당사자간에 다툼이 될 수 있다. 필요비인지 여부는 객관적 판단에 의할 것이 아니라 수임인의 과실 없는 재량을 기준으로 한다는 것이 통설이다. 즉, 사후에 판단하였을 때 결과적으로는 필요 없는 지출이었을지라도 지출 당시에 수임인이 선량한 관리자의 주의로 과실 없이 판단하였다면 필요비가 된다. 사무처리에의 재량은 이를 위한 필요비 지출여부에의 재량을 포함한다고 할 수 있다.

판례 債權者代位權의 行使에서 發生한 費用 : 채권자대위권을 행사하는 경우 채권자와 채무자는 일종의 법정위임관계에 있으므로 채권자는 제688조를 준용하여 채무자에게 그 비용의 상환을 청구할 수 있다(대결 1996.8.21. 96그8).

(3) 債務의 代辨濟 및 擔保提供 義務

위임인은 수임인이 위임사무 처리과정에서 발생한 채무에 대하여는 수임인에 갈음하여 변제할 의무가 있다. 수임인이 대리인으로서 한 경우에는 위임인 자신의 채무가 되지만 대리권이 없는 경우에는 수임인의 채무가 된다(제688조 2항 전단). 이때 위임인의 변제는 제3자의 채무변제가 된다(제469조). 필요한 채무이냐 여부도 위 필요비 여부의 판단과 같이 수임인의 과실 없는 재량이 기준이 된다.

채무가 변제기에 있지 아니한 때에는 수임인의 담보제공청구가 있는 경우에는 담보를 제공하여야 한다(제688조 2항 후단).

(4) 損害賠償義務

수임인이 위임사무의 처리를 위하여 과실 없이 손해를 받은 때에는 위임인은 그 손해를 배상하여야 한다(제688조 3항). 즉, 위임인은 수임인이 위임사무 처리과정에서 귀책사유 없이 수임인에게 발생한 손해에 대하여 배상할 의무가 있다.

여기서의 손해는 위임사무가 없었더라면 수임인에게 발생하지 않았을 그러한 손해를 말한다. 예컨대, 위임사무가 타지역에 출장을 가서 처리를 하여야 하는 사무로서 그 지역에 가는 도중에 교통사고를 당하여 수임인이 피해를 입은 경우가 여기에 해당한다. 위임인의 과실 여부는 문제가 되지 아니한다.

수임인의 과실이 있는 경우에 과실상계의 적용이 있는가? 예컨대, 충분히 검토하여 심사숙고하였다면 그 지역에 가지 않아도 되었을 경우이다. 과실상계의 적용을 긍정하여야 한다.

(5) 報酬支給義務

민법상 위임은 무상이 원칙이다. 그러나 약정이 있으면 유상으로 할 수 있다. 제

686조 제1항은 수임인은 특별한 약정이 없으면 위임인에 대하여 보수를 청구하지 못한다고 규정하고 있다. 그런데 실질적으로 무상은 거의 존재하지 않고 오히려 유상이 일반적이다. 특히 위임사무가 수임인의 영업 내지 업무에 관한 것일 때에는 유상으로 보는 것이 사회통념상 적합하다. 따라서 보수에 관하여 특약이 없을 때에도 의사표시의 해석으로 그러한 특약이 있는 것으로 인정할 수 있다고 보아야 한다. 판례도 의사표시의 해석에 의한 보수의 특약을 인정한다.

판례 明示없는 報酬의 認定 : 변호사는 당사자 기타 관계인의 위임 또는 공무소의 위촉 등에 의하여 소송에 관한 행위 및 행정처분의 청구에 관한 대위행위와 일반 법률사무를 행함을 그 직무로 하고 사회통념에 비추어 현저히 부당한 보수를 받을 수 없을 뿐이므로, 변호사에게 계쟁사건의 처리를 위임함에 있어서 그 보수지급 및 수액에 관하여 명시적인 약정을 아니 하였다 하여도, 무보수로 한다는 등 특별한 사정이 없는 한 응분의 보수를 지급할 묵시의 약정이 있는 것으로 봄이 상당하다(대판 1993.11.12. 93다36882).

(가) 報酬의 額

보수의 종류 및 보수의 액에 관하여 약정이 있으면 그에 따른다. 종류에 관하여 약정이 없는 때에는 오늘날 금전으로 보아야 할 것이다. 문제는 액에 관하여 별도의 약정이 없는 경우이다. 거래의 관행, 위임사무의 내용, 사무처리의 난이도, 처리결과의 위임인에 대한 영향 등을 종합적으로 고려하여 산정하여야 할 것이다.

판례 約定없는 報酬額의 算定 : 변호사에게 계쟁사건의 처리를 위임함에 있어서 그 보수 지급 및 수액에 관하여 명시적인 약정을 아니 하였다 하여도, 무보수로 한다는 등 특별한 사정이 없는 한 응분의 보수를 지급할 묵시의 약정이 있는 것으로 봄이 상당하고, 이 경우 그 보수액은 사건 수임의 경위, 사건의 경과와 난이 정도, 소송물 가액, 승소로 인하여 당사자가 얻는 구체적 이익과 소속 변호사회 보수규정 및 의뢰인과 변호사 간의 관계, 기타 변론에 나타난 제반 사정을 참작하여 결정함이 상당하다(대판 1995.12.5. 94다50229).

(나) 報酬支給時期

특약이 없으면 위임사무처리 종료 후에 청구할 수 있다(제686조 2항 본문). 그러나 기간으로 보수를 약정한 때에는 사무처리가 종료되지 않더라도 그 기간 후에 청구할 수 있다(제686조 2항 단서).

(다) 委任途中의 終了와 報酬

위임사무의 처리 도중에 수임인의 책임 없는 사유로 위임이 종료된 때에는 이미 처리한 사무의 비율에 따른 보수를 청구할 수 있다(제686조 3항). 수임인의 책임 없는 사유에는 위임인의 귀책사유에 의한 경우와 위임인과 수임인 쌍방에게 귀책사유 없는 경우를 모두 의미한다. 수임인의 귀책사유로 위임이 도중에 종료된 때에 이미 지급된 보수가 있는 경우에는 부당이득으로 반환하여야 한다.

Ⅳ. 委任의 終了

1. 終了原因

위임은 사무처리의 종결, 당사자의 채무불이행에 의한 해지 등과 같은 계약의 일반적 종료원인에 의하는 경우 외에 당사자의 임의해지, 당사자의 사망과 파산, 수임인의 금치산선고 등으로 종료한다.

(1) 當事者의 任意解止

위임계약은 각 당사자가 언제든지 해지할 수 있다(제689조 1항). 당사자 일방이 부득이한 사유 없이 상대방의 불리한 시기에 계약을 해지한 때에는 그 손해를 배상하여야 한다(제689조 2항).

이와 같이 당사자의 자유로운 임의 해지가 인정되는 것은 위임이 개인적 신뢰관계를 기초로 하는 계약이며, 또한 위임이 연혁적으로 무상이란 점에서 나온 것으로 이해된다(곽). 그러나 오늘날의 위임은 무상보다는 유상이 일반적이라는 측면에서 본조의 타당성은 매우 의심스럽다. 본조는 유상위임에는 그 적용을 하지 않는 내용으로 개정됨이 옳다고 생각한다.

이러한 점을 고려하여 본조 제1항의 <임의해지>, 제2항의 <불리한 시기에의 해제시 손해>에 대해서는 신축적으로 해석하여야 할 것이다. 특히, 당사자간의 해지권 포기의 특약이 있는 경우, 유상위임의 경우, 위임된 사무의 상대방과도 위임이 된 경우에 구체적 타당성을 기하는 해석이 되어야 한다. 이하 문제가 되는 몇 가지를 구분하여 검토한다.

판례 委任契約上의 債務不履行을 理由로 하는 解除要件 : 수임인이 위임계약상의 채무를 제대로 이행하지 아니하였다 하여 위임인이 언제나 최고 없이 바로 그 채무불이행을 이유로 하여 위임계약을 해제할 수 있는 것은 아니고, 아직도 수임인이 위임계약상의 채무를 이행하는 것이 가능하다면 위임인은 수임인에 대하여 상당한 기간을 정하여 그 이행을 최고하고, 수임인이 그 기간 내에 이를 이행하지 아니할 때에 한하여 계약을 해제할 수 있다(대판 1996.11.26. 96다27148).

(가) 有·無償 不問, 期間約定 有無 不問

당사자는 위임이 유상이든 무상이든, 기간의 약정이 있든 없든 묻지 않고 자유로이 해지할 수 있는 것이 원칙이다. 또한 해지권을 포기한다는 특약이 있더라도 해지할 수 있다고 본다. 다만, 해지권포기특약의 불이행에 따른 손해는 본조의 손해와는 별도로 배상되어야 한다.

판례 ① 株式會社 理事의 辭任 : 주식회사와 이사의 관계는 위임에 관한 규정이 준용되므로 이사는 언제든지 사임할 수 있고, 사임의 의사표시가 대표이사에게 도달하면 그 효과가 발생한다(대판 1998.4.28. 98다8615).

② 宗中에서 理事의 辭任 : 법인격 없는 사단인 종중과 그 기관인 이사의 관계는 위임에 유사한 계약관계로서 수임자인 이사는 언제든지 사임할 수 있고, 그 효과는 대표자에게 도달함으로써 발생한다(대판 1991.5.10. 90다10247).

③ 雙方으로부터 委任받은 경우의 解止 : 등기권리자와 등기의무자 쌍방으로부터 등기절차의 위촉을 받은 사법서사는 절차가 끝나기 전에 등기의무자로부터 등기신청을 보류해 달라는 요청이 있었다 하여도 등기권리자에 대한 관계에 있어서는 그 요청을 거부해야 할 위임계약상의 의무가 있는 것이므로 등기의무자와 사법서사 간의 위임계약은 등기권리자의 동의가 없는 한 민법 제689조의 규정에 관계없이 해지할 수 없다(대판 1987.6.23. 85다카2239).

(나) 不得已한 事由 없이 不利한 時期의 解止와 不利한 時期로 인한 損害의 賠償만 責任

당사자는 해지로 인하여 상대방에게 발생한 손해에 대하여는 원칙적으로 책임이 없고, 다만 해제의 시기에서 상대방이 불리한 시기에 해제한 경우에 불리한 시기로 인해 발생한 손해에 대하여만 책임을 진다는 의미이다. 이는 수임인이 해지한 때에 위임인은 다른 자로 즉시 대체하여 사무의 처리를 맡길 수 있기 때문이며, 위임인이 해지한 때에는 수임인은 수임업무가 없어져서 자유로워진다는 것이다. 그런데 제689조는 유상과 무상을 구별하지 않고 있기 때문에 유상위임에도 그대로 적용되어 위임인이 해지하더라도 보수의 전액을 청구할 수 없고, 수임인이 해지한 경우에도 위임사무의 처리지연에 따른 손해를 청구할 수 없다는 것이 된다. 이러한 결과는 타당하지 못하다. 그러나 본조 아래에서 이러한 타당하지 못한 결과를 다소나마 해소하기 위하여는 제2항의 <불리한 시기의 손해>를 탄력적으로 해석하는 수밖에 없을 것이다.

본조는 해지가 상대방의 불리한 시기에 행하여져서 그러한 불리한 시기 때문에 발생한 손해에 대하여만 배상의무를 인정한다. 예컨대, 일이 긴박하게 처리되는 도중에 위임인이 다른 수임자를 찾을 시간적 여유를 주지 않고 위임인이 갑자기 계약을 해지하여 일이 중단됨으로써 일의 처리기간이 도과되고, 그로 인하여 위임인에게 발생한 손해 등이 이에 해당한다. 따라서 사무의 성질상 그러한 것이 아닌 경우에는 손해의 배상은 생길 여지가 없다. 판례는 매매중개위임은 해지로 인하여 손해의 발생이 없다고 하였다.

한편, 위임인이 해지한 때에는 무상인 경우에는 해지로 인하여 수임인에게 발생할 손해란 없을 것이나, 유상인 경우에는 문제가 된다. 예컨대, 수임을 하는 기회가 많을 때 다른 자와의 위임을 배제하고 수임을 하여 일을 처리하는 도중에 위임인이 해지하였으나, 해지된 때에는 다른 일을 수임할 기회가 거의 없는 유휴기간이어서 수임을 맡지 못하고 이로 인하여 손해가 발생한 경우가 여기에 해당된다. 이 경우에도 본조가 배상되어야 할 손해를 제한하므로 유상의 수임자는 해지로 보수전액을 받지 못하더라도 그것이 여기서의 배상되어져야 할 손해가 되는 것은 아니다. 따라서 수임자는 다른 수임사건을 맡을 수 없는 유휴시기에 해지된 데 대한 손해만 청구할 수 있다.

비록 상대방에게, 불리한 시기에 해지함으로써 손해가 발생하였더라도 그 시기에 해지할 수밖에 없는 부득이한 사유가 있는 때에는 손해배상은 면제된다. 여기서의 부득이한 사유에 대한 귀책사유 유무는 묻지 아니한다.

판례 委任의 解止와 不利한 時期 與否 : ① (有·無償 불문 解止 가능) 민법상의 위임계약은 그것이 유상계약이든 무상계약이든 당사자 쌍방의 특별한 대인적 신뢰관계를 기초로 하는 위임계약의 본질상 각 당사자는 언제든지 이를 해지할 수 있고, 그로 말미암아 상대방이 손해를 입는 일이 있어도 그것을 배상할 의무를 부담하지 않는 것이 원칙이며, 다만 상대방이 불리한 시기에 해지한 때에는 그 해지가 부득이한 사유에 의한 것이 아닌 한 그로 인한 손해를 배상하여야 하나, 그 배상의 범위는 위임이 해지되었다는 사실로부터 생기는 손해가 아니라 적당한 시기에 해지되었더라면 입지 아니하였을 손해에 한한다고 볼 것이다.
② (不利한 時期 與否) 건물임대중개의 완료를 조건으로 중개료 상당의 보수를 지급받기로 하는 내용의 계약과 같은 유상위임계약에 있어서는 시기 여하에 불문하고 중개완료 이전에 계약이 해지되면 당연히 그에 대한 보수청구권을 상실하는 것으로 계약 당시에 예정되어 있어 특별한 사정이 없는 한 해지에 있어서의 불리한 시기란 있을 수 없으므로, 수임인의 사무처리 완료 전에 위임계약을 해지한 것만으로 위임인에게 불리한 시기에 해지한 것이라고 볼 수는 없어 중개인은 임대중개의뢰를 받은 건물 전체에 대한 중개가 가능하였음을 전제로 기대중개료 상당의 손해배상청구를 할 수 없다(대판 1991. 4.9. 90다1869).

(다) 解止權拋棄의 特約

당사자간에 해지권을 행사하지 않겠다는 특약은 원칙적으로 유효하다. 그러나 특약이 사회질서에 위반되거나 탈법행위가 되는 경우에는 유효하지 않음은 물론이다. 그런데 그 밖의 경우가 문제이다.

위임이 특히 위임인의 수임인에 대한 개인적 신뢰를 절대적인 기초로 하므로 수임인의 배신적 행위에 대하여도 해지를 할 수 없다는 것은 위임의 본질에 어긋나기 때문에 해지권 포기의 특약은 위임인에 대하여는 효력이 없다는 견해가 있다(곽). 그러나 유상위임에서는 상대방의 보수가 문제되는데 특약이 효력이 없어 중도에서 위임인이 해지하더라도 보수지급의무는 면하지 못한다고 보아야 한다. 이 경우에는 일의 진행도에 비례하여 보수를 지급하여야 한다고 보아야 한다(동지 : 김주). 즉, 제686조 제3항이 유추적용되어야 한다.

무상인 경우에는 수임인에 대하여 부당한 구속을 하는 것이므로 이것도 무효라고 보아야 한다. 유상위임에서는 위 특약이 유효하다고 보아야 한다. 그러나 유효하다는 것은 해지를 할 수 없는 것이 아니라 해지한 경우에는 해지로 인한 손해를 배상하겠다는 의미를 가진 것으로 보아야 한다.

결국 해지권포기특약은 쌍방에게 무효라고 보아야 하는데, 다만 유상위임에서의 그러한 특약은 해지하는 경우에 제689조 제2항과는 관계없이 별도로 해지로 인한 손해에 대하여 배상을 하겠다는 의사로 새겨야 한다.

판례 解止權抛棄特約의 有償委任에서 任意解止 : 기본급 수당 등을 받기로 하는 유상위임에서 수임인의 지위를 보장하기 위하여 계약기간 중의 해지권 행사 불가 특약이 있는 경우에도, 위임인은 해지 자체는 정당한 이유 없이 할 수 있어도 정당한 이유 없이 해지한 경우에는 상대방인 수임인에게 그로 인한 손해를 배상할 책임 있다(대판 2000.4.25. 98다47108).

(라) 委任된 事務의 相對方과 委任契約이 된 경우는 相對方의 同意 요함

위임자와 그 위임된 사무의 상대방인 제3자 양쪽으로부터 각각 위임이 된 경우에, 어느 일방의 해지는 효력을 갖지 못한다고 보아야 한다. 이때에는 제3자(상대방)의 동의도 받아야 해지할 수 있다고 본다. 판례는 등기권리자와 등기의무자 각각의 위임에 의하여 등기사무처리의 위탁을 받은 법무사에 대하여 일방과의 위임계약을 해지하기 위하여는 상대방인 제3자의 동의를 요한다고 하였다.

판례 3面契約에 의한 委任에서 一方의 解止는 無效 : 3면 위임계약은 계약의 성질상 민법 제689조 제1항 규정에 관계없이 일방이 해지하려면 다른 일방의 동의 등 특별한 사정이 없는 한 해지할 수 없다(위 소개한 사법서사의 등기절차이행 위임)(대판 1987.6.23. 85다카2239).

(2) 當事者의 死亡·破産·受任人의 禁治産宣告

위임은 당사자 일방의 사망 또는 파산으로 인하여 종료한다(제690조 전단). 그런데 위임인의 사망에 있어서 위임사무가 상속인에게 승계되는 성질의 사무인 경우에는 사망으로 위임이 종료한다고 볼 것은 아니다(곽). 상속인이 해지할 필요가 있다면 제689조에 의하여 해지하는 것으로 족하다. 수임인이 금치산선고를 받은 때에는 위임은 종료한다(제690조 후단). 그러나 위임인의 금치산선고는 위임종료의 사유가 아니다.

2. 委任終了時의 特則

(1) 委任終了時의 緊急處理

위임종료의 경우에 급박한 사정이 있는 때에는 수임인 또는 그 상속인이나 법정대리인은 위임인 또는 그 상속인이나 법정대리인이 위임사무를 처리할 수 있을 때까지 그 사무의 처리를 계속하여야 한다(제691조). 이 경우에는 위임의 존속과 동일한 효력이 있다. 위임사무의 성질 또는 사무처리의 경과에 따라서는 사무처리 도중의 중단이 사무처리에 중대한 영향을 주어 위임인에게 손해를 발생시킬 가능성이 있다. 이러한 손해를 방지하기 위하여 수임인에게 위임이 종료되었을지라도 즉시 위임사무에서 손을 뗄 것이 아니라 긴급하게 처리하여야 할 것은 처리를 하여야 할 의무를 부여한 것이다. 급박한 사정이 해소된 경우이거나 사무를 처리할 후임자가 생긴 경우에는 긴급처리의무를 면한다.

판례 任期滿了 任員의 後任者 選定 때까지 職務遂行與否 : 민법상 법인의 이사나 감사 전원 또는 그 일부의 임기가 만료되었음에도 불구하고 그 후임이사나 감사의 선임이 없고, 잔여 다른 이사나 감사만으로는 정상적인 법인의 활동을 할 수 없는 경우, 후임자가 선임될 때까지 임기만료된 이사나 감사는 종전의 직무를 수행할 수 있다(대판 1998. 12.23. 97다26142).

(2) 委任終了의 對抗要件

위임종료의 사유는 이를 상대방에게 통지하거나 상대방이 이를 안 때가 아니면 이로써 상대방에게 대항하지 못한다(제692조). 본조의 상대방은 위임계약의 상대방, 즉 위임인과 수임인을 말한다. 실제로는 위임인이 수임인에게 대항하지 못하는 경우이다. 예컨대, 위임인이 사망하거나 파산하면 위임은 종료되는데, 위임이 종료된 사실을 모르고 수임인이 계속하여 위임사무를 처리한 경우에 그 기간 동안의 비용 및 보수에 대하여는 위임이 계속 존속하는 것으로 본다는 의미이다. 따라서 본조는 위임이 해지의 통고로 종료한 때에는 적용이 없다.

V. 特殊한 委任 - 醫療契約

실제 사회에서 사무처리의 위탁이 행하여지는 것은 의사에의 질병치료, 변호사에의 소송의뢰, 제3자에의 부동산의 매도나 매수위탁, 법무사에의 등기절차이행 의뢰, 유아의 보호위탁 등이며, 그러한 목적을 위한 당사자간의 계약은 본질이 위임인 비전형계약이다. 이에 관하여는 그 업무를 수행하는 자의 자격이나 기본적인 의무에 관하여는 개별법(특별법)으로 규정하고 있으나, 그러한 개별법도 당사자간의 사법적 규율에 관하여는 전혀 규정이 없다. 더욱이 의료에 관한 문제는 우리 사회에서 그 어느 것보다 중요하며, 그에 따른 분쟁이 끊이지 않고 있어 그 입법적 해결이 시급히 요망된다.

1. 醫療契約의 意義와 法的 性質

(1) 意 義

의료계약은 의사가 환자에 대하여 병의 진료 및 치료를 하기로 하고, 환자가 그에 대한 대가를 지급하기로 약정함으로써 성립하는 계약이다. 의료계약에 의하여 의사는 환자를 진료하고 치료하여야 할 (의료)의무가 생기며, 환자는 그에 대한 대가인 보수를 지급하여야 할 의무가 생긴다.

(2) 法的 性質

(가) 諾成·不要式契約

환자의 청약과 의사의 승낙으로써 성립하는 낙성·불요식계약이다. 의료관행상 진료신청서나 기타의 서류를 작성하나 이는 하나의 관행일 뿐 의료계약이 요식계약인 것은 아니다.

(나) 有償契約·雙務契約

의사의 의료의무와 보수는 견련성을 가지는 대가관계에 있다. 보수에 대한 별도의 합의가 없는 경우에도 의료관행이나 사회통념상 유상으로 보수를 지급하여야 한다. 다만 보수가 없다는 특약이 있는 경우에만 무상계약이다.

따라서 무상의 특약이 없는 경우 의료계약은 유상·쌍무계약이다. 의료계약이 쌍무계약인 때에 쌍무계약의 법률효과인 동시이행의 항변권과 위험부담은 어떻게 적용되는지가 문제된다.

보수의 지급에 선급의 특약이 없는 경우에는 후급으로, 이때에는 동시이행의 항변권이 원칙적으로 문제가 되지 않는다. 그러나 후급에서도 계속적 진료의 경우에는 의료가 종료된 후에 일괄하여 보수를 청구하는 것이 아니라 일정한 기간을 두어 분할하여 청구하는 것이 관행이다. 이러한 경우에 앞의 의료보수를 지급하지 않은 것을 이유로 그 다음의 의료를 거절할 수 있는지가 문제된다. 즉, 보수의 지급이 선급인 경우 또는 후급인 경우에 보수의 부지급을 이유로 그 다음의 의료행위의 제공을 거절할 수 있는가? 의사의 의료행위는 공익적 의무인 점에서 의료법 제16조는 진료의 거부를 금지하나, 정당한 이유가 있는 때에는 예외로 하고 있다. 문제는 보수의 부지급을 의료법 제16조의 진료를 거부할 수 있는 정당한 이유라고 볼 수 있느냐는 것인데, 부정하여야 한다. 따라서 <u>의사는 환자의 보수부지급을 이유로 의료의 제공을 거절할 수 없다고 보아야 한다.</u>

의료계약에서도 위험부담의 원칙(제537조)이 적용된다. 그런데 의료계약에서 위험부담이 문제되는 경우는 환자가 사망한 경우이다. 사망으로 인한 급부장애가 이행불능에 의한 것인지 또는 수령불능에 의한 것인지에 따라 다르겠으나, 의료개시 전에 환자가 사망한 경우는 수령불능이지만 사망이란 환자가 지배할 수 없는 원인이기 때문에 환자의 사망은 쌍방에 책임 없는 사유가 되어 보수지급의무는 소멸한다.

(다) 委任을 本質로 하는 非典型契約

의료계약은 의사의 노무를 제공하는 노무제공계약이다. 이러한 의료계약의 법적 성질에 관하여는, 의료행위는 사람을 대상으로 하는 특별한 행위로서 사무가 아니라는 점에서 위임과는 그 성질을 달리하는 특수한 계약인 무명계약이라는 견해가 있으나(김현태), 위임계약이라는 견해가 절대 다수이다. 즉, 의료계약은 의사에게 요구되는 임상의학상의 지식과 기술을 이용하여 신속히 환자의 질병의 원인 내지 병명을 적확하게 진단하고 그에 따라 적의의 치료행위를 한다는 사무처리를 목적으로 하는 위임계약이다. 이는 의료계약이 현행 민법상의 전형계약 가운데 위임에 가장 유사한 계약이라는 의미일 뿐 위임의 규정이 전면적으로 적용된다는 것은 아니다. 위임의 자기복무의 원칙(제682조), 보고의무(제683조), 임의해지(제689조) 등의 많은 규정이 의료계약에는 적용될 여지가 없다.

그런데 의료계약이 위임이라는 것은 통상적인 의료계약을 말하는 것으로 완치의 특약이 있는 경우나 치과의사와의 교정치료·썩은 이를 발치하는 것, 또는 외과의사와의 간단한 수술(맹장수술), 성형수술 등과 같은 경우는 위임이 아니라 도급이 된다.

2. 醫療契約의 成立 - 契約의 當事者

(1) 醫療機關 開設者 - 醫師

의료계약은 당사자의 합의로써 성립하여 계약의 당사자가 의료계약상의 채권·채무를 짐은 당연하다. 그런데 개인개업의사의 경우에는 의료기관개설자와 담당의사가 동일인이므로 계약의 당사자가 곧 의료계약상의 채권·채무자이다. 그러나 종합병원이나 의료원과 같은 경우에는 의료기관개설자가 의사를 고용하여 의료를 담당시킨다. 이 경우에는 의료계약의 당사자는 의료기관개설자이며, 담당의사는 이행보조자라고 보는 것이 통설이다.

(2) 患 者

의료계약의 일방당사자인 환자는 계약의 일반법리에 의하여 행위능력자이어야 하는가? 이는 환자가 행위능력자인 경우에는 본인이 직접 계약의 당사자로서 문제될 것이 없는데, 미성년자나 유아 또는 의식불명자와 같은 행위무능력자 또는 의사무능력자의 경우에 문제된다.

우선 행위능력을 요하느냐에 관하여 의료계약은 거래행위와는 달라 자기의 생명·건강에 관한 문제로서 의사능력만으로 충분하다는 견해가 있다(곽, 서광민). 즉, 의료계약에는 의사능력만 있으면 되고 행위능력을 요하지 않는다는 견해이다.

이는 행위능력에 관한 민법의 일반원칙을 그대로 인정하면 의료계약도 취소할 수 있고, 그러한 경우에는 이미 이행된 의료에 대하여는 부당이득으로 해결하여야 하는 불합리한 경우가 있기 때문이다.

필자는 사실상의 급부의 제공에 대하여 계약이 유효한 것과 같은 채권·채무관계가 성립한다는 일종의 사실적 계약관계론을 인정하기 때문에, 의료계약에 민법의 행위능력에 관한 일반원칙의 예외를 인정할 필요가 없다고 본다(동지 ; 김천수).

그러나 친권자 등의 법정대리인이 행위무능력자를 동반한 때에는 친권자를 계약의 당사자로 하는 제3자를 위한 계약으로 보는 것이 좋을 것이다. 이는 환자에게 행위능력을 요하지 않는다고 하더라도 의사의 보수의 담보를 위하여 그렇게 보는 것이 좋다(곽).

의사능력 없는 유아나 의식불명자의 경우에 친권자 등과 같은 법정대리인 또는 근친자가 동반한 때에는 제3자를 위한 계약으로 볼 수 있는데, 인근 주민이나 경찰관 등이 환자를 데려온 경우에 어떻게 볼 것인지가 문제된다. 이 경우에 의사와 환자는 사무관리, 의사와 그 타인 사이는 무권대리, 타인과 환자 사이에는 사무관리의 법리가 적용된다는 견해가 있다(김천수).

그러나 의사와 타인 사이에 무권대리를 인정하면 본인이 추인을 하지 않는 경우에는 그 타인이 보수에 대하여 책임을 져야 하기 때문에(제135조 참조) 부당한 결과가 나올 수 있다. 따라서 의사와 환자, 환자와 타인 사이에는 사무관리가 성립하나, 의사와 타인 사이에는 여하한 책임도 없다고 보아야 할 것이다.

3. 醫療契約의 效力

(1) 醫師의 義務

(가) 診療·治療債務－手段債務

의사의 주된 급부의무는 진료와 치료를 하여야 할 의무이다. 이러한 의무는 질병의 완치라는 결과를 달성하는 결과채무가 아니라, 환자의 질병의 치료를 위하여 선량한 관리자의 주의의무로써 현재의 의료수준에 비추어 재량으로 적절한 진료조치를 다하여야 할 채무인 이른바 수단채무이다. 따라서 의사가 현재의 의학수준에 비추어 적절한 의료를 제공하였다면 비록 완치를 하지 못한 것은 물론이고, 부작용이 생긴 경우에도 의료채무는 이행한 것이 된다.

의사는 환자의 진료 및 치료를 하여야 할 주된 급부의무를 이행함에 있어 당해 치료행위에 대한 설명을 하여야 하며(특히 불가피하게 발생하는 부작용 등), 환자에 대한 일정한 주의사항 및 추가적으로 하여야 할 사항 등을 고지하고 설명하여야 하며, 자기의 설비나 능력이 부족한 경우에는 다른 의료기관으로 이송을 권유하여야 한다. 이러한 부수적 의무는 선량한 관리자의 주의의무의 구체적인 내용이 된다.

판례 醫師의 注意義務의 基準 : 의사가 진찰·치료 등의 의료행위를 함에 있어서는 사람의 생명·신체·건강을 관리하는 업무의 성질에 비추어 환자의 구체적인 증상이나 상황에 따라 위험을 방지하기 위하여 요구되는 최선의 조치를 취하여야 할 주의의무가 있고, 의사의 이와 같은 주의의무는 의료행위를 할 당시 의료기관 등 임상의학 분야에서 실천되고 있는 의료행위의 수준을 기준으로 삼되, 그 의료수준은 통상의 의사에게 의료행위 당시 일반적으로 알려져 있고 또 시인되고 있는 이른바 의학상식을 뜻하므로 진료환경 및 조건, 의료행위의 특수성 등을 고려하여 규범적인 수준으로 파악되어야 한다(대판 1998.7.24. 98다12270).

판례 醫療契約上의 醫師의 債務의 內容 : 의사가 환자에게 부담하는 진료채무는 질병의 치유와 같은 결과를 반드시 달성해야 할 결과채무가 아니라 환자의 치유를 위하여 선량한 관리자의 주의의무를 가지고 현재의 의학수준에 비추어 필요하고 적절한 진료조치를 다해야 할 책무, 이른바 수단채무라고 보아야 하므로 진료의 결과를 가지고 바로 진료채무불이행사실을 추정할 수는 없으며 이러한 이치는 진료를 위한 검사행위에 있어서도 마찬가지이다(대판 1988.12.13. 85다카1491).

판례 醫師의 過失 判斷基準 및 轉院勸告 義務 : 의사가 진찰·치료 등의 의료행위를 함에 있어서는 사람의 생명·신체·건강을 관리하는 업무의 성질에 비추어, 환자의 구체적인 증상이나 상황에 따라 위험을 방지하기 위하여 요구되는 최선의 조치를 행하여야 할 주의의무가 있고, 의사의 이와 같은 주의의무는 의료행위를 할 당시 의료기관 등 임상의학 분야에서 실천되고 있는 의료행위의 수준을 기준으로 판단하여야 하며, 특히 진단은 문진·시진·촉진·청진 및 각종 임상검사 등의 결과에 터잡아 질병 여부를 감별하고 그 종류, 성질 및 진행 정도 등을 밝혀내는 임상의학의 출발점으로서, 이에 따라 치료법이 선택되는 중요한 의료행위이므로 진단상의 과실 유무를 판단함에 있어서는 그 과정에 있어서 비록 완전무결한 임상진단의 실시는 불가능하다고 할지라도 적어도 임상의학 분야에서 실천되고 있는 진단 수준의 범위 내에서 그 의사가 전문 직업인으로서 요구되는 의료상의 윤리와 의학지식 및 경험에 터잡아 신중히 환자를 진찰하고 정확히 진단함으로써 위험한 결과 발생을 예견하고 그 결과 발생을 회피하는 데에 필요한 최선의 주의의무를 다하였는지 여부를 따져 보아야 하고, 아울러 의사에게는 만일 당해 의료기관의 설비 및 지리적 요인 기타 여러 가지 사정으로 인하여 진단에 필요한 검사를 실시할 수 없는 경우에는 특단의 사정이 없는 한 당해 환자로 하여금 그 검사를 받을 수 있도록 해당 의료기관에 전원轉院을 권고할 의무가 있다(대판 1998.2.27. 97다38442).

(나) 說明義務

치료행위과정에서 의사는 재량을 가지고 의료를 제공하나, 치료행위에서 선택을 요하는 경우가 있다. 그러한 경우에 환자가 어느 방법을 택할 것인가를 결정하기 위하여는 의사의 설명이 기초가 된다. 따라서 의사는 선택을 요하는 중대한 의료행위에 대하여는 환자에게 설명하여야 한다. 이는 개별치료행위에 부수하여 발생하는 설명의무가 아니라 선택적 치료의 경우에 환자의 선택을 위한 독립적 설명의무이다. 예컨대, 물리치료와 수술 중에서 선택할 수 있음에도 설명 없이 수술을 한 경우에는 그 수술에 해당하는 보수는 생기지 않는다고 보아야 한다.

판례 醫師의 說明義務의 內容 : ① 백내장 수술에 따른 후유증인 망막박리의 발생 가능성에 대한 의사의 설명의무 위반을 이유로 위자료 청구를 인정한 사례 : 일반적으로 의사는 환자에게 수술을 시행하는 과정 및 그 후에 나쁜 결과가 발생할 개연성이 있는 의료행위를 하는 경우에 있어서는, 응급환자의 경우나 그 밖의 특별한 사정이 없는 한, 진료계약상의 의무로서 또는 수술에 대한 승낙을 얻기 위한 전제로서 당해 환자나 법정대리인에게 질병의 증상, 치료 방법의 내용 및 필요성, 발생이 예상되는 위험 등에 관하여 당시의 의료수준에 비추어 상당하다고 생각되는 사항을 설명하여 당해 환자가 그 필요성이나 위험성을 충분히 비교해 보고 그 의료행위를 받을 것인가의 여부를 선택할 수 있도록 하여야 할 의무가 있을 뿐만 아니라, 그 진료 목적의 달성을 위하여 환자 또는 그 보호자에 대하여 요양의 방법 기타 건강관리에 필요한 사항을 상세히 설명하여 후유증 등에 대비하도록 할 의무가 있으며, 한편 의료행위로 인하여 중대한 결과가 발생하여 환자가 의사의 설명의무 위반으로 인한 위자료를 청구하는 경우에도 환자에게 발생한 중대한 결과가 의사의 의료행위로 인한 것이어야 한다(대판 1997.7.22. 95다49608).

② 자궁암검사 의뢰인에 대하여 후유증에 대한 아무런 설명 없이 곧바로 조직검사까지 행한 것이 불법행위에 해당할 여지가 있다고 본 사례 : 정기검사 시기에 맞추어 자궁암검사를 의뢰하기 위하여 처음 찾아온 의뢰인에게 세포진검사와 질확대경검사를 실시하였을 뿐 아니라 조직검사로 인하여 발생할지도 모르는 후유증에 대하여 아무런 설명도 없이 조직검사까지 실시한 의사의 행위가 과잉진료 내지 설명의무 위반의 불법행위에 해당할 여지가 있다(대판 1998.3.27. 97다56761).

③ 설명의무는 그 의료행위에 따르는 후유증이나 부작용 등의 위험발생 가능성이 희박하다는 사정만으론 면제될 수 없다(대판 2002.10.25. 2002다48443).

(다) 秘密維持義務

의사는 진료과정에서 알게 된 환자에 관한 비밀을 타인에게 누설하여서는 아니 되며(의료법 제19조), 또한 환자에 대한 기록을 타인에게 열람시키거나 탐지에 응하여서는 아니 된다(동법 제20조).

(2) 患者의 義務

(가) 報酬支給義務

의료계약은 기술한 바와 같이 유상을 원칙으로 하므로 보수를 지급하지 않는다는 특약이 없는 한 환자는 보수를 지급하여야 한다.

보수의 지급에 관하여 특약이 없는 한 후급이 원칙이다. 계속적 의료제공의 경우에 일반적으로 1주일 단위로 의료비(보수) 청구를 하는데, 이 경우에 지급청구 받은 보수에 대하여는 그에 따른 이행기가 도래한다.

보수지급의무자는 환자이지만 환자 자신이 무자력자인 경우에 의사의 보수확보가 문제된다. 환자가 경제능력 없는 미성년자나 유아인 경우 또는 의료행위 개시 시에 의식불명자의 경우 등에서 문제된다. 환자가 미성년자 또는 유아로서 친권자가 동반한 때에는 기술한 바와 같이 대리인에 의한 계약으로 볼 것이 아니라 제3자를 위한 계약으로 보아 친권자를 보수지급의무자로 보아야 할 것이며, 의식불명자로서 배우자나 근친자가 동반한 경우에는 제3자를 위한 계약으로 볼 수 있으나 그렇지 아니한 경우에는 사무관리로 볼 수밖에 없다. 그런데 환자가 미성년자나 의식불명자로서 친권자 또는 근친자가 동반한 경우에 실제로는 보증인이 되기를 요구 받기 때문에, 이처럼 보증인으로 된 경우에는 대리인에 의한 계약으로 보더라도 의사의 보수는 확보된다.

(나) 協力義務

환자는 의사의 의료행위에 포괄적으로 협조하여야 할 의무가 있다. 즉, 의사의 지시를 준수하여야 하며, 자기의 질병의 내용 및 그 경과 등에 대하여 의사의 질문에 성실하게 답변하여야 할 의무가 있다. 이러한 의무의 불이행은 의사에 대한 독자적인 채무불이행으로서의 손해배상책임이 생기는 것이 아니라, 그로 인한 의료상의 문제에 대하여 의사에게 책임을 물을 수 없다는 불이익으로 돌아간다(김천수,석희태).

4. 醫療過誤 責任

진료채무의 불이행에 의한 책임은 본질이 불완전이행책임으로, 채무불이행책임의 법리가 적용된다. 따라서 채무자인 의사가 본인의 진료채무의 불완전이행에 관하여 고의 또는 과실이 없음이나, 본인의 진료행위와 손해의 발생 사이에 인과관계가 없음을 입증하여야 면책된다. 한편, 채권자인 환자는 그에 앞서 의사의 진료행위가 불완전, 즉 이행이 완전하지 못 하였음을 입증하여야 하는데, 이 점에서 환자의 입증능력이 문제된다. 이러한 점으로 보아, 의료과오책임을 불법행위책임이 아닌 계약책임으로 구성한다고 하여 단순히 환자에게 유리하게 되는 것은 아니다. 결국, 누구에게 무엇에 대한, 어느 정도의 입증책임을 지우느냐가 관건이 된다. 의료행위의 특수성에 따라 입증책임을 법률에 의하여 별도로 규율하는 것이 타당하다. 이에 대한 법률이 특별히 없는 상태에서 판례는 의사의 설명의무를 강화한다든지, 환자에게는 채무의 불완전이행에 대한 입증의 정도를 완화한다든지(개연성), 의사에게 인관관계 없음의 입증부담을 지운다든지 하는 것으로 운용하고 있다.

(이에 관하여는 불법행위편에서 별도로 자세하게 후술한다.)

판례 醫療過誤에서 立證責任, 立證程度 : 의료행위에 관하여 주의의무 위반으로 인한 불법행위 또는 채무불이행으로 인한 책임이 있다고 하기 위하여는 의료행위상 주의의무의 위반, 손해의 발생 및 주의의무 위반과 손해발생사이의 인과관계의 존재가 전제되어야 함은 물론이나, 의료행위가 고도의 전문적 지식을 필요로 하는 분야이고 그 의료행위의 과정은 대개의 경우 환자 본인이 그 일부를 알 수 있는 외에 의사만이 알 수 있을 뿐이며, 치료의 결과를 달성하기 위한 의료기법은 의사의 재량에 달려있기 때문에, 손해의 직접적인 원인이 의료상의 과실로 말미암은 것인지 여부는 의사가 아닌 보통인으로서는 도저히 알 수 없는 특수성이 있어서 환자측이 의사의 의료행위상 주의의무 위반과 손해 발생 사이의 인과관계를 의학적으로 완벽하게 입증한다는 것은 극히 어려운 일이므로, 의료사고가 발생한 경우 피해자측에서 일련의 의료행위 과정에서 저질러진 일반인의 상식에 바탕을 둔 의료상의 과실이 있는 행위를 입증하고 그 결과 사이에 의사의 의료행위 외에 다른 원인이 개재될 수 없다는 점, 이를테면 환자에게 의료행위 이전에 그러한 결과의 원인이 될 만한 건강상의 다른 원인으로 말미암은 것이라는 입증을 하지 아니하는 이상, 의료상의 과실과 결과 사이의 인과관계를 추정하여 손해배상책임을 지울 수 있도록 입증책임을 완화하는 것이 손해의 공평타당한 부담을 그 지도원리로 하는 손해배상제도의 이상에 맞는다(대판 2003.1.24. 2002다3822).

5. 醫療契約의 終了

의료계약은 일반적으로는 기간의 약정이 없다. 따라서 의료목적이 달성되거나 또는 그 목적달성이 불능한 때에 종료한다. 그 밖에 일방의 임의의 해지로 종료한다(제689조 참조). 그러나 의사의 해지는 진료거부에 해당하여 의료법에서 금지된다. 반면에 환자는 임의로 자유롭게 해지할 수 있으며, 그 동안의 보수에 대하여 지급하여야 함은 물론이다.

第13節 任 置

I. 序 說

1. 任置의 意義

임치는 당사자 일방(임치인)이 상대방(수치인)에게 금전이나 유가증권 기타 물건의 보관을 위탁하고, 상대방이 이를 승낙함으로써 성립하는 계약이다(제693조). 임치는 고용, 도급, 위임과 함께 타인의 노무를 이용하는 계약이지만 노무의 내용이 물건의 보관이라는 특정한 노무라는 점에서 여타의 노무제공계약과 우선 구별될 수 있다. 그러나 위임이 사무의 처리로서 그 사무의 내용이 보관인 경우에는 위임과 임치는 동일하게 된다. 구별하면, 노무의 내용이 당해 물건의 보관에 한정되면 임치이고, 보관과 그에 따른 유지보수 등을 내용으로 하면 위임이 된다. 따라서 위임은 보관이 주된 노무가 되지 않고 다른 노무의 내용에 부속되어 보관이 따르게 된다.

인간이 생활하면서 자기의 물건을 타인에게 일시적으로 위탁하여 보관하게 할 필요성은 과거에나 오늘날에나 항상 있어 왔다. 특히 사람의 활동범위가 넓어지고 그에 따른 사람과 물건의 이동이 빈번한 오늘날은 물건을 타인에게 위탁하여 보관할 필요성이 더욱 클 뿐만 아니라 그 중요성이 증대되고 있다. 이러한 보관에 대한 필요성과 중요성이 증대됨에 따라 위탁보관을 영업으로 하는 전문직종이 발달하고, 또한 이를 규율하는 독립된 법규가 마련되고 있다. 금전과 유가증권의 보관을 위하여 은행을 비롯한 각종 금융기관, 금전 외 기타의 물건의 보관을 위한 전문창고업 등이 그것이며, 금융기관에 관하여는 기본법인 은행법 외의 각종의 금융관계법령이 있으며, 창고업에 관하여는 기본적으로 상법의 규율을 받고 있다. 또한 공중접객업자가 객의 물건을 일시적으로 임치 및 보관한 경우에 관하여는 상법 제151조 이하가 적용된다.

이러한 것들도 본질은 임치로서, 민법의 임치에 관한 규정의 적용이 있을 것이나, 개별법이 특별법으로서 민법이 적용될 여지가 없거나 개별법령이 없는 경우에도 민법의 임치에 관한 규정이 상세하지 못하여 실제로 적용되어질 내용은 거의 없다.

따라서 민법의 임치에 관한 규정은 위에서 언급한 금융기관과의 예금계약 또는 전문창고업자와의 창고계약, 공중접객업소에의 임치 내지 보관을 제외한 그 밖의 사인간의 금전 기타 물건의 보관위탁에 적용되어질 뿐이다. 그런데 사인간의 보관위탁의 경우에도 많은 경우에 친척이나 친구와 같은 관계에서 물건의 위탁보관을 하게 되는데, 그러한 경우에 과연 계약관계로서의 임치관계인지 아니면 단순한 호의관계에 지나지 않는지가 구별되어져야 한다. 당사자간에 법률관계로서의 임치관계가 인정되기 위하여는 구체적인 경우에 따라 사회통념 및 거래관행 등에 의하여 판단될 것이지만 그러한 법률관계를 성립시킨다는 최소한의 당사자의 의사는 있어야 된다.

2. 任置의 法律的 性質

임치는 금전이나 유가증권 기타 물건의 보관을 목적으로 하는 낙성·불요식계약이다. 또한 임치계약의 연혁적 이유로 무상·편무계약이 원칙이나, 특약이 있는 때에는 유상·쌍무계약이 되며, 오늘날에는 오히려 유상이 보편적이다.

Ⅱ. 任置의 成立

1. 合 意

임치는 임치인과 수치인의 목적물의 보관에 대한 합의로써 성립하는 낙성계약이다. 보통의 경우에는 목적물을 실제로 수치인의 지배영역 내에 인도하면서 합의를 하는 것이 되는데, 그러한 의미에서 독일 민법(제688조)과 일본 민법(제657조)은 임치를 요물계약으로 하고 있으나 우리 민법은 스위스 채무법(제472조)을 본받아 낙성계약으로 하고 있다. 따라서 민법상의 임치는 당사자의 합의만으로 계약이 성립한다.

그런데 임치를 낙성계약으로 함으로써 약속된 날짜에 보관물을 보관시키지 아니한 경우에 문제가 된다. 이는 임치계약의 성립의 문제가 아니라 효력의 문제가 된다. 그에 관하여는 임치의 효력에서 보도록 한다.

판례 旅館에서의 投宿客의 駐車 : 여관부설주차장에 시정장치가 된 출입문이 있거나, 출입을 통제하는 관리인이 배치되어 있거나 기타 여관 측에서 그 주차장에의 출입과 주차 사실을 통제하거나 확인할 수 있는 조치가 있다면 연관업자와 투숙객사이에 차량의 임치에 관한 합의가 있다고 볼 수 있으나, 단순히 주차의 장소만이 제공된 경우는 임치는 성립하지 아니하며, 그 경우에도 투숙객이 주차사실을 고지하거나 차량열쇠를 맡겨 차량의 보관을 위탁한 때에는 임치가 성립한다(대판 1992.2.11. 91다21800).

2. 目的物

동산이 임치의 목적물이 됨은 당연한데 부동산도 임치의 목적물이 되느냐가 문제된다. 민법은 <기타 물건>이라고 하여 동산에 한정하지는 않는다. 임치란 물건의 원상태를 변하게 함이 없이 보존하는 것을 원칙으로 한다. 그런데 부동산에서 보관이라는 것은 최소한의 관리도 하면서 보전하는 것을 의미하는 것으로 보전만 하는 보관이란 있을 수 없다. 따라서 부동산에 대한 보관으로서의 노무제공은 고용이나 위임에 해당한다고 보아야 한다. 따라서 수치인의 노무의 내용상 부동산은 임치의 목적물이 되지 않는다(통설).

3. 保管의 勞務提供

보관이란 임치물을 수치인의 지배영역에 두고 원상 그대로 보존하는 행위를 말한다. 따라서 임치물의 점유만 이전하며, 소유권은 여전히 임치인에게 그대로 존속한다. 따라서 수치인은 임치물을 사용 또는 처분할 수는 없다.

수치인은 보관이라는 노무를 제공하는 것을 목적으로 한다. 따라서 단순히 보관장소 만을 제공하는 것은 임대차나 사용대차에 해당하며, <관리하는 노무>를 포함하면 임치가 아니라 고용 또는 위임이 된다.

4. 混藏任置

수치인은 임치가 종료한 때에 임치된 물건 자체를 반환하여야 한다. 이는 대체물인 경우에도 임치물 그 자체를 반환하여야 하는 것이지 동종으로 반환할 것은 아니다. 그러나 대체물을 임치하면서 수치인이 동종·동질의 다른 대체물과 함께 보관하고 반환시에 임치물과 동종·동질·동량으로 반환할 것을 약정하는 경우가 있다. 이를 혼장임치라 한다. 이는 임치물이 대체물인 때에 개별적인 보관(임치)을 하지 않고 같은 물건을 모두 모아서 함께 보관함으로써 보관비를 절약할 수 있다는 장점이 있다. 혼장임치의 대표적인 것이 금전이나 곡물의 임치다.

5. 消費任置

임치물이 대체물이면서 소비물인 때에는 임치물의 소유권을 양도하여 수치인이 처분할 수 있도록 하고, 임치종료시에 동종·동질·동량으로 반환할 것을 약정하는 임치이다. 소비임치에서 수치인의 소비는 보관의 하나의 방법으로 이용되는 것이다. 금전의 임치(예금)가 이에 해당한다.

Ⅲ. 任置의 效力

1. 受置人의 義務

(가) 任置物 保管義務

① 保管의 方法과 場所

보관의 방법과 장소에 관하여 약정이 있으면 그에 따른다. 약정이 없으면 임치물의 내용과 성질에 따라 가장 적당한 장소와 방법으로 보관하여야 한다. 곡물과 같은 대체물의 경우에는 특약이 없는 한 혼장임치가 거래관행이라고 보아야 한다. 보관의 장소는 정당한 이유 없이 변경할 수 없다(제700조 참조).

② 保管에 必要한 注意의 程度

수치인의 보관물에 대한 주의의 정도는 유상인 경우와 무상인 경우에 다르다. 유상임치에서 수치인은 선량한 관리자의 주의로 보관하여야 한다(제374조). 즉, 수치인은 추상적 경과실에 대하여 책임을 진다. 무상임치에서 수치인은 자기재산과 동일한 주의로 보관하여야 한다(제694조). 즉, 구체적 경과실에 대하여만 책임이 있다. 공중접객업자는 민법상의 유상임치에서의 수치인보다 책임을 가중시켜 수치인이 불가항력을 입증하지 못하는 한 배상책임을 면하지 못한다(상법 제152조).

③ **無斷使用禁止**

수치인은 임치인의 동의 없이 임치물을 사용하지 못한다(제694조). 임치는 보관을 위한 것이지 사용의 허가를 의미하는 것이 아니기 때문이다.

④ **無斷復任置禁止**

수치인은 임치인의 승낙이나 부득이한 사유 없이 제3자로 하여금 자기에게 갈음하여 임치물을 보관하게 할 수 없다(제701조, 제682조 1항). 적법하게 제3자에게 보관하게 한 경우에도 수치인은 그 제3자의 선임과 감독에 관하여 책임을 진다. 그러나 임치인의 지명에 따라 제3자를 선임한 경우에는 그 부적임 또는 불성실을 알고서도 임치인에게 통지하지 아니하였거나 그 해임을 태만히 한 때에만 책임을 진다(제701조, 제682조 2항).

적법한 복수치인은 임치인 및 제3자에 대하여 수치인과 동일한 주의의무가 있다. (이 책 위임의 해당부분 참조)

⑤ **危險通知義務**

임치물에 대한 권리를 주장하는 제3자가 수치인에 대하여 소를 제기하거나 압류한 때에는 수치인은 지체 없이 임치인에게 이를 통지하여야 한다(제696조). 임치인이 소에 참가하거나 또는 이의를 제출할 기회를 주기 위한 것이다.

한편, <u>제3자가 임치물에 대한 소유권을 주장하여 반환을 청구하더라도 제3자에게 반환하여서는 아니 되고, 임치인에게 통지하여 대응할 수 있도록 하여야 한다.</u>

⑥ **委任規定의 準用에 의한 義務**

제701조에 의하여 위임에 관한 규정이 준용되어 수임인의 의무 중에서 일부가 수치인의 의무로 된다. 즉, 수치인이 취득한 보관으로 인하여 받은 금전 기타의 물건이나 임치물에서 생긴 과실은 인도하여야 하며, 수치인이 임치인을 위하여 자기의 명의로 취득한 권리도 이전하여야 한다(제684조).

수치인이 임치인에게 인도할 금전 또는 임치인의 이익을 위하여 사용할 금전을 자기를 위하여 소비한 때에는 소비한 날 이후의 이자를 붙여 반환하여야 하고, 손해가 있으면 배상하여야 한다(제685조).

(나) 任置物 返還義務

① **現狀대로의 返還**

임치가 종료한 때에 수치인은 특정물인도채무자로서 임치물을 현상대로 반환하여야 한다(제462조). 훼손하였더라도 훼손한 그대로 반환하면 된다. 훼손한 부분에 관하여는 임치계약상의 채무불이행의 문제가 된다.

② **任置人의 返還請求權**

임치인은 임치물반환청구권에 관하여 임치계약상의 채권적 청구권과 물건의 소유권에 기한 물권적 청구권을 행사할 수 있다. 따라서 임치계약상의 채권적 반환청구권이 소멸시효에 걸린 때에는 물권적 반환청구권을 행사하여 반환을 청구할 수 있다. 그러나 소비임치에서는 채권적 청구권만 있다.

③ **任置物 自體를 返還**

반환할 물건은 혼장임치가 아닌 경우에는 대체물일지라도 임치한 당해 물건 자체이어야 한다. 대체물을 멸실한 경우에도 멸실에 대한 책임을 누가 지느냐는 것은 별도의 문제로서 다른 물건으로 반환할 수 없다(이설 없음).

판례 代替物 任置에서 返還하여야 할 物件 : 임치계약상 수취인이 반환할 목적물은 당사자 사이에 특약이 없는 한 수취한 물건 그 자체이고 그 물건이 전부 멸실된 때에는 임치물 반환채무는 이행불능이 되는 것이며 임치한 물건이 대체물인 경우라도 그와 동종 동량의 물건을 인도할 의무가 있는 것이 아니다(대판 1976.11.9. 76다1932).

④ **返還의 相對方**

임치물은 임치인 또는 임치인이 지정하는 자에게 반환하여야 한다. 제3자가 임치물의 소유권을 주장하며 반환을 요구하더라도 제3자에게 반환하여서는 아니 된다(제696조 참조). 제3자에게 반환한 경우에 제3자가 진정한 소유권자가 아니거나 임치인의 임치물에 대한 권리(점유를 할 수 있는 임차권이나 공유자로서의 지분권 등)가 침해된 때에는 수치인은 임치계약상의 채무불이행책임을 진다.

⑤ **返還場所**

반환하여야 할 장소는 특약이 없는 한 보관장소이다(제700조 본문). 그러나 수취인이 정당한 사유로 인하여 임치물을 옮겨 보관(전치)한 때에는 그 장소에서 반환할 수 있다(제700조 단서).

⑥ **報酬請求權과 同時履行의 關係**

수치인의 임치물반환의무는 임치인의 보수지급의무와 동시이행의 관계에 있다. 그리고 수치인은 보수청구권에 관하여 임치물에 유치권을 가진다.

2. 任置人의 義務

(1) 目的物 引渡義務

임치에서 수치인의 주된 의무는 목적물의 보관이며 보관할 대상이 없으면 수치인의 의무이행의 대상이 없게 된다. 임치계약이 요물계약이면 목적물인도는 임치계약의 성립요건으로서 임치인의 목적물 인도의무는 문제가 되지 않는다.

그런데 임치가 낙성계약인 민법에서 임치인은 목적물 인도의무가 있느냐, 바꾸어 말하면 임치인이 목적물을 인도하지 아니하면 임치계약상의 채무불이행책임을 지느냐의 문제가 있다. 학설은 전면적 긍정설(이태,황), 부정설, 유상임치에서는 긍정하나 무상임치는 부정하는 분리설(곽)로 대립한다.

부정설은 그 논거로 임치인에게 인정된 해지의 자유(제698조 단서)를 드는 견해(김증)와 임치인은 임치계약상의 채권자로서 목적물에 관한 인도는 임치인의 채무가 아니라 채권자로서의 일종의 협력의무에 지나지 않는다는 견해가 있다(이은).

임치인의 목적물인도의무를 긍정하느냐 부정하느냐는, 약정에 따라 물건을 보관하기 위하여 사전에 지출한 비용 및 다른 임치를 원하는 자들과 계약을 하지 못하여 발생한 손해를 어떻게 해결하느냐에서 차이가 난다.

전면적 부정설이나 무상임치에서 부정하는 분리설은 설사 수치인이 비용을 지출한 경우에도 임치인은 비용을 상환하여야 하므로(제701조, 제688조 1항) 부당하지 않다거나(곽,김증), 또는 채권자지체에 의하여 비용은 임치인이 부담하고(제403조) 약정된 보수를 청구할 수 있다(제538조 1항)는 것(이은)이다.

그러나 임치는 낙성계약으로서 합의로 성립하고, 성립한 이후의 일방의 귀책사유로 인하여 발생한 손해는 그 원인제공자에게 귀속시키는 것이 타당하며, 해지와 채무를 이행하지 않는 것은 별개로서 무상이든 유상이든 목적물을 인도하지 않음으로써 발생한 비용과 손해는 배상되어짐이 타당하여 전면적 긍정설에 동의한다.

(2) 費用先給義務

임치물의 보관에 비용을 요하는 때에는 임치인은 수치인의 청구에 의하여 이를 선급하여야 한다(제701조, 제687조). - 위임의 해당부분 참조

(3) 必要費償還義務, 債務代辨濟義務, 擔保提供義務

임치인은 수치인이 지출한 필요비를 상환하여야 하며, 보관에 필요한 채무에 대하여 대변제하여야 하고, 채무에 대하여 담보의 요구를 받은 때에는 담보를 제공하여야 한다(제701조, 제687조, 제688조 1항 및 2항). - 위임의 해당부분 참조

(4) 損害賠償義務

임치인은 임치물의 성질 또는 하자로 인하여 생긴 손해를 수치인에게 배상하여야 한다(제697조 본문). 그러나 수치인이 그 성질 또는 하자를 안 때에는 임치인은 배상책임을 지지 않는다(제697조 단서). 예컨대, 임치물이 쉽게 상하는 특이한 성질이고, 수치인이 그러한 특이한 성질을 몰랐으며, 그러한 특이한 성질로 다른 보관물을 상하게 한 경우에 임치인은 수치인에게 발생한 손해를 배상하여야 한다.

반면에 수치인이 당해 임치물의 특이한 성질이나 하자를 과실로 모르고 통상적인 방법으로 보관하여, 그로 인하여 다른 보관물에 영향을 주어 피해를 발생시킨 경우에는 어떻게 되는가? 이때에는 수치인의 과실이 있기 때문에 임치인은 배상책임이 면제된다고 보아야 한다(통설).

(5) 報酬支給義務

보수지급의 특약이 있는 때에는 임치인은 보수를 지급하여야 한다(제701조, 제686조 1항). 지급시기에 관하여 약정이 없는 때에는 후급이며, 기간으로 보수의 지급을 정한 때에는 그 기간이 경과한 때에 지급하여야 한다(제701조, 제686조 2항). 그리고 수치인의 책임 없는 사유로 임치가 종료한 때에는 이미 한 보관의 비율에 따라 보수를 지급하여야 한다(제701조, 제686조 3항).

Ⅳ. 任置의 終了

임치는 임치기간의 만료, 목적물의 멸실과 같은 계약의 일반적 종료원인에 의하여 종료하는 외에 별도로 아래와 같은 당사자의 해지에 의하여 종료한다.

1. 任置人의 解止

임치인은 기간의 약정 유무와 보수의 약정 유무를 불문하고 언제든지 해지할 수 있다(제698조 단서, 제699조).

2. 受置人의 解止

수치인은 기간의 약정이 없는 때에는 자유로이 해지할 수 있으나(제699조), 기간의 약정이 있는 때에는 부득이한 사유가 없는 한 기간만료 전에 해지할 수 없다(제698조 본문).

V. 特殊한 任置

1. 混藏任置

임치는 대체물인 경우에도 원칙적으로 임치물마다 개별로 보관하여야 한다. 그러나 개별로 보관하는 경우에는 넓은 보관장소와 많은 비용을 요한다. 그리하여 동종·동질의 물건인 경우에 혼합하여 보관하고, 반환시에 동종·동질·동량으로 반환할 것을 약정할 수 있는데, 그러한 특약의 임치를 혼장임치라 한다.

혼장임치는 목적물의 소유권을 수치인에게 이전하는 것이 아니므로 후술하는 소비임치가 아니고, 따라서 수치인이 목적물을 소비·이용하지 못한다. 그리고 임치인이 임치하면 임치된 물건은 복수의 임치인의 공유로 되나, 임치인이 공유물 중에서 임치된 물건과 동종·동질·동량의 물건으로 반환받으면 임치인의 단독소유로 환원되는 점에서 통상의 임치와 다르다.

2. 消費任置와 預金契約

(1) 消費任置

수치인은 임치물을 소비할 수 없는 것이 원칙이나, 그 임치물이 대체물로서 소비할 수 있는 목적물인 경우에 수치인이 그 임치물을 소비하고 후에 동종·동질·동량의 물건으로 반환하는 약정을 할 수 있는데, 그러한 특약이 있는 임치를 소비임치라 한다.

목적물은 대체물로서 소비할 수 있는 물건이면 모두 소비임치의 대상이 된다. 곡물, 금전 등이 대표적으로 소비임치의 대상이 되나, 특히 금전의 은행에의 예금은 사회적으로 중요한 역할을 한다.

소비임치로 수치인은 목적물을 소비할 수 있는 것이므로, 임치인은 목적물의 소유권을 수치인에게 양도하여 취득시킨다.

소비임치는 임치인을 위한 임치물의 보관이라는 의미(보관이익)보다도 임치물의 소유권을 수치인에게 양도하여 수치인을 위하여 임치기간 동안 임치물을 사용하게 할 수 있다(사용이익)는 의미가 크므로 소비임치에 관하여 민법은 소비대차에 관한 규정을 준용하도록 하고 있다(제702조 본문). 이처럼 소비임치와 소비대차는 유사하다.

그러나 소비임치는 임치물의 보관이 계약의 주된 목적으로서 주된 이익향유자는 임치인이며 수치인이 소비할 수 있다는 것은 보관의 한 방법에 불과하나, 소비대차는 소비에 계약의 주된 목적이 있어 계약의 주된 이익향유자는 차주라는 점에서 구별된다.

소비임치로 임치물에 대하여 임치인에게는 보관의 이익이 있고, 수치인에게는 임치물의 용익의 이익이 생기므로 소비임치에서 임치인에게 보관료나 비용의 상환의무는 원칙적으로 생기지 아니한다.

소비임치에서 반환시기에 관하여 약정이 없는 때에는 임치인은 언제든지 그 반환을 청구할 수 있다(제702조 단서). 따라서 반환청구권의 소멸시효는 반환의 약정이 없는 경우 목적물을 인도한 때로부터 진행하며, 약정한 반환시기가 있는 경우에는 기간만료한 때부터 진행한다.

(2) 預金契約

(가) 預金契約의 意義와 法的 性質

예금계약이란 예금자가 은행 기타의 금융기관에 금전의 보관을 위탁하고, 금융기관은 이를 보관기간 동안 사용(소비)할 수 있고 반환시에는 동량으로 반환할 것을 약정함으로써 성립하는 계약이다. 이러한 예금계약에는 반환시기의 약정을 기준으로 보통예금, 정기예금, 통지예금 등이 있다. 또한 예금자가 당좌예금을 기초로 자기가 발행한 수표의 지급을 위탁하는 당좌예금계약이 있다.

예금계약의 법적 성질에 관하여 당좌예금을 제외한 통상적인 예금계약은 소비임치라는 것이 통설이다. 그런데 민법상의 소비임치는 낙성계약이지만, 예금계약은 당사자의 합의만으로 성립하지 않고 금전의 현실적 제공이 있어야 하는 요물계약이다. 그리고 당좌예금은 금전의 소비임치와 지시에 따라 지급을 위탁하는 위임이 혼합된 혼합계약이다. 여기서는 통상의 예금계약에 관하여서만 보도록 한다.

(나) 預金契約의 成立時期

예금계약은 요물계약으로서 합의와 금전의 제공이 있어야 성립하는데, 구체적으로 계약의 성립시기가 언제인지의 문제가 있다. 현금이 제공된 때와 어음·수표가 제공된 때에 따라 다르다. 현금의 경우에 판례는 예금계약은 예금자의 청약과 금전의 제공에 대하여 금융기관이 청약의 의사에 따라서 제공된 금전을 확인한 때에 성립한다고 한다. 학설도 판례를 지지한다.

어음이나 수표가 제공된 경우에는 그것이 본인 발행의 어음이나 수표(자점권自店券)인지 타인 발행의 어음·수표(타점권他店券)인지에 따라 다르다. 자점권인 경우에도 자기 지점발행의 증권인 경우에는 진정眞正여부를 확인한 때에 성립한다고 본다. 다른 지점발행의 자점권인 경우에는 발행인의 예금잔고의 확인을 정지조건으로 증권의 수수로써 성립한다는 것이 판례이다.

타점권발행의 어음·수표의 경우에는, 어음·수표의 인도로써 증권상의 권리를 양도받으며 예금계약은 인도시 성립한다는 것이 판례이고, 이를 지지하는 학설이 있다(이은). 이에 대하여 지급의 확실성이 높은 은행발행의 자기앞수표나 송금수표는 그 수령으로써 계약이 성립하나, 그 외에는 우리나라의 실정상 지급의 확실성이 매우 낮기 때문에 입금은 숨은 추심위임에 해당하여 추심의 종료를 기다려 추심금을 예금으로 하는 예금계약이 성립한다고 보는 견해가 있다(박영식,이준상). 후자의 견해가 타당하다고 생각한다.

판례 預金契約의 成立時期 : ① 예금계약은 예금자가 예금의 의사를 표시하면서 금융기관에 돈을 제공하고 금융기관이 그 의사에 따라 그 돈을 받아 확인을 하면 그로써 성립하며, 금융기관의 직원이 그 받은 돈을 금융기관에 입금하지 아니하고 이를 횡령하였다고 하더라도 예금계약의 성립에는 아무런 변동이 없다(대판 1996.1.26. 95다26919).
② 저축예금계약에 적용되는 은행수신거래기본약관 제5조 제1항 제2호 소정의 '거래처가 증권으로 입금하는 경우에는 은행이 그 증권을 교환에 돌려 부도반환시한이 지나고 결제를 확인한 때에 예금계약이 성립한다'는 규정은, 다른 점포에서 지급될 당좌수표 등 증권으로 입금하는 경우에는 이를 교환에 돌려 지급지점포에서 액면금액을 추심하여 그 결제를 확인한 때에 예금계약이 체결된 것으로 본다는 의미이지, 지급지점포에서 당해 증권이 정상적으로 추심되었는지 또는 부도처리되어 추심이 이루어지지 않았는지 여부에 관계없이 추심을 의뢰한 점포에 위 약관 소정의 부도반환시한까지 부도통지가 없으면 무조건 예금계약이 성립된 것으로 본다는 취지라고는 볼 수 없다(대판 1995.6. 16. 95다9754).

판례 他店券 入金의 預金契約의 成立時期 : 뇌물로 받은 수표를 은행에 예금한 경우에 그 예금행위는 뇌물의 처분행위에 해당하므로 그 후 수뢰자가 수표금액에 상당한 금전을 찾아서 증뢰자에게 반환하였다 하여도 이를 뇌물 그 자체의 반환으로 볼 수 없으니 이러한 경우에는 수뢰자로부터 그 가액을 추징하여야 한다(대판 1970.4.14. 69다2461).

(다) 預金契約의 當事者와 預金債權의 歸屬者

① 特別法과의 關係

<예금실명거래및비밀보장에관한법률(1997년 법률 제5439호)>(이하 금융실명법)>

인 특별법에 위반하여 당해 예금의 출연자와 예금명의자가 상이한 예금계약에서 예금채권의 귀속자를 누구로 볼 것인가라는 점이 문제된다.

금융실명법은 금융기관은 계약당사자의 실명을 확인하여야 하고(동법 5조), 이에 위반하여 실지명의에 의하여 거래하지 아니한 금융기관은 과태료 등의 제재를 받는다고 규정(7조)하며, 예금자도 예금인출시에 이자에 대하여 일정한 불이익을 받는 것으로 규정하나(5조), 실명확인을 하지 않고 거래한 예금계약 자체의 유무효에 관하여는 별도로 규정하고 있지 아니하다.

따라서 금융기관이 실명확인의무를 위반하여 체결한 예금계약에서 금전의 출연자와 계약의 당사자가 상이한 경우에 당해 예금계약의 효력을 인정할 것인지, 계약의 유효를 인정한다면 누구를 예금채권의 귀속자로 보아야 할 것인지 라는 문제가 있으며, 더 나아가 실명을 확인하였더라도 예금의 명의자와 예금출연자가 상이한 경우에 예금채권의 귀속자를 누구로 볼 것인지 라는 문제가 있게 된다. 이 중에서 특히 문제가 되는 것은 금융기관과 예금명의자가 아닌 자에게 예금채권을 귀속시키는 명시적, 묵시적 합의가 있는 경우이다.

② **實名確認義務 違反의 預金契約**

금융실명법에 의한 금융기관의 예금계약시의 실명확인의무에 관련된 규정은 예금주와 금융기관 간의, 또는 출연자와 예금명의자 간의 사법적 관계를 규율하고자 하는 효력규정이 아니라 금융실명법을 위반한 자에게 일정한 제재를 하여 실명거래를 도모하고 이를 통하여 금융거래의 투명성을 확보하려는 취지에서 나온 단속규정으로 보아야 한다는 데 대하여는 이설이 없다. 따라서 실명을 확인하지 않은 타인명의의 예금계약도 계약 그 자체는 유효하다고 보아야 한다.

이로서, 실명법을 위반하여 실명확인을 하지 아니하고 예금계약이 체결되어 예금출연자와 명의자가 다른 경우이든, 또는 출연자가 다른 자의 신분증을 소지하고 그 신분증서상의 자를 명의자로 하는 경우이든 어느 경우나 예금계약의 유효성에는 문제가 없다.

그런데, 금융기관과 출연자간에 출연자 아닌 자를 계약의 당사자로 하기로 하는 명시적 또는 묵시적 합의가 있는 경우에는 계약의 유효성 여부와 계약의 당사자가 문제된다. 그러나, 어느 경우나 예금출연자와 예금명의인이 서로 다르기 때문에 예금채권의 귀속자를 누구로 보아야 하는지의 문제는 동일하게 남는다.

그런데, 금유실명법상의 실명확인은 무엇을 의미하는가? 즉, 행위자, 신분증서상의 자, 예금명의인 3자의 동일인 여부인지 아니면, 신분증서상의 자와 예금명의인의 동일성 여부만으로 족한지가 문제된다. 판례는 <주민등록증을 통하여 실명확인

을 한 명의자를 예금거래자로 보아 그와 예금거래를 체결할 의도라고 보아야 한다>(대판 2002.6.14. 200다38992)고 하는 바와 같이 비록 신분증서상의 자와 명의자만 동일인이면 족하고, 실제 행위자도 동일인인지 여부는 확인할 필요는 없다고 보아야 한다.

③ 名義者와 出捐者가 다른 類型

예금의 명의자와 출연자가 상이한 경우를 몇 가지로 분류할 수 있다. 실명을 확인하지 않거나 부실하게 하여 명의자와 출연자가 다른 경우, 실명을 확인하였으나 신분증서(주민등록증이나 운전면허증 등)로만 확인을 하여 상이한 경우로 금융기관이 모른 경우, 금융기관과 명시적 또는 묵시적 합의에 의하여 상이하게 한 경우로 구별할 수 있다.

어떠한 유형이든지 명의자와 출연자가 상이한 경우에 예금채권의 귀속자를 누구로 할 것인가라는 점인데, 이는 양자가 서로 예금채권을 행사하는 경우와 예금계약의 상대방인 금융기관이 자기의 채권을 명의자의 예금채권과 상계를 하거나 명의자의 제3채권자가 예금채권에 대하여 압류를 하는 경우에 그 효력이 문제가 된다.

타인명의의 예금계약은 출연자와 명의자간의 명의신탁계약을 하고, 그에 기초하여 수탁자명의로 실명확인을 하여 예금계약을 한 경우에 신탁자와 수탁자 중 누구를 예금채권자로 보아야 하는지와 출연자의 실명확인을 하지 아니하거나 부실하게 하여 출연자 아닌 자 명의로 계약이 이루어진 후에 예금채권자를 누구로 보아야 하는지의 두 가지의 문제가 있다.

위 첫 번째의 경우에는 신탁자가 명의신탁계약을 들어 금융기관에 예금채권을 행사하는 경우에 문제가 되며, 두 번째의 경우는 출연자가 예금채권을 행사하는 경우에 문제가 되는 것으로 어느 경우이나 명의자 아닌 자가 예금채권을 행사하는 경우에 문제가 된다.

㉮ 名義信託에 의한 受託者名義의 預金契約 : 신탁자와 수탁자간의 명의신탁약정은 무효로 볼 근거는 없을 뿐만 아니라, 그러한 약정은 신탁자와 수탁자간의 관계로서 설혹 금전명의신탁계약 자체가 무효이거나, 그 계약이 무효취소사유에 해당되어 무효가 된다고 할지라도 수탁자명의의 예금계약이 영향을 받는다고는 할 수 없을 것이다.

따라서 이 경우는 예금계약에 관련된 당사자간에서는 수탁자, 즉 명의인을 예금채권의 귀속자로 보아야 한다. 즉, 금융기관은 명의인의 예금과 상계가 가능하며, 명의인의 채권자는 예금채권에 대하여 압류를 할 수 있고, 이 경우에 신탁자인 출연자는 대항할 수 없다고 보아야 한다. 판례도 특별한 사정이 없는 한 금융기관은 실명확인을 한 명의자만을 예금주로 인정할 수밖에 없으므로 <수탁자명의의 예금은 수탁자만

이 법률상 지배 처분할 수 있을 뿐>이라 하여 수탁자를 예금채권자로 보았다(대판 2000.8.18. 2000도1856).

수탁자가 예금채권자로 됨으로써 예금된 금원이 수탁자의 채무와 상계가 되거나 수탁자의 채권자로부터 압류되는 등에 의하여 신탁자가 손해가 발생하는 경우에는 신탁자와 수탁자간에는 부당이득관계가 성립된다.

㉯ **代理人이 本人의 身分證과 도장을 가지고 本人名義로 한 預金契約** : 본인에 대한 예금계약의 귀속여부에 대하여는 대리의 효과에 관한 일반법리가 적용될 것이며, 행위자와 명의자의 실명확인에 관하여는 금융실명법상의 <실명확인>에 관한 것이다.

금융실명법상의 실명확인은 전술한 바와 같이 신분증서를 통한 명의자와의 동일인 여부의 확인으로 족하여 금융실명법위반은 아니다.

대리인이 본인인 것 같이 행위한 경우는 대리인이 본인의 명의를 모용한 경우 외에는 대리의 효과로서의 본인에게 예금계약효과가 귀속되는 점에 관하여는 판례도 인정하고 있어 문제가 될 것이 없다.

㉰ **銀行과 明示的, 黙示的 合意에 의한 他人名義 預金契約의 경우** : 예금계약시에 쌍방간에 출연자 아닌 자 명의로 예금계약을 하자는 데 대하여 명시적, 묵시적 합의가 있은 경우에 판례는 당해 계약은 유효하며, 출연자를 예금채권의 귀속자로 본다(2000.3.10. 99다7031; 2002.5.14. 2001다75660). 당해 계약의 유효성에 관하여는 이론적으로는 로마법상의 <오표시무해의 원칙>을 유추적용할 수 있을 것으로 생각된다.

판례는 이 경우에 해당되어 출연자를 예금채권의 귀속자로 보기 위하여는 당해 예금에 대하여 실질적인 이해관계를 가지는 자가 누구인지, 예금거래의 현실적인 행위자가 누구인지, 예금명의자가 당해 예금을 쉽게 인출할 수 없도록 하는 제한을 두었는지 여부, 금융기관이 예금의 실질적인 이해관계자를 인식하고 있었는지 여부 등을 종합적으로 판단하여야 한다고 하였다.

(라) 預金債權의 消滅時效

예금계약에 따른 예금반환청구권은 상사채무로서 5년의 소멸시효에 걸린다(상법 제64조). 그런데 소멸시효의 기산섬을 어떻게 보아야 할 것인지가 문제된다. 정기예금과 같이 반환시기의 약정이 있는 경우에는 기간만료일로부터 진행됨은 당연한데, 그 밖의 통상적인 예금계약의 경우가 문제된다. 이는 반환시기의 약정이 없는 소비임치로서 언제나 반환청구할 수 있고, 따라서 반환을 청구할 수 있는 시기도 예금계약 성립시부터이다. 그러나 이는 개별입금된 금전을 기준으로 하여 구별할 것은 아니고 전체적으로 보아 계속적인 입출금이 반복하는 통상적인 예금의 경우에는 마지막 입출금일이 소멸시효의 기산일이 된다고 본다.

第14節 組 合

I. 序 說

1. 組合의 意義와 社會的 機能

민법상 조합이라는 용어는 두 가지 의미로 사용되고 있다. 하나는 조합설립행위로서 창설된 단체의 의미로 사용되며(제704조 이하), 또 다른 하나는 조합설립행위로서의 의미로 사용된다(제703조). 통상적으로 조합이라고 할 때는 단체 그 자체를 의미하며, 특별히 후자의 의미인 경우에는 조합이라는 용어보다는 조합계약이라 표현한다.

조합은 2인 이상이 상호 출자하여 공동사업을 경영하기로 하는 계약에 의한 결합이다. 민법상의 조합은 구성원개인간의 계약에 의한 결합관계로서, 실사회에서 <조합>의 명칭을 사용하는 많은 것은 실제로는 사단(농업협동조합, 중소기업협동조합)으로 민법상의 조합이 아니다.

민법은 공동사업을 경영하기 위하여 결합한 사람의 단체를 구성원의 결합관계, 단체의 목적, 조직체의 구성여부 등에 따라 사단과 조합으로 구별하여 규율한다. 민법은 우선 당사자가 어떠한 단체의 형태를 취한 것이냐에 따라서 사단 또는 조합으로 규율한다.

사단은 다수인의 단체의 설립을 위한 합동행위로 성립하며, 성립된 단체는 통일적 조직과 기관(대표)을 가지며 구성원 개인은 단체의 단순한 구성원에 지나지 않고, 단체 자체가 독립적인 권리의 주체로서 활동한다. 한편, 조합은 공동목적을 위하여 결합하는 당사자간의 의사의 교환(합의)만으로 성립하며, 단체의 성립에 불구하고 구성원 개인은 독립성을 유지하고, 다만 공동목적을 이행하는 한도 내에서만 개인은 단체성에 의하여 내부적으로 통제되는데 지나지 아니한다. 따라서 사단에서는 단체성이 강하고 구성원 개인의 지위는 퇴조하나, 조합에서는 구성원 개인의 지위가 강하고 단체성은 약한 특징이 있다. 양자는 이러한 점에 차이가 있어, 단체를 설립하려는 자는 공동목적의 내용과 그 수행을 위하여 어느 것이 목적 수행에 적합하냐에 따라서 사단과 조합을 선택하여야 한다. 그런데 구성원이 적고 결합관계가 강하며, 공동목적의 수행이 구성원 개인의 이익을 우선하는 경우에는 조합이 적합하나, 규모가 크며 구성원의 개성이 강하지 아니하며 공동목적의 수행이 구성원 개인의 이익과는 직접적으로 관계가 없는 경우에는 사단이 적합하다고 할 수 있다.

조합은 법인격이 없다. 공동목적을 위한 사람의 단체로서 법인격이 없다는 점에서 조합은 비법인사단과 같다. 그러나 비법인사단은 법인격을 허여 받지 아니하였을 뿐 그 밖의 점에서는 사단법인과 같다. 즉, 비법인사단은 단체를 설립하려는 구성원의 기본목적, 구성원간의 긴밀성, 공동사업의 내용 등에서 조합의 그것과는 크게 차이가 있어 조합의 본질을 가진다고는 볼 수 없다. 따라서 비법인 사단에 관하여는 조합의 규정이 아니라 사단법인에 관한 규정이 준용되거나 유추적용된다.

우리 사회에서 민법상의 조합으로 기능하는 것은 동종의 기능을 가진 소수의 사람이 상호 출자하여 보다 큰 규모로 공동의 사업을 경영하기 위하여 결합하는 형태이다. 예컨대, 어부들이 상호 출자하여 보다 큰 어선과 장비를 구비하여 공동으로 어로활동을 하는 형태가 전형적인 민법상의 조합이다. 그 밖에 구성원간의 친목이나 자금조성의 목적을 위하여 우리 사회에서 많이 행하여지는 통상의 계契가 이에 해당한다. 또한 사단 법인 또는 사단인 회사의 설립을 목적으로 하여 활동을 하는 초기의 소수인의 결합관계를 민법상의 조합(발기인조합)으로 해석한다.

<社團과 組合의 差異>

	사 단	조 합
내부관계	정관의 작성	구성원간의 계약
대외활동	기관의 행위	조합원의 각자행위
구성원의 가입·탈퇴	자유	원칙적으로 부인
채권·채무의 귀속	단체 자체에 귀속(단독 소유, 총유)	조합원의 합유

2. 組合契約의 法律的 性質

조합계약이란 상호출자하여 공동사업을 경영하자는 2인 이상의 의사표시의 합치이다(세703조).

조합계약(조합의 설립행위)의 법률적 성질에 관하여는 우선 계약인지 합동행위인지가 문제되며, 계약이라면 쌍무계약인지 여부가 논의된다. 이러한 논의는 조합원의 출자의무의 이행과 관련이 있다. 구체적으로는 다른 조합원의 출자의무의 불이행 또는 불능을 이유로 자기의 출자의무의 이행을 거절(동시이행의 항변권)의 또는 조합계약을 해제하거나 자기의 출자채무의 소멸(위험부담)을 주장할 수 있느냐가 문제된다.

(1) 契約說과 合同行爲說

계약설이 다수이다. 이에 대하여 공동목적에 의하여 단체를 설립하는 일종의 합동행위이나 계약의 성질을 가지는 특수한 법률행위라는 소수설이 있다(곽,김증). 조합은 단체의 설립이라는 측면과 당사자간의 출자채무부담의 약정으로서 계약의 성질을 함께 가진다. 그러나 조합은 서두에서 언급한 것과 같이 단체의 설립에 주된 목적이 있는 것이 아니라 상호간의 출자와 출자물의 공동경영에 있다. 이 점에서 조합의 단체성은 최소한에 그치고 당사자간의 약정이 전면에 나타난다. 이러한 점에서 조합계약의 본질은 계약이라고 보는 것이 적절하다.

(2) 雙務契約的 性質

조합계약을 계약이라고 보면 쌍무계약이냐 여부가 문제된다. 이는 조합계약에 쌍무계약의 법률효과인 동시이행의 항변권과 위험부담 및 계약의 해제·해지에 관한 규정이 그대로 적용되느냐가 구체적으로 문제가 된다.

다수설은 조합원은 상호 출자의무를 부담하고, 공동사업경영에 협력할 의무가 있다는 의미에서 원칙적으로 쌍무계약이나, 조합원의 출자가 직접 다른 조합원의 이익에 돌아가지 않고 우선적으로 공동경영의 목적에 집중되어 있어 특이한 쌍무계약이라는 것이다. 이에 대하여 조합원의 쌍무계약적 의무는 조합원이 2인인 경우이고, 3인 이상인 때에는 조합원의 의무는 모든 조합원을 위한 의무로써 상대방에 대한 의무를 특질로 하는 것이므로 본래의 의미에서의 쌍무계약은 아니라는 견해가 있다(곽, 김증). 생각건대, 조합계약에 의하여 각 조합원은 1차적으로 상호 출자의무를 진다는 점에서 본질이 쌍무계약이라고 보아야 할 것이다. 그러나 그러한 쌍무계약의 법리는 조합의 단체성에 의하여 제한된다. 다수설에 동의한다.

(가) 同時履行의 抗辯權 存否 與否

출자이행의 청구를 받은 조합원은 다른 조합원의 미이행을 이유로 이행거절의 항변권을 행사할 수 있는가?

조합계약의 쌍무계약성을 인정하는 다수설은 원칙적으로 긍정하나 적용에 일정한 제한을 둔다. 소수설은 원칙적으로 부정하나 일정한 경우에 그 적용을 긍정한다. 결국 어느 견해에 의하든 결과는 동일하다.

공평의 이념에서 출자의무 미이행조합원에 대하여 누가 이행청구를 하느냐에 따라 달리 본다. 즉, 출자의무 이행조합원이 이행청구를 한 때에는 다른 조합원의 미이행을 이유로 이행의 거절을 할 수 없으나, 미이행조합원이 이행청구를 한 때에는 동시이행의 항변권을 행사할 수 있다(일치). 그러나 업무집행조합원이 미이행한 상태에서 이행청구를 한 때에 대하여는 다수설은 이행거절을 할 수 있다고 보나, 소수설은 부정한다(곽,김증). 그런데 미이행조합원에 대하여는 업무집행조합원이 아니라도 조합원이면 누구나 이행청구를 할 수 있기 때문에 이러한 구별은 실익이 없다. 조합원 중에서 이행한 조합원이 이행청구를 하면 되기 때문이다. 결국, 2인의 조합을 제외한 구성원이 3인 이상의 조합에서 출자의무 이행청구에 대하여 자기 외에 이행하지 않은 조합원이 있다는 것을 이유로 자기의 출자의무의 이행거절을 할 수는 없다.

(나) 危險負擔의 問題

출자의무가 조합원의 책임 없는 사유에 의하여 이행불능인 때에 다른 조합원의 출자의무도 소멸한다고 볼 수는 없다. 조합에서 위험부담이 문제되는 것은 조합원이 출자하기로 본래 약속한 의무가 책임 없는 사유로 불능한 경우, 예컨대 특정 부동산 또는 선박과 같은 특정 동산을 현물출자하기로 하였으나 천재지변으로 목적물이 멸실된 경우에 당해 조합원의 출자의무는 소멸하는 것으로만 되느냐의 문제이다.

위험부담에 관한 규정(제537조)이 그대로 적용되어 당해 조합원은 출자의무를 면한다는 견해가 있다(김주,이태). 그러나 조합에서 가장 기본적인 출자의무를 이행하지 아니하고 조합원의 지위를 유지한다는 것은 다른 조합원에 대하여 공평하지 않다. 따라서 약속된 본래의 의무가 이행불능이 되면 다른 출자의무에 대한 합의를 하거나 아니면 조합에서 탈퇴하는 것으로 보는 것이 타당하다(곽,김증). 요컨대, 위험부담에 관한 규정은 조합에는 적용이 없는 것으로 보아야 한다.

(다) 契約의 解除·解止에 관한 規定의 適用 與否

조합원의 채무불이행에 대하여 조합계약을 해제·해지할 수 있는가? 조합원 개인의 채무불이행에 대하여 조합계약 자체를 해제할 필요는 없다. 당사자를 조합에서 배제시키거나 조합 자체를 해산하면 족하다. 민법도 임의 탈퇴(제716조), 제명(제718조), 해산청구(제720조)를 인정하고 있다. 해제·해지에 관한 규정은 조합에 적용이 없다.

판례 組合契約에서 解除의 適用 與否 : 동업계약과 같은 조합계약에 있어서는 조합의 해산청구를 하거나 조합으로부터 탈퇴를 하거나 또는 다른 조합원을 제명할 수 있을 뿐이지 일반계약에 있어서처럼 조합계약을 해제하고 상대방에게 그로 인한 원상회복의 의무를 부담지울 수는 없다(대판 1994.5.13. 94다7157).

(라) 賣渡人의 擔保責任의 適用

출자이행된 목적물의 하자가 문제되는데, 조합의 단체성에 반하지 않는 한 매도인의 담보책임은 적용이 있다고 보아야 한다. 예컨대, 하자로 인한 대금감액청구 등은 인정되지 않지만, 보완청구나 손해배상청구 등은 적용되는 것이 옳다.

그러나 여기의 손해배상청구는 당해 하자를 평가하여 차이 나는 가액만큼의 추가 출자를 청구하는 것이 될 것이다.

Ⅱ. 組合의 成立要件

1. 合意에 의한 成立

조합은 2인 이상이 상호 출자하여 공동사업을 경영할 것을 약정함으로써 성립한다(제703조). 따라서 조합은 2인 이상의 낙성, 불요식계약으로 성립한다.

(1) 2人 以上의 當事者

조합원으로 될 자는 2인 이상이면 되고, 상한에는 제한이 없다.

판례 社團과 組合의 區別 : 조합과 비법인사단의 구별은 일반적으로 그 단체성의 강약을 기준으로 구별하여야 하는바, 주합은 구성원의 개인성이 강하게 드러나는 인적 결합체이고, 비법인사단은 구성원의 개인성과는 별개로 독자적 존재로서의 단체적 조직을 가지는 특성이 있다. 조합의 명칭을 가지고 있다고 하더라도 단체의 고유목적을 가지고 사단적 성격을 가지는 규약을 만들어 이에 근거하여 의사결정기관과 집행기관인 대표자를 두는 등의 조직체를 가지고, 의사결정방법에 다수결의 원칙에 의하며, 구성원의 가입, 탈퇴 등의 변경에 관계없이 단체 그 자체가 존속되는 것이라면 조합이 아니라 비법인사단에 해당한다(대판 1992.7.10. 92다2431).

판례 組合의 名稱 使用과 組合該當性 與否 : 주택건설촉진법에 의하여 설립된 주택조합이 비록 조합이라는 명칭을 사용하지만 고유의 목적을 가지고 사단적 성격을 가지는 규약을 만들어 이에 근거하여(의사결정기구, 집행기관, 의사결정방식의 다수결 원칙)조직을 두는 등으로 하여, 이를 명칭에 불구하고 조합이라 할 수 없고 비법인사단에 해당한다(대판 1997.1.24.96다39721).

(2) 相互出資

모든 조합원이 출자하여야 한다. 출자의 내용과 가액은 동일하지 않아도 좋다. 출자의 내용은 금전이나 노무의 출자도 관계없으며, 동산이나 부동산의 출자와 같은 현물출자도 가능하다. 재산적 가치가 있는 것이면 무엇이든 관계없다.

(3) 共同事業의 經營

공동사업은 위법행위를 내용으로 하는 사업이 아니면 공익사업이든 사익영리사업이든, 계속적 사업이든 일회적 사업이든 제한이 없다. 금광의 공동 채굴, 원양 공동어업 등이 흔한 예이다.

사업의 경영과 이익의 분배에 모든 조합원이 참가하여야 한다. 이익은 조합원간에 균등할 필요는 없으나, 일부의 조합원에게만 이익이 분배되는 것은 조합이 아니다. 따라서 甲이 자금을 제공하여 乙이 단독으로 사업을 운영하되, 이익이 생기느냐 여부와 관계없이 정기적으로 일정액의 이익을 주기로 하거나 또는 전연 이익을 분배받지 않기로 하는 합의는 조합이 아니다.

판례 ① 一定額의 利益을 定期的으로 주기로 하고 單獨運營하는 경우의 組合該當 與否 : 음식점시설제공자의 이익 여부에 관계없이 정기적으로 일정액을 지급할 것을 약정하되 대외적 거래관계는 경영자가 그 명의로 단독으로 하여 그 권리·의무가 그에게만 귀속되는 동업관계는 상법상 익명조합도 아니고 민법상 조합도 아니어서 대외적으로는 오로지 경영자만이 권리를 취득하고 채무를 부담하는 것이고 그가 변제력이 없거나 부족하다는 등의 특별한 사정이 있더라도 민법 제713조가 유추적용될 여지는 없다(대판 1983.5.10. 81다650).

② 共同事業에서 一方은 利益分配를 받지 않기로 한 合意의 組合 與否 : 이른바 내적 조합이라는 일종의 특수한 조합이라고 보기 위하여는 당사자의 내부관계에서는 조합관계가 있어야 할 것이고, 내부적인 조합관계가 있다고 하려면 서로 출자하여 공동사업을 경영할 것을 약정하여야 하며, 공동사업을 목적으로 하면서 당사자 중의 일부만이 이익을 분배받고 다른 자는 전혀 이익분배를 받지 않는 경우에는 조합관계라고 할 수 없다(대판 2000.97.7. 98다44666).

(4) 意思의 合致

각 당사자의 의사에 합치가 있어야 한다. 그 의사는 통상적으로 조합규약으로 명시되나, 반드시 서면일 필요가 없으며 묵시적이라도 관계가 없다. 의사는 최소한 일정한 공통된 목적과 그 목적을 모든 조합원의 공동사업으로 경영한다는데 대하여는 합치가 있어야 한다. 그 밖에 조합의 가입·탈퇴, 업무집행, 조합존속기간, 손익의 분배 등에 관하여는 합의가 없더라도 조합의 목적과 민법의 규정으로 보완된다.

2. 組合의 當然成立

광업법은 2인 이상이 광업권설정의 출원을 하는 경우에 그들 간에는 조합계약을 한 것으로 간주한다(제19조 6항). 또한 광업권을 공유한 사람 사이에도 조합계약을 한 것으로 간주한다(제34조 1항). 따라서 이들 간에는 조합관계가 당연히 성립한다.

우리 사회에서 많이 행하여지는 계契는 그 모습이 워낙 다양하여 획일적으로 말할 수 없다. 통상적인 계는 일정한 구좌수와 금액을 결정하여, 구좌의 순위에 따라 금전 기타 물건(곡물 등)을 차등으로 출자하게 하며, 이익의 배당순위는 자유롭게 선택하거나 추첨으로 하되 구좌순위와 일치시키기로 하는 내용의 약정이다. 이러한 통상적인 계의 법적 성질은 조합계약이라는 것이 통설이다.

그밖에 신탁법은 공동수탁자간에는 신탁재산은 합유合有로 한다고 규정한다(제45조 1항). 합유는 조합관계에 기초를 둔 공동소유형태를 의미하는 것이므로 공동수탁자간에 조합관계가 성립한다는 견해가 있다(김증,이태,황). 이에 대하여 공동수탁자들은 공동사업을 경영하는 것도 아니며, 출자를 하는 것도 아니므로 그들 간에 조합관계가 성립하는 것은 아니고, 합유로 한 것은 단지 신탁의 특수성을 고려한 것이라는 견해가 있다(곽). 그러나 조합으로 보는 것이 법률관계를 간명하게 한다(황). 판례도 조합으로 보는 것으로 추론된다.

판례 契의 法的 性質 : 계는 다 같이 금전을 급부물로 하는 것이라도 그것을 조직한 목적과 방법, 급부물의 급여방법과 급부 전후의 계금지급 방법, 계주의 유무 및 계주와 계 또는 계원 상호간의 관계 여하와 기타의 점에 관한 태양 여하에 따라 그 법률적 성질이 달라진다(대판 1983.3.22. 82다카1686). 계는 다 같이 금전을 급부물로 하는 것이라도 그것을 조직한 목적과 방법, 급부물의 급여방법과 급부 전후의 계금지급방법, 계주의 유무 및 계주와 계 또는 계원 상호간의 관계 여하와 기타의 점에 관한 태양 여하에 따라 그 법률적 성질을 달리하는 것이다(대판 1994.10.11. 93다55456).

판례 共同鑛業權者의 鑛山의 運營 : 광업법 제34조 제1항, 제19조 제6항에 공동광업권자는 조합계약을 한 것으로 보도록 규정되어 있다고 하여, 광산 자체의 운영에 관하여서도 조합관계에 있다고 단정할 수는 없다(대판 1996.1.26. 95다43464).

판례 共有持分의 名義信託 : 을과 동업계약을 맺고 있는 갑이, 건물의 공유지분에 관한 소송을 제기하고 을의 명의로 이전함에 대하여 묵시적으로 승낙을 하였다고 하더라도 그러한 사정만으로는 갑이 공유지분에 관한 소유 명의를 을에게 신탁함에 대하여까지 승낙한 것이라고 단정할 수는 없고, 설사 건물에 관한 공유지분이 을에게 명의신탁된 것이라고 하더라도 그것은 갑, 을로 구성된 조합이 을에게 명의신탁한 것이라고 보아야 할 것인바, 이와 같은 명의신탁을 해지하는 행위는 조합재산의 관리방법의 변경에 해당되는 것으로서 단순한 보존행위라고 볼 수 없으므로 조합원의 1인에 불과한 갑으로서는 단독으로 명의신탁을 해지할 수 없다(대판 1997.5.30. 95다4957).

3. 組合契約의 瑕疵

조합은 조합계약으로 성립한다. 즉, 조합원간의 의사의 합치로써 성립한다. 따라서 계약의 일반적인 무효·취소의 법리가 조합계약에도 적용됨은 물론이다. 예컨대, 조합원 중에서 조합의 목적에 관하여 착오 또는 사기가 있어, 의사표시를 취소한다든지 또는 손익분배에 관하여 일부 조합원이 잘못 알아 그에 관하여 숨은 불합의가 있다든지 하는 경우에는 조합계약은 무효가 된다. 이러한 무효가 조합활동 개시 전인 때에는 아무런 문제가 없으나, 조합이 성립하여 활동하는 도중에 이러한 것이 문제된 경우에는 어떻게 되느냐가 문제된다.

이는 조합과 이해관계 있는 제3자가 있느냐 여부와 무효가 조합원 일부에 한정된 것이냐 조합원 모두에 관한 것이냐를 구분하여 보아야 한다.

① 組合과 利害關係 있는 第3者가 없는 경우

다른 모든 조합원에게 무효·취소사유를 가진다면 이를 주장할 수 있다. 따라서 조합계약은 당사자에 한하여 무효가 되나, 다른 조합원간의 조합계약은 유효하다.

무효·취소사유가 특정 조합원에 대하여서만 있는 경우 예컨대, 특정 조합원의 사기로 조합계약을 한 경우이다. 본인의 조합계약을 취소할 수 있고, 취소되더라도 다른 조합원간의 조합계약에는 아무런 영향이 없다.

이와 같이 제3자가 없고 특정인만이 무효 또는 취소를 주장하는 경우에 나머지 조합원만으로 조합이 성립되는 때에는 전자든 후자든 당사자가 탈퇴하는 것이 되며 조합계약 자체에는 아무런 영향이 없다.

② 組合과 利害關係 있는 第3者가 있는 경우

당사자는 제3자 보호를 위하여 원칙적으로 탈퇴만 할 수 있다고 보아야 한다. 당사자의 탈퇴로 조합목적의 달성이 불가능한 경우에는 조합은 해산될 뿐이다.

③ 組合員 모두에게 組合契約이 無效인 경우

해산사유가 될 뿐, 무효의 일반법리에 의하여 소급하여 조합계약이 무효되어 조합성립 전으로 환원되는 것으로 볼 것은 아니다. 판례도 같은 취지이다.

판례 組合活動 後의 組合契約의 取消 : 공동광업권자는 조합계약을 한 것으로 간주되며 그 조합이 사업을 개시하고 제3자와의 간에 거래관계가 이루어지고 난 다음에는 조합계약체결 당시의 의사표시의 하자를 이유로 취소하여 조합성립 전으로 환원시킬 수 없다(대판 1972.4.5. 71다1833).

Ⅲ. 組合의 業務執行

1. 序 言

조합은 공동사업을 경영하기 위하여 모인 사람의 단체이다. 따라서 공동사업을 경영하기 위하여 우선 내부적으로 조합원의 의사를 결정하여야 하며, 결정한 후에는 그에 따라 이를 집행하여야 한다. 이러한 결정된 의사를 구체화시키는 것을 조합의 업무집행이라 한다.

업무의 집행은 조합 내부에서 조합원간의 의사의 결정과 결정된 의사에 따른 사실적 집행이 있으며, 결정된 의사에 따라 단체로서 조합이 외부의 제3자와 법률행위를 하는 것도 있다. 조합 내부에서 의사를 결정하고 이를 사실적으로 집행하는 것을 내부적 업무집행(협의의 업무집행)이라고 하며, 이것이 조합에서 본래의 의미의 업무집행이다. 조합이 대외적으로 제3자와 법률행위를 하는 것은 조합이라는 단체가 법률행위를 하는 것으로 조합의 대표행위를 말한다. 그런데 조합은 법인격이 없어 사단에서와 같은 대표란 없기 때문에 조합이 대외적으로 법률행위를 할 때(대외적 업무집행)는 업무집행자가 조합원의 대리로서 일을 처리할 뿐이다. 따라서 대외적 업무집행은 대리이론에 의한 법률관계가 형성된다.

민법은 조합의 업무집행에 관하여 아래와 같이 규정하고 있다. 그런데 실제 사회에서의 조합은 그 구성원과 공동사업의 내용에 따라 매우 다양하다. 따라서 조합의 업무집행에 관한 민법의 규정은 대부분 임의규정으로 일반준칙이고, 우선적으로는 조합원간의 조합계약에 따른 법률관계가 생긴다. 이하 민법에서 규정하는 조합의 업무집행에 관하여 내부적 업무집행과 대외적 업무집행으로 구분하여 보도록 한다.

2. 內部的 業務執行(狹義의 業務執行) - 對內關係

(가) 各 組合員의 業務執行權

조합의 일은 각 조합원에게는 다른 조합원의 일이기도 하지만 자기의 일이기도 하여 각 조합원은 각자 업무집행권을 가진다. 따라서 업무집행은 모든 조합원이 직접 담당하는 것이 원칙인데, 현실적으로는 모든 조합원이 함께 업무를 집행할 수 없는 경우가 있어 업무집행조합원을 선임하거나 전문가인 제3자에게 업무를 위임하는 것이 통상적이다.

(나) 業務執行組合員을 選任하지 않은 경우

① 過半數에 의한 執行

업무집행조합원을 별도로 선임하지 않은 경우에 조합의 구체적인 업무집행은 조합원의 과반수의 찬성으로 결정한다(제706조 2항). 여기의 과반수는 출자액을 기준으로 하는 것이 아니라, 조합원의 인원수를 기준으로 한다.

② 通常事務는 各自 單獨執行

통상의 사무는 조합원의 지위에서 각자가 전행(단독처리)할 수 있다. 그러나 그 사무의 완료 전에 다른 조합원의 이의가 있는 때에는 즉시 중지하여야 한다(제706조 3항). 이에는 두 개의 문제가 있다. 하나는 통상사무가 아닌데도 단독집행한 경우와 또 하나는 단독으로 집행하는 과정에서 조합에 손해가 발생한 경우이다. 전자인 통상사무로 잘못 알고 전행하여 손해가 발생한 경우에는 손해를 배상하여야 한다. 후자는 위임에 준하여 선량한 관리자의 주의로써 집행하였다면 손해배상책임은 면제된다고 보아야 한다.

③ 業務執行者에 委任規定 準用

어떤 조합원이 업무를 집행하는 것은 자기의 업무에도 해당하지만 다른 조합원의 일이기도 하다. 이에 민법은 업무집행자에게는 위임의 규정을 준용한다(제707조).

④ 組合의 業務 및 財産狀態 檢査權

각 조합원은 조합의 업무집행과 조합의 재산에 관하여는 직접적인 이해관계를 가진다. 따라서 각 조합원은 조합의 업무와 재산상태에 관하여 언제든지 검사할 수 있다(제710조). 이 검사권은 업무집행자를 선임하든 선임하지 않든 관계없이 모든 조합원에게 있다.

(다) 業務執行組合員을 選任한 경우

조합계약으로 당초에 업무집행조합원을 정할 수도 있으며, 조합계약으로 업무집행조합원을 정하지 아니한 경우에는 조합원의 2/3이상의 찬성으로 1인 또는 복수로 이를 정할 수 있다(제706조 1항). 이 경우에 업무집행조합원과 다른 조합원간에는 별도의 위임계약이나 대리권수여행위를 요하지 않고 위임의 규정이 준용되며, 대리권이 추정된다(제707조, 제709조). 선임된 업무집행조합원은 정당한 이유 없이 사임하지 못하며 다른 조합원의 일치된 의사가 아니면 해임하지 못한다(제708조).

업무집행조합원이 복수인 경우는 조합의 의사는 집행조합원의 과반수로 결정한다(제706조 2항). 업무집행조합원은 통상사무는 물론이고 내부적 업무를 모두 집행한다. 업부집행자가 선임된 때는 다른 조합원은 통상사부는 불론이고 기타 모든 업부를 집행할 수 없다. 그러나 업무집행자에 대하여 언제든지 조합의 업무 및 재산상태를 검사할 수 있다(제710조).

(라) 第3者에게 業務執行을 委任한 경우

조합원이 아닌 제3자에게 업무의 집행을 위임할 수 있음은 물론이며, 선임의 방법은 업무집행자선임에 관한 제760조 제1항이 준용되는 것으로 해석된다. 선임된 제3자와 조합 간에는 위임계약관계가 성립되어, 제3자에게는 오로지 위임에 관한 규정이 적용된다. 따라서 선임된 제3자에게 사임과 해임에 관한 제708조는 적용이 없다.

업무집행수임인(제3자)이 수인인 경우에 특약이 없으면, 제706조 제2항과 제3항이 유추적용되는 것으로 해석하는 것이 적절하다는 견해가 다수설이다(곽,김증,황). 즉, 비통상사무에 대하여는 수임인의 과반수로 결정하여야 하며, 통상사무는 각자가 전행하나, 다른 수임인의 이의가 있을 때에는 즉시 중지하여야 한다는 것이다. 다수설의 이러한 해석은 조합계약과 위임계약을 혼동한데서 나온 것으로 타당하지 않고, 수임인인 제3자는 각자가 권리·의무를 가져 각 수임인이 그 수임사무의 처리를 전행할 수 있고 다른 수임인의 이의가 있어도 그 업무집행을 중지할 의무가 없다는 견해가 있다(이태). 소수설에 동의한다.

3. 對外的 業務執行 - 對外關係

(1) 組合代理

조합은 사단이 아니므로 대표기관이 없고, 조합이 제3자와의 관계에서 생기는 권리·의무는 조합에 귀속하는 것이 아니라 조합원에게 직접 귀속한다. 따라서 제3자와의 법률행위는 조합원 전원이 공동으로 하여야 하는 것이 원칙이다. 그러나 현실적으로 모든 조합원이 공동으로 제3자와 법률행위를 한다는 것은 매우 불편하므로 업무집행자를 선임하여 그 자가 일을 처리한다. 이 경우에 대외적 업무를 집행하는 자는 대리관계의 형식을 취한다. 이를 조합대리라고 한다.

한편, 누가 대리권을 어떻게 가지느냐가 문제된다. 이는 대외적 업무집행을 하는 형태에 따라 다르다.

(가) 組合員 또는 第3者를 選任하여 그 자에게 特定한 對外的 業務를 맡기는 경우

이 경우에는 대리에 관한 법리가 그대로 적용되는 것이 원칙이다. 그런데 대리권의 취득에 관하여는 민법에 별도의 규정이 있다.

선임된 조합원은 그 업무집행에 관하여 대리권이 있는 것으로 추정한다(제709조). 업무집행자를 정하는 행위는 동시에 대리권의 수여행위로 볼 수 있기 때문이다.

선임된 자가 제3자인 경우에는 민법에 별도의 규정이 없다. 따라서 위임계약과 대리권수여행위가 별도로 있어야 하는데, 이 경우에도 조합원이 그 제3자를 선임하는 행위는 동시에 위임과 대리권수여행위인 것으로 해석된다.

업무집행자를 선임한 때에는 다른 조합원은 업무집행권이 없다. 그러나 다른 조합원이 제3자와 법률행위를 한 때에는 무효로 할 것은 아니고 권한을 넘은 표현대리(제

126조)로 보아야 한다.

선임된 조합원이 수인인 때에는 이미 본 바와 같이 비통상사무는 과반수로 결정하며(제706조 2항), 통상사무는 각 선임된 조합원이 전행한다(제706조 3항). 선임된 자가 조합원이 아닌 제3자인 경우에는, 선임된 조합원과 동일하게 제706조 제2항(과반수결정)과 제3항(이의시 업무중지의무)이 적용된다는 견해(다수설)도 있으나 기술한 바와 같이 적용이 없다고 해석함이 타당하다.

조합의 업무집행자는 그 본질이 대리인이기 때문에 제3자와 법률행위를 함에 있어서 대리인임을 표시하여야 한다(제114조 1항). 따라서 법률행위를 함에 있어서 업무집행자는 조합의 명칭을 사용할 수는 없고, 조합원 전원의 이름을 명기하여 대리인임을 표시하여야 한다는 것이 된다. 그러나 대리의 효과가 발생하는데 반드시 대리인임을 표시하여야 하는 것은 아니다(제115조 단서).

우선 그 조합사무가 상행위인 때에는 현명顯名하지 않아도 대리의 효과가 생긴다(상법 제48조). 상행위가 아닌 경우에도 모든 사정으로 대리인을 알 수 있으면 대리의 효과가 발생한다(제115조 단서). 거래관행은 비록 조합의 경우에도 조합의 명칭을 사용하여 법률행위를 하는데, 조합의 명칭을 사용하는 속에 모든 조합원의 대리인임이 표시된 것으로 볼 수 있어 대리의 효과가 발생한다.

판례 組合에서의 本人 顯名 : 조합의 어음행위는 대표조합원이 그 대표자격을 표시하고 조합원 전원을 대리하여 어음상의 서명을 한 경우에도 유효하다(대판 1970.8.31. 70다1360).

(나) 業務執行者를 選任하지 않은 경우

각 조합원은 업무집행의 대리권이 있는 것으로 추정한다(제709조). 따라서 각 조합원은 제3자와 법률행위를 할 수 있다. 이 경우에도 조합의 명칭을 사용하여 법률행위를 하는 것으로 충분하다. 그런데 비통상사무에 관하여 조합원의 과반수로 결정(제706조 2항 참조)함이 없이 독자적으로 제3자와 법률행위를 하였거나 통상사무에서 다른 조합원이 이의가 있음에도 중지(제706조 3항)하지 아니하고 계속하여 제3자와 법률행위를 한 경우에는 어떻게 되는가? 그 대리행위가 무효로 되는 것이 아니라 권한을 넘은 표현대리(제126조)로 해석된다.

(2) 組合의 當事者能力과 訴訟代理

(가) 當事者能力

조합은 민사소송법상의 당사자능력이 있는가? 즉, 조합 자체가 소송을 수행할 수 있는지가 문제된다.

조합의 당사자능력이 문제되는 것은 여러 번 언급한 바와 같이 조합은 그 본질이 단체성이 약하여 민법은 다만 조합원간의 계약관계로만 규율하고 있기 때문이다.

그런데 조합의 당사자능력 유무는 민법의 문제가 아니라 당사자능력에 관한 민사소송법 제52조가 조합에 적용되느냐에 관한 문제이다. 민사소송법 제52조는 법인이 아닌 사단이나 재단으로서 대표자 또는 관리인이 있으면 단체의 당사자능력을 인정하고 있다.

조합이 위 제52조에서 규정하는 <법인이 아닌 사단 또는 재단>과 실질적으로 같다는 이유를 들어 당사자능력을 긍정하는 견해(김현태,이태)와 당해 조합의 규모가 커서 단체성이 강한 조합에는 긍정하는 견해(이은)가 있다. 이에 대하여 조합은 사단성이 극히 미약하여 비법인사단과는 구별되어 제52조의 적용이 없다는 견해(곽,김증,황)가 있으며, 판례도 당사자능력을 부인한다. 부인설에 동의한다.

판례 組合의 當事者能力 : 노동조합 선거관리위원회는 그 자체가 법인이 아님은 물론 법인 아닌 사단이나 재단도 아니고 단지 노동조합의 기관의 하나에 불과할 뿐이므로 소송당사자가 될 수 없다(대판 1992.5.12. 91다37683).

(나) 訴訟代理

선임된 업무집행자는 업무에 관하여 재판 외, 재판상 모든 행위를 대리할 수 있다는 것에 관하여 별다른 이견이 없다.

그런데 업무집행자가 별도로 선임되지 않은 때에 각 조합원은 위에서 본 바와 같이 대리권 있는 것으로 추정되어 제3자와 재판외의 법률행위를 할 수 있다. 그런데 소송대리도 할 수 있는지가 문제된다.

소송행위도 조합대리의 하나의 모습에 불과하므로 재판상, 재판 외를 구분할 필요가 없이 모든 대외적 업무를 할 수 있다는 견해가 있다(김증,이태). 이에 대하여 개별 소송행위에 관하여는 소송대리권이라는 소송행위를 필요로 하고, 그 존재와 범위는 서면으로 증명되어야(민사소송법 제89조)하기 때문에 별도의 소송대리권의 수여(선임)가 필요하다는 견해가 있다(곽,황). 조합원의 지위에서 나오는 고유한 권리로서의 조합대리권을 그대로 소송대리권으로 인정하는 것은 무리라고 생각하여 후설에 동의한다.

Ⅳ. 組合의 財產關係

조합의 재산관계란 구체적으로 조합계약에 따른 조합원의 출자의무, 조합재산의 법률관계, 조합채무에 대한 조합과 조합원의 책임, 조합원간의 손익분배 등을 말한다.

1. 組合員의 出資義務

조합이 공동사업을 경영하는 기초가 되는 것이 조합원이 출자한 재산이다. 따라서 조합계약의 당사자인 조합원은 모두 출자의무를 부담한다(제703조 1항). 즉, 출자의무를 지지 아니하는 자는 조합원이 될 수 없다.

출자의 내용은 금전 기타 재산 또는 노무로 제한이 없고(제703조 2항), 또한 모든 조합원이 균등할 필요도 없다. 출자의무의 이행청구에 대한 동시이행의 항변권과 위험부담문제에 관하여는 기술하였다.

출자시기는 조합계약에 따르며, 출자시기를 지체한 금전출자자는 지연이자와 손해를 배상하여야 한다(제705조). 금전 이외의 출자에 관하여는 채무불이행의 일반법리가 적용된다.

판례 不動産의 現物出資 : 부동산의 소유자가 동업계약(조합계약)에 의하여 부동산의 소유권을 투자하기로 하였으나 아직 그의 소유로 등기가 되어 있고 조합원의 합유로 등기 되어 있지 않다면, 그와 조합 사이에 채권적인 권리의무가 발생하여 그로 하여금 조합에 대하여 그 소유권을 이전할 의무 내지 그 사용을 인용할 의무가 있다고 할 수는 있지만, 그 동업계약을 이유로 조합계약 당사자 아닌 사람에 대한 관계에서 그 부동산이 조합의 합유에 속한다고 할 근거는 없으므로, 조합원이 아닌 제3자에 대하여는 여전히 소유자로서 그 소유권을 행사할 수 있다(대판 2002.6.14. 2000다 30622)

2. 組合財産의 法律的 性質

조합의 재산은 조합원이 출자한 재산, 조합의 업무집행으로 취득한 재산, 조합재산으로 생긴 재산(과실), 조합의 채권과 채무를 모두 포함한 것을 말한다.

민법은 조합의 재산은 합유로 한다고 규정하고 있다(제704조). 한편, 민법은 물권편에서 공동소유의 형태를 공유, 총유, 합유의 세 가지로 구분하고, 합유에 관하여는 제271조 내지 제274조에서 합유의 경우와 그 구체적인 법률관계를 규정하고 있다. 따라서 조합재산에 관하여는 제271조 내지 제274조가 적용된다.

그런데 조합에 관한 제703조 이하는 조합재산의 법률관계에 관한 구체적·명시적 내용은 없으나, 재산과 연관되어 해석될 수 있는 규정이 있다. 대표적인 것이 업무집행에 관한 규정이다. 우선 이와 같은 물권편의 규정과 조합편의 규정의 기본적인 관계를 어떻게 이해할 것인지가 문제된다.

조합재산에 관하여는 조합편에 규정한 것이 특별규정이며, 합유에서 규정한 내용은 일반규정으로 보아야 한다. 따라서 조합재산의 법률관계는 일반적인 합유관계가 조합의 특수성에 의하여 보완·수정된다고 보아야 한다.

(가) 合有關係

① 組合員의 持分

조합원은 조합재산에 관하여 지분을 가진다. 각 조합원은 조합의 개별재산에 대하여 지분권을 가지며, 조합재산 전체에 대하여도 일괄적인 지분권을 가진다. 각 조합원의 지분비율은 조합계약에서 정하여지나, 약정이 없으면 각자의 출자가액에 비례한다고 볼 것이다(제711조 1항 참조). 등기를 요하는 조합재산은 조합원의 합유등기(지분등기)를 하여야 한다.

조합원은 합유물인 조합재산에 대한 지분을 처분하지 못한다(제273조). 이는 개별재산에 대하여는 물론이고, 조합재산 전체에 대한 지분도 처분할 수 없는 것을 의미한다. 그러나 제273조는 다른 조합원 전원의 동의가 있는 경우에는 처분할 수 있는 것으로 규정되어 있다. 여기의 처분이란 양도뿐만 아니라 질권설정, 저당권설정 등도 포함한다.

조합은 출자한 조합원으로 구성되므로 지분과 조합원의 지위를 분리할 수 없는 것은 당연하다. 즉, 지분 없는 조합원이란 있을 수 없다. 따라서 동의를 받아 지분을 처분할 수 있다는 것은 조합원의 지위도 함께 처분하는 것을 의미한다. 조합의 개별재산에 대한 지분은 성질상 처분할 수 없고, 동의를 받아서 지분을 처분할 수 있는 것은 조합재산 전체에 대한 지분이며, 처분하면 조합원의 지위도 상실한다.

조합원의 지분에 대한 압류는 그 조합원의 장래의 이익배당 및 지분의 반환을 받을 권리에 대하여 효력이 있다(제714조). 여기의 압류는 조합재산 전체의 지분에 대한 압류를 의미하며, 그 절차는 민사집행법 제251조에서 준용되는 동법 제227조에 의하게 된다. 즉, 다른 조합원을 제3채무자로 하는 압류통지의 송달로 효력이 생긴다. 압류에 의하여 조합은 당해 조합원에게 이익배당을 지급하는 것이 금지되며, 압류채권자는 법원의 추심명령 또는 전부명령에 의하여 채권을 실현시킨다. 지분이 압류되어 실현당하면 조합원은 조합에서 탈퇴된다.

판례 共有登記한 組合財産 : 조합이 조합재산으로 부동산의 소유권을 취득하였다면, 민법 제271조에 의하여 당연히 그 조합체의 합유물이 되고, 다만 그 조합체가 합유등기를 하지 아니하고 그 대신 조합원들 명의로 각 지분에 관하여 공유등기를 하였다면, 이는 그 조합체가 조합원들에게 각 지분에 관하여 명의신탁한 것으로 보아야 한다(결국 부동산실명법 위반)(대판 2002.6.14. 2000다30622).

② 分割의 禁止

합유자는 조합재산에 대하여 분할을 청구하지 못한다(제273조 2항). 조합재산은 조합원의 공동목적 경영에 필요한 재산이므로 조합원 개인이 조합재산의 분할을 청구하지 못한다는 것은 당연하다. 그러나 조합원 전원이 합의하여 조합재산중의 일부를 분할하는 것은 가능하다.

(나) 組合財産의 處分과 保存

제272조는 합유물을 처분 또는 변경함에는 합유자 전원의 동의가 있어야 하나, 보존행위는 각자가 할 수 있다고 규정한다. 그런데 기술한 바와 같이 제706조는 조합의 업무집행에 관하여 규정하여, 업무집행자를 선임한 때는 통상사무는 업무집행자가 전행하고 비통상사무에 관하여는 업무집행자가 수인인 경우에는 과반수로 결정하며, 업무집행자를 선임하지 않은 때는 통상사무는 각 조합원이 전행하며 비통상사무는 조합원 과반수로 결정하도록 되어 있다.

그런데 조합재산의 처분, 변경, 보존행위가 조합의 업무집행에 해당한다면 제272조와 제706조간에는 충돌이 일어난다. 즉, 제272조에 의하면 보존행위는 조합원 각자가 할 수 있고 처분과 변경을 할 때는 조합원 전원이 동의하여야 하나, 제706조에 의하면 통상사무는 각자 전행이나 비통상사무는 각자 또는 과반수로 결정할 수 있다. 이러한 모순을 어떻게 해결할 것인지 문제된다. 이에 관하여는 양 조문에 충돌이 없어 문제가 될 것이 없다는 견해와 양 조문은 서로 충돌한다는 견해로 대립하며, 그에 따라 각 조문의 해석을 달리한다.

① 第272條와 第706條는 각기 다른 內容을 規定한 것이라는 견해

이 견해도 두 가지로 나뉜다. 하나는 보존행위는 통상사무에 해당하고 이점에 있어서는 제272조와 제706조간의 내용에는 아무런 문제가 없으며, 조합재산의 처분과 변경은 통상사무가 아니나 처분과 변경에 관하여는 제272조가 적용되며, 조합재산의 처분과 변경을 제외한 특별사무에 관하여는 제706조가 적용된다는 견해이다(곽). 결국 조합재산의 처분과 변경에 관하여는 제706조는 적용이 없고 제272조에 의하여 전원의 동의가 있어야 한다는 것이다. 다른 하나는 양 조문은 그 규율대상을 달리하기 때문에 아무런 문제가 없다는 것이다(이은). 이에 의하면 제272조는 조합재산을 제3

자에 대하여 처분할 때의 법률행위에 관한 것(전원이 동의하는 법률행위)이며, 제706조는 조합업무의 내부적 수임관계에 관한 것으로 그 규율대상을 달리하는 것이므로 상호간에 모순이 없다는 것이다.

② 兩 條文이 衝突한다는 見解

제272조의 처분, 변경, 보존행위는 제706조의 업무집행에 당연히 해당한다고 보며, 다만 각 행위가 어떤 업무집행인지에 대하여 달리 보아야 한다는 것이다(김증,황). 보존 및 관리행위는 조합의 통상사무이고, 이 경우에는 제272조와 제706조는 문제가 없다. 즉, 업무집행자가 있으면 업무집행자가 하며, 업무집행자가 없으면 조합원 각자가 할 수 있다. 처분과 변경은 조합재산을 기본재산과 그렇지 아니한 재산으로 구분하여 기본재산의 처분과 변경에는 제272조가 적용되어 조합원 전원의 동의가 있어야 하며, 사소한 변경재산처분은 제706조가 적용되어 업무집행자 각자 또는 과반수로 결정된다는 것이다.

③ 私見

생각건대, 조합재산의 처분 및 변경에 관하여 제272조는 대외적인 법률행위에 관하여 규정한 것이고, 제706조는 처분 및 변경을 위한 내부적인 조합원의 의사결정의 방식에 관하여 규정한 것으로써 양 조문은 그 규율대상이 다르다고 본다. 즉, 제272조가 전원의 동의를 받아서 처분과 변경을 한다는 것은 조합재산을 제3자에게 양도 또는 저당권설정 등과 같은 법률행위를 할 때는 전원의 이름(매매계약체결 또는 저당권설정계약 체결)으로 하여야 한다는 것을 의미한다. 이는 조합재산인 부동산은 조합원전원의 명의로 등기되어야 하는 것에서 나타난다. 한편, 조합재산을 처분·변경할 것인가 여부, 처분한다면 어떻게 처분할 것인가 여부에 관한 조합원 내부의 의사결정은 제706조가 적용된다. 이는 처분할 것인지 여부를 결정하여야 하는데 전원이 동의를 하여야 한다면 조합원이 다수인 때에는 그 결정이 매우 지연되고 경우에 따라서는 불가능할 수도 있고, 따라서 거래의 신속성에 대처할 수 없어 공동사업의 경영에 막대한 지장이 온다. 이러한 점에서 현실적인 면을 고려하여 내부적인 의사결정에 관하여는 조합원 또는 업무집행자의 과반수로 결정된다는 것을 규정한 것으로 해석한다.

사견과 같이 새기면 <u>조합재산의 처분과 변경에 관한 내부적인 의사결정에 관하여는 제706조가 적용되어 과반수로 처분이 결정되고, 결정된 의사에 따라 제3자와 법률행위를 할 때(계약체결시)는 비록 처분에 찬성하지 않은 조합원도 포함한 모든 조합원명의로 하는 것이 된다.</u>

한편, 보존 및 관리행위는 통상사무에 속하고, 양 조문 간에는 충돌이 없다.

판례 組合財産의 處分은 過半數 決議로 : ① 조합재산인 채권의 양도는 조합의 특별사무로서 업무집행조합원의 과반수의 결의로 이루어 진 경우에 유효로 봄(대판 2000.10.10. 2000다28506). ② 공동으로 공유수면매립면허를 받아 매립공사를 공동으로 두 회사 중 한 회사가 다른 회사의 동의를 받지 않고 면허권을 처분한 경우에 합유물의 처분에 대한 전원의 동의 없는 처분으로 무효로 한 사례(대판 1991.5.15. 91마186).

(다) 組合의 債權과 債務

① 組合의 債權

조합의 활동으로 취득한 채권을 말한다. 조합의 채권도 합유재산이다. 따라서 다수당사자의 채권관계에 관한 규정(제408조 이하)이 적용되지 아니하고 조합에 관한 규정이 적용된다. 즉, 업무집행자가 정해진 때에는 업무집행자가 채권을 행사하며, 업무집행자가 정해지지 않은 때에는 과반수로 결정하여 조합원 전원의 이름으로 채권을 행사할 수 있는 것이고, 개별 조합원이 자기의 지분에 따라 채권을 행사할 수는 없다. 조합의 채권은 조합원 개인의 채권과는 다르므로 조합에 대한 채무자는 그 채무와 조합원 개인에 대한 채권으로 상계하지 못한다(제715조).

판례 組合債權의 行使 : 조합채권은 조합장이나 조합원 일부만이 청구할 수는 없고 성질상 조합원 모두가 당사자가 되어야만 행사, 청구할 수 있다(대판 1967.7.21. 65다2852).

② 組合의 債務

조합의 활동으로 조합이 제3자에게 지는 채무를 조합채무라 한다. 조합채무에 관하여는 두 가지가 문제된다. 하나는 조합의 채권자는 조합재산으로 먼저 변제받아야 하는지의 문제다. 바꾸어 말하면, 조합의 채권자가 조합원에 대하여 이행을 청구할 때에 조합재산으로 먼저 변제받을 것을 항변할 수 있는지가 문제된다. 이는 조합채무에 대한 조합원의 책임의 성질이 무엇인가라는 문제가 된다. 다른 하나는 조합채무에 대한 조합재산의 책임과 각 조합원의 책임의 관계이다.

㉮ 組合財産에 의한 責任과 組合員의 直接責任의 竝存 : 조합은 내외적인 관계에서는 단체가 아니라 전 조합원의 집합일 뿐이다. 즉, 조합은 단체가 아니기 때문에 조합채권자는 전 조합원에 대한 채권자이다. 따라서 조합원은 조합채권자에 대하여 직접책임을 진다. 직접책임을 지는 조합원은 당해 채권발생 당시의 조합원에 한하고 채권발생 이후에 조합원이 된 자는 책임이 없다.

한편, 조합의 채무에 대하여 조합재산으로 책임을 짐은 당연하다. 그런데 조합은 단체성이 없기 때문에 조합채권자는 조합에 대하여 소를 제기할 수는 없고, 조합원 전원 또는 업무집행자를 소송대리인으로 소를 제기하여 채무명의를 얻어야 한다. 강제집행을 하는 경우에 조합채권자는 조합원 전원에 대한 하나의 채무명의로 조합재산과 조합원 각자에게 강제집행할 수 있다.

이와 같이 조합채무에 대하여는 조합재산과 각 조합원의 책임이 병존하게 된다. 조합채무에 대한 이러한 각 조합원의 책임은 채무 없는 책임이라는 견해도 있으나(김증), 이론적으로는 조합채무가 조합원에게 직접 귀속하므로 채무 있는 책임이라고 보아야 한다(곽,황). 보통의 경우 조합채권자는 먼저 업무집행자에게 이행의 청구를 하여 조합재산으로 이행을 받거나, 조합재산에 먼저 강제집행을 한 후에 각 조합원에게 잔액에 대하여 이행의 청구나 강제집행을 하게 된다. 그러나 조합채권자는 반드시 조합재산에 먼저 이행청구를 할 필요는 없다.

조합원은 조합채무에 대하여 직접책임을 지므로 조합채권자로부터 이행의 청구를 받은 때 조합재산으로 먼저 변제받을 것을 항변할 수 없다. 또한 채권자는 조합원 전원에 대한 채무명의로 각 조합원에게 그 부담액을 증명하여 강제집행할 수 있다.

판례 組合員 個人에 대한 債權으로 組合財産(持分)에는 强制執行 不可 : 조합원 중 1인에 대한 채권으로써 그 조합원 개인을 집행채무자로 하여 조합의 채권에 대하여 강제집행할 수 없다(대판 2001.2.23. 2000다68924).

㈏ **組合員의 分割責任** : 각 조합원은 조합채무에 대하여 분할책임을 진다. 제712조는 조합채권자는 그 채권 발생 당시에 조합원의 손실부담의 비율을 알지 못한 때에는 각 조합원에게 균분하여 청구할 수 있다고 규정하여 각 조합원의 분할책임을 부과하고 있다. 그런데 조합원 중에 무자력자가 있는 경우에는 이러한 분할책임으로 인하여 조합채권자를 해하게 된다. 이를 보완하기 위하여 제713조는 무자력조합원이 변제할 수 없는 부분은 다른 조합원이 균분하여 변제할 책임을 부담시키고 있다. 따라서 조합원은 조합채무에 대하여 1차적으로 각자 고유한 부담분에 대한 책임을 지며, 2차적으로 무자력조합원의 변제할 수 없는 부분에 대한 균분한 책임을 진다.

그런데 제713조는 조합원의 2차적 책임에 관하여 조합원이 균분하여 책임이 있는 것으로 규정한다. 이는 자력 있는 조합원의 수에 따른 균분인지, 아니면 자력조합원의 책임부담비율이 있을 때는 그 부담비율에 따르고 부담비율을 알지 못한 때에는 조합원 수에 따른 균분이란 의미인지가 문제된다. 이에 대하여 논하는 학자가 없어 다른 견해를 알 수 없다. 생각건대, 각 조합원의 고유한 책임은 부담비율책임인데, 무자력자의 변제하지 못 한 부분에 대하여 지는 2차적 책임은 조합원의 수에 따른 절대적 균분이라는 것은 합리적이지 못하다. 따라서 무자력 조합원이 변제하지 못한 부분에 대하여도 다른 조합원은 부담비율에 따른 책임을 지나, 부담비율을 알지 못한 때에 채권자는 균분하여 청구할 수 있는 것으로 해석하여야 할 것이다.

판례 債權者는 各 組合員에 대한 分割責任 請求 : 조합의 채권자가 조합원에 대하여 조합재산에 의한 공동책임을 묻는 것이 아니라 각 조합원의 개인적 책임에 기하여 당해 채권을 행사하는 경우에는 조합원 각자를 상대로 하여 그 이행의 소를 제기할 수 있다(대판 1991.11.22. 91다30705).

㉰ **組合員의 無限責任** : 각 조합원이 부담하는 직접책임은 무한책임이다. 즉, 출자한 재산으로 책임이 한정되지 아니하며, 조합계약으로 제한을 하였더라도 효력이 없다. 조합채무에 대한 조합원의 책임은 조합원으로서의 고유한 지위에서 발생하는 책임이다. 따라서 조합채무 발생당시의 조합원만 책임을 지나, 채무발생당시의 조합원이면 그 이후에 탈퇴를 하거나 조합이 해산을 하더라도 책임을 지게 된다.

판례 組合債務에 대한 組合員의 分割責任 : 조합의 채무는 각 조합원의 채무로서 그 채무가 불가분의 채무이거나 연체의 특약이 없는 한 조합채권자는 각 조합원에 대하여 지분의 비율에 따라 또는 균일적으로 변제의 청구를 할 수 있을 뿐이지 달리 그 금원 전부나 연체의 지급을 구할 수는 없는 것이다(대판 1985.11.12. 85다카1499).

판례 組合債務가 商行爲 債務인 때는 連帶債務 : 조합채무가 조합원 전원을 위하여 상행위가 되는 행위로 인하여 부담하게 된 것이라면 그 채무에 관하여 조합원들에 대하여 상법 제57조 제1항을 적용하여 연대책임을 인정함이 마땅하다(대판 1995.8.11. 94다18638).

3. 損益分配

조합의 활동으로 발생한 이익과 손해에 대하여는 조합원에게 분담하게 되는데, 그 비율과 분배시기가 문제된다.

(1) 比 率

비율에 관하여 조합계약(규약) 등으로 약정한 것이 있으면 그에 따르고, 약정한 것이 없으면 각 조합원의 출자가액에 비례한 것을 손익분배비율로 본다(제711조 1항). 손해 또는 이익 어느 하나에 대하여서만 약정한 비율이 있는 때에는 그 비율은 양쪽에 공통한 것으로 본다(제711조 2항).

(2) 時 期

이익의 분배와 손실의 분배를 구분하여 보아야 한다.

손실은 조합의 계속 중에는 조합 자체의 손실로 되는 것으로 매 손실마다 별도로 조합원이 출자를 하여 반드시 보전할 필요는 없을 것이다. 따라서 손실의 분배에 관하여 다른 약정이 없는 한 조합이 해산할 때 비로소 문제가 된다. 조합이 해산하여 청산절차에서 손실이 조합재산으로 완제되지 아니한 때에 손실분배의 문제가 생긴다.

한편, 영리사업을 하는 조합에서는 이익의 분배 자체가 조합의 업무집행에 관한 사항이다. 따라서 영리조합에서 이익의 분배는 업무집행에 관한 규정으로 처리된다.

영리를 목적으로 하지 아니하는 조합에서는 평상시에 이익분배란 문제가 발생할 여지는 없다. 또한 그러한 조합에서 비록 이익이 생기고 분배가 있더라도 그것이 업무집행에 해당하지도 않는다. 따라서 이익이 생긴 때에는 별도로 조합원 전원이 합의하여 분배하거나 해산 시에 청산절차에 의하여 분배하게 된다.

판례 共同事業에서 對外的으로 一方單獨 名義로 運營한 경우: 갑과 을이 공장을 동업하기로 하되 갑은 전무라는 직함으로 내부적인 자금관리만을 수행하고 을은 사장이라는 작함으로 사업자등록증상의 대표자명의를 가지고, 대외적으로 어음거래를 함에 있어서도 자신의 명의로 약속어음을 발행하는 등 실질적으로 회사를 운영한 경우, 갑과 을 사이의 동업조합은 민법상의 조합과 구별되는 일종의 특수한 조합으로서 대외적으로는 을만이 권리를 취득하고 의무를 부담하는 것이어서 민법 제71조 내지 제713조가 적용될 여지가 없다(대판 1997.9.26.96다14845).

V. 組合員의 脫退와 加入

조합원의 구성은 탈퇴, 가입, 조합원 지위의 양도(지분 양도) 등으로 변동된다. 민법은 탈퇴에 관하여는 규정하고 있으나, 가입과 조합원 지위의 양도에 관하여는 별도로 규정하고 있지 아니하다.

1. 組合員의 脫退

조합원의 탈퇴에는 자기의 의사에 의한 임의탈퇴와 의사에 의하지 아니한 비임의탈퇴가 있다.

(1) 任意脫退

존속기간을 정하지 아니한 조합이나 조합원의 종신까지 존속할 것으로 정한 조합에서는 각 조합원은 언제든지 임의로 탈퇴할 수 있다(제716조 1항 본문). 탈퇴하고자

하는 조합원은 전 조합원에 대한 탈퇴의 의사표시로써 탈퇴된다.

그러나 제716조 단서는 부득이한 사유 없이 조합이 불리한 시기에 탈퇴할 수 없다고 규정한다. 여기서 불리한 시기와 불리한 시기에 탈퇴의 의사표시를 한 경우의 효과 및 부득이한 사유의 내용이 문제된다.

불리한 시기란, 그 조합원이 그 시기에 탈퇴한다면 조합에 불이익이 생기는 경우를 말한다. 예컨대, 조합재산으로 중요한 계약을 체결하였는데 출자를 많이 한 조합원이 탈퇴하게 되어 출자를 환급해 주어야 됨으로써 계약의 이행에 지장을 주어 조합에 손해를 발생시킬 우려가 있는 경우 등이다.

불리한 시기에 탈퇴의사를 표시하였으나 전원이 동의한 때에는 문제가 없을 것이나 동의를 하지 않은 경우에는 어떻게 되는가? 동의는 탈퇴의 요건은 아니지만 불리한 시기에 한 탈퇴의사에 대하여 다른 조합원이 조합에 불리한 시기인 점을 들어 이의를 제기하면 탈퇴되지 아니한다. 즉, 탈퇴의 의사표시는 효력이 없다.

불리한 시기일지라도 부득이한 사유가 있는 때에는 탈퇴할 수 있는데, 여기의 부득이한 사유는 무엇을 말하는가? 부득이한 사유는 주관적 관념이다. 따라서 개인의 사정도 포함하며, 다른 조합원과의 감정적 대립에 의한 반목, 불화로 인한 신뢰파괴, 성격의 불일치 등으로 공동사업을 할 수 없는 경우도 포함하는 것으로 본다. 문제는 어떠한 의사결정과정에서 반대의견을 가진 소수자가 집단적으로 탈퇴를 하는 경우이다. 이 경우에 단순히 반대의견을 가졌다는 것만으로 부득이한 사유라고는 볼 수 없다. 다만 소수자로서 공동사업의 경영에서 경제적 이익이 크게 침해당할 것이라면 부득이한 사유에 해당한다고 보아야 할 것이다.

한편, 2인조합에서 1인의 탈퇴가 가능한지가 문제된다. 판례는 긍정한다.

판례 2人組合에서 1人의 脫退 : 두 사람으로 된 동업관계, 즉 조합관계에 있어 그중 1인이 탈퇴하면 조합관계는 해산됨이 없이 종료되어 청산이 뒤따르지 아니하며 조합원의 합유에 속한 조합재산은 남은 조합원의 단독소유에 속하고, 탈퇴자와 남은 자 사이에 탈퇴로 인한 계산을 하여야 한다(대판 1999.3.12. 98다54458).

판례 부득이한 事由의 判斷基準 : ① (판단기준) 존속기간의 정함이 있는 조합의 경우에는 민법 제716조 제2항의 규정에 의하여 조합원은 원칙적으로 존속기간 중에는 탈퇴할 수 없고 부득이한 사유가 있는 경우에 한하여 예외적으로 탈퇴할 수 있으며, 그와 같은 부득이한 사유에 해당하는지 여부는 조합원 일신상의 주관적인 사유 및 조합원 개개인의 이익뿐만 아니라 단체로서의 조합의 성격과 조합원 전체의 이익 등을 종합적으로 고려하여 판단하여야 한다(대판 1997.1.24. 96다26305).

② 제720조에 규정된 부득이한 사유에는 경제계의 사정변경이나 조합의 재산상태의 악화 또는

영업부진 등으로 조합의 목적달성이 현저히 곤란하게 된 경우 외에 조합원 사이의 반목, 불화로 인한 대립으로 신뢰관계가 파괴되어 조합의 원만한 공동운영을 기대할 수 없게 된 경우도 포함되며, 위와 같이 공동사업의 계속이 현저히 곤란하게 된 이상 신뢰관계의 파괴에 책임이 있는 당사자도 해산청구권이 있다(대판 1993.2.9. 92다21098).

(2) 非任意脫退

제717조는 조합원은 임의탈퇴 외에 사망, 파산, 금치산, 제명으로 탈퇴된다고 규정한다. 그 밖에 지분을 처분한 조합원과 지분이 압류당하여 실행된 조합원은 탈퇴된다.

(가) 死 亡

조합원은 사망으로 당연히 탈퇴한다. 조합계약에 상속인이 새로운 조합원이 된다는 특약이 있는 경우에는, 그 특약은 효력이 있으며 상속인이 조합원지위를 승계한다.

(나) 破 産

조합원이 파산하면 탈퇴된다. 조합원이 파산선고를 받으면 당해 조합원의 지분은 파산재단을 구성하여 변제에 충당되므로 당연히 조합에서 탈퇴된다. 따라서 반대의 특약은 불특정 다수의 파산채권자의 이해에 관련된 것으로 이에 대한 임의의 약정은 효력이 없다.

판례 破産 時에도 脫退하지 않기로 하는 約定의 效力 : ㉠ 原則的으로 無效; 조합원들이 조합계약 당시 민법 제717조의 규정과 달리 차후 조합원 중에 파산하는 자가 발생하더라도 조합에서 탈퇴하지 않기로 약정한다면 이는 장래의 불특정 다수의 파산채권자의 이해에 관련된 것을 임의로 위 법 규정과 달리 정하는 것이어서 원칙적으로는 허용되지 않는다 할 것이지만, 파산한 조합원이 제3자와의 공동사업을 계속하기 위하여 그 조합에 잔류하는 것이 파산한 조합원의 채권자들에게 불리하지 아니하여 파산한 조합원의 채권자들의 동의를 얻어 파산관재인이 조합에 잔류할 것을 선택한 경우까지 조합원이 파산하여도 조합으로부터 탈퇴하지 않는다고 하는 조합원들 사이의 탈퇴금지의 약정이 무효라고 할 것은 아니다.
㉡ 有效한 경우 :공동수급체의 구성원 중 1인이 파산하였으나 파산관재인이 법원의 허가와 파산채권자의 동의를 얻어 파산 이후에도 계속적으로 공동사업을 수행하여 왔다면, 입찰참가자격제한조치를 받기 전까지는 탈퇴할 수 없다고 한 탈퇴금지의 약정은 파산한 조합원의 채권자의 이익을 해하지 아니하므로 유효하다고 한 사례(대판 2004.9.13. 2003다26020).

(다) 禁治産

금치산선고로 탈퇴된다. 조합원이 금치산선고를 받았다고 하더라도 다른 조합원에게는 영향이 없기 때문에 반대의 특약은 유효하다.

(라) 除 名

제명으로 탈퇴된다. 제명에 관하여는 제718조에서 그 요건과 효과에 관하여 별도로 규정하고 있다. 조합원의 제명은 정당한 이유가 있을 때 다른 조합원의 일치로써 이를 결정한다(제718조 1항). 여기서의 정당한 이유란, 조합원으로서 계속하여 함께 공동사업을 경영할 수 없는 사유를 말한다. 예컨대, 출자의무불이행이거나 조합의 공동목적과 상반되는 행위를 하는 경우, 업무집행에 있어서의 부정행위 등이다. 제명결정은 제명된 조합원에게 통지하여야 그 조합원에게 대항할 수 있다(제718조 2항).

판례 出資義務不履行으로 인한 除名時 履行催告 不要 : 조합원이 출자의무를 이행하지 않는 것은 민법 제718조 제1항에서 정한 조합원을 제명할 정당한 사유에 해당한다고 할 것인 바, 그와 같은 출자의무의 불이행을 이유로 조합원을 제명함에 있어 출자의무의 이행을 지체하고 있는 당해 조합원에게 다시 상당한 기간을 정하여 출자의무의 이행을 최고하여야 하는 것은 아니다(대판 1997.7.25. 96다298816).

(마) 持分의 處分, 押留

지분을 양도 등으로 처분한 조합원은 당연 탈퇴된다. 또한 지분이 압류당하여 압류가 실행되면 지분이 없어짐으로 당연히 탈퇴된다.

(3) 脫退의 效果 - 持分의 計算

조합원은 임의탈퇴이건 비임의탈퇴이건 탈퇴로 장래에 대하여 조합원의 지위를 상실한다. 특정 조합원이 탈퇴되더라도 다른 조합원간의 조합계약은 아무런 영향을 미치지 않는다. 그런데 탈퇴한 조합원의 조합재산에 대한 지분은 환급되어야 한다. 이를 민법은 지분의 계산이라고 한다. 탈퇴 당시 조합에 적극재산이 있는 경우, 손실이 있는 경우 및 채무를 구별하여 살펴보도록 한다.

(가) 積極財産

적극재산에 대한 지분의 계산에 관하여는 제718조에서 규정하고 있다. 지분의 계산은 탈퇴 당시의 조합재산의 상태에 의한다(동조 1항). 탈퇴 당시에 완결되지 아니한 사항에 대하여는 완결 후에 계산할 수 있다(동조 3항).

탈퇴조합원의 지분에 관하여는 당초 그가 출자한 종류 여하를 불문하고 금전으로 반환할 수 있다(동조 2항). 금전으로 반환할 수 있게 한 것은 현물출자를 한 경우에 그 현물을 반환한다면 공동사업을 경영하는 데 곤란한 경우가 있으며, 노무를 제공한 때에는 그 노무를 반환할 수는 없다. 따라서 당초에 출자한 것을 반환하더라도 아무런 문제가 없는 경우에는 당초에 출자한 것을 반환하여야 한다.

판례 脫退組合員의 持分計算 : 탈퇴조합원의 지분계산에서 자산평가의 기준 시기는 탈퇴 당시이다(대판 1998.10.27. 98다15170).

(나) 組合의 損失

조합원이 탈퇴 당시에 조합에 손실이 있는 때에는 손실부담비율에 따라 손실을 부담하여야 한다(제711조).

(다) 組合債務

탈퇴 당시의 조합채무에 대하여 그의 지분에 따라 채무를 진다(제712조).

2. 組合에의 加入

민법은 새로운 조합원의 가입에 관하여는 규정하고 있지 아니하나, 조합에의 새로운 가입을 금지할 이유는 없다. 조합에의 가입은 가입하려는 자와 기존의 조합원 전원간의 가입계약(조합계약)(전원의 동의)에 의하여 가입된다.

가입자는 출자의무를 부담한다. 출자를 하지 않는 조합원이란 있을 수 없기 때문이다. 가입하여 조합원이 된 자는 가입당시의 조합재산에 관하여 다른 조합원과 합유관계에서 지분을 취득한다. 가입 당시의 채무에 관하여는 출자를 하여 조합재산이 된 것으로는 책임을 지는데, 개인 재산으로는 책임을 지지 않는다(통설).

3. 組合員 地位의 讓渡

조합원은 다른 조합원 전원의 동의를 얻어 제3자에게 지분을 처분(양도)할 수 있고, 지분을 처분(양도)하면 조합원의 지위도 상실한다는 것은 이미 보았다. 그런데 지분이 양도되어 양수한 자는 새로운 조합원이 되는가? 판례는 긍정하며 학설도 이를 인정한다. 이는 조합원 전원의 동의가 처분에 대하여 국한된 것인지, 아니면 조합원 지위의 양도에 대한 동의인지가 문제된다. 특별히 양도만에 대한 동의라고는 볼 수 없고 조합원 지위에 대한 양도라고 보는 것이 타당하므로 양수한 자는 새로운 조합원이 된다고 본다.

양수인은 양도인의 지위를 포괄적으로 승계한다. 따라서 양도한 조합원의 기존의 권리와 의무를 그대로 승계한다.

Ⅵ. 組合의 解散과 淸算

1. 組合의 解散

조합이 종료하면 남아 있는 조합재산을 조합원들 간에 정리하여야 한다. 이와 같이 조합이 종래의 조합활동을 중지하고 조합재산을 정리하는 단계에 들어가는 것을 해산이라고 한다.

(1) 解散事由

조합의 해산사유에 관하여는 특별히 규정하고 있지 아니하나, 조합계약에서 정한 존속기간의 만료, 조합의 목적 달성, 목적 달성의 불능 기타 조합계약으로 정한 사유의 발생, 전 조합원의 합의로 해산하게 된다. 또한 조합원이 1인밖에 남지 아니한 경우에도 해산된다.

그 밖에 제720조는 부득이한 사유가 있는 때 각 조합원은 조합의 해산을 청구할 수 있다고 규정한다. 다른 조합원에 대한 일방적 의사표시로써 해산을 청구한다. 여기서의 부득이한 사유란, 조합이 전체로서 사업을 계속하여 경영하기가 곤란한 사유를 말한다. 경제사정의 악화, 조합재정의 악화, 조합원간의 반목 등을 말한다. 이러한 사유가 단순히 조합원 개인에 한정된 경우는 해산의 청구는 가능하지 않고 본인의 탈퇴나 제명의 사유가 될 뿐이다.

(2) 解散의 效果

해산으로 조합은 적극적인 활동을 중지하고 청산절차를 개시한다. 청산절차가 종료하기 전까지는 조합관계는 그대로 존속한다.

판례 淸算期間 중의 組合財産의 歸屬關係 : 조합이 해산된 경우에도 청산절차를 거쳐 조합재산을 조합원에게 분배하지 아니하는 한 조합재산은 계속하여 조합원의 합유이고 청산이 종료할 때까지 조합은 존속하는 바, 일부 조합원이 다른 조합원들의 동의를 얻지 아니한 채 조합재산인 채권을 타인에게 양도한 행위는 무효라고 할 것이다(대판 1992.10.9. 92다28075).

2. 淸 算

(1) 淸算의 意義

청산이란 조합이 해산으로 조합의 재산을 정리하는 것을 말한다. 조합은 청산으로 소멸하여도 조합채무는 여전히 조합원에게 남는다. 즉, 조합의 청산은 제3자에게 영향을 미치지 아니한다. 민법전이 규정하는 청산절차는 조합원간에 조합재산에 대한 공평한 분배를 하기 위한 규정으로 청산인이 합유재산을 각 조합원에게 분배하는 것이다. 따라서 전 조합원의 합의로 청산절차를 거치지 않고 다른 방법으로 정리를 하여도 관계없다.

(2) 淸算節次

(가) 淸算人

원칙적으로 전 조합원이 청산인이 되어 공동으로 청산한다. 그러나 청산을 간편·신속하게 하기 위하여 청산인을 선임하여 집행하게 할 수 있다(제721조 1항). 선임은 조합원의 과반수로 결정한다(제721조 2항).

조합원 중에 청산인이 된 자는 사임과 해임에 일정한 제한을 받게 된다(제723조, 제708조). 청산인의 업무집행방법에 관하여는 업무집행에 관한 규정(제706조 2항)이 준용된다(제722조). 즉, 청산인이 수인인 때 통상사무는 각 청산인이 하고, 비통상사무는 청산인의 과반수로 결정한다.

(나) 淸算人의 職務, 權限

청산인의 직무와 권한에 관하여는 제87조의 법인의 청산인에 관한 규정이 준용된다(제724조 1항). 따라서 현존한 사무를 종결하고, 채권을 추심하며, 조합재산으로 채무를 변제한다.

(다) 殘餘財産의 分配

조합재산으로 조합채무를 정리하고 남은 재산은 조합원에게 출자가액에 비례하여 분배하여야 한다(제724조 2항).

판례 組合解散時의 出資義務不履行한 다른 組合員의 返還債務 負擔比率조합이 해산되고 별도의 청산절차를 밟을 필요가 없어 출자의무를 이행한 조합원이 출자의무를 이행하지 않은 다른 조합원들에 대하여 그 출자재산의 반환채권을 갖게 되는 경우, 다른 조합원의 반환채무 부담비율은 조합계약에서 정한 손실부담의 비율에 의함이 상당하고 그 부담부분의 특약이 없었다면 균등한 것으로 추정해야 한다(대판 96다32201).

第15節　終身定期金

I. 意義와 法律的 性質

1. 終身定期金의 意義

종신정기금계약은 당사자 일방이 자기나 상대방 또는 제3자의 종신(사망)까지 정기로 금전 기타의 물건을 상대방 또는 제3자에게 지급할 것을 약정함으로써 성립하는 계약이다(제725조).

예컨대, 甲이 乙에게 부동산을 매도하되, 대금은 乙이 甲의 여생동안 생활비에 해당하는 일정 금액으로 매월 지급하기로 한다든지, 또는 甲이 평소에 은혜를 입은 노후의 乙에게 여생동안 매월 일정 식량을 지급하기로 한다든지 하는 경우이다.

이러한 종신정기금은 정기금채권자의 노후의 생활보장을 위한 제도의 역할을 한다. 그러나 오늘날은 공公·사私형의 각종 연금 및 보험제도 등으로 인해 사인간의 종신정기금계약이란 거의 이용되지 않고 있다.

2. 終身定基金契約의 法律的 性質

(1) 定期金債權者는 契約의 一方 또는 第3者

종신정기금계약에서 정기금채무자는 계약의 일방 당사자이지만, 정기금채권자는 계약의 일방인 경우도 있고 제3자인 경우도 있다. 정기금채권자가 제3자가 되는 경우에는 제3자에 관한 계약에 관한 법리도 함께 적용된다.

(2) 有因行爲

종신정기금계약은 정기금채무자가 정기금채권자에 대하여 특정한 원인에 의하여 채무를 지는 유인행위이다. 즉, 종신정기금계약은 원인행위에 의하여 일방이 부담하는 채무의 이행방법에 관한 합의이다. 그러한 원인행위가 단순히 증여일 수도 있고, 원인행위의 대가로써 채무를 지는 경우도 있다. 후자는 예컨대, 매매대금 또는 소비대차상의 원본과 이자를 지급하는 방법으로 정기금채무를 지는 경우가 된다. 이와 같이 종신정기금계약은 유인행위이기 때문에 원인행위의 무효나 취소는 종신정기금계약의 효력에 영향을 미친다. 또한 원인행위가 유상으로 정기금채무의 대가인 급부가 쌍방의 귀책사유 없는 사유로 소멸하면 정기금채무도 소멸한다.

(3) 有償 또는 無償契約

종신정기금계약은 유인행위이기 때문에 원인행위의 반대급부로서 정기금채무자가 채무를 질 때는 유상계약이고, 이때에는 종신정기금계약에 관한 규정과 원인행위에 관한 규정도 적용된다. 예컨대, 원인행위가 매매계약 또는 소비대차계약으로 매매대금 또는 원본과 이자의 지급방법으로 종신정기금계약을 한 때에는 매매 또는 소비대차에 관한 규정도 준용된다.

원인행위가 증여인 때에는 종신정기금계약은 무상계약이며, 이때는 결국 정기급부를 목적으로 하는 증여에 해당하여 증여에 관한 규정도 준용된다.

(4) 諾成·不要式契約

종신정기금계약은 당사자 쌍방의 합의로 성립하는 낙성계약이며, 특별한 형식을 요하지 아니하는 불요식계약이다. 원인행위가 증여인 때 서면에 의하지 아니한 계약은 증여의 규정이 준용되어 각 당사자가 언제든지 해제할 수 있다(제555조). 종신정기금채권은 반드시 계약에 의하여 생기는 것이 아니라 유증으로 생길 수도 있다. 이 때에는 유증에 관한 규정도 준용된다(제730조).

Ⅱ. 終身定期金의 效力

1. 定期金債權

종신정기금계약에 의하여 기본적인 정기금채권이 발생하며, 약정한 일정한 기간에 따라 청구할 수 있는 지분적 채권이 발생한다. 지분적 채권의 지급시기에 관하여 약정이 없으면 후급이 원칙이다. 종신정기금계약이 지분적 채권의 기간 중에 소멸한 때는 일수로 계산한다(제726조).

종신정기금계약의 존속 중에 정기금채무자의 귀책사유로 정기금채무자가 사망한 때 법원은 정기금채권자 또는 그 상속인의 청구에 의하여 상당한 기간 채권의 존속을 선고할 수 있다(제729조 1항). 여기서의 상당한 기간이란 채무자의 추정 생존기간을 말한다.

채무자의 귀책사유에 의한 사망은 후술하는 채무불이행에 해당하는 것이므로 제

727조의 해제에 의한 원본의 반환을 청구할 수 있다(제729조 2항). 채권의 존속선고와 원본의 반환청구를 선택적으로 할 수 있다.

2. 終身定基金契約 解除時의 原狀回復에 관한 特則

종신정기금계약도 통상적인 계약에서와 같이 채무자가 정기금을 지급하지 아니하면 채무불이행에 의하여 계약을 해제할 수 있다.

정기금채무자가 원본을 받지 아니한 경우에는 계약의 해제로 정기금채무자의 채무는 소멸하고, 정기금채권자의 손해가 있으면 그 배상을 청구할 수 있다.

그러나 원본 없는 종신정기금계약은 정기급부를 목적으로 하는 증여에 해당하여 채권자의 해제는 채권자에게 아무런 이익이 되지 않는다(부담부증여는 예외).

그런데 원본 있는 종신정기금계약의 해제는 정기금채무자의 채무는 소멸하고 원상회복으로 원본의 반환이 있게 되는데, 반환될 원본과 그동안 받은 정기금의 정산이 문제된다. 제727조는 원본과 그 동안 받은 정기금의 정산에 관하여 아래의 특칙을 두고 있다.

정기금채무자가 정기금채무의 원본을 받은 경우에 그 정기금채무의 지급을 해태하거나 의무를 이행하지 아니한 때에는 정기금채권자는 원본의 반환을 청구하고, 이미 지급받은 채무액에서 그 원본의 이자를 공제한 잔액을 정기금채무자에게 반환하여야 한다(제727조 1항).

채권자는 반환받아도 손해가 있는 때에는 손해를 배상하여야 한다(제727조 2항). 원본반환의무와 수령한 정기금의 반환의무는 동시이행의 관계에 있다(제728조).

Ⅲ. 終身定基金契約의 終了

종신정기금계약은 정기금지급기간의 기준이 되는 특정인의 사망으로 종료하고, 정기금채무자의 채무불이행에 의한 해제로 종료한다.

그런데 정기금채무자의 귀책사유 있는 사망시에는 상당기간 계약의 존속선고 또는 해제에 의한 원본반환 및 손해배상을 청구할 수 있다(제729조).

第16節 和 解

I. 序 說

1. 和解의 意義와 法律的 性質

(1) 和解의 意義

화해는 당사자가 서로 양보하여 당사자간의 분쟁을 종지할 것을 약정함으로써 성립한다(제731조). 당사자간에 분쟁을 해결하기 위하여는 법원 기타 국가기관 등을 통하는 방법과 민법상의 화해가 있다. 전자는 제3자를 통하여 하는 것이고 후자는 분쟁당사자 스스로 분쟁을 해결하는 것이다. 특히 후자에서는 비용과 시간이 절약될 뿐만 아니라 당사자간의 인간관계도 원만하게 유지되어 분쟁해결방법 중에서 가장 바람직하다.

화해는 실제사회에서 <손해에 대한 합의서>의 작성이라는 것으로 행하여지며, 교통사고 또는 의료분쟁 등에서 많이 이용되고 있다.

(2) 和解의 法律的 性質

(가) 諾成·不要式契約

당사자의 합의로써 성립하며, 합의에 특별한 형식을 요하지 아니한다.

(나) 有償·雙務契約

화해는 서로 양보하여서 성립하는 것으로, 양보한다는 것은 손실을 의미하므로 유상계약이다. 따라서 서로 양보함이 없이 일방만이 양보한 합의는 화해가 아니다. 화해는 서로 양보하여 합의한 채무를 쌍방이 이행하여야 하는 쌍무계약이다.

2. 和解와 類似한 制度

(1) 裁判上 和解

분쟁당사자가 법원에서 서로 양보하여 분쟁을 종지하는 것을 재판상 화해라 한다. 재판상 화해는 화해를 법관의 면전에서 하여야 한다는 점에서 민법상 화해와 다르며, 또한 그 요건과 효과에서도 다르다.

재판상 화해에는 소송상 화해와 제소 전의 화해가 있다. 소송상 화해는 소송진행 중에 당해 소송담당 법원에서 하며, 제소 전의 화해는 분쟁발생을 염려하여 사전에 분쟁의 여지를 없애는 합의로 상대방의 보통재판적 소재지의 지방법원에서 한다. 이들 재판상 화해는 당사자들의 의사를 명확하게 하기 위하여 법관의 면전에서 의사를 확인하여 화해조서가 작성되며, 화해조서는 확정판결과 같은 효력이 있다.

(2) 調 停

법원 기타 국가기관에 설치된 조정위원회의 면전에서 그들의 알선으로 분쟁을 해결하는 것이 조정이다. 조정은 분쟁의 처리가 주된 목적으로 당사자가 반드시 서로 양보하여야 하는 것은 아니고, 일방만이 양보하더라도 관계없다. 조정이 성립하면 조정조서가 작성되며, 재판상 화해와 같은 효력이 있다. 조정에는 가사조정(가사소송법 제49조 이하), 노동쟁의조정(노동조합및노동관계조정법 제47조 이하), 의료조정(의료법 제54조의 2 이하) 등이 있다.

(3) 仲 裁

중재는 분쟁의 당사자가 그 판정을 중재인인 제3자에게 맡겨 그에 따르기로 하는 합의(중재계약)를 하여, 중재계약에 의하여 중재인인 제3자가 분쟁사항에 관하여 판정함으로써 분쟁을 해결하는 것이다. 이는 중재인인 제3자의 판정에 맡기는 것이므로 법관의 판단에 맡기는 재판과 같은 성질로 화해와는 그 본질이 다르다. 중재판정은 확정판결과 동일한 효력이 있다. 중재에 관하여는 중재법이 있다.

Ⅱ. 和解의 成立要件

1. 紛爭의 存在

화해는 당사자 간에 다툼이 되는 법률관계를 해결하는 것을 목적으로 한다. 따라서 화해는 당사자간에 기존의 법률관계에 다툼이 있어야 한다. 다툼이란 법률관계의 존부·범위·태양 등에 당사자의 주장이 서로 다른 것을 말한다. 채무관계의 존부에 대한 다툼 또는 채무액에 대한 다툼 등이 일반적이다. 단순히 법률관계가 불분명한 것을 명확하게 한다든지, 채무액에 관하여는 다툼이 없고 채무자의 사정을 보아 채무액을 단순히 탕감한다든지 변제기를 연장한다든지 하는 합의는 화해가 아니다.

2. 相互 讓步

당사자간에 서로 양보하여야 한다. 양보한다는 것은 불이익을 부담한다는 것을 말하며, 불이익의 기준은 당사자의 주장을 기준으로 하는 것이지 진실한 법률관계가 기준이 되는 것은 아니다. 예컨대, 채무액에 관하여 서로 주장이 다른 경우에 주장액의 중간액으로 합의하여 서로 일부의 불이익을 부담하는 것이다. 서로 양보하여야 하기 때문에 일방만의 양보는 화해가 아니다.

양보하는 것이므로 당사자는 분쟁의 대상이 되는 재산권에 대하여 처분능력과 처분권한이 있어야 한다.

3. 紛爭을 終止하는 合意

서로 주장하는 것을 일정한 내용으로 확정하고 더 이상 서로 다투지 않기로 하는 합의가 있어야 한다.

Ⅲ. 和解의 效力

1. 法律關係를 確定하는 效力

화해가 성립하면 다툼의 대상이 된 법률관계는 합의된 그대로의 법률관계로 확정된다. 따라서 각 당사자는 화해 전에 주장하던 것을 주장하지 못하며, 화해의 내용에 따른 권리와 의무를 진다. 화해에 의하여 확정되는 법률관계는 당사자가 종래 서로 다투던 내용에 관한 것이므로, 서로 다투지 않았던 사실이나 또는 그 화해의 전제로서 서로 양해한 사항에 관하여는 화해가 아무런 영향을 미치지 아니한다.

2. 和解의 創設的 效力

화해에 의하여 분쟁의 법률관계가 확정되는데, 그러한 확정되는 효력은 기존의 법률관계를 서로 인정한다는데 대한 효력인지 아니면 기존의 법률관계와는 관계없이 새로운 법률관계를 창설한다는 효력인지가 문제된다.

제732조는 <u>화해계약으로 당사자 일방이 양보한 권리는 소멸하고, 상대방이 그 권</u>

리를 취득하는 효력인 창설적 효력이 있음을 규정한다. 즉, 화해로 종전의 법률관계는 소멸하고 새로운 법률관계가 창설된다. 따라서 화해한 이후에 제732조의 화해에 창설적 효력을 부여하는 규정은 강행규정인가? 화해는 계약으로서 계약에 어떠한 법률적 효력을 부여하느냐는 것은 당사자의 의사에 관한 것으로 제732조의 창설적 효력을 규정한 것은 임의규정이다(이설 없음). 그러나 화해에서 합의한 법률관계는 인정적 효력이 있다는 당사자의 의사가 명백하지 아니한 때에는 창설적 효력이 있다.

3. 和解契約의 失效

화해도 계약이므로 계약의 일반적인 무효·취소에 관한 법리는 그대로 적용된다. 다만 착오에 관하여는 제한을 하는 특별규정이 있다.

또한 해제에 관하여도 계약해제의 일반적인 법리가 그대로 적용된다. 따라서 일방이 화해의 내용에 따른 채무를 이행하지 아니한 때에는 화해계약을 해제할 수 있다.

4. 和解와 錯誤와의 關係

화해계약은 분쟁의 대상이 되는 부분에 관하여 착오 있음을 이유로 취소하지 못한다(제733조). 착오로 취소하지 못하는 것은 분쟁의 대상 그 자체에 대한 착오이다. 분쟁이 있게 되는 것은 일반적으로 법률관계에 관하여 착오가 있기 때문인데, 이를 다시 착오를 이유로 취소한다면 화해의 창설적 효력은 아무런 의미가 없기 때문이다. 따라서 분쟁의 대상이 아니라 분쟁의 전제 또는 기초가 된 사항으로서 쌍방 당사자가 예정한 것이어서 상호 양보의 내용으로 되지 않고 다툼이 없는 사실로 양해된 사항에 관하여 착오가 있는 경우에는 착오로 화해를 취소할 수 있다.

판례 ① 和解에서 錯誤取消의 對象 : 화해계약이 성립되면 특별한 사정이 없는 한, 그 창설적 효력에 의하여 종전의 법률관계를 바탕으로 한 권리의무 관계는 소멸되고 계약 당사자간에는 종전의 법률관계가 어떠하였느냐를 묻지 않고 화해계약에 의하여 새로운 법률관계가 생기는 것이므로, 화해계약의 의사표시에 착오가 있더라도 이것이 당사자의 자격이나 목적인 분쟁 이외의 사항에 관한 것이 아니고 분쟁의 대상인 법률관계 자체에 관한 것일 때에는 이를 취소할 수 없다(대판 1995.10.12. 94다42846).

② 착오취소 예 : 의사의 치료행위 직후 환자가 사망하여 의사가 환자의 유족에게 거액의 손해배상금을 지급하기로 합의하였으나 그 후 환자의 사망이 의사의 치료행위와는 전혀 무관한 것으로 밝혀진 사안(대판 2001.10.12. 2001다49326).

Ⅳ. 賠償額의 合意—事故損害에 대한 合意

1. 合意의 性質

교통사고, 폭행, 의료사고 등에서 가해자와 피해자간에 배상액에 대하여 합의를 하는 합의서작성의 교환이라는 것이 실제 사회에서 행하여진다. 이 경우에 당사자간은 불법행위 또는 채무불이행의 성립에 관하여는 다툼이 없고 단지 배상액에 관하여 서로 주장이 다를 뿐이다.

이러한 경우에 당사자간에는 배상액에 관하여 합의를 하면서 그 배상액 이외에 일체의 민사와 형사상의 책임을 추궁하지 않는다는 뜻을 표시하며, 더 나아가서 당해 행위로 인한 후유증이 발생하더라도 더 이상의 책임을 추궁하지 않는다는 뜻을 표시하기도 한다.

위와 같은 배상액의 합의는 민법상의 화해계약에 해당한다. 따라서 화해계약의 법리가 그대로 적용된다.

2. 後遺症에 의한 損害

위와 같은 배상액의 합의는 그 법적 성질이 화해이다. 그런데 합의에서 당해 배상액 이외에 일체의 민사상의 책임을 추궁하지 않는다는 뜻을 표시하였다면, 합의 이후 후유증에 의한 손해가 발생한 경우에는 어떻게 되는가? 즉, 후유증에 의한 손해에 관하여도 화해의 구속력이 있어 배상을 청구할 수 없는가? 학설과 판례는 후유증에 관하여는 합의(화해)의 구속력이 미치지 아니한다고 본다. 그 논거는 여러 가지가 주장된다.

후유증은 분쟁의 대상이 되지 않았던 부분이므로 후유증이 발생한 때는 기왕의 합의는 불성립되고 후유증을 포함하여 새로운 법률관계가 형성되어야 한다는 견해(합의불성립), 기왕의 합의는 후유증이 발생하지 않을 것이라는 착오에 의하여 한 합의이고, 그 착오는 분쟁의 대상이 되는 부분에 대한 착오가 아니므로 기왕의 합의를 취소할 수 있다는 견해(착오취소), 후유증의 발생은 사정의 변경에 해당하여 사정변경의 원칙에 의하여 기왕의 합의를 정정 또는 해제할 수 있다는 견해(사정변경) 등이 있다.

그러나 이를 화해계약의 효력범위로 보아, 후유증에 관하여는 별도의 손해로서 청구할 수 있다는 견해(별손해)가 주류이다. 즉, 기왕의 합의는 전손해를 파악하기 어려운 상황에서 합의한 것으로 당해 합의의 효력은 예상할 수 있는 손해만에 관한 합의이다. 따라서 그 합의가 예측할 수 없는, 그 후에 발생한 후유증에 의한 손해에 관한 청구권까지 포기한 것으로 해석하는 것은 합리적 의사에 합치하지 않고, 합의 당시에 예상되지 않았던 후유증에 관하여는 별도로 배상이 인정된다는 것이다. 판례도 동일한 취지이다.

이에 의하면 하나의 원인행위에 의하여 합의된 손해 외에 별도의 또 하나의 손해배상청구권이 생긴다는 것인데, 이론적으로는 하나의 원인행위로는 하나의 손해배상의무가 생긴다는 손해배상법리의 기본원리와 맞지 않는다는 점이 지적된다. 그러나 이 견해에 의하면 기왕에 나타난 손해에 대한 분쟁은 종지되었고, 새롭게 나타난 후발손해에 대하여만 해결하면 된다는 측면에서 법률관계를 간편하게 하고, 후유증에 관하여는 후유증 발생을 안 때로부터 손해배상청구권의 소멸시효기간이 진행되는 등 피해자가 두텁게 보호된다는 점이 있어 동의한다.

판례 合意의 性質 (以後의 後遺症에 대한 法律效果) : 불법행위로 인한 손해배상에 관하여 가해자와 피해자 사이에 피해자가 일정한 금액을 지급받고 그 나머지 청구를 포기하기로 하는 합의가 이루어진 때에는 그 후 그 이상의 손해가 발생하였다는 이유로 다시 합의금액을 넘는 손해배상을 청구할 수 없으나, 다만 그 합의가 손해발생의 원인인 사고 후 얼마 지나지 아니하여 모든 손해를 정확히 확인하기 어려운 상황에서 이루어진 것이고 후발손해가 합의 당시의 사정으로 보아 예상이 불가능한 것으로 당사자가 후발손해를 예상하였더라면 사회통념상 그 합의금액으로는 화해하지 않았을 것으로 보는 것이 상당할 만큼 그 손해가 중대할 때에는 당사자의 의사가 이러한 손해에 대해서까지 그 배상청구권을 포기한 것이라고 볼 수 없으므로 다시 그 배상을 청구할 수 있다고 보아야 한다(대판 2001.9.14. 99다42797).

판례 後遺症에 대한 損害賠償請求權의 時效消滅期間의 進行 : 불법행위로 인한 손해배상청구권은 민법 제766조 제1항에 의하여 피해자나 그 법정대리인이 그 손해 및 가해자를 안 날로부터 3년 간 행사하지 아니하면 시효로 인하여 소멸하는 것인 바, 여기에서 그 손해를 안다는 것은 손해의 발생사실을 알면 되는 것이고 그 손해의 정도나 액수를 구체적으로 알아야 하는 것은 아니므로, 통상의 경우 상해의 피해자는 상해를 입었을 때 그 손해를 알았다고 보아야 하지만, 그 후 후유증으로 인하여 불법행위 당시에는 전혀 예견할 수 없었던 새로운 손해가 발생하였다거나 예상외로 손해가 확대된 경우에 있어서는 그러한 사유가 판명된 때에 새로이 발생 또는 확대된 손해를 알았다고 보아야 하고, 이와 같이 새로이 발생 또는 확대된 손해부분에 대하여는 그러한 사유가 판명된 때로부터 민법 제766조 제1항에 의한 시효소멸기간이 진행된다(대판 2001.9.14. 99다42797).

第3章

事務管理

第1節 總 說

1. 事務管理의 意義

사무관리란 (법률상 또는 계약상) 의무 없이 타인을 위하여 그의 사무를 관리하는 행위를 말한다(제734조 1항). 근대법은 개인의 자유와 권리를 보장하고, 생활관계에서 개인에 부여된 권리에 따른 이익에 관하여 서로 그 침해를 허용하지 않으며, 다른 한편으로는 권리의 처분과 의무의 부담은 개인의 자유로운 의사에 맡긴다. 따라서 개인의 의사에 의하여서만 권리를 처분하고, 의무를 부담한다. 이러한 권리와 의무의 변동을 가져오는 법률요건인 개인의 의사의 합치가 계약이다. 법률이나 스스로의 자유로운 의사에 의하지 아니하고는 여하한 의무를 부담하지 아니하며(사적 자치), 의사에 기초하지 아니한 권리의 침해는 불법행위로서 그에 따른 피해자의 회복을 위한 청구권을 부여하며(불법행위), 법률상 원인 없는 재산의 이동에 의한 이득과 손실은 원상회복시키는 청구권을 부여한다(부당이득). 또한 타인의 권리를 침해하는 것이 아닐지라도 허락 없이 타인의 생활의 지배영역 내의 일에 간여하는 것이 허용되지 않음은 물론이다.

그러나 상황에 따라서는 허락 없이 타인의 일에 간섭하고 처리하는 것이 그 타인을 위한 것(이타적 행위利他的 行爲)이며 사회전체의 이익을 위한 것이라면, 공동체 구성원간의 상호부조 내지는 사회연대를 위하여 적법한 것으로 시인되어야 할 것이다. 이러한 점에서 타인의 허락 없이 사무를 처리한 경우에도 일정한 요건 아래 적법한 것으로 시인하고, 사무처리과정에서 발생한 결과인 당사자의 재산상 이익의 변동을 조정하는 제도가 사무관리이다. 다른 한편, 사무관리제도는 허락 없이 타인의 사무를 처리하는 것이 적법한 행위로 시인되므로 경우에 따라서는 타인의 자유가 존중되지 않아도 좋다는 것을 의미하여 개인자유의 절대적 보장 내지 사소유권 절대의 원칙이라는 근대법의 기본적 이념과 마찰한다. 여기서 사무관리를 해석함에 개인의 자유의 존중과 이타적 행위의 시인을 어떻게 조화시키느냐는 어려운 문제가 있다.

근대법에서의 사무관리제도는 허락 없이 타인의 사무를 처리한 것을 단순히 적법한 행위로 시인함(위법성조각違法性阻却)에 그치는 것이 아니라, 관리자에게 일종의 관리권을 부여하고 관리의무 및 관리계속의무를 부과하며, 사무처리의 결과로 당사자에게 발생한 재산상 이익을 상호간에 귀속·이전하여 조정하는 기능을 한다.

2. 事務管理의 法的 性質

의무 없이 타인의 사무를 관리하는 사실이 있으면 본인과 관리자간에 당사자의 의사와는 관계없이 법정채권관계가 발생한다. 이와 같이 사무관리는 당사자의 의사표시를 요건으로 하지 아니하는 채권의 발생원인이다. 따라서 사무관리는 법률적 행위 내지 준법률행위이다.

사무관리는 준법률행위 중에서도 비표현행위이기 때문에 의사표시에 관한 민법의 규정과 원칙은 적용되지 않는다. 예컨대, 의무의 존부 여부에 대한 착오 또는 사무의 타인성 여부에 대한 착오가 있더라도 사무관리의 객관적 요건을 갖추면 사무관리가 성립한다. 그런데 사무관리란 사무를 사회적 의미에 적합하게 처리 내지 관리하는 것으로 관리자가 의사능력자여야 한다는 것에 관하여는 다른 논의가 있을 수 없으나, 행위능력자여야 하는지에 대해서는 논의가 있다. 즉, 사무관리에 관하여 무능력자규정의 적용이 있느냐 여부에 관하여는 학설이 대립한다.

뒤에서 보겠으나 사무관리가 성립하면 관리자는 관리계속의무, 계산의무 등을 지며, 본인은 비용상환의무와 손해보상의무 등을 진다. 그런데 무능력자규정이 사무관리에 적용이 없다면 무능력자인 관리자에게 그러한 무거운 의무를 지우는 것은 무능력자를 보호한다는 민법의 기본취지에 어긋난다. 또한 무능력자규정의 적용이 없으면 무능력인 관리자가 계속 사무를 처리하는 경우에 본인은 그로 인한 불이익을 불가피하게 받아들여야 하므로 이도 부당하다. 한편, 무능력자에 관한 규정의 적용이 있어 무능력자가 사무관리를 취소한다면, 그 사무에 관하여 제3자를 상대로 한 법률행위를 취소하고 그로 인하여 사무의 처리가 지연되어 본인에게 불이익이 있게 되며, 이미 취득한 권리는 제3자에게 반환하여야 하고, 반환되지 아니하는 취득된 권리 등과 본인의 비용상환의무 등은 부당이득의 관계가 되고, 더욱이 무능력인 관리자의 관리행위는 위법행위가 되어 불법행위법에 의하여 처리된다. 이와 같이 무능력자규정이 적용되면 복잡한 법률관계가 생기며, 그러한 적용이 없으면 경우에 따라서는 관리자나 본인에게 극히 불리한 상태가 있게 되어 더욱 불합리하게 된다.

이러한 점에서 스위스 채무법(제421조)은 무능력인 관리자가 이득이 있거나 악의로 이득을 양도한 범위에서만 사무관리에 의한 책임을 지우며, 불법행위를 이유로 하는 기타의 책임은 유보시키며, 독일 민법(제682조)은 무능력인 관리자에게는 불법행위법과 부당이득법에 의한 책임과 반환의무만을 지운다. 우리 민법의 해석에서도 사무관리는 <위임 없는 타인의 사무처리>로서 위임과 비슷한 무거운 책임을 지우는 것이므로, 무능력인 관리자는 그러한 무거운 책임(특별책임)을 지지 않고 다만 불법행위 또는 부당이득에 의한 책임을 질 뿐이어서 사무관리에 행위무능력의 규정이 적용되어야 한다는 견해가 있다(곽,김증).

이처럼 무능력자규정이 적용되는 경우와 적용되지 아니한 경우를 검토한 바에 따르면 관리자는 행위능력자이어야 하는 것으로 봄이 상대적으로 합리성이 있어, 무능력인 관리자는 부당이득에 의한 반환의무와 불법행위에 의한 손해배상책임만을 지고 사무관리법에 의한 별도의 의무는 부담하지 않는다는 견해(적용긍정설)에 동의한다.

3. 事務管理와 類似한 制度

(1) 委任과의 관계

사무관리와 위임은 타인의 사무를 처리한다는 점에서 같다. 다만 위임은 계약관계에 의하여 타인의 사무를 처리할 의무가 발생하여 관리·처리하나, 사무관리는 법률상·계약상의 처리의무가 없음에도 스스로 관리한다는 점에서 차이가 난다. 그러나 사무관리 개시 시에는 의무가 없으나 관리개시 이후에는 관리의무를 부여하므로 그 이후에는 위임과 다를 것이 없다. 또한 관리과정에서 발생하는 재산상의 변동에 관하여는 정리·조정을 요하고, 그러한 정리·조정에는 차이가 있을 수 없다. 따라서 위임에 있어서의 수임인의 권리의무 및 수임인이 부담한 채무의 변제청구 등에 관한 규정이 사무관리에 준용되고 있다(제738조, 제739조 2항).

(2) 不當利得과의 관계

사무관리로 인하여 본인이 받은 이득은 관리자가 법률상 의무 없이 관리하여 발생한 이득으로서 본인에게는 법률상 원인 없이 타인의 노무를 이용하여 취득한 이득이므로 일종의 부당이득이다. 이러한 점에서는 부당이득과 사무관리가 유사하다. 그러나 사무관리는 사무관리 개시 시에는 법률상 의무가 없었으나 사무관리가 성립하면 법률이 적법한 것으로 시인하는 제도이다. 따라서 사무관리로 인하여 본인에게 발생한 이득에 관하여 부당이득으로 본인에게 반환의무를 부여하는 것이 아니라, 다만 관리자가 지불한 비용만을 상환하게 한다.

(3) 不法行爲와의 관계

사무관리는 타인의 지배영역 내의 생활관계에 간섭한다는 점에서 불법행위와 유사하다. 그러나 사무관리는 이타적 행위라는 점에서 위법성이 조각되어 적법행위로 시인된다는 점에서 불법행위와 다르다.

4. 事務管理의 類型

민법은 사무관리의 모든 유형을 하나로 통합하여 규율하되, 관리행위가 본인의 이익과 의사에 적합하게 행하여졌느냐 여부만을 구별하여 그 효과를 달리하고 있다.

그런데 사무관리는 사무의 내용에 따라 재산관리형과 구조형으로 구분할 수 있으며, 재산관리형은 관리한 형태에 따라 다시 보존형·개량형·처분 및 취득형·의무부담형 등으로 구분할 수 있다. 그 밖에 법률효과에 기준하여 정당사무관리·부당사무관리·긴급사무관리·오상사무관리 등으로 구분할 수 있다. 그러나 그 유형에 따라서 성립요건과 효과가 다른 것이 아니라, 성립요건이 같고 그 효과에서 본인의 이익 여부에 따라 다르기 때문에 그러한 분류는 큰 의미가 없다.

第2節 事務管理의 成立要件

민법 제734조 제1항은 사무관리에 관하여 의무 없이 타인의 사무를 관리하는 것으로 정의하고 있다. 따라서 사무관리가 성립하기 위하여는 타인의 사무를 관리하여야 하고, 그 관리는 타인을 위하여 하여야 하며, 그 관리에 관한 법률상 또는 계약상의 의무가 없어야 하는 요건이 요구된다.

1. 他人의 事務

(1) 事務의 意義

사무관리의 대상이 되는 사무는 인간의 생활에서 의의가 있는 모든 일을 말한다. 그 사무는 위법한 것이 아니면 법률행위와 사실행위 어느 것이나 관계없으며, 내용이 재산에 관한 것이건 인격에 관한 것이건 묻지 아니한다. 또한 그것이 일시적이냐 계속적인 것이냐도 묻지 아니한다.

(2) 事務의 他人性

사무관리의 대상이 되는 사무는 타인에게 속한 것이어야 한다. 사무가 자기의 것인지 타인의 것인지는 무엇을 기준으로 판정할 것인가? 일반적으로는 사무의 이익의 귀속자를 기준으로 판정한다. 즉, 이익의 귀속자가 관리인 자신이라면 그 사무는 사무의 성질상 자기의 사무(객관적 자기사무)가 되어 사무관리가 성립하지 않고, 귀속자가 관리자 이외의 자(객관적 타인사무)라면 그 사무는 사무의 성질상 타인의 사무로서 사무관리가 성립한다. 그런데 그 사무가 새로운 권리의무의 설정(물건의 구매 등)으로 처리결과의 귀속자를 판정할 수 없는 행위(중성사무)는 관리자의 의사에 의해 타인에게 결과를 귀속시킨다면 타인의 사무가 되나, 자기에게 귀속시키면 자기의 사무가 된다. 예컨대, 물건을 구입하는 행위는 중성행위로서, 그 구입한 물건을 다른 사람의 용도에 사용하면 그 구입행위가 타인사무가 되나, 자기의 용도에 사용하면 자기의 사무가 된다.

판례 事務의 他人性이 否認된 例 제3자인 원고가 피고의 혼인 외 출생자를 양육 및 교육하면서 그 비용을 지출하였다고 하여도 피고가 동 혼인 외 출생자를 인지하거나 부모의 결혼으로 그 혼인중의 출생자로 간주되지 않는 한 실부인 피고는 동 혼인 외 출생자를 부양할 법률상의 의무는 없으므로 피고는 원고의 위 행위로 인하여 부당이득을 하였다 거나 원고가 피고의 사무를 관리하였다고 볼 수 없다(대판 1981.5.26. 80다2515).

2. 管 理

관리란 사무의 성질에 적합하게 목적을 실현하는 행위를 말한다. 보존·개량행위와 처분행위를 포함하며, 새로운 권리의무관계를 취득시키는 행위도 포함된다. 사실행위이든 법률행위이든 관계없다.

3. 管理意思

사무관리가 성립되기 위하여는 타인을 위한다는 의사가 있어야 한다. 이 관리의사가 사무관리를 불법행위 및 부당이득과 구별되게 한다. 타인을 위한다는 의사는 처리행위의 결과인 이익을 타인에게 귀속시킨다는 의사를 말한다. 타인의 이익을 위하는 동시에 자기의 이익도 위하는 것은 타인의 이익의 한도 내에서 사무관리가 성립한다.

타인을 위하는 의사는 단순히 내심의 의사만으로는 부족하고, 어떠한 형태든 외부적으로 표시되어 인식될 수 있어야 한다. 외부적 표시와 인식의 정도는 객관적 타인사무의 경우에는 관리의사가 강하지 않아도 좋으나, 중성사무의 경우에는 강하여 외부적으로 표시되어야 한다. 그러나 그 경우에도 대리의사와 같이 직접 본인에게 법률효과를 귀속시킬 의사까지를 요하지는 않는다고 본다(통설).

관리의사는 자기 이외의 자에게 사무처리 결과를 귀속시킨다는 의사만 있다면, 그 본인이 누구인지 알 필요까지는 없다. 또한 귀속자가 자기가 아니라면 특정인에 대한 착오가 있더라도 관계없다. 그러나 객관적으로 타인의 사무를 자기의 사무로 착오하여 처리한 때(오상사무관리)에는 관리의사가 없어 사무관리가 성립하지 않고, 부당이득법이나 불법행위법에 의하여 규율된다.

판례 管理意思 : 사무관리가 성립하기 위하여는 우선 그 사무가 타인의 사무이고 타인을 위하여 사무를 처리하는 의사, 즉 관리의 사실상의 이익을 타인에게 귀속시키려는 의사가 있어야 함은 물론 나아가 그 사무의 처리가 본인에게 불리하거나 본인의 의사에 반한다는 것이 명백하지 아니할 것을 요한다(대판 1997.10.10. 97다26326).

4. 管理義務가 없을 것

관리자는 법률상 또는 계약상의 관리의무가 없어야 한다. 의무 있는 자라도 그 의무의 범위를 넘은 관리는 그 넘는 부분에 관하여 사무관리가 성립될 수 있다.

5. 本人에게 不利하거나 本人의 意思에 反하는 것이 明白하지 않을 것

사무를 관리하는 것이 본인에게 불리한 것이 명백한 때에는 그러한 관리는 할 필요가 없고, 따라서 사무관리가 성립하지 않음은 당연하다. 관리를 개시한 때에는 몰랐으나 개시 이후에 본인에게 불리한 것이 명백한 경우에는 관리를 중지하여야 한다(제737조).

본인의 의사를 알거나 알 수 있는 때에는 본인의 의사에 적합하도록 관리하여야 한다(제734조 2항). 그런데 본인의 의사를 알 수 없고 그것이 사후에 비록 본인의 의사에 반한 관리였다 하더라도 사무관리는 성립한다. 그런데 본인의 의사에 반한다는 것이 명백한 때에는 사무관리는 성립하지 않는다. 이는 제737조에 본인의 의사에 반하는 것이 명백한 때에는 관리를 중지하여야 한다고 규정한 취지로 보거나 또한 사무관리는 예외적인 경우에 타인의 생활관계의 간섭을 허여하는 것이므로 관리 개시

시에 본인의 의사에 반하는 것이 명백한 때에는 사무관리가 성립하지 않는다고 해석하여야 한다(통설). 그러나 본인의 의사가 양속에 반하는 것인 경우에는 사무관리는 성립한다. 예컨대, 자살을 고집하는 자를 구조한다든지 자포자기 상태에서 자기의 재산이 훼손되는 것을 그대로 고집한다든지 하는 경우에는 본인의 의사에 명백하게 반하지만 사무관리가 성립한다.

第3節 事務管理의 效果

1. 一般的 效果

(1) 違法性阻却

타인의 지배영역 내의 생활관계에 간섭하는 것은 위법행위로서 금지된다. 사무관리는 본인을 위하는 행위인 점에서 권한도 없이 의무도 없이 간섭하였으나 위법성을 조각하여 적법행위로 시인되는 제도이다. 다만 처리행위의 방법이 부적절하여 본인에게 손해를 준 때에는 손해에 대한 배상책임이 있으나, 이는 불법행위에 대한 책임이 아니라 관리의무의 불이행에 의한 책임으로서 일종의 채무불이행책임이다.

(2) 管理權

사무관리가 개시되면 관리자는 관리를 계속하여야 하며(제737조), 본인에게 보고하여야 할 의무 등이 있다(제738조). 이러한 규정으로 보아 사무관리자에게는 관리 개시 이후에는 그 사무에 관하여 일종의 관리권을 취득한다고 해석된다.

2. 管理者의 義務

(1) 管理義務

(가) 本人의 利益과 意思에 適合한 管理

관리자는 본인의 이익과 의사에 적합한 방법으로 관리하여야 한다. <u>사무의 성질에 따른 목적을 실현할 수 있는 가장 적절한 방법중에서 본인의 이익과 의사에 적합한</u>

방법으로 관리하여야 한다.

(나) 注意義務

사무관리가 개시되면 관리자는 위임에서의 수임인과 같은 지위에 있게 된다. 따라서 관리자는 사무관리시에 선량한 관리자의 주의로써 관리하여야 한다. 관리함에 있어서 선량한 관리자의 주의의무를 위반(추상적 경과실)하여 손해가 발생한 때는 그 손해를 배상하여야 한다(제735조 참조). 그러나 긴급사무관리에서는 고의나 중대한 과실이 없으면 그로 인한 손해에 대하여는 배상책임이 없다(제735조).

판례 過失로 인한 賠償責任이 認定된 例사무관리자의 사무관리상 부주의로 인하여 화재가 발생한 경우, 손해배상 책임이 인정된다(대판 1995.9.29. 94다13008).

(2) 管理繼續義務

일단 사무관리가 개시된 이후에는 관리자는 본인 또는 그 상속인이나 법정대리인이 그 사무를 관리하는 때까지 계속하여 관리하여야 한다(737조 본문). 관리개시 이후에 계속하여 관리할 자가 없는 상태에서 중지하면 본인에게 크게 불리한 결과가 발생할 가능성이 있기 때문이다. 따라서 관리를 계속하는 것이 본인의 의사에 반하거나 본인에게 불리한 것이 명백한 때에는 중지하여야 한다(제737조 단서).

(3) 通知義務

관리자가 관리를 개시한 때에는 그 사실을 본인에게 지체 없이 통지하여야 한다. 그러나 본인이 그 사실을 이미 안 때에는 통지하지 않아도 좋다(제736조).

(4) 報告義務

관리자는 본인의 청구가 있는 때에는 언제든지 관리상황을 보고하여야 한다. 또 관리가 종료한 때에는 지체 없이 그 전말을 보고하여야 한다(제738조, 제683조).

(5) 計算義務

관리자는 관리가 종료한 때에는 관리의 결과로 인한 재산관계를 계산하여 정리하여야 한다. 이에 제738조는 수임인의 계산의무에 관한 규정을 사무관리에 준용하고 있다. 즉, 관리자는 사무관리로 받은 금전 기타의 물건 및 수취한 과실을 본인에게 인도하여야 하며, 또 관리인이 자기 명의로 취득한 권리는 본인에게 이전하여야 한다(제684조). 또한 관리자가 본인에게 인도할 금전 또는 본인의 이익을 위하여 사용할 금전을 자기를 위하여 소비한 때에는, 소비한 날 이후의 이자를 지급하고, 그 밖에 손해도 배상해야 한다(제685조).

3. 本人의 義務

(1) 費用償還義務

관리자가 본인의 사무를 관리하는 과정에서 지출한 비용은 필요비이든 유익비이든 모두 본인에게 그 상환을 청구할 수 있다. 사무관리로 인하여 본인이 취득한 이득은 부당이득이지만 이타적 행위로서 부당이득(따라서 현존이익의 반환)으로 하지 않고 지출한 비용만을 상환하게 하고 있다. 다만 사무관리가 본인의 의사에 반하느냐 여부에 따라 그 범위가 다르다.

(가) 本人의 意思에 反하지 않은 事務管理 – 支出費用償還

사무관리가 본인의 의사에 반하지 않은 경우에는 관리자가 본인을 위하여 지출한 필요비와 유익비의 전액을 상환하여야 한다(제739조 1항). 이는 지출 당시의 금액을 말한다. 한편 관리자가 본인을 위하여 필요 또는 유익한 채무를 부담한 때에는, 본인은 관리자에 갈음하여 이를 변제하거나 상당한 담보를 제공하여야 한다(제739조 2항, 제688조 2항).

(나) 本人의 意思에 反한 사무관리–現存利益의 限度 內 費用償還

사무관리가 본인의 의사에 반한 경우에는 본인은 현존이익의 한도내에서 관리자가 지출한 필요비와 유익비를 상환하여야 하고, 관리자가 부담한 필요 또는 유익한 채무에 관하여도 현존이익의 한도 내에서 변제하거나 담보를 제공하여야 한다(제739조 3항). 그런데 기술한 바와 같이 본인의 의사에 반하는 것이 명백한 때에는 사무관리 자체가 성립하지 않으므로(제737조 단서), 여기서의 본인의 의사에 반한다는 것은 사무관리 개시 시에 본인의 의사에 반하는 것이 명백하지 않은 경우만을 말한다.

(2) 損害補償義務

관리자가 사무관리를 함에 있어서 과실 없이 손해를 받은 때에는 본인의 현존이익의 한도 내에서 그 손해의 보상을 청구할 수 있다(제740조). 관리자가 과실 없이 손해를 입은 경우에 한정한다.

第4章

不當利得

第1節 總 說

I. 不當利得制度의 意義와 本質

1. 不當利得制度의 意義

부당이득이란 법률상 원인 없이 타인의 재산 또는 노무로 인하여 이익을 얻고, 이로 인하여 타인에게 손해를 가한 것을 말한다. 이 경우에 그 이익을 손실자에게 반환시키는 제도가 부당이득제도이다(제741조).

이와 같이 부당이득제도는 당사자간에 이루어진 재산적 변동을 법률의 이상에 맞추어 조정하는 제도이다. 민법은 그 규정의 많은 내용이 당사자간의 재산적 이동을 조정하고 규율하는 것이다.

그러한 재산적 가치의 이동을 조정하는 데 있어서 기준이 되는 것은 정의와 형평이지만 경우에 따라서는 거래안정 내지 사회경제적 목적이 기준이 되기도 한다. 이처럼 재산적 가치의 이동을 조정함에 있어서 정의와 형평에 의할 때와 거래안정 내지 사회경제적 목적에 의할 때 그 결과가 서로 충돌하는 경우가 있는데 이러한 경우에 구체적인 내용에 따라 실질적인 정의와 형평에 따라 당사자간의 이득을 합리적으로 조정하는 기능을 하는 것이 부당이득제도이다.

이 부당이득제도는 로마법에서 개별적인 사안에 따라 별도의 소권으로 인정되던 것이 18세기 자연법학자들에 의하여 통일적이고 일반적인 제도로서 성립하여 현대에는 독일 민법이나 스위스 채무법 등에 통일규정을 두고 있다.

2. 不當利得制度의 本質

부당이득제도의 기초, 즉 반환되어야 할 이득인 법률상 원인 없는 이득이란 무엇을 의미하는가? 이에 관하여는 실질적인 형평에 배치되는 이득을 의미하는 것으로 보아 부당이득제도란 실질적 형평을 기하기 위하여 재산의 이동을 조정하는 제도라고 통일적으로 설명하는 견해(통일설)와 유형별로 구분하여 사안에 따라 부당이득이 무엇인가를 설명하는 견해(비통일설)가 있다.

부당이득제도를 통일적으로 설명하는 견해도 그 기초에 따라 공평설, 채권설, 상대관계설 등으로 갈린다. 공평설은 형식적이고 일반적으로 정당시되는 재산의 이동이지만 그 이동은 실질적 공평의 이념에 반하여 그를 다시 조정하는 제도가 부당이득제도로서 법률상 원인 없는 이득이란 그 이득이 실질적인 공평 내지 사회적 정의에 반하는 이득을 의미한다는 것이다. 이 설은 공평이라는 것이 추상적 개념으로서 너무 막연하여 구체적으로 설명하지 못한다는 비판을 받는다. 한편, 부당이득이란 이득을 발생시키는 원인인 채권관계가 없는 것을 의미하는 것이라는 채권설과 재산의 이동은 당사자간에 그 이동을 정당화시키는 원인이 있어야 하는데 그 이동을 정당화하는 원인이 없는 이득이 부당이득이라는 상대관계설 등이 있다.

반면에 비통일설은, 통일설에서 그 기초라고 하는 실질적 공평은 추상적 개념으로서 구체적 해답이 되지 못하고, 결국 구체적 사안에 따라 개별적으로 법률상 원인 없는 이득의 의미를 찾아야 한다는 견해이다.

우리 민법은 독일 민법이나 스위스 채무법과 같이 부당이득제도를 통일적으로 규정하고 있어 비통일설은 민법의 태도와는 달라 그 의의가 없다고 할 수 있다. 그러나 비통일설은 민법이 비록 통일설에 기하여 통일적으로 규정하나, 그 기초인 공평 또는 정의의 관념이 매우 추상적이어서 해석에 의해 보충되어야 하며, 해석에 의한 보충을 위하여는 결국 유형별로 구분하여 그 의미를 확정할 수밖에 없다고 한다.

생각건대, 민법이 부당이득제도를 하나의 통일적·일반적 제도로서 규정하고 있으며, 법률상 원인 없는 이득을 반환하는 것이지만 이는 사회적으로 그 정당성을 보장받지 못하는 보유한 이득을 반환함으로써 사회적 정의와 실질적 형평을 기하기 위한 것으로 보아야 할 것이다. 따라서 통일설에 입각한 공평설에 동의한다.

3. 不當利得의 態樣

부당이득의 태양을 유형화하는 견해에서도 그 기준을 어디에 두느냐에 따라 다양하게 분류한다. 생활관계의 유형에 따라 부당이득을 분류하여 보면, ① 무효 또는 취소된 계약으로부터 취득한 이득(급부부당이득), ② 타인의 재화로부터의 이득, 예컨대 타인의 물건을 무단으로 사용하여 얻은 이득(침해부당이득), ③ 첨부, ④ 타인의 물건 또는 사무에 대한 비용의 지출(지출부당이득), ⑤ 타인의 채무의 변제, ⑥ 채무자가 채권자 아닌 제3자에의 변제 등이 있다.

Ⅱ. 不當利得制度의 適用範圍

부당이득제도는 법률상 원인 없는 이득을 취득한 자로부터 그로 인한 손실자가 그 손실을 보전하기 위하여 그 이득을 반환받는 제도이다. 그런데 재산의 이동이 있을 때 이를 조정하는 제도는 앞에서 설명한 바와 같이 여러 가지가 있다. 예컨대, 불법행위와 사무관리제도가 그것이며 계약에 의한 청구권이 인정된다든지, 소유권이나 점유권에 기한 청구권이 그것이다. 따라서 하나의 사실관계가 부당이득에도 해당하지만 다른 제도에 의하여도 반환이 가능한 경우가 있다. 그러한 경우에 부당이득에 의한 반환청구권과 다른 제도에 의한 반환청구권과의 관계가 문제된다. 부당이득제도는 실질적 형평을 이념으로 하는 재산적 가치이동의 최종적인 조정기능을 하는 제도이다.

따라서 경합하는 청구권의 개개의 존재이유와 구체적 사정을 고려하여야 하나 다른 제도에 의하여 규율되는 경우에는 그것과 별도로 경합하여 부당이득에 의한 반환청구권을 인정할 것이 아니라는 견해가 통설이다. 즉, 부당이득반환청구권은 원칙적으로 개별 청구권에 보충적인 성격을 가진다고 본다. 이하에서 개별적으로 인정되는 청구권과 부당이득반환청구권과의 관계를 보도록 한다.

1. 不法行爲에 의한 損害賠償請求權과의 關係

불법행위제도는 공평의 이념 아래 손해의 전보를 그 목적으로 하는 제도이다. 또한 그 요건이나 효과가 부당이득과는 다르다. 따라서 양 제도의 요건과 효과를 각각 충족하면 개별적으로 양 청구권이 성립하여 병존한다고 본다(통설). 예컨대, 타인의 물건을 무단으로 사용한 경우에 물건의 소유자는 무단사용으로 인한 자기의 손해에 대하여 불법행위에 의한 손해배상청구권을 행사할 수도 있고, 사용한 자의 부당한 이득에 대하여 부당이득반환청구권도 행사할 수 있다.

판례 不法行爲와 不當利得의 競合 : 법률행위가 사기에 의한 것으로서 취소되는 경우에 그 법률행위가 동시에 불법행위를 구성하는 때에는 취소의 효과로 생기는 부당이득반환청구권과 불법행위로 인한 손해배상청구권은 경합하여 병존하는 것이므로, 채권자는 어느 것이라도 선택하여 행사할 수 있지만 중첩적으로 행사할 수는 없다(대판 1993.4. 27. 92다56087).

2. 時效가 適用되는 경우는 適用 없음

소멸시효에 의하여 권리자는 권리를 상실하고, 상대방은 결과적으로 이득을 취득한다. 이 경우에 시효로 권리를 상실한 자가 상대방에 대하여 부당이득반환청구권을 행사할 수 있는가? 또한 취득시효로 권리를 취득하는 자에게 권리를 상실한 자가 부당이득반환청구권을 행사할 수 있는가? 시효제도를 두는 이유는 법률관계를 종국적으로 종료시키기 위한 것이므로 시효제도가 적용되는 것에 부당이득제도는 그 적용이 없다.

3. 契約上의 履行請求權과의 關係

계약상의 내용으로 직접 이행청구권이 있는 경우에는 별도로 부당이득반환청구권이 생기지 아니한다. 예컨대, 채무자가 채무를 이행하지 않았더라도 상대방인 채권자는 계약상의 이행청구권이 있고, 채무자는 채무불이행에 의한 책임이 있기 때문에 별도로 부당한 이득이란 생기지 아니한다. 다만 계약상의 직접적인 내용이 아닌 경우에 부당이득의 문제가 생긴다. 예컨대, 상대방의 물건을 권원에 의하여 사용하는 자(지상권자, 임차권자 등)가 물건에 대한 유익비를 지출하여 물건의 가치가 상승한 경우에는 물건의 소유자가 취득한 이득은 본질이 부당이득이다. 그러나 이러한 경우에도 당해 계약에 관하여 특별규정이 있으면 그 규정이 적용된다(주태임대차계약에서 계약 종료 후 보증금을 반환받지 못한 경우의 계속 사용이 동법에 의하여 계약의 존속으로 간주되는 예).

4. 契約終了 後의 目的物 返還請求權과의 關係

계약의 종료로 목적물을 반환하여야 할 경우에 이 의무를 이행하지 않은 경우는 어떻게 되는가? 판례와 학설은 점유하여 계속 사용하면 부당이득이 된다고 한다. 특히 임대차계약 종료 후에 보증금을 반환받지 못하여 목적물을 반환하지 못한 경우에 문제된다. 판례와 학설은 보증금반환의무와 목적물반환의무가 동시이행관계에 있어 보증금을 반환받지 못한 때에는 목적물의 반환을 거절할 수 있다고 한다. 그러나 임차인의 반환거절은 반환자체를 거절할 수 있다는 것이지 목적물을 계속해서 사용 및 수익을 할 수 있다는 것은 아니라고 하면서 계속해서 사용 및 수익한 경우에는 부당이득이 된다고 한다(주택임대차보호법은 특별 규정을 둠-자세한 것은 임대차 부분 참조).

5. 物權的 請求權과의 관계

손실자가 이득자에 대하여 소유권 또는 점유권에 기한 물권적 반환청구권을 가지는 경우에 부당이득 반환청구권과의 관계가 문제된다. 원인행위인 계약 등에 의하여 물건의 소유권이 상대방에게 이전된 후에 원인행위가 무효·취소 등으로 소멸된 때에 물건의 원래의 소유자가 물건을 반환받기 위하여 가지는 청구권에 관한 것이다. 이는 물권행위의 유인성·무인성과 관련된다.

다수설인 물권행위의 무인론에 의하면, 원인행위의 무효에도 불구하고 물권행위에는 아무런 영향이 없고 별도의 반환청구권을 행사하여야 하는데, 그 반환청구권의 기초는 상대방의 법률상 원인 없는 이득인 소유권이다. 따라서 이 경우에 부당이득반환청구권만이 성립되며 소유권에 기한 물권적 청구권은 생기지 아니한다.

판례와 소수설인 유인론에 의하면, 원인행위의 실효로 물권도 자동적으로 복귀하므로 소유권에 기한 물권적 반환청구권이 생긴다.

그런데 유인론에 의할지라도, 다른 한편 본권을 가지지 않고 점유 또는 등기만 되어 있는 경우에 점유와 등기를 이득이라고 볼 수 있는지가 문제된다. 권원 없는 점유와 등기에도 일정한 권리 또는 효력이 부여되기 때문에 단순한 점유와 등기도 이득이라고 본다(통설). 이러한 점에서 유인론에 의하는 경우에도 물권적 반환청구권 외에 점유 또는 등기가 이득이 되어 부당이득반환청구권도 행사할 수 있게 된다.

결국, 원인행위가 실효된 때에 무인론에 의하면 부당이득반환청구권이 생기며 유인론에 의하면 물권적 반환청구권과 부당이득반환청구권이 병존하게 된다.

第2節 不當利得의 成立要件

I. 序 說

제741조는 부당이득이 성립하려면 타인의 재산 또는 노무로 인한 이득이 있어야 하고, 상대방의 손실이 있어야 하며, 이득과 손실 사이에 인과관계가 있어야 하며, 그 이득에 법률상 원인이 없어야 한다고 규정하며, 그 이득은 반환하여야 한다고 규정하고 있다. 이어서 제742조 이하에서는 부당이득의 일반적 성립요건을 충족하더라도 반환을 인정하지 아니하는 특수한 부당이득에 관하여 규정하고 있다. 아래에서는 부당이득이 성립하는 일반적 요건을 세분하여 보도록 하고, 특수한 부당이득에 관하여는 별도로 보도록 한다.

Ⅱ. 一般的 成立要件

1. 他人의 財産이나 勞務로 因한 利得

(1) 利 得

이득은 그러한 사실이 없었더라면 있었을 재산상태보다 그러한 사실이 있은 후의 현재의 사실상태가 증가한 것을 말한다. 이득은 재산이 증가한 경우(적극적 증가) 뿐만 아니라 재산이 줄어야 할 것이 줄지 않은 경우(소극적 증가)를 포함한다. 소극적 재산의 감소인 채무의 감소도 여기의 이득이 됨은 물론이다.

채권의 취득도 이득이 된다. 그런데 지명채권인 경우에는 원인행위가 무효·취소되면 채권이 발생할 수 없기 때문에 원인행위와는 관계없는 증권적 채권을 취득한 경우에 이득이 되고, 장래의 이득도 미리 청구할 수 있기 때문에 여기서의 이득이 된다. 그러나 지명채권에서 채권양도의 경우에는 원인행위가 무효 취소된 경우에 제3채무자에게 양도 사실을 취소하지 아니한 동안은 이득이 된다.

법률상 유리한 지위에 놓이게 되는 것도 이득이 된다. 따라서 단순한 점유나 원인무효의 등기도 그 자체가 이득이다.

또한 명의신탁계약에 의하여 수탁자명의의 등기가 된 경우에 당사자간의 명의신탁계약은 부동산실명의자등기에관한법률에 의하여 무효로서 수탁자에게 본인명의의 등기는 수탁에게 이득이 된다.

판례 利得의 意味 : 법률상 원인 없이 타인의 재산 또는 노무로 인하여 이익을 얻고 그로 인하여 타인에게 손해를 가한 경우, 그 취득한 것이 금전상의 이득인 때에는 그 금전은 이를 취득한 자가 소비하였는가의 여부를 불문하고 현존하는 것으로 추정된다(대판 1996.12.10. 96다32881).

판례 土地의 單純 占有 : 시가 사인소유의 토지를 용익할 사법상의 권리를 취득함이 없이 또는 적법한 보상을 함이 없이 이를 점유하고 있다면 비록 그것이 도로라고 하더라도 그로 인하여 이득을 얻고 있는 것이라고 보아야 한다(대판 1989.1.24. 88다카6006).

판례 將來의 利得 : 부당이득은 현재의 부당이득뿐만 아니라 장래의 부당이득도 그 이행기에 지급을 기대할 수 없어 미리 청구할 필요가 있으면 미리 청구할 수 있다(대판 1975.4.22. 74다1184).

(2) 受益의 方法

이득을 취하게 된 방법은 묻지 아니한다. 사실행위, 법률행위 또는 자연적 사실 어느 것에 의하거나 이득만 발생하면 족하다. 또한 이득자의 적극적 행위에 의하거나 손실자의 자발적인 행위에 의하거나 관계가 없다. 손실자의 행위로 제3자에 의하여 이득이 생긴 경우에도 관계가 없다.

(3) 他人의 財産이나 勞務가 原因

이득은 타인의 재산이나 노무가 원인이 되어 이득이 생긴 것을 말한다. 따라서 타인과는 관계없이 이득자의 재산이 스스로 증가한 것은 여기서의 부당이득이 아니다. 즉, 여기서 이득이란 타인의 손실이 전제된 이득을 말한다. 이러한 점에서 부당이득에서의 이득을 <손실이 전제된 이득>이라고도 한다. 또한 이때의 이득은 실질적인 이득을 말한다. 이러한 점에서 임대차계약 종료 후에 보증금을 반환받지 못하여 임대인에게 반환하지 아니하고 목적물을 사용하지는 아니한 경우에는 부당이득이 아니다.

타인의 재산에 의한 이득이란, 타인의 재산이 이득자에게 이동되어 이득자의 재산이 증가한 경우 또는 타인에게 귀속되어야 할 것이 이득자에게 귀속된 것을 말한다. 그리고 노무에 의한 이득이란 타인의 노동력이 제공되고, 그 노동력의 수령으로 생활상의 이익이 생긴 것을 말한다.

2. 相對方의 損失

상대방의 손실이 있어야 한다. 손실은 이득에 대응되는 개념으로 재산상의 손실 또는 노무를 제공하였으나 그에 대한 대가를 받지 못한 것을 의미한다.

이득만 있고 손실이 없으면 부당이득이 성립하지 않는다. 예컨대, 뒷집에서 수도를 원선에서 인입한 후, 앞집이 중간에서 인입하게 되어 공사비를 적게 지출한 경우이다. 이 경우에 앞집은 공사비가 절약되어 이득이 있었으나, 뒷집은 앞집이 중간에서 인입한 행위로 별도로 수돗물의 양이 적다든지 하는 경우를 제외하고는 손실이 발생하지 않았다면, 이러한 경우는 이득은 있으나 손실이 없어 부당이득이 성립하지 않는다.

3. 因果關係

이득과 손실사이에 인과관계가 있어야 한다. 부당이득에서의 인과관계는 어느 정도의 인과관계를 요하는가? 재산적 이익의 이동을 부당이득의 요건으로 관념하고, 이를 이득, 손실, 인과관계에서 분석하는 견해에서는 직접적 인과관계를 요한다고 한다(독일, 일본의 다수설).

이에 대하여 직접적 인과관계를 요하는 때에는 제3자가 개입한 경우에 부당이득의 성립을 인정할 수 없게 되어 부당한 결과가 된다. 이러한 점에서 부당이득에서의 인과관계는 사회통념에 의하여 결정되는 것으로 부당이득의 해당 여부는 <법률상 원인 없는>의 요건을 엄격하게 함으로써 해결하는 것이 타당하고 인과관계 부분은 엄격하게 심사할 필요가 없다는 견해가 있다. 즉, 부당이득에서의 인과관계는 사회통념상 그 인과의 연락을 인정할 수 있는 정도면 충분하다는 것이다. 즉, 간접적 인과관계도 인과관계의 존재로 인정한다는 것이 우리나라의 통설이다. 이러한 의미에서 판례는 채무자가 피해자로부터 횡령한 금전을 그대로 채권자에 대한 채무변제로 사용한 경우에 피해자의 손실과 채권자의 이득 사이에 인과관계가 있다고 하였다.

판례 橫領한 金錢으로 債務辨濟 : 채무자가 피해자로부터 횡령한 금전을 그대로 채권자에 대한 채무변제에 사용하는 경우에 피해자의 손실과 채권자의 이득 사이에 인과관계계가 있다(대판 2003.6.13. 2003다8862).

판례 都給人이 提供한 제3자 物件의 修理 : 도급계약에 기하여 수급인이 도급인으로부터 제3자 소유의 물건의 점유를 이전받아 이를 수리한 결과 그 물건의 가치가 증가한 경우, 도급인이 그 물건을 간접점유하면서 궁극적으로 자신의 계산으로 비용지출과정을 관리한 것이므로, 도급인만이 소유자에 대한 관계에 있어서 민법 제203조에 의한 비용상환청구권을 행사할 수 있는 비용지출자라고 할 것이고, 수급인은 그러한 비용지출자에 해당하지 않는다(대판 2002.8.23. 99다66564).

4. 法律上 原因이 없을 것 - 利得의 不當性

부당이득에서 법률상 원인이 없다는 것은 이득을 보유할 정당한 사유가 없다는 것을 말한다. 즉, 이득의 부당성을 말한다. 그런데 이득의 부당성은 추상적인 개념으로서 획일적으로 판정하기가 곤란하다. 즉, 손실자와 이득자 사이의 재산상태를 그대로 인정하는 것이 공평하지 못하기 때문에 그 이득을 반환하는 제도가 부당이득제도이기 때문에 그 요건으로서의 부당성이라는 것도 상대적 개념일 수밖에 없다. 따라서 이득이 부당한지 여부는 획일적 기준에 의하여 판정할 수 없는 것이기 때문에 학자들은 구체적인 몇 개의 유형으로 구분하여 설명한다. 여기서도 그에 따라 유형화하여 어떠한 이득이 부당성이 있는 것인가를 보도록 한다.

(1) 基礎的 法律關係에 의하여 損失者에 의하여 財産이 移動된 경우(給付不當利得)

모든 출연행위는 출연행위가 행하여지는 기초적 법률관계, 즉 원인행위가 가 있다.

예컨대, 재산권을 이전하거나 노무를 제공하는 때에는 매매계약·증여계약 또는 고용계약·도급계약 등의 기초적 법률관계의 이행으로 이루어진다. 따라서 이러한 경우에는 그러한 기초적 법률관계가 부존재하거나 소멸되면 부당이득이 된다. 즉, 이러한 경우에는 현실화 된 출연행위가 기초적 법률관계 없이, 즉 기초적 법률관계가 부존재하거나 소멸하면 부당이득의 반환청구권이 생긴다(물권행위의 무인성의 경우). 그러나 출연행위가 기초적 법률관계와 유인관계에 있는 때에는 그 현실화된 이득에 대하여는 (소유권)물권적 반환청구권이 생기나(물권행위의 유인성의 입장), 다른 한편으로는 점유와 등기 자체를 이득으로 봄으로써 부당이득반환청구권도 같이 생긴다.

(2) 利得이 損失者의 意思에 基하지 아니하는 경우

이득이 손실자의 의사와는 관계없이 생기는 경우인데, 이 경우에는 그 이득 자체를 수익자에게 보유시키는 것이 공평에 반하는 경우에만 부당이득 여부가 문제된다.

(가) 受益者의 行爲 또는 自然的 行爲에 의한 경우

무단으로 타인의 물건을 사용한 경우 또는 이웃집 과일이 자기 집에 떨어진 경우에 그 이득의 보유를 정당화할 사유가 존재하지 않으므로 부당이득이 된다.

(나) 第3者의 行爲에 의한 경우

제3자가 개입하여 손실자의 손실로 수익자에게 이득을 발생시킨 경우이다. 제3자의 그러한 재산이동행위에 기초적 법률관계가 부존재하거나 소멸하면 이득을 정당화할 사유가 없어 부당이득이 된다.

판례 橫領한 金錢으로 債務 辨濟받은 受領者의 受領에 대한 法律上 原人 有無 : 채무자가 횡령한 금전으로 자신의 채권자에 대한 채무를 변제하는 경우 채권자가 그 변제를 수령함에 있어 고의 또는 중대한 과실이 있는 경우에는 채권자의 금전취득은 피해자에 관계에 있어서 법률상 원인을 결여한 것이나, 단순히 과실이 있는 경우에는 그 변제는 유효하고 법률상 원인을 결여한 것이라고 볼 수 없다(대판 2003.6.13. 2003다8862).

(다) 法律의 規定에 의한 경우

첨부添附에 의하여 타인의 물건의 소유권을 취득하게 하는 것은(예: 제259조) 그 물건에 대한 법률관계의 간편화를 위한 것이지 타인의 물건으로 인한 이득을 취득할 정당한 사유가 있어서가 아니다. 따라서 첨부에 의한 이득은 부당이득이 성립한다. 그러나 선의취득이나 시효에 의하여 이득을 취하게 하는 것은 법률관계를 종국적으로 종료하게 하는 데 그 근본 목적이 있으므로 부당이득에 의한 반환의 문제가 생기지 아니한다.

판례 ①時效取得의 不當利得 與否 : 부동산에 대한 취득시효가 완성되면 점유자는 소유명의자에 대하여 취득시효 완성을 원인으로 한 소유권이전등기절차의 이행을 청구할 수 있고 소유명의자는 이에 응할 의무가 있으므로 점유자가 그 명의로 소유권이전등기를 경료하지 아니하여 아직 소유권을 취득하지 못하였다고 하더라도 소유명의자는 점유자에 대하여 점유로 인한 부당이득반환청구를 할 수 없다(대판 1993.5.25. 92다51280).
② 消滅時效完成으로 債權이 消滅한 경우 : 채무자의 채무소멸이 법률상 원인 없는 이득이 아니다(대판 1971.7.27. 71다494).

5. 不當利得與否가 問題되는 具體的 例

부당이득 여부가 문제되는 구체적 예로 판례에 나타난 것으로는 아래의 몇 가지가 있다.

(1) 부당이득으로 인정된 예

(가) 법률상 원인 없는 제3자에 대한 채권취득

채권양도로 채권을 양수하였으나 법률상 원인 없는 양수인 경우에 제3자로부터 채권을 변제 받은 때에는 변제받은 금액이 이득이며, 아직 추심하지 못한 경우에도 채권의 취득만으로도 이득이고, 이 경우에 손실자는 취득자에게 그 채권의 반환을 구할 수 있고, 이는 결국 부당이득한 채권의 양도와 그 채권 양도의 통지를 그 채권의 채무자에게 하여 줄 것을 청구하는 것이다(대판 1995.12.5. 95다22061).

(나) 국가의 무단 도로 개설

국가가 토지 소유자의 토지에 대한 기부채납 또는 토지사용승낙을 받음이 없이 토지를 도로로 개설하여 노선버스와 차량이 통행을 하도록 한 것은 국가가 토지 소유자에 대한 부당이득이 된다(대판 1987.9.22. 86다카2151).

(다) 우선변제권 있는 임금채권

근로기준법상의 우선변제권 있는 임금채권자가 경락대금에서 배당받지 못한 경우에 배당받은 후순위채권자는 임금채권자에 대하여 부당이득이 된다(대판 2003.1.24. 2002다64254).

(라) 부동산의 명의신탁

부동산실명의자등기에관한법률에 의한 명의신탁계약이 무효인 경우에 등기명의자인 수탁자는 신탁자에 대한 관계에서 부당이득이 된다(대판 2002.12.26. 2000다21123).

(마) 표현 수령권자에 의한 공탁금 수령

공탁공무원이 정당한 수령권자의 외관을 갖는 자에게 공탁금을 지급하였다면 비록 본인이 그 공탁금을 현실로 수령하여 이득을 본 바 없다고 하더라도 표현대리의 본인의 지위에서 그 공탁금을 수령한 것이 되고, 결국 본인은 표현수령자에 대하여 부당이득반환청구권을 가진다(대판 1990.5.22.89다카1121).

(바) 타인의 동산의 경매로 인한 배당

채무자 이외의 자에 속한 동산을 경매한 경우에 경락인은 경락대금을 납부하고 이를 인도 받은 경우에 동 동산의 소유권을 선의취득하고, 배당을 받은 채권자는 법률상 원인 없는 이득을 얻고 소유자는 경매에 의하여 소유권을 상실하는 손해를 입게 되었다고 할 것이니, 그 동산의 소유자는 배당을 받은 채권자에 대하여 부당이득으로서 배당받은 금원의 반환을 청구할 수 있다(대판 1998.3.27. 97다32680).

(사) 강제경매절차가 사후에 무효로 된 경우

경매절차의 완료로 경락자가 소유권을 취득하였으나, 그 후에 강제경매절차의 기초가 된 채무자명의의 소유권이전등기가 원인무효의 등기이어서 경락인이 경매부동산에 대한 소유권을 취득하지 못하게 된 경우, 이와 같은 강제경매는 무효라고 할 것이므로 경락인은 경매채권자에게 경매대금 중 그가 배당받은 금액에 대하여 일반 부당이득의 법리에 따라 반환을 청구할 수 있다(대판 2004.6.24. 2003다59259).

(아) 근저당권이 불법하게 말소된 후 경매된 경우

근저당권등기가 불법하게 말소되어 회복등기를 경료하지 못하여 동 목적물에 대한 경락대금에서 배당받지 못한 근저당권자는 경매절차에서 실제로 배당받은 자에 대하여 부당이득반환청구로서 그 배당금의 한도 내에서 그 근저당권설정등기가 말소되지 아니하였더라면 배당받았을 금액의 지급을 구할 수 있다(대판 2002.1110.22. 2000다59678).

(2) 부정된 예

(가) 배당받지 못한 소액보증금채권

주택임대차보호법사의 소액보증금반환채권과 우선변제력 있는 보증금반환채권은 배당요구채권이므로 배당요구 없어 배당받지 못한 경우에는 후순위채권자에 대하여 부당이득이 아니다(대판 2002.1.22. 2001다70702; 1998.7.10. 98다15545).

(나) 전유부분에만 설정된 저당권의 행사로 경락받은 자에 대지지분권도 소유권이 전등기 된 경우

구분건물의 전유부분에만 설정된 저당권의 실행으로 경매된 경락인에게 건물과 동시에 대지지분권의 이전등기가 경료된 것은 전유부분을 낙찰 받음에 따라 그 종 된 권리인 대지지분도 함께 취득하였다 할 것이어서 경락인에 대하여 대지지분권의 이전등기를 법률상 원인 없는 이득이라 할 수 없다(대판 2001.9.4. 2001다22604).

(다) 점유취득시효 완성하였으나 등기이전 전으로 소유권을 취득하지 못한 상태의 점유자의 점유

부동산에 대한 점유취득시효가 완성되면 점유자는 소유명의자에 대하여 취득시효완성을 원인으로 한 소유권이전등기절차의 이행을 청구할 수 있고 소유명의자는 이에 응할 의무가 있으므로 점유자가 그 명의로 소유권이전등기를 경료하지 아니하여 아직 소유권을 취득하지 못하였다고 하더라도 소유명의자는 점유자에 대하여 점유로 인한 부당이득반환청구를 할 수 없다(대판 1993.5.25. 92다51280).

6. 立證責任

부당이득의 성립요건에 대한 입증책임은 법률요건분류설에 의하여 이득의 반환을 청구하는 손실자에게 있다.

第3節 不當利得의 效果

I. 不當利得返還義務 發生

지금까지 기술한 부당이득의 성립요건을 충족하면 이득자에게 부당이득반환의무가 발생한다(제741조). 부당이득반환청구권자는 이득과 인과관계에 있는 손실자이다. 이와 같이 부당이득이 성립하면 제741조에 의하여 이득자와 손실자 간에 채권·채무가 생기기 때문에 부당이득을 법률의 규정에 의한 채권발생원인이라고 한다.

Ⅱ. 不當利得의 返還範圍

1. 返還義務의 客體

(1) 原物返還이 原則

반환은 원물의 반환이 원칙이다(제747조 참조). 원물반환이 불가능한 경우에 가액반환을 하여야 한다. 원물이 대체물인 때에도 동종의 물건으로 반환할 것이 아니라 가액으로 반환하면 된다.

판례 推尋하지 않은 第3者에 대한 債權의 返還 : 법률상 원인 없이 제3자에 대한 채권을 취득하였고, 그 채권을 아직 추심하지 않았어도 이득이고, 그 이득의 반환은 손실자가 이득자에 대하여 그 채권의 반환(양도)을 구하고, 그에 대한 제3채무자에 대한 통지를 구하는 것이다(대판 2001.3.13. 99다26948).

(2) 返還의 範圍

부당이득에서 반환의 범위에 관하여 제748조는 선의의 수익자는 현존이익을 반환하지만, 악의의 수익자는 그 받은 이익에 이자와 손해를 붙이는 것으로 특별한 책임을 부과한다.

그런데 선의의 수익자든 악의의 수익자든 실제의 반환의 범위는 받은 이익이 기초가 된다. 여기서 받은 이익과 손실자의 손실이 차이가 나는 경우에 문제된다.

통설과 판례는 받은 이익은 손실자의 손실액을 최대로 하여 그 범위 내에 한정된다고 한다. 즉, 이득자의 개인적인 특수한 기능이나 능력에 의하여 초과하여 취득한 이득은 제외된다. 예컨대 수익자가 자신의 노력 등으로 부당이득한 재산을 이용하여 남긴 운용이익은 공제된다. 이는 부당이득제도가 손실자와 이득자간의 공평을 기하는 것이므로 손실자가 반환받음으로써 부당이득의 사실 전의 상태보다 더 이득을 취하게 하는 것은 타당하지 않기 때문이다.

이득의 산정은 손실자나 이득자의 개인적인 가치산정이 아니라 사회통념상의 가치산정임은 물론이다.

판례 運用利益의 控除 : 수익자가 자신의 노력 등으로 부당이득한 재산을 이용하여 남긴 이른바 운용이익도 그것이 사회통념상 수익자의 행위가 개입되지 아니 하였더라도 부당이득된 재산으로부터 손실자가 당연히 취득하였으리라고 생각되는 범위내의 것이 아닌 한 수익자가 반환하여야 할 이득의 범위에서 공제되어야 한다(대판 1995.5.12. 94다25551).

2. 受益者의 善意·惡意

반환의 범위는 후술하는 바와 같이 수익자가 그 이득의 보유를 정당화시킬 사유가 없다는 것을 알았느냐(악의) 몰랐느냐(선의)에 따라 다르다. 선의와 악의의 구별은 원칙적으로 수익시이지만, 수익시에는 선의였으나 그 이후에 악의였다면 그 때부터는 악의의 수익자가 되고, 악의의 수익자의 책임을 진다.

선의의 입증책임은 선의를 주장하는 자인 이득자에게 있다.

Ⅲ. 善意의 受益者

1. 現存利益의 返還

(1) 現存利益의 意義

선의의 수익자는 그 받은 이익이 현존한 한도에서 반환할 의무가 있다(제748조 1항). 이것은 받은 이익이 남아 있으면 남아 있는 이익을 반환하고, 받은 이익 중에서 일부만 있는 경우에는 남아 있는 이익만 반환하면 된다는 의미이다. 그런데 현존이익이란 단순히 원물이 남아 있는 것만을 의미하는 것이 아니라 원물이 다른 이익으로 변형되어 남아 있는 경우에도 현존하는 것이 된다. 예컨대, 받은 금전 중에서 일부를 생활에 필요한 용도에 사용하였다면 소비된 금전은 현존이익에 해당한다. 그러나 소비된 것이 그 이득이 생김으로써 소비된 것, 예컨대 이득으로 기분이 좋아 평소와는 달리 그 이득을 유흥비로 소비하였다든지 하는 경우에는 그 소비된 부분은 현존이익이 아니다. 판례는 부당이득이 금전인 경우에는 그 취득금액 전부를 현존하는 것으로 추정한다. 현존이익의 입증책임은 수익자에게 있기 때문에 낭비한 것을 입증하는 것을 부인할 이유는 없다.

(2) 現存利益의 確定時期

받은 이익이 현존하느냐 여부를 판단하는 시기, 즉 현존이익의 확정시기에 관하여는 반환을 청구한 때라는 견해(이태), 반환청구의 소를 제기한 때라는 견해(김현태), 반환할 때이지만 소를 제기한 때는 그 때부터 악의의 수익자의 책임을 진다는 견해(곽,김증,황)가 있다. 원칙적으로 반환할 때에 받은 이익이 현존하느냐 여부와 얼마나 현존하느냐를 판단하여야 할 것이지만, 소가 제기된 경우에는 그 소를 제기한 때를 기준으로 악의의 수익자의 책임을 진다고 보아야 할 것이다.

(3) 現存利益의 立證責任

받은 이익이 현존하는 것은 추정되므로 현존이익이 없다는 것은 이득자가 입증하여야 한다.

2. 原物返還의 경우

(1) 原物返還에 관한 規定의 衝突

원물이 반환되어야 하는 경우는 원물이 상대방에게 이전되어 점유된 경우이다. 그런데 물건이 점유되어 반환되는 경우의 법률관계에 관하여 민법은 물권편의 점유자와 회복자의 관계를 규정한 제201조 내지 제203조를 두고, 부당이득편에서 제747조와 748조의 규정을 두고 있다. 그런데 제201조 내지 제203조를 적용하는 경우와 제747조와 748조를 적용하는 경우에, 원물의 반환 자체는 차이가 없으나 원물로부터 생긴 과실과 그 비용의 상환 여부에서 차이가 난다. 즉, 제747조와 제748조에 의하면 이득자는 현존 과실과 소비된 과실 중에서 다른 형태로 현존하는 이득을 전부 반환하여야 하고 비용을 상환받을 수 있으나, 제201조 내지 제203조에 의하면 이득자가 과실을 수취하고 비용도 이득자가 부담하는 것이 된다.

그런데 물권이 이전된 경우에는 기술한 바와 같이 물권행위를 유인성의 입장에서 보느냐 무인성의 입장에서 보느냐에 따라 그 반환청구권이 다르다. 즉, 무인론에 의하면 상대방의 소유권과 점유 및 등기는 부당이득반환청구권을 행사하여 반환받아야 하나, 유인론에 의하면 점유 및 등기는 소유권에 기한 물권적 반환청구권을 행사하여 반환받을 수 있으며, 한편으로는 점유와 등기를 이득으로 보아 부당이득 반환청구권을 행사하여 반환받을 수도 있다. 따라서 후자인 유인론에 의하면 그 반환의 범위는 물권적 반환청구권을 행사하면 제201조 내지 제203조에 의하며, 부당이득 반환청구권을 행사하면 제747조와 제748조에 의하게 된다. 그런데 이 경우에 물권적 청구권은 그 실질에 있어서 부당이득의 성질을 가지는 것으로 보아야 하므로 현물 반환의 경우에는 제201조 내지 제203조가 바로 그러한 내용을 규정한 것이라고 본다(곽). 요컨대, 유인론에 의할 때 현물반환에 관하여는 부당이득반환을 청구하더라도 제201조 내지 제203조가 적용된다는 것이다.

한편, 무인론에 의하면 부당이득반환청구권만을 행사할 수 있고, 그 범위에 관하여는 제747조와 제748조가 적용이 있다. 그런데 위에서 제201조 내지 제203조를 적용하는 경우와의 차이를 본 바와 같이, 소유권을 취득한 자가 소유권을 취득하지 않고 단순히 점유만 취득한 자보다 그 반환의 범위가 넓다는 불균형이 나타난다. 이러한 불균형을 시정하기 위하여 소유권이 이전되는 경우(부당이득반환청구권의 행사)에도 제201조 내지 제203조의 규정을 유추적용하여야 한다는 견해가 있다. 요컨대, 부당이득의 반환청구에도 그 반환의 범위에 관하여는 제201조 내지 제203조를 유추적용한다는 것이다. 이러한 해석이 다수설이다.

결국, 무인론에 의하든 유인론에 의하든 부당이득에서의 원물의 반환의 범위는 제201조 내지 제203조를 (유추)적용한다는 것이 절대 다수설이다.

이에 대하여 소유가 이득이면 소유의 이득을 반환하고 점유가 이득이면 점유를 반환하면 족하므로, 물권적 청구권에 의하면 제201조 내지 제203조를 적용하고 물권적 청구권이 없으면 제747조와 제748조를 적용할 것이라는 견해가 있다(황).

생각건대, 물권행위를 채권행위와 유인관계로 보느냐 무인관계로 보느냐의 입장의 차이에 따라 그 반환의 범위에 관한 적용법조가 다르고, 따라서 반환의 범위가 다르다는 것은 실사회에서 설득력이 없어 타당하지 않다. 따라서 다수설과 같이 제202조 내지 제203조에 의하여 그 반환의 범위를 정하는 것이 타당하다고 생각한다.

(2) 原 物

받은 이익이 물건과 같이 원물인 경우이다. 경우를 나누면 다음과 같다.

① **원물이 남아 있는 경우** : 그대로의 상태로 반환하면 된다.

② **일부 멸실 또는 훼손된 경우** : 멸실·훼손된 그대로 반환하면 된다.

③ **전부 멸실·훼손된 경우** : 멸실·훼손으로 인한 이득이 있었으면 그 이득이 현존한 한도에서 반환하면 된다.

④ **멸실·훼손에 대한 고의·과실 여부** : 멸실·훼손에 이득자의 고의나 과실은 묻지 아니한다.

(3) 果 實

제201조 내지 제203조가 적용되어 과실은 반환할 필요가 없다. 쌍무계약에서 계약이 해제되고, 매수인에게 민법 제201조가 적용되어 과실취득권이 있는 경우에 선의의 매도인에게도 민법 제587의 유추적용에 의하여 대금의 운용이익 내지 법정이자의 반환은 부정 된다(대판 1993.5.14. 92다45025).

(4) 費 用

비용은 이득자가 부담한다. 즉, 반환이득에서 비용 등은 공제된다.

판례 費用의 控除 : 정당한 권원 없이 타인 소유의 임야에서 굴취한 토석을 제방성토 작업장에 운반,사용하고 재료비,노무비,경비 등을 합하여 토석성토대금으로 받은 경우, 노무비,경비 명목부분을 반환이득의 범위에서 제외하여야 한다(대판 1995.5.12. 94다25551).

3. 價額返還의 경우

제201조 내지 제203조는 원물반환에 관한 규정으로서 가액반환에 관하여는 적용이 없고, 제748조 제1항에 의하여 현존한 가액에 대한 반환의무가 있다. 즉, 원물이 멸실·훼손된 경우에 그 가액이 있었으면 그 가액이 현존한 한도 내에서 반환하여야 한다. 이 경우에도 당연히 비용은 공제된 현존이익을 말한다.

4. 無能力者의 返還範圍

무능력자의 보호를 위해 민법 제141조 단서는 무능력자의 법률행위가 취소된 때에는 무능력자의 선의·악의를 불문하고 무능력자는 현존이익만 반환할 책임을 규정하여 부당이득에 대한 예외를 인정한다.

<契約의 解除(548조), 占有者와 回復者의 關係(제201조 내지 제203조), 不當利得에서의 返還의 範圍>

	원 물	원물훼손의 책임	가액반환	과 실
계약해제(548조)	그대로 반환	귀책사유시에만 (다수설)	좌동	그대로 반환
점유자와 회복자(제201조 내지 제203조)	그대로 반환	선의자 책임없음 –현존이익	규정 없음	점유자의 수취권(반환 불요)
부당이득 반환(제747조 및 제748조)	그대로 반환	선의자 책임없음 –현존이익	현존이익만	현존이익 반환

Ⅳ. 惡意의 受益者

1. 惡意의 受益者의 責任의 性質

악의의 수익자에게는 실질적으로 불법행위책임을 지워서 받은 이익의 전부 및 이에 붙인 이자를 반환하고 손실이 있는 때에는 그 손해도 배상할 의무를 부여한다(제748조 2항).

원물이 있으면 그 원물을 반환하여야 하고, 원물이 없으면 가액을 반환하여야 하는 것은 선의의 수익자와 같다(제747조 1항). 다만 악의의 수익자는 원물 가액의 이득이 현존하느냐 여부를 묻지 않고, 그 받은 이득에 이자를 붙이고 손해가 있으면 그 손해도 배상하여야 함이 다르다.

2. 原物返還의 경우

(1) 原物返還

원물이 있으면 원물의 상태 그대로 반환하면 된다. 그런데 원물이 멸실·훼손된 경우에 문제가 된다.

제747조 제1항과 제748조 제2항을 적용하면 멸실·훼손에 귀책사유 없는 경우에도 가액반환의 책임을 진다. 제202조를 적용하면, 귀책사유 있는 경우에는 손해배상책임을 지나, 귀책사유 없는 경우에는 면책된다.

이와 같이 적용법조가 다른 것은 선의의 수익자에서 본 바와 같은 물권행위의 유인성·무인성에 관한 문제와 소유권을 취득하지 않은 자가 더 무거운 책임을 지는 불균형이 있게 된다. 따라서 악의의 수익자의 경우에도 선의의 수익자에서와 동일하게 제202조를 적용하는 것이 다수설이다.

(2) 果 實

악의의 수익자의 과실에 관하여는 제201조 제2항에 의하든 제747조와 제748조에 의하든 과실을 전부 반환하고, 소비한 과실은 그 대가를 반환하여야 한다.

(3) 費 用

제747조와 제748조 제2항에 의하면 비용의 상환을 청구할 수 없고, 제203조에 의하면 상환을 청구할 수 있다.

3. 價額返還의 경우

점유자와 회복자의 관계에 관한 제201조 내지 제203조는 가액반환에 관하여 규정하지 않으므로 가액반환을 할 때는 제748조 제2항에 의한다. 따라서 수익 당시의 가액을 기준으로 현존 여부를 묻지 아니하고 가액의 전부와 이자를 붙여 반환하고, 손해가 있으면 그 손해도 배상하여야 한다.

4. 惡意의 轉得者의 責任

수익자로부터 무상으로 원물을 양수받은 악의의 전득자는 수익자가 양수한 가액을 반환할 수 없는 때, 원물 또는 그 가액을 반환하여야 한다(제747조 2항).

第4節 特殊한 不當利得

민법은 비채변제와 불법원인급여가 일반적인 부당이득의 성립요건에는 해당하나 별도로 구분하여 특수한 부당이득이라 하여 그 성립요건을 엄격히 하고, 그 효과에서는 반환을 인정하지 않는 특칙을 두고 있다.

I. 非債辨濟

넓은 의미로 비채변제라 함은, 채무가 없음에도 불구하고 변제행위를 하는 것을 말한다. 따라서 그러한 변제행위는 법률상 원인이 없기 때문에 일반적인 부당이득이 된다.

그런데 비채변제에 관하여 민법은 제742조 내지 제745조에 특칙을 두어 그 요건을 추가하여, 부당이득의 일반적 효과를 제한하고 있다.

1. 狹義의 非債辨濟

(1) 意 義

협의의 비채변제란 채무가 없음에도 변제를 한 자가 변제 당시에 채무가 없음을 안 경우를 말한다. 이러한 협의의 비채변제는 그 반환을 청구하지 못한다(제742조). 채무 없음을 알면서도 스스로 변제한 자에게 이의 반환을 인정할 필요가 없기 때문이다. 따라서 변제시에 채무가 없다는 것을 착오로 알지 못한 경우에는 일반적인 부당이득에 해당하여 반환을 청구할 수 있다.

(2) 債務가 없을 것

채무가 처음부터 존재하지 않은 경우이든 계약이 무효·취소가 되어 사후에 채무가 소멸한 경우이든 변제행위시에 채무가 존재하지 않아야 한다.

소멸시효기간 완성 후의 채무는 어떻게 되는가? 이는 소멸시효의 효과를 어떻게 이해하느냐에 따라 결론이 달라진다. 상대적 소멸설에 의하면, 소멸시효기간의 완성과 그에 따른 채무자의 시효소멸의 원용이 있어야 채무가 소멸하므로, 시효기간 완성 후의 변제는 기간의 완성을 몰랐다고 하더라도 채무의 변제로 비채변제가 아니라는 결론이 된다. 절대적 소멸설에 의하면 시효기간 완성으로 채무는 소멸하므로 기간완성 후의 변제는 비채변제가 된다. 그러나 소멸시효기간 완성 후의 변제는 후술하는 도의관념에 적합한 변제(제744조)에 해당하는 것으로 보기 때문에 그 반환을 청구하지 못한다.

(3) 辨濟로서 給付를 履行하였을 것

변제자가 변제로서의 급부를 이행하여야 한다. 특정의 채무에 대한 변제라는 것이 명시적일 필요는 없으나 묵시적으로 표시되어야 한다. 이는 증여와의 구별이 되어야 한다는 것을 의미한다.

급부는 자발적인 임의의 급부여야 한다. 강제집행 등으로 자유로운 의사에 반하여 변제된 경우나, 다른 손해를 피하기 위하여 부득이 급부를 한 경우는 본조가 적용되지 아니한다.

판례 狹義의 非債辨濟는 任意의 辨濟여야 한다 : 민법 제742조 소정의 비채변제는 지급자가 채무 없음을 알면서도 임의로 지급한 경우에만 성립하고, 채무 없음을 알고 있었다 하더라도 변제를 강제 당한 경우나 변제거절로 인한 사실상의 손해를 피하기 위하여 부득이 변제하게 된 경우 등 그 변제가 자기의 자유로운 의사에 반하여 이루어진 것으로 볼 수 있는 사정이 있는 때에는 지급자가 그 반환청구권을 상실하지 않는다(대판 1988.2.9. 87다432).

(4) 辨濟 當時에 惡意였을 것

변제 당시에 채무 없음을 알고 있어야 한다. 채무 없음을 모른데 대한 과실 여부는 문제가 되지 않는다. 즉, 부주의하여 채무가 있는 것으로 잘못 안 경우에는 본조가 적용되지 않는다.

(5) 道義觀念에 適合한 것이 아닐 것

채무가 없다는 것을 몰랐더라도, 즉 일반적인 비채변제에 해당하는 경우에도 그 변제가 도의관념에 적합한 것일 때에는 그 반환을 인정하지 않는다(제744조). 도의관념에 적합한지 여부는 사회통념상으로 판단하여야 한다. 예컨대, 소멸시효가 완성된 채무의 변제, 부양의무 없는 근친자의 부양 등이 이에 해당한다.

(6) 立證責任

채무의 부존재에 대한 입증책임은 변제자(반환청구권자)에게 있고, 채무 없음을 알고 있었다는 것(악의)에 대한 입증책임은 수령자에게 있다. 따라서 비채변제로 부당이득금의 반환을 청구하는 자는 채무가 없음을 주장입증하면 족하고, 반대로 반환을 거부하는 자가 변제자가 채무 없음을 알고 변제하였다는 것을 입증하여 그 반환을 거절할 수 있다.

2. 期限 前의 辨濟

기한 전의 변제는 채무 자체는 존재하기 때문에 비채변제라고는 할 수 없어 변제한 채무의 반환을 청구할 수 없다. 또한 기한 전에 미리 변제한다는 것을 알고 변제한 때에는 기한의 이익을 포기한 것으로 볼 수 있어 역시 그 반환을 청구하지 못한다(제743조 본문).

그런데 기한 전의 변제라는 것을 모르고 기한 전에 미리 변제한 경우에는 변제 이후 변제기까지의 중간이자가 수령자에게는 법률상 원인 없는 이득이 된다. 따라서 이 경우에 그 이득의 반환을 청구할 수 있다(제743조 단서). 기한 전의 변제로 수령자(채권자)에게 이득이 없는 경우(예 : 무이자소비대차에서의 기한 전 원금변제)에는 반환할 대상이 없다.

3. 他人의 債務의 辨濟

타인의 채무를 변제하는 경우에는 두 가지가 있다. 하나는 타인의 채무인 것을 알면서도 변제한 경우이며, 다른 하나는 타인의 채무를 자기의 채무로 잘못 알고 변제한 경우이다. 전자는 타인의 채무의 변제로서 변제 자체가 유효하고(제469조), 다만 채무자 본인과 변제자 사이에 사무관리 또는 부당이득의 문제가 된다. 후자의 경우에는 변제자 본인과 채권자 사이에는 채무가 없기 때문에 부당이득이 된다. 그러나 채권자가 유효한 변제를 받은 것으로 믿고 진실한 채무자에게 채권을 행사할 수 있는 증서를 훼멸하거나 담보를 소멸시켜 채권을 행사하기가 곤란하거나 시효가 완성하여 더 이상 채권을 행사할 수 없는 경우가 있다. 여기서 제745조 제1항은 그와 같이 채권자가 채무자에게 채권을 행사할 수 없는 경우의 불측의 손해를 방지하기 위하여 변제자는 채권자에게 그 반환을 청구하지 못한다고 규정한다. 이 경우에 채무자는 제3자의 변제에 의한 채무의 소멸로 부당이득을 갖는다. 따라서 변제자는 채무자에 대하여 구상권을 행사할 수 있다(제745조 2항).

Ⅱ. 不法原因給與

1. 不法原因給與制度

불법의 원인으로 인하여 재산을 급여하거나 노무를 제공한 때에는 그 이익의 반환을 청구하지 못한다(제746조). 이를 불법원인급여에 의한 부당이득이라고 한다.

모든 출연행위에는 원인이 있는데, 그 원인이 법률상 정당한 것으로 존재하여야 그 급부를 보유할 수 있다. 그 원인이 부존재 또는 소멸하면 부당이득이 되어 반환하여야 한다. 불법인 원인행위도 당연히 무효가 되어(제103조) 그 원인행위에 의하여서는 출연행위를 할 의무가 생기지 아니한다. 비록 불법원인에 의하여 출연행위를 하였다 하더라도 그 원인행위는 무효로써 부당이득이 되고, 출연자가 반환을 청구할 수 있는 것이 원칙이다. 그런데 불법원인급여에 대하여 이를 부당이득으로서 반환을 허용하게 되면 한편으로는 불법한 행위의 실현을 금지하면서(제103조의 무효), 다른 한편으로는 그의 복구를 법이 보장하여 서로 모순되어진다. 게다가 스스로 불법한 행위를 하여 법의 영역을 벗어난 자가 그의 이익을 위하여는 법의 보호를 요청하는 것이 되어 법의 이상에 어긋나며(법적구조 거부法的救助 拒否), 또한 사회적으로 허용되지 않는 행위의 복구를 허용한다면 그러한 불법한 행위가 사회에 만연될 수도 있다. 즉, 불법원인급여의 반환을 부정하는 것은 불법행위를 이 사회에 더 이상 행하여지지 않게 방지 내지 억지하는 목적(억지적 목적抑止的 目的)과 불법한 행위를 한 당사자를 사법적으로 제재한다는 목적(제재적 목적制裁的 目的)을 가지고 있다.

이러한 불법원인급여제도는 로마법 이래 각국에서 인정되고 있다. 로마법에서는 부당한 원인에 의한 이득과 부도덕한 원인에 의한 이득의 반환소권을 거부하였다. 이러한 제도가 독일 민법에서 불법원인에 의한 부당이득으로 제817조에 통합되어 규정되었고, 우리 민법도 이를 본받아 규정하게 되었다.

2. 第746條 本文의 適用要件

제746조 본문은 불법원인급여는 그 반환을 청구하지 못한다고 규정하며, 단서 조항에는 그 경우에도 그 불법원인이 수익자에게만 있는 때에는 급여자가 반환을 청구할 수 있다고 규정하였다. 여기서는 본문의 적용요건을 먼저 보고, 단서의 요건에 관하여는 후술하기로 한다.

(1) 不 法

(가) 不法의 槪念

불법원인에서 <불법>이란 선량한 풍속 기타 사회질서에 위반하는 것, 즉 제103조의 위반을 의미한다는 것이 통설과 판례이다. 그런데 여기에 강행법규위반도 포함하는지와 제746조의 불법과 제103조의 불법은 동일한 의미(행위)인지가 문제된다.

첫째로, 강행법규 위반도 포함하는지가 문제된다. 이에 대하여는 제746조가 그 반환을 거부하는 것은 윤리적 비난받을 요소에 그 핵심이 있는 것인데, 강행법규는 국가의 정책적 목적을 위하여 금지한 것이므로 그 취지가 다르고, 또한 강행법규를 포함하면 그 범위가 확대되어지므로 강행법규를 포함하지 않는 것이 통설이다(곽,이태,황). 즉, 강해법규에 위반하였더라도 그 내용이 선량한 풍속 기타 사회질서 위반의 경우에만 본조의 불법에 해당한다. 판례도 같은 취지이다.

둘째로 제103조의 불법과 제746조의 불법은 동일한 내용인지가 문제된다. 판례는 제2매도인이 적극 가담한 2중매매는 제103조 위반으로 두 번째의 매매는 무효이고, 제1매수인은 채권자대위권으로 제2매도인 명의의 등기를 말소청구할 수 있다고 한다(제1매수인의 채권자대위권에 관하여는 졸저『채권법총론』참조). 채권자대위권을 행사하려면 피대위권이 있어야 하고 피대위권은 매도인의 제2매수인에 대한 말소청구권이 되는데, 한편 매도인은 무효인 2중매매는 제746조에 해당하여 부당이득의 반환을 할 수 없을 뿐만 아니라 물권적 청구권도 없다고 한다(판례는 후술하는 제746조와 물권적 청구권을 참조). 그러면 결국 매도인은 제2매수인에게 여하한 청구권도 없다는 것이 된다. 이러한 판례가 취하는 매도인 자신은 여하한 반환청구권도 없으나, 제2매수인은 대위권을 행사할 수 있다는 것은 제746조의 불법과 제103조의 불법을 동일한 내용으로 볼 때는 서로 논리적 모순이 있어 성립될 수가 없고, 제103조의 불법과 제746조의 불법의 내용을 분리하여 2중매매와 같은 것은 제103조에 위반하여 무효이나, 제746조에는 해당하지 않는다고 하여야 모순 없이 성립될 수 있다. 즉, 제103조의 불법과 제746조의 불법을 분리할 때 비로소 두 판례가 서로 모순 없이 성립될 수 있다. 이에 양자를 분리하여 제103조의 불법은 선량한 풍속 기타 사회질서 일반을 포괄하는 것이지만, 제746조의 불법은 그러한 것 중에서 윤리적인 비난의 대상이 되는 것에 한정하는 의미로 좁게 해석하는 견해(고상룡,장경학) 또는 불법원인급여로서 반환청구가 부정되는 효과가 당사자의 이해관계에 미치는 결과는 제103조의 경우와 달라 실질적으로는 제746조의 법리는 제103조에 대한 중요한 예외가 된다는 견해(곽)가 있다.

생각건대, 불법원인급여제도는 불법행위의 자행을 억지하고 제재한다는 억지적 목적과 제재적 목적이 있어 사회적으로 용인되지 않는 출연행위에 대한 복구에 대한 법적 구조를 거부하는 것이다. 그런데 법은 제746조의 <불법>의 구체적 내용을 판례와 학설에 맡겨놓은 것이라 볼 수 있다. 또한 <불법>의 관념은 시대의 추이에 따른 법외적 사회질서의 반영으로 법적 가치 판단을 요하는 것이다. 판례가 제746조를 적용하여 급여한 것의 반환을 거절하는 것은 도박에 건 자금, 공무원에 대한 청탁을 위한 급여, 불륜의 관계를 유지시키는 급여 등이며, 강제집행을 면하기 위한 명의신탁, 2중매매(제1매수인의 대위권을 인정하는 것을 추론할 때) 등은 해당하지 않는다고 한다. 이러한 판례와 학설의 일련의 경향은 그 급여행위 자체가 단순히 양속이나 사회질서를 위반한 것을 넘어서, 윤리적으로 비난받을 만한 사회적 타당성이 없는 것으로 축소하여 엄격하게 해석하는 것이라 할 수 있다. 이것은 동일한 규정으로 되어 있는 일본 민법의 해석에 있어서도 일본의 판례와 학설에서 나타나는데, 일본의 판례는 불법원인급여의 불법을 <반도덕적인 추악한 행위로서의 반사회성>, <그 행위가 당시의 사회생활 및 사회감정에 비추어 진정한 윤리나 도덕에 반하는 추악한 것으로 인식되는 것>으로 축소하여 해석하고, 학설이 이를 지지하고 있다.

이러한 일련의 사실에서 제746조의 불법은 포괄적으로는 양속과 사회질서 위반을 의미하나, 그러한 행위 중에서 반도덕적이고 반윤리적인 것으로 인격적으로 비난받을 행위로 축소해석하는 것이 타당하다고 본다.

판례 ① 强行法規違反은 第746條의 不法에 該當 없음 : 민법 제746조가 규정하는 불법원인이라 함은 그 원인될 행위가 선량한 풍속 기타 사회질서에 위반하는 경우를 말하는 것으로서, 설사 법률의 금지함에 위반하는 경우라 할지라도 그것이 선량한 풍속 기타 사회질서에 반하지 않는 경우에는 이에 해당하지 않는다고 할 것이므로 무허가로 해외취업알선업을 하는 사람에게 미리 그 보수를 지급한 사람이 그 취업알선이 이루어지지 아니하였음을 이유로 이미 지급한 보수의 반환을 청구하는 것은 민법 제746조에 해당하지 아니한다(대판 1983.11.22. 83다430).

② 不動産實名法違反의 名義信託에 의한 登記 : 부동산실명법이 비록 부동산등기제도를 악용한 투기,탈세,탈법행위 등 반사회적 행위를 방지하는 것 등을 목적으로 제정되었다 하더라도, 무효인 명의신탁약정에 기하여 타인명의의 등기가 마쳐졌다는 이유만으로 그것이 당연히 불법원인급여에 해당한다고 볼 수 없다(대판 2003.11.27. 2003다41722).

③ 淪落行爲防止法 違反 : 윤락행위 및 그것을 유인, 강요하는 행위는 선량한 풍속 기타 사회질서에 위반되므로, 윤락행위를 할 자를 고용, 모집하거나 그 직접을 소개, 알선한 자가 윤락행위를 할 자를 고용, 모집함에 있어 성매매의 유인, 강요의 수단으로 이용되는 선불금 등 명목으로 제공한 금품이나 그 밖의 재산상 이익 등은 불법원인급여에 해당하여 그 반환을 청구할 수 없다(대판 2004.9.3. 2004다27495).

판례 强制執行 免脫을 위한 名義信託 : 불법원인급여를 규정한 민법 제746조 소정의 "불법의 원인"이라 함은 재산을 급여한 원인이 선량한 풍속 기타 사회질서에 위반하는 경우를 가리키는 것으로서, 강제집행을 면할 목적으로 부동산의 소유자명의를 신탁하는 것이 위와 같은 불법원인급여에 해당한다고 볼 수는 없다(대판 1994.4.15. 93다61307).

판례 利子制限法(1998年 廢止)上의 任意支給한 制限利率 超過利子 : 이자제한법 소정 이율을 초과한 이자를 임의로 지급한 경우에 그 이자의 지급을 무효라고 하여 다시 그 반환을 청구할 수 있는 것은 아니다(대판 1994.8.26. 94다20952).

(나) 不法에 대한 主觀的 要件

급여자의 주관적 요건으로서 불법의 판단능력 및 불법의 인식을 필요로 하는지가 문제된다. 불법원인급여에서의 불법의 판단능력은, 불법행위에서의 책임능력과 같은 것으로 보아야 한다. 불법의 인식을 요하는지에 대하여는 급여가 객관적으로 불법원인으로 인한 것이면 족하고 급여자의 주관적인 불법의 인식은 필요하지 않다는 것이 통설이다.

(2) 不法이 原因

급여행위가 불법을 원인으로 이루어져야 한다. 원인이란 의미는 급여행위가 불법을 목적으로 한다는 의미인데, 구체적으로는 아래의 경우가 그에 해당한다.

① **(良俗違反의) 强行法規의 精神을 違背한 것** : 윤락행위방지법을 위반하여 윤락행위를 위한 선불로 지급된 금전, 광업법상 무효인 덕대계약에 의한 금전의 지급, 밀수품 또는 아편 구입에 제공된 자금, 밀수 또는 아편 구입에 사용될 자금인 줄 알고 제공된 금전.

② **射倖行爲에 關聯된 給與** : 도박에 건 금전, 도박에 져서 소유권을 양도한 물건, 도박에 제공될 자금인 것을 알고 제공된 급여.

③ **非倫理的 行爲와 關聯된 給與** : 첩관계의 유지를 위한 급여, 윤락에 제공된 급여.

④ **個人의 自由를 極度로 制限하기 위한 給與** : 평생 자기 집에서 일하는 것을 조건으로 제공된 급여.

⑤ **正義에 反하는 行爲를 條件으로 한 給與** : 거짓 증언을 조건으로 한 급여.

⑥ **不正行爲 또는 犯罪行爲를 條件으로 한 給與** : 공무원에 대한 부정행위를 조건으로 한 급여(뇌물), 타인을 폭행 또는 살해를 조건으로 제공된 급여.

한편, 동기의 불법은 그 동기가 표현되었거나 상대방이 알 수 있었어야 한다.

(3) 給與에 의한 終局的 利得의 實現

급여는 타인의 재산 또는 노무로 인한 재산적 이득을 의미하나, 본조의 급여는 그 급여가 종국적으로 실현된 것이어야 한다. 그런데 실제로 이득이 있는 것인지가 논의되는 경우가 있다.

(가) 無因債務負擔行爲

무인채무부담행위는 그것이 불법원인에 의한 경우에도 원칙적으로 본조가 적용되지 않는다. 그 채무부담행위만으로는 수령자에게 종국적으로 이득이 귀속되지 않기 때문이다. 그런데 무인채무부담행위 중에서 어음이나 수표가 제공된 경우에는 원칙적으로 전전유통성이 있기 때문에 문제가 된다. 수표 또는 어음행위 자체는 무인성에 의하여 무효가 아니지만 인적 항변사유가 되어 급여자는 불법원인 당사자인 증권의 직접 수령자에게는 지급을 거절할 수 있다. 제3자 발행의 어음에 배서하여 양도한 경우에도 어음법리가 적용되고 제746조가 적용되지 아니하며, 소구권을 행사할 때는 인적 항변사유가 된다.

(나) 不法한 債務를 위한 假登記 또는 擔保

불법원인의 채무를 담보하기 위하여 가등기 또는 담보권을 설정한 경우, 예컨대 도박에 져서 부동산에 대한 가등기 또는 저당권을 설정한 경우이다. 가등기 또는 담보설정행위 자체는 종국적인 이득을 주지 않고, 가등기에 의하여 본등기를 하거나 담보권을 실행하는 등, 다시 법의 협력을 받아야 이득이 실현되는 경우가 문제된다.

이 경우에 등재된 가등기 또는 설정된 담보권을 무효(가등기·담보권등기말소)시키거나 담보물을 회수하기 위하여는 스스로 불법한 행위(계약)를 한 것을 주장하여 피담보채권이 부존재함을 입증하여야 하는데, 이때 제746조가 적용되어 그 무효를 주장하지 못하는지 아니면 제746조가 적용되지 않는지가 문제된다. 이 경우에 제746조를 적용하여 채권의 부존재를 주장하지 못하게 하면 결과적으로 불법한 행위의 실현을 강제하는 것이 되고 또한 제103조에도 위반된다. 따라서 이 경우에는 제746조가 적용되지 않아야 한다. 즉, 그 계약이 무효로써 피담보채권이 부존재함을 주장할 수 있다고 하여야 한다(통설).

(다) 繼續的·回歸的 給與

불법한 원인에 의하여 급부가 계속적으로 되는 경우에는 완료된 부분은 본조가 적용된다.

(4) 不法性이 給與者와 受領者에게 竝存

불법성이 수령자와 급여자에게 모두 있어야 한다. 불법성이 수령자에게만 있는 때에는 본조 단서가 적용되어 그 반환을 청구할 수 있다. 불법성에 차이가 나는 경우에 관하여는 후술하는 단서 조항의 적용과 효과에서 보도록 한다.

(5) 不法의 實現 與否

급부가 있었으나 불법원인급여에 의하여 수령자가 달성하려는 사실상의 목표인 불법이 착수되지 않았거나 또는 중요한 불법이 실행되지 않은 경우에는 어떻게 되는가? 본조가 적용되어 급부의 반환청구를 부정하면 결과적으로 불법행위를 실행시키는 것이 되므로 불법행위의 실행을 방지한다는 점에서 본조의 적용을 부정하여 반환을 긍정하는 것이 합리적이다. 역으로 불법행위가 이미 이루어졌고 급여가 실현되지 않은 경우에는 급여원인이 제103조 위반으로써 무효이다.

(6) 立證責任

급여자가 반환청구를 하기 위하여는 급여의 원인이 불법이 아니라는 주장과 입증 또는 불법원인급여지만 수익자에게만 불법성이 있고 본인에게는 불법성이 없다는 것을 주장·입증하여야 한다.

3. 第746條 本文 適用의 效果

(1) 返還請求 不可

그 이득의 반환을 청구하지 못한다. 급여자가 그 반환을 청구할 수 없을 뿐, 수익자가 임의로 이득금을 반환할 때에는 급여자의 수령은 유효하다(급여자의 급부보유력은 있다).

(2) 給與物의 所有權의 反射的 歸屬

불법인 계약에 의하여 물권이 이전된 경우에 제746조가 적용되어 급여자는 그 반환을 청구할 수 없다. 한편 수령자는 원인이 무효(제103조)로써 소유권을 취득하지도 못한다. 이와 같이 급여자나 수령자는 어느 누구도 급여물의 소유권을 취득할 법률상 원인이 없게 되는데, 이 문제는 어떻게 되는가?

결국, 수령자에게 소유권이 귀속한다고 밖에 볼 수 없는데, 판례는 이를 소유권의 반사적 귀속이라는 이론으로 수령자에게의 소유권이 귀속함을 인정한다.

판례 不法原因給與物의 所有權의 反射的 歸屬 : 민법 제746조는 비록 채권적 부당이득의 장에 규정되어 있기는 하나 이는 일반적으로 사회적 타당성이 없는 행위의 복구가 부당이득의 반환청구라는 형식으로 주장되는 일이 많기 때문이고 그 근본에 있어서는 단지 부당이득제도만을 제한하는 이론으로 그치는 것이 아니라 보다 큰 사법의 기본이념으로 군림하여 결국 사회적 타당성이 없는 행위를 한 사람은 스스로 불법한 행위를 주장하여 복구를 그 형식 여하에 불구하고 소구할 수 없다는 이상을 표현하고 있는 것이다. 따라서 급여를 한 사람은 그 원인행위가 법률상 무효라 하여 상대방에게 부당이득을 원인으로 한 반환청구를 할 수 없음은 물론, 급여한 물건의 소유권은 여전히 자기에게 있다고 하여 소유권에 기한 반환청구도 할 수 없는 것이고, 그리하여 그 반사적 효과로서 급여한 물건의 소유권은 급여를 받은 상대방에게 귀속하게 되는 것이다(대판 1979.11.13. 79다483).

4. 第746條의 適用範圍

(1) 第746條와 物權的 請求權

물권행위의 유인론에 의하면 원인이 불법으로 무효이기 때문에 비록 물건에 대한 점유나 등기를 이전시킨 경우일지라도 소유권은 여전히 급여자에게 있다는 결론이 된다. 따라서 이 경우에 부당이득 반환청구권은 제746조에 해당되어 행사할 수 없으나, 소유권에 기한 물권적 반환청구권을 행사할 수 있지 않느냐는 문제가 된다.

판례는 제746조와 제103조는 사법의 이념을 표현한 것으로 사회적 타당성이 없는 행위를 한 자가 스스로 불법한 행위를 주장하여 그 복구를 주장하는 것은 형식 여하를 불문하고 소구할 수 없다고 하여 제746조에 해당하는 경우에는 물권에 의한 반환청구도 허용하지 않는다고 하였다. 즉, 소유권에 의한 반환을 주장한다든지, 또는 임치를 주장하여 임치물로서의 반환을 청구할 수도 없다. 타당한 결론이다.

(2) 第746條와 不法行爲에 의한 損害賠償請求權

제746조는 사회적 타당성이 없는 행위를 한 자에게 그 복구를 허용하지 않는다는

것이다. 따라서 타인의 불법행위에 가담한 자는 타인의 불법행위를 주장하며 자기의 불법행위도 인정하여야 하고, 따라서 스스로 불법한 행위를 한 자가 이를 복구할 수 없음은 물권적 청구권에서와 동일하다. 즉, 불법행위에 가담한 자는 가담한 타인의 불법행위에 의한 손해배상을 청구할 수 없다(이설 없음). 그런데 여기서 문제되는 것이 불법성이 수령자에게 현저하고 회복을 청구하는 급여자에게는 경미한 경우이다. 이 경우에 불법행위에 의한 손해배상청구권도 행사할 수 없고, 제746조가 불법원인급여에 관하여 수익자에게 경미한 불법이 있는 경우에도 본문이 적용되어 전부 반환받지 못한다는 것은 지극히 불공평한 것이 아니냐는 주장이 제기된다. 이러한 문제를 해결하기 위하여 후술하는 불법성을 상대적으로 평가하여 단서조항의 적용을 확대하는 견해가 있다.

(3) 第746條와 第742條의 關係

계약이 불법으로 무효인 경우에 채무의 변제는 비채변제이다. 이 경우에 비채변제인 줄 모르고, 즉 계약이 유효하여 채무가 존재하는 줄 알고 변제하였다면 일반적인 부당이득(제741조)에 해당하여 반환을 청구할 수 있다. 그런데 계약이 불법으로 무효임을 알면서도 그 채무를 이행한 경우(협의의 비채변제)에는 제742조에도 해당되고 제746조에도 해당한다.

이 경우에 제742조를 적용하면 제746조가 적용될 범위가 좁아져서 제746조가 불법한 급여 전반을 규율한다는 취지에도 어긋나며, 또한 경우에 따라서는 제746조의 단서가 적용되어 반환받을 수 있는 길이 차단된다. 이러한 점에서 위 양 조문의 요건을 충족하는 경우에는 제746조만 적용된다고 보아야 한다(통설).

(4) 一方의 先履行과 第746條

불법한 계약이 쌍무계약으로서 일방이 선이행한 경우에 상대방이 이행하지 않아 선이행한 자가 그 반환을 청구하는 경우에 제746조가 적용되는가? 예컨대, 마약을 구입하는 계약을 하고 대금을 선지급하였으나 마약을 인도하지 않은 경우이다.

이 경우에 제746조가 적용되면 상대방의 불법원인급여를 수령하면서 자기의 반대급부를 이행하지 않아도 좋다는 결과가 된다. 이는 심히 공평하지 못하여 제746조가 적용되지 않고 급부한 것을 반환받을 수 있다는 견해가 있다(최종길). 이에 대하여 그러한 배려는 제746조의 법의 목적에 어긋나서 비록 선이행한 자일지라도 불법성이 있는 때에는 반환을 허용하지 않아야 한다는 견해가 있다(이은). 요컨대, 불법원인급여제도가 불법한 행위를 억지하고 제재한다는 근본적인 목적에 비추어 선이행한 경우에도 제746조가 적용되어 그 반환을 청구할 수 없다고 보아야 한다.

5. 第746條 但書의 適用要件과 效果

(1) 全部 또는 全無의 原則

제746조 단서는 불법원인급여지만 그 불법성이 수익자에게만 있고, 급여자에게는 없는 때에는 그 반환을 청구할 수 있다고 규정한다. 이는 불법원인급여제도가 불법한 행위를 억지하고 그 행위자를 제재하는 데 있기 때문에 불법성이 없는 급여자에게 복구를 위한 반환을 청구하는 것은 당연하다. 그런데 동 단서는 그 불법원인이 <수익자에게만 있는 때>라고 명시하여 급여자에게 작은 불법성이 있는 경우에도 전부를 반환받지 못하는 것으로 되어 있다. 즉, 급여자가 전연 불법성이 없는 경우에는 전부 반환받을 수 있으나 경미한 불법성이라도 있는 경우에는 전부 반환받을 수 없는 것으로, 전부 또는 전무의 원칙을 취하고 있다. 이것은 불법한 행위가 더 이상 사회에 뿌리를 내리지 못하게 근절하고, 작은 불법행위일지라도 용서할 수 없다는 측면에서는 종래 그렇게 해석하여 왔다.

(2) 不法性의 比較

(가) 從來 解釋의 問題點

기술한 바와 같이 불법원인급여에 해당하는 경우에는 급여자가 불법행위에 의한 손해배상청구권도 행사할 수 없다. 그런데 급여자에게 경미한 불법성만 있고 수익자에게 불법성이 현저한 경우에도 불법행위에 의한 손해배상청구권을 행사하지 못하고, 제746조의 본문이 적용되어 전부를 반환받지 못한다는 것은 결과적으로 현저한 불법행위자를 보호하는 결과가 되고, 이러한 결과는 비록 불법원인급여제도가 억지적 목적이 있다고 할지라도 제재적인 면에서는 공평하지 못하다고 할 수 있다. 또한 실제로는 급여자가 사회적으로 약한 지위에 있어 부득이 수령자의 불법한 행위에 가담한 경우가 있다는 것을 간과할 수 없다. 이러한 점에서 불법성을 비교하여 단서조항의 적용을 확대하여야 한다는 견해가 있으며, 판례도 불법성비교론의 입장이다.

(나) 行爲態様에 따른 兩者間의 不法性

급여자와 수령자에게 불법성이 병존하는 경우에도 행위의 태양에 따라 그 불법성의 강약과 모습에는 큰 차이가 있다.

ⓐ 행위의 내용 자체가 불법인 경우(도박, 불륜, 매춘)는 통상적으로 양자의 불법

은 동등하다. ⓑ 계약적 구속에 의한 불법인 경우(향락업주와 종사원간)에는 통상 사회적으로 강한 지위에 있는 수령자의 불법성이 현저하다. ⓒ 대가와 관계되어 불법한 경우(뇌물)에는 쌍방의 불법이 동등하다. ⓓ 급부의 불균형과 관련된 불법인 경우(고율의 이자부소비대차)는 불균형한 대가를 취득하는 자의 불법성이 크다. ⓔ 불법한 행위를 조건으로 하는 경우(타인의 폭행, 살해를 조건으로 하는 급여 약속)는 쌍방의 불법이 동등하다. ⓕ 불법한 행위를 종료하는 것을 조건으로 하는 경우(불륜관계의 단절 또는 범죄행위를 하지 않을 것－인질금－을 조건으로 하는 급여)는 수령자의 불법성이 크다.

이처럼 그 행위의 태양에 따라 다양한데, 이들을 모두 전부 또는 전무의 원칙에 의하여 제746조 본문을 적용하여 수령자의 급부를 유지시킬 것인가는 생각해 보아야 할 문제이다.

(다) 判例－但書 適用의 擴大

판례도 수익자의 불법성이 현저히 크고 급여자의 불법성이 경미한 때에는 제746조 본문의 적용을 배제하고 본조 단서를 적용하여 그 반환을 허용하고 있다. 이러한 판례의 입장은 심히 불공평한 점을 시정하여 구체적 타당성을 기한 것이고, 또한 급여자가 완전히 깨끗하고 수익자에게만 불법성이 있는 경우란 실제로 거의 없으며 부득이하게 불법행위에 가담한 자를 보호한다는 측면에서 타당하다고 생각한다(동지 : 황). 그러나 이를 확대하면 불법원인급여제도 자체의 의의가 상실되기 때문에 불법성에 어느 정도의 차이가 날 때 단서조항을 적용할 것인가라는 문제가 남는다. 결국 사회통념에 따라 현격한 차이가 나서 수령자에게 급부를 유지하도록 하는 것이 부당하다고 판단되는 경우에는 제746조 단서가 적용된다고 보아야 한다.

* **日本의 不法性 比較論** : 급부자의 반환청구권을 배제(불법원인 급여의 본문 적용)하는가 아닌가(단서 적용)의 판정에는 급여자와 수령자의 불법성의 강약을 고려한다는 것이다. 그 결과 ① 급부자의 불법성이 강한 경우는 반환청구권을 배제하고(본문 적용), ② 수령자의 불법성이 강한 경우에는 반환청구권을 인정하고(단서 적용), ③ 양자의 불법성이 상반되는 경우에는 복구(반환 인정)의 이익과 유지(반환 부정)의 이익이 동등하여 법적 안정성 또는 사실적인 규범력에 의하여 유지하여야 한다는 견해가 있고, 이에 대하여 당사자간의 신의·공평, 특히 법적 구제의 거부의 억제라는 관점에서는 급부자의 반환을 인정하여야 한다는 견해로 대립한다.

[판례] 給與者의 不法性이 輕微한 경우 : ① 민법 제746조에 의하면 급여가 불법원인급여에 해당하고 급여자에게 불법 원인이 있는 경우에는 수익자에게 불법 원인이 있는지의 여부나 수익자의 불법 원인의 정도 내지 불법성이 급여자의 그것보다 큰지의 여부를 막론하고 급여자는 그 불법원인급여의 반환을 구할 수 없는 것이 원칙이나, 수익자의 불법성이 급여자의 그것보다 현저히 크고

그에 비하면 급여자의 불법성은 미약한 경우에도 급여자의 반환 청구가 허용되지 않는다고 하는 것은 공평에 반하고 신의성실의 원칙에도 어긋나므로 이러한 경우에는 민법 제746조 본문의 적용이 배제되어 급여자의 반환 청구는 허용된다고 해석함이 상당하다(대판 1997.10.24. 95다49530).
② 수익자의 불법성이 급여자의 그것보다 현저히 크고, 그에 비하면 급여자의 불법성은 미약한 경우에도 급여자의 반환청구가 허용되지 않는다고 하는 것은 공평에 반하고 신의성실의 원칙에도 어긋난다고 할 것이므로, 이러한 경우에는 민법 제746조 본문의 적용이 배제되어 급여자의 반환청구는 허용된다고 해석함이 상당하다(대판 1993.12.10. 93다12947).
③ 윤락녀가 포주에게 맡긴 화대: 포주가 윤락녀와 사이에 윤락녀가 받은 화대를 포주가 보관하였다가 절반씩 분배하기로 약정하고도 보관중인 화대를 소비한 경우, 포주의 불법성이 윤락녀의 불법성보다 현저히 크므로 화대의 소유권은 여전히 윤락녀에게 있어 그의 반환을 인정한 예(대판 1999.9.17. 98도2036).

6. 不法原因給與의 返還契約의 效力

당사자가 불법한 급여를 한 것을 반환하는 특약을 한 경우에 그 특약의 효력이 문제된다. 이러한 특약도 제746조에 위반하여 무효가 되고, 따라서 제746조가 적용되어 반환받지 못하는지가 문제된다.

제746조의 법의 취지는 급여자의 반환에 대하여 법이 협력을 하지 않는다는 것이다. 따라서 수익자가 임의로 반환하거나 또는 불법원인계약을 해제하고 급부를 반환받을 것을 특약하는 것은 제103조에 반하는 것이 아니어서 유효하다고 하여야 한다(통설). 다만 급여자가 불법한 목적을 달성하기 위하여 그 목적이 달성되지 않으면 반환한다는 특약은 제746조를 회피할 목적인 것이므로 무효로 보아야 한다.

판례 返還約定特約의 效力 : 당사자의 일방이 상대방에게 공무원의 직무에 관한 사항에 대하여 특별한 청탁을 하게하고 그에 대한 보수로 돈을 지급할 것을 내용으로 한 약정은 사회질서에 반하는 무효의 계약이고, 따라서 민법 제746조에 의하여 그 대가의 반환을 청구할 수 없으며, 나아가 그 돈을 반환하여 주기로 한 약정도 결국 불법원인급여물의 반환을 구하는 범주에 속하는 것으로 무효이다(대판 1995.7.14. 94다51994).

第5章

不法行爲

第1節　不法行爲制度와 理論

I. 私法制度로서의 不法行爲法

1. 不法行爲制度

불법행위란 법률의 근본목적에 어긋나고 법률질서를 깨뜨리므로 법이 부정적으로 평가하는 행위로서 타인에게 신체 및 재산상의 손해를 준 행위이다.

인간의 자유는 보장되어야 하지만 인간의 자유권의 행사는 다른 사회구성원의 같은 권리를 향유할 수 있게 보장되는 한도 내에서 인정된다. '인간의 자유로운 의사활동에 최대의 가치를 보장한다'는 사상은 사법적으로는 사적자치의 원칙으로의 법률행위자유의 원칙과 과실책임의 원칙으로 구현되었다. 즉, 법률행위자유의 원칙이 개인의 창의성에 기반을 둔 재화의 교환을 통한 자본의 축적을 가능하게 하여 자본주의 사회를 발전시켰고, 과실책임의 원칙에 의하여 자유로운 활동이 최대한 보장되어 결과책임주의와는 달리 불측의 손해에 대한 배상을 할 필요가 없게 됨으로써 자본주의 경제의 주역인 기업의 활동을 촉진시켜 자본주의를 급속히 발전시켰다. 그런데 자본주의의 발전에 따른 사회변동에 따라 근대법의 개인의사절대의 사고와 예외 없는 과실책임주의에 대한 재검토의 필요성이 제기되었다. 이러한 필요성에 의하여 법률행위자유의 원칙과 과실책임주의는 여러 형태에서 수정이 불가피하게 되었다. 그러나 사회가 인간의 의사활동에 의하여 영위될 수밖에 없는 한 법의 세계에서도 인간의 의사에 대한 절대성과 과실에 의한 책임의 근본원칙은 배제되어질 수 없다.

개인의 사법적 활동에 대한 책임을 부과하는 제도는 전통적으로 계약제도와 불법행위제도로 구분된다. 계약제도는 개인의 자유로운 의사활동에 의한 특정당사자간의 권리·의무관계를 규율하는 제도이고, 불법행위제도는 인간의 위법행위에 의하여 타인에게 발생한 불이익을 누가 어느 정도 부담하게 하는가를 결정하는 법 제도이다.

2. 不法行爲制度의 發展過程

(1) 로마法

고대 로마에서는 형사책임과 민사책임이 분화되지 않았을 뿐만 아니라 민사책임이라는 것도 행위와 손해 간에 인과관계만 있으면 책임을 지우는 결과책임주의였다. 인간의 사회활동에 대한 책임으로서의 민사책임과 형사책임이 제도적으로 분화된 것은 B.C. 286년에 호민관 Aquiliaus가 제정한 lex Aquilia가 시초이다. lex Aquilia 제1장에는 <타인의 노예나 4족 동물 등 가축을 위법하게 살해한 자는 살해 전 1년 이내의 최고가격으로 소유자에게 배상하여야 한다>고 규정하며, 제3장에는 <위법하게 물건을 파괴하여 타인에게 손해를 준 때에는 그 물건이 최근 30일 이내에 갖는 최고가격으로 소유자에게 배상하여야 한다>고 규정하였다. lex Aquilia에 의하여 민사책임을 형사책임으로부터 분리시켜 제도화하는 계기가 되었으나, 고의(dolus)에 의한 불법행위책임만을 인정하였다. 따라서 이를 불법손해라고 한다.

그 후 lex Aquilia의 불법손해를 발전시켜 인격권침해, 절도, 강박, 사기로 그 범위를 확대하였으며, 과실(culpa)에 의한 침해에 대하여도 배상을 인정하였다. 또한 초기에는 인과관계에 관하여 직접적인 가해만을 인정하였다가 공화정 후기에는 간접적인 가해에 의한 손해로 그 범위를 확장하였다.

(2) 中世 까논法

중세 유럽에는 게르만 민족의 고유법에 의한 불법행위법이 존재하였으나 고의가 없어도 결과에 책임을 지는 결과책임주의였다. 주지하는 바와 같이 중세 유럽은 신권우월에 의한 교회의 세속지배로써 교회법이 세속에 많은 영향을 미쳤는데, 종교적 발상에서 인간의 내심의 방향으로 책임을 근거 짓는 것이 당연한 것으로 되어 종교적 도덕적 발상에 기초한 의사에 책임을 근거 지웠다. 따라서 고의에 의한 배상책임으로 불법행위에 대한 포괄적·일반적 구성요건을 모색하였다.

(3) 自然法時代

중세까지 구체적 행위에 대한 개별적 불법행위만을 인정하던 것이 중세 자연법학자들에 의하여 부당이득법과 함께 불법행위법에서도 포괄적이며 일반적인 구성요건을 설정하였다. 자연법학자들은 자연적 이성의 명령인 자연법은 모든 인간이 평화로운 생활을 영위할 사회의 보장을 요구하는 것으로써 개인이 행한 작위 또는 부작위로 야기된 손해를 배상할 의무가 발생한다고 하였다. 이와 같이 자연법학자들은 인종과

시대를 초월하여 적용되는 자연법의 이상에서 불법행위제도의 기초를 모색하게 됨으로써 개별성을 버린 포괄적이고 일반적인 불법행위의 구성요건을 설정하지 아니하면 아니 되었다. 또한 자연법학자이며 프랑스 민법전의 입법에 영향을 준 Domat는 고의에 의한 가해뿐만 아니라 부주의에 의한 가해(faute)에 대해서도 배상하여야 할 일반조항의 설정을 주장하였다.

이러한 자연법학자들의 주장은 그 이후 성문 민법전을 제정한 프로이센 일반란트법(1794년), 프랑스 민법(1804년), 오스트리아 민법(1811년)에 영향을 주었으며, 그 이후 각국의 민법전이 이를 본받게 되었다.

* J.Domat는 R.J.Pothier와 함께 18세기 프랑스 법학자로서 특히 관습법의 연구를 많이 하여, 프랑스 민법의 제정에 많은 영향을 끼쳤다.

(4) 近代 民法

봉건체제 붕괴 후에 인간의 자유와 평등의 이념에 기초한 근대 대륙법계의 대표적인 민법인 프랑스 민법과 독일 민법에서의 불법행위제도는 그 형식에 다소 차이가 있으며, 또한 영미법의 불법행위제도와 큰 차이가 있다.

프랑스 민법에서는 포괄적이고 일반적인 불법행위로서 제1382조에<개인에게 손해를 주는 모든 인간의 행위는 faute에 의하여 손해를 준 자에게 그 손해를 배상할 의무가 있다>고 규정하고 있다. 여기서의 faute는 고의를 포함한 손해를 방지하기 위하여 의사를 하지 않은 행위 전반을 의미하는 것으로 불법행위에서 과실책임주의를 천명한 것이다(이에 관하여는 과실론에서 자세하게 후술).

같은 대륙법계이지만 독일 민법은 프랑스 민법과 동일하게 과실책임주의 원칙을 취하면서, 프랑스 민법과는 달리 통일된 일반조항으로서의 불법행위를 규정하지 않았다. 독일 민법은 제823조 제1항에<고의 또는 과실로 타인의 생명·신체·건강·자유·소유권 또는 기타의 권리를 위법으로 침해한 자는 그 침해로 인하여 발생한 손해를 배상하여야 한나>, 세2항에<타인의 보호를 목적으로 하는 법률에 위반한 사도 동일한 의무를 진다. 법률의 내용에 의하면 과실이 없더라도 그 법률에 위반할 수 있는 때에는 과실이 있는 경우에만 배상의무를 진다>고 규정하였다. 또한 제826조에<선량한 풍속에 반하는 방법으로 고의로 타인에게 손해를 가한 자는 그 타인에 대하여 손해를 배상하여야 한다>고 규정하였다. 불법행위에 관하여 이와 같이 세 가지로 규정한 것은, 포괄적이며 일반적으로 규정하게 되면 법관의 재량의 여지가 커지기 때문이라는 것이다. 그러나 로마법에서와 같이 세분화하지 않은 이유는 발전하는 사회에 능동적으로 대처할 수 없기 때문에 중간적인 형태를 취한 것으로 이해되고 있다.

한편, 영미법의 불법행위는 영미가 판례법국가인 점에서도 기인하지만 로마법의 영향을 받아 trespass, nuisance, defamation, conversion, privacy, negligence 등으로 세분되어 있다.

불법행위를 포괄적으로 규정하든 개별적으로 규정하든 현대의 불법행위제도는 그 불이익의 분배기준을 과실에서 찾는다. 즉, 당해 불이익을 태만·경솔에 의해 야기시킨 자에게 그 불이익을 귀속시키는 것이다. 따라서 가해자와 피해자 간에는 과실상계를 적용하여 분배하고, 복수의 가해자 사이에는 과실의 비율에 의해 책임을 분배한다. 이러한 분배의 기준은 개인의 자유로운 의사활동을 보장한다는 과실책임론에 기초한 것이다. 그러므로 이러한 과실책임론에서 과실이란 개개인의 의사활동을 보장한다는 측면에서 당초에 주관적 과실설에서 출발하였다고 보여 진다.

그러나 주관적 과실설은 개개인의 자유로운 의사활동은 보장되나 행위자 개개인의 주의능력이 과실존부판단의 기준이 됨으로써 가해자의 면책을 인정하는 요소를 부여하게 되어 피해자의 보호에 충실하지 못하게 된다. 또한 자유로운 의사활동의 보장이라고 하지만 주관적 과실설은 가해자와 피해자 양자 중에서 가해자의 자유로운 의사활동만을 본 것으로 피해자의 자유로운 의사활동은 도외시한 것이다. 오늘날 우리 사회가 거대화·밀집화·몰인격화되어 있는 공동체라는 것을 감안할 때, 공동체 구성원은 특정 개인에 대한 신뢰가 아니라 보편적인 신뢰에 바탕을 두고 자기의 의사활동을 하게 된다. 즉, 산업사회에서의 우리는 공동체 구성원의 보편적인 주의기준의 범주 내에서 타인에 의한 피해로부터의 자유를 신뢰하고 자기의 의사활동을 할 수밖에 없다. 이러함에도 불구하고 특정인의 주의능력을 기준으로 하는 과실의 판단을 한다는 것은 보편적인 신뢰에 반하는 것이다. 따라서 보편적 신뢰에 기초를 두고 객관화된 주의능력을 기준으로 과실의 존부판단을 하는 객관적 과실설이 타당하며, 객관적 과실설에 의할 때 행위유형에 따라 변동하는 사회에 적절하게 과실의 개념을 확대할 수 있게 된다.

Ⅱ. 不法行爲에서의 過失

1. 過失責任主義의 補完

(1) 過失責任主義의 補完 必要性

불법행위는 구체적으로는 타인에게 손해를 주는 위법행위를 말한다. 이러한 가해자의 행위는 행위적인 면만을 분리해서 볼 때 여러 가지 모습을 가진다. 그러나 이러한 다양한 모습의 행위 중에서 어느 행위를 민사책임으로서의 배상의무를 지우는 귀책근거로써 법적인 평가를 할 것인가는 또 다른 문제가 된다. 이러한 측면에서 역사적으로는 행위 여하를 불문하고 책임을 지우는 원인주의 또는 결과책임주의에서 고의 또는 과실의 모습을 가지는 행위에 대해서만 책임을 추궁하는 과실책임주의로 변화하여 왔다. 근대 민법에서 과실책임주의가 불법행위의 원칙으로서 확립된 것은 인간의 자유·평등을 근간으로 하는 개인주의 법률관이 개인의 자유로운 활동이 크게 요구되는 경제적인 면과 결합한 결과이다. 즉, 행위자가 자기에게 책임 없는 행위에 대하여는 책임을 지지 않음으로써 배상의 두려움 없이 적극적으로 활동할 수 있도록 「과실 없으면 책임 없다」, 또는 「손해배상책임은 손해에 의하여서가 아니라 과실에 의하여 발생한다」는 과실책임주의가 확립된 것이다.

그러나 민법이 민사책임의 요건으로서 고의·과실을 드는 것은 그 자체가 목적이 아니라 정의의 실현을 위한 수단으로서의 기능을 부여한 것이다. 즉, 민사책임의 이념인 공평·형평이라는 교환적 정의의 실현을 위해 행위적인 측면에서 가해자에게 고의·과실을 요하게 하느냐 여부는 논리필연적인 문제는 아니다.

주지하는 바와 같이 근대 각국의 민법은 평등한 시민생활을 전제로 한 과실책임주의를 원칙으로 하고 있다. 이는 민사상의 불이익의 분배기준을 과실(Verschulden, negligence, faute)에 두는 것을 원칙으로 하여, 당해 불이익을 태만·경솔에 의해 야기시킨 자에게 부담하게 하는 것이다. 그러나 이것은 당초 경제적 측면에 중점을 두어 개인의 자유로운 의사활동을 법적으로 보장하고, 개인에 대한 제재적인 면에서의 도의적 비난 내지 도의적 책임을 지우기 위해 출발하였으나, 오늘날 자본주의의 발달과 더불어 생겨난 시민상호간의 지위의 불평등화를 비롯한 제반 폐해를 시정하기 위해서 손해의 합리적인 처리, 분배의 형평, 공정, 손해의 공평분담, 정의의 내용으로서의 평등이라는 이념 아래 종래의 과실책임이 보완·수정되고 있으며, 과실의 해석도 탄력적으로 되고 있다.

(2) 立法에 의한 補完·修正

입법에 의해서 개별적으로 형평·공평분담을 이념으로 과실책임의 원칙이 보완되고 있다. 독일 민법 제829조는 <…당사자간의 관계로 보아 손해의 전보가 형평의 요구에 적합하며…손해를 배상하여야 한다>고 규정하여 책임무능력자의 행위에 대하여도 형평의 관점에서 배상의무를 지우는 형평책임(衡平責任 Biligkeitshaftung)을 인정하며, 스위스 채무법 제54조 제1항은 <법관은 판단무능력자가 한 손해에 대하여도

형평을 이유로 동 손해의 일부 또는 전부를 배상하게 할 수 있다>고 하여 역시 형평에 의한 책임을 규정하고 있다. 이들 형평책임과 유사한 것으로 프랑스 민법 제489조의 2는 책임무능력자에 대해서도<정신장애상태에서 타인에게 손해를 준 자도 배상의 의무가 있다>고 규정하여 그 책임을 인정하며, 독일 민법 제231조는 <…위법성을 조각하는 데 필요한 요건을 오신하며…행위한 자는 그 착오가 과실에 의한 것이 아닌 때에도 손해배상의 의무를 진다>고 규정하여 위법성조각에 대한 착오를 인정하지 않고 있다. 기타 무과실책임을 인정한 조문은 특별법 등에서 그 예를 찾아 볼 수 있다(우리나라의 광업법, 원자력손해배상법, 환경보전법).

(3) 解釋을 통한 補完·修正

해석을 통한 보완을 보면 법계에 따라 다소 그 방법이나 내용을 달리하고 있다. 독법계에서는 논리나 개념을 중시함으로써 과실의 개념을 재구성하여 이를 해결하려고 한다. 과실개념에 관한 주관적 과실설, 구성요건설 등이 그것이다. 불법계에서는 해석의 자유를 중시함으로써 해결하는데, 프랑스 민법 제1382조의 faute(과실)의 개념을 무과실의 행위에도 적용한다든지, 제1384조를 확장해석해서 철도나 자동차사고에 대한 책임을 인정하는 것이 그것이다. 영미법계에서는 판례를 통하여 이를 해결하고 있는데, 미국에서는 효율성(efficiency)을 중요한 판단기준으로 하는 법경제학적 접근(Economic Approach to Law) 방법에 의한 이론이 있다. 이것은 자동차사고에 관한 Guido Calabresi의 사고법事故法이론에서 출발하여 공해문제와 제조물책임문제를 해결하는 도구로 발전하여 가고 있다. 이 이론은 아직은 확립되어 정착된 것이 아니지만, 현대가 극도로 발달한 자본주의 경쟁사회인 점을 감안할 때 R. A. Posner가 부富의 공정한 분배와 이를 통한 정의의 실현을 위하여 경제적 효율성을 도구로 도입한 것은 일면 이해된다.

이상에서 본 바와 같이, 각국에서는 종래의 과실책임원칙만으로는 해결하기 어려운 점을 극복하기 위하여 여러 방향에서 모색을 거듭하고 있다. 이는 과실책임원칙의 배경인 평등한 시민사회가 자본주의의 발달로 「가진 자」와 「갖지 못한 자」라는 두 계층으로 분화되어 더 이상 시민상호간의 지위가 평등하지 아니하고, 특히 현대 산업사회와 더불어 종래의 사법이 예상하지 못한 공해, 제조물에 의한 피해, 의료과실, 대형공사에 의한 피해 등 이른바 현대적 불법행위를 합리적으로 처리하기 위한 노력의 일환이다.

한편, 불법행위를 유형별로 분류하여 그 요건, 입증책임을 달리 함으로써 해결하려는 시도가 있다. 즉, 불법행위를 의사책임적 불법행위와 행위책임적 불법행위(객관책임적 불법행위와 결과책임적 불법행위)로 구분하여, 전자는 행위자에 대한 개인적 비난가능성을 귀책근거로 하고, 후자는 객관적 성질을 귀책근거로 하여야 한다는 견해가 주장된다(일본의 石田 穰). 이러한 유형별 분류는 스위스 민법학에서의 통설적 견해이다. 스위스 민법학에서는 불법행위책임을 행위자의 주관적인 고의·과실에 귀책근거를 두는 인적 과실 기인책임(die Haftung beruht auf dem persönlicher Verschulden), 객관적 과실에 책임을 묻는 통상결과책임(die gewöhnliche oder milde Kausalhaftung), 무과실책임(die reine Kausalhaftung) 또는 위험책임(Gefährdungshaftung)의 세 유형으로 구분한다. 이 유형별 책임분류론은 현대의 불법행위침해가 다양하다는 점을 감안할 때 해결의 한 방안으로 주목할 만한 이론이다.

간단하게는 입법 또는 판결(영미법)에 의해 무과실책임을 직접적으로 인정하는 방법도 있으나, 이를 전반적으로 인정하게 되면 개인의 자유로운 활동이 극도로 위축되어 자본주의 경제체제의 기초를 무너뜨릴 우려가 있다. 따라서 민사책임론에서의 과실책임원칙은 배제할 수 없는 일반적인 기본원칙이 되어야 하나 사안에 따라서는 배제될 수 있다. 그러한 배제는 종국적으로는 신중한 특별법의 제정에 의할 것이지만 그 전까지는 당사자간의 실질적 형평을 도모하는 선에서 해석에 의한 보완방법이 모색되어져야 한다.

* Guido Calabresi : 미국의 법경제학자로서 <The Costs of Accident - A Legal and Economic Analysis, 1970>를 저술함.
* Richard A. Posner : 미국연방항소법원 판사와 시카고 대학 교수를 역임하였으며, <Economic Analysis law,1977>, <Tort Law - Cases and Economic Analysis,1981>의 저술이 있음.
* 石田 穰 : 일본 동경대학의 민법 교수로서 <민법학의 기초,1976>, <손해배상법의 재구성,1977> 등의 저술이 있음.

2. 過失의 比較法的 檢討

(1) 英·美法上의 negligence

불법행위제도의 목적과 기능에 대해 대륙법계는 피해자의 손해전보를 목표로 한 제재적 기능에 중점을 두나, 영미법계의 학자들은 법을 사회통제를 위한 수단으로 보아 불법행위제도의 주안을 억제적 기능에 두고 있다. 특히 미국에서는 이를 경제구조의 한 측면으로 보아 발생한 손해를 효율성(efficiency)을 기준으로 그 분담방법을 결정하는 법경제학을 창설·발전시키고 있다. 이와 같이 영미법계는 불법행위제도에 대하여 대륙법계와는 근본적인 시각을 달리하기 때문에 과실의 개념에 대해서도 입론을 달리하나 손해가 전보되어야 한다는 점에 있어서는 어느 법계나 다르지 않다.

앞서 본 바와 같이 현대의 영미법상의 불법행위법은 trespass, nuisance, defamation, conversion, privacy, negligence 등 유형별로 세분화되어 있으며, 이는 영미법계가 판례법국가인 점에 유래를 찾을 수 있으나 로마법의 영향도 받은 것으로 보인다. 이러한 불법행위에 의한 행위자의 배상책임에는 가해자의 fault(과책)를 요한다. fault는 영미법상 일반적으로 고의(intention or willfulness)와 negligence로 분류되며, negligence는 인식 있는 과실(advertent negligence 또는 recklessness)과 인식 없는 과실(inadvertent negligence)로 구분하여, inadvertent negligence를 통상 단순히 negligence라 한다. negligence는 두 가지의 기능을 하는데, 하나는 명예훼손의 불법행위를 구성하는 구성요건이 되며 다른 하나는 그 자체가 독립된 하나의 불법행위가 된다. negligence가 불법행위의 책임요건으로서 손해배상에서 문제가 된 것은 인체에 대해서 1676년의 Mitchil v. Alestree 이후이며, 재산에 대해서는 1348년의 Humber ferryman case 이후이다. 한편 negligence 그 자체가 독립된 하나의 불법행위로서 확립된 것은 1932년의 영국에서의 The house of Lords in Donoghue v. Stevenson case 이후이다.

negligence의 개념에 관해서는 학자들 사이에 견해가 대립한다. negligence를 책임근거로서의 심리상태의 하나로 보는 견해와 또 하나는 이를 객관적인 행위태양으로 보는 견해가 있다. 현재는 후자가 유력한데, 후자의 입장에서 negligence란 「손해발생의 불합리한 위험으로부터 타인을 보호하기 위해 법에 의해 정립된 행동기준에 미치지 못한 행위」라고 한다. 일반적으로는 「예상하여야 되고 피하여야 되는 경우에 의욕하거나 예상하지 못한 일련의 행동」이라고 한다. 그런데 negligence는 손해발생의 원인되는 모든 부주의가 아니라, 여기에는 몇 가지의 요건을 추가하고 있다. 첫째, 동일한 상황 아래서 법이 인정하는 주의의무(duty of care or notional duty)가 있어야 하며, 둘째, 그 주의의무의 위반(a breach of the duty)에 의한 행위로서 동일한 상황 아래서 사려 깊고 합리적인 사람에게 요구되는 주의의 기준에 미치지 못한 행위여야 하며, 셋째, 가해행위와 피해 사이에 합리적인 밀접한 관계가 있을 것을 요구한다. 따라서 negligence에는 독법계의 위법성적 의미(상기 둘째의 요건)와 과실의 의미가 함께 포함된 것이다.

한편, 미국에서는 전술한 바와 같이 경제적인 관점에서 negligence를 결정하는 이론이 사고법이론에서 출발하여 현대의 새로운 불법행위라 할 수 있는 자동차사건, 제조물책임, 의료책임, 공해 등을 해결하기 위한 도구로 발전하고 있다. 이와 같은 경제적인 관점에서 negligence를 보는 시각은 미국의 판사인 Learned Hand로부터 시작하였는데, 그는 경제적인 관점 아래서 수학적인 공식을 가지고 negligence를 결정하였다. 즉,

그는 United States v. Carroll Towing Co.(1947)에서 과실은 당해 행위로 인한 손해에 동일 피해발생 가능확률을 승乘한 것이 당해 피해를 회피하기 위한 비용을 초과한 경우에 있다고 하였다. 따라서 큰 비용은 작은 비용에 의해 피해지는 것이 당연한데, 이는 효율성이라는 것이 상대적으로 적은 비용의 발생을 유도하기 때문이라는 것이다. negligence의 결정을 산술방식에 의하면 가해자·피해자측의 구체적 상황, 주의의무 존재 여부, 법적 인과관계 등등의 복잡한 기준을 불식하여 단순화시키는 장점이 있다. 그러나 인간이 행동함에 있어서 항상 비용과 수익을 이성적으로만 계산하여 행동하고, 항상 효율적으로만 행동하는가, 그리고 비용과 수익이 같을 때는 어떻게 되는가 등등의 비판과 의문이 제기되고 있다. 미국의 법경제학적 이론은 사고사건을 해결하기 위하여 자동차사고, 제조물책임, 공해책임 등으로 발전한 것과 같이 주로 기업책임으로서의 엄격책임(strict liability)이냐 과실책임이냐를 결정하는 과정에서 negligence를 결정하기 위한 이론이다. 따라서 우리의 법제에도 동일한 사안에서 행위자의 책임귀속을 위한 해석 및 입법과정상 고려할 만한 가치가 있다고 생각한다.

* Learned Hand : 미국연방법원 판사로서, 그는 비용과 수익을 분석하여, 사고의 방지를 위한 사전조치비용이 사고의 기대손실보다 적은데도 사고방지노력을 게을리 한 경우에는 과실(책임)이 존재하나, 반대로 사고방지비용이 사고의 기대손실보다 큰 경우에는 사고방지노력을 하지 않았더라도 과실(책임)은 성립하지 아니한다고 하였다. 과실은 $B < P \times L$(B는 사고방지 사전 조치비용, P는 사고발생확률, L은 피해액)인 대에 성립한다는 것이다. 이 공식을 Hand Formula라고 한다.

(2) 프랑스 民法上의 faute

프랑스 민법은 제1382조 내지 제1386조에서 불법행위에 대해 규정하며, 제1382조에는 <개인에게 손해를 주는 모든 인간의 행위는 faute에 의하여 손해를 준 자에게 그 손해를 배상할 의무가 있다>고 하여 일반적 불법행위를 규정한다. 따라서 불법행위의 구성요건의 하나가 faute인데, 이 faute의 개념에 관해서는 학자들 사이에 논란이 있다.

faute는 로마법의 culpa를 가장 충실하게 계승한 것으로 고의와 과실이 함께 포함되어 있으며 민사책임의 원인으로서의 faute를 문제삼을 때에는 주로 과실의 뜻으로 사용된다는 것이 일반적인 견해이다. 동법 제1383조에 <…행위뿐만 아니라 태만 또는 부주의에 의하여 손해를 발생시킨 …>이라고 하여 고의와 과실의 모든 행위를 포함한다는 것을 명시하고 있다.

faute란 「본인에게 귀책하는 불법한 사실」, 「알고 지켜야 할 의무의 불이행」, 「선재하는 의무의 결여」, 「권리 침해 및 타인의 권리를 침해하게 될 것임을 알았거나 알 수 있었던 사실」, 「행위의 과오」 등으로 그 본질을 학자들에 따라서 각기 달리 표현하나, 결론에서는 faute는 주관적 요소로서의 「귀책성」과 객관적 요소로서의 『의무의 결여』가 혼합된 것이라는 점에 견해가 일치한다. 정신장애자에 대해서도 손해배상의무를 지우는 동법 제489조의 2도 기술한 객관적 과실설을 보다 진전시킨 것이라고 평가된다. 따라서 faute에는 독일 민법상의 위법성과 과실이 혼합된 개념이다. 이런 점에 관해 Carbonnier는 faute를 세 가지의 구성요소로 분류하여 설명하고 있다. 즉, faute에는 ① 물질적 요소로서 인간의 행위, ② 심리적 요소로서 의사, ③ 사회적 요소로서 가해자에게 대한 사회적 비난의 세 가지로 구성되어 있다고 하며, ③의 요소가 곧 독일 민법상의 위법성적 요소라고 한다.

faute를 전술한 바와 같이 위법성과 귀책성이 혼합된 개념이라고 보는 일반적 견해에 따르면, 이는 영미법상의 negligence와 같다. 이는 프랑스 민법 제1382조가 불법행위에 대한 포괄적 규정으로서 동조와 negligence의 구성요건을 비교해 보면 더욱 명백해진다. 프랑스 민법의 동조는 ⓐ faute의 존재, ⓑ 손해의 발생, ⓒ 양자간의 원인관계의 존재이며, negligence는 기술한 바와 같이 ① 의무의 존재, ② 의무의 불이행(태만), ③ 인과관계의 존재, ④ 손해의 발생인데, ⓐ는 ①과 ②에 해당이 되며 나머지도 동일하다.

(3) 스위스 債務法上의 過失

스위스 채무법은 제41조 내지 제61조에 걸쳐 비교적 많은 조문을 할애하여 불법행위에 대해 규정하고 있으며, 제41조에는 책임일반이라고 하여 <고의 또는 과실로 … 손해배상의무가 있다>고 하여 일반적인 불법행위 규정을 두고 있다. 동법의 특징은 배상의무자의 생활궁박을 이유로 한 배상의무 경감을 가능하게 하며(제44조), 형평책임제도(제54조)를 가지고 있는 점이다.

스위스 채무법의 불법행위제도는 위에서 본 바와 같이 과실책임과 결과책임으로 구분되며, 후자는 다시 통상결과책임과 중과실책임 또는 위험책임으로 구분된다. 이는 과실의 존부 및 그 정도를 문제삼느냐 여부에 의한 구분이다.

과실을 기준으로 우선 두 가지로 구분하는데, 인적인 귀책성으로서의 과실을 전제로 하는 것이 과실책임으로서 불법행위책임의 일반원칙이다. 통상결과책임에는 사용자책임(제55조), 동물보관자책임(제56조), 공작물책임(제58조) 등이 있다. 통상결과책임은 일반적인 불법행위책임과 달리 과실의 존부 판단기준을 주의의무에 일정한 기준을 두고, 그 기준 이상의 주의를 하였으면 과실이 없는 것으로 취급하여 배상의무를 지우지 않고 그 이하이면 배상의무를 부과한다. 따라서 동법에는 과실의 일반적인 개념인 예견가능성의 존부를 묻는 과실과 일정 수준의 주의의무를 전제로 이의 이행 여부에 따라 과실의 존부를 결정하는 과실의 두 가지가 있다. 또한 동법은 기술한 바와 같이 과실의 귀책성 부분을 보완하기 위하여 공평을 이유로 한 형평책임을 인정한다.

이와 같이 스위스 불법행위법상의 과실의 개념에는 주관적 요소인 귀책성으로서의 과실과 객관적 요소로서의 행위의 위법성을 가진 과실의 두 가지를 유형별로 구분해서 인정하되, 주관적 요소로서의 과실은 형평책임을 인정함으로써 객관화 요소로 보완시키고 있다. 따라서 동법의 과실은 주관적인 귀책성을 요소로 함을 원칙으로 하나 특별한 경우에 손해배상의무를 발생시키는 요건인 과실의 존부판정에 일정한 수준의 주의의무의 이행을 요구하고 있다. 또한 손해배상의 산정에 가해자의 고의와 과실의 경중 및 생활상태 등을 고려하도록 하여 법관에게 폭넓은 재량을 주고 있다.

(4) 우리 民法學에서 過失論

우리나라·독일·일본은 같은 독법계로서 그 과실론도 대동소이 하여 여기서는 이를 구분하지 않고 개괄하기로 한다.

독일 민법은 제823조 내지 제853조에서 불법행위를 세 가지 유형으로 규정하고 있다. 즉, ① 제823조 제1항에 의한 특정의 인격권 및 권리의 침해 ② 제823조 제2항의 보호법규 위반 ③ 제826조에 의한 양속에 반한 고의적인 침해, 여기에다 수개의 특수한 불법행위를 규정하며 배상책임은 제829조의 형평책임의 규정에 의해 보완시키고 있다. 이와 같은 독일 불법행위법의 법률구성상의 특징을 보면 다음 두 가지로 요약할 수 있다.

첫째 동법은 프랑스와 같은 불법행위를 포괄적으로 규정하지 않고 개별적으로 규정하며, 둘째 위법성과 과실을 구별하여 대치시켜 각각을 구성요건으로 하고 있다. 이러한 불법행위제도에 관하여 과실의 개념과 아울러 위법성·유책성 2원론에 대한 비판과 이에 따른 일원론의 주장 및 연이은 책임체계의 재구성 등으로 논의가 활발하다. 이는 일본 민법학에서도 같다.

이러한 논의는 근본적으로는 과실의 개념 및 과실의 불법행위법상의 지위에 대한 견해 차이에 기인하는데, 독일 민법 제276조 제1항 제2문은<거래상 요구되는 법의法義를 태만히 하는 자는 과실 있는 것으로 한다>고 하여 과실의 개념을 입법에 의해 해결하고 있으며, 이는 불법행위법에도 준용하도록 하고 있다. 그럼에도 불구하고 과실의 개념에 관해서는 학설이 대립한다. 이러한 학설의 대립은 우리나라에서도 동일한 현상이다.

학설은 과실의 존부판단의 기준이 되는 주의력을 무엇으로 할 것인가에 대한 대립으로써, 객관적 과실설과 주관적 과실설이 있다.

(가) 客觀的 過失說

독일의 통설이며 일본 및 우리나라의 다수설이다. 우리의 판례는, 과실이란「통상적인 사람을 기준으로 하여 마땅히 하여야 할 의무를 태만히 하였거나 또는 하지 말아야 할 행위를 행한 경우를 뜻하는 것」이라 한다. 즉, 과실의 존부판단의 기준이 되는 주의력이란 개개인의 것이 기준이 되는 것이 아니라 평균인이 가지는 주의력이라는 것이다. 따라서 평균인이 가지는 주의력을 당해 행위자가 기울이지 않았다면 비록 당해 행위자가 평균인의 주의력보다 낮은 주의력의 보유자일지라도 과실이 인정된다는 것이다. 이 이론적 근거는 공동체 구성원의 보편적 신뢰에 바탕을 둔다.

(나) 主觀的 過失說

불법행위책임체계상 위법성과 유책성을 구별하여 과실을 유책성의 영역으로 보는 입장으로써 우리나라와 일본의 소수설이다. 과실의 개념에 대해서는 차이가 있으나 일반적으로「주의의무의 위반」이라고 보며, 이 주의의무의 기준은 객관적으로 평균인이 취할 수 있는 그러한 정도의 것이지만, 이를 위반하여 과실로 인정될 것인가는 행위자 개인의 능력에 따라 별도로 판단하여야 한다는 것이다. 즉, 주의의무의 기준은 객관적 척도로 정해지며, 이를 위반한 것이 개인적으로 보아 책임을 물을 것인가 여부는 주관적으로 판단하여야 한다는 것이다. 이는 행위자의 의사활동의 최대한 보장이란 과실책임의 본질에서 그 근거를 찾는다. 그러나 주관적 과실설에 의할 때 객관적 질서유지라는 측면에서 거래의 안정이 해쳐지는 문제가 있다.

한편, 주관적 과실설은 과실에 <주의의무>라는 법적 평가가 이미 선재되어 있어 위법성을 별도로 평가할 필요가 없다는 것이다.

(다) 構成要件說

과실은 독일 민법 제276조 제1항 제2문에서 그 개념이 규정되어 있으며, 이는 불법행위의 배상의무를 발생시키는 구성요건의 하나로 본다. 이렇게 볼 때 과실의 불법은 독자적인 구조를 가진 책임이며 이는 고의책임이나 위험책임과는 구별되는 제3의 책임이라는 것이다(Wiethölter).

3. 過失의 具體的 事例

아래에서는 판례 및 학설이 일반적으로 과실이라고 인정하는 구체적 사례를 대표적 사례에 의한 유형별로 보면 다음과 같다.

(1) 自動車事故

불법행위에 있어서의 과실은 의무위반이라는 강력한 과실이며, 운전자가 차를 떠날 때 시동을 끄고 문을 채울 의무가 있어 이를 게을리 하여 운전미숙자가 이 차를 운전하다가 사고를 일으킨 경우는 과실이 인정되며, 야간운전 때에는 전조등의 조명범위 내는 물론이고 그 범위 밖에서 통행인이 갑자기 나타나는 경우에는 경적을 울려 피하게 하거나 속도를 늦추어 즉시 정차할 의무가 있으며, 화물과 편승자의 상태에 유의하여 급격한 충돌 없이 정차할 수 있도록 조치할 의무가 있다.

(2) 醫療事故

수술을 하였으나 그 치료방법이 적합한 것이 아니고 그 수술방법 또한 적절하지 못했으면 과실이 있고, 자궁적출시에 가제를 두고 봉합한 것, 환부 내지 수술부위의 소독을 태만히 한 것은 과실이 인정되며, 주사액의 불량 또는 주사기의 소독 불완전의 경우에도 과실이 인정된다. 위험한 수술방법을 선택한 경우에는 과실이 인정되나, 반면에 질환을 속단하여 수술하였으나 당해 질병이 의학상 확진이 어려운 경우였다면 과실이 부정된다.

수혈시에는 불의의 위험에 대비한 임기응변의 조치를 취할 업무상의 주의의무가 있으며 이에 위반하면 과실이 된다. 수혈의 경우 급혈자가 증명서, 회원증 등을 지참한 때에는 의사는 문진을 생략하는 것이 관행이라 할지라도 문진을 하지 않고 급혈자로 하여금 수혈하여 감염된 경우는 과실의 경중의 판단에 참작될 수는 있으나 과실이 없다고 할 수 없다.

판례 醫師의 過失存否 判斷基準인 注意義務의 基準 : (가) 의사가 진찰·치료 등의 의료행위를 함에 있어서는 사람의 생명·신체·건강을 관리하는 업무의 성질에 비추어 환자의 구체적인 증상이나 상황에 따라 위험을 방지하기 위하여 요구되는 최선의 조치를 취하여야 할 주의의무가 있고, 의사의 이와 같은 주의의무는 의료행위를 할 당시 의료기관 등 임상의학 분야에서 실천되고 있는 의료행위의 수준을 기준으로 삼되, 그 의료수준은 통상의 의사에게 의료행위 당시 일반적으로 알려져 있고 또 시인되고 있는 이른바 의학상식을 뜻하므로 진료환경 및 조건, 의료행위의 특수성 등을 고려하여 규범적인 수준으로 파악되어야 한다.
(나) 치료 당시의 의료수준에 비추어 패혈증을 의심하고 그에 필요한 처치를 시작하지 않고 처치가 가능한 병원으로 전원시켜야 함에도 이를 하지 않은 것은 과실이 인정된다(대판 1998.7.24. 98다12270).

(3) 製造物事故

식품·약품 기타 위험한 가구·완구의 제조판매에 있어서의 피해발생의 경우를 보면 다음과 같다.

식품·약품으로 피해가 발생한 경우에 과실의 추정으로 이를 해결하는데, 이는 사람의 건강·생명에 직접 관계되기 때문으로 제조자·판매업자에게 강한 주의의무를 부과하고 있다. 이는 이들 피해가 다른 피해와는 여러 가지 다른 특질을 갖고 있기 때문이다. 따라서 식품·약품의 제조업자의 과실이란 단순히 주의의무를 결함으로써 성립되는 것이 아니라 피해라는 결과발생 회피의무의 위반으로서 사실상의 무과실책임을 지우고 있다. 이 외에 유해 또는 위험한 가구·완구 기타의 상품에 관하여도 같다.

판례 製造者의 過失 : 배합사료와 기초사료에 어떠한 불순물이 함유되었고 또 그것이 어떤 화학적 영양학적 내지는 생리적 작용을 하여 이를 사료로 한 닭들이 난소협착증을 일으키게 되고 산란율을 급격히 현저하게 저하케 한 것인지는 구체적으로 밝혀지지는 않았어도 위 사료로써 사양시험을 한 결과 똑같은 실험결과를 보였고 급식방법이나 계사관리 또는 사료보관에 어떤 이상이 없었고 사양시험에 제공했던 사료들이 변질되거나 부패한 것도 아니고 또 이건 사료를 급식할 무렵 닭들에 시주한 뉴켓슬 예방주사의 시주방법이나 약품에 아무런 하자도 없어 적어도 그 사료에 어떤 불순물이 함유된 것이 틀림없어 제조과정에 과실이 있었고…(중략)…불법행위의 책임이 있다(대판 1977.1. 25. 75다2092).

(4) 公 害

공해에 있어서는 그 침해행위의 특수성과 피해자보호라는 측면에서 판례와 학설은 과실의 문제는 손해발생의 예견가능성이 있을 때 이를 인정하고 있으며, 예견가능성이 있으면 비록 방지설비를 하였더라도 또는 방지가 불가능할지라도 과실을 인정한다. 따라서 공해에서의 과실이란 사회적 환경을 고려하여 수인한도를 넘는 침해를 하지 않도록 하여야 할 방지설비를 하지 않아 피해가 발생한 때 과실이 인정된다.

판례 公害에서의 過失은 防止施設 設置有無와는 無關 : 공장설립 당시나 그 가동에 있어서 현대과학이 가능한 모든 방법을 취하여 손해를 방지하는 시설을 갖추고 있다 하여 과실이 없다고 말할 수는 없다(대판 1973.10.10. 73다1253).

(5) 告訴 등의 경우

형사상의 무죄가 선고되었다 하여 이로써 곧 고의·과실이 인정되는 것이 아니라 고소권을 행사함에 있어서 범죄의 유무에 관하여 세심한 주의를 기울였는지, 경솔하게 한 것인지가 고의·과실의 판단기준이다. 따라서 고소자가 그렇게 믿고 있으며 그렇게 믿는데 잘못이 있다고 인정하기 어렵다면 고의·과실이 있다고 보기 어렵다.

판례 잘못된 告訴의 過失 與否 : (1) 고소·고발 등을 함에 있어 피고소인 등에게 범죄혐의가 없음을 알았거나 과실로 이를 알지 못한 경우 그 고소인 등은 그 고소·고발로 인하여 피고소인 등이 입은 손해를 배상할 책임이 있다 할 것인 바, 이때 고소·고발 등에 의하여 기소된 사람에 대하여 무죄의 판결이 확정되었다고 하여 그 무죄라는 형사판결 결과만으로 그 고소인 등에게 고의 또는 과실이 있었다고 바로 단정할 수는 없고, 고소인 등의 고의 또는 과실의 유무에 대한 판단은 선량한 관리자의 주의를 표준으로 하여 기록에 나타난 모든 증거와 사정을 고려하여 판단하여야 한다.
(2) 부당제소 또는 부당응소로써 불법행위가 성립하려면 ① 실체상 권리보호의 청구권 또는 응소권이 없고, ② 권리보호청구권 또는 응소권이 없음에 관하여 고의가 있거나 과실로 인하여 그 권리 없음을 알지 못하였으며, ③ 당해 제소 또는 응소에 의하여 상대방 또는 제3자의 법익을 침해하고, ④ 그 법익침해에 관하여 고의 또는 과실이 있어야 한다(대판 1996.5.10. 95다4897).

판례 敗訴判決의 訴 提起의 過失 與否 : 일반적으로 소송을 제기하거나 제기되어진 소송에 응소하는 것 자체는 헌법에 의하여 보장된 국민의 권리실현이나 권리보호를 위한 수단으로서 원칙적으로 적법하나, 그와 같은 소 제기나 응소행위가 권리실현이나 권리보호를 빙자하여 상대방의 권리나 이익을 침해하거나 상당한 이유 없이 상대방에게 고통을 주려는 의사로 행하여지는 등 고의 또는 과실이 인정되고, 이것이 공서양속에 반하는 정도에 이른 것인 경우에는 위법성을 띠고 불법행위를 구성한다(대판 1997.2.28. 96다32126).

(6) 報道·出版關係

언론이 보도시에 자료의 수집에 상당한 주의를 기울였다면 과실을 인정하기 어려우며, 방송의 뉴스내용이 경찰의 발표부서에서 일반적으로 행하는 방법으로 취재된 것이라면 과실은 없다. 확인하지 않고 부정확한 내용을 보도한 것은 과실이 인정되며, 일부 마약위반자를 검거한데 대하여 그 지역 전체주민인양 보도한 것은 과실이 인정된다.

이와 같이 보도에 있어서는 수사책임자와 같은 믿을 만한 곳에서 취재를 한 것일 때는 과실은 부정되나, 부주의로 틀린 기사, 부정확한 기사 또는 과장된 보도를 하면 과실이 인정된다.

판례 言論報道에서의 故意·過失 : (1) 신문 등 언론매체가 보도를 통하여 타인의 명예를 훼손하는 행위를 한 경우에도, 보도 내용이 공공의 이해에 관한 사항으로서 그 목적이 오로지 공공의 이익을 위한 것일 때에는 그 진실성이 증명될 경우 위법성이 없다 할 것이고, 그 증명이 없더라도 행위자가 그것을 진실이라고 믿을 만한 상당한 이유가 있는 경우에는 고의 또는 과실이 있다고 할 수 없어 불법행위가 성립하지 아니한다.
(2) 보도 내용이 진실이라고 믿을 만한 상당한 이유가 있는가의 여부는 기사의 성격, 정보원의 신빙성, 사실 확인의 용이성, 보도로 인한 피해자의 피해 정도 등 여러 사정을 종합하여 보도 내용의 진위 여부를 확인하기 위한 적절하고도 충분한 조사를 다하였는가, 그 진실성이 객관적이고도

합리적인 자료나 근거에 의하여 뒷받침되는가 하는 점에 비추어 판단하여야 한다(대판 1998.5.8. 96다36395).

(7) 工場·鑛業·土建關係

공장의 폭발·재해·유독한 가스·음향 등으로 피해를 준 경우는 상당한 방지설비를 하였더라도 침해를 방지할 수 있는 설비를 하지 않고 공장을 설치한 자체에 과실이 인정되며, 광업관계에서도 낙반 등의 경우에 방지하지 못한 것 자체에 과실을 인정한다. 토건관계에 있어서는 토목공사시에 인근의 토지가 붕괴·침하·지하수의 고갈, 건축공사에 있어서 통행인의 부상, 전기공사의 불비로 인한 사람의 감전사고 등은 피해발생 그 자체만으로 과실이 인정된다. 이들은 신체에 대한 직접적인 피해이므로 각 사업자에게 고도의 주의의무를 부과하기 때문이다.

판례 過失의 事實上의 推定 : 공사장에서 배출되는 황토 등이 양식어장에 유입되어 농어가 폐사한 경우, 폐수가 배출되어 유입된 경로와 그 후 농어가 폐사하였다는 사실이 입증되었다면 개연성이론에 의하여 인과관계가 증명되었다 할 수 있다(대판 1997.6.27. 95다2692).

판례 受忍限度 : 토지 소유자의 새로운 원천의 개발 및 지하수 이용으로 인하여 기존의 원천에서 나오는 지하수를 이용하고 있던 인근 토지 소유자의 생활용수에 장해가 생긴다면, 그와 같은 생활방해가 사회통념상 일반적으로 수인할 정도를 넘어서지 않는다고 볼만한 특별한 사정이 없는 한 그 생활방해는 위법하다고 할 것이고, 토지 소유자가 지하수 개발에 대하여 관할 행정청으로부터 먹는물관리법에 의한 허가를 받았다는 사유만으로는 생활방해가 정당화된다고 할 수 없다(대판 1998.4.28. 97다48913).

(8) 執行行爲關係 등

가처분에 의한 집행 실행 후 그 가처분이 이유 없는 것이 판명된 때에는 고의·과실은 인정된다. 법의 규정을 모른 경우에는 과실을 인정하나, 법령의 해석이 복잡하며 학설과 판례가 통일되지 않은 때, 어느 한 설을 취하여 처리한 경우는 그 해석이 결과적으로 위법한 것일지라도 과실은 부정된다.

판례 理由 없는 假處分에 의한 執行 : 가처분은 법원의 재판에 의하여 집행되는 것이기는 하나, 그 실체상 청구권이 있는지 여부는 본안 소송에 맡기고, 단지 소명에 의하여 신청인의 책임하에 하는 것으로서 가처분집행 후에 그 가처분이 이유 없다는 것이 판명된 때에는 신청인은 특별한 사정이 없는 한 그 부당한 집행으로 인한 손해에 대하여 고의 또는 과실이 있는 것으로 추정된다(대판 1977.6.7. 77다294).

판례 假處分 違反의 處分 : 목적물을 경락 받은 집행채권자가 유치권자인 집행채무자의 점유하에 있던 목적물을 단행가처분의 집행을 통하여 인도 받은 후 제3자에게 처분·인도하고 그 목적물에 관하여 소유권이전등기까지 경료하여 그 제3자로 하여금 목적물에 관한 완전한 소유권을 취득하게 하여 버림으로써 목적물에 관한 소유권이나 점유를 환원시킬 수 없는 새로운 사태가 만들어진 경우, 그때 비로소 가처분의 집행채권자로서 인도집행 받은 목적물의 점유를 타에 이전하거나 점유명의를 변경하여서는 아니 되는 가처분의 결정취지에 반하여 점유를 타에 이전하여 그 점유명의를 변경한 것이 되고 집행채무자의 점유를 침탈하여 유치권을 상실하게 하는 불법행위를 저지른 것이라고 보아야 한다(대판 1996.12.23. 95다25770).

4. 過失의 槪念擴大

과실에 대한 우리나라의 통설과 판례는 주지하는 바와 같이 일종의 심리상태로 보는 것이며, 평균인의 주의력을 기준으로 하는 추상적 경과실이다. 그런데 위에서 유형별 사례에서 나타난 것을 구체적으로 살펴보면 과실의 존부 판단은 통상인을 기준으로 하면서도 그 침해행위의 태양態樣에 따라서는, 즉 생명·신체 등에 직접적인 피해를 주는 의료과오, 자동차사고, 식료품·의약품피해 등에서는 가해자에게 무거운 주의의무를 지우며, 공해 등과 같은 기업책임에서는 입증책임의 전환·완화 등을 활용함으로써 배상의무를 지우고 있다. 이것은 우리 민법이 산업화 과정에서 발생할 수 있는 제반 특수한 불법행위(이른바 현대적 불법행위)를 전혀 예상하지 못하고 규정되었으며, 또한 침해의 태양이 사회적 제반여건 아래에서 매우 다양하다는 것을 도외시하고 제750조의 단일조문에 의해 포괄적으로 규정하고 있는데 일차적인 원인이 있고, 이를 해결하기 위하여는 결국 해석에 의하여 과실의 개념을 탄력적으로 할 수밖에 없기 때문이다.

따라서 이의 근본적인 해결을 위하여는 현대 산업사회에 맞는 민사책임의 전반에 관한 재정립이 요청된다. 그러나 아직까지는 제750조를 주어진 조건으로 두고 지금까지 고찰한 과실을 토대로 종래의 이론을 보완·수정하여 해결할 수밖에 없다.

손해배상법에 있어서, <피해는 전보되어야 한다>는 것은 근본적인 이념이다. 이러한 이념에 충실하려면 무과실책임을 도입하는 것이 가장 좋은 방법이라 할 것이지만, 한편 자본주의 경제체제에서 개인의 창의성을 최대한 발휘하여 자유로운 의사활동을 보장하여야 한다는 점에서 과실책임은 포기할 수 없는 기본원칙이다. 이와 같이 양자가 서로 포기할 수 없는 원칙이라면 개인의 자유로운 의사활동도 보장하면서 피해자의 피해보전에도 충실할 수 있는 접점을 찾는 방법을 모색하지 않을 수 없다.

오늘날 우리 사회는 공업화, 도시화, 교통·통신의 발달, 대량화, 상품화로 개개인은 결코 평등하지 않을 뿐만 아니라, 개인에 대한 침해의 태양도 다양하며 그 정도도 거대화·집단화·무차별화되고 있다. 따라서 오늘날의 불법행위법은 이와 같은 배경을 감안하여 침해행위를 행태별로 유형화시켜 별도의 구성요건으로 입법함이 좋을 것이다. 이러한 점에서 앞에서 소개한 불법행위유형론(일본의 石田 穰의 견해나 스위스 채무법의 입장)은 좋은 참고가 된다.

그러나 현행 민법은 포괄적이고 일반적인 불법행위로서 제750조에 하나로만 통일되어 있다. 그런데 불법행위를 포괄적으로 규정한 것은 다른 한편으로는 그 구성요건에 대하여 사회변동에 능동적으로 대처하도록 판례와 학설에 위임한 것이라고도 볼 수 있다. 즉, 제정법의 한계성을 전제로 불법행위를 추상적·포괄적으로 규정하여 구체적인 내용은 학설과 판례에 맡긴 것이라고도 볼 수 있다. 그렇다면 오늘날의 우리 사회에 맞도록 행위태양에 따라 과실의 개념을 신축적으로 해석하여야 하며, 그 입증에 대하여도 고착적인 사고에 의하여 해석할 것은 아니라고 생각한다.

이러한 점에서 우선 과실의 개념에 관해서는 객관적 과실설에 바탕을 두어야 한다. 또한 과실의 존부판단의 기준이 되는 주의의무에 관하여도 차별화하여야 한다.

즉, 과실이 인정되는 주의의무위반으로서의 주의의 정도는 생명·신체 등과 같이 사람에게 직접적으로 피해를 주는 침해태양일 때 또는 침해자가 과학기술을 이용한 기업 내지 공해산업 영위자일 때에는 그 자체가 타인에게 피해를 주지 아니할 것을 내재한다고 보아야 할 것이므로 이들에게는 최강의 주의의무가 있다고 보아야 한다.

또한 민법은 형평책임을 인정하고 있지 않지만 배상의무의 결정에 있어서는 과실을 과실 그 자체만으로 분리해서 볼 것이 아니라 가해자의 사정, 피해자의 사정, 사회적 환경 등을 종합적으로 고려하여 결정하여야 할 것이다. 실무계에서도 자동차운전자, 식료품·의약품제조판매자, 의사, 공해산업기업 등의 구체적 사안에서 최근에는 거의 무한정의 주의의무 또는 과실의 사실상의 추정 등으로 해결하고 있는데 이는 타당한 결론이라고 생각한다.

5. 過失의 立證

심리적 상태인 과실 자체를 입증하기란 불가능하다. 따라서 행위의 태양을 입증하여 그에 따른 심리상태를 추론하는데, 이 역시 입증을 하기란 매우 어려운 일이다. 이러한 어려운 일을 누구에게 어느 정도로 분담시키느냐는 것(입증책임 분배)은 그에 의해 소송의 승패에 결정적 영향을 주기 때문에 매우 중요한 문제이다.

입증책임 분배에 관하여 종래의 통설과 판례는 법규의 구조에서 찾아야 한다는 Leo Rosenberg의 법률요건 분류설에 따라 불법행위의 경우는 피해자가 가해자의 과실을 입증하여야 하는 것으로 되어 있었다. 그러나 현대적 불법행위의 침해태양은 제각기 특수한 요인이 있기 때문에 과실을 피해자가 증명하기란 거의 불가능하기까지 하다. 이러한 법적 측면에서의 난점으로 인해 피해자가 그 피해를 감수하여야 한다는 것은 심히 부당하다.

따라서 이의 해결을 위한 여러 주장이 제기되는데, 입법적으로 해결하는 방안을 제외하고는 두 가지 측면에서 그 방안이 모색되고 있다. 하나는 입증책임 분배에서 종래의 법률요건 분류설을 버리고 다른 기준을 찾아 해결하는 방안이며, 또 하나는 입증의 정도, 즉 입증의 난이도를 줄여서 그 증명을 쉽게 해 줌으로써 해결하는 방안이다.

(1) 立證責任의 再分配

(가) 危險領域說

위험영역설이란 입증책임의 분배는 법규의 실질적 근거에 입각하여야 한다는 견해로서, 손해의 원인이 가해자의 위험영역에서 발생한 경우에는 가해자가 책임의 주관적·객관적 요건의 부존재에 대해 입증책임을 져야 한다는 것이다.

여기서의 위험영역이란 사실상 또는 법률상의 지배 가능한 생활영역을 말한다. 따라서 불법행위의 경우 피해자의 상대방이 과실의 부존재에 대한 입증책임을 지게 된다. 피해자는 입증 곤란의 상태에 있고 오히려 가해자가 쉽게 입증할 수 있어서 정의와 형평의 개념에 부합한다는 것이다. 프랑스 법학자 Proelss는 형평의 관념을 강조하면서 위험영역설의 근거를 첫째, 피해자는 가해자로 되는 자의 위험영역 내에서 일어나는 사건의 경위를 규명해서 알 수 없기 때문에 항상 입증의 위기에 처하게 되며, 둘째, 역逆으로 가해자는 스스로 지배하는 영역 내에서 생긴 침해행위에 관해서는 쉽게 해명할 수 있는 증거에 가깝게 있고, 셋째, 책임에 관한 규범은 손해의 발생을 예방하는 목적을 가지는데 이는 가해자로 되는 자가 자기의 위험영역의 일을 입증하여 책임을 면하려고 처음부터 충분히 생각하고 있다는 것 등을 들고 있다.

이 견해는 위험영역의 범위가 불분명하다는 근본적인 비판을 받고는 있으나 공해소송, 제조물책임, 의료소송 등의 분야에서는 사안에 따라서 법원이 이를 채택하고 있다. 실정법으로는 자동차손해배상보장법 제3조가 위험영역설에 의하여 운행자의 입증책임을 인정하고 있다.

판례 立證責任의 事實上의 轉換 : 오염물질인 폐수를 배출하는 등의 공해로 인한 손해배상을 청구하는 소송에 있어서는 기업이 배출한 원인물질이 물을 매체로 하여 간접적으로 손해를 끼치는 수가 많고 공해문제에 관하여는 현재의 과학수준으로도 해명할 수 없는 분야가 있기 때문에 가해행위와 손해의 발생 사이의 인과관계를 구성하는 하나하나의 고리를 자연과학적으로 증명한다는 것은 극히 곤란하거나 불가능한 경우가 대부분이므로, 이러한 공해소송에 있어서 피해자에게 사실적인 인과관계의 존재에 관하여 과학적으로 엄밀한 증명을 요구한다는 것은 공해로 인한 사법적 구제를 사실상 거부하는 결과가 될 우려가 있는 반면에 가해기업은 기술적, 경제적으로 피해자보다 훨씬 원인조사가 용이한 경우가 많을 뿐만 아니라 그 원인을 은폐할 염려가 있고 가해기업이 어떠한 유해한 원인물질을 배출하고 그것이 피해물건에 도달하여 손해가 발생하였다면 가해자측에서 그것이 무해하다는 것을 입증하지 못하는 한 책임을 면할 수 없다고 보는 것이 사회형평의 관념에 적합하다고 할 것이다(대판 1997.6.27. 95다2692).

(나) 證據와의 距離說

거리설은 실질적 이익형량을 내세워 증거와의 거리, 입증의 난이를 기준으로 입증책임은 분배되어야 한다는 것이다. 이 견해에 의하면 대부분의 경우 불법행위에 있어서 가해자가 증거에 가깝게 있고 입증이 쉬우므로 가해자에게 입증책임이 있다는 것이다. 특히 의료사고와 같은 경우는 의사에게 입증책임을 지우는 근거가 되는 것으로, 매우 타당한 것으로 이해된다. 이는 양 당사자가 증거와 거리가 같을 때는 어떻게 하느냐는 비판이 있기도 하다(등거리일 때는 입증이 쉬운 측에 있다고 본다).

(다) 蓋然性說

개연성설이란 입증책임의 분배기준을 개연성에 두자는 것으로서, 각 당사자는 개연성이 적은 사실관계를 입증하여야 하며, 따라서 개연성이 적은 사실에 바탕을 두고 있는 당사자측에서 입증책임을 져야 한다는 것이다. 공해에서는 판례가 일찍이 이를 도입하였으며 학설도 지지한다.

판례 蓋然性說 : 공해로 인한 불법행위에 있어서의 인과관계에 관하여 해당행위가 없었더라면 결과가 발생하지 아니하였으리라는 정도의 개연성이 있으면 그로써 족하고 가해자는 이에 대한 반증을 한 경우에만 인과관계를 부정할 수 있다는 개연성이론을 수긍 못할 바 아니다(공해로 인한 불법행위에 있어서의 인과관계에 관하여 당해행위가 없었더라면 결과가 발생하지 아니하였으리라는 정도의 개연성, 즉 침해행위와 손해와의 사이에 인과관계가 존재하는 상당한 정도의 가능성이 있다는 입증을 함으로써 족하다)(대판 1974.12.10. 72다1774).

(2) 立證責任의 완화

(가) 一應의 推定

고도의 개연성이 있는 경험칙을 이용하여 어느 사실로부터 다른 사실을 추정하는 경우를 일응의 추정이라 한다. 이러한 증명을 일응의 증명(Prima faci Beweis) 또는 표현

증명이라고 하는데, 사안의 사실관계를 상세히 구체적으로 증명할 필요가 없다는 점에서 통상의 입증의 정도보다 부담이 감경된다. 이는 독일의 판례에 의해 형성되었다.

일응의 추정은 불법행위에 있어서 인과관계와 과실의 인정의 경우에만 적용되고, 정형적 사건경과에서만 적용된다. 정형적 사건경과란 정형적인 사태의 추이로서 그 자체가 일정한 원인행위의 과실 또는 인과관계의 존재를 암시하는 사태이다. 교통사고가 운전자의 교통법규 위반으로 발생한 때에는 특별한 사정이 없는 한 그 운전자의 과실은 추정된다는 것이 그 좋은 예이다. 이에 관해서 이것이 증거평가(자유심증)의 문제인지, 혹은 입증책임의 전환문제인지, 보통의 사실인정이나 간접증명과는 어떻게 다른지 등등에 관한 비판이 있다.

판례 **醫師의 過失의 事實上 推定** : 체육실기시험으로 앞·뒤 구르기를 하고 난 직후부터 흉부통증을 느끼기 시작하여 상당 기간 흉근염좌의 치료를 받고 난 후에도 계속하여 흉부 통증을 호소하여 왔으며 치료를 종료한 상황에서 훨씬 전에 발생한 외상에 의한 제4흉추 진구성 압박골절이 진단되고 제3·4흉추가 유합되어 있으며 그로 인하여 흉부동통 및 척추운동 제한의 장해가 남은 것으로 판명된 경우, 달리 특별한 사정의 주장·입증이 없는 한 위 환자는 앞·뒤구르기 과정에서 제4흉추 압박골절을 당하였던 것으로 추정함이 상당하므로, 그 환자를 진료한 의사로서는 진료 당시 일단 흉추골절에 대하여도 의심을 가지고 그에 관한 정밀한 진단을 실시함과 아울러 그에 합당한 치료 방법을 시행함으로써 흉추골절로 인한 후유장해의 발생을 회피하여야 할 주의의무가 있었다고 보이고, 만일 필요한 적절한 조치를 취하였을 경우 위와 같은 후유장해의 발생을 막을 수 있었음에도 그러한 조치를 취하지 아니한 채 치료 가능한 기간이 경과하였거나 취해서는 안 될 조치를 취하는 바람에 위와 같은 결과가 발생한 것이라면, 그 진료에 관여한 의사들이 자신이 처한 의료환경, 위 환자의 특이체질 기타 구체적 상태 등으로 인하여 그러한 조치를 취하지 아니한 특별한 사정에 관하여 납득할 만한 이유를 제시하고 이를 입증하지 않는 한, 그 의료상의 과실과 결과 사이의 인과관계는 사실상 추정되어 해당 의사들에게 그로 인한 손해배상책임을 지울 수밖에 없다(대판 1998.2.27. 97다38442).

(나) res ipsa loquitur

이는 영미법계의 이론으로서 「The thing speakes itself」란 뜻으로 독법계의 prima faci Beweis와 그 궤를 같이 한다. 이는 1863년 영국의 Byrne V. Boadle에서 최초로 채용되어 그 후 불법행위에서의 과실추정에 관한 판례가 되어 왔다.

이 법리의 적용요건으로서는 ① 당해 사고는 누구의 과실이 없다면 통상적으로는 발생하지 않는다는 성질의 것이어야 하고, ② 그 사고가 피고의 배타적 지배하에 있는 행위 내지 기구에 의하여 야기되는 것이어야 하고, ③ 이것에 관한 원고의 기여과실 내지 위험초래행위는 없어야 된다는 것 등의 세 가지를 필요로 한다. 이와 같은 세 가지 요건을 갖추면 사고의 발생 그 자체가 피고의 과실에 대한 추정이 된다. 그러므로 피고가 책임을 면하려면 적극적으로 자기에게 과실이 없다는 것을 입증하여야 한다.

이 법리의 구체적 적용에 있어서는 손해를 가져 온 사태가 피고의 지배 내지 관리하에 있기 때문에 그의 지배 내지 관리과정에서 적절한 주의를 결여했을 때 통상적으로 생긴다는 것이다. 피고의 설명이 불충분할 때에는 그 손해는 피고의 주의결여(과실)에 의한 것이라는 증거가 된다. 상대방은 당해 손해가 다른 원인에 의해 발생했다는 것을 입증하거나, 또는 자기는 합리적인 주의를 다했다는 것을 법관에 납득시켜 당해 손해가 다른 원인에 의해 발생했을 것이라는 것을 입증시키면 면책된다. 영·미에서는 이 법리를 제조물책임, 공해 등에 적용시키고 있다.

이상 본 입증책임의 분배 및 입증책임의 완화에 관한 주장은 독법계와 영·미법계에서 동일하게 공해, 의료과오, 제조물책임, 교통사고 등에 관한 합리적 해결을 위해 안출한 것으로써 학설·판례가 일반적으로 채용하고 있다. 그러나 실질적인 문제에 있어서 과실이란 주관적 요소로서 이를 입증한다는 것은 민사소송법상의 자유심증주의하에서 법관의 확신을 형성하게 하는 것이다. 따라서 과실 존재(또는 부존재)의 개연성이 어느 정도까지 있어야 하는가는 또 다른 문제이지만 결국 통상인의 합리적인 판단이 그 기준이 된다.

판례 公害訴訟에서 立證責任의 分配 : (1) 불법행위 성립요건으로서의 인과관계는 궁극적으로는 현실로 발생한 손해를 누가 배상할 것인가의 책임귀속의 관계를 결정짓기 위한 개념이므로 자연과학의 분야에서 말하는 인과관계와는 달리 법관의 자유심증에 터잡아 얻어지는 확신에 의하여 인정되는 법적인 가치판단이다.

(2) 일반적으로 불법행위로 인한 손해배상청구사건에 있어서 가해행위와 손해발생간의 인과관계의 입증책임은 청구자인 피해자가 부담하나, 수질오탁으로 인한 이 사건과 같은 공해로 인한 손해배상청구소송에 있어서는 기업이 배출한 원인물질이 물을 매체로 간접적으로 손해를 끼치는 수가 많고 공해문제에 관하여는 현존의 과학수준으로도 해명할 수 없는 분야가 있기 때문에 가해행위와 손해발생간의 인과관계의 고리를 모두 자연과학적으로 증명하는 것은 극히 곤란하거나 불가능한 경우가 대부분이므로 피해자에게 실질적 인과관계의 존재에 관한 엄밀한 과학적 증명을 요구함은 공해의 사법적 구제가 사실상 거부될 우려가 있는 반면에, 가해기업은 기술적·경제적으로 피해자보다 원인조사가 훨씬 용이할 뿐 아니라 그 원인을 은폐할 염려가 있어, 가해기업이 배출한 어떤 유해한 원인물질이 피해물질에 도달하여 손해가 발생하였다면 가해자측에서 그 무해함을 입증하지 못하는 한 책임을 면할 수 없다고 봄이 사회형평의 관념에 적합하다.

(3) 수질오탁으로 인한 공해소송에서 ① 피고공장에서 김의 생육에 악영향을 줄 수 있는 폐수가 배출되고, ② 그 폐수 중 일부가 해류를 통하여 이 사건 김 양식장에 도달하였으며, ③ 그 후 김에 피해가 있었다는 사실이 각 모순 없이 증명된 이상 피고공장의 폐수배출과 양식김에 병해가 발생함으로 말미암은 손해간의 원인관계가 일응 증명되었다고 할 것이므로, 피고가 ① 피고공장 폐수 중에는 김의 생육에 악영향을 끼칠 수 있는 원인물질이 들어 있지 않으며 ② 원인물질이 들어 있다 하더라도 그 해수혼합률이 안정농도 범위 내에 속한다는 사실을 반증을 들어 인과관계를 부정하지 못하는 한 그 불이익은 피고에게 돌려야 마땅할 것이다(대판 1984.6.12. 81다558).

판례 醫療債務에서 立證責任의 緩和 : 의료행위를 한 자에게 손해배상책임을 지우기 위하여서는 의료행위상의 주의의무 위반, 손해의 발생 및 주의의무 위반과 손해의 발생과의 사이에 인과관계의 존재가 전제되어야 하나, 의료행위가 고도의 전문적 지식을 필요로 하는 분야이고, 그 의료의 과정은 대개의 경우 환자나 그 가족이 일부를 알 수 있는 점 외에 의사만 알 수 있을 뿐이며, 치료의 결과를 달성하기 위한 의료기법은 의사의 재량에 달려 있는 것이기 때문에 손해 발생의 직접적인 원인이 의료상의 과실로 말미암은 것인지 여부는 전문가인 의사가 아닌 보통인으로서는 도저히 밝혀낼 수 없는 특수성이 있어서 환자측이 의사의 의료행위상의 주의의무 위반과 손해의 발생과의 사이의 인과관계를 의학적으로 완벽하게 입증한다는 것은 극히 어려우므로, 환자가 치료 도중에 사망한 경우에 있어서는 피해자측에서 일련의 의료행위 과정에 있어서 저질러진 일반인의 상식에 바탕을 둔 의료상의 과실 있는 행위를 입증하고 그 결과와의 사이에 일련의 의료행위 외에 다른 원인이 개재될 수 없다는 점을 증명한 경우에 있어서는 의료행위를 한 측이 그 결과가 의료상의 과실로 말미암은 것이 아니라 전혀 다른 원인으로 말미암은 것이라는 입증을 하지 아니하는 이상, 의료상 과실과 그 결과 사이의 인과관계를 추정하여 손해배상책임을 지울 수 있도록 입증책임을 완화하는 것이 손해의 공평·타당한 부담을 그 지도원리로 하는 손해배상제도의 이상에 맞는다(대판 1999.2.12. 98다10472).

(다) 受忍限度論

불법행위에서 개별성립요건인 고의 또는 과실과 인과관계 등을 각기 입증하는 것이 어려운 경우에, 공동체구성원으로서 일정한 피해는 불가피하고, 그러한 피해는 인내하여야 하되, 그러한 한도를 넘는 경우에는 개별요건을 입증하지 아니하더라도 불법행위책임은 성립한다는 것이다. 주로 공해문제에 관하여 주장되는 이론이다.

판례 日照妨害 : 공법적 규제에 의하여 확보하고자하는 일조는 원래 사법상 보호되는 일조권을 공법적인 면에서도 가능한 한 보증하려는 것으로서 특별한 사정이 없는 한 일조권보호를 위한 최소한도의 기준으로 봄이 상당하고, 구체적인 경우에 있어서는 어떠한 건물신축이 건축당시의 공법적 규제에 형식적으로 적합하더라도 현실적인 일조방해의 정도가 현저하게 커 사회통념상 수인한도를 넘은 경우에는 위법행위로 평가된다. 사회통념상 수인한도를 넘었는지 여부는 피해의 정도, 피해이익의 성질, 그에 대한 사회적 평가, 가해건물의 용도, 지역성, 토지이용의 선후관계, 가해방지 및 피해회피의 가능성, 공법적 규제위반의 여부, 교섭경과 등 모든 사정을 종합적으로 고려하여 판단하여야 한다(대판 1999.1.26. 98다23850).

Ⅲ. 無過失責任

1. 過失責任原則의 問題

과실책임의 원칙은 자본주의를 발전시킨 가장 주요한 요인 중의 하나임에 틀림이 없다. 그러한 점에도 불구하고 자본주의의 발전과 과학기술의 발전은 이 과실책임의 원칙의 타당성에 의문을 가져왔다. 즉, 가해자는 과학기술을 이용하여 이윤을 추구하는 기업체이고, 피해자는 노동자, 시민으로서 양자는 사회적·경제적으로 대등한 지위에 있지 않아, 대등한 시민사회를 전제로 하는 과실책임의 원칙은 그 기초적 배경을 상실하였으며 구체적으로도 불합리한 결과를 도출한다는 것이다. 또한 과학기술의 불균형적인 발달은 인간에게 예측할 수 없는 피해를 주며, 피해자에게는 물론 가해자에게도 과실 없이 손해를 야기시키는 경우가 많아졌다. 이러한 피해에 대한 구제로써 과실책임의 원칙에 의해 해결함은 피해자의 지위를 더욱 불공평하게 할 뿐 아니라, 더 나아가 공동체적 연대를 파괴하기까지 하는 결과를 낳고 있다. 이러한 점에서 종래의 과실책임의 원칙은 사안에 따라 무과실책임으로 전환될 것이 요청되며, 불문법국가인 영·미에서는 판례로써, 성문법국가에서는 개별 특별법에 의하여 무과실책임을 사안에 따라 채택하고 있다. 독일은 1871년 제국배상책임법으로 철도사고로 인한 신체손해에 대하여 무과실책임을 인정한 이후 자동차사고, 항공기사고, 수질오염, 원자력사고, 의약품사고 등에 무과실책임을 확대하여 왔다. 한편, 우리나라는 과학기술의 발달이 늦어 특별입법은 늦었으나 공업화가 촉진되면서 무과실책임을 인정하는 특별법의 입법이 증가하고 있다. 현재는 광업법, 원자력손해배상법, 환경정책기본법 등에서 무과실책임을 도입하며, 근로기준법에서 근로자의 사용자에 대한 재해보상의무에 대하여 무과실책임을 인정하고 있다. 민법은 불법행위편에서는 공작물의 소유자책임(제758조 1항)이 유일하며, 그 계약편에서는 금전채무자의 불이행책임(제397조 2항)이 있고, 기타 매도인의 담보책임(제570조 이하), 무권대리인의 책임(제139조), 위임자의 손해배상책임(제688조 3항) 등이 있다.

2. 無過失責任의 理論的 基礎

무과실책임이 인정되어야 하는 이론적 기초로는 위험책임설과 보상책임설이 가장 설득력 있는 것으로 이해되고 있다.

위험책임설은 타인의 이익에 대하여 특별히 위험이 생기는 사업 또는 행동이 허용되는 경우에 그 위험상태로 인한 손해에 대해서는 배상책임을 져야 한다는 것이다. 위험책임은 허용된 위험 그 자체를 과실책임에서의 과실에 대체한 것이다. 민법 제758조의 공작물책임이 가장 전형적인 위험책임의 예이다.

보상책임설은 특별한 이익을 수반하는 과정에서 손해가 발생한 경우에는 그 이익에 수반된 손해에 대해 과실과는 관계없이 배상책임이 있다는 것이다. 민법의 사용자책임(제756조)이 이에 해당한다.

보상책임설에 의하면 이익이 수반된다는 것이 불명확한 점이 있으나, 허용된 위험행위는 그 위험행위가 사회적으로 이익을 낳기 때문에 허용된 것이므로 무과실책임의 기초는 위험책임이 타당하다고 할 수 있다. 그러나 무과실책임을 어느 하나로 기초 지워 설명하지는 않고 위험책임을 기초로 보상책임을 보완하여 설명하는 것이 일반적이다(곽,김증,황).

3. 民法에서 無過失責任

(1) 不法行爲에서 無過失責任

공작물의 설치 또는 보존의 하자로 타인에게 손해를 입힌 경우에 공작물의 점유자가 손해방지에 필요한 주의를 한 것을 입증하여 면책을 받은 때에는, 공작물의 소유자가 최종적으로 책임을 지며, 이때 소유자의 책임은 과실을 불문한다(제758조). 이것은 민법이 인정하는 유일한 무과실책임이다.

(2) 不法行爲에서 中間責任

가해자에게 과실이 없다는 입증책임을 지움으로써 무과실책임에 가까운 무거운 책임을 지우는 경우가 있고, 이를 중간책임이라 한다. 책임무능력자의 감독자의 책임(제755조),사용자의 책임(제756조), 공작물 등의 점유자의 책임(제758조), 동물의 점유자의 책임(제759조)이 이에 해당한다.

(3) 債務不履行에서의 無過失責任

금전채무불이행에서 채무자는 과실 없음을 항변하지 못하여 무과실책임을 진다(제297조).

(4) 其他의 無過失責任

거래안전, 계약의 등가성 등의 특수한 이유로 무과실책임을 지우는 경우가 있다.

① **無權代理人의 履行 또는 損害賠償責任(제135조)** : 무권대리인이 대리권을 증명하지 못하거나 본인으로부터 추인받지 못하여 계약의 상대방에게 지는 이행 또는 손해배상책임은 무과실책임이다.

② **轉質者의 損害賠償責任(제336조)** : 질권자가 전질을 한 경우에는 전질을 하지 않았으면 면할 수 있는 불가항력으로 인한 손해에 대하여도 책임을 부담한다.

③ **擔保責任(제570조 이하)** : 매매, 도급 등 유상계약에서 매도인, 수급인이 지는

책임은 무과실책임이다.

④ **委任人, 任置人의 賠償責任(제688조,697조)** : 위임인은 수임인이 과실 없이 입은 손해에 대하여 무과실배상상책임이 있으며, 임치인은 임치물의 성질 등으로 수치인이 입은 손해에 대하여 무과실배상책임이 있다.

⑤ **事務管理의 本人의 補償責任(제740조)** : 본인은 관리자가 과실 없이 입은 손해에 대하여 현존이익의 범위 내에서 무과실보상책임이 있다.

Ⅳ. 不法行爲法의 限界—保險制度의 擴散과 保險加入의 强制

위에서 본 바와 같이 불법행위법은 사회발전에 따라 보완·수정되고 있지만 피해자의 구제라는 측면에서 불법행위제도는 한계가 있다. 예컨대, 가해자에게 손해배상책임을 지운다고 할지라도 가해자가 경제적 자력이 없으면 법률적 책임만으로는 아무런 실익이 없으며, 자력이 있어 배상을 한다고 할지라도 배상으로 개인의 경제적 파멸을 초래할 수도 있으며, 또 기업에 위험책임론 등을 도입하여 무과실책임을 지우는 경우에도 손해의 배상으로 기업 자체의 존립에 위협을 주는 경우도 있게 된다. 특히, 의료과오에서 의사에게 강한 주의의무를 요구하는 최근의 추세로 인해 당해 피해자가 지엽적으로는 보호되지만, 다른 한편으로는 의사들의 이른바 방어진료 내지 진료기피현상을 보이는 것은 의료수준 전반을 퇴보시키고 의료서비스를 더욱 열악하게 하여 궁극적으로 사회 전반에 역작용을 낳고 있는 경우가 있다. 이러한 점에서 사법제도로서의 불법행위제도는 근본적인 한계가 있다. 불법행위제도의 이러한 한계는 다른 제도로서 보완될 수밖에 없고, 그것이 보험제도이다. 보험제도를 확산할 뿐만 아니라 특히 위험종사자 또는 기업에 보험의 가입을 법률로 강제할 필요가 있다. 이것은 보험가입자 뿐만 아니라 그로 인한 잠정적인 피해자를 보호하는 것이며 사회구성원의 보편적인 정당한 요구이다.

Ⅴ. 不法行爲責任과 다른 責任과의 關係

1. 契約責任과의 關係

민사책임은 계약책임과 불법행위책임으로 2원화되어 있다. 어떤 하나의 사실이 계약책임에도 해당되고 불법행위책임에도 해당되는 경우가 있다. 계약관계에 있는 당사자간에 가해사실이 계약상의 권리침해인 경우는 양 책임의 구성요건을 모두 충족하게 된다. 예컨대, 운송기관의 잘못으로 승객이나 화물을 손상한 경우는 운송계약상의 채무불이행과 불법행위에 의한 배상의무를 동시에 충족하며, 수치인이 임치물을 고의·과실로 멸실·훼손시킨 경우, 의료과실의 경우 등이 이에 해당한다. 이와 같이 양 책임의 구성요건을 모두 충족할 때 두 청구권의 관계가 문제된다. 이에 관하여는 아래의 두 가지 이론이 주장된다.

(1) 請求權競合說

이러한 경우는 동시에 두개의 청구권이 경합하여 성립하고, 피해자인 채권자는 두 청구권 중에 하나를 선택하여 행사할 수 있다는 이론이다. 이 견해는 두 책임은 각기 요건과 효과를 달리하여 성립하는 것으로써 경합을 인정하지 않을 특별한 근거가 없고, 또 피해자인 권리자를 두텁게 보호하기 위하여도 선택을 인정하는 것이 옳다는 것이다. 이 이론은 로마법이 두 책임을 별도로 규정하여 경합을 인정한 연혁적 영향을 받아 독일 보통법 이래 독일 민법학의 통설이며, 우리나라와 일본에서도 그대로 계승되어 통설이 되어 있다. 우리의 판례도<운송계약상의 채무불이행에 의한 손해배상청구권과 불법행위에 의한 손해배상청구권은 소위 청구권이 경합하는 경우로서 위의 두 청구권은 동시에 성립할 수 있는 것이고, 서로 표리관계에 있어서 하나가 성립하면 다른 것은 성립할 수 없는 것이 아니므로 이때의 청구의 병합은 선택적인 것이 명백하다>(대판 1962.6.21. 62다102; 1983.3.22. 83다카1533)고 하여 청구권경합설을 취한다.

(2) 法條競合說

발생한 하나의 손해에 대하여는 하나의 청구권이 성립하는 것으로서 양 책임의 요건을 각기 충족하는 경우에도 특별한 관계의 책임인 계약책임에 의한 청구권이 먼저 적용되고, 이때 일반법인 불법행위법의 적용은 배제된다는 이론이다. 양 책임의 요건을 각각 충족하는 경우에 청구권은 법조문상으로만 경합하고 실제로는 하나의 청구권만 존재한다고 하여 법조경합설이라고 한다. 이 견해는 양자는 손해배상이라는 동일한 목적을 위하여 그 기능과 적용범위를 달리하는 것이며, 계약관계는 일반관계와는 다른 특별한 위험관계를 전제하여 규율하는 것이므로 계약관계가 적용되는 것에는 불법행위관계의 적용이 없다는 것이다.

(3) 請求權規範競合說

동일한 급부(손해배상)에 대한 청구권이 경합하는 것과 같이 보이는 경우에도 청구권은 하나이고, 다만 청구규범이 동일한 급부를 기초지우기 위하여 경합하는 것이라는 견해이다.

양 청구권을 비교하여 후술하겠으나 대체로 계약책임에 의한 손해배상청구권을 행사는 것이 피해자에게 유리하다. 이러한 점에서 법조경합설은 단일한 계약상의 청구권을 인정하여 분쟁을 획일적으로 해결하려는 것이나 불법행위에서 유리한 지위를 가지는 태아에게는 오히려 불리하다. 청구권경합설은 문제의 통일적·획일적 해결이라는 점에서는 좋으나 경합하는 두 규범을 통일하여 하나의 새로운 규범을 만들어야 하는 것이 아닌가는 의문이 생긴다. 현재의 판례와 절대적 다수설인 청구권경합설에 동의한다.

2. 契約責任과의 異同

불법행위책임과 계약책임과의 이동에 관하여는 채권법총론의 채무불이행편에서 부분적으로 설명이 되었다. 여기서는 간단히 도표로 비교해 보도록 한다.

<契約責任과 不法行爲責任의 異同>

	계약책임	불법행위책임
근본이념	손해의 전보	손해의 전보, 제재
대상자	특정인(계약당사자)간	불특정 다수인간
고의·과실	채무자 및 이행보조자의 추상적 경과실	행위자 본인의 고의·과실(탄력적 해석)
책임능력	의사(契約)능력, 변별력	의사능력, 행위의 변별력
입증책임	채무자(가해자)	피해자
책임발생시기	이행기	행위시
손해배상범위, 배상방법, 과실상계	제393조의 통상손해, 특별손해, 금전배상(제394조), 과실상계(제396조)	범위, 방법, 과실상계는 좌동(제763조), 명예훼손의 특칙(제764조)
공동행위자	채무자의 책임	부진정연대책임
태아의 지위	권리의 주체가 못됨	손해배상청구권의 주체가 된다(제762조)
시 효	10년을 원칙	손해 및 가해자를 안 날로부터 3년, 행위시로부터 10년(제766조)

3. 不當利得返還請求權 및 物權的 請求權과의 關係

부당이득제도와 불법행위제도는 그 목적이 달라 그 요건 및 효과가 다르므로 양 청구권이 경합하여 존재한다고 이미 설명하였다.

물권적 청구권과 문제되는 경우는, 예컨대 소유물을 도난당한 자는 도난 물건에 대하여 소유권에 기한 물권적 청구권이 있고, 한편으로는 불법행위에 의한 손해배상 청구권으로서의 금전배상(제763조, 제394조)을 청구할 수 있다. 양 청구권이 경합하여 존재한다.

第2節 不法行爲의 成立要件

I. 序 說

민법은 제750조에서 일반적인 불법행위를 통일적·포괄적으로 하나로 규정하고, 제755조 이하에서 특수한 불법행위에 관하여 규정하고 있다. 특수한 불법행위는 일반적 불법행위의 성립요건에 다시 특정한 요건을 추가하여 성립하는 것으로 규정하고 있다. 따라서 일반적인 불법행위의 성립요건을 본 후에 특수한 불법행위를 보도록 한다.

불법행위책임은 자기행위책임이다. 계약책임은 채무자가 자기의 행위에 대하여 책임을 질뿐만 아니라 채무자 본인과 동일시 할 수 있는 이행보조자 또는 법정대리인의 행위에 대하여도 채무자 본인이 책임을 진다(제391조). 그러나 불법행위에서는 오로지 자기의 행위에 대하여만 자기가 책임을 진다. 이러한 점에서 계약책임에서는 성립요건으로서의 고의·과실을 강학상으로는 <채무자의 귀책사유>라고 표현하나, 불법행위에서는 가해자의 고의·과실이라고 표현한다. 즉, 제750조의 고의·과실이란 행위자 본인만의 것을 의미하고, 그에 대하여 행위자 본인이 책임을 진다.

제755조나 제756조에서 친권자가 그의 자녀의 행위에 대하여 책임을 지거나 사용자가 피용자의 행위에 대하여 책임을 지는 것도 자녀나 피용자에 대한 자기의 감독·관리행위에 대한 책임을 지는 것으로 자기행위책임의 예외가 아니다. 따라서 관리·감독의 의무를 충분히 한 것을 입증하면 책임을 면하게 된다.

일반적인 불법행위가 성립하려면, 주관적 요건으로서 행위자에게 고의·과실과 책임능력이 있어야 하고, 객관적 요건으로서 위법성이 있어야 하며, 손해가 발생하여야 하고, 행위자의 행위와 손해 사이에 인과관계가 있어야 한다. 이를 세분하면 아래와 같다.

Ⅱ. 故意 · 過失

1. 故意·過失의 概念

(1) 故 意

고의란 일정한 사실상태가 발생하리라는 것을 알면서도 이를 행하는 심리상태를 말한다. 고의에는 일정한 결과를 발생시키려는 의욕을 요하는 것(의사주의)이 아니라 사실발생에 대한 단순한 인식만으로 족하다(관념주의).

자기의 행위가 위법하다는 인식을 요하는지가 문제된다. 통설은 그러한 인식까지는 필요하지 않다고 본다. 따라서 정당한 행위라고 확신하였더라도 객관적으로 위법하다고 평가되는 사실이 있으면 불법행위는 성립한다.

(2) 過 失

과실에 관하여는 제1절 총설의 불법행위에서의 과실에서 이미 자세히 보았으므로 여기서는 간단히 설명하도록 한다.

과실이란 일정한 사실상태가 발생한다는 것을 부주의로 알지 못하고 어떤 행위를 하는 심리상태를 말한다.

여기서 행위자의 과실존부판단의 기준(주의의무를 다 하였느냐 여부의 기준)이 되는 주의의무는 통상인을 기준으로 하는 추상적 과실과 행위자 개개인의 일상 평상시의 주의의무를 기준으로 하는 구체적 과실로 구분된다. 또한 주의의무를 기울인 정도에 따라 경과실과 중과실로 구분된다. 불법행위의 성립요건으로서의 과실은 추상적 경과실을 의미한다.

과실에 대하여 책임을 진다는 것은 손해의 발생을 방지할 수 있었는데 주의를 태만히 하여 방지하지 못하였다는 것이다. 그런데 누구의 주의력을 표준으로 하여 당해 행위자가 태만하였다고 평가하느냐의 문제가 있다. 이에 관하여는 주관적 과실설과 객관적 과실설이 있다.

주관적 과실설에 의하면 과실의 존부판단으로서의 주의력은 개개인의 그것이 표준이 되어야 한다는 것이다. 과실책임의 원칙은 개인의 의사활동을 보장하기 위한 장치인데, 예컨대 과실존부의 판단기준인 주의력을 평균인의 것으로 표준하는 객관적 과실설에 의하면 평균인의 주의력에 미치지 못하는 자는 자기의 모든 주의를 다 기울여도 과실이 있게 되어 책임을 져야 하고, 이로 인하여 그 자의 자유로운 의사활동은 지극히 제한되기 때문이라는 것이다. 이러한 점에서 과실은 불법행위의 구성요건상 비난가능성으로서의 유책성이며, 본인 자신의 주의력을 표준으로 과실의 존부를 판단하여야 한다는 것이다.

그런데 주관적 과실설에 따르면 가해자의 의사활동의 자유는 보장되나 피해자의 의사활동의 자유가 극도로 위축된다. 왜냐하면 사회활동을 하면서 상대방의 개인적인 주의력의 정도까지 살펴야 하기 때문이다. 이는 상호간의 보편적인 신뢰에 토대를 둔 공동체적 구성원리에 맞지 아니하며, 공동체의 영위에 치명적으로 작용할 수 있다. 즉, 주관적 과실설은 공동체 구성원의 보편적인 신뢰에 맞지 아니한다. 또한 주관적 과실설에 의한 해결은 피해자의 보호에 충분하지 못하여 가해자와 피해자간의 이익분배가 공평하지 못하게 된다. 이러한 점에서 과실존부의 판단은 평균인의 주의력을 표준으로 객관적으로 판정하는 객관적 과실설이 타당하며(다수설과 판례), 그렇게 될 때 변동하는 사회에 따라 새롭게 발생하는 불법행위의 유형에 적절히 대처할 수 있다.

판례 過失의 有無 ① 공무원의 위법한 행정처분 : 일반적으로 공무원이 관계법규를 알지 못하거나 필요한 지식을 갖추지 못하고 법규의 해석을 그르쳐 행정처분을 하였다면 그가 법률전문가가 아닌 행정직 공무원이라 하여 과실이 없다고 할 수 없다(대판 2001.2.9. 98다52988).

② 집행관의 조사부실 : 집행관으로서 당연히 알아야 할 관계 법규를 알지 못하거나 필요한 지식을 갖추지 못하였고 또한 조사를 게을리 하여 법규의 해석을 그르쳤고 이로 인하여 타인에게 손해를 가하였다면 불법행위가 성립한다(대판 2003.9.26. 2001다52773).

③행정청의 자유재량 행정처분 : 행정청의 자유재량행위에 의한 처분에서 관계 공문원이 공익성, 합목적성의 인정, 판단을 잘 못하여 그 재량권의 범위를 넘어선 행정행위를 한 경우가 있다 하여도 공익성 및 합목적성의 적정 여부의 판단 기준은 구체적 사안에 따라 각각 동일하다 할 수 없을 뿐만 아니라 , 구체적인 경우 어느 행정처분을 할 것인가에 관하여 행정청 내부에 일응의 기준을 정해 둔 경우 그 기준에 따라 행정처분을 하였다면 이에 관여한 공무원에게 그 직무상 의 과실이 있다고 할 수 없다(대판 2002.5.10. 2001다62312).

2. 故意·過失의 關係

형법은 가해자의 악성을 중시하여 고의와 과실을 엄격하게 구별하나, 민사책임은 피해자의 손해의 전보에 중점을 두기 때문에 가해자의 고의와 과실을 구별할 실익이 없고, 따라서 구별하지 않는다. 다만 상계(제496조)와 배상액의 감액청구에 차이를 둘 뿐이다(제765조).

3. 故意·過失의 立證責任

전통적인 법률요건분류설에 의할 때, 고의·과실의 입증책임은 피해자에게 있다. 따라서 피해자가 상대방의 고의·과실을 입증하여야 한다. 그런데 앞 절에서 본 바와 같이 민법이 예상하지 못한 산업사회에서 새롭게 나타난 공해, 의료과오, 제조물피해에 대하여 위험영역설 또는 증거와의 거리설에 의하여 입증책임이 분배되어야 한다는 견해가 주장되고 있다. 또 앞 절에서 이미 설명한 바와 같이 입증의 정도를 완화하는 이론도 주창되고 있다.

Ⅲ. 責任能力

1. 責任能力의 意義

책임능력이란 자기의 행위의 책임을 변식할 수 있는 정신적 능력을 말한다. 책임능력이 없는 행위는 불법행위를 구성하지 않기 때문에 이를 불법행위능력이라고도 하는데, 이것은 의사능력을 불법행위의 측면에서 파악한 것이다. 즉, 일정한 행위가 사회적으로 어떠한 의미를 가지는 것인가를 판단할 수 있는 인식력과 그러한 행위가 다른 행위와 어떻게 다른 것인가를 변별할 수 있는 변별력, 그러한 행위가 어떠한 결과를 초래한다는 것을 예측할 수 있는 예기력을 포함한 정신능력을 말한다.

이러한 책임능력은 획일적 기준을 정하여 판단하는 것이 아니라 각 개인을 기준으로 구체적으로 판단한다.

민법은 미성년자로서 자기의 행위를 변식할 수 없는 자(제753조)와 심신상실자(제754조)를 책임무능력자로 하고, 그들에게는 배상책임을 면제하고 있다.

2. 責任能力 有無의 判斷

제753조와 제754조는 책임무능력자는 불법행위책임이 없다는 것만을 선언할 뿐, 책임능력유무의 판단기준에 관해서는 규정이 없다. 즉, 심신상실 여부의 판단기준과 행위의 책임을 변식할 수 있는 지능이 무엇인지를 밝히고 있지 않다.

(1) 第753條의 未成年者

(가) 行爲의 責任을 辨識할 能力이 없는 未成年者

미성년자가 자기의 행위를 변식할 수 있는 지능이 없는 때를 책임능력 없는 미성년자라 한다. <행위의 책임을 변식할 수 있는 지능>, 즉 책임변식력에 관하여는 단순한 도덕적 선악의 구별능력을 의미하는 것이 아니라 행위로부터 법률상의 책임을 지게 된다는 것을 판단할 수 있는 지능으로 이해한다(통설). 그런데 이러한 지능은 정상아의 경우에는 연령에 의해 형성되는데, 몇 세에 이러한 변식력을 가지는 것으로 볼 수 있는가? 일반적으로 7세 이하는 책임능력이 없는 것으로 본다. 7세 이상의 경우 형사미성년자(형법 제9조)인 14세까지의 미성년자가 책임능력이 있는지 여부가 문제된다. 판례는 경우에 따라서 다른데, 13세까지는 책임능력이 없는 것으로 판단하고 있다.

(나) 過失相計와 本條의 關係

본조의 책임능력 없는 미성년자는 과실상계(제763조, 제396조)가 적용되는가? 즉, 본조에 해당하는 미성년자가 타인의 불법행위에 의하여 피해를 입은 경우에 과실상계가 적용되는지가 문제된다. 과실상계에서의 과실을 제750조의 과실과 동일한 의미로 해석하면 피해자의 과실에 관하여도 책임능력을 필요로 하고, 따라서 본조의 미성년자는 과실상계의 적용이 없게 된다.

그런데 과실상계에서의 과실은 자기에게 발생할 손해를 회피하고 억제하는 데 대한 주의력이면 족하고, 적극적인 불법행위책임을 부담시키는 데 요구되는 과실(750조)과 같이 행위의 결과의 책임을 변식하는 능력(제753조)을 필요로 하지 않는다. 따라서 사리를 분별할 수 있는 정도의 변별력만 있으면 과실상계에서의 주의력을 갖춘 자로 되어 과실상계의 규정이 적용된다고 보아야 한다. 판례도 이러한 점에서 8세된 어린이에게 과실상계를 적용하였다(대판 1968.8.30. 68다1224).

한편, 유아나 정신병자와 같이 사리변별력도 없는 책임무능력자인 경우는 감독의무자인 친권자나 후견인의 과실을 피해자측의 과실로 참작할 수 있는지가 문제된다. 이 경우에 친권자나 후견인은 보호감독의무 태만의 과실을 피해자측의 과실로 보아 과실상계가 적용된다고 보아야 한다.

(2) 心神喪失者

심신상실이란 행위의 책임을 변식할 수 있는 정신능력을 결여한 상태를 말한다. 이러한 심신상실상태는 행위시를 기준으로 한다. 따라서 정신병자일지라도 행위 당시에 변식능력이 정상이었다면 책임능력이 있는 것이 되나, 정상인이라도 행위 당시에 만취하였다든지 병적 발작상태였다든지 하는 경우는 당해 행위에 대하여 책임무능력자가 된다.

그러나 당해 행위시에 심신상실의 상태였을지라도 그러한 심신상실의 상태를 고의 또는 과실로 초래한 때에는 불법행위책임이 있다(제754조 단서).

3. 責任能力의 立證責任

통상인에게는 책임능력이 있는 것으로 추정되므로 가해자가 책임을 면하려면 본인이 책임능력이 없음을 입증하여야 한다.

Ⅳ. 違法性

1. 序 言

불법행위제도에서 주관적 요건으로서 고의·과실과 책임능력을 요하는 것은 어느 나라에서나 동일하지만, 객관적 요건으로서 별도로 위법성을 요하느냐는 것은 같지 않다. 제1절의 과실의 비교법적 검토에서 본 바와 같이, 로마법의 culpa, 프랑스 민법의 faute, 영미법상의 negligence는 유책성적인 요소와 위법성적인 요소를 포함하는 개념이다. 그런데 독일 민법(제823조)과 스위스 채무법(제41조)은 위법성을 별도로 요구하며, 우리 민법은 이들을 계승하여 제750조에서 <위법행위로>라고 하여 위법성을 별도로 요구한다.

그러면 과실과 위법성의 관계는 어떻게 보아야 할 것인가? 과실은 개인적으로 주의의무를 태만히 하였다는 귀책의 원인일 뿐만 아니라, 과실 있는 행위자에게 손해배상책임을 지운다는 의미에서 사법상 비난성으로의 위법성이기도 하다. 그런데 과실 있는 가해행위의 위법성의 근원이 과실에 있는지 가해행위에 있는지가 문제된다. 원래 위법 여부는 개인의 주관적 용태와는 관계없는 객관적 사실에 관한 문제이다. 따라서 1차적으로 과실 있는 행위 자체가 위법하면 비난의 대상이 되고, 2차적으로 과실 유무는 책임을 지우느냐에 대한 평가이다. 따라서 과실과 위법성은 그 대상이 다르고 평가가 다르다고 보아야 한다.

이러한 점에서 제750조가 위법성을 별도의 요건으로 한 것은 타당하며, 또한 개인

본위·권리본위적 사상에서 권리침해를 요건으로 하게 되면서 가해행위의 반도덕성 내지 반사회성에도 불구하고 권리침해가 없다는 이유로 불법행위의 성립이 부인될 수밖에 없다는 점에서도 민법의 입장은 타당하다고 평가된다(황).

2. 違法性의 意義

위법성이란 어떤 행위가 법질서에 반하는 것을 의미한다.

여기서 법질서란 법 이전의 사회공동생활규범을 의미하는 것이 아니라 모든 실정법 규범을 의미한다. 또, 위법의 판단대상이 되는 것은 주관적 의식에 바탕을 둔 사람의 용태만을 의미하는 것이 아니라 의식을 떠난 객관적 사실 자체도 위법 여부를 판단하는 대상이 된다.

판례 ① 集團行動의 違法性 與否 : 공동의 이해관계를 가지는 다수의 사람들이 그들의 주자이나 목적을 관철할 의도로 한 집단행동이 불법행위를 구성하는 위법성을 갖는지 여부는, 그 집단행도의 구체적인 내용, 방법, 정도뿐만 아니라 이에 따른 동기나 목적, 경위, 상황 등을 침해이익과 함께 종합적으로 고려하여 그 집단행동이 사회통념상 용인될 만한 정도의 상당성이 있는지 여부에 의하여 판단하여야 한다-소각장 설치반대 주민들의 집단행동을 위법하다고 판결-(대판 2001.5.8. 2000다35955).

② 事前承認받은 妾關係 : 혼인관계가 존속중인 사실을 알면서도 남의 첩이 되어 부첩관계를 계속한 경우에는 본처의 사전승인이 있었다 하더라도 장래의 부첩관계의 사전승인이란 것은 선량한 풍속에 위배되는 행위이므로 본처에 대하여 불법행위가 성립한다(대판 1967.10.6. 67다1134).

3. 具體的 違法行爲

어떤 행위가 구체적으로 위법한 행위인지는 법익을 기준으로 구분된다.

(1) 財産權的 法益

모든 재산적 이익에 대한 침해는 원칙적으로 위법성이 있다. 재산적 법익의 침해가 위법성이 있느냐 여부가 특별히 문제되는 것은 채권이다.

채권은 원칙적으로 상대성을 가진 권리로서 채무자로부터의 침해만 있고 그러한 채무자로부터의 침해가 채무불이행이다. 채권의 침해가 불법행위가 되느냐는 것이 문제되는 것은 제3자에 의한 침해의 경우이다. 이 경우는 당해 채권이 제3자로부터 침해될 수 있는 채권이어야 하고, 그 침해행위로 인해 채권 자체를 상실한다든지 채권의 내용이 실현될 수 없는 경우에는 위법하고 불법행위를 구성한다(졸저 『채권법총론』 제3자에 의한 채권침해 참조).

또한 소의 제기가 문제되는데, 정당한 제소 또는 응소가 문제가 될 것이 없다는 것은 명백하다. 부당한 제소행위 또는 부당한 응소가 문제된다. 고의나 과실로 제소 또는 응소하여 타인의 법익을 침한 경우는 불법행위를 구성한다.

판례 不當提訴 또는 不當應訴 : ① 실체상 권리보호의 청구권 또는 응소권이 없고, 그 권리가 없음에 관하여 고의가 있거나 과실로 알지 못하였으며, 그러한 제소 또는 응소행위로 인하여 상대방 또는 제3자의 법익을 침하하고, 그 침해에 관하여 고의 또는 과실이 있는 경우에는 불법행위를 구성한다(대판 1996.5.10. 95다45897).
② 소제기나 응소행위가 권리실현이나 권리보호를 빙자하여 상대방의 권리나 이익을 침해하거나 상당한 이유 없이 상대방에게 고통을 주려는 의사로 행하여 진 등의 고의 또는 과실이 인정되고, 이것이 공서양속에 반하는 정도에 이른 것인 경우에는 위법성을 띠고 불법행위를 구성한다(대판 1997.2.28 96다32126).

(2) 人格權的 法益

인간의 생명·신체·자유·명예·정조에 대한 침해는 위법하여 불법행위가 된다.

(가) 生命侵害

타인의 생명의 침해가 불법행위가 됨은 물론이다. 제752조는 생명을 침해한 자는 피해자의 직계존속, 직계비속 및 배우자에 대하여 재산상의 손해가 없는 경우에도 손해배상의 책임이 있다고 규정한다.

그런데 피살자 본인의 배상청구권이 있느냐의 문제가 논의된다. 이는 생명의 침해로 피살자는 인격이 상실되어 더 이상 권리의 주체가 아니기 때문이다. 여기서 문제되는 것은 가해행위에 의하여 중상을 입고 사망하는 경우는 생존시에 본인의 손해배상청구권이 발생하니까 별다른 이견이 있을 수 없으나, 가해행위에 의하여 즉시 사망한 경우이다.

이에 관하여는 이른바 시간적 간격설에 기초한 긍정론이 통설이다. 즉, 아무리 즉사卽死한 경우라도 가해행위와 사망 사이에는 시간적 간격이 있으므로 본인의 배상청구권이 발생한다는 것이다. 이러한 배상청구권은 생명침해에 따른 재산적 손해뿐만 아니라 정신적 손해(위자료)도 당연히 포함되며 이는 상속인에게 상속된다.

판례 本人의 生命侵害로 인한 損害賠償請求權(근친자의 위자료청구권과 본인의 손해배상청구권의 독립성) : 생명침해의 불법행위가 있는 경우 피해자의 부모가 그들 자신의 권리로서 가지는 위자료청구권 또는 출손한 장례비 등에 관한 손해배상청구권과 사망한 피해자가 가지는 장래 가득이익을 상실한데 관한 손해배상청구권은 별개의 권리로서 그 행사 또는 소멸에 있어 반드시 운명을 같이하여야 하는 것은 아니다(대판 1967. 10.31. 66다2472).

(나) 身體·自由侵害

신체의 상해와 자유의 침해도 불법행위가 된다. 자유의 침해는 신체의 자유에 대한 침해뿐만 아니라 정신적 자유에 대한 침해도 포함된다. 예컨대, 사기·강박은 정신적 자유에 대한 침해이며 집단따돌림(일명 왕따)도 정신적 자유에 대한 침해가 될 수 있다.

(다) 名譽의 侵害

명예는 사람이 사회로부터 받는 객관적 평가를 말한다. 이러한 사회적 평가도 법익이기 때문에 사람이 가지는 그러한 사회적 평가를 낮아지게 하는 명예훼손은 불법행위가 된다. 다만, 당해 행위로 명예의 감정만을 침해할 뿐 사회적 평가가 저하되지 않은 경우는 명예훼손이 아니다.

명예의 침해는 언론의 자유 및 보도된 사실의 진실 여부와 밀접한 관계를 가지고, 이는 위법성판단과 상관관계에 있다. 일반적으로 보도가 진실 또는 공익적 이익에 부합된다면 위법성이 약하다고 할 수 있다.

판례 名譽感情의 侵害는 名譽毁損이 아니다 : 민법 제764조에서 말하는 명예훼손이란, 사람(종중의 경우에도 마찬가지이다)의 사회적 평가를 저하시키는 행위를 말하고 단순히 주관적으로 명예감정이 침해되었다고 주장하는 것만으로는 명예훼손이 되지 않는다고 할 것인 바, 신청인 종중이 궁극적으로 자신들의 상급 대종중인 종회가 새로 만드는 대동보에 실제로는 신청인 종중의 시조가 계자(系子)이어서 그 시조의 부(父)에게 다른 친자가 있을 수 없음에도 불구하고 타 종중의 시조인 갑이 신청인 종중의 시조의 부(父)인 을의 친생 장남으로 등재되는 것을 문제삼고 있으나, 종회가 새로 만드는 대동보에 갑이 을의 친생 장남으로 등재된다 하더라도 그 결과 신청인 종중이 근본적으로 조상을 부정당하게 되어 종중으로서의 존립기반이 부인되거나 혈연관계 없는 남의 조상을 자기의 조상으로 모시는 종중이라는 비난을 받는 등으로 사회적 평가가 저하될 것으로 볼 수 없고, 단지 상대적으로 종중의 위상에 변화가 생기는 것과 같은 외양이 나타나게 되는 것에 불과하다(대판 1997.7.9. 97마634).

판례 意見表明,論評과 名譽毁損 : 민사상 타인에 대한 명예훼손, 즉 사람의 품성, 덕행, 명성, 신용 등의 인격적 가치에 관하여 사회로부터 받는 객관적인 평가를 저하시키는 것은 사실을 적시하는 표현행위 뿐만 아니라 의견 또는 논평을 표명하는 표현행위에 의하여도 성립할 수 있을 것인 바, 어떤 사실을 기초로 하여 의견 또는 논평을 표명함으로써 타인의 명예를 훼손하는 경우에는 그 행위가 공공의 이해에 관한 사항에 관계되고, 그 목적이 공익을 도모하기 위한 것일 때에는 그와 같은 의견 또는 논평의 전제가 되는 사실이 중요한 부분에 있어서 진실이라는 증명이 있거나 그 전제가 되는 사실이 중요한 부분에 있어서 진실이라는 증명이 없더라도 표현행위를 한 사람이 그 전제가 되는 사실이 중요한 부분에 있어서 진실이라고 믿을 만한 상당한 이유가 있는 경우에는 위법성이 없다(대판 1999.2.9. 98다31356).

판례 公共의 利益과 個人의 利益과의 比較衡量 : 민사상으로 타인의 명예를 훼손하는 행위를 한 경우에도 그것이 공공의 이해에 관한 사항으로서 그 목적이 오로지 공공의 이익을 위한 것일 때에는 진실한 사실이라는 증명이 있으면 그 행위에 위법성이 없고, 또한 그 증명이 없더라도 행위자가 그것이 진실이라고 믿을 만한 상당한 이유가 있는 경우에는 위법성이 없다고 보아야 할 것이며, 적시된 사실이 공공의 이익에 관한 것인지 여부는 당해 적시 사실의 구체적 내용, 당해 사실의 공표가 이루어진 상대방의 범위의 광협, 그 표현의 방법 등 그 표현 자체에 관한 제반 사항을 감안함과 동시에 그 표현에 의하여 훼손되거나 훼손될 수 있는 타인의 명예의 침해의 정도 등을 비교·고려하여 결정하여야 한다(대판 1998.7.14. 96다17257).

(라) 貞操의 侵害

강압수단에 의한 정조의 침해나 사술에 의한 정조의 침해가 불법행위를 구성함은 물론이다. 보호되는 정조는 여자뿐만 아니라 남자도 포함된다. 배우자 있는 자에 대한 정조의 침해는 피침해자에 대한 불법행위를 성립하며, 피침해자의 배우자에 대해서는 배우자의 신분권침해로 인한 불법행위를 구성한다.

이혼이나 사실혼관계의 부당파기가 불법행위를 성립하는지가 문제된다. 악의의 유기 등에 의한 이혼의 경우는 위법한 공동생활의 파괴로써 불법행위를 성립한다(통설). 사실혼관계의 부당파기는 혼인예약상의 채무불이행을 구성하며 또한 인격권의 위법한 침해로 불법행위가 성립한다는 것이 판례와 통설이다.

판례 約婚 不履行과 婚姻 憑藉 姦淫 : 갑이 을의 약혼불이행을 원인으로 한 손해배상(위자료)과 을이 갑을 혼인을 빙자하여 간음하였음을 원인으로 한 손해배상(위자료)을 선택적으로 청구하는 경우에 있어 전자는 가사심판법 제2조 제1항 제3호 "가"의 약혼해제로 인한 손해배상청구에 포함되므로 가정법원의 심판대상이 된다 할 것이나 후자는 정조권침해를 원인으로 한 손해배상청구사건임이 명백하고 이러한 사건은 법원조직법 중 가정법원의 심판권을 정한 제32조의 5의 규정이나 가사심판법 중 동법의 적용범위를 정한 제2조 각 항에도 가정법원의 조정 및 심판의 대상으로 한다는 취지의 규정이 없으므로 가정법원은 이에 대한 심판권이 없다(서울고법 1987.11.10. 84르31).

(마) 姓名權·肖像權 侵害

타인의 이름을 무단으로 사용하여 선전하거나 유사한 성명을 사용하여 본인과 오인하게 한 경우에는 위법한 행위로서 불법행위를 성립한다. 타인의 초상을 무단으로 사진으로 보도하거나 선전에 이용하는 경우, 캐릭터로 사용하는 경우는 위법행위로서 불법행위를 성립한다.

(바) 其他 人格權 侵害

신용을 침해하는 행위, 개인의 비밀을 누설하는 행위, 사생활을 침해하는 행위, 성적인 표현 등은 구체적으로 위법성을 판단하여야 하나, 원칙적으로 위법행위로서 불법행위를 성립한다.

판례 性的인 表現 : 성적 표현행위의 위법성 여부는, 쌍방 당사자의 연령이나 관계, 행위가 행해진 장소 및 상황, 성적 동기나 의도의 유무, 행위에 대한 상대방의 명시적 또는 추정적인 반응의 내용, 행위의 내용 및 정도, 행위가 일회적 또는 단기간의 것인지 아니면 계속적인 것인지 여부 등의 구체적 사정을 종합하여, 그것이 사회공동체의 건전한 상식과 관행에 비추어 볼 때 용인될 수 있는 정도의 것인지 여부, 즉 선량한 풍속 또는 사회질서에 위반되는 것인지 여부에 따라 결정되어야 하고, 상대방의 성적 표현행위로 인하여 인격권의 침해를 당한 자가 정신적 고통을 입는다는 것은 경험칙상 명백하다(대판 1998.2.10. 95다39533).

(3) 身分權的 法益

친족관계에 의한 신분권에 대한 침해도 원칙적으로 위법행위로서 불법행위를 성립한다. 예컨대, 자녀의 인격권에 대한 침해가 별도로 친권에 대한 침해로서 불법행위를 구성하며, 배우자 있는 자와의 간통·강간 등은 배우자의 신분권에 대한 침해로서 불법행위를 성립한다. 간통의 경우에 판례는 배우자 외에 그 자녀에 대한 관계에서는 불법행위를 구성하지 아니한다고 하였다(대판 2005.5.13. 2004다1899).

(4) 公務員의 權限 不行事

공무원이 법률상 직무이며 권한인 단속을 하지 않아 피해가 발생한 경우에 위법성이 있다.

판례 公務員의 권한 不行事 : 경찰은 범죄의 예방, 진압 및 수사와 함께 국민의 생명, 신체 및 재산의 보호 등과 기타 공공의 안녕과 질서유지도 직무로 하고 있고, 그 직무의 원활한 수행을 위하여 경찰관직무집행법, 형사소송법 등 관계 법령에 의하여 여러 가지 권한이 부여되어 있으므로, 구체적인 직무를 수행하는 경찰관으로서는 제반 상황에 대응하여 자신에게 부여된 여러 가지 권한을 적절하게 행사하여 필요한 조치를 취할 수 있는 것이고, 그러한 권한은 일반적으로 경찰관의 전문적 판단에 기한 합리적인 재량에 위임되어 있는 것이나, 경찰관에게 권한을 부여한 취지와 목적에 비추어 볼 때 구체적인 사정에 따라 경찰관이 그 권한을 행사하여 필요한 조치를 취하지 아니하는 것이 현저하게 불합리하다고 인정되는 경우에는 그러한 권한의 불행사는 직무상의 의무를 위반한 것이 되어 위법하게 된다(대판 2004.9.23. 2003다49009).

4. 違法性의 阻却

위법성이 있는 경우에도 특정한 사유가 있으면 위법성이 조각된다. 민법은 제761조에서 위법성 조각사유로 정당방위와 긴급피난만을 들고 있으나, 그 밖에 자력구제·피해자의 승낙·정당업무행위 등도 경우에 따라서 위법성을 조각한다.

판례 名譽毁損과 違法性 : 타인의 명예를 훼손하는 행위를 한 경우에도 그것이 공공의 이해에 관한 사항으로서 그 목적이 오로지 공공의 이익을 위한 것일 때에는 진실한 사실이라는 증명이 있으면 위 행위에 위법성이 없으며, 또한 그 증명이 없더라도 행위자가 그것을 진실이라고 믿을 만한 상당한 이유가 있는 경우에는 위법성이 없다(대판 2002.5.10. 200다68306).

(1) 正當防衛

(가) 正當防衛의 意義

타인의 불법행위에 대하여 자기 또는 제3자의 이익을 방위하기 위하여 부득이 타인에게 손해를 가하는 행위가 정당행위이다. 이러한 정당행위자는 손해의 배상의무가 없고, 피해자는 불법행위자에게 그 배상을 청구할 수 있다(제761조 1항). 이는 급박한 침해행위에 대한 일종의 자력구제이다.

(나) 正當防衛의 要件

① **他人의 不法行爲의 存在**

타인의 불법행위가 있어야 한다. 그 타인의 불법행위는 객관적으로 위법한 행위이면 족하고 주관적 요건을 갖출 필요는 없다. 타인의 행위가 위법행위라야 하므로 법률상 허용된 침해나 다소 지나친 행위일지라도 사회적으로 용인되는 행위에 대하여는 정당방위가 성립되지 않는다. 정당방위는 보충성과 균형성이 엄격히 요구되지는 않지만 사회통념상 상당성 있는 행위여야 한다. 상당성을 상실한 행위는 과잉방위로서 위법성이 조각되지 않는다. 상당성이 있느냐 여부는 불법행위와 방위행위의 상관관계에 의한 통상인의 관념이 기준이 된다. 과잉방위는 행위 자체가 불법행위를 구성하나, 배상액의 산정에서는 과실상계가 적용된다.

판례 社會倫理에 附合하여야 한다 : 정당방위에 있어서는 반드시 방위행위에 보충의 원칙은 적용되지 않으나 방위에 필요한 한도 내의 행위로서 사회윤리에 위배되지 않는 상당성 있는 행위임을 요한다(대판 1991.9.10. 91다19913).

② 自己 또는 第3者의 利益을 防衛하기 위한 行爲

여기의 이익은 재산적 법익이든 인격적 법인이든 묻지 아니한다. 제3자의 이익은 개인의 이익뿐만 아니라 공공적 이익도 포함된다. 방위란 침해행위에 대한 대응이므로 침해행위시에 정당방위가 있어야 하며, 침해행위 종료 후의 방위란 있을 수 없다.

③ 不得已한 行爲

정당행위를 하는 것 말고는 다른 방도가 없는 부득이한 경우이어야 한다. 부득이한 행위란, 당해 침해행위에 대응하는 다른 구제수단이 없는 유일한 행위를 말한다. 따라서 당해 침해행위를 피할 수 있거나 공권력을 요청하여 침해행위를 면할 수 있는 경우에는 정당방위가 성립되지 않는다.

판례 敎師의 體罰權 : 교사의 학생에 대한 체벌이 징계권의 행사로서 정당행위에 해당하려면 그 체벌이 교육상의 필요가 있고 다른 교육적 수단으로서는 교정이 불가능하여 부득이 한 경우에 한하는 것이어야 할 뿐만 아니라 그와 같은 경우에도 그 체벌의 방법과 정도에는 사회관념상 비난받지 아니할 객관적 타당성이 있어야 한다(대판 1991.5.28. 90다17972)

④ 他人의 損害

정당방위로 타인에게 손해를 주었어야 한다. 여기서의 타인은 당해 불법행위자이든 순수한 제3자이든 묻지 아니한다.

(다) 正當防衛의 法律關係

정당방위가 성립하면 위법성이 조각되어, 정당방위자의 불법행위는 성립하지 않아 배상의무를 지지 아니한다(제761조 1항 본문). 정당방위에 의한 피해자는 정당방위의 원인을 제공한 불법행위자에게 그 손해의 배상을 청구할 수 있다(제761조 1항 단서). 여기서 불법행위자는 불법행위의 일반적인 요건인 주관적 요건과 객관적 요건을 모두 갖추어야 한다(이설 없음). 따라서 그 타인이 책임무능력자라든지 또는 과실이 없어 손해배상책임을 지지 아니하는 경우에는 피해자는 피해를 감수하여야 한다.

(2) 緊急避難

(가) 緊急避難의 意義

급박한 위난을 피하는 행위를 긴급피난이라 한다. 긴급피난으로 인하여 타인에게 손해를 준 경우에도 정당방위에 관한 규정이 준용되어 긴급피난자는 배상의무가 없다(제761조 2항).

(나) 緊急避難의 要件

① 急迫한 危難

급박한 위난은 사람에 의한 것이든, 물건에 의한 것이든, 천재지변에 의한 것이든 묻지 아니한다.

② 危難을 避하기 爲한 不得已한 行爲

당해 침해행위에 대한 유일한 행위이어야 한다. 이 행위는 정당방위에서와는 달리 보충성과 균형성이 엄격히 요구된다(통설).

③ 他人의 損害

타인에 대한 손해가 있어야 한다. 재산적 법익과 인격적 법익 모두 포함된다.

(다) 緊急避難의 法律關係

정당방위의 규정이 준용된다(제761조 2항). 따라서 긴급피난은 위법성을 조각하며, 피해자는 긴급피난의 원인제공자에게 손해 배상을 청구할 수 있다.

(3) 自力救濟

자기의 권리를 실현하기 위하여 국가기관의 구제를 기다릴 여유가 없는 권리자가 사력으로 스스로 구제하는 행위를 자력구제라 한다. 자력구제는 침해행위 종료 후의 회복이라는 점에서 정당방위나 긴급피난과는 다르다.

민법은 제209조에서 점유침탈에 대한 자력구제를 인정할 뿐이고, 자력구제에 관한 일반적 규정은 갖고 있지 아니하다.

권리자가 자기의 정당한 권리의 실현을 위하여 사회적으로 용인되는 수단과 정도로써 행위를 한 것은 초법규적 위법성조각사유로 보아 불법행위를 성립하지 아니한다는 견해가 지배적이다(곽,김증,이태,황).

(4) 被害者의 承諾

사법상의 권리는 양속과 사회질서에 반하지 아니하는 한 자유로이 포기할 수 있는 것이므로 피해자의 승낙은 위법성을 조각한다. 그러나 위법성을 조각하기 위하여는 아래의 요건을 충족하여야 한다.

① 피해자가 발생하게 될 손해의 의미, 내용, 결과 등을 충분히 이해할 수 있는 정신적 능력이 있어야 한다.

② 권리의 포기가 선량한 풍속과 사회질서에 반하지 않아야 한다. 예컨대, 승낙에 의한 살인, 자살방조 등은 양속과 사회질서에 반하여 위법성을 조각하지 아니한다. 이 경우에는 과실상계로 책임이 감경될 수는 있다(김증,이태).

③ 피해자의 승낙은 자유로운 의사결정에 의한 것이어야 하며, 행위시에 승낙이 있어야 한다. 행위 후의 승낙은 위법성을 조각하는 것이 아니라 손해배상청구권의 포기라고 보아야 한다.

④ 승낙은 반드시 명시적일 필요는 없다. 격렬한 운동경기 등에서는 경기에 임하는 것에 묵시적 승낙이 있는 것으로 보아야 한다.

판례 承諾의 範圍를 超過한 경우 : 본인의 승낙을 받은 경우에도 승낙의 범우를 초과하여 승낙 당시의 예상과는 다른 목적이나 방법으로 된 경우는 위법하다(대판 1998.9.4. 96다11327).

(5) 正當業務行爲

법령에 의하여 업무를 수행하는 자의 정당한 업무행위로 인하여 손해가 발생하여도 원칙적으로 위법성이 조각된다. 경찰관의 범인 체포, 의사의 수술행위, 친권자의 자녀에 대한 징계행위, 노동조합의 정상적인 파업행위 등이다. 다만 이러한 행위가 위법성을 조각하기 위하여는 그 행위의 정도가 사회적 타당성이 있어야 한다.

판례 ① 教師의 懲戒 : 교사의 학생에 대한 체벌이 징계권의 행사로서 정당행위에 해당하려면 그 체벌이 교육상의 필요가 있고, 다른 교육적 수단으로는 교정이 불가능하여 부득이 한 경우에 한하는 것이어야 할 뿐 아니라, 그와 같은 경우에 그 체벌의 방법과 정도에는 사회관념상 비난받지 아니할 객관적 타당성이 있지 않으면 아니 된다(대판 1988.1.12. 87다카2240).
② 檢事의 起訴 後 無罪 判決 : 피의자의 유죄판결을 받을 가능성이 있는 정도의 혐의를 가지게 된 데에 합리적인 이유가 있다고 판단될 때에는 피의자에 대하여 공소를 제기할 수 있으므로 그 후 형사재판 과정에서 범죄사실의 존재를 증명함에 충분한 증거가 없다는 이유로 무죄판결이 확정되었다고 하더라도 그러한 사정만으로 바로 검사의 구속 및 공소제기가 위법하다고 할 수 없고, 그 구속 및 공소제기에 관한 검사의 판단이 그 당시의 자료에 비추어 경험칙이나 논리칙상 도저히 합리성을 긍정할 수 없는 정도에 이른 경우에만 그 위법성을 인정할 수 있다(대판 2002.2.22. 2001다23447)

V. 損害의 發生

1. 損害의 現實化

불법행위가 성립하려면 당해 행위로 손해가 현실화되어야 한다.

손해는 재산적 손해, 정신적 손해를 모두 포함하며, 적극적 손해뿐만 아니라 소극적 손해도 포함한다. 또한 통상의 손해가 배상되어야 하며, 특별한 손해도 경우에 따라 배상되어야 한다(자세한 것은 졸저 『채권법총론』 채무불이행편 참조).

판례 夫妾關係에 따른 損害 : 부첩관계에 의한 손해는 반드시 부첩관계로 인하여 혼인관계가 파탄에 이를 필요까지는 없다(대판 1998.4.10. 96므434).

2. 現實化 前의 損害에 대한 賠償

손해의 발생이 확실하지만 아직 현실화되지 않은 경우에 손해배상을 청구할 수 있는가? 이는 저당권 기타 담보권의 침해로서 담보물의 가치를 감소시킨 행위의 경우이다.

담보물에 대한 침해행위가 있어도 잔존 담보가치가 피담보채권을 만족시킬 수 있을 때에는 문제가 되지 아니한다. 채무자의 일반재산에 의하여 변제된다고 할지라도 일차적으로는 담보물로부터 변제를 받아야 하므로, 침해행위로 피담보채권을 만족시킬 수 없는 부분만큼의 손해가 있는 것으로 보아야 한다.

손해배상청구시에 관하여는 침해행위로 손해가 현실화되어 있으므로 채무변제기 도래 전이라도 가능하다는 견해가 있으나(김증,황), 담보물의 가치변동이 가능하기 때문에 변제기 도래 후에 청구할 수 있다고 보는 것이 타당하다고 본다(곽). 변제기 도래 후이면 담보권실행 전이라도 가능하다.

3. 立證責任

손해는 피해자가 입증하여야 한다.

Ⅵ. 因果關係

가해자의 행위와 손해의 발생 사이에 인과관계가 있어야 한다. 제763조는 제393조를 준용하기 때문에 채무불이행에서의 인과관계와 동일하게 원인행위와 손해 사이에 원칙적으로 상당인과관계가 있어야 한다(졸저 『채권법총론』의 채무불이행의 인과관계편 참조).

인과관계의 입증책임은 피해자에게 있다.

그런데 제1절에서 설명한 바와 같이 공해·의료과오·제조물에 의한 피해의 경우에는 과실의 입증에 대한 책임분배 및 입증의 정도와 마찬가지로, 인과관계에 관하여도 입증책임에 관하여는 위험영역설, 증거와의 거리설 등이 주장되며, 또한 상당인과관계설 외에 개연성설 등으로 입증의 정도를 완화하는 이론이 주장되고 있다.

판례 인과관계가 인정된 예 : ① 신체사고와 우울증 : 교통사고로 다리에 보기 흉한 흉터가 남은 것과 우울증(대판 1999.7.13.99다19957).
②무면허자에게 자동차 대여한 자동차대여업자 : 무면허자임을 알면서도 자동차를 대여한 자동차대여업자는 무면허자의 운전 미숙에 의한 자동차 사고에 대하여 인과관계가 있다(대판 1998.11.27. 98다39701).
부정된 예: 변호사비용과 손해배상청구의 불법행위 자체 : 변호사강제주의를 채택하지 않는 우리나라 법제에서는 손해배상청구의 원인된 불법행위 자체와 변호사비용 사이에 상당인과관계가 있다고 할 수 없다(대판 1996.11.8. 96다27889).

판례 蓋然性說 : 공사장에서 배출되는 황토 등이 양식어장에 유입되어 농어가 폐사한 경우, 폐수가 배출되어 유입된 경로와 그 후 농어가 폐사하였다는 사실이 입증되었다면 개연성이론에 의하여 인과관계가 입증되었다(대판 1997.6.27. 95다2692).

第3節 不法行爲의 效果

I. 損害賠償請求權의 發生

불법행위가 성립하면 피해자에게 손해배상청구권이 발생한다. 불법행위에 기한 손해배상청구권은 채무불이행에 기한 손해배상청구권과 그 청구권의 기초는 다르나 내용은 기본적으로 같다. 따라서 손해배상에 관한 가장 기본적인 내용인 배상의 범위(제393조), 배상의 방법(제394조), 과실상계(제396조), 배상자의 대위(제399조)에 관하여는 채무불이행에 기한 손해배상에 관한 규정을 불법행위의 손해배상에서 준용한다(제763조).

그 밖에 불법행위와 관련하여 몇 가지의 특칙을 두고 있다. 아래에서는 채무불이행에 의한 손해배상과 중복되는 내용은 생략하고 불법행위에 관한 내용만 설명하도록 한다.

1. 賠償請求權者

배상청구권자는 당해 불법행위에 의한 직접적인 피해자임은 물론이다. 그 밖에 아래의 자가 문제된다.

(1) 生命·身體 侵害時의 被害者와 一定한 關係에 있는 者

생명이 침해된 경우에 사망자의 직계존속, 직계비속 및 배우자는 위자료를 청구할 수 있다(제752조). 또한 사망자의 사망으로 재산적 피해가 있는 자는 제750조에 의한 재산적 손해에 대한 배상청구권자가 됨은 물론이다.

신체손해의 경우에 피해자와 일정한 관계에서 재산적 손해를 당한 자(친족이 간호함으로써 휴업한 경우)도 배상청구권자가 된다.

(2) 法 人

법인이 재산적 피해의 배상청구권자가 됨은 물론이다. 정신적 피해의 대상이 되느냐가 문제된다. 법인도 사회적 실체로서 사회적 평가인 무형적 법익은 보호되어야 하므로, 이를 저하시키는 신용·명예 훼손의 경우에도 배상을 청구할 수 있다.

> **판례** 法人도 名譽毁損의 對象 : 민법 제764조에서 말하는 명예라 함은 사람의 품성, 덕행, 명예, 신용 등 세상으로부터 받는 객관적인 평가를 말하는 것이고 특히 법인의 경우에는 그 사회적 명예, 신용을 가리키는 데 다름없는 것으로 명예를 훼손한다는 것은 그 사회적 평가를 침해하는 것을 말하고, 이와 같은 법인의 명예가 훼손된 경우에 그 법인은 상대방에 대하여 불법행위로 인한 손해배상과 함께 명예회복에 적당한 처분을 청구할 수 있고, 종중과 같이 소송상 당사자능력이 있는 비법인사단 역시 마찬가지이다(대판 1997.10.24. 96다17851).

(3) 胎 兒

태아는 불법행위에 의한 손해배상청구권에 관하여는 이미 출생한 것으로 본다(제762조). 재산적 손해, 정신적 손해에 대하여 고유의 손해배상청구권을 가진다. 예컨대, 태아로 있는 동안 불법행위에 의하여 부가 사망한 경우에 손해배상청구권을 가진다. 사망한 자의 손해배상청구권도 상속의 일반법리가 적용된다(제1000조).

<u>태아 자신에 대한 불법행위가 성립하는지가 문제된다.</u> 판례는 임신 중의 모가 교통사고의 충격으로 태아가 조산되었고 그로 인하여 제대로 성장하지 못하고 사망하였다면, 불법행위는 한편으로 산모에 대한 불법행위인 동시에 한편으로는 태아 자신에 대한 불법행위라고 볼 수 있으므로, 따라서 죽은 아이는 생명침해로 인한 재산상

손해배상청구권이 있다(대판 1968.3.5. 67다2869)고 하였다. 태아의 배상청구권의 행사에 관하여 판례는 살아서 출생한 이후에 행사할 수 있다는 이른바 정지조건설을 취하나, 태아로 있는 동안 대리인을 통하여 행사할 수 있다는 다수설인 해제조건설이 태아의 보호에 충실하다.

판례 胎兒의 損害賠償請求權(정지조건설) : 태아는 손해배상청구권에 관하여 이미 태어난 것으로 본다는 민법 제762조의 취지는 태아가 살아서 출생한 때에 출생시기가 문제의 사건의 시기까지 소급하여 그 때에 태아가 출생한 것과 같이 법률상 보아준다고 해석함이 상당하므로 그가 모체와 같이 사망하여 출생의 기회를 못 가졌다면 배상청구권을 논할 여지가 없다(대판 1977.9.11. 76다1365).

2. 賠償의 方法

(1) 金錢賠償의 原則

손해배상의 방법으로는 원상회복주의와 금전배상주의가 있다. 우리 민법은 제763조가 준용하는 제394조에 의하여 금전배상을 원칙으로 한다. 이러한 금전에 의한 배상은 재산적 손해에 대한 배상뿐만 아니라 비재산적 손해인 정신적 손해에 관하여도 금전으로 액수를 정한다(위자료). 본질적으로 인격권, 특히 생명 또는 신체의 침해에 의한 본인이나 근친자의 정신적 고통은 금전으로 환산될 수 없는 것이다. 이를 금전으로 평가한다는 것은 일정액의 금전과 그러한 정신적 고통을 등가치로 본다는 취지가 아니라 다른 적절한 방법이 없는 불가피한 선택일 뿐이다.

(2) 名譽毁損의 경우의 特則 - 原狀回復

(가) 原狀回復

명예훼손의 경우에는 타인의 명예를 훼손한 자에 대하여 법원은 피해자의 청구에 의하여 손해배상에 갈음하거나 손해배상과 함께 명예회복에 적당한 처분을 명할 수 있다(제764조). 제764조는 명예훼손에 일종의 원상회복을 인정한 것이다. 명예는 그 성질상 금전으로 환산되기 곤란하며, 또한 피해자가 금전을 받는다고 할지라도 그에 의하여 훼손된 명예가 원상으로 복구되는 것은 아니다. 따라서 피해자의 보호를 위하여 가해자에게 금전의 배상과 원상회복으로서의 명예회복을 위한 적당한 처분을 하게 한 것이다.

이는 민법상의 명예훼손뿐만 아니라 명예훼손과 성질상 동일한 영업상의 신용실추

행위에 대하여도 원상회복을 하나의 배상방법으로 규정하고 있다(부정경쟁방지및영업비밀보호에관한법률 제6조).

(나) 適當한 處分

① 被害者의 請求

제764조에 의한 적당한 처분을 명함에 있어서는 피해자의 청구가 있어야 한다. 따라서 피해자가 별도의 청구를 하지 않으면 금전배상의 원칙에 의하여 금전배상을 명하여야 한다. 청구권자는 피해자에 한정된다.

② 內容을 確定하여 請求

피해자는 <적당한 처분>의 종류, 내용, 방법을 구체적으로 확정하여 청구하여야 한다. 처분의 방법으로는 공개장소에서의 언어나 문자 또는 동작으로 사죄하거나 또는 기왕에 한 의사표시를 취소하는 방법 등을 생각할 수 있으나, 주로 사용되고 적절하다는 방법은 언론매체를 통한 사죄광고, 취소광고, 관련된 자에게 서신에 의한 사죄 등이다.

③ 違憲論

명예회복에 적당한 처분으로서 종래 가장 많이 이용되었던 것은 사죄광고의 게재였다. 이에 대해서는 억지로 사죄를 하는 점에서, 즉 양심의 강요를 받는다는 점에서 헌법 제19조의 '양심의 자유'에 저촉된다는 점이 지적되어, 민법 제764조의 '명예회복에 적당한 처분'을 사죄광고의 의미로 확대하여 해석하는 한도에서는 위헌이라는 결정이 나왔다(헌재결 1991.4.1. 헌마160). "원래 깊이 <사과한다>는 행위는 윤리적인 판단·감정 내지 의사의 발로인 것이므로 본질적으로 마음으로부터 우러나오는 자발적인 것이라야 할 것이며 그때 비로소 사회적 미덕이 될 것이고, 이는 결코 외부로부터 강제하기에 적합지 않은 것으로 이의 강제는 사회적으로는 사죄자 본인에 대하여 굴욕이 되는 것임에 틀림없다. 사과의 정도에 따라 굴욕감의 차이는 있을 수 있지만, 적어도 <사과>의 문구가 포함되는 한 그것이 마음에 없는 것일 때에는 당사자의 자존심에 큰 상처요 치욕임에 다름없으며, 사과문, 진사문, 해명서 등 어떠한 명목의 것이든 관계없이 그러하다. 더구나 사죄광고란 양심의 자유에 반하는 굴욕적인 의사표시를 자기의 이름으로 신문·잡지 등 대중매체에 게재하여 일반 세인에게 널리 광포하는 것이다. 이러한 굴욕적인 내용을 온 세상에 광포하면서도 그것이 소송의 성질상 형식적 형성의 소에 준하는 것임에 비추어 그 구체적 내용이 국가기관에 의하여 결정되는 것이며 그럼에도 불구하고 마치 본인의 자발적 의사형성인 것 같이 되는 것이 사죄광고이며 또 본인의 의사와는 무관한데도 본인의 이름으로 이를 대외적으로 표명하게 되는 것이 그 제도의 특질이다. 따라서 사죄광고 과정에서는 자연인이든 법인이든 인격의 자유로운 발현을 위해 보호받아야 할 인격권이 무시되고 국가에 의한 인격의 외형적 변형이 초래되어 인격형성에 분열이 필연적으로 수반되게 된다. 이러한 의미에서 사죄광고제도는 헌법에서 보장된 인격의 존엄과 가치 및 그를 바탕으로 하는 인격권에 큰 위해도 된다고 볼 것이다."

④ **外國의 例**

사죄광고는 일본에서도 위헌론이 다수설이다. 영국, 미국, 독일, 프랑스, 스위스에서도 강제적인 사죄광고는 인정하지 않고 있다. 영국과 미국에서는 가해자가 자발적으로 사죄광고를 하는 경우는 이를 배상액 산정의 감경사유로 한다. 독일, 프랑스, 스위스에서는 명예훼손의 사실을 확인하는 판결 또는 명예훼손에 의한 위자료지급을 명하는 판결을 공시하는 방법을 취하고 있다.

⑤ **私 見**

자발적인 사죄광고가 있는 경우에는 배상액의 산정에서 고려하되, 자발적인 사죄광고의 의사가 없는 경우에는 독일 등에서와 같이 명예훼손의 사실을 확인하는 판결 또는 위자료지급을 명하는 판결의 요지를 언론매체 등을 통하여 공시하는 방법이 적절한 것으로 생각된다.

[판례] 謝罪廣告 : 명예훼손으로 인한 피해자가 그로 인한 손해배상과 아울러 사죄광고를 함께 청구하고 있다면, 법원은 그 명예훼손이 있는 것으로 인정될 때 그 청구범위 내에서 명예회복처분을 금전배상과 함께 명하거나, 또는 전자만을 명하거나, 아니면 전자를 인정함이 없이 후자만을 명할 수 있다(대판 1988.6.14. 87다카1450).

[판례] 謝罪廣告의 違憲 : ① 민법 제764조가 사죄광고를 포함하는 취지라면 그에 의한 기본권제한에 있어서 그 선택된 수단이 목적에 적합하지 않을 뿐만 아니라 그 정도 또한 과잉하여 비례의 원칙이 정한 한계를 벗어난 것으로 헌법 제37조 제2항에 의하여 정당화될 수 없는 것으로써 헌법 제19조에 위반되는 동시에 헌법상 보장되는 인격권의 침해에 이르게 된다. ② 민법 제764조 "명예회복에 적당한 처분"에 사죄광고를 포함시키는 것은 헌법에 위반된다는 것의 의미는 동조 소정의 처분에 사죄광고가 포함되지 않는다고 하여야 헌법에 위반되지 아니한다는 것으로서, 이는 동조와 같이 불확정 개념으로 되어 있거나 다의적인 해석가능성이 있는 조문에 대하여 한정축소해석을 통하여 얻어진 일정한 합의적 의미를 천명한 것이며, 그 의미를 넘어선 확대는 바로 헌법에 위반되어 채택할 수 없다는 뜻이다(헌재결 1991.4.1. 89헌마160).

(3) 當事者의 特約으로 定한 方法

당사자간에 배상의 방법에 관하여 특약을 할 수 있으며, 이는 공서양속에 반하지 않는 한 유효하다(제394조 참조).

(4) 鑛害賠償

광업법 제93조는 광해의 손해배상은 금전배상이 원칙이나, 배상금액에 비하여 과다한 비용을 요하지 아니하고 원상회복을 할 수 있는 경우에는 피해자는 원상의 회복을 청구할 수 있게 한다.

3. 損害賠償請求權의 性質

(1) 相計禁止

고의의 불법행위로 인한 배상의무자는 피해자의 손해배상청구권에 대한 자기의 반대채권으로 상계하지 못한다(제496조). 과실에 의한 배상채무에 대하여는 상계할 수 있다.

고의에 의한 불법행위자에게 현실의 배상을 시켜 피해자를 두텁게 보호할 뿐만 아니라 불법행위의 발생을 억제한다는 취지이다. 이 규정은 피용자의 불법행위로 사용자책임에 의한 사용자의 배상채무에 대하여도 적용되며, 쌍방의 채권이 불법행위에 의한 경우에도 적용된다는 것이 통설이다.

(2) 讓渡性과 相續性 - 死亡 被害者의 慰藉料請求權

재산적 손해에 대한 배상청구권이 양도성과 상속성이 있다는데 대하여는 이설이 없다. 그런데 정신적 손해에 대한 배상청구권, 즉 위자료청구권이 상속성과 양도성이 있는지가 문제된다. 상속성이 있으면 양도성은 있다.

우선 피해자 본인의 손해배상청구권이 발생하여야 하는데, 사망의 경우에 문제가 된다. 불법행위로 중상을 입고 당해 행위 후에 시간적 간격을 두고 사망한 경우에는 별다른 문제가 없다. 불법행위로 즉사한 경우가 문제되는데, 제2절 불법행위의 성립요건에서 검토한 바와 같이 통설인 시간적 간격설에 의해 즉사卽死의 경우에도 재산적 손해와 정신적 손해가 발생한다고 보아야 할 것이다. 따라서 사망한 경우에 즉사 여부를 묻지 않고 재산적 손해에 대한 배상청구권이 피해자인 사망자에게 발생하고, 그것이 양도성과 상속성을 가진다. 한편, 위자료청구권은 피해자가 즉사하지 않은 경우에는 본인의 위자료청구권이 발생하고, 그것이 양도성과 상속성이 있다는 점에 관하여는 아무런 문제가 없다. 그런데 피해자가 사망한 경우에 일정한 관계자에게 고유한 위자료청구권을 인정한 제752조와의 관계에서 즉사한 경우의 피해자 본인의 위자료청구권의 상속성과 양도성에 의문이 있다.

생각건대, 제752조의 일정한 관계자의 위자료청구권은 즉사 여부를 묻지 아니하고 인정하고 있다. 따라서 만약 즉사한 경우에 사망자 본인의 위자료청구권이 상속되지 않는다면, 즉사하지 않은 경우와 형평에 맞지 아니한다는 중대한 문제가 발생한다. 이러한 점에서 즉사 여부를 불문하고 제752조와는 관계없이 본인의 위자료청구권은 상속성이 있다고 보아야 한다. 판례와 학설도 상속성을 인정한다. 즉, 제752조는 피해자 본인의 위자료청구권과는 관계가 없다(제752조의 성격에 관하여는 후술하는 정신적 손해의 산정 참조).

이렇게 되면, 유족은 제752조에 의한 고유한 위자료청구권과 피해 사망자 본인의 위자료청구권을 상속한 청구권 두 개를 함께 행사할 수 있다. 다만 두개의 청구권을 행사하는 경우에는 유족 본인의 고유한 위자료 산정에서 상속된 위자료의 배상에 의한 유족의 정신적 손해가 감경되는 만큼의 액이 고려되어야 한다.

판례 卽死한 被害者의 慰藉料請求權의 相續 與否 : 피해자가 즉사한 경우에도 위자료 청구권은 당연히 상속된다. 유족 고유의 위자료청구권과 상속받은 위자료청구권은 함께 행사할 수 있다(대판 1969.4.15. 69다268).

4. 損害賠償請求權의 消滅時效

(1) 時效期間

제766조는 불법행위로 인한 손해배상청구권의 시효기간은 피해자나 그 법정대리인이 그 손해 및 가해자를 안 날로부터 3년간이며(1항), 불법행위를 한 날로부터 10년이라고(2항) 규정한다.

3년의 단기소멸시효의 기산점이 되는 '손해 및 가해자를 안 날'에서 안 사람은 피해자를 말하는 것은 분명한데, 법인의 경우는 누구를 의미하는가? 법인에서는 기관인 대표자를 말하며, 대표자가 타인과 공동하여 법인에 불법행위를 한 경우에는 법인을 위하여 실질적으로 배상을 청구할 수 있는 다른 임원 등이 안 날을 기산점으로 하여야 한다.

판례 法人의 賠償請求權의 起算點 : 법인의 경우 불법행위로 인한 손해배상청구권의 단기소멸시효의 기산점인 '손해 및 가해자를 안 날'이라 함은 통상 대표자가 이를 안 날을 뜻하지만, 법인의 대표자가 가해자에 가담하여 법인에 대하여 공동불법행위가 성립하는 경우에는, 법인과 그 대표자는 이익이 상반하게 되므로 현실로 그로 인한 손해배상청구권을 행사하리라고 기대하기 어려울 뿐만 아니라 일반적으로 그 대표권도 부인된다고 할 것이므로, 단지 그 대표자가 손해 및 가해자를 아는 것만으로는 부족하고, 적어도 법인의 이익을 정당하게 보전할 권한을 가진 다른 임원 또는 사원이나 직원 등이 손해배상청구권을 행사할 수 있을 정도로 이를 안 때에 비로소 위 단기시효가 진행한다고 해석함이 상당하다(대판 1998.11.10. 98다34126).

(2) 3年의 起算點

3년의 기산점은 <손해 및 가해자를 안 날>이 기산점이다. 여기서 안날이라 함은 현실적으로 손해배상을 청구할 수 있는 때부터이다. 즉, 안다는 것은 단순히 손해의 발생을 인식한다는 것만을 의미하는 것이 아니라, 손해의 발생, 위법한 가해행위의 존재, 가해행위와 손해의 발생 사이에 인과관계가 있다는 사실 등 불법행위의 요건사실에 대하여 현실적이고도 구체적으로 인식하였을 때를 의미한다. 그리하여 후유증의 경우에는 후유증이 구체화 현실화된 때이고, 가해행위와 손해상이에 시간적 간격이 있는 경우에도 그러한 손해가 현실화된 것을 안 날이 기산점이 된다.

한편, 피해자는 이들을 알 수 있는 지능이 있어야 한다. 즉, 불법행위와 손해의 사실을 현실적이고도 구체적으로 인식할 만한 정신적 능력 내지 지능을 요한다. 따라서 그러한 지능이 없었다면 단기소멸시효는 진행되지 아니한다.

판례 損害를 안다 : ① 意味 : ㉠ (내용) 불법행위로 인한 손해배상청구권의 소멸시효에 있어 손해 및 가해자를 안다는 것은 손해의 발생사실과 손해가 가해자의 불법행위로 인하여 발생하였다는 사실을 알면 되고 손해의 정도나 액수를 구체적으로 알아야 하는 것은 아니다. ㉡ (후유증) 통상의 경우 상해의 피해자는 상해를 입었을 때 손해를 알았다고 보아야 하고, 다만 후유증 등으로 인하여 불법행위 당시에는 예상할 수 없었던 새로운 손해가 발행하였다거나 예상외로 손해가 확대된 경우에는 그러한 사유가 판명되었을 때 비로소 새로이 발생 또는 확대된 손해를 알았다고 보아야 한다.(대판 1992.12.8. 92다42583).

② 加害行爲와 損害發生사이에 時間的 間隔이 있는 경우 : ㉠ 가해행위와 이로 인한 현실적인 손해의 발생 사이에 시간적 간격이 있는 불법행위에 기한 손해배상채권에 있어서 소멸시효의 기산점이 되는 불법행위를 안 날이라 함은 단지 관념적이고 부동적인 상태에서 잠재하고 있던 손해에 대한 인식이 있었다는 정도만으로는 부족하고 그러한 손해가 그 후 현실화된 것을 안 날을 의미한다. ㉡ 사고 당시 피해자는 만 2세 남짓한 유아로서 좌족부의 성장판을 다쳐 의학적으로 뼈가 성장을 멈추는 만 18세가 될 때까지는 위 좌족부가 어떻게 변형될지 모르는 상태였던 경우, 피해자가 고등학교 1학년 재학 중에 담당의사에게 진찰을 받은 결과 비로소 피해자의 좌족부 변형에 따른 후유장해의 잔존 및 그 정도 등을 가늠할 수 있게 되었다면 피해자의 법정대리인도 그때서야 현실화된 손해를 구체적으로 알았다고 보아 그 무렵을 기준으로 소멸시효의 기산점을 산정한 원심의 판단을 수긍한 사례(대판 2001.1.19. 2000다11830).

③ 繼續된 不法行爲의 경우 : 불법행위에 의한 손해배상청구권의 단기소멸시효의 기산점이 되는 민법 제766조 제1항 소정의 '그 손해 및 가해자를 안 날'이라 함은 현실적으로 손해의 발생과 가해자를 알아야 할 뿐만 아니라 그 가해행위가 불법행위로서 이를 이유로 손해배상을 청구할 수 있다는 것을 안 때를 의미하고, 불법행위가 계속적으로 행하여지는 결과 손해도 역시 계속적으로

발생하는 경우에는 특별한 사정이 없는 한 그 손해는 날마다 새로운 불법행위에 기하여 발생하는 손해로서 민법 제766조 제1항을 적용함에 있어서 그 각 손해를 안 때로부터 각별로 소멸시효가 진행된다고 보아야 한다(대판 1999.3.23. 98다30285).

④ 不當罷免에 의한 無效確認의 訴의 確定判決時 : 학교장이 학교법인의 파면처분에 대하여 그 무효확인을 구하는 소를 제기하여 대법원에서 승소판결이 확정되었다면 그 때에 비로소 그 손해를 알았다고 보아야 할 것이고 파면처분효력정지가처분신청을 한 때에 그 손해를 알았다고는 볼 수 없다(대판 1981.1.13. 80다1713).

⑤ 알 수 있는 知的 能力 : 민법 제766조 제1항에서 말하는 피해자나 그 법정대리인이 손해 및 가해자를 안다고 하는 것은 피해자나 그 법정대리인이 손해의 발생사실과 그 손해가 가해자의 불법행위로 인하여 발생하였다는 사실을 현실적이고도 구체적으로 인식함을 뜻하는 것이므로, 피해자 등에게 손해의 발생사실과 그 손해가 가해자의 불법행위로 인하여 발생하였다는 사실을 현실적이고도 구체적으로 인식할 만한 정신적 능력 내지 지능이 있었다고 인정되지 아니한다면 설사 사고 발생 후 피해자 등이 사고 경위 등에 관하여 들은 적이 있다 하더라도 손해 및 가해자를 알았다고 할 수는 없을 것이므로, 위 법조항 소정의 단기소멸시효는 진행되지 아니한다고 보아야 할 것이고, 이러한 정신적 능력 내지 지능이 있었는지 여부는 결국 구체적인 사건에 있어서 여러 사정들을 참작하여 판단할 사실인정의 문제라 할 것이다(대판 1995.2.10. 94다30263).

(3) 10年의 起算點

불법행위를 한 날에서 가해행위와 손해발생 사이에 시간적 간격이 있는 경우에는 손해의 결과발생이 현실화된 날을 의미한다.

계속적인 불법행위의 경우는 개별손해별로 별도로 시효가 진행한다.

판례 不法行爲를 한 날의 意味 : (손해가 현실화된 날) 가해행위와 이로 인한 현실적인 손해의 발생 사이에 시간적 간격이 있는 불법행위에 기한 손해배상채권의 경우, 소멸시효의 기산점이 되는 '불법행위를 한 날'의 의미는 단지 관념적이고 부동적인 상태에서 잠재적으로만 존재하고 있는 손해가 그 후 현실화되었다고 볼 수 있는 때, 다시 말하자면 손해의 결과발생이 현실적인 것으로 되었다고 할 수 있는 때로 보아야 한다(대판 1998.5.8. 97다36613).

5. 損害賠償者의 代位

제763조는 채무불이행의 손해배상에 관한 손해배상자대위의 규정인 제399조를 준용한다. 따라서 배상책임자가 불법행위에 의한 손해의 전부를 배상한 때에는 불법행위의 대상이 된 물건의 권리에 관하여 피해자를 대위한다(자세한 것은 졸저 『채권법총론』 손해배상자대위편 참조).

Ⅱ. 損害賠償의 範圍와 賠償額의 算定

1. 損害賠償의 範圍

손해배상의 범위는 제763조에 의하여 제393조가 준용되므로 통상손해와 특별손해가 다 해당되며, 재산적 손해와 정신적 손해가 다 포함된다.

손해의 의미, 손해의 종류, 배상의 범위 등은 채무불이행의 손해배상과 다르지 않아 여기서는 생략하고(졸저 『채권법총론』 손해배상의 범위편 참조), 특수한 경우에 문제가 되는 것은 아래의 사례를 소개한다.

판례 ① 株式의 違法處分은 處分 當時의 市價 : 증권회사가 고객의 주식을 위법하게 처분한 손해는 처분 당시의 시가를 기준으로 하고, 그 후 위 주식의 가격이 올랐다 하더라도 이는 특별손해에 해당한다(대판 1995.10.12. 94다16786).

② 1次事故로 因한 2次事故의 경우 : 사고로 상해를 입은 피해자가 다른 사고로 인하여 사망한 경우 그 두 사고 사이에 1차사고가 없었더라면 2차사고도 발생하지 않았을 것이라고 인정되는 것과 같은 조건적 관계가 존재하는 경우 1차사고의 가해자는 2차사고의 피해에 대하여도 책임이 있다(대판 1998.9.18. 97다47507).

③ 違法所得은 除外 : ㉠ 범법행위를 계속함으로써 얻을 수 있는 이른바, 위법소득은 손해액 산정의 기초로 삼을 수는 없으나, 위법소득인지 여부는 법이 금하고 있다고 하여 일률적으로 이를 위법소득으로 볼 것이 아니고 그 법규의 입법취지와 법률행위에 대한 비난 가능성의 정도 특히, 그 위반행위가 가지는 위법성의 강도 등을 종합하여 구체적·개별적으로 판단하여야 할 것이므로 수산업법상의 무면허 어업행위에 의한 수입이라는 이유만으로 그것이 곧 위법소득에 해당된다고는 볼 수 없다. ㉡ 어촌계가 특별한 시설 등을 갖출 필요 없이 면허를 받아 어업행위를 할 수 있었음에도 절차상의 이유 등으로 면허를 받지 못한 채 무면허 공동어업을 해 온 경우와는 달리, 애초에 면허를 받을 수 없는 공단지정지역 내에서의 무면허 어업행위는 위법성의 정도가 강하므로 그로 인한 수입은 위법소득으로서 일실손해 산정의 기초가 될 수 없다고 한 사례(대판 2004.4.28. 2001다36733).

2. 損害額算定의 基準時期

(1) 基準時期

손해액의 산정시기가 문제되는 것은 물건이 멸실·훼손된 경우이다. 물건에 대한 시가는 증감변동되기 때문이다. 판례와 통설은 불법행위 당시의 교환가격을 통상손해로 하고, 그 이후 등귀된 가격은 특별손해로서 불법행위자의 예상가능성이 있는 경우에만 배상한다고 한다.

(2) 遲延利子의 發生時期

불법행위에 의한 손해배상채무는 손해발생과 동시에 이행기가 도래한 것으로 본다. 따라서 불법행위시부터 지연이자가 발생한다.

3. 財産的 損害의 算定

(1) 物件의 滅失·毁損

통상의 손해는 멸실 당시의 교환가격이 배상액이다. 그 후 등귀된 가격은 특별손해로서 가해자의 예상가능성을 기준으로 배상 여부가 결정된다.

훼손의 경우는 통상적으로 수리비용과 수리기간 중의 사용 불능에 따른 일실이익이 배상액이다. 수리가 불가능한 때에는 당해 부분의 멸실에 따른 교환가격이 통상손해이다.

판례 物件의 毁損 : 불법행위로 인하여 소유물이 훼손되었을 때의 손해액은 수리가 가능한 경우에는 그 수리비가 되고, 만일 수리가 불가능한 경우에는 그 교환가치의 감소액이 그 통상의 손해액이 되는 것인 바, 수리를 한 후에도 일부 수리 불가능한 부분이 남아 있는 경우에는 수리비 외에 수리 불능으로 인한 교환가치의 감소액도 통상의 손해에 해당한다(대판 1992.2.11. 91다28719).

(2) 不法占據

동산이나 부동산의 점유를 침탈하는 불법점거는 불법행위를 성립한다. 불법점거란 점거자가 권원 없이 권리자가 당해 물건을 사실상 사용수익하지 못하게 하는 것을 말한다.

매수인이 대금을 전부 지불하였으나 등기명의 이전 전이라는 이유로 계속 점유하는 매도인, 계약이 정당하게 해제되었음에도 이유 없이 계속 점유하여 반환하지 않는 매수인, 타인의 대지 위에 자기 집의 추녀가 걸쳐진 경우 등이 사례에 나타난 불법점거이다.

불법점거로 인한 손해는 그로 인하여 누군가에게 손해가 생길 것이라는 것을 인식하면 족하고, 어느 특정인에게 손해가 생길 가능성까지 요하지는 아니한다. 불법점거로 인하여 사용·수익하지 못한데 대한 손해가 배상액이다. 예컨대, 부동산의 불법점거의 경우는 임료상당액이 된다.

판례 他人의 垈地위에 걸쳐진 추녀의 不法占據 與否 : 집 추녀가 타인소유의 대지 위에 걸쳐 있는 경우에는 그 집 소유자는 그 걸쳐 있는 해당 추녀 밑 타인소유 대지의 불법점유자이므로 그 해당 추녀부분을 절단하고 그 밑 대지를 대지소유자에게 인도하여야 한다(대판 1970.2.14. 69다1158).

판례 契約解除 後의 買受人의 占有 : 매매계약이 적법하게 해제된 이상 그 후에 있어서의 매수인의 점유는 권원 없는 점유이며 이 같은 점유는 특별한 사정이 없는 한 고의과실에 의한 불법점거라 할 것이다(대판 1974.5.14. 73다1563).

판례 不法占據로 因한 損害發生 : 특정인 불법점거에 의한 불법행위의 성립에 필요한 고의·과실은 권원 없이 점용함으로써 누군가에게 손해가 생길 사실에 대하여 알고 있으면 족하고 어느 특정인에게 손해가 생길 사실에 대하여서는 필요 없다(대판 1977.12.27. 77다550).

판례 不法占據者의 賠償額 : (임료상당액) 불법점거를 당한 부동산의 소유자는 불법점거자에게 불법점거로 인하여 상실한 임료상당의 이익에 대한 손해배상을 청구할 수 있으나, 불법점거가 없었다고 하여도 부동산소유자에게 임료상당의 이익이나 기타 소득이 발생할 여지가 없는 특별한 사정이 있는 때에는 손해배상을 청구할 수 없다(대판 1985. 10.22. 85다카689).

(3) 辯護士費用

변호사강제주의가 아니므로 변호사비용은 원칙적으로 당해 불법행위와 상당인과 관계가 없고, 통상손해에 포함되지 않는다. 그러나 부당소송이나 부당항쟁의 경우는 변호사비용이 통상손해에 포함된다는 것이 통설·판례이다.

판례 辯護士費用 : 원고소유토지의 불법점거자인 피고의 부당한 항쟁에 관하여 소송을 제기함으로 인하여 지출하게 된 변호사비용은 불법행위에 기인한 손해로서 배상할 의무가 있다(대판 1972.5.9. 71다1297).

(4) 生命侵害 - 死亡

(가) 積極損害

생명침해로 인하여 적극적으로 발생한 손해이다. 사망 때까지 지출된 치료비, 간호비 등은 사망자가 받은 적극적인 손해로서 상속인이 청구할 수 있다. 치료비 등을 친족이 지출한 때에는 자기의 손해로서 배상을 청구할 수 있다.

장례비, 묘지구입비 등 장의에 소용된 비용도 적극손해로서 지출자가 자기의 손해로서 청구할 수 있다.

판례 葬禮費, 墓地購入費 : 원고의 이건 장례비지급청구의 당부를 판단하기 위하여는 우선 원고가 지출소비하였다고 주장하는 장례비의 내역을 세분하여 그것이 장례비에 속하는 것인지 또는 법률상 지급청구가 허용될 것인지의 여부를 심리 판단하여야 하고 비록 장례비 명목으로 금원이 지출되었다 하더라도 그것이 당시의 가정의례에 관한 법률에서 금하고 있는 허례허식으로 지출된 것이라면 이는 피고가 배상하여야 할 장례비에서 제외시켜야 한다. 망인의 시신을 묘지에 장사지내는 것은 우리나라 고유의 풍속에 속한다 할 것이고 어느 토지가 일단 묘지로 사용된 이상 특단의 사정이 없는 한 그 토지는 상당한 기간 묘지 이외의 다른 용도로 사용할 수 없어 일반재산으로서의 교환가치를 상실한다 할 것이므로 타인의 불법행위로 인하여 사망한 자를 매장하기 위하여 묘지를 구입한 경우 그 묘지 구입비는 손해배상의 대상이 되는 장례비에 해당된다(대판 1984.12.11. 84다카1125).

(나) 死亡者의 逸失收益

사망으로 사망자 본인은 불법행위에 의한 손해배상청구권을 취득하며, 이는 상속인이 상속하여 행사한다.

일실수익이란 사망자가 사망하지 않았으면 장래에 얻을 수 있는 기대순수익을 말한다. 일실수익은 수익가능기간과 가능수익액을 상정하여 총수익을 계산한 다음, 그 액에서 생활비 등이 공제되고 중간이자가 공제되어 산출된다. 가능수익액은 피해 당시의 소득을 기준으로 할 수도 있고, 추정소득을 기준으로 할 수도 있다. 퇴직 직후 사망한 자에 대하여는 퇴직 당시의 소득액을 기준으로 한 판례가 있다.

판례 **逸失收益 算定方法** : 불법행위로 인한 손해배상사건에 있어서 피해자의 일실수익을 산정함에 있어서는 사고 당시의 피해자의 소득을 기준으로 하여 이를 산정할 수도 있고, 추정소득에 의하여 이를 평가할 수도 있는 것이며, 이와 같은 일실수익의 산정은 불확정한 미래사실의 예측이므로 당해 사건에 현출된 구체적인 사정을 기초로 하여 합리적이고 객관성 있는 기대수입을 산정할 수 있으면 족한 것이고 반드시 어느 한쪽만을 정당한 산정방법이라고 할 수 없다(대판 1993.9.14. 93다3158).

① 收益可能期間

생명표에 의하여 사망자의 평균여명을 기준으로 피해자의 건강, 직업 등을 고려하여 수익가능기간이 산출된다.

수익이 가능한 최초 시기는 성년 때로 보나, 남자인 때에는 군복무가 끝나는 23세로 판례는 추정한다. 수익이 가능한 최종시기, 즉 가동연한은 획일적이지 않고 당해 피해자의 직업이나 건강 등을 고려하여 합리적으로 결정하여야 한다. 가동연한이란 통상인의 노동력을 기준으로 하는 것이므로 가동연한 넘은 피해자가 피해 당시에 노동에 종사하고 있었다면 그 소득은 당연히 일실수익으로 계산되어야 한다.

판례에서 나타난 가동연한은, 남자 일용노동자는 60세, 농업종사자는 65세, 개인택시 운전사는 60세, 회사퇴직자는 60세, 개인사업자는 60세로 보았으며, 전문직종사자 중 법무사는 70세, 변호사는 70세, 민요풍 가수는 60세, 국악인은 70세, 미용사는 55세, 소설가는 65세, 수산물중매인은 65세, 식품소매업자는 60세, 보험모집인은 59세 등이다.

판례 稼動年限의 算出 : 가동할 수 있는 한계연령이 구체적으로 몇 살인가 하는 점은 앞에서 당원이 현저한 사실관계에 터잡아 살펴 본 평균여명과 기능직공무원의 정년 등 사유만 가지고 정하기에 미흡하다고 생각되므로, 사실조사의 권능을 가진 사실심에서 앞에서 본 사유 외에 연령별 근로자인구수, 취업률 또는 근로참가율 및 직종별 근로조건과 정년제한 등 제반사정을 조사하여 이로부터 경험칙상 추정되는 일반육체노동의 가동연한을 도출하든가 또는 당해 피해자의 연령, 직업, 경력, 건강상태 등 구체적인 사정을 고려하여 그 가동연한을 인정하든가 하여야 할 것이다(대판 1989.12.26. 88다카16867).

판례 稼動年限 後에 勞動을 한 경우 : (가동연한을 55세로 한 때에 이를 넘은 자의 일실수익 손해의 발생 여부) 피해자가 상해를 입을 당시 63세의 노파로서 가동연한인 55세를 넘었다 하여도 그가 구타당하기 전에 건강한 몸으로서 일당 금 150원 상당의 노동에 종사하였다면 가해자는 피해자가 위 불법행위로 인하여 일정기간 노동에 종사치 못함으로써 입은 손해를 배상하여야 할 책임이 있다(대판 1971.2.23. 70다2927).

판례 外國居住者 : 교통사고로 사망한 피해자가 그 사고가 없었으면 앞으로 외국에서 계속 거주할 사정이었다면 그가 그 곳에서 얻을 수 있는 수입을 전제로 일실수입을 산정함이 상당하므로 그 가동연한 또한 외국에서의 그것을 기준으로 하여야 한다(대판 1995.5.12. 93다48373).

② 總收益

피해 당시 소득 또는 추정소득에 가동연한을 곱하여 산출한다. 본봉, 각종수당, 퇴직금을 포함하며, 승급과 승진도 고려되어야 한다.

③ 生活費 등의 控除

생활비 등을 공제한다. 공제대상기간은 가동연한 기간동안의 것이다. 즉, 미성년기간이나 가동연한 후의 생활비 등은 공제되지 않는다.

④ 中間利子控除

장래에 취득할 수익을 현재 일시급으로 지급하므로 중간이자를 공제하여야 한다. 단리식 계산방법인 Hoffmann식과 복리식 계산방법인 Leibniz식이 있다. 피해자에게는 Hoffmann식이 유리하다. 국가배상법 제3조의2의 제3항에 의한 시행령은 Leibniz식에 의한 계수표에 의한 공제를 하도록 하고 있다. 판례는 어느 방법이나 가능한 것으로 본다.

(다) 身體傷害

① 積極損害

입원비, 약값, 간호비 등 신체상해로 직접 발생한 손해이다.

상해자의 부모 또는 근친자가 피해자의 피해로 인하여 입은 손해, 예컨대 간호하기 위하여 휴업을 한 경우 등의 손해도 적극손해로 당사자가 청구할 수 있다.

부양의무자가 부양의무의 이행으로 치료비를 지출한 비용 및 휴업 등으로 인한 손해도 역시 배상을 청구할 수 있다.

판례 介護費 등 : 피해자가 사고로 입은 부상으로 말미암아 개호가 필요하게 되어 부모나 배우자 등 근친자가 그 개호를 위하여 휴업한 경우에는 그 근친자가 휴업으로 인한 상실이익의 배상청구를 하거나 피해자가 개호비로서 배상청구하거나에 관계없이 개호비 상당액의 배상청구를 할 수 있다고 할 것이나, 그 경우 배상액은 개호비 상당액을 초과할 수 없고, 이를 초과하게 되면 그 초과부분은 상당인과관계가 있는 손해라고 볼 수 없다(대판 1988.2.23. 87다카57).

② 逸失收益

상해로 인하여 장래에 발생할 수 있는 수익이 발생하지 않은 것으로 사망의 경우와 유사한 방법에 의한다. 상해로 노동력을 전부 상실한 경우는 사망의 경우와 동일하나, 다만 노동력이 감소된 경우는 피해당시의 가동연한에 의한 총수익에 가동능력상실률에 비례한 만큼의 수익이 상실된 것으로 본다.

판례 勞動能力喪失率의 判定 : 타인의 불법행위로 인하여 상해를 입은 피해자가 그 부상으로 말미암아 신체장애가 생긴 경우 그 일실이익을 산정하기 위한 노동능력상실률은 단순한 의학적 신체기능장애율이 아니라 피해자의 연령, 교육정도, 종전직업의 성질과 직업경력 및 기능숙련정도, 신체기능장애정도 및 유사직종이나 타 직종에의 전업가능성과 그 확률 기타 사회적, 경제적 조건을 모두 참작하여 경험칙에 따라 정하여지는 수익상실률이라고 할 것이다(대판 1987.12.8. 87다카1799).

판례 稼動能力喪失說 : 타인의 불법행위로 인하여 상해를 입고 노동능력의 일부를 상실한 경우에 피해자가 입은 일실이익의 산정방법에 대하여서는 일실이익의 본질을 불법행위가 없었더라면 피해자가 얻을 수 있는 소득의 상실로 보아 불법행위 당시의 소득과 불법행위 후의 향후 소득과의 차액을 산출하는 방법(소득상실설 또는 차액설)과 일실이익의 본질을 소득 창출의 근거가 되는 노동능력의 상실 자체로 보고 상실된 노동능력의 가치를 사고 당시의 소득이나 추정소득에 의하여 평가하는 방법(가동능력상실설 또는 평가설)의 대립이 있는데, 당해 사건에 현출된 구체적 사정을 기초로 하여 합리적이고 객관성 있는 기대수익액을 산정할 수 있으면 족한 것이고, 반드시 어느 하나의 산정방법만을 정당한 것이라고 고집해서는 안 된다고 할 것이지만 사고 전후에 있어서의 현실적인 소득의 차액이 변론과정에서 밝혀지지 않고 있는 경우에는 앞에서 본 차액설의 방법에 의하여 일실이익을 산정하는 것은 불가능하고, 평가설의 방법에 의하여 산정하는 것이 합리적이고 정의와 형평에도 합당하다(대판 1990.11.23. 90다카21022).

4. 精神的 損害의 算定

(1) 慰藉料의 意義

정신적 손해란 사람의 감정으로서 고통·애통·비애를 말하며, 이에 대한 배상을 위자료라고 한다. 이러한 정신적 손해는 그 성질이 금전으로 환산되지 않는 것이지만 다른 적절한 방법이 없기 때문에 금전에 의한 방법을 사용할 뿐이다. 제751조 제1항은 신체·자유·명예 기타 정신적 고통에 대한 배상을 인정하며, 제752조는 생명침해의 경우에 피해자와 일정한 관계에 있는 자에게 위자료청구권을 인정한다. 제751조 제1항은 신체·자유 등을 명시하였으나, 이는 예시한 것에 지나지 않고 그 밖의 인격권침해에서도 인정된다.

재산권침해에 대하여도 특별한 경우(특별손해로)에는 위자료청구권이 생긴다(이설 없음).

판례 慰藉料責任 : ① 財産權의 侵害에도 認定 : 재산권의 침해로 인한 정신적 고통에 대한 위자료는 특별사정으로 인한 손해로서 침해자가 그 특별사정을 알았다거나 그 사정을 예견할 수 있었을 것이라고 인정되는 경우에 한하여 이를 인용할 것이다(대판 1970.3.31. 69다2016).

② 國家의 慰藉料責任을 認定한 例 : ㉠ 경찰은 범죄의 예방, 진압 및 수사와 함께 국민의 생명, 신체 및 재산의 보호 등과 기타 공공의 안녕과 질서유지도 직무로 하고 있고, 그 직무의 원활한 수행을 위하여 경찰관직무집행법, 형사소송법 등 관계 법령에 의하여 여러 가지 권한이 부여되어 있으므로, 구체적인 직무를 수행하는 경찰관으로서는 제반 상황에 대응하여 자신에게 부여된 여러 가지 권한을 적절하게 행사하여 필요한 조치를 취할 수 있는 것이고, 그러한 권한은 일반적으로 경찰관의 전문적 판단에 기한 합리적인 재량에 위임되어 있는 것이나, 경찰관에게 권한을 부여한 취지와 목적에 비추어 볼 때 구체적인 사정에 따라 경찰관이 그 권한을 행사하여 필요한 조치를 취하지 아니하는 것이 현저하게 불합리하다고 인정되는 경우에는 그러한 권한의 불행사는 직무상의 의무를 위반한 것이 되어 위법하게 된다. ㉡ 윤락녀들이 윤락업소에 감금된 채로 윤락을 강요받으면서 생활하고 있음을 쉽게 알 수 있는 상황이었음에도, 경찰관이 이러한 감금 및 윤락강요행위를 제지하거나 윤락업주들을 체포·수사하는 등 필요한 조치를 취하지 아니하고 오히려 업주들로부터 뇌물을 수수하며 그와 같은 행위를 방치한 것은 경찰관의 직무상 의무에 위반하여 위법하므로 국가는 이로 인한 정신적 고통에 대하여 위자료를 지급할 의무가 있다고 한 사례(대판 2004.9.23. 2003다49009).

③ 財産權侵害의 慰藉料 認定 例: 해고무효판결이 확정되었음에도 장기간 걸쳐 복직을 거부한 경우(대판 1994.2.8. 92다893). 인근의 공사로 주택의 지반이 붕괴된 경우 피해자의 일상생활의 안온상태의 파괴로 불안에 떨은 정신적 고통을 인정(대판 1992.12.8. 92다34162).

(2) 慰藉料請求權者

(가) 生命侵害로 因한 慰藉料請求權者

① 死亡者 本人

즉사 여부를 떠나서 사망자 본인이 위자료청구권자임은 이미 설명하였다.

판례 近親者의 慰藉料請求權과 本人의 損害賠償請求權의 獨立性 : 생명침해의 불법행위가 있는 경우 피해자의 부모가 그들 자신의 권리로서 가지는 위자료청구권 또는 출손한 장례비 등에 관한 손해배상청구권과 사망한 피해자가 가지는 장래 가득이익을 상실한데 관한 손해배상청구권은 별개의 권리로서 그 행사 또는 소멸에 있어 반드시 운명을 같이 하여야 하는 것은 아니다(대판 1967.10.31. 66다2472).

② 第752條의 請求權者

제752조에 규정한 피해자의 직계존속·직계비속 및 배우자는 본조에 의하여 정신적 손해의 입증 없이 당연히 위자료를 청구할 수 있다(이설 없음). 각자는 개별적 청구권을 가진다.

③ 그 外의 者

제752조에 규정된 자 이외의 자는 피해자의 사망에 대한 정신적 손해의 발생을 입증하면 제750조 및 제751조에 의하여 위자료를 청구할 수 있다. 사실혼관계에 있는 자, 시어머니, 피해자의 지계비속의 배우자, 누나, 동일호적의 외손자 등을 인정한 예가 있다.

판례 親族의 慰藉料請求 : 민법 제752조에 의한 생명침해의 경우에 있어서의 위자료청구권자의 규정은 제한적 규정이 아니고 그 정신적 고통에 관한 거증책임을 경감하는 취지의 규정에 불과하므로 본조에 규정된 친족 이외의 친족에 있어서도 그 정신적 고통에 관한 입증을 함으로써 민법 제750조, 제751조의 규정에 의하여 위자료를 청구할 수 있다(대판 1967.9.5. 67다1307).

(나) 身體傷害

제750조에 의한 정신적 손해를 입증하여 위자료를 청구할 수 있다. 예컨대, 타인의 불법행위로 부당하게 신체를 구금당한 피해자의 직계존속(대판 1999.4.23. 98다41377), 교통사고로 다친 피해자의 직계존속 등은 고유의 위자료 청구권이 있다.

판례 生命侵害 이외의 경우 直接被害者가 아닌 者의 慰藉料請求權 : ① 본법 제752조의 규정은 타인의 생명침해의 경우 위자료청구권이 있는 사람과 피해법익을 예시적으로 규정한 것으로 해석하여야 하므로 생명침해 이외의 경우에는 직접의 피해자가 아닌 자도 본법 제750조의 규정에 의하여 정신적 손해에 대한 배상을 청구할 수 있다(대판 1972.9.26. 72다1284).
② 교통사고의 경우, 피해자 본인과는 별도로 그의 부모들도 그 사고로 말미암아 그들이 입은 정신적 손해에 대하여 고유의 위자료청구권을 가진다 할 것이므로, 피해자 본인이 합의금을 수령하고 가해자측과 나머지 손해배상청구권을 포기하기로 하는 등의 약정을 맺었다 하더라도 그의 부모들이 합의 당사자인 피해자 본인과 가해자 사이에 합의가 성립되면 그들 자신은 별도로 손해배상을 청구하지 아니하고 손해배상청구권을 포기하겠다는 뜻을 명시적 혹은 묵시적으로 나타낸 바 있다는 등의 특별한 사정이 없는 한 위 포기 등 약정의 효력이 당연히 고유의 손해배상청구권을 가지는 그의 부모들에게까지 미친다고는 할 수 없다(대판 1999.6.22. 99다7046).

(다) 複數의 請求權者－請求權의 個別性

각자는 개별청구권을 취득한다.

판례 慰藉料請求權의 個別性 : 고의 또는 과실로 인하여 타인의 생명을 해한 자는 피해자의 부모, 배우자 또는 그 자녀에 대하여 각 개별적으로 그 정신상 고통에 대한 손해를 배상할 의무가 있다고 할 것이므로 피해자의 부가 자기의 배상청구권을 포기한 사실이 있었다고 하더라도 피해자의 모의 청구권은 부에 대한 특별한 대리권한의 위임이 없는 한 당연히 포기되었다고 할 수 없다(대판 1959.12.24. 4292민상443).

(3) 慰藉料의 算定

피해자와의 관계, 쌍방의 직업, 사회적 지위, 재산상태, 가해의 동기, 가해의 태양 등을 종합적으로 고려하여 사회통념상 적절한 금액으로 산정되어야 한다.

5. 過失相計

(1) 被害者의 過失

가해자로 인한 손해의 발생에 피해자의 기여과실이 있는 경우에 배상액산정에 있어서 피해자의 과실을 참작하여야 한다(제763조, 제396조)(자세한 것은 졸저 『채권법총론』 과실상계편 참조).

(2) 被害者 以外의 者의 過失

(가) 監督義務者의 過失

과실상계에서의 과실에 관한 주의의무(피해를 당한다는 정도의 가장 약한 주의력)

가 없는 유아와 같은 경우에 감독의무자의 감독의무 해태의 과실이 배상액산정에 고려된다.

판례 監督義務者의 過失 參酌 : 미성년자의 감호의무자들의 과실도 사고의 원인에 경합된 경우에는 미성년자 자신의 손실이익의 배상청구에 관하여도 그 과실을 참작하여야 한다(대판 19967.4.25. 67다227).

(나) 被傭者의 過失

피해자의 피용자의 과실이 가해자의 가해행위에 기여한 때에는 가해자가 피해자에 대한 배상액산정에서 참작되어야 한다.

판례 被害者의 被傭者의 過失 : 피해자 "갑"의 피용인의 과실이 손해발생의 원인이 된 경우에는 피해자 "을"로부터의 손해배상청구에 있어서 그 과실은 피해자 "갑"의 과실 중에 포함된다(대판 1969.7.29. 69다829).

6. 損益相計

손해배상액의 산정에 있어서는 가해행위로 인하여 동시에 피해자가 이익을 입은 경우에는 그 이익은 공제되어야 한다. 먼저 과실상계가 적용된 후에 손익상계를 하여야 한다(자세한 것은 졸저 『채권법총론』 손익상계편 참조).

판례 過失相計 後 損益相計 : 불법행위로 인하여 손해가 발생하고 그 손해발생으로 이득이 생기고 동시에 그 손해발생에 피해자에게도 과실이 있어 과실상계를 하여야 할 경우에는 먼저 산정된 손해액에서 과실상계를 한 다음에 위 이득을 공제하여야 한다(대판 1990.5.8. 89다카29129).

7. 賠償額의 輕減

배상의무자는 자기의 가해행위가 고의 또는 중대한 과실에 의한 것이 아닌 때, 그 손해의 배상으로 생계에 중대한 영향을 미치게 될 경우에 법원에 배상액의 경감을 청구할 수 있다(제765조 1항). 법원은 배상액 경감청구가 있는 때에 당사자 쌍방의 경제사정과 손해의 원인 등을 참작하여 배상액을 경감할 수 있다(제765조 2항). 배상에 따른 배상의무자의 경제적 파멸을 막자는 데 그 취지가 있다. 당사자의 경제사정 등을 엄격히 검토하여 경감 여부를 신중히 결정하여야 한다. 불법행위에서는 가해자보다는 피해자의 보호가 우선이기 때문이다.

第4節　特殊한 不法行爲

I. 責任無能力者의 監督者의 責任

1. 序 言

(1) 責任無能力者의 監督者의 責任의 意義

민법은 행위의 책임을 변식할 능력이 없는 미성년자와 심신상실자를 책임무능력자로 하고, 그들의 불법행위에 대하여는 배상책임을 면책한다(제753조, 제754조). 한편, 이들로부터 불법행위에 의한 피해를 당한 피해자를 보호하기 위하여 제755조는 이들을 감독할 법정의무 있는 자와 감독의무자에 갈음하여 감독하는 자에게 그들의 행위로 인하여 발생한 손해에 대하여, 감독의무를 해태하지 않았음을 입증하지 못하는 한 배상의무를 지우고 있다. 이를 책임무능력자의 감독자의 책임이라고 한다.

제755조는 독일 민법 제832조를 계수한 것인데, 그 이론적 기초는 게르만법의 단체주의적인 책임이론과 로마법의 개인주의적인 책임이론을 융합한 것으로 이해된다(곽). 즉, 단체주의적인 가장의 절대적인 책임을 감독의무의 해태라는 자기책임으로 수정한 것이다. 그런데 독일 민법 제832조는 피감독자의 배상의무 여부와는 관계없이 독자적인 책임을 지도록 되어 있으나, 우리의 제755조는 가해자가 책임무능력자로서 책임을 지지 않는 경우에만 보충적으로 책임을 지는 것으로 한정하고 있다. 따라서 미성년자일지라도 책임능력 있는 자의 불법행위에 대하여는 미성년자 본인이 책임을 지고 감독의무자는 책임을 지지 않게 된다. 그러나 미성년자는 민법상의 책임능력이 있느냐 여부와는 관계없이 모두 경제적 능력이 없는 것이 일반적이므로, 책임능력 없는 미성년자로부터 불법행위에 의한 침해를 당한 피해자는 감독의무자(친권자)로부터 손해배상을 받을 수 있으나, 책임능력 있는 미성년자의 행위로 인한 피해자는 당해 미성년자에게만 배상책임을 추궁할 수밖에 없어 오히려 배상을 받을 가능성이 희박하다는 불합리한 결과가 생긴다.(이에 관하여는 책임능력 있는 미성년자의 감독자의 책임에서 후술)

감독자의 책임을 감독의무 해태에 대한 책임으로 하였다면 독일 민법과 같이 피감독자의 책임발생 여부와 관계없이 감독자가 독자적으로 책임을 지도록 하는 것이 타당하다.

(2) 責任의 性質

이 책임은 본질에서는 불법행위책임에서의 자기책임의 원칙에 대한 예외가 아니라 감독자 본인의 감독의무 태만에 의한 자기책임이다. 그러나 제755조는 언급한 바와 같이 행위자가 책임을 지지 아니하는 것을 전제로 책임을 지는 보충적인 책임으로 규정하여 자기책임을 수정한 책임이다.

제755조는 행위자의 불법행위 자체로 감독자의 감독의무에 대한 과실을 추정하여 책임을 발생시키면서, 감독의무자가 책임을 면하기 위하여는 과실의 부존재를 입증하여 면책되는 것으로 규정하고 있다. 이러한 점에서 일부의 학자들은 이를 과실책임과 무과실책임의 중간책임이라고도 하나(곽,김증), 감독의무의 해태를 요건으로 하므로 과실책임의 개념에 포함시켜야 될 것으로 생각한다. 다만, 판례는 감독자가 그 감독을 게을리 하지 않았다는 면책의 범위를 좁혀 실제에서는 무과실책임과 유사하게 운영하고 있다.

판례 第755條의 監督者의 責任은 補充的인 責任 : 민법 제750조에 대한 특별규정인 민법 제755조 제1항에 의하여 책임능력 없는 미성년자를 감독할 법정의 의무 있는 자가 지는 손해배상책임은 그 미성년자에게 책임이 없음을 전제로 하여 이를 보충하는 책임이고… (대판 1994.2.8. 93다13605).

2. 監督者責任의 成立要件

(1) 責任無能力者가 不法行爲를 하였을 것

불법행위가 책임능력을 제외한 나머지의 일반적인 성립요건을 충족하여 불법행위가 성립하였으나, 불법행위자가 행위의 책임을 변식할 수 없는 미성년자이거나 심신상실자로서 책임능력을 결하여 손해에 대한 배상책임을 지지 않는 경우를 말한다. 즉, 제755조의 감독자의 책임은 행위자가 책임 없는 것을 전제로 하는 보충적 책임이다. 이와 같이 제755조가 감독자의 책임을 행위자의 면책에 대한 보충적인 것으로 하고 있는 것은 불합리하며, 또한 결과에서도 부당하게 나타난다는 것은 이미 언급하였다.

그 행위의 책임을 변식할 수 없다는 것과 심신상실에 대하여는 제2절의 책임능력에서 보았으므로 여기서는 생략하고, 판례에서 나타난 책임능력 없는 미성년자에 대하여만 간단히 소개한다.

판례에 나타난 사안에 있어서 책임능력의 유무를 판별하는 한계 연령은 12세부터 14세 전후에 이르는 것으로 그 폭이 상당히 넓다. 13세 3개월 아이에게 책임능력을 인정한 것(대판 1969.7.8. 68다2406)이 있는 반면, 14세 8개월 중학생의 책임능력을 부정한 사례도 있다.

판례 14세 8개월 中學生의 責任能力 否定 : 갑은 만 14세 8개월의 중학생 3년으로서 거주지에서 부모와 함께 살고 있고 경제적인 면에서 전적으로 부모에게 의존하면서 부모의 전면적인 보호·감독 아래 있어 그 부모의 영향력은 책임무능력자에 가까우리만큼 크다 할 것인데 갑이 교실에서 동급생인 피해자의 배를 발로 걷어차는 등으로 상해를 입혔으면, 그 부모들로서는 갑에 대하여 타인에게 불법행위를 함이 없이 정상적으로 사회에 적응할 수 있도록 일반적·일상적인 지도·조언 등 감독교육의 의무를 부담하고 있다 할 것인데도, 이를 게을리 하여 결과적으로 위 사고를 일으켜 피해자에게 손해를 가하였다 할 것이고, 갑의 감독의무자로서 위와 같은 감독의무를 해태한 과실과 손해발생 간에는 상당인과관계가 있다고 할 것이므로, 갑의 부모들은 갑의 책임과는 관계없이 피해자에 대한 손해배상책임을 부담하여야 한다(대판 1992.5.22. 91다37690).

(2) 監督者의 監督義務 解怠

감독자의 감독의무의 해태는 피해자가 입증할 필요가 없이 추정된다. 감독자가 책임을 면하려면 자신이 감독의무를 충분히 실행하였다는 것을 입증하여야 한다. 여기서의 감독의 대상이 되는 책임무능력자의 행위는 개별행위에 대한 것이 아니라 그 자의 생활전반에 대한 일반적인 감독을 의미한다. 그러나 친권자처럼 생활의 전반에 걸쳐 감독의무를 부담하는 경우와 달리, 학교의 교사와 같은 감독자에 갈음한 자의 감독의무는 그 대상과 의무해태를 인정하는 사정에 관하여 상당한 차이가 있다.

판례 ① 監督義務者의 監督의 內容 : 초등학교의 교장이나 교사는 학생을 보호·감독할 의무를 지는 것이나 이러한 학생에 대한 보호·감독의무는 학교 내에서의 학생의 모든 생활관계에 미치는 것은 아니고 학교에서의 교육활동 및 이에 밀접불가분의 관계에 있는 생활관계에 한하며, 그 의무의 범위 내의 생활관계라고 하더라도 사고가 학교생활에서 통상 발생할 수 있다고 하는 것이 예측되거나 또는 예측가능성(사고발생의 구체적 위험성)이 있는 경우에만 교장이나 교사는 보호·감독의무 위반에 대한 책임을 진다고 할 것이고, 그 예측가능성에 대하여는 교육활동의 때, 장소, 가해자의 분별능력, 가해자의 성행, 가해자와 피해자의 관계, 기타 여러 사정을 고려하여 판단할 필요가 있다(대판 1997.6.27. 97다15258).
② 突發的이고 偶然한 事故에서 保護監督義務 : 어떠한 행위를 하리라는 구체적인 위험성이 있다거나 담임교사 등이 이를 예측하였거나 예측가능하였다고 보여지지는 아니하였다면 특별한 사정이 없는 한 돌발적이고 우연한 사고에 대해서까지 교사 등에게 보호감독의무위반의 책임을 지울 수는 없다(대판 1997.6.27. 97다15258).

(3) 不可抗力의 抗辯

감독의무자는 감독을 충분히 하였더라도 그러한 불법행위가 발생하였을 것이라는 사실을 입증하여 면책될 수 있는가? 사용자책임에서는 명문으로 규정(제756조 1항 단서)하고 있으나, 제755조에는 명시하지 않고 있다. 통설은 인정하나 실제에서는 그러한 입증을 할 수 있는 경우란 거의 없다고 보아야 한다.

3. 賠償責任者

(1) 法定監督義務者

법정감독의무자가 배상책임자이다(제755조 1항). 법정감독의무자는 미성년자의 친권자(제913조), 친권대행자(제910조) 및 후견인(제945조)이며, 심신상실자의 경우에 금치산선고를 받은 자는 후견인(제947조)이 되나 그 외의 심신상실자에 대하여 판례는 배우자, 부모, 호주의 순위로 감독의무자가 된다고 한다. 부모가 공동으로 친권을 행사하는 경우는 부모가 공동으로 책임을 지며, 그 관계는 부진정연대채무가 된다.

부모가 이혼하여 부 또는 모가 양육자로 지정되어 있을 때(제837조), 양육을 하지 않는 부 또는 모는 감독의무를 지지 아니한다고 본다(김주).

공공시설의 보호시설에 있는 미성년자인 고아에 대하여는 그 보호시설의 장이 후견인으로서 감독의무가 있으며(보호시설에있는미성년인고아의후견직무에관한법률 제2조 1항), 사설의 경우는 그 보호시설 소재지의 광역자치단체장이 지정한 자가 후견인이 된다(동법 제2조 2항). 법원의 허가를 얻어 소년원생의 친권자 또는 후견인의 직무를 행하는 소년원장도 같다(소년원법 제10조).

(2) 代理監督者

법정감독의무 없이 계약 내지 법률 등에 기초하여 감독의무자에 갈음하여 무능력자를 감독하는 자도 감독의무자와 동일한 책임을 진다(제755조 2항).

대리감독자란 탁아소의 보모, 유치원과 학교의 교사, 정신병원의 의사 등을 말한다. 이 밖에 고아를 데려다가 사실상 보호하는 자도 대리감독자가 된다. 대리감독자와 감독의무자의 책임은 병존한다. 즉, 대리감독자가 책임을 진다고 하여 감독의무자의 책임이 면책되는 것이 아니라 감독의무자가 피감독자를 대리감독자에게 맡기는 것에 과실 없음을 입증하지 못하는 한 감독의무자도 책임이 있다. 즉, 양자는 공동책임을 진다. 그 관계는 부진정연대관계이다.

한편 대리감독자가 책임을 지는 경우(유치원의 교사)에 그의 사용자도 제756조에 의하여 사용자책임을 진다.

판례 監督義務者의 責任과 代理監督者의 責任 : 학교의 교장이나 교사가 학생을 보호·감독할 의무는 교육법에 따라 학생들을 친권자 등 법정감독의무자에 대신하여 감독을 하여야 하는 의무로서 학교 내에서의 학생의 전 생활관계에 미치는 것은 아니고 학교에서의 교육활동 및 이에 밀접불가분의 관계에 있는 생활관계에 한하고 그 의무의 범위 내의 생활관계라고 하더라도 교육활동의 때, 장소, 가해자의 분별능력, 가해자의 성행, 가해자와 피해자의 관계, 기타 여러 사정을 고려하여 사고가 학교생활에서 통상 발생할 수 있다고 하는 것이 예측되거나 또는 예측가능성이 있는 경우에만 교장이나 교사는 보호감독의무위반에 대한 책임을 지고 위의 예측가능성에 대하여서는 교육활동의 때, 장소, 가해자의 분별능력, 가해자의 성행, 가해자와 피해자와의 관계, 기타 여러 사정을 고려하여 판단할 필요가 있다.(13세 6개월 된 중3학생이 학급번호 53, 54로 비슷한 체구의 학우를 장난으로 친 것이 사망에 이르게 된 사안으로 원심은 평소 급우를 못살게 하는 학생을 특별히 지도·감독하지 못한 담임교사의 과실을 4, 부모의 과실을 6으로 봄, 상고기각으로 확정)(대판 1994.8.23. 93다60588).

4. 損害賠償의 範圍

제763조에 의하여 제393조가 준용된다. 그런데 특별손해에 관하여는 누구를 기준으로 예견가능성을 판단할 것인지가 문제되는데, 무능력자 본인은 행위의 예견가능성이 있을 수 없기 때문에 감독의무자를 기준으로 판단하여야 한다.

판례 未成年者의 監督義務者의 賠償責任과 그 因果關係의 判定基準 : 미성년자를 감독할 법정의무 있는 자가 손해를 배상할 책임을 지는 경우 그 인과관계를 판정함에 있어서는 법정의무자를 행위자로 보고 그로 인한 손해발생의 예견 여부를 가려야 한다(대판 1968.6.11. 68다639).

Ⅱ. 責任能力 있는 未成年者의 監督義務者의 責任

1. 意 義

제755조의 책임무능력자의 감독의무자의 책임은 피감독자가 책임을 지지 않는 것을 전제로 하는 보충책임이라는 것에 관하여는 이미 여러 번 언급하였다. 한편, 민법은 책임능력 있는 미성년자의 법정감독자의 책임에 대하여는 직접적으로 규정하고 있지 아니하다.

그런데 미성년자의 불법행위에 대한 법정감독자의 민사책임에 관하여 외국의 예는 어떤가? 로마법과 게르만법은 가장에게 그의 가족원의 불법행위에 대하여 절대적인 책임을 부과하였다. 근대에 들어와서도 독일 민법(제832조), 스위스 민법(제333조),

프랑스 민법(제1384조), 이탈리아 민법(제2048) 등 대부분의 국가가 미성년자의 책임능력 유무와는 관계없이 법정감독자에게 배상책임을 부과하고 있다.

입법론으로서는 외국의 예와 같이 수정하는 것이 타당하다.

그런데 현행 민법으로는 책임능력 있는 미성년자의 불법행위에 대하여 법정감독자에게 책임을 부과할 수 있는 방안이 없을까?

미성년자의 불법행위일지라도 그 자가 책임능력이 있는 때에는 자기책임의 원칙에 의하여 미성년자 본인이 책임을 짐은 당연하다. 그런데 위에서 언급한 바와 같이 당해 미성년자는 보통의 경우에 경제력이 없기 때문에 미성년자 본인의 배상책임은 피해자에게 별 실익이 없다. 이 경우에 경제력이 있는 친권자에게 배상책임을 지워야 비로소 피해자는 피해배상을 실질적으로 받을 수 있는 가능성이 있다. 이러한 점에서 위에서 본 바와 같이 독일을 비롯한 여러 나라에서 책임능력 유무와는 관계없이 미성년자의 친권자에게 배상책임을 부과하고 있는 것이다.

2. 法定監督者의 賠償責任 - 第750條 適用

미성년자의 불법행위에 대한 법정감독자의 배상책임에 관하여, 부모는 자녀에 대하여 일종의 신원보증인의 법적 지위를 가진다고 보아 친권자의 배상책임을 인정할 수 있다는 신원보증책임설, 또는 제755조의 확대적용설, 제750조에 의한 직접책임설 등이 한때 주장되었다. 한편, 판례는 직접책임을 인정하기도 하고 부정하기도 하여 혼선이 있었으나 1994년의 전원합의체 판결에서 제750조에 의하여 법정감독의무자의 직접책임을 인정하였다. 즉, 법정감독의무자는 미성년자를 보호하고 교양시킬 의무가 있으므로(제913조), 미성년자가 타인에게 불법행위를 하고 손해를 발생시킨 경우에 그 손해가 당해 미성년자의 감독의무자의 의무위반과 상당인과관계에 있으면 감독의무자는 제750조의 일반불법행위자로서 손해배상책임이 있다는 것이다. 타당한 결론이다.

판례 責任能力 있는 未成年者의 不法行爲에 대한 法定監督者의 責任 : 민법 제750조에 대한 특별규정인 민법 제755조 제1항에 의하여 책임능력 없는 미성년자를 감독할 법정의 의무있는 자가 지는 손해배상책임은 그 미성년자에게 책임이 없음을 전제로 하여 이를 보충하는 책임이고 그 경우에 감독의무자 자신이 감독의무를 해태하지 아니하였음을 입증하지 아니하는 한 책임을 면할 수 없는 것이나 반면에 미성년자가 책임능력이 있어 그 스스로 불법행위책임을 지는 경우에도 그 손해가 당해 미성년자의 감독의무자의 의무위반과 상당인과관계가 있으면 감독의무자는 일반 불법행위자로서 손해배상책임이 있다 할 것이므로(당원 1991.11.8. 91다32473, 당원 1992.5.22. 91다

37690, 당원 1993.8.27. 93다22357 각 참조), 이 경우에 그러한 감독의무위반사실 및 손해발생과의 상당인과관계의 존재는 이를 주장하는 자가 입증하여야 할 것이다(대판 1994.2.8. 93다13605).

판례 認定된 例① 경제적인 면에서 전적으로 부모에게 의존하며 부모의 보호·감독을 받고 있었고 이미 두 차례에 걸친 범죄로 집행유예기간 중에 있던 만 19세 10개월된 전문대학 1학년 재학중의 아들이 폭력행위로 타인에게 손해를 가한 경우, 부모로서는 아들이 다시 범죄를 저지르지 않고 정상적으로 사회에 적응할 수 있도록 일상적인 지도 및 조언을 계속하여야 할 보호·감독의무가 있음에도 불구하고 이를 게을리 한 과실이 있어 부모는 손해배상책임이 있다(대판 1998.6.9. 97다49404).
② 운전면허 없는 18세의 자녀가 가끔 숙부 소유의 화물차를 운전한 경우, 부모에게 미성년인 아들이 운전을 하지 못하도록 보호감독하여야 할 주의의무를 인정하고 부모의 배상책임을 인정(대판 1997.3.28. 96다13374).

3. 責任能力 있는 未成年者와 法定監督義務者의 共同不法行爲

법정감독의무자가 제750조에 의한 불법행위책임을 지는 경우에는 피해자의 손해에 대하여는 행위당사자인 미성년자의 행위와 법정감독의무자의 감독의무 해태의 행위 사이에 관련공동성이 있고, 그러한 양자의 행위는 피해자의 피해발생에 공통의 원인이 되기 때문에 양자는 제760조의 공동불법행위 책임을 진다.

판례 책임능력 있는 미성년자의 불법행위로 인하여 손해가 발생한 경우에 그 발생된 손해가 당해 미성년자의 감독의무자의 의무위반과 상당인과관계가 있을 경우에는 감독의무자는 일반불법행위자로서 손해배상의무가 있다. 책임능력 있는 미성년자들의 부모인 감독의무자에게 친권자로서의 감독의무를 현저히 해태한 과실이 있다고 하여 미성년자들의 불법행위(폭력행위)에 대하여 일반불법행위자로서 미성년자들과의 공동불법행위책임이 있다(대판 1991.4.9. 90다18500).

Ⅲ. 使用者의 責任

1. 序 言

(1) 使用者責任의 意義

타인에게 피용된 자가 불법행위를 한 경우에 그 자의 사용자에게 일정한 조건 아래에서 부과된 피해자에 대한 손해의 배상책임을 사용자책임이라고 한다. 제756조 제1항은 타인을 사용하여 어떤 사무에 종사하게 한 자는 피용자가 그 사무집행에 관하여 제3자에게 손해를 준 때에는, 그 피용자의 선임 및 사무감독을 게을리 하지 않았음을 입증하지 못하는 한, 그 손해를 배상할 책임이 있다고 규정한다.

오늘날과 같이 산업이 발달하지 않았던 시대에서 사용자책임은 가사사용관계와 단순한 소규모 가업적 사용관계에서 드물게 일어나는 피용자가 타인에 가한 손해에 대하여 사용자가 배상책임을 지는 것으로, 그 기능과 역할은 크게 주목할 만한 것이 아니었다. 그러나 분업협동을 토대로 하는 근대이후는 경제의 발전에 따라 점차 개인의 단독적인 경제활동은 축소되는 반면에 타인의 노동력을 이용한 경제·사회활동이 활발하여지고 그 영역도 점차 확대되며, 더 나아가서는 다수의 노동력을 집결시키고 물적 시설을 갖춘 기업이라는 조직을 형성하여 활동하고 있다. 여기서 피용자가 자기의 직무집행과 관련하여 제3자에게 손해를 가하는 경우가 점증하며 그 피해가 방대하여지는 반면에 피해자는 행위당사자의 경제력 부족으로 인해 충분한 배상을 받을 수 없는 경우가 많아지고 있다. 피해자로서는 행위당사자인 피용자보다 경제력이 우수한 사용자, 특히 기업을 상대로 하는 것이 보다 충분한 구제를 받을 수 있는 것은 당연하다. 여기서 피해자보호라는 관점에서 경제력이 우수한 사용자에게 책임을 지우는 문제가 제기되는데, 이는 단순히 피해자보호라는 관점을 떠나서도 사용자를 위하여 일을 하는 과정에서 발생시킨 피해에 대하여 행위당사자에게 책임을 추궁하는 것이 과연 합당한 것이냐는 근본적인 문제가 제기된다. 즉, 사용자책임은 두 가지 측면에서 논의되어 왔다. 하나는 피해자의 보호라는 관점이며, 다른 하나는 타인을 위하여 일을 하는 과정에서 발생시킨 피해에 대하여 누구에게 책임을 귀속시키는 것이 합당하냐는 문제이다.

첫 번째의 피해자보호라는 관점에서 사용자책임의 영역은 어느 분야보다 무과실책임의 강한 영향 아래에 있었다. 따라서 사용자책임의 해석에서 각국의 학설과 판례는 무과실책임과 가깝게 하려는 노력을 하여 왔다. 또한 두 번째의 피용자에 의한 불법행위에 대하여 독립된 별개의 불법행위라는 행위태양을 인정하면서 사용자의 고유한 책임을 추궁하려는 노력을 해 왔다. 이러한 노력의 결과가 오늘날 각국의 법제도에서 사용자책임의 확장과 피용자책임의 제한으로 나타나고 있다. 특히 기업의 책임일반에 관한 특별규정을 갖추지 않은 우리나라와 같은 법제도의 국가에서는 민법상의 사용자책임은 가사사용관계 뿐만 아니라 기업책임으로서도 기능하기 때문에 매우 중요한 문제이다. 그러나 사용자책임을 규정한 유일한 우리 민법 제756조는 사용자의 유책성을 책임근거로 하고 있으며 또한 면책사유를 인정하고 있고, 피용자에 대한 구상권을 인정하는 등 사용자 특히 기업의 책임에 관한 규정으로서는 매우 불충분하다. 언급한 바와 같이 그 기능에 비추어 제756조 그 자체의 능력은 매우 허약하게 되어 있다. 이것은 시급하게 입법으로 보완이 되어야 한다. 그러나 현재로서는 제756조를 주어진 조건으로서는 미흡하지만 해석을 통하여 최대한 해결할 수밖에 없다. 이러한 일련의 노력 중의 하나가 제756조를 대위책임으로 파악하는 해석론으로 나타나고 있다.

(2) 立法例

개인주의적 성격의 로마법은 타인의 행위에 대하여는 책임을 지지 않고 오로지 자기의 행위에 대하여만 책임을 지는 자기책임의 원칙을 확립하였다. 다만 예외적으로 가해소송(actio noxalis)에 의해서 노예의 주인, 여인숙의 주인 및 선주가 피용인의 절도 그 밖의 불법행위에 대해 책임을 부담하는 제도는 있었다. 반면에 게르만 공동체의 정신이 반영되어 단체주의적 성격이 강한 게르만법은 로마법과는 달리 공동체 구성원의 다른 공동체 구성원에 대한 책임을 폭넓게 인정하였다. 즉, 가장에게는 동거인의 외부인에 대한 가해행위에 대하여 무과실책임을 인정하였고, 사업주는 피용자의 타인에 대한 가해행위에 대하여 무과실책임을 부담하게 하였다.

근대 민법 중 프랑스 민법(제1384조 5항)은 이러한 게르만법적 사고에 따라 사용자에게 대위책임으로의 결과책임을 인정하고 있다. 이에 반하여 오히려 독일 민법(제831조)은 로마법적 자기책임의 원칙 아래 사용자책임을 사용자 자신의 과실책임으로 하고 있으며, 스위스 채무법(제55조)도 독일 민법과 거의 유사한 사용자의 유책성(과실)을 책임의 근거로 하고 있다. 한편 영미법에서는 프랑스 민법과 유사하게 오늘날의 사용자책임의 원리를 보통법상의 vicarious liability 또는 the doctrine of employer's liability로 보아 사용자의 대위책임으로의 무과실책임을 인정하고 있다.

요컨대 사용자책임에 관하여는 오늘날 프랑스나 영미와 같이 대위책임으로 이해하는 법제와 독일이나 스위스와 같이 자기책임으로 이해하는 법제로 구분된다. 양자의 차이를 보면 다음과 같다.

대위책임으로 이해하는 프랑스나 영미법은 ① 피용자의 불법행위가 성립하면 사용자는 면책입증을 하지 못하고, ② 피용자의 행위에 사용자가 대신 책임을 지는 것이므로 배상한 사용자는 피용자에게 전액 구상할 수 있다. 이에 대하여 독일 민법과 스위스 채무법은 자기책임으로 이해하여 ① 사용자책임은 피용자가 책임을 지는 것을 전제로 하지 않고, ② 사용자의 책임근거는 사용자 자신의 과실 또는 피용자의 가해행위에 대한 사용자의 원인제공에서 구하고, ③ 사용자의 면책가능성을 부여하며, ④ 피용자가 유책한 때에는 사용자가 구상권을 행사할 수 있다.

* 프랑스민법 제1384조 ⑤ 주인과 위임자는 그 피용인 및 대리인이 그 업무수행 중 타인에게 가

한 손해에 대하여 배상하여야 한다.

* 독일 민법 제831조 ① 타인을 어느 사무에 사용하는 자는, 그가 사무의 집행에 관하여 제3자에게 위법하게 가한 손해를 배상하여야 한다. 사용자가 피용자의 선임에 있어서, 또한 사용자가 장비나 기구를 조달하거나 또는 사무의 집행을 지휘하여야 하는 한도에서는 그 조달이나 지휘에 있어서, 거래상 요구되는 주의를 다한 때에는, 또는 그러한 주의를 하였어도 손해가 발생하였을 것인 때에는, 사용자는 배상을 면한다.

(3) 第756條의 使用者責任의 本質과 根據

(가) 本 質

① 中間責任

사용자책임은 그 본질이 사용자의 피용자에 대한 선임감독의무를 태만히 한 과실로서, 그 과실은 추정되는 과실책임이라는 견해(이태), 피용자의 불법행위에 대한 결과책임으로서의 일종의 면책조건부 결과책임인 무과실책임에 가까운 책임이라는 견해(김현태)가 있다. 그러나 다수설은 과실책임과 결과책임의 중간에 위치하는 책임이라는 중간책임으로 이해한다.

제756조의 사용자책임은 사용자의 피용자에 대한 선임감독에 대한 태만을 면책조건으로 하는 결과책임인 조건부 결과책임으로 되어 있다. 즉, 사용자의 과실을 배상책임의 적극적 요건으로 하고 있지 않다는 점에서 과실책임으로 보기 어려우나 과실없음을 면책조건으로 하고 있기 때문에 결과책임을 과실책임적으로 수정한 것인데, 이는 결국 과실책임과 무과실책임 어느 것에도 속하지 않는 중간에 위치하는 중간책임이다.

② 代位責任

판례와 통설은 사용자책임의 본질을 대위책임으로 파악한다. 그 근거로는 제756조가 사용자책임을 피용자의 불법행위를 전제로 하며, 사용자의 피용자에 대한 선임감독의무의 태만을 책임발생요건이 아닌 면책 조건으로 하며, 사용자의 선임감독에 대한 태만이 가해행위 자체에 대한 것은 아니며, 사용자의 피용자에 대한 구상권을 인정하고 있다는 점을 든다. 이러한 대위책임설에 대하여 제756조 제1항이 피용자가 자기의 불법행위에 대한 책임을 전제하는 것인지 여부가 불분명하고, 제3항에서 사용자의 구상권을 인정한다는 점을 들어 비판하며, 사용자책임은 독립된 하나의 객관적 책임유형으로서 사용자의 과실을 요건으로 하는 자기책임이라는 견해가 있다(김형).

사용자의 과실을 사용자의 배상책임을 적극적으로 발생시키는 요건으로 하고 있지 않다는 점에서 자기책임으로 보는 것은 무리이며, 또 제756조에 대하여 위에서 언급한 입법적 불비를 보완하기 위한 기능을 부여하여야 한다는 점에서 대위책임설에 찬동한다.

(나) 使用者責任의 根據

사용자책임을 자기책임으로 이해하면 책임의 근거에 대하여는 별도의 설명을 요하지 않는다. 사용자책임의 근거는 그 책임을 대위책임으로 볼 때 문제가 된다. 즉, 대위책임이라는 것은 사용자가 피용자를 대신하여 책임을 진다는 것인데, 무엇 때문에 사용자가 피용자의 행위에 대하여 그를 대신하여 책임을 지느냐가 문제된다.

사용자책임의 근거에 관하여는 보상책임설이 통설이다. 즉, 타인을 사용하여 자기의 일을 하게 하는 자는 그 자에 의하여 자기의 활동범위를 확장하고 그 만큼 많은 이익을 얻고 있으므로 피용자가 그 사무의 집행에 관하여 타인에게 손해를 준 때는 공평의 관념에서 사용자가 그 손해를 배상하여야 한다는 것이다. 이는 이익이 있는 곳에 손해가 귀속되어야 한다는 것인데, 타인을 이용하여 이익이 없는 것에서는 합당한 근거가 되지 못한다는 비판이 있을 수 있다. 이러한 비판에 대하여는 현실로 이익이 발생하지 않는 경우에도 자기의 활동범위를 확장하는 것이므로 그 책임의 범위도 확장된다는 것이다.

이러한 보상책임설 외에, 사용자는 피용자로 인하여 사회생활에 위험을 야기 시킨 자이므로 그 위험의 실현에 책임을 져야 한다는 위험책임설, 현대의 기업은 물적 설비와 인적 설비가 결합된 하나의 일체를 이루는 것이므로 피용자의 행위에 기인하는 손해는 물적인 설비에 기인한 책임과 동일하게 사용자가 배상책임을 져야 한다는 기업책임설 등이 있다.

위험책임설과 기업책임설은 기업의 피용자의 불법행위에 대한 기업의 책임의 근거로서는 설득력이 있으나, 제756조는 가사사용자를 포함한 일반적인 사용자의 책임을 규정한 것이므로 그에 대한 책임의 근거로서는 적절한 설명이라고 보기 어렵다.

(4) 使用者責任과 類似制度와의 關係

(가) 法人의 責任과의 關係

제35조는 법인은 이사 기타 대표자가 그 직무에 관하여 타인에게 가한 손해를 배상할 책임을 인정한다.

이와 같은 법인의 책임에 대하여 기관의 행위는 당연히 법인의 행위로 되기 때문에 법인이 그 책임을 진다는 취지라고 이해하는 견해와 이사 개인의 행위에 관하여 특히 법인이 별개로 그 책임을 진다는 취지라는 견해가 있다. 법인의 행위로 책임을 진다는 견해도 당해 이사 등은 제35조와 별개의 개인으로서 책임을 진다고 보기 때문에 양 견해는 결과적으로는 다르지 않다.

직접행위자가 법인의 이사 등 기관인 때에는 제35조가 적용되고, 그 밖의 피용자인 때에는 제756조가 적용된다.

제35조는 제756조와는 달리 면책사유를 인정하지 않으며 또한 구상권에 대하여 규정하지 않은 점에서 차이가 있으나, 직접행위자인 이사 등 기관도 배상책임을 진다는 점에서는 동일하다.

판례 法人의 責任과 使用者責任 : 학교법인의 대표자였던 자에 의한 차금행위가 불법행위가 된다면 이는 민법상 사용자의 배상책임이 아니고 민법 제35조에 의한 법인 자체의 불법행위가 되어 배상책임이 있다(대판 1978.3.14. 78다132).

(나) 國家賠償責任과의 關係

국가배상법 제2조는 공무원이 그 직무를 집행함에 있어서 고의나 과실로 타인에게 손해를 가하거나, 자동차손해배상보장법에 의하여 손해배상의 책임이 있는 때에는 국가 또는 지방자치단체는 그 손해를 배상하여야 한다고 규정하고 있다. 이는 민법 제756조에 대하여 특별법의 관계에 있다. 즉, 사용자책임과 그 취지가 같지만 사용자책임보다 책임을 강화시키고 있다.

이러한 국가배상책임의 성질에 관하여 통설은 그 구성이 과실책임주의에 기초를 둔 대위책임이라고 본다. 이에 대하여 공무원의 직무행위는 국민에 대하여 손해를 야기할 위험성을 내포하는 것이며, 그 행위는 행정기관의 행위로서 국가의 자기책임이라는 견해도 있다(김동희). 자기책임이라고 보면 공무원 개인의 책임과 국가의 책임이 병존할 수 있으나, 통설인 대위책임설에 의하면 피해자는 직접 당해 공무원에 대하여 책임을 묻지 못한다고 해석한다. 판례는 국가가 구상권을 행사할 수 있는 요건에 해당하는 공무원의 고의 또는 중대한 과실이 있는 때에 제한적으로 개인책임을 인정한다.

판례 公務員個人의 制限的 不法行爲責任 : 헌법 제29조 제1항 본문과 단서 및 국가배상법 제2조를 그 입법취지에 조화되도록 해석하면 공무원이 직무 수행 중 불법행위로 타인에게 손해를 입힌 경우에 국가나 지방자치단체가 국가배상책임을 부담하는 외에 공무원 개인도 고의 또는 중과실이 있는 경우에는 불법행위로 인한 손해배상책임을 지고, 공무원에게 경과실뿐인 경우에만 공무원 개인은 손해배상책임을 부담하지 아니한다(대판 1997.2.11. 95다5110).

(다) 自動車損害賠償保障法上의 責任과의 關係

자동차손해배상보장법 제3조는 자기를 위하여 자동차를 운행하는 자는 그 운행으로 인하여 타인을 사망, 부상하게 한 때에는 그 손해를 배상할 책임을 진다고 규정하고 있다.

자동차의 운행으로 인한 인적 손해에 대하여는 민법 제750조나 제756조의 특칙으로 자동차손해배상보장법이 우선적으로 적용된다. 그러나 피해자는 반드시 동법에 따른 인적 손해를 먼저 청구한 후에 물적 손해에 대하여는 제756조에 따라 청구할 필요는 없다. 피해자는 직접 제756조에 의하여 인적 손해와 물적 손해에 대하여 사용자책임을 청구할 수 있다.

(라) 履行補助者의 不法行爲責任과의 關係

이행보조자의 고의·과실의 행위가 채무불이행이 되는 동시에 불법행위가 되는 경우이다. 이행보조자의 고의·과실은 채무자의 귀책사유로 되어 채무자는 채무불이행책임을 진다. 또한 이행보조자는 피용자로서 채무자는 사용자책임을 진다. 청구권경합설에 의하면 피해자는 채무자인 사용자에게 양 청구권을 선택하여 행사할 수 있다. 법조경합설에 의하면 채무자의 채무불이행책임만을 추궁할 수 있다.

2. 使用者責任의 成立要件

제756조에 의하면 사용자책임이 성립하기 위하여는 ① 타인을 사용하게 하여 어떤 사무에 종사하게 하였을 것, ② 피용자의 그 사무집행에 관한 행위였을 것, ③ 피용자의 불법행위에 의한 손해의 발생, ④ 사용자가 면책사유를 입증하지 못하였을 것을 그 요건으로 하고 있다.

(1) 어떤 事務에 從事시키기 爲하여 他人을 使用할 것

(가) 使用關係

사용자와 불법행위자 간에 사용관계가 있어야 한다. 여기서의 사용관계란 양자간에 지휘·감독관계가 있는 것을 말하나, 반드시 실질적으로 지휘·감독을 받는 관계가 아니라도 사용자의 지배영역에 편입되어 사무의 집행에 관하여 사용자의 의사에 의하여 사무를 집행하는 객관적·외형적 관계만 있으면 족하다.

이러한 사용관계는 반드시 고용계약에 의한 관계일 필요는 없고 위임·조합 기타 어떠한 관계라도 무방하다. 또 <u>그 관계는 실질적으로 존재하면 되기 때문에 그 기초</u>

관계가 법률적으로 유효할 필요는 없어 무효 또는 취소된 경우는 물론이고 당초부터 그러한 기초관계 없이 사실상의 피용자로 된 경우에도 본조의 사용관계가 성립한다.

(나) 具體的으로 問題가 되는 경우

위에서 본 바와 같이 본조의 사용관계는 실질적이고 객관적으로 판정되는 것으로서 추상적으로는 그 존부를 명확하게 설명하기가 곤란하다. 따라서 여기서는 사용관계의 존부가 특별히 문제되는 판례에서 나타난 구체적인 사례를 소개하기로 한다. 판례는 피해자 보호를 위하여 외형적 관계를 중시하여 사용관계를 폭넓게 인정하는 경향이다.

도급에서는 원칙적으로 사용자책임의 적용이 없으나 실질적으로 지휘·감독을 받는 노무도급은 사용관계에 있고, 명의대여의 경우에는 외형적으로 명의자의 사용자로 보이는 경우에는 사용관계를 인정하며, 위임인과 수임인 사이에도 사용관계가 인정되며, 동업관계와 지입지주와 지입차주 간에도 사용관계를 인정한다. 그러나 수급인 또는 수임인은 원칙적으로 자기의 재량에 의하여 사무를 처리하므로 사용자책임을 지지 않는 것이 원칙이다. 따라서 사용자책임을 부과하기 위하여는 구체적 사안에 따라 지시관계에 있었는지 여부가 검토되어야 한다.

판례 事實上의 使用關係 : 민법 제756조 소정의 사용자와 피용자의 관계는 반드시 유효한 고용관계가 있는 경우에 한하는 것이 아니고, 사실상 어떤 사람이 다른 사람을 위하여 그 지휘·감독 아래 그 의사에 따라 사무를 집행하는 관계에 있으면 족한 것이며, 타인에게 위탁하여 계속적으로 사무를 처리하여 온 경우 객관적으로 보아 그 타인의 행위가 위탁자의 지휘·감독의 범위 내에 속한다고 보이는 경우 그 타인은 민법 제756조에 규정한 피용자에 해당한다(대판 1998.8.21. 97다13702).

판례 使用關係의 存否가 문제되는 具體的 事例:

① 勞務都給 : 도급인이 수급인에 대하여 특정한 행위를 지휘하거나 특정한 사업을 도급시키는 경우와 같은 이른바 노무도급의 경우에 있어서는 도급인이라고 하더라도 민법 제756조가 규정하고 있는 사용자책임의 요건으로서의 사용관계가 인정된다(대판 1998.6.26. 97다58170).

② 名義貸與 : ① 타인에게 어떤 사업에 관하여 자기의 명의를 사용할 것을 허용한 경우에 그 사업이 내부적으로는 그 타인과 명의자가 이를 공동운영하는 관계로서 그 타인이 명의자의 고용인이 아니라 하더라도 외부적으로는 그 타인이 명의자의 고용인임을 표명한 것과 다름이 없으므로 명의사용을 허가받은 사람이 업무수행을 함에 있어 고의 또는 과실로 다른 사람에게 손해를 끼쳤다면 명의사용을 허가한 사람은 민법 제756조 제1항에 의하여 그 손해를 배상할 책임이 있다(대판 1998.5.15. 97다58538).

③ 명의대여관계의 경우, 민법 제756조가 규정하고 있는 사용자책임의 요건으로서의 사용관계가 있느냐 여부는 실제적으로 지휘·감독을 하였느냐의 여부에 관계없이 객관적으로 보아 사용자가 그 불법행위자를 지휘·감독해야 할 지위에 있었느냐의 여부를 기준으로 결정하여야 한다. 비의

료인에게 고용된 의사가 자신 명의의 사업자등록을 한 후 그 비의료인이 수표에 의사 명의의 배서를 위조하여 제3자로부터 할인받는 것을 방치한 경우, 의사의 피해자에 대한 책임을 인정한 사례(대판 1997.4.11. 97다386).

④ 委任人과 受任人 : 불법행위에 있어 사용자책임이 성립하려면 사용자와 불법행위자 사이의 사용관계, 즉 사용자가 불법행위자를 실질적으로 지휘·감독하는 관계가 있어야 하는 것으로, 위임의 경우에도 위임인과 수임인 사이에 지휘·감독관계가 있고 수임인의 불법행위가 외형상 객관적으로 위임인의 사무집행에 관련된 경우 위임인은 수임인의 불법행위에 대하여 사용자책임을 진다. 상속재산 분할 등의 사무를 수임한 변호사가 당해 부동산을 타에 처분하여 매각대금을 편취한 사안에서 위임인의 사용자책임을 인정한 사례(대판 1998.4.28. 96다25500).

⑤ 同業關係 : 동업관계에 있는 자들이 공동으로 처리하여야 할 업무를 동업자 중 1인에게 그 업무집행을 위임하여 그로 하여금 처리하도록 한 경우, 다른 동업자는 그 업무집행자의 동업자인 동시에 사용자의 지위에 있다 할 것이므로, 업무집행과정에서 발생한 사고에 대하여 사용자로서의 손해배상책임이 있다(대판 1998.4.28. 97다55164).

⑥ 持入關係 : ⓐ 건설기계관리법이 시행된 이후에도 종래의 전형적인 지입제 방식으로 지입차량을 관리·운영하는 경우, 지입회사가 지입차주에 대하여 사용자의 지위에 있는지 여부(적극). ⓑ 지입회사가 지입차량의 운전사에 대해 근로계약상의 사용자로서 보호의무 내지 산업안전보건법 소정의 안전상의 조치의무를 부담하는지 여부(적극) (대판 1998.1.23. 97다44676).

⑦ 派遣勤勞의 경우 : 파견근로자보호등에관한법률에 의한 근로자 파견은 파견사업주가 근로자를 고용한 후 그 고용관계를 유지하면서 사용사업주와 사이에 체결한 근로자 파견계약에 따라 사용사업주에게 근로자를 파견하여 근로를 제공하게 하는 것으로서, 파견근로자는 사용사업주의 사업장에서 그의 지시·감독을 받아 근로를 제공하기는 하지만 사용사업주와의 사이에는 고용관계가 존재하지 아니하는 반면, 파견사업주는 파견근로자의 근로계약상의 사용자로서 파견근로자에게 임금지급의무를 부담할 뿐만 아니라, 파견근로자가 사용사업자에게 근로를 제공함에 있어서 사용사업자가 행사하는 구체적인 업무상의 지휘·명령권을 제외한 파견근로자에 대한 파견명령권과 징계권 등 근로계약에 기한 모든 권한을 행사할 수 있으므로 파견근로자를 일반적으로 지휘·감독해야 할 지위에 있게 되고, 따라서 파견사업주와 파견근로자 사이에는 민법 제756조의 사용관계가 인정되어 파견사업주는 파견근로자의 파견업무에 관련한 불법행위에 대하여 파견근로자의 사용자로서의 책임을 져야 하지만, 파견근로자가 사용사업주의 구체적인 지시·감독을 받아 사용사업주의 업무를 행하던 중에 불법행위를 한 경우에 파견사업주가 파견근로자의 선발 및 일반적 지휘·감독권의 행사에 있어서 주의를 다하였다고 인정되는 때에는 면책된다고 할 것이다(대판 2003.10.9. 2001다24655).

(다) 都給人의 責任

도급에서 수급인은 도급인과는 독립하여 재량으로 자기의 노무를 제공한다. 따라서 도급인과 수급인 사이에는 원칙적으로 여기서의 사용관계가 성립되지 아니한다. 이러한 점에서 제757조 본문에서 도급인은 수급인의 그 일에 관하여 제3자에게 가한 손해를 배상할 책임이 없다고 규정한 것은 당연한 내용을 규정한 것이다. 한편, 동조 단서는 도급 또는 지시에 관하여 도급인에게 중대한 과실이 있는 때에는 도급인에게 배상책임이 있다고 규정하고 있다. 즉, 도급인은 지시를 한 경우에 그 지시가 중대한 과실이 있고, 그로 인하여 수급인이 타인에게 손해를 가한 경우에만 예외적으로 사용자책임을 진다. 제757조가 의미를 가지는 것은 본문이 아니라 바로 이 단서조항이다.

그런데 제757조 단서의 도급인의 책임은 일반적인 사용자책임으로서의 제756조와는 그 성질이 다르다. 따라서 도급인이 책임을 지는 경우에도 제756조에 의하여 책임을 지는 것이 아니라 제757조에 의하여 책임을 진다. 그러나 도급에서도 일반적인 도급과는 달리 도급인이 수급인의 일의 처리에 대하여 실질적으로 지휘·감독을 하는 그러한 경우에는 당연히 제756조의 사용자책임에 관한 규정이 적용된다.

그런데 실제로 도급에서 도급인의 책임이 문제되는 경우는 하도급에서 하수급인이 타인에게 가한 손해에 대하여 원수급인이 책임을 지느냐이다. 이에 대하여 건설산업기본법 제44조 제3항은 원수급인의 배상책임을 규정하고 있다(제2장 제10절 도급 중 특수한 도급편 참조). 이 경우는 특별법에 의하여 책임을 인정하는 것이지만 하도급의 경우는 통상적으로 원수급인과 하수급인 사이에는 지휘·감독관계가 있기 때문에 원수급인은 사용자책임으로서 책임을 진다고 보아야 한다.

판례 都給에서 受給人의 不法行爲에 대한 都給人의 責任 : 도급인이 수급인의 일의 진행 및 방법에 관하여 구체적인 지휘감독권을 유보한 경우에는 도급인과 수급인의 관계는 실질적으로 사용자 및 피용자의 관계와 다를 바 없으므로 수급인이 고용한 제3자의 불법행위로 인한 손해에 대하여 도급인은 민법 제756조에 의한 사용자책임을 면할 수 없다. 사용자 및 피용자관계 인정의 기초가 되는 도급인의 수급인에 대한 지휘감독은 건설공사의 경우에는 현장에서 구체적인 공사의 운영 및 시행을 직접 지시, 지도하고 감시, 독려함으로써 시공자체를 관리함을 말하며, 단순히 공사의 운영 및 시공의 정도가 설계도 또는 시방서대로 시행되고 있는가를 확인하여 공정을 감독하는 데에 불과한 이른바 감리는 여기에 해당하지 않는다고 할 것이므로 도급인이 수급인의 공사에 대하여 감리적인 감독을 함에 지나지 않을 때에는 양자의 관계를 사용자 및 피용자의 관계와 같이 볼 수 없다(대판 1987.10.28. 87다카1185).

(2) 事務執行에 關한 行爲였을 것

사용자는 피용자의 모든 행위에 대하여 책임을 지는 것이 아니라 피용자에게 맡겨진 사무를 집행하는 과정에서 발생한 손해에 대하여 책임을 진다. 제756조는 이를 <사무집행에 관하여>라고 표현하는데, 과연 어떠한 경우에 사무집행관련성이 있는 것으로 판단할 것인지는 쉽지 않다.

(가) 被傭者의 動機說

사무집행관련성을 결정함에는 피용자가 주관적으로 사용자의 이익을 위하여 행위를 한 것인지 아니면 다른 이유, 즉 자신의 이익을 도모하기 위하여 한 것인지 그 동기를 판정기준으로 하여야 한다는 견해이다.

(나) 因果關係說

피용자가 맡은 업무와 발생된 손해 사이에 상당인과관계가 있으면 사무집행관련성이 있다는 견해이다.

(다) 職務範圍說

피용자의 직무범위는 사용자의 책임범위라는 전제에서 피용자의 직무를 거래관념에 따라 객관적으로 정확하게 해석하는 것이 결정기준이라는 견해이다. 이 직무범위설을 보완하는 것으로써, 피용자의 직무는 사용자와 피용자 사이에 존재하는 의무상태가 중요한 고려사항으로 사용자가 피용자에게 일정한 업무를 맡긴 경우에는 동시에 그 업무의 성질에 따라 타인에게 발생한 손해의 방지를 위한 배려의무까지 함께 맡긴 것이라는 사용자의 의무설이 있다.

(라) 危險의 豫見可能說

피용자에게 합리적으로 기대되는 업무집행에 있어서 다소의 일탈이 있더라도 이는 사용자의 위험범위에 속한다는 기본사고에서 피용자의 업무와 그 업무에서 위험이 예견되는 범위까지가 사용자가 책임을 져야 하는 행위라는 견해이다.

(마) 外形理論

구체적 사무가 피용자의 직무의 집행행위 자체에는 속하지 아니하더라도 그 사무집행행위를 외형적으로 관찰할 때 피용자의 사무집행행위와 유사하여 그 범위 내에 속하는 것으로 보여 지는 경우는 포함된다는 견해이다. 즉, 직무의 관련성은 외형적·객관적으로 판단된다는 것이다.

지배적인 견해는 외형이론이다. 판례도 외형이론의 입장이다. 이 외형이론은 공동체 구성원의 보편적인 신뢰에 기초한 것으로 타당하다. 따라서 피용자의 당해 행위가 통상인의 통상적인 판단으로 그 자의 직무에 속한 것이라고 믿을 만한 상당한 사유가 있으면 직무관련성이 있다고 보아야 한다.

이러한 점에서 상대방이 당해 행위가 행위자의 직무와 관련성이 없다는 점을 고의로 결여하였거나 중대한 과실로 알지 못한 경우에는 직무관련성이 인정되지 아니한다. 이는 외형이론이 신뢰이론에 기초한 것으로 상대방은 신뢰에 의한 보호를 받을 수 있는 자에 한하기 때문이다. 판례도 동일한 입장이다.

판례 事務執行에 관한 外形論 : ① 민법 제756조에 규정된 사용자책임의 요건인 '사무집행에 관하여'라는 뜻은 피용자의 불법행위가 외형상 객관적으로 사용자의 사업활동 내지 사무집행행위 또는 그와 관련된 것이라고 보여질 때에는 행위자의 주관적 사정을 고려함이 없이 이를 사무집행에 관하여 한 행위로 본다는 것이고, 외형상 객관적으로 사용자의 사무집행에 관련된 것인지 여부는 피용자의 본래 직무와 불법행위와의 관련 정도 및 사용자에게 손해발생에 대한 위험창출과 방지조치 결여의 책임이 어느 정도 있는지를 고려하여 판단하여야 한다(대판 1999.1.26. 98다39930).
② 민법 제756조에 정한 '사무 집행에 관하여' 라는 규정의 뜻은, 원칙적으로는 그 행위가 피용자의 직무 범위에 속하는 행위여야 하나 피용자의 직무집행행위 그 자체는 아니더라도 그 행위의 외형으로 관찰하여 마치 직무의 범위 내에 속하는 것과 같이 보이는 행위도 포함하는 것으로 새겨야 한다(대판 1997.9.26. 97다21499).
③ 택시회사의 운전수가 승객을 강간한 경우 회사의 사용자책임을 인정(대판 1991.1.11. 90다8954).
④ 교수의 성희롱행위에 대하여 당해 대학 총장에게 사용자책임을 부정한 예(대판 1998.2.10. 95다39533).

판례 相對方의 重大한 過失에 의한 職務關聯性 不知때는 免責 : ① 피용자의 불법행위가 외관상 사무집행의 범위 내에 속하는 것으로 보이는 경우에 있어서도 피용자의 행위가 사용자나 사용자에 갈음하여 그 사무를 감독하는 자의 사무집행행위에 해당하지 않음을 피해자 자신이 알았거나 또는 중대한 과실로 인하여 알지 못한 경우에는 사용자책임을 물을 수 없다. 사용자책임이 면책되는 피해자의 중대한 과실이라 함은 거래의 상대방이 조금만 주의를 기울였더라면 피용자의 행위가 그 직무권한 내에서 적법하게 행하여진 것이 아니라는 사정을 알 수 있었음에도 만연히 이를 직무권한 내의 행위라고 믿음으로써 일반인에게 요구되는 주의의무에 현저히 위반하는 것으로 거의 고의에 가까운 정도의 주의를 결여하고 공평의 관점에서 상대방을 구태여 보호할 필요가 없다고 봄이 상당하다고 인정되는 상태를 말한다(대판 1998.7.24. 97다49978)
② 重大한 過失의 意味 : 일반적인 거래관행과 상이하다는 것을 잘 알고 있음에도 불구하고 명의사용자의 불법적 행위에 편승하여 계약을 체결한 거래의 상대방에게는 일반적으로 요구되는 주의의무를 현저히 위반한 중대한 과실이 인정된다(대판 2005.2.25. 2003다36133).
③ 重大한 過失이 認定된 例 : 은행 지점장이 자신이 유용한 CD 매도 대금을 마련하기 위하여 개인적으로 어음을 빌리거나 그 지점에서 담보용으로 보관중인 어음을 임의로 유출하여 이를 피해자에게 할인하거나 그 할인금에 대한 담보조로 교부하면서 지점장이 개인적으로 그 할인금을 2개월 이내에 현금으로 변제하기로 한 경우, 일반적으로 은행이 금융기관이 아닌 개인으로부터 이와 같은 방식으로 금원을 차용하는 일은 있을 수 없는 점에 비추어 그 지점장의 행위가 은행의 정당한 사무집행에 해당되지 않음을 피해자도 알고 있었다고 봄이 상당하므로 은행에 대하여 사용자책임을 물을 수 없다고 한 사례(대판 1999.3.9. 97다7721).

(3) 被傭者의 不法行爲에 의한 損害

피용자의 가해행위로 손해를 발생시켰고, 그 행위가 위법하여야 한다는 점에 관하여는 의문의 여지가 없는데, 피용자의 고의 또는 과실과 책임능력을 요하는지가 문제된다. 즉, 사용자에게 책임을 부담하게 하는 전제로서 피용자의 가해행위가 불법행위의 일반적 요건을 충족하여야 하느냐 여부는 제756조의 규정만으로는 명확하지 않다.

다수설과 판례는 피용자의 고의 또는 과실과 책임능력을 요하는 것으로 본다. 이에 대하여 피용자의 불법행위의 성립, 즉 피용자의 과실과 책임능력은 요건이 아니라는 견해가 있다.

피용자의 불법행위의 성립이 사용자책임의 요건이 아니라는 견해는, 사용자책임은 자기책임이라는 것을 근거로 하는 견해(김형)와 피용자의 불법행위성립을 요건으로 함으로써 기업책임이 무과실책임으로 확장하는 추세에 역행하게 된다는 견해가 있다(이은).

생각건대, 피용자의 불법행위의 성립을 요건으로 하지 않으면, 즉 피용자의 무과실에 관하여도 사용자책임을 인정하면 피해자가 두텁게 보호되며 또한 그러한 것이 오늘날의 기업책임으로 합당하다는 것은 인정한다. 그러나 그것은 입법론적인 주장으로는 타당하고 또한 그렇게 되어야 할 것으로 생각되지만 민법은 과실책임을 원칙으로 하고 있어 해석에 의한 무과실책임은 인정될 수 없다. 제756조가 피용자의 과실을 요하는지가 분명하지 않을 뿐이지 무과실을 규정하고 있지는 아니하다. 비록 제756조가 미흡하나 현행법의 해석으로는 피용자의 과실을 요한다고 보아야 한다.

판례 被傭者의 不法行爲의 一般的 成立要件 充足을 前提 : 책임무능력자인 아동의 가해행위에 대하여 그 대리감독자인 교사를 사용하는 사용자 또는 사용자에 갈음한 감독자에게 사용자책임을 물으려면 그 대리감독자에게 고의 또는 과실이 인정됨으로서 별도로 불법행위의 일반요건을 충족하여야 한다(대판 1981.8.11. 81다298).

(4) 使用者의 注意義務違反과 免責事由

(가) 選任·監督의 注意義務

제756조 단서의 문언에 따르면 사용자는 피용자의 선임·감독에 대한 주의의무만을 지는 것으로 되어 있다. 이 문언을 그대로 따르면 오늘날과 같이 계층적 구조를 가진 기업이라든지 또는 전문적 지식을 가진 피용자를 사용하는 자는 거의 면책되는 결과가 된다. 그러나 사용자책임을 두게 된 이유가 피해자를 두텁게 보호하자는 점이기 때문에 사용자에게는 피용자의 선임 또는 감독에 대한 의무와 함께 피용자가 타인에게 가할지도 모를 행위에 대하여 적절한 조치를 취할 의무도 있는 것으로 보아야 한다. 즉, 제756조의 선임과 감독에 대한 의무는 사용자의 가장 전형적인 의무를 예시한 것에 지나지 않는 것으로 보아야 한다. 판례도 그러한 취지에서 사용자의 주의의무위반을 폭넓게 인정하고 있다.

판례에 나타난 것으로 보면, 자동차사고에서 사용자는 피용자를 선임함에 있어서 운전기술 뿐만 아니라 면밀한 주의력으로 책임을 중히 여기고 생각이 깊은 자를 선임하여야 할 의무, 매일 아침 훈유할 의무, 때때로 위험방지 및 기술습득에 대한 교양과 훈시를 할 의무 등으로 거의 무한정의 주의의무를 과하여 실제로 사용자의 면책을 봉쇄하고 있다.

판례 自動車會社의 注意義務 : 고도의 주의가 요구되는 화물자동차영업에 있어서 사용자인 회사가 피용자를 사고를 일으킨 일이 없는 사실을 확인하고 채용하였고 그 대리감독자가 위험한 야간작업의 요청을 거절하고 피용자에게도 나가지 말 것을 사람을 통하여 전하면서 차를 창고에 넣도록 지시까지 하였다고 하더라도 그 사실만으로 피용자의 선임감독에 상당한 주의를 다하였다고 할 수는 없다(대판 1966.7.26. 66다953).

판례 使用者의 注意義務 : 시청 재무과 징수계직원에 있는 자가 재직 중 동일한 방법으로 계속적으로 그 직무상 징수보관 중이던 세금을 장구한 시일에 걸쳐 횡령을 거듭하였다면 경험칙상 사용자가 선량한 관리자의 주의로써 감독하였다면 손해발생을 미연에 방지하거나 또는 피해액을 감소시킬 수 있었으리라 생각되므로 사용자에게 피용자의 감독상의 과실이 있다고 할 것이다(대판 1968.1.31. 65다376).

(나) 免責事由

사용자는 상당한 주의를 다한 경우에도 그러한 손해가 발생하였을 것을 입증하여 면책될 수 있다(제756조 1항 단서). 이는 사용자의 피용자에 대한 부주의와 당해 손해와의 사이에는 인과관계가 없음을 입증하면 면책된다는 것이다. 이것은 과실책임주의를 취하는 이상 당연한 것이다. 그러나 실제로 이를 입증하여 면책되는 경우란 거의 없을 것이다.

3. 賠償責任者

(1) 使用者와 代理監督者

배상책임자는 사용자(제756조 1항)와 사용자에 갈음하여 그 사무를 감독하는 자(제756조 2항)이다.

(2) 共同使用者의 경우

복수의 사용자가 있는 경우에는 피해자는 공동사용자 모두에게 각각 손해의 전부에 대한 배상을 청구할 수 있다고 보아야 하며 그러한 채무는 복수의 사용자에게는 부진정연대채무로 해석된다.

복수의 사용자 사이에는 내부적인 관계에 따른 가해자와의 관계 등에 따라 손해배상채무에 대하여 부담률이 결정된다.

판례 共同使用者의 責任과 內部關係 : 동일한 가해자를 지휘·감독하는 복수의 사용자가 각각 손해배상책임을 부담하는 경우에 있어서도 각 사용자 사이의 책임의 내부적 부담의 공평을 꾀하기 위하여 구상이 인정되어야 할 것인데, 그 구상의 전제로 되는 각 사용자의 책임비율은 피용자인 가해자의 가해행위의 태양 및 각 사용자의 사업의 집행과의 관계정도, 가해자에 대한 각 사용자의 지휘·감독의 강약 등을 고려하여 정하여야 하는 것이고 사용자의 일방은 당해 가해자의 위과실비율에 따라 정해진 부담 부분을 넘어 손해를 배상한 때는 그 넘는 부분에 관하여 다른 사용자에 대한 위 책임의 비율에 따라 정해진 부담 부분의 한도에서 구상할 수 있다고 하는 것이 상당하다(대판 1994.12.27. 94다4974).

4. 使用者責任과 被傭者責任의 關係

(1) 被傭者의 責任과의 關係

사용자가 책임을 지는 경우에도 피용자는 독립하여 불법행위가 성립하므로 피용자 본인에게도 개별적인 불법행위책임이 생긴다.

판례 被傭者 個人의 不法行爲責任 : 피용자가 사무집행에 관하여 제3자에게 손해를 가한 경우에 그 사용자가 민법 제756조의 규정에 의하여 이를 배상하여야 할 채무와 그 피용자가 민법 제750조에 의하여 스스로 부담하는 배상채무와는 별개의 채무라 할 것이므로 위 제3자가 받은 정신적 손해에 대한 배상액의 산정에 있어서 피용자가 그 제3자에게 지급하여야 할 배상액과 사용자가 그 제3자에게 지급하여야 할 배상액은 각각 다를 수가 있고, 또 사용자의 그것이 반드시 피용자의 그것의 범위 내이어야만 한다는 이치가 없다 하겠다(대판 1969.6.24. 69다441).

판례 公務員 個人의 獨立한 不法行爲責任 : 헌법 제29조 제1항 본문과 단서 및 국가배상법 제2조를 그 입법취지에 조화되도록 해석하면 공무원이 직무 수행 중 불법행위로 타인에게 손해를 입힌 경우에 국가나 지방자치단체가 국가배상책임을 부담하는 외에 공무원 개인도 고의 또는 중과실이 있는 경우에는 불법행위로 인한 손해배상책임을 지고, 공무원에게 경과실뿐인 경우에만 공무원 개인은 손해배상책임을 부담하지 아니한다고 할 것이다(대판(전원) 1996.2.15. 95다38677), (대판 1997.2.11. 95다5110).

(2) 使用者와 被傭者의 不眞正連帶債務

피해자의 손해배상채무에 대하여 양자는 부진정연대채무를 진다(이설 없음).

판례도 부진정연대채무로 보아 피용자로부터 일부의 변제를 받은 때에는 사용자에게 대하여 그 범위 내에서 배상책임을 소멸하게 한다.

판례 損害賠償에 대한 使用者와 被傭者의 關係 : ① 위법행위로 타인에게 직접 손해를 가한 피용자 자신의 손해배상의무와 그 사용자의 손해배상의무는 별개의 채무여서 그 양자가 배상하여야 할 손해액의 범위가 각기 달라질 수 있고, 그 경우 피용자 본인이 손해액의 일부를 변제한 때에는 그 변제금 중 사용자의 과실 비율에 상응하는 수액에 한하여 사용자가 배상하여야 할 손해액의 일부로 변제된 것으로 하고, 따라서 사용자의 손해배상책임이 소멸하는 범위도 상응한 그 수액으로 한정되게 함이 불법행위로 인한 손해배상에서의 지도원리인 공평의 원칙과 신의칙에 합당하다(대판 1999.2.12. 98다55154). ② 피용자와 사용자가 공동불법행위책임을 지는 경우에 피해자에 대한 과실비율이 따라 배상할 손해액의 범위가 달라지는 경우에는 누가 그 채무를 변제하느냐에 따라 소멸되는 채무의 범위가 달라진다. 즉, 적은 손해액을 배상할 의무가 있는 자가 불법행위의 성립 이후에 손해액의 일부를 변제한 경우에는 많은 손해액을 배상할 의무 있는 자의 채무가 그 변제금 전액에 해당하는 부분이 소멸하는 것은 물론이나, 많은 손해액을 배상할 의무 있는 자가 손해액의 일부를 변제하였다면 그중 적은 범위의 손해액을 배상할 의무 있는 자의 채무는 그 변제금 전액에 해당하는 채무가 소멸하는 것이 아니라 적은 범위의 손해배상 책임만을 부담하는 쪽의 과실비율에 상응하는 부분만큼만 소멸하는 것으로 보아야 할 것이다(대판 1995.7.14. 94다19600).

③ 배상책임이 상이한 부진정연대채무 당사자간의 책임 ⓐ 자금 입출금 등의 업무를 담당하는 회사의 재무과장이 제3자를 위한 회사 명의의 근보증서와 이사회입보결의서 및 약속어음 배서를 위조하여 금융기관에 제출하고 이를 믿은 금융기관이 제3자에게 대출함으로써 손해를 입은 경우, 회사의 사용자책임을 인정하면서도 금융기관도 대출규정을 지키지 않았고 보증계약의 진위여부를 회사에 직접 확인하지 않았다는 이유로 30%의 과실상계를 한 사례. ⓑ 금액이 다른 채무가 서로 부진정연대의 관계에 있을 때 금액이 많은 채무의 일부가 변제 등으로 소멸하는 경우 그중 먼저 소멸하는 부분은 당사자의 의사와 채무 전액의 지급을 확실히 확보하려는 부진정연대채무 제도의 취지에 비추어 볼 때 다른 채무자와 공동으로 채무를 부담하는 부분이 아니라 단독으로 채무를 부담하는 부분으로 보아야 한다.(대판 20003.14. 99다67376).

(3) 求償關係

사용자 또는 대리감독자가 배상을 한 때에는 피용자에 대하여 구상권을 행사할 수 있다(제756조 3항).

사용자가 피용자의 가해행위에 대하여 책임을 부담하는 것은 피용자가 사용자의 지배영역 내에서 사용자에 의하여 지휘와 감독을 받기 때문이며, 또한 피용자로 인하여 사용자는 이익을 얻기 때문이다. 그리고 피용자는 사용자와 계약상의 기초관계에 의한 경우 계약상의 의무로서, 사실상의 관계만 있는 경우에는 신의칙상의 의무로서 일을 처리함에 있어서 타인에게 손해를 발생시켜 사용자가 책임을 지지 아니하게 하여야 할 의무가 있다고 본다. 그러한 측면에서 제756조가 사용자의 구상권을 일반적으로 인정한 것은 타당하지 못하다.

사용자의 구상권이 제한되어야 함은 사용자는 위험성 있는 노동 또는 손해의 발생을 야기시키는 노동을 피용자에게 부담시키면서 그로 인하여 발생한 손해를 그대로 피용자에게 전가시키는 것은 부당하며, 피용자는 자기의 노동조건을 자유롭게 조절할 수 있는 지위에 있지 아니하며, 사용자는 경영으로부터 생길 수 있는 정형적 위험을 분산시킬 수 있다는 점 등을 들 수 있다. 판례도 사용자의 구상권의 제한의 필요성을 인정하는 바탕에서 사업의 성격, 피용자의 업무내용, 가해행위의 상황 등을 종합적으로 고려하여 신의칙에 합당한 범위 내에서만 구상권을 행사할 수 있다고 한다.

판례 使用者의 求償權 行使의 調節 : ① 신의칙사의 구상권 제한 : 사용자가 피용자의 업무집행으로 행해진 불법행위로 인하여 직접 손해를 입었거나 또는 사용자로서의 손해배상책임을 부담한 결과로 손해를 입게 된 경우에는 사용자는 그 사업의 성격과 규모, 사업시설의 상황, 피용자의 업무내용, 근로조건이나 근무태도, 가해행위의 상황, 가해행위의 예방이나 손실의 분산에 관한 사용자의 배려정도 등의 제반사정에 비추어 손해의 공평한 분담이라는 견지에서 신의칙상 상당하다고 인정되는 한도 내에서만 피용자에 대하여 위와 같은 손해의 배상이나 구상권을 행사할 수 있다(대판 1987.9.8. 86다카1045).

② 求償權이 否定된 例 : 사용자는 렌트카 30대를 보유하고 그 차량의 대여를 영업목적으로 하고 있어서 이용고객의 희망에 따라 수시로 차량운전을 위한 인원이 필요한 관계로 주간 근무자로서 소외 Z 등 운전기사 3명을 두는 한편, 야간에는 별도로 경비원인 X로 하여금 사무실 차량의 경비관리와 차량의 대여 및 반차인수 업무 등과 함께 고객의 요청에 따른 대여차량의 운전 등 일체의 야간업무에 종사하게 하여 온 사실, 사용자가 위 x를 채용할 당시 동인이 자동차운전면허가 없는 자임을 알면서도 회사 경영상 노무부족 때문에 동인에게 위와 같은 업무를 담당하게 하였을 뿐만 아니라 동인에 대한 근무감독이나 위험사고발생의 예방을 위한 아무런 조치를 강구하지 아니한 사실, 위 X는 입사 이래 계속하여 매일 19:00부터 08:30까지 혼자 근무하면서 월 금 200,000원의 비교적 적은 보수를 받고 아무런 사고 없이 성실하게 근무하여 온 사실이 있으며, 사용자는 위 X가 사고당시 렌트카를 무단 사용 운전하였다는 이유를 내세워 동인의 유족에 대하여 근로기준법 또는 산업재해보상보험법에 따른 보상 내지 보험처리를 하지 않고 있는 사실들을 인정하고 나서 이 사건 사고의 발생원인에 있어 피용자인 위 X의 가해행위가 지니는 책임성에 비하여 사용자인 원고의 가해행위에 대한 기여도 내지가공도 가 지나치게 크다고 보여지는 점 등을 참작하면, 사용자로서의 위 X의 상속인과 그 신원보증인들인 피고들에게 구상권을 행사한다는 것은 신의칙상 도저히 받아들일 수 없다(대판 1991.5.10.91다7255).

IV. 工作物 등의 占有者 · 所有者의 責任

1. 工作物責任의 意義와 性質

(1) 工作物責任의 意義

공작물의 점유자 및 소유자가 공작물 등의 설치 또는 보존의 하자로 인하여 타인에게 입힌 손해를 배상할 책임을 공작물의 점유자 및 소유자의 책임(합해서 통상 공작물책임)이라고 한다.

제758조 제1항은 <공작물의 설치 또는 보존의 하자로 인하여 타인에게 손해를 가한 때에는> 점유자와 소유자가 그 손해를 배상할 책임이 있는 것으로 규정하고 있다. 점유자는 손해의 방지에 필요한 주의의무를 다한 경우에는 면책될 수 있으나 소유자에게는 무과실책임을 지우고 있다.

공작물책임에 관한 이 규정은 수목의 식재 또는 보존에 하자가 있는 경우에 준용된다(제758조 2항).

근대의 공작물책임제도는, 로마법의 건물의 파괴로 인한 타인의 손해에 대한 소유자의 과실책임으로의 배상책임제도와 게르만법의 점유자의 점유물로부터 생긴 손해에 대한 무과실책임으로의 배상책임을 인정한 데서 유래된 것으로 본다.

근대 민법에 들어와서 독일 민법은 게르만법의 무과실책임과 로마법의 과실책임적 구성을 혼합해서 점유자에게 그 건물의 설치 및 관리상의 하자가 있으면 그로 인한 손해의 배상책임을 인정하면서 점유자가 설치 및 관리에 과실이 없는 경우에는 배상책임을 면하는 것으로 규정하였다(제836조). 그러나 프랑스 민법(제1386조)과 스위스 채무법(제58조)은 게르만법의 무과실책임적 요소를 도입해서 건물 또는 공작물의 소유자에게 무과실책임을 지우고 있다. 양자는 상당한 차이를 보이고 있는데, 독일 민법은 점유자에게만 면책사유를 인정한 과실책임을 인정하며, 프랑스 민법과 스위스 채무법은 소유자에게만 무과실책임을 지우고 있다.

그런데 민법은 점유자와 소유자 양자에게 책임을 인정하며, 점유자에게는 과실책임적 기초에서 책임을 지우나 소유자에게는 무과실책임을 지우고 있다. 이는 형태상 위 양자를 혼합한 것으로 보인다.

(2) 責任의 性質

위에서 본 바와 같이 우리 민법의 공작물책임은 책임의 주체를 점유자 및 소유자로 하고 있다. 점유자는 손해의 방지에 필요한 주의를 해태하지 않았을 때에는 면책된다. 이 점유자의 주의는 공작물의 설치 또는 보존 자체에 대한 것으로 개별적인 손해발생의 사실에 관한 것이 아니며, 입증책임이 점유자에세 있다는 짐에서 다수의 학자는 중간책임이라고 한다. 또한 소유자의 책임에 관하여는 면책사유를 명기하지 않고 있어 절대적 무과실책임으로 이해하는 것이 판례와 통설이다.

이와 같이 공작물의 점유자와 소유자에게 무거운 책임을 부과하는 것은 공작물 등이 손해발생의 위험성을 내포하는 위험물이기 때문에, 그 점유자 및 소유자에게 공작물의 설치 및 보존에 주의를 다하도록 환기하여 위험을 방지하게 하려는 정책적인 고려에서 나온 것으로 본질적으로는 위험책임의 원리로 이해하는 것이 일반적이다.

이에 대하여 점유자 및 소유자는 공작물의 설치·보존을 함에 있어서 하자로 인하여 타인에게 손해를 가하지 아니할 주의의무를 가지고 있고 공작물책임은 그 본질이 이러한 주의의무 위반에 의한 광의의 과실책임이며 점유자에게는 이러한 책임을 그대로 규정하고 있으나 소유자는 그 종국적인 책임을 져야 한다는 점에서 특히 면책조건 없는 절대책임이라는 견해가 있다(이태).

생각건대, 중간책임이라는 개념을 인정한다면 점유자의 책임은 중간책임으로 이해하는 것이 좋을 것이며, 그 근거는 공작물 자체의 위험성에 있다고 보아야 할 것이다.

그런데 별도의 점유자가 있는 소유자는 공작물의 위험성에 어떠한 관여도 하지 않는 경우가 있고, 이 경우에는 위험성으로 설명되지 않는다. 즉, 소유자에게는 손해발생의 방지에 대한 주의 여부와는 관계없이 단지 소유자라는 점에서 책임을 부과하고 있다.

이 점에 관하여 소유권은 책임을 수반한다는 일면과 보상책임적 요소가 도입된 것이라는 견해(일본의 末川博)가 있다. 따라서, 점유자의 책임은 공작물 자체의 위험성에 근거한 책임이며 소유자의 책임은 위험성과 소유권의 무제약적 책임을 근거로 한다고 보는 것이 좋을 듯하다.

(3) 占有者의 責任과 所有者의 責任과의 關係

민법은 제758조 제1항 본문에서 점유자의 책임을 규정하고 단서에서 점유자가 면책될 때 종국적으로 소유자에게 책임을 부과하고 있다. 즉, 1차 책임자를 점유자로 하며 보충적인 책임자를 소유자로 하고 있다. 이는 위에서 본 독일 민법이나 프랑스 민법과는 아주 다르다.

이와 같이 제758조가 양자의 책임을 인정하나 소유자의 책임을 보충적으로 하고 있어 피해자는 1차적으로 점유자를 상대로 손해배상의 소를 제기한 후 점유자의 면책항변이 인정되어 패소한 후에라야 비로소 소유자를 상대로 손해배상을 청구할 수 있게 되어 있다.

그래서 종국적으로는 소유자가 책임을 질 것임에도 불구하고 피해자는 점유자를 상대로 한 무익한 소를 제기하여야 한다.

한편 피해자가 소유자를 상대로 먼저 소를 제기하였다 하더라도 소유자가 점유자에게 과실 있음을 주장·입증하면 피해자는 소유자를 상대로 한 소에서는 패소하게 되고 점유자를 상대로 또 제소하여야 되므로, 이 경우도 동일하다.

이러한 불합리한 결과는 소유자의 책임을 종국적인 책임으로 하면서도 보충적인 책임으로 규정한 제758조에 기인하는데, 입법론적으로는 소유자에게 무과실책임을 인정하여 피해자는 소유자에게 손해를 배상하게 하고, 소유자가 과실 있는 점유자에게 구상권을 행사할 수 있게 하는 것이 타당하다.

2. 다른 責任과의 關係

(1) 營造物의 設置·管理의 瑕疵로 인한 國家賠償責任과의 關係

국가배상법 제5조 제1항 전문은<도로, 하천 기타 공공의 영조물의 설치 또는 관리에 하자가 있기 때문에 타인에게 손해를 발생하게 하였을 때에는 국가 또는 지방자치단체는 그 손해를 배상하여야 한다>고 규정하고 있다.

이는 민법 제758조와 동일한 취지의 규정이며, 영조물과 공작물은 동일한 것이다. 그러므로 공작물이 국가 또는 지방자치단체가 설치하여 관리하면 국가배상책임이 성립하고 사인이 설치·관리하면 민법상의 공작물책임이 성립한다. 공작물을 국가가 사실상 관리하고 있는 경우에도 국가배상책임이 성립한다.

판례 國家가 사실상 管理하는 工作物의 責任 : 국가배상법 제5조 제1항 소정의 "공공의 영조물"이라 함은 국가 또는 지방자치단체에 의하여 특정 공공의 목적에 공여된 유체물 내지 물적 설비를 지칭하며, 특정 공공의 목적에 공여된 물이라 함은 일반 공중의 자유로운 사용에 직접적으로 제공되는 공공용물에 한하지 아니하고, 행정주체 자신의 사용에 제공되는 공용물도 포함하며 국가 또는 지방자치단체가 소유권, 임차권 그 밖의 권한에 기하여 관리하고 있는 경우뿐만 아니라 사실상의 관리를 하고 있는 경우도 포함한다(대판 1995.1.24. 94다45302).

(2) 第750條의 一般 不法行爲責任과의 關係

제758조의 공작물의 책임과 제750조의 일반 불법행위책임은 그 요건을 달리하므로 공작물의 하자로 인한 피해자는 제758조에 의한 점유자 및 소유자에 대한 배상책임을 청구할 수 있는 것과는 별개로 공작물의 시공자에게 제750조에 의한 일반 불법행위에 의한 손해배상책임을 직접 청구할 수 있다.

판례 工作物 施工者의 被害者에 대한 一般 不法行爲에 의한 直接責任 : 민법 제758조는 공작물의 설치·보존의 하자로 인하여 타인에게 손해를 가한 경우 그 점유자 또는 소유자에게 일반 불법행위와 달리 이른바 위험책임의 법리에 따라 책임을 가중시킨 규정일 뿐이고, 그 공작물 시공자가 그 시공상의 고의·과실로 인하여 피해자에게 가한 손해를 민법 제750조에 의하여 직접책임을 부담하게 되는 것을 배제하는 취지의 규정은 아니다(대판 1996.11.22. 96다39219).

(3) 失火責任과의 關係

실화의 경우에는 공작물의 하자로 인하여 화재가 발생한 경우에도 실화책임만이 적용되어야 한다는 견해(이태)가 있다. 그러나 공작물로부터 직접 발생한 화재는 특수한 공작물의 위험에 기인하는 것으로 공작물책임을 적용할 것이지만, 화재로 연소되어 실화자의 책임이 과다하게 되는 점을 고려하여 연소부분에 대하여는 실화책임을 적용하여, 실화자에게 한번의 잘 못으로 인한 과다한 책임을 부담함으로써 파멸되는 상황은 피하게 하여야 한다는 취지의 판례와 다수설이 타당한 것으로 생각한다.

* **失火責任에관한法律** : 民法 第750條의 規定은 失火의 경우에는 重大한 過失이 있을 때에 限하여 이를 適用한다.

판례 工作物의 火災 : 공작물 자체의 설치·보존상의 하자에 의하여 직접 발생한 화재로 인한 손해배상책임에 관하여는 민법 제758조 제1항을 적용하고, 그 화재로부터 연소한 부분에 대한 손해배상책임에 대하여는 실화책임에관한법률을 적용함이 상당하다(대판 1996.2.23. 95다22887).

(4) 公害發生施設에 대한 本條의 適用 與否

소음, 진동, 폐수 등으로 인한 손해, 이른바 공해의 경우에 공작물책임에 관한 본조의 적용이 있는지가 문제된다. 당해 시설물의 하자로 인하여 소음 등이 발생한 경우는 본조의 적용이 있지만, 그러한 소음 등이 당해 시설물의 하자와는 관계없이 발생하는 것이라면 본조의 적용은 없다. 따라서 일반적으로 공해에 관한 손해에 대하여는 본조의 적용이 없다고 보아야 한다.

(5) 製造物被害의 製造物責任法과 本條

제조물 자체의 결함으로 인한 피해에 대하여는 특별법인 제조물책임법(2000년 법률 제6109호)이 있어 본조가 적용될 여지는 없다. 또한 제조물책임법은 제조되어 거래된 동산에 적용되는 것이므로 본조와 그 규율하는 목적과 범위가 다르다. 그런데, 하자 있는 제조물이 설치되어 타인에게 피해를 준 경우에는 제조물책임법과 본조와의 관계가 문제된다. 제조물 자체의 하자인지 설치의 하자인지에 따라 다르게 보아야 할 것이다.

제조물책임법 제정전의 판례는 공구를 공작물로 보아 공작물책임을 인정하고 있으나, 지금은 공구는 제조물로 보아 제조물책임법이 적용된다(제조물책임에 관하여는 후술).

3. 工作物責任의 要件

(1) 工作物

공작물이라 함은 사람의 인공적 작업에 의하여 만들어진 모든 물건이나 시설 일체를 말한다. (판례는 전기는 공작물이 아니라고 함-대판 1993.6.29. 93다11913)

지상·지하 어디에 위치한 것이든 관계없으며, 토지에 정착되어 있든 유동할 수 있든 관계없으며, 건물 내부에 있든 외부에 있든 관계가 없다.

구체적인 공작물의 예로서는 다음과 같다. 지상 또는 지하에 설치된 시설물로서 건물, 도로, 교량, 수영장, 댐, 제방, 수도설비, 가스관, 고압선, 광고탑, 우물, 담, 놀이기구 등이 이에 해당한다. 건물 내의 공작물로서는 건물의 일부를 이루는 건물내부의 설비로서 천장, 계단, 엘리베이터 등이 이에 속하며, 기업설비인 기계, 기구, 발전기 등도 이에 속한다. 또한 자동차·항공기 등과 같은 교통수단도 동적 설비로서 공작물에 포함시키는 것이 통설이다. 판례도 차량을 공작물에 포함시키고 있다. 그러나, 자동차 자체의 하자의 경우에는 제조물책임법이 적용되며, 본조가 적용되는 것은 자동차 자체의 하자 외의 경우로 인한 피해의 경우이다.

이와 같이 공작물을 폭넓게 인정하는 것은 위험책임의 원리를 널리 동적인 위험에까지 확대적용함으로써 오늘날 위험시설물의 급증에 따른 법적인 자구책으로서의 의미가 있다. 개별 위험시설물에 대한 특별법이 없는 경우에는 제758조를 널리 적용하여야 할 것이다.

판례 自動車도 工作物 : ① 경사로에 주차 중인 석유배달 차량에서 원인 미상의 화재가 발생하여 보조잠금장치가 풀리면서 차량이 움직여 인근 건물을 들이받고 불이 옮겨 붙은 경우, 그 건물 화재는 공작물인 차량의 설치·보존상의 하자에 의하여 직접 발생한 것에 해당한다고 본 사례(대판 1998.3.13. 97다34112).

② 탄차가 속도조절장치를 이용하여 진행하여야 함에도 과속으로 가다가 다른 탄차와 충돌하였다면 공작물의 설치·보존의 하자로 인하여 생긴 것이라고 봄이 상당하다(대판 1975.1.14. 74다1870).

(2) 設置 또는 保存의 瑕疵

(가) 瑕疵의 意義

손해가 공작물의 설치 또는 보존의 하자로 인하여 발생하여야 한다. 여기서 하자라 함은 객관적으로 당해 공작물이 갖추어야 할 것으로 요구되는 안전성이 결여된 상태를 말한다. 안전성이 결여되었느냐 여부의 판단은 당해 공작물의 위험성에 비례하여 사회통념상 요구되는 위험방지를 하였느냐가 그 기준이 된다.

공작물의 설치 당시부터의 하자가 설비의 하자이고, 설비 후에 발생한 하자가 관리의 하자이다. 또한 설치 당초에는 하자가 없었으나 주변환경의 변화로 하자가 생긴 경우에도 관리의 하자로 된다. 그러나 제758조는 하자의 내용에 따라 효과를 달리하지 않으므로 양자를 구별할 실익은 없다.

판례 瑕疵가 認定된 例 : ① 편도 2차선 고속도로의 갓길과 2차선에 걸쳐 고여 있는 빗물에 차량이 미끄러져 사고가 난 경우, 고속도로의 설치, 관리상의 하자를 인정(대판 1999.12.24. 99다45413). ② 고속도로의 추월선에 각목이 방치되어 사고의 원인된 경우에 도로공사의 본조의 하자를 인정(대판 1996.10.11. 95다56552). ③ 임차인이 건물외벽에 간판을 부착하기 위하여 설치한 볼트 5개 중 3개가 떨어져 나가자 간판이 무게를 이기지 못하고 추락하여 행인이 상해를 입은 경우에, 건물 소유자는 건물 외벽의 직접 점유자로서 건물외벽의 하자로 인한 배상책임 인정된다(대판 2003.2.28. 2002다65516).
④ 집중호우로 제방도로가 유실되면서 보행자가 사고를 당한 경우, 지방도로의 설치, 보존상의 하자를 인정(대판 2000.5.26.99다53247).

판례 否定된 例 : ① 행인이 여관방을 들여다보기 위하여 보호벽을 타고 올라가다가 보호벽이 무너진 경우에, 통사의 용법에 따르지 않은 것으로 책임을 부정함(대판 1998.1.23. 97다25118).② 출입이 제한되어 있는 5층 건물의 옥상에 무단으로 올라가서 기합을 받다가 굴러 떨어진 사고에서 건물 점유자의 책임을 부정함(대판 111992.4.24. 91다37652)
③ 객관적으로 보아 시간적, 장소적으로 영조물의 기능상 결함으로 인한 손해발생의 예견가능성과 회피가능성이 없는 경우, 즉 그 영조물의 결함이 영조물의 설치관리자의 관리행위가 미칠 수 없는 상황 아래에 있는 경우에는 영조물의 설치관리상의 하자를 인정할 수 없다(대판 2000,2.25. 99다54004).

(나) 瑕疵의 立證責任

공작물에 하자가 있다는 것은 피해자가 입증하여야 한다. 그러나 사고가 발생한 후에는 하자를 입증하기가 곤란한 경우가 많고, 따라서 피해자보호가 되지 않는다. 공작물 자체는 위험성을 내포하고 있으므로 피해자가 정상적인 행동(작동), 즉 통상적인 용법에 의하여 사용하였음에도 불구하고 피해가 발생한 경우에는 피해의 발생 자체가 하자의 존재를 일응 추정한다고 보아야 한다. 따라서 <u>피해자는 정상적인 행동(작동)을 하였다는 것을 입증하고, 상대방측에서 면책되려면 하자의 부존재를 입증하여야 한다고 해석하는 것이 타당하다</u>(동지; 곽,황). 판례도 피해발생 자체에 하자를 일응 추정한다.

판례 瑕疵의 意味 : 민법 제758조 제1항에 규정된 공작물의 설치·보존상의 하자라 함은 공작물이 그 용도에 따라 통상 갖추어야 할 안전성을 갖추지 못한 상태에 있음을 말하는 것으로서, 이와 같은 안전성의 구비 여부를 판단함에 있어서는 당해 공작물의 설치·보존자가 그 공작물의 위험성에 비례하여 사회통념상 일반적으로 요구되는 정도의 방호조치의무를 다하였는지의 여부를 기준으로 삼아야 할 것이고, 따라서 공작물에서 발생한 사고라도 그것이 공작물의 통상의 용법에 따르지 아니한

이례적인 행동의 결과 발생한 사고라면, 특별한 사정이 없는 한 공작물의 설치·보존자에게 그러한 사고에까지 대비하여야 할 방호조치의무가 있다고 할 수는 없다(대판 1998.1.23. 97다25118).

판례 瑕疵 存否의 判斷基準(사회통념상의 방호조치 실행 여부) : 민법 제758조 제1항 소정의 공작물의 설치·보존상의 하자라 함은 공작물이 용도에 따라 통상 갖추어야 할 안전성을 갖추지 못한 상태에 있음을 말하는 것으로서, 이와 같은 안전성의 구비 여부를 판단함에 있어서는 당해 공작물의 설치·보존자가 그 공작물의 위험성에 비례하여 사회통념상 일반적으로 요구되는 정도의 방호조치의무를 다하였는지 여부를 기준으로 삼아야 한다(대판 1997.10.10. 97다27022).

판례 立證責任(하자의 일응 추정) : 공작물의 하자의 존재에 관하여는 피해자에게 입증책임이 있으나 주위에 있는 다른 건물에는 아무 이상이 없었는데 유독 이 사건 제관실의 지붕이 바람에 날려 무너진 것이면 이 사건 사고는 일응 그 공작물의 하자에 기인한 것이라고 추정함이 타당하다(대판 1974.11.26. 74다246).

(3) 因果關係

공작물의 하자와 손해의 발생 간에 인과관계가 있어야 한다. 인과관계의 입증은 피해자가 하여야 한다. 그러나 하자의 존재와 손해의 발생만 입증되면 통상적으로 양자간에는 인과관계가 추정된다. 따라서 판례와 학설은 인과관계는 추정된다고 한다. 이는 구체적 타당성을 기한 것으로 타당하다고 생각한다.

한편, 상대방은 그러한 손해는 하자가 없었더라도 불가피하게 발생한다는 것을 입증하면 면책된다고 한다. 이 경우에는 하자와 손해 사이에 인과관계가 없는 것으로 당연하다.

그리고 공작물이 천재지변이나 불가항력에 의하여 붕괴되어 손해가 발생한 경우에도 점유자 또는 소유자는 공작물책임을 지는가? 하자 이외에 자연력이나 제3자의 행위가 가담한 경우에도 책임을 져야 한다. 다만 과실상계나 공동 불법행위로서 책임이 감면될 수 있을 뿐이다.

판례 損害發生의 不可避性을 相對方이 立證하여야 : 민법 제758조 제1항에 규정된 "공작물의 설치 또는 보존의 하자"라 함은 그 공작물 자체가 통상 갖추어야 할 안전성을 결여한 상태를 의미하는 것으로서 그 하자의 존재에 관한 입증책임은 피해자에게 있으나 일단 그 하자있음이 인정되는 이상 손해발생이 천재지변의 불가항력에 의한 것으로서 위와 같은 하자가 없었다고 하여도 불가피한 것이었다는 점에 대한 입증책임은 이를 주장하는 공작물의 점유자에 있다(대판 1982.8.24. 82다카348).

(4) 免責事由가 없을 것

점유자에게는 면책사유를 인정하나, 소유자에게는 면책사유를 인정하지 아니한다

(제758조 1항 단서).

4. 賠償責任者

배상책임자는 점유자이다. 소유자는 점유자가 면책될 때 비로소 책임을 지는 보충적 지위의 배상책임자이다.

(1) 占有者

점유자는 공작물을 사실상 지배하는 자를 말한다. 점유자는 공작물의 하자를 보수하고 손해의 발생을 방지할 주의를 해태하지 않은 때에 면책된다(제758조 1항 단서). 이것은 점유자가 면책되려면 하자를 보수하여 손해를 방지하는 주의를 다하였다는 것을 입증하여야 한다는 것을 의미한다.

면책을 받는 데 필요한 주의는 단순히 보수나 주의를 하였다는 것으로는 부족하고 손해의 발생을 현실적으로 방지하는 데 족한 주의를 말한다. 따라서 소유자에게 단순히 수선을 요구하였다든가 또는 이용자에게 위험을 경고하였다는 것만으로는 면책되지 않는다.

그러나 점유자가 주의를 다하였느냐는 것은 획일적으로 판단되는 것이 아니라 공작물의 성질, 이용자의 성질, 이용행위 등을 종합적으로 고려하여 판단되어야 한다.

그러한 의미에서 판례가 임차인이 옆집에 거주하는 임대인(소유자)에게 하자의 보수를 요구하고 소유자가 곧 수선을 약속한 경우에 점유자(임차인)의 면책을 인정한 것은 타당하다.

간접점유자가 있는 때에는 직접점유자가 먼저 책임을 지며, 직접점유자에게 책임을 지울 수 없을 때에는 간접점유자가 책임을 진다. 그리고 점유보조자에 의하여 점유되고 있을 때에는 점유자가 책임을 짐은 당연하다.

점유자인지 여부가 문제되는 경우가 가스사용자와 가스공급업자인데, 판례는 공작물의 보수 및 관리의 주체를 기준으로 가스공급업자를 직접점유자로 인정하였다.

판례 賃借人의 免責 : 가옥임대차에 있어서 임대인은 임차인으로 하여금 그 목적물을 사용수익하게 할 의무가 있고 그 의무내용에는 목적물의 수선의무도 포함되는 것인 바, 가옥임차인이 건물의 부엌벽의 균열을 발견하고 임대인에게 보수를 요구하고 임대인도 그 위험을 인식하여 곧 보수하여 주겠다고 약속하고서 그 이행을 지체하고 있던 중 위 벽이 무너짐으로 말미암아 인명사고가 발생하였다면, 공작물의 직접 점유자인 위 임차인으로서는 손해의 방지에 필요한 주의를 해태하지 아니하였다고 볼 것이므로 결국 그 소유자인 임대인이 위 사고에 대한 손해배상책임을 질 수밖에 없다(대판 1987.4.14. 86다카1705).

판례 가스計量器의 占有者는 가스供給業者 : 계량기에 대하여 가스사용자의 점유를 전혀 부정할 수는 없다고 하더라도 도시가스 공급업자도 또한 가스사용자와 함께 계량기에 대하여 직접 지배하면서 이를 점유 관리하고 있었다 할 것이고, 오히려 계량기의 보수, 관리에 관련하는 한에 있어서는 가스사용자보다도 가스 공급업자가 보다 직접적, 구체적인 지배를 하였다고 할 것이므로, 가스 공급업자는 민법 제758조 제1항 소정의 점유자에 해당한다고 할 것이다(대판 1994.4.28. 94다2787).

(2) 所有者

소유자는 점유자가 면책될 때 또는 소유자가 점유를 할 때 책임을 진다. 소유자는 면책사유가 인정되지 않는 무과실책임을 진다(제758조 1항 단서).

여기서의 소유자는 법률상의 소유권자를 말한다고 하며 매수인이 이전등기를 갖추고 있지 않은 동안은 여전히 매도인이 소유자로서 책임을 진다는 견해가 있는데(곽), 이는 매수인을 점유자로 하고 매도인을 소유자로 보아야 한다는 의미인 것 같다. 그런데 공작물책임은 실제의 이용과정에서 발생한 손해에 대한 책임이므로 실제의 지배자인 매수인이 책임을 지는 것이 옳다고 생각한다.

한편, 점유자가 피해자인 때에는 소유자가 책임을 지며, 점유자의 보존에 대한 주의의무의 해태(과실)가 있는 때에는 과실상계가 적용된다.

판례 占有者의 損害에 대한 所有者의 責任 : 공작물의 설치 또는 보존의 하자로 인하여 타인에게 손해를 가한 때에는 1차적으로 공작물의 점유자가 손해를 배상할 책임이 있고 공작물의 소유자는 점유자가 손해의 방지에 필요한 주의를 해태하지 아니한 때에 비로소 2차적으로 손해를 배상할 책임이 있는 것이나, 공작물의 임차인인 직접점유자나 그와 같은 지위에 있는 것으로 볼 수 있는 자가 공작물의 설치 또는 보존의 하자로 인하여 피해를 입은 경우에는 그 가옥의 소유자는 민법 제758조 제1항 소정의 책임자로서 이에 대하여 손해를 배상할 책임이 있는 것이고 그 피해자에게 보존상의 과실이 있더라도 과실상계의 사유가 될 뿐이다. 임차인과 함께 임차방실에 기거하던 직장동료가 연통에서 새어나온 연탄가스에 중독 사망한 사고에 대하여 가옥소유자의 손해배상책임을 인정한 사례(대판 1993.2.9. 92다31668).

5. 占有者 및 所有者의 求償權

피해자에게 손해를 배상한 점유자 또는 소유자는 그 손해의 원인에 대하여 책임 있는 자에 대하여 구상할 수 있다(제758조 3항). 손해의 책임 있는 자로서는 수급인, 공작물의 종전 점유자 또는 소유자, 공작물의 설계자, 관리책임자, 시공자 등을 들 수 있다. 여기서 이들은 하자에 대한 책임 있는 경우, 즉 불완전한 공작물에 대한 구상책임으로 하자에 대한 과실이 있는 경우에만 구상을 당한다. 이때 이들이 지는 구상책임은 본질이 일반 불법행위에 대한 책임이다.

6. 樹木에 關한 責任

수목의 식재 또는 보존에 하자 있는 경우에 공작물책임을 준용한다(제758조 2항). 구상권에 관하여도 공작물책임에서와 같다(제758조 3항).

V. 動物의 占有者의 責任

1. 意義와 性質

(1) 動物責任의 意義

<u>동물의 점유자 및 보관자가 그 동물이 타인에게 입힌 손해에 대하여 배상책임을 지는 것을 동물의 점유자의 책임이라고 한다.</u> 제759조는 동물의 점유자 및 보관자는 그의 지배하에 있는 동물이 제3자에게 입힌 손해에 관하여 배상책임을 지지만, 그 동물의 보관에 주의를 해태하지 않았을 때에는 면책된다고 규정한다.

동물에 대한 특별한 책임은 로마법 이래 모든 국가에서 일반적으로 인정하고 있다. 그러나 배상책임자에게 면책사유를 인정하느냐 여부는 나라마다 조금씩 다르다. 프랑스 민법(제1385조)은 동물의 소유자 또는 사용자에게 무과실책임을 인정하고 있다. 그러나 판례는 불가항력 또는 피해자의 과실만으로 발생한 손해에 대해서는 면책을 인정한다(이탈리아 민법 제2053조는 이를 명문으로 규정). 독일 민법(제833조, 제834조)은 동물의 점유자와 보관자에게 배상책임을 지우나, 점유자의 직업·영리활동·생계에 제공되는 동물인 경우에 한정하여 주의의무의 이행을 면책사유로 한다. 같은 독법계인 스위스 채무법(제56조)은 동물의 보유자에게 배상책임을 인정하나 일반적인 면책사유를 인정하고 있다. 한편 영국은 동물에 의한 가해행위가 일반 불법행위를 구성하는 외에, 특히 동물 특유의 것으로 cattle trespass와 scienter를 인정하는데(The Animal Act, 1971), scienter는 동물을 보유하는 자가 그 동물의 위험성을 알고 있거나 알 수 있었을 때에는 무과실책임을 인정한다. 우리 민법의 규정은 스위스 채무법의 그것과 가장 유사하다.

* 영국에서는 일찍부터 동물이 타인의 신체 또는 재산에 피해를 주는 두 가지 경우가 주로 문제가

되었는데, 하나는 부유한 사람이 집에서 취미로 키우는 동물(고양이·호랑이·뱀·사나운 개)이 타인에게 피해를 준 경우이며, 다른 하나는 농부가 사육하는 가축(소·말)이 통제를 벗어나서 타인의 농장이나 밭에 무단 난입하여 피해를 주는 경우였다. 이에 따른 피해를 구제하기 위하여 전자의 경우에 있어서 그 동물의 위험성 및 난폭성에 근거하여 그 소유자에게 무과실 책임을 부과하는 것이 scienter이며, 후자의 경우에도 피해자 보호를 위해 무과실책임을 부과하였는데 이것이 바로 cattle trespass이다. 이러한 양 책임은 일찍이 영국에서 판례로 인정되다가 동물에 의한 다른 책임과 더불어 The Animal Ac(1971) 에 규정되어 시행되고 있다.

(2) 責任의 性質

동물점유자의 책임은 일종의 위험책임이다. 그런데 제759조는 절대적인 무과실책임으로 하지 않고 그의 지배 영역 하에 있는 위험원인 동물에 대하여 주의를 다한 경우에는 면책되는 것으로 하여 면책적 무과실책임으로 하고 있다. 즉, 제759조는 동물책임에 관하여 일반적으로 말하는 중간책임으로 규정하고 있다. 따라서 동물의 점유자는 자기가 점유하고 있는 동물의 보관에 상당한 주의를 한 것을 입증하면 면책된다.

(3) 動物의 所有者의 責任

이와 같이 동물로 인하여 발생한 타인의 손해에 대하여 그 동물의 점유자 또는 보관자가 책임을 지는 것은 당연한데, 여기에 동물의 소유자가 포함되는지에 대해서는 학설의 대립이 있다.

다수설은 제759조는 동물의 점유자와 보관자에 대하여만 규정하기 때문에 소유자가 점유를 하는 경우를 제외하고는 소유자는 제759조에 의한 책임을 지지 않고 제750조에 의한 일반불법행위책임을 진다고 한다. 부당하게 책임을 가중시키는 것은 법의 일반원칙에 반하기 때문이라는 것이다. 그러나 점유자에는 직접점유자뿐만 아니라 간접점유자를 포함하는 것은 당연하고, 또한 일시적으로 점유하는 직접점유자보다는 간접점유자인 소유자가 당해 동물의 위험성·성질·버릇 등을 더 잘 알기 때문에 소유자에게 제759조를 적용하는 것이 타당하다(동지 : 이은). 판례도 타인에게 일시적으로 빌려준 개의 소유자에게 제759조의 책임을 인정하였다(판례는 후술하는 점유자의 주의의무에서 소개).

2. 責任의 成立要件

(1) 動物에 의할 것

여기서 말하는 동물의 종류는 묻지 아니한다. 개·고양이·말·닭·새 등의 가축이나 유용한 동물에 한하지 않고, 야성의 동물이라도 사람의 지배 하에 있는 것이면 여기에 포함된다.

도주 또는 유실한 동물에 의한 가해에 대해서는 그 도주 등이 일시적인 경우에는 점유 및 보관관계를 이탈한 것으로 책임을 면할 수 없다.

(2) 他人에게 損害를 加하였을 것

(가) 損害의 意味

동물에 의하여 인적 또는 물적 손해가 발생하여야 한다. 이러한 손해는 동물 그 자체의 동작에 의한 손해를 말한다. 그러나 직접적인 동작에 의한 것이 아닐지라도 동물을 피하기 위하여 피해를 입은 경우도 여기서의 손해에 해당한다. 한편, 동물에 의해 사람 또는 다른 동물이 감염된 경우도 점유자의 관리소홀에 의한 발병과 감염으로 제759조의 책임이 발생한다고 보아야 한다.

(나) 사람이 動物을 使嗾한 경우

사람이 동물을 사주하여 덤벼들게 함으로써 타인에게 손해를 발생시킨 경우에 관하여는 학설이 대립한다.

① 사주한 자가 점유자 및 보관자이냐를 묻지 않고 제750조가 적용되고 제759조는 적용이 없다는 견해(다수설), ② 사주한 자가 점유자 및 보관자인 경우는 제759조를 적용하나 그 외의 자인 경우는 제750조를 적용한다는 견해, ③ 어느 경우에나 제750조와 제759조의 책임이 경합하고 피해자는 선택적으로 행사할 수 있다는 견해(김주, 이은)가 있다. 손해를 야기시킨 주체는 사람이고 동물은 단지 도구로써 이용되었으므로 일반 불법행위가 성립하는 것이 원칙이나, 사주한 자가 점유자나 보관자인 경우는 제759조에 의한 무거운 책임을 지는 것이 타당한 것으로 생각한다.

(다) 被害者가 動物의 加害를 惹起시킨 경우

피해자가 동물을 자극하여 그 동물의 반격을 받아 피해를 당한 경우는 동물 점유자의 관리 부주의나 위험방지조치의 태만이 경합하지 않는 한 면책된다. 이때는 과실상계가 적용되는 경우가 많을 것이다.

(라) 動物의 行爲와 損害의 因果關係

상당인과관계가 있으면 된다.

(3) 免責事由가 없을 것

제759조는 <동물의 종류와 성질에 따라 그 보관에 상당한 주의를 해태하지 않은

때>에 책임을 면한다고 규정한다.

여기서의 주의의무는 통상 지켜야 할 정도의 주의를 의미하며 특별한 상태에 대처하여야 할 주의를 의미하는 것은 아니다. 구체적으로는 당해 동물의 종류·성질·버릇·가해전력·보관의 태양·보관에 대한 숙련도 등을 종합적으로 고려하여 사회통념상 판단하여야 한다.

주의를 다 기울였다는 것을 점유자 및 보관자가 입증하면 면책된다.

판례 注意義務의 程度 : 도사견은 성질이 난폭하여 사람에게 피해를 입힐 위험이 크므로 그 소유자가 이를 타인에게 빌려주는 경우에는 그가 도사견을 안전하게 보관·관리할 수 있는 시설을 갖추고 있는지 여부를 확인하여야 할 주의의무가 있다 할 것인데, 도사견을 보관할 별도의 개집도 갖추지 아니한 자에게 빌려주어 낡은 개끈으로 묶어 두었다가 사고를 일으킨 것은 소유자에게 과실이 있다(대판 1981.2.10. 80다2966).

3. 賠償責任者

(1) 占有者와 保管者

(가) 占有者와 保管者

배상책임자는 동물의 점유자(제759조 1항)와 점유자에 갈음하여 보관하는 자이다(제759조 2항).

여기서의 점유자란 동물을 사실상 지배하는 자를 말하며, 보관자란 운송인·동물병원장·훈련을 맡은 자 등을 말하나, 후자는 동물을 직접 점유하는 자이기 때문에 독립해서 제759조 제1항의 책임을 진다. 따라서 제2항의 보관자란 당연한 것을 규정한 것에 지나지 않는다.

(나) 代理占有시킨 경우 – 빌려준 경우

제2항에 보관자를 명기함으로써 대리 점유시키는 경우에 본인, 즉 임대인이나 임치인 등과 같은 소유자인 간접점유자가 포함되는지가 문제된다. 구체적으로 개나 고양이를 일시적으로 빌려준 경우에 빌린 사람만 제759조에 의하여 책임을 지고, 빌려준 사람은 부적당한 사람에게 당해 동물을 빌려준 과실이 있는 경우에 제750조에 의한 일반적인 불법행위책임을 지느냐, 아니면 양자는 모두 제759조에 의한 책임을 지느냐의 문제이다.

위에서 검토한 바와 같이 간접점유자에게도 제759조를 적용하는 것이 타당하다고 생각한다. 따라서 피해자는 직접점유자와 간접점유자 중에서 선택해서 제759조에 기하여 배상을 청구할 수 있다고 해석한다.

(2) 占有者와 保管者의 責任關係

다수설과 같이 점유자에 직접점유자만을 의미한다면 보관자가 곧 점유자이므로 양자의 책임의 경합이란 있을 수 없고, 간접점유자(소유자)가 제750조에 의한 책임을 지는 경우에는 양자의 책임은 경합하고 부진정연대채무관계에 있다. 필자와 같이 간접점유자를 포함한다면 직접점유자와 간접점유자 사이에는 제759조의 책임이 경합하고 양자간에는 부진정연대채무관계가 성립한다.

(3) 占有者와 保管者의 求償權

제759조에 의하여 배상한 점유자나 보관자는 그 손해의 원인에 대하여 책임이 있는 자가 있고, 그 자와는 점유자 또는 보관자가 계약관계에 있는 경우에는 그 자에 대하여 구상권을 가진다. 예컨대, 동물용의 우리나 쇠사슬이 나빠서 책임을 지게 된 자는 그의 피용자 또는 우리·쇠사슬의 제조자나 판매자에 대하여 구상권을 행사할 수 있다.

VI. 共同不法行爲

1. 共同不法行爲의 意義

수인이 공동하여 위법행위를 하여 타인에게 손해를 가하는 것을 공동불법행위라고 한다. 제760조는 이러한 공동불법행위에 관하여 공동불법행위자가 각각 연대하여 손해를 배상할 책임이 있다고 규정하고(1항), 수인의 행위 중 어느 자의 행위가 그 손해를 가한 것인지를 알 수 없는 때에도 그들 수인에게 연대하여 책임을 지게하며(2항), 타인을 교사한 자나 방조한 자도 공동불법행위자로 되어 행위자와 연대하여 책임을 지운다(3항). 이와 같이 공동불법행위자에게 손해배상에 대하여 연대책임을 지우는 것에 제760조의 특색이 있다. 이와 같이 제760조가 공동불법행위자들에게 연대책임을 부과한 것은 피해자를 두텁게 보호하려는데 있다. 다만 가해자의 책임을 가중하는 취지, 즉 분할책임으로 하지 않고(제408조) 연대책임으로 하는 취지는 같지 않다.

제1항과 제3항의 경우는 위법행위에 수인이 각자 공동으로 관여하였기 때문이고, 제2항의 경우는 피해자에게 가해행위와 손해발생 사이의 인과관계를 입증하는 부담

을 덜어주기 위함이다. 따라서 제2항의 경우, 즉 가해자불명의 공동불법에서 각자는 자기의 행위가 손해의 발생과는 무관하다는 것을 입증하면 면책된다. 그런데 여기서 <연대하여 배상할 책임>은 구체적으로 당해 불법행위자간에 연대채무관계를 의미하는 것이 아니라 부진정연대채무관계를 의미한다는 것이 판례와 통설이다.

이와 같이 부진정연대채무로 이해하는 것은 연대채무나 부진정연대채무나 채무자가 각자 채무 전부를 채권자에게 지급하여야 한다는 점에서는 같으나, 연대채무에서는 절대적 효력사유가 폭넓게 인정되어(제417조 이하) 채권자인 피해자가 충분히 보호되지 않기 때문에 채권자인 피해자를 두텁게 보호하자는 취지에서 절대적 효력사유를 제한하는 부진정연대채무관계로 이해하는 것이다(연대채무와 부진정연대채무에 관하여는 졸저 『채권법총론』 연대채무편 참조).

2. 共同不法行爲의 態樣別 要件

(1) 狹義의 共同不法行爲

협의의 공동불법행위란 가장 전형적인 공동불법행위로서 수인이 공동하여 타인에게 손해를 가한 경우를 말한다(제760조 1항). 예컨대, 수인이 한 사람을 구타한 경우, 수인이 공동으로 강도 또는 절도를 한 경우 등이 이에 속한다. 협의의 공동불법행위가 성립하기 위하여는 각자의 행위가 독립하여, 개별적으로 불법행위의 성립요건을 갖추어야 하고, 상호간의 행위가 관련공동성을 가져 손해발생에 공통의 원인이어야 한다.

(가) 各自의 行爲의 獨立性

각자의 행위는 독립한 행위로 평가되지 않으면 아니 된다. 이러한 점에서 피용자의 행위에 대한 사용자의 책임 또는 기관의 행위에 대한 법인의 책임이 성립하는 경우에 사용자나 법인이 공동불법행위자가 되는 것이 아니므로 본조의 적용은 없다. 다만 피용자의 불법행위에 대하여 사용자의 고의·과실 등의 요건이 갖추어진 경우에는 피용자와 사용자가 공동불법행위를 성립하는 경우가 있다.

(나) 各自의 不法行爲要件 充足

독립된 행위자로 각자가 책임을 지기 위하여는 개별적으로 불법행위의 성립요건을 갖추어야 한다. 각 행위자는 고의·과실과 책임능력을 갖추어야 하며, 위법성이 있어야 한다. 그러나 각자의 행위와 손해발생 사이에는 엄격한 인과관계를 요하지 않고 공통의 원인으로 작용하였으면 족하다(객관적 공동설에 의함). 한편 각자는 각자의 불법행위의 성립요건을 갖추면 되고, 그 요건이 같을 필요는 없다. 따라서 고의자와 과실자간에도 공동불법행위가 성립하며, 무과실책임자와 과실책임자 간에도 공동불법행위는 성립한다.

판례도 뒤에서 소개하는 바와 같이 교통사고자와 의료사고자, 미성년자들의 가해행위에 대하여 미성년자들과 법정감독의무자들에게 공동불법행위를 인정하였다.

(다) 行爲의 關聯共同性

공동불법행위가 성립하려면 각 행위자 사이에 행위의 관련공동성이 있어야 하는데, 여기서 그 관련의 정도에 대해서는 학설이 대립한다.

① 客觀的 共同說

공동불법행위가 성립하기 위해서는 행위자 사이에 반드시 공모 내지 공동의 인식이 있어야 하는 것은 아니고 그 행위가 객관적으로 관련공동성이 있으면 족하다는 것이 판례와 다수설의 견해이다. 이에 의하면 각자의 행위가 손해발생에 공통의 원인으로 되었으면 족하다는 것이다. 따라서 각자의 행위가 손해발생에 공통의 원인이 있었으면 본조 제1항이 적용되고, 행위자간에 관련공동성이 없는 경우에 손해발생에 가해원인이 불명인 때에 본조 제1항의 적용이 있다.

객관적 공동설에 대하여는, 이에 의하면 피해자가 두텁게 보호된다는 점은 있으나, <관련공동성>의 개념이 모호하여 이를 판정할 실질적 표준이 미흡하고 면책이나 책임감경의 여부가 불명확하다는 비판을 받는다.

② 主觀的 共同說

공동행위자간에 공모 내지 공동의 인식이 있어야 한다는 견해이다(김증,이은). 주관적 공동설은 그 근거로, ⓐ 제760조 제1항은 <수인이 공동의 불법행위로>로 되어 있는데 반해, 제760조 제2항은 <공동 아닌 수인의 행위로>라고 표현을 달리하고 있다. 이것은 곧 제1항은 공모한 경우를, 제2항은 공모하지 아니한 것을 구별한 것이며, ⓑ 협의의 공동불법행위에서 행위자들의 책임이 가중되는 것은, 수인이 의식적으로 합세하여 타인에게 손해를 가하는 행위의 높은 비난가능성 때문이라는 것이다. 이 견해에 의하면 공모한 경우만 본조 제1항이 적용되고, 공모가 없는 경우에는 본조 제2항이 적용된다는 것이다.

③ 兩說의 差異

ⓐ 객관적 공동설은 공동불법행위의 성립을 용이하게 하여 피해자는 두텁게 보호되나, 가해자가 불측의 손해를 부담할 가능성이 있는 위험성이 있다. 주관적 공동설에 의하면 반대의 결과가 된다. ⓑ 행위자들이 공모한 경우는 어느 견해에 의하나 본조 제1항의 협의의 공동불법행위가 성립한다는 점에서는 차이가 없다. 차이는 행위자 사이에 공모가 없는 경우에 나타난다. 주관적 공동설에 의하면 본조 제2항은 주관적 공동이 없는 경우로써 객관적 공동이 있는지 없는지 불분명한 경우가 적용되는 것으로

인과관계가 불분명한 경우를 의미한다는 것이다.

여기서 객관적 공동이 있는 것으로 판정되면 각 행위와 손해간의 인과관계에 의하여 해결된다. 즉, 분할책임이 된다. 객관적 공동설에 의하면 손해발생과 객관적으로 공동관련성이 있다면 본조 제1항의 협의의 불법행위가 되며, 본조 제2항은 피해가 개별적 단독행위에 의한 경우인데 누구에 의한 것인지 분명하지 않은 경우에 적용된다. 결국 양설의 가장 큰 차이는 공모 없는 객관적 공동성이 있는 경우에 객관적 공동설에 의하면 본조 제1항을 적용받아 모두 연대책임을 지나, 주관적 공동설에 의하면 인과관계를 입증하여 개별적으로 면책 또는 감책되어 분할책임을 진다는 것이 된다.

④ **私 見**

우선 객관적 공동설에 의하면 피해자가 두텁게 보호된다. 또한 가해자들이 공모하였는지 여부는 피해자와는 아무런 관련성이 없는 것으로 공모 여부에 의하여 피해자의 배상청구권에 영향을 미치는 것은 합리적이지 못하며, 특히 가해자의 주관적 사정에 중점을 둔다는 것은 평균인의 객관적 신뢰에 기초를 둔 복잡다양한 오늘날의 현대사회에 치명적인 요소가 될 수 있다는 점에서 타당하지 않다고 생각한다.

특히 민법이 제750조와는 별개로 제760조를 둔 것은 각자의 행위가 손해의 발생에 상당인과관계가 있지 않더라도 각자에게 손해의 전부에 대한 배상책임을 부과하기 위한 것이며, 이는 결국 행위의 공동은 객관적 관련공동성에 의한 공통의 원인의 존재로 족한 것이어야 한다고 생각한다. 객관적 공동설에 찬동한다.

판례 共通의 原因이 存在 : ① 공동불법행위가 성립하려면 행위자 사이에 의사의 공통이나 행위 공동의 인식이 필요한 것은 아니지만 객관적으로 보아 피해자에 대한 권리침해가 공동으로 행하여지고 그 행위가 손해 발생에 대하여 공통의 원인이 되었다고 인정되는 경우라야 한다(대판 1989.5.23. 87다카2723).

② 교통사고로 상해를 입은 피해자가 치료를 받던 중 치료를 하던 의사의 과실로 인한 의료사고로 증상이 악화되거나 새로운 증상이 생겨 손해가 확대된 경우에 공동불법행위를 인정함(대판 1998.11.24. 98다32045).

③ 타인의 물건을 절취 또는 횡령한 장물을 매수한 자가 장물취득에 업무상 과실이 있다면 물건의 원소유자에 대한 권리침해에 대하여 절취한 자와 장물취득자는 공동불법행위가 성립된다(대판 1962.11.22. 62다579).

④ 버스가 국도 상에 생긴 웅덩이를 피하기 위하여 중앙선을 침범한 과실운행으로 상대방 차와 충돌한 사고에서 도로의 관리책임자인 국가와 버스회사의 공동불법행위를 인정(대판 1993.6.25. 93다14424).

판례 行爲의 關聯共同性 : 공동불법행위의 성립에는 공동불법행위자 상호간에 의사의 공통이나 공동의 인식이 필요하지 아니하고 객관적으로 그 각 행위에 관련공동성이 있으면 족하고 그 관련공동성 있는 행위에 의하여 손해가 발생하였다면 그 손해배상책임을 면할 수 없다(대판 1997.11.28. 97다18448).

(라) 因果關係의 存在

각자의 행위와 손해 사이에 인과관계가 있어야 한다. 그러나 공동불법행위를 인정한 것은 행위의 관련공동성에서 관련행위자 모두에게 그 책임을 추궁하는 것이므로, 각자의 행위와 직접의 가해행위 사이에 인과관계가 있어 그것에 공동성이 인정되면 공동행위를 중간 매개로 하여 각자의 행위와 결과의 개별적 인과관계를 묻지 않고 책임을 인정하여야 한다.

판례도 인과관계를 폭넓게 인정하여 각자의 행위와 손해의 개별 인과관계를 요하지 아니하고 수인의 행위를 전체적으로 평가하여 공동행위와 손해 사이에 인과관계가 존재하느냐 여부를 판단한다. 판례에 나타난 것으로는, 수인이 공모하였으나 그중 1인만 가해행위를 한 경우, 교통사고 후 의료사고로 확대된 손해에 대한 교통사고자와 의료사고자, 책임능력 있는 복수의 미성년자와 각자의 법정감독의무자들을 공동불법행위자로 인정하였다.

판례 數人이 暴行을 共謀하여 그중 1人이 暴行을 한 경우 共同不法行爲의 成否 : 수인이 피해자에게 폭행을 가할 것을 피차 의사 연락한 후에 그중 1인이 그 피해자에게 폭행을 가하여 사망케 한 경우에는 그 수인은 공동불법행위에 관한 책임을 면치 못한다(대판 1957.3.28. 4289민상551).

판례 交通事故者와 醫療事故者의 共同不法行爲 成立 : 교통사고로 인하여 상해를 입은 피해자가 치료를 받던 중 의사의 과실 등으로 인한 의료사고로 증상이 악화되거나 새로운 증상이 생겨 손해가 확대된 경우, 특별한 다른 사정이 없는 한 그와 같은 손해와 교통사고 사이에도 상당인과관계가 있다고 보아야 하므로, 교통사고와 의료사고가 각기 독립하여 불법행위의 요건을 갖추고 있으면서 객관적으로 관련되고 공동하여 위법하게 피해자에게 손해를 가한 것으로 인정된다면, 공동불법행위가 성립되어 공동불법행위자들이 연대하여 손해를 배상할 책임이 있다(대판 1993.1.26. 92다4871).

판례 責任能力 있는 未成年者들과 그들의 法定監督義務者들의 共同不法行爲 成否 : 책임능력 있는 미성년자들의 부모인 감독의무자에게 친권자로서의 감독의무를 현저히 해태한 과실이 있다고 하여 미성년자들의 불법행위(폭력행위)에 대하여 일반불법행위자로서 미성년자들과의 공동불법행위책임을 인정한 사례(대판 1991.4.9. 90다18500).

(2) 加害者不明의 共同不法行爲

제760조 제2항은 공동 아닌 수인의 행위 중 어느 자의 행위가 그 손해를 가한 것인지를 알 수 없는 경우에 행위자 모두에게 연대하여 배상책임을 지운다. 우연히 다중

이 소란을 피웠는데, 그중의 일인 또는 복수의 사람의 가해행위인 것은 분명하나 구체적으로 누구의 행위인지 불분명한 경우, 두 사람의 포수가 각자 독립하여 수렵행위를 하던 중 소리가 나서 각자 총을 발사하여 사람이 상해를 입은 경우 누구의 총에 의한 상해인지 판정을 할 수가 없는 경우 등이 이에 속한다.

이와 같이 손해발생에 대한 인과관계를 증명할 수 없는 경우에 인과관계를 추정하여 피해자를 보호하려는 것이 본조 제2항의 취지이다. 따라서 본조 제2항의 가해자불명의 공동불법행위가 성립하기 위해서는 각자는 인과관계를 제외한 나머지 불법행위의 요건은 모두 충족하여야 한다.

(가) 各 行爲者의 不法行爲要件

각 행위자에게는 고의·과실 및 책임능력이 있어야 한다. 그런데 인과관계에 관하여는, 수인의 행위 전체가 하나의 행위로서 발생한 손해에 대하여 인과관계가 있으면 개별행위자에게 손해와의 인과관계는 추정된다.

(나) 加害者의 不明

가해자불명이란, 수인의 행위가 경합되었으나 구체적으로 어느 행위가 손해를 일으켰는지 또는 어느 행위가 어느 부분의 손해를 일으켰는지를 알 수 없는 경우를 의미한다.

이러한 경우에 행위자 모두에게 연대책임을 지우는 것은, 인과관계에 관한 피해자의 입증책임을 덜어주자는 데 있기 때문에 자기의 행위와 손해의 발생과의 사이에 인과관계가 없음을 입증한 때에는 책임을 면하고, 또 자기의 행위가 손해의 어느 부분에 대해서만 원인을 주었다는 것을 입증한 때에는 그 부분의 손해만을 배상할 책임이 있다.

(3) 敎唆·幇助에 의한 共同不法行爲

제760조 제3항은 교사자나 방조자를 공동불법행위자로 보아 역시 연대배상책임을 지운다. 여기서 교사라 함은 타인으로 하여금 불법행위를 할 의사를 결정하게 하는 것이고, 방조라 함은 타인의 불법행위를 용이하게 하는 직접 또는 간접의 모든 행위를 가리키는 것으로서 작위에 의한 경우뿐만 아니라 작위의무 있는 자가 그것을 방지하여야 할 제반 조치를 취하지 아니하는 부작위로 인하여 불법행위자의 실행행위를 용이하게 하는 경우도 포함한다.

교사자나 방조자는 고의로 교사 또는 방조하는 것이 보통이나 고의에 한하지 않고 과실에 의한 교사 또는 방조도 가능하며, 책임능력이 있어야 함은 일반불법행위에 있어서와 같다. 교사행위 또는 방조행위와 피교사자 또는 피방조자의 불법행위 사이에 인과관계가 있어야 함은 물론이다.

교사자나 방조자는 불법행위 자체를 공동으로 하는 자는 아니지만, 역시 피해자를 두텁게 보호하기 위하여 연대책임을 인정하고 있다.

교사나 방조에 의한 직접행위자는 일반불법행위의 요건을 갖추어야 한다. 직접행위자가 책임무능력자인 경우는 그 자를 도구로 사용한 교사자와 방조자의 독립한 불법행위일 뿐 피교사자 또는 피방조자와 공동불법행위가 되는 것이 아니다.

판례 過失에 의한 幇助도 本條 適用 : 불법행위의 방조는 형법과 달리 손해의 전보를 목적으로 하여 과실을 원칙적으로 고의와 동일시하는 민법의 해석으로서는 과실에 의한 방조도 가능하다고 할 것이며, 이 경우의 과실의 내용은 불법행위에 도움을 주지 않아야 할 주의의무가 있음을 전제로 하여 이 의무에 위반하는 것을 말하고 방조자에게 공동불법행위자로서의 책임을 지우기 위하여는 방조행위와 피방조자의 불법행위 사이에 상당인과관계가 있어야 한다(대판 1998.2.26. 98다52469: 2000.4.11. 99다41749).

(4) 公害에 관한 共同不法行爲

공해에 관한 공동불법행위에서는 환경정책기본법 제31조 제2항이 사업장 등이 2개 이상 있는 경우에 어느 사업장 등에 의하여 피해가 발생한 것인지 알 수 없는 때에는 각 사업자는 연대하여 피해를 배상하여야 한다고 규정하는데, 이는 민법 제760조 제2항의 가해자불명의 공동불법행위의 특칙에 해당한다.

그런데 개별 사업장의 손해발생원인은 독립해서 손해를 발생시키지 아니하나 두 개 이상의 원인이 결합하여 손해를 발생시킨 경우는 어떻게 되는가? 예컨대, 상류에 위치한 세 개의 사업장에서 방출한 폐수가 하류에 위치한 양어장의 양어를 죽게 하였는데, 각 사업장이 방출한 폐수는 그 농도가 약하여 양어를 죽일 정도는 아니나 세 개의 폐수가 혼합됨으로써 농도가 상승하여 양어를 죽게 하는 원인이 된 경우이다. 이 경우는 행위의 관련공동성에 의하여 본조 제1항이 적용된다.

3. 共同不法行爲의 效果

(1) 共同不法行爲者의 責任

(가) 不眞正連帶債務關係

공동불법행위자간의 배상채무는 부진정연대채무관계라는 것은 앞에서 설명하였다. 따라서 피해자의 특정 공동불법행위자에 대한 권리의 포기, 시효소멸, 면제, 상계는 다른 공동불법행위자에게 영향이 없으나 채권을 만족시키는 변제는 변제한 범위 내에서 다른 공동불법행위자에게 효력이 있다.

판례 相計의 相對的 效力 : 부진정연대채무자 상호간에 있어서 채권의 목적을 달성시키는 변제와 같은 사유는 채무자 전원에 대하여 절대적 효력을 발생하나, 그 밖의 사유는 상대적 효력을 발생하는 데에 그치는 것으로서 연대채무에 관한 민법 제418조 제1항은 부진정연대채무에는 적용되지 않으므로, 부진정연대채무자 중의 1인이 채권자에 대한 반대채권으로 채무를 대등액에서 상계하더라도 그 상계로 인한 채무소멸의 효력은 다른 부진정연대채무자에게 미치지 않는다(대판 1989.3.28. 88다카4994).

(나) 免責 또는 減責

본조 제1항의 공동불법행위자간에는 자기의 행위와 손해발생 사이에 인과관계가 없다거나 손해의 일부만이 자기의 행위와 인과관계가 있다는 것을 이유로 면책 또는 감책되지 않는다.

본조 제2항의 공동불법행위자간에는 특정행위자의 행위와 손해 사이에 인과관계가 입증되거나 자기의 행위와 손해 사이에 인과관계가 없음을 입증한 때에는 책임을 면한다.

(2) 賠償의 範圍

(가) 第393條의 準用

제763조에 의하여 제393조가 준용되어 공동불법행위자는 행위와 상당인과관계 있는 통상손해와 특별손해를 모두 배상하여야 한다. 여기서 특별손해에 대하여 어느 공동불법행위자가 예견가능성을 가지고 있지 않은 경우에는 그 부분에 대하여는 연대책임이 생기지 않는다는 견해가 있으나(곽), 공동불법행위제도를 둔 취지가 공동행위자에게 전 손해의 배상을 지우자는데 있으므로 구별하지 않는 것이 타당하다. 판례도 가해자 각자가 손해의 전부에 대한 책임이 있다고 한다.

판례 共同不法行爲者의 損害賠償의 範圍 : 공동불법행위 책임은 그 가해자들이 공동으로 가한 불법행위에 대하여 그 책임을 추궁하는 것이므로, 공동불법행위로 인한 손해배상책임의 범위는 피해자에 대한 관계에서 가해자들 전원의 행위를 전체적으로 함께 평가하여 정하여야 하고, 그 손해배상액에 대하여는 가해자 각자가 그 금액의 전부에 대한 책임을 부담하는 것이며, 가해자 1인이 다른 가해자에 비하여 불법행위에 가공한 정도가 경미하다고 하더라도 피해자에 대한 관계에서 그 가해자의 책임 범위를 손해배상액의 일부로 할 수는 없다(대판 2001.9.7. 99다70365).

(나) 過失相計

배상액을 산정함에는 제396조의 과실상계가 준용된다(제763조). 그런데 피해자와 각 공동불법행위자 사이에 과실비율의 평가는 어떻게 하는가? 각인에 대하여 개별적으로 평가할 것이 아니라 공동불법행위자 전원에 대한 과실로 전체적으로 평가하여야 한다. 판례도 같은 취지이다.

또 특정 공동불법행위자의 피해자와의 과실비율은 다른 공동불법행위자에 대하여도 그대로 적용된다. 그러한 점에서 판례는 호의동승하여 공동차량사고가 생긴 경우 호의동승시킨 자의 배상액을 공동불법행위자의 배상액으로 하였다.

판례 過失相計에서의 被害者의 過失評價 : 공동불법행위 책임은 가해자 각 개인의 행위에 대하여 개별적으로 그로 인한 손해를 구하는 것이 아니라 그 가해자들이 공동으로 가한 불법행위에 대하여 그 책임을 추궁하는 것으로, 법원이 피해자의 과실을 들어 과실상계를 함에 있어서는 피해자의 공동불법행위자 각인에 대한 과실비율이 서로 다르더라도 피해자의 과실을 공동불법행위자 각인에 대한 과실로 개별적으로 평가할 것이 아니고 그들 전원에 대한 과실로 전체적으로 평가하여야 한다(대판 1997.4.11. 97다3118).

판례 好意同乘의 경우의 共同不法行爲 : 2인 이상의 공동불법행위로 인하여 호의동승한 자가 피해를 입은 경우, 공동불법행위자는 피해자에 대한 관계에 있어서는 부진정연대책임이 있으나 그 공동불법행위자의 내부관계에 있어서는 일정한 부담 부분이 있으며, 동승자가 입은 손해액에서 감액 비율을 참작하여 공동불법행위자들이 동승자에 대하여 배상하여야 할 수액을 산정한 후 둘 사이의 과실 비율에 따라 그 부담 부분을 산정하여야 한다(대판 1995.10.12. 93다31078).

(3) 求償權

(가) 負擔比率

부진정연대채무관계에서는 주관적 공동목적이 없으므로 구상권은 당연히 발생하는 것은 아니나, 공동행위자간의 공평의 이념에서 구상권을 인정하는 것이 판례와 학설이다(이설 없음).

부담비율은 책임의 비율로서, 고의와 과실의 정도, 교사와 방조의 태양 등을 종합적으로 고려하여 결정하여야 한다. 특별한 사정이 없으면 균등한 것으로 본다.

그리고, 구상의무를 부담하는 자가 수인인 경우에는 그들의 구상권자에 대한 채무는 각자의 부담부분에 따른 분할채무가 된다(대판 2002.9.27. 2002다15917).

한편, 특정 공동불법행위자에 대한 피해자의 배상청구권이 시효소멸한 경우에 부진정연대채무에서의 시효소멸의 상대적 효력과 관련하여 구상권을 행사할 수 있는지가 문제되는데, 판례는 구상권을 인정한다.

판례 加害者의 複數의 使用者間의 求償權 : 동일한 가해자를 지휘·감독하는 복수의 사용자가 각각 손해배상책임을 부담하는 경우에 있어서도 각 사용자 사이의 책임의 내부적 부담의 공평을 꾀하기 위하여 구상이 인정되어야 할 것인데, 그 구상의 전제로 되는 각 사용자의 책임비율은 피용자인 가해자의 가해행위의 태양 및 각 사용자의 사업의 집행과의 관계정도, 가해자에 대한 각 사용자의 지휘·감독의 강약 등을 고려하여 정하여야 하는 것이고, 사용자의 일방은 당해 가해자의 위 과실비율에 따라 정해진 부담 부분을 넘어 손해를 배상한 때는 그 넘는 부분에 관하여 다른 사용자에 대한 위 책임의 비율에 따라 정해진 부담 부분의 한도에서 구상할 수 있다고 하는 것이 상당하다(대판 1994.12.27. 94다4974).

판례 피해자가 피해자측 공동운행자인 갑과 다른 공동불법행위자인 을을 상대로 제기한 손해배상소송에서 갑 소유 차량을 운전하던 병의 과실이 피해자측 과실로 전부 참작되어 손해액이 산정된 경우, 그 손해액 부분에 관하여는 부진정연대채무관계에 있는 을과의 관계에서 갑의 부담 부분은 없다고 봄이 손해의 공평 분담을 지도원리로 하는 손해배상제도의 취지에 부합한다. 피해자측 과실이론이 적용된 손해배상소송의 판결선고 전에 피해자측 공동운행자인 갑의 보험자가 피해자들의 치료비를 지출함으로써 공동면책이 된 경우, 그중 가해자들이 본래 배상하여야 할 치료비 손해 부분(가해자들의 과실비율에 상당한 부분)은 앞서 본 바와 마찬가지로 병의 과실이 피해자측의 과실로 전부 참작되어 산정된 셈이어서 그 금액에 관하여는 을에 대한 관계에서 갑의 부담 부분은 없다고 보아야 하고, 다른 한편 위 지출된 치료비 중 피해자측 과실비율에 상당한 부분으로서 위 손해배상 소송에서 실제 공제된 부분은 앞서 본 바와 같이 갑의 부담 부분이 전혀 없는 손해액에 충당되어 그 금액만큼 공동면책이 된 셈이므로, 결국 갑의 보험자는 그 지출한 치료비 중 가해자들의 과실비율에 상당한 부분 및 그 치료비 중 피해자측의 과실비율에 상당한 부분으로서 손해배상소송에서 실제 공제된 부분의 합계액 전부에 관하여 을 및 을의 보험자에 대하여 구상권을 행사할 수 있다(병이 갑의 차량을 빌려 자신의 가족인 피해자들을 태우고 가다가 을 소유 차량과 부딪혀 사고가 남으로써 병의 과실이 전부 피해자측 과실로 참작되었는데, 그 소송에서 갑이 기 지출된 치료비의 일부에 대해서만 손익상계 주장을 한 바람에 주장된 금액 중 피해자측 과실비율에 상응하는 부분만의 손익상계가 이루어진 사안임)(대판 1998.2.13. 95다30468).

판례 時效消滅한 共同不法行爲者에 대한 求償權 : 공동불법행위자의 다른 공동불법행위자에 대한 구상권은 피해자의 다른 공동불법행위자에 대한 손해배상채권과는 그 발생 원인 및 성질을 달리하는 별개의 권리이고, 연대채무에 있어서 소멸시효의 절대적 효력에 관한 민법 제421조의 규정은 공동불법행위자 상호간의 부진정연대채무에 대하여는 그 적용이 없으므로, 공동불법행위자 중 1인의 손해배상채무가 시효로 소멸한 후에 다른 공동불법행위자 1인이 피해자에게 자기의 부담 부분을 넘는 손해를 배상하였을 경우에도, 그 공동불법행위자는 다른 공동불법행위자에게 구상권을 행사할 수 있다(대판 1997.12.23. 97다42830).

(나) 求償權의 起算點

구상권의 시효기산점은 구상권의 발생시, 즉 공동면책행위시부터이며, 그 기간은 일반채권으로서 10년의 소멸시효에 걸린다.

판례 求償權의 時效起算點 : 공동불법행위자의 다른 공동불법행위자에 대한 구상권의 소멸시효는 그 구상권이 발생한 시점, 즉 구상권자가 공동면책행위를 한 때로부터 기산하여야 할 것이고, 그 기간도 일반 채권과 같이 10년으로 보아야 한다(대판 1996.3.26. 96다3791).

第5節 現代的 不法行爲

I. 序 說

성문법의 가장 큰 단점은 주지하는 바와 같이 법률이 사회변화에 시의적절하게 대처하여 원활하게 해결할 수 없다는 점이다.

우리 민법이 1958년에 제정되어 외국의 경우와 비교하여 볼 때 비교적 최근에 제정되어진 것이지만, 그 후 우리 사회가 과학기술의 급속한 발달로 사회가 급변함으로써 제정될 당시에는 예상하지 못한 여러 가지 법률관계를 적절하게 해결할 수 없는 경우가 많다. 이러한 경우에 그에 따른 즉각적인 특별법의 제정이나 민법의 수정·보완이 이루어져야 하겠으나 그러하지도 못하다.

그중에서 특히 문제가 되는 것이 현대 산업사회에서 새롭게 나타난 피해현상이다. 즉, 기업의 사회적 역할의 증대에 따른 기업에 의한 대중의 피해, 공업화에 의한 공해피해, 의료의 확대와 의료기술의 발달에 따른 의료피해, 자동차의 급증에 따른 자동차에 의한 피해, 기업의 대량생산·대량유통에 따른 제조물에 의한 피해 등이 대표적인 사례이다.

이러한 피해에 대하여는 우리 민법이 예상하지 못한 것이고 또한 이러한 피해에 대한 특별법이 없는 상태에서 결국, 현행 민법에 의해서 해결할 수밖에는 없다.

그러나 이에 대한 민법의 규정은 그러한 피해상황을 예상하지 못하였기 때문에 그에 대한 적절한 해결 수단을 강구하지 못했다.

이에 오늘날 민법이 예상하지 못한, 새롭게 발생한 피해제반을 필자는 현대적 불법행위라 총칭하고, 이에 대하여 현행 민법의 기본원칙을 벗어나지 않는 선에서 당사자간의 손해의 공평한 분담을 통하여 구체적 타당성을 기하는데 목표를 두고 개별적으로 검토하도록 한다.

Ⅱ. 法人의 不法行爲責任

1. 序 言

법인의 불법행위책임에 관하여 우선 문제가 되는 것은 법인이 불법행위를 할 수 있는가, 즉 법인에게 불법행위능력이 있는지를 검토해 보아야 한다. 민법 제35조 제1항 전단은 <법인은 이사 기타 대표자가 그 직무에 관하여 타인에게 가한 손해를 배상할 책임이 있다>라고 하여 법인의 불법행위책임을 규정하고 있다. 그러나 이 규정만으로는 법인이 불법행위에 대하여 책임을 진다는 결론을 내릴 수는 있으나 불법행위능력이 있는지 여부에 대한 판단의 근거로는 부족하다.

법인의 불법행위능력에 관하여는 법인의 본질을 어떻게 이해하느냐에 따라 다르며, 또한 법인 자체의 불법행위능력을 인정하느냐 여부에 따라 제35조 제1항의 해석에 관하여도 다소 차이가 있다.

한편, 민법은 법인의 권리능력에 관하여 영미법의 Ultra vires 이론을 계수하여 제34조에서 정관에 정한 목적의 범위 내로 제한하여 독일을 비롯한 다른 독법계에서 자연인과 동일하게 전면적인 권리능력을 인정하는 것과는 다르게 규정하고 있다.

그런데 제34조의 법인의 권리능력을 제한하는 규정이나 제35조의 법인의 불법행위책임을 인정하는 규정은 그들 규정 자체로는 법인의 본질이 무엇이라고 결론을 내리는 데는 부족하고, 오히려 본질을 무엇으로 보느냐에 따라 그들 규정의 의미를 달리 설명한다. 그렇다면 결국 법인의 본질에 관하여는 실정법의 규정과는 관계없이 다른 측면에서 검토되어져야 하고, 그에 따라 여기서 우리가 보고자 하는 법인의 불법행위책임에 관한 해석에 차이가 난다.

법인의 본질에 관한 깊은 검토는 민법총론에 맡기고 여기서는 간단히 언급만 하기로 한다. 법인의 본질에 관하여는 법인의제설 내지 법인부인설과 법인실재설이 대립한다. 법인의제설은 개인의사절대의 법리 위에서 권리·의무의 주체는 자연인인 개인에 한하며, 자연인이 아니면서 권리·의무의 주체가 될 수 있는 것은 법률의 힘에 의하여 자연인에 의제된 것에 한한다는 견해이다. 법인의제설의 연장선에서, 법인은 결국 독자의 사회적 실체를 가지는 것이 아니고, 그 본체는 법인을 구성하는 개인이나 재산에서 찾아야 한다는 견해가 법인부인설이다.

한편, 법인은 법률에 의제된 단순한 공허물이 아니라 권리의 주체로서의 실질을 가지는 사회적 실체라는 견해가 법인실재설이다. 오늘날 법인이 사회적 실체를 가지고 단독으로 사회적 작용을 하며 오히려 자연인보다 그 사회적 활동영역이 광범위하고 활발하여 우리 사회에 큰 영향을 준다는 단순한 사고에 의할지라도 법인의 실체를 인정하여야 할 것이다. 다수설인 법인실재설에 찬동한다. 이하에서는 법인의 불법행위책임에 관하여 이러한 법인실재설의 입장에서 설명하도록 한다.

그런데 법인의 불법행위책임에 관하여는 제35조가 직접적으로 규정하고 있지만, 그 밖에 법인의 대표의 법률행위에 관한 대리에 관한 규정을 준용한다는 제59조 제2항과 사용자책임에 관한 제756조가 모두 관련성을 가지므로 함께 검토되어야 한다.

* **法人의 本質論과 法人의 不法行爲 法理** : 법인의제설에 의하면 법인은 의제로 권리주체로서 존재하지만 무능력자와 마찬가지로 대리인을 통해서만 법률행위를 할 수 있을 뿐이고, 그 법률상의 효과를 본인의 자격으로 귀속받는 데 불과하다. 그런데 대리인의 행위의 효과가 법인에 귀속하는 것은 대리에 적합한 범위, 즉 법률행위에 한하고 불법행위에는 미치지 않을 뿐만 아니라 불법행위를 할 수 있는 능력을 가지는 법인을 의제에 의하여 인정하는 것은 법인을 인정하는 본래의 취지에 어긋난다고 할 수 있다. 법인실재설에 의하면 법인은 기관을 통하여 독자적인 행위를 하는 실체이므로 기관의 행위는 곧 법인 자신의 행위로 된다. 그리고 법인의 기관이 법인의 목적을 수행하기 위하여 하는 행위가 때로는 타인에게 위법행위로 손해를 입게 하는 일이 있고, 그것이 불법행위의 성립요건을 충족시키는 때에는 법인의 불법행위가 성립하고 법인 자신이 손해배상책임을 진다고 한다.

* **Ultra vires 法理** : 법인은 정관으로 정한 범위 내에서만 권리능력을 갖고, 이를 넘는 계약은 능력 외의 행위로서 무효라는 법리

2. 民法 第35條의 規定

(1) 民法 第35條의 意義

제35조 제1항의 규정에 대하여 법인의제설과 법인실재설의 해석은 다르다. 법인의제설에 의하면, 법인은 현실적으로 실체가 없는데 법이 마치 실체가 있는 것처럼 의제함으로서 존재하는 법적 주체로 이해한다. 그러므로 실체가 없는 주체는 스스로의 의사를 갖지 않고 또 그것에 의하여 행위하는 독자적인 법인 자신의 행위라는 것도 있을 수 없다. 법인 자신의 행위가 존재하지 않으므로 법인 자신의 불법행위도 생각할 수 없고 따라서 법인에는 불법행위능력이 없는 것으로 된다.

따라서 민법 제35조 1항이 일정한 경우에 법인의 배상책임을 인정하는 것도 법률정책상 타인의 행위에 대하여 책임을 지게 하는 것이라고 보게 된다. 따라서 불법행위를 인정하는 범위도 비교적 좁고 엄격하게 된다(이영준).

그러나 법인은 사회적 실체로서 스스로의 의사에 의하여 스스로의 행위를 하는 것이다. 따라서 법인은 그 일부인 이사 기타 대표기관을 통하여 적법한 행위와 동시에

불법행위를 할 수 있고, 이 경우에는 법인 자신의 불법행위로서 법인 자신이 당연히 배상의 책임을 져야 한다. 따라서 제35조 1항은 법인이 당연히 갖는 불법행위능력을 규정한 것이다. 이러한 점에서 그 적용범위도 넓게 해석하여야 한다.

3. 民法 第35條의 適用範圍

(1) 私法人

본조 제1항은 민법상의 비영리법인에 한하는 것이 아니고, 모든 법인에 걸치는 문제로서, 다른 법률에 준용하거나 특별규정이 없더라도 다른 법인에 대하여도 적용된다.

(2) 國家 또는 地方自治團體

국가배상법의 적용이 있고, 따라서 민법 본조 제1항이 문제되는 것은 대표기관이 공권력의 행사에 해당되지 않는 행위에 의하여 타인에게 손해를 입힌 경우이다.

(3) 權利能力 없는 社團

권리능력 없는 사단에 관하여는 법인격을 전제로 하는 것을 제외하고는 법인에 관한 규정이 유추적용된다(통설). 그런데 본조 제1항은 반드시 법인격과 필연적으로 결합되는 것이 아니며 조직체의 본질에 적합한 규정이고 그렇게 하여도 제3자에게 불이익을 미치는 것은 아니기 때문에 권리능력 없는 사단에도 본조 제1항이 유추적용된다고 보아야 한다. 이 경우에는 발기인대표, 동창회장, 종중대표 등이 그 대표기관에 해당할 것이다. 판례도 종중의 불법행위책임을 인정한다.

판례 宗中의 不法行爲責任 成否 : 종중의 대표자가 종중 소유의 부동산을 개인 소유라 하여 매도하고 계약금과 중도금을 지급받은 후 잔대금지급 이전에 매수인이 종중 소유임을 알고 항의하자 종중의 결의가 없는데도 종중 대표자로서 그 이전을 약속하고 종중총회 결의서 등을 위조하여 등기이전을 해 주고 잔금을 받은 경우 종중의 불법행위를 인정하고 매수인이 지급한 잔대금 상당액을 배상할 의무가 있다(대판 1994.4.12. 92다49300).

(4) 使用者責任과의 關係

법인은 제35조에 의한 대표기관의 불법행위에 대하여 책임을 질뿐만 아니라 제765조에 의한 피용자의 위법행위에 대하여도 사용자책임으로 법인이 책임을 진다.

기관이 피용자와 다른 것은 기관은 법인의 대표권과 업무집행권을 재량을 가지고 광범위하게 행사함으로써 스스로 행위의 외형을 만들고 끊임없이 위험을 창출할 수 있는 지위에 있는 반면에, 피용자는 직무의 범위가 한정되며 재량성이 거의 없고 사용자로부터 지휘·감독을 받는다는 점이다. 이러한 점에서 기관은 법인과 일체적 관계에 있어 기관의 위법행위는 제35조에서 법인의 불법행위책임으로 되고 기관의 선임·감독에 관한 법인의 면책을 인정하지 않는데 반해, 피용자의 행위에 관하여는 별도로 제756조에 사용자책임을 규정하고 법인의 면책사유를 인정한다. 그러나 양 책임은 실질적으로 그 사회적 의의가 같다.

한편, 오늘날 기업이 야기하는 공해문제와 같은 경우는 어느 특정한 사람이 불법행위를 한다기보다는 기업이 하나의 조직체로서 행위를 하는 것이므로 실제에서는 기업 자체를 직접의 불법행위자로서 제750조를 적용하여 배상책임을 부담시키는 것이 타당하다.

4. 不法行爲의 成立要件

(1) 代表機關의 行爲일 것

(가) 代表機關의 意味

법인이 책임을 지는 것은 <이사 기타의 대표자>의 불법행위에 대해서이다. 여기서 <이사 기타의 대표자>라는 것은 법인의 대표기관을 의미한다. 법인의 대표기관에는 이사 이외에 임시이사(제63조), 특별대리인(제64조), 청산인(제82조, 제83조) 등이 있다.

대표권이 없는 이사나 사원총회 또는 감사는 법인의 기관이지만 이들은 외부에 대해 법인을 대표하는 기관이 아니므로 그들의 행위로 법인의 불법행위가 성립하지 않는다. 그러나 이에 대하여 법인의 대표기관의 행위가 아니라 하더라도, 사원총회가 법인의 업무집행으로 한 결의가 우연히 제3자의 명예를 훼손한 경우, 감사가 이사에 대한 감독권한의 행사에 관하여 과실로 타인의 명예를 훼손한 경우에는 법인의 불법행위책임을 인정해야 한다는 견해가 있다(고상용, 김용한). 외부적으로 법인 자체의 행위로 보여진다면 법인의 책임으로 귀속시켜야 할 것으로 타당하다.

이사가 선임한 대리인, 특정한 행위에 관한 임의대리인, 이사로부터 일정한 대리권이 수여된 지배인 등은 대표기관에 포함되지 않으므로 이들의 불법행위에 대하여 법인은 제756조에 의해 사용자로서의 배상책임을 지며, 제35조의 적용은 없다. 그러므로 이사 기타 대표자의 직무에 관한 불법행위에 대하여는 민법 제35조에 의한 법인의 불법행위가 성립되고, 대표기관 이외의 일반 피용자의 불법행위에 관해서는 법인은 민법 제756조에 의한 사용자책임을 진다.

(나) 機關의 行爲

이사 기타 대표기관의 가해행위는 법률행위이든 사실행위이든 관계가 없다. 또한 재판 외 행위이든 재판상 행위이든 관계가 없다.

대표자가 직무의 범위 밖의 행위를 함으로써 가해행위를 한 경우에는 어떻게 되는가? 이에 대하여는 법인의 목적범위를 넘어설 수 없으므로 직무관련성을 외형이론에 의해 넓게 해석하더라도 목적범위를 넘어선 사항에까지 확대해서는 아니 된다는 견해에 대하여 반드시 목적범위 내의 행위에 한할 필요는 없다는 견해가 있다(이은). 제35조 제2항에서 목적범위 외의 행위로 타인에게 가한 손해에 대하여 별도로 책임을 규정하기 때문에 제35조 제1항의 책임은 법인의 목적 범위 내의 행위로 한정하는 것이 타당하다.

(2) 職務에 관한 行爲(職務關聯性) - 外觀論

기관이 <직무에 관하여>한 행위만이 법인의 행위가 되므로 기관의 행위라 하더라도 직무에 관한 행위가 아닌 때에는 개인의 불법행위일 뿐이고 법인의 불법행위로 되지 않는다. 대표기관의 행위는 과실에 의한 경우가 통상적이겠으나 고의에 의한 경우라도 법인책임의 성립에는 영향이 없다.

여기서 <직무에 관하여>의 의미에 관하여는 통설·판례가 이른바 외관표준설 또는 외관론으로서, 제756조 제1항의 <사무집행에 관하여>와 같은 뜻으로 행위의 외형상 기관의 직무행위라고 볼 수 있는 행위 및 직무행위와 사회통념상 견련성을 가지는 행위를 의미한다고 해석한다.

행위의 외형상 대표기관의 직무행위라고 인정될 수 있는 것은 비록 그 행위가 부당하게 행하여져도, 즉 그것이 대표자 개인의 사리私利를 도모하기 위한 것이었거나 법령의 규정에 위반된 것이었다 하더라도 직무에 관한 행위에 해당한다. 판례도 같다.

판례 代表機關의 故意인 경우의 法人의 責任 成否: 법인에 대한 손해배상책임원인이 대표기관의 고의적인 불법행위라고 하더라도, 피해자에게 그 불법행위 내지 손해발생에 과실이 있다면 법원은 과실상계의 법리에 좇아 손해배상의 책임 및 그 금액을 정함에 있어 이를 참작하여야 한다(대판 1987.12.8. 86다카1170).

판례 職務關聯에 관한 外觀論: '갑' 회사의 대표이사가 그 회사의 운영자금을 마련하기 위하여 자기가 또 전무이사로 있는 피고회사 명의의 수표를 위조하여 원고에게 담보로 제공하고 그로부터 돈을 차용한 경우에 피고회사가 원고에게 책임을 지기 위하여는, 채무담보행위가 피고회사의 통상적 업무행위에 속하거나 또는 통상적 업무행위와 밀접한 관련을 가지고 있고 외관상으로도 그 업무행위와 유사하여 그 업무행위의 범위에 속하는 것으로 보여지는 경우에 한한다(대판 1974.5.28. 73다2014).

판례 外觀 重視(대표 개인 사리도모의 행위의 법인 책임 성부) : 행위의 외형상 법인의 대표자의 직무행위라고 인정할 수 있는 것이라면 설사 그것이 대표자 개인의 사리를 도모하기 위한 것이었거나 혹은 법령의 규정에 위배된 것이었다 하더라도 위의 직무에 관한 행위에 해당한다(대판 1969.8.26. 68다2320).

판례 職務行爲와 牽聯關係의 行爲 : 노동조합의 간부들이 불법쟁의행위를 기획, 지시, 지도하는 등으로 주도한 경우에 이와 같은 간부들의 행위는 조합의 집행기관으로서의 행위라 할 것이므로 이러한 경우 민법 제35조 제1항의 유추적용에 의하여 노동조합은 그 불법쟁의행위로 인하여 사용자가 입은 손해를 배상할 책임이 있고, 한편 조합간부들의 행위는 일면에 있어서는 노동조합 단체로서의 행위라고 할 수 있는 외에 개인의 행위라는 측면도 아울러 지니고 있고, 일반적으로 쟁의행위가 개개 근로자의 노무정지를 조직하고 집단화하여 이루어지는 집단적 투쟁행위라는 그 본질적 특징을 고려하여 볼 때 노동조합의 책임 외에 불법쟁의행위를 기획, 지시, 지도하는 등으로 주도한 조합의 간부들 개인에 대하여도 책임을 지우는 것이 상당하다(대판 1994.3.25. 93다32828).

(3) 相對方의 善意

판례는 피해자의 신뢰를 보호하기 위하여 법인의 권리능력과 기관의 직무를 외관에 의하여 판단하는 이른바 외관설을 취하기 때문에, 신뢰책임의 법리에 의하여 피해자는 선의이며, 선의에 중대한 과실이 없음을 요한다. 신뢰책임론에 의할 때 타당하다고 생각한다.

판례 相對方의 善意, 重大한 過失 없음 : 대표자의 행위가 직무에 관한 행위에 해당하지 아니함을 피해자 자신이 알았거나 또는 중대한 과실로 인하여 알지 못한 경우에는 비법인사단에게 손해배상책임을 물을 수 없다고 할 것이고, 여기서 중대한 과실이라 함은 거래의 상대방이 조금만 주의를 기울였더라면 대표자의 행위가 그 직무권한 내에서 적법하게 행하여진 것이 아니라는 사정을 알 수 있었음에도 만연히 이를 직무권한 내의 행위라고 믿음으로써 일반인에게 요구되는 주의의무에 현저히 위반하는 것으로 거의 고의에 가까운 정도의 주의를 결여하고, 공평의 관점에서 상대방을 구태여 보호할 필요가 없다고 봄이 상당하다고 인정되는 상태를 말한다(2003.7.25. 2002다27088).

(4) 機關의 越權行爲에 第35條 適用 與否

기관이 대표권한을 일탈하여 부정한 행위를 한 경우 제35조 제1항을 유추적용하여 법인의 불법행위책임을 인정할 것인지, 제126조를 유추적용해서 법인에게 이행책임을 지울 것인지 문제가 된다.

제35조 제1항의 불법행위책임을 인정한다면 과실상계와 기관개인의 책임 등이 인

정되는데 반하여, 제126조에 의하면 기관이 한 거래행위에 관하여 법인에게 이행책임만을 인정하게 되고, 소멸시효에서도 전자의 책임(불법행위책임)은 3년의 단기소멸시효에 걸리지만, 후자의 경우에는 일반채권으로 10년의 기간이 적용된다.

이에 대하여는 당사자가 유리한 것을 선택할 수 있다는 견해가 있으나(이태), 당해행위의 성질이 거래행위라면 가능한 한 거래행위로서의 효력을 유지시켜 주는 것이 타당할 것으로 먼저 제126조를 적용하여 법인에게 그 (이행)책임을 지게 하고, 그 요건를 충족하지 못하는 경우에는 제35조 제1항을 적용하는 것이 타당하다(곽,김증,고상용). 그런데 판례는 개인의 사리私利를 위한 월권행위에 관하여 제35조 제1항을 유추적용하는 것으로 하였다.

(5) 機關의 不法行爲에 대한 一般的 要件 充足

제35조 제1항은 불법행위에 관한 일반규정인 제750조에 대한 특별규정이다. 그러므로 제750조가 규정하고 있는 불법행위의 요건을 갖추어야 한다. 즉, 기관이 고의·과실과 책임능력이 있어야 하며, 손해가 발생하고 인과관계가 있으며 위법성을 조각하지 않아야 한다.

5. 法律關係

(1) 法人의 損害賠償責任

법인의 불법행위책임의 요건이 갖추어지면 법인은 제35조 제1항 전단의 규정에 따라서 피해자에게 손해를 배상하여야 한다.

(2) 機關 個人의 責任

(가) 法人의 責任이 成立하는 경우

법인의 책임이 성립하는 경우에 기관 개인도 법인과 경합하여 피해자에게 손해배상책임을 진다(제35조 1항 후단). 기관의 행위는 법인의 행위이므로(법인실재설) 기관 개인의 책임이란 논리적으로 있을 수 없다는 결과가 된다. 그러나 이 규정은 피해자를 두텁게 보호하려는 의도에서 기관 개인의 현실적 행위는 일면으로는 법인의 행위이나, 다른 측면에서는 기관 개인의 행위로서의 성질을 잃지 않으므로, 전자의 관계에서 법인의 책임이 발생하고 후자의 관계에서 기관 개인의 책임이 생긴다고 보아야 한다(곽,김증).

양자의 채무는 피해자에 대한 관계에서 부진정연대채무가 된다.

법인이 피해자에게 배상을 한 때에 법인은 기관 개인에 대하여 구상권을 행사할 수 있다. 그것은 기관의 선관주의의무 위반에 의한 계약책임을 기초로 한다.

(나) 法人의 責任이 成立되지 않는 경우

기관의 행위가 법인의 목적 범위를 벗어나서 법인의 불법행위로 인정되지 않는 경우에 법인은 책임을 지지 아니한다. 이때에는 기관 개인만이 제750조에 의하여 불법행위책임을 진다. 그러나 피해자를 두텁게 보호하기 위하여 제35조 제2항에서 그러한 경우에 그 사항의 결의에 찬성하거나 그 의결을 집행한 사원, 이사 및 기타 대표자에게 연대배상책임을 지도록 규정한 것이다. 여기서의 연대책임은 부진정연대채무관계로 해석된다.

(다) 消滅時效의 起算點

법인의 대표자가 법인에 대한 불법행위로 인한 손해배상책임을 지는 경우의 법인의 손해배상청구권의 단기소멸시효의 기산점인 <불법행위를 안 때>는, 그 법인의 이익을 정당하게 보전할 권한을 가진 다른 임원 또는 사원이나 직원 등이 손해배상청구권을 행사할 정도로 안 때로부터이다(대판 2002.6.14. 2002다11441).

Ⅲ. 自動車運行者의 責任

1. 意義와 性質

(1) 意 義

오늘날 자동차는 대중을 신속하게 이동시켜 주는 대중의 수단으로서보다는 개개인의 이동의 수단으로서 이용되어 우리 생활에서 필수도구화 되고 있다. 특히 근래 우리의 생활이 경제적으로 보다 풍요로워 짐에 따라 개인보유 자동차의 급증과 그에 따른 운행차량의 폭증에 열악한 도로 사정이 가세하여 사고가 폭증하고 있다.

자동차는 한편으로는 우리의 생활을 편리하게 하고 활동의 영역을 넓혀 주지만 다른 한편으로는 움직이는 흉기가 되기도 하여 한번의 사고로 인명과 재산에 막대한 피해를 입혀 사고 당사자들을 거의 회복할 수 없는 지경에까지 이르게 한다. 자동차사고는 운전자의 고의에서 일어나는 것이 아니라, 방심·부주의·정비불량·도로상황의 불량 등으로 생기는 것이 보통이다. 이렇게 일상화된 사고의 위험과 그의 치명적인 결과에 대하여 어떻게 그 위험을 최소화하고, 발생된 사고에 대해서는 피해자를 어떻게 신속하게 보호하며, 그 손해들을 어떻게 공평하게 분담할 것인지가 문제된다. 이러한 점을 고려하여 자동차사고로 인하여 발생한 손해배상책임에 관하여 피해자를 보호하기 위해 특별법으로 제정된 것이 자동차손해배상보장법(이하 자배법이라고만 함)이다.

자배법은 자동차손해배상책임에서 타인의 생명·신체에 입힌 손해, 즉 인적 손해에 대하여 그 책임의 범위를 제한하여 민법의 일반원리와는 다른 특수한 법리에 의해 규율한다. 이는 현대사회의 필연적 위험으로서 자동차사고가 존재하고 그 자동차사고의 피해자는 반드시 배상 또는 보상받아야 한다는 점과 그 보상은 신속하게 해야 한다는 점에 기초를 두고 있다. 즉, 자동차사고로 인한 피해가 누구의 귀책사유에 의한 것인가를 엄밀히 따지기 전에 발생된 인체손해에 대한 보상만은 적어도 신속하게 이루어져야 한다는 것이다. 이러한 점에서 자배법은 자동차운행자의 책임을 강화하고 또 한편으로는 강제적 책임보험제도를 마련하여 인적 피해에 대한 일정한도의 배상을 보장함으로써 손해분담의 사회화를 도모하고 있다.

(2) 自動車損害賠償責任의 性質

자동차의 운행으로 인하여 발생한 손해에 대하여 자배법 제3조는 자동차운행자에게 배상의무를 부과하되, 배상책임자가 동조 제1호 또는 제2호의 제한된 사유를 입증하면 면책되는 것으로 규정하고 있다. 그러나 이 면책사유도 아주 제한된 것이며, 입증책임도 배상책임자에게 부과하여 사실상의 무과실책임을 인정한 것이나 다름이 없다.

이렇게 자동차운행자에게 사실상의 무과실책임을 지워 책임을 무겁게 하는 것은 자동차운행자는 자동차의 운행으로 필연적인 위험성(위험책임)을 유발하면서 다른 한편으로는 운행에 의한 사회적 이익을 향유한다는 보상책임에 근거한 것으로 이해된다.

(3) 民法 第750條와의 關係

자배법에 의한 손해배상책임은 인적 손해에 한정하고 있다. 따라서 자동차사고로 인한 피해자는 인적 손해에 대하여는 특별법인 자배법에 의하여 우선적으로 배상을 청구할 수 있으나, 물석 손해에 관하여는 민법 제750조에 기한 일반 불법행위책임만을 청구할 수 있다. 또한 민법 제750조에 의하여 인적 손해와 물적 손해를 함께 청구할 수 있음은 물론이다.

그리고, 인적 손해일지라도 자배법상의 손해배상책임이 인정되지 않는 경우에도 민법상의 불법행위책임을 인정할 수 있는 것은 당연하다.

판례 人的 損害에 대한 特別法 : ① 자동차손해배상보장법 제3조는 불법행위에 관한 민법 규정의 특별 규정이라고 할 것이므로 자동차 사고로 인하여 손해를 입은 자가 자동차손해배상보장법에 의하여 손해배상을 주장하지 않았다고 하더라도 법원은 민법에 우선하여 자동차손해배상보장법을 적용하여야 한다(대판 1997.11.28. 95다29390).
② 자동차사고로 인한 손해배상청구사건에서 자배법이 민법에 우선하여 적용되어야 할 것은 물론이지만, 그렇다고 하여 민법상의 손해배상청구를 하지 못한다고는 할 수 없으므로, 자배법상의 손해배상책임이 인정되지 않는 경우에도 민법상의 불법행위책임을 인정할 수는 있다(대판 2001.6.29. 2001다23201).

(4) 國家賠償責任과의 關係

국가배상법 제2조 제1항에서는 자동차로 공무를 수행하던 중 제3자가 입은 손해의 배상은 자배법을 적용하지 아니하고 국가배상법을 적용하도록 하고 있다. 피해자의 국가에 대한 손해배상청구는 배상심의회의 결정절차를 거친 후에야 제기할 수 있다(제9조).

그런데 판례는 공무원이 자동차로 공무를 수행하던 중 사고를 낸 경우, 운전을 한 공무원 개인은 자배법에 의해 개인적으로 책임을 부담한다는 것이다. 이것은 공무원이 공무집행상 위법행위로 인하여 타인에게 손해를 입힌 경우에 경과실의 공무원 개인은 책임을 지지 않는다는 국가배상법의 원칙과는 다른 것으로, 자동차사고에 대한 자배법의 우선적 적용을 선언한 것이다.

판례 公務員의 自動車事故에 대한 責任 : 자동차손해배상보장법의 입법취지에 비추어 볼 때, 같은 법 제3조는 자동차의 운행이 사적인 용무를 위한 것이건 국가 등의 공무를 위한 것이건 구별하지 아니하고 민법이나 국가배상법에 우선하여 적용된다고 보아야 한다. 따라서, 일반적으로 공무원의 공무집행상의 위법행위로 인한 공무원 개인책임의 내용과 범위는 민법과 국가배상법의 규정과 해석에 따라 정하여질 것이지만, 자동차의 운행으로 말미암아 다른 사람을 사망하게 하거나 부상하게 함으로써 발생한 손해에 대한 공무원의 손해배상책임의 내용과 범위는 이와는 달리 자동차손해배상보장법이 정하는 바에 의할 것이므로, 공무원이 직무상 자동차를 운전하다가 사고를 일으켜 다른 사람에게 손해를 입힌 경우에는 그 사고가 자동차를 운전한 공무원의 경과실에 의한 것인지 중과실 또는 고의에 의한 것인지를 가리지 않고, 그 공무원이 자동차손해배상보장법 제3조 소정의 '자기를 위하여 자동차를 운행하는 자'에 해당하는 한 자동차손해배상보장법상의 손해배상책임을 부담한다(대판 1996.3.8. 94다23876).

2. 運行者責任의 成立要件

자동차운행자의 책임이 생기기 위하여는 다음의 요건을 갖추어야 한다.

(1) 自動車를 運行하는 者

(가) 運行者의 意味－運行支配와 運行利益

배상책임자는 자기를 위하여 자동차를 운행하는 자, 즉 자동차 운행자이다. 자동차의 운행자는 직접 불법행위자인 운전자와는 구별되며 자동차의 소유자·임차인 등과 같이 자동차를 정당하게 사용할 수 있는 보유자(자배법 제2조 2호)와도 구별되는 다소 넓은 개념이다.

자동차운행자는 자동차에 대하여 운행지배와 운행이익을 가지는 자를 의미한다(통설·판례). 운행지배는 자동차의 사용에 관한 사회통념상의 지배를 뜻하고 운행이익은 자동차의 사용에 의한 이익이 자기에게 귀속하는 것을 의미한다. 운행이익은 경제적인 직접적 이익뿐만 아니라 정신적 만족과 같은 간접적 이익도 포함한다.

그러므로 고용되어 타인을 위하여 자동차를 운전하는 운전자(운전의 보조에 종사하는 자도 포함)는 운행지배가 없고 운행이익도 없어서 운행자가 아니라 고용인인 자동차의 보유자가 운행자이다. 그리고 자동차의 소유자라도 운행지배로부터 사실상 떠나 있는 때에는 운행자가 아니다. 그러나 소유자가 아니더라도 사실상 운행지배와 운행이익이 있는 때에는 운행자로서 책임을 져야 한다. 운행지배와 운행이익의 상실 여부의 판정기준에 관하여 판례는 구체적 사안에서 피해자를 넓게 보호하기 위해 이른바 외형표준설 내지 외관론의 입장이고 학설도 이를 지지한다. 따라서 단순히 절취당하였다는 사실 또는 타인이 무단으로 운행하였다는 사실만으로는 운행지배와 운행이익을 상실하지 않은 것이 된다.

판례 運行支配性과 運行利益 : 자동차손해배상보장법 제3조에서 자동차사고에 대한 손해배상책임을 지는 자로 규정하고 있는 '자기를 위하여 자동차를 운행하는 자'란 사회통념상 당해 자동차에 대한 운행을 지배하여 그 이익을 향수하는 책임주체로서의 지위에 있다고 할 수 있는 자를 말하고, 이 경우 운행의 지배는 현실적인 지배에 한하지 아니하고 사회통념상 간접지배 내지는 지배가능성이 있다고 볼 수 있는 경우도 포함한다(대판 1998.10.27. 98다36382).

판례 運行支配와 運行利益 喪失 與否 判斷基準 : 자동차의 소유자는 비록 제3자가 무단히 그 자동차를 운전하다가 사고를 내었다고 하더라도 그 운행에 있어 소유자의 운행지배와 운행이익이 완전히 상실되었다고 볼 특별한 사정이 없는 경우에는 그 사고에 대하여 자동차손해배상보장법 제3조 소정의 운행자로서의 책임을 부담하고, 그 운행지배와 운행이익의 상실 여부는 평소의 자동차나 그 열쇠의 보관 및 관리 상태, 소유자의 의사와 관계없이 운행이 가능하게 된 경위, 소유자와 운전자의 인적 관계, 운전자의 차량 반환의사의 유무, 무단운행 후 소유자의 사후승낙 가능성, 무단운전에 대한 피해자의 인식 유무 등 객관적이고 외형적인 여러 사정을 사회통념에 따라 종합적으로 평가하여 이를 판단하여야 한다(대판 1998.7.10. 98다1072).

(나) 立證責任

운행자임을 누가 입증해야 하는가? 자동차의 보유자와 운행자는 언제나 일치하는 것은 아니지만 사회통념상 보유자가 동시에 운행자일 가능성이 높다. 따라서 원고(피해자)가 피고가 자동차의 소유자 또는 이용권자임을 증명하면 그 자는 운행자로 사실상 추정된다. 만약 피고가 운행자책임을 지지 않으려면 자신이 자동차의 소유자나 이용권자이지만 그 당시에 자신에게는 사실상의 운행지배나 운행이익을 갖지 않았음을 입증하여야 한다.

(다) 具體的 事例

구체적으로 운행자인지가 문제되는 경우를 아래에서 살펴보도록 한다.

① 他人에게 運轉하게 한 경우

자동차의 보유자는 자기가 직접 운전하지 않고 고용된 운전자 또는 가족·친족·아는 사람 등을 시켜 운전하게 한 경우에도 언제나 자동차보유자가 운행자이다.

② 狹義의 無斷運轉

자동차보유자와 고용관계·친족관계 등의 밀접한 인적 관계에 있는 자가 보유자의 승낙 없이 운전한 경우를 협의의 무단운전이라고 한다. 고용된 자가 공무 또는 직무에 해당하지 않는 개인적 목적으로 자동차를 사용한 사용운전私用運轉도 무단운전에 포함된다. 이러한 무단운전의 경우에 자동차의 소유자 등 보유자는 운행자로서 자동차운행자책임을 진다. 이 경우에 그 자동차의 운전자에 의한 무단운전의 경우는 물론이고, 운전자가 아니더라도 그 자동차를 운전할 수 있는 입장에 있는 보유자의 다른 피용자의 무단운전에 있어서도 보유자가 운행자이다. 그러나 피해자가 무단운전의 사실을 알고 동승한 경우에는 보유자에게 운행지배의 가능성이 없으므로 그 피해자에 대한 관계에서는 보유자가 운행자가 아니다.

판례 無斷運轉임을 알고 同乘한 者에 대한 所有者의 運行者 與否 : ① 피해자인 무단동승자가 무단운행에 가담하였거나 이를 알고 있었다는 점만으로 자동차소유자가 운행지배·운행이익을 상실하였다고 단정할 수 없다(대판 1996.7.26. 96다13194).
② 자동차소유자가 그 매각을 위하여 (갑)에게 차의 열쇠를 주고 그 매매를 부탁한바, (갑)은 위 자동차가 자기차라고 하면서 (을)과 임대차계약을 체결하였는데 (병)이 위 소유자에게 연락도 없이 차를 운행하여 타지방으로 가서 자기차인 양 행세하여 (정)에게 매도하여 (정)이 고용한 운전수 (무)가 운행하면서 (정)의 선거운동을 하던 중 사고가 발생하였다면 (갑)과 위 소유자 사이에 고용 또는 가족관계 등 밀접한 관계가 인정될 수 있는지가 분명치 않은 이상 (무)에 의한 사고당시의 운행이 객관적, 외형적으로 소유자를 위하여 운행된 것이라 할 수 없어 소유자에게 본조의 책임을 물을 수 없다(대판 1973.3.27. 73다97).

판례 私用運轉 : 회사택시의 운전사가 개인적 용무를 위해 가족을 태우고 회사의 면허구역을 벗어나 운행하다가 사고가 난 경우, 그 동승 가족에 대한 회사의 운행자로서의 배상책임을 인정한 사례(대판 1997.1.21. 96다40844).

③ 竊取運轉

이때는 자동차보유자는 절취시에 운행지배와 운행이익을 상실하므로 운행자책임을 지지 않는다. 다만 자동차열쇠를 차 안에 방치하였다든가 하는 도난의 사유에 과실이 있었던 경우에는 보관상의 과실에 의한 일반불법행위책임 및 사용자배상책임의 문제가 될 수 있다.

판례 竊取運轉 : 무단으로 운전을 하는 협의의 무단운전의 경우와 달리 자동차 보유자와 아무런 인적 관계도 없는 사람이 자동차를 보유자에게 되돌려 줄 생각 없이 자동차를 절취하여 운전하는 이른바 절취운전의 경우에는 자동차 보유자는 원칙적으로 자동차를 절취당하였을 때에 운행지배와 운행이익을 잃어버렸다고 보아야 할 것이고, 다만 예외적으로 자동차 보유자의 차량이나 시동열쇠 관리상의 과실이 중대하여 객관적으로 볼 때에 자동차 보유자가 절취운전을 용인하였다고 평가할 수 있을 정도가 되고, 또한 절취운전 중 사고가 일어난 시간과 장소 등에 비추어 볼 때에 자동차 보유자의 운행지배와 운행이익이 잔존하고 있다고 평가할 수 있는 경우에 한하여 자동차를 절취당한 자동차 보유자에게 운행자성을 인정할 수 있다(대판 1998.6.23. 98다103800).

④ 自動車의 貸與

보유자가 자동차를 타인에게 유상 또는 무상으로 대여한 경우 임차인은 운행지배와 운행이익을 가지므로 운행자이다.

그런데 임대인은 어떤지가 문제된다. 대여의 형태에 따라 나누어 본다.

㉮ 親族에의 無償貸與 : 자동차소유자가 친구나 친족에게 무상으로 대여하는 경우에는 임대인의 운행지배가 계속되고 운행이익도 경제적 사회적으로 임대인에게 귀속된다고 볼 수 있어 운행자가 된다.

㉯ 렌트카 業者 : 렌트카 업자는 운행이익은 뚜렷하지만, 임차인의 독립성이 강해 운행자성이 임대업자에게 있는지 의문이 가지만 판례와 학설은 피해사의 두터운 보호를 위해 임대인에게도 운행지배를 인정하여 렌트카 업자에게 운행자책임을 지운다.

㉰ 賃借人으로부터 第3者의 無斷運轉 : 자동차가 임차인이나 사용차주에 의해 제3자에게 무단으로 전대된 경우에는 소유자나 임대인은 그 자동차의 운행지배가 상실된 것으로 보아야 한다.

판례 賃借人 : 자동차의 임대차의 경우, 특별한 사정이 없는 한 임차인이 임차한 자동차에 대하여 현실적으로 운행을 지배하여 그 운행이익을 향수하는 자이다(대판 1997.4.28. 96다5274).

판례 렌트카 業者 : 친구들이 여행을 가기 위해 그중 1인 명의로 렌트카를 임차하여 운행하던 중 사고가 난 경우, 사고 차량에 동승한 피해자는 운전자 및 렌트카회사와 공동운행자 관계에 있다고 본 사례(대판 1997.8.26. 94다37844).

⑤ 修理 · 洗車 · 任置의 경우

자동차를 정비업자 또는 세차업자에게 작업하여 주도록 맡긴 경우, 또는 주차장·호텔·음식점 등의 종업원에게 보관해 주도록 맡긴 경우 운행지배가 정비업자, 세차업자 또는 주차장·호텔·음식점 등으로 이전되어 자동차보유자는 운행자 책임이 없고 정비업자 등이 운행자로서 책임을 진다. 판례도 세차 중의 사고, 수리를 위해 맡긴 차를 수리업자의 피용자가 운전하여 일으킨 사고에 대해 세차업자와 수리업자가 자배법상의 운행자책임을 진다고 한다.

판례 自動車 修理와 試運轉을 付託한 경우 : 자동차를 수리 외에 그 매수가격 결정을 위한 시운전도 하게 할 목적으로 수리업자에게 인도한 경우, 운행지배권의 귀속관계(=공동귀속)(대판 1996.6.28. 96다12887).

판례 修理業者의 運行者責任 : 자동차의 수리를 의뢰하는 것은 자동차 수리업자에게 자동차의 수리와 관계되는 일체의 작업을 맡기는 것으로서 여기에는 수리나 시운전에 필요한 범위 내에서의 운전행위도 포함되는 것이므로, 수리하는 동안의 자동차의 운행지배권은 수리업자에게 있는 것이며 만일 그 피용자가 수리를 위하여 맡겨진 자동차를 운전하다가 일으킨 사고에 대하여는 특단의 사정이 없는 이상 수리업자가 자동차손해배상보장법 제3조의 자기를 위하여 자동차를 운행하는 자로서 손해배상책임을 진다(대판 1988.6.14. 87다카1585).

⑥ 代理運轉의 경우

음주 기타 운전 장애사유 등으로 일시적으로 타인에게 열쇠를 맡겨 대리운전을 시킨 경우, 위 대리운전자의 과실로 발생한 차량사고의 피해자에 대한 관계에서는 자동차의 소유자 또는 보유자가 객관적, 외형적으로 위 자동차의 운행지배와 운행이익을 가지고 있어 자배법상의 책임이 있다(대판 1994.4.15. 94다5502).

⑦ 學院의 車로 運轉한 受講生

자동차운전학원에서 연습중인 피교습자에게 학원 소유의 교습용 자동차를 이용하여 운전연습을 하게 한 경우, 학원과 피교습자 사이에서는 교습용 자동차에 관하여 임대차 또는 사용대차의 관계에 있어 수강생은 차주로서 자동차를 사용할 권리가 있는 자로서 자기를 위하여 자동차를 운행하는 자에 해당하여 수강생이 자배법상의 책임을 진다(대판 2001.1.19. 2000다12532).

⑧ **登錄名義人이 아닌 者의 運行**

㉮ **自動車의 所有權留保附賣買, 讓渡擔保** : 자동차의 소유권은 대금채권의 확보를 위해 매도인에게 유보되어 있으나 운행지배와 운행이익은 전적으로 매수인에게 귀속하는 것이어서 매수인만이 운행자가 된다.

채권담보를 목적으로 채무자가 채권자에게 자동차를 양도담보로 제공하고 그 사용은 채무자가 여전히 계속하고 있는 경우에 운행지배와 운행이익은 채무자에게 있으므로 단순한 명의인인 채권자는 운행자책임이 없다.

판례 讓渡擔保 : 채권담보의 목적으로 자동차등록원부상 자동차의 소유자로 등록된 자는 자동차의 운전수의 선임, 지휘 감독이나 기타의 운행에 관한 지배 및 운행이익에 전연 관여한 바 없었다면 특별한 사정이 없는 한 운행자가 아니다(대판 1980.4.8. 79다302).

㉯ **名義貸與** : 명의대여란 자동차등록상의 등록명의를 타인에게 유상 또는 무상으로 대여하는 것을 말한다. 대여의 실질적 관계에 따라 달리 보아야 한다. 판례도 이른바 지입의 경우에 자동차의 운행에 관한 실질적 관계를 기준으로 명의대여자의 운행자 여부를 판정한다.

판례 肯定한 例남의 자동차를 속칭 지입을 받아 자기명의로 자동차등록원부에 소유권등록을 하고 이를 자기를 위하여 운전수를 시켜 운행해 온 자는 지입을 해지하여 관할 관서의 휴지허가처분이 있었다고 하여도 아직 이전등록도 아니하고 여전히 같은 그의 운전수로 차를 다루게 하고 있는 동안에 생긴 운전상의 잘못으로 일어난 사고에 대하여 자동차손해배상책임이 있다(대판 1977.7.12. 77다426).

판례 否定한 例어느 차량이 지입이라는 용어로써 회사에 등록되고 회사의 상표와 일련번호를 차체에 표시하였다 할지라도 회사 내에서의 차량 운행질서와 상품 판매질서의 유지에 한해서 회사의 지시 감독을 받는 정도라면, 회사가 위 차량을 자기를 위 하여 운행한다거나 또는 그 운전사를 회사의 피용자라고는 볼 수 없다 할 것이다(대판 1977.7.12. 77다91).

㉰ **名義殘存** : 자동차의 매매·교환·증여 등의 이행으로 자동차의 소유권 이전에 필요한 서류를 넘겨주고 자동차까지 인도하였으나, 매수인·수증자가 아직 등록절차를 마치지 않은 상황에서 사고가 난 경우, 명의잔존자는 운행자로서 책임을 지는가 하는 문제가 있다. 이때에는 운행지배와 운행이익을 모두 매수인만이 가지며 매수인이 운행자로서 책임을 진다.

판례 名義殘存 : ① (否定한 例) : 대금을 전액 수령하고 매수인에게 자동차를 인도하였으나 그

등록 명의변경이 지연된 경우, 위 등록명의인을 자동차손해배상보장법상의 자기를 위한 운행자로 볼 수 없다(대판 1985.4.23. 84다카1484). ② (肯定한 例) : 자동차를 매도하고도 자동차 등록명의를 그대로 남겨 둔 경우에 매도인의 운행지배 유무는 매도인과 매수인 사이의 실질적 관계를 살펴서 사회통념상 매도인이 매수인의 차량운행에 간섭을 하거나 지배관리할 책무가 있는 것으로 평가할 수 있는지의 여부를 가려 결정하여야 한다. 매도하면서 매도인 명의로 할부계약상 명의와 그 계약상 의무를 그대로 보유하고 이전등록하지 않은 채 자동차 종합보험까지도 매도인 명의로 가입케 하면서 매도인 자신의 사업과 관련된 매수인의 외판업무에 사용케 하여 왔다면, 매도인은 운행자에 해당한다(대판 1992.4.14. 91다4102).

(2) 自動車의 運行에 依할 것

(가) 自動車

자배법에서의 <자동차>는 자동차관리법의 적용을 받는 자동차와 건설기계관리법의 적용을 받는 건설기계(덤프트럭, 콘크리트믹서트럭, 콘크리트펌프트럭, 타이어식 굴삭기, 아스팔트살포기, 타이어식 기중기 등)를 말한다(자배법 제2조 1호).

(나) 運行의 意味

자동차의 <운행>이라 함은 사람 또는 물건의 운송 여부에 관계없이 자동차를 당해 장치의 용법에 따라 사용하는 것을 말한다(자배법 제2조 2호). 장치의 용법에 따른 사용이란, <u>자동차의 용도에 따라 그 구조상 설비되어 있는 각종의 장치를 각각의 장치 목적에 따라 사용하는 것을 의미</u>한다(이른바 고유장치설). 판례와 통설이다. 이에 대하여 차고에서 나와 기능을 다 하고 다시 차고에 들어가기 전까지는 운행에 해당한다는 이른바 차고출입설이 있다. 후설에 따르면 자동차 보유자에게 너무 광범위한 책임을 지우게 된다.

그런데, 고유장치설을 취하는 판례도 당해 장치의 용법에 따른 사용 이외에 그 사고의 다른 직접적인 원인이 존재하거나, 그 용법에 따른 사용의 도중에 일시적으로 본래의 용법 이외의 용도로 사용한 경우에도 전체적으로 위 용법에 따른 사용이 사고발생의 원인이 된 것으로 평가될 수 있다면 역시 운행 중의 사고라고 보고 있다.

판례 '運行'의 意味, '運行으로 말미암아'의 意味 : ㉮ (固有裝置說) 제2조 제2호에서는 운행이라 함은 사람 또는 물건의 운송 여부에 관계없이 자동차를 당해 장치의 용법에 따라 사용하는 것을 말한다고 규정하고 있는바, 자동차를 당해 장치의 용법에 따라 사용한다는 것은 자동차의 용도에 따라 그 구조상 설비되어 있는 각종의 장치를 각각의 장치 목적에 따라 사용하는 것을 말한다. ㉯ (相當因果關係說) 위 법조에서 '운행으로 말미암아'라 함은 운행과 사고 사이에 상당인과관계를 인정할 수 있는지의 여부에 따라 결정되어야 한다(대판 1997.9.30. 97다24276).

판례 ① 運行을 認定한 例 : ㉮ (駐車한 車가 미끄러진 경우) : 한강 선착장 주차장에 주차시킨

승용차가 비탈면을 굴러서 강물에 빠짐으로써 동승자가 사망한 것이 자동차의 '운행'으로 말미암은 것이라고 한 사례(대판 1997.8.26. 97다5183). ② 동승자가 하차하다가 떨어진 경우 : 동승자가 주차한 자동차에서 하차하다가 차량 밖의 터널 바닥으로 떨어져 다친 경우에 자동차 운행으로 인한 사고를 인정 (대판 1998.9.4. 98다22604).

② 否定한 例 : ㉮ 잠을 자기 위한 공간으로 이용한 경우 : 운행하기 위하여 시동과 히터를 켜놓고 대기하고 있던 것이 아니라 잠을 자기 위한 공간으로 이용할 목적으로 시동과 히터를 켜 놓은 상태에서 질식사한 경우에 운행 중의 사고를 부정(대판 20001.21. 99다41824). ㉯ 화물 하차 작업 중 고정용 밧줄에 넘어진 경우 : 화물 하차작업 중 화물고정용 밧줄에 오토바이가 걸려 넘어져 다친 경우에, 자동차의 운행으로 인한 사고를 부정(대판 1996.5.31. 95다19232).

③ 本來의 用法 以外의 用度로 使用한 경우에도 運行 中의 事故로 볼 수 있는 경우 : ㉮ 자동차를 안전하게 주·정차하기 어려운 곳에 주·정차하거나 자동차를 주·정차함에 있어 지형과 도로상태에 맞추어 변속기나 브레이크 등을 조작하지 아니함으로 인하여 사람이 사망하거나 부상한 경우, 이는 원칙적으로 운행 중의 사고로 보아야 한다. ㉯ 자동차의 당해 장치의 용법에 따른 사용 이외에 그 사고의 다른 직접적인 원인이 존재하거나, 그 용법에 따른 사용의 도중에 일시적으로 본래의 용법 이외의 용도로 사용한 경우에도 전체적으로 위 용법에 따른 사용이 사고발생의 원인이 된 것으로 평가될 수 있다면 역시 운행 중의 사고라고 보아야 한다. ㉰ 활선자동차의 버킷을 수리할 목적으로 화물자동차를 운전하여 회사의 자재창고에 도착하여 창고 정문 안쪽의 내리막 경사지에 주차한 후 하차하여 수리하다가 날이 어두워지자 화물자동차에 시동을 걸고 전조등을 켜서 그 불빛을 이용하여 작업을 계속하던 중 화물자동차가 경사지에서 굴러 내려와 충격하는 바람에 운전자가 사망한 경우, 자동차의 운행 중의 사고에 해당한다고 한 사례(대판 2005.3.25. 2004다71232).

(3) 他人의 生命·身體를 死傷하였을 것 - 他人의 人的 損害 發生

자배법은 타인의 인적 손해에 대하여만 적용된다.

자배법은 자동차사고의 피해자를 보호함에 있어서 사고를 당한 자가 운행자이냐 타인이냐를 묻지 않고, 자동차사고에 관하여 가해자측과 피해자측을 구분하여 후자만을 보호하는 배상책임 및 책임보험의 방식을 취하고 있다. 여기서 보호의 대상이 되는 타인성이 문제된다. 자동차의 운행자, 운전자, 운전보조자가 타인이 아님은 명백하다.

그 밖에 타인성 여부가 문제되는 구체적인 경우에 대해 아래에서 검토하도록 한다.

판례 過失 있는 運轉者의 運轉補助者 : 버스운전사의 과실로 일어난 사고에서 그 차의 안내원이 부상한 경우 안내원은 본조의 "타인"에 해당하지 아니하므로 회사는 본법에 의한 책임이 아니라 민법 제756조에 의한 사용자책임을 진다(대판 1979.2.13. 78다1536).

(가) 共同運行者

운행자가 여기서의 타인에 해당하지 않음은 명확하다. 그러나 운행자가 수인인 경우는 문제가 있다. 즉, 공동운행자 중의 1인이 사고로 다른 운행자가 인체에 손해를 받았을 때 그 손해를 받은 자는 다른 공동운행자에게 자배법상의 배상을 청구할 수 있는가?

당해 운행에 관하여 공동운행자 상호간에 공동목적, 경비부담, 공동운행지배의 계약관계가 있는 경우에는 타인성은 부인된다. 그러나 자동차의 공동소유자 각각이 격일제로 운전하는 부분적 공동운행에는 타인성을 인정함이 옳다. 또, 렌트카 업자와 임차인의 관계와 같은 중첩적 공동운행의 경우에도 타인성을 인정할 수 있다고 보아, 이런 경우에 손해를 입은 공동운행자는 다른 공동운행자에게 운행자책임을 주장할 수 있다.

판례 共同運行者의 他人性 與否 判定基準 : 갑과 을이 공동으로 경영하는 사업에 사용하고자 공동으로 투자하여 트럭을 구입하였다면 갑은 이른바 '진정한 공동운행자'에 해당하고, 한편 위 사업을 수행할 목적으로 을이 운전하는 위 트럭에 갑이 동승하여 가다가 을의 과실로 사망하였다면, 위 사고는 갑의 운행지배가 미치고 있는 동안 발생하였다고 보아야 하며, 또한 갑이 가지는 운행지배와 운행이익의 정도가 을과 동등하다면, 갑은 자동차손해배상보장법 제3조에 규정된 "다른 사람"에 해당하지 않는다(대판 1995. 5.12. 92다930).

(나) 好意同乘者

호의동승자도 타인이다. 다만 당사자의 관계 등이 고려되어 배상액이 감경된다. 이것은 호의동승 사실 자체를 운행자의 책임경감사유로 삼는 것이 아니라, 호의동승자에게 과실이 있는 경우에는 과실상계의 법리에 의하여 운행자의 책임을 경감하고, 때로는 구체적인 상황에 따라서 신의칙과 형평의 원칙에 기하여 운행자의 책임을 경감하고 있다.

판례 好意同乘(他人性 認定) : 자동차의 운행자가 아무런 대가를 받음이 없이 동승자의 편의와 이익을 위하여 호의로 동승케 하였다고 하여도 이런 사실만으로는 그 동승자를 운행이익 내지 운행지배를 가지는 자동차손해배상보장법 제3조 소정의 운행자에 해당한다고 할 수 없고 다만, 호의동승자와 운행자의 인적 관계, 동승의 경위, 동승요건의 목적과 적극성 등 제반 사정에 비추어, 사고차량의 운행자에게 일반의 교통사고와 같은 책임을 지우는 것이 신의칙이나 형평의 원칙에 비추어 매우 불합리하다고 인정되는 경우에는 그 배상액을 감경할 수 있다(대판 1992.6.9. 92다10486).

(다) 運行者의 親族

운행자의 배우자·자녀·친족은 타인에 해당한다.

(4) 第3條 各號 但書의 免責事由가 없을 것

(가) 乘客이 死傷한 경우

그 승객이 고의 또는 자살행위로 사상하였다는 것을 운행자가 입증하지 못하면, 운행자는 책임을 면할 수 없다(2호).

(나) 乘客 以外의 者가 死傷한 경우

운행자는 다음과 같은 세 가지의 면책사유를 모두 증명하지 않는 한, 책임을 면할 수 없다(1호). 즉, ① 자기 및 운전자가 자동차의 운행에 관하여 주의를 게을리 하지 않았다는 것, ② 피해자 또는 자기 및 운전자 이외의 제3자에게 고의 또는 과실이 있었다는 것, ③ 자동차의 구조상의 결함 또는 기능의 장해가 없었다는 것이다.

3. 損害賠償責任의 內容

손해배상권자·손해배상의 내용과 범위·손해액의 산정기준 등은 일반불법행위에서와 같다.

4. 保有者不明 自動車의 損害賠償

(1) 被害補償

정부는 보유자를 알 수 없는 자동차의 운행으로 말미암아 사망하거나 부상한 자에 대하여 피해자의 청구에 따라 책임보험금의 한도 안에서 그가 입은 손해를 보상한다(자배법 제26조 1항).

(2) 二重補償의 禁止

보유자를 알 수 없는 자동차에 의한 피해자가 국가배상법·산업재해보상보험법 그 밖의 대통령이 정하는 법률에 의하여 제26조의 규정에 의한 손해에 대하여 배상 또는 보상을 받은 경우에는 정부는 그가 배상 또는 보상받은 금액의 범위 안에서 동조의 규정에 의한 보상책임을 면한다(제28조 1항). 피해자가 제3조의 규정에 의한 손해배상책임이 있는 자로부터 제26조의 규정에 의한 손해에 대하여 배상을 받은 때에도 같다(제28조 2항).

(3) 請求權의 代位

정부는 제26조의 규정에 의하여 손해를 보상한 경우에는 그가 지급한 금액의 한도 안에서 피해자의 손해배상청구권을 대위행사한다(제36조).

Ⅳ. 公害責任

1. 意 義

공해란, 소음·진동·매연·악취·폐수 등의 유해한 물질에 의하여 다중에게 신체 또는 재산에 피해를 주는 일체의 행위를 말한다. 이러한 공해는 산업사회로 이행됨에 따라 급증하고 있으며, 그 피해도 광범위할 뿐만 아니라 그 원인을 찾기도 매우 어려워지고 있다.

이러한 공해는 우리가 공동체생활을 한다는 측면에서 불가피하게 인용하여야 할 경우도 있다. 그러한 측면에서 민법은 소유권편의 상린관계에서 이러한 유해물질에 대한 침해에 대하여 규정하고 있다. 즉, 제217조는 제1항에서 상호간에 유해한 침해를 아니 하도록 적당한 조치를 할 의무를 부과하며, 제2항에서는 그러한 침해가 통상의 용도에 적당한 것인 때에는 이를 인용할 의무를 부과하고 있다. 제217조에 의하여 그러한 침해가 인용할 정도를 넘는 경우에는 금지청구를 할 수 있으나, 침해한 피해에 대한 배상 내지 보상의 근거는 되지 못하며, 그 외에 이러한 피해에 대하여 민법에 특별히 구제책을 규정하지도 않고 있다. 결국, 민법상으로는 일반적인 보호법익침해로서 제750조에 기한 손해배상을 청구할 수밖에 없다.

한편, 공해에 관한 특별법으로서 환경정책기본법, 소음·진동규제법, 대기환경보전법, 수질환경보전법, 오수·분뇨및축산폐수의처리에관한법률이 있으나 공법적 규제에 관한 것을 내용으로 할 뿐 피해의 사법적 구제에 관련된 내용은 전무하다시피 하다. 다만, 환경정책기본법 제31조 제1항에서 환경오염 사업장의 배상의무를 규정하고, 제2항에서 <사업장 등이 두 개 이상 있는 경우에 어느 사업장 등에 의하여 피해가 발생한 것인지를 알 수 없을 때에는 각 사업자는 연대하여 배상하여야 한다>고 연대배상책임을 규정하고 있다. 이 규정은 세 가지의 특징을 가지고 있다. 첫째, 사업자에 한하고, 둘째, 공해 중에서도 동법 제3조의 제4호에 정의한 사업활동 기타 사람의 활동에 따라 발생되는 대기오염, 수질오염, 토양오염, 해양오염, 방사능오염, 소음, 진동, 악취 등으로써 사람의 건강이나 환경에 피해를 주는 상태에 적용되며, 셋째, 무과실책임인지는 분명하지 않으나 제목에 <무과실책임>이라 표시하여 무과실책임으로 이해된다는 점이다.

그러나 그 외의 경우에는 결국 민법 제750조에 기한 일반 불법행위에 의할 수밖에 없다.

2. 成立要件

(1) 個別的 要件充足論

공해책임에도 제750조의 일반불법행위에 관한 통상적인 법리에 의하여 개별적 구성요건을 충족시키는 것으로 하되, 공해의 특수성을 고려하여 각 요건을 완화하여 적용하여야 한다는 견해이다.

(가) 故意·過失

주로 과실이 문제되는데, 피해의 발생 자체에 고의·과실을 추정하는 일응의 추정의 법리를 적용하여야 할 것이다.

(나) 違法性

제217조 제2항의 수인한도를 넘는 경우에는 위법성을 인정하여야 한다. 수인한도는 토지이용의 선후관계, 지역성, 피침해이익의 성질과 정도 등을 종합적으로 고려하여 판정하여야 한다.

(다) 損害의 發生

모든 인적 손해·물적 손해를 포함한다. 또한 정신적 손해도 포함함은 물론이다.

(라) 因果關係

개연성설이 판례·통설이다.

판례 公害訴訟과 因果關係의 立證程度 : 공해로 인한 불법행위에 있어서의 인과관계에 관하여 해당행위가 없었더라면 결과가 발생하지 아니하였으리라는 정도의 개연성이 있으면 그로써 족하고 가해자는 이에 대한 반증을 한 경우에만 인과관계를 부정할 수 있다는 개연성이론을 수긍 못할 바 아니다(공해로 인한 불법행위에 있어서의 인과관계에 관하여 당해 행위가 없었더라면 결과가 발생하지 아니하였으리라는 정도의 개연성, 즉 침해행위와 손해와의 사이에 인과관계가 존재하는 상당정도의 가능성이 있다는 입증을 함으로써 족하다)(대판 1974.12.10. 72다1774).

(마) 立證責任

피해자의 개연성의 입증에 의한 가해자측의 인과관계 없음, 과실 없음 또는 가해자측의 행위가 무해함을 입증하게 하는 등 입증책임의 사실상의 전환을 인정하여야 한다. 판례도 같은 취지이다.

판례 公害訴訟에 있어서의 因果關係의 事實上 推定 (加害者의 無害 立證) : 일반적으로 불법행위로 인한 손해배상청구사건에 있어서 가해행위와 손해 발생 간의 인과관계의 입증책임은 청구자인 피해자가 부담하나, 대기오염에 의한 공해를 원인으로 하는 손해배상청구소송에 있어서는 기업이 배출한 원인물질이 대기를 매개로 간접적으로 손해를 끼치는 경우가 많고, 공해문제에 관하여는 현재의 과학수준으로 해명할 수 없는 분야가 있기 때문에 가해행위와 손해발생 간의 인과관계의 과정을 모두 자연과학적으로 증명하는 것은 극난 내지 불가능한 경우가 대부분인 점 등에 비추어 가해 기업이 배출한 어떤 유해한 원인물질이 피해물건에 도달하여 손해가 발생하였다면 가해자측에서 그 무해함을 입증하지 못하는 한 책임을 면할 수 없다고 봄이 사회형평의 관념에 적합하다(대판 1991.7.23. 89다카1275).

판례 水質汚濁으로 인한 公害訴訟에 있어서의 因果關係의 立證程度(蓋然性) : 수질오탁으로 인한 공해소송에서 (1) 피고공장에서 김의 생육에 악영향을 줄 수 있는 폐수가 배출되고, (2) 그 폐수 중 일부가 해류를 통하여 이 사건 김양식장에 도달하였으며, (3) 그 후 김에 피해가 있었다는 사실이 각 모순없이 증명된 이상, 피고공장의 폐수배출과 양식김에 병해가 발생함으로 말미암은 손해간의 원인관계가 일응 증명되었다고 할 것이므로, 피고가 (1) 피고공장폐수 중에는 김의 생육에 악영향을 끼칠 수 있는 원인물질이 들어 있지 않으며, (2) 원인물질이 들어 있다 하더라도 그 해수혼합률이 안정농도 범위 내에 속한다는 사실을 반증을 들어 인과관계를 부정하지 못하는 한, 그 불이익은 피고에게 돌려야 마땅할 것이다(대판 1984.6.12. 81다558).

(2) 受忍限度에 의한 統合論

공해의 배상책임요건 중 가장 중요한 것이 고의·과실·위법성으로, 이는 개별적으로 검토되어야 할 것이 아니라 수인한도라는 통일적 판단기준으로 처리되어야 한다는 견해이다(황). 판례도 상린관계에서 수인한도를 넘으면 손해배상책임이 있다고 한다.

수인한도에서 판단되어야 할 요소로는 피침해이익의 성질과 정도, 지역성, 피해자가 미리 가지고 있는 지식, 토지이용의 선후관계, 최선의 실제적 방법 또는 상당한 방지조치, 피해자의 특수한 사정, 관청의 인허가를 든다.

판례 受忍限度 ① 基準 : 제3자의 수인한도의 기준을 결정함에 있어서는 일반적으로 침해되는 권리나 이익의 성질과 침해의 정도뿐만 아니라 침해행위가 갖는 공공성의 내용과 정도, 그 지역환경의 특수성, 공법적인 규제에 의하여 확보하려는 환경기준, 침해를 방지 또는 경감시키거나 손해를 회피할 방안의 유무 및 그 난이 정도 등 여러 사정을 종합적으로 고려하여 구체적 사건에 따라 개별적으로 결정하여야 한다(대판 2005.1.27. 2003다49566).
② 受忍限度를 넘으면 責任 發生 : ㉠ 공장에서 배출된 오염물질(아황산가스)의 농도가 환경보전법에 의하여 허용된 기준치 이내라 하더라도 그 유해의 정도가 통상의 수인한도를 넘어 인근 농장의 관상수를 고사케 하는 한 원인이 되었다면 그 배출행위로 인한 손해배상책임을 면치 못한다. ㉡ 농장의 관상수들이 고사하게 된 직접원인은 한파로 인한 동해이지만 인근공장에서 배출된 아황산가스의 일부가 대기를 통하여 위 농장에 도달됨으로 인하여 유황이 잎 내에 축적되어 수목의 성장에 장해가 됨으로써 동해에 상조작용을 한 경우에 있어 공장주의 손해배상책임을 인정한 사례(대판 1991.7.23. 89다카1275).

③ 被害者의 先行行爲 : ㉠ 소음 등을 포함한 공해 등의 위험지역으로 이주하여 들어가서 거주하는 경우와 같이 위험의 존재를 인식하면서 그로 인한 피해를 용인하며 접근한 것으로 볼 수 있는 경우에, 그 피해가 직접 생명이나 신체에 관련된 것이 아니라 정신적 고통이나 생활방해의 정도에 그치고 그 침해행위에 고도의 공공성이 인정되는 때에는, 위험에 접근한 후 실제로 입은 피해 정도가 위험에 접근할 당시에 인식하고 있었던 위험의 정도를 초과하는 것이거나 위험에 접근한 후에 그 위험이 특별히 증대하였다는 등의 특별한 사정이 없는 한 가해자의 면책을 인정하여야 하는 경우도 있을 수 있을 것이나, 일반인이 공해 등의 위험지역으로 이주하여 거주하는 경우라고 하더라도 위험에 접근할 당시에 그러한 위험이 존재하는 사실을 정확하게 알 수 없는 경우가 많고, 그 밖에 위험에 접근하게 된 경위와 동기 등의 여러 가지 사정을 종합하여 그와 같은 위험의 존재를 인식하면서 굳이 위험으로 인한 피해를 용인하였다고 볼 수 없는 경우에는 손해배상액의 산정에 있어 형평의 원칙상 과실상계에 준하여 감액사유로 고려하는 것이 상당하다. ㉡ 김포공항에서 발생하는 소음 등으로 인근 주민들이 입은 피해는 사회통념상 수인한도를 넘는 것으로서 김포공항의 설치·관리에 하자가 있다고 본 사례(대판 2005.1.27. 2003다49566).

Ⅴ. 醫療過誤責任

1. 醫療過誤責任의 意義

사람의 신체와 생명을 그 대상으로 하는 의료행위는 그 자체가 근원적으로 위험성을 내재하고 있을 뿐만 아니라 복잡하고 섬세한 인체에의 질병은 그 진행 및 결과의 예측이 어려워 고도의 기술을 습득한 의사일지라도 잘못을 저질러 환자에게 뜻하지 않은 피해를 주는 경우, 즉 의료사고가 발생할 수 있다. 이러한 의료사고는 최근에는 의학의 고도화, 의료기능의 세분화, 의료기관의 거대화 및 이에 따른 의료종사원의 비인간화, 의료보험의 발달 등으로 특징지어지는 현대의료제도의 역작용으로 과거보다 상대적으로 급증하고 있다.

이러한 의료사고로 제소가 되어진 경우 그 결과만을 보고 의사측에 모든 책임을 지운다면 부당할 뿐만 아니라 새로운 사회적인 부작용을 유발시킬 염려가 있다. 실제로 환자측의 피해구제를 위한 제소의 증가와 더불어 의사측에서는 구급진료에 따르기 쉬운 과오에 의한 피소를 염려한 구급진료의 기피와 방어적 진료라는 역현상이 빚어지고 있다. 만약 의사측의 책임을 쉽게 인정하는 경향으로 인식되어져서 이와 같은 현상이 만연된다면 이는 사회적으로 돌이킬 수 없는 폐해를 노정하게 될 것이다.

한편, 의료과오책임을 인정함에 모든 요건을 과도하게 엄격히 하여 환자가 입은 피해의 구제를 소홀히 한다면 이 또한 법적 형평에 맞지 않을 것이다.

따라서, 의료과오의 민사책임구성에는 이러한 제요인을 직시한 합리적인 방안이 강구됨으로써 양자간의 이익이 조절되어 사회적인 폐해가 불식되어져야 할 것이다.

민사책임으로서의 손해배상을 인정함에는 과실과 인과관계의 존재가 그 요체를 이룬다. 특히 의료과오의 민사책임구성에 있어서는 바로 이 의사측의 과실 존부의 판단이 그 핵심을 이루어 이의 입증부담을 어느 측에, 어느 정도로 지울 것인가가 논의의 초점으로 되어 왔다. 이는 살아 있는 인간의 신체를 그 대상으로 하는 의료행위의 시행과정에서 발생한 피해인 의료과오피해를 예정하지 못한 종래의 실정법과 피해구제의 만전이라는 두 명제의 타협점 모색이라고 할 수 있다.

2. 醫療過誤의 特殊性

의료과오란 살아 있는 인간의 신체에 대한 진행하고 있는 질병의 치료행위과정에서 발생한 의료사고 중 의사의 과실에 의한 것이므로, 의사의 책임을 논하기 전에 이의 특수성이 충분히 검토되어져야 하겠지만 문제가 되는 곳에서 다시 거론될 것이므로 여기서는 개괄적으로 보도록 한다.

(1) 醫師와 患者의 基礎關係

의사와 환자의 관계가 법률상 엄격한 의미에서 어떻게 해석될 것인가는 별론으로 하고라도, 이는 <병의 완치>라는 공동목적실현을 위한 인간적인 신뢰관계가 그 기초가 된다.

(2) 診療行爲 自體의 特質

진료행위 그 자체는 위험성을 내포하며, 진행하고 있는 질병을 그 대상으로 하므로 충분히 승인되지 않은 치료방법이라도 불가피하게 실행되는 경우가 있다. 더욱이 인체는 개인차가 많으므로 진료행위 자체가 본질적으로 실험적 요소를 내포한다고 볼 수 있다.

(3) 醫師의 裁量性

의사의 치료방법 선택은 환자의 상황에 따라 자기의 전문적 지식·경험에 비추어 자유롭게 할 수 있는 것으로 폭넓은 재량성이 인정된다.

(4) 患者의 個人差－特異體質

환자는 살아 있는 인간으로서 개인적인 차이가 많다. 또한 개인적인 특이체질에 의해 진료행위의 우연적인 사고를 부인할 수 없다.

(5) 患者의 協助

치료목적 실현을 위해서는 절대적으로 환자측의 적극적인 협조가 있어야 한다. 그러한 협조는 심신양면의 협조로써 외부로 나타나지 않는 협조까지도 요한다.

3. 醫療行爲의 根據

의사가 환자의 신체를 진단하고 치료하는 기초적인 근거는 여러 가지 형태로 각종의 기준에 따라 분류하여 볼 수 있으나, 여기서는 일반적으로 의료행위가 행해지는 기초가 되는 통상의 진료의 경우와 응급환자의 구명을 위한 구급진료의 경우로 나누어 고찰하기로 한다.

(1) 通常診療

후술하는 구급진료 외의 경우로서 환자 자신이 의식이 있는 상태에서 의료계약에 참가하는 경우를 의미하며 일반진료와 특정진료로 나누어진다.

(가) 一般診療

후술하는 특정진료 외의 진료를 의미하며, 법적 성질은 위임을 본질로 하는 비전형계약이다(제2장 제10절 도급 중 의료계약 참조).

(나) 特定診療

여기서의 특정진료란 수술, 치과보철·발치 등의 치과치료, 성형수술 등의 진료행위 그 자체에 <완료라는 어떤 것>이 되어져야만 치료행위가 있었다고 볼 수 있는 그런 것을 대상으로 하는 진료행위를 의미한다.

기술한 특정진료를 목적으로 하는 의료계약의 법적 성질에 관해서 독일·일본의 판례·학설은 내체로 도급계약설을 취히고 있다.

일반진료를 목적으로 하는 의료계약을 수단채무로서의 위임계약설을 취할지라도, 특정진료행위는 보통 정형화되고 보편화된 것으로 볼 수 있으며 또한 의료계약의 내용에 수술의 완성, 치아의 제거 등 <일의 완성>그 자체를 목적으로 하고 있다. 따라서 이 경우의 의료계약은 도급으로 해석하는 것이 타당하며, 그 채무도 결과채무로 보는 것이 타당하다. 그러나 주의할 것은 여기서의 특정진료란 넓게 해석할 것이 아니라 좁게 해석하여 의학계에서 아주 보편화된 기초적인 수술, 예를 들면 맹장수술,

치아제거, 보철, 미용정형 등의 것만을 의미한다. 또한 여기서의 결과는 맹장의 제거, 발치 등의 그 자체만을 의미한다.

(다) 特約附 醫療契約

의료계약을 함에 있어 치료되지 않으면 보수를 지급하지 않겠다는 것과 같은 특약이 있는 경우에 이를 어떻게 해석할 것인가가 문제된다.

이에 대하여 <병의 완치>라는 일의 완성을 목적으로 하는 도급계약이 체결된 것으로 보는 설, 반드시 완치한다는 것은 불가능하기 때문에 사회통념상 공서양속에 반하는 것으로써 무효라는 설과 치료행위의 대상을 보아서 객관적으로 치료불가능한 경우를 제외하고는 일반적으로 그러한 계약도 유효한 것이라는 설이 있다.

살피건대, 특정진료(치과수술·맹장제거 등)의 경우에는 <완치>가 진료 그 자체이며 의료계약의 목적이므로 특약의 유무와는 무관하여 문제가 없다. 일반진료의 경우에는 무효설이 주장하는 바와 같이 반드시 완치한다는 것은 불가능하므로 공서양속 위반으로서 무효가 되지만 의료계약 자체를 무효로 할 것이 아니라 그 특약만을 무효로 하여 특약 없는 의료계약으로 봄이 타당하다. 즉, 특약부 의료계약은 특약이 없는 일반적인 의료계약의 효력만 발생한다고 해석하는 것이 타당하다. 물론 여기서의 특약은 <병의 완치>등과 같은 의미의 특약만을 말한다.

(2) 救急診療

교통사고로 인해 의식불명이 된 환자를 진료하는 경우, 위급한 병으로 쓰러진 환자를 진료하는 경우와 같은 환자의 구명을 위한 구급진료의 경우 그 근거에 관해서는 사무관리로 보아야 한다. 비록 근친자나 경찰관의 부탁이나 승낙이 있었다고 하더라도 환자 자신이 계약당사자로서 계약을 체결한 것이 아니므로 계약에 의한 진료행위로 볼 수 없다.

4. 圖式的 責任構成論

의료과오의 민사책임구성에 관해서는 당초에는 불법행위책임으로 구성하였다. 그 이후 입증책임과 관련하여 환자가 구체적 사건에 있어서 의사측의 과실을 입증하는 것이 극히 곤란하므로 이러한 곤란을 극복시키려는 노력이 있어 왔다. 즉, 현행법상 계약책임으로 구성하면 그 입증책임이 의사측에 돌아간다는 데 착안하여 「입증책임=의사측, 따라서 환자(피해자) 유리함 = 계약책임」이라는 이론적 배경하에 계약책임으로 구성하는 방법으로 진전되었다. 그러나 계약책임으로 구성하여도 의료과오의 특수성으로 인해 모든 입증책임이 다 의사측으로 돌아가는 것이 아니라 피해자에게도 일단의 입증책임분이 남게 되어 계약책임으로 구성할지라도 반드시 피해자에게 유리한 것은 아니라는 것이 판명됨에 따라 입증책임의 분배, res ipsa loquitur에 의한 책임구성 등 여러 방면에서 새로운 시도를 하고 있다.

(1) 不法行爲責任

종래 의료과오책임은 우리나라나 일본에서 대부분 불법행위책임으로 구성되었다. 그 이유는 의료계약의 당사자가 불분명하며, 의사측의 채무내용의 특정이 곤란하다는 등의 몇 가지 원인에 기초하고 있다. 이러한 요인은 계약책임구성론에 대한 비판으로도 제기된다. 이에 관해서는 후술하는 계약책임구성론에서 보기로 한다.

(가) 過失의 基準

의사의 주의의무는 보통의 의사가 하여야 할 주의가 기준이 되며 의사의 개인적인 지식과 기능의 차이가 고려되어서는 안 된다. 즉, 의사의 과실은 보통의 의사가 기울여야 할 주의를 게을리 한 것이다. 판례는 <보통 주의를 하는 사람이 사물의 상황에 응하여 항상 하여야 할 주의>, <평균적인 의사가 가져야 할 주의>등으로 표현하고 있다. 그러나 구체적인 사안에 있어서의 의사의 과실을 인정함에는 당시의 의학수준, 의사의 치료행위에 대한 재량, 환자의 특이체질, 환자의 치료행위시의 협력 등 의료행위의 특이성이 종합적으로 고려되어 결정되어야 한다.

이러한 의미에서 의사의 과실 여부에 대해 ① 가해자의 행위로부터 생기는 피해발생위험의 정도 내지 개연성 정도, ② 피침해이익의 정도, 두 가지를 거시적인 관점에서 판정요소로 삼아야 한다는 견해도 있다(일본의 平井宣雄).

구체적인 의료소송에서 나타난 과실에 관한 주요한 것으로는 다음과 같다.

① 수혈이 절대로 필요하다고 의사가 확인하고도 수혈을 하지 않거나 또는 그런 조치를 하게끔 조언을 하지 않고 영양제만을 주사하게 하여 병세가 더욱 악화한다는 호소를 무시하고 그대로 방치한 경우.

② 여러 가지 신병에 걸려 있는 환자가 병약한 체질임을 간과하고 주사를 놓은 탓으로 쇼크를 일으켜 사망한 경우.

③ 맹장으로 복막염을 일으킨 것을 편도선염과 위 카타르로 오진한 경우.

④ 의사가 환자의 안정에 관하여 적절한 주의와 조치를 하지 아니하여 병상의 악화를 초래하고 그 사기를 앞당긴 결과를 가져온 경우.

⑤ 의사가 피제공자의 혈액을 검사함에 있어 기술적 조작 내지 확인의 방법에 충

분한 주의를 하지 않은 경우.

⑥ 의사가 환자로부터 비정상적이고 위태로운 병상을 연락 받고도 지체 없이 환자를 왕진하지 아니한 경우.

(나) 過失의 立證責任

과실의 입증책임은 의료과오책임을 불법행위책임으로 구성하는 한 피해자에게 있다. 그러나 의료행위와 같은 특수·전문영역 내의 행위에서 의사의 과실을 문외한인 환자가 입증하기란 극히 곤란할 것이다. 따라서, 피해자가 가해행위가 행하여진 상황을 밝힘으로써 간접적으로 반증이 없는 한 과실이 입증된 것으로 하여야 한다는 표현증명, 또는 과실의 일응一應 추정이 주장된다. 종래 판결에 나타난 것을 보면 주로 단순한 사건에 관하여서만 표현증명 또는 일응의 추정이 인정되었으나 근래에는 이 이론이 아주 넓게 적용되는 경향이 있다. 그러나 이 이론이 남용되게 되면 입증책임이 가해자에게 전환되는 결과가 되어, 결국은 계약책임으로 구성하는 것과의 차이가 없게 된다.

(2) 新不法行爲論의 責任論

종래의 불법행위론은 불법행위의 태양을 구별함이 없이 불법행위가 성립되기 위해서는 가해자의 고의나 과실이 있어야 하고 그 입증책임은 피해자가 지며, 또한 그 가해행위는 위법성이 있어야 하며, 손해발생과는 인과관계가 있어야 되는 등으로 그 성립요건을 획일화하고 있다. 이에 대하여 불법행위는 이와 같이 획일화되어질 것이 아니라 명확히 구별되어지는 이질적인 두 가지의 유형이 있으며, 이는 그 성립요건을 달리하여야 한다는 유력한 주장이 있다. 첫째, 행위자에 대한 개인적 비난가능성을 귀책의 근거로 하는 불법행위－의사책임적 불법행위, 둘째, 행위자의 행위의 객관적 성질을 귀책의 근거로 하는 불법행위－행위책임적 불법행위로 구별된다는 것이다. 전자는 손해발생을 인식·인용하여 행한 행위에 의한 불법행위, 손해발생을 인식할 수 있는데 인식하지 않았거나 또는 손해발생을 인식하였어도 인용하지 않고 행한 행위에 의한 불법행위로서 전통적으로 과실책임으로 되어지는 유형의 불법행위이다. 후자는 손해발생의 인식·인용과는 관계 없는 행위에 내재하는 객관적 성질을 그 귀책의 근거로 하는 불법행위로서, 의료과오가 여기에 해당된다. 이하에서는 이 이론에 의한 의료과오책임을 설명하기로 한다.

행위책임적 불법행위는 행위자가 손해발생을 방지하기 위한 객관적인 상당한 행위를 하지 않는 한 면책될 수 없는 불법행위로서, 의사는 수술을 하여 환자가 사망한 경우에 평균적 의사에 요구되는 손해방지를 위한 상당한 행위를 하지 않는 한 면책되지 않는다. 왜냐하면 의사의 행위는 손해를 광범위하게 야기시키는 특별한 위험성을 가지나 사회적으로는 매우 유용한 작용을 하는 것으로 이를 전면적으로 손해배상의 대상으로 하여 의료행위를 정체시키면 사회적으로 많은 불안을 초래할 염려가 있기 때문이다. 따라서 의사는 개인적 능력에 따른 손해발생 방지행위만 하면 면책이 되나, 평균적 의사에 요구되지 않는 손해발생 방지행위를 하지 않으면 상당한 행위가 없는 것이 되어 면책되지 않는다.

(가) 成立要件

행위책임적 불법행위가 성립되기 위한 요건으로서 불상당행위, 손해의 발생, 불상당행위와 손해발생 간의 인과관계가 필요하다. 여기서는 불상당행위와 입증책임에 대해서만 설명한다.

① 不相當行爲

의료인에게 의료행위를 할 수 있도록 한 것에는 잠정적으로 그 의료행위를 함에 평균인에게 요구되는 손해방지행위를 하여야 한다는 것도 같이 포함한다고 볼 수 있다. 따라서 평균인에게 요구되는 손해발생방지행위를 하여야 함에도 이와 같은 행위를 하지 않은 것이 불상당행위이다. 의사의 책임은 이와 같은 불상당행위에만 있으면 되고 손해발생을 인식·인용할 필요는 없다.

② 立證責任

입증책임은 계약책임인 때에는 가해자에게, 불법행위책임인 때에는 피해자에게 부과되는 것으로서 획일적으로 결정할 것이 아니라 증거와의 거리, 입증의 난이, 입법취지 등을 고려하여 결정하여야 한다.

따라서 불상당행위에 관해서는 가해자(의사측)가 손해발생방지를 위해 상당한 행위를 하였다는 것을 입증하여야 하며, 손해의 발생에 관해서는 피해자에게 입증책임이 있으며, 인과관계에 관해서는 가해자(의사측)가 인과관계가 없다는 것을 입증하여야 한다.

(3) 契約責任論

(가) 債務不履行事實의 立證

채권자가 채무불이행을 원인으로 채무자의 책임을 묻기 위해서는 그 요건사실로서 채무불이행이라는 사실이 존재하여야 한다. 이때 이 채무불이행의 사실을 입증할 책임은 어느 측에 있는가? 이 문제는 채무가 전혀 이행되지 않았거나 이행불능인 경우에는 별문제가 없겠으나 채무불이행의 한 유형인 불완전이행을 원인으로 한 손해배상청구에 있어서는 그 입증이 매우 곤란하다. 그런데 당연한 논리로서 이 불완전이행사실의 존재가 전제되어야 그 다음 단계로서 귀책사유가 문제가 되고 손해배상책임이 성립될 것이니 불완전이행사실의 입증은 매우 중요한 문제가 된다.

불완전이행사실의 입증책임을 어느 측에서 부담할 것인가는 이행불능사실의 입증책임을 별론으로 하는 또 다른 문제로서, 이는 불완전이행의 본질과 관련된다. 불완전이행이란 일단은 이행행위가 있음에도 불구하고 그 이행이 불완전한 것이므로 채권자측에서 자기의 권리의 요건으로서의 불완전이행사실을 입증할 책임이 있다.

특히, 수단채무인 진료채무에 있어서는 의사측에서 자기의 재량에 따른 일련의 치료행위가 있었을 때 그 이행이 적절한 것이 아니어서 불완전하다는 것을 채권자측에서 입증할 수밖에 없다. 그런데 의료계약에 있어서 채무불이행을 원인으로 의사의 책임을 추궁할 때 사실상은 대부분이 불완전이행이 그 원인이 될 것인데, 이의 입증책임이 채권자(환자측)에게 있다면 불법행위책임으로 구성하는 것과 차이가 없으며 계약책임구성론의 전제사항이 입증책임=채무자부담, 따라서 채무자(환자)가 유리한 것이 잘못된 것이 아닌가 하는 의문을 가지게 되어 사실상 이 문제에서 계약책임구성론은 딜레마에 빠지게 된다.

따라서 이때의 채권자(환자)의 불완전이행사실의 입증은 엄격한 사실의 입증을 요하는 것이 아니라 진료결과 증상이 도리어 악화되었다거나 환자가 사망 또는 신체장애를 일으켰다는 등의 외형적 사실의 입증으로 충분하다는 주장이 있다. 그리고 불완전이행에 있어서의 주의의무위반과 후술할 귀책사유에 있어서의 주의의무위반은 공통한 것인데, 귀책사유의 입증책임은 채무자에게 있음에 학설이 일치하므로 불완전이행의 주의의무위반의 입증사실은 채무자(의사)측이 주의의무위반의 부존재를 입증하지 못하면 당연히 인정된다고 한다.

(나) 歸責事由의 立證

채무불이행에 관한 채무자의 책임 있는 사유(귀책사유)의 입증책임이 채무자에게 있다는 것이 의료과오를 계약책임으로 구성하는 첫째 이유였다. 즉, 귀책사유 없음을 채무자가 입증하여야 한다. 그러나 채무의 내용이 수단채무인 진료채무에 있어서는 권리의 요건사실로서의 채무불이행사실의 입증이 채권자인 환자측에게 있어 이의 주장·입증은 전술한 바와 같이 의사의 주의의무위반의 주장·입증과 표리관계에 있다. 따라서 귀책사유부존재의 입증책임이 채무자인 의사측에 있다 할지라도 요건사실로서의 채무불이행사실 존재의 입증이 먼저 되어야 하므로 사실상은 채권자인 환자측이 그 입증을 부담하는 결과가 된다. 그러나 여기서 유의할 점은 기술한 바와 같이 채무불이행사실 존재에 대한 입증은 외형적 사실의 입증으로 추정된다는 것이다. 따라서 채무자(의사)가 책임을 면하기 위해서는 적극적으로 자기의 귀책사유 부존재를 입증하여야 한다.

(4) 立證責任의 再分配

입증책임을 법률요건분류설에 의할 것이 아니라 <증거와의 거리>, <입증의 난이> 등의 새로운 기준에 의하여 입증책임을 분배하여 해결하려는 견해가 있다. 이 이론에 의하면 의료과오에 있어서는 일반적으로 의사측이 환자보다도 증거에 가까우므로 의사가 증명책임을 지게 된다.

증명책임분배론은 이 기준(증거와의 거리, 입증의 난이) 이외에 <위험(책임)영역>, <기대가능성> 등의 기준에 의해 입증책임을 분배하기도 한다. 위험영역론은 손해가 채무자의 위험영역 안에서 발생하였다는 것을, 채무자의 책임에 돌릴 수 있는 사실의 존재를 추인할 수 있는 상황과 결부하여 또는 단독으로 귀책사유의 증명책임을 채무자에게 부담시키는 것이다. 이에 의하면 의료과오에 있어서도 그 증명책임은 의사측이 부담하게 된다. 기대가능성론은 증명책임의 부담은 어느 측에게 해당사항의 증명을 기대할 수 있는가에 의하여 분배된다는 것으로 Blomeyer에 의하여 주장되었다. 이에 의하면 의료과오에 있어서는 일반적으로 의사측에게 입증책임이 있다.

판례 立證責任의 緩和 내지 轉換 : 손해 발생의 직접적인 원인이 의료상의 과실로 말미암은 것인지 여부는 전문가인 의사가 아닌 보통인으로서는 도저히 밝혀낼 수 없는 특수성이 있어서 환자측이 의사의 의료행위상의 주의의무 위반과 손해의 발생과 사이의 인과관계를 의학적으로 완벽하게 입증한다는 것은 극히 어려우므로, 환자가 치료 도중에 사망한 경우에 있어서는, 피해자측에서 일련의 의료행위 과정에 있어서 저질러진 일반인의 상식에 바탕을 둔 의료상의 과실 있는 행위를 입증하고 그 결과와 사이에 일련의 의료행위 외에 다른 원인이 개재될 수 없다는 점, 이를테면 환자에게 의료행위 이전에 그러한 결과의 원인이 될 만한 건강상의 결함이 없었다는 사정을 증명한 경우에 있어서는 의료행위를 한 측이 그 결과가 의료상의 과실로 말미암은 것이 아니라 전혀 다른 원인으로 말미암은 것이라는 입증을 하지 아니하는 이상 의료상 과실과 결과 사이의 인과관계를 추정하여 손해배상책임을 지울 수 있도록 입증책임을 완화하는 것이 손해의 공평·타당한 부담을 그 지도원리로 하는 손해배상제도의 이상에 맞는다고 하지 않을 수 없다(대판 2000.9.8. 99다48245).

(5) res ipsa loqitur

이 법리는 ① 사고는 누구의 과실이 없다면 통상 발생하지 않는 성질의 것이어야 하며, ② 그 결과가 피고 또는 그의 피용자 등의 배타적 지배 하에 있는 행위 내지 기구에 의해 야기되는 것이어야 하며, ③ 이것에 관한 원고의 원인제공 내지 위험초래행위는 없어야 된다는 이상 세 가지 적용요건을 필요로 한다. 이러한 세 가지 요건을 갖춘 사고에 있어서는 가해자(의사)의 과실이 사실상 추정되므로 의사는 적극적으로 자기에게 과실이 없다는 것을 입증하지 못하면 책임을 면하지 못한다(대판 2000.7.7. 99다66328).

이 res ipsa loquitur의 구체적 적용에 있어서는 원고(환자)에게 손해를 가져온 사태가 피고(의사)의 지배 내지 관리 하에 있고, 사고는 그의 지배 내지 관리에 있어서 적절한 주의를 하지 아니할 때 사물의 통상의 경과상 생기는 경우이다.

5. 過誤類型別 責任構成論

환자의 신체에 대한 의료적 행위로서의 진료행위란 치료목적의 실현을 위한 모든 의학적 행위가 단계적·연쇄적으로 행해지는 복잡한 과정으로서, 병상의 진행에 따라 이에 응한 적절한 진단 내지 치료방법을 수정하여 행하는 등 고정되지 않는 동적인 성격을 가진다. 이러한 유동적인 행위인 의료행위에서 발생한 의료사고에 관한 의사의 책임을 묻는 데는 어느 특정행위만으로 판단하여서는 아니 되고, 의료행위 전체에 걸친 일련의 과정을 복합적으로 검토한 후 이의 법적평가로서의 과실의 성부를 판단하는 것이 타당하다. 또한 주지하는 바와 같이 치료목적달성을 위하고 치료과정에서 의외의 결과가 발생하지 않게 하기 위하여는 절대적으로 환자측의 협력의무로 총칭될 수 있는 환자의 협조행위를 필요로 한다. 일반적으로 치료행위에는 이와 같이 의사측의 적절한 치료행위와 환자측의 자발적인 협조 및 의사의 지시에 따른 이행이 있어야 된다. 따라서 의료사고 발생시에는 이를 타의 손해배상책임론과 같이 획일적으로 과실·인과관계(증명문제)를 논할 것이 아니라 의사와 환자의 행동역할에 따른 치료과오의 소재와 태양, 즉 의료과오의 유형에 따른 의사의 과실 인정을 검토하여 그의 관련 하에서 양자의 증명상의 부담을 유연하게 분담하여야 한다.

요컨대, 의료과오사건은 일반 다른 손해배상청구사건보다도 그의 태양이 복잡하며 또한 특이하므로, 치료행위시의 주변사정을 종합적으로 고려하여 사안별로 의사·환자의 책임을 판단하여 그 성부를 논해야 한다. 그러나 기본적으로는 그 양자의 관계를 치료목적실현을 위한 긴밀한 인간관계로 보아 이를 규율하는 일반원칙으로서 증명문제를 포함한 모든 사안에 신의칙 내지 공평의 이론에 따른 판단이 있어야 한다.

판례상에 나타난 것을 유형별로 보면 다음과 같다.

(1) 醫師의 過誤類型

(가) 醫療行爲 準備上의 過誤

의사가 치료행위의 개시시 및 과정 중에 있어서의 준비단계를 철저히 이행하여야 함에도 불구하고 이를 이행치 아니하여 의료사고를 유발한 것으로, 이는 주변사정에 의해 직접적으로 의사의 과실을 인정할 수 있는 중대한 과실에 해당된다.

① 이물질의 잔류

수술을 하면서 이물질을 두고 봉합한 경우 등으로 의사의 과실인정의 전형적인 예이다.

② 세균감염 등

주사에 관해서는 일반적으로 과실의 성립을 용이하게 인정하며, 환부 내지 수술부위의 소독을 태만히 하여 감염한 경우도 과실을 인정한다. 주사약의 부작용 여부 조사의 무위반, 주사액의 불량 또는 주사기의 소독 불완전이 이에 해당한다.

③ 시설의 관리

병원 내의 시설의 관리 부주의에 의해 감염된 경우, 예컨대 종합병원에서의 미숙아 감염 등이 이에 속한다.

(나) 獨立된 醫療行爲遂行上의 過誤

환자의 신체에 대한 구체적인 치료행위과정에서 예상치 않은 결과를 발생한 경우이다.

이 경우는 의사가 선택한 치료방법이 환자의 구체적 상황 아래서 수긍되는 방법인지가 문제된다. 의사의 과실판단에 있어서는 의료환경 내지 환자의 구체적 상황에 의한 치료행위의 적부가 중대한 문제로서 일응의 추정 등에 의해 과실을 인정할 것이 아니라 정황사실의 종합적인 평가가 있어야 한다. 이때 원고측은 의사의 귀책사유를 인정할 수 있는 증거를 수집·주장할 필요가 있으며, 병원도 이에 관한 적극적인 직권조사가 있어야 한다. 피고측은 자기가 선택한 방법이 의학수준에 비추어 타당함을 주장하여야 되겠으나, 최종적으로는 법원의 감정 등에 의한 독자적인 판단에 의해 결정될 것이다.

① 수 술

위험한 수술방법을 선택한 경우는 과실을 인정하나, 질환을 속단하여 수술하였으나 당해질병이 의학상 확진이 어려운 경우에는 과실을 부정한다.

② 주 사

주사를 놓음에 있어서 그 부위, 침의 정도 등에 관한 선택은 의사의 전문적인 판단에 놓여 있다. 그러나 안전부위 이외에 주사를 하거나 안전부위에 하더라도 특이체질 여부를 조사하지 않은 경우는 과실이 인정된다.

③ 방사선

방사선 치료에 관해서는 방사선의 양 및 환부와 방사선기계와의 거리 등이 문제가 되며, 과실판단의 기준은 <상당성>이다. <상당성>은 평균인에 대한 일반적인 치료행위시의 거리 및 양을 의미한다.

④ 마 취

마취에 의한 피해는 사망 또는 중대한 신체상의 기능상실을 가져오는 경우가 많으므로 과실의 추정예가 많다.

⑤ 발 병

결과로써 행위의 추정, 과실의 추인을 할 수 없다. 추정이 있기 위하여는 의료행위와 발생결과의 결합이 고도의 개연성이 있다는 것이 경험칙상 명백한 경우에 한해 그의 부작위 등의 인정을 경유하여 의학의 수준에 의한 과실의 판정을 하여야 한다.

(다) 醫師의 注意義務

의사가 진료, 치료행위를 함에 있어서는 사람의 생명, 신체, 건강을 그 대상으로 하는 업무의 성질에 비추어 환자의 구체적인 증상이나 상황에 따라 위험을 방지하기 위하여 요구되는 최선의 조치를 하여야 할 주의의무가 있고, 이러한 의사의 주의의무는 의료행위를 할 당시 의료기관 등 임상의학분야에서 실천되고 있는 의료행위의 수준을 기준으로 하여야 한다. 주의의무의 이행여부는 구체적인 상황에 달라 판례에서 나타난 몇 가지를 아래에서 소개한다.

판례 ① 注意義務의 內容 : 의사가 진찰·치료 등의 의료행위를 함에 있어서는 사람의 생명·신체·건강을 관리하는 업무의 성질에 비추어 환자의 구체적인 증상이나 상황에 따라 위험을 방지하기 위하여 요구되는 최선의 조치를 취하여야 할 주의의무가 있고, 환자에 대한 수술은 물론, 치료를 위한 약품의 투여도 신체에 대한 침습을 포함하는 것인 이상 마찬가지 주의의무가 요구된다 할 것이며, 이와 같은 의료상의 주의의무는 의료행위를 할 당시 의료기관 등 임상의학 분야에서 실천되고 있는 의료행위의 수준을 기준으로 삼되, 그 의료수준은 통상의 의사에게 의료행위 당시 일반적으로 알려져 있고 또 시인되고 있는 이른바 의학상식을 뜻하므로 진료환경 및 조건, 의료행위의 특수성 등을 고려하여 규범적인 수준으로 파악되어야 한다(대판 2005.4.9. 200464067).

② 基準 : 주의의무의 기준은 진료 당시의 이른바 임상의학의 실천에 의한 의료수준에 의하여 결정되어야 하나, 그 의료수준은 규범적으로 요구되는 수준으로 파악되어야 하고, 당해 의사나 의료기관의 구체적 상황에 따라 고려되어서는 안 된다(대판 1997.2.11. 96다5933).

③ 違反이 認定(過失)된 例 : ㉮ 과도한 흡입분만행위가 의사의 재량이나 의료수준에 비추어 허용된 범위를 넘은 것으로 보아 출산 직후 발생한 태아 사망 사고에 대한 의사의 과실을 인정한 후 사용자인 의료법인의 책임을 인정한 사례(대판 1997.2.11. 96다5933).

㉯ 결핵약인 '에탐부톨'이 시력약화 등 중대한 부작용을 초래할 우려가 있는 이상 이를 투약함에

있어서 그 투약업무를 담당한 보건진료원 등은 위와 같은 부작용의 발생가능성 및 구체적 증상과 대처방안을 환자에게 설명하여 줄 의료상의 주의의무가 있고, 그 설명은 추상적인 주의사항의 고지나 약품설명서에 부작용에 관한 일반적 주의사항이 기재되어 있다는 것만으로는 불충분하고 환자가 부작용의 증세를 자각하는 즉시 복용을 중단하고 보건소에 나와 상담하는 조치를 취할 수 있도록 구체적으로 이루어져야 한다고 한 사례(대판 2005.4.9. 2004다64067).

(라) 醫師의 說明義務

의사는 긴급한 경우나 다른 특별한 사정이 없는 한, 의약품을 투여하기 전에 환자에게 질병의 증상, 치료방법의 내용과 필요성, 예상되는 생명·신체에 대한 위험성과 부작용 등 환자의 의사결정을 위하여 중요한 사항을 설명함으로써 환자로 하여금 투약에 응할 것인가의 여부를 스스로 결정할 기회를 가질 수 있도록 하여야 한다. 그러나 환자에게 발생한 중대한 결과가 투약으로 인한 것이 아니거나 또는 환자 스스로의 결정이 관련되지 아니하는 사항에 관한 것일 때에는 설명할 의무가 없다(대판 2002.5.28. 2000다46511).

설명의무의 주체는 원칙적으로 처치의사이나, 특별한 사정이 없는 한 처치의사가 아닌 주치의 또는 다른 의사를 통한 설명으로도 충분하다(대판 1999.9.3. 99다10479).

판례 ① 說明義務를 認定한 例 : 시각이상 등 그 복용 과정에 전형적으로 나타나는 중대한 부작용을 초래할 우려가 있는 약품을 투여함에 있어서 그러한 부작용의 발생 가능성 및 그 경우 증상의 악화를 막거나 원상으로 회복시키는 데에 필요한 조치사항에 관하여 환자에게 고지하는 것은 약품의 투여에 따른 치료상의 위험을 예방하고 치료의 성공을 보장하기 위하여 환자에게 안전을 위한 주의로서의 행동지침의 준수를 고지하는 진료상의 설명의무로서 진료행위의 본질적 구성부분에 해당한다 할 것이고, 이때 요구되는 설명의 내용 및 정도는, 비록 그 부작용의 발생가능성이 높지 않다 하더라도 일단 발생하면 그로 인한 중대한 결과를 미연에 방지하기 위하여 필요한 조치가 무엇인지를 환자 스스로 판단, 대처할 수 있도록 환자의 교육정도, 연령, 심신상태 등의 사정에 맞추어 구체적인 정보의 제공과 함께 이를 설명, 지도할 의무가 있다(대판 2005.4.9. 2004다64067).
② 說明義務를 否認한 例 : 윌슨(Wilson)씨병을 앓는 환자의 병세가 악화된 것은 그 치료약제의 부작용 때문이 아니고 환자가 의사의 처방을 무시하고 약을 복용하지 아니하고 지정된 날짜에 진료도 받지 아니하는 등 효과적으로 치료가 이루어지지 아니하였기 때문이므로, 의사가 환자에게 그 병의 치료과정과 치료약제의 투약에 관하여 상세한 설명을 하지 아니한 것을 잘못이라고 볼 수 없다고 한 사례(대판 2002.5.28. 2000다46511).

(2) 患者의 過誤類型

(가) 診療에 영향 있는 事項의 告知

진료행위는 의사의 문진으로부터 시작되어 여러 가지의 검사를 거쳐 확정된 진단을 기초로 시작되어지는 것이 통상으로, 환자는 의사와의 문진 시에서부터 협력하여야 한다.

즉, 진료에 들어가기 전에 의사의 지시에 따라 환자 자신의 병력, 기왕증, 개인의 특이체질, 과민반응의 경험 등을 알려야 한다. 그렇지 않음으로써 예상 외의 결과가 발생한 때에, 즉 ⓐ 기왕력 등의 고지를 하지 않음으로 해서 오진케 하여 의료과오가 된 경우는 환자측에 기여과실을 인정하여 손해액의 감액(과실상계)을 하는 것이 타당하며, ⓑ 검사에 대한 응답 또는 치료과정 중의 병상의 변화 등에 관해 정확하게 고지하지 않아 치료행위에서 과오가 발생한 경우에는 그 정도에 따라 의사의 책임까지 부정될 수도 있다.

(나) 個別診療行爲時의 協力

검사 또는 수술에 응하는가의 여부는 환자의 자기결정의 문제이다. 그러나 일단 승낙한 경우 의사의 지시에 따라 협력하여야 한다. 구로나,

ⓐ 검사목적과 검사방법의 적합성, 검사의 중요도, 검사에 따른 위험성 및 고통에 따른 검사거부의 합리성 및 기대가능성 등을 감안하여 종합적으로 판단하여야 한다.

ⓑ 수술에 관해서 승낙을 얻지 않고 한 경우는 의사의 유책성이 인정된다. 그러나 필요한 치료처치를 환자가 거부함으로써 의료과오가 발생한 경우는 환자의 수술 수인의무를 인정하여 의사의 책임을 부정할 수도 있다.

VI. 製造物責任

1. 製造物責任의 意義

제조물책임이란, 제조물의 결함으로 인하여 소비자·이용자 기타 제3자의 생명·신체·재산에 발생한 손해에 대하여 제조자가 지는 배상책임을 말한다. 결함 있는 제조물, 즉 결함 있는 상품에 의한 대중의 피해는 현대 산업사회에서 발생한 새로운 유형의 피해 가운데 가장 전형적인 것 중의 하나이다.

이러한 제조물에 의한 피해는 오늘날 국제화·개방화된 사회에서 국내에서 제조된 물건만이 문제가 되는 것은 아니다. 그러한 점에서 세계 공통의 단일한 법이나 국제조약이 필요하겠으며, 국내적으로는 대부분의 나라가 일반법으로서의 규율로서는 미흡하여 특별법을 제정하여 규율하고 있다.

유럽 각국은 1980년대 중반 이후부터 제조물책임법을 특별법으로 제정하고, 일본

에서도 1995년 7월부터 특별법(제조물책임법)을 제정하여 시행하고 있다. 우리나라에서는 2000년 1월12일에 제조물책입법(법률 제6109호)을 제정하여 2002년 7월 1일부터 시행하고 있다.

2. 製造物責任法과 民法上의 責任

제조물의 하자로 인한 피해에 대하여 책임을 추궁할 수 있는 민법사의 관련 규정으로는 계약책임으로서 매도인의 하자담보책임규정이나 불완전이행론 내지 적극적 채권침해론이다. 그러나 이러한 구성은 제조자와 피해자간에 직접적인 계약관계가 있지 않다는 점에서 난관에 빠진다(제조자와 도매상, 도매상과 소매상, 소매상과 소비자의 연속적인 계약관계가 존재한다는 점에서 제조자와 소비자의 계약관계를 인정할 수 있다는 견해가 없지는 않다). 다라서 민법상으로는 결국 제조자가 제조물을 제작함에 있어서 존재하였을 과실을 원인으로 하는 제750조의 일반 불법행위책임을 추궁할 수밖에 없다.

제조물책임을 제750조에 기하여 묻기 위하여는, 당해 제조물의 결함의 존재, 결함 있는 제조물 제작에 대한 제조자의 고의·과실, 그로 인한 피해의 발생 등을 전부 피해자가 입증하여야 한다. 그러나 이러한 일반 불법행위책임에 관한 전통적 법리가 더 이상 적절하지 못하다는 것은 많은 설명을 요하지 않는다. 문제는 결함의 인정, 과실의 인정, 결함과 손해발생 사이의 인과관계이다.

특히, 제조물의 구체적인 결함 여부를 비전문가인 소비자가 입증하는 것이 어려울 뿐만 아니라, 결함이 입증되어도 과실 여부가 문제되며, 그 다음 결함과 손해발생 사이의 인과관계의 입증이 있어야 한다. 여기서 가장 문제가 되는 것이 과실의 입증과 결함과 손해발생 사이의 인과관계의 입증인데, 이의 해결을 위해 보통 입증책임전환론 등을 생각할 수 있다. 그러나 입증책임의 전환론보다는 당사자간의 형평이라는 측면에서 일응의 추정법리가 적용되는 것이 온당하다고 생각한다. 즉, 피해자가 당해 물건의 용법에 따라 사용하였음에도 불구하고 피해가 발생한 것을 입증하고, 제조사가 당해 물건에 결함이 없다든지 또는 그러한 결함과 손해발생 사이에는 인과관계가 없다든지, 그러한 결함은 무해하다든지 등을 입증하면 면책되는 것으로 하여야 한다.

판례 製品에 瑕疵가 있는지 與否를 判斷하는 基準－品質 向上의 期待可能性을 基準 : 물품을 제조하여 판매하는 제조자는 제품의 구조, 품질, 성능 등에 있어서 현대의 기술수준과 경제성에 비추어 기대가능한 범위 내의 안전성과 내구성을 갖춘 제품을 제조하여야 할 책임이 있고, 이러한 안전성과 내구성을 갖추지 못한 결함 내지 하자로 인하여 소비자에게 손해가 발생한 경우에는 계약상의 배상의무와는 별개로 불법행위로 인한 배상의무를 부담한다. (중략) 감정인이 작성한 감정서 기재내용을 살펴보면 350kv를 넘는 어떠한 전압의 충격에도 견딜 수 있는 안전성과 내구성을 갖춘 변압변류기를 제조한다는 것은 현대의 기술수준과 경제성에 비추어 기대가능성이 없음을 알 수 있으므로, 이 점에서 이 사건 변압변류기에 결함 내지 하자가 있다고 볼 수는 없음이 명백하다(대판 1992.11.24. 92다18139).

판례 疫學的 因果關係 : (배합사료와 기초사료에 어떠한 불순물이 함유되었고 또 그것이 어떤 화학적, 영양학적 내지는 생리적 작용을 하여 이를 사료로 한 닭들이 난소협착증을 일으키게 되고 산란율을 급격히 현저하게 저하시킨 것인지는 구체적으로 밝혀지지는 않았어도) 위 사료로서 사양시험을 한 결과 똑같은 실험결과를 보였고 급식방법이나 계사관리 또는 사료보관에 어떤 이상이 없었고 사양시험에 제공했던 사료들이 변질되거나 부패한 것도 아니고 또 이건 사료를 급식할 무렵 닭들에 시주한 뉴켓슬 예방주사의 시주방법이나 약품에 아무런 하자도 없어 적어도 그 사료에 어떤 불순물이 함유된 것이 틀림없어 제조과정에 과실이 있었고 이로 인하여 원고가 사육하던 닭들이 위와 같은 현상을 초래하게 된 경우에는 그 사료 제조판매자에게 불법행위의 책임이 있다(대판 1977.1.25. 75다2092).

3. 製造物責任法

위에서 기술한 바와 같이 제조물의 하자로 인한 피해에 대하여 민법상의 책임을 추궁한다는 것은 거의 기대하기 어렵기 때문에 특별법의 제정이 필요하며, 이에 제조물책임법 제1조의 목적에서 명시한 바와 같이 피해자의 보호를 도모할 목적으로 제정되었다.

(1) 責任의 主體

(가) 製造業者

1차적인 책임의 주체는 완성품 및 원재료·부품의 제조 및 가공자, 수입업자, 제조자로 표시한 자 및 제조자로 오인되는 표시를 한 자이다(제3조 1항, 제2조 3).

(나) 流通業者

2차책임자는 제조물을 영리목적으로 판매, 대여 등으로 피해자에게 유통시킨 자이다. 유통업자는 제조물의 제조업자 또는 제조물을 자신에게 공급한 자를 알거나 알 수 있었음에도 상당한 기간 내에 그 제조업자 또는 그 제조물을 자신에게 공급한 자를 피해자에게 고지하지 아니한 때에는 손해를 배상하여야 한다(제3조 제2항).

(2) 無過失責任

제3조 제1항에서 제조물의 결함으로 인하여 생명, 신체 또는 재산에 손해를 입은 자에게 책임을 지도록 하여, 종래의 과실책임원칙의 과실을 제조물의 결함으로 대체하였다. 따라서 결함이 존재하면 배상책임을 진다. 즉, 제조물책임은 위험책임으로서의 무과실책임이다.

(3) 製造物의 範圍

제조·가공된 동산에 한정한다. 따라서 부동산, 서비스, 가공되지 않은 농축산물은 적용대상에서 제외된다.

(4) 缺陥의 定義 및 判定基準

결함에 관하여는 제2조 제2호에서 제조상의 결함, 설계상의 결함, 표시사의 결함으로 각각을 정의하며, 그 밖에 통상적으로 기대할 수 있는 안전성을 결여하고 있는 것을 말한다. 여기서 안전성이란, 그러한 결함이 생명·신체·재산상의 피해를 가져올 위험성에 관련되는 것을 의미한다.

결함의 존재 여부는 통상인을 기준으로, 제조물의 유통시를 표준으로 하여, 제조물의 특성·사용방법 등에 대한 설명·지시·경고 기타 표시, 제조물의 상태, 내구연수 등 모든 사항을 종합적으로 고려하여 판정한다.

판례 缺陷의 判定: ① 期待可能한 安全性 : 일반적으로 제조물을 만들어 판매하는 자는 제조물의 구조, 품질, 성능 등에 있어서 현재의 기술 수준과 경제성 등에 비추어 기대가능한 범위 내의 안전성을 갖춘 제품을 제조하여야 하고, 이러한 안전성을 갖추지 못한 결함으로 인하여 그 사용자에게 손해가 발생한 경우에는 불법행위로 인한 배상책임을 부담하게 되는 것인바, 그와 같은 결함 중 주로 제조자가 합리적인 대체설계를 채용하였더라면 피해나 위험을 줄이거나 피할 수 있었음에도 대체설계를 채용하지 아니하여 제조물이 안전하지 못하게 된 경우를 말하는 소위 설계상의 결함이 있는지 여부는 제품의 특성 및 용도, 제조물에 대한 사용자의 기대와 내용, 예상되는 위험의 내용, 위험에 대한 사용자의 인식, 사용자에 의한 위험회피의 가능성, 대체설계의 가능성 및 경제적 비용, 채택된 설계와 대체설계의 상대적 장단점 등의 여러 사정을 종합적으로 고려하여 사회통념에 비추어 판단하여야 한다(대판 2003.9.5. 2002다17333).

② 綜合的 判斷 : 제조물에 대한 제조상 내지 설계상의 결함이 인정되지 아니하는 경우라 할지라도, 제조업자 등이 합리적인 설명, 지시, 경고 기타의 표시를 하였더라면 당해 제조물에 의하여 발생될 수 있는 피해나 위험을 줄이거나 피할 수 있었음에도 이를 하지 아니한 때에는 그와 같은 표시상의 결함(지시·경고상의 결함)에 대하여도 불법행위로 인한 책임이 인정될 수 있고, 그와 같은 결함이 존재하는지 여부에 대한 판단을 함에 있어서는 제조물의 특성, 통상 사용되는 사용형태, 제조물에 대한 사용자의 기대의 내용, 예상되는 위험의 내용, 위험에 대한 사용자의 인식

및 사용자에 의한 위험회피의 가능성 등의 여러 사정을 종합적으로 고려하여 사회통념에 비추어 판단하여야 한다(대판 2003.9.5. 2002다17333).

③ 社會通念에 따른 判斷 : 제조자가 합리적인 설명·지시·경고 기타의 표시를 하였더라면 당해 제조물에 의하여 발생될 수 있는 피해나 위험을 줄이거나 피할 수 있었음에도 이를 하지 아니한 때에는 표시상의 결함에 의한 제조물책임이 인정될 수 있지만, 그러한 결함 유무를 판단함에 있어서는 제조물의 특성, 통상 사용되는 사용형태, 제조물에 대한 사용자의 기대의 내용, 예상되는 위험의 내용, 위험에 대한 사용자의 인식 및 사용자에 의한 위험회피의 가능성 등의 여러 사정을 종합적으로 고려하여 사회통념에 비추어 판단하여야 한다(대판 2004.3.12. 2003다16771).

④ 一定한 耐久性을 要함 : 물품을 제조·판매하는 제조업자는 그 제품의 구조·품질·성능 등에 있어서 그 유통 당시의 기술수준과 경제성에 비추어 기대 가능한 범위 내의 안전성과 내구성을 갖춘 제품을 제조·판매하여야 할 책임이 있고, 이러한 안전성과 내구성을 갖추지 못한 결함으로 인하여 소비자에게 손해가 발생한 경우에는 불법행위로 인한 손해배상의무를 부담한다(대판 2004.3.12. 2003다16771).

⑤ 代替의 可能性 :급발진사고가 운전자의 액셀러레이터 페달 오조작으로 발생하였다고 할지라도, 만약 제조자가 합리적인 대체설계를 채용하였더라면 급발진사고를 방지하거나 그 위험성을 감소시킬 수 있었음에도 대체설계를 채용하지 아니하여 제조물이 안전하지 않게 된 경우 그 제조물의 설계상의 결함을 인정할 수 있지만, 그러한 결함의 인정 여부는 제품의 특성 및 용도, 제조물에 대한 사용자의 기대의 내용, 예상되는 위험의 내용, 위험에 대한 사용자의 인식, 사용자에 의한 위험회피의 가능성, 대체설계의 가능성 및 경제적 비용, 채택된 설계와 대체설계의 상대적 장단점 등의 여러 사정을 종합적으로 고려하여 사회통념에 비추어 판단하여야 할 것이다(대판 2004. 3. 12.2003다16771).

(5) 缺陷 및 因果關係의 立證

결함의 입증과 결함과 손해발생 사이의 인과관계의 입증에 관하여는 별도로 규정하지 않고 있다. 따라서 불법행위의 일반원칙에 의할 수밖에 없는 것으로 이해된다. 즉, 결함의 존재와 인과관계의 존재는 피해자가 입증하여야 한다.

판례 立證책임의 緩和 : 고도의 기술이 집약되어 대량으로 생산되는 제품의 결함을 이유로 그 제조업자에게 손해배상책임을 지우는 경우 그 제품의 생산과정은 전문가인 제조업자만이 알 수 있어서 그 제품에 어떠한 결함이 존재하였는지, 그 결함으로 인하여 손해가 발생한 것인지 여부는 일반인으로서는 밝힐 수 없는 특수성이 있어서 소비자 측이 제품의 결함 및 그 결함과 손해의 발생과의 사이의 인과관계를 과학적·기술적으로 입증한다는 것은 지극히 어려우므로 그 제품이 정상적으로 사용되는 상태에서 사고가 발생한 경우 소비자 측에서 그 사고가 제조업자의 배타적 지배하에 있는 영역에서 발생하였다는 점과 그 사고가 어떤 자의 과실 없이는 통상 발생하지 않는다고 하는 사정을 증명하면, 제조업자 측에서 그 사고가 제품의 결함이 아닌 다른 원인으로 말미암아 발생한 것임을 입증하지 못하는 이상 그 제품에게 결함이 존재하며 그 결함으로 말미암아 사고가 발생하였다고 추정하여 손해배상책임을 지울 수 있도록 입증책임을 완화하는 것이 손해의 공평·타당한 부담을 그 지도원리로 하는 손해배상제도의 이상에 맞다(대판 2004.3.12. 2003다16771).

(6) 連帶責任

배상책임자가 2인 이상인 때에는 연대배상책임을 진다(제5조). 이때의 연대책임은 부진정연대책임으로 보아야 한다.

(7) 免責事由

제조자는 아래의 사항을 입증하여 면책된다(제4조).

① 제조자가 공급시키지 아니한 사실, ② 공급시킨 시점에는 결함이 없었다는 사실, ③ 결함이 법률이 정하는 기준의 준수에 따른 사실, ⑤ 결함이 유통시킨 시점의 과학 내지 기술수준으로 발견할 수 없다는 사실, ⑥ 부품제조자는 완성품의 설계 또는 완성품의 제조자의 지시로 인한 결함이라는 사실.

(8) 免責特約의 制限

제조물책임법은 강행규정으로서 동법상의 책임을 배제하거나 제한하는 특약은 무효이다(제6조).

(9) 消滅時效

손해배상청구권은 민법상의 일반 불법행위책임에서와 같이 동법에 의한 손해배상책임을 지는 자를 안날부터 3년, 제조자가 공급한 한날부터 10년간 행사하지 아니하면 시효로 소멸한다(제7조).

主要參考文獻 및 그 引用略

郭潤直, 債權各論, 박영사, 1995 (곽)

金相容, 債權各論, 법문사, 1998 (김상)

金疇洙, 債權各論, 삼영사, 1997 (김주)

金曾漢, 債權各論, 박영사, 1988 (김증)

李銀榮, 債權各論, 박영사, 2004 (이은)

李太載, 債權各論, 진명문화사, 1985 (이태)

黃迪仁, 債權各論, 한국방송대학교, 1998 (황)

石田穰, 민법 V,청림서원, 1982

四宮和夫, 사무관리, 부당이득, 청림서원, 1987

遠騰 浩, 현대계약법대계(1)(2), 유비각, 1984

Karl Larenz, Lehrbuch des Schuldrecht Bd Ⅱ, Muenchen, 1981

Peter Gauch, Schweizerisches Obrigationenrecht Bd.I, Zuerich, 1992

Karl Oftinger, Schweizerisches Hafpflichtrecht, Zuerich, 1977

Murad Ferid, Das Franzoesische Zivilrecht Bd.Ⅱ, Frankfurt, 1971

사항색인

[ㅊ]

著者略歷

서울大學校 法科大學 卒業(法學士)
成均館大學校 大學院 卒業(法學博士)
스위스 프리부룩大學 客員教授 歷任
慶北大學校 法科大學長, 行政大學院長 歷任
各種 國家考試 試驗委員
現 慶北大學校 法科大學 教授

著書 및 論文

債權法總論, 玄岩社, 1998
債權法各論, 玄岩社, 1999
民法判例解說 I(1991), Ⅱ(1992), Ⅲ(1995), 共著, 經世院
民法總則基本判例評釋 100選, 共著, 玄岩社, 1998

民法上信賴責任論
私的 自治論
不法行爲에서의 過失
第3者를 위한 契約
不公正法律行爲論 등 多數

債權法各論

초판1쇄 2006년 2월 24일
초판2쇄 2012년 2월 10일

지 은 이 장재현
펴 낸 이 함인석
펴 낸 곳 경북대학교출판부

등 록 일 1973년 10월 10일㉣ 97호
주 소 대구광역시 북구 대학로 80번지
전 화 053-950-6741~3
팩 스 053-953-4692
이 메 일 press@knu.ac.kr
홈페이지 http://knupress.com
ISBN 978-89-7180-337-0 93360

값은 표지 뒷면에 있습니다.
잘못 만들어진 책은 바꾸어 드립니다.